2007 中国城市社会经济热点问题调查报告

国家统计局城市社会经济调查司　编

中国统计出版社
China Statistics Press

(京)新登字 041 号

图书在版编目(CIP)数据

2007 中国城市社会经济热点问题调查报告/国家统计局城市社会经济调查司编.
—北京:中国统计出版社,2008.8
ISBN 978-7-5037-5500-2

Ⅰ.2…
Ⅱ.国…
Ⅲ.①城市经济-调查报告-中国-2007
②城市-社会问题-调查报告-中国-2007
Ⅳ.D669

中国版本图书馆 CIP 数据核字(2008)第 086138 号

2007 中国城市社会经济热点问题调查报告

作　　者/国家统计局城市社会经济调查司
责任编辑/马　平
装帧设计/艺编广告
出版发行/中国统计出版社
通信地址/北京市西城区月坛南街 57 号　邮政编码/100826
办公地址/北京市丰台区西三环南路甲 6 号
电　　话/邮购(010)63376907　书店(010)68783172
印　　刷/河北天普润印刷厂
开　　本/787×1092mm　1/16
字　　数/1140 千字
印　　张/48.5
版　　别/2008 年 8 月第 1 版
版　　次/2008 年 8 月第 1 次印刷
书　　号/ISBN 978-7-5037-5500-2/D·195
定　　价/138.00 元

《2007中国城市社会经济热点问题调查报告》编委会与编辑部

前言

刚刚过去的2007年是我国经济社会发展进程中不平凡的一年。

这一年，是我国深入贯彻落实科学发展观，积极推进社会主义和谐社会建设的重要一年。这一年，中共十七大胜利召开，世界瞩目；香港回归十周年，举国欢庆；建军八十周年，军心鼓舞；我国首次月球探测工程圆满成功，跨越历史……

这一年，我国经济社会事业加快发展，统计数据显示，2007年中国GDP比上年增长11.4%；城乡居民收入继续以两位数的速度增长，人民群众在教育、医疗、住房、就业、收入分配和社会保障等六大民生领域得到的实惠越来越多。

同时，也是在这一年，肉价飙升引发的结构性物价上涨，银行储蓄存款实际利率为负利率，股市投资热“高烧”不退，楼市房价不断上涨引起社会的巨大反响和人民群众的密切关注，引发国家宏观调控力度不断加深。这一年，我国各类调控政策不断出台，央行6次加息，10次上调存款准备金率，同时还采取了一系列货币、金融和财政政策。但是各类调控政策的效果尚不明显，2007年的统计数据显示，我国面临着经济发展“过热”和明显通货膨胀的风险。

相信在即将过去的2007年，有太多的人也怀着相同的心情，密切关注着物价走势。而事实上，几乎同一时刻，世界上众多国家和地区也在经历着相同的遭遇，在全球粮食、能源价格高涨的拉动下，通货膨胀的“幽灵”在全球游荡。在此背景下，与物价变动和人民生活质量变化等相关的问题成了当下社会关注的焦点和学术研究的热点。

国家统计局城市司和国家统计局各调查总队，长期以来从事城镇居民的收入支出、价格（主要包括居民消费价格指数，商品零售价格指数，工业品出厂价格指数，原材料、燃料、动力购进价格指数，固定资产投资价格指数和全国房屋销售价格指数）和城市化等问题的调查和研究，2007年更是针对我国CPI不断攀升，物价节节上涨的经济形势，加强了调查和研究的深度和力度，以翔实可靠的第一手数据，具体深入的科学分析，为各级党政领导和社会大众提供了一系列有关价格、城镇居民收支和城市化等与人民群众生活密切相关的统计信息和参考资料。

国家统计局城市司精心选择了2007年城市司和各地调查队撰写的优秀分析研究和调查报告，编辑成《2007中国城市社会经济热点问题调查报告》一书，以期为各级政府领导，对从事价格、收入分配、城市化、社会保障等各方面研究的经济学家和学者，对企业管理和市场研究人员，以及各个层面的关心中国社会经济发展的人士提供有关我国城市社会经济发展的参考信息。

本书主要在以下几个方面提供切实可靠的决策信息支持：

一、收入分配

当前城乡之间、城市内部、农村内部、地区之间、行业之间，以及整个社会的收入差距过大已成为我国经济社会发展的严峻问题，缩小收入差距是收入分配改革的核心内容，如何在经济发展的基础上，更加注重社会公平，合理调整国民收入分配格局，加大收入分配调节的力度，使全体人民共享改革开放和社会主义现代化建设的成果，是收入分配制度改革的目标。“报告”就城镇居民收入差距的现状作了翔实的分析和深入的探索，并对缩小收入差距、增加居民收入提供了切实可行的建议。

二、消费结构

消费结构是指人们在生活过程中所耗费的各种消费对象的比例关系及协调程度。消费结构及其变化是衡量居民生活水平的重要标志，它反映居民的消费特征及消费趋势，反映居民生活水平提高程度及社会经济发展状况。消费结构的不合理将导致投资和消费关系的不协调，导致部分行业盲目扩张、产能过剩，从而阻止经济快速有序的发展。“报告”深入分析了城镇居民消费结构的现状和走势，出现的新特点，提出了改善消费结构的具体对策。

三、价格

2007年从房价持续飙升到猪肉价格的突然暴涨，从方便面企业联手抬价到豆制品业不甘落后，从成品油成功调价到水、电、气接着喊亏，从股市牛气冲天到银行利率不断上浮……百姓的耳边是“涨”声一片，国家统计局每月有关价格的信息发布成为各界关注的重点，关注价格指数的人越来越多。针对这种情况，国家统计局城市司和各调查总队，以高度的责任感顺利完成了价格统计各项调查工作和信息服务，并加强了对价格问题的分析研究，在价格形式判断、资源性产品价格研究、价格问题研究、房价等方面写出大量内容翔实、分析深入、影响广泛的优秀课题和分析报告，城市司精心挑选编辑了其中的精品，以飨读者。

四、构建和谐社会

构建和谐社会就要积极面对并解决我们社会发展中存在的各种社会问题。本书选择了一些有关养老、青少年发展和卫生等社会问题的调查报告，以期为党政机关和社会各界解决这类社会问题、构建和谐社会，提供翔实可靠的参考信息。

近年来，我国经济始终保持快速发展的势头，经济建设成就斐然，国家综合国力和人民生活水平都有了极大提高，但我国的经济和社会发展中也始终面临着很多问题、难题，而且这些问题、难题的影响越来越大，已经成为影响我国经济和社会发展的“大局”，也成为党和政府工作的中心任务。《2007中国城市社会经济热点问题调查报告》一书集中反映的就是城市社会经济运行中存在的各种社会问题。

我国的经济社会发展不断迈入新的历史阶段，面临很多新的问题和挑战，如何在新的阶段实现更好的发展，实现全面小康，使人民生活快乐幸福，实现建设和谐社会的目标，是党和政府面临的主要使命。国家统计局城市司将为实现这些使命而努力工作，为党和政府及社会各界提供准确可靠的数据支持和科学的决策服务。同时，我们热忱欢迎各界人士与我们交流探讨。

国家统计局城市司司长　魏贵祥

2008年5月　北京

编者说明

2007年度《中国城市社会经济热点问题调查报告》终于和广大读者见面了，本报告的明确主题是反映2007年度，我国城市社会经济发展中取得的成就、揭示发展进程中的热点问题和难点问题，以期广大读者能够从中得到一些启示或帮助。本书计划每年定期编辑、出版和发行，欢迎致力于研究社会经济热点问题的专家、学者及各界人士，能够就这些问题和我们进行探讨，并对“报告”提出有益的建议，对此，我们将不胜感激。

本报告从构思、资料的收集到最终定稿，都得益于国家统计局各调查总队的调查员每年辛勤地调查与收集统计资料，没有他们的努力，就不会有大量翔实可靠的信息资料。我们也由衷的感谢国家统计局各调查总队的专家们对大量一手资料的开发和利用并及时给我们发来稿件。

国家统计局城市社会经济调查司分析研究处全体工作人员对稿件进行了大规模的系统编辑与整理。特别需要指出的是，其中的一些观点仅代表个人的学术研究成果和看法。

因编者水平有限，可能存在不足之处，热忱欢迎广大读者指正。

目录

一、价格篇

二、收入分配篇

六、城市低收入群体与社会保障篇

七、构建和谐社会篇

八、房地产篇

一、价格篇

我国资源性产品价格形成机制研究

资源是人类赖以生存的基本条件，是经济社会发展必不可少的物质基础。在学习贯彻党的十七大精神，总结经验、谋划未来的过程中，我们深切感受到无论是北京的实际需要，还是发展所面临的时代背景，都决定了必须把提高资源的利用效率作为推动科学发展、促进社会和谐的战略突破口，把完善资源性产品价格形成机制作为深入贯彻落实科学发展观的重大举措。为进一步发挥市场机制对资源配置的基础性作用，形成科学的资源价格形成机制，促进资源的高效利用，实现经济社会可持续发展，考虑到北京的实际情况和社会经济发展的需要，课题组就与居民生活密切相关的水、电、气、成品油等资源性产品的价格形成机制进行了专题研究。

一、资源性产品的价格形成机制研究的意义

十七大报告中明确指出，要深入贯彻落实科学发展观，坚持全面协调可持续发展，建设资源节约型、环境友好型社会，实现速度和结构质量效益相统一、经济发展与人口资源环境相协调。加强能源资源节约和生态环境保护，增强可持续发展能力。完善反映市场供求关系、资源稀缺程度、环境损害成本的生产要素和资源价格形成机制。实行有利于科学发展的财税制度，建立健全资源有偿适用制度和生态环境补偿机制。

(一)建立有利于资源节约型资源开发的价格决策机制是新时期深入贯彻落实科学发展观的必然选择

我国资源人均占有率较低，随着经济的快速发展以及人民生活水平的提高，对于能源的需求不断增长，资源矛盾日益突出。同时，我国传统的高消耗、高排放、低效率的粗放型经济增长方式并未根本转变；能源利用率仅为33%，环境污染现象比比皆是。因此，利用市场化方式，建立一个合理的能源资源价格体系，推进资源性产品价格的改革、理顺资源性产品之间的价格关系、建立有利于资源节约型资源开发的价格决策机制，对于提高稀缺资源的配置效率，降低资源能源消耗，切实建立节约型社会，具有重要意义。

(二)建立有利于资源节约型资源开发的价格决策机制是北京市实际发展的迫切要求

1. 资源匮乏，需要外部调入。北京是一个拥有1580万常住人口的特大型城市，自然资源匮乏，人均占有水资源不足300立方米，仅为全国平均水平的1/8；人均土地资源不到全国平均水平的1/5。能源自给率较低，100%的天然气和原油、94%的煤炭、60%的成品油需从外部调入。北京电网是典型的受端电网，所需电力的三分之二是由山西、内蒙古、河北等地输送，本地输电量只能满足三分之一的用电需求。水资源需要从邻近省份调入，2007年从河北和山西两省输水4500万立方米，以缓解我市干旱情况。

2. 需求增长快。随着经济社会的不断发展，我市对资源性产品的需求也日益增加。从各资源产品的需求情况看，天然气2000年采购量为10.97亿立方米，到2005年底达到30.8亿立方米；天然气管网由2000年的4231公里增长到2005年的7004公里；天然气用户由2000

年的135.4万户增加到2006年的349万户[①]。本市天然气增速、供气规模以及用户数量在全国各大城市中都居首位。北京市成品油市场近年的年需求量1999年约为260万吨，2000年约为280万吨，2001年约为295万吨，2002年约为310万吨。而到了2005年北京市消耗成品油630万吨左右，2006年北京成品油消费量达到730万吨[②]左右，同比增长约100万吨，位居全国各大城市之首。水、电的消耗量也呈上涨之势。

3. 利用效率有所提高但仍低于发达国家城市水平。十五期间，北京市通过调整产业结构，加大能源资源和环境能力建设，强化重点领域节能改造，大力推进资源综合利用等一系列举措，实现了以能源消耗年均增长5.9%，支撑了北京经济年均增长12%的目标。2006年，我市万元GDP能耗为0.75吨标煤，万元GDP水耗为43.58立方米，比2005年有明显的降低，但是北京市的万元GDP的能耗、水耗仍明显高于发达国家城市水平。

同时资源性产品价格偏低，而且资源性产品之间比价关系不合理，也给经济和社会发展带来诸多不利影响。

因此，如何适时推进资源性产品价格改革，完善资源要素价格形成机制，使价格能够反映资源稀缺程度、市场供求状况和生态环境损失成本，更大程度地发挥市场在资源配置中的基础性作用，成为政府部门面临的一项重大课题。"十一五"时期是北京市深入贯彻科学发展观、落实节约资源和环境保护基本国策的关键阶段，要着力提高资源利用率，改善生态环境质量，促进人口、资源、环境的协调发展，将北京建设成为资源节约型、环境友好型的和谐社会首善之区。建立反映市场供求、资源稀缺程度以及污染损失成本的价格形成机制具有重要的现实意义。

二、资源性产品的价格形成机制

所谓价格形成机制，是指以市场配置资源为基础，以完善有效的政府宏观调控为手段，通过建立有利于产业结构优化、行业可持续发展的价格政策、完整的成本核算框架、完备的市场交易体制，引导生产、流通和消费的价格制定与调整的制度安排。

（一）水价形成机制

根据《水法》和有关规定，水资源属于全民所有，实行国家对水资源的统一管理与分级、分部门管理相结合的管理体制，部分地区实行水务一体化管理；供水主要有水务公司的公共供水系统和较大单位的自备井供水系统两种方式；水价由三部分构成，一是构成水务公司收入的纯水价，二是污水处理费，三是水资源费；城市供水仍属于政府定价范围，定价采用价格听证会方式进行。这种城市供水价格形成机制基本上属于集中水权基础上的计划定价机制。

北京市的自来水价格由三部分组成，自来水的生产和销售成本、污水处理费和水资源费。水价实行成本定价法，即依据供水企业和污水处理企业的成本，再加一定的企业赢利确定价格。其中自来水和污水处理成本计算，是从取水、输送进水厂、水厂生产、管网输送、排水、污水处理等各个环节的成本的加权平均，每一个环节都有相应的成本及计算方法。也就是说，目前的水价是由水务企业的成本决定的。北京市自2002年月2开始征收水资源费。2003年、2004年两次水价调整，主要是对污水处理费和水资源费进行调整，调整后，我市居民生活用水价格每吨3.7元，在全国居首位。自来水价格每吨2.8元，其中包含1.1元的水资源费；污水处理费每吨0.9元。

（二）电价形成机制

改革开放前，电力行业由政府垄断经营，电价由政府统一制定。1985年实施"集资办电"以来，在发电领域实现了多家办电的格局，开始引入竞争，同时实行了多种电价制度，采用以个别

① 数据来自：北京市市政管理委员会

② 2007年北京统计年鉴：汽油、煤油、柴油、燃料油消费量分别为：278.16万吨、233.86万吨、177.49万吨、48.05万吨，合计为737.56万吨。

成本为基础的成本加成法。1997年开始，电力政企分开并在部分地区试点“厂网分开，竞价上网”。2002年，国家有关部门发布了临时上网电价方法。原来与电网实行统一核算，没有单独上网电价的电厂可以核定临时结算电价。2002年底，国电公司拆分重组为2家电网公司、5家发电公司和4家辅业集团公司，同时成立了国家电力监管委员会对电力企业进行监管。现行电价形成机制仍是成本补偿型的定价机制，由政府管制和确定，较少考虑市场供求因素和资源稀缺程度。

(三)天然气形成机制

我国天然气价格依然基本实行“行政”定价。根据现行的定价机制，天然气用户最终价格由井口价、管输费和销售公司费用三部分相加而成[①]。国家发展和改革委员会在确定气价方面具有重要作用，负责确定井口价和管输价。地方配气公司的气价则由当地物价部门制定。门站气价由井口价和管输费两部分组成。井口气价实行计划内分类气价和自销±10%浮动价，管输费实行新线新价，供需双方可以协商定价。城市用气实行城市门站交气，再由城市燃气公司分销。

2002年前北京市燃气集团是计划经济运行模式，燃气购销价格倒挂，经营靠补贴，投资靠政府。按照国家深化国企改革和公用事业改革的要求，市政府加大了对燃气企业市场化改革的力度，从2003年起相继停止了对管道燃气价格的补贴和对燃气基础设施建设的投资，使燃气集团成为了自主经营、自负盈亏的经济实体。几年来，燃气集团不断消化原材料、油、水电、运输费等价格上涨的压力，2003年第一年实现了扭亏为盈。2005年8月起，国家上调本市天然气购入价格(即门站价，由井口价和管输价构成)，由1.13元/立方米调整到1.28元/立方米。受此影响，企业购气成本增加，利润下降，效益下滑。经过价格听证会，2007年4月1日起，北京市民用天然气销售价格由1.9元/立方米上调至2.05元/立方米，并建立天然气上下游价格调整联动机制，公式为：$Ps=(P_1-P_0)/(1-MPsm)\times(1+VAT)$其中：Ps：天然气销售价格调整额；$P_1$：调整期天然气不含税门站价格；$P_0$：基期天然气不含税门站价格；MPsm：天然气供销差率，按照6%确定；VAT：增值税率，按照规定确定为13%。天然气销售价格随着门站价格涨跌同时间、同方向调整，调整额为公式计算值。联动机制每3年调整一次。

(四)成品油价格形成机制

我国现行的成品油定价机制[②]为：以新加坡、鹿特丹、纽约三地市场成品油交易价格为基础，根据典型运杂费及国内关税，加上由国家确定的成品油流通费用，形成由国家发改委颁布的国内成品油零售基准价；再由中石油与中石化根据市场交易实际情况在基准价上下浮动8%的范围内，制定出具体的零售价格。当三地市场前一个月成交价格加权平均后得出的价格波动超过8%时，国家发改委相应调整国内零售基准价。由此看出，我国现行石油价格是采取国际三地原油价格加权基础上追加相应成本和利润的办法确定的，其政策要点如下：

(1)原油价格由购销双方按国内陆上原油运达炼厂成本与进口原油到厂成本基本相当的原则协商确定。即国内原油价格按国际市场同品质进口原油到岸完税价格确定，每月调整一次。

(2)国内成品油价格实行与国际市场有控制的接轨。汽柴油出厂价格按国际三地市场汽柴油进口到岸完税价成本确定，当一地市场加权平均价每月变化超过8%时，相应调整国内汽柴油价格。

(3)汽柴油零售价格实行政府指导价。成品油销售企业以国家制定的汽柴油零售中准价为基础，在8%的上下浮动幅度内确定各地零售价格。

---

① 张微晴、张永刚.我国天然气价格形成机制的分析[J].上海煤气，2005(3)

② 袁宁.我国成品油定价机制的弊端及对策分析[J].经济管理，2007(4)

三、现行的价格形成机制存在的问题及其影响

(一)现行的价格形成机制存在的问题

1. 价格偏低

与世界其他国家相比,我国资源性产品价格偏低。目前,北京市居民生活用水价格每吨3.7元,是全国水价最高的城市。但是与世界平均水价相比,仍有很大的差距,不及世界平均水平的1/3。另外,从水费支出占收入的比重看,目前北京水费支出占城镇居民可支配收入的比例约为1.6%,据专家分析,水费支出一般在居民家庭可支配收入的2%以上时,居民才能有较强的节水意识,而世界上其他缺水国家,生活和生产的水价支出均要占到总支出的3%左右。世界银行曾经对发展中国家水价定了一个承受的最高限定,即以家庭收入的5%作为支付供水和污水处理的上限。我们的水价仍有提升的空间。

与其他城市相比,我市资源性产品价格偏低。北京市除水价较高外,电价、液化石油气价格、管道燃气价格均偏低。其中,北京市电价每度0.4883元,比上海、广州低0.1217元,民用液化石油气每千克2.67元,仅为南京市价格的1/3左右,在5城市中居末位;管道燃气价格居中,天津民用天然气价格每立方米2.20元,上海为2.10元,而北京市目前民用天然气价格为2.05元,在5城市中居第三位。

表1 北京市主要能源价格与其他城市比较

单位:元

项　目	单 位	上海	北京	广州	杭州	南京
水(民用、含排污费)	吨	1.84	3.70	1.95	1.85	2.50
电(民用)	度	0.61	0.4883	0.61	0.56	0.53
液化石油气(民用)	千克	5.59	2.67	5.72	6.69	7.63
93号汽油	升	5.19	5.34	5.18	5.07	5.07
管道燃气	立方米	2.100	2.05	2.50	1.20	1.10

2. 资源性产品定价方式单一

差别定价是也即价格歧视,是以不同的价格消费销售同一种产品,它源于消费者对同一种产品消费数量、市场的不同或顾客偏好的不同而采用不同的定价。它主要分为一级差别定价、二级差别定价与三级差别定价。一级差别定价是根据特定顾客消费不同数量产品愿意支付的最高价格定价。二级差别定价一般是指根据不同消费者消费数量或消费次数的多少,确定不同的价格,即阶梯价。三级差别定价是根据不同的消费市场采用不同的价格,比如工业用电和生活用电的价格不同,而每度电的生产成本是一样的。两部制价格以固定成本除以总容量得出单位容量价格,以可变成本除以总供应量得出用量价格。两部制价格可以在用户间实现成本费用的公平负担。

我市资源性产品定价方式单一。目前水价、电价仍采取单一计量方式,对居民生活用水、用电实行不区分用量的计价方式,只是简单按照用量的大小收取费用。从国内情况看,南京、上海水量相对丰富的城市已经实行了阶梯水价,而北京作为严重的缺水城市,仍实行单一计量水价,对居民生活用水实行不区分用水量的计价方式,同时也没有考虑丰枯期的水量差别而实施季节性水价来缓解供需矛盾,只是简单按照用水量的大小,按吨计收水费。由于目前还没有实行二部制水价和阶梯水价,造成水资源的极大浪费。电是一种特殊的商品,供需的瞬时平衡及运行状态的不断变化导致电能具有独特的成本信息。发电设备容量是按系统在高峰时期最大用电负荷来设计的,设备投资费用极大,因而高峰时电能的边际成本最高。电价必须要正确反映不同消费方式对电力系统成本的影响。我市仍实行单一的定价方式,仅在西城区进行了分时电价的试点工作,但并未全面推开。

3. 资源性产品之间比价关系不合理

本市居民使用的家用燃料能源主要为天然气、液化石油气和电。目前，我市民用电价每度0.4883元，液化石油气平价价格每千克2.67元，民用天然气价格每立方米2.05元，天然气与液化石油气的单位热值比价为1∶1.11，与电的比价为1∶2.47。天然气单位热值销售价格最低，价格明显偏低。

4. 政策干预过强

经过不断的改革和发展，大部分商品和服务项目的价格已经由市场形成，资源性产品价格市场化的程度也在加大，但是相对于其他商品，其市场化的程度依然偏低，价格形成机制仍是政府主导，较少考虑市场供求因素和资源稀缺程度。在天然气定价机制上，我国的天然气价格决定权限在政府，不仅对天然气的生产，而且对于管输以及销售等各个环节都实行政府定价；现行的电价形成机制仍是政府主导，较少考虑市场供求因素和资源稀缺程度；对成品油价格控制过严，价格调整不到位，实际上已经没有严格执行定价机制。

(二)产生的影响

1. 资源性产品价格偏低和比价关系不合理，不利于产业结构优化调整，对我国经济发展有诸多不利

偏低的价格不能及时和充分地反映市场供求和资源稀缺程度，缺乏对投资者、经营者和消费者的激励和约束作用。由于价格偏低，用户感受不到资源的紧缺[①]，用量远远大于实际需要量，这在一定程度上加剧了资源的过度开发、过度需求和过度浪费，由此形成的经济增长方式也是粗放的，资源产出效率低。过低的天然气价格抑制了国内天然气的开发，天然气占国内能源消费的比例明显偏低。目前，全球天然气占一次性能源消费的比例为23.7%，美国约24%，而中国只有2.5%。大量使用煤炭而太少使用天然气这种相对清洁的能源给我国环保带来了巨大的压力，天然气的消费比例有待提高。国内成品油价格显著向下偏离国际市场价格。这种价格政策导向所造成的长期低油价，成为我国能源消耗的巨大隐忧，不利于推动我国经济增长方式从传统粗放高能耗向新型集约低能耗方向转变，不利于建设环境友好的资源节约型社会。

2. 单一定价方式不利于资源的节约利用。

目前水价、电价仍采取单一计量方式，对居民生活用水、用电实行不区分用量的计价方式，只是简单按照用量的大小收取费用。按照经济运行原理，合理的价格能有效地平衡供需关系，反过来，供需关系的变化又影响着价格变动的方向和幅度。这种定价方式没有准确地反映供需关系，没有形成合理的基础差价、行业比价关系，不利于节约资源、平衡供需矛盾。另外，由于价格偏低，用户感受不到资源的紧缺，用量远远大于实际需要量。这种定价方式使得居民的节约意识不强，造成资源的极大浪费。

3. 政策干预过强造成价格扭曲。

由于中央和地方政府的价格干预，天然气市场的价格扭曲状况已严重影响到天然气工业的快速发展，电力价格不能反映实际成本，难以灵活反映市场供求关系的变化，严重影响了国民经济的健康运行；由于对成品油价格控制过严，价格调整不到位，造成了国内成品油原有价格倒挂的局面，导致国内石油价格变动的滞后，难以及时反映国际市场油价的变化信息，甚至扭曲国内市场的供求信息，不能正确引导国内成品油的生产、流通和消费。

从总体上看，北京市和全国的资源性产品价格受政府干预较多，价格偏低，而且资源性产品之间比价关系不合理，给经济和社会发展带来诸多不利影响。但是，如果市场调节的结果只是单向涨价，也会加大消费者的负担，带来社会问题。因此，我们应该在充分考虑广大人民群众的价格承受能力的基础上，更大程度地发挥市场配置资源的基础性作用，切实建立起反映市场供求、资源稀缺程度以及污染损失成本的价格形成机制。

---

① 汪洋. 进一步推进城市供水价格改革完善水价形成机制[J]. 价格理论与实践，2002(5)

四、政策建议

(一)思路

建立科学的资源性产品价格形成机制的指导思想:以邓小平理论和“三个代表”重要思想为指导,深入贯彻落实科学发展观,按照党的十七大精神与市委市政府的要求,坚持市场化的改革取向,更大程度、更大范围地发挥市场在资源配置中的基础性作用,逐步理顺资源性产品价格关系,立足当前,着眼长远,即考虑当代人的利益,也兼顾后代人的需求,建立能够反映资源稀缺程度和市场供求关系的价格形成机制,为建设节约型社会、转变经济增长方式创造良好的价格体制条件和政策环境。

建立科学的资源性产品价格形成机制应该坚持以下基本原则:

一是以人为本,促进和谐。资源性产品多为生活必需品,其价格调整对居民生活的影响较大,对低收入居民生活影响更大,因此在价格改革的同时要考虑到对低收入居民生活的影响,维护好最广大人民的根本利益,积极构建社会主义和谐社会。

二是整体推进,重点突破。资源性产品的价格改革应该科学地确立改革的总体目标和方向,周密制定改革总体方案,做到整体推进。在统筹规划的同时,也要根据资源现状及其改革的紧迫性做到重点突破、分步推进。

三是立足当前,着眼长远。资源性产品价格改革是近期价格改革的一项重要任务,要结合当前的现实状况,对价格改革做出科学规划,有计划、有步骤、有重点地推进,既要考虑当前进度,又要着眼长远发展,建立起目标规划体系。立足当前,兼顾长远,从当前客观现实出发,统筹当前目标和长远目标的关系,积极稳妥地推进资源性产品价格改革进程。

四是统筹兼顾,讲究实效。价格是国民经济运行状况的综合反映,经济体制和运行机制对价格形成具有十分重要的作用。资源性产品价格形成机制的改革,在一定程度上有赖于经济体制改革的深化和市场体系的健全,并且需要财税政策等方面的配合支持。资源性产品与一般商品相比具有社会共用性、相对垄断性等特点,这就决定价格制定上不仅要考虑生产成本、市场供求等一般性因素,更要统筹兼顾,妥善处理各方面的利益关系,把对社会公共利益的维护放入到定价策略的研究范围,充分考虑各方面的承受能力,把改革的力度和社会的承受能力紧密结合起来,力争把改革的负面影响和不确定因素降到最低程度。

五是遵循市场规律,完善体制机制。资源性产品价格涉及政府政策、区域经济、行政管理、企业经营等等诸多领域,价格主管部门应努力实现城市生活能源指标配置合理化,理顺资源性产品成本价格体系。在对资源性产品的产出品进行价格制定时,也必须按照市场规律以生产成本为基础,根据市场供求状况并结合社会公共利益的考虑来具体制定,逐步完善定价机制。

(二)政策建议

1. 转换能源性产品价格形成机制[①]。长期以来,我国资源性产品一般由国家垄断经营,缺乏科学性,导致成本约束软化,经营效率低下。因此,我们应该转换资源性产品价格形成机制,使资源性产品领域自然垄断业务和非自然垄断业务分离,对非自然垄断业务应充分发挥价格信号调节需求、优化资源配置的作用,引入竞争机制,如电、煤行业,使价格在市场竞争中形成;对在很大程度上受稀缺性影响存在的自然垄断业务继续实行政府定价或政府指导价格,如石油、天然气等。建立市场调节与政府调控相结合、以市场调节为主导的能源价格形成机制。

2. 建立能源性产品的成本约束机制。现行资源性产品价格是按照成本加利润的方式制定的,对这些产品的成本调查、价格定位分析是制定合理的成本及价格的前提,也是政府监管、行政制约的基础。由于价格主管部门或审批部门

① 温桂芳. 公共产品价格形成机制的缺陷与完善[J]. 中国工商管理研究,2007(5)

与企业在成本信息占有上不对称,无法准确地审核企业成本的真实性,一般都是根据企业上报数据,同时考虑对财政、消费者的影响情况实施相应的批准。由于缺乏成本约束机制和有效的成本监控,企业缺乏加强管理降低成本的积极性,容易逆向激励企业加大成本支出甚至是虚报成本。价格往往随成本增加提高,而成本的增加又缺乏相应的约束,以致成本越增越多,价格也越提越高,最终形成恶性循环。我们应该运用经济规律,制定科学的定价方法,建立有效的成本约束机制,避免资源性产品企业以成本上升为由倒逼政府定价的现象。美国等国家采取的是限价方法,由管理机构根据年通货膨胀率减去调整系数,为资源性产品规定了一个总的价格上限。这种方法一方面有利于激励资源性产品有效运营并鼓励创新,另一方面又节约了政府规制成本。因此,要充分利用市场机制,更大限度地消除价格管制中的信息不对称问题,可以结合中国国情,逐步从成本加价的价格管制向价格上限方式过渡。

3. 完善水资源定价机制。大力推行阶梯水价。北京水资源紧缺,另外水具有不可替代性,为节水和合理配置水资源、提高用水效率、促进水资源的持续利用,应尽快实施阶梯式水价。西方许多国家的实践也表明,阶梯水价既为低收入阶层提供了必需服务,又保证了自来水生产企业的利益。北方地区水资源短缺,可以根据供水成本和供求变化,实行季节差价,在用水淡季实行低价,在用水旺季实行高价。合理收取水资源费。在传统的资源经济学中,资源费是一种用于不可再生资源的开发补偿的资源税。我市自 2004 年起将水资源费调整为 1.1 元/立方米,主要是用于南水北调工程,自来水费和污水处理费依据企业的生产成本确定,水资源费也应形成一个合理而完备的定价机制。

4. 完善电网电价形成机制。要结合区域电力市场的建立,完善电网电价形成机制。以合理成本、合理利润的原则核定好电网输配电价,适当调高输配电价的比重。尤其是大区、跨区送电输电电价,力争电网还本付息电价在电价方案中得到全面体现。可以尝试将电价分为基本电价和电度电价两部分。基本电价由政府指定,电度电价则由市场形成。电度电价分时定价,鼓励用户合理用电,优化电力资源配置。分时电价是发达国家普遍采取的管理措施,美国电价的季节性变化就体现了这一点。我们应该根据西城区试点的实施情况,确定出能够弥补企业调整生产时间付出的成本的合理的分时电价差,尽快将分时差别电价推广开,减少峰时发电能力严重不足、谷时发电能力过于闲置的情况所造成的损失。

5. 完善天然气价格形成机制。随着北京市大气环境治理力度的不断加强,发展城市燃气、使用天然气替代燃煤、改变城市能源结构成为北京市治理大气环境污染的重要措施之一。坚持"公平合理、公共利益优先"的原则,在综合考虑市场资源合理配置和保证社会公共利益的前提下,完善价格形成机制和管理方式,建立与物价水平、居民收入水平以及企业运营成本相适应的价格联动机制,进一步完善燃气价格制定和调整的专家论证、价格听证、定期审价制度,适时放开计划内民用液化气的销售价格。努力完善天然气市场的比价关系,使天然气与电、天然气与液化石油气等的比价关系趋于合理。

6. 完善资源性产品价格改革配套机制。

更多的使用税收杠杆。资源开发补偿缺失的根源在于资源税费制度的不合理。要抓紧重构资源税费制度①,理顺资源的收益分配关系,扩大资源税的征收范围,提高税负水平,改革计征方式,由按量计征改为按价计征,或部分资源改为按储量计征,同时构建一个包含资源税的资源类产品财税调节体系,使与资源开发相关的各利益主体特别是资源城市能获得合理补偿。

资源性产品价格改革应适时稳步推进。2007 年以来,受食品价格上涨影响,CPI 一路上扬,通胀压力较大。水、电、气、成品油等的价格调整与人民生活关系密切,是影响 CPI 走势的重要因素。另外,水、电、气、油都是上游产业,

① 路卓铭、刘乃军.我国资源价格改革的战略思考[J].价格理论与实践,2007(5)

其价格的变动将对下游其它产品产生较大范围的影响，使企业新增的能源成本向下游传导，进一步抬高消费品价格，对宏观经济而言，有一定风险，其涨价压力不亚于食品。因此，在进行资源性产品价格改革的同时，要做好稳定物价的其他工作，并且改革要分期分批适时推进，确保价格总水平的基本稳定。

做好对低收入居民的补贴工作。资源性产品与一般商品相比具有社会共用性、相对垄断性等特点，这就决定在资源性产品价格制定上不仅要考虑生产成本、市场供求等一般性因素，更要考虑到社会公众的承受能力。资源性产品多为生活必需品，其价格调整对居民生活的影响较大，对低收入居民生活影响更突出，因此在价格改革的同时要做好对低收入居民的补贴工作，对由于资源产品提价而导致的低收入居民支出的增加，政府应考虑适当提高低保标准或发放价格补贴。

总之，资源产品具有不可再生性，保护和合理开发利用资源，是科学发展观与可持续发展的内在要求。价格管理部门既要按照科学发展观的要求，坚持市场化的改革取向，更大程度地发挥市场在资源配置中的基础性作用，建立市场调节与政府调控相结合、以市场调节为主导的能源价格形成机制，还要履行好社会管理者的职责，充分考虑社会各方面的承受能力，稳步推进，把改革的力度和社会的承受能力妥善地结合起来，既合理地保护了资源，又促进了经济又好又快的发展，同时还能避免给居民生活带来太大负担。

作者：北京市调查总队

我国资源性产品定价机制研究

在我国经济快速增长过程中，资源成为影响经济增长的重要因素，甚至成为影响经济增长的瓶颈因素。因此，研究如何解决资源制约和调节资源分配问题已经成为我国经济中的热点课题。价格作为调节资源分配和使用的重要杠杆，研究如何科学制定资源性产品价格，对合理调节资源生产和分配具有十分重要的意义。本课题研究的资源是指自然资源，我们试图从整体上研究资源性产品价格的构成和资源价格调节机制，并选择石油、天然气、煤炭和水作为重点研究对象，为科学制定资源性产品价格提供决策参考。

一、资源性产品价格的基本概念、特征和影响资源性产品定价的因素

(一)资源和资源性产品价格的基本概念

在研究问题之前，我们有必要区分什么是资源和什么是资源性产品。何谓资源?《辞海》对资源的解释是:“资财的来源，一般指天然的财源”。联合国环境规划署对资源的定义是:“所谓资源，特别是自然资源是指在一定时期、地点条件下能够产生经济价值，以提高人类当前和将来福利的自然因素和条件”。马克思在《资本论》中说:“劳动和土地，是财富两个原始的形成要素”。恩格斯的定义是:“其实，劳动和自然界在一起它才是一切财富的源泉，自然界为劳动提供材料，劳动把材料转变为财富”。(《马克思恩格斯选集》第四卷，第 373 页，1995 年 6 月第 2 版。)马克思、恩格斯的定义，既指出了自然资源的客观存在，又把人(包括劳动力和技术)的因素视为财富的另一不可或缺的来源。可见，资源的来源及组成，不仅是自然资源，也包括人类劳动的社会、经济、技术等因素，还包括人力、人才、智力(信息、知识)等资源。据此，所谓资源指的是一切可被人类开发和利用的物质、能量和信息的总称，它广泛地存在于自然界和人类社会中，是一种自然存在物或能够给人类带来财富的财富。或者说，资源就是指自然界和人类社会中一种可以用以创造物质财富和精神财富的具有一定量的积累的客观存在形态，如自然资源、人力资源、信息资源等。本课题研究的是自然资源，适合联合国环境规划署对资源的定义，自然资源主要包括土地资源、矿产资源、森林资源、海洋资源、石油资源等。

资源性产品，就是主要以自然资源为载体的产品。资源是资源性产品赖以生产的基础。经过人类劳动，开采出的石油、煤炭、矿物等，是资源性产品，不是资源。对于一个地方来说，基础性的自然资源如土地、矿藏、水、气候基本上是天然形成的，资源性产品却是通过贸易可以获得的。

资源价格和资源性产品价格是具有不同含义而又有联系的两个概念。

资源价格，从经济学上的定义是:自然资源因其稀缺性特点，在长期中弥补供需缺口的价格。它是指某种资源在经济发展到一定程度上，由于需求量的增加产生资源供应紧张，出现资源供给瓶颈，影响资源性产品价格上涨的部分。它是反映资源稀缺程度的指标，其价格的高低，与经济发展对它的需求成正比，与人们对其供给紧张程度的预期成正比，与替代产品的可替代性成反比。在国内，部分专家将资源价格定义为资源所有者出让资源获得的收益，或者资源使用者获得资源需要付出的费用，也称为资源费。

资源性产品价格是指资源被开采或加工后出售的产品价格，包括产品的生产成本和利润。按流通环节分，有资源性产品的出售(购进)价

格、出厂价格和零售价格，如石油产品有原油购进价格、成品油出厂价格和零售价格。本文重点研究的是资源性产品的出售(购进)价格。

从资源性产品价格和资源价格的含义可以看出，资源价格不同于资源性产品价格。

资源价格与资源性产品价格又具有较强的联系。这就是资源价格或资源费是构成资源性产品价格的一部分，随资源的稀缺性程度而变化。当资源供给极为充足，表现不出其稀缺性特点之时，资源价格为零；当资源供给小于需求，表现出其具有稀缺性特点之时，资源价格形成，并成为资源性产品价格的一部分。随着资源的重要性增加，资源价格或资源费越来越成为构成资源性产品价格的重要部分。

(二)资源的特性

资源具有与一般商品不同的特性，因资源的特性不同，对资源性产品的价格影响很大。

一切资源特别是自然资源都有其共同的特性，大致可概括为五个方面，即：有限性、整体性、地域性、多用性、经济性。

1. 资源的有限性

资源的有限性是资源最重要的特征，包括两个方面的含义：

(1)任何资源在数量上总是有限的。因为一切资源的基础——自然资源是有限的。除气候资源外，其他自然资源如土地资源、森林资源、矿产资源、海洋资源、草场资源等都是有限的，不是取之不尽、用之不竭的。而社会资源中的技术资源和经济资源，则是利用自然资源(如矿产资源、森林资源等)生产出的。所以，由于自然资源是有限的，社会资源必然也是有限的。

(2)可代替资源的品种是有限的。为了满足人们生产和生活的某种需要，必须投入一定品种和数量的资源。根据实际需要所投入的资源品种可以相互代替。如为了发电，可以利用煤、石油、天然气、水力、风力、潮汐、地热等资源，尽管可用于发电的资源有很多种，但是其种类总是有限的。

2. 资源的整体性

各种资源特别是自然资源在生物圈中相互依存，相互制约，构成完整的资源生态系统。其中任何一个要素的变化，必然会引起其他要素的相应变化。各要素之间的相互依存，相互作用，互为因果，关联交织构成一个统一的整体。一种资源的数量或质量发生重大变化，或一种资源与另一种资源相互关系发生重大变化，都可能引起局部甚至整体的变化。例如，开采地下资源造成的大面积采空区，在重力作用下能导致地层断裂、弯曲、陷落和崩塌，产生一系列的槽形凹地，使其表面的土地资源和生态环境遭到破坏。

3. 资源的地域性或称区域性

自然资源在地域上的分布是极不均衡的，不同区域有不同的自然资源优势。如我国山西省的煤炭资源的探明储量占全国总储量的 27%以上；长白山区的森林面积和木材蓄积量分别占全国的 11%和 13%。从世界范围看自然资源的分布也是极不均衡的，如波斯湾盆地面积只不过 10^6 km2，但已探明的石油蕴藏量约占世界总储量的 58%；南非的黄金储量占世界总储量的 50%。

4. 资源的多用性

资源一般都有多种功能和用途，可满足多方面的需要，同一种资源可以作为不同生产过程的投入；不同的行业或部门对同一种资源存在着共同的需求；同一行业或同一部门的不同经济单位存在着对同一种资源的共同需求。资源的多用性，适应了人们对物质需求的多样性。

5. 资源的经济性

从资源经济学的角度看，一切资源均有使用价值，没有使用价值就不称其为资源。但资源不一定都有价值。具体来讲，有三种情况：

第一种情况是，有一部分自然资源是取之不尽用之不竭，如太阳能、风能等，它们都有使用价值，不需要投入人类劳动即可利用，而且是无偿使用，所以它没有价值。

第二种情况是，有一部分自然资源是客观存在，有其特定的使用价值，如果不加入人类劳动，它虽然有使用价值但无价值，一旦投入人类劳动，它就变得既有使用价值又有价值。如自然风光是一种旅游资源，它的使用价值是观赏价值，当完全对外开放时，旅客可自由进入；当将其开辟为风景区、旅游区或公园时，投入必要的劳动，使其具有了价值。

第三种情况是，有些资源特别是自然资源，不投入必要劳动就无法被人们所利用。它本身既有使用价值又有价值。如煤炭、原油、天然气等，只有经过开采、加工后才能满足生产和生活的需要，其使用价值才能实现。

(三)影响我国资源性产品价格的因素

资源性产品具有一般商品的属性和特征，更具有特殊商品的属性和特征。资源性产品价格具有一般商品主要由成本决定价格、由供需调节价格的特点，更具有由需求决定价格、由供需调节价格的特点。

1. 资源的自然属性和资产属性

自然资源是指直接能从自然界中获得并用于生产和生活的物质与能量。概念中包含了三层含义。一是作为自然资源必须能直接从自然界中获得，即自然资源必须具备“自然属性”；二是作为自然资源必须能用于生产和生活，即必须具备“经济属性”，亦即对人类“有用”。三是自然资源不仅包括了能从自然界中直接获得并用于生产和生活的物质，同时也包括了能用于生产和生活的能量。随着自然资源稀缺性的突出，以及现代产权市场、资本市场的发展，资源的资产属性日益凸现。

不同种类资源的自然属性不同，生产、流通的技术组织体系特征差别较大，各自的价格形成机制也不相同。即使对一种资源，其上中下游的产业技术、产业组织和市场需求的特点也不一样，不同环节的定价机制也存在较大差别。同时，资源产品定价已开始向资源资产定价转变，资本市场尤其是期货市场对一些战略性资源价格的影响越来越大。

2. 资源禀赋

我国的资源禀赋与国际上的资源大国相比有自己的特点，概括而言就是：人均值很低，分布不均，能源储量结构不佳，优质能源少。如我国石油、天然气、煤炭、水电等能源总量约占世界的10%，但人均能源可采储量远低于世界平均水平。资源禀赋不足，对国内市场价格影响较大。

3. 开发利用资源的成本

开发利用资源的成本包括生产成本、运输成本、社会成本等。我国开发利用资源的成本一般高于国际水平。

4. 环境税

资源的开发一般会引发环境问题，使我国近年来逐渐开始重视环境税的征收，使环境税成为影响资源价格的重要部分。这里所说的环境税是狭义的，即是指同环境污染控制相关的税收手段，包括排污税、产品税（消费税）、税收差别、税收减免等。

5. 资源在国际上的可获得性

在一个开放的国度里，部分资源可以从国际市场获得。从而国际市场价格和从国际市场获得的数量对国内市场资源性产品价格产生重要影响。我国当前最大难点在于对资源的国际价格缺乏影响力。自然资源的消费和供给都具有较大的集中性，这种集中性使发达国家、资源输出国家和组织、跨国公司以及国际投资基金对国际资源的价格具有重大影响。少数发达国家，利用自身的需求规模和综合实力优势，积极干预国际价格，并且越来越重视国际期货市场的作用。

6. 资源之间的相互转换和替代

资源的相对稀缺性以及各国资源禀赋的差异决定了资源之间的相互转换和替代是必然选择。这种选择的结果决定了相互替代资源之间需要合适的比价关系，以及它们之间价格的相互影响。在未来相当长的时间内，我国一次能源消费将依然以煤炭为主，但是从中长期看，必须在能源多元化上做出更大的努力。发展天然气和水电是可行的选择。就天然气而言，随着全球LNG（液化天然气）贸易的迅速发展，天然气将在各国能源消费结构中占据重要地位。

二、我国资源性产品价格走势及影响

(一)近期我国资源性产品价格变动情况

近几年来，我国经济保持高速增长，对资源性产品的需求逐年增加，受市场因素的影响，成品油、煤炭、天然气、水等能源资源产品价格普遍和持续上涨。

2001～2006 年我国部分资源性产品出厂价格同比指数表(以上年价格为 100)

品　名	2001 年	2002 年	2003 年	2004 年	2005 年	2006 年	累计上涨
原　油	71.98	94.08	119.76	120.34	131.08	122.30	56.5%
天然气	98.79	100.92	103.56	102.39	102.82	105.29	14.4%
无烟煤	118.24	119.15	103.97	118.53	129.88	105.10	137%
自来水	107.04	105.79	105.28	104.10	104.03	106.73	37.8%

资料来源:国家统计局

原油、成品油价格:受国际经济持续增长和国际政治影响,国际原油价格出现大幅上涨,导致国内原油价格从 2003 年起持续以两位数的幅度飙升。与 2002 年比,2006 年原油价格上涨 131%,目前,国际原油价格已经突破每桶 90 美元,比 2006 年又有大幅上涨。国内成品油价格随原油价格上涨。2005 年 3 月 23 日国家有关部门上调汽油出厂价格每吨 300 元,5 月 10 日起上调柴油出厂价格每吨 150 元,6 月 25 日起上调汽油、柴油出厂价格每吨 200 元和 150 元,7 月 23 日汽油价每吨提高 300 元。2006 年 3 月 26 日,国家发改委将汽油和柴油出厂价每吨分别提高 300 元和 200 元;5 月 24 日,国家发改委再次将汽油、柴油和航空燃油出厂价每吨提高 500 元。2007 年 11 月 1 日,国家发改委又一次将汽油、柴油和航空煤油价格每吨各提高 500 元。

天然气价格:2001 年至 2005 年,受政府控价影响,天然气价格稳中有升,与 2000 年相比,2006 年我国天然气价格只上涨 14.4%。2005 年 12 月 26 日,国家发改委改革天然气价格形成机制并提高天然气出厂价,国内天然气价格进入上涨通道。如四川省从 7 月 1 日起将工业用户天然气价格上调了 10%;12 月 22 日,北京召开民用天然气价格听证会,将居民生活用气价格每立方米上调 0.15 元,调整为每立方米 2.05 元,调幅 7.9%。

煤炭价格:多年来我国煤炭价格持续大幅上涨,2006 年与 2000 年相比上涨 1.37 倍,是资源性产品价格中上涨最大的品种之一。2007 年,国内煤炭价格仍然持续上涨,基本与国际接轨。由于国内需求增加,价格上涨,导致我国开始成为煤炭净进口国。

自来水价格:2001 年以来全国自来水价格持续上涨,2006 年与 2000 年相比上涨 37%。目前,全国各大城市对居民生活用水实行阶梯式计量水价制度,水量用得越多,水价越高。

近几年在资源性产品价格变动呈如下特点:

1. 初始资源性产品价格涨幅高于下游商品价格。初始资源性产品价格主要体现在原材料、燃料、动力购进价格,2003 年到 2006 年,全国原材料、燃料、动力购进价格分别上涨 4.8%、11.4%、8.3%、6%,平均年上涨 7.6%;下游的工业品出厂价格上涨 2.3%、6.1%、4.9%、3%,平均年上涨 4.1%;商品零售价格分别为 -0.1%、2.8%、0.8%、1.0%,平均年上涨 0.9%。这表明初始资源性产品价格涨幅高于下游商品价格。

2. 市场化程度高的资源性产品价格涨幅高于计划性强的资源性产品价格。在全球经济一体化的大环境下,我国有色金属矿产品、黑色金属矿产品等市场化程度高的资源类产品价格融入了全球定价体系,如有色金属、黑色金属等,在市场旺盛需求和国际游资投机性炒作的作用下,铜、银、锌、铅、黄金、白银等金属价格大幅上涨。2005 年我国有色金属冶炼及压延加工业产品出厂价格同比上涨 11.7 %。而长期以来,我国水、电、煤气、热力实行政府定价,天然气和成品油的出厂价格实行政府指导价。此外,政府还可干预电煤、天然气和水价格。与国外相比,我国电煤、焦炭、天然气、水、电的价格均相对较低。原油和成品油的价格虽然根据国际市场油价变动情况进行调整,但调整时间滞后,调整幅度也低于国际原油和成品油的涨幅。2005 年我国水的生产和供应产品、电力、热力的生产和供应产品同比分别上涨 4%和 4.2%。市场化程度高的资源性产品价格涨幅高于计划性强的资源性产品价格涨幅。

(二)资源性产品价格大幅上涨的原因

1. 经济高速增长与资源供给瓶颈的矛盾。我国经济持续高速增长，2004～2006 年我国国内生产总值(GDP)同比分别增长 9.5%、9.9% 和 10.5%。影响我国经济增长的三驾马车中，其中投资增长速度很高，2004—2006 年，固定资产投资分别增长 25.8%、25.7% 和 24%，对经济增长的贡献最大。其中，2006 年房地产业投资增长 25.4%，交通运输、仓储和邮政业投资增长 25.7%，两者总投资额超过 3.2 万亿元，占投资总额的三分之一以上。消费增长较快，2004—2006 年社会消费品零售总额同比分别增长 13.3%、12.9%和 13.7%。在居民消费中，房产消费和汽车消费成为当前消费升级的主要品种。这些投资和消费基本上是有形产品，是实物产品，均需要巨大的资源来支撑，但资源的稀缺性使其增长受到限制，2006 年，一次能源生产总量只比上年增长 7.3%，其他一些资源增长也相对较低。经济高速增长与资源供给瓶颈的矛盾，导致资源价格上涨较大。

2. 我国资源供给不足，利用率低，加剧了资源性产品价格上涨。我国人均资源不足，与世界平均水平相比，石油、天然气、煤分别为 11%、4.5%和 79%，45 种矿产资源不到 50%，铁、铜、铝的储量分别只有 1/6、1/6 和 1/9。据中国国土资源经济研究所预测，中国现有的 45 种主要矿产资源的储量，能够保证 2010 年供给的只有 24 种，能够保证 2020 年供给的只有 6 种，其中最短缺的是油、气资源。与此同时，我国资源利用效率低。2004 年我国 GDP 按现行汇率计算占全世界 GDP 的 4%，但消耗了全球 8%的原油、10%的电力、19%的铝、20%的铜、30%的钢材和煤炭。单位产值能耗是世界平均水平的两倍多。这种资源供给不足、利用率低的情况，更加突出了资源的瓶颈效用，加剧了资源性产品价格上涨。

3. 我国经济对外依存度提高，国际市场变动对国内资源性产品价格产生影响越来越大。入世五年多来，国际经济对我国的影响愈发深刻，我国可以从世界各地进口所需要的资源，同时在世界市场上销售我们的产品。这种关系，一方面使我国经济对外依存度提高，另一方面使国际市场价格对国内资源性产品价格产生重要影响。

国内资源不足，从国际市场上大量进口资源，使我国经济对外依存度提高。以铁矿石为例，2003 年为 1.48 亿吨，2004 年 2.08 亿吨，对外依存度均超过 50%。1990 年，我国主要矿产资源的对外依存度为 5%，2004 年已达 50%以上。2005 年我国原油消费占世界总消费量的 8.3%，对外依存度为 45.5%。经济对外依存度提高，国际市场变动对国内资源性产品价格产生越来越大的影响。2006 年我国原油、铜、铝、铁矿石的对外依存度分别达到 45%、53%、47% 和 51%。

2005 年我国主要资源消费量和对外依存度

	单 位	消费量	占世界总消费量的比重(%)	在世界上位次	进口占消费量的比重(%)
石油	万桶/天	660.0	8.3	2	45.5
铝	万吨	711.9	22.5	1	8.9
铜	万吨	363.9	21.6	1	33.6
镍	万吨	20.1	15.2	1	52.7

资料来源：国际能源署，世界金属统计局，美国农业部，联合国粮农组织等。

(三)资源性产品价格变动对我国经济和社会造成的影响

1. 资源性产品价格上涨对处于工业行业上、下游企业造成影响各异。资源性产品价格的上涨直接造成下游工业行业的企业成本增加，利润减少，而对上游行业特别是处于垄断地位的上游行业的企业提供了获取的暴利契机。

近三年，由于国际原油价格持续上扬，加之有色金属、煤炭、电力等能源资源价格持续走高，对下游的化工行业、电解铝行业、制造业等行业的利润产生了重要影响，成本骤增使许多企业告别了盈利高增长时代，部分企业如炼油企业甚至亏损。如2005年底国家提高天然气出厂价格。根据不同油田供气情况不同，各油气田供工业和城市燃气用天然气出厂价格每千立方米提高50至150元；化肥用天然气出厂价格每千立方米提高50至100元，涨价的平均幅度在10%左右。这对以天然气为主要原料的下游化工产业带来了巨大的影响。四川某气质尿素生产企业每年需消耗天然气20亿立方米，如果按化肥用天然气每立方米涨5分钱计算，该企业一年就要为涨价的天然气多支出1亿元。由于尿素属于支农产品，由国家定价，因此天然气涨价给企业带来的成本增加，目前只能靠企业自身消化，企业利润大幅下降。

由于资源性产品价格上涨，上游行业特别是处于垄断地位的上游行业产生的暴利。据统计，2005年国资委下属的中央企业共实现净利润5000多亿元，其中中石油一家就实现利润1333亿元。2007年上半年，中石油实现利润807亿元，中石化实现利润349亿元，两家石化企业实现利润几乎占到央企的半壁江山。事实上，中国的石化产业基本上是由中石油、中石化、中海油三家大企业控制，它们的利润很大程度来自于价格上涨因素。

2. 城镇居民因资源性产品价格上涨造成消费支出增加明显。随着人们生活水平的不断提高，人们对能源消费的需求也在迅猛增长，对能源资源的依赖与日俱增，价格上涨对居民生活的影响也越来越大。据统计，自2002年至2006年上半年的四年半中，国家对成品油的调价次数多达18次，成品油价格基本上呈直线上扬态势，尤其是2006年3月份和5月份连续两次大幅上调，湖南省的汽油和柴油零售价格攀升了17.4%和17.8%，与2002年1月相比，2007年7月长沙市90号汽油和0号柴油零售价格分别从每升2.4元和2.3元上调到4.81元和4.76元，涨幅高达100%和107%。成品油价格上涨，增加了居民一倍以上的汽油消费支出，就是出门乘坐出租车也需要多支付燃油费。

居民生活用水价格也在大幅上涨。近几年随着自来水生产价格、污水处理费提高和水资源费开征，如长沙市2007年再度提高自来水价格，由每吨1.02元提高到1.24元，污水处理费由每吨0.4元提高到0.7元，并开始开征水资源费，生活用水水资源费收费标准按每立方米0.02元征收。使2007年这次提价就由每吨1.44元提高到1.96元，上涨36.1%。比2002年1月份每吨0.87元上涨125.3%。也就是说，居民消费同样多的水，需要支付比2002年多一倍以上的费用。

3. 资源性产品价格上涨对国家经济的影响。主要体现在购买资源支出增加、国家税收增加和通货膨胀压力增大三个方面。

(1)扩大了我国购买资源价格支出。随着我国经济的持续、快速发展，一些重要原材料和能源产品已经有很大一部分依靠从国外进口，这些产品的对外依存度逐渐增大。以浙江省为例，作为耗油大省和原油净进口省，浙江石油市场油价的高低直接影响了石油进口贸易，油价上涨导致外汇支出增加。2003年至2005年，浙江进口原油支付外汇从2.2亿美元增长到6.1亿美元，年均增速120.2%，仅这三年国际油价上涨浙江进口原油分别要多支付0.06亿、1.36亿和1.74亿美元。近几年，国际能源价格和生产资料价格暴涨，扩大了我国购买资源价格支出。2004年，由于进口价格上涨，我国为原油、成品油、铁矿砂、钢材、大豆、氧化铝和塑料原料进口多支付了大约256亿美元。2005年，我国为原油等商品价格上涨多支付的数目大约也在250亿美元以上。据国家海关总署提供的资料，2006年中国原油进口量比2005年增长14.5%，但进口金额增长达39.2%。如果按照上年的平均进口价格计算，由于价格上涨，2006年中国进口原油又多支付外汇大约118亿美元。

随着发展中国家相继进入工业化阶段，形成了全球资源新一轮的需求高峰，进而使国际市场原油、铁矿石等资源性产品价格上涨呈长期化趋势，并将长期导致我国企业购买资源支付成本上升。

(2)增加了国家税收。我国资源税征税范围很小,资源税税收总额少,在我国税制体系中只是一个小税种。2005 年 1 至 10 月,全国征收入库资源税也仅为 114.5 亿元,占总税收 0.5%不到。这促使有关部门抓紧出台资源税改革方案,改进计征方式,提高税负水平。从目前发展趋势分析,我国将资源税由过去的从量征收改为从价征收将成为必然,我国资源税总额将会有较大幅度增长。

(3)促使 CPI、原材料价格指数上升,成本推动型通胀潜在压力增大。资源性产品所处行业为作为国民经济的上游产业,其价格上涨无疑将直接造成产业链中下游行业的成本上升,而这一成本压力必将转嫁到最终消费品领域。企业面对增加的成本支出只能通过压缩利润和提高产品出厂价格来消化,当这个过程延续一段时间后,最终会导致物价上涨。能源资源的涨价加大了下游企业产品价格上涨的压力,同时也加剧了潜在的通货膨胀压力。

三、资源价格理论

资源性产品价格构成与一般商品价格构成具有相同的部分,这就是生产成本部分,这部分的内容不需要我们作研究。它们的价格构成也具有不同的部分,这就是利润部分。一般商品通过竞争获得社会平均利润,资源性产品是少数企业通过资源垄断获得超额利润,并将其垄断利润的一部分作为资源价格转移给资源所有者。资源价格或资源费是如何产生的、又当如何确定和转移,这需要我作从理论上作深入研究,以便科学界定超额垄断利润的分配。因此,我们定义资源价格理论,就是研究资源价格的产生、确定方法及其归属的理论。

(一)资源性产品的价格构成

现代经济学认为,合理的资源性产品价格应由三部分组成:资源采掘、开发以及运输中的各项成本(简称“开发成本”);资源开发和消耗过程中对环境造成污染的治理成本(简称“环境成本”);由于资源没能进行持续管理而损失的未来利益(简称“使用者成本”,或者体现为合理的“价内资源税”)。可以表述为:资源性产品价格=开发成本+环境成本+使用者成本。受财税政策不完善和环保制度不健全等多种因素影响,目前我国许多资源性产品生产过程中资源破坏和环境污染的治理成本没有体现在价格中,外部成本没有内部化,环境损失不能从资源性产品销售中得到补偿。国家作为资源的所有人,在资源性产品价格构成中也只获得很少部分的收益,有的甚至没有收益,没有体现出资源所有者的权益。因此,目前的资源性产品价格构成有较大的不合理成份,特别是资源性产品的“价内资源税”部分即资源价格部分较少甚至没有纳入到资源性产品价格之中,需要研究解决。

(二)资源价格的产生

从资源性产品的价格构成公式中,可以看出我国许多资源性产品价格并未将环境成本和使用者成本包括在内,即使包括也没有反映全部内容。本课题认为环境成本应当作为企业的硬性成本支出而不作更多研究,应当着重研究使用者成本或价内资源税部分,因为它是资源性产品价格构成中最活跃的部分。

资源并不是天生就有价格,它是伴随着资源所有者对其占有、垄断,在需求大于供应的情况下产生的。如土地,在地主占有而农民因土地资源的限制,不得不租用地主的土地进行生产之时产生了地租。过去,人们并不把水当作资源,就像现在的人们把空气当作取之不竭,用之不尽的物质一样,因此,不产生水资源价格。但现在,水的供应开始紧张,水是一种资源,尤其在城市是一种宝贵的资源已经成为共识。水资源价格由此产生。

资源价格是如何产生的? 我们通过均衡价格理论来分析。

1. 一般商品的价格构成

我们需要考察在完全竞争条件下,应用于所有商品的均衡价格的构成。

首先,我们有必要分析一般商品的价格构成,这也是资源性产品价格构成的相同部分。

马克思说:“按照资本主义方式生产的每一个商品 W 的价值,用公式来表示是 W=c+v+

m。m为剩余价值,c+v为生产要素上耗费的资本价值的等价物或补偿价值。商品价值=成本价格+剩余价值。一个价值额之所以成为资本,因为它是用来生产利润的,剩余价值因而转化为利润这种形式。商品价值=成本价格+利润。”(资本论选读本P233)

马克思又说:“一方面,供求调节着市场价格,或者确切地说,调节着市场价格同市场价值的偏离。另一方面,市场价值调节着供求关系,或者说,调节着一个中心,供求的变动使市场价格围绕着这个中心发生波动(资本论选读本P273页)”。这里的“中心”,是指的市场价值。

商品生产的产品价值只有通过市场交换才能实现,生产价格转化为市场价格,受供求关系影响,市场价格围绕商品价值上下波动。马克思的商品价格变为:市场价格=成本价格+利润。

马歇尔的均衡价格理论认为:一种商品的价值,在其他条件不变的情况下,是由该商品的供给状况和需求状况共同决定的。所谓均衡价格是指商品的供给与需求相均衡,从而它的供给价格与需求价格相一致的价格。

我们认为马克思说的市场价格,也就是马歇尔的均衡价格。

市场价格实际是市场供需双方形成的均衡价格,如果把市场价格转化为均衡价格,则为:

均衡价格=成本价格+利润。

我们需要对上面公式的构成进行分析。

成本价格应当分解为生产成本和环境成本。

成本价格必须包括生产成本。生产成本是维持简单再生产的基本条件。马克思说:“商品出售价格的最低界限,是由商品的成本价格规定的。如果商品低于它的成本价格出售,生产资本中已经消耗的组成部分,就不能全部由出售价格得到补偿。如果这个过程继续下去,预付资本价值就会消失(资本论选读本P237)。”

环境成本价格是企业生产过程中造成的外部影响,或称外部性。外部性分为正外部性和负外部性。正外部性是企业生产对社会产生的有利影响,负外部性是企业生产对社会产生的不利影响,负外部性典型的如烟窗排烟污染环境等。企业生产对社会产生的负外部影响理应由企业解决,根本的解决方法是企业处理污染源。处理污染源需要企业有相应的成本支出。过去我国企业和社会对负外部重视不够。但在环保社会、和谐社会建设的要求下,必须要求外部成本内部化。因此,环境成本价格应当成为企业生产经营过程中的硬性成本支出。当然,并不是所有产品都有环境成本价格,有的产品环境成本价格高,有的低,有的甚至没有。如造纸业的环境成本价格高,生产冰淇淋的环境成本价格基本为零。

公式中的利润部分应当分解为税金和利润。

企业税金是企业生产中应当向国家缴纳的费用。它是企业成本的一部分,对部分企业国家可以通过减免税的办法调整企业税金支出。

利润是企业生产中追求的主要目标。绝大部分企业以赢利为目的,并希望获得超过平均利润的超额利润。某个充分竞争的行业在一段时间内可能获得超过社会平均利润的超额利润,在另一段时间内也可能只获得低于社会平均利润的超额利润,但长期来说获得的是社会平均利润。马克思说:“商品的生产价格,等于商品的成本价格加上按一般利润率计算,按百分比应加到这个成本上的利润,或者说,等于商品的成本价格加上平均利润(资本论选读本P266页)”。

通过分解,我们得出一般商品均衡价格的构成:

均衡价格=生产成本(Produce Cost)+环境成本(Environment Cost)+税金(Tax)+社会平均利润(Social Average Profit)

一般商品的均衡价格,以冰淇淋为例,供给和需要在O点形成均衡价格,均衡价格为P。

价格P=生产成本+环境成本+税金+利润。当供给和需要变化,产生的均衡价格点向上或向下移动,生产成本、环境成本、税金和利润均有所变动,但前三者变动幅度较小,利润是变动最大的因素。这里,受供求变化的影响,短期利润虽然变动很大,但因市场的充分竞争,长期中,一般商品获得的是社会平均利润。

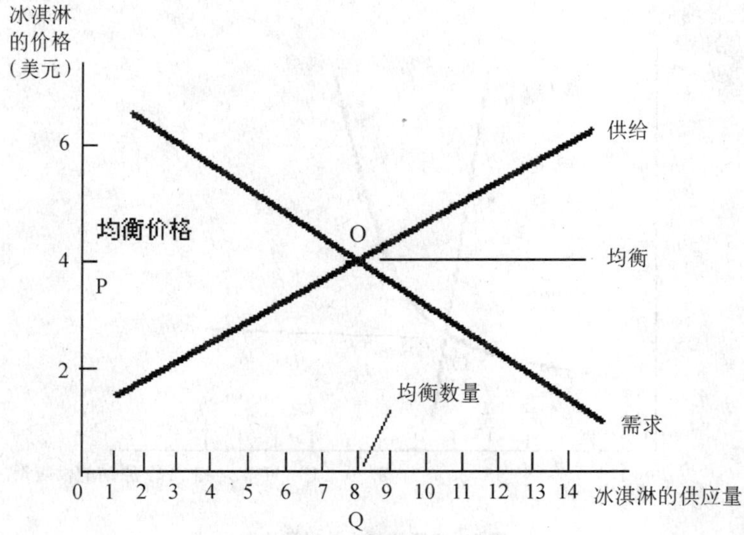

图 1 一般商品的价格决定

2. 资源性产品的价格构成

根据资源性产品的定义可知:资源性产品具一般产品的特征和属性,但它又不是一般产品,它还有“稀缺”的特殊属性。其价格构成既有一般产品的部分,还有一般产品所不具有的部分。资源性产品均衡价格构成公式为:

均衡价格＝生产成本(Produce Cost)＋环境成本(Environment Cost)＋税金(Tax)＋社会平均利润(Social Average Profit)＋资源价格(Resource Price)

在上面的公式中,资源性产品价格构成的成本价格和一般商品相同,被分解为生产成本和环境成本。利润部分则分解成为税金、社会平均利润和资源价格。

为什么利润要分解成为税金、社会平均利润和资源价格呢?税金和一般商品相同,是企业必须支出的部分。资源是垄断的、是稀缺的,由此带来远远超过平均利润的超额利润,并且长期存在。这些超额利润并非技术提高或管理水平提高的结果,而是因稀缺造成垄断的结果。分解成为社会平均利润,是因为假如在没有稀缺和垄断的情况下,各行业的竞争结果将使生产者只能获得社会平均利润。马克思说:“通过竞争而平均化为一般利润率,而一般利润率就

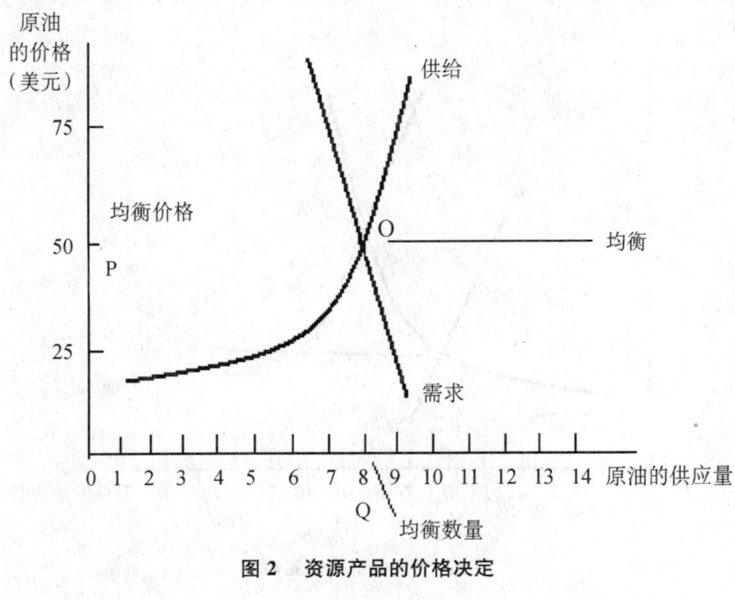

图 2 资源产品的价格决定

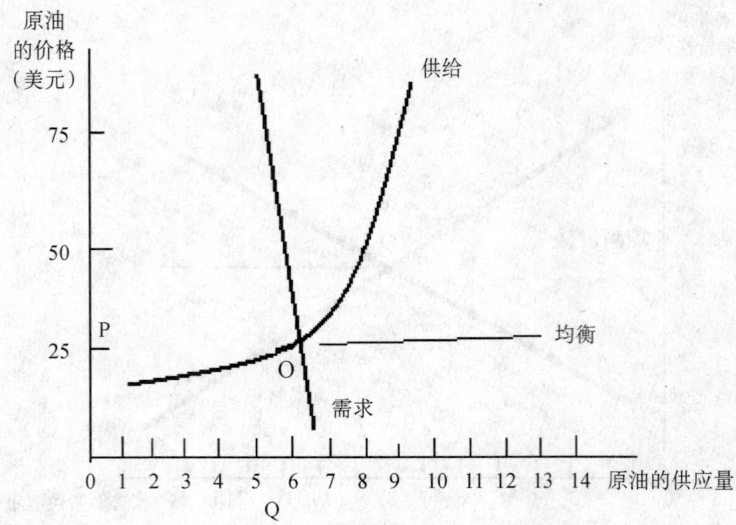

图 3　资源价格为 0 时的均衡

是所有这些不同利润率的平均数。按照这个一般利润率归于一定量资本(不管它的有机构成如何)的利润,就是平均利润”(资本论选读本 P266)。资源价格是利润扣除税金和社会平均利润后的剩余部分,即为马克思所说的地租。“地租只能来自市场价格超过价值和生产价格的余额,简单地说,只能来自产品的垄断价格”(资本论选读本 P422)。

资源产品的均衡价格,我们以原油价格为例,供给和需要在 O 点形成均衡价格,均衡价格为 P。

价格 P=生产成本+环境成本+税金+平均利润+资源价格。当供给和需求发生变化,产生均衡价格点向上或向下移动,使生产成本、环境成本、税金、利润和资源价格的总额均发生变动,但单位商品的生产成本、环境成本、税金、社会平均利润基本不变,只有资源价格变动,且是变动最大的因素。

3. 资源价格产生的起始点

资源品并不是一开始就存在资源价格,它是经济发展到一定程度的产物。在资源品供应充足,且不受限制之前,不存在资源价格。或者说在资源生产企业在未获得超过社会平均利润之前,不存在资源价格。以图 3 为例:假设图中

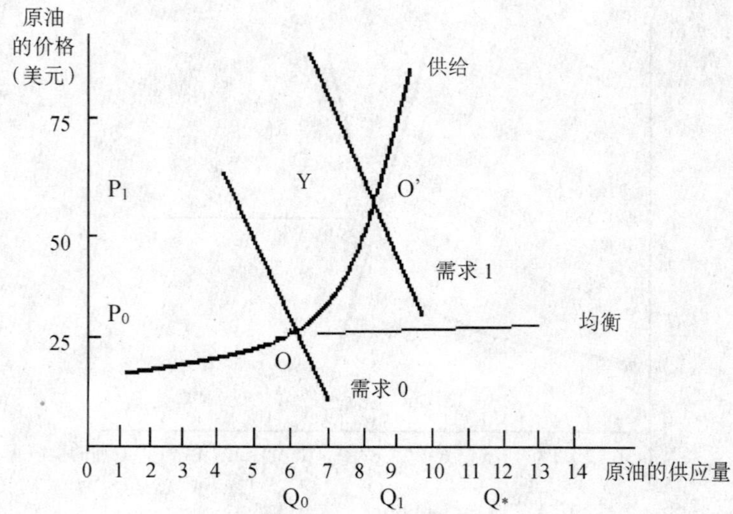

图 4　资源价格的变动

的 O 点为资源生产企业在刚好得到社会平均利润之时的均衡点，Q 为均衡数量，均衡数量为 6 个单位；P 为均衡价格，均衡价格为 25 美元。

当资源需求向右超过 6 个单位，资源的稀缺性显现，每增加一个单位的需求量，资源的市场价格上涨较多，超额利润产生，资源价格也随之产生。如图 4 所示。O 点是资源价格为零时的均衡价格，当资源因稀缺影响均衡点向上移动，资源价格就产生了。均衡点从 O 点移动到 O'时，均衡价格＝生产成本价格＋环境成本价格＋税金＋社会平均利润＋资源价格，公式中的资源价格也就由 0 上升为正数了。

（三）资源价格的确定

资源产品价格的确定有两种形式。一是由竞争或者垄断竞争形成均衡价格，一是由政府确定价格。

1. 竞争或者垄断竞争形成均衡价格，进而确定资源价格

尽管资源归属国家所有，但被部分企业垄断经营。垄断经营企业之间实际上也存在较大竞争，形成垄断竞争市场。这种竞争的结果，同样形成市场均衡价格，获取垄断竞争利润，资源价格从垄断利润中产生。

根据资源均衡价格构成公式可知：在一定生产时期内，生产成本价格、环境成本价格、税金、社会平均利润是比较稳定的，随着生产量增加，四项构成基本上呈比例上升。假如生产量基本稳定，四项构成也基本稳定。这时，均衡价格的变动实质就是资源价格的变动。实际上，绝大多数资源生产量随着均衡价格提高会有所增加，从而使供求均衡点向右上方移动。具体仍以图 4 为例。

在 O 均衡点，均衡价格 P_0＝ C＋E＋T＋P＋R。其中 R 等于 0。当资源因稀缺影响均衡点从 O 点向 O'移动，资源价格产生。在 O'均衡点，原油价格由 P_0 上升到 P_1，上涨了 OY。单位商品价格 P_1 的构成为：P_1＝C＋E＋T＋P＋R。其中 R＝P_1－P_0＝OY。

这就是说，在生产环境没有大的变化的情况下，某种资源性产品价格的变动，实际上就是资源价格的变动。

上述公式中：C 为生产成本，E 为环境成本，T 为税金，P 为社会平均利润，R 为资源价格。

2. 政府制定资源性产品价格，其中包括资源价格

某些资源，特别是基本上不能从国际市场上取得的、关系到民生等重大问题的资源，基本上由政府制定资源性产品价格。如我国的居民生活用水价格由政府相关部门制定，在向居民销售的水价构成中，政府确定了自来水价格、污水处理费和水资源费。

但部分国家对如生活用水等商品虽然实行垄断经营和行使定价权，但并不以获取垄断利

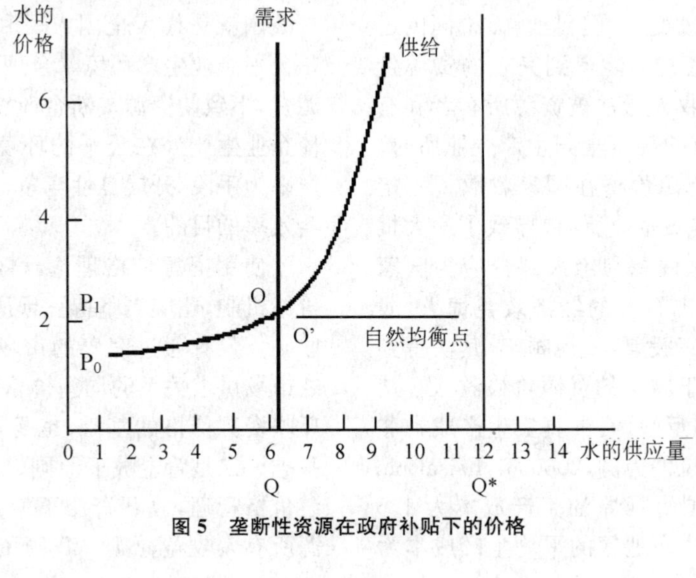

图 5　垄断性资源在政府补贴下的价格

益为目的。相反,对生产企业或者实行财政补贴,或者免税,或者只收取部分的排污费等,这种价格大多数低于自然均衡价格,甚至低于生产价格。如图 5,市场对生活用水的需求量为 Q,均衡价格为 P_0。但政府定价为 P_1,低于竞争性市场产生的均衡价格。市场对水的需求非常刚性,不会因为价格变动有所增减,需求量仍为 Q。政府对两条虚线之间的部分进行补贴。在这种情况下,更谈不上获得资源价格收益了。

(四)资源价格或资源费对利益的调节

资源价格由于稀缺性和垄断性共同存在而发生。部分企业由于争夺包括资源价格在内的利润,导致在稀缺资源上实行垄断;反过来,资源价格实际上也可成为调节生产者利益的重要工具。

1. 国家和企业争夺资源价格激烈,资源价格或资源费流失严重

从资源价格理论可以得出,资源价格是由于资源的稀缺性而产生的收入,资源价格收入应当归属资源所有者。《中华人民共和国宪法》规定:"矿藏、水流、山岭、草原、荒地、滩涂等自然资源,都属于国家所有,即全民所有"。中华人民共和国《矿产资源法》在第三条中更明确规定:"矿产资源属于国家所有,由国务院行使对矿产资源的所有权。地表或者地下的矿产资源的国家所有权,不因其所依附的土地所有权或者使用权的不同而改变"。但目前,无论国内还是国际,资源所有者并不能得到完整的资源价格收入。资源价格收入通常被资源所有者和有关生产企业瓜分,有的甚至全归生产企业所有。从国内来看,煤炭资源价格在国家收取了一定的开采费之后,基本归企业所有,导致了一大批煤老板获得暴利,这种暴利绝大部分应为国家的资源价格收入。中石油的经济效益惊人,股神巴菲特大量购买其股票,获得颇丰,其实得到的相当一部分是属于国家的资源价格收入。从国际上来看,据资料反映,石油真实生产成本非常低廉。以沙特阿拉伯为例,2000 年,Faisal bin Turki 王子透露该国每桶原油生产成本为 1.5 美元。也有人估计中东地区的平均生产成本为 5 美元,即便加上深海钻油的开采成本,据 Jayanta. Sen 的估计,2004 年每桶原油平均成本为 14 美元。在目前世界原油价格高达 90 多美元的情况下,原油超额垄断利润极高,其中原油的资源价格占最大部分。美国之所以占领伊拉克,看中的主要是其丰富的石油资源,美国企业通过石油开采获得巨额的本应属于伊拉克的石油资源价格收入。再如俄罗斯,通过石油企业国有化收回了被私人企业占有的巨额资源价格收入。

2. 使用资源价格或资源费调节使用者利益

均衡价格=生产成本价格+环境成本价格+税金+社会平均利润+资源价格,这个公式阐述了资源价格是最活跃、变动最快的因素是资源价格,也就决定了资源价格是调节资源使用者利益最有效的工具,我们应当科学使用资源价格工具调节资源使用者利益。

(五)应用资源价格理论的目的和原则

本课题提出资源价格理论,目的有两个:一是利用资源价格合理有效配置市场资源,调节垄断利润,并转化国家财政收入。资源因稀缺性使部分企业垄断生产,垄断生产又使企业获得巨额垄断利润,使社会资源对资源品的开发趋之若鹜,形成社会资源的浪费。垄断企业的利润又并非主要由劳动生产率提高的结果,这种垄断利润理应归属资源所有人,这个所有人在我国就是代表全国人民利益的中央政府;二是公平企业生产环境。合理征收资源价格或资源费,不致使资源垄断企业获得巨额垄断利润,使企业生产处在公平的环境中,以提高劳动生产率为手段,开展良性竞争,最后达到提高全社会效率的目的。

使用资源价格理论,科学确定资源性产品价格机制,还应当坚持三项原则:一是市场竞争原则。只有通过完善的市场竞争,才能产生反映市场供求关系的均衡价格,这种均衡价格,是反映资源价格的基础,也是从价征收资源税的基础。二是管上放下原则。即着重加强资源上游价格管理,放开资源下游产品价格。三是资源所有人收益原则。我国资源为国家所有,坚

持资源所有人的收益原则，既能保证国家收益，又能公平企业生产环境。

资源品种众多，我们只研究石油、天然气、煤炭和水等四个有代表性的品种，以期通过对它们的研究，推广到其他资源性产品价格定价机制的应用。

四、石油价格定价机制现状、问题和改进办法

(一)国外石油价格定价机制情况

近30年来，世界石油价格形成机制经历了从西方石油公司定价，到OPEC定价，再到由期货交易所以石油期货价格作为定价基准的自由市场定价模式的转变，已经形成了较为完整的现货市场和期货市场体系，其定价机制也日趋成熟。目前，世界各国的国内市场成品油价格形成机制主要有市场竞争形成价格和国家定价两种。

目前全球范围主要的石油现货市场有西北欧市场、地中海市场、加勒比海市场、新加坡市场和美国市场。全球范围内主要的石油期货市场包括纽约商品交易所、伦敦国际石油交易所以及最近两年兴起的东京工业品交易所。世界石油市场的格局决定了其定价机制。目前，国际市场原油贸易大多以各主要地区的基准油为定价参考，以基准油在交货或提单日前后某一段时间的现货交易或期货交易价格加上升贴水作为原油贸易的最终结算价格。期货市场价格在国际石油定价中扮演了主要角色。特别需要指出的是，在纽约、伦敦、新加坡全球三大石油市场，纽约商品交易所的WTI价格是其他两个市场的风向标，OPEC的油价实际上也与WTI同向浮动。

成品油价格基本由市场供求决定，以美国为例来说明。目前，美国炼油厂所生产的成品油在国内外市场的售价完全由市场决定。美国国内有两个有代表性的成品油现货市场：一个是墨西哥湾和得克萨斯州地区，另一个是东海岸的油品消费地区。这两个市场的油品价格由供求关系决定，并随着国际市场油价的波动而波动。但是，成品油的最终价格都是由市场来决定的，其国内成品油的零售价视地区和季节的不同而有所不同。而且，美国政府还一直将维护石油安全作为国家战略，并通过发布消息、调动国际资本等手段控制WTI价格，从而使得国际能源价格按照美国希望的方向浮动。

(二)国内石油价格定价机制现状

1998年，为配合石油、石化集团公司的改革和重组，国家对原油、成品油价格机制进行了重大改革，改变了单一政府定价的模式，改革的主要内容是：石油、石化集团公司之间购销的原油价格由双方按照国内陆上原油运达炼厂的成本与进口原油到厂成本基本相当的原则协商确定。购销双方结算价格由原油基准价和贴水两部分构成，其中原油基准价根据国际市场相近品质原油上月平均价格确定（新加坡市场油价），贴水由购销双方根据原油运杂费负担和国内外油种的质量差价以及市场供求等情况协商确定。汽、柴油零售价实行政府指导价，由国家计委按进到岸口完税成本为基础加国内合理流通费用制定各地零售中准价，石油、石化集团公司在此基础上在上下5%浮动的幅度内确定具体零售价格。通过这次改革，国内原油价格实现了与国际市场的接轨，成品油价格确立了与国际油价变化相适应、在政府调控下以市场形成为主的价格机制。

2001年，随着我国成为石油净进口国以及适应成品油市场发展的要求，国家计委对成品油价格形成机制进一步改革，主要内容是由单纯依照新加坡市场油价确定国内成品油价格改为参照新加坡、鹿特丹、纽约三地市场加权平均价格调整国内成品油价格，并扩大汽、柴油零售价格的浮动幅度，浮动幅度由5%扩大到8%。这个机制一直沿用至今。

(三)我国石油定价中存在的主要问题

长期以来，影响国际原油价格的因素主要有三种：石油产量、石油需求以及为控制石油而进行的政治争夺因素。进入21世纪以来，由于产量增长幅度有限而需求增加势头不减，再加上政治因素，使得国际石油市场出现了新的特

点:低油价时代将一去不复返,国际社会要适应进入一个高油价、高成本的年代。这个大环境的变化使得我国原先在石油价格平稳时期所形成的成品油定价机制的弊端越来越突出,越来越不适应环境变化。

1. 油价调整机制只是一种机械接轨。原油完全按照国际油价变动情况,成品油价格调整在一个区间内波动。这既忽视世界各地成品油销售消费结构、习惯、季节变化及需求与国内市场不尽相同的事实,难以反映国内石油市场的供求变化,也使原油进价与成品油销价不匹配,难以反映国内炼油企业的生产成本,这不利于产销衔接。

2. 成品油调价时间滞后且价格调整幅度低于国际油价,导致油价倒挂。现行国家确定的成品油零售中准价,是要在国际市场三地价格加权平均变动超过一定幅度时才作调整,价格调整的时滞容易引发市场投机行为,影响正常流通秩序。我国油价出现倒挂现象:国际原油价格攀升,炼油企业原油采购价格不断上升,而成品油的价格却并没有随之提高,造成成品油价格低于企业的炼油成本,企业越炼越亏,今年以来这种情况表现更为突出。我国成品油价格调整幅度还低于国际油价,容易误导消费行为,很难达到节约能源的目的。一个最显著的例子是,相对较低的油价助长了一些大排量、高耗能轿车的使用,同时导致部分地区、部分产业出现经济过热。

3. 利用税收手段调节石油企业利润力度弱。如何利用税收手段调节石油企业利润。目前我国的石油对外依存度只有30%－40%左右,国内自产原油及成品油仍占大头,国内原油基准价根据国际市场相近品质原油上月平均价格确定,在国际原油价格大幅上涨的情况下,石油行业利润基本上集中在采油环节,下游行业微利甚至亏损。但国内资源税开征力度很小,社会普遍认为石油企业得到了不合理的高额利润。

4. 我国在国际石油定价中的话语权弱。由于中国资本市场尚未完全开放,可以参与海外石油期货交易的四大公司仍受证监会的严格监管(目前,四大公司只能做套期保值,不能从事期货投机),加上国内石油期货市场刚刚开始建设,我国在国际石油定价体系中几乎没有发言权。

(四)完善我国石油定价机制的办法

石油具有战略性资源、国际上可获得的特殊性质,同时它又是高度垄断竞争产品,由此产生国际石油均衡价格,各国基本上是世界石油均衡价格的接受者。因此,我国石油定价机制的思路是:

在原油方面:一是我国应当积极参与国际石油价格的形成,积极建设国内石油期货市场,增强我国在世界石油定价中的话语权;二是以国内和国际主要市场石油期货和现货价格为基础,按照国际惯例,以基准油在交货或提单日前后某一段时间的现货交易或期货交易价格加上升贴水作为原油贸易的最终结算价格,实现国内石油价格与国际市场接轨。三是以原油贸易的最终结算价格为基础,以资源价格理论的资源价格确定方法作依据,向国内石油生产企业征收资源税。

在成品油方面:成品油生产在石油产业链中为下游环节,按管上放下的原则,应当是放开搞活成品油的生产销售。一是放开成品油生产市场,增加各炼油厂之间的竞争,所生产的成品油在国内外市场的售价完全由市场决定,各炼油厂自负盈亏。二是建立国内成品油现货市场。价格由供求关系决定,并随着国际市场油价的波动而波动。国内成品油的零售价视地区和季节的不同而有所不同。三是放开成品油销售市场,由市场开展充分的竞争。

五、天然气价格定价机制现状、问题和改进办法

(一)国外天然气价格定价机制情况

国外天然气价格一般分为井口价、城市门站价和终端用户价,价格的变化与国际油价、国家资源丰度、经济发达程度及社会需求量密切相关。此外,周边国家的天然气资源量和进口天然气的输送距离也是造成各国天然气价格高

低的原因之一。

目前,国外天然气市场可分为垄断性市场和竞争性市场两种类型,它们在天然气链中的定价方式和采用的经济原则也截然不同。其主要差别是:垄断性市场多采用成本加利润,即天然气的采出成本加各项非气成本和投资回报率的方式,或者是依据天然气与其他燃料竞争的市场价值,也就是市场净回值定价(市场净回值=供给用户最便宜的替代燃料价格-输气成本-储气成本-税负)。通常,如果净回值定价法会产生超额利润,政府或管理当局就要限制天然气公司应用净回值定价的范畴。因此,许多国家垄断性天然气公司多采用成本加利润和市场净回值相结合的定价方式。而竞争性市场根据竞争方式的不同,采用捆绑式售价或市场自由定价。在欧洲,市场净回值定价法是整个天然气链的定价基础。竞争性定价只在美国、加拿大、澳大利亚、新西兰、阿根廷、英国等实行,目前许多国家都在不断采取措施,放开市场引入竞争,当然,改革的进程还要取决于各国的天然气市场的成熟程度。

(二)国内天然气价格定价机制现状

我国天然气价格一直由政府定价,目前天然气价格实行结构气价。2001 年,国家计委已经制定出新的天然气价格体系,考虑天然气井口价和净化费用,并为此制定一个统一的价格,生产者可以根据实际情况对该价上下调整 5%~10%。同时,该价格体系也允许新管道的操作者根据距离和天然气输送量来确定管道运输费。2002 年"西气东输"工程实施后,国家对"西气东输"项目的天然气价格采取政府管制与供需双方协商相结合的定价方式。这样,天然气交易价格往往取决于买卖双方的谈判能力,不同地区、不同行业获得的天然气价格差异很大。近年来,关于天然气价格的争论很多,有的说偏高,有的说偏低,实际上站在各自不同的立场上,并没有从整个国家能源发展的高度来提出看法。

目前,我国的天然气价格是综合性的天然气结构价,终端用户价格中包含了井口价、管输费和净化费,由城市天然气公司供气的用户还有配送气服务费。在这种价格结构下,模糊的天然气综合价掩盖了天然气生产、运输等不同环节的成本。这种天然气定价机制,既未考虑到国际市场上天然气价格的变化,又未与竞争燃料的市场价格挂钩,更未体现出天然气的热值、环保、便利等社会经济优势。

(三)我国天然气定价中存在的主要问题

1. 尚未建立合理的天然气价格形成机制,一档天然气出厂价格过低,天然气价格严重偏离其市场价值。近几年来,我国基础能源和原材料价格均有较大幅度上涨,天然气价格除 2002 年有所提高外,一直未作调整,一档天然气出厂价格过低,导致国内天然气价格严重偏离其市场价值。与国外天然气价格相比,我国出厂价格仅相当于美国的 37.3%,与日本、韩国、欧盟 2004 年的进口 LNG 到岸价相比,分别为它们的 41.7%、40%和 45.2%。与相关可替代能源价格相比,只有国际市场 90 多美元的石油价格的 15%~20%。

2. 低价气造成对天然气的需求膨胀和低效利用。低价天然气带来的一个直接后果就是刺激各地政府投资天然气加工行业的冲动,如我国几个重要的天然气产省要求中石油每年提供 270 亿立方米的天然气以满足其上项目的需求,这几乎是我国一年的产气量。过低的出厂价格,对用户没有任何改善经营管理的压力,反而导致能耗高,社会资源浪费大。

3. 价格双轨制增加了天然气井配置难度,造成部分企业对国家的低价依赖政策。天然气是我国目前唯一实行双轨制的商品。国家将天然气分为计划内气量和自销气量,并实行不同的价格政策。由于双轨制的存在,增加了天然气的配置难度,天然气生产企业希望减少计划内气量,用户要求增加计划内气量。这样在天然气消费领域中就造成了一种一方面严重的供不应求,另一方面用户又声称无承受能力的怪现象。使得计划内用户过分依赖国家的低价政策,造成优质资源得不到充分利用,甚至发生大量浪费。价格承受能力较高的用户因为缺少分配计划,往往得不到充分的天然气供应。

4. 城市燃气公司的配送价格占天然气最终

用户价的比重过大。我国目前的城市燃气公司配送价格都是由各地政府价格主管部门制定的。其价格比重已占到天然气最终用户价的三分之一左右。造成城市燃气公司的配送价格比重大的原因是由于天然气出厂价和长途输送费不到位以及对燃气公司的配送成本监审不到位，致使天然气最终用户价定价显得偏高。

(四)完善我国天然气定价机制的办法

天然气同样为具有战略性的资源、国际上可获得的特殊性质，但其重要性稍逊于石油。国际上并未形成国际天然气均衡价格，进口天然气价格依靠供需双方谈判确定，但国际市场天然气价格追随国际石油价格，有一个稳定的变化趋势和价格波动范围。

我国国内天然气价格适宜采取与进口天然气价格接轨定价办法，即一方面接受国际市场天然气价格，一方面将国内天然气价格向国际市场靠拢。这样形成的价格，将形成比现在用户实际支付价格提高许多。但有两个方面的理由：一方面使用户树立资源的节约意识，不因天然气价格过低产生浪费；另一方面新提高的价格部分基本上是天然气资源价格，有利于国家税收增加。完善我国天然气定价机制的具体办法：

一是以国际市场 LNG 到岸价为基础，加上 LNG 的储存、再气化和管道运输成本，形成我国东部市场的城市门站价格。

二是由于我国天然气资源主要分布在西部，根据我国东部市场的城市门站价格，减去从我国西部气田到东部市场的管道运输成本和储存成本，形成我国西部各气田的天然气出厂价格。按照这种方法确定我国天然气的出厂价格，依据的是市场净回值定价原理。

三是以我国西部各气田的天然气出厂价格为基础，根据资源价格理论，征收天然气资源税收。

四是逐步放开天然气管网和城市燃气配送价格。

六、煤炭价格定价机制现状、问题和改进办法

(一)国外煤炭价格定价机制情况

市场经济国家中，煤炭企业与其他行业企业一样，享有充分自主经营权力，煤炭完全由市场机制配置，价格完全由市场来决定。如美国、加拿大、澳大利亚等政府依法对煤炭工业进行宏观调控，一般情况下不干预市场价格和企业的定价行为。

同时还有大多数国家采取了煤价支持制度，如加拿大、南非、俄罗斯等，规定不准低于国际市场价格和政府公布的指导价格。而在英国、德国则规定按供需双方合同规定的价格支付，国产煤价低于进口煤价的价差由政府补贴。这一方面促进了本国煤炭工业发展，加强在国际市场的竞争力；另一方面支持本国煤炭工业摆脱困境，满足国内煤炭的正常充分供应。

(二)国内煤炭价格定价机制现状

我国煤炭价格形成机制按照时间顺序大体分为三个阶段。第一阶段(1949～1985 年)：国家制定煤炭价格，价格单轨制。第二阶段(1985～1992 年)：国家控制大部分煤价，价格双轨制。1985 年前后，国家一方面支持小煤矿发展，小煤矿价格开始随行就市；另一方面对国有煤矿进行总承包，允许煤矿超产煤和超能力煤加价。开始对煤炭价格实行松动政策。第三阶段(1993 年以后)：1993 年以后国家逐步放开煤价，到 2002 年决定全部放开电煤价格，历时 10 年。这一时期，电煤仍然执行的是政府指导价，煤炭价格实际上放而未开。即使是政府决定全部放开电煤价格后，重点合同电煤价格与市场煤价格的差距仍非常大。2004 年以来，全国煤电油运全面紧张，6 月中旬国务院针对煤炭供需形势决定，“电价调整后，电煤价格不分重点合同内外，均由供需双方协商决定”，表明了政府彻底放开电煤价格的决心。然而，2005 年，国家发展改革委又重申了对电煤价格的调控措施，要求 2005 年电煤价格以 2004 年 9 月底实际结算的

车板价为基础，由煤电企业在8%的浮动幅度内协商确定。

（三）我国煤炭定价中存在的主要问题

1. 绝对价格水平低。建国初期到1991年煤炭价格放开以前，我国一直对煤炭产品实行低价政策，煤炭价格大部分时间低于成本。1992年国家放开煤价的同时又对电煤实行政府指导价，煤炭价格实际上是放而不开，电煤价格长期低于市场煤价格。

由于煤炭价格长期处于较低水平，使整个行业一直处在微利和亏损边缘。从1981年开始到2002年（其中只有1981年是微利的，当年利润仅有866万元）的22年间有21年国有重点煤矿整体亏损，最高年亏损额达到59.41亿元。按照平均利税率计算的价格扭曲率，这一时期内的煤炭价格属于严重偏低的。

2. 比价不合理。市场经济主要是通过价格信号配置资源的，而这种价格信号主要是指相对价格（或比价）。判断煤炭价格是否合理在看绝对价格的同时，更要看煤炭与其他商品和生产要素的比价以及与其他能源产品的比价是否合理。从能源比价看，世界上普遍存在煤炭价格偏低的现象，据国际能源机构（EIA）统计报告显示，按照同等发热量计算价格，以1995年经合组织国家能源价格为例，发电用油、发电用天然气、民用天然气、发电用动力煤、工业用电、民用电的比价关系为10:8:27:5:62:100。到2002年，除煤炭以外，世界能源市场其他能源品种比价有不同程度上调，以能源消耗大国美国为例，上述能源品种比价关系为15:17:37:5:58:100。我国能源市场煤炭价格偏低的现象比较突出。据测算，2002年我国煤炭、汽煤油、液化天然气和电力终端销售价格比例关系则为7:49:37:100。

3. 出矿价与到厂价存在较大差距。煤炭价格通常包括出矿价、中间价（港口价）和到厂价格。煤矿计算效益的价格是出矿价。我国煤炭销售中间环节比较多。目前销售中间环节费用上涨幅度比较大，分流了部分煤矿价格上涨收益。

4. 电煤价格上涨低于其他生产资料的上涨幅度。计划经济时期，我国煤炭价格总体水平基本没有大的变动，再加上国家对国有煤炭企业实行统收统支政策，收入与企业经济效益不挂钩，煤炭价格上涨低于生产资料价格上涨幅度的矛盾并不突出。随着市场经济的发展，我国工业品出厂价格（除少数，如电力价格外）几乎全部由市场决定。生产资料价格由市场决定，在这种情况下占煤炭消费总量一半以上的电煤，政府指导价则长期低于市场价格。

（四）完善我国煤炭定价机制的办法

2007年，海关总署预计全年我国煤炭进口将超过5000万吨，首次成为煤炭净进口国。但煤炭市场完全由国内供需双方主导，并产生市场均衡价格。尽管现在还存在部分煤电挂钩的低于市场价格的协议定价，但这部分将逐渐减少。因此，我国煤炭市场改革的思路是：立足于国内煤炭市场，由供需双方充分竞争，形成市场均衡价格。部分利用国际市场煤炭资源，调节国内均衡价格。

根据煤炭市场改革的思路，我国煤炭定价机制办法：一是既要提高煤炭市场准入门坎，杜绝煤炭资源开采中的浪费，又要有效开展煤炭企业之间的竞争，建立全国性的煤炭交易中心，并从国际市场取得煤炭资源，使国内煤炭市场形成均衡价格。二是逐步提高电煤价格。煤炭价格偏低，比价关系不合理，是历史原因造成的，不可能一下子得到解决，需要有关方面下定决心，逐步理顺电煤价格过低的矛盾。三是树立煤炭是重要资源的理念，以国内煤炭市场均衡价格为基础，收取资源税，调节采煤企业收入分配。

七、水价格定价机制现状、问题和改进办法

（一）国外水价格定价机制情况

市场经济国家都注重在水资源中引入市场定价机制。目前水市场建立与水权交易在发达国家受到不同程度的重视，许多发展中国家也在探索建立水市场，允许水权交易，建立市场定

价机制。根据对不同国家水价情况的研究，可以将各国的水价体系大致分为以下三类：

1. 补贴型。如日本、加拿大将水利事业视为公益性或准公益性事业，政府的出资、补贴无处不在。如水利投人、公益型水利工程等均由政府投资；综合利用工程、公益部分由国家出钱，其他由受益者承担；效益型工程，虽由受益者分摊费用，但政府仍提供一定的补助。在投资方式上，采取国家出大头或先行垫付的方法，不论什么类型，建设费用统一由国家现行垫付，待工程完工发挥效益后，由各受益者分年或一次偿还，对某些工程还有一定宽限期。在供水上，无论是城市用水、农业用水，还是中水利用，供水成本均高于供水价格，不足部分由政府补贴。

2. 成本型。如美国，法律规定供水服务部门不以赢利为目的，但须自负盈亏。各供水企业均在市场调节下，保持其收支平衡、自负盈亏。

3. 营利型。将公共供水服务和水处理划归工商业范畴，实行企业化管理。水价完全按市场经济条件下投入产出模式运作，确保回收成本，并有适度盈余，政府仅负责水价的宏观调控。英国是营利型水价体系的典型代表。

(二)国内水价格定价机制现状

我国现行水价制度框架缘于 1985 年国务院颁布的《水利工程水费核定、计收和管理办法》，主要有：供水成本是核定水价的基础；按用途实行分类定价，如农业、工业、生活及水力发电分别确定水价标准。水利工程供水价格管理权限是：国务院统一制定水价办法，确定水价的核定原则，具体价格水平按分级管理的原则确定。

2000 年 8 月，国家计委、财政部、农业部联合发文（财规[2000] 10 号）在文件中正式将水费明确为营利性收费，使水价在宏观上具有了市场经济体制下的价格概念。

2003 年 6 月，国家发展改革委和水利部发布了《关于印发〈水利工程供水价格管理办法〉的通知（4 号令），自 2004 年 1 月 1 日起实施。办法明确了水利工程供水的商品属性，改变长期将水利工程水费作为行政事业性收费管理的模式，从法规层面将水利工程供水价格纳入商品价格范畴进行管理。

城市水价是水价格定价中的最重要部分，大体经历了四个阶段。

第一阶段：从新中国成立到党的十一届三中全会。水作为一种社会福利，居民用水主要采用“包费制”形式，水费与用水量无关。水价中既没有考虑污水排放和处理的费用，也没有考虑水的资源价格。

第二阶段：十一届三中全会到 20 世纪 90 年代初。这一时期水价虽仍然作为国家控制的商品价格，但已开始发挥价格杠杆的调节作用，定额用水超计划加价、计量收费逐步推行，80％的城市提高了生活用水价格。

第三阶段：20 世纪 90 年代初到 90 年代末。逐步规范了城市供水价格，明确了供水企业的合理利润，开始征收排水设施有偿使用费、污水处理费。这一时期全国城市供水价格平均上涨了 20％～30％。

第四阶段：2000 年至今。统筹考虑水资源的保护、水资源开发利用，对上下游不同环节实行分类指导，促进水价反映水资源保护、开发利用、污水处理和其他与水环境相关的成本，促进水的生产单位真正实现企业化经营，充分发挥价格杠杆对资源的配置作用。2004 年底，35 个大中城市平均综合水价（不含污水处理费）比 1999 年底提高了 80％。

(三)我国水定价中存在的主要问题

1. 现行的水资源费征收标准偏低，没有充分地体现资源紧缺和内在价值。由于在相当长的时间里，水被看成是取之不尽、用之不竭的自然资源，人们只承认水的自然属性，而忽视了其商品属性。因此，不仅造成了水资源浪费严重，农业灌溉和工业生产耗水率高，水的利用效率极低，大量用水造成水污染加剧；而且还导致了水利工程管理单位长期亏损，水利工程正常损耗得不到合理补偿，出现工程老化、病险加剧、工程效益衰减等实际问题，对供水安全造成影响。

2. 现行的水资源费征收目的不明确，没有

充分地做到取之于水用之于水。水资源费很难划分出全国统一的标准，只能根据各地的情况而定。所以个别地区出现了水资源费的费率和各地区的水资源状况无关、为收费而收费的现象。例如，最近的一项有关水资源费征收管理情况调查显示：在许多地方，水资源费成为城市修路、建房、开发区建设以及政府或部门行政开支的补助费，水资源费在不同使用方向与环节之间的分配没有统一和明确的规定，并且水资源费并不完作用于水资源管理而是被挪用和占用等。

3. 现行的水价形成机制不能够提升效率，没有充分地实现对成本的监管。目前对水价的管理，是以被管制的水务企业上报的成本(包括费用)为主要依据的，这种成本是在特定区域里垄断经营企业的个别成本，而不是合理的社会平均成本。按企业的个别成本定价，不仅让企业没有降低成本的压力，而且还会导致企业虚报成本。因此，现有的成本管理制方法容易形成成本黑洞，企业发生的工程成本、运营成本、污水处理城本以及高额工资、奖金、福利、楼堂馆所等都可以计算为企业生产的成本，水务企业不仅缺乏控制成本的内在动力，而且还普遍存在操纵成本的现象。

4. 现行的水价结构仍不够合理，没有充分地发挥对市场化的推动作用。水属于准公共产品，水价受到政府的严格管制。受公众支付能力及其他诸多非经济因素的限制，水价难以在短期之内达到全部成本回收的水平。与此同时，目前我国各地的水价在组成结构上，各种附加费、基金、建设费和政府各种税收的比重还较大。因而，在现阶段，水务企业的成长和发展很大程度上仍需要依托政府的财政补贴，还不能够通过完全的市场化途径来实现。而从狭义上讲，政府给予企业的财政补贴恰恰来源于企业的各项税费，在这个过程中，效率在丧失，资源在浪费。水价结构上存在的税费较高的问题已经成为市场化和产业化发展的障碍。政府需要在财政补贴实施和税收优惠之间做出选择，以使水价的形成与管理更加代表各方利益并符合实际。

(四)完善我国水定价机制的办法

水的重要特性就是资源使用仅限于国内市场，基本上不能从国际市场调配。水是重要的生产资源，更是人们最基本的生活需要。目前水价基本上由国家控制，由各市价格主管部门制定实施。根据资源价格理论，水价的制定应当优先反映水的生产成本，其次要反映水的环境治理成本。因此，生产性用水价格在反映前两项的基础上，还要在反映出国家的税收和生产企业的社会平均利润后，才可以收取水资源价格。生产性用水必须先反映成本价格，再反映税金、利润部分后，最后才是反映资源价格，并以水资源价格的高低调节使用者的用水量；生活用水的价格制定应当与生产用水有所不同，生活用水是准公共产品，国家不但不应当收取水资源价格，还可以在税收和企业利润方面给予减免和实施补贴。因此，生活用水的定价也必须反映水的生产成本和环境治理成本。然后根据减免税和补贴情况确定价格。

水的自然属性使水务企业的生产具有很强的垄断性，水价很难通过竞争来确定，因此，水价基本上只能通过国家控制，通过核算水务企业成本和相关费用来确定。

针对生产性用水定价机制的办法，一是明确水的商品属性，水价完全按市场经济条件下投入产出模式运作，确保回收成本，并有适度盈余，政府仅负责水价的宏观调控。二是根据水供应紧张状况，向使用者特别是用水大户收取水资源费。

针对生活性用水定价机制的办法。一是建立水务企业保本盈利机制。生活用水继续实行政府定价，政府根据水务企业的成本，包括生产成本和污水处理成本，并有适度盈余作为生活用水的定价基础。二是不对生活用水征收水资源税。原因之一，水是人们最基本的生活需要，人们对水的需求没有任何选择，不会因为水资源价格的收取和水价提高而减少生活用水；原因之二，资源价格是调节相关企业利润，公平企业环境为目的的。生活用水既然是国家定价，就已经达到了上述目的，无需再用资源价格来调节；原因之三，国家还对生活用水实行部分的财政补贴，则无必要依靠收取水资源价格增加财政收入。

八、完善资源性产品定价机制的政策建议

国家发改委主任马凯同志指出，资源性产品价格改革必须坚持三个原则：一是市场取向、政府调控；二是统筹兼顾、配套推进；三是总体设计、分步实施。通过资源性产品价格改革，促进相关行业的体制改革，建立能够促进资源节约、降低成本、提高效率的行业管理体制和运行机制；在推进资源性产品价格改革中，既要理顺价格关系，促进资源节约，更要注重建立能够反映市场供求关系、反映资源稀缺程度、符合市场经济需要的价格形成机制，减少行政干预，充分发挥市场配置资源的作用。为此，我们提出以下几个方面的建议。

（一）坚持市场化取向改革，反映资源产品的稀缺程度

完全竞争市场能够很好地反映和调节供求关系，完全竞争市场形成的均衡价格是经济学家公认的理想价格。但我国甚至世界上大部分资源的供给控制在少数垄断部门的手中，形成垄断市场甚至是寡头垄断市场，他们获取的是垄断利润甚至是超额垄断利润。资源价格市场化改革不仅要资源消费终端的市场化改革，还要破除前端垄断的改革，在改革过程中必须引进市场竞争机制，强化市场运行基础，发挥市场在资源配置中的基础性作用，建立反映资源稀缺程度和市场供求关系的价格形成机制。首先要实现资源供应主体的多元化，引入竞争机制；再者要大力鼓励和支持民间资本的参与；要提升监管能力和改善监管效率。

（二）利用资源税和环境保护税杠杆，调节资源性产品价格

由于资源性行业的利润得来比较容易，而这种利润又不是完全通过市场竞争实现的，这就造成了从事资源性开发行业和企业的一系列问题。即：经营者重资源占有，千方百计地占有矿产资源，轻生产经营；重政策支持，千方百计地争取优惠政策，轻市场竞争；重行业垄断，千方百计地争取国家制定保护相对垄断的政策，轻市场开发；重企业的生产经营支出，轻社会的可持续健康发展。

资源性产品价格中，资源价格或资源费是其重要构成部分，是反映资源稀缺程度的指标。作为资源所有者——国家，应当充分获得资源价格，并将其作为调节资源性产品价格、公平企业生产环境的调节器。因此，要调整资源税政策，一是要改变原来从量征收变为从价征收，使资源税征收额和市场价格联系起来；二是要逐步提高资源税征收标准，从价征收可从低标准开始再逐步提高，最后达到资源价格全部收归国有，保证国家作为资源所有者的合理收益。

在资源性产品价格中，环境成本价格是作为生产企业的必须的成本支出。但实际上部分大型企业还达不到环保要求，小企业产生的污染等负外部性更是难以解决。因此，要实现环境成本内部化，应当强制大企业达到环保标准要求，小型污染型企业要强制关闭，实在不能关闭的要收取环境保护税。

（三）统筹协调各方利益，保证资源性产品价格改革平稳进行

价格改革不仅直接关系行业、企业和部门利益，而且与老百姓切身利益息息相关。因此，要妥善处理各方面的利益关系，特别是要充分考虑改革对低收入群体利益的影响。既要注意协调国家、企业和消费者之间的利益关系，促进经济和社会的发展，又要高度重视低收入群体的承受能力，尽量避免集中提价或涨幅过大，在居民可承受范围内逐步调整到位，力争把改革的负面影响降到最低程度，在取得群众和社会各界理解和支持的基础上，逐步理顺资源性产品的价格关系。

资源价格改革应采取逐步分类推进的策略。一是资源部门自身的改革深化应当先行，资源部门应在进一步明晰产权、转变企业经营机制的同时，适当放开资源生产环节的经营权，引入竞争，提高资源部门的生产效率和技术水平。二是对于不同的资源产品逐步进行分类改

革。如果众多资源价格同时上涨,将会形成推动价格全面上涨的合力,使宏观经济面临通货膨胀的巨大压力。三是部分资源性产品价格如生活用水等不宜完全放开,须继续实行政府定价政策,必要时要实行和加强财政补贴。

(四)加快配套机制改革,确保资源价格机制运行

价格是国民经济运行状况的综合反映,经济体制和运行机制对价格形成具有十分重要的作用。资源性产品价格机制改革,在一定程度上有赖于经济体制改革的深化和市场体系的完善,需要社会保障、产权制度、财税制度等方面改革的密切配合和支持。

由于资源产品差不多全面覆盖了社会的基本生活资料,其价格的变动会对公众产生巨大影响。因此,在进行资源价格改革的同时,我国社会保障制度和福利制度改革必须协调跟进,同步建立相应的保障制度或补偿机制,保证低收入群体的生活水平不会恶化,这不仅是维护社会稳定的需要,也是资源价格市场化改革成功的保证。

财税政策是资源性产品价格改革体系的重要配套措施之一。在完善资源价格方面现行财政税制应做出调整:其一,资源初始价格的税收政策应当调整,改过去的从量征收为从价征收。其二,资源附加价格的税收政策调整。针对直接污染环境的行为和在消费过程中会造成环境污染的产品进行课税,提高各种涉及环境保护的税、费征收标准,使资源价格能够反映资源破坏和治理成本。其三,在财政分配制度上,应当重视资源属地的利益,中央应将部分税收让利于地方,让地方在资源开发利用中得到应得的利益,支持当地经济发展,为地方政府恢复生态、治理环境解决资金问题。

(五)加大资源性产品价格改革必要性宣传,取得社会各方支持

价格改革与老百姓利益息息相关。推进资源性产品价格改革,需要全社会共同参与。不仅要广泛宣传资源性产品价格改革的重要性、必要性和紧迫性,而且要宣传资源性产品价格改革的重点、步骤和方法,让全社会都来关心、支持价格改革,为改革创造良好的外部环境。

作者:湖南省调查总队

资源性产品价格变动及其影响研究

我国经济的快速增长对资源的需求不断扩大，而且由于长期以来资源价格不合理造成的资源浪费和资源配置效率低下，资源紧张的态势正日益显现，资源问题已经成为制约我国经济社会可持续发展的现实瓶颈。了解我国资源性产品价格的形成机制，分析此类产品的价格变动对经济社会发展的影响，建立合理的资源性产品价格形成机制，加快我国资源性产品价格改革步伐，对实现经济可持续发展具有重要的意义。

一、我国资源状况及影响我国资源性产品价格形成的因素

资源是物质生产的基本要素。资源性产品价格形成应以资源产品的价值为基础，根据其分布状况，以可持续发展的经济效率为其指导原则，综合考虑、灵活运用市场机制来制定。

(一)我国的资源状况

我国以占世界 9%的耕地、6%的水资源、4%的森林、1.8%的石油、0.7%的天然气、不足 9%的铁矿石、不足 5%的铜矿和不足 2%的铝土矿，养活着占世界 22%的人口。我国人均资源占有量低于世界平均水平，资源相对不足已成为经济发展的严重威胁。

1. 人均土地面积不到世界平均水平的三分之一。我国内陆土地总面积约 144 亿亩，居世界第三位，但人均占有土地面积约为 12 亩，不到世界人均水平的三分之一。

2. 主要矿产资源人均占有量不足世界人均水平的一半。石油、天然气、煤炭、铁矿石、铜和铝等重要矿产资源人均储量分别相当于世界人均水平的 11.0%、4.5%、79.0%、42.0%、18.0%和 7.3%。

3. 三分之二城市存在供水不足问题。我国是水资源紧缺的国家，人均水资源占有量只有 2200 立方米。我国 600 多个城市中，400 多个城市存在供水不足问题，其中比较严重缺水城市达 110 个，全国城市缺水总量为 60 亿立方米。水资源污染、地下水超采和用水效率低下，进一步加剧了有限水资源的供需矛盾。

4. 森林覆盖率排名世界百位之后。目前我国森林面积和林木蓄积量在世界上排第 6 位，但人均量分别仅及世界人均值的六分之一和八分之一。我国森林覆盖率为 13.9%，仅为世界平均值的一半，在世界上排名 100 位之后。

(二)影响我国资源性产品价格形成的因素

资源性产品价格是资源被开采或出售的产品价格。由于石油、天然气、煤炭、水和土地等战略性资源都具备需求刚性、稀缺性及开发边际成本递增等一些很难由市场定价的特性，资源价格的形成主要受以下因素的影响。

1. 资源的自然属性和资产属性。不同种类资源的自然属性不同，其生产、流通的技术和组织体系特征差别较大，各自的价格形成机制也不尽相同。即使对同一种资源，其上中下游的产业技术、产业组织和市场需求的特点也不一样，不同环节的定价机制也存在较大的差别。同时，随着自然资源稀缺性的日益突出，以及现代产权市场和资本市场发展，资源的资产属性日益凸现，资源产品定价已开始向资源资产定价转变。资本市场尤其是期货市场对一些战略性资源价格的影响越来越大。

2. 资源的分布。我国的资源分布极不平衡，60%的煤炭资源分布在华北，主要集中在干旱缺水和远离消费中心的地区；石油资源主要分布在东部和西部地区，天然气和水电资源则主要分布在西南和西北地区；水资源分布极不

均匀，由于降雨的时空分布和年内分配的差异，南北相差悬殊，北方水资源贫乏，南方水资源较丰富。资源分布的不均匀就会影响资源的定价，考虑到资源利用上价格均衡问题，政府部门在资源价格的形成机制上要保持强有力的主导作用。

3. 资源的生产成本。资源的生产成本就是开发利用资源的成本，是组成自然资源价格的活劳动和物化劳动的货币形态，也即自然资源产品形成过程中所投入的劳动时间如勘探、开采以及生产提炼等各阶段的全部成本货币化，是资源采掘、开发以及运输中的各项成本。

4. 资源的补偿成本。资源价格中的成本很难通过直接投入劳动量的多少来确定，具有较强的虚拟性，原始森林的开发、矿产资源的开采、处女地的开垦、太阳能的利用等除了核算其直接劳动投入外，还要核算其生态环境恢复治理成本、安全生产成本以及资源枯竭后的退出成本等一些补偿价值和生态价值，兼顾考虑后代人的需求，使后代人不至于丧失与当代人平等的发展机会。同时还要考虑设立环境保证金和资源转产发展资金，专项用于矿山环境治理和资源枯竭后的矿山转产。

5. 资源的环境成本。资源的无度消费已引发了严重的环境问题，我国近年来开始重视对环境税的征收问题。从狭义上讲的“环境税”是指同环境污染控制相关的税收手段，包括排污税、产品税（消费税）、税收差别、税收减免等，以此来体现国家对环境资源使用中的价格扭曲现象的干预和纠正。

二、近几年我国资源性产品价格变动及存在的问题

改革开放以来，我国以市场化为取向的价格改革取得举世瞩目的成就，资源性产品价格的定价机制也逐步由政府管制向计划与市场相结合的改革方向演进，但由于传统自然资源价值观的误导、长期的计划经济体制的惯性力量和改革的不到位等因素，部分领域资源性产品价格形成机制还存在一些缺陷。

（一）水价变动及存在问题

1. 水价改革推动我国自来水价格大幅上涨。2000年以前，我国水价主要以工程成本和处理成本为参考，执行行政核准的低水价政策，致使水资源利用相对粗放，用水浪费的情况长期存在。随着2004年国务院办公厅发布《关于推进水价改革促进节约用水保护水资源的通知》，国家发改委和水利部发布《水利工程供水价格管理办法》，水价改革在全国各地稳步推进。改革目标是从以工程水价为主逐步过渡到“全成本定价”，即包括资源水价（水资源费）、工程水价和环境水价（水处理费）。城市水价改革充分考虑区域差别政策，补贴弱势群体，积极推行“阶梯水价”。农业水价改革的重点是大力清理水费“搭车涨价”，整顿灌区水费征缴秩序。

随着水价改革在全国铺开，各地纷纷调高收费标准，城市自来水供应价格大幅上涨。2001年～2006年我国城市民用自来水价格累计上涨78.4%，年均上涨10.1%，超过同期居民消费价格年均涨幅8.9个百分点。2007年9月份全国36个大中城市居民生活用水平均1.7元/吨，污水处理费平均0.66元/吨，分别比2004年9月份的价格上涨了0.26元/吨和0.2元/吨。

浙江省季节性缺水长期存在，水资源缺口正在日益加大。2007年浙江省颁布《浙江省节约用水办法》和《浙江省水资源费征收管理办法》，从法律和制度上明确了用水计划、计量装置，以及水资源费用征收等问题，用水实行计量收费和超计划累进加价制度，以阶梯式水价为主要手段实现缓解水荒、建设节水型社会的目标。各类用水户全部装置用水计量设施，全面实施有偿用水制度，按照实际取用水量收取水资源费或水费，杜绝实行用水包费制。目前，浙江省内一些缺水的地方已经先行推进阶梯式计量水价制度，如宁波市、舟山市、绍兴市以及温州市的洞头县和台州市的玉环县。

随着浙江省水价政策体系的建立，自来水价格逐步提高。2003年～2006年全省民用水价格涨幅分别为2.7%、8.7%、11.1%和10.2%，累计上涨36.7%。其中全省率先试行

梯级水价的地区之一舟山市涨幅最大，居民用水价格从2003年的2元/吨上涨到2007年9月的3.4元/吨，涨幅高达70%。

2. 当前供水价格存在的问题。一是水价计价方式不科学。我国大部分地区对居民生活用水和工商服务业实行不区分用水量的单一计价方式，有的地区还实行按月包费制或规定用户月用水底数等事实上鼓励用水的政策。在水资源严重不足的地区，没有考虑丰枯期的水量差别而实施季节性水价来缓解供需矛盾。供水结构和工农业用水的比价关系需进一步改善；二是水价构成不合理。水资源费、水利工程水价等相对较低，各地附加在供水价格上的附加费、基金、建设费等政府性收费较多；三是供水企业体制改革相对滞后，制水供水成本较高。绝大多数城市供水企业是隶属于政府职能部门的国有自然垄断企业，缺乏严格成本控制和提高生产效率的激励机制；四是用水计量及污水处理收费工作要进一步加强。目前城市居民用水还不能完全做到一户一表分户计量，对实行梯级水价收费制度制约很大。

3. 水资源供需矛盾不断加大。随着经济的发展，我省对水资源的需求不断增大，城市用水、工业用水、服务业用水快速增长，2006年全省总供水量为208.26亿立方米，其中工业用水为62.68亿立方米，比上年增长7.9%，占全省用水量的比重达30.1%，比2005年扩大2.4个百分点，居民生活用水及城市公共用水为22.28亿立方米和8.54亿立方米，分别比上年增长7.2%和1.7%；相对于用水量的不断增大，我省水资源总量却因天气及日趋严重的污染影响有所减少，2006年全省水资源总量为903.59亿立方米，比上年减少10.9%。

(二)成品油价格变动及存在问题

1. 国内成品油价格与国际市场联动。我国在1998年对原油和成品油价格形成机制进行了重大改革，改变了单一政府定价的模式。通过这次改革，国内原油价格实现了与国际市场的接轨，成品油价格确立了与国际油价变化相适应、在政府调控下以市场形成为主的价格机制。2001年，原国家计委对成品油价格形成机制进一步改革，主要内容是由单纯依照新加坡市场油价确定国内成品油价格改为参照新加坡、鹿特丹、纽约三地市场加权平均价格调整国内成品油价格，并扩大汽油、柴油零售价格的浮动幅度，浮动幅度由5%扩大到8%。这个机制一直沿用至今。

2003年以后，受美伊战争和国际局势趋紧的影响，国际石油脱离90年代10～25美元/桶的价格运行区间，出现节节攀升势头。纽约商品交易所原油期货价格（WTI）自2003年年初的每桶30美元逐步上升，到2004年6月份冲破40美元，2005年7、8两个月上涨至70美元/桶价位，随后在2006年8月份达到80美元/桶，2007年11月份达到98美元/桶的历史新高。受国际原油猛升的影响，我国分别于2005年5次、2006年2次、2007年2次共计9次调整成品油零售价格，其中7次上涨，2次下降。三年中仅汽油出厂价格就上调了1730元，柴油上调了

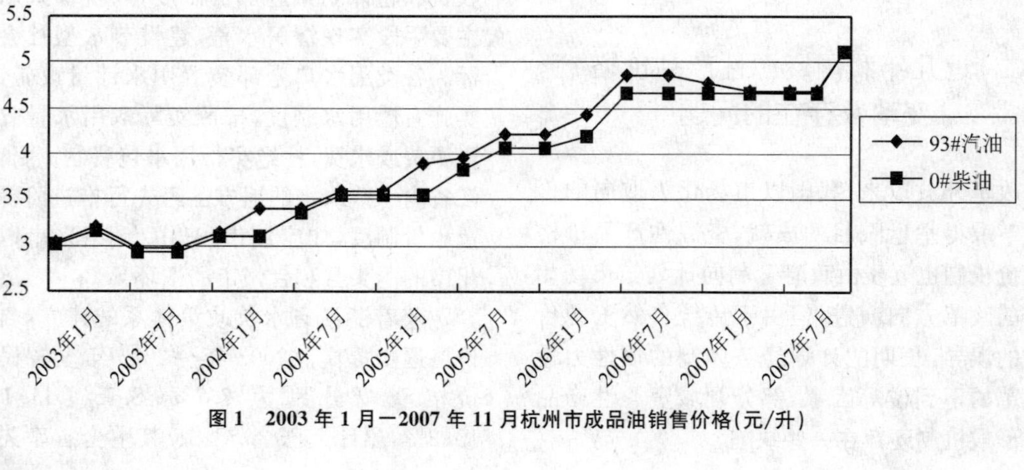

图1 2003年1月—2007年11月杭州市成品油销售价格(元/升)

1500元。2003年1月至2007年11月(见图1),杭州市93号汽油零售价格从3.04元/升上涨到5.12元/升,涨幅为68.4%,0号柴油零售价格从3.01元/升上涨到5.12元/升,涨幅为70.1%。

2. 目前成品油价格存在的问题。一是成品油价格变动存在滞后性,不能及时反映国际油价的变动情况。中国成品油零售价格从2001年开始以纽约、鹿特丹、新加坡三地市场的加权平均价作为定价依据。只有这三地成品油加权平均价上涨幅度超过8%,国家发改委才会在三地加权价格的基础上加上运费调整国内成品油零售的中准价。由于国内调价滞后于国际市场价格走势,市场专业人士可以预见到未来国内油价涨跌趋势,这样提前囤积就是显而易见的选择。这种滞后性和可预期性,使国家利用价格杠杆调控石油供求的手段失灵,人为地制造了市场紧张,是我国数次出现所谓"油荒"的重要原因之一;二是成品油价格机制没有为不同所有制企业提供平等的价格竞争条件;三是成品油价格定价办法不能真实反映国内市场供求关系和企业生产成本的变化。

(三)天然气价格变动及存在问题

1. 天然气价格打破双轨制。2005年以前,我国对陆上天然气出厂价格分为计划内气和自销气,分别实行政府定价和政府指导价,是唯一实行"双轨制"价格的资源性商品。计划内天然气出厂价格实行中央政府定价,并按不同用途、不同油田对化肥、居民、商业和其它用气实行分类定价;自销气出厂价格实行中央政府指导价。2005年国家发改委启动天然气价格机制改革,计划在3~5年之内,以每年5%~8%的幅度不断上调天然气价格,建立油气挂钩机制,并逐步提高价格实现价格并轨。此次天然气出厂价格形成机制改革,将现行按化肥、居民、商业和其他用气分类简化为化肥生产用气、直供工业用气和城市燃气用气。同时,将天然气出厂价格由现行政府定价、政府指导价并存,改为统一实行政府指导价,供需双方可按国家规定的出厂基准价为基础,在规定的浮动幅度内协商确定具体结算价格。

近几年来,浙江省天然气出厂价格呈现大幅攀升的态势,2005年上涨24.5%,2006年上涨1.7%。相对前者来说,民用管道燃气价格涨幅较为温和,2004~2006年各年涨幅分别为1.7%、11.0%、5.5%,累计上涨19.1%。

2. 当前天然气价格存在的问题。一是天然气价格水平严重偏离其市场价值:国际上按同等热值计算的原油、天然气、煤炭的比价关系大约是1∶0.60∶0.20,而国内这三种资源的比价关系约是1∶0.24∶0.17,比值明显偏低,无法反映其真实价值;二是天然气计划内和计划外价格差距较大,造成用户之间负担不公平:国家为了支持农业发展,一直对化肥等行业的天然气实行低价供应,使得以天然气为原料的化肥企业大量涌现,甚至利用成本优势大量出口,推高了天然气的需求量;三是价格传导存在政策风险,国内天然气市场总体上仍处高度垄断,生产和管输主要控制在中石油和中石化手中,省级管网公司和城市燃气供应商提价均需听证程序,并不如源头企业一样,自由地将上涨成本向消费者传导,同时也涉及到天然气涨价对农业生产、农民支出的影响和对城市低收入用气户的补贴问题。

(四)煤炭价格的变动及存在问题

1. 煤炭价格改革。从1992年试点开始,我国煤炭价格市场化改革已经持续15个年头。其间经历了1995年放开非发电用煤价格的同时对发电用煤(简称电煤)实行指导价政策;2002年1月1日开始取消电煤指导价政策;2004年6月国务院办公厅47号文规定:电价调整后,电煤价格不分重点合同内外,均由供需双方协商确定。目前,我国煤炭价格市场化机制改革已进入一个新阶段:宏观政策层面已经确定煤炭价格市场化机制,电煤价格由供需双方协商确定,但部分地方政府的干预和发电企业集中采购的优势,搞行政行为的"煤电价格联动",导致煤炭价格仍处于不完全市场化状态。电煤与市场煤、计划内与计划外、省内与省外三种价格间差距依然较大。

浙江作为一个煤炭资源小省,对外依赖度非常高。2006年,全省原煤产量仅14万吨,煤炭自给率已降至 0.1%。煤炭供应基本依靠外省调入和进口,全年共调入和进口煤炭 11317 万吨,比上年增长 16.2%,增幅比上年提高 5.5 个百分点。煤炭消费 11340 万吨,火力发电和热电联产投入原煤 6065 万吨,占总消费量的 53.5%。近几年受小煤矿停产安全治理、运力紧张和需求旺盛的影响,我省煤炭购进价格出现了大幅上涨。2004～2006 年,无烟煤购进价格分别上涨 31.3%、15.3%和 1.1%;烟煤购进价格分别上涨 40.2%、12.8%和 1.2%。

2. 当前煤炭价格存在的问题。一是现存价格体系不符合完全成本充分补偿原则,主要表现为:(1)基本没有包含勘察前期成本。获取资源的支出和勘查前期费用没有通过成本核算进行补偿;(2)没有包含退出成本。煤矿因资源枯竭而关闭退出所需要转产和人员安置的费用企业不能预先提取计入成本;(3)环境成本不完整。煤矿现有采煤沉陷资金提取标准过低,无法满足治理需要,欠账越积越多。生态环境恢复资金根本没有提取;(4)生产成本不完整。国家统一规定的煤矿固定资产折旧、维护费等提取标准与实际情况差距较大。而乡镇煤矿的成本核算情况就更差。二是煤炭价格比价不合理,价格水平总体偏低。美国终端平均电价约为电煤成本的两倍,而同期我国终端平均电价是电煤成本的五倍。长期以来煤价涨幅大大低于主要原材料、运费和电力价格的涨幅。

(五)电价的变动及存在问题

1. 电价改革。2002 年 3 月,国务院颁布关于电力体制改革有关问题的 5 号文件,要求在 2000 年至 2005 年间实现下列目标:重组和分离发电和电网企业;实现竞价上网,建立电力市场运行规则和行政监管体系,初步建立竞争、开放的区域电力市场,实行新的电价机制;开展发电企业向大用户直接供电的试点工作。2005 年国家发改委出台了《上网电价管理暂行办法》、《输配电价管理暂行办法》和《销售电价管理暂行办法》,三部有关电价的"管理办法"的出台,标志着我国电价将实行新的定价机制。根据三个电价"管理办法",上网电价将与燃料价格实行联动,而农业电价与居民电价实行定期校核和调整。现行电价形成机制仍是成本补偿型的定价机制,较少考虑市场供求因素。

近年来受煤炭价格大幅上涨影响,电力企业成本激增,售电价格不断上扬。2003－2006 年,我省电力生产和供应企业的电力出厂价格分别上涨 2.4%、4.0%和 1.3%,累计上涨 7.9%;工业企业用电购进价格分别上涨 4.4%、5.3%和 2.9%,累计上涨 13.1%;居民用电收费标准也有所上调,2006 年全省到户销售电价 50 度以内为 0.538 元/千瓦时,50～200 度为 0.568 元/千瓦时,均价比 2003 年上涨 0.04 元/千瓦时,涨幅为 7.5%,与工业用电平均价相比,民用电价低 0.185 元/千瓦时。

2. 当前电价存在的问题。一是多家办电与一家管网的矛盾。多元化的发电投资主体虽已开始形成,但"集中、垂直、一体化管网垄断体制"仍未触动。"多家办电,一家管网"是电力部门的传统观念,电网实行"垄断经营",实际上垄断了电力市场。各种优惠条件向垄断者倾斜,无法公平竞争,而其他独立发电企业的上网电量、发电利用小时数、上网电价、电费结算等都难以得到"公开、公平、公正"待遇;二是上网电价所占比重偏大,占电价总体 70%左右,输配电价比重小,占 30%左右,而国外输配电价占到电价总体 40%～60%左右。由于输配电价比重低,难以吸引投资,造成电网建设的相对滞后;三是电价结构不合理,交叉补贴问题非常突出。不同类型电价差异较大,我国居民电价水平偏低,工业电价相对偏高,电价交叉补贴严重。

(六)土地交易价格变动及存在问题

1. 土地交易价格上涨速度明显快于房价。当前我国地价主要由三个部分构成:一是取得成本,包括给予被征地农民的征地补偿安置费,及给予城镇居民的拆迁费用;二是开发成本;三是政府收益,包括新增建设用地土地有偿使用费、城镇土地使用税和耕地占用税等相关税费,及政府以出让金形式获得的土地纯收益。2004 年,国土资源部颁发第 71 号令,规定在 2004 年 8 月 31 日之前,各省区不得再以历史遗留问题为由采用协议方式出让经营性国有土地使用权,自此土地市场化"招拍挂"成为主要出让方式。2006年，我国通过市场化的“招拍挂”出让土地面积和价款分别为6.7万公顷和5492.1亿元。

进入“招拍挂”程序之后，过多的房地产公司追逐、抢拍地块，迅速推动土地价格上涨。不少地区土地投放量不足，开发商大规模圈地、推迟开发现象比较严重，人为造成土地供求紧张。地价上涨直接提升房地产开发成本，驱使房地产企业多开发高端房产，直接推动房价水平上升。调查发现，杭州市土地交易价格涨幅从2001年的5.4%上升到2004年的39.4%，2005、2006两年随着国家实行房地产宏观调控，涨幅有所回落，2007年前三季度土地竞拍再度火热，价格涨幅高达67.1%，而同期房屋销售价格基本保持相对平稳的运行态势，涨幅在5%～12%之间（见表1）。土地交易价格涨幅明显高于房价涨幅，说明土地成本占房地产开发总成本的比重在逐年上升，地价上涨直接推动房价攀升。

表1　2001～2007年9月杭州市房屋销售和土地价格涨幅（以上年为100）

	2001年	2002年	2003年	2004年	2005年	2006年	2007年 1—9月份
房屋销售价格涨幅（%）	5.8	6.9	6.1	11.7	9.7	2.6	5.0
土地交易价格涨幅（%）	5.4	25.0	38.1	39.4	24.8	7.1	67.1

2. 土地交易出让价格存在的问题。一是土地交易市场门槛较高，开发商联手垄断抬高地价。土地出让金必须在短时间内交齐的政策限制了中小开发商涉足土地出让交易，土地交易竞争不充分，地价定价权集中在少数资金雄厚的大型开发商手中，追逐土地、高价拿地的现象比较突出；二是土地出让收支不透明，地方政府出于自身利益的需要推动地价上涨。目前由于中央政府、地方政府实行分税政策，使得地方负担较多的支出义务，而收入来源相对匮乏，于是调控土地供应量、饥渴式供地，增加土地的拍卖收入就成为地方政府取得财政来源一个重要手段；三是针对征地拆迁补偿和失地农民基本保障的征地价格机制尚待进一步完善，提高征地补偿标准，确保城市拆迁居民和被征地农民生活水平不降低、长远生计有保障，相应的社会保障制度需要建立健全。

3. 耕地面积继续减少。1994年财税体制改革把土地出让金的大头（70%）划拨给了地方，这些土地不但被低成本地投入政府公共建设，而且被低价出让给企业，还有不少地区为招商引资，压低征地补偿费。地方政府依靠土地要素的低成本投入通过投资快速驱动经济增长，这种状况在“十五”时期达到巅峰。“十五”时期，我省累计减少耕地面积151.06千公顷，比“九五”时期增长106.5%，其中国家和乡村基建占地达114.98公顷，占耕地总减少数的76.1%，比重比“九五”时期扩大了13个百分点。

三、资源性价格变动对浙江省经济生活产生的影响

改革开放以来，我国资源性产品价格在趋向均衡价格的过程中逐步实现合理配置，但由于资源性产品价格不断上调，给城乡居民的生活及企业生产带来了一定的压力；同时又由于资源性产品价格市场化程度不高，在满足人类社会生存和发展需要的同时，不可避免地造成了资源的浪费，粗放型经济增长还导致高耗能、高污染。

（一）资源性产品价格变动对居民生活的影响

随着科技水平的进步和居民生活质量的不断改善，城乡居民的日常生活对各种资源的依存度不断加大。近几年来，与居民生活密切相关的煤炭、电力、自来水、成品油、燃气等资源性产品需求量逐年加大及价格轮番上扬，使得居民生活中的电费、水费、油费、燃气费等资源性产品的消费支出逐年增长。

1. 资源性产品价格上涨对居民消费价格总

水平上涨的拉动率不断增大。

在构成居民消费价格的基本分类中，与资源性产品高度相关的自来水、民用电、成品油、燃料以及交通费等商品及服务项目价格的波动直接影响了居民消费价格总水平的变化。2003年以来，我省自来水、民用电、汽油、柴油、液化石油气、管道燃气价格出现不同程度的上涨（见表2），至2006年的四年间，分别累计上涨36.7％、3.6％、66.3％、57.5％、69.3％和19.0％。成品油价格的持续上扬直接拉动了与之相关的公共交通费、出租车费及长途汽车价格累计上涨11.8％、21.4％和15.1％。资源产品价格的持续上涨，拉动各年居民消费价格总水平分别上涨0.14、0.39、0.46和0.52个百分点，对各年价格总水平上涨的拉动率逐年提高，分别达3.8％、7.7％、18.0％和19.4％。

表2　2003～2006年资源性产品价格上涨对居民消费价格总水平的拉动

	2003年	2004年	2005年	2006年	累　计
居民消费价格总指数	101.9	103.9	101.3	101.1	108.3
汽油	110.6	111.4	115.5	116.8	166.3
柴油	108.2	109.4	114.0	116.7	157.5
公共汽车票	100.3	100.5	101.7	109.1	111.8
出租汽车	100.4	100.8	107.6	111.4	121.4
长途汽车	101.7	102.7	102.5	107.4	115.1
水	102.7	108.7	111.1	110.2	136.7
电	100.0	101.1	101.5	101.0	103.6
液化石油气	114.1	115.7	114.9	111.6	169.3
管道燃气	100.8	101.7	110.0	105.5	119.0
其它燃料	95.8	110.7	112.1	102.1	121.3
影响价格总水平上涨（百分点）	0.14	0.39	0.46	0.52	——
对价格上涨的拉动率（％）	3.8	7.7	18.0	19.4	——

2. 资源性产品价格上涨使低收入家庭生活压力明显增加。作为居民居家过日子的必需支出，水、电、燃料等资源性产品价格的上涨使得城乡居民消费支出大幅增长，对居民生活尤其是低收入家庭生活的影响较大。2005年～2006年，随着资源性产品价格改革的启动，我省自来水价格上涨22.4％，民用电价格上涨2.5％，液化石油气价格上涨28.2％，管道燃气价格上涨16.1％，蜂窝煤价格上涨14.5％，推动居民居住类支出大幅增长。据城镇住户调查资料显示，两年中，我省城镇住户人均水、电、燃料支出为1339元，占居住类支出的5.2％，年均支出比2004年增长35.0％，而最低收入家庭两年中人均水、电、燃料支出为900元，占居住类支出8.4％，比全省平均高3.2个百分点，年均支出比2004年增长39.3％，增长幅度高于全省平均4.3个百分点。

3. 有车一族用车费用大增。作为家庭生活质量改善的主要标志——私家车，这几年随着城乡居民生活水平的提高已开始跨进了普通居民的家庭，随着成品油价格的多次上调，有车家庭的燃料支出也大幅增长，尤其是2005年以来，经过7次上调，我省（杭州市）90#汽油从3.39元/升涨至4.79元/升，93#汽油从3.6元/升涨至5.12元/升，97#汽油从3.8元/升涨至5.41元/升，涨幅分别为1.40元/升、1.52元/升和1.61元/升，按每车月均行驶1500公里计算，私家车主平均每月需多支出油费180元左右。

4. "居者有其房"已成为多数城镇居民一辈子的奋斗目标。安居才能乐业，置办一处舒适、安逸的居所是多数城市居民不懈的追求。近年来，以城市用地供应紧张为主要因素引起土地价格大幅攀升而拉动的房屋价格持续高涨的现象令人望而却步，已经到了普通百姓难以承受的地步。房价持续走高大大降低了城镇居民的购房能力，多数居民普遍以“房奴”的身份倾其所有缴付首付款，并在以后的生活中节衣缩食，为每月数额不小的分期还贷奔波，严重影响了日常的生活质量。而低收入家庭更是望房兴叹，持续处于“购房难”的困境。对于那些工作不久的人士，买房成了他们生活中最大的负担，生活带给他们的压力迫使他们不断地跳槽以寻求更高的收入，对于企业来说也增加了不稳定的因素。据浙江省城镇住户调查资料显示，2002～2006年的五年间，我省城镇居民人均购房与建房支出从1079元/年上升到1951元/年，增长幅度达80.8%，比同期城镇居民人均可支配收入增长幅度高出24.9个百分点。世界银行在衡量一个国家的住房消费水平时，认为房价收入比在4倍至6倍之间较为适当。从省会城市杭州来看，2006年全市商品住宅的平均成交价格为9793.1元/平方米，按户均78.26平方米的标准计算，购房需支付76.64万元，而同期杭州市的家庭户均收入为5.35万元，房价收入比超过了14倍，大大超过国际通行的警戒界限。

5. 环境污染的代价仍在加重，居民的生存环境遭到严重破坏。由于现行的资源价格中没有体现资源补偿价值及生态价值，缺少合理的环境治理费用，为追求利益最大化，生产经营部门在大量消耗各种资源的同时加剧了对环境的污染程度，高消耗换来的高增长，必然带来高排放和高污染。近年来，我省环境污染不断加剧，每年废水、废气的排放量以19563万吨/年和1366亿标立方米/年增加，2006年我省的废水排放总量达33.07亿吨，工业废气排放总量达14702亿标立方米，分别比2000年增加55.0%和125.9%，表明我省每生产1亿元GDP需排放21万吨废水，生产1亿元工业增加值排放1.94亿标立方米工业废气，这些指标均大大高于发达国家标准几倍甚至十几倍，严重破坏了城乡居民的生存环境，危害人类的健康。

(二)资源性产品价格变动对企业生产的影响

资源性产品价格的上涨将直接拉动原材料、燃料、动力购进价格的上涨，在价格机制的传导作用下，给工业品出厂价格乃至最终消费品价格带来上涨压力。但由于我国目前产能过剩问题突出，多数消费品为买方市场，竞争激烈，最终消费品价格的上涨空间有限，使我国价格机制的传导作用受到抑制，呈现出原材料、燃料、动力购进价格涨幅高于工业品出厂价格涨幅，消费品价格涨幅远低于工业品出厂价格涨幅，且差距趋于扩大的态势(见图2)。因此，资源价格的上涨对我省处于产业链不同位置的行业将产生不同的影响。

1. 上游资源生产供给类部门，因产品价格的上涨而获得额外收益，利润规模增大，进而引发其进一步的投资扩张。2004年～2006年，我省采掘业产品的出厂价格累计上涨54.2%，与之相对应，我省处于上游生产环节的有色金属矿采选业和非金属矿产选业的行业利润逐年增加，2006年达到2.46亿元和3.58亿元，分别比2003年增长3.47倍和18.9%，资产总值也随之增加117.0%和60.5%。同样处于上游供给部门的电力、热力生产和供应业及水的生产和

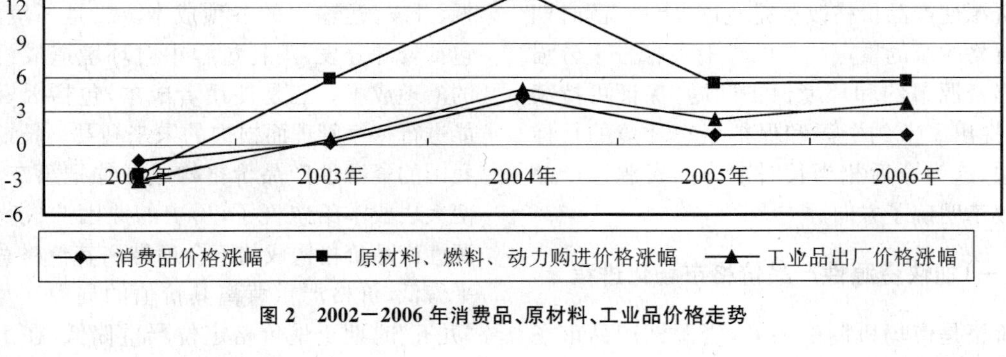

图2 2002—2006年消费品、原材料、工业品价格走势

供应业的行业利润及资产总值也不断增加，2006年，全省电力、热力及水的生产和供应业出厂价格分别比2003年上涨9.8%和18.0%，电力、热力生产和供应业的利润和资产总值达111.6亿元和2549.2亿元，分别比2003年增长152.1%和99.8%；水的生产和供应业的利润转亏为盈，由2003年亏损0.18亿元转为盈利0.95亿元，资产总值为322.96亿元，比2003年增长96.9%。

2. 中游资源加工与使用类部门及高价格弹性消费品生产部门，受到生产资料价格上涨而导致的生产成本增加和出厂价格相对刚性导致的销售收入减少的双重挤压，利润下滑。2004年—2006年，国际原油价格大幅上涨，我省石油加工及炼焦业产品出厂价格随之上扬66.1%，但该行业利润总额却从2004年的40.66亿元下降到16.81亿元，下降58.8%；处于石油产业链末端的橡胶制品业，随着原油价格的大幅上涨，增大了合成橡胶的生产成本并拉动天然橡胶价格上行，3年间橡胶制品业的原材料购进价格和工业品出厂价格分别上涨31.6%和12.9%，高进低出的格局导致该行业利润明显下降，从2004年12.34亿元下降到2006年的9.88亿元，降幅为19.9%。对于造纸、纺织等行业来说，水资源是其生产经营不可替代的生产资料，水价上涨导致这些行业生产成本绝对上涨，成本的骤增使许多企业告别了盈利高增长的时代，一些规模较小的企业甚至由此而陷入绝境。

四、资源性产品价格改革的对策建议

资源性产品价格改革是我国“十一五”时期深化价格改革的重点。党的十七大报告十分强调加强资源节约和环境保护问题，保证可持续发展，提出了节约资源和保护生态环境的目标与做法，这为今后相当长时期内的资源性产品价格改革明确了方向。

(一)加快资源性产品价格市场化进程

价格是市场机制的核心，资源性产品市场化价格形成机制对促进资源合理配置有着重要的作用。但资源性产品作为一种特殊的商品，在工业化初期，其生产经营以垄断行业或公用产品提供的行业为主，政府对这些商品的价格定位往往实行低水平的价格政策，我国也不例外，这是造成资源的过度开发、过度需求和过度浪费的主要根源，也是粗放型的经济增长方式下造成废弃物的大量产生和污染物的无度排放所付出的代价。提高资源性产品价格市场化程度，已成为资源性价格改革的重点任务之一。在水资源价格方面建立以节水为核心的水价结构体系、价费政策体系、合理有效的水价形成机制。在电力价格方面逐步建立发电售电价格由市场竞争形成、输电配电价格实行政府定价的价格形成机制，将上网电价由政府制定逐步过渡到由市场竞争形成。在煤炭价格方面实现煤炭价格市场化，减少政府对煤价形成的干预；研究全面反映煤炭资源成本、生产成本和环境成本的核算方式；完善煤电价格联动机制，通过市场化方式实现煤电价格的良性互动。在石油天然气定价方面按照与国际市场价格接轨的原则，建立既反映国际市场石油价格变化，又考虑国内市场供求、生产成本和社会各方面承受力的石油价格形成机制。

逐步建立完善的市场化体系，也是对一些重要资源性产品价格争取在国际市场定价话语权的重要组成部分，使我国的资源性产品价格真正走向市场。

(二)全面认清资源性产品价格构成，实现其价值的回归

现代经济学普遍认为，合理的资源价格构成应由三大块组成，一是开发成本，包括资源采掘、开发、运输中的各项成本。二是环境成本，包括资源开发、消耗过程中对环境造成污染后的治理成本。三是使用者成本，包括因资源没能进行持续管理而损失的未来利益。长期以来我国的资源性产品价格构成往往把第二、第三两大块成本给忽视了，历史的原因造成我国资源性产品价格构成的不合理带来其价格总体水平偏低，价格严重背离其价值的局面。尤其是“九五”时期土地价格定位严重偏低，在土地价

格方面应建立失地农民基本保障的征地价格机制，以保障失地农民基本生活为前提，逐步实现土地市场价值，提高征地补偿标准，并建立相应的社会保障制度，确保被征地农民生活水平不降低、长远生计有保障。

我国资源价格偏低同时还存在着价格扭曲。从国内看，资源、能源、劳动力等上游产品价格与工业制成品等下游价格相比过低，资源开发的价值增值不合理地向产业链下游集中。从国际范围看，存在与国际资源比价严重不对称关系，国际通用的按热值计算的煤炭、石油、天然气比价大致为1：1.5：1.35，而我国大致上为1：4：3，煤价偏低；国际上天然气和原油比价为1.05：1，而我国为0.4：1，天然气价格偏低；作为严重缺水国家之一，目前我国的平均水价仅为国际上许多国家水价的三分之一，普遍偏低。从短期看，资源价格改革应立足于解决内部扭曲，从长期看，应拉平资源外部差价和比价关系，向国际市场靠拢。

(三)改进和完善政府的宏观调控及市场监管

1. 加强政府的价格监管力度，确保市场平稳运行和国家经济安全。许多资源性产品作为不可再生资源和决定国民经济运行的重要商品，在充分发挥市场价格信号引导市场供求、优化资源配置作用的同时，加强政府对其价格的监控，促进资源的节约与合理开发，提高资源利用效率显得尤为重要。资源性产品的价格改革是一项渐进的过程，尤其对一些价格明显过低产品，实行提价过程必须是渐进式的，在考虑其价值回归因素后更应考虑与我国居民实际收入水平相适应和群众的承受能力，以保障市场平稳运行、社会稳定仍至国家经济安全。

随着我国能源特别是石油供应对外依存度的提高，能源安全问题日益突出。这就要求能源价格形成机制改革要充分考虑国内能源市场成熟程度，防范国际能源市场价格剧烈波动的冲击，维护国家能源安全等问题，充分利用国内国外两个市场、两种资源，促进整个行业的良性发展和国民经济平稳运行。

2. 运用经济政策手段加强宏观调控。资源性产品价格形成机制的改革，其实质也是我国经济体制改革的深化和市场体系的进一步完善，因此迫切需要政府运用宏观经济调控政策促进资源性产品价格改革。以经济政策调控为主，运用财政、税收等政策进行积极的配合，让资源性产品价格的变动在生产、流通、消费各个方面能统筹兼顾，平稳过渡，在安全稳定的社会环境下，确保资源性产品价格各项改革的顺利完成。

3. 构建合理、有效的资源价格管理体制。我国资源价格体制亟待创新，消除以商品价格为管理对象的传统价格管理体制的羁绊。在成熟的市场经济体制下，将价格管理的重心转移到资源价格、环境价格和公共服务品价格上来，通过资源价格管理的设置和资源价格管理权限的划分，构建合理、有效的资源价格管理体制，以将环境治理价格、资源耗竭价格、生态功能恢复价格等纳入价格管理范围。

作者：浙江省调查总队

水资源价格合理形成机制探讨

淡水资源具有的稀缺性、社会产品性、供给经营的垄断性和使用过程产生的外部不经济性等特征，决定了水资源价格的三个组成部分：水资源费、工程水价和环境水价。目前水价形成机制中存在着水务管理事权划分不清，水价偏离成本、形成机制单一、构成要素间比例不合理等问题。为更好地发挥价格杠杆在稀缺资源优化配置中的调节作用，实现水资源的可持续利用。有必要在实现水务管理一体化、明晰水权制度的基础上，以水价组成的三个部分为主线，构建合理的水价体系。

一、水资源的属性特征及其在价格形成机制中的作用

价格形成是指商品生产和商品交换过程中价格的确定，包括价格形成的基础和影响价格形成的其他因素。一般来说，在市场经济条件下，价格形成应以价值或其转化形态即生产价格为基础，影响价格形成的其他因素主要有：商品供求状况、币值的变化和国家的经济政策等。水价的形成具有一般商品所共有的特性，但水资源独有的特征对水价的形成有不可忽视的影响。

（一）水资源的稀缺性和地区季节分布的差异性

水资源是人类赖以生存的基础，尽管水是可再生的，但人类可利用的水资源数量有限，相对于人类不断增长的需求，水资源具有稀缺性。特别是社会经济的发展对淡水资源的需求不断增加，水资源稀缺更为明显。任何对人类有价值的资源在市场经济中都有价格，短缺资源的价格就应依短缺程度不断变化，稀缺性是水资源具有经济价值的根本性因素。水资源稀缺性越大，其边际价值就越大，水价就越高，水价实际上是对水资源稀缺程度的度量，即稀缺价值。水资源时空分布的不均，导致时空上水资源稀缺程度的变化，同样可以影响水供需关系，从而影响其价格形成，因此，水资源稀缺程度不同的地区，其价格应不一样，同一地区，丰枯水季节可利用水资源量不同，水价也可随季节的变化而有所不同。

（二）水资源的社会产品属性

所谓的社会产品是指那些具有显著的“溢出”效益或成本的产品。根据这一定义，水资源具有典型的社会产品属性，因为水是人民生活必需品，提供水资源及服务可同时改进个人和社会的福利，改善某一人的用水水质也是对共享此供水系统的所有人的水质改善。因此，为保证公众得到足够的社会产品供应，改善水质和提高用水效率，就需要政府一定的干预，因为具有社会产品属性的商品在一定程度上由政府管制，市场将更有效率。由于水商品的社会属性，水价受政府社会经济政策影响很大，包括国家和当地政府对供水价格所采取的一系列诸如补贴、节约用水等调控措施，以及国家对供水工程投融资和贷款所采取的一系列优惠措施。这些都会对水价产生直接或间接影响，导致水价不能完全反映供水成本。例如，由于政府扶持农业，农业水价本质上是政策性水价，行政干预色彩较浓。

（三）水资源的环境和生态属性

水是生态和环境的控制性要素，是维系生态系统稳定的基础性资源。在生态系统中，水的量变与质变对生态和环境的影响十分敏感。水决定着群落和生态分布，是保持生物多样性，维持生态平衡的基本保障。同时，水具有稀释、

降解污染物的作用，在人类活动下，其纳污和自净功能更加突出和重要。如果经济发展不断挤占有限的水资源，则可能造成生态和环境退化，从而威胁人类的生存环境。

在水价的制定中，水的生态和环境属性要求考虑人类的取水、用水和排水活动对生态和环境的影响。首先，作为一种商品，水资源应按质论价，实行优质优价，劣质低价。对于品质好的供水，理应获得较高的价格，反之，对于水质较差的供水，其价格应相对低一些。其次，过度用水会对环境造成破坏，如超采地下水，水被使用后释放出的废水对社会、经济和环境等各方面造成危害，使水资源的质量下降，用水的环境代价应该由用水者负担，体现在影响供水价格中。

(四)水资源供应的自然垄断性特征

供水行业的自然垄断性特征主要从两个方面体现。一是供水行业具有明显的规模经济的特点。规模大的企业比规模小的企业在生产成本上有优势，最先进入的企业具有把生产规模扩大到独占市场的趋势，任何新的进入该产业的企业，必然面临较高的壁垒，无法与垄断者展开竞争。二是供水服务产业的生产经营需要投入专门的资本，这些资本不易转移到其他用途。一方面，提供供水和污水服务需要大量的资金，而这些资金又在短期内难以回收，形成沉淀资本，如水库、输水渠道、供水和污水收集管网等的建设需要大量的投资，在投入以后，一般需要20～30年以上才能回收；另一方面，一旦这些资金投入与水有关的工程建设，就很难用作他用，如管网等一些专属生产要素，其用途的指向性非常强，对这些生产要素作资产置换的难度非常大。

自然垄断性行业的特征是一家企业还没有达到平均成本最小时的产量，就充分满足了整个市场的需求。如下图所示，AC是企业的平均成本曲线，D是市场的需求曲线，规模经济时的平均成本最低点为E，规模经济产量为Q_1，自然垄断企业的平均成本曲线在下降时就和市场需求曲线相交，这说明一家企业就能满足整个市场的需求，而且还没有达到它的最优产量。由

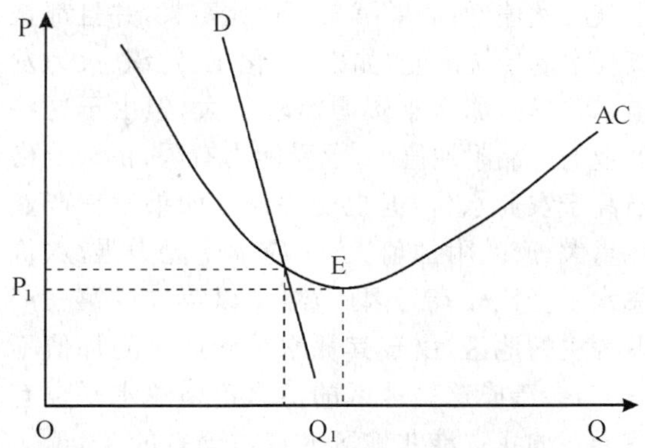

于供水行业的自然垄断性特征，决定了产品定价的基础是企业的个别成本，因此导致了定价成本难以进行效率比较，同时虚增定价成本也成为自然垄断企业追求利润最大化的手段，从而形成了垄断企业成本刚性上涨机制。因此，为促进效率改善和社会福利的增进，政府必须对自然垄断进行价格管制。

(五)水资源开发条件及地区经济发展和产业结构的差异性

水资源开发条件直接影响着供水价格。水资源开发条件好的地区，其开发成本低，供水价格也较低；而水资源开发条件差的地区，其开发成本高，供水价格也相对较高。水资源开发条件与水资源供求关系不直接相关，只是由于水资源开发条件好，水资源开发利用的程度就高，相对水资源蕴藏量而言的水资源有效利用量就大。因此，在同样的经济技术水平下，即使水资源蕴藏量相同，水资源开发条件好的地区较水资源开发条件差的地区，水资源供给会多些，供水价格也会有所体现。

地区的社会经济发展水平对水价的影响主要是针对用水户承受能力而言，一个地区社会经济发展水平高，会吸引更多的劳动力，城市人口就会增多，并且处于较高的经济发展水平地区必然要求高质量的供水和优美的城市环境，这些都会使城市需水总量增大，打破原有的水资源供需平衡，水价也将发生相应的变化。

一个地区的产业结构对水价也有着重要的影响，如果第一产业——农业所占比重大，而农业属弱质产业，是需要政府扶植的产业，其水价承受能力不高，那么这一地区的供水价格总水

平就必然偏低；如果第二产业比重大，并且都是高耗水的传统产业，如冶金、化工、纺织、火力发电、煤炭等，那么水资源需求量大，但由于这些产业的产品附加值小，承受能力有限，供水价格虽高于农业水价，但也受限制。如果第三产业比重大，产品附加值大，相应承受能力强，水价总水平会比较高。因此，对于以第二或第三产业为主的地区，由于其耗水量和产品附加值不一样，会造成这些地区的供水价格总水平也有差异。如我省淮北地区人口占全省的 43.6%，耕地占全省的 50.3%，煤炭储量丰富，洗煤用水多，且不断有高耗水的工业项目兴建投产，而该地区的水资源量仅占全省的 20%，人均、亩均占有量均不及全省平均水平的一半，水资源的供需矛盾大。相应地，水价中应该体现出供需关系。

二、水资源价格组成部分、形成机因及内涵

在认识到水价的确定要考虑到水资源的上述种种特征后，水价的决定就要以水资源承载能力、水环境承载能力、供水工程的承受能力作为定价的核心内容，以用水户承受能力作为边界条件。相应地水价应该由水资源费、工程水价和环境水价三个方面组成，实际上，水资源配置较好的发达国家都实行这种机制。

(一)水资源费形成机因及内涵

水资源费是指由于取水行为的发生而征收的费用，是资源稀缺租金的表现。严格来说它不属于价格范畴，它的形成机因及内涵可以从以下几方面认识：(1)实现所有权本质的需要。水资源属国家所有，体现国家所有权的本质应该是通过对取用水资源者收取水资源费(最终以价格的形态进入水利工程供水价格中，由使用者承担)来实现；(2)资源水价属马克思所指出“没有价值的东西形式上可以有价格，这里价格的表现是虚幻的”虚幻价格范畴。必须用政治权力为水资源制定价格，把水资源产权化、水资源所有权资本(金)化、货币化；(3)资源水价的制定是国家政治权力的体现。资源水价是虚幻价格，是无法用计算劳动价值的方法来计算的，没有规定的计算模式，只能以形成“赋税”的决策方式，形成“垄断”的价格。它是根据国家政治、经济的需要，参照相似土地资源的“绝对租、级差租、稀缺租”以及自然水所应承担的义务等虚幻价值因子，进行宏观分析，微观决策而形成的。资源水价作为取得水权的机会成本，受到需水、供水结构和数量、用水效率和效益等因素的影响，不断变化。不同的用水户，在不同地区和时间，使用不同水源的不同量的水，其资源水价是不同的。

水资源费主要包括：对水资源耗费的补偿，对水生态(如取水或调水引起的水生态变化)影响的补偿，为加强对短缺水资源的保护，促进技术开发，还应包括促进节水和保护水资源技术进步的投入。市场经济条件下，一个固定的可供水量情况下，水资源供求关系如下图所示：水资源的供给曲线 SS′完全缺乏弹性，因为一个区域或流域的可供水量是不变的。供给和需求曲线相交于 E 点。水资源水平必须趋向于与之相等的这个价格 P。如果水资源费水平高于这个均衡价格，那么区域用户对水资源的需求数量会少于现有的供给量，从而某些水资源不会被开发利用，此种情况下，如果存在水权交易市场，水权的拥有者会以较低的价格出租或出让水资源，从而降低均衡价格。根据同样的道理，水资源费也不应该长期处于均衡点以下。只有当竞争的价格处于水资源的总需求量正好等于总供给量的状态时，才有均衡状态。在这个意义上，供给和需求决定水资源的水平。

(二)工程水价形成机因及内涵

工程水价就是通过具体的或抽象的物化劳动把资源水变成产品水，使之进入市场成为商品水所花费的代价，包括勘测、设计、施工、运行、经营、管理、维护、修理和折旧的代价，是一个体现从水资源的取用开始到形成水利工程供水这一商品的全部劳动价值量。工程水价的定价基础应该是全成本核算，因为全成本核算最能够体现水的商品性，在工程水价中推行全成本核算，有利于保障水业设施的投资、运营和服

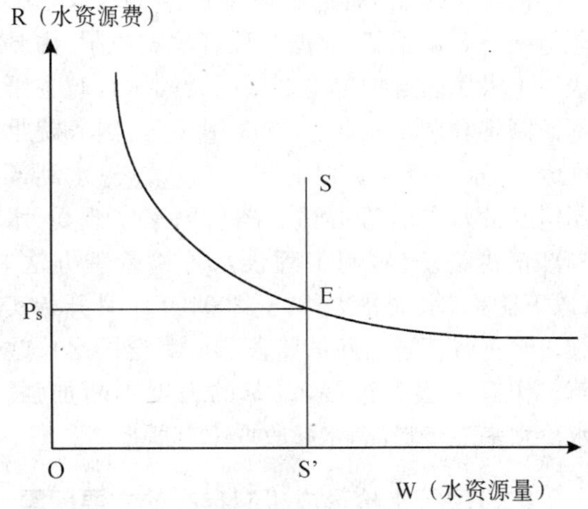

务质量可持续性，有利于促进水业运营效率的提高。全成本核算的关键在于清晰、准确、合理地识别成本。水业经营形式上的自然垄断性，使成本核算的科学性成为监管的难题。绩效平台是目前国际通行的适用于自然垄断行业的成本管理方式，在城市水业领域中的应用始于20世纪末。该系统的核心是向监管部门提供同业的成本比较数据，作为核定全成本合理性的基础。政府监管部门可以借此把握企业的真实成本，通过比较统计数据向企业施加压力促进其提高效率，避免企业以成本为计价基础维持较高成本定价的缺陷。目前绩效管理已经成为国际水业经济监管的发展方向。

水利工程供水价格按供水对象分为农业用水价格和非农业用水价格。农业用水是指由水利工程直接供应的粮食作物、经济作物用水和水产养殖用水；非农业用水是指由水利工程直接供应的工业、自来水厂、水力发电和其他用水。由于目前技术、经济条件的限制，在一个相当长的历史时段农业用水仍然受制于自然力的影响（如河道、渠系无法全封闭、无法计量等），不可能具备完整的商品属性，只能属于准商品性质，仍然需要国家的政治权力不断施加影响和扶持才能确保其商事行为的实现。

（三）环境水价形成机因及内涵

所谓环境水价就是经使用的水体排出用户范围后污染了他人或公共的水环境，为污染治理和水环境保护所需要的代价。体现的是利用价格杠杆对人类开发利用水资源所造成生态环境功能降低的经济调节。如果说工程水价是用水户为水量付费，环境水价则是用水户为水质付费。环境水价也可以说是对外部不经济产生的额外成本的补偿。若以MC表示用户在用水时支付的边际成本，MB表示用户在用水时获得的边际收益，MD表示污水排放导致的外部边际成本，在没有外部干预的条件下，厂商按照MC＝MB进行决策，外部边际成本MD没有被纳入价格机制，因此造成的效率损失，可以通过下图进行说明。

图中S为某企业的供给曲线，同时也是边际成本曲线，D为某产品的需求曲线和厂商边际收益曲线，MD为在生产过程中产生的外部边际成本（如污水排放）曲线，当在没有外部干预的情况下，厂商将在E_1点组织生产，此时均衡产量为Q_1，均衡价格为P_1，外部边际成本MD在厂商的决策中被忽略。对于整个社会来说，厂商的实际边际成本曲线应该是图中的S^1曲线，即S和MD曲线的垂直相加形成的曲线，均衡决策点应该在E_2点，均衡产量为Q_2，均衡价格为P_2。P_2和P_1差价部分是厂商应该承担的外部边际成本，也就是环境水价所应收取的额度。若外部成本游离于价格机制之外，因此导致的产品过度供给会造成如图中三角形E_1E_2A面积的效率损失。

环境水价是用水者对一定区域内水环境损失的价格补偿。环境水价的尺度决定于城市排污总量与环境自净能力的差值，也决定于地方政府财政与用水者环境支付之间的责任分摊比

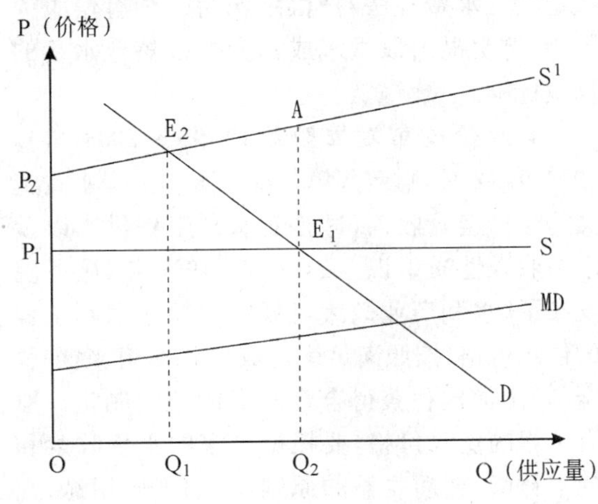

率。越是城市化程度高、人口密集的地区，环境自净能力越差，需要支付的环境水价会越高；地方政府财政选择性承担的环境责任越小，公众支付的环境水价会越高。

三、我国水资源价格变动情况及当前水价形成机制中存在的问题

（一）我国水资源总体价格变动情况

新中国成立后，水价先后经历了公益性无偿供水阶段、政策性有偿供水阶段、水价改革起步阶段、水价改革发展阶段。

1. 公益性无偿供水阶段（1949～1965 年）。 新中国成立初期，以公益性供水为主，基本不收取水费，无水价可言。

2. 政策性有偿供水阶段（1965～1985 年）。 1964 年，原水利电力部提出《水费征收和管理的试行办法》，开始改变无偿供水的状况。1980 年我国财政体制改革，国务院提出"所有水利工程的管理单位，凡有条件的要逐步实行企业管理，按制度收取水费，做到独立核算，自负盈亏"。各省、自治区、直辖市对水利工程管理单位开始实行"自收自支，自负盈亏"的管理方式，水费工作开始起步。

3. 水价改革起步阶段（1985～1995 年）。 1985 年国务院颁布了《水利工程水费核定、计收和管理办法》（以下简称《水费办法》），规定"水费标准应在核算供水成本的基础上，根据国家经济政策和当地水资源状况，对各类用水分别核定"。《水费办法》把供水作为一种有偿服务行为，首次提出以供水成本为基础核定水费的计收标准。

4. 水价改革发展阶段（1995～2003 年）。 1994 年 12 月，财政部第一次将水利工程水费定义为生产经营收入，这是对水利工程供水以及水费收入性质认识上的突破。1997 年，国务院发布了《水利产业政策》，规定："新建水利工程的供水价格，按照满足运行成本和费用，缴纳税金、归还贷款和获得合理利润的原则制定。原有工程的供水价格，要根据国家的水价政策和成本补偿、合理收益的原则，区别不同用途，在三年内逐步调整到位，以后再根据供水成本变化情况适时调整。""根据工程管理的权限，由县级以上人民政府物价主管部门会同水行政主管部门制定和调整水价。"2003 年 5 月，国务院批准废止《水费办法》并同意国家发改委、水利部制定新的水价管理办法。随后国家发改委、水利部正式颁发《水利工程供水价格管理办法》（以下简称《水价办法》），于 2004 年 1 月开始实施。水价改革进入新的阶段。此后全国水价改革工作有了很大进展，改革的力度不断加强。水价水平逐步提高，水费收取率有所提高。

（二）现行水价形成机制存在的主要问题

1. 水价偏离成本，总体水价偏低，节水激励效应低下

经过几次水价制度改革，水价呈现稳步递增态势，其中工业用水、生活用水水价增长幅度较大，从 1994 至 2004 年，年均增长分别为 22.1%和 22%，农业用水增长幅度较小，年均增长 15.2%。但从总体上看，水价仍然偏低。据报道，我国水务企业的亏损面逐年上升，至 2005 年 9 月亏损面达到 52.3%，全行业亏损总额达到 60.6 亿元。制水与供应行业亏损的一个主要原因是我国水价长期低于成本价。

首先，从目前水资源费的标准看，地表水中，全国城市生活用水平均 0.1 元/m3 左右，工业用水平均 0.16 元/m3 左右，农业用水 0.03 元/m3。工农业及生活用水的水资源费标准过低，犹如隔靴挠痒，达不到征收水资源费的预期目的。取用地下水的水资源费标准也存在着偏低的现象，例如我省取用地下水的水资源收费标准是：井深小于 50 米的浅层地下水，每立方米 0.1～0.2 元，井深大于等于 50 米的中深层地下水，每立方米 0.2～0.35 元。由于水价偏低，导致盲目超采地下水，使地下水生态系统受到破坏，形成大面积地下水漏斗区，并由此造成一系列地质环境问题。阜阳已出现地面沉陷，建筑物开裂，大堤因地面沉陷达不到设计的防洪标准；淮北地区浅层地下水的超采导致地下水位达幅度下降，且多年不能恢复，造成地下水位越低，农作物越旱，越旱越抽地下水的恶性循环，形成受旱范围越来越大，干旱程度越来越严

重的后果。

其次,从工程水价看,一是农业用水价格水平远没有达到供水成本。2002 年国家发改委"百家大中型水管单位水价调研"资料显示,现行农业水价只占其生产成本的 1/3 左右。导致农业灌溉用水基本上是"土渠输水、大水漫灌"的粗放型,大大降低了水的利用效率,一般利用率只有 40%~50%,而发达国家则达 70%以上。二是城市居民生活用水价偏低。据对全国 36 个大中城市供水价格调查(见表 1),至 2006 年 2 月,居民生活用水平均价格为 1.98 元/m3,工业用水平均价格为 2.61 元/m3,商业用水平均价格为 3.07 元/m3,水价的递增并没随着工农业产值、居民可支配收入的增长速度同比递增,稀缺水资源的价值并没有体现出来。根据世界银行和我国建设部及一些研究机构的研究成果,特大城市家庭可承受的水费支出占家庭可支配收入的比例可达 3%,中等城市可达 2.5%。从我国城镇居民生活用水实际支出来看,这一比例较低,水费支出占居民可支配收入的比例,全国平均分别为 0.9%,北京市是全国水价最高的,其水价占家庭收入的比也仅到 1.8%。我省对六安市 25 万居民的收入、用水情况的调查表明城市居民生活用水水费占居民收入约 0.13%。因此,从居民承受力的角度看,我国水价还有较大的上升空间。三是工业用水占生产成本的比重小。我省有关部门通过对六安造纸厂、六安市化肥厂、淠河化肥厂、朝阳制药厂、六安纺织厂的生产总值、用水总量、水费支出等情况的调查表明,工业用水水费占生产成本约 1.5%。说明我省工业企业耗水指标较高,水资源的循环利用率不高,同时也说明我省供水价格水平低,价格结构不合理。

工程水价低的结果是:1. 工业用水重复利用率低。全国工业用水重复利用率只达到 50%~60%,而发达国家则已达 70%~90%。主要工业行业用水水平明显低于发达国家,我国工业万元产值用水量为 103 立方米,美国为 9 立方米,日本为 6 立方米;我国的用水总量和美国相当,但 GDP 仅为美国的 1/8。我省工业万元产值用水量平均为 507 立方米,循环水利用系数平均为 49.5%,不能有效促进水产品结构优化和产业布局调整,水资源低效利用严重。2. 城市自来水管网跑冒滴漏严重。全国多数城市自来水管网仅跑、冒、滴、漏损失至少达 20%。我省供水企业 2003 年度产销差率平均为 15%,但有的市高达 30%以上,管网漏损率平均为 20.21%,比国家规定的管网漏损率 12%高出 8 个百分点。3. 是城镇居民家庭不节约用水的现象普遍存在。人们普遍没有树立起真正的节水意识,不注意日常生活用水的点滴节约,大量洗涮过后的"中水"不能很好地回收利用,都被白白地放掉,造成浪费。

表 1　全国 36 个大中城市 2006 年 2 月供水价格和污水处理费标准

单位:元/吨

城市	居民		工业		行政事业		商业		特种行业	
	到户价	其中:污水处理费	到户价	其中:污水处理费	到户价	其中:污水处理费	到户价	其中:污水处理费	到户价	其中:污水处理费
北京	3.70	0.90	5.60	1.50	5.40	1.50	5.90	1.50	51.50	1.50
天津	3.40	0.80	5.60	1.10	5.60	1.10	5.60	1.10	20.00	1.10
★大连	2.90	0.60	4.10	0.90	4.10	0.90	5.90	0.90	31.10	1.10
★昆明	2.80	0.75	4.20	0.90	3.80	0.90	4.60	0.90	11.10	0.90
重庆	2.66	0.60	3.21	0.90	2.66	0.60	3.96	0.90	3.96	0.90
石家庄	2.60	0.60	3.70	0.70	3.50	0.70	4.20	0.70	24.70	0.70
★济南	2.60	0.36	2.90	0.50	2.90	0.50	4.30	0.65	16.00	0.90
长春	2.50	0.40	4.60	0.80	4.60	0.80	10.00	2.00	16.00	2.00
★青岛	2.50	0.70	3.00	0.80	3.00	0.80	3.00	0.90	5.00	0.90

续表

城市	居民		工业		行政事业		商业		特种行业	
	到户价	其中：污水处理费	到户价	其中：污水处理费	到户价	其中：污水处理费	到户价	其中：污水处理费	到户价	其中：污水处理费
太原	2.45	0.25	3.30	0.40	2.45	0.25	4.35	0.60	15.60	0.60
★深圳	2.40	0.50	2.85	0.60	2.90	0.60	3.65	0.70	8.20	0.70
哈尔滨	2.30	0.50	3.30	0.90	3.30	0.90	4.90	0.90	7.90	0.90
★厦门	2.30	0.50	2.30	0.50	2.30	0.50	2.30	0.50	3.30	0.50
郑州	2.25	0.65	2.80	0.80	2.80	0.80	3.80	0.80	10.20	1.00
★福州	2.05	0.85	2.45	1.10	2.05	0.85	2.50	1.10	3.50	1.50
西安	1.95	0.36	2.55	0.36	2.55	0.36	2.95	0.36	6.50	0.36
上海	1.93	0.90	2.50	1.20	2.40	1.10	2.70	1.20	4.70	1.20
★沈阳	1.90	0.50	1.90	0.70	2.00	0.70	2.70	0.70	11.20	1.20
南京	1.90	1.00	2.30	1.20	2.00	1.00	2.80	1.25	2.95	1.25
合肥	1.90	0.51	2.10	0.60	2.20	0.60	2.80	0.77	6.00	0.77
★呼和浩特	1.85	0.35	2.60	0.60	2.50	0.60	4.60	0.60	10.6	0.60
杭州	1.85	0.50	2.95	1.20	2.85	1.10	2.95	1.20	5.00	1.20
海口	1.75	0.45	1.90	0.60	1.90	0.60	2.90	0.60	3.10	0.60
兰州	1.75	0.30	2.95	0.45	2.21	0.45	2.95	0.45	10.45	0.45
★银川	1.72	0.40	2.25	0.50	1.83	0.50	2.33	0.60	5.93	0.60
广州	1.60	0.70	1.95	0.70	1.80	0.70	2.55	0.70	2.90	0.70
乌鲁木齐	1.53	0.30	1.53	0.30	1.53	0.3	2.33	0.30	7.46	0.30
武汉	1.51	0.80	1.82	0.80	1.62	0.80	2.52	0.80	2.72	0.80
成都	1.50	0.35	1.90	0.50	2.10	0.50	3.10	0.50	4.00	0.50

注：★为已实行阶梯式水价的城市，居民生活用水价格为第一级水量的价格。

再次，污水处理费收费标准与实际污水处理成本有差距，征收的范围有待扩大。目前污水费收入无法覆盖污水处理成本，至 2005 年上半年，全国有 475 个城市实施了污水处理收费制度，还有 186 个城市没有开征污水处理费。已开征污水处理费的城市中，有 1/4 收费不足 0.3 元/立方米，从表一可以看出，36 个大中城市供水中污水处理费的比重都较低。而从污水处理的成本来看，有生化处理能力的二级污水处理厂造价一般在 1300～1500 元/立方米．日，按 15 年折旧计算，光折旧成本就将近 0.3 元/立方米．日，如果算上管理成本、运营成本（电费、药耗等）和人工成本等，一般污水成本在 0.5～0.8 元/立方米．日，甚至更高。按照发改委、建设部、国家环保总局《关于推进城市污水、垃圾处理产业发展的意见》，对暂不能达到保本微利水平的地区，要制定最低收费标准，对污水处理费达不到 0.8 元/立方米的地市，其污水处理设施项目国家不予资金支持。因此，从全行业看，对比国内污水行业收费情况，污水处理的征收力度和污水处理价格还有较大上升空间。

2. 水价制定不规范，水价形成机制尚未市场化

当前水价形成的方式和过程，一般都是由供水企业依据其制水成本费用，就水价调整及其幅度向市政府提出建议和申请，再由市财政、物价等部门审核测算，形成政府部门意见后，召开听证会，由各有关方面的专家和市民代表加以论证，最后，针对城市经济社会状况，企业和居民的承受能力，调高水价可能对社会稳定造成的影响，由政府部门加以权衡，做出决策。这样的定价机制表面上似乎完整、严密，也符合市场化原则，但从本质上说，仍是政府主导型的机制。这样确定的价格不能很好地发挥引导资源配置，调节供求的作用，具体表现在：其一，政府定价要做到完全科学、合理，真实反映市场的供求状况，体现行业的现实情况和企业的经营水平，是不可能的现实。这是由多方面因素造成的，如信息不对称问题、多重目标选择问题、决策滞后问题等等。在众多因素中有些因素的影响是无法克服的客观因素决定的，有些因素则是由价格决策水平决定的。从我国当前的情况看，政府在制定价格过程中，仍然没有摆脱传统计划经济时期思维定势的影响，价格形成多以传统的简单的短期成本加主观利润水平来决定，这种办法已经不能适应市场经济要求，其科学性和合理性也存在较多的问题。其二，目前供水价格制定没有规则，进入水价的成本有些也没有作具体的规定，有的企业把所有费用开支都计入成本，甚至以各种名目虚报成本，加上物价部门对企业的成本审核在一定程度上缺少全社会平均成本依据，价格的制定往往取决企业的影响能力，形成哪个企业呼声最高，其提价机会就多的不合理现象。由于这一机制不能体现合理耗费，又不反映供求，使得水价一方面对浪费性需求的约束弱化，另一方面也使得供水企业普遍效率低下，缺乏降低成本的动力，甚至导致供水企业存在人为扩大成本的动机和倾向，增加了政府调控价格的压力。其三、政府主导型的定价机制缺乏弹性和适应性，水价没有建立根据市场供求和成本变化及时调整的机制。

3. 水价的构成要素间比例不尽合理

当前我国的水价格构成中，供水工程水价占水价较大比例，而反映用水外部成本的资源水价和污水处理费仅占较少比例，目前我国水资源费标准，城市生活用水全国平均为 0.1 元/m3，工业用水平均为 0.16 元/m3，农业用水平均为 0.03 元/m3，如果按照城市生活用水价格 2 元/m3 标准，水资源费仅占供水价格的 1 /20。污水处理费占终端水价的比重也不高，以全国 35 个大中城市(不包括拉萨)为例，污水处理费占终端水价的比例在 25%左右。正常的供水价格中工程水价和污水处理费应该各占一半的比例。现有的比例难以体现水资源的消耗、使用和对环境的利用而对他人带来的治理成本。这一现象的持续会严重影响水资源管理、水环境良性循环和各项保障水资源可持续开发利用事业的发展，这事实上是削弱了水资源及其环境的所有权，刺激了对水资源的过度掠夺性开发利用、浪费使用以及对水资源的无度破坏。

4. 水价形成机制单一

为保证水资源配置的公平原则和效率原则，我国于 2004 年 1 月 1 日颁布实施了《水利工程供水价格管理办法》，建立了基本水价和计量水价制度，即两部水价制度，定额以内的水收取基本价，超过定额的按量收取。目的是用科学的计价制度可以最大限度、有效地节约利用水资源，充分发挥价格杠杆对水供求关系的调节作用。但从现实实践来看，受水量计量技术和操作的难易程度的制约，大部分水管单位的水价计价方式仍采用单一的水价标准，而两部制水价、超额用水累进加价和动态浮动水价等科学的计价方式没有得到有效实施。只有少部分灌区在农业供水中试行了基本水价和计量水价相结合的两部制水价，部分地方实行了超计划用水加价。单一的计价方式，不仅没有反映当地水资源的稀缺程度和供求状况，而且也不利于保证水利工程的基本运行和维护。因此应建立动态水价机制，使供水价格随各影响因素及时调整，从而增强水价管理的灵活性。

5. 水务管理事权划分不清

1988 年我国第一部《水法》条文中虽然明确规定国务院水行政主管部门负责全国水资源的统一管理工作，没有完全从体制上解决水资源统一管理，由于分级、分部门的管理，人为造成水管理在不同部门和机构之间的分割，导致了权属管理部门之间与开发利用部门之间的相互矛盾，地表水与地下水、供水、用水与排水(包括排污、水污染的防治与水资源的保护等管理体制很不协调，尤其是对流域管理没有明确规定。长期以来，一座大型水利设施，往往大坝及其建筑物由水利部门管，水电站由电力部门管，船闸由交通部门管。城市供水、节约用水由建设部门管理，淡水养殖由农业、渔业部门管理，工业用水由经济部门管理等等。由于水管理体制的人为分割，导致了水资源不合理的开发利用和资源的浪费。这种体制的弊端是导致地表水与地下水、供水与排水、水量与水质、城镇与农村的水管理，政出多门，分而管之。既不利于水资源合理配置，又不利于高效利用和有效保护，更不利于水资源的综合治理、综合开发，影响水资源的综合功能和综合效益，直接影响国家经济发展和社会进步，以及环境的改善，影响提高人民的生活质量和健康。由于不能实行水资源综合统一管理，甚至会产生在某一部门决策的效果会被其他部门所抵消。

四、我国水资源价格合理形成的前提

针对我国现行水价制定及实施过程中存在的问题，要实现水资源的可持续开发利用，首先要从管理体制和认识上解决当前影响水价合理形成的因素。

(一)水资源统一管理是合理水价机制形成的保证

几十年的实践证明，一龙治水、多龙管水，或多龙治水、多龙管水的体制已经严重束缚了生产力的发展，也成为合理水价形成的严重制约因素。在当前亟须建立水资源在宏观上的统一管理，即实行水务一体化管理，改变过去十几个部门分头管理的"九龙治水"的局面。统一规划包括空中水、地表水、地下水以及海水淡化等在内的各种水资源，实现水资源、水政、水利、水务、水电、水环境保护、水产品的一体化管理，进而实现水价制定和管理一体化。

1. 水务管理一体化的必要性

首先，水务管理一体化，为水资源的可持续利用提供了体制保障。水务管理一体化的建立，强化了对全社会涉水事务的统一管理，有利于水资源的综合规划、优化配置和统筹安排，有利于兼顾生活、生产、生态和环境用水，有利于水源、水厂、管网、排水、污水处理与回用的协调建设和一体化管理。为水资源的可持续利用提供了体制上和组织上的保障。

其次，水务管理一体化有利于建立多元化的水务投融资机制和科学合理的价格机制，为水资源的可持续利用提供经济保障。水务管理一体化可以充分发挥城乡涉水事务统一管理的体制优势，巩固现有水务设施建设资金渠道，并继续使用这些资金。同时理顺投资者、使用者、管理者和受益者之间的关系，创造条件促使民间资本和海外资本流入城乡水务行业，多渠道解决水务投资。而且可以通过制定综合规划，全面统筹考虑资金的安排和使用，最大限度发挥资金的使用效率。水务管理一体化的建立，使水价的形成以水务行政管理一体化为基础，在综合考虑地表水与地下水、上游与下游、本地水与外调水、天然水与工程水、优质水与劣质水等方面的因素的基础上，统一考虑取水、给水、污水处理回用等综合成本，使各种水资源的价格有机协调，为制定科学合理的水价创造了条件。

再次，水务管理一体化有利于完善水法律法规体系，为水资源的可持续利用提供法律保障。全面实施水务管理一体化，利用其体制优势，从国家到地方，清理和废除现有的不适应水务一体化管理的政策法规条文，重新制订适合我国国情和特点的水资源治理、开发、利用、节约、保护的政策法规体系，为实现水资源的可持续利用提供法律保障。

2. 如何进行水务一体化管理

水资源统一管理一方面体现在加强流域水资源的统一管理、保护，另一方面体现在实现城乡水务一体化管理的水务体制上。只有实现这两个统一管理才能保证水资源的供需平衡，在供需平衡的基础上才能形成合理的水价制定机制。从行政层面上讲，就是成立以水利部门为核心的水务管理机构，作为政府管理涉水事务的行政主管部门，对涉水行政事务实行统一管理和全面监督。对防洪、供水、用水、排水、节水、污水处理和回用、水环境治理等等，实行城乡统一的管理体制。当然，统一管理并不意味着有些企业性质的经营实体一定划归水务管理机构直接管理。对于供水、排水和污水治理回用等企业经营实体，应当走产业化经营的路子，但权属管理必须与产业化经营实体相匹配，可以借鉴国际上间接管理的方式，通过法规，以合同形式不仅要保证水务管理机构对水资源的权属管理，而且对公司和企业的经营和管理有决策和监督权，可以采取董事会和监事会的形式参与经营实体的决策和管理，这样可以节省水行政主管部门的管理和运行费用，又使企业能运用市场经济规律运作。

（二）明晰水资源的产权，培育和发展水市场

诺贝尔奖金获得者道格拉斯·诺斯在《西方世界的崛起》中对“科斯定理”表述为：一个有效的经济体制必须有一个完整的产权制度和相关的社会制度以促使个人在寻求经济利益的时候能够和社会的利益相一致。简单说来，只要任何人的经济行为能够增加个人利益而又不损害别人的利益，那么，他个人的利益和社会的利益就是一致的。反过来说，如果一个人付出了劳动或代价为社会创造了福利，而他也得到了相应地回报，那么，他个人的利益也是和社会的利益一致的。“科斯第一定理”告诉我们，在交易成本为零的情形下，只要产权得到明确界定，一个社会的产出就会达到最大。明晰水权制度的基本思路就是通过产权制度变革将水资源这种公共资源转换成私人物品，并允许交换，以便通过市场机制对其优化配置，达到帕累托最优。

据上述原理，政府可以通过分配水权，明晰水权所有者的权利和义务，培育和发展水市场，使生产者和消费者在水资源决策上具有平等的经济和法律地位，形成政府宏观调控下的分散决策机制、以价格为主的信息机制、以利益关系为驱动的激励机制和通过市场交易的资源配置机制。

水权的分配将遵循这样的原则：首先保证人人都能获得维持生命的水权；其次，分配给原用水者一定的比例，剩余水的水权应该采用拍卖的形式出售给出价最高的竞标者。政府需要创立一个交易环境，建立交易平台，制定交易原则，并监管这些交易的公众实施，使企业和一些专门从事水资源需求管理的公司机构可以通过节水、水资源再生和水资源整合等项目的投入和运营，将节省出来的水资源作为“水权”拿到市场上去销售经营，而且这种经营应该是跨行业、跨地区的。例如一个公司可以在黄河上游的河套地区投资滴灌，将从传统漫灌中节约的水资源，通过市场卖给其他地区需要水资源的企业。

明晰水权所要达到的目标：水资源一级市场（初始水权）由政府垄断，即由政府在统筹兼顾的基础上，合理确定各地初始水权和用户定额，确保水权的分配公平，并颁发取水许可证；二级市场（水的使用权）可自由交易，使水的利用从低效益的经济领域转向高效益的经济领域，提高水的利用效率。有关具体思路是，由水务部门向社会发放《水权证》，变人们福利用水为商品用水，水权证是用水户享有水资源使用权的有效证件，是水权、水量和水价的综合体现，核发水权证后，对水权内的配水实行水票制，由用水户持水权证向水管单位购买用水量，水管单位凭票供水，水票可以自由交易。

五、我国水价合理形成具体思路

（一）水价体系的构建要合理

所谓水价的构成要合理，就是在水价中应充分体现水资源的稀缺性，反映全部的机会成本和外部成本，水价理论模型由5个构成部分，即资源成本、工程成本、环境成本、利润和税收，资源成本体现的是水资源的承载能力，工程成本体现的是供水工程承受能力，环境成本体现的是水环境承载能力，可用如下式子表达：

$$P=P_w+P_p+P_e+E+T$$

式中：P 为总体水价；P_w 为水资源费；P_p 为工程水价；P_e 为环境水价；E 为利润；T 为税收。

1.资源水价的确定

水资源使用费可以分为基本型水资源使用费和调节型水资源使用费两个基本类型，调节型水资源使用费可以根据各地资源的丰欠程度设定几个档次。在水资源丰富的地区，终端用户的水价构成中，只含基本型水资源使用费，而在水资源严重短缺地区，价格构成中不仅包括基本型水资源使用费，同时应该包括最高档次调节型水资源使用费，对不同用户，也可以根据用户的承受能力和需求价格弹性确定终端用户价格构成中调节型水资源用费的档次。在实行阶梯价格方案的设计中，对超过基本用量以上

部分可以根据资源的缺乏程度合理确定阶梯价格。

考虑到当前和今后一段时间我国经济和社会发展面临的环境和未来趋势，对于农业供水中的资源成本不予计入水价。主要依据是今后一段时间农业仍然是国家重点保护的弱质产业，又是事关经济发展和社会稳定的基础产业。当前农业生产力水平仍然十分低下，再加上我国已加入 WTO，对农产品价格直接补贴将逐步取消，农民经济承受能力弱，农产品国际竞争力较低，水资源前期费用、水源涵养与保护及水资源宏观管理费用等应由政府公共财政支出来承担，以体现政府对农业的支持。

2. 工程水价的确定

工程水价主要考虑的是投入成本补偿的问题，分不同类型确定方法如下：

(1)水库和灌区水价公式：

$$P_p=\frac{A+C_1Q+C_2Q_1}{W}$$

式中：P_p 为工程水价(元/m^3)；A 为水库和灌区年运行管理费(元)；Q 为工程固定资产总值(元)；Q_1 为不包括农民投劳折资的固定资产值(元)；C_1 为固定资产折旧率(%)；C_2 为固定资产大修理费率(%)；W 为年供水量。

(2)工业和城镇生活用水价公式：

$$P_p=\frac{Q+Q(C_1+C_2)+JZ}{W}$$

式中：A 为提水工程年运行管理费(元)；Q 为工程固定资产总值(元)；C_1、C_2 为折旧率和大修理费率(%)；J 为工业和城镇生活供水专门的工程投资(元)；Z 为收益率；W 为年供水量。

3. 环境水价的确定

$$P_e=\frac{A+Q(C_1+C_2)}{W}.K$$

式中：P_e 为环境水价(元/m^3)，A 为水环境处理工程年运行管理费(元)；Q 为水环境处理工程固定资产总值(元)；C_1 为固定资产折旧率(%)；C_2 为固定资产大修理费率(%)；W 为年污水处理量(m^3)；K 为超排加价系数。

4. 实施三部制水价的作用

传统的水价形成机制在确定水价时只是部分地考虑了供水工程成本，没有考虑保证水资源质与量的代际公平所耗费的成本，也没有考虑人与自然和谐相处的社会成本。三部制水价则充分考虑了水资源的可持续开发与利用，水资源再生、循环的环境和基础不受破坏，同时兼顾供水工程承受能力。而且三部制水价由将水供给的完全成本体现出来，使水的使用、生产和消费过程的完全成本得到补偿。其中水资源费制定体现的是合理开发利用水资源的经济激励，工程水价是体现如何以公平、效率提供水资源，环境水价体现的是如何合理利用水环境承载能力和水环境保护，从而使经济活动主体将外部效应内在化。三部制水价对水资源合理开发利用的作用可以通过下图来反映，图中 S_1、S_2、S_3 分别表示按完全成本定价、按含有排污成本但不含水资源使用费的不完全成本定价，以及按既不含排污成本又不含水资源使用费定价等三种状态下的城市供水的供给曲线和用户的边际成本曲线，D 为消费者的需求曲线，X 轴表示供水总量，Y 轴表示供水价格；E_1、E_2、E_3 别表示三种状态下实现帕累托资源有效配置的均衡点；Q_1、Q_2、Q_3、Q_0 分别表示在三种定价状态以及没有供水成本状态下均衡消费量。图中显示，在不考虑供水成本，同时没有水资源使用和污水排放付费制度的条件下，均衡状态下供水量是由消费者边际收益为零时的消费量确定的，即图中的 Q_0 点所示。随着水资源使用和污水处理付费制度的建立以及企业供水成本的加入，使供水企业供给曲线及用户的边际成本曲线向左上方移动，均衡点从 Q_0 移动到 E_1，实际消费量从 Q_0 下降到 Q_1 点。在完全成本和水资源使用收费的条件下，供水产品在均衡状态下消费量远远低于成本不完全和免费使用水资源条件下的数量。结果表明，如果能用全成本水价理论确定水价，则可兼顾水管单位承受能力，水环境承载能力和水资源的承载能力，最终保证水资源的可持续利用。

三部制水价还突出了全方位统一管理的功能。做到了既控制量又区分了质，既涉及到取水用水，又涉及到水处理与污水排放，并将各行业的节水目标落实到具体的用水定额与用水总量中，从而有利于对水资源实行统一规划、统一

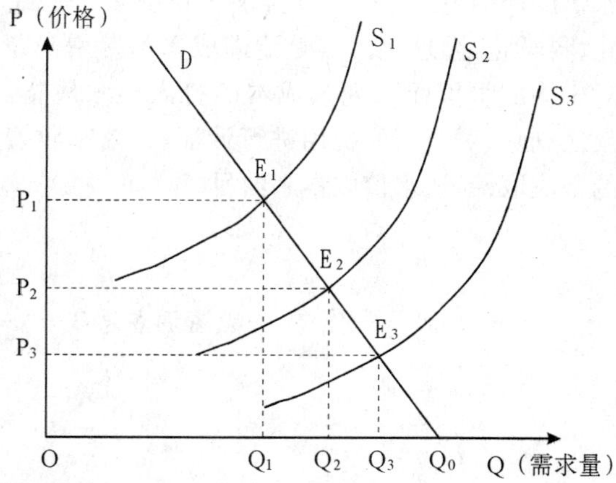

管理、统一配置、统一调度。

（二）逐步提高水价，形成科学合理的水价体系

针对当前水价偏离成本的状况，要兼顾公平和效率原则，针对不同用水主体、不同地区的经济发展水平、不同群体的收入水平，逐步地提高水价。对家庭生活用水：可以实行分部水价制，对基本需求部分实行成本价，对于超出基本需求的部分实行较高价格，同时辅以低收入家庭基本用水补贴政策。对农业用水，要在坚持国家扶持农业政策的前提下，改变农业补贴办法，由暗补改为明补，即一方面逐步提高农业水价、按用水量收取水费，另一方面按灌溉面积或产量对农民进行补贴，以鼓励农民节水的积极性。对工业和商业用水，坚定不移地按经济规律办事，由市场来配置水资源。只有具有一定承担能力的用户才能用得起水，而承担不起水价的用户必须退出市场。从而建立起水资源从低效用户向高效用户转移的机制。

在提高水价的同时，必须防止另一种倾向，即具有垄断地位的供水企业不合理地增大供水成本问题。应通过引进竞争、建立合适的成本审计制度、实行价格听证等措施，保证水价的合理性，维护用水户的合法权益。

建立合理的水价体系必须做到：1）建立多元化的水价体系。由于水资源的时空分布、可利用程度、开发难度、用户对水的需求、服务性质及社会经济发展状况不尽相同，因此水价及其计价方式要因地、因时、因类、因量、因质而异。一是部分行业和生活用水，考虑到社会、政治因素，实行微利价格；二是由于水资源的丰枯存在年际和季节的变化，因此可在丰水期实行低价，在枯水期实行高价。三是实行分质水价。随着生活质量和需求的提高，高质量水日益受到青睐，由于这部分水要经过特殊流程处理或先进技术及设备的深加工，客观上增加了供水成本及提高了服务质量，则需实行高价。一般水质则可低一点。2）形成合理的比价和差价。即在同一水价体系内部要存在一定的比价关系并体现一定的差价。通过一定的比价和差价来反映市场供求关系、季节变化、水质差异，并能对消费者用水量程度产生一定的调节效果。

（三）规范供水企业成本构成，建立有效成本约束机制

供水经营的自然垄断性决定了供水成本具有刚性上涨机制，这是垄断性行业固有本质特征，是世界各国在垄断产品定价过程中遇到的共有难题。但这并不意味政府在垄断性企业成本控制上无所作为，政府可以通过多种手段对定价成本进行有效管理。在供水企业成本管理方面，首先，政府可以制定供水企业定价成本规则。根据供水行业的经营特点，结合企业成本会计、企业财务通则以及价格法等到法律法规，全面规范定价成本的构成因素以及生产经营过程中的各种消耗水平，如企业的折旧水平、维修费用、漏损率、材料消耗、人员数量、工资福利水平、销售费用、管理费用、财务费用等等。同时规范企业成本申报行为，在申报定价成本的内容、范围、计算方法、申报格式以及审查程序等方面做出具体的规定。第二，做好定价基础信息工作。为弥补定价信息的不足，政府的价格管理部门可以通过有计划、有组织、有步骤地建立供水成本数据库，收集、整理、储存成本数据信息，运用现代信息技术手段实现数据共享，为各级政府制定水价提供纵向和横向的成本分析创造条件。同时，通过定期的成本监测，了解企业成本的动态变化情况。其次，水价形成要合理。目前水价的形成主要是由供水企业提供经营报表给水行政管理部门参考，及其之间一种讨价还价、相互利益权衡后的结果，缺乏公开性和透明度。鉴于此，笔者认为在此过程中应引

入社会中间机构(如会计事务所等)加强过程监督,并配合水行政主管部门对供水企业进行不定期的审核,以确保经营报表数据的真实性和可靠性。另外要完善水价听证会制度,让相关利益者及时、全面、准确、深入地了解水价构成、计价方式、不同水资源间的比价和差价及调整水价的原因等,以进一步实现价格决策的民主化、科学化、合理化。四是清理成本与费用。即对于构成水价而未列入成本的打入供水成本,反之剔除;对合理的费用进行计征,对搭车收费的坚决取缔,还水价以本来面目。

作者:安徽省调查总队

国际市场资源类产品价格波动分析及对国内市场影响探析

近年来，以石油、铜和铁矿石为代表的国际资源产品类价格波动较大，对国内同类产品的价格变动产生了较大的影响，并通过上下游价格传导机制，对其他部门的价格也产生不同程度的影响，从而影响了整个生产领域和消费领域的价格水平。同时，国际国内价格的变动必然对企业盈利能力、进出口贸易、产业结构以及经济增长和就业等方面产生深远的影响。本课题将在理论分析的基础上，采用定性和定量相结合的方法，对国际主要产品价格变动对国内价格变动的影响幅度、影响深度、影响时滞进行定量研究，并进一步分析价格变动对上海经济发展的影响。同时，将结合国内外因素，对国际主要资源类产品价格变动提出政策建议。

一、资源类产品及其近年来价格变动情况

(一)概述

1. 定义

自然资源是指自然环境中与人类社会发展有关的，能被利用产生使用价值并影响劳动生产率的自然诸要素。它包括有形的土地、水体、动植物、矿产和无形的光、热等资源。其中矿产资源因其储量有限且再生的速度很慢或不能再生，亦称为“耗竭性资源”。

矿产资源有两个定义：地质学的观点认为是指赋存于地下或地表的，由地质作用形成的呈固态、液态或气态的具有现实或潜在经济价值的天然富集物。按矿产资源法实施细则规定，“矿产资源是指由地质作用形成的，具有利用价值的，呈固态、液态、气态的自然资源”。其内涵为：矿产资源是地球演化过程中经过地质作用形成的，是天然产出于地表或地壳中的原生富集物；产出形式有固态、液态和气态；既包括已经发现的对其数量、质量和空间位置等特征已取得一定认识的矿产，也包括经预测或推断可能存在的矿物质；既包括当前开发并具有经济价值的矿产，也包括将来可能开发并具有经济价值的资源。

2. 分类

矿产资源法实施细则列出我国已发现的矿产资源分类细目共有168种，由煤、石油、天然气、天然沥青等构成的能源矿产；铁、铜、铝、铝土矿、锌等构成的金属矿产；金刚石、石墨、磷、石棉等构成的非金属矿产；地下水、矿泉水、二氧化碳气等构成的水气矿产四大类。

3. 统计内容

目前中国矿产资源统计，使用由国土资源部统一制定并经国务院统计行政主管部门批准的矿产资源统计基础表及其填报说明。统计内容包括采矿权人和矿山(油气田)基本情况、生产能力和实际产量、采选技术指标、矿产组分和质量指标、占用矿产资源储量变化情况、共伴生矿产综合利用情况等内容。在生产领域价格统计中，目前国内设有石油和天然气开采业、煤炭开采和洗选业、黑色(有色)金属矿采选业、金属矿采选业、石油加工炼焦及核燃料加工业、黑色(有色)金属冶炼及压延加工业等行业及产品价格指数的统计，从价格领域分析资源类产品价格的波动情况，以及价格变动对相关行业产品的影响。

我国从1995年起成为全球初级产品市场上的净进口国，而且净进口额逐年扩大。进口额最大的三种产品依次是原油、铁矿石和铜材。我国对这些资源类产品的进口依存度都在35%以上，目前已成为全球初级产品市场上最重要的买方之一。从我国进口的原油、铁矿石和铜

材等主要资源类产品分析，约有 50%属于加工贸易进口。这部分资源类产品被用来生产出口制成品，最终被外国人所消费。因此，本课题将着重探讨国际市场石油、铜、铁矿石等主要资源类产品价格波动对国内市场的影响。

(二)资源类产品及其下游产品供求弹性分析

近两年来，以石油、铜、铁矿石为代表的资源类产品价格连续上涨，而其下游相关产业产品，如钢铁、水泥、汽车、房地产等却在不同阶段出现了周期性的价格大幅波动。产品的价格波动不只是由供求关系决定的。事实上，判断资源类产品和下游工业产品价格波动除了基本的供求关系之外，产品自身价格弹性的特点也是重要的决定因素。

1. 石油、铜、铁矿石等资源类产品的供求价格弹性分析

资源类产品作为重要的工业化原料，在工业生产中有着不可替代的地位。随着工业化进程的加速，这类“必需品”商品的需求日益稳定，并且很难找到替代品，因而价格水平的提高并不能使得此类商品的需求大幅下降，因此这类产品的需求价格弹性较小。另外由于资源类产品的供给受到储量和地理分布不均匀、垄断组织的控制以及生产周期较长等诸多限制，使得其供给弹性也较小。又由于资源类产品的稀缺性和低替代性的特征，使得这类产品具有需求价格弹性大于供给价格弹性的特征。较小的供求价格弹性和需求价格弹性大于供给价格弹性的特点，导致了当供求关系出现小幅度的失衡就会导致价格的更大波动幅度。近年来世界经济的快速发展增大了对资源类产品的需求，各国对加大对资源争夺力度也加剧了供求关系的失衡，石油、铜和铁矿石均出现过剧烈的上涨。

2. 钢铁、水泥等价格弹性分析

与石油、铜、铁矿石等资源类产品相似，钢铁、水泥这类产品也有较小的需求价格弹性，而不同之处在于这里产品的供给弹性较大。供给弹性大于需求价格弹性使得产能提高迅速，造成产品价格大幅波动。

以钢铁为例，首先，在正常经济结构的情况下，钢铁的需求价格弹性比较小。钢铁作为重要的工业基础材料，具有广泛的用途，这种使得其需求相对稳定，不会因为一个行业的大起大落而发生巨大的变化。其次，由于钢厂的投产建设周期相对比较短，且随着价格的提高，产能能够迅速释放，这使得钢铁的供给价格弹性比资源类产品要大。同时，钢材的供给价格弹性要大于需求价格弹性。钢铁的供给价格弹性大于需求价格弹性的特征容易使得上述产品在需求增加的情况下，价格上涨也只能是短期的，因为供给对价格的反应程度比需求的反应程度要大，因此一个阶段的价格上涨，紧接着就是产能过剩和价格大幅度的下跌。由于需求价格弹性较小，尽管价格下跌需求也不会迅速增加，因此上述产品价格会出现很大的下跌，使得过剩的周期性风险大于需求不足的周期性风险。

3. 汽车、房地产、耐用消费品等的价格弹性分析

汽车、房地产、耐用消费品等下游产品的需求弹性和供给弹性都比较大，但需求弹性大于供给弹性。原因在于这类产品本质上虽是消费品，但却不是经常、持续购买的消费品。这些产品进入消费领域后，居民在购买时，不仅把它们当作消费品，还在很大程度上把它们作为资产。资产的性质使这类产品需求会因价格波动而大幅度波动。值得强调的是，一旦带有资产的性质，其需求和价格关系就不再是负相关，而可能变成正相关。就是说，在价格上涨的初期，由于形成了价格上涨的预期，购买需求反而越旺盛，直到价格上涨预期结束，需求才会因为价格的下跌而急剧减少。反之，在价格下跌的过程的初期，一旦形成价格下跌的预期，购买需求反而减少，直到价格下跌预期结束，购买需求才开始在低价位迅速回升。

4. 以石油为例的供求价格弹性实证分析

为了计算石油的供给和需求弹性，我们选取的是世界石油从 1976 年至 2005 年的 30 年的数据，包括世界石油年产量、消费量、价格。通过弧弹性进行价格弹性计算得出了石油的供给、需求价格弹性。通过观察，除了个别年份由于价格波动剧烈，其余在绝大部分的年份里都是在(－1,1)之间的，由此我们可以得出石油的供求价格弹性较小的结论(详见图 1)。从图中

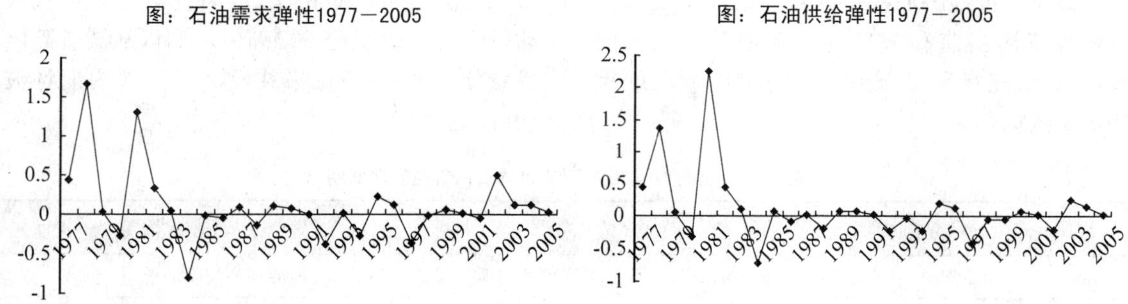

图 1

可以观察到，石油作为资源类产品，其供给和需求价格弹性都是比较小的。

通过对下图的观察，弹性变化较大的区间主要集中在 20 世纪 80 年代前后，这一时期，石油价格波动剧烈，主要因为欧佩克石油输出国组织通过限制对西方国家的石油出口，引发了世界石油危机，石油价格急剧攀升。

由于石油的供求价格弹性本身均比较小，因此需求供给量的小幅变化就会引起价格的较大波动，同时又由于如果需求弹性大于供给弹性时，这种波动效应会被放大，使价格会由于供求的失衡产生急剧波动。这从 1978 年、2001 年和 2005 年的数据中便可得知(详见表 1)。

表 1　石油需求、供给价格弹性表

年份	需求价格弹性	供给价格弹性	年份	需求价格弹性	供给价格弹性
1976	—	—	1991	0.001026143	0.016536148
1977	0.434255117	0.446002938	1992	−0.372206462	−0.219382502
1978	1.661235236	1.369597521	1993	0.017786693	−0.030201272
1979	0.023368692	0.054492641	1994	−0.265325537	−0.228237742
1980	−0.273566905	−0.315330387	1995	0.2290631	0.200376163
1981	1.297491199	2.252904821	1996	0.118910548	0.133629386
1982	0.335407064	0.44568701	1997	−0.37000008	−0.41755696
1983	0.043545937	0.112370326	1998	−0.011914997	−0.046753293
1984	−0.799242474	−0.720617053	1999	0.058632906	−0.049415831
1985	−0.010444138	0.085824447	2000	0.020248198	0.076961241
1986	−0.046224422	−0.081225103	2001	−0.051506527	0.017906572
1987	0.086097773	0.021701448	2002	0.500846475	−0.202548461
1988	−0.137405089	−0.181996222	2003	0.124678096	0.252959921
1989	0.102177809	0.070287239	2004	0.123881767	0.140484539
1990	0.070848255	0.083656243	2005	0.035380222	0.031465707

(三)近年来资源类产品价格变动情况

1. 石油

(1)国际价格

石油作为一种重要的战略资源，与国计民生息息相关。在分析世界石油市场形势和国际油价变动趋势时，首先，有两个油价数据值得关注。即国际石油现货平均价(APSP，average petroleum spot price)和欧佩克一揽子油价每日报价(OPEC Basket Price)。前者是美国西得克萨斯中质油(WTI)、英国北海布伦特油(Brent)和亚洲迪拜油(Dubai)三种原油的平均价。它代表了世界石油市场的主要原油交易。后者是欧佩克一揽子原油平均价。在 2005 年 6 月 15 日前，该油价是七种市场监督油价的平均价。目前欧佩克的一揽子油价是指代表各成员国的 11

种出口原油价格的加权平均数。该油价反映并影响着市场当前和未来的主要原油供需。同时，也是欧佩克确定石油生产与供应额度的重要参照数据。

与金属和食品相比，石油价格的周期性波动更明显。20世纪60年代以来，以从波谷到波谷划分，世界石油价格共经历了8次周期性波动(详见表2)。

表2　20世纪60年代初以来世界石油价格变动周期

周期	起止时间	特　征	主要原因
1	1962年中～1972年初	名义油价基本不变，实际油价下降	七大石油寡头控制油价
2	1972年初～1978年	油价大幅度上升，高峰是1974年	第一次石油危机
3	1978年～1986年初	1978－79年短暂的上涨后，出现了1979年底到1986年初的长期回落	第二次石油危机
4	1986年初～1988年	油价虽出现连续上涨或下跌，但总体价格较为稳定	石油需求较为平缓，主要受供给影响
5	1988年～1993年底	1990～1991年石油价格剧烈上升	海湾危机
6	1993年底～1998年底	1993年底到1997年初上涨，但幅度不大	亚洲对石油需求疲软及过度供给
7	1998年底～2001年底	2000年第三季度曾出现短暂的上涨	世界经济减缓导致需求疲弱
8	2001年底～至今	期间虽曾出现短暂下跌，但油价持续走高，并且与美元贬值相伴	反恐战争和对伊拉克战争，中东局势紧张，世界经济复苏

从上表可以看出，1990年以来，是国际石油市场发展历史中油价波动异常剧烈的阶段，也是石油类金融衍生产品交易相当活跃、交易量迅速攀升的阶段。以欧佩克油价为例，1999年2月欧佩克油价只有10.05美元/桶。2000年欧佩克油价涨至27.60美元/桶，比1999年提高10.10美元，增幅达57.7%。该年油价暴涨引起世界极度恐慌，并造成主要消费大国的社会动荡。2003年欧佩克油价在2002年普遍走高的基础上继续攀升，年均价格达28.10美元/桶，比2002年增加了3.74美元。2004年，年均价格提高至36.05美元/桶，增幅达28.3%。2005年，这种增长得以继续保持，投机基金重返纽约商品期货交易所，10月份纽约商品交易所交货的轻质原油期货收盘价达到每桶69.91美元。进入2006年，世界石油市场的所有原油价格，包括各种原油的现货价格和期货价格，无不处于阵发性“高热”状态，并频繁创下“历史纪录”。2月底，美国纽约商品交易所3月份交货的轻质原油期货价格当地时间突破每桶69美元，成为2005年“卡特里娜”飓风过后的最高点。之后几个月在每桶60美元左右波动，至8月底开始，国际油价持续下降，11月3日，欧佩克一揽子原油的价格下降到54.07美元/桶。

世界石油价格的周期性波动，主要体现以下四个特征：第一，油价的上涨往往是剧烈的，并且常常受突发性事件或危机的影响。油价上涨所持续的时间视事件的性质而定。第二，油价在短期内主要受需求的影响，特别是世界经济增长率的影响。近年来，随着亚洲新兴市场经济国家对石油需求的大幅度增长，对国际油价的影响也明显增加。第三，世界石油市场供给条件的变化对油价有着特别的影响。第二次石油危机以来，石油输出国组织(OPEC)对国际油价的影响力尽管明显被削弱，但其作用仍然不可轻视，OPEC成员间达成的供给限制协议的执行与否对油价仍具有重要的影响。第四，市场投机行为也是影响石油价格波动的重要因素。国际石油价格频繁波动，一方面交易商需要从事期货交易、套期保值，但另一方面，越来越多对冲基金等机构投资者的参与，对油价的波动起着推波助澜的作用，并对现货市场产生较大影响。在国际石油供需形势不确定，以及国际资本市场低迷时，国际石油市场的投机行为更明显。此外，国际油价还受主要发达国家石油库存的变化，以及一些心理预期因素的影响。

(2)国内价格

目前,国内自产原油及成品油的定价机制,取决于国家发改委根据国际石油市场价格与国内实际情况制定的基准价。具体来说,国产原油基准价格是由国家发改委根据上月国际市场相近品质原油的离岸价格加上关税确定的,贴水或升水由购销双方根据原油运杂费负担和国外油种的质量差价及市场供求等情况协商确定,这样使得国内原油定价滞后于国际市场价格一个月;国内成品油价格则是以纽约、新加坡和鹿特丹三地市场一揽子价格加权平均值为定价基础,根据基本杂费及国内关税,加上由国家确定的成品油流通费用,形成由国家发改委制定的国内成品油零售基准价。中石油和中石化可以在基准价上下8%的范围内浮动,来制定具体的成品油零售价。值得注意的是,这一定价操作并不是频繁进行的,即使在国际石油价格波动频繁的2005年,国家发改委一共才调整3次。

近年来,随着我国石油产品对外依存度的逐年提高,国内油价受国际石油价格波动影响程度日益增加。2000年以来,随着国际市场原油价格的不断波动,国内油价呈现"U"字(波浪)型态势。经历以下三个阶段:2000年价格涨幅最高。原油、汽油和柴油出厂价格涨幅分别高达66.4%、36.6%和35.1%。2001年~2002年价格出现下跌态势。这两年原油出厂价格平均下降5.5%,受其影响,汽油和柴油出厂价格平均下降1.9%和0.3%。2003年~2005年价格涨幅逐年递增。受这三年国际原油价格逐渐攀升影响,国内原油价格亦逐年递增。2005年原油购进价格水平由2003年的上涨19.4%递增到30.8%,涨幅提高了11.4个百分点。而原油出厂价格水平则由2003年的上涨19.8%递增到31.1%,涨幅提高了11.3个百分点。在国际原油价格高涨拉动下,国内成品油价格也随之"水涨船高",价格一路攀升。2005年,汽油、煤油和柴油出厂价格涨幅分别达21.2%、17.1%和20.7%,涨幅比2003年提高了4.1个、2.3个和4.4个百分点。

(3)价格波动原因

一般来说,影响石油价格的主要因素是石油的供给和需求两个方面。

①全球经济回暖带动石油需求的上升。1999年,美国、西欧等发达国家在新经济浪潮中呈现一片繁荣景象,在发达国家需求膨胀的带领下,发展中国家的经济也逐步走出危机阴影,全球经济增长进入新一轮景气周期。根据世界银行的统计,全球经济增长在1999年开始迅速回升,实际GDP增长率达到3.4%,2000年更是达到4.7%。全球经济回暖带动了石油及其相关产品需求的增长。根据国际能源署的统计,1999年的石油需求增长回升到1.75%。另外,1998年以来的石油需求回升,发展中国家尤其是亚洲国家的石油需求拉动占据主导地位。据英国石油报价公司估计,99年亚洲地区石油需求量上升100万桶,达到2020万桶/日。2000年世界石油需求量增长的140万桶中,亚太地区估计占90万桶/日,亚太地区的石油需求从1997年~1998年的金融危机中完全复苏。据中国商务部市场运行司最新统计,2006年上半年我国石油对外依存度已高达47.3%,我国石油需求的增加在一定程度上对亚太地区石油市场构成强劲支撑。

②石油供给明显滞后。从1999年起石油的需求就开始超过供给,到了1999年第四季度,供需缺口达到1200万桶/天。虽然北美、欧洲以及前苏联等国都是重要的产油国,但是这些国家的石油资源基本上以自用为主,而且每年还要从中东地区大量进口原油。对于全球其他国家而言,由于石油在国民经济中具有重要地位,石油的价格弹性很低,因此OPEC抑制产量、从而抬高油价的行为能够带来额外的经济利益。因此,当油价上涨时,OPEC往往不愿意增加石油产量。同时,石油库存的减少造成石油供应捉襟见肘。1998年~1999年初的低油价使西方消费国囤积了大量的过剩石油库存。实际上,欧佩克1997年底开始大量增产的石油,大部分进入西方石油公司库存。经过1999年~2000年冬季的库存消耗,西方石油库存已经降低到可操作的下线。

2. 有色金属

(1)国际价格

国际市场有色金属走势与经济增长趋势密切相关。回顾三十多年来有色金属价格走势，其价格总体上围绕价值上下波动，当经济景气回升时有色价格逐步上涨，当经济疲软下降时有色金属逐级下降。由于电解铜价格变化在有色金属中占主导地位，其价格上下波动又直接影响铝、锌的价格变动趋势，故我们着重分析铜、铝、锌的价格波动情况，可以看出三十多年来铜、铝、锌价格波动呈现明显地周期性。

LME是全球有色金属定价中心，交易品种有铜、铝、锌、铅、锡、镍等，全球所有主要有色金属生产商、消费商及贸易商都在LME市场进行交易，交易量居世界首位，由于LME有电子盘连续交易系统，其确定的价格影响着COMEX、SHFE市场价格趋势。LME市场上，1972年以来电解铜出现了“六波”价格明显上涨的牛市(详见表3)。

表3　1972年以来国际市场电解铜价格变动情况

年　份	起始价格（美元/吨）	最高价格（美元/吨）
1972年11月～1974年6月	1033	2130
1977年7月～1980年3月	1251	2069
1983年6月～1984年4月	1718	2385
1986年11月～1989年6月	1358	2547
1994年1月～1995年5月	1867	2845
2002年6月～2006年6月(未结束)	2817	8790

从国际市场电解铜价格走势看，主要体现以下三个特征：一是2000年前价格波动时间短、幅度小，时间不超过三年，幅度不超过200%；二是均与美元加息周期逆趋势，当加息初期价格上涨，当加息结束时价格处于阶段性高点并出现拐点向下；三是价格明显受供求关系制约，当铜矿产量低位时价格逐步回升，当铜矿产量高位时价格逐步下跌。

(2)国内价格

国内有色金属价格从计划价格向与国际市场价格接轨。其价格走势主要分三个阶段：

80年代：有色金属作为战略物资，执行5500元/吨计划价格。

90年代：有色金属价格逐步放开，是第一个与国际市场接轨的品种，但联动性不强，期间价格走势呈倒“V”型，90年代初价格双轨制，铜价从9000元/吨上涨到95年5月最高价32000元/吨，90年代后期与国际市场价格接轨，98年铜价跌到18000元/吨。

2000年以后，有色金属与国际市场价格走势相关度相当高。铜、铝、锌金属上海市场现货价格由2000年7月18161元/吨、16709元/吨和10781元/吨逐渐回落到2001年10月14491元/吨、13669元/吨和8034元/吨；而2001年10月以后，铜、铝、锌走出了一波大牛市，至2005年12月分别为40653元/吨、18879元/吨和16040元/吨；进入2006年后，铜、铝、锌处于高位运行状态，价格逐月上升。其中铜价已冲破每吨6万元大关。目前迹象显示牛市尚未结束。

(3)价格波动原因

①全球经济增长拉动消费增长。自2001年下半年以来，全球经济处于景气增长过程中，有色金属作为基础原材料，受经济增长消费推动，消费需求量逐步增加，价格逐步回升。回顾过去几十年的有色金属价格周期性波动，都与经济周期性变化有紧密的相关关系，也是影响价格变动的主要因素。

②供需状况变化的影响因素。有色金属价格表现出非常显著的周期性。当市场需求低迷，供给量大于需求量，呈现供应过剩的不平衡，市场价格低于金属特有的价值属性或低于矿山生产企业成本时，市场因素会促使矿山企业减少开采量或关闭矿山，减少市场供应量。当供求和消费逐步趋于平衡，价格回升到金属价值时，市场价格会处于较长时间的稳定状态。当消费量增幅高于供给量增幅，呈现供应缺口的不平衡时，就会促使价格快速上涨，原先关闭的矿山又纷纷恢复生产来满足市场需求，市场价格就会出现高位振荡。当价格远远高于金属价值时，用户就会选择替代金属，就会使市场供求不平衡，价格逐步回归价值线，市场出现“牛”、“熊”交替状态。

③美元汇率因素。LME有色金属交易价格以美元计价，回顾历年价格变动趋势，当美元长期处于贬值过程时，影响铜、铝等有色金属上涨，当美元升值时，又影响有色金属价格下跌。

在2004年、2005年有色金属期货交易过程中，美元贬值是一项市场定价重要指标。

④资金流动性过剩，金属基金投机性操作，体现了金融属性。2005年10月后，有色金属交易火爆，价格飙升，LME市场交易主体由生产、消费企业和有色贸易商所进行的套期保值交易转变为以金属基金为主体的投机交易，在资金流动性过剩情况下，金属基金凭借资金优势，大量投资资源性商品，巨量持仓，大幅逼空，导致了“国储铜事件”，镍、铜、锌等有色品种与黄金、白银一样，更体现了金融属性。

3. 铁矿石

(1)国内外价格

铁矿石由于没有成熟的期货市场，其价格是通过各大铁矿石出口国的铁矿公司与各大进口国的钢铁公司谈判后确定的，价格为一年一订。2002年前，铁矿石市场长期供大于求，价格在低位徘徊。2002年后，由于世界经济的不断向好、中国钢铁产量快速增长和国际钢材价格的上扬，国际铁矿石价格迅速抬升，2003年铁矿石价格上涨8.6%，2004年上涨18.6%，2005年铁矿石价格疯涨71.5%，2006年在前几年上涨的基础上，又上涨了19%。2006年比2002年价格累计涨幅达163%。

全球铁矿石价格是基于全球三大铁矿石生产商与其购买方之间商定的合约价格确定的。当前国际铁矿石的价格谈判机制始于1981年，谈判分为亚洲市场和欧洲市场。不过在近年，谈判机制发生了一些变化，中国已成为全球最大的铁矿石进口国。2004年起，宝钢作为中国钢铁业的代表，开始参与亚洲铁矿石价格谈判。尽管中国是最大的铁矿石进口国，占全球进口量的43%之多，但在铁矿石谈判中所扮演的角色却没有与进口大国的身份相匹配。在几次谈判中均没有话语权，铁矿石价格在近年来一涨再涨。中国参与全球矿价谈判的时间并不长，这意味着中国钢厂应在如何完善目前谈判机制存在的不足和问题方面上要有所作为。

(2)价格波动原因

①世界经济高速增长。铁矿石涨价的根本原因是全球经济的高速增长，从而带动对钢铁的需求增大。而钢铁需求的增大又带动钢铁价格向上攀升，钢铁价格的攀升又带动钢铁生产企业利润大增，刺激钢铁企业对钢铁产量和产能的扩大，从而带动对铁矿石的需求。

②中国钢铁企业对国外铁矿石的盲目需求是促使铁矿石价格高涨的重要因素。近年来，中国的一些大型钢铁企业主要从与中国签订长期供货(直销)合同的澳大利亚和巴西进口高品质的铁矿石，而国内大多数的中小钢铁企业只能通过委托中间商代理进口印度、南非等地的现货铁矿石以满足其原料供应。2005年1至2月，中国进口铁矿石的数量与2004年同期相比增加了23.7%，金额同比增加38.2%，这种大量需求造成进口铁矿石价格的急剧上升。同时，中国中小钢铁企业对印度现货铁矿石的大量需求，也使中间商有机会通过囤积居奇哄抬铁矿石的价格，引发印度铁矿石价格更高，从而直接导致世界3大铁矿石大幅度提高铁矿石价格。

③世界铁矿石生产的高度集中和美元贬值是引发铁矿石价格大幅上涨的主要原因。目前，国际市场上约80 %的铁矿石资源(生产和贸易)由澳大利亚力拓公司、澳大利亚必和必拓公司和巴西淡水河谷公司3大巨头控制，这使得铁矿石供应商拥有很大的价格谈判砝码。他们认为，铁矿石价格的大幅上涨是价值的“理性回归”，有利于铁矿石供应商进一步增加投资以应对需求的快速增长，从长期看有利于保持市场的稳定。另外，美元兑欧元从0.8∶1贬值到1.4∶1直接影响了澳大利亚和巴西等国以本币计价的铁矿石盈利及其投资计划，所以3大铁矿石巨头决定大幅提高铁矿石的价格。

二、国际市场资源类产品价格对国内市场的传导机制

(一)一般机制

国际市场价格的形成机制是价值规律和商品供求规律作用的结果。各国的国别价值在多大程度上转化为国际价值，因各国自然资源的丰度程度、科学技术高低状况、劳动强度与生产效率高低而存在很大不同。而资源类产品的国

际价格除受到各国供求关系影响之外，很大程度上受到各产地国对价格寡头垄断的控制，其价格由国际市场向国别市场传导会经过各种途径对国别价格产生影响。国际市场资源类产品价格传导的一般机制是：

1. 国际贸易途径

商品国际价格和国别价格的差额既是国际贸易和国际直接投资发展的内在动力，同时也是反映一国经济国际化程度的重要标志之一。通过发展国际贸易和国际直接投资，一国经济国际化的程度会不断提高，国内价格与国际价格间的价格差会明显缩小。在国际贸易的带动下，国别价格与国际价格的波动趋于一致。国际直接投资和生产国际化的发展，也会推动资源类产品贸易大幅度增长。但国际直接投资对国际和国别价格的影响，归结起来也是通过国际贸易的途径进行的。

2. 国际市场供求关系

国际市场的供求与竞争状况是十分复杂的。从市场结构看，可以分为完全竞争市场、垄断竞争市场、寡头垄断市场和垄断市场。不同市场的价格形成和变化是不同的。而对于资源类产品，垄断竞争市场和寡头垄断市场为多。

3. 税收与关税途径

税收与关税会影响国际市场商品的最终消费价格，因为它们是商品成本的重要组成部分。按照征收关税的目的，各国政府对进口商品征收的关税可以分为财政关税与保护关税。按照征收方式的不同，关税可以分为从量税、从价税、选择税和混合税（综合税）。除了进口关税外，很多国家对进口商品还征收一些其他的费用，如进口许可证费。外国商品进入某一国家后，还可能面临很多国内税收，如消费税、增值税、零售税等。这些税费会进一步提高进口商品价格。

4. 货币与汇率途径

汇率是一国货币与另一国货币的比价，是货币的相对价格。一国实行的汇率制度，以及该国货币对国际资源类产品市场主要计价货币汇率的变化，对国际资源类产品价格向该国传导有着重要影响。汇率变动往往与贸易机制结合起来，成为国际商品价格波动的重要传导途径。货币贬值有利于出口而不利于进口，从而提高商品出口国价格对国际价格的影响力，出口国经济规模越大，影响力也越大；货币升值有利于进口而不利于出口，从而提高商品的国际价格对进口国价格的影响力，进口国经济规模越小，受到影响的程度就越大。汇率的变动将影响商品在最终消费国的销售价格。

5. 制度和政策途径

这种途径主要表现为制度或政策的变化对价格传导机制究竟是起抑制作用还是促进作用。相对于政策调整来说，制度变革更为重要。从国别角度看，最重要的制度变革就是放松价格管制和贸易管制，不断降低国际贸易和国际投资的准入门槛，以市场定价而不是以政府定价作为商品定价的基础，与国际市场价格相接轨。从国际角度看，世界贸易体制的变化、WTO新一轮谈判的进展、区域经济集团化的发展，以及双边或多边最优贸易安排等通过关税减让对国际资源类产品价格传导有着重要影响。

政策途径对国际资源类产品价格传导影响最大的就是一些国家在一定时期针对特定产业实行的贸易保护政策。在资源类产品中，石油的限产政策，农产品的贸易保护政策、钢铁贸易的倾销与反倾销政策等，对国际市场上的价格影响较为明显。

（二）我国的特殊机制

改革开放以来，随着价格管制和贸易管制的逐步放开，我国与国际市场商品价格的传导通道被打开，内外价格差明显缩小。2001年底，随着我国正式成为WTO成员国，国内市场受国际市场价格波动的影响更加明显。尤其是随着我国成为铁矿石、原油、铜、石化产品等多种产品最重要的进口国，国际市场价格变化对我国国内市场价格、进出口价格及国际收支的影响不断扩大。但国际资源类产品价格对我国的影响，除了通过一般性的传导机制发生作用外，还受一些特殊机制的影响。

1. 石油价格与国际石油价格接轨的特殊机制

与其他资源类产品相比，我国石油价格与

国际石油价格接轨的方式具有鲜明的中国特色。目前国内油价与国际接轨采用的是顺价销售机制。原油基准价格由国家发改委根据上月国际市场相近品质原油离岸价格加上关税公布。贴水或升水由购销双方根据原油运杂费负担和国外油种的质量差价及市场供求等情况协商确定。成品油价格则以纽约、新加坡、鹿特丹三地市场一篮子价格加权平均值为定价基础，根据基本杂费及国内关税，加上国家确定的成品油流通费用，形成由国家发改委确定的国内成品油零售基准价，再由中石化与中石油两个集团公司在基准价及上下浮动8%的范围内，制定具体的成品油零售价。

在国内成品油市场，对众多的用油企业或个人来说，尽管他们对油价的变化十分敏感，但受国内石油定价机制的限制，国内成品油价格往往滞后于国际市场价格的变化。国内油价从过去的每月一调，改为当国际油价变动超过一定幅度时再相应地调整，避免价格变动过于频繁。

2. 国际化程度不断提高带来的体制、政策转变

建国以来相当长的时间里，我国奉行内外有别，分别作价的原则，国内外商品价格相脱钩。当时出口是为了换取外汇，进口是为了解决国内部分商品的紧缺。改革开放以来，包括资源类产品在内的整个国际贸易迅速增长，国内资源类产品价格扭曲的现象得到明显改善。以加入WTO为标志，我国经济的国际化程度进入新的阶段。按照WTO规则的要求，为了与自由贸易相适应，我国原有的对外贸易体制、政策环境发生了一系列变化，在大幅度调低进口关税的同时，进口配额限制也越来越少。

影响国际资源类产品价格向国内传导的另一个重要制度途径是市场结构状况，也就是说是否存在价格垄断现象。随着我国市场的全面开放和打破垄断，外商进入导致的激烈竞争和垄断部门的拆分大大削弱了国内市场的垄断势力，长期以来由少数国有企业操纵价格的局面正在逐渐被打破，我国一些行业长期以来由于体制或政策因素所形成的暴利时代已经结束，商品价格逐渐回落至合理的水平。

三、实证分析：国际市场资源类产品价格对国内价格传导影响

（一）国际石油价格对国内相关产品价格影响的实证分析

1. 数据来源及样本的选取

在国际石油贸易中，有80%的石油交易是以布伦特(Brent)油价作为标准，因此我们选择布伦特原油价格代表国际原油价格。在国内，大庆油田的原油产量占我国原油总产量的40%多，因此大庆原油的价格基本代表了国内原油价格水平。我们选择的时间段是从1997年1月3日至2006年12月22日每周的现货离岸价格(FOB)，共522个样本。数据来源于美国能源情报署网站(http://www.eia.doe.gov/index.html)。

2. 平稳性检验

我们利用Eviews里的ADF检验对两个序列的平稳性进行检验，得出在原序列在1%，5%，及10%显著水平下都是非平稳的，分别作两个序列的一阶差分序列，再用ADF进行检验，得出在1%，5%，10%显著水平下，两者的一阶差分序列平稳，从而得出两者是一阶单整的，即是I(1)的。

ADF单位根检验

	ADF检验值	1%的显著水平	5%的显著水平	10%的显著水平	结论
Wepcbrent	−2.877074	−3.9801	−3.4205	−3.1326	非平稳
一阶差分	−11.84322	−3.9801	−3.4205	−3.1326	平稳
Wepcdaqing	−2.994385	−3.9801	−3.4205	−3.1326	非平稳
一阶差分	−11.74045	−3.9801	−3.4205	−3.1326	平稳

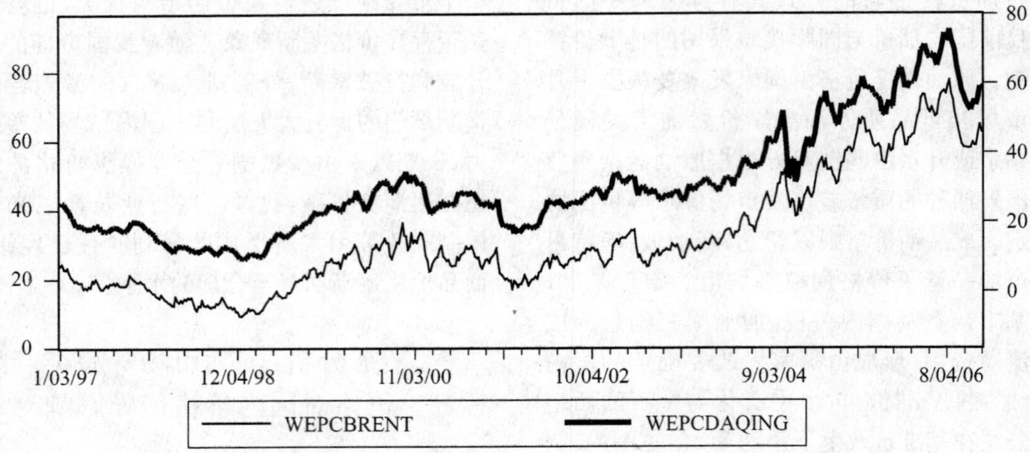

3. VAR 的建立

根据 AIC 与 SC 最小的原则，滞后 2 期时，AIC 与 SC 最小。得到 VAR 模型如下：

$$WEPCBRENT_t = 1.138576 WEPCBRENT_{t-1} - 0.193691 WEPCBRENT_{t-2}$$
$$(19.7200) \qquad (-3.21549)$$
$$+0.076908 WEPCDAQING_{t-1} - 0.021550 WEPCDAQING_{t-2} + 0.074719$$
$$(1.20052) \qquad (-0.34984) \qquad (0.52314)$$

AIC＝3.584670　SC＝3.625632　R－squared＝0.992204

$$WEPCDAQING_t = 0.444860 WEPCBRENT_{t-1} - 0.319713 WEPCBRENT_{t-2}$$
$$(9.12072) \qquad (-6.28287)$$
$$+0.939487 WEPCDAQING_{t-1} - 0.072224 WEPCDAQING_{t-2} + 0.209298$$
$$(17.3599) \qquad (-1.38795) \qquad (1.73465)$$

AIC＝3.247292　SC＝3.288255　R－squared＝0.993940

（方程式下面括号内的值为 t 统计量的值）

自由度为 514（522－8）时，t 分布近似于正态分布，在 5％临界水平下，临界值为±1.96。由第一个方程可以看出，上一期（t 值＝1.20052）及上两期（t 值＝－0.34984）的国内价格对当期国际价格的影响是不显著的。从第二个方程可以看出，上一期（t 值＝9.12072）及上两期（t 值＝－6.28287）的国际原油价格对当期国内价格的影响是显著的。

4. Granger 因果检验

原假设	F 统计量	概率
WEPCDAQING does not Granger Cause WEPCBRENT	1.23878	0.29343
WEPCBRENT does not Granger Cause WEPCDAQING	21.3002	3.0E－16

由 Granger 因果检验可知，滞后两期时，原假设“布伦特油价变动不是大庆油价变动的原因”被拒绝，“大庆油价波动不是布伦特油价变动的原因”被接受，即布伦特油价变动可以影响大庆油价变动，但大庆油价变动不能影响布伦特油价变动。国际油价变化引起国内油价变化与我国的石油定价机制相符合。

5. 协整检验

由 ADF 检验可以得到，国际原油价格与国内原油价格两个时间序列非平稳，一阶差分序列平稳，满足协整检验的条件。利用 Johansen 检验进行协整检验，得出两者存在一个协整关系。

Johansen 检验

特征值	协整似然值	5%的显著性水平	1%的显著性水平	原假设
0.080108	43.57779	15.41	20.04	没有协整关系
0.000628	0.325180	3.76	6.65	最多有一个协整关系

标准化后的协整系数

	WEPCBRENT	WEPCDAQING	C
标准化协整系数	1.000000	−1.044584	0.904639
T 统计量		(0.01613)	
对数似然函数	−1616.448		

将协整关系写成数学表达式，令其等于 VECM：

$$VECM = WEPCBRENT - 1.044584\ WEPCDAQING + 0.904639$$

VECM 是误差修正模型（ECM）的矫正项。

由于 Granger 因果说明国内原油价格对国际原油价格没有影响，这里只作 $\triangle WEPCDAQING_t$ 的误差修正模型（ECM），经过整理得到 ECM 模型为：

$$\begin{aligned}\triangle WEPCDAQING_t = &\ 0.120910 VECM_{t-1} \\ &+ 0.318135 \triangle WEPCBRENT_{t-1} \\ &- 0.000732 \triangle WEPCBRENT_{t-2} \\ &+ 0.091937 \triangle WEPCDAQING_{t-1} \\ &- 0.068930 \triangle WEPCDAQING_{t-2} \\ &+ 0.037611\end{aligned}$$

从方程可以看出，当上一期的国内油价低于国际油价时 $vecm > 0$，在矫正项系数 0.120910 作用的情况下，产生一个正反馈的过程，即国内油价在当期上升。反之，当上一期国内油价高于对应的国际油价时，$vecm < 0$，则有一个负反馈的过程，在当期国内油价回落。这与我国采用盯住国际油价的原油定价机制相一致。从方程的滞后项来看，上一期国际油价每变动一个单位，国内油价在当期变动 0.318135 个单位。

6. 结论

从基本特征分析看出国内原油价格与国际原油价格波动趋势基本保持一致，只是波动幅度国内要小于国际的。这与我国现行的盯住国际原油价格的定价机制是吻合的。但这种定价机制存在的问题是价格没有完全反应国内市场对原油的真实需求情况，价格制定受制于国际价格。

从 Granger 因果检验知道两者在滞后两期的情况下国际原油价格波动影响了国内原油价格波动，这是一种不对等的影响关系。这种不对等的因果关系可以用我国目前原油状况以及世界原油市场状况进行解释。

从 Johansen 检验得知从长期来看，两者之间存在一个协整关系，即从长期来看，国内油价与国际油价之间有一种引力关系，使两者之间偏离的程度不致太远。误差修正模型则从表达式的角度具体量化了两者之间的关系。

（二）对国内行业间价格的传导情况

由于我国进口的原油、铜材和铁矿石等主要资源类产品是国内进口额最大的三种产品，下面，就分述以上三种国际资源类产品价格对国内相关行业间价格的传导情况。

1. 石油

（1）价格传导机制

石油涉及的行业广泛、产业链长，国际石油价格首先会影响国内油价，并将通过产业链进一步传导、渗透到生产、生活的各个方面，最终影响到消费者。而产业链上的各个环节对价格因素的传导和转嫁能力不同，因此，所受的影响程度也不同。

国际石油价格对国内价格的传导途径一般通过油气产品和有机化工产品这两条途径进行传导（详见图 2）。

具体分析，可以看出国际石油价格对国内价格传导由于受定价机制、市场供求关系等因素，其结果是不同的（详见表 4）。

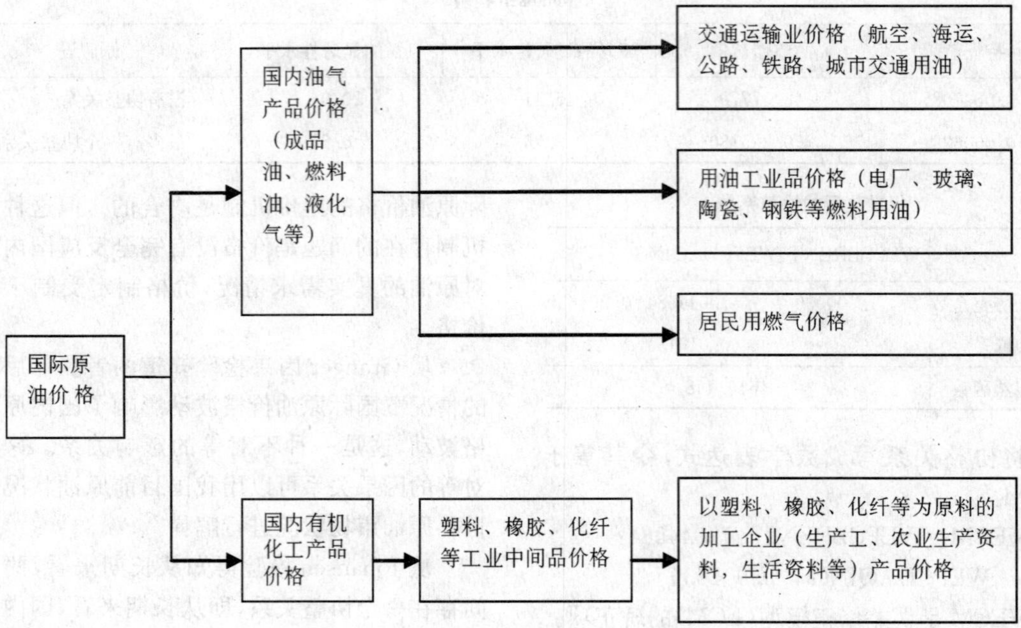

图 2　国际石油价格对国内价格传导流程图

表 4　国际石油价格对国内价格的传导情况分析表

	途径	渠道	传导情况
国际石油价格	油气产品	进口	受国家定价的调控，国内炼油企业和成品油销售企业成本增加，从而影响用油企业成本。
		国内定价	定价机制存在时滞，传导较大程度上是受阻。
	有机化工产品	原油加工企业	企业生产有机产品价格与国际市场接轨，顺利地向下游转嫁原油涨价的成本。
		合成材料制造业	企业成本增加，向下游转嫁取决于产品市场供求和行业间的竞争。
		塑料、纤维和橡胶等工业中间品为原材料的加工企业	需求相对稳定而供求相对过剩，向下游转嫁存在一定困难。

但值得一提的是，由于我国原油、成品油、公用服务产品、农业生产资料的价格在不同程度上受国家政策的控制，国际石油价格对国内价格的传导并不是完全由市场供求来决定。因此，石油价格的传导效应受体制因素的制约较为明显。

(2)需求状况及价格传递效应

我国石油进口史，从严重依赖进口(1950 年油品进口量占消费量的 65%)，到原油和油品自给(1965 年达到了石油生产和消费的平衡)，到大量出口原油和油品(1973 年石油产量达到 5000 多万吨就开始石油的出口)，再变为逐步严重依赖外部石油供应(1993 年成为石油净进口国)，经历了石油进口量逐年提高的过程。

随着改革的进一步深化，近年来我国经济持续高速发展，同时，全球产业结构调整和世界制造业加速向国内转移，形成了国内石油供需的巨大缺口。因此，我国不得不在国际油价屡创新高的形势下，加大石油进口的力度。2002 年至 2005 年，我国石油进口量持续大幅增长，2004 年石油进口量首次突破 1 亿吨，与 2003 年相比，增幅高达 34.9%。2005 年，石油进口量达 1.27 亿吨。石油进口力度的加大，从而导致我国石油进口量增长的同时，进口额以更大的幅度增长，由此带来的价格传递效应及财富转移效应对我国生产及生活领域价格水平及经济增长均产生不小的影响。历史纪录显示，2000年，国际市场石油价格一路上涨，而中国进口原油及石化产品也同时大增。来自海关的统计表明，2000年国际石油价格上升了62%，并导致相关化工产品平均涨价21%，但中国该年进口原油数量达到7013.4万吨，与1999年的3661万吨相比，几乎翻了一番。

2. 有色金属

(1)价格形成机制

我国是有色金属大国，目前铜的消费量居世界第一，产量世界第二，并且每年进口大量的铜原材料和加工材料来弥补日益增长的国内需求。在国际市场上，有色金属价格基本依照英国伦敦期货市场（LME）的价格而确立。在我国，上海期货交易所为国内最大的期货交易市场，其价格紧跟LME的波动而波动，为国内有色金属工业提供了规范的定价体系和成熟的风险管理工具。上海期货交易所虽然成立较晚，但由于其市场规模和地理，信息的优势，逐渐受到国际铜行业及期货业的高度关注，目前已在国际铜期货市场中占有举足轻重的地位。

确定有色金属期货交易价格的核心是商品价值，即生产成本＋合理利润，由于市场短期内供求变化，现货价格存在与期货价格升贴水现象。国内实际成交价一般参照当日上海长江有色金属现货市场价格。随着近年中国有色金属工业大发展和经济增长需求拉动，中国消费起伏对国际市场影响越来越大，成为LME市场重要的价格趋势分析依据。上海SHFE交易量超过美国COMEX，与英国LME一起成为全球有色金属定价三大中心（详见表5）。

表5 有色金属价格定价机制

	形成机制	确定途径	交易产品	定 价
有色金属价格	国际价格	LME市场	有色金属期货	交易价格＝期货价格＋升帖水
	国内价格	上海期货交易所（SHEF）	主要交易铜、锌期货	交易价格紧随LME行情变化而波动，变动趋势与LME市场一致
	国内外价格联动	LME市场上海期货交易所	有色金属期货、现货	上海长江有色金属现货市场依据上市9时开盘交易期货价格，于10时左右确定当日现货价格
				上海有色金属网交易锌现货，依据锌报价＋升帖水

进一步分析，由于中国每年铜精矿、铜材进出口量逆差，与LME比较，定价机制存在从属性；电解铝、铝材进出口量顺差，与LME比较，定价机制具有一定主动性。同时，由于实际交易中需考虑现货价格、美元汇率和国际航运价格变动，故SHEF与LME价格存在一定比价性。从2006年各月有色金属交易价格看，铜比价区间8.5～10.0、铝比价区间7.2～8.0、锌比价区间8.5～9.5，当现货市场供应充足，比价趋于下限；当现货市场供应紧缺，比价趋于上限。

(2)价格传导机制

有色金属产业链较长，从最初的铜精矿、锌精矿、铝土矿及氧化铝等矿产品，经过采掘、筛选、初步冶炼等生产过程成为资源性初级产品；又进行电解精炼至标准要求，成为铜、铝、锌等金属品，成为期货、现货市场交易标的物；再经过加工成铜材、铝材、锌材等金属制品，成为市场最终消费产品。

有色金属价格是高度市场化的，其价格波动如股票行情，所有用户都能及时掌握和了解有色金属行情走势。引起价格变动的主导力量是LME期货价格。有色金属价格形成后，最终会传导到下游用户（详见图3）。在价格传导过程中，如果消费品领域价格上涨困难，则会阻止有色金属价格的传导过程，使金属加工企业成为价格上涨波动的受害者。如2005年电解铜价格上涨，推动空调器生产成本上升，但由于空调市场消费不旺，空调提价只是昙花一现，很快又恢复原价。

(3)国内生产和供需情况

我国是世界上最大的有色金属生产和消费国家，2005年十种有色金属产量达到1632万

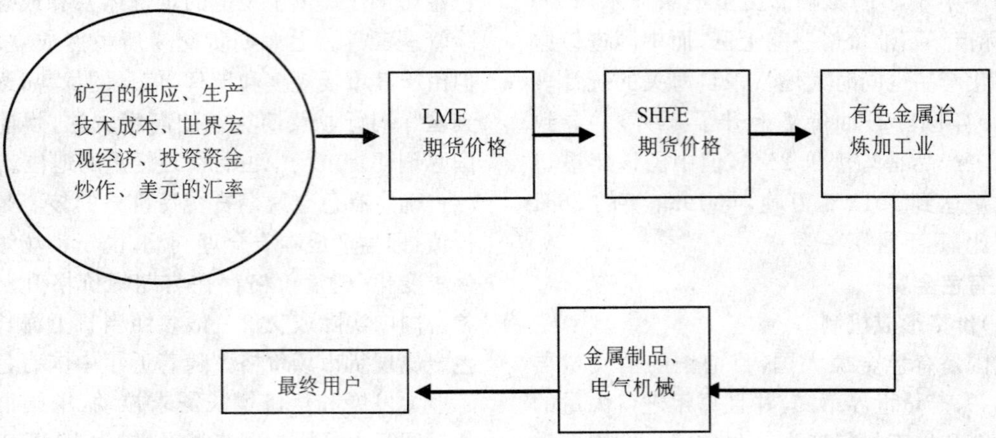

图3 有色金属价格传导流程图

吨,同比增长18.14%,连续四年居世界首位。铜、铝、锌产量占十种有色金属产量比重高达80%。从铜、铝、锌上下游产业生产情况看,2005年上游产业的铜精矿、锌精矿等六种有色金属精矿产量329.94万吨,同比增长6.15%;氧化铝851万吨,同比增长21.68%。下游产业的铜、铝加工材产量突破历史新高,铜材产量466.8万吨,同比增长12.1%;铝材产量594万吨,同比增长29.1%。

由于中国有色矿产资源紧缺,无法满足经济增长和市场需求,每年需从全球各地进口大量有色矿产资源。2005年有色金属贸易达到468.37亿美元,同比增长28.5%,其中出口164.89亿美元,同比增长24.4%,贸易逆差达138.59亿元,进口铜精矿突破150万吨。

3. 铁矿石

(1)传导机制

与其他资源类产品不用,由于没有成熟的期货市场,铁矿石价格主要是由各大铁矿石出口国的矿产公司与进口国的大型钢铁企业在逐年谈判的基础上确定的。当商定价格的供需双方就一种矿石的价格达成协议后,其他供需双方就以此作为参照,影响极大。长期以来,国际铁矿石市场主要是欧洲市场和亚洲市场;在国际市场铁矿石的主要出口国是巴西、澳大利亚等国,主要进口国是欧盟各国,以及东亚的中、日、韩等产钢大国。

在2003年以前,中国钢铁企业都是被动地接受日本钢铁企业与三大矿产公司(巴西的CVRD、澳大利亚的Rio Tinto、BHP铁矿公司)谈判后的价格。2003年初有89家钢铁生产企业会员的钢铁协会成立了铁矿石战略研究联合工作组,由占国内总产量55%的14家大钢厂组成。但中国并没有参与2003年谈判,只是采取了观望态度,并最终接受了日本确定的亚洲价格,涨价8.9%。中国虽超过日本成为全球最大的铁矿石进口国,却被动接受日本的价格,这使得国内各大钢铁企业推选宝钢为中国企业的谈判代表。2004年,宝钢参加了谈判但并没发挥什么作用。中国真正介入价格谈判是从2005年开始,而2005年以来恰是国际铁矿石供需矛盾最为突出的时候,由于种种原因中国并没有在近两年的谈判市场上拥有与其身份相匹配的话语权。

(2)国内外铁矿石供求情况

世界十大铁矿石生产国分别为中国、巴西、澳大利亚、俄罗斯、乌克兰、印度、美国、加拿大、南非和瑞典,十个国家铁矿石合计产量超过10亿吨,占世界铁矿石总产量的90%以上。2004年中国生产铁矿石达3.1亿吨,约占世界铁矿石产量的20%。

在全球铁矿石市场上,主要出口国家有巴西、澳大利亚两个国家,拥有三大铁矿石供应商——巴西淡水河谷公司(CVRD)、澳大利亚必和必拓集团公司和澳大利亚力拓集团公司。南非、印度及加拿大属于第二梯队。据澳大利亚农业与资源经济局预测,未来几年全球铁矿产量继续增长,2007年将达到11.19亿吨。

随着中国经济的不断快速发展，对铁矿石的需求量亦日益增加，仅靠国内生产的铁矿石已远不能满足这种需求。从2003年起，中国超过日本和欧盟成为世界上最大的铁矿石进口国，目前有50％的铁矿石依赖进口。进口的铁矿石主要来自于澳大利亚、印度和巴西。2003年进口铁矿石1.48亿吨，之后进口量逐年递升，2006年高达3.26亿吨，进口量是1980年的4.4倍（详见表6）。未来中国对国外铁矿石的需求还将大量增加，其中一个重要因素是中国国内的铁矿石资源状况不理想，且杂矿较多可采储量较低；另一重要原因是中国钢铁产能的不断增加，这使中国对进口铁矿石的依存度更高。

表6　全国历年进口铁矿石量一览表

单位：万吨

年份	进口铁矿石量	年份	进口铁矿石量	年份	进口铁矿石量
1980	725.36	1989	1241.40	1998	5177.07
1981	333.64	1990	1419.12	1999	5527.40
1982	345.15	1991	1903.45	2000	6997.16
1983	438.47	1992	2517.21	2001	9230.83
1984	596.98	1993	3302.00	2002	11149.59
1985	1011.40	1994	3734.30	2003	14812.84
1986	1200.46	1995	4115.00	2004	20808.86
1987	1209.80	1996	4387.00	2005	27526.05
1988	1075.62	1997	5510.58	2006	32630.33

（三）国际市场资源类产品价格变动对相关价格指数的影响

1. 传导途径

加入WTO后，我国对外开放力度不断加大，国际市场与国内市场的联系更加密切，国外商品大量进入国内市场。进口商品的价格水平和国际价格必然引起国内商品的价格水平相应发生变动。国际上，常用CRB指数（国际市场价格指数）作为代表国际市场商品价格的指标，CRB指数是由美国商品调查局（Commodity Research Bureau）根据世界市场上23种基本的经济敏感商品价格编制的价格指数，能比较稳定地反映国际价格的整体水平，具有国际可比性。而国际市场价格是通过进口商品传导到国内市场上的，因此，我们同时选取海关总署发布的进口商品价格指数（IPI）和代表国内市场价格水平及其变化情况工业品出厂价格指数（PPI）、居民消费物价指数（CPI）这三项指标。从经济上讲，对于一个高储蓄、高投资的生产型国家，国际市场价格对国内市场价格的传导途径大体是：国际市场价格（以CRB指数为代表）→进口价格（IPI）→工业品出厂价格（PPI）→居民消费价格（CPI）。

2. 对工业品价格指数的影响

首先通过指数间相关系数的分析发现，各价格指数间存在一定的相关性，而且由于我们选取的是同期价格指数之间的相关性，价格传导可能存在时间的滞后。通过对国际价格CRB指数和国内进口价格指数之间的相关分析，可以发现国际价格指数对国内进口价格指数的传导是存在的，而且传导有均值为1个月的滞后，就是说国际市场价格的波动在1个月后对我国进口商品价格的影响最为显著。进一步分析进口价格指数（IPI）和工业品出厂价格指数（PPI）之间的相关系数，可以看出两个价格指数相关性较高，相关系数随时间衰减，领先相关系数和滞后相关系数的分布形状基本相同，且无领先或滞后时相关系数最大。说明进口价格指数对工业品出厂价格传导是存在的，而且传导是即期的，就是说工业品出厂价格的波动受当月进口商品价格的影响最为显著。

我们接着分析国际石油价格、铜价和铁矿石价格波动对本市工业品出厂价格指数的影响。首先我们选取2002～2005年布伦特石油的月度价格作为国际石油价格，再以上年同月为基期换算成同比价格，与本市石油加工、炼焦及核燃料加工业同比指数进行回归后发现，国际石油价格每上涨1%，本市石油加工、炼焦及核燃料加工业产品价格上涨0.3%，进而影响本市工业品出厂价格同比指数上升0.02个百分点。当国际油价波动剧烈时，本市的工业品指数会随之波动，更由于石油是各个行业基础性原料，其价格的传导不仅仅从石油加工、炼焦及核燃料加工业得到反映，实际的影响程度更大。

我们再选取2002年～2005年LME市场铜价作为国际价格，经换算后与本市有色金属冶炼及压延加工业同比指数回归后发现，LME市场的铜价每上涨1%，本市有色金属冶炼及压延加工业产品价格上涨0.4%，进而影响本市工业品出厂价格同比指数上升0.007个百分点。而铁矿石价格每上涨1%，影响到本市黑色金属冶炼及压延加工业上涨近0.2%，进而影响业品出厂价格同比指数上升0.02个百分点。

从工业品出厂价格内部来看，国际石油价格的上涨会进一步对本市炼油、化工等行业产品价格产生影响，铜和铁矿石价格的上涨则影响了有、黑色金属行业产品的价格，其"蝴蝶效应"将随着时间的推移逐步显现。

3. 对居民消费品价格指数的影响

通过对工业品出厂价格指数(PPI)和居民消费价格指数(CPI)相关系数分析，可以看出两相关系数的分布存在较大差异，这意味着工业品出厂价格指数与居民消费价格指数之间存在微弱反馈关系，即工业品出厂价格对居民消费价格的传导不显著。

从近年来工业品出厂价格和主要资源类产品价格变动对居民消费价格指数的传导及影响程度分析，石油价格的波动对交通运输业的价格产生影响，而铜和铁矿石价格的上涨则对耐用消费品家庭设备用品的价格的影响力度很小。2003年到2005年，本市工业品价格中石油加工业产品价格涨幅在17%～20.1%之间，影响到居民消费价格中车用燃料及零配件和水电燃料的价格涨幅则分别相应的在5.8%～13%和6.3%～9.3%之间；工业品价格中铜和铁矿石价格的持续上涨却没有带动下游居民消费价格耐用消费品价格的上涨，2004年和2005年的价格分别比上年回落了2.2%和1.4%。

四、实证分析：国际市场资源类产品价格变动对上海经济的影响

(一)对本市相关行业的影响

1. 石油

(1)炼油企业和成品油销售企业成本增加

石油价格上涨，将直接增加炼油企业的成本，2005年，本市炼油企业主营业务成本比2004年增长了37.6 %，企业成本增加影响成品油价格。为此，国家发改委在2005年对成品油价格进行了3次调整，其中汽油、柴油和航空炼油出厂价格政策调价幅度为17.3%、16.6%和27.8%。受此影响，本市汽油、柴油、煤油出厂价格分别上涨26.3%、20%、29.4 %、石油液化气价格上涨12%。尽管国家提高了成品油出厂价格，但2005年本市石油化工及精细化工制造业利润总额为58.13亿元，比2004年下降了42.7%。

(2)工业产品运行成本上升

石油价格的上涨，影响燃料、动力类购进价格上涨，进而影响工业产品运行成本的上升。2005年，本市燃料、动力类购进价格上涨24.1%，拉动全部原材料购进价格总水平上涨高达3.7个百分点。由于原材料购进成本在工业产品价格形成中所占比重较高，原材料价格的高位运行和各种生产要素价格的上升，工业品价格的运行成本在不断提高。2005年本市工业品出厂价格和原材料购进价格两大指数落差达5.1个百分点，说明本市工业行业"高进低出"现象存在，多数企业承受着成本上涨的压力，表现为经济运行中利润增长缓慢。2005年，全市规模以上工业企业亏损面达18.6%，比2004年增加0.7个百分点，利润总额比2004年下降了10.8%。

(3)交通运输成本增加

交通运输业的成品油消费量仅次于工业。2000年以来本市交通运输业成品油消费年均增

长 18.9%，超出本市成品油消费总量年均 12.2%的增速。油价的大幅上涨，导致交通运输业单位运输成本大幅增加，影响企业的经营效益。仅 2005 年，本市交通运输设备制造业利润为 110.63 亿元，同比下降 46.2%；而本市交通运输设备制造业产品价格 2000 年以来一直呈下跌趋势，与 2004 年相比，2005 年价格下降 5.2%，跌幅比 2000 年扩大了 1.8 个百分点。

(4)居民生活成本加大

居民消费是社会生产流通的最终环节，是价格的最终承担者，油价上涨，间接影响水价、电价、液化气价格以及交通运输等费用的上涨，影响着人们的衣、食、住、行。2005 年，本市居民消费价格指数为 101，其中液化石油气价格同比涨幅高达 15.8%；车用燃料及零配件价格上涨 13%；水上涨 5.1%；市区公共交通费价格上涨 2%。价格上涨直观表现为各项费用开支的增加，居民的生活成本加大。2005 年，本市城市居民家庭人均交通费支出为 521 元，比 2004 年增长 10.7%；人均水电燃料支出为 608 元，同比上涨 5%。

至于油价上涨对 CPI 的影响，取决于其上涨幅度对居民交通、居住支出的影响。据国际能源署(IEA)测算，如果国际原油上升 10 美元，持续一年，将推动我国 CPI 上升 0.8 个百分点。

(5)带动成品油下游行业产品价格水平和利润波动

1999 年以来，受国际石油价格变动异常频繁的影响，本市石油工业产品价格变动呈现波浪型走势。至 2005 年，本市石油工业出厂价格水平累计比 1999 年上涨 2.1%。期间，本市石油及天然气开采业、石油加工炼焦及核燃料加工业价格变动经历了大起大落的过程，年环比价格水平呈波浪型走势。而成品油价格的波动，使近几年来本市成品油下游产品的化学原料及化学制品制造业、化学纤维制造业、塑料制品业等行业的产品价格水平也随之上下波动，变动趋势与石油及天然气开采业、石油加工炼焦及核燃料加工业产品价格水平基本相似(详见图 4)。

从上图可以看出，石油产品价格水平涨跌趋势在一定程度上影响着化工产品价格水平呈同步波动的状态。进一步分析，石油产品价格的上涨使这些工业行业利润出现不同程度升跌变化。2005 年，本市化学原料及化学制品制造业利润比上年增长 8.8%，而化学纤维制造业和塑料制品业等行业利润则分别比 2004 年下降了 52.1%和 2.4%。

2. 有色金属

受供求持续不平衡影响，近年来以铜为主的常用有色金属价格稳步上涨，以 2005 年为例，电解铜 2005 年年初价格 3 万/吨，2005 年末电解铜价格突破 4 万/吨，平均每月上涨约 1000 元/吨，同比涨幅 26.8%，有色金属价格上涨推

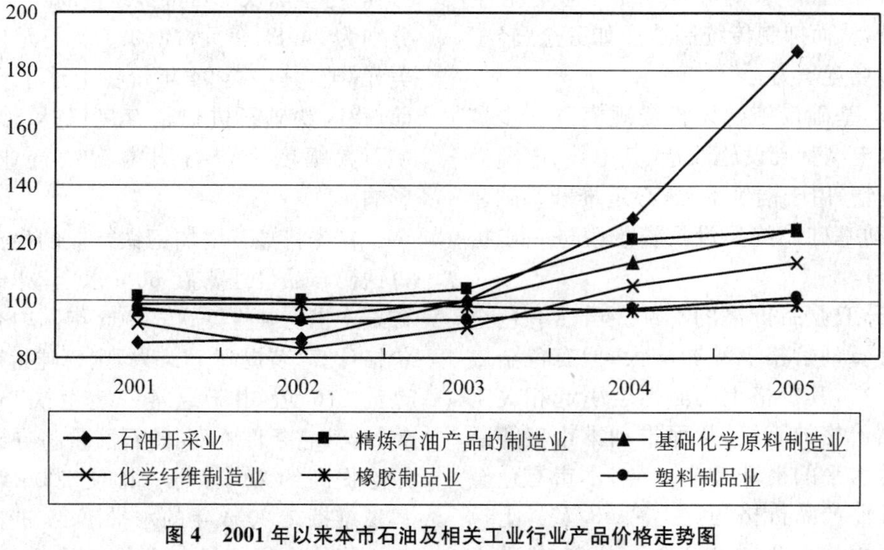

图 4　2001 年以来本市石油及相关工业行业产品价格走势图

动有色企业经济效益保持快速回升。2005年本市有色金属冶炼及压延加工业主营业务收入260.79亿元,同比增长28.3%;实现利润8.64亿元,同比增长33.5%。2005年10月份后,LME市场有色金属价格频繁高位振荡波动,首先是镍,其后是黄金、电解铜,2006年5月份电解铜期货价格振荡更是达到极致,基金大幅逼空拉高,价格达到8790美元/吨历史最高位,推动了国内电解铜价格达到8.3万元/吨历史最高位。有色金属价格上涨在拉动有色企业经济效益的同时,对国内产业经济影响较大。

(1)铜加工企业生产成本大幅上升,行业利润被大幅压缩。90年代中期后,国内铜加工业得到大发展,铜材产量由过去大量进口逐步转向部分出口,为中国家电、通讯、电子、轻工、汽车、重大装备等行业配套供应基础原材料,提升市场竞争力做出重要贡献。但铜价大幅上涨波动,使得铜加工企业生产成本大幅上升,流动资金更加匮乏,全行业处于亏损边缘,也阻碍了行业有效发展。以本市电子信息产品制造业为例,2005年,该行业实现工业总产值为4028.95亿元,拉动全市工业总产值上涨6.6个百分点,贡献率高达47.5%;但由于受铜及基础原材料价格上涨影响,该行业利润总额则同比下降了30.1%。

(2)影响工业品生产成本,抑制传统制造业国际市场竞争力。作为国民经济基础原材料,有色金属价格上涨,影响和推动了工业企业生产成本上升,从而抑制传统制造业如五金、轻工等的国际市场竞争力。

(3)推动基础设施建设投资规模进一步扩大。如国家电网基础设施改造,其电线、电缆需求大量电解铜,由于铜价上涨,必定推升基础建设成本,推动基础设施建设投资规模进一步扩大。

(4)推升工业品价格的上涨。虽然有色金属价格没有石油价格上涨影响大,但有色金属作为基础材料,其价格上扬必然会引起相关工业行业产品价格的上涨,从而推动本市工业品出厂价格总水平的上涨。2005年,本市有色金属压延加工业产品价格同比上涨13.7%,上拉工业品出厂价格总指数0.2个百分点,拉动力比2004年提高0.1个百分点。

3. 铁矿石

(1)对上游原料产业的影响

由于我国铁矿资源禀赋不佳,铁矿石进口依存度近年来一直在提高。在铁矿石价格低廉的情况下,我国许多铁矿并无开采价值。随着进口铁矿石持续大幅度涨价,促进了国内铁矿企业的发展。同时,进口铁矿石大幅度涨价又带动国内铜矿石、铝矿石、铅锌矿石等其他矿产资源价格相应上涨,2005年2月份以来,国内外很多有色金属的价格再次刷新了2004年10月的高点。尤其是春节后,受伦敦期货市场春节期间铜价大幅上涨的影响(2月底约为3280美元/吨),国内铜价连续涨停,达到1989年以来16年最高价;与此同时,国际上锌价达1400美元/吨,创7年新高;就在进口铁矿石宣布涨价后,必和必拓公司(国际最大锰矿供应商)又宣布将从4月1日起把锰矿石出口价格提高63%。受其影响,国内有色金属冶炼及压延加工业发展加快。以本市有色金属冶炼及压延加工业为例,2005年该行业工业增加值为45.32亿元,约比2004年增长36.9%,行业产品出厂价格同比上涨13.7%。

(2)对钢铁产业的影响

我国是世界头号钢铁生产大国,也是最大的铁矿石进口国。2002~2004年,我国铁矿石进口量分别为11150万吨、14813万吨和20809万吨(占全球铁矿石可贸易量的1/3),进口均价分别为24.83美元/吨、32.79美元/吨和61.09美元/吨,其中2004年价格上涨了86.3%。目前,我国铁矿石进口依存度已达50%,进口铁矿石大幅度涨价对国内钢铁行业产生一定影响。

首先将显著增加钢铁行业的生产成本。进口铁矿石品位通常在60%以上,亦即1.6吨铁矿石产出一吨生铁;按2005年国内企业铁矿石价格计算,若提高71.5%,则每吨生铁成本将提高约270元;由于通常一吨生铁产出0.95吨钢,若其它条件不变,矿石涨价将导致每吨钢材成本提高约280余元。即使2005年铁矿石进口量维持在2004年的水平不变,进口铁矿石涨价也将使中国钢铁行业将新增成本397亿元,相当于钢铁行业2004年利润总额的46%。分析本市钢铁行业，2005年精品钢材制造业主营业务成本达1232.13亿元，比2004年增长44.7%。

其次，铁矿石价格上涨使生产高附加值钢铁产品的大型钢铁企业，通过产品提价向下游产业转嫁由此增加的成本。如本市宝钢股份公司，由于生产的钢铁产品中高附加值的板材产品所占比例较高，因此，2005年铁矿石涨价后，该公司就发出调价通知，从第二季度开始其产品平均上涨600元到800元，远远高于因铁矿石涨价而增加的成本(280余元)。与此同时，对于生产低端产品的钢铁企业、特别是主要生产线材、螺纹钢等低端产品小型钢铁企业，由于其产品供大于求，难以完全转嫁成本，其利润将受到一定负面影响。

(3)对下游行业的影响

钢铁工业向众多下游行业提供基础原料，因此，钢铁价格的上涨将增加钢铁需求大户，如汽车、机械制造、房地产、造船、轻工、家电等下游行业的成本，削减其利润空间。尤其是一些市场竞争激烈的产品所受影响更大，其产品的生产成本很难通过提高价格向下转移和传导。即使这些产品的价格有所提高，提高的幅度也不会很大，所涉及的产品也不会很多，否则销售量将会降低，从而影响其收入并导致利润下降。以本市汽车行业为例，由于汽车市场是完全竞争的买方市场，消费者选择的余地很大，所以汽车行业的价格转移能力相对较弱，企业想通过提高汽车的价格转移其成本较困难，因为提高价格将直接减少其销量和收入，从而减少利润。因此，面对钢材价格的上涨，汽车行业只能通过压低汽车配件价格来转嫁生产成本。2005年，本市汽车制造业利润总额为98.09亿元，比2004年下降51%。

(二)对上海经济增长的影响

1.石油

石油对处于经济高速增长期的上海经济来说，越发成为重要的战略资源，当石油向上波动幅度超过正常水平时，上海经济发展将会因此受到一定影响。近年来，国际石油市场的激烈震荡对上海国民经济发展的影响已明显显现。

石油价格波动，从微观角度来看，关系到人们的生活水平；从中观层次来看，是一个城市或者地区竞争力的重要组成部分；从宏观角度来看，对于一个国家国民经济的产业结构、产业政策、产业协调发展等方面都有着重要的影响。

本文将应用协整分析来考察国际石油价格(Oil Price)与上海的GDP增长率之间是否存在长期稳定关系，从而定量揭示石油价格波动对上海经济增长的影响程度。本文选取的样本数据区间是1990年到2005年。GDP增长率的数据来自《上海统计年鉴》，国际石油价格(Oil Price)数据来自EIA(Energy Information Administration)。在数据处理上，为了消除数据中的异方差等影响，对OIL、GDP分别取自然对数，得到序列$LNOIL_t$、$LNGDP_t$，其中$LNOIL_t$是t期国际石油价格的自然对数，$LNGDP_t$是t期实际GDP相对于1990年GDP增长指数($GDP_t/GDP1990$)的自然对数。

进行协整分析首先要对各变量进行单位根检验，以检验各变量的平稳性，本文采用了ADF法检验变量的平稳性。通过E－views软件检验可知，所有变量在5%的显著性水平上均不能拒绝存在单位根的假设。而一阶差分后各变量在5%的显著性水平上都拒绝了存在单位根的假设，表明这些变量是一阶差分平稳的，即1阶单整(I(1))。于是，进一步检验变量之间的协整关系。如果所有变量都是同阶单整的，且这些变量的某种线性组合是平稳的，则称这些变量之间存在协整关系。对变量之间的协整检验有两种方法，一个是E－G两步法，另一个是Johansen检验法。前一种方法适合于检验两个变量之间的协整关系，而后一种方法却用于检验多个变量之间的协整关系。由于本文研究的是油价波动与GDP变量两者之间的关系，所以本文将用E－G两步法来检验变量之间的协整关系。对$LNOIL_t$和$LNGDP_t$别加入各变量的滞后一期变量，分别进行OLS回归，得到回归结果如下式所示：

$$LNGDP_t = 1.250989 + 0.009385 LNOIL_t$$
$$(1.776661) \quad (1.584614)$$
$$-0.023740 LNOIL_{(t-1)} + 0.668635 LGDP_{(t-1)}$$
$$(-2.921914) \quad (3.192464)$$

协整分析表明国际石油价格与上海 GDP 之间存在着长期均衡关系。从方程的协整回归结果可知，国际石油价格每增长 1%并持续一年，将使上海下一年的 GDP 增速减缓约 0.02 个百分点，可以说对上海的经济增长产生较大影响。可见，石油价格上涨对上海的 GDP 产生负向影响，使得上海 GDP 的增长有所减缓。

经研究分析，产生上述影响的主要原因是上海对石油的依存度越来越高而产生的。近几年来，上海经济发展较为迅速，对石油产品的需求量增大，石油产品价格涨价对于耗油较大的行业，如交通运输业和居民生活等产生重要影响，从而最终影响到整个国民经济的发展。

2. 有色金属

我国是有色金属大国，其中铜的消费量居世界第一，产量世界第二，每年进口大量的铜原材料和加工材料来弥补日益增长的国内需求，许多产铜国家和企业与我国的贸易往来日益紧密，铜作为重要的能源材料与我国国民经济增长的关系日益紧密。上海铜期货交易为国内最大的铜期货交易市场，由于其市场规模和地理、信息的优势，逐渐受到国际铜行业及期货业的高度关注。铜作为国民经济基础原材料，影响着家电、通讯、电子、轻工、汽车、重大装备等行业的市场竞争力和行业发展，进而对上海国民经济的发展产生重要影响。

以下应用协整分析来考察国际铜价格（CU Price）与上海的 GDP 增长率之间是否存在长期稳定关系，从而定量揭示了铜价格波动对上海经济增长的影响程度。由于数据的取得有一定困难，本次选取的样本数据区间是 2000 年到 2005 年。GDP 增长率的数据来自《上海统计年鉴》，国际铜价格数据来自伦敦铜价格指标。在数据处理上，同样，为了消除异方差等影响，对 CU、GDP 分别取自然对数，得到序列 $LNCU_t$、$LNGDP_t$，其中 $LNCU_t$ 是 t 期国际铜价格的自然对数，$LNGDP_t$ 是 t 期实际 GDP 相对于 2000 年 GDP 增长指数（GDP_t/GDP2000）的自然对数。

同样，先对各变量进行单位根检验，以检验各变量的平稳性，采用 ADF 法检验变量的平稳性。通过 E—views 软件检验可知，所有变量在 5%的显著性水平上均不能拒绝存在单位根的假设。而一阶差分后各变量在 5%的显著性水平上都拒绝了存在单位根的假设，表明这些变量是一阶差分平稳的，即 1 阶单整（I(1)）。于是，进一步检验变量之间的协整关系。两个变量是同阶单整的，用 E—G 两步法来检验变量之间的协整关系。对 $LNCU_t$ 和 $LNGDP_t$ 别加入各变量的滞后一期变量，分别进行 OLS 回归，得到回归结果如下式所示：

$$LNGDP_t = 5.104112 + 0.428697LNCU_t$$
$$(3.035945)\quad(1.652469)$$
$$-0.080929LNCU_{(t-1)} + 0.722755LGDP_{(t-1)}$$
$$(-1.163354)\qquad(3.31886)$$

协整分析表明国际铜价格与上海 GDP 之间的均衡关系不太显著，铜价格变量的各项系数在 1%的置信水平下不太显著，这与我们的数据区间有关，由于长期的铜价数据比较难以取得，只考察了短期的变化铜价格对上海 GDP 的影响。

五、对国际市场资源类产品价格影响国内市场的对策建议

目前，我国已成为全球原油第二大进口国，全球铁矿石和铜材的最大进口国，对这些资源类产品的进口依存度在不断加深。全球主要资源类产品价格从 2002 年起均开始上扬，其中原油和矿产品价格飙升。鉴于全球经济的回暖，这种价格上升趋势至少会在短期和中期内得以延续。全球资源类产品价格上涨将可能恶化中国的贸易条件，注入通货膨胀的压力，对弱化中国经济的增长基础，破坏增长的可持续性造成负面冲击。

由于全球资源类产品市场的结构是卖方寡头垄断市场，该市场具有两种价格形成机制：一是由著名交易所的标准期货合约定价，二是由供应商和买方定期通过谈判定价。中国企业在这两种价格形成机制中都处于弱势地位。要改变这种状况，我国政府和企业需进行战略调整，以增强全球资源类产品市场价格上涨对中国经济造成的外生性冲击的抵抗力，增强对全球资源类产品市场价格形成方面的影响力，是非常

必要的。

对策一:转变中国经济的增长方式,重视和加强国内的资源类产品生产

通过技术进步和科学管理,努力实现增长方式由粗放型向集约型转变,有助于提高中国企业对资源类产品的使用效率,从节流方面降低中国企业对进口资源类产品的依赖程度。同时应重视和加强我国国内的资源类产品生产。虽然比较优势理论和资源禀赋理论均强调自由贸易的优越性,但是经济学分析忽略了政治因素。一方面过度依赖外部资源存在巨大的政治风险,另一方面国内资源类产品资源的开发能够增强中国企业的可选择性,防止国外供应商的漫天要价。因此,国内资源类产品资源的节约型开发利用不容忽视。

对策二:建立重要资源类产品的战略储备和商业储备

在国际油价波动剧烈且国家能源安全受到广泛瞩目的背景下,建立石油战略储备已经成为当前的热门话题。我们认为,除了石油之外的其他资源类产品,如果符合以下三项标准的话,中国也应该仿效某些发达国家建立相应的商业储备:第一,这种商品是中国国内相当匮乏的;第二,这种商品对于中国经济持续高速增长而言是不可或缺的;第三,这种商品的储存成本以及商品价值随时间的损耗率不是太高。

对策三:充分利用国际期货市场,并完善和壮大我国国内的商品期货市场

商品期货市场具有价格发现、风险转移和提高市场流动性等功能。当前中国国内的商品期货市场正处于起步阶段,而国内资源类产品进出口规模已经极为庞大。因此,应该充分利用国际期货市场来规避价格风险和增强价格形成方面的影响力。一是有序开放国内企业和居民参与境外期货交易;二是依托民间资本力量,组建一些大型的专业类和综合类投资基金进入国际期货市场,以增强中国因素在全球资源类产品价格形成机制方面的影响力。同时,针对国内期货品种交易少、交易规模小、机构投资者的情况下,一是提供多方面的政策支持,以扩大国内期货市场规模,增加期货交易品种,以鼓励相关企业积极利用期货市场进行套期保值。二是必须大力扶植和发展期货市场,加快期货交易人才培训,以努力培育机构投资者。例如目前上海有色金属期货交易市场只有铜、铝两个交易品种,而LME有六个有色金属品种交易品种。因此,建议在条件成熟的前提下增加锌、镍等其他价格波动较大的有色金属期货交易品种,以利于相关生产企业对价格波动风险的规避,量本利的控制。

对策四:鼓励中国企业境外参股

成为全球资源类产品供应商的股东是应对目前资源类产品国际价格大幅上涨的有效手段之一。中国企业可以采取在海外购买矿山,与当地企业进行联营,以及控股、参股等方式,一是可以获得稳定的国际资源类产品价格;二是若涨价,进口价格上升造成的损失可以通过股利或者股票溢价收入得到补偿,甚至可以成为打压竞争对手的一种手段。以铁矿石为例,中国企业的铁矿石进口价格的波幅较大且呈每年递增趋势,由2002年的每吨24.83美元飞涨至2004年的每吨61.09美元。而日本公司由于在境外直接参股和间接参股的比重颇高,其进口铁矿石的平均价格从1998年到2004年一直稳定在每吨23～26美元之间,所受损失远比中国钢铁公司小。

但近年来中国企业在海外资源类产品投资方面已经有所进展,截至2004年底,中国在蒙古投资开矿的企业已达50多家,蒙古已成为继巴西、澳大利亚和印度之后中国的第4大矿产来源地。按照国际通行做法,对于铁矿石等资源产品的进口商而言,其海外投资应达到进口量40%,长期合同达到进口量40%,现货交易占20%。但是目前中国企业境外开矿规模在进口矿中的比例只有20%左右,而日本这一比例高达70%。

对策五:充分利用国内积港的资源类产品,减少对国外产品的盲目需求,整顿国内企业的生产秩序

根据中国海关2005年初的统计数据,目前我国囤积港口的铁矿石达3800万吨左右。这固然与运力和港口装卸能力不足有关,但更重要的原因是我国对铁矿石的盲目进口导致了铁矿石的过剩。据海关统计,2004年我国多进口

约2000万吨的铁矿石。因此,若能在2005年把2004年过剩的铁矿石消化掉,将极大地缓解铁矿石供应紧张的现状,同时不必完全依赖目前高价的国外铁矿石,减少对其盲目进口。在铁矿石进口方面我国已采取一定的措施:从2005年5月1日开始实施进口铁矿石自动许可登记管理制度,该制度规定只有符合一定资质标准的钢铁企业和进出口企业才能从事铁矿石的进口业务。

与此同时,要整顿国内资源类产品相关企业的生产秩序,抑制其盲目生产。近几年,中国国内铁矿石市场的无秩序和各生产厂商的相互竞争,导致国内铁矿石价格明显虚高于国际市场价格,这也成为国际铁矿石巨头抬高新一年度报价的另一主要理由。对此,要大力整顿国内铁矿石的生产,规范其生产秩序,避免恶性竞争带来的盲目涨价。

对策六:在资源类产品进出口政策上鼓励进口限制出口,并在全球资源类产品市场上构建集体采购机制

国家在贸易政策上应鼓励矿产品及其冶炼产品进口,将国外的稀缺性资源服务于国内的经济建设。例如通过与资源出口型国家建立双边贸易关系或降低进口关税,大力鼓励铜精矿、锌精矿、铝土矿等初级矿产品的进口。同时,通过对有色金属矿产品以及电解铜、电解铝等电解精炼产品进行出口配额或提高出口关税壁垒来限制出口,以优先满足国内经济发展的需求。

而在资源类产品进口价格影响力方面,由于我国国内企业的行业集中度不高,且在进口方面通常是各自为战,难以形成集体行动。因此,国内企业一方面要以进口量为谈判筹码,另一方面构建进口联盟,形成较集中的采购体系,就进口条件和进口价格达成协议,然后选出代表和国际资源类产品供应商进行谈判。同时要提高采购的透明度,保持供求匹配,这样才能在利用国内国际市场上形成最佳的获利结构。对于向来缺乏合作的国内企业而言,如何克服搭便车等机会主义行为对集体行动的损害是其面临的一大挑战。

作者:上海市调查总队

内蒙古煤电价格涨势强劲

内蒙古自治区历来就是全国的能源大区，尤以生产煤、电等基础性资源见长，同时也是能源消耗大区和国家“西电东送”北通道重要地区。近几年来，内蒙古经济一直保持稳定增长的态势，GDP增长速度保持在10%以上，而煤炭行业作为主导产业刚好搭上经济增长的快车，成为最具有投资价值的行业之一。随着西部大开发战略的实施和强力推进，全区煤、电产业发展动力强大，价格走势也显现出逐年加速上涨之势。

一、煤、电资源丰富，价格涨势明显

(一)煤炭产、出全国前列

内蒙古地域辽阔，煤炭资源丰富，储量居全国第二位，煤种齐全、煤质优良，伴生矿产资源也比较丰富。截止目前已查明含煤面积12万平方公里，约占全区国土面积的十分之一，累计探明储量2460亿吨，保有储量约2232亿吨，预测远景储量12250亿吨。近年来，全区煤炭产量来一直以较高的速度攀升，仅2001年—2004年的四年间，内蒙古共生产原煤5.55亿吨，向区外输出煤炭2.95亿吨，占总量的53%。2005年向区外输出煤炭约1.6亿吨，占总量的61%。2006年，达到3.01亿吨，总产值达480亿元，同比增长14.6%；调出煤炭1.61亿吨。内蒙古已成为我国第二大煤炭资源大省、产煤大省和煤炭输出大省，为国家和自治区经济社会发展做出了巨大贡献。

(二)电力生产和输出全国领先

伴随着内蒙古丰富的煤炭资源，全区电力行业发展突飞猛进。近年来，依托丰富的煤炭资源，内蒙古不断加快电力建设步伐，2004年和2005年两年，全区新增装机容量就达795万千瓦。仅2005年，自治区新增装机总量就达550万千瓦，发电装机容量达1993万千瓦。全年电网向华北、东北送电总量为389亿千瓦时，首次超过山西省，外送电跃居全国第一，标志着内蒙古已成为全国电力生产和电力输出的能源大省。2006年，全区发电总量达到1416.37亿千瓦小时，向东北、华北送电555.5亿千瓦时，销售电量681.5亿千瓦时，双双位居全国首位。目前，全区发电年消耗燃煤7000万吨，占全区年产原煤的三分之一多。尤其是随着电力体制改革，自治区相继制定和出台了一系列优惠政策，吸引了国内五大发电公司和其他投资者纷纷前来建设火电厂，逐步显现出建设大型煤电基地在资源、区域、政策、土地资源、电价竞争、外送电信誉等方面的显著优势。

(三)煤炭价格涨势明显

在能源行业价格变化中，煤炭价格上涨最早、持续时间最长。最早可以追溯到2001年，当时受国际市场煤炭行情看涨的影响，我国煤炭出口大幅增长，同时国内整治小煤窑，乱采滥挖得到有效控制，煤炭产品价格稳步上涨。内蒙古作为产煤大区，影响逐渐显现。2001年，全区煤炭出厂价格比上年上涨1.3%，2002年上涨2.1%，2003年，由于市场需求量大幅增加，拉动煤炭价格快速上涨，煤炭价格涨势依然强劲。2005年煤炭出厂价格涨幅已飞速上升到20.5%，成为近年来涨幅最高的年份；2006年价格涨幅逐月回落，全年平均回降至9.6%，维持在一个较高的价格波动区间。

从煤炭的主要品种分析，烟煤和无烟煤的出厂价格与褐煤的出厂价格交替上升。2005年，两种煤的开采出厂价格分别上涨22.2%和16.8%。2006年，又分别上涨8.6%和11.7%。

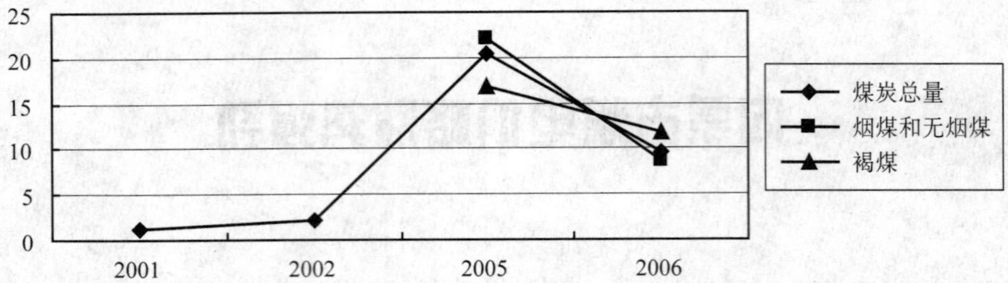

是拉动全区煤炭价格上涨的主要因素。如图所示：

总体来看，近几年来，全区煤炭价格总体处于涨势，特别是"十五"后期，不但涨幅直线上升，而且涨势拉大，逐渐达到顶峰。2006 年，受前期涨价的翘尾影响，涨幅仍旧保持高位。

（四）电力价格涨幅稳中有升

从近两年全区电力生产和供应业总体出厂价格变化看，2005 年和 2006 年涨幅始终保持在 2%以下，变化起伏不大。从电力生产看，2005 年和 2006 年分别上涨 1.5%和 1.6%；电力供应出厂价格，2005 年、2006 年涨幅分别达到 3.1%和 1.7%。但从原材料购进价格变化看，全区电力生产供应业价格涨幅明显高于出厂价格，2005 和 2006 年，分别达到 8.0%和 9.2%。如图所示：

从其出厂价格的走势分析，我区电力价格只处于小幅上涨的态势，但从原材料购进看出，其购进价格不仅处于涨势，而且幅度较高，电力价格"进出差"较明显。

二、煤、电价格上涨的成因

（一）经济稳步快速发展

内蒙古自"十五"后期，经济发展出现较快增长期，特别是近年来电力、冶金、石化、建材等煤炭消耗较大行业的集中发展，加之全区固定资产投资也呈现出快速增长势头，对煤炭的需求量增加；其次是国际煤炭价格急剧上升，对国内市场的传导影响煤炭价格的变化；三是市场供应偏紧，特别是国家相继出台了对小煤窑等"关、停、并、转"等项措施，压缩了煤炭产量，加上全区工业发展较快，用电大幅增加、运输紧张等因素，导致煤炭价格大涨并传导引发电力价格的上涨。

（二）能源消耗居高不下

近几年，随着全区经济的快速发展，尤其是能源重化工业的发展，能源消费总量也在快速攀升。2005 年地区能源消费总量达到 10764.9 万吨标准煤（标准煤，亦称煤当量，是将不同品种、不同含热量的能源按各自不同的含热量折合成为一种标准含量的统一计算单位的能源。），同比增长 25.1%。主要集中在工业的几大行业，其中尤以电力、热力的生产和供应业为主，耗能 3733.77 万吨标准煤，占工业耗能的 43.8%，内蒙古电力生产行业耗能比重大的主要原因是火力发电占绝对比重，火电占全区发电总量的 98.5%，火力发电主要靠原煤的消耗。煤炭供需矛盾的加大，不仅拉动了自身价格上涨的空间，同时也对下游行业价格上涨具有传导效应。通常用能源弹性系数（能源弹性系数

亦称能源弹性。它是衡量某一变量的变化引起另一相关变量的相对变化的指标。通常表示为在某一变量变化1%时，另一变量变化的相对程度。）分析短期内能源与经济增长的关系，能源消费弹性系数直接反映出经济增长对能源的依赖程度。内蒙古的能源消费弹性系数为：1991～1994年小于1.0；1996年为负值；2000年为0.86；2002年跃升至1.37；2003年开始呈下降趋势。由于消费终端对电力需求增长强劲，自2000年以来，电力消费弹性系数逐年攀升，2004年达到1.64，以后年份持续保持弹性系数大于1的现状，表明能源和电力的生产和消费增长速度均快于经济发展速度，此数值越大，反映出经济增长对能源和电力需求的依赖程度进一步加大，说明内蒙古经济高速增长呈资源消耗式的粗放型模式。

（三）煤电能源消费增长幅度较大

内蒙古的能源消费结构和全国一样，受能源生产构成的影响，一次能源生产长期以煤炭为主，所以煤炭消费始终高居榜首。随着科技进步和环保政策的实施，原煤直接消费所占比例逐年减少，加工转换生产二次能源（洗煤、焦炭、电力、热力）投入原煤逐年加大。尤其是最近几年大力发展清洁能源，在煤炭消费总量扩大的同时，用于就地转化的消费加大。2005年规模以上工业消费原煤11242.8万吨，其中9995.45万吨是用于加工转换的投入，同比增长24.7%，占工业生产消费的88.9%。其中用于火电投入的6277.23万吨、用于洗煤投入2564.65万吨。

随着内蒙古电力产出量的不断增加，其消费量也逐年增长。2005年，全区电力消费667.93亿千瓦时，比上年增长24.7%，占能源消费总量的7.6%。近年来，我区冶金、建材、化工等高能耗行业生产快发展，拉动了能源需求的大幅增加。造成能源供需不平衡矛盾突出。据内蒙古2004年经济普查数据资料表明，电力消耗煤炭为5278万吨，占煤炭消费总量48%，制造业消耗煤炭为3075万吨，占煤炭消费总量28%；电力除了自用外，消费大户是化学工业，为89亿千瓦时，占工业电力消费量的20%，其次是黑色金属冶炼及压延加工业，为88亿千瓦时。

目前，内蒙古正处于加速工业化和经济重型化的进程之中，能源需求的快速增长不可避免，也是一个长期的趋势。

（四）煤电输出步伐加快

当我国经历了较长时期快速发展后，资源、能源的“瓶颈”问题开始显现，尤其是东部发达地区的能源短缺问题更加凸显。作为资源丰富的内蒙古，不仅抓住了机遇加快自身发展，也为全国各地输出大量的能源。由于拥有独特的地缘优势，跨三北、邻八省，同时肩负着“西电东送”、“西气东输”、和“西煤东运”的重要使命，为内蒙古能源输出提供了便利。2006年全区向区外输送能源继续保持增长态势，煤炭输出1.61亿吨，保持全国第二，占能源输出总量的70%；电力共向东北、华北送电555.5亿千瓦时，位居全国首位。基础能源的大量外输，在一定程度上，对煤、电价的上涨起到拉动作用。

三、内蒙古煤、电价格未来走势

随着内蒙古经济的继续快速发展和国际国内市场价格的传导，历经了2006年整体能源资源性产品全面之后，原材料价格上涨受国家宏观调控已由猛见缓，但就煤炭和电力市场潜力而言，还有上涨的空间，其价格的涨势仍将继续，但幅度会有所缓和。深层分析：

（一）煤炭业是内蒙古经济增长的原动力，价格涨势受经济推动会持续走高

从近几年经济发展走势看，内蒙古经济增长速度均高于全国平均水平。2004年，国家针对以能源紧缺为特征的经济过热进行宏观调控，为资源型省份带来了明显的机遇。也就是在这个时候，内蒙古的GDP增长速度出现持续快速的发展势头，预示着一个以资源为投资和经济增长支点时代的来临。因而，主导内蒙古经济持续向好的因素在短时间内不会消失。作为基础能源的煤炭产业，一方面继续彰显其对国民经济发展独一无二的战略地位，并为今后长期的经济发展积蓄能量;另一方面,2006 年从严重紧缺逐渐步入供需平衡状态,使煤炭行业正立足于资源价值和行业供需平衡的交叉点上。能源驱动进一步改变着内蒙古区域经济格局,这已经成为内蒙古经济增长中的一个明显特征。为此资金和政策集中向能源产业倾斜,最终使全区经济进入持续上升周期。今后几年,内蒙古能源战略的目标是,加快呼伦贝尔、霍白平(霍林河、白音华、平庄)、胜利、准格尔、东胜、乌海、古拉本等七个煤炭基地建设,使全区煤炭产量到 2010 年达到 5 亿吨。煤炭液化和其他煤化工转化煤炭达到 3000 万吨;到 2010 年重点培育出 5000 万吨级煤炭企业 4 户,亿吨级煤炭企业 2 户。力争到 2010 年使内蒙古外送电总规模达到 1600 万千瓦,这无疑继续确立煤电的主导地位,其价格也将继续保持高位运行。

(二)需求支撑,价格走势不会明显降低

延续 2006 年经济走势,国内外经济仍会保持较高的增长速度;受投资惯性作用、在建规模偏大等影响,国内固定资产投资仍将保持较高的增长速度,拉动生产资料需求继续保持旺盛;上游能源等原料、燃料供求总体仍处于紧平衡状况,支撑其价格高位运行。随着国民经济保持平稳较快增长,煤电需求也将继续保持增长势头,但由于宏观调控成效进一步显现,以及大力发展循环经济和推进节约型社会建设,高耗能产品的过快增长将受到抑制,社会各方面的节能效果愈益明显,煤电需求的增幅将低于近几年的水平,但总体水平仍会呈现上升态势。2007 年煤炭消费将进一步集中,电力、钢铁、石油加工、水泥、化学原料五大行业用煤比重将达到 79.8%,其中电力(火电)用煤比重继续稳步增加,将达到 50.5%,电力用煤依然是煤炭需求增长的最主要动力。

石油价格的高位运行,势必会刺激煤炭消费的增长。石油价格的大幅上涨促使许多燃油企业改用水煤浆或改造为燃煤方式,许多石油化工企业也积极向煤化工方向发展,煤制油、煤制甲醇等替代石油的步伐将进一步加快。由于石油和煤炭间具有一定的可替代性,两种商品的价格也密切相关。石油价格上扬,将刺激煤炭需求增加,直接拉动煤价上扬;同时,油价上扬将加大煤炭的运输成本,推升煤炭价格。但由于煤价变化与油价的变化有一定的时间差,通常要滞后 3 个月至 6 个月,因此前期的高油价对煤炭价格的影响将逐步体现出来。

煤电资源介入市场调节作用明显。? 改革开发以来,随着? 国家一系列政策的出台,逐步终结了煤电资源无偿使用的时代,煤电资源的使用步入全新的有偿使用时期。煤电资源有偿使用制度的制定和实施必将加快当前的煤炭资源整合步伐,规范煤电资源的开采和使用秩序,合理节约的开发煤电资源,为国民经济的持续健康发展奠定能源保障基础,这无疑使煤电基础资源的价格进入市场调节,受供需紧张拉动,煤电价格涨势会依旧。

(三)价格改革促成新一轮提价

长期以来,我国公共性资源水、电、气、石油、土地等资源价格被严重低估,资源的低价或免费使用,又无法形成一个竞争有序的资源市场,使得损害环境的生产和消费方式大行其道。数据表明,我国的能源利用效率仅为 33%,比发达国家低约 10 个百分点。同时,环境污染却日益严重。严峻的形势让资源价格改革迫在眉睫。按照能源资源产品价格改革的思路,资源性产品价格的改革将从水、石油、电力、天然气、煤炭、土地等领域展开,把环境治理成本和资源枯竭后的退出成本计入上述产品的定价中,这就意味着相关能源资源性产品即将迎来新一轮提价。当前价格改革的目的是要充分发挥市场机制在资源价格形成中的基础性作用,使资源价格能真正灵敏地反映市场供求关系和稀缺程度,合理配置资源。同时,价格改革虽然并不能简单地等同于提价,但是此次改革的结果却可能导致煤电等基础资源价格的上涨。

(四)成本提升成为煤电涨价内在动力

随着煤炭开采成本逐步合理化,其成本的上升压力将使煤炭价格呈现稳步上行的态势。由于大多数煤炭开采基本上都没有将诸如矿工的安全、健康问题,煤矿开采对当地水资源、土

地资源以及自然环境的破坏等因素纳入成本核算，或者说是严重低估了这些外部成本。今后，国家出于对能源资源可持续使用的考虑，将陆续出台各项政策，从环境、可持续发展、劳动力、安全等因素列入煤炭成本，而这必然使煤炭价格进入一个新的上行通道。

专家预测，今明两年国内煤炭价格将出现20%的上涨幅度，煤炭价格的上涨又会推动火电成本的上涨。但是随着成本较低的水电供给的逐步增长，电力平均价格的上涨幅度要小于煤炭价格的上涨幅度。同时由于电力产品不能储存，电力价格的上涨有时还不能完全取决于成本，随着电力体制改革的深入，电力价格交叉补贴的问题会逐步得到解决，居民用电价格上涨的幅度可能要高于大宗工业用电价格的上涨。

从市场走向来看，宏观经济的进一步“偏重”发展，使得煤电消费的下游产品增速明显加快，带动煤电需求增速。从监管者角度来看，进一步提高煤电价格不仅是行业市场化的推进，也是同节能降耗的宏观目标相吻合。

四、几点建议

(一)规范管理，调整结构，保障煤炭资源有序开发

煤炭是重要的基础能源，也是一次性不可再生能源。因此，规范煤炭资源的管理，加快煤炭产业结构调整，对促进煤炭工业的可持续发展尤为重要。

为了科学合理地开发利用内蒙古煤炭资源，促进煤炭产业结构的优化升级和经济增长方式的转变，自治区政府提出，对新设立的矿业权要以市场竞争方式出让，通过挂牌、招标、出让的方式确立勘察开采主体。要加快煤炭资源整合力度，按照“保大压小”和“转化增值”的原则，运用资源整合、运力调整、优化资源配置等手段，鼓励建设亿吨级煤炭基地、千万吨级煤炭集团、120万吨以上矿井，依法淘汰关闭整改无望、不具备安全生产基本条件的小煤矿，着力培育发展重点煤炭企业。

(二)加大技改力度，推广采煤机械化，有效提高资源回采率

目前，全区90%的小煤矿采用非正规采煤方法，资源回采率仅为30%，极大地浪费了资源，制约了煤炭工业的发展。为此，自治区政府出台了《进一步推进煤炭资源整合和有偿使用的实施方法》，明确规定，要调整产业结构，加大技术改造力度，全力提高机械化水平，扩大开采规模，提高回采率。到2007年底，年产10万吨以下的小煤矿全部淘汰，退出市场。到2010年底，70%的煤矿通过技术改造实现正规回采，工作面回采率达到90%以上，采区回采率达到75%以上，矿井资源回收率达到60%以上。

(三)延长产业链，发展循环经济，做大做强煤炭工业

单纯输出原煤，只是煤炭工业发展的初级阶段。只有搞煤炭深加工，延长煤炭产业链，才能将煤炭产业做大做强。在今年自治区出台的《关于加快煤炭产业结构调整的指导意见》中，对延长煤炭产业链做出如下规定：煤炭产品结构要由单纯生产原煤型向能源重化工型转移，加大煤炭的深加工力度，特别是大型煤炭企业，要加快建设煤转电项目，积极推进煤制油、煤制甲醇、煤焦化等综合利用煤炭资源的煤化工项目，形成煤、电、高载能产品，煤、焦、高附加值化工产品，煤气化、液化产品系列。

(四)放开电煤价格

不完善的煤炭价格机制造成的扭曲，不仅造成煤炭行业的效率损失，也间接导致其他行业能源使用的浪费，增加国民经济结构调整的难度。煤炭市场化，使价格成为有效的调节工具，在煤炭短缺的情况下，煤价升高以抑制需求，增加供给；另一方面，电力企业可以自主购煤，形成竞争。

电煤价格的市场化还受到电煤运输的限制。目前，铁路煤炭运输综合能力仍然不足，2007年全国跨省区的煤炭铁路运输总量调控目标为7.38亿吨，其中电煤5.31亿吨。铁路运输制约着煤炭物流，煤炭运输资源的行政分配

影响着煤炭市场的资源优化配置。因此，电价改革、铁路煤炭运输改革，对于煤炭价格市场化改革，也是至关重要的。

为了不涨或少涨电价，政府只能尽量减轻煤价上涨压力。建议采取以下措施：首先是保证煤炭运输，以减轻煤炭终端价格上涨压力；其二，减少煤炭经营中间环节，促使煤炭终端价格下降；其三，大力发展可循环经济，发展促使单位产品的能耗下降，进而使煤炭需求下降；最后，保证煤炭长期稳定安全供应能力，减少供给的不确定性。

(五)实现能源与经济协调发展

面对国内能源需求日益增长和国际油价高位波动带动能源价格上涨的严峻局面，要把能源价格体系合理化作为基础工作来抓。政府将制定并完善促进节能降耗的价格、财政、税收、信贷等政策措施，引导和激励企业和社会的节能降耗行为。首先，内蒙古既是能源生产大区，又是能源消耗大区，在国家宏观调控下，制定合理的能源价格体系是在市场机制条件下引导节能和提高能效的最大推动力量。其次，自治区将制定《节能设备(产品)目录》，对生产或使用《目录》所列节能产品实行税收优惠政策，并将节能产品纳入政府采购目录，对采用先进、高效的节能设备实行特别加速折旧的政策。第三，自治区对一些重大节能工程项目和重大节能技术开发、示范项目给予投资和资金(或基金)补助或贷款贴息支持。此外，倡导地方政府建立节能发展专项资金(或基金)，支持节能技术的研发和推广、节能工程的示范及相关的能力建设。

作者：内蒙古调查总队

1979 至 2006 年我国经济发展与物价走势分析

价格是经济运行状况的晴雨表和资源配置的方向标，物价波动可以从一个侧面揭示经济运行的规律，为经济决策提供科学的依据。经济发展和物价稳定是各国宏观经济政策调控的双重目标，近几年福建乃至全国经济呈现“高增长低通胀”的趋势，2003 年福建 GDP(地区生产总值)增长 11.5%，CPI(居民消费价格指数)上涨 0.8%，2004 年、2005 年和 2006 年福建 GDP 分别增长 11.8%、11.6%和 14.8%，CPI 则分别仅上涨 4.0%、2.2%和 0.8%，2007 年 1 至 9 月 GDP 增长 15.1%，CPI 增长 4.9%，是这一轮经济发展周期的一个最基本特征。

一、经济快速增长与物价波动的关系

物价波动可以平衡市场供求关系，实现物价稳定，有利于促进社会经济发展。在实际的市场经济管理过程中，不仅应该通过物价波动来调控市场供求关系，还应该通过物价波动刺激经济发展。经济发展理论研究表明：一个国家经济发展速度的快慢，与其初始的收入水平、对外贸易的开放程度、地区市场自由化程度、社会稳定和产权保护程度、国民储蓄率、地理和资源结构等因素相关。通货膨胀则是指货币供应量超过商品流通实际需要量而引起货币贬值、物价普遍持续上涨的经济现象。从国际、国内经济发展过程看，特别是国际上二十世纪五十年代以来和近年来我国出现的“高增长、低通胀”现象，社会上有一些人士认为这不符合经济学基本原理，其实经济快速增长与物价波动之间，有时存在经济快速增长与通货膨胀的关系，有时存在经济快速增长与低通涨的关系。不仅如此，随着全球性技术进步速度加快，劳动生产率提高和物价下降逐步成为世界经济发展的共同趋势，“高增长低通胀”日益成为新一轮经济发展的趋势。

(一)1978～2006 年我国经济发展时有高通胀时有低通胀

2006 年我国国内生产总值按可比价格计算，比 1978 年增长了 13.31 倍，平均每年递增 9.7%。其中：GDP 增长率最高的年份是 1984 年，比上年增长 15.2%，最低的年份是 1990 年，比上年增长 3.8%。伴随经济的快速增长，物价总水平也有了一定程度的上涨。1978～2006 年，我国居民消费价格总水平累计上涨 368.9%，平均每年上涨 5.7%。其中：物价总水平上涨最高的年份是 1994 年，比上年上涨 24.1%；最低的年份是 1999 年，比上年下降 1.4%。具体各年数据见表 1：

表 1 全国、福建历年 GDP 增幅和 CPI 涨幅表

年份	全国		福建	
	GDP	CPI	GDP	CPI
1979	7.6	2.0	5.5	2.8
1980	7.8	7.5	18.4	5.3
1981	5.2	2.4	15.5	2.7
1982	9.1	1.9	9.3	3.4
1983	10.9	1.5	6.2	1.3
1984	15.2	2.8	17.9	2.1
1985	13.5	9.3	17.6	11.3
1986	8.8	6.5	5.7	6.5
1987	11.6	7.3	13.6	9.4
1988	11.3	18.8	14.3	26.5
1989	4.1	18	7.8	18.9
1990	3.8	3.1	7.5	−0.7
1991	9.2	3.4	14.2	3.5
1992	14.2	6.4	20.3	5.9
1993	14	14.7	22.6	15.4
1994	13.1	24.1	20.3	25.3
1995	10.9	17.1	14.6	15.2

续表

年份	全　国		福　建	
	GDP	CPI	GDP	CPI
1996	10	8.3	13.3	5.9
1997	9.3	2.8	14	1.7
1998	7.8	−0.8	10.8	−0.3
1999	7.6	−1.4	9.9	−0.9
2000	8.4	0.4	9.3	2.1
2001	8.3	0.7	8.7	−1.3
2002	9.1	−0.8	10.2	−0.5
2003	10	1.2	11.5	0.8
2004	10.1	3.9	11.8	4
2005	10.2	1.8	11.6	2.2
2006	11.1	1.5	14.8	0.8

说明：因资料缺，1979 年、1981 年至 1984 年全国的 CPI 涨幅以零售价格涨幅替代。

从上表看出：我国 1979 年以来，我国经济发展和物价波动分为五个周期（以 GDP 增幅波动“谷底”的后一年与下一个“谷底”间的年份距离为主，参考 CPI 涨幅波动“谷底”的后一年与下一个“谷底”间的年份距离）：1979～1983 年为一个周期；1984～1986 年为一个周期；1987～1990 年为一周期；1991～2001 年为一个周期；2002 年以来为一个周期。我们以各周期的 GDP 增长率减去 CPI 涨幅为“漂移缺口”，具体见下表：

从上表看出：1979 年以来，我国的国民经济持续增长中，2002 年前的四个周期，国民经济持续快速增长伴随着通货膨胀，其中 1987～1990 年的周期呈出现 CPI 涨幅高于 GDP 增幅，而 2002 年以来的周期，GDP 年均增长率为 10.1%，而同期的居民消费价格指数（CPI）年均涨幅只有 1.5%，表明我国经济步入“高增长低通胀”的周期。从 2000 年以来各年的“漂移缺口”呈不规则放大态势（见表 3）。到 2006 年，GDP 增长速度为 11.1%，CPI 涨幅仅为 1.5%，导致“漂移缺口”进一步放大，为 9.6 个百分点，为 1984 年以来的第二个高值。

表 2　改革开放以来全国 GDP 与 CPI 的“漂移缺口”表

	1979～1983	1984～1986	1987～1990	1991～2001	2002～2006
GDP 年均增幅	8.1	12.5	7.6	10.2	10.1
CPI 年均上涨	3	6.2	11.6	6.6	1.5
漂移缺口	5.1	6.3	−4	3.6	8.6

表 3　2000 年以来全国 GDP 与 CPI 的“漂移缺口”表

	2000 年	2001 年	2002 年	2003 年	2004 年	2005 年	2006 年
GDP 增长率	8.4	8.3	9.1	10.0	10.1	10.2	11.1
CPI 涨幅	0.4	0.7	−0.8	1.2	3.9	1.8	1.5
漂移缺口	8.0	7.6	9.9	8.8	6.2	8.4	9.6

（二）国际上部分国家经济发展也是时有高通胀时有低通胀

上个世纪 50 年代至 70 年代西方发达国家经济发展处于黄金时代，GDP 年增长率平均在 5%左右，与此同时发达国家通货膨胀年均率为 6.7%，但西德是低通货膨胀高增长的国家，长期以来都把通货膨胀控制在 3%以下。

在上个世纪 60 年代至 80 年代的 30 年中，亚洲四小龙中的新加坡、台湾和香港都是低通货膨胀高经济发展的典范，他们不仅取得了经济的快速增长，同时也维持了物价稳定，唯独韩国 1972 年至 1981 年期间年均经济发展 7.3%，但年均通货膨胀率却高达 17.2%。日本从 50 年代中期，“亚洲四小龙”从 60 年代中期开始进入重化工业阶段，出现了持续 20 年左右的高速增长，GDP 年均增长都在 10%左右，而物价相对地保持了较低的水平。

20 世纪 90 年代以来，在“新经济”的有力推动下，美国经济不仅保持了长达 10 年的高速增长，而且在经济发展与通货膨胀之间出现了一种前所未有的最佳组合，即高增长与低通胀同时并存。1992～1999 年美国 GDP 年均增长率高达 3.6%，1996～1999 年更是高达 4.1%，而通货膨胀率在 1990 年为 5.4%，1991～1999 年平均仅为 2.6%。美国经济高增长与低通胀之所以能够成为一种长期趋势，其原因主要是受信息技术革命以及经济全球化的影响。以新经济为代表的信息技术的发展带来前所未有的劳动生产率的大幅度提高和价格的急剧下降。而随着经济全球化发展，巨额贸易逆差以及强势美元，使美国在地区消费需求久旺不衰的同时，吸引全球资本大量流入，推动投资扩张，促进经济发展，使得低通胀和高增长得以同时实现。

终上所述，一个国家的经济快速增长，并不一定必然伴随着通货膨胀，而有可能伴随着低通胀。

二、福建经济快速增长与物价波动的关系

我们选取福建省地区生产总值(GDP)的增长率来反映经济发展，选择了福建省居民消费价格(CPI)变动率来反映物价总水平波动情况，选择了 1979～2006 年共 28 年的数据资料(见表一)，并将该资料制成图 2：

(一)1978－2006 年福建经济发展变动情况及特点

1. 经济发展变动的基本情况

1979 年至 2006 年福建地区生产总值按可比价格计算，平均每年递增 12.9%。其中 GDP 增长率最高的年份是 1993 年，比上年增长 22.6%，最低的年份是 1979 年，比上年增长 5.5%(具体见表 1 和图 2)。

2. 经济发展变动的特点

从 GDP 变动曲线图可以看出：(1)GDP 呈有规律的波动性增长。如果把经济发展率波动从一个低点到下一个低点的过程看作一个周期的话，福建省在 1979 至 2006 年 28 年间可划分为五个阶段(或周期)，即：1979～1983 年为一个周期；1984～1986 年为一个周期；1987～1990 年为一周期；1991～1999 年为一个周期；2000 年以来为一个周期。从图形可以看出，1990 年以前，每个周期的波长约为 4～5 年，周期的起点和终点大致是国民经济发展“五年计划”的开始年(第一年)和结束年(第五年)，可以看出福建经济发展是以一个“五年计划”为一个周期，呈有规律的波动增长。然而 1992 年以后，周期波长延长已达 10 年之久；2000 年以来的周期现在延续，还未这一周期的终点。(2)在经济发展的每个周期中，各年份经济发展变动的趋势有明显的波浪性规律：波谷—波峰—波谷，必须经过“有升有降”的过程。从经济发展速度看，形成低速—高速—低中速；每个周期的前期速度放慢，以后逐渐呈加大的态势，每个周期的中期速度较高，每个周期的后期年时增长速度比较低，每个周期的前期、中期和后期年份也不太一致，1990 年以前的周期相对较短，大致为 1～2 年，1992 年以后的周期相对较长。

(二)1979～2006 年福建物价总水平变动情况及特点

1. 物价变动的基本情况

福建伴随经济的快速增长，物价总水平也有了一定程度的上涨。1979～2006 年，福建居民消费价格总水平累计上涨 384.4%，平均每年上涨 5.8%。其中：物价总水平上涨最高的年份是 1988 年，比上年上涨 26.5%；最低的年份是 2001 年，比上年下降 1.3%。

分周期看，1979～1983 年为第一周期，福建居民消费价格总水平累计上涨了 16.4%，平均每年上涨 3.1%，低于 1979～2006 年 28 年的平均上涨幅度；在这个阶段涨幅最高的年份是 1980 年，比上年上涨 5.3%，最低的年份是 1983 年，比上年上涨 1.3%。1984～1986 年为第二周期，福建物价总水平年平均上涨 6.6%，高于第一周期平均上涨 1.3%的幅度；在这个周期涨幅最高的年份是 1985 年，比上年上涨 11.3%，最低的年份是 1983 年，比上年上涨 1.3%。1987～1990 年为第三周期，福建物价总水平年均上涨 13.1%，大大高于第一、二阶段的平均上涨幅度，也高于 28 年平均上涨幅度；其中涨幅最高的年份是 1988 年，比上年上涨 26.5%，最

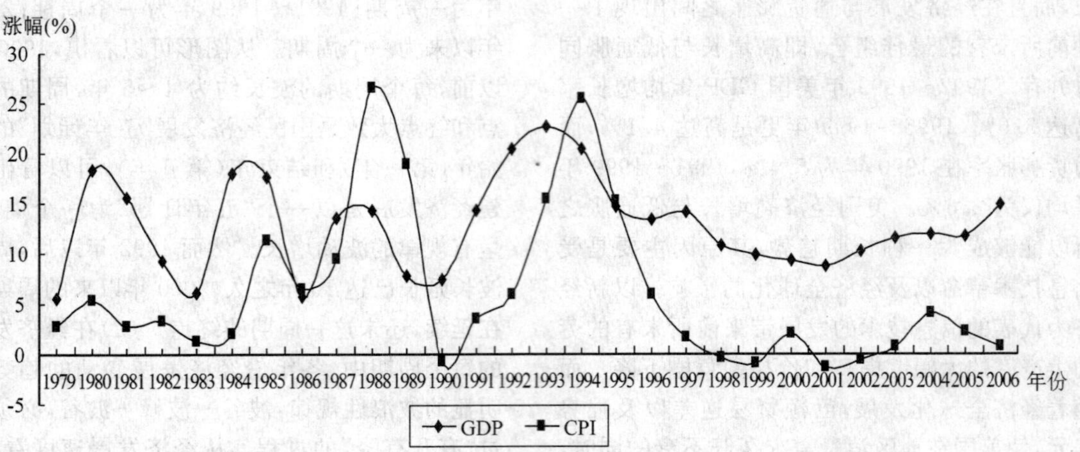

图 2　福建历年 GDP 增幅和 CPI 涨跌图

低的年份是 1990 年，比上年下降 0.7%。1991～1999 年为第四周期，福建物价总水平平均上涨 7.7%，高于 28 年的平均上涨幅度，但低第三周期的平均上涨幅度。2000～2006 年为第五周期，福建居民消费价格总水平年均上涨 1.1%；其中涨幅最高的年份是 2004 年，比上年上涨 4.0%，最低的年份是 2001 年，比上年下降 1.3%。

2. 物价变动的特点

从物价总水平变动表和变动曲线图可看出：(1)物价上涨波动起伏较大，并且呈规律性的周期上涨。1990 年以前，每个周期长约 3—5 年；1991～1999 年是一个长周期，已接近国外波动周期（8～9 年）；2002 年以来的周期还在延续。(2)在物价总水平变动的每个周期中，每个年份物价上涨变动也具有明显的规律性。从波动曲线看，由"波谷—波峰—波谷"形成一个周期；从物价上涨幅度看，形成低—中幅度上涨—大幅度上涨—低中幅度回落的循环，周期开始时物价涨幅较缓，之后涨幅逐渐加大，达到顶峰后，物价涨幅逐渐回落，涨幅达到最低，一个周期结束。(3)从各阶段（即五个周期）看，物价总水平的上涨呈"较低、中高、很高、中高、低"的态势，大致呈正弦曲线图形。1979～1983 年物价总水平年均上涨 3.1%，为较低幅度上涨；1984 至 1986 年均上涨 6.6%，为中高幅度上涨；1987 至 1990 年均上涨 13.1%为高幅度上涨；1991 至 1999 年均上涨 7.7%为中高幅度上涨。2000 至 2006 年均上涨 1.1%为低涨幅。

(三)福建经济发展与物价波动的关系

福建 1979 年以来的经济增幅与物价涨幅变化情况见下图：

通过对以上数据和图表分析，可以得出，物价总水平与经济发展之间存在着一定的相关关系。表现在：

1. 经济发展和物价波动运行周期大致一致，周期波长相仿

经济发展提速，物价紧随而上。1984 年、1985 年福建经济发展率（GDP 增幅）由 1983 年的增长 6.2%提高到 17.9%和 17.6%，则 1985 年物价上涨幅度（CPI 涨幅）由上年的 2.1%跳升至 11.3%；1987 年、1988 年，福建经济发展率由 1986 年的 5.7%提高到 13.6%和 14.3%，则 1988 年物价上涨幅度由上年的 9.4%跳升至 26.5%；当 1992 年、1993 年、1994 年经济发展速度分别高达 20.3%、22.6%和 20.3%时，1993 年 1994 年和 1995 年福建物价涨幅就高达 15.4%、25.3%和 15.2%。而 2002 年的经济回暖和 2003 年的增长速度加快，使福建物价 2003 年刚从通货紧缩的阴影中摆脱出来，但 2004 年物价涨幅就上升至 4.0%，又面临通胀压力。

经济发展下调，则物价水平也随之下跌。如 1989 年福建经济发展仅为 7.8%，而次年的 1990 年福建物价下降 0.7%；1998～2002 年，福建经济发展速度下调至 11%以下，而这 5 年间，福建物价出现了 1998 年、1999 年、2001 年、2002 年的 4 年下降。

经济发展和物价波动的周期波长相仿。从图2看出，各个经济周期波长相仿，如第二、三周期，经济发展波长分别从1984年开始至1986年结束、1987开始至1990年结束，波长分别为3年和4年，与物价波动的波长完全吻合。

2. 经济发展是拉动物价回升的主流，物价变动受多种因素的影响

从年份看，物价水平涨幅的高低与经济发展速度的快慢成正相关关系，即经济发展速度快，物价上涨幅度高，反之亦然。把物价总水平和经济发展结合起来分析，可以认为物价上涨是经济发展推动的结果，经济发展是物价上涨的原因，但不是唯一原因。1996年，福建经济发展顺利地实现了"软着陆"，当年经济发展率13.3%，通货膨胀率5.9%，物价上涨率低于经济发展率。1997年这种良好的格局得以继续保持和发展，1997年经济发展率14.0%，通货膨胀率1.7%，经济发展呈现"低通货膨胀、高经济发展"的良好格局。但自1997年10月份以来由于国际金融市场的持续动荡、亚洲金融危机的发生和地区经济相对过剩，福建经济发展持续下滑，并开始面临通货紧缩的挑战。1999年经济发展率为9.9%，比1996年下滑个3.4个百分点；1999年居民消费价格下降0.9%，居民消费价格总水平自1998年以来持续下跌，经济运行出现了明显的通货紧缩迹象。进入2000年以来受季节性因素、国际原油价格上涨和部分服务项目收费上涨的影响，全省居民消费价格出现了短暂的回升迹象。但通货紧缩并没有大的改观。

3. 经济发展(回落)与物价上涨(回落)之间还存在一定的滞后期，大体为一年左右

当经济发展加快时，物价上涨的加快滞后约一年，当经济达到高增长(10%以上)时，物价上涨往往要到下一年才反映出来；而当经济发展速度回落时，物价水平回落也滞后一年。1992、1993、1994年经济进入高速增长，物价的高水平在1993、1994、1995年才显现。1989、1990年经济跌入低速增长，从1988年的14.3%降为1989年的7.8%，而物价水平从1989年的上涨18.9%转变为1990年的下降0.7%。

4. 福建经济发展时有高通胀时有低通胀

1979年以来，福建经济发展和物价波动分为五个周期，各周期的GDP增长率减去CPI涨幅为"漂移缺口"，具体见下表4：

表4 福建GDP与CPI的"漂移缺口"表

	1979～1983	1984～1986	1987～1990	1991～1999	2000～2006
GDP年均增幅	10.9	13.6	10.8	15.5	11.1
CPI年均上涨	3.1	6.6	13.1	7.7	1.1
漂移缺口	7.8	7	−2.3	7.8	10

从上表看出，1979年以来福建的经济发展与价格变化关系密切，第一至第四个周期福建经济高增长伴随着高通货膨胀，第五周期以来，福建经济快速增长时伴随着低通货膨胀。

三、我国经济发展过程中物价波动的原因

经济发展的长周期理论表明，经济长期增长过程既可能伴随高通货膨胀现象，也有可能伴随低通货膨胀(或轻度的通货紧缩)现象，这主要取决于技术进步和体制环境等长期变量所引起的供给增长速度与需求增长速度的相对快慢。

(一)近几年我国"高增长低通胀"的主要原因

1. 政府调节市场价格机制逐渐完善，居民消费心理成熟，公众对物价上涨承受力增强，均有效抑制市场价格的上涨

近几年全国实施稳健的财政和货币政策，采取各种调节市场价格手段，在国民经济较快增长下，继续理顺各种价格关系，政府适度调高的公共产品价格，基础产品价格偏低状况逐步得以扭转，包括逐步理顺农副产品或以农副产品为原料的产品价格偏低状况、调高自来水、成

品油、电等资源性商品价格，各种产品比价更趋向合理，既有效地抑制了市场物价上涨，又摆脱通货紧缩的阴影，呈平稳运行态势，居民消费价格保持适度温和上涨。如福建针对九十年代医疗和教育收费价格涨幅较高情况，2002－2006年5年间，全省医疗保健服务和教育等群众关注的收费价格逐渐趋于稳定，有的项目收费价格呈稳中趋降的态势，其中，2002－2005年4年间，全省医疗保健服务价格累计仅上涨4.9%，年均上涨1.2%，而1997年至2001年5年间该类收费价格累计上涨122.9%，年均涨幅达17.4%。全省教育收费虽然在前几年有一定幅度的上涨，而2006年却下降，2002年至2005年4年间累计上涨40.3%，年平均上涨8.8%，2006年全省教育费价格比上年同期下降4.0%。与此同时，随着市场总体上供大于求局面的形成和居民收入差距的拉大，企业和居民作为市场中的经济主体，其行为和承受能力都在发生很大变化，不同消费群体的消费水平和消费结构虽然不同，但对物价上涨的承受逐渐增强。

2. 我国经济将继续保持平稳较快发展，为我国价格平稳运行提供了坚实的基础

随着持续实施的刺激经济与财政货币政策效果的开始显现，地区投资需求转盛，外部需求增长强劲，2000年国民经济经济再次呈现回升态势，表明我国(福建从2002年)经济开始进入第五个经济发展周期。这一轮增长的动力主要来自于消费结构升级和投资加速。其中，消费结构的升级体现在以汽车、住房等为主的大宗耐用品成为居民消费的主要对象，此类产业规模大，对经济的带动力更强；其次，由于我国开始进入工业化加速阶段，产业结构升级加快，因此相比以前的增长周期，投资对本轮经济发展的推动作用更为重要和明显；此外，城市化和全球产业转移以及出口竞争力提升等原因也是此轮经济发展的动力。基于上述原因，新一轮增长周期的规模将会超过以往，呈现空间更大，时间更长的特点。随着科学发展观的确立和宏观调控能力的提高，我国经济将有望进入全面、协调和持续增长的新轨道，表现为经济运行更为平稳，运行质量不断提高，企业经济效益普遍好转，经济发展速度稳步加速。

3. 市场从供求基本平衡向相对过剩转变，是决定经济“高增长与低通胀”组合的关键因素之一

从目前市场供求情况看，我国商品市场70%以上的工业品和80%以上的消费品供过于求，仅有个别商品的供不应求。而且这一趋势有进一步扩大的可能。根据国际经验和我国新一轮经济发展的实践，4.0%仍是一个合理的价格上涨，属于温和型通货膨胀，而1997年至2006年以来，福建的居民消费价格涨幅均未超过4.0%。从中长期供给方面看，我国社会生产力达到了相当规模，支持生产能力扩大的诸要素条件较好，资金和劳动力供给充裕；应用型技术的供给条件也在改善、能源、原材料、运输等基础产业的供求紧张状况也基本缓解。而随着改革的不断深化，企业对市场变化的反应能力也在不断提高。这表明，我国扩大生产能力、增加供给的潜力巨大，只要市场有需求，就会产生相应的供给增长。与此同时，我国固定资产投资连续四年增长高达24%以上，其中制造业领域大量投资形成了庞大的供给能力，未来几年将进入投产高峰期，扩张期过后新的生产能力释放对市场供求平衡将会造成较大的冲击。但从需求方面看，国际需求看，世界经济、尤其是美国经济面临一定的不确定性，地区出口政策导向调整，人民币升值压力增大，2006年以来，又通过降低出口退税、加征出口关税等措施，控制两高一资(高能耗、高污染、资源加工型)出品出口增长等，控制贸易摩擦严重的产品出口增长，稳定出口，稳定外部需求，出口需求将会由近年来的超高速增长转为平稳较快增长；从国内需求看，虽然需求稳步增长，但潜力巨大的农村消费需求、服务业等需求，在短期内难有快速发展的空间。总体看，供给增长潜力巨大，而需求增长正在受到控制。由此可知，我国经济总供求关系总体趋于协调，供不应求和通胀的可能不仅没有增加，而且出现多数商品供大于求和局部产能过剩问题。

4. 技术进步、产业升级和体制创新因素

技术进步和管理水平的提高，拉动高新技术产品价格下降。一方面，由于高、新技术的不断发展，电子、通讯产品不断推陈出新，更新换代步伐较快，科技发展的必然结果拉动该产品市场价格下降。另一方面，随着工业企业管理水平的提高，部分企业大大降低了生产成本，拉动产品价格的下降。2003 年以来，新一轮经济能够持续繁荣并同时保持低通胀态势，技术进步速度明显加快是重要原因之一。技术进步直接推动了产业结构优化和升级。技术进步在推动供给能力迅速增长的同时，也带来了购买力的增加。总之，技术进步速度加快，使供给的增长超过了需求的增长，这对价格总水平的上升将会形成制约。

如果说技术进步是影响新一轮经济“高增长低通胀”的重要因素的话，那么，体制创新则是保障其实现并可以持续的重要条件。一方面，放松管制和市场准入，减少政府对资源配置的干预，改革项目审批制度，打破垄断，充分发展市场对资源配置的基础性作用，有效激发了以民营经济为主体的经济内在增长动力。与以往几轮周期不同，本轮周期中出现了投资反复过热的情形，其重要原因就是有两股力量实质性地推动经济发展，一股力量是由地方政府推动、民营资本为主的城市基础设施建设和房地产投资，另一股则是市场本身的、完全以市场利润为基础的经济内生性增长力量。由制度创新所带来的这种经济发展活力是以往任何时候所没有的。另一方面，商品价格完全放开，市场竞争更加激烈，市场对价格的引导和调节作用大大增强。而本轮经济却出现了 PPI 与 CPI 均平稳运行情况，其原因在于目前我国商品市场价格完全放开，市场处于一种激烈的竞争当中，下游产品长期处于供大于求的状态，这就决定了上游产品涨价很难通过下游产品释放，最终抑制了价格总水平的上涨。

5. 经济全球化趋势下，世界经济发展放缓将有利于我国价格总水平长期处于低位

经济全球化发展，使市场交易成本降低，资源配置效率明显提高，有利于我国经济长期保持“高增长低通胀”态势。加入 WTO 为我国融入全球经济一体化提供了绝好的机遇。一方面，外资大量流入和贸易持续快速增长，对推动我国新一轮经济持续繁荣起重要作用；另一方面，伴随全球市场的日益融合以及入世过渡期结束地区市场的进一步开放，我国与其他国家之间商品和服务贸易交流越来越频繁，市场资源配置效率明显提高，不仅降低了市场交易成本，而且还扩大了市场的“交易半径”。中国越来越多物美价廉的产品出口，不仅对发达国家、尤其是我国的主要贸易伙伴美国经济得以实现持续 10 多年的增长而没有发生通货膨胀起了积极作用。尽管国际石油和原材料价格上涨对地区通货膨胀构成了一定压力，但全球范围的制造业生产过剩，影响我国制造业领域总供给大于总需求的格局难以改变，从而有利于我国实现并保持了低通胀态势。从中长期来看，全球化趋势特别是全球市场一体化的加快有效地提高了全球资源配置效率，各国的比较优势都将得到充分的发挥，这种市场开放、竞争水平的提高，必然激发企业的创新能力，进而使价格长期稳定或持续走低。与此同时，世界经济发展放缓是消费价格涨幅不大的根本原因。从世界经济发展情况看，今年上半年与去年相比，世界主要经济体的增长速度略低于去年，其中经济增速较快的韩国，今年一季度的增长速度超过了去年同期水平的 0.6%，达到了 0.8%。但是，仍然低于 2006 年第四季度 1.3%的增长速度。

(二)经济高增长与高“通涨”伴生的原因

1. 扩张型经济发展方式会导致成本推动型通胀或加重通胀程度

在扩张型经济发展方式下，经济扩张阶段需求膨胀，尤其是基础产品需求骤增，会出现资源“瓶颈”制约，导致投资品和农产品等价格高涨，导致成本推动型通胀或加重通胀程度。从福建近两次通胀的共同特点看，1988 年和 1993 年福建出现的通胀，虽然都表现为由投资急骤扩张，加之农产品生产、供应出现问题后，导致以钢材、粮食为代表的生产资料和生活资料价格联袂率先上涨，然后逐步扩散至煤电油运等多个领域，但两个时期发生的通胀类型有别。1988 年由于所有商品供不应求，最终导致物价全面上涨，属于典型的需求拉动型通胀；1993 年由于生产资料尤其是资源产品价格一涨再涨，极易演变为成本推动型通胀。

2. 投资、消费、出口的需求对通货膨胀的影响

(1)1982～1986 年。这是我国改革开放后所经历的第二轮经济周期。在这一阶段,我国工业化进程开始起步,地区消费需求十分旺盛,年均经济发展率达到 11.5%,投资率从 1981 年的 32.5%上升为 1986 年的 37.5%,消费率从 67.1%下降为 64.9%,净出口率从 0.4%下降为－2.4%。1984 年,达到了此轮经济周期的波峰,当年经济发展率为 15.2%。中央政府为了抑制经济过热,出台了一系列紧缩型宏观经济政策,1985 年经济增速有所回落,但投资继续加速增长,增长率达到 28.4%,并伴随着一定程度的通货膨胀。1992～1995 年。从 1992 年开始,全国又掀起了一个经济建设的新高潮,固定资产投资迅猛增长,并伴随着严重的通货膨胀,居民消费价格指数和固定资产投资价格指数快速上升,经济再次出现过热现象。1992～1995 年间,年均经济发展率为 13%,其中投资增长率和固定资本形成增长率分别为 17.6%和 20.1%,消费增长率为 10%;年均投资率高达 40.2%,消费率为 59.1%,净出口率为 0.7%;投资贡献率达到 52.9%,消费贡献率为 51.7%,净出口贡献率为－4.6%。投资对经济发展的贡献已超过消费,其中 1994、1995 两年固定资本形成的贡献率也超过了消费贡献率,说明在此期间,固定资产投资是经济发展的主要拉动力。

(2)1987～1991 年。1987、1988 两年经济再度升温,经济发展率均超过 11%,1988 年出现了较为严重的通货膨胀。针对经济出现过热的情况,从 1989 年开始,中央政府采取了一系列治理整顿措施,大力压缩固定资产投资,经济发展随着投资增速的放缓而明显回落,居民收入增长放慢,消费增长也呈现回落的趋势。在这一阶段,拉动经济发展的主要因素来自于外需,由于内需不足,进口的增长速度大大慢于出口的增长速度。1987－1991 年间,投资和消费对经济发展的贡献率分别为 21.1%和 50.5%,均处于较低的水平,净出口贡献率则高达 28.4%,为各阶段中最高的。投资率、消费率也同时下降,投资率从 1986 年的 37.5%下降为 1991 年的 34.8%,消费率从 64.9%下降为 62.4%,净出口率则从－2.4%上升为 2.8%。

(3)投资、消费、出口需求对福建通货膨胀的影响

"八五"期间全省居民消费价格总水平累计上涨 82.6%,年均递升 12.8%,1993～1995 年连续三年居民消费价格总水平与上年比分别上涨 15.4%、25.3%和 15.2%,出现严重通货膨胀且通货膨胀持续时间最长。主要原因是 1989 年开始的"硬着陆"那种过渡紧缩的货币政策,导致整个国民经济发展极不平衡。1992 年后,经济进入新的高速增长期,货币供给经过 1991 年恢复性增长后,1992、1993 和 1994 年又大幅度增长,增幅分别达到 33.6%、48.6% 和 43.4%;投资规模迅速膨胀,全社会固定资产投资增幅 1992 年～1994 年分别高达 48.8%、86.7%和 46.2%,宏观经济又出现经济过热。政府在吸取上一轮治理通货膨胀经验的基础上,采取了"软着陆"的措施,导致该轮"通胀"时间持续最长。"七五"期间全省居民消费价格总水平累计上涨 74.0%,年均递升 11.7%,涨幅最高 1988 年居民消费价格总水平较上年高涨 26.5%,为建国以来最高,出现了最为严重的通货膨胀。主要原因是价格改革大步推进的同时,配套改革措施滞后,宏观调控失控,投资需求消费需求双膨胀,经济过热,市场秩序混乱,抢购风叠起等因素的影响。"六五"期间全省居民消费价格总水平累计上涨 22.2%,年均递升 4.1%,前 4 年价格波动不大,最高的是 1985 年全省居民消费价格总水平较上年上涨 11.3%,是改革开放以来第一次价格总水平年涨幅达 2 位数,也就是说"六五"后期出现了明显的通货膨胀。主要原因是不切实际的经济高增长,明显的"泡沫"经济,1984 年固定资产投资增长 31%,全年平均货币流通量增长 42.3%,而粮食产量则减产 0.9%。更为突出的是居民消费需求过热,1985 年城镇居民生活费用支出比上年增长 36.5%,比该年人均实际收入增长 26%高 10.5 个百分点;农民人均生活费用支出增长 21%,比该年农民人均纯收入增长 14.9%高 6.1 个百分点。

作者:福建省调查总队

把准物价脉搏 抓住调控重点

2003年,以粮食价格的突发性上涨为标志,我国居民消费价格指数(即CPI)开始了连续五年的上涨行情。时至今日,不仅未见回落之象,还有越走越强之势,何时平伏尚未可知。与过去经历的物价上涨不同,这一轮上涨虽然幅度不高,但市场特征明显,触及的深层次问题多。因此,深入研究这一轮物价上涨的特质,剖析上涨原因,对考量物价上涨对宏观经济和居民消费的影响,把握宏观调控方向具有重要意义。

一、改革开放二十八年,物价历经五个波段

以1979年为分水岭,此前的三十年为计划经济时期,价格管理铁板一块,一切商品和服务均由政府定价,物价涨跌只服从于政府指令,与市场供求无关。期间,除1961年因重大灾害物价大涨24.3%外,其他年份均处于低平状态。据历史资料,1979年与1951年相比,江苏省居民消费价格总水平共上涨17.6%,年平均增幅仅为0.6%。从单个商品看,价格几十年如一日的比比皆是。这种严重背离经济规律的管理模式,使得价格这一经济活动中最具活力最有效力的因子被死死圈禁,社会发展也因此而缓慢、沉重,人民生活始终徘徊于全面贫困之中。1979年,改革开放的春风拧开了生锈的闸门,长期圈禁于死水中的价格之鱼被放入市场的海洋。挣脱羁绊后的价格欢呼雀跃,搅得市场波涛一浪高过一浪,翻腾了十多年方止。近几年。随着市场经济的逐步形成,一切渐入常态,价格正以其固有的天性在市场中荡漾。

(一)价格改革试水期(1979~1984年)

改革开放的大政确立后,价格改革开始起步。在1980～1984年的五年间,政府小心谨慎,采取"以调为主,调放结合"的方法,由浅入深,由表及里,由农村到城市,由农产品价格到工业品价格,由消费品价格到服务品价格,先调后放,层层推进。高度集中统一的计划价格模式逐渐瓦解,市场定价机制开始试水。这一阶

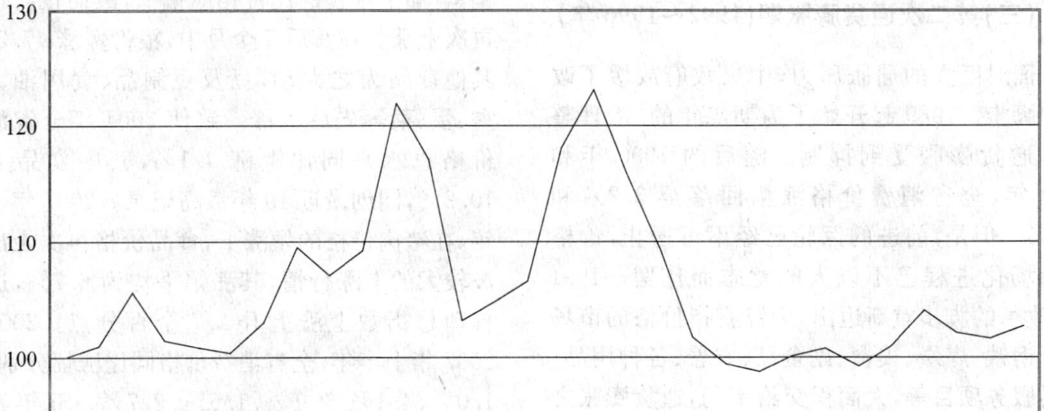

历年居民消费价格指数(CPI)走势图(以上年价格为100,超出部分即为上涨幅度)

段出台的价格改革项目主要有:逐步提高和放开农产品收购价格;提高生产资料和交通运输价格;逐步调整提高农产品市场零售价格;逐步放开日用工业小商品价格等等。但由于管理的闸门开得很小,故而未曾掀起大浪。调查数据显示,这五年,江苏省居民消费价格水平每年均有小幅上涨,累计涨幅为 11.8%,年平均递增 2.3%。

(二)第一次通货膨胀期(1985~1989 年)

一番试水之后,政府的信心和胆量大增。1985~1989 年起管理的闸门迅速开大,改革方针变成“以放为主,放调结合”,价格体制改革全面推进。一批批商品和服务的定价权放归市场,市场物价立即浪涛汹涌,一浪高过一浪。这一时期的价格改革动作有:继续提高计划内生产资料价格,放开计划外生产资料价格,全面实行“双轨制”;放开生猪收购价格和猪肉消费价格,对城镇居民实行每月 2.5 元的肉食品价格补贴;改革粮食统购制度,实行合同定购;放开电视机、电冰箱等大件耐用品价格;放开名烟名酒价格等等。据历史资料,在 1985~1989 年间,江苏省居民消费价格总水平五年大涨 82.8%,年平均递增 12.8%。其间涨幅最小的年份为 7.1%,涨幅最大的年份为 21.9%,从而确立了建国以来第一次真正意义上的、也是难以躲避的通货膨胀周期。

(三)第二次通货膨胀期(1992~1996 年)

面对巨大的通胀压力,中央政府放缓了改革的脚步。1989 起开始了为期二年的“治理整顿”,通货膨胀受到抑制。随后的 1990 年和 1991 年,全省消费价格涨幅回落至 3.2%和 4.9%。但是,前进的巨轮已经不可遏止,价格的市场化进程已不以人的意志而作罢。1991 年,改革的脚步重新迈出,剑锋直指价格的市场化。钢铁、煤炭、粮食、副食品、衣着、各种用品、各类服务项目等,大面积交给市场,通货膨胀之火重新点燃并越烧越旺。从 1992 年至 1996 年,全省居民消费价格总水平五年大涨 96.5%,年平均递增 14.5%,成为建国以来第二波、也是最严重的通货膨胀周期。

(四)物价低迷期(1997~2002 年)

1997 年,市场风云突变,持续的高通胀嘎然而止,物价总水平当年即由大涨转为下跌,全年消费价格水平同比仅上涨 1.7%,与 1996 年 9.3%的涨幅相比可谓一落千丈。其后的五年,消费价格盘旋而下。1998 年跌 0.6%,1999 年跌 1.3%,随后两年反弹 0.1%和 0.8%,2002 年又下跌 0.8%,全省居民消费价格总水平五年累计下跌 1.8%。过去的领涨龙头粮食翻脸成为领跌魁首。据统计,在第一个通货膨胀周期,粮食价格累计上涨 49.6%;第二个通货膨胀周期,粮食价格上涨了 409.5%。到 1997 年,虽然全年消费价格总水平仍然维持小幅上涨,但粮食已经率先下跌 20.0%。接着,整个食品类、以及烟酒、衣着、家庭用品、交通通信用品、娱乐教育文化用品等纷纷步入漫漫熊途。这一周期中,唯一只涨不跌的只有服务项目,五年累计上涨 47.2%。

(五)常态运行期(2003~2007 年)

犹如物体从高空落入水中一般,都有一个深入浅出沉浮不定的过程,1997 年开始的物价低迷期即是如此。随着惯性的消失,物价的起伏逐渐与市场的波涛和经济的节拍融合,水涨船高相和相谐,由此步入常态运行期。2003 年 9 月,由于连续几年的粮食欠丰,市场供应相对偏紧,加上粮食的比价相应偏低,故而粮食价格再次上涨。在其后 7 个月中,粮价爆涨 47.3%,其他食品为之大动,豆及豆制品、食用油、肉、禽、蛋、菜等先后大涨。致使 2004 年全省消费价格总水平同比上涨 4.1%,其中食品上涨 10.2%,同创最近 10 年最高记录。2007 年上半年,在猪肉价格的领涨下,食品价格再次走出一波较大的上涨行情,其涨幅平均为 6.7%,进而推动总指数上涨上升 2.7 个百分点。2003~2007 年上半年,全省消费价格同比涨幅分别为:1.0%、4.1%、2.1%、1.6%、2.7%。五年累计上涨 12.0%。

二、今日之涨与昔日之涨有三点不同

价格的一般规律是：当市场供不应求时，商品价格就会上涨到价值之上（卖方决定价格）；当市场供大于求时，商品价格就会下跌到价值之下（买方决定价格），竞争总能把商品价格逼近价值的边缘。同样是上涨，这一轮物价的上涨与1996年以前通货膨胀期间物价上涨的本质区别正在于此。

（一）通胀期间因供不应求而涨价，常态上涨乃价值提升之必然

改革开放之前，长期的铁桶式管理，使得商品价格严重低于其价值；同时，商品供给的严重匮乏使其与需求之间存在着巨大落差，而这种本应体现在价格上的隐患被强大的计划配给制度死死捂着。改革开放打破了铁桶，突出的供求矛盾、严重的价与值背离等问题同时爆发，无论是价值回归还是供求寻找平衡，都一并以价格暴涨的方式来实现。经过二十多年的经济大发展，供求关系出现逆转，激烈的市场竞争随之而起。消费市场供不应求的商品已多年不见，而降价促销则比比皆是。大浪淘沙真金现，稀缺导致的价格虚高部分被挤去，价格回归到价值的身边。在这样的大势控制下，这一轮价格的上涨只能是商品价值提升的结果，而不是其他，更难以形成整体的通货膨胀。

（二）通胀期间一切皆涨，而这一轮却有涨有跌

改革开放之后，政府对我国商品匮乏程度心知肚明，更知道如果将价格一下子放开市场会怎样的疯狂。因此，对绝大部分商品都采取了先提价再放开的渐进步骤，但即便如此市场依然反映强烈。从历史走势看，两次通胀期间，几乎所有商品和服务年年皆涨，而且都出现过两位数以上的涨幅。其中第二次通胀强度更大于第一次，食品和居住类商品一度出现30％以上的高增幅，服务项目更是在1993年创下了45.6％增幅记录。这一轮涨价由于处在市场化之中，各种商品的价格决定于市场规律，因此大起大落现象很少，即使有少数商品出现大涨，大多数商品也不会随之联动，各项消费大类和总指数线条也都表现得比较舒缓，而且是有涨有跌。五年间，除2004年食品类价格上涨10.2％外，其他涨跌幅度均在10％以内。其中，以汽车、移动电话为代表的交通通信设备，以电视机、电脑为代表的娱乐教育文化设备一直运行在下跌通道之中。

（三）通胀期间居民闻涨色变，现在则心态平稳

通胀期间涨价消息满天飞，居民一闻风吹草动就全家出动抢购，店铺门前长蛇阵阵，怨怼之言不绝于耳。家中超量囤积白菜、食盐等日常用品的奇闻异事频现报端。而现在则不然，因闻涨价而排队者几乎绝迹，涨涨跌跌司空见惯。即使是在猪肉价格出现翻倍的情况下，也未见抢购现象，倒是降价促销招来消费者排队，其恐惧之感已荡然无存。通胀期间不论价格多高都得接受，现在则可在砍价声中挑挑拣拣。

三、物价上涨有五大推力

改革开放二十多年来，我国消费市场经历了由供不应求到供大于求，再到供求基本平衡的历程，因严重供不应求导致价格普遍暴涨的通胀时代已经过去，现在的市场已经步入由宏观经济主导、总体价格水平稳步上升、分类商品价格各自与价值趋近的阶段。就当前物价上涨的现实而言，虽说有国际市场的影响，有短期的食品供应紧张因素等，但推动物价上涨的主要力量还是内因。

（一）资源紧缺，价格上涨，传导影响日趋直接

宏观经济的持续发展，特别是房地产业的高速增长，使得土地、水、电、钢材、水泥等多种资源消耗巨大；与此同时，制造业的大发展又不断追加着对石油、煤炭、金属材料、木材等资源性产品的需求。我国国土虽大，但有用地很少，用一亩少一亩不可再生，其他资源更是短缺。有限的资源与巨大的需求之间缺口越来越大，价格的上涨难以避免,并将长期持续。据统计资料,近五年江苏省耕地面积减少 30 万公顷,而此前的五年只减少 10 万公顷,2006 年全省耕地总面积仅为 474.3 万公顷。土地的加速减少使得本不宽裕的土地资源进一步紧张,建设用地也由无偿"划拨"到低价"出让",再到高价"拍卖"。2007 年上半年江苏省商品房用地价格平均为每平方米 1638 元,而 2004 年仅为 883 元,三年增长 85.6%,每年递增 22.9%。土地价格的快速上涨直接或间接地影响着一切与之相关的消费品和服务品的价格,如住房价格、农产品价格、工业企业和服务行业的成本等等。

从石油、煤炭等能源的生产和消费状况看,供不应求状况也是日趋严重。1991 年之前,我国能源的生产大于消费,1992 年开始出现倒挂,且程度逐年加深。2005 年全国能源生产总量为 20.6 亿吨标准煤,消费总量为 22.3 亿吨标准煤,消费量比生产量多 8.4%,近五年平均每年增大 1 个百分点。其中最突出的是石油,2005 年全国原油生产总量为 1.8 亿吨,虽然产量比 2000 年增长了 11.3%,但消费缺口却由 2000 年的 27.4%扩大至 44.6%。缺口部分必须依赖进口,不巧的是近几年国际市场原油价格大幅上涨,因而直接导致消费价格的上涨。2002 年国际市场原油价格为每桶 30 美元左右,到 2007 年上半年,每桶涨至 70 美元,增幅达 133%,考虑到人民币升值因素,折成人民币后的涨幅为 114%左右。同期,消费市场汽油价格上涨 79.5%,柴油价格上涨 90.7%。与此同时,居民人均燃油消费支出增长了 6 倍,使其在消费总支出中的比重由 0.22%上升至 0.85%,影响消费价格总指数上升 0.7 个百分点。如果考虑原油的间接影响,如液化石油气、交通运输、塑料制品等,其影响力远不止此。原油如此,铁矿石、粮食等也是如此。

(二)农产品价值回归,价格补涨要求强烈

在生活消费中,农产品主要集中在食品之中。长期以来,农产品价格与工业品价格相比一直处于绝对低廉的状态,与服务品价格的差距更是越拉越大。1997—2002 年食品价格随经济大势的疲软而连续六年下跌,总跌幅达 11.5%,虽然 2004 年出现了一波大涨,但也只是恢复到 1996 年的水平。近三年,食品价格继续回升,猪肉、鸡蛋、植物油等主要副食品甚至出现大幅度上涨并创造了历史最高水平,但就比价而言仍然低于工业品。1996 年每百公斤粳稻价格卖出价为 172.5 元,可换回棉布 12.4 米,或洗衣机 0.06 台,或自行车 0.31 辆,或电 437 度,或液化气 66.7 公斤;或支付子女在非义务教育阶段读书 19 天,或支付生病住院费用 8.4 天。2007 年上半年,每百公斤粳稻卖出价为 177.3 元,可换回棉布 11.5 米,或洗衣机 0.08 台,或自行车 0.38 辆,或电 368 度,或液化气 32.5 公斤;或支付子女在非义务教育阶段读书 6.5 天,或支付生病住院费用 4.7 天。比较结果显示,11 年后农产品在兑换洗衣机自行车等大件耐用品方面,其比价上升,但兑换其他工业品和服务品的能力降低(各种商品和服务价格皆为可比价),特别是子女教育上,农民须付出原来三倍的产品。总体而言剪刀差仍在扩大。从这一意义上讲,近期农产品价格的上涨实属恢复性上涨,是对农产品价格长期被低估的纠正。

就投入产出效益看,农业的投入产出比远不及农民在其他行业的产出效益高,而且这种差距仍在逐年扩大。据农业统计资料,2002 年江苏农民在农业(含农林牧渔)上的投入产出比为 1∶3.2,其他产业的投入产出比为 1∶7.2,投入于其他产业的效益是农业的 2.2 倍。2006 年农民在农业(含农林牧渔)上的投入产出比为 1∶2.5,其他产业的投入产出比为 1∶6.3,虽然效益都在下降,但投入于农业和投入其他产业的效益差距却扩大到 2.5 倍。这也是农民放弃农业的意向越来越强的重要原因之一。

如果将农业劳动收益与城镇居民的收入相比,农民的收益更是低得可怜。2007 年上半年,在农产品价格已经大幅度上涨的情况下,农民每生产一百公斤农产品(主要农产品加权:小麦、粳稻、油菜籽、生猪、活鸡、鸡蛋、鲜菜、鲜瓜果等)比 2002 年增加收益 50.3%;同期城镇居民人均可支配收入却增长了 109.8%。惊人的落差不仅显示农产品价格的上升空间巨大,更说明农产品价格上涨的合理性和必然性。

(三)垄断行业追求超额利润,致使垄断价格刚性上涨

虽然大部分商品已经放归市场调节,但仍有很多很重要又是生活必需的消费品和服务品不参与市场竞争,形成中国特色的垄断群体。主要有:水、电、气、城市公交、铁路航空、燃油、邮电通信、有线电视、公园门票、银行利率等。还有些行业虽不属垄断,但由于其特殊的地位,具有说一不二的定价权,消费者既必须消费,又无讨价还价的余地,因此可视为近似垄断,这些行业包括教育、医疗等。随着社会的发展和居民生活水平的提高,这些垄断和近似垄断的消费在居民生活中所占的分量越来越重,目前已达四分之一。与此同时,垄断行业为了追求超额垄断利润,借助行政力量不断涨价,使得垄断商品和服务对总指数的影响力不断提高。从历史资料看,自八十年代垄断价格开始启动以来,绝大多数商品和服务品都是只涨不跌,目前的绝对价格水平已远远高于其他消费品价格(见下图)。近五年,垄断产品价格虽然已经平缓许多,但累计涨幅仍有 17.1%,在总指数上升的 12 个百分点中占有 4.3 个点。

(四)人力费用上升,推高产品成本

人工费用是产品成本的组成部分,人工费用的上升也是产品价格上涨的重要因素。自九十年代中期以来,随着用工制度改革的深入,长期掩盖着的大量剩余劳动力越来越多地涌向社会。而剩余劳动力的大量存在为企业便宜用人降低成本提供了便利。这些年来,正式工纷纷下岗,临时聘用工取而代之。好处是聘用者工资低,奖金福利可有可无,各种保障能躲则躲。据江苏省城镇居民调查资料,近五年就业总人数变化不大,平均每年仅增长 0.4%,但固定工占全部就业人员的比重由五年前的 76.8%降至目前的 52.1%。2007 年固定工人均收入 32088 元,比 2002 年增长 168.5%;聘用工年收入为 18780 元,比 2002 年增长 100.7%。聘用工的收入仅相对于固定工的 58.5%。高收入职工比重下降,低收入职工比重上升,结果必然是单位用工成本降低。但是,不管是固定工还是聘用工,其收入毕竟都在增长,而且五年的增幅都在一倍以上,所以仍对成本产生了向上的推动力量。据统计,2006 年全省规模以上工业企业职工人均工资 19218 元,比 2001 年增长 81.1%,并因此使企业的产品成本上升 4.6%,这也是近几年工业品价格上涨的内因之一。

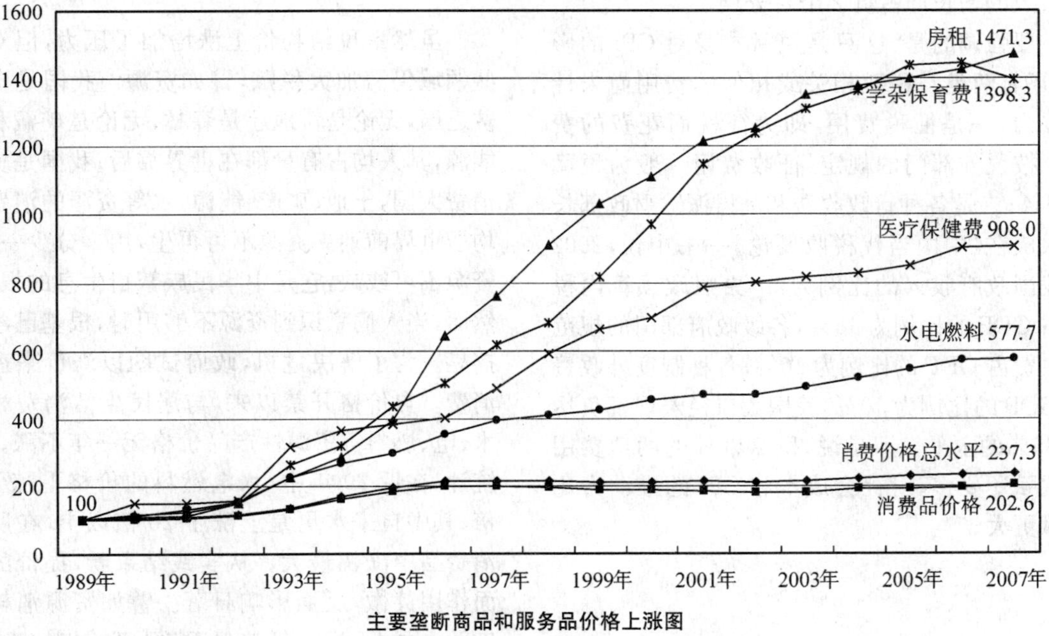

主要垄断商品和服务品价格上涨图

随着劳动和社会保障方面法律法规的逐步建立健全，劳动者的权利与义务、劳动合同、工资制度、劳动安全与卫生、劳动争议处理、养老保险、失业保险、疾病保险、工伤保险、社会福利等法律保障体系正逐步成为劳动者争取合法权利的有效武器，用人单位任意而为的空间不断缩小，用人费用必将进一步上升，产品成本也将刚性增加。

(五)税费加重，成本增加，推高价格

在我国，无论是生产还是投资，无论是流通还是消费，各个方面各个环节无一不需要交纳税费，这些税费的总和即是各层各级政府的财政收入。近五年，全国财政收入每年以20%左右的速度增长，远远快于GDP增速，预计2007年全国财政收入占GDP的比重为22%左右，比2002年高出6个百分点以上。根据投入产出核算结果，近几年GDP在全社会总产出中始终保持1/3左右的比重，据此计算，五年间财政收入占总产出的比重提高了2个百分点，这意味着社会平均成本相应增加2个百分点。假设构成价格的其他因素不变，或者其他因素不能化解财政的抽资影响，则终端消费品和服务品的价格就会相应增加相同的点位。2007年与2002年相比，消费价格总指数上升12个百分点，财政收入的增长即占有2个百分点。

要强调的是，这只是税赋本身对CPI的影响，还有两类与税赋相关或相似的费用尚未计算在内，一是征税费用，即为征税而花费的费用。按税务部门的规定，征收费用一般为税赋的5%；二是各种行政收费和乱摊派。财政部长金人庆在《中国当代税收要论》一书中说，2002年我国政府收入的比例为：中央财政预算内税收占GDP的比例为15%，各级政府部门的规范性收费占GDP的比例为10%，各种制度外收费占GDP的比例为10%，我国大口径宏观税负达到35%的水平。即是说，税赋以外的两项费用比税赋还要多，对社会成本和CPI的推动力比税赋更大。

四、为保价格环境健康，抓住三大要点

国民经济的持续增长，特别是以大量消耗资源为代价的经济增长，必然使本来就贫乏的资源日益金贵。同时，经济的增长又会带来农产品价格的上涨、工资水平的提高和财政收入的增长，最终必然导致价格总水平的提升。2002年以来，全省地区生产总值平均每年增长19.4%，同期消费价格每年上涨2.3%。相对于高速增长的宏观经济，低平的物价涨幅实可谓是必然结果，也是良性的结果。从涨价的内因看，除垄断产品外，无论是资源价格上涨还是农产品价值回归，无论是人工费用增加还是财政收入增长，对消费价格而言都属于成本推动性质，而这些成本的上升又具有很强的刚性。在市场化程度不断提高、社会平均利润决定单个产品利润的大格局下，成本推动型的价格上涨具有持续性和不可逆性。面对不可回避的涨价周期，仅靠有形之手的调控是不够的，而应该利用无形之手——市场，配以有形之手的顺势而为才是上上之策。

(一)改涨价为征税，促进产业结构向节能降耗方向发展

虽然重税给物价上涨增加了压力，但对某些领域仍需加大税赋，譬如资源。我国是资源贫乏国，无论是耕地还是森林，无论是矿藏和是能源，其人均占有量都在世界靠后；我国是资源消费大国，土地、矿产、能源、水等资源的消费量均居世界前列。资源不可再生，用一分少一分；资源不可或缺，它是中华民族繁衍生息的根基。然而，当人们意识到资源不够用时，根基已经在摇晃。为了解决危机，政府试图以涨价来遏制消费。自价格开禁以来，与居民生活消费相关水、电、燃料等资源性产品价格无一年不涨。据统计，在近20年中，水电燃料的价格上涨了6倍，其中自来水更是上涨了20倍以上，在所有消费品中涨幅最大。从实践结果看，提价的正面作用甚微，反面影响日著。譬如资源消耗速度并未减慢，污染日趋严重，居民负担加重，垄

断行业收益太多,老板和员工收入丰厚,成为收入分配不公的典范,同时,由于增收容易,又无竞争压力,管理水平低下,钱不够花就涨价,社会影响恶劣,等等。那么有没有一条既不增加居民负担,又能节约资源的途径呢?有。征资源税,只对企业征税。

征税与涨价虽然目的都是提高资源消费的成本,促进节能降耗,但征税有明显的优点:首先,征税更容易针对特定的群体,如果只针对企业征税,而不是普遍涨价,就不会与民争利,不会对居民消费价格产生直接影响,避免CPI出现大的波动,有利于经济平稳发展,有利于人民群众生活安定,更能体现政府以民为本、惠民利民的执政宗旨。其次,征税的收入全归财政所有,所得款项可专门用于节能减排的大型基础设施建设或技术革新,而涨价的收益基本上流失在垄断行业,不仅不能用于节能减排建设,反而造成更多的社会问题。第三,征税的税率可根据实施效果随时调节,而涨价却因社会反响太大而不可说涨便涨。对一些高耗能高排放的夕阳产业还可以实行递进税率,耗能越多,税率越高,以促进全社会产业结构的调整。而涨价往往不分良莠,一扫一片,难以机动操作。

从能源消费的构成看,也应该只对企业征税,而不应该在居民身上打主意。据《中国统计年鉴》资料,2005年全国能源消费总量为223319.3万吨标准煤,其中生活消费23393.4万吨标准煤,占消费总量的10.5%,2000年该比例为11.4%,这说明,生活消费所占用的能源很少,而且,在人口增多,生活水平提高较快的情况下,增幅明显慢于生产消耗,说明生活消费的弹性很小,价格涨得再多都必须消费。因此,节能减排的重点应该着落在生产环节,生产消耗每节约1%,就等于全国居民31天的全部能源消费。

当然,对居民消费的节能教育和节能措施也不能放松,特别是对奢侈性消费更应该严格约束。就目前的现实和今后的发展趋势而言,最主要的是制约两种消费:住房和汽车。与室内的奢侈品不同,住房和汽车都需要土地或道路,不仅能源消耗最为突出,更大量消耗着宝贵的土地资源。

按我国城镇居民的小康标准,居民人均住房面积为30平米。三口之家住90平米的房子已是宽敞,再多就意味着对土地和其他资源的多占,而对一个人口总量巨大,人均可用地很小的国家而言,是经不起这种多占的。但是据调查,2006年,在江苏省城镇5000户被调查家庭中,人均31~40平米的家庭占20.8%,人均41~50平米的家庭占9.2%,人均51平米以上的家庭占8.5%。据此计算,超标部分多占用资源5.8%。

多年来,我国一直对汽车消费实行鼓励政策,私家车拥有量突飞猛进。2006年江苏省共有私人轿车90.11万辆,而2001年仅为9.47万辆,5年增长了851.8%。目前的状况是:上下班时间城市的大路小路路路皆堵,空气之中废气汹涌,路上行人呼吸艰难;居民区、马路边、店铺前,除控制极严的主干道外,所有空地皆成停车之场。不仅能源消耗巨大,环境迅速恶化,而且社会效率和社会财富损失严重。

人多地少能源稀缺的国情决定了我国不能走发达国家的道路,不能普及住大房坐轿车。因此,在公众尚未有危机意识,全社会尚在极力追求大房香车的时候,政府应该拿出引导性政策,用经济手段抑制消费冲动。当然涨价绝非良策,征税才是可行之路,也是必由之路。要引导住房需求,必须尽快开征住房超标税,超标越多,税率越高;要抑制汽车消费,必须尽快开征燃油税,而且应该高额征收。如果住房和汽车消费解决好了,资源问题、社会成本问题、社会效率问题都将会明显改善,资源价格的上涨压力将等到缓解,消费价格将健康平稳许多。

(二)让食品价格涨在源头,让农民获得应有的实惠

众所周知,农产品价格的长期超低是影响农民增收的重要原因。2006年江苏省城镇居民人均可支配收入达14084元,农民人均纯收入为5813元,农民收入仅为城镇居民收入的41.3%,与2000年的52.9%相比扩大了12个百分点。自2003年起,消费价格开始了连续五年的上涨行情,到2007年上半年止,江苏省居民消费价格总水平五年共上涨12.0%,其中食

品上涨 29.8%，平均每年上涨 5.3%，高居各类消费品涨幅之首。

食品的主体是农产品，食品价格的持续上涨对农民的增收无疑是有益的。但由于生产者和消费者之间并非直接交易，因此，食品价格上涨与农民增收之间不能划等号。那么，农民究竟从食品价格上涨中得到多少好处呢？

为便于表述，我们对八种主要食品进行了详细计算，即大米、面粉、菜籽油、猪肉、活鸡、鸡蛋、鲜菜、鲜瓜果。数据显示，与 2002 年相比，2007 年上半年八种食品的消费价格和农产品收购价格全部上涨，按各种产品的收购额比重计算，八种食品消费价格的平均涨幅为 46.6%；收购价格的平均涨幅为 50.3%。(所有数据均不涉及成本和利润，只论因价格上涨或下跌农民和中间环节增加或减少的收益)

表 1　2003～2007 年因食品价格上涨农民增收计算表

	消费价格(元/百公斤)		收购价格(元/百公斤)		五年价格共上涨(%)		五年累计增收(元/百公斤)		
	2002 年	2007 年	2002 年	2007 年	消费价涨	收购价涨	消费涨价	农民增收	中间增收
面　粉	223.0	291.2	138.2	208.1	30.6	50.5	68.2	69.9	−1.7
大　米	189.0	298.0	168.5	253.3	57.7	50.3	109.0	84.8	24.3
菜籽油	624.9	933.3	537.8	814.5	49.3	51.5	308.4	276.7	31.7
猪　肉	1091.0	1687.3	805.9	1432.9	54.6	77.8	596.2	627.0	−30.7
鸡	1304.6	2152.6	891.3	1248.1	65.0	40.0	848.0	356.8	491.2
鸡　蛋	482.4	779.4	431.9	598.8	61.6	38.6	297.0	166.9	130.1
鲜　菜	210.9	273.3	85.0	109.4	29.6	28.7	62.4	24.4	38.0
鲜瓜果	315.2	396.9	112.3	116.1	25.9	3.4	81.6	3.8	77.8
平　均	457.1	694.2	335.2	533.4	46.6	50.3	237.1	198.2	38.9

注：为使农产品价格与消费价格可比，表中面粉、大米、菜籽油、猪肉的“收购价格”是按一定的折扣率由小麦、粳稻、菜籽、生猪折算而来的，具体折算率为：小麦出粉率 0.7，粳稻出米率 0.7，菜籽出油率 0.34，猪肉出肉率 0.65。

五年间，八种食品的消费价格平均每百公斤上涨 237.1 元，其中农民得益 198.2 元，占 83.6%，中间环节得益 38.9 元，占 16.4%。八种食品中，农民在猪肉价格上涨中增收最多。2002 年猪肉每百公斤收购价为 805.9 元，2007 年上半年涨至 1432.9 元，农民因此增加收益 627.0 元，涨幅达 77.8%。同期猪肉的消费价格只上涨 596.2 元，中间环节因此而减少收益 30.7 元。当然，这种“减少”并不是亏损，而是比五年前少赚了。2002 年猪肉的收购价格与消费价格之差为每百公斤 285.1 元，2007 年减为 254.4 元。这主要是因为今年上半年生猪收购价上涨较急，消费市场反应稍有滞后所致，2007 年 7 月份，猪肉的消费价格继续大涨，中间环节的收益也将随之恢复。

表 2　1997～2002 年因食品价格下跌农民减收计算表

	消费价格(元/百公斤)		收购价格(元/百公斤)		五年价格共上涨(%)		五年累计增收(元/百公斤)		
	2002 年	2007 年	2002 年	2007 年	消费价涨	收购价涨	消费涨价	农民增收	中间增收
面　粉	250.8	223.0	223.9	138.2	−11.1	−38.3	−27.8	−85.7	57.9
大　米	291.7	189.0	246.5	168.5	−35.2	−31.6	−102.7	−78.0	−24.8
菜籽油	791.8	624.9	681.2	537.8	−21.1	−21.1	−166.8	−143.5	−23.4
猪　肉	1224.1	1091.0	1110.3	805.9	−10.9	−27.4	−133.1	−304.4	171.3
鸡	1580.8	1304.6	1182.0	891.3	−17.5	−24.6	−276.2	−290.7	14.5
鸡　蛋	754.3	482.4	633.7	431.9	−36.1	−31.8	−272.0	−201.8	−70.2
鲜　菜	197.6	210.9	94.3	85.0	6.7	−9.8	13.2	−9.3	22.5
鲜瓜果	386.0	315.2	173.4	112.3	−18.3	−35.2	−70.8	−61.1	−9.7
平　均	558.0	457.1	471.2	335.2	−17.7	−28.9	−100.9	−135.9	35.0

就总体而言，近五年消费市场食品价格上涨的好处中，农民确实得了大头，但如果再往前看，情况却完全不同。在1997年至2002年物价下跌周期中，无论是消费市场还是收购市场，食品价格均是年年下跌，其中收购价格累计下跌28.9%，消费价格累计下跌17.7%。

六年中，八种食品消费价格每百公斤下跌100.9元，但中间环节的收益不仅没有减少，反而增加了35.0元，而消费价格下跌的损失和中间环节增加的收益都是由农民承担，农民每卖出一百公斤农产品就减少收益135.9元（100.9＋35.0）。其中，表现最为突出的也是猪肉。1996年农民卖出猪肉的价格为每百公斤1110.3元，2002年下跌至805.9元，农民收益减少304.4元；同期猪肉的消费价格由1224.1元下跌至1091.0元，虽然也下跌了133.1元，但中间环节获得的购销价差却由113.8元增加至285.1元，即中间环节的收益反而增加了171.3元。这一时期农民的损失直到2006年仍未补足，唯有今年的大涨农民得益最多，与2006年相比，2007年上半年消费价格每百公斤上涨115.9元，其中农民得益89.0元，在弥补了前十年减收额的同时，真正实现了价格上涨收益增加。从这一意义上讲，2003年以来的农产品价格上涨实属补涨性质。

如果将比较基期推前到1996年，前六年下跌与近五年上涨相抵，每百公斤食品的消费价格平均上涨136.2元，其中农民得益62.3元，占45.7%；中间环节得益73.9元（38.9＋35.0），占54.3%。

由此不难看出，无论是物价上涨周期还是下跌周期，中间环节总是水涨船高不做亏本生意，其获利水平都能增加。农民在价格下跌中受损是绝对的，而要想增收，必须期待收购价格上涨，而且要涨到相当高的程度。同时不难发现，无论是涨价周期还是跌价周期，收购市场的震荡幅度都要大于消费市场，特别是在下跌周期中，收购价格的跌幅要远大于消费价格跌幅。表明收购市场的稳定性不及消费市场，这也是农民更容易受伤的根源所在。

需要说明的是，上述计算的农民增收部分并非全部为农民所有，农业生产资料提供商还要分走一杯羹。据统计，在2003至2007年的五年涨价周期中，农资价格上涨28.8%，农民的农业生产支出因此而增加313.2元/人；同期，农产品收购价格累计上涨43.2%，农民的农业收入因此而增加877.8元/人，即农资提供商通过农资涨价从农产品涨价收益中瓜分了35.7%。据此计算，近五年农民因八种食品涨价增收的每百公斤198.2元中，农资商先拿走70.8元，农民实得127.4元。在食品价格上涨的全部好处（237.1元）中，农民得53.7%；中间环节得16.4%；农资商得29.9%。如果将比较基期也推前到1996年，则十一年农民实得27.1%；中间环节得54.3%，农资商得18.6%。

当今世界普遍存在的问题是：农产品与工业品和服务品的比价均处于极低状态，如果大幅度提高农产品价格，不仅城镇居民难以承受，而且给整个经济发展和人民生活带来不良影响。对此，各国政府普遍采取大额财政补贴政策，并且使补贴直接由农民收益。多年来，我国虽然也有类似的政策，如粮食最低收购价，化肥和农药等农资生产补贴等，但效果差异明显。小麦等收购保护价政策实施的效果较好，使近五年面粉涨价增加的收益均为农民所得。但有些政策则未能起到应有的作用，如对化肥生产企业的补助和优惠政策，就未能遏制化肥价格的大幅上涨，近五年化肥价格累计上涨28.7%，与全部农资价格的涨幅基本相同。农资提供商在享受财政补贴的同时，仍从农民手中拿走了三分之一的涨价好处。因此，政府应认真审视目前的各项惠农政策，以农民能否真正得到实惠为考量标准，废除一切名为“惠农”实为“惠商”的政策，将惠农资金全部用于从事农产品生产的农民身上。确保农产品生产平稳增长，确保农民销得出、有得赚。

（三）让垄断产品成本阳光化，让社会公众制约垄断行业的涨价冲动

垄断产品价格的只涨不跌，给垄断行业带来了巨大的收益。据统计资料，2006年全省水电气生产和供应业在岗职工平均工资为39186元，是制造业职工的2.05倍；金融业职工平均工资为43495元，是批发零售业和住宿餐饮业

的2.39倍。说明垄断产品目前的绝对价格已经处于很高的水平，垄断行业从涨价中获得的超额利润已经远远高于社会平均水平。

高涨的价格来自高度的垄断，打破垄断搞市场竞争就能釜底抽薪。但从我国的现实看，很多垄断行业引入竞争的条件还不具备，必须另辟蹊径别图良策。就垄断产品的高价格而言，关键缘于高成本，有的是虚假的高成本，有的是高工资高福利高浪费造成的高成本，因此控制住高成本就堵住了涨价的借口。鉴于以往的经验，靠政府主管部门监督和审计部门查账难以奏效，唯有将成本公诸于众，方能借助群众和舆论的力量，遏制住虚假、腐败和浪费。从法理上讲，我国垄断行业都具有公益性质，其初始投入都来自国家和百姓(如电话初装费即是由百姓所出)，因此，政府和百姓是天然的董事，有理由知晓经营情况。因此，百姓参与监督是完全合理合法的。也只有百姓参与监督，才能使垄断行业成本合理化，管理规范化，价格大众化。如果能将垄断产品的成本控制在合理范围，百姓的生活成本将大幅度下降，生活质量将大幅度提升，CPI将更能反映经济发展的真实面貌。

CPI反映的是居民消费的商品和服务品的价格变动情况，既是消费市场的温度计，又是宏观经济的体检表。上连国家政策，下接百姓生活，远连国际市场，近接千家万户，贯穿经济各个环节，关乎生活方方面面，堪称吸纳百川之海，包容万物之谷。也正是由于CPI巨大的包容性和高度的概括性，所以在解读CPI时不能单看一个数据，而要细析结构，深解内涵，勿以跌喜，勿以涨忧，并结合其他宏观和微观数据详加解析。

就这一轮上涨行情而言，在GDP每年递增速度超过10%的情况下，消费价格每年仅上涨2.3%，本身就具有合理性和必要性。从推动上涨的五大主要力量看，资源价格上涨、农产品价值回归、人工费用增加三因素是健康的，也是政策应该支持的，只要引导有方，这些价格的上涨对消除目前经济发展中存在的隐患将是一剂标本兼治的良药。垄断价格的上涨则是各种因素中最不合理也最应该遏制的，其恶劣影响不仅局限在CPI范围，更使社会分配不公问题尖锐化，进而影响社会的安定和谐，伤及整个国民经济的健康运行。这也是今后政策的着力点所在。财政税收的高增长是一把双刃剑，它在充盈国库和地方财力的同时，也对经济增长和居民生活产生着负面影响，一些中小企业被沉重的税赋压得气喘吁吁步履艰难，太低的个税起征点又使中低收入群体深感割肉之痛。十多年来，财政收入以高出经济增速多个百分点的速度持续增长，已经积累了巨大的超额财富，该是考虑轻税薄赋让利于民的时候了。目前至少应该减轻两项税赋：一是减轻中小企业特别是民族产业和朝阳产业的税收，扶持其快速成长；二是分地区划分个税起征点，征收对象应为当地收入水平最高的20%。若能如此，民族产业将重新崛起，社会分配将更趋合理。

作者：江苏省调查总队

2007年山西物价形势的总体判断及对策建议

2006年10月份以来，受粮、油及主要副食品价格上涨的影响，山西物价总水平明显上升，2007年上半年继续保持上升态势，特别是5月份以来，猪肉、鸡蛋价格出现过快上涨，给居民家庭生活带来一定的影响。2007年上半年，山西居民消费价格同比上涨3.0%，其中6月份同比上涨4%，达到2005年以来的最高值，工业品出厂价格同比上涨6.4%，能源产品价格持续走高。如何看待这一组数据，更好把握当前物价形势，在山西省政府研究室的协助下，山西调查总队近期开展了专题调研，调研结果表明：山西物价总水平尚在合理区间内运行，居民消费价格上涨带有明显的农产品推动型特征，目前粮、油、肉、蛋等商品价格上涨属于合理回升，但是短时涨幅过快，其他消费品价格、工业品出厂价格尚在合理的范围之内，并不存在出现显著通胀的基础。值得注意的是粮、油、肉、蛋等基本生活必需品价格持续上涨，加重了低收入家庭的生活负担，同时也应看到农业是弱质产业，比较效益较低，因此各级政府要两手抓，既要调整最低生活费、最低工资等社会保障标准，还应加大扶持农业力度，保护农民发展农业生产的积极性，确保粮、油、肉、蛋的供应。

一、当前全省物价上涨情况的特点及成因分析

(一)居民消费价格持续上涨，核心推动力是以猪肉、鸡蛋为代表的农产品价格上涨

1. 2007年上半年全省居民消费价格上涨了3.0%，涨幅较上年同期扩大了0.8个百分点。分月看，价格持续上涨，呈不断扩大之势，1至6月份各月全省居民消费价格同比涨幅分别为2.0%、2.7%、2.9%、3.0%、3.3%、4.0%，其中，5、6月份超越年初制定的3%的控制线，6月份创下自2005年3月份以来最高价格涨幅，值得注意的是，粮食和肉禽蛋价格的上涨已逐步波及到下游食品加工、餐饮等行业，6月份食品价格涨幅突破两位数，达到11.1%，因此有必要高度关注农产品价格连锁反应问题，防止价格全面上涨。

2. 八大类商品价格和服务项目价格呈现为“六升二降”的运行态势。2007年上半年，八大类商品价格和服务项目中，食品、烟酒及用品、家庭设备用品及维修服务、医疗保健及个人用品、交通及通讯、居住价格分别比去年同期上涨了7.4%、4.4%、2.9%、0.8%、0.8%、3.2%；而衣着、娱乐教育文化用品及服务价格则分别下降了1.2%、0.4%。

3. 食品价格上涨是造成上半年居民消费价格高企的主因，猪肉、鸡蛋价格的大幅度上涨是造成食品价格上涨核心推动力。分析当前居民消费价格上涨的原因主要有以下几方面原因：一是食品价格上涨是造成上半年居民消费价格高企的主因，猪肉、鸡蛋价格的大幅度上涨是造成食品价格上涨核心推动力。在2007年上半年3%的涨幅中，有2.3个百分点是由食品价格上涨拉动的，也就是说2007年上半年物价上涨有近八成是食品类项目上涨造成的；其他项目价格上涨仅影响0.7个百分点，价格上涨的结构性特点十分明显；食品价格的上涨中，猪肉、鸡蛋价格的大幅度上涨是造成食品价格上涨最主要动因。2007年上半年，全省猪肉、鸡蛋价格与去年同期相比分别上涨44.2%、45.9%，二者合计影响食品类价格上涨5.3百分点，影响程度高达72%，影响价格总水平上涨的程度达50%。猪肉价格和鸡蛋价格上涨是2007年上半年山西食品类价格出现新一轮上涨的核心动力。此外，油脂价格、粮价也分别比2006年年

同期上涨了14.5%、6.6%，对价格总水平的上涨也产生了不小的推动力。二是2006年山西省居民消费价格基数偏低，影响今年居民消费价格数据相对较高。2006年二、三季度，山西省居民消费价格涨幅处于2004年以来的低点，其中二季度为2%，三季度为1.4%。三是居住类价格上涨3.2%。四是家庭设备用品及维修服务类价格上涨2.8%。

4. 山西居民消费价格涨幅排全国20位，居中部六省处于末位。2007年上半年全省居民消费价格上涨3%，比全国平均水平低0.2个百分点，在31个省市区价格涨幅由高到低排序中，与河北、内蒙、山东并列全国第20位。在中部六省中，山西居民消费价格涨幅低于湖南(5.4%)、安徽(3.7%)、江西(3.5%)，河南(3.6%)、和湖北(3.1%)，居中部六省末位。

(二)全省工业品出厂价格仍呈上涨态势，能源产品价格持续走高

1. 工业品出厂价格同比上涨6.4%。受煤炭、焦炭、钢材、有色金属材料以及化学纤维等产品价格上涨的影响，2007年上半年，山西工业品出厂价格同比上涨6.4%。其中，1月份上涨4.6%，2月份上涨5.7%，3月份上涨7.2%，进入4月份，价格涨幅有所回落，同比上涨6.9%，5月份上涨6.9%，6月份上涨6.9%。工业品价格总水平在高价位上呈现“低—高—低”的运行态势。在调查的37个工业行业中，2007年上半年，山西28个行业的产品价格与去年同期相比有所上涨，上涨面为75.7%，其中涨幅最高的行业是化学纤维制造业，涨幅高达25%；有色金属矿采选业、农副产品加工业、木材加工业、黑色金属冶炼及压延加工业的涨幅也较高，分别上涨13.7%、11.5%、15.2%、14.3%。其余23个行业产品价格上涨幅度位于0～10%之间。烟草、医药、燃气等4个行业价格涨幅与去年同期持平。纺织、皮革、印刷、专用设备、通信设备等5个行业出厂价格呈现下降态势。其中，降幅最大的是皮革毛皮羽绒制品业，同比下降4%。其余行业产品价格下降幅度位于0.1%～1.2%之间。

2. 能源产品价格持续走高，效益进一步提升

煤炭、焦炭等能源产品价格呈现涨势，拉动经济效益进一步提升。据对山西省煤炭销售办公室调研，2007年上半年，国有重点煤炭企业(不含平朔、太原煤气化)吨煤综合平均售价为343.82元，同比提高30.84元，增长8.96%，累计完成销售收入572.86亿元，同比增加147.78亿元，增幅为34.77%，实现盈利23.88亿元，同比增加2.21亿元，增幅为10.19%。今年以来，山西焦炭市场继续承接了去年的市场走势。1到3月分别上涨4.5%、7.2%和10.4%，平均以3个百分点的幅度上涨；4～6月分别上涨9.3%、9.7%和10%，平均上涨9.7%，价格呈现刚性上涨态势，使山西省焦炭行业盈利能力明显增强，2007年上半年全省规模以上焦炭行业实现主营业务收入431.17亿元，比2006年同期增长51.4%；实现利税59.48亿元，比2006年同期增长1.63倍；亏损企业亏损额2.97亿元，比2006年同期下降70.0%。实现利润17.25亿元，为2006年度利润总额的1.12倍，彻底扭转了上年同期全行业盈亏相抵后净亏损的局面。2007年上半年全行业新增利润19.88亿元，占全省工业新增利润的25.77%，新增利润跃居全省各大类行业第二位，仅次于钢铁工业，是推动全省利润总额大幅上升的主要动力之一。

3. 黑色金属加工业产品价格持续上升

受国家固定资产投资保持较快增长，市场需求有所回升以及国内外市场存在价差，钢材出口增长强劲的影响，2007年上半年山西黑色金属冶炼及压延加工业价格上涨14.3%，1到6月各月涨幅依次为10%、12.5%、16.4%、15.8%、16.6%和14.8%。所调查的17种产品中，有15种产品价格呈现不同程度的上涨态势。上涨面达88.2%。主要产品如普通中型钢材、普通小型钢材、线材、中厚钢板、硅钢片、钢带、焊接钢管价格分别上涨5.3%、5.7%、36.3%、48%、10.5%、51.4%和6.6%。

4. 山西工业品出厂价格涨幅排全国第三位，居中部六省前列

2007年上半年，山西工业品出厂价格同比上涨6.4%，高于全国平均水平(2.8%)3.6个

百分点。在全国31个省、市、自治区由高到低排序中，山西工业品出厂价格涨幅位居全国第3位，处于上游水平，与2006年上半年价格同比上涨0.2%，涨幅位居全国各省区第24位相比，形成明显反差。在中部六省中，山西工业品出厂价格涨幅低于江西（7.7%），高于湖南（5.6%）、河南（4.2%）、安徽（3.4%）和湖北（3.1%），居中部六省前列。

5. 四大因素影响山西工业品价格走高。一是煤炭开采和洗选业受山西全面征收煤炭可持续发展基金和关闭小煤窑等产业政策调整影响，价格上涨再次提速，涨幅达到6.44%，为2007年以来的最高点。二是受成本推动影响，铁矿、焦炭、生铁等产品出厂价格出现上下游联动现象。7月份出厂价格同比分别上涨8.23%、10.44%和10.36%三是农副食品加工业出厂价格受猪肉价格上涨影响明显，本月涨幅达到22.17%，其中屠宰及肉类加工业出厂价格同比上涨55.88%，涨幅比上月扩大14.70个百分点。四是化学原料及化学制品制造业出厂价格受翘尾因素影响持续上涨，同比上涨6.50%，涨幅同样达到今年以来的最高点。

二、如何看待当前全省价格形势和对未来走势判断

山西物价格总水平尚在合理区间内运行，居民消费价格上涨带有明显的农产品推动型特征，其他消费品价格、工业品出厂价格尚在合理的范围之内，并不存在出现恶性通胀的基础。

1. 当前全省居民消费价格在合理范围之内，未对全省的社会经济发展造成负面影响。上半年全省社会经济保持了又好又快的发展势头，主要经济监测指标运行良好。其中，全省GDP增长14.1%，全社会固定资产投资增长24.9%，财政总收入增长25.7%，社会消费品零售总额增长16.7%，进出口总额增长83.8%，城镇居民人均可支配收入增长16.1%，农民人均现金收入增长22.7%，2007年上半年全省居民消费价格上涨3%，未对全省的社会经济发展造成负面影响。

2. 当前食品价格涨幅过高，对城镇低收入群体的生活产生了一定的影响。当前，山西食品价格涨幅已突破两位数，猪肉、鸡蛋价格仍在高位运行，粮食制品涨价初露端倪，居民消费价格涨幅已连续两个月超过3%的警戒线，并且还有继续走高的迹象，物价上涨的压力在增大。物价上涨尤其是食品价格的上涨对城镇低收入群体的生活产生了一定的影响，增加了这部分群众的生活负担。据测算，今年上半年因食品价格上涨，山西城镇居民人均食品消费支出比去年同期增加79.2元。其中，困难户、最低收入户和低收入户人均食品消费支出分别比去年同期增加40.1元、40.7元、54.7元。

3. 当前猪肉等农副产品价格的上涨，农民增收得到实惠。在看到食品价格上涨对城镇低收入群体产生影响的同时，我们欣喜地看到食品的源头产品——农副产品价格的上涨对农民增收带来实惠。2007年上半年畜禽产品生产价格同比上涨9%，其中活猪价格上涨13.7%，鸡蛋价格上涨15%。在这一片涨声之中，全省上半年农民人均现金收入达到1540.14元，比去年同期增加285.39元，增长22.7%，高于同期城镇居民人均可支配收入16.1%增速6.6个百分点。其中农民人均出售农产品所获收入为290.74元，同比增长15.3%，出售牧业产品收入为161.98元，同比增长23.2%。6月份待宰活猪价格已达到11.55元/公斤，猪肉价格已达到18.33元/公斤。生猪效益明显提高，促使养殖户积极补栏，生猪生产正在迅速恢复。

4. 当前全省居民消费价格上涨的结构性特征十分明显，主要表现在食品价格上，尤其是猪肉、鸡蛋价格的较大幅度上涨上，而工业消费品和服务项目，特别是医疗、教育、居住价格相对比较稳定。2007年上半年全省居民消费价格上涨3%，食品价格上涨影响近2.3个百分点，占到近77%，猪肉和鸡蛋价格上涨影响居民消费价格上涨达到50%。而近年来老百姓关注的热点和焦点价格，如医疗、教育、居住价格相对比较平稳。2007年上半年全省工业消费品价格基本持平，服务项目价格上涨2.8%，居住价格上涨3.2%，医疗保健价格上涨0.5%，教育价格上涨0.4%。2007年上半年全省核心价格指数（扣除掉食品和能源价格后的价格总指数，原因

是食品和能源价格易受到突发性因素或季节因素的影响而出现价格短期波动)为100.9,仅比2006年上半年上升0.9%。由此可见,如果控制得当,不会引发全面物价上涨。

5. 当前全省食品价格上涨和居民消费价格上涨带有明显的国际背景。随着对外开放的深化,我国对外依存度不断增强,国内市场受国际市场的影响越来越大。从国际粮食价格的走势看,由于石油价格的持续走高,导致生物能源需求大幅度增加,库存减少,使得粮食供求日趋紧张,世界粮食价格持续上涨。据美国农业部的最新预测,2007~2008年度小麦、玉米、大米、大豆等主要农产品价格将分别上涨9.6%、9.8%、8.2%、13%。国际市场主要农产品价格的上涨,一方面直接影响到我国大量进口的玉米、大豆、豆油价格的上涨;另一方面,国际市场价格的上涨,也将因为比价效应影响国内粮食等食品价格的上涨。国内粮食价格的上涨,波及到以粮食为原料的食用油、肉、禽、蛋等主要副食品价格的上涨,从而推动当前整个价格总水平的较快上涨。

6. 当前山西食品价格上涨和居民消费价格上涨带有明显的恢复性质。我国农产品价格在上世纪90年代中期达到峰值后一直在较低水平上运行。现在的稻谷、小麦、玉米、大豆、菜籽油、生猪等主要农产品价格与1995年相比基本持平。与此同时,种植养殖成本随着生产资料价格的上涨而大幅度上升。因此,这次价格上涨,是在农产品价格长期较低基础上发生的,是对农产品生产成本上升的一种合理补偿。

7. 今年居民消费价格指数持续较大幅度上升的可能性不大。当前的物价上涨并不是由总供给不足推动的,而只是局部供需矛盾推动,所呈现的是食品价格局部的结构性上涨。因此,当前的物价上涨与过去的通货膨胀有明显区别,相反,工业消费品供大于求的格局将从相反的方向引导价格下降,令2007年居民消费价格指数持续较大幅度上升的可能性不大。

8. 山西能源产品价格的上涨,对下游商品零售价格和消费品价格传导减弱。从理论上来说,上游产品价格的上涨对下游产品价格的上涨有着重要的影响,因此经济学界认为它是"通货膨胀"的前期预警指标。按照一般的规律,生产者的物价上涨最终必然向消费物价传递,上游产品如生产资料、生活资料等工业品出厂价格的上涨,最终也要体现到居民消费价格的上涨上,但由于我国正处于市场经济改革的变革时期,影响价格变化的不确定因素较多,实际情况并非如此简单。

一般来说,投资需求并不都是对设备、材料等生产资料的需求,其中有一部分通过基建职工工资,直接转化为对消费资料的需求;又有一部分通过提供设备、材料等的生产部门的职工工资,间接转化为对消费资料的需求。也就是说,投资膨胀引起生产资料需求膨胀,再引起消费资料需求膨胀,就会带动物价大幅上涨,这是过去的一条规律。如1988~1989年由于投资膨胀而引发通货膨胀时,山西所有类别、所有商品和服务价格全面上涨,并发生了抢购风,造成了社会的不稳定;1994~1995年由投资膨胀引发的通货膨胀除1995年交通通讯用品、建筑材料价格下降外也呈现出全面上涨的态势。但到目前为止,这条规律并没有发挥作用,上游产品价格上涨向下游最终消费品价格上涨的传导机制不灵了。2003~2004年山西上游源头产品工业品出厂价格的大幅上涨,并没有引发下游商品零售价格和消费品价格的大幅上涨,反而随着时间的推移,山西能源产品价格的上涨,对下游商品零售价格和消费品价格传导减弱(见下表)。

山西工业品价格、居民消费价格变动情况表

年份	工业品出厂价格指数	居民消费品价格指数	工业品与消费品价格涨幅差距%
2001	100.3	99.8	0.5
2002	103.6	98.4	5.2
2003	112.2	101.8	10.4
2004	116.1	104.1	12.1
2005	110.2	102.3	9.1
2006	101.0	102.0	-1
2007(上半年)	106.4	103.0	3.4

由上表可以看出,山西上游源头产品工业品出厂价格的大幅上涨,并没有引发下游商品

零售价格和消费品价格的大幅上涨，反而随着时间的推移，三者之间价格涨幅的差距越来越大，其中2006年甚至出现工业品出厂价格涨幅低于居民消费价格的现象，2007年上半年两项价格涨幅出现比较接近，则主要是由于农产品价格上涨影响所致。

分析造成这种情况的原因，一是技术进步带来生产成本下降，商品价格也必然下降。手机、家电、汽车等就是这种情况。第二，中国已经加入了世界贸易组织，与世界经济的联系日益紧密，国内市场价格受国际市场价格的影响越来越大。如这几年汽车价格的频频下调，就与此有很大的关系。第三，上世纪90年代后期以来，中国的市场关系发生了重大转变，从卖方市场转为买方市场，即使在目前，除了煤、电、油、运等少数商品和服务外，绝大多数商品依然供过于求。这种基本的市场关系，决定了消费品价格难以大幅上涨，也意味着经济发展主要受需求约束，受购买力制约，不能再单纯靠投资推动。

三、对策建议

目前，“控制价格总水平过快上涨”已成为政府宏观调控的重点任务之一，针对当前山西居民消费价格上涨特别是食品价格上涨过快，加强价格的调控，加大扶持农业力度，提高低收入群体工资和补贴，力争使山西2007年全年居民消费价格涨幅控制在4%以内。

(一)加强对基本生活必需品的价格监测和监管工作。由于居民基本生活必需品属刚性消费，因而其价格的变动对居民的生活影响较大，尤其是对物价上涨承受能力较弱的低收入层居民。有关部门应加强对与人民生活密切相关商品价格的监测和日常监管工作，及时把握市场价格动态，规范市场价格秩序，并且建立有效的价格预警和应急处理机制。

(二)稳定食品价格，稳定市场物价总水平。“民以食为天”从改革开放以来治理两次通货膨胀、抗击“非典”的经验看，当时控制物价上涨的主要措施就是控制居民生活必需品价格的上涨，包括了主要食品的价格。当前，虽然全省市场物价的平均涨幅达到3.3%，并且对城镇低收入群体的生活产生了一定的影响，但还没有对社会经济产生不良影响，也没有发生抢购现象，绝大多数城镇居民完全有能力承受今年以来猪肉、鸡蛋价格的上涨。因此当前对市场物价调控的重点应该放在“稳”字上，即稳定食品价格，使猪肉、鸡蛋价格不要再往上攀升。

(三)如食品价格再继续大幅攀升，合理的宏观调控很有必要。如果今后猪肉、鸡蛋价格继续攀升，并引发食品价格全面上涨，CPI涨幅大幅度扩大，必将造成一些较为明显的社会问题和社会矛盾。为了保护改革开放的成果，保证社会经济的健康发展，维护社会的安定和团结，政府出台一些措施宏观调控市场物价，抑制食品价格过快上涨，是很有必要的。

(四)保护低收入群体利益不受损害势在必行。从构建社会主义和谐社会的立场出发，目前急需解决的问题是要稳定猪肉、鸡蛋价格，做好猪肉等副食品供应工作，保护好低收入群体的利益，妥善处理好食品价格上涨对低收入群体和大专院校贫困学生的生活影响，适时提高最低工资标准、最低生活保障标准等社会保障标准，做好相关补贴工作，努力使低收入群众的生活水平不因物价上涨而降低。目前，太原市政府已出台政策向全市13.8万低保对象发放总计510万元的肉价补贴，补贴时间从5月份到12月份，城市补贴标准每人每月5元，随低保金按月发放，农村补贴标准每人每月4元，一次性补足。各地可借鉴太原市给低保对象发放肉价补贴的办法，切实减轻困难群众生活负担。

(五)对养殖户实施技术指导及政策优惠。猪、禽瘟疫其实在中国已流行久远，基本上呈周期性，如果能够早期预防，尤其在技术上给养殖户帮助指导，将会大大降低养殖户的亏损程度，因此与养殖户建立健全动植物防病、预防联动机制十分必要，也定会受到养殖户的大力欢迎。同时，市场规律决定了价格具有周期性波动，在农副生产处于低潮、生产者入不敷出、严重亏损期间，政府应从财政上给予支持，一方面帮助养殖户度过难关，另一方面保障市场正常供应。

(六)建议今后审慎出台调价项目。7月27日，国家发改委发出通知，凡是居民消费价格平均涨幅已突破当地预期调控目标较多的地方，年内原则上不得出台除促进节能环保外的新的政府调价措施。7月份山西居民消费价格上涨5.5%，1～7月平均涨幅为3.3%，超过全年预期目标0.3个百分点，山西省属于控制出台调价项目的省份。建议有关部门今后5个月审慎出台政策性调价项目，已经开了价格听证会的调价项目也应该暂缓出台。

(七)控制煤炭、焦炭总量，提高产业集中度。煤炭、焦炭价格高低取决于总的供求关系和产业集中度，为了发挥山西能源产品的社会效益，对新建和改扩建项目投资管理、环境评价、土地供应、信贷融资、电力供给的审核，要以行业准入条件为依据，严格把关，力争在3－5年内使生产能力与市场需求基本适应。鼓励和推动有实力的大型企业以资产、资源、品牌和市场为纽带实施跨地区、跨行业的兼并重组，促进产业集中化、大型化、基地化，向资源和市场一体化、经营规模化、资源综合利用化方向发展。

作者：山西省调查总队

2007年食品价格变动对山西CPI影响的回顾分析与对策分析

2007年以来，全省国民经济呈现又好又快的发展势头，但与此同时，以猪肉、鸡蛋价格大幅度上涨为主要特征的食品类价格上涨，对居民消费价格总水平上涨产生了较大的压力和影响，社会各界、广大消费者和各级政府对CPI的变动给予了高度的关注。由于CPI上涨较快，央行已分别于2007年3月18日和5月19日两次调高了银行存贷款利率，6月29日全国人大常委会批准国务院可以对储蓄存款利息所得停征或减征个人所得税。伴随着全国上半年CPI的对外公布，加息减税的呼声得到回应。国务院决定自8月15日起，将储蓄存款利息个人所得税的适用税率由现行的20%调减为5%，央行决定从7月21日实施2007年的第三次加息。

据国家统计局山西调查总队调查统计，2007年上半年全省CPI上涨3.0%（比全国涨幅低0.2个百分点），其中食品价格上涨7.4%，影响CPI上涨2.27个百分点，影响程度达76.7%，食品价格上涨对居民消费价格总水平的上涨起了主导作用。下面就近几年来食品价格变动对CPI的影响作一简要回顾与分析，并针对当前的食品价格和CPI上涨提出几点对策建议，力争是山西2007年全年居民消费价格涨幅控制在4%以内。

一、当前山西食品价格上涨情况及简要回顾

2007年以来山西食品价格涨幅和CPI涨幅呈现出较大幅度逐月同步攀升的趋势。其中食品价格涨幅6月份突破两位数，达到11.1%；CPI同比涨幅4月份达到3%，5、6连续两个月超过3%的警戒线，其中6月份为4%，创2005年3月份以来最高涨幅。当前山西经济运行中最为明显变化当属食品价格和市场物价的变化，猪肉和鸡蛋价格高位波动成为老百姓街头巷尾议论的热门话题和党政领导、有关部门关注的焦点和工作的重点。

分析当前山西食品价格和CPI上涨的原因主要有以下几方面。一是猪肉、鸡蛋价格的大幅度上涨是造成食品价格上涨最主要动因。2007年上半年，全省猪肉、鸡蛋价格与2006年同期相比分别上涨44.2%、45.9%，二者合计影响食品类价格上涨5.3百分点，影响程度高达72%，影响价格总水平上涨的程度达50%。猪肉价格和鸡蛋价格上涨是2007年上半年山西食品类价格出现新一轮上涨的核心动力。此外，油脂价格、粮价也分别比2006年同期上涨了14.5%、6.6%，对价格总水平的上涨也产生了不小的推动力。二是食品价格上涨是造成上半年CPI高企的主因。在2007年上半年3%的涨幅中，有2.3个百分点是由食品价格上涨拉动的，也就是说2007年上半年物价上涨有近八成是食品类价格上涨造成的；其他项目价格上涨仅影响0.7个百分点，价格上涨的结构性特点十分明显；三是2006年山西CPI基数偏低，影响2007年CPI数据相对较高。2006年二、三季度，山西CPI涨幅处于2004年以来的低点，其中二季度为2%，三季度为1.4%。

在分析当前食品价格上涨情况的同时，我们有必要对2000年以来的食品价格变动情况作一简要回顾。

从1997年开始，全省粮食价格持续下降，这种趋势一直延续到2003年9月，直接影响到食品类乃至价格总水平的连续五年持续下降。从2003年10月开始，全省粮油价格开始出现恢复性上涨的势头，并持续到2004年底，2005年价格已达到一个较高价位。2006年全省食品

类价格小幅上涨。

(一)2000 年到 2002 年,全省食品类价格连续下降。进入本世纪头三年,在"九五"后期价格持续走低的惯性作用下,价格总水平回升缺乏强力拉动,食品类及价格总水平出现了连续下降的局面。与上年相比,2000 年食品类价格下降 4.6%,2001 年下降 0.6%,2002 年下降 1%,三年累计下降 7.1%。所调查统计的粮食、油脂、肉禽及其制品、蛋、水产品、菜、干鲜瓜果等 16 个类别价格绝大多数呈下降局面(详细数据见表 1)。

表 1　2000～2007 年上半年山西省食品类价格变动情况

(以上年同期价格为 100)

	2000 年	2001 年	2002 年	2003 年	2004 年	2005 年	2006 年	2007 上半年
居民消费价格总指数	103.9	99.8	98.4	101.8	104.1	102.3	102.0	103.0
其中:食品	95.4	99.4	99.0	104.7	109.5	102.7	103.0	107.4
1. 粮食	90.5	98.7	99.0	101.5	123.4	103.7	101.3	106.6
2. 淀粉及薯类	100.7	94.8	105.4	99.3	109.6	109.2	101.5	112.6
3. 干豆类及豆制品	99.2	98.6	99.6	107.8	121.5	107.3	101.2	103.2
4. 油脂	90.7	87.8	97.7	110.3	114.2	94.7	99.6	114.5
5. 肉禽及其制品	101.8	104.0	98.4	106.9	120.5	100.9	95.0	126.0
(1)食用畜肉及副产品		105.2	97.0	108.5	125.2	97.6	92.6	135.5
(2)禽		100.6	101.5	103.8	116.8	111.4	95.9	113.8
(3)肉禽加工制品		100.4	102.8	103.3	106.5	105.9	101.0	108.2
6. 蛋	82.9	107.9	101.3	98.0	123.9	102.4	94.8	144.2
7. 水产品	106.8	96.5	94.6	100.1	120.5	105.1	97.5	102.4
(1)鱼		95.7	95.8	98.3	125.0	102.8	96.8	102.6
(2)其它水产品		98.7	91.6	105.2	107.2	111.5	99.3	101.9
8. 菜	98	98.9	95.5	129.4	83.5	109.1	111.7	95.6
(1)鲜菜	98	99.6	95.9	134.7	82.2	109.7	111.3	93.5
(2)干菜及菜制品	99.5	96.8	94.4	101.5	105.0	100.5	104.6	121.3
9. 调味品	98.7	101.5	99.6	101.7	104.8	101.9	103.8	107.0
10. 糖	99.1	105.6	98.0	98.8	102.6	103.9	115.2	101.5
11. 茶及饮料	96.9	99.3	101.3	99.2	100.9	100.9	102.3	102.3
(1)茶叶		101.8	101.4	100.1	103.0	101.3	100.9	102.9
(2)饮料		98.6	101.3	99.0	100.3	100.8	102.5	102.2
12. 干鲜瓜果	94	100.9	105.5	94.9	107.7	99.6	122.7	99.6
(1)鲜果	92.6	101.8	106.1	92.4	106.2	98.6	126.8	97.3
(2)干果及瓜果制品	101.9	98.3	103.9	104.5	113.3	103.2	108.2	112.5
13. 糕点饼干面包	97.8	98.5	95.5	99.9	103.2	100.8	102.2	105.0
14. 奶及奶制品	99.4	100.1	104.5	99.3	102.3	100.7	100.1	102.1
15. 在外用膳食品	97.4	97.2	96.5	101.7	104.4	102.1	102.1	104.0
(1)主食		93.3	93.1	102.4	106.9	101.5	102.8	108.5
(2)炒菜		99.1	98.5	101.1	102.3	102.5	102.3	101.8
(3)地方小吃		102.4	98.5	101.9	103.7	102.2	99.5	106.9
16. 其它食品	96.9	98.2	95.4	100.8	101.0	101.0	99.5	101.0

(二)2003 年到 2006 年,以粮价恢复性上涨为龙头,食品价格全面回升(详细数据见表 1)。与上年相比,2003 年到 2006 年全省粮食价格分别上涨 1.5%、23.4%、3.7%、1.3%,食品类价格分别上涨 4.7%、9.5%、2.7%、3.0%。粮价和食品类价格的恢复性上涨,直接推动了 2003 年以后价格总水平的上涨,这是 2003 年以来 CPI 由负转正,价格总水平出现温和上涨的一

个主要因素。

2003年3月，全省遭遇了一场突如其来的“非典”的袭击，4月中下旬随着疫情的扩散，市场上与防治“非典”相关的药品、器材和一些生活必需品如蔬菜、面粉、食油、食盐、醋等商品价格短时间出现了暴涨，并出现了抢购现象。由于各级政府及有关部门的高度重视、紧密配合，重拳出击，市场物价迅速得到了回落，并逐渐趋于平稳，并未对全年价格上涨造成大的冲击。但10月份以后，受2000年以来全国粮食连年减产、库存缺口加大及国际粮食市场价格波动的影响，全省以粮食为龙头的食品类价格开始出现恢复性上涨，仅当年第四季度食品类价格就上涨了10.2%，直接影响到居民消费价格总水平的上升。此外，由于2003年气候异常，加之全国性的“治超限载”，运输成本加大，蔬菜价格淡季偏高，旺季不降，价格一路飙升，全年价格上升34.7%，成为推动价格总水平回升的另一重要因素。

2004年全省粮食价格在2003年四季度的高位上继续攀升，并带动了食油、肉、蛋、水产品等副食品价格的全面回升，全年粮食、油脂、肉禽及制品、蛋、水产品价格分别上涨23.4%、14.2%、20.5%、23.9%、20.5%(鲜菜价格由于2003年基数较高而大幅回落，下降了17.8%)，并由此影响食品类价格上涨9.5%，直接推动居民消费价格总水平上升近3个百分点，占总涨幅的七成。

2005年，粮食价格经过2003年10月到2004年底15个月的上涨，已达到一个较高的价位，继续上涨的空间不大，粮食和食品类价格涨幅明显回落。其中粮食价格上涨3.7%，比2004年涨幅回落了19.7个百分点；食品类价格上涨2.7%，回落了6.8个百分点，对价格上涨的向上拉动力明显减弱。

2006年春季，全省气候变化异常，直接导致鲜菜、鲜果价格上涨突出，全年鲜菜、鲜果价格分别比2006年同期上涨11.3%、26.8%；11月份开始全省范围内粮、油、肉、蛋价格出现较大幅度上涨，两个月这四类商品价格累计上涨了3.2%、10.7%、9.6%、7.3%，并直接推动了食品价格的上涨，11、12两个月食品价格累计上涨了8.8%。全年食品类价格上涨3%，比2005年涨幅略有扩大。

二、食品价格变动对山西CPI影响分析

改革开放初期，吃的问题一直在老百姓生活中占有主导地位，温饱问题也一直是党和政府工作的重点，食品价格的变动直接关系到市场物价的稳定与否，因此有关专家指出中国的消费价格指数在很大程度上是食品指数、粮食指数，从一个侧面反映出食品及粮食价格的重要性。

近年来，山西城乡居民收入较快增长，居民消费结构也发生了较为明显的变化，食品消费占总消费支出的比重由上世纪80年代的50%多，90年代的40%多，降为本世纪的33%左右，呈现出食品支出和在外用餐增长较快，医疗、教育、居住等非商品支出占总支出比重不断上升的趋势，各类别价格变动对价格总水平的影响也呈现出多元化的新格局。但食品消费仍在总消费中占有举足轻重的作用，食品价格的变动仍对CPI的变动起着不可低估的作用。

(一)在1988～1989年和1993～1995年两次高通货膨胀时期，食品价格大幅度上涨起了主导作用。1985～1988年价格改革以放开为主，出台了较多的价格改革措施，市场调节价格范围扩大，带动了价格总水平的明显上涨，出现了改革开放以来的第一次市场物价大幅度上涨和首次通货膨胀。1988年全省CPI上涨20.9%，其中食品类价格上涨26.2%，影响CPI上涨13.4个百分点，影响程度为64%。1989年全省CPI上涨19.5%，其中食品类价格上涨19.0%，影响CPI上涨9.7个百分点，影响程度为49%。

1992年我国市场经济全面开放，价格改革进入攻坚阶段，市场调节价格步伐加快，全省的价格管理形势已基本形成了市场调节的局面。这一阶段市场物价涨幅较高，出现了改革开放以来的第二次通货膨胀。1993年全省CPI上涨15.1%，食品价格上涨14.9%，影响CPI上涨7.12个百分点，影响程度为47%；1994年全省CPI上涨24.2%，食品价格上涨30%，影响CPI

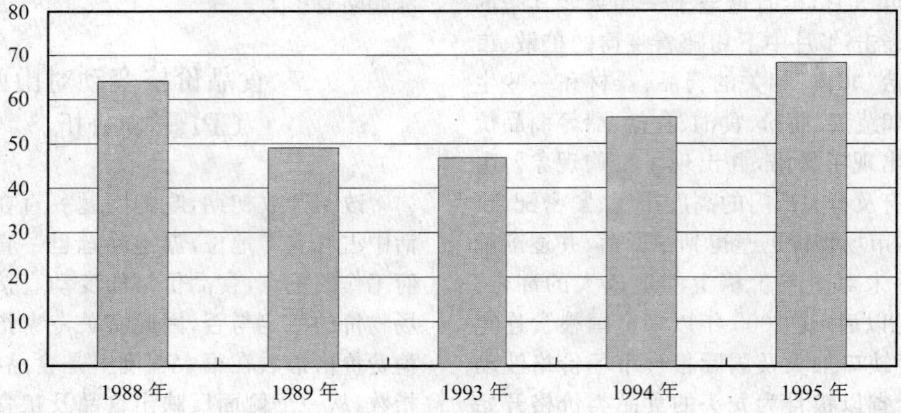

上涨 14.34 个百分点,影响程度为 56%;1995 年全省 CPI 上涨 16.9%,食品价格上涨 24.2%,影响 CPI 上涨 11.56 个百分点,影响程度为 68%。

(二)在 1998 年到 2002 年连续五年物价下跌时期,食品类价格下降仍是主要原因。“九五”的头两年,即 1996 年和 1997 年,全省各级政府为抑制通货膨胀、控制物价过快上涨,采取了一系列价格调控措施,取得了明显成效,物价大幅度上涨势头得到有效遏制。加之受 1998 年亚洲金融危机的影响,全省连续五年 CPI 呈下跌局面,出现了通货紧缩的迹象。1998、1999 年,全省 CPI 分别下降 1.4%、0.4%,2000 年上涨 3.9%(扣除 1999 年 9 月全省范围大幅度调高学杂费的“翘尾”影响,当年 CPI 实际下降 2.9%),2001、2002 年下降 0.2%、1.6%。五年中食品价格分别下降 4.7%、4.6%、4.6%、0.6%、1.0%。五年累计全省 CPI 实际下降 6.36%,其中食品价格下降 14.65%,影响 CPI 下降 4.76 个百分点,影响程度 74%。

(三)2003 年之后 CPI 温和上涨,影响因素多元化,但食品价格恢复性上涨作用仍不可低估。从 2003 年 10 月份开始,以粮价恢复性上涨为主要特征的食品类价格回升,带动了 CPI 的回升。2003 年到 2006 年全省粮食价格分别上涨 1.5%、23.4%、3.7%、1.3%,食品类价格分别上涨 4.7%、9.5%、2.7%、3.0%,CPI 上涨 1.8%、4.1%、2.3%、2.0%。食品价格上涨对 CPI 上涨的影响程度分别为 81%、72%、36%、46%,粮价和食品类价格的恢复性上涨,直接推动了 2003 年以后价格总水平的回升。并且在 2005 年和 2006 年表现出明显的影响因素多元化,其中 2005 年服务项目价格上涨对 CPI 上涨的影响程度为 70%,2006 年为 42%。四年间,食品类价格的上涨对 CPI 的上涨的推动力均在 36%以上,虽然 2005 年、2006 年呈现影响因素多元化的格局,但食品价格上涨的作用仍不可低估。

2007 年上半年,全省 CPI 上涨 3%,食品类价格上涨 7.4%,影响 CPI 上涨 2.27 个百分点,影响程度达 77%,即 CPI 上涨的四分之三是由食品价格上涨带动的。并且呈现出明显的食品价格涨幅和 CPI 涨幅同步扩大的趋势(详细数据见表 2)。

表 2　2007 年上半年山西省主要食品类价格和 CPI 变动情况

	1月	2月	3月	4月	5月	6月	上半年
居民消费价格总指数	102.0	102.7	102.9	103.0	103.3	104.0	103.0
食品	103.2	106.9	107.7	107.5	108.1	111.1	107.4
粮食	106.0	106.8	106.5	107.4	106.8	106.0	106.6
油脂	112.3	112.4	113.2	114.1	115.2	120.1	114.5
肉禽及其制品	114.1	116.6	119.0	123.3	138.1	147.5	126.0
#猪肉	122.4	125.3	131.7	142.1	170.1	185.6	144.2
鲜蛋	137.1	163.4	146.7	143.2	147.9	139.1	145.9

三、对当前山西食品价格和CPI上涨的基本认识

当前的食品价格上涨和CPI上涨引起了社会各界和广大消费者的高度关注。对此，我们的基本认识主要有以下几点：

(一)当前食品价格涨幅过高，CPI已超过3%的警戒线，物价上涨的压力在增大，对城镇低收入群体的生活产生了一定的影响。当前，山西食品价格涨幅已突破两位数，猪肉、鸡蛋价格仍在高位运行，粮食制品涨价初露端倪，CPI涨幅已连续两个月超过3%的警戒线，并且还有继续走高的迹象，物价上涨的压力在增大。物价上涨尤其是食品价格的上涨对城镇低收入群体的生活产生了一定的影响，增加了这部分群众的生活负担。据测算，2007年上半年因食品价格上涨，山西城镇居民人均食品消费支出比2006年同期增加79.2元。其中，困难户、最低收入户和低收入户人均食品消费支出分别比2006年同期增加40.1元、40.7元、54.7元。

(二)当前猪肉等农副产品价格的上涨，农民增收得到实惠，生产热情高涨。在看到食品价格上涨对城镇低收入群体产生影响的同时，我们欣喜地看到食品的源头产品——农副产品价格的上涨对农民增收带来实惠。2007年上半年畜禽产品生产价格同比上涨9%，其中活猪价格上涨13.7%，鸡蛋价格上涨15%。在这一片涨声之中，山西上半年农民人均现金收入达到1540.14元，比2006年同期增加285.39元，增长22.7%，高于同期城镇居民人均可支配收入16.1%的增速6.6个百分点。其中农民人均出售农产品所获收入为290.74元，同比增长15.3%，出售牧业产品收入为161.98元，同比增长23.2%。6月份待宰活猪价格已达到11.55元/公斤，猪肉价格已达到18.33元/公斤。生猪效益明显提高，促使养殖户积极补栏，生猪生产正在迅速恢复。

(三)当前全省CPI上涨的结构性特征十分明显，主要表现在食品价格上，尤其是猪肉、鸡蛋价格的较大幅度上涨上，而工业消费品和服务项目，特别是医疗、教育、居住价格相对比较稳定。2007年上半年全省CPI上涨3%，食品价格上涨影响近2.3个百分点，占到近77%，猪肉和鸡蛋价格上涨影响CPI上涨达到50%。而近年来老百姓关注的热点和焦点价格，如医疗、教育、居住价格相对比较平稳。上半年全省工业消费品价格基本持平，服务项目价格上涨2.8%，居住价格上涨3.2%，医疗保健价格上涨0.5%，教育价格上涨0.4%。上半年全省核心价格指数(扣除掉食品和能源价格后的价格总指数，原因是食品和能源价格易受到突发性因素或季节因素的影响而出现价格短期波动)为100.9，仅比2006年上半年上升0.9%。由此可见，如果控制得当，不会引发全面物价上涨。

(四)当前全省食品价格上涨和CPI上涨带有明显的国际背景。随着对外开放的深化，我国对外依存度不断增强，国内市场受国际市场的影响越来越大。从国际粮食价格的走势看，由于石油价格的持续走高，导致生物能源需求大幅度增加，库存减少，使得粮食供求日趋紧张，世界粮食价格持续上涨。据美国农业部的最新预测，2007～2008年度小麦、玉米、大米、大豆等主要农产品价格将分别上涨9.6%、9.8%、8.2%、13%。国际市场主要农产品价格的上涨，一方面直接影响到我国大量进口的玉米、大豆、豆油价格的上涨；另一方面，国际市场价格的上涨，也将因为比价效应影响国内粮食等食品价格的上涨。国内粮食价格的上涨，波及到以粮食为原料的食用油、肉、禽、蛋等主要副食品价格的上涨，从而推动当前整个价格总水平的较快上涨。

(五)当前山西食品价格上涨和CPI上涨带有明显的恢复性质。我国农产品价格在上世纪90年代中期达到峰值后一直在较低水平上运行。现在的稻谷、小麦、玉米、大豆、菜籽油、生猪等主要农产品价格与1995年相比基本持平。与此同时，种植养殖成本随着生产资料价格的上涨而大幅度上升。因此，这次价格上涨，是在农产品价格长期较低基础上发生的，是对农产品生产成本上升的一种合理补偿。

(六)当前全省CPI涨幅在全国处于一个相对靠后的位次，未对全省的社会经济发展造成负面影响。2007年上半年全省CPI上涨3%，

比全国平均水平低 0.2 个百分点，在 31 个省市区价格涨幅由高到低排序中，与河北、内蒙、山东并列全国第 20 位。上半年全省社会经济保持了又好又快的发展势头，主要经济监测指标运行良好。其中，全省 GDP 增长 14.1%，全社会固定资产投资增长 24.9%，财政总收入增长 25.7%，社会消费品零售总额增长 16.7%，进出口总额增长 83.8%，城镇居民人均可支配收入增长 16.1%，农民人均现金收入增长 22.7%。

四、稳定当前食品价格和市场物价总水平的对策建议

保持价格总水平的基本稳定是宏观经济的四大重要目标之一。按照国际经济学界的划分，3%的 CPI 涨幅属于轻微的通货膨胀。因此，对当前全省食品价格上涨和 CPI 上涨，没有必要惊慌，但也不可麻痹大意，掉以轻心，而应该客观地分析，冷静地对待，基于以上分析和认识，我们对稳定当前食品价格和市场物价总水平主要有以下几点对策建议。

(一)从改革开放以来的实践经验看，稳定了食品价格，就稳定了市场物价总水平。“民以食为天”。从改革开放以来治理两次通货膨胀、抗击“非典”的经验看，当时控制物价上涨的主要措施就是控制居民生活必需品价格的上涨，其中包括了主要食品的价格。当前，虽然山西市场物价的上涨幅度达到 3%，并且对城镇低收入群体的生活产生了一定的影响，但还没有对社会经济产生不良影响，也没有发生抢购现象，绝大多数城镇居民完全有能力承受 2007 年以来猪肉、鸡蛋价格的上涨。因此当前对市场物价调控的重点应该放在“稳”字上，即稳定食品价格，使猪肉、鸡蛋价格不要再往上攀升。

(二)从科学发展观的高度出发，如食品价格再继续大幅攀升，合理的宏观调控很有必要。7 月 26 日中共中央政治局召开会议，分析研究当前经济形势和经济工作，会议提出要坚持把遏制经济增长由偏快转为过热作为当前宏观调控的首要任务，其中一项任务就是要控制价格总水平过快上涨。从目前的价格变动形势看，以猪肉、鸡蛋价格大幅度上涨而引发的食品类价格上涨，虽然对城镇低收入群体的生活产生了一定的影响，但并未对山西经济和社会发展造成大的负面影响。如果今后猪肉、鸡蛋价格继续攀升，并引发食品价格全面上涨，CPI 涨幅大幅度扩大，必将造成一些较为明显的社会问题和社会矛盾。为了保护改革开放的成果，保证社会经济的健康发展，维护社会的安定和团结，政府出台一些措施宏观调控市场物价，抑制食品价格过快上涨，是很有必要的。

(三)从构建和谐社会的目标出发，保护低收入群体利益不受损害势在必行。虽然当前的价格上涨，有利于增加农民收入，有利于调动农民种粮和养殖的积极性，有利于从根本上促进农业生产发展，保障市场供应，但也对城镇低收入群体生活产生了一定的影响。从构建社会主义和谐社会的立场出发，目前急需解决的问题是要稳定猪肉、鸡蛋价格，做好猪肉等副食品供应工作，保护好低收入群体的利益，妥善处理好食品价格上涨对低收入群体和大专院校贫困学生的生活影响，适时提高最低工资标准、最低生活保障标准等社会保障标准，做好相关补贴工作，努力使低收入群众的生活水平不因物价上涨而降低。目前，太原市政府已出台政策向全市 13.8 万低保对象发放总计 510 万元的肉价补贴，补贴时间从 5 月份到 12 月份，城市补贴标准每人每月 5 元，计 40 元，随低保金按月发放，农村补贴标准每人每月 4 元，计 32 元，一次性补足。各地可借鉴太原市给低保对象发放肉价补贴的办法，切实减轻困难群众生活负担。

(四)从建设社会主义新农村的战略出发，保护生猪生产，使农民增收真正得到实惠。猪肉等农产品涨价，农民增收，已经取得了一些成效，这也是发展经济，缩小城乡差别的必经过程。虽说城镇居民要为此付出一定的代价，牺牲一些既得利益，但从解决“三农”问题、建设社会主义新农村、全面建设小康社会的共同目标出发，是值得的。因此，要按照国务院 7 月 30 日颁发的《关于促进生猪生产发展稳定市场供应的意见》的要求，抓好生猪生产，保持合理价格水平，切实搞好市场供应，建立保障生猪生产稳定发展的长效机制。针对当前猪肉等副食品价格的较大幅度上涨，万不得已，决不能改变其

市场调节的价格形成机制，返回到计划经济的老路上，在正常情况下政府不应直接干预，如采取最高限价措施等等，而主要应由市场来调节，从而使生猪生产能走向稳定发展的道路，使农民增收真正得到实惠。

（五）从稳定市场物价的大局出发，建议今后山西审慎出台调价项目。7月27日，国家发改委发出通知，凡是居民消费价格平均涨幅已突破当地预期调控目标较多的地方，年内原则上不得出台除促进节能环保外的、新的政府调价措施。7月份山西居民消费价格上涨5.5%，1～7月平均涨幅为3.3%，超过全年预期调控目标0.3个百分点，山西属于控制出台调价项目的省份。因此，我们建议有关部门今后5个月不要出台除促进节能环保外的、新的政策性调价项目，已经开了价格听证会的调价项目也应该暂缓出台。

综上所述，改革开放以来，全省城乡居民收入提高较快，消费者对价格上涨的承受能力增强，特别是经历过两次通货膨胀和2003年的"非典"、前两年的禽流感的考验，居民消费理念趋于成熟，面对当前猪肉、鸡蛋价格出现较大幅度上涨，人们没有盲目地去抢购、挤兑，社会稳定，人心安定，因而未对价格总水平的上涨起到推波助澜的作用。与此同时，山西各级政府积累了比较丰富的宏观调控市场物价经验，应对突发性、不确定性价格上涨的能力增强，截止目前山西拥有近5亿元的价格调节基金，因此我们相信一旦需要政府采取措施控制市场物价过快上涨，也一定会成功的。

作者：山西省调查总队

直辖十年重庆物价走势分析

自1997年成为直辖市以来，重庆市场经济体制改革进一步深化，产业结构持续调整，经济效益不断提高，全市GDP年均增长10.2%，是重庆历史上增长速度最快，增长质量最好的黄金十年。与此同时，十年来重庆市场呈现出物丰价稳的良好形势。与1996年相比，2006年全市社会消费零售总额增长181.5%，居民消费价格累计上涨4.2%，年均上涨0.4%，价格总体保持平稳态势，经济实现了高增长低通胀的良性发展。

一、十年来重庆物价变动呈明显的阶段性特征

如图1所示，从1996年起，各年度物价呈“先涨后降再涨”的阶段性特征。按照涨跌走势，十年来物价变动可分为以下三个阶段。

(一)调整稳定期(1996～1997年)

直辖前由于我国加快经济体制改革步伐，加大价格改革力度，调整工业品价格，提高农产品收购价格，一度出现了严重通货膨胀。1994年我市居民消费价格与上年相比涨幅高达29.7%，经济可持续发展和人民生活都受到了极大的影响。之后，国家着手对经济过热进行调整，至1996年全国经济顺利实现“软着陆”。我市1996年物价受此前通货膨胀的惯性影响，呈大幅上涨态势，当年我市居民消费价格总指数为109.7，价格总水平与上年比上涨了9.7%。1997年后我市各级政府继续把抑制通货膨胀作为宏观调控的首要任务来抓，采取了多项行之有效的控价措施，高通胀局面得到有效扭转，1997年各月价格指数逐月回落，全年居民消费价格总指数回落到103.3，价格总水平比上年仅上涨3.3%。

(二)轻度紧缩期(1998～2000年)

1997年下半年起，我国工农业产品出现阶段性、结构性过剩，从此步出“短缺经济”时代，物质产品的买方市场初步形成，供给矛盾由供不应求向供过于求转变。同时段发生的东南亚金融危机波及国内经济，导致国内出口减少。内需不足、投资调控、出口减少三因素叠加致使经济增长速度缓慢，市场商品价格竞争加剧。从1998年到2000年我市物价连续三年下降，1998年居民消费价格指数为96.4，价格水平较上年下降3.6%，1999年指数为99.3，价格下降0.7%，2000年指数为96.7，价格下降3.3%。

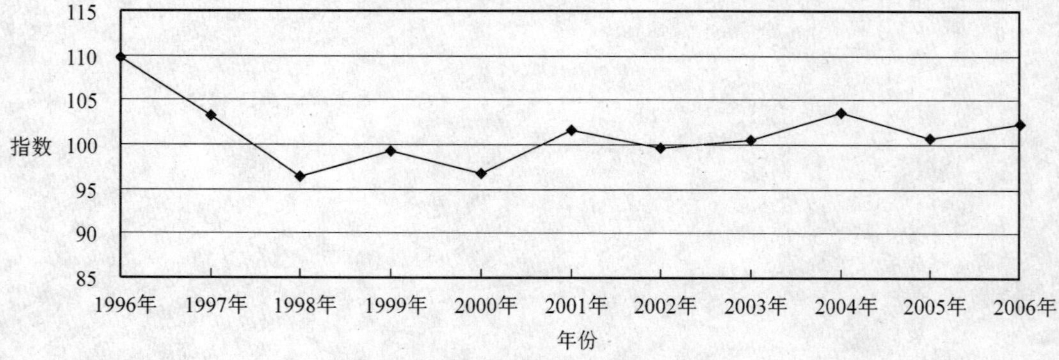

图1　1996—2006年各年年度环比指数图

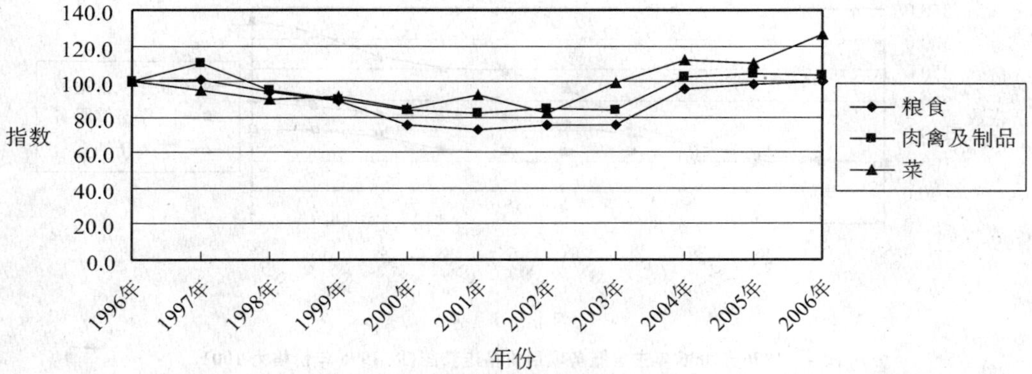

图 2　1996—2006 年主要食品价格走势图(以 1996 年价格为 100)

(三)温和上涨期(2001 年以后)

2001 年开始,我国经济发展出现了重要转机,社会需求回升,国内市场供过于求的矛盾有所缓解,通货紧缩的趋势得到遏制。我市坚持扩大内需的方针,继续贯彻积极的财政政策和稳健的货币政策,经济呈现较好的发展势头,投资增长加快,消费稳步上升,出口大幅增加,市场价格得以缓慢回升。2001 年我市居民消费价格比上年上涨 1.7%,结束了长达三年之久的负增长。之后因为粮价复苏、投资需求持续趋旺,原材料价格上涨带动等因素,除 2002 年微幅回落 0.4%外,2003～2006 年连续四年居民消费价格总水平呈上涨态势,四年居民消费价格指数分别为 100.6、103.7、100.8、102.4,其中 2004 年物价以 3.7%的涨幅创下 2001 年来新一轮经济增长周期的新高。2007 年持续了这一上涨态势,前两月总体价格水平比去年同期上涨了 1.4%。

二、影响物价总水平的主要商品(服务)价格走势

(一)食品价格先抑后扬总体趋稳,主导消费价格平稳大局

从 1997 年直辖之初到 2001 年的五年间,由于农业生产连年丰收,农产品收购价格在前几年基础上有较大幅度的回落。上游产品价格的下降使得消费品市场食品价格随之下降,粮食、肉禽及制品、菜等主要食品种类的价格均呈现出不同程度的振荡下行局面,其中粮食价格年均下降 6.1%,肉禽及制品价格年均下降 3.9%,菜价格年均下降 1.5%。以粮食为主的食品价格下降是直辖后的前五年我市居民消费总水平涨幅回落后持续走低的重要原因。

2002 年起,我市农业结构调整成效开始显现,农产品价格稳步回升。同时,全国性粮价上扬拉动其它食品价格相应上涨,食品价格开始

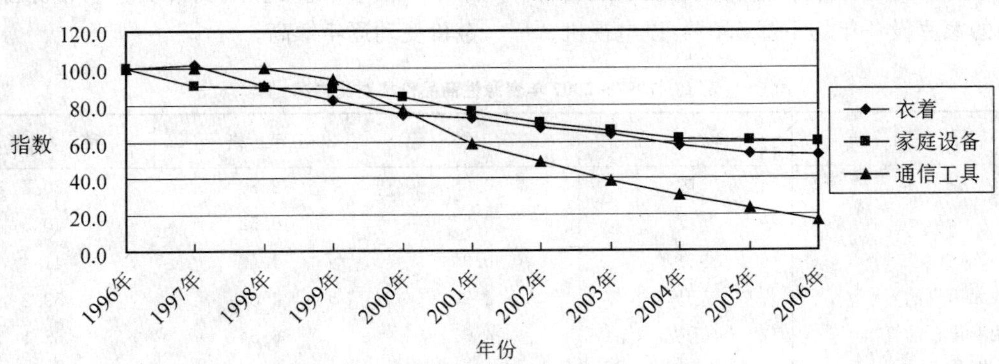

图 3　1996—2006 年主要工业品价格走势图(以 1996 年价格为 100)

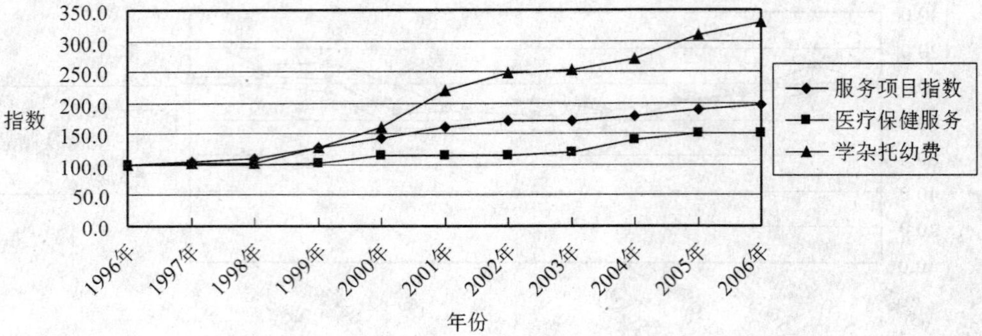

图 4 1996—2006 年主要服务项目价格走势图(以 1996 年价格为 100)

全面回升。此后,随着市民对食品品质需求增长以及农业生产成本提高,重庆市场上的食品种类日趋丰富,品质同步提高,价格连年呈稳中有升的态势。2002～2006 五年间,我市食品价格年均上涨 6.5%。

纵观直辖十年,我市食品类价格年均微涨 0.1%,其中粮食价格持平,肉禽及制品价格年均上涨 0.3%,菜价格年均上涨 2.3%。食品价格基本稳定对我市消费价格总水平走势发挥了主导作用。

(二)工业品市场竞争加剧,主要工业品价格逐年下降

随着改革开放逐步深化,经济持续快速发展,市场物质产品日益丰富。"八五"后期,工业消费品市场开始出现激烈的价格竞争,至重庆直辖时,绝大多数工业消费品进入竞相降价的局面。十年来工业品市场日益繁荣充实,种类款式琳琅满目,过去的高科技奢侈品如今已入寻常百姓家,主要工业消费品价格逐年下降:衣着年均下降 6.2%,以空调器、洗衣机、电炊具等为代表的家庭设备年均下降 5.0%,以电视机、照相机、电脑等为代表的文娱耐用消费品年均下降 8.3%,以手机为代表的通信工具年均下降 16.2%。

(三)服务项目及资源性产品价格连年上扬

为适应社会事业发展的需要,直辖以来我市从理顺服务价格形成机制入手,加大了服务项目价格调整力度,对医疗、教育收费等适时进行了不同频率和幅度的调整。而一些新兴的社会服务业则随着经济的发展和居民生活水平的提高也应运而生,且价格随需求增长呈上涨态势。由于政策效应和服务需求拉动,直辖以来我市服务项目总体价格年均上涨 6.9%,其中医疗保健服务价格年均上涨 4.1%,学杂托幼费年均上涨 12.7%,家庭服务及加工维修服务价格年均上涨 2.2%。

另一方面,随着基础资源的全球性紧缺趋势显现及人们节能意识的增强,直辖十年来我市持续上调了水、电、气、成品油、液化石油气等基础资源性商品价格,导致上述几类商品价格水平大幅上涨。此外,我市黄金价格亦随国际金价变动逐年攀高。

表 1 1997～2007 年资源性商品价格对比情况

项　　目	单　　位	1997 年价格(元)	2007 年价格(元)	涨　幅(%)
水	吨	0.65	2.80	330.8
电	度	0.37	0.52	40.5
天然气	立方米	0.99	1.40	41.4
90＃无铅汽油	升	2.87	4.57	59.2
民用液化石油气	千克	4.01	6.54	63.1
24k 黄金	克	130.83	202.50	54.8

三、十年来影响市场物价运行的主要因素分析

(一)社会总体供给关系决定了十年来物价的基本稳定

从1997年下半年开始,我市宏观经济环境发生了转折性变化。一方面,我市直辖以来实施的"菜篮子"、"米袋子"工程成效显著,农业连续多年丰收,长期困扰我市价格稳定的粮食和农副产品供给问题得到基本解决。同时,改革开放以来全国商品有效供给能力大幅提高,物质产品的买方市场初步形成。市场总体供过于求的特征决定了在买方市场条件下不可能出现改革开放以来前两次在物质相对短缺时代条件下发生的由投资、消费需求共同拉动的严重通货膨胀,物价总体稳定成为直辖十年来的基本特征。

(二)经济体制改革与产业政策对价格走势影响明显

直辖十年来,我市以健全市场经济体制为目标的各项改革措施和以优化产业结构为目标的各项配套政策陆续出台,对市场价格产生了重要影响。始于1998年的粮食流通管理体制改革,适应了粮食流通的市场化需求。改革后大量国有粮库存粮进入市场,以及周边省市优质粮食流入重庆,导致粮食价格从1998年开始一路走低,连续四年下跌,对1998～2000年的轻度通货紧缩产生了重要影响。2002年后,粮价开始出现恢复性增长,市场缺口增大导致此后五年粮食价格持续上升,主导了新一轮经济景气时期的物价总体温和上涨。我市从1999年起实施"总量控制、结构调整"的医疗改革,一系列医疗价格政策陆续出台,对医疗保健价格运行产生了重要影响,引领十年来医疗保健服务价格持续上涨。为解决教育事业长期以来投入不足的问题和规范教育收费,十年来,政府在加大对教育投入的同时亦多次调高了各层次学杂费。尤其是2006年实行的高中一费制,拉动教育类价格大幅上涨。为促进公共事业发展,我市充分利用价格杠杆,十年来适时调整和提高了水、电、天然气、公交车票、有线电视、邮电等公共产品(服务)价格。1999年起我市实施住房制度改革,居民住房分配市场化,推动了我市房地产业近年来的持续景气,居住类价格因此持续走高。

(三)技术进步加快和规模效益增加为工业品降价开辟了空间

直辖十年来,技术进步加快,功能升级的新产品不断涌现。新工艺新技术为不少产成品降低成本提供了可能,在家电、通信工具、电子和IT等行业产品方面的体现尤其明显。十年来消费结构升级,形成了汽车、通信等新的消费热点,行业产能大大增加。此外,商业企业发展加快,各类全市乃至全国性连锁专业卖场大量涌现,规模效益显现。这些因素导致产品研发、生产、物流成本降低,影响衣着、家电、交通工具、通信工具等类产品终端消费价格呈下降趋势。

(四)国际经济形势对我市物价运行影响日趋扩大

直辖十年来,我市外向型经济建设取得新的成就,地区经济受国际局势影响加大。亚洲金融危机一度影响我市出口贸易和利用外资增幅大幅度下降,市场商品价格竞争加剧。从2002年起我国开始实施加入WTO的承诺,随着进口关税下降,进口产品在国内销售价格下降,进一步加剧了消费品市场的竞争,使得国内相关工业品相随降价。2002年当年我国关税总体水平由15.3%降到12%,5300多个税目降税涉及面达73%,导致汽车、笔记本电脑等商品价格明显下降。随着经济的发展,我国石油进口大量增加,对外依存度提高,国际油价对国内价格体系影响日趋明显。十年来全球性资源短缺,国际石油、黄金价格上涨,成为推动我市成品油及黄金价格上涨的重要因素。

四、十年市场发展趋于成熟,价格调控更加科学

十年物价运行态势表明,直辖以来重庆市

场发展日趋成熟。一方面，经济持续快速发展为市场提供了充实的物质基础。另一方面，价格机制改革持续深化，商品和服务价格管理权限进一步下放，实行市场调节价格的商品比重继续提高，基本形成了与经济发展相适应的价格运行机制和体系。目前除水、电、气、成品油、公共交通、教育、医疗等重要商品(服务)价格由政府指导定价外，绝大部分商品(服务)实行了市场价格。十年来市场物价总体平稳，不同商品之间的比价关系趋于合理，为通过市场进行资源配置进而促进经济发展奠定了必要的基础。

市场经济条件下，市场是决定价格的基础，但为弥补市场失灵的不足，政府有必要对价格总水平和公共产品价格进行宏观调控和管理已成为共识。十年来我市的价格调控和管理工作逐步走上科学与规范之路，主要体现在以下三方面。

一是调控的手段从运用行政命令向调控中间指标转变，更加适应市场经济体制的要求。“米袋子”和“菜篮子”工程的实施、主要商品储备制度的建立、根据经济扩张与紧缩相机实行的财政与货币政策，更多是从调节市场供求发力最终实现对市场物价总水平的调控。2006 年夏秋，通过组织大批外地蔬菜入渝平抑菜价就是最近一次成功的价格调控实践。

二是调控的时机上主动把握经济增长周期的需要。三年轻度通货紧缩时期，我市采取积极的财政、货币、消费及产业调整等政策，扩大投资与消费需求，有效促进了物价水平平稳回升。十年来水、电、气、教育、医疗等公共产品(服务)的价格调整也注意考虑对物价总水平的影响，采取在有利时机进行适度分步调整的政策，在通货紧缩时期支撑物价不至于深度下滑，在物价上涨时期兼顾社会及各阶层群众实际承受能力，既保证了价格总水平的基本稳定，又实现了社会经济发展的需要。

三是价格调控和管理工作走上规范化、法制化轨道。十年来我市价格监督、监测制度进一步健全，重要商品调价听证制度深入推进。以 1998 年 5 月 1 日起《价格法》正式实施为标志，我市价格调控管理工作在法制化和规范化方面取得了更大进展。

作者：重庆市调查总队

我国物价异常变动的政策性分析

随着我国改革开放的不断深入，市场化程度的不断提高，经济得到了长足发展，据统计，2006年全年国内生产总值209407亿元，比上年增长10.7%，全年农村居民人均纯收入3587元，扣除价格上涨因素，比上年实际增长7.4%；城镇居民人均可支配收入11759元，实际增长10.4%。我国经济总量跃居世界第四，创造了让世人瞩目的成绩。然而伴随经济的高速增长，我国物价起伏也较大，其中还出现了通货膨胀、房价快速上涨等价格异常变动(简称异动)现象。这些物价异动现象的出现对经济运行产生了深远的影响，这些现象及现象背后的原因，值得我们关注。

一、引言

经济学定义宏观调控目标是：经济增长、物价稳定、充分就业、国际收支平衡。物价稳定作为宏观调控目标之一，都被各国政府列为经济工作的重点，中国也不例外，加上中国经济目前正处于转型期，因此，控制物价异动从而保持物价稳定在中国经济发展中显得尤为重要。在中国经济由计划经济走向市场经济的过程中，政策的实施对中国经济发展形成了不可忽视的作用，那么政策的实施会不会影响到中国经济中的物价进而产生物价异动现象的出现，进一步来说，防止物价异动的政策选择是什么？对于以上问题的思考和研究，不仅能让我们观察到物价异动成因中的政策性部分，还可以为政策的选择提供一些依据，并以此为理解当代中国物价政策的调整和优化提供一个新的视角。

在分析物价异动原因方面，各国学者从社会供需矛盾、货币供需矛盾、货币与商品的关系、国际传导、经济周期等诸多角度加以分析研究，取得了明显的成绩。在中国经济体制转型的过程中，物价异动也可以从以上角度加以分析，但还是不能忽视政策方面的影响。政策性原因是如何引起物价异动？并没有引起学者们的广泛重视。从我国的基本国情看，市场经济在有序发展，但其本身还有诸多不完善的地方，这就使得政策调控的广度和深度较西方发达国家更大更深，对市场运行作用相当明显，因此，在深入分析我国物价异动，政策性原因影响具有重要的现实意义。

本文将利用我国物价统计资料，在深入分析自改革开放以来物价变动情况的基础上，分析物价异动对社会经济带来的影响，重点剖析物价异动的政策性原因，提出要从物价政策的目标、定位、方式、手段等方面着手进行调整与优化，和其它宏观调控政策相互配合，充分发挥物价政策的导向性、管理性、制约性和协调性功能，把政策对物价异动的影响降到最低，进而通过政策将物价异动的发生概率降低，保证经济健康有序地发展，从而实现构建和谐社会的宏伟目标。

二、我国物价变动的主要表现及其特点

物价总水平也叫一般价格水平，是指一个国家或地区在一定时期(如月、季、年)内全部社会各类商品和服务价格变动状态的平均和综合，一般用价格指数来度量。目前，是世界各国、特别是在发达的国家或地区，度量价格总水平的方法主要有两种：一是计算国内生产总值缩减指数(GDP deflator)，就是按当年价格计算的GDP与按某一基期固定价格计算的GDP的相对数；二是编制各种价格指数，如消费者价格指数，生产者价格指数等。价格指数就是用来反映报告期与基期相比商品价格水平的变化趋

势和变化程度的相对数。价格指数有很多种类，很多国家或地区都用其中的一种或几种来作为衡量价格水平变动的主要指标。我国统计部门编制和发布的价格指数主要有：居民消费价格指数、商品零售价格指数、工业品出厂价格指数、原材料、燃料、动力购进价格指数、农产品生产价格指数、固定资产投资价格指数、房地产价格指数等。值得指出的是，这些数据虽是通过抽样调查资料计算出来的，但根据统计抽样原理和经济学的相关知识，笔者认为中国的各种物价指数基本上能客观反映调查周期调查对象的价格变动情况。

（一）我国经历了四轮明显的物价上涨期

自改革开放以来，中国发生了四轮明显的价格上涨，其中每一轮的价格上涨都有其不同的经济环境背景和原因。

第一轮的价格上涨是 1985 年左右，该年居民消费价格涨幅为 9.3%，其中城镇居民消费价格涨幅达到 11.9%，农村居民消费价格涨幅达到 7.6%。该时期处在价格双轨制的背景下，再加上全社会固定资产投资的迅速膨胀，推动了收入和货币的增长，总需求的不断膨胀与产能短时间无法形成规模之间的矛盾导致了这一时期物价水平的持续上涨。

第二轮的价格上涨是 1988～1989 年，这两年的居民消费价格涨幅分别达到了 18.8%和 18.0%。该时期的产品销售特征是由于市场需求旺盛，使原来畅销的产品更加供不应求；由于过热的超前消费需求及消费的盲目性、跟风性，使一些多年滞销的产品出现产销两旺的异常局面，“抢购风”现象十分严重。其主要原因是随着改革的逐步深入，尤其是在扩大了企业自主权的同时，并没有赋予企业相应的责任和自我约束机制，因此出现了市场行为和目标模式的短期化、分散化，以及“无政府”状态的经济运行，最终导致了无论是生产资料市场还是消费资料市场，都处于极度短缺和价格大幅度上涨之中，使通货膨胀进入了更加严重的类型。

第三轮的价格上涨是 1993～1995 年，以中国建立市场经济为转折点，我国经济出现了“双高”局面，即经济的高速增长伴随着高达两位数的通货膨胀率，1994 年居民消费价格同比上涨 24.1%，达到了 1985 年以来的最高水平。该时期物价上涨主要是我国粗放的经济增长方式和一系列改革措施的出台共同决定的。粗放式的经济连续快速增长，引致投资需求的大幅度增长，再加上自然灾害致使农副产品的供给偏紧及相关体制改革措施影响，共同导致了该轮的价格上涨。

第四轮的价格上涨是从 2003 年开始。亚洲金融危机之后，中国经济经过了几年的紧缩期，在这一年物价指数开始止跌回升，并且在一定程度上出现了明显的涨势，居民消费价格指数由 2002 年 99.2%上涨到 2003 年的 101.2%，进而达到 2004 年的 103.9%。尽管上涨幅度与前几次的价格上涨是不可同日而语的，但也引起了社会的普遍关注。该时期的价格上涨同样与该时期的经济背景是分不开的。主要表现为以煤炭、石油等资源型产品价格上涨为主的结构性上涨。

（二）四大领域物价变动情况

1. 消费领域价格变动。中国居民消费物价水平在改革开放之后呈现出上涨—回落—再上涨—再回落的波动态势。根据国家统计局有关资料显示：居民消费价格同比指数（下同）1985 年为 109.3%，1986 年降为 106.5%，1988 年攀高到 118.8%，之后回落到 1990 年的 103.1%，1994 年达到改革开放以来的最高点为 124.1%，经过国家的宏观调控，价格水平逐年回落，经过了东南亚金融危机到 1999 年指数形成了近年来的最低点，降为 98.6%，随着世界经济的复苏，价格止跌回升，2004 年达到近年来的最高点 103.9%。商品零售价格指数也呈现与居民消费价格指数一样的波动态势，1985 年指数为 108.8%，1986 年回落到 106.0%，1988 年攀高到 118.5%，1990 年降到 102.1%，1994 年攀高到 121.7%，1999 年降为 97.0%，比同年居民消费价格指数还低 1.6 个百分点，2004 年止跌回升，到 2006 年达到 102.8%。

2. 生产领域价格变动。中国工业品出厂价格水平在改革开放之后也显现出和居民消费价格水平相类似的周期性波动态势。1985 年工业品出厂价格指数为108.7%,1986年回落到103.8%,随后三年,向上攀升,1988、1989年更以两位数的涨幅高位运行,1989年更是高攀到118.6%,在国家"双紧"政策实施后,1990年急转回落到104.1%,涨幅回落14.5个百分点,在此之后,价格上扬,1993年创下迄今为止的最高值,达到124.0%,随后连续两年保持两位数涨幅的高位运行态势,在实现经济软着陆的一些政策作用下,1997年止涨回跌,1998年达到历史低点,为95.9%,随之而来持续几年的下跌势头到2003年才得以改变,到2004年在石油、矿产品等资源型产品的带动下工业品出厂价格涨幅达到6.1%。与之相关的原材料、燃料、动力购进价格水平也呈现与之相同的趋势,1989年原材料、燃料、动力购进价格指数达到126.4%的高点,1990年急转直下,回落到105.6%,随后经过三年涨幅逐年扩大,到1993年达到历史最高点,为135.1%,经过三年涨幅逐年回落的变动,指数到1997年只有101.3%,并且在1998年首次呈现下跌态势,达到历史低点—95.8%,跌势一直次持续到2003年才有所改变,2003年购进价格指数止跌回升达到104.8%,2004年更是达到了111.4%的历史新高。

3. 固定资产领域价格变动。固定资产领域价格变动与工业品及消费品价格有一定的相关性,但相关的程度并不如工业品和消费品之间的程度密切,经测算,以1992~2005年间的固定资产投资价格指数、工业品出厂价格指数、居民消费价格指数为样本,固定资产投资价格指数与工业品价格指数、居民消费价格指数二者的相关系数分别为0.721、0.698,明显小于后两者之间的相关系数0.912,因此其具有自己的变动表现。1991年,固定资产投资价格指数为109.5%,高于同年后二者指数。随后的1992~1994年三年期间固定投资价格指数一直维持在两位数的涨幅,其中1993年达到历史高点,为126.6%。1995~1997年涨幅逐年回落,到1997年指数回落到101.7%,随后五年,固定资产投资价格保持平稳,指数一直维持在100%上下波动,涨跌幅不超过0.5个百分点,2003年价格开始回升,到2004年达到近年来的新高105.6%。

4. 房地产领域价格变动。房地产价格统计在1999年才开展,纵观这几年的发展,其价格变动也有它的一些特点。1999年,全国房屋销售价格较上年相比保持平稳,指数为100.0%,2000~2003年,涨幅逐年扩大,指数分别达到101.1%、102.2%、103.7%、104.8%,2004年涨幅进一步扩大,达到109.7%的历史新高,2005年涨幅有所回落,降为107.6%,2006年再次回落到105.5%。与之相关的土地交易价格呈现出一致性的变动,1999年土地交易价格指数持平为100%,随后涨幅逐年扩大,到2004年达到两位数的涨幅,指数达到110.1%,2005年回落到109.1%,2006年再次回落到105.8%。

(三)我国物价变动的主要特点

1. 价格传导呈现波动性。我国价格传导渠道中上游产品价格向下游产品价格传导随经济发展呈现出顺畅一阻隔一顺畅的态势。1985—1990年居民消费价格与工业品出厂价格呈现同趋势的变动。这一时期,居民消费价格指数与工业品出厂价格指数差距平均在1.55个百分点,其中差距最大为1988年的3.8个百分点,最小为1989年的0.6个百分点,这主要是由于改革开放刚开始,流通环节层次不多,产品从生产领域进入消费领域通过的渠道简单,价格传导机制简单明了。1991~1996年这两者变动差距呈现扩大化趋势,二者指数差距平均在4.12个百分点,其中最高达到9.7个百分点,这主要是由于这一时期,是改革开放中问题凸现期,通货膨胀也在这一时期表现最为明显,传导机制受到多方面的制约,传导渠道受阻,价格变动日趋复杂。1997~2005年,两者差距再次缩小,二者指数差距平均在2.17个百分点,这主要是在1996年经济经过三年的治理成功实现软着陆,主要影响经济的大问题得以解决,社会主义市场经济体制成功建立,市场各渠道信息充分交流,价格传导机制得以进一步理顺,传导渠道进一步畅通。

2. 物价变动的多层次性。我国经济政治社会体制转型发展,物价变动的动力呈现出多元化,使得物价变动呈现出多层次性。也就是说,我国物价在不同类型人口和不同地区有着不同变化。这是因为不同类型人口生活习惯、消费方式、收入水平可能带来消费结构的不同,而引起消费价格水平变动的不同;不同地区由于自然禀赋、产业结构、科技水平带来的产业结构不同,而引起的生产价格水平变动的不同。从居民消费价格指数看,2000年以前,城市居民消费价格指数大体比同期农村居民消费价格指数要高,最高达到4.3个百分点,并且随着时间的推移差距呈现缩小的迹象,这说明城市物价上涨水平高于农村,在消费结构没有升级的情况下,农产品、食品等生活必需品价格上涨对城市居民的影响必然高于对农村居民的影响。2000年以前,城镇和农村的恩格尔系数都维持在40%以上,但城市恩格尔系数低于农村,并且下降速度快于农村,随着时间的推移生活必需品价格变动对城镇居民整体消费价格水平影响就变得越来越小;2000年之后,中国城镇居民收入快速提升,收入增幅明显快于农村居民收入增幅,并且中国城镇居民的恩格尔系数降至40%以下,消费结构发生了根本的转变。"城高农低"的消费价格指数在农产品、食品等生活必需品价格上涨的作用下发生了根本的改变,在2001年以后,连续5年保持"城低农高"。在农民增收有碍的情况下,农村居民生活水平压力依然很大。同样由于产业结构原因,各区域在生产领域反映出来的价格变动也是不尽相同。形成以深加工、高科技为主的工业结构的地区,其生产领域的价格呈现明显的"高进低出",而形成以初加工、资源型为主的工业结构的地区,其生产领域的价格"进出"差距就没有发达地区明显甚至呈现"高出低进"态势。以上海、江西2000～2006年为例,这一时期,上海连续七年价格呈现"高进低出"态势,其中差距最大达到16.5个百分点,而江西最大差距只有4.8个百分点,并且在2006年呈现"高出低进"态势。

3. 房地产价格变动的梯度性。这是指房地产价格变动在区域上呈现的区域梯度性,尤其在房屋销售方面。突出表现为发达重点城市普遍高于次发达城市,沿海城市普遍高于内陆城市,东部城市普遍高于中西部城市,呈现出一般意义的梯度性。以东部城市上海、南京、杭州、宁波为例,2000～2005年四城市房屋销售价格平均涨幅达到9.3%、6.4%、7.5%、11.0%,分别比全国平均水平高出4.4、1.5、2.6、6.1个百分点,而合肥、贵阳、银川、太原四城市的平均涨幅只有3.4%、2.1%、3.2%、3.2%,分别比全国平均水平低1.5、2.7、1.6、1.6个百分点,其中在2000～2005年全国所调查的三十五个大中城市的房屋销售指数样本中,以上海2003年的120.1%为指数最高,以长春2002年的97.2%为最低,并且宁波连续三年出现两位数涨幅,上涨势头较其他地区更为明显。这种梯度性主要由于东部地区与中、西部地区之间的差距,与国家固定资产投资很长一段时间向东部沿海地带倾斜,经济特区和开放城市长期享受政策优惠等政策性累积有重要联系,加上居民收入增长和消费观念改变方面的差距,共同形成了发达城市房地产市场明显活跃于次发达城市,沿海城市强于内陆城市,东部城市强于中西部城市的格局。

三、我国物价异常变动对社会经济的影响

从以上分析,我们可以看出我国物价自改革开放以来呈现上下反复的波动态势,有些年甚至出现过明显的通货膨胀以及房价快速上涨等物价异动现象,而给我国社会经济生活带来了一些负面的影响。

(一)通货膨胀对社会经济的影响

通货膨胀通常是由货币泛滥引起,而通货膨胀出现或恶化不仅会导致市场价格的严重扭曲,使价格信号失真,容易使生产者误入生产歧途,导致生产的盲目发展,造成国民经济的非正常发展,使产业结构和经济结构发生畸形化,从而导致整个国民经济的比例失调。而且也会导致一国货币的严重贬值,并由此破坏整个市场的运作法则。

1. 通货膨胀阻碍结构调整的进程。在价格机制作用下,市场将调整对不同产品和劳务的供求,资源将被引导到社会最需要的部门中去。资源的有效配置提高了经济效率,促进经济的增长和正常发展。而一旦发生通货膨胀,由于

货币的破坏力导致价格系统紊乱，打乱了市场机制的一切有效秩序，扰乱了社会产业结构的调整。我国从改革开放以来，对产业结构的调整基本原则是：巩固和加强第一产业，提高和改造第二产业，积极发展第三产业。一、二、三产业比重由1980年的30.2∶48.4∶21.4调整为2006年的11.8∶48.7∶39.5，产业结构明显升级。但在出现严重通货膨胀的94、95年，三产的比重1994年为18.7∶48.5∶32.7，而到1995年则变为19.7∶49.0∶31.3，第三产业受到的冲击比较明显，产业结构调整进程受到了明显的影响。

2. 通货膨胀限制经济实力的发展。当通货膨胀所引起的经济结构畸形化需要矫正时，国家必然会采取各种措施来抑制通货膨胀，结果会导致生产和建设的下降，经济增长速度下降明显。如1996年，面对1993～1995年高物价，各级政府采取了各种宏观调控政策和措施，压缩剩余生产力，收紧信贷规模，规范固定投资规模，1996年全国固定资产总额同比增长14.8%，比1991～1995年的平均增长速度低19.9个百分点，速度回落明显。受其影响，国内生产总值增长速度也有所回落，1996年我国国内生产总值同比增长9.7%，比1991～1995年的平均增长速度下降2.3个百分点。可见通货膨胀不利于经济的稳定、协调发展。

3. 通货膨胀影响居民生活的改善。通货膨胀造成的货币贬值，使一些收入较低的居民的实际生活水平不断下降，使广大的居民生活水平难以提高。从改革开放以来，中国居民收入稳步提升，生活水平逐年提高，然而在此期间发生的通货膨胀对居民收入增长的冲击是不容忽视的。以1989年为例，当年农村居民人均家庭纯收入扣除物价因素，实际比上年下降1.6%，一改78年以来年平均增长12%的增长态势；城市人均家庭可支配收入实际增长0.1%，与上年基本持平，比78年以来年平均增长速度下降6.1个百分点，对居民的生活水平的提高产生了不可估量的冲击。

4. 通货膨胀增加对外贸易的波动。通货膨胀会扰乱本国价格体系，歪曲供需信息，进而对本国产品的进出口贸易产生一定的影响，最终影响到汇率的稳定，给经济波动带来影响。当通货膨胀发生，价格上涨，带给市场的信息就是商品供不应求，进口就会大量激增。如1988年，当年进口552.7亿美元，比上年增长27.9%，增长幅度比上年高出27.2个百分点，贸易逆差达到77.5亿美元，高出上年近40亿美元，对汇率的稳定的压力逐渐形成。

(二)房价过快上涨对社会经济的影响

房地产市场作为一个新兴市场，其关注程度远较其他传统行业要高，其作为众多其他行业的下游行业，其对上游行业的推动作用是不可忽视的。而房价的过快上涨则通过带动相关上游行业产品价格上涨，加上通过抑制居民其他消费、吸聚其他用途资金等途径影响社会经济的正常运行，

1. 改变了社会固定资产投资的内部平衡。社会固定资产投资分为基本建设、更新改造、房地产开发投资和其他固定资产投资四个部分。房价的快速上涨将会一方面吸引社会资本集聚于房地产投资，减少其他方面的投资资金；另一方面，房地产投资的快速增长带动上游资源性产品价格的上涨，导致社会投资特别是民间投资下降，对其产生一定得“挤出效应”。如1999～2004年，房地产投资的同比增长速度连续六年超过全社会固定资产投资同比增长速度，其中2001年14.3个百分点的增速差距为最大，这就使得房地产比重越来越大，数据显示在这六年期间，房地产投资在全社会固定资产投资的比重逐年加大，由1999年的13.74%提高到2004年18.67%，对其他投资的“挤出效应”明显。

2. 影响了经济发展的产业协调。房地产行业是耗能行业，耗费能源、原材料较多。当房价过快上涨，社会乃至海外的巨量闲散资金将会通过各种渠道进入房地产行业，就会造成对上游能源、原材料的超额需求。近几年来，我国钢铁、水泥、电解等铝原材料都供不应求，投资热也难以降下来，根源都在房地产业的高速发展，而房地产投资速度之所以居高不下，又是因为房价过快上涨。市场经济中经济行为人的行为不可能离开利益导向，房价如此不断上涨所形

成的预期，引导人们快快加入房地产、钢铁、水泥等行业的发展大潮，进而对这些行业产品价格的产生推动作用，政策调控作用呈现弱化。如2004年，我国在经历了2003年房地产投资30.3%增长速度，2004继续延续增长态势，增幅达到了28.1%。在此带动下相关行业产品价格快速上涨，以钢铁为代表的冶金工业，其工业品出厂价格同比上涨16.9%，为近十年的新高，建筑材料工业上涨3.5%，一改自1997年以来连续六年的下跌态势。

3. 制约了居民消费的结构升级。房价过快上涨，反过来又抑制了更多产业的发展。这是因为，现在买房基本上都是依赖银行信贷。房价涨得越高，贷款额和还贷量就越大，而购房者的可支配收入是不可能在短期内大幅度上升的。相反造成购房者实际收入水平下降，怎么办？靠节衣缩食。这就产生了"收入效应"。从消费结构升级的趋势来看，居民消费的重点已经转向住、行和教育等方面，如果房价的快速上涨将会较大幅度地提高住房消费在居民消费中的比例，增加住房消费的总量，在收入总量一定的情况下，对居民其他消费的抑制作用是相当明显。经济学告诉我们，金融的基础是实业，实业的基础是消费者的购买力，而房价的过快上涨恰恰就削弱了消费者的购买力。

4. 影响了小康社会目标的实现进程。一是影响城市化目标的实现。按照2020年达到小康目标，那时我国城市化水平将达到55～60%，城镇居民将达到8.5亿。于是，将会有大批农村人口不断向大中城市迁移。然而，房价的快速上涨，别说农村人口，就是对于大多数工薪阶层来说，也是一道无法逾越的障碍。由于房价具有联动性，市区房价的上涨必然带动市郊房价的上涨，房屋售价的上涨必然带动房屋租金的上涨，工薪阶层买房租房的愿望进一步落空，这些对于城市化的实现有很大的制约作用。二是影响收入差距的缩小。首先，在商品房成本没有太大增加情况下，售价却在短短几年内成倍上升，毫无疑问，在财富再分配过程中房地产商是最大的受益者。其次，对于手中已积累了一笔启动资金的投资者来说，借助于低利率的按揭贷款杠杆，一套又一套买进商品房，用短短几个月或几年时间就获取了巨额房屋进出差价，但广大经济实力较差的普通工薪阶层却望房兴叹，这就造成了事实上的贫富差距扩大，社会分配的公平性受到影响。这些都将影响社会的稳定和和谐社会的构建。

四、我国物价异常变动的政策性原因

影响我国物价异常变动的原因很多，政策方面的原因是不可忽视的重要部分。政策性原因比较复杂，有政策本身的问题，也有政策在执行过程中受外部因素的干扰的问题。概括起来主要有以下几个方面：

（一）政策的非预期效果影响

政策的非预期效果就是指制定政策者对其所发生的效果在事先没有估计到，发生了政策的目标与政策的实际效果不一致，甚至相反。如前两年我国出台了一项房地产市场调控政策，本来在制定这项政策时一个重要目标就在于缓解房地产投资增长过热，抑制房价上涨过快。而实际执行的结果并没有完全达到这一目标，在政策出台后，一定时期内在某种程度上房屋销售价格涨势并没有出现明显的回落，全国房屋销售价格同比指数从2005年7月的106.4%下降到2006年5月的105.8%，这期间最高涨幅为2005年11月的6.8%，最低涨幅为2006年3月的5.4%。在江西南昌这样一个次发达的中等城市，这一期间，房屋销售价格指数涨幅也曾达到8.5%高点；其次，在房屋销售内部。房屋中住宅销售中的两大块—经济适用房和普通住宅的价格涨幅差距越来越小，从2005年7月的6.1个百分点到2006年5月的0.9个百分点，并且在2006年4月经济适用房销售价格涨幅首次超过普通住宅价格涨幅，达到5.8%。无论是从外部整体看还是从内部局部看，房屋销售价格涨幅并没有因为该项政策的出台而有明显的变化。为什么我国的一些房地产政策当时不能起到控制房价上涨的作用呢？一是需求依然旺盛，供需矛盾依然突出。经过二十几年的改革，居民特别是城镇居民收入得到了大幅度的提高，对生活的质量有了更高的要求，买房换房的需求进一步扩大。有关调控房价政策的出台对房地产市场的供应面进行了规范，但对市场的需求面没有做出引导，从而造成需求的延缓而非消失，等到一定的时间，供需矛盾仍将突出。二是房产市场化程度还不高，而且还很不规范。在我国从计划经济迈向市场经济的过程中，各要素市场都是从无到有，市场化程度也是由低到高，房地产市场也是如此。在规范市场的过程中存在各种各样的制度漏洞和监管缺失，这就造成了调控不力的局面，因此现阶段我国房价涨幅回落迟缓，一定程度上也加剧了低收入人群解决住房的困难程度。

(二)政策附带效果的消极作用

政策的附带效果是指政策实施过程中能对并非作用的环境、团体、个人产生效能，这种效能超乎政策制定者原来的目标和愿望，成为政策的副产品。如改革开放初期，为了迅速提高综合国力，加快经济发展的步伐，国家实行过“双松”财政货币政策，强调经济发展的高速度。如1986年，我国财政支出增长了26.3%，财政赤字超过了200亿元人民币，比上年增长了205.7%；信贷总量增长了29.4%，货币供应量(M1)增长了26%①。财政与信用的同时扩张，迎来了国民经济随后连续两年10%以上增长率的空前繁荣。然而，另一个问题随之而来，就是接近20%的严重通货膨胀问题，为繁荣的经济形势蒙上了阴影。面对急剧上涨的物价，人民群众普遍产生恐慌心理，为维护自身利益而纷纷采取以金融资产转换实物资产的保值行为。抢购风潮骤起、银行储蓄存款滑坡，标志着通货膨胀的严重程度已超越了社会的承受能力。随后国家为了解决通货膨胀问题，1987年底断然采取了严厉的“双紧”政策，以期迅速恢复经济的稳定和社会的安定。财政支出由1986年以前将近20%的增长幅度降低到1987年的2.6%，信贷规模由1986年接近30%的增长幅度压缩到1987年的27%，此后又继续降至17%左右的水平②。然而严厉的紧缩政策，对于惯性极强的高通货膨胀并没有迅速产生作用，却在抑制经济增长方面很快得到了印证。GNP同比增长率从1988年的11.3%下降到1989年的4.2%，第二年依然维持在4.2%，在高膨胀的背景下，使得实际国民经济增长率迅速下滑，但居民消费价格在1989年依然维持在18.0%的高位，直到1990年才被控制住。从这种意义上看，物价高涨成为这一时期宏观政策的副产品，其影响是消极的，对经济发展造成了一定程度的破坏。

(三)不适当政策的负面效应

不适当的政策是指那些不符合社会主义发展，不利社会公平竞争，影响市场秩序，对社会经济发展无益甚至是有害的政策。如某地牛肉面限价政策的出台。针对前一时期一些牛肉面经营者擅自提高价格，引发牛肉面涨价风波，该市五部门联合出台限价令：将该市的拉面馆(店)根据经营环境、技术力量、服务水平和饭菜质量等，划分为特级、一级、二级、普通级四个级别，并分别限制了每个级别的最高售价，每一级别价格浮动做了具体的规定。在遇到经营者串通涨价、影响市民生活的情况下，地方政府和主管部门应当出手干预。不过，政府干预的方式该采用整体限价，还是该采用查处故意扰乱市场者以间接稳定价格的方式，却是值得商榷的。“限价”真的能带来预期效果吗？其实不然。由于此次商家调价是在粮食、食品价格大幅上涨的背景下出现的，上调具有一定的成本推动因素，因此，单一的“限价”可能会出现三种情况。其一，生产者可能粗制滥造，降低产品的质量，形成隐性涨价。有关报道称，部分市民在“限价”出台后进入一些牛肉面馆消费时，直观地发现部分牛肉面的分量、质量有了变化。“限价”所让出的利，商家想通过减量降质来补回。也有人感觉到“限价令”后的两碗只算是原来的一碗，这实际还是涨价；其二，生产者可能通过其他相关产品涨价来弥补“限价”损失，提高其他食品的价格，不提供原有的免费物品的使用，增

---

① 引自中国人事出版社《金融专业知识与实务》

② 引自李武好著《中国经济发展中财政政策和货币政策》

收餐具的使用费等都不失为一种弥补损失的办法；其三，寻租行为的发生。这次牛肉面限价还有一个特点就是对面馆进行分等定级，并对每个级别限定最高价格。那么这个等级越高，价格就可以定的高一点，每个面馆的老板都希望自己的等级高一点。对牛肉面进行评级，物价局等相关部门的市场权威就会增加，就获得了权力寻租的机会。

（四）政策、法规不健全、不配套

在经济体制转型过程中，由于政策、法规不健全、不配套，使产业调整出现或多或少的问题，比如价格双轨制的实施。由于当时的客观条件和要求，使得该政策成为一种没有相关配套法规和配套约束机制的政策措施，成为有碍于社会发展的一种经济制度。价格双轨制主要是指生产资料价格双轨制，即同一城市、同种工业生产资料同时存在计划内、计划外两种价格的状态，国家计划任务内的生产资料实行国家牌价，超计划生产部分和按国家规定的比例允许企业自销部分实行市场价格。这是经济体制转换时期新旧体制并存的反映。也是八十年代我国的一种特殊的经济制度。由于同一种物资，市场与计划之间的差价十分大，于是有政府部门或掌权的官员利用他们可以调拨物资的行政权力，将计划物资转到市场高价出售，加上缺乏相关配套的监督约束机制，从中渔利就变得可行，随之产生了“官倒”。所以“官倒”的实质就是利用特权谋私利，抬高物价，损害公众利益。权力有了寻租的空间和渠道，腐败就滋生了。导致社会分配秩序的严重混乱，出现了严重的社会分配不公，这是人民群众十分愤恨的。

五、我国物价政策的调整

物价调控是一个关系到全体社会成员切身利益与社会稳定问题。针对物价政策制定和实施中存在的一些问题，有必要对物价政策予以调整与优化。

（一）我国物价政策的目标

对物价政策的调整首先要确定物价政策的目标。物价政策的目标一般有两种选择：一种是经济运行平稳目标，另一种是社会稳定目标。

1. 对经济运行平稳目标的取向。政府的调控主要是考虑经济运行的健康有序，把握好价格总体水平。如 2005 年消费品价格实现了涨幅回落，说明政府对价格总体水平的把握和控制是到位的。要把握好物价水平就是寻求均衡点，这个均衡点就是供需均衡，即能最大限度地调动供应方生产者的积极性、创造性，促进生产力的发展，又能使需求方消费者产生现实的需求，充分扩大内需，发掘新的消费增长点，从而消化社会产出。然而均衡点的把握是有难度的，尤其是长短期的变化。首先，供应、需求呈现不稳定性。比如消费需求中的“存量需求”，就可能使其短期具有井喷性，而长期缺乏有效延续性，需求呈现波动态势；其次，供需双方从长期来看又是可以相互变化的。比如目前我国价格上涨的动力更多来自于投资，投资在建设期，属于需求范畴，拉动价格上涨，到投产期，就属于供给范畴，成了价格的压制力。从中可以看出，长短期问题是我们面临的难点，从而影响政策的实施效果，比如为实现短期治理通胀的目标而实施紧缩政策就可能会为长期内通货紧缩埋下伏笔。因此在制定政策尤其是物价政策要注意长期与短期的结合，做到短期内对通货膨胀的控制与长期内对通货紧缩的防治相结合。

2. 对于社会稳定目标的取向。政府主要应该关注价格结构的特征，即从商品结构、城乡结构、地域结构等方面观察不同居民所承受的价格冲击，从中考虑物价政策对社会稳定的重要意义。社会的稳定最终体现在民生稳定。民生稳定关键是要社会低收入家庭及弱势群体的基本生活得到保障，而物价政策的合理性可为其提供坚实的保证。一般来讲，随着市场配置资源作用的发挥，今天的政府定价范围和内容越来越少，但直接的定价仍然是整个社会不可或缺的手段，尤其是对那些关系国计民生和自然垄断的行业或部门显得尤为重要，减少这些价格对低收入群体及弱势群体基本生活的冲击，是政府民生工程的重点之一。物价与民生的关系，历史上有过许多记载，其中《宋史》对嘉熙三年有以下描述："楮券日轻，民生流离，物价踊贵，遂至事无可为。"可见当时的物价已经令南宋政府到达了"事无可为"的崩溃边缘。因此可以说物价不是民生的全部，但没有物价的稳定就没有民生的稳定，只有在物价工作上做到合理、稳定，才能从根本上保证民生的稳定。

(二)我国物价政策调整与优化

物价政策的调整与优化，必须有利于调动全体劳动者和全部市场竞争主体的积极性，有利于增强企业的生机和活力，有利于提高国民经济运行效率和质量，最终实现经济的健康发展。有利于社会的稳定，促进构建和谐社会的实现。从我国的实际出发，当前物价政策应从以下几方面调整与优化：

1. 物价政策定位的调整

主要是指物价政策随时间的变迁其在宏观调控中的定位也发生了变化，原来体制所赋予的地位与现实情况不太一致，甚至出现相脱离的现象，需要加以调整，更好地发挥物价政策的导向性功能和管理性功能，以免出现政策的非预期效果影响政策的作用。

对物价政策的正确定位应该从以下两个方面加以理解：

(1)灵活多变的物价政策是当前经济形势的客观需要。经过二十多年的改革与发展，我国已基本告别短缺经济，有效需求不足成为当前制约经济增长的主要矛盾。从这些年的发展来看，社会消费慢于经济增长，有效需求不足与经济结构矛盾交织在一起，在这样的环境下，要实现我国全面建设小康社会的宏伟目标，任务十分艰巨。十六大报告指出，"扩大内需是我国经济发展长期的、基本的立足点"，要"坚持扩大国内需求的方针，根据形势需要实行相应的宏观经济政策"。目前，我国已经采用的宏观调控政策，为扩大内需和经济结构调整做出了重要的贡献。近些年我国经济增长快速，国内需求特别是投资需求强劲增长，进出口贸易持续扩大，经济运行质量有了明显的提高。但我们也应看到，在取得了明显成效的同时，供需矛盾和通货膨胀压力也逐渐暴露出来，因此，各种宏观调控手段相互配合、取长补短，共同确保实现宏观调控目标显得尤为重要，而采取灵活多变的物价政策拉动内需，缓解结构矛盾，促进经济增长正是当前经济形势的客观要求。

(2)物价政策是财政、货币政策的重要补充。近年来，国家通过发行长期国债，加上大规模的银行配套贷款，每年可以极大拉动经济增长，创造出可观的就业机会，集中建设了一大批关系国计民生的重大基础设施项目，支持着国民经济的快速稳定发展。但是，一些问题和风险随之而来，例如财政资金对社会投资和需求的挤出效应、由财政赤字带来的支付风险、边际效益带来的收益下降以及政府投资可能带来的结构失衡等，这些潜在的危险将进一步加大。而货币政策的效果滞后性将会使货币政策的效力受到一定的限制，特别升息降息从长期看，其负面影响都是不容忽视的。由此可见，尽管财政政策和货币政策可以为我国扩大内需、刺激经济增长做出积极贡献，但随着时间的推移，他们的政策效力将会略显不足，因此，寻找其它的宏观政策手段，优化宏观调控组合将显得非常必要。目前的经济运行就决定了物价政策可以作为财政政策和货币政策的有益补充，它可以发挥物价政策的灵活多样性，创造性地通过价格杠杆的调节作用扩大内需、调整经济结构以便保持经济持续快速健康发展。

由此可见物价政策不应该局限于从调控手段的层次将其与发行国债、调整利率、公开市场业务等财政、货币政策的具体手段并列起来加以认识，甚至以计划经济时代的观念去定位，而应该从政策层面上去探索其作为财政、货币政策的组合政策的途径，以正确定位宏观调控中的物价政策。我们除了应该将物价政策作为一种短时期保持物价稳定的手段加以运用，还要将其作为一种长期保持物价稳定的政策加以实施。

2. 物价政策的内容调整

国家改变以往的点点涵盖、面面俱到的物价调控范围和内容，通过对部分行业和部门的价格进行必要的调控以及从立法的角度加强物价调控的法制建设，从立法机制上避免不合适政策、方案的出台，以便对整个市场物价进行有效调节，充分发挥物价政策的直接管理职能和决策职能。

(1)通过物价政策的内容调整,充分发挥物价政策的直接管理职能。物价的管理职能在我国有着很深的经济基础和社会因素,我国的国情决定了政府在管理价格方面的双重身份,一方面政府要履行国家职能所赋予的价格管理责任,另一方面由于公有制经济在社会中占主导地位,又要履行国有财产所有者和经营管理者的定价职能。这样的双重身份必然有所冲突,而市场经济的建立,为这个问题的解决提供了一个契机。随着市场配置资源作用的发挥,政府的物价管理范围和内容将越来越少,但是,我们还是应该清楚地认识到,市场经济注定存在"市场失灵",在价格方面也是存在的,因此价格管理在今天这个社会依然是必需的,也是必要的。对那些关系国计民生和自然垄断的行业和部门,价格管理仍然显得十分必要,例如关系国计民生的粮食、棉花、电力、石油、军需品的价格;一些存在明显"市场失灵"的公共产品和准公共产品的价格,如国防、邮电、交通、自来水等;以及需要由政府提供资金支持的医疗收费、学校收费、公用设施使用费、名胜古迹参观点门票等公共利益部门价格。

(2)通过物价政策的内容调整,充分发挥物价的决策职能。计划经济时代,政府直接配置资源,利益主体比较单一,形成了国家计划就是政策,就是规则。而进入市场经济,资源配置的手段主要以市场为主,形成了以市场为主的价格机制,物价政策工作职能更加充实了,不仅包括依法规范经营者价格、市场价格和政府价格的工作,而且建立健全价格法律、法规,保证价格管理的科学化和程序化工作也将成为工作重点。因而要加快制定与《价格法》相配套的法律和法规,诸如制定经营者价格行为规则,界定价格竞争行为;针对政府收费存在的争议性问题,制定必要的规定加以规范;通过制定政府定价行为规范和价格决策听证办法,提高政府定价的科学性和合理性;针对市场价格秩序的混乱和无序竞争,将制定反对价格垄断、价格歧视、价格同盟以及价格欺诈等法规。从法律制度上,保证物价工作的连续性和长远性。

3. 物价政策的方式调整

就是物价政策由以直接调控为主转变为以间接调控为主,以行政命令为主转变为以市场调控为主的方式,通过方式上的改变,来降低市场的激烈反应,减小政策附带的消极作用,从而发挥物价政策的最大效力,以便达到经济结构的合理和物价的稳定。

在价格调控方面,间接调控一个很重要的手段就是通过价格杠杆对整体物价加以实施影响。价格杠杆作为一项宏观经济调控手段,在改革开放和市场化过程中发挥了积极作用,尽管目前政府定价范围越来越小,价格杠杆的宏观经济调节职能依然有效。物价政策一方面通过直接限定价格水平或价格的浮动幅度,如政府定价、政府指导价、保护价、最高限价、最低限价来稳定物价,对市场出现异样情况的商品,制定并实施价格干预和应急措施,另一方面,通过控制差价率、利润率、价格补贴等间接调控手段,也可以通过调节供需间接达到调控价格的目的,如通过限产政策来调节产品供应和通过运用重要商品储备和价格调节基金等手段,调节市场商品的供求和价格;通过税收手段,对进入流通领域、消费领域的产品进行控制。对于这些价格的间接管理和调控可以直接起到抑制或鼓励消费的作用,以实现政策的目标,也可以通过对供应者的鼓励、补贴、保护,对投资及生产产生影响,从而达到政策制定者的鼓励和限制的意图。

在物价政策的运用时,要注重减少物价政策以行政命令方式去执行的比例。企业是独立的商品生产者和经营者,是市场竞争主体,而不是国家政府的附属机构和下级单位。政府执行物价政策调整与优化的一个重要方面,就是要理顺政府和企业关系,着力塑造和培养企业在市场中的主体地位。具体说就要提高企业在产品定价方面的主导地位,尤其是要提高企业依照市场机制合理制定价格的能力,从而使企业产品生产、销售健康运行,增强企业经济实力和发展动力,这对于企业能否实现自身增长方式的转变尤为重要。对此,国家政府要调整物价政策实施方式,降低行政命令在实施方式所占的比重,通过市场机制、立法程序等方式,规范国家政府物价政策实施，着力规范作为微观经济主体—企业的定价行为，并且加大价格执法力度，对价格违法行为按章处理，依法行政、依法调控，为物价工作的长远发展奠定坚实的基础。

4. 物价政策的手段调整

主要是指对原物价政策在实际运行中出现的手段单一作适当调整，使物价政策的整体功能得到应有的发挥，达到预期的目的。物价工作应本着“定规则、当裁判、搞服务”的原则。由于以前经济体制不完善，物价政策在长时间内都是以强制性手段得以实现，随着经济体制的逐渐完善，物价政策手段单一化的弊端开始显现，所以调整好政策的实现手段，促进手段的科学化、多元化，使得政策更加配套完善。

(1)缩小强制性手段的运用范围，加强其力度。强制性手段主要是针对一些关系国计民生的重要商品、公共产品和准公共产品，如电力、能源、自来水、交通、军品等，通过直接限定它们价格水平或价格的浮动幅度，或通过价格优惠、补贴等措施来达到控制调整的目标。当然还可以通过限产政策、以及重要商品的国家储备和投放等强制性手段来控制商品价格的波动，以实现目标。在市场资源配置机制日趋完善的今天，强制性手段对经济的扰动将会越来越大，负面效应将逐渐大于正面效应。因此，强制性手段的适用范围应该越来越少，但是我们依然不能否认强制性手段的重要性，并且要在合理的范围内加大强制性手段的力度，以期达到政策的最大效力。

(2)增加调节性手段，扩大其适用范围。物价政策可以通过调节性手段加以实施，比如通过收费政策，影响企业的市场准入条件、生产成本、生产规模以及利润空间，已达到鼓励和限制的作用，进而实现引导产业结构调整的目的。也可以通过收费政策，影响到消费者的购买成本甚至购买欲望，引导不同收入群体进入不同的消费层次，从而实现消费结构的升级，物价政策的灵活性得以体现出来；同样减免收费的优惠政策，推动民间投资，支持国家建设，促进我国工业化、信息化和现代化的健康发展。

(3)采用指导性手段，突出政策导向性功能。物价政策在市场经济体制中，更多的应该表现出其政策的导向性。一是通过发布产品供需信息、成本调研报告、价格指数分析报告、重要商品和服务价格信息和价格走势报告，引导生产和消费活动；二是对于社会反映强烈的价格矛盾，通过舆论宣传、企业协商、行业警告，甚至通报或查处等方式，引导和规范企业竞争，调节供求。比如在SARS期间，部分省市出现的板蓝根、醋、盐的涨价抢购风，当地政府通过新闻媒体进行了正面舆论宣传，并通过相关职能部门对部分违规经营单位实施了处理，使事态平息，价格保持稳定。通过指导性手段，减少政策对市场的不必要冲击，在维持了市场运行机制的合理化同时，也保持了价格的内在稳定。

(4)创新服务性手段，深化政府服务理念。物价政策除了对经济主体的行为进行鼓励或限制之外，还可以通过服务性手段为经济活动提供更宽松有序的竞争环境，建立良好的市场氛围，促进市场主体的扩大，从而达到减轻企业负担和增加经济活力的效果，进一步增强投资和消费的信心，从根本上解决市场繁荣的心理制约因素，以达到宏观政策的目标。政府部门更可以利用自己独特的资源和网络，做好对价格形势的跟踪分析和准确趋势把握，认真分析影响价格走势的各种因素，深入研究价格变动对社会生产和居民生活带了的正负面影响，及时反映重要的价格情况，做好价格预测和预警工作。

综上所述，我们应当充分认识物价政策的积极作用，通过物价政策的调整与优化，使物价政策和产业、财政、货币等政策共同构成市场经济宏观调控政策体系，相互配合、相机组合，为我国经济健康有序地发展提供良好的基础。

作者：江西省调查总队

国际市场价格变动对国内市场的影响研究

众所周知，经济全球化时代，经济资源跨国界流动，开放的中国和世界经济的发展已发生着密切的关联，世界范围内的产品生产、流通、分配和消费不仅对世界经济发展带来冲击，也越来越清晰地影响着中国经济的方方面面，特别是我国加入世贸组织之后，这种影响愈来愈大，统计数据显示，五年来，我国的经济发展发生了突出的变化，世界贸易依存度发生了突出的变化，贸易格局发生了突出的变化。在与世界各国的经济贸易往来中，国内价格与国际价格变动趋于联动和趋同，对国内市场产生着更为直接的影响。本文拟从产品价格这样一个侧面，用统计数据量化分析近几年来国际市场价格变动对国内市场的影响，探讨在全球经济环境下经济发展的应对措施。

一、五年来国内经济发展和对外贸易变化

（一）GDP

2001年12月11日，我国正式加入世界贸易组织，成为第143个成员国。此期间，伴随着全球经济的复苏和发展，我国进入了新一轮的经济增长周期，国民经济持续快速增长，据中国统计年鉴，2002～2006年我国GDP分别增长9.1%、10.0%、10.1%、10.2%和10.7%，自2003年起，连续4年保持10%及以上的增长速度，国家综合经济实力增强，对世界经济的影响、贡献增大，在国际上竞争力大幅度提升。据瑞士洛桑国际管理发展学院推出的《2006年世界竞争力年鉴》结果显示，2006年参评的61个国家和地区中，我国国际竞争力排名位次由去年的第31位上升至第19位。据世界银行统计数据，2005年中国国内生产总值跃居世界第4位。按购买力评价法计算的2005年国内生产总值为85727亿国际元，占世界总量的14.05%，仅次于美国，比日本高7.59个百分点。

（二）货物进出口额

据国际统计年鉴资料，2002～2005年世界货物进出口总额增长速度发生了很大的变化，2002年比上年增长4.4%，2003年增长16.7%，2004年增长21.5%，2005年增长12.9%。世界货物进出口自2003年出现陡增，与中国货物进出口增加不无关系，2002～2006年中国货物进出口总额分别增长21.8%、37.1%、35.7%、23.2%和23.8%，年均增长28.1%，远远高于同期世界货物进出口总额增长速度。2005年中国货物进出口总额达14220亿美元，贸易总额仅次于美国和德国，为世界第三贸易大国，占世界货物进出口总额的比重由1990年1.6%上升到6.7%。

（三）外贸依存度

加入WTO之后，我国的对外贸易依存度极其显著的提高，全国货物进出口总额占GDP的比重，2002年为42.7%，2003年为51.9%，2004年为59.8%，2005年为63.9%，2006年为67%。这个依存度反映了我国的对外开放程度，也反映了我国对国际市场的依赖程度，还反映了国外对我国的依赖程度。

从需求的角度，我国部分资源性产品和高科技产品进口依赖程度明显加深。如2005年我国原油进口依存度为41.3%，铁矿砂40.2%，氧化铝45.5%；集成电路和电子元器件中的高端核心芯片与电子元器件99%依靠进口；数控车床的70%、光纤制造设备的100%依赖进口。

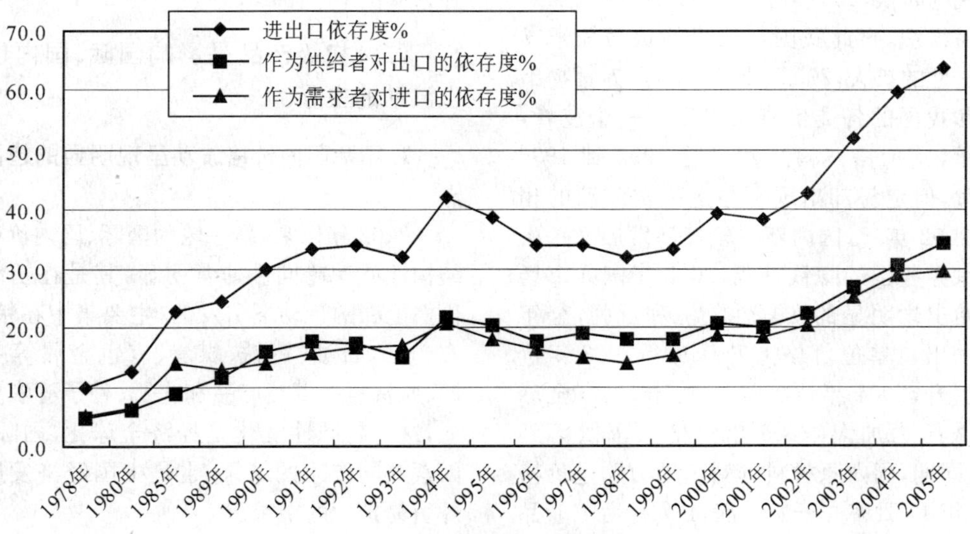

1978—2005 年中国货物进出口依存度变化图

从供给的角度，纺织服装、轻工、机电、家电、信息、通信产品等与日常生活相关的耐用或非耐用消费品我国又呈现强烈的出口依赖。如中国纺织服装出口量约占全球市场的 25%以上；2005 年中国鞋的出口依存度 67%，彩电 64.2%，DVD87.2%，摩托车 63.9%，其它如空调、电冰箱、洗衣机、微波炉、电风扇、照相机、移动电话、计算机、摩托车等机电和轻工产品，情况大体类似。

(四)贸易格局

我国在产品贸易上绝大多数年份处于贸易顺差，2006 年贸易顺差扩大到 1774.7 亿美元。中国工业制成品出口比重上升，初级产品出口比重下降，2005 年中国货物出口总额 7619.5 亿美元，其中制成品出口占 93.6%，比 1990 年上升 19.2 个百分点，初级产品占 6.4%，比 1990 年下降 19.2 个百分点。近几年中国初级产品净进口额呈快速增长，1995 年初级产品净进口只有 29.3 亿美元，2002 年增加到 207.3 亿美元，2003～2006 年初级产品净进口增长速度分别是 83.07%、102.16%、28.61%和 36.02%，到 2006 年初级产品净进口额达 1342.1 亿美元。

上述数据证实了我国尤其是加入世界贸易组织之后与全球经济发展的关系越来越密切，国际、国内市场通过各种国际贸易活动联系在一起。在国际贸易活动中，各贸易主权国根据各自的绝对优势(劣势)和比较优势(劣势)，从贸易活动中获得经济收益，同时对国际市场供求关系产生影响，并通过贸易活动进而影响到国内市场的供求变化。这种普遍的价值规律促使贸易活动过程中的产品价格问题自然成为交换主体密切关注的焦点。

二、价格反映

(一)从历史数据看国际、国内市场价格运行轨迹

为了更清楚的说明一些问题，我们在此列出自 1990 年以来世界货物出口单位价格指数和我国各类价格指数的运行轨迹(见下图)。从历史发展的进程中，会发现我国经济发展对世界经济所产生的影响，它突出的表现在价格的变化上。1990 年以来的世界货物出口单位价格指数和我国各类价格指数变动图观察，1992 年到 1996 之间，由于国内经济快速发展，投资需求增加，首先引发国内各类产品及投资品价格普遍上扬，继而，显然由于国内迅猛的需求刺激了国际市场，大约比国内产品价格陡涨的年份稍晚了一两年之后，世界货物出口价格指数也出现了高涨，后随着我国对经济过热所采取的宏观经济调控措施，需求出现了下降，价格同时显示为走低，当国际商品市场价格于 2001 年底

跌入谷底的时候，2001 年 12 月 11 日，我国加入世界贸易组织，自此我国与世界的贸易往来发生了历史性的扩大，2002～2006 年，世界货物出口价格和我国的各类价格又出现了一个波峰，图形显示，其价格波幅虽然没有 1992 到 1996 年那么大，但走势却出现了与上一次波动的相似。自 2002 年起，国内新一轮经济发展又一次牵动了世界各国的赚钱神经，2002 年国际市场价格开始出现明显的恢复性上涨和反弹，全年世界货物出口单位价格上升 0.9%，2003 年价格继续上升，2004 年达到最高上升 11%，全球通货膨胀压力加大，2005 年价格涨幅回落到 6.5%。同期，国内原材料、燃料、动力购进价格于 2002 年 11 月率先开始上涨，1 个月后工业品出厂价格上涨，继而居民消费价格上涨，2003 年各类价格继续上升，2004 年上升到最高点，其中原材料购进价格上涨 11.4%，工业品出厂价格上涨 6.1%，农产品生产价格上涨 13.1%，固定资产投资价格上涨 5.6%，房屋销售价格上涨 9.7%，居民消费价格上涨 3.9%，产生了较强的通货膨胀压力。2005、2006 年我国不断加大宏观经济调控力度，故自 2005 年起，价格虽然继续上涨，但涨幅明显回落。到 2006 年，全国除原材料燃料动力购进价格（上涨 6.0%）、房屋销售价格（上涨 5.5%）外，其它各类价格均已回落到较低水平，涨幅在 1.2～3%之间。

（二）初级产品是影响国际、国内价格向上波动的主导

1. 国际国内价格波动呈现明显的趋同性特点

2002 年以来，新一轮的国际、国内价格上涨结构性波动趋同性非常明显，其是在初级产品价格上涨的带动下引发的，主要集中在粮、油等农产品，石油、钢铁、煤炭、有色金属等主要能源、原材料投资类产品和化肥、种子等农资产品上，这一趋同性变化是经济全球化，国际、国内因素共同作用的结果，也是中国经济发展和对外贸易扩大的结果。

2002 年开始，国际市场上各类主要初级产品如食品饮料类，原油、农产品等原料类，有色金属类等商品的价格普遍回升，继而一些主要工业制成品如钢材、汽油和一些基本石油化工原料、通用塑料、棉纱、布等价格也各有上升，2003 年国际商品市场价格在起伏波动中上升，2004 年攀升涨幅达到最高，2005 年国际商品市场需求依然旺盛，部分产品出现供求失衡，加上市场投机增多、自然灾害频发，价格总水平继续走高，涨幅低于 2004 年价格涨幅，但结构性上涨特点依然突出，呈现出有色金属和能源价格

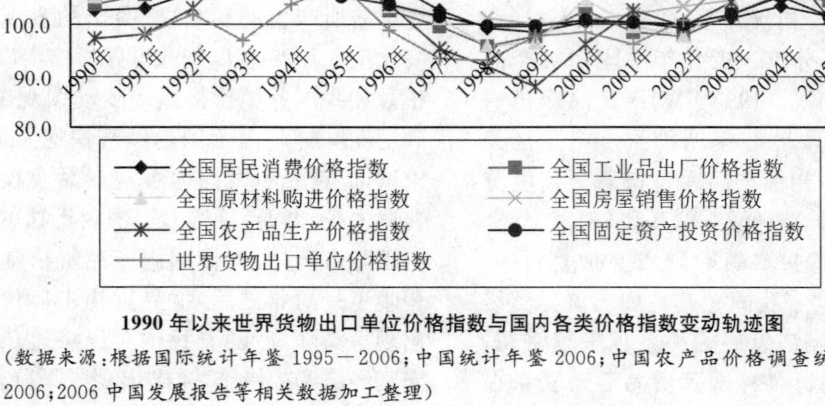

1990 年以来世界货物出口单位价格指数与国内各类价格指数变动轨迹图

（数据来源：根据国际统计年鉴 1995－2006；中国统计年鉴 2006；中国农产品价格调查统计年鉴 2006；2006 中国发展报告等相关数据加工整理）

大幅上扬、农产品和制成品市场相对疲软的结构性价格上涨特点。据WTO的统计，2005年世界货物出口的单位价格指数（以美元计）比上年增长6.5%，上涨幅度比上年回落4.5个百分点。其中，燃料价格涨幅超过35%，矿产品和有色金属上涨25%，农产品和制成品的增幅在2%—3%之间。

与此同时，我国市场价格呈现出与国际市场变动特点基本一致。首先国内企业矿产品价格于2002年1月率先开始上涨，随后煤油电等能源产品和粮、油等农产品价格上涨，在此带动下国内企业商品价格总指数（中国人民银行统计资料）2003年1月开始上涨，到2004年9月达到最高，涨幅为9.6%（以上年价格为100，下同），而后有所回落，同样是由于农产品、加工业产品价格相对疲软的结构性的特点，到2006年6月份，价格总水平回落到2.3%，但有色金属等矿产品，煤油电等能源产品价格继续大幅上扬，矿产品价格依然上涨达到10.7%，煤油电价格上涨10.1%。

2. 发展中国家经济的强劲增长带动了全球金属、原材料等初级产品的旺盛需求和价格上涨

据IMF测算，金属产品价格与世界经济增长的相关性超过一半，并且几乎是每次价格大幅度的攀升都是由强劲的经济增长引起的。2002～2005年世界经济分别增长3.0%、4.1%、5.3%和4.9%，2006年全球经济延续较高的增长速度（据IMF预测）增速可以达5.1%。全球经济的较快增长使需求得以充分扩张，带动了价格的上涨，此期间世界经济增长对世界货物出口单位价格指数的影响相关系数为0.7778。2002年以来中国经济增长对世界货物出口单位价格指数的影响相关系数高于世界经济增长的影响，为0.8383。有关资料还显示，按照购买力平价计算，中国对世界产出增长的贡献达到29%，经济规模占世界的15%，对金属产品的新增需求更是大大超过了这两个比率，甚至超过了对石油需求所占的比率，在过去4年间，中国大约占世界主要金属铝、铜、钢的消费增量的一半，部分产品如铅、锌的需求增长甚至超过了全球需求的增长，对国际市场此类产品价格的上涨起到了明显的带动作用。

3. 投资是初级产品需求的主要拉动力

统计图形显示，国内历年投资增长与原材料价格二者的波动方向、周期呈现显著的一致性变化，说明投资需求的增减直接影响原材料价格的涨跌。近几年国内投资又一轮快速增长，在拉动经济增长的同时也带来了较高的价格水平。2003～2005年全国固定资产投资增速分别为27.7%、26.8%和25.9%，其间全国原材料购进价格累计上涨26.4%，其中燃料、动力类价格上涨35.5%，黑色金属材料类上涨39.6%，有色金属材料类上涨44.1%，化工原料类价格上涨21.4%。对2002～2006年6月全国固定资产投资月度累计增长速度与原材料购进价格指数建立自回归分布滞后模型（ADL模型）显示，(1)在其它条件不变的情况下，全社会固定资产投资每增长1%可影响同期原材料购进价格上涨0.1579个百分点；(2)上期固定资产投资每增长1%影响本期原材料购进价格回落0.1106个百分点；(3)上期原材料价格每上升1个百分点则影响本期原材料价格上涨0.9438个百分点。可见，投资增长对原材料价格即有需求拉动作用，也有投资后供给增加对价格上涨的抑制作用，但总体看，投资增长对原材料价格走势具有明显的持续正向推动作用。从国际市场看，国际市场能源、原材料紧缺，产品供不应求，价格飚升，各主要贸易伙伴原材料价格普遍上涨，以2000年为100，2004年美国原材料价格累计上涨32%，日本上涨17%，韩国上涨32%，印度尼西亚上涨37%，泰国上涨33%，澳大利亚上涨4%。中国投资和重工业增长过快，重要原材料需求强劲，对能源、原材料等初级产品进口大量增加，特别是2002年以来我国初级产品净进口额持续快速增长，对国际市场商品价格上升形成一定的拉动。

4. 中国农产品进口增加也抬高了国际市场价格

我国自加入WTO后，农产品关税已成为世界上关税总水平最低的国家之一，同时大宗农产品进口猛增，无疑对抬高国际农产品价格起了相当重要的作用。数据显示，我国的农产品净进口额不断扩大，2000年我国农产品进口

153.6 亿美元,2003 年 234.6 亿美元,2004 年增至 328.8 亿美元,农产品净进口额由 2000 年的 22.8 亿美元扩大到 2004 年的 155.5 亿美元,粮食、棉花和油料等土地密集型农产品进口增加一方面使国内农产品价格受国际市场价格影响加大,另一方面也推动了国际市场价格的上升,从而使国际、国内农产品价格波动趋于吻合。我国主要进口农作物如大豆、小麦进口量占生产量的比例逐年上升,特别是 2003 年以来大豆进口量连年超过当年生产量,大豆消费量的 50%以上源于进口,对国际市场的依赖性增大,其国际市场价格连续上升,国内价格也因之相涨。

5. 中国进出口总额与国际市场价格呈高度相关

从历年世界货物出口单位价格指数与我国货物进出口额增幅变动看,国际市场价格与我国进出口贸易额的增长变化逐步趋于一致,即随着我国对外贸易的扩大,当货物进出口额增幅扩大时,价格升幅普遍扩大,货物进出口额增幅缩小,价格升幅亦普遍回落。根据历史数据计算,1990～1997 年我国货物进出口总额增长与国际市场价格指数二者的相关系数为 0.3431,2002～2005 二者的相关系数达到了 0.8935。进口总额和出口总额的增长变化与世界货物出口单位价格指数的相关性更高,分别为 0.9762 和 0.9335。说明我国货物进出口总额的快速增长,对国际市场价格的变化影响加大。货物进出口总额增长与国际价格相关性越来越大,也是国际、国内价格波动趋于同步的重要因素。

三、国际市场价格对国内市场的影响

市场供需关系,决定了其永远的互动性。在中国经济发展对国际产品价格产生影响时候,国际市场价格对中国市场的影响程度也越来越深。为了更明确的分析近几年来国际市场价格对我国市场的影响,我们将数据截取在 1991～2006 年,重点观察 2002～2006 年一些国际产品价格(指数)数据,分别对从生产、投资、消费和国内价格作相关对比分析,量化国际市场价格对国内市场的影响。

(一)对工农业生产的影响

1. 对农业生产的影响

由于农产品国际贸易大幅度增加,我国农产品生产价格起伏随之变化,粮食价格尤显突出,2002～2006 年,全国农产品生产价格指数分别为 99.70%、104.40%、113.10%、101.40%和 101.20%,其中粮食生产价格指数分别为 99.16%、104.48%、126.21%、99.08% 和 102.0%,此期国内农产品价格上涨与世界货物出口单位价格指数之间显示为正相关,相关系数为 0.7833,由此可得出国际市场价格与国内农产品价格之间互为作用的关系。从另一个角度观察,这种价格关系以及产生的影响,促使农民挖掘生产潜力,扩大农作物播种面积,提高农产品产量,继续扩大国际贸易,同时也增加了农民的收入。以粮食为例,2002～2006 年我国粮食生产价格对粮食产量的影响有明显的正相关性,相关系数为 0.6035,粮食生产价格 2006 年比 2002 年上涨 33.3%,粮食产量增长 8.8%,其中 2004 年粮食价格比上年上涨 26.21%,粮食播种面积增加 2067 万亩,粮食产量比上年增产 9%,人均粮食纯收入 621 元,增加 172 元,对农民人均农业纯收入的贡献达到 97.7%,在粮食纯收入中粮价大幅上升使农民增收 165 元。

2. 对工业企业生产的影响

世界货物出口单位价格指数与我国原材料、燃料、动力购进价格指数的相关性似乎更为直接,2002～2006 年间其相关系数为 0.8252。这几年国际市场初级产品价格持续攀升,在推动国内原材料价格也持续攀升的同时,使我国初级产品进口成本迅速增加,致使企业生产成本呈刚性增长,企业获利空间缩小,利益受损。总体看,国内工业企业利润增幅下降,但不同行业利润变化差异较大。2004 年世界货物出口单位价格上升 11.0%,国内原材料、燃料、动力购进价格上涨 11.4%,而全国国有及规模以上工业企业利润增幅比上年回落 8.09 个百分点,2005 年原材料、燃料、动力购进价格上涨 8.3%,涨幅有所回落,但重要的矿产品、煤、电、油和有色金属等原材料价格涨势依然强劲,企业利润继续下滑，增幅比上年回落 9.41 个百分点。与此同时，我国亏损企业数量增加，2004 年比上年增长 9.7%，2005 年增加到 47603 家，比上年增长 18.9%；亏损企业亏损额急剧上升，2004 年上升 7.1%，2005 年亏损企业亏损额达 1923 亿元，比上年增长高达 55.1%。从各行业看，2005 年我国工业企业利润增速最快的都集中在煤炭、石油、黑色金属矿等能源性领域以及钢铁行业，如：煤炭开采和洗选业利润上涨 82.78%，石油和天然气开采业利润上涨 66.43%，黑色金属矿采选业利润上涨 58.28%，有色金属矿采选业利润上涨 88.53%，另外农副食品加工业利润上涨 70.43%，而利润增速下降的基本上集中在下游行业，尤其是制造业，例如交通运输设备制造业利润下降 13.97%，化纤行业利润下降 26.7%。

(二)对投资和消费的影响

1. 对投资的影响

一是促使外国直接投资大量流向中国。经济全球化的发展，国际跨国公司为提高竞争力，努力在新兴市场国家扩大生产，寻找降低成本的新途经，国际市场石油、原材料价格上涨进一步刺激了外国直接投资流向发展中国家；我国良好的投资环境和工业配套水平以及低廉的劳动力，吸引了大量外资流入。数据显示，2003 年我国外商直接投资 535.05 亿美元，自 1990 年的 12 位跃居世界第 2 位，2004 年外商直接投资继续扩大到 606.30 亿美元，比上年增长 13.32%，保持世界第 2 位，2005 年受我国宏观调控政策的影响，钢铁、水泥和电解铝等行业新增外商投资得到有效抑制所致，外商直接投资额比上年有所下降，为 603.30 亿美元，但仍居世界第 3 位。二是对我国固定资产投资增长有明显地正向推动作用，经计算 2002～2005 年世界货物出口单位价格指数与我国全社会固定资产投资增长速度呈高度正相关，相关系数为 0.9444。三是国际市场初级产品价格上涨影响国内投资结构变化，使石油、天然气开采业和石油加工业投资呈现快速增长。数据显示，2005 年

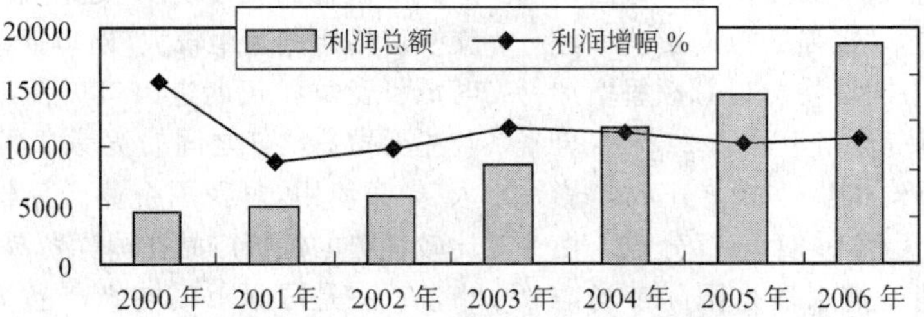

全国全部国有及规模以上非国有工业企业利润变化图

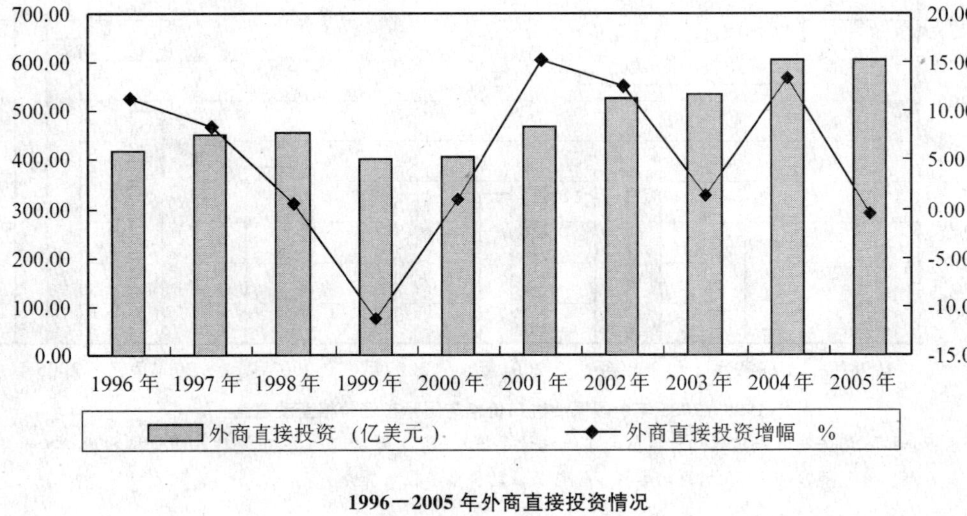

1996—2005 年外商直接投资情况

我国全社会固定资产投资增幅比上年回落0.9个百分点，但采矿业投资却以比上年增加14.7个百分点的增幅扩大。2006年全国城镇500万元以上投资项目显示，全国石油和天然气开采业和石油加工业计划总投资比上年增长47.3%，完成投资增长29.9%，增速高于城镇投资5.4个百分点。

2. 对国内消费市场的影响

2002～2006年，国内的居民消费价格指数与反映国内需求变化的社会消费品零售总额增长幅度呈现弱相关，相关系数为0.3771，与我国的货物出口总额增长幅度呈现较强的相关性，相关系数为0.7882。但使用较长时期数据(1990～2006，数据略)则显示，我国居民消费价格指数与社会消费品零售总额增长幅度呈高度相关，与货物出口总额增长幅度几乎不相关。显示出2002年以来国内消费对消费品价格产生的影响弱化，而代之以来自国际市场需求的扩大。近几年，我国最终消费率持续下降，国内消费品市场供过于求的局面没有根本改变，而国际市场对中国产品需求的快速增长，对国内消费价格水平相对产生了较强的拉动影响。经计算2002～2006年，中国货物出口总额每增加1%将带动国内居民消费价格上涨0.24个百分点，世界货物出口单位价格指数每上升1%，影响国内居民消费价格上涨0.34个百分点。由此看出，无论是国内消费需求还是国际市场需求增加，都必然刺激物价的不断上升，如果需求不足，价格上涨则乏力，而现阶段我国国内消费品价格的变化已不仅仅是受国内需求的影响了。

(三)对我国进出口贸易的影响

国际市场初级产品价格上涨使国际贸易结构发生了极大变化，矿物燃料和其他矿产品在国际贸易中比重上升，钢铁和化工产品在国际贸易中的地位进一步上升，农产品比重下降，计算机和电子产品的国际贸易低于制成品贸易的总体增长水平，这一结构变化对我国的进出口冲击加大。主要表现在：一是世界贸易体受欧美发达国家控制，无论是初级产品还是工业制品，定价权不在使用能源、原材料制造的国家手中，在国际利益集团的作用下，我国需要大量进口的能源价格暴涨，而大量出口的制成品价格下跌，呈现出“高进低出”的进出口格局。二是我国出口增长主要依赖低廉要素价格取胜，工业制成品出口以低技术劳动密集型产品为主，加工贸易占有很大比重，而知识和技术密集型产品出口方面处于劣势，这使中国进出口商品交换价格比例差距较大，出口换汇成本增高，同时低价竞争和长期进出口失衡，也加剧了我国与主要贸易伙伴之间的贸易摩擦，国外“市场准入”频频使用，对我国企业产品出口限制，具有比较优势的低价产品在国际贸易中受制于国际市场。三是国际市场初级产品价格上涨，促使资源类产品出口大幅增长，最终将造成国内资

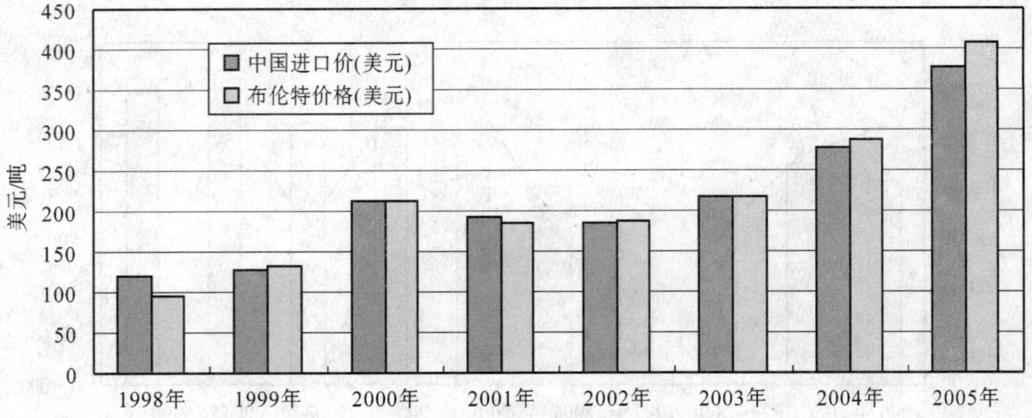

1998－2005年中国原油进口价格与国际市场价格变动对比

资料来源：历年《海关统计》和《国际货币基金组织统计年报》。密度为0.8348的布伦特原油价格的原始标价单位为美元/桶，可按照每吨7.53桶的比率将布伦特原油的价格单位折算为美元/吨。

源供给不足，资源供求矛盾加剧，同时出口增加也导致贸易顺差扩大，带来结汇压力和人民币升值的预期，国际投机资本也会因此迅速流入，造成资本项目顺差，进而带来国际收支失衡和人民币汇率上升的压力。

(四)对国内价格水平的影响

对2002年以来国际与国内各类价格指数相关性分析显示，世界货物出口单位价格指数与国内各类价格指数包括固定资产投资价格指数、原材料购进价格指数、房屋销售价格指数、工业品出厂价格指数、农产品生产价格指数和居民消费价格指数等均呈较高的相关性，相关系数在0.6295～0.8369之间，在我国进出口依赖较强的时候，这种紧密的相关导致了我国呈现较为明显的“输入型”价格上涨特征，国际价格的变化加大了国内通货膨胀的压力。以石油为例，2002年我国原油对外依存度为19.4%，2003年为35%，2004年进口原油数量和金额，分别比上年增长34.8%和71.4%，原油进口依存度上升到42.8%，成为全球第二大石油进口国。国际市场原油价格(布伦特价格)2002年每吨188.25美元，2005年上升到每吨408.35美元，同期我国原油进口价格由2002年的每吨183.8美元上升到2005年的376.3美元(见图)，国际市场原油价格上涨促使我国原油进口价格上涨，带动了国内原油价格以及其下游的成品油、燃油、燃气、化工原料等产品的价格上升，也推动了国内水、电、天然气和煤等资源性产品价格改革进程的加快，公用事业产品价格也陆续上调，加大了居民消费价格的上涨压力。

四、结论和建议

(一)全球经济一体化使更多的产品价格变化趋于同步和接近，国际市场的价格波动对我国国内市场的影响由间接变得更加直接，由相对窄的领域扩大到各行各业，尤其是我国一些在价格上已经基本与国际接轨的农产品和工业原材料，由于国际市场价格上涨，带动了国内同类产品价格的攀升，致使企业生产成本上升，利润减少，价格风险加大。针对这种情况，应从宏观上充分认识自身优势，研究产品、产业结构，在充分发挥市场配置资源基础性作用的同时，理性地建立起反映市场供求、资源稀缺程度及成本变化的价格形成机制。

(二)价格是市场的产物，市场范围越大，市场环境就越复杂，市场约束便更加突出。近几年我国外贸依存度明显增加的变化，提高了我们对国际市场价格变动的敏感性。实践表明，外贸依存度过高会使我国相关产业发展中的不确定因素增加，产业安全风险加大，因此要特别关注依存度较高产品的国际市场价格走势，更新观念，促进加工贸易转型升级，调整出口产品结构，提高出口产品质量，强化产品在国际市场上的竞争力，及时调整企业定价策略，应对国际市场价格风险。

(三)国内价格与国际市场价格变动趋同，但国内资源类价格低于国际市场价格。如2002—2005年我国原油进口价格与国际市场(布伦特价格)价格的比价只有2003年为1，其它年份均小于1，而中国煤炭出口价格与国际市场价格(澳洲价格)的比价除2004年低于1外，其它年份均高于1，促使我国资源类产品出口大幅度增长，这种现象最终会造成国内资源供给不足，产生对国内消费品市场和经济发展的滞后影响。要强化提高保护资源的意识，运用价格型调控手段(包括利率和税收政策)，甚至是法律的手段，促使人们合理利用、调整、掌控资源分配，增强参与经济全球化和维护国家经济安全的能力。资源供求日趋矛盾加剧，对可持续发展的威胁加大，因此优化配置资源，合理开发和节约利用资源将是永远的话题。

作者：山东省调查总队

农资价格问题研究

农民增收工作是各级政府推动新农村建设的中心任务。影响农民增收的方面较多，农业生产资料价格上涨较快、价格不稳、质量良莠不一是近年来影响农民增收的重要因素。农资价格的变化与农民增收之间存在着直接的因果关系，事关农民增收成效的大事，研究农资价格问题具有重要的现实意义。本文将通过剖析农资价格变化的特点，分析农资市场现状与格局、发现农资及其价格存在的问题，探求优解农资价格问题的对策，以期为农民增收工作发挥绵薄之力。

一、农资价格走势变化的特征描述

仔细观察陕西农资价格的走势变化，其基本特征可以用一个字来概括，那就是“涨”，并且涨的品种多，时间长，幅度大。

(一)陕西农资价格总水平阶段性变化特征明显

据国家统计局陕西调查总队对改革开放以来的统计资料计算，以1978年价格为基期，2005年陕西农资价格总水平达到504%，上涨404%。1978～2005年的27年间，有25年农资价格上涨，仅1998、1999两年下降，农资价格总水平涨势明显。

纵向观察，农资价格变化表现出明显的阶段性特征：

“六五”期(1981～1985年)为价格启动阶段。改革开放伊始，加之土地承包制推行，农民投资需求复苏，农资价格开始启动上涨。其中1984年农资价格较上年上涨8.6%，涨幅最高。

“七五”期(1986～1990年)为增长加速阶段。这一时期，社会总需求和总供给矛盾尖锐，人民消费需求旺盛，各方面物资明显紧缺，农业生产资料也不例外，供需矛盾突出，价格出现空前上涨，最高的1989年农资价格涨幅达到22.4%。

“八五”期(1991～1995年)达到增长高峰。该时期是国民经济持续快速增长，也是通货膨胀压力较大的五年，农资价格再度持续大幅上涨。五年中有三年价格涨幅超过10%，1994、1995年更达到28.6%和26.3%，创下历史最高水平。

“九五”期(1996～2000年)价格开始回落。过热经济软着陆后，1998、1999两年农资价格总水平分别下降4.8%和6.1%，这一时期是我省改革开放以来唯一出现农资价格水平回落的阶段。

“十五”期(2001～2005年)价格再度走高。这一时期我国粮食生产走过了下滑－止跌－攀升的曲线，农资价格也随着这条曲线波动。2003年后半年，多年低迷的农产品价格开始出现上涨，加之国家出台的一系列惠农政策，极大地调动了农民生产积极性，也带动了农资价格再度上涨，2004、2005年分别上涨11.6%、7.2%，保持在高位运行。

(二)近几年主要农资产品价格全线上涨

资料显示：2002～2005年，陕西农资价格总水平上涨22.3%。分类别看，各类农业生产资料价格全面上扬，常用农资价格普涨特征明显。

1. 畜产品及饲料价格涨幅较猛。2003至2005年，市场上产品畜、饲料价格大幅升高，三年间分别上涨43.7%、38.8%。生猪养殖中仔猪价格不但涨幅大，且售价波动频繁。2005年10－15公斤重的仔猪售价，最低卖到35元，最高时甚至超过100元。饲料价格则呈刚性上涨，造成养殖成本不断加大。

2. 化肥价格持续上涨。化肥作为农业生产最基本也是最重要的生产资料，已经成为农民最主要的生产投资项目。2002～2005年四年间，陕西市场化肥价格分别上涨5.1%、2.9%、15.6%、10.0%，氮、磷、钾及复合肥售价累计涨幅达到37.5%。以氮肥中50公斤袋装尿素为例，售价已从50多元涨至100多元，价格翻了一番。化肥价格持续大幅度上涨，是造成农业投入增大的主要影响因素。

3. 农用机油价格涨幅较大。近年来，国际、国内石油价格高位频繁波动，成品油中汽油、柴油售价屡屡上调，农用机油价格自2003年起连续三年逐年上涨，累计上涨19.7%，2005年1—11月累计涨幅也已达14.7%。燃料成本提高，机耕、机播及联合收割费用水涨船高，也在逐年走高。

4. 农药、农用薄膜价格涨势明显。化学农药、农用薄膜近年来被广泛运用于农业生产，几年来其价格涨幅也很明显。常用的杀虫剂氧化乐果(40%乳剂)每公斤售价从2002年15元涨到2005年的20多元；每公斤农用薄膜售价从7元多涨到15元多，涨幅达114.3%。

表1　近年陕西农业生产资料价格分类指数表

分类指标	上年价格=100			2005年/2002年
	2003年	2004年	2005年	
农业生产资料价格指数	102.3	111.6	107.2	122.3
一、小农具	99.1	104.5	102.8	106.5
二、饲料	104.8	124.7	106.2	138.8
三、产品畜	102.9	132.9	105.1	143.7
四、役畜	114.6	97.2	104.5	116.4
五、半机械化农具	99.4	102.1	102.2	103.7
六、机械化农具	99.5	103.2	103	105.8
七、化学肥料	102.9	115.6	110	130.8
八、农药及农药械	101	104	103.9	109.1
九、农用机油	107.6	105.5	107.6	122.1
十、其他农业生产资料	92.5	102.4	112.4	106.5

(三)陕西农资价格水平与有关价格水平的比较

1. 农资价格涨幅高于全国平均水平。据计算，与1978年相比，2005年陕西农资价格总水平上涨404%，涨幅高出全国同期平均水平74个百分点。在27年间，陕西有25年农资价格上涨，2年下降；而同期全国农资价格只有22年上涨，5年下降。另外，在27年中陕西有18年农资价格涨幅高于全国平均水平。

2. 农资价格涨幅高于同期居民消费和商品零售价格水平。1978年以来，陕西农资价格涨幅不仅高于全国平均水平，而且高出本省同期居民消费和商品零售价格上涨水平。据计算，2005年陕西居民消费价格总水平是1978年的4.73倍，商品零售价格为3.97倍，而农资价格则达到5.04倍(见下表)。

表2　主要年份价格指数变化比较表

年　份	价格指数(1978年价格为100)			
	陕西农资	全国农资	陕西消费	陕西零售
1978	100.0	100.0	100.0	100.0
1990	200.7	194.8	207.0	204.2
1995	388.8	367.4	405.7	389.5
2000	401.2	355.5	446.7	394.3
2005	504.3	430.1	473.5	397.3

3. 近几年农资价格上涨幅度加大，步伐加快。从历年资料观察，2000 年前的绝大多数年份农资价格涨幅都低于居民消费、商品零售价格水平，2000 年起情况出现逆转，农资价格涨幅反超，连续五年持续高位上涨，并且上涨幅度加大，涨价步伐明显加快。

二、农资价格影响因素及其市场格局与特点

农资作为一种商品，必然受到宏观政策、生产规律、市场变化的多重影响。分析农资价格的影响因素，农资市场格局与特点，有利于我们全面认识农资价格问题。

(一)影响农资价格的主要因素

多年来，我省农资价格保持高位徘徊，从其价格形成及影响因素来看，主要有以下几方面：

一是粮食价格上涨后的比价效应。饲料、种子、产品畜等农资价格与粮食价格存在比价关系，当粮食价格出现上涨时，作为与粮食消费密切相关的饲料、种子、产品畜等许多农资价格就会联动上涨。

二是需求对价格的拉动。随着农业结构调整步伐的加快，以及现代农业发展的客观要求，农村对农用化肥、农药、柴油、农膜等农资产品的需求量大幅增加，供求关系的变化必然刺激相关农资产品价格的上涨。

三是生产环节成本推动。原材料价格的上涨会对化肥、农用机油、农药、农膜、机械化农具等下游产品价格产生助推作用，加之煤电油运总体偏紧和治理超载后公路运费上涨影响，农资价格出现阶段性的大幅上涨就不可避免。

四是流通环节的加码影响。近年来农业生产资料经营主体趋于多元化。除了原来的供销社系统、农业生产资料公司外，农技部门、生产企业等也都介入其中，而且还有不少个体承包经营或是“挂牌”销售。经营单位增多，流通环节增加，为了追求利润，就会层层加价，价格节节高。流通环节多、网点分散、范围广，也给监管部门的管理与执法造成很大难度，导致农资价格居高不下。

五是供需矛盾的规律作用。由于全国各地对国家限价政策执行情况不同，部分化肥生产企业为追求利润，将化肥大量销往未执行限价地区，使得执行限价地区货源紧张，造成该地区价格上涨。另外，随着国际市场化肥价格走高，刺激国内企业加大出口力度，化肥品种的出口量较大增长，从而导致资源外流，使国内供求矛盾加剧导致价格上升。

(二)陕西农资市场的基本格局与特点

1. 营销模式以代理为主。目前陕西农资经营总体以代理销售为主。由生产商委托陕西省内有一定知名度和经营能力的企业，作为陕西全省或某一个地区的总代理，再由代理商对约定销售区域内的其他二级经销商批发，二级经销商再对乡镇村组个体经销户批发，经销户则为零售终端。

2. 营销网络遍布各地。陕西农资的经营网络由省级大公司、大公司在各地设立的分支机构，各地区的中小经营单位，各乡镇的零售经营户，以及生产厂家的直销点等构成。市场经销商从省级的一级批发商，到市级的一级半经销商，各县的二级经销商，再到乡镇的零售商，全省估计有 4000 多个。一级经销商有省农资公司、省化肥公司、亨通公司、农科公司、中农瑞丰公司、农家乐公司等 10 家左右；市级一级半经销商有 50～70 家，每个市 5～10 家；二级经销商每个县都有 5～10 家，全省有 500～600 家；乡镇级零售商，每个乡平均在 3 家，全省有 3000 多家。

3. 农资市场的产品呈现出品种繁多，质量参差不齐，价格高低不一的态势。尿素产品除本地的“渭河”、“陕化”外，还有“丰喜”、“兰化”、“宁化”、“乌石化”、“金丰”等已进入陕西市场；二铵产品有“进口美国嘉吉”、“红磷”、“云峰”、“宏福”、“开磷”、“施大壮”、“黄麦岭”、“六国”、“鲁化”等十几个品牌；尤其是复合肥的品种更多，有国家大型企业生产的，也有中型企业生产的，更有小型企业生产的，质量鱼龙混杂；磷肥主要有云南产、四川产、湖北产、陕西当地产等；碳铵当地产、山西产、宁夏产、河南产等。

4. 农资市场资源有待整合。陕西农资流通领域现代物流的理念与发展还很落后，没有实现供应链管理，缺乏网络技术在物流业中的应用。资源也没有实现有效整合，大小农资企业自成体系，市场竞争无序，无效配送、重复配送、小批量高费用配送浪费大，物流的实现方式十分落后、过于单一。陕西农资市场需求分散、数量巨大、交通不便，物流工作成为当前农资流通企业急待解决的一个非常重要问题。

5. 农资价格稳定工作取得一定成效。为遏制农资价格的大幅上涨，陕西先后制定下发了《化肥种子等农业生产资料提价监审办法》和《化肥生产企业定期成本监审办法》等规范性文件，对尿素出厂价格实行限价管理，对其他化肥出厂价格实行成本利润率控制，化肥综合费率控制在7%以内；对小麦、水稻、玉米等农作物种子出厂价按5%的成本利润率控制。在稳定农资价格的同时，还逐步实行了种粮补贴、良种补贴、地膜补贴、农机补贴等一系列的补贴政策，减轻农资价格波动对农户的影响，受到农民的欢迎。

三、农资价格变动与农民生产和增收的关联性分析

农业生产资料是农业生产的保障，其价格的不断上涨在一定程度上增加了农民的负担，使农民购买生产资料的费用增加，加大了农业生产成本、降低了生产效益，抵消了惠农政策的成效，减缓了农民增收的步伐，已经成为当前制约农民增收的重要因素之一。

（一）农业生产资料价格的上涨加大了农业生产费用支出，影响了农业生产后劲

2000年以来，农资市场的逐渐放活使各类农资价格基本上由市场自发调节，由于原材料价格及运输成本、人工费等价格的不断上涨，农资价格呈持续上涨之势，而价格上涨的绝大部分都转嫁到了农资的最终消费者——农民身上，具体表现在农业生产费用支出的迅速增加。

表3　2003～2005年陕西农民人均购买农资情况

单位：元

年　份	2003年	2004年	2005年
农民人均购买农资支出	164.2	217.3	305.2
＃化肥	98.8	148.7	166.2
农药	14.3	17.8	24.9
种籽	26.6	32.0	43.8
其他生产性服务支出	49.9	65.5	89.8
＃排灌	14.3	18.6	27.1
机耕费	14.3	19.6	25.2

上表显示：2005年陕西农民人均购买农业生产资料支出为305.2元，比2003年增加了141.0元，两年平均增长36.4%。其中：购买化肥的费用是2003年的1.7倍，购买种籽和排灌费分别是2003年的1.6和1.9倍。排除购买量增加因素外，绝大部分费用的增加是由于价格上涨带来的。

农资价格的上涨直接影响到农民对农业生产的投入。在农业生产资料价格持续上涨，农业生产费用不断增加而农业收益预期不确定的情况下，面对农业生产资料价格带来的纯现金支出，农民往往会持谨慎态度。因为农民一年纯现金总量十分有限，如果在农业生产投入上过多，则其在生活及其它方面的现金支出必然减少。在这种情况下，许多农民尤其是低收入农民会选择购买质低价廉的农资产品或少购买农资产品以减少这方面的现金支出，另外一些农民则持币观望以期待在农资产品价格不再增长或会下降的时候购买。当多数农民都做出类似的选择时，农业的整体投入会出现质量和数量上的下降，从而使农业发展缺乏后劲。

（二）农业生产资料价格的上涨加大了农业生产成本，降低了生产效益

一般而言，生产成本与农资价格同向变动，生产效益与农资价格逆向变动，即农产品的生产成本随着农资价格的涨跌而增减，农产品生产效益随着农资价格的上涨而减少。根据陕西调查总队农产品中间消耗调查数据显示：2005年导致小麦、玉米亩均生产成本增加的中间投入费用项目主要有种籽、化肥、农膜、农药、机械作业、排灌费用等。从这些项目价格的增长情

况看,2005 年化肥价格上涨了 10.0%,农用种籽价格上涨了 14.9%,农药价格上涨了 3.8%,农用机油价格上涨了 7.6%。因农资价格上涨,小麦的亩均中间投入费用(199.8 元)增长 29.9%,玉米的亩均中间投入费用(227.3 元)增长 49.9%。同口径相比,2005 年小麦和玉米平均亩均中间投入为 213.6 元,较去年增加了 58.7 元,增长 37.9%。假定小麦和玉米的收购价格不变,那么农资价格每上涨 10%,农民生产小麦和玉米的亩均成本就要提高 14.2%,亩均收益就会下降 7.2%。可见,农业生产资料价格的上涨对农业生产成本及农业生产收益影响显著。

(三)农业生产资料价格的上涨减缓了农民增收的步伐,削弱了惠农政策的部分成效

1. 农资价格不断上涨减缓了农民增收步伐。据农村住户调查数据资料显示(见下表):2005 年,农民人均农业生产费用为 440.2 元,较 2004 年增加了 123.2 元,较 2003 年增加了 201.2 元,分别增长 38.9%和 84.2%;同一时期农业纯收入人均 752.2 元,分别较 2004 和 2003 年增加了 48.4 元和 165.1 元,分别增长 6.9%和 28.1%。从农业生产费用和农业纯收入的增长速度比较来看,农业生产费用的增长幅度远远快于农业纯收入。农业纯收入是农民收入的一个重要组成部分,占到农民全年纯收入的 35%左右,农业纯收入增速减缓,势必影响到农民纯收入的增长速度,农资价格的不断上涨已经成为抑制农业纯收入进而全年纯收入增长的一个反作用因素。

2. 农资价格的不断上涨削弱了惠农政策的部分成效。据价格统计资料,2003～2005 年,陕西农产品价格累计上涨 30.3%,农业生产资料价格累计上涨 22.3%,农资价格的涨幅直逼农产品价格指数,这种步步紧逼之势,使农民在农业收入上的收益不断减少,同时也削弱了惠农政策的部分成效。

陕西 2001～2005 年农民人均农业生产费用和农业纯收入情况

单位:元

	2001 年	2002 年	2003 年	2004 年	2005 年
农业生产费用	237.3	240.1	239.0	317.0	440.2
农业纯收入	595.3	589.1	587.1	703.8	752.2
全年人均纯收入	1520.0	1596.3	1675.7	1866.7	2052.4

假如按照陕西农业人口人均种植小麦和玉米 1.23 亩测算,2004 年,陕西农民人均承担物质费用为 190.5 元,2005 年为 262.7 元,增加了 72.2 元,其中因农资涨价因素就使费用增加了 33.4 元。2005 年陕西人均从取消农业税和粮食直补等政策中获得实惠为 48.2 元,扣除农资涨价影响的 33.4 元,农民人均从惠农政策中得到的实惠相当于 14.8 元。换句话说,除正常实物投入因素外,惠农政策的大部分被农资价格上涨所吞噬,惠农政策成效被打折扣。

3. 实证分析。为了详细了解农资价格的上涨对农户农业生产、收入以及生产的积极性的影响,以 2006 年 10 月份陕西礼泉县调研为例。

礼泉县临泾村一农户 2006 年种植小麦 5 亩,共收获小麦 2000 公斤,平均亩产 400 公斤,对于往年来说是一个高产年。他给我们算了一笔账:收获 2000 公斤小麦按粮站的收购价每公斤 1.3 元计算,共收入 2600 元。中间投入的具体费用是:机械种地每亩 25 元,共计 125 元;(肥料按 50 公斤/袋计算,下同)施底肥,每亩两袋磷肥 48 元、一袋碳酸氢铵 28 元,共计 380 元;冬灌施尿素两袋 180 元,春季施尿素一袋 93 元;灌水两次共 60 元;拉运、脱粒用自己的车,共烧柴油 100 元;种麦时买种子花费 100 元;买除草剂 25 元、防虫害 20 元,共计投资 1083 元,亩均投入 216.6 元。如果不计家人的人工费,纯收益是 1517 元,亩均收入 303.4 元,收益率为 58.3%,成本占 41.7%。

对于该户农民种粮的生产成本,我们可以作如下两方面的测算:一方面,如果按 2003 年的农资价格计算,即磷肥每袋 15.5 元、碳酸氢铵每袋 18.0 元、尿素每袋 63.0 元,假定亩产、

农药、柴油、机耕机播费用等不变，仅化肥涨价一项2006年就比2003年多支出219.0元，也就是说化肥涨价使该户2006年小麦的收入较2003年少收入219.0元。

另一方面，该农户有自己的农业机械，只负担柴油的费用。若是让麦客收割小麦每亩的价格是50～70元，或者是收割机收每亩的价格是50元，那投资就会增加到276.6元，投资增加了收益自然会减少。该农户反映："现在的投入费用太大，收入太少，不敢有再大的投入，再投入就要亏本了。"

从该农户的算账中我们不难看出，农资价格的上涨制约了农业收入的增长，诱发农户种植的恐惧心理，在一定程度上影响农业投资，挫伤农民生产积极性，对农业生产及农民增收极为不利。

四、优先解决农资价格问题，促进农民增收，推动新农村建设的政策思考

研究农资价格问题，最终的落脚点还是农民增收的问题。农资价格的高与低、是否存在问题，一个重要的判别标准就是对农民增收的影响。农民增收的主要来源之一是生产，生产离不开生产资料，生产资料价格过高，会抑制农民收入的增加，生产资料价格过低，又会造成生产商与经销商的利润损失，所以，农民增收与农资价格之间就形成了一种"矛盾的统一体"。如何在农资价格与农民增收之间寻求一种"均衡"，达到一种"和谐"，实现一种"共赢"就显得意义重大。为此，我们在前文分析的基础上，先从农资价格的问题入手，通过问题剖析，探寻优先解决二者矛盾的良策佳方。

（一）农资及其价格中存在的主要问题

农资的质量、农资市场、农资价格形成机制是当前农资及其价格存在问题的三个主要方面。

从农资的质量看，存在的问题主要有两方面：一方面，质次价高、假冒伪劣的农资产品充斥市场，坑农害农事件时有发生。如果说价格高只是造成生产投资增加，那么，假农资则会导致整个生产低效，甚至颗粒无收，进而波及到农民的生产和生活，因此，假冒伪劣产品比价格高危害性更大，危害面更广；另一方面，农资产品的品种结构不尽合理。随着农产品品种、品质结构的调整加快，农户对不同质量、不同品种的农资产品需求多样化程度增强，目前农资产品在多样化、细分化上显然还不能完全满足生产的需要，换句话说，市场导向作用在农资生产上还未发挥充分作用。

从农资市场情况看，存在的问题主要有三：一是准入标准低、审批把关不严造成一些生产规模小，产品质量差的生产企业在市场存在，既破坏了正常的农资生产秩序，也是假冒伪劣农资产品滋生的根源之一；二是对农资市场缺乏有力高效的监管。主要表现在政府管理主体分工不明，职责不清，政出多门，基层执法人员素质及执法水平较低，打真不打假，对违法违规企业及产品以罚代法，徇私枉法等现象在一定程度存在；三是农资经营机制不健全，经营管理不规范的问题比较突出。主要表现是农资经营主体界定不规范，不具备经营资格和经营条件的经销商或挂靠现象大量存在，经营行为不规范，有的囤积居奇，哄抬物价，有的经销假冒伪劣产品等，另外，农资违法广告行为存在，严重误导消费者、坑害消费者。

从农资的定价机制看，存在的问题主要是：其一，供求关系决定价格的核心地位薄弱，价格虚高成为农资的突出问题。目前，国家对主要农资产品（如化肥）采取出厂限价政策，规定了批零差率，然而农资产品到销售终端往往要经过两倒、三倒、甚至四倒、五倒，每倒一次加一次价，逢倒必加，层层加码，到农户手里的农资产品价格自然居高不下。流通环节过多，经营体制复杂，使得农资价格中的非市场因素比重较大，导致价格失真现象严重，造成生产方、购买方的双不满意；其二，农产品价格与农资价格之间缺乏联动机制，二者之间价格传导受阻导致主要农产品价格与农资价格产生"剪刀差"，而这种剪刀差绝大部分要靠农户来背负。农资产品的价格市场调节明显，价格变动频繁，而主要农产品价格却由国家定价，这样，农资价格的上涨就很难在农产品价格中显现出来，农户高价

购进农资而相对低价出售农产品，导致增产不增收。这种价格传导机制的缺失，使得农资价格的上涨不但抵消了国家惠农政策的效用，而且加重了农户生产成本，影响了农民收入的增加，挫伤了农户生产的积极性，降低了农业生产的后劲，制约了农村经济的可持续发展。

（二）优先解决农资价格问题的政策建议

针对农资及其价格方面存在的诸多问题，我们认为，破解农资价格问题的政策核心应集中在六个字：定价、营销、监管。具体来讲，建议做好以下三方面的工作：

第一，加强主要农资价格管理，兼顾生产商、经营商、农户三方利益。农业生产的发展决定了农户对农资产品的刚性需求，同时，农户购买农资的数量却对农资价格具有较强的弹性，价格太高，农户可能放弃部分购买量，反之亦然。农户是农资产品的最终消费者，农资价格过高，不仅挫伤了农户购买农资的热情，反过来也影响了生产商、经销商的利润，是一举三失之举。解决农资价格过高问题，一是要把对农资生产企业的各项优惠政策落到实处，减轻企业负担，帮助降低生产成本，同时，加大对农资生产企业的技术改造投入，鼓励企业提高资源和产品的利用率，提高产出率，推动价格下降；二是严格执行流通环节批零差率规定，从严控制批转层次及经销商资格，严查经营商以各种手段变相提高价格，加大查处和打击力度，切实从流通环节控制价格虚高；三是在国家财力许可的情况下，适当提高对农户农资购买的专项补贴标准，逐步建立对农户购买农资进行直接补贴的长效机制，从而降低农资涨价对农户增收的不利影响；四是政府应尽快建立农资产品的储备制度，在适当时候利用储备功能调节市场价格，从而提高政府对农资价格的调控能力，有效实现稳定农资价格的调控目的。

第二，建立龙头流通营销企业，规范农资流通经营体制，为农户提供优质农资产品。培育和扶持一批有实力、有信誉的农资营销企业，把龙头企业建成经销、服务为一体的综合企业，成为连接生产企业和农户的桥梁纽带，充分发挥龙头企业的主渠道作用，为农户提供优质服务。采取多种模式规范农资经营秩序，如连锁经营、连锁配送、产品直供、企业直销等，减少中间环节，降低经营成本，有效防止流通环节层层加价。加快建立农资经营企业诚信体系，将农资企业的经营行为纳入信用化管理，可根据企业诚信度进行分类管理，定期向社会公布企业诚信等级，通过诚信导向，引导企业走向规范化、合法化经营的轨道。

第三，进一步健全和完善农资市场监管体系，加大农资违法违规行为的执法力度。政府要对监管职能部门的职权进行明确划分，做到不重不漏，避免扯皮推诿，在职责清晰的前提下，充分发挥职能部门执法主力军作用，做到有法必依，执法必严。一是要不断增强执法人员的执法意识，提高执法人员的专业素质，既要防止执法不作为，又要防止知法犯法行为；二是对农户反映强烈的假劣农资问题要加快执法频率，加大执法力度，加重处罚强度，对违法违规企业坚决取缔出市场，必要时追究刑事、民事责任；三是建立对农资产品经常性的或定期性的质量跟踪监测制度，严把市场准入关，严防假冒伪劣产品进入市场；四是加大对农资广告的监管力度，严肃查处农资产品的虚假违法广告，净化农资广告市场，预防农户上当受骗，保护农户的合法权益；五是加强对国家有关农资政策落实情况的检查和纠违工作。对生产企业不执行最高限价、政府指导价，对流通企业不执行规定的进销差率、批零差率，对供电、供水企业不执行优惠政策等这些违规行为要依法严厉查处，决不姑息，通过政策落实的事后检查和执法，确保各方利益不受侵害，有效维护市场秩序，促进农资市场的健康发展。

作者：陕西省调查总队

福建省工业品价格“高进低出”对工业发展的影响

工业品购进价格调查主要针对原材料、燃料、动力类等居于产业链相对上游位置、对成本依赖性较强的产品；出厂价格调查对象不仅包括上游的原燃动产品，还包括中下游的各类生活资料。通常工业品价格传导的基本模式为：“原材料、燃料、动力类产品价格→工业品出厂价格→消费品价格”。理论上讲，上游能源与原材料价格的变动，将通过成本推动或需求拉动向下游环节传导，引起工业品出厂价格指数（PPI）和消费价格指数（CPI）的上涨或下跌，一般为正相关。

但统计资料显示，近年来，福建省工业品价格领域，上游产品价格变动在向下游传导的过程中发生一定变异，出现传导时滞长、幅度减弱等特点。2003年以来，全省工业品出厂价格涨幅持续小于原材料、燃料、动力购进价格（以下简称原材料购进价格）涨幅，在工业品出厂价格指数（PPI）与原材料购进价格指数之间形成了持续较长时间的“剪刀差”。（见下图）

这种由价格“高进低出”形成的“剪刀差”，给福建省工业企业带来的不仅仅是成本压力，同时也可能是促进企业节能增效、促进产品结构、产业结构改革的有效动力。认真分析这种现象形成的深层次的原因，客观权衡其带来的利弊影响，有益于产业政策的正确抉择，促进经济稳定运行。

一、福建省工业品价格“高进低出”现状

当前，“高进低出”现象在全国较为普遍。今年1—10月，在全国开展工业品价格调查的30个省市中，24个省市都不同程度存在“高进低出”现象，全国进销两价累计涨幅剪刀差平均水平为3.3个百分点。

与全国平均水平比，福建省省的“高进低出”现象更为突出。1～10月工业品出厂价格累计同比下降1.0%，原材料、燃料、动力购进价格上涨4.1%，剪刀差为5.1个百分点，高出全国平均水平1.8个百分点。在30个省市中居北京、江苏之后，列第三，在华东六省一市中居第二位。

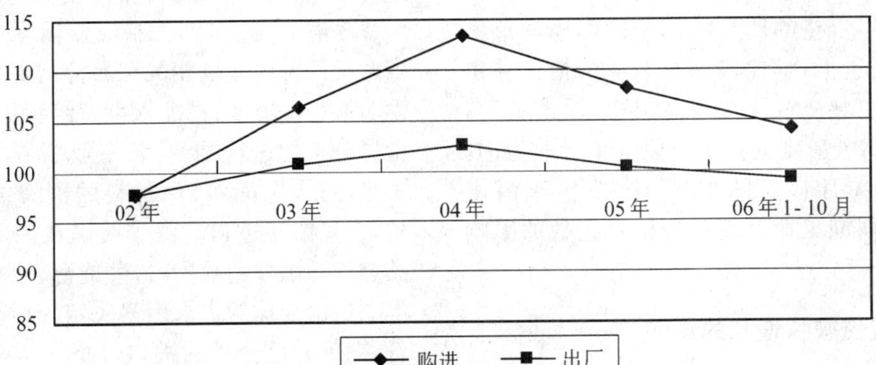

2002—2006年10月福建省省工业品进销价格指数（上年=100）

二、"高进低出"成因分析

工业品"高进低出"现象很大程度上就是初级产品价格变动向最终消费品传导受阻的体现。当前形势下，经济结构、投资效应、市场供求格局、国际市场等诸多因素都在阻碍上游产品价格变动向下游终端消费品高效传递。

(一)产业结构变动的影响

在过去五年间，福建省经济结构出现两个比较大的变化，对当前福建省工业品价格"高进低出"的形成起到一定的促进作用。

一是经济重工业化发展，在过去5年里，福建省规模以上轻重工业总产值比例由2000年的52:48逐步调整成2005年的45:55。在向重工业化转型的过程中，一方面，经济发展对能源与原材料的需求快速增长；另一方面，由于资源有限性，能源供给呈相对刚性未能及时变化，这种需求与供给之间的矛盾直接表现为能源、初级原材料等产品价格的迅速上涨。而由于重工业行业生产周期长、环节多，价格变动在从产业链的初端传导到末端的过程中，存在一定的时滞。

二是形成了以电子、机械、石化为主体的三大主导产业，2005年规模以上工业总产值中三大产业比例达到43.4%。三大产业涉及的12个行业多为比较典型的"高进低出"型行业，电子产品不断推陈出新，价格下降是必然趋势；近年来金属、有色金属价格不断攀高对机械类产品成本影响较大，但由于生产周期长，成本压力向下游传导还需要一定的时间；石油产品受政策制约，出厂价格的调整滞后于国际原油市场的变化，"高进低出"比较明显。从价格传导角度看，三大主导产业比重越高，越是促进了"高进低出"剪刀差幅度的扩大。以电子行业为例，今年1～10月该行业出厂价格下降幅度12.7%，对同期工业品出厂价格总指数的影响达到2.5个百分点。

(二)投资较快增长的影响

近年来福建省投资增长速度相比消费增长速度在持续加快。从需求角度讲，市场对上、下游产品的需求拉动力不同，影响价格从上游向下游的传导。2005年福建省全社会固定资产投资增长23.5%，高出全社会消费品零售额增长幅度9.7%。较高的投资增长拉动对上游产品的需求增长及其价格上涨，而消费市场增长相对较平稳在相当程度上平缓了生活资料价格回升的速度和力度。这导致上游商品涨价后不能及时向下游商品价格传导，原材料价格上涨不能向最终消费品有效传导，反映在价格变化上就是原燃动购进价格上涨较快、工业品出厂价格上涨较慢且涨幅较小。

(三)供求形势变化的影响

部分行业产能过剩导致出厂价格不断下降。商务部调查显示，2006年上半年，全国300种主要生产资料、600种主要消费品中供过于求的产品比例分别为23.0%、71.7%。从全国范围看，钢铁、电解铝、电石、铁合金、焦炭、汽车等行业产能出现明显过剩并得到国务院明文警告；水泥、煤炭、电力、纺织等行业在建规模很大，也潜在着产能过剩的可能。

在这些产能过剩的行业中，企业通过涨价转移成本上升压力存在很大的困难。为了增加销售收入，企业往往通过降价让利的手段抢占或保住市场份额。以钢铁价格为例，从2005年7月份开始，随着全国市场价格的调整，福建省钢铁类产品出厂价格一路走低，今年6、7两个月虽有短暂回升，但由于供过于求的大局一时难以扭转，近期价格再次回落。

(四)进出口格局的影响

随着贸易全球化的推进，国际市场价格因素对我国国内市场相关产品价格走势的影响愈发明显。一方面，在加入世贸组织后，我国参与世界分工的进程加快，各工业领域的产能迅速扩张，对大宗能源、原材料的消费需求大幅增长，大量依靠进口。由于我国在国际上大宗商品定价话语权的缺失，这些能源、原材料价格基本上是由全球的供求因素决定，导致原油、铁矿石、铜等有色金属的进口价格在国际市场的推动下涨势迅猛。另一方面，由于各国针对我国推出的各类贸易壁垒花样不断更新，加工制造品市场竞争激烈，价格涨幅有限。总体上看，出口商品价格涨幅低于进口商品价格涨幅。

福建省经济外向度较高，2005 年全年实现进出口总额 544.1 亿美元，顺差达到 152.7 亿美元，位居全国前列。其中进口的初级产品总额是出口的 1.5 倍，而进口的工业制品不足出口的 50%。在这种情况下，福建省工业企业在承担进口成本上升的同时，通过出口将成本转嫁出去的难度将更大。

三、“高进低出”对福建省工业经济的影响

福建省“高进低出”现象已经持续了较长一段时间，其对工业经济的不利影响日益凸显。但应当看到，“高进低出”现象带来的既是生产压力，实际上也包含了促进加快技术提升、加强管理、优化结构等积极因素。应当一分为二地看待“高进低出”对福建省工业的影响。

（一）负面影响

1. 挤压生产企业利润。以 2005 年为例，全省工业品出厂价格同比上涨 0.2%，使规模以上工业企业增加收入 16.4 亿元；原材料购进价格同比上涨 8.1%，使规模以上工业企业增加支出 387.5 亿元；增收与增支相抵后企业净增成本 371.1 亿元。

省统计局近期一项调查显示，31.3%的大中型工业企业预计今年全年利润将低于 2005 年。同时，认为“能源原材料价格上涨，成本增加”、“市场总体供过于求，产品价格不断下降”导致企业利润减少或增幅下降的企业比例都达到了受调查企业的 54.1%。从调查结果看，“高进低出”是当前影响福建省省工业企业利润的主要因素之一。

2. 造成企业流动资金紧张。在利润受到侵蚀的同时，受价格因素的影响，企业生产经营占用的流动资金比重加大，致使流动资金周转进一步紧张。上述调查显示，近期反映流动资金紧张的企业在大中型工业企业中占 32.9%，其中 11.2%的企业资金缺口在 10%以上。分行业来看，燃气生产和供应业、医药制造业、印刷业和记录媒介的复制、黑色金属冶炼及压延加工业、石油加工、炼焦及核燃料加工业等 5 个“高进低出”明显的行业其流动资金紧张程度也重于其他行业。

3. 导致部分产品生产收不抵支，难以维系。如福建省纺织化纤集团公司涤纶产品的主要原材料聚脂切片今年 8 月份购进价格 12500 元/吨，同比上升 26.3%；涤纶产品的价格略有上升，但仍远远低于聚脂切片价格增幅。受“高进低出”的影响，近几个月涤纶系统设备利用率仅 30%左右，每月亏损 300 多万元。另一家化工企业为了避免陷入生产品种越多、产量越大，企业亏损越严重的怪圈，缩减产品品种，分流人员，目前企业只剩部分留守人员，整个企业已到停产倒闭边缘。

（二）正面影响

1. 推动企业加快技术改造节能降耗，提升管理水平

尽管“高进低出”对经济的负面影响突出，但也必须客观地认识到，适度的“高进低出”价格上的压力也有利于促使企业提高管理水平和技术水平，从而推动整个工业行业运营效率的不断提高。调研中我们发现，在“高进低出”情况下，大多数企业更加注重通过加强内部管理、加快技术改造等方式来适应原材料和产品价格的变化，向管理要效益，向创新要效益。如永安智胜化工有限公司，成立了节能工作领导小组，制定节能总目标总方案，并将降耗指标分解到车间、班组；加快设备更新改造，实施热电联产项目，探索废弃物循环利用技术，以降低能耗；同时引入薪酬激励机制，将节能工作与员工工资、奖金挂钩，增强员工节能意识。南纸股份有限公司按照循环经济的发展思路，从工艺流程、技术革新、设备管理等方面入手，开展节能降耗、清洁生产工作，2005 年万元产值综合能耗比 2004 年下降了 11.9%。

2. 促进企业产品结构的调整

“高进低出”同时也是促进企业产品结构调整的有效动力。当持久的“高进低出”拷问企业生存利润的时候，必然激发企业对现有产品结构进行调整，压缩成本增高的产品的生产，增大

或开发成本相对较低、适应市场需要替代性较强的产品。如福建省纺织化纤公司压缩了亏损严重的涤纶产品的 7 成产量，着力通过扩大销路较好利润较高的聚乙烯醇生产，使企业的总体利润维持在一定的水平。南纺公司则是通过技术创新，在无纺布的技术方面具备领先优势，并准备扩张无纺布的生产线进一步巩固其在行业中的地位。而一些小型企业，则充分发挥其"船小好掉头"的客观优势，一旦发现某种产品效益不佳，便迅速转向其它绩优产品的生产，因此，企业虽然不大，却能够一直保持着鲜活的生命力。

作者：福建省调查总队

矿产资源性产品价格机制改革对甘肃经济影响研究

通过近三十年的政治经济体制改革，我国的市场化程度日益提高，目前工农业产品中有70%的价格已完全由市场来形成，市场配置资源的基础性作用日益加强。但随着改革发展复杂性和艰巨性的日益加大，部分产品价格发展的进度与市场经济的公开特性和竞争特性的要求还有差距，需要进一步加快诸如资源性产品的价格改革。价格机制的形成，以及新机制状态下，如何贯彻科学发展观，促进经济稳定、持续、高效率的发展，将成为经济发展中不可回避的现实。甘肃省在全国工业化进程中，一直是作为全国矿产资源的开发基地而发展的，可以说，甘肃矿产资源性产品价格机制的优化过程将在全国具有较大的代表性。

一、我国矿产资源产品价格形成机制的缺陷

长期以来，由于传统资源价值观的误导和长期的计划经济体制的惯性力量，我国事实上普遍存在着矿产资源无价或低价的认识误区和实践误区，矿产资源形成机制存在许多缺陷：

1. 在矿产资源管理体制方面，缺乏形成合理的矿产资源价格的体制基础

随着市场经济不断发展，资源性产品的稀缺性、有限性及使用中产生的外部性逐渐被认识，但由于政府在对垄断行业的价格管制中，更多地考虑社会的承受能力，而仍采取低水平的资源价格政策。

2. 我国仍有一些矿产资源实行国家定价，价格缺乏弹性，脱离了市场的供求关系

改革开放后，国家放开了大部分产品的价格，但是对能源和原材料的价格控制一直比较紧，整体定价仍属偏低，目前我国的能源利用效率仅为33%，比发达国家约低10个百分点。电力、钢铁、有色等行业主要产品的单位能耗平均比国际先进水平高40%。过低的资源价格是造成这种粗放生产的重要因素之一。

3. 在矿产资源价格形成过程中，矿产资源市场定价和政府定价相隔离，没有实现资源市场定价和政府调节定价的有机结合

企业产品的价格由国家统一规定，能够发挥价格调节的余地很小，对外由国家统一经营口径，国内市场被产业部门和地方政府按国家计划纵横分割管制，价值规律很难在市场上发挥作用，造成企业长期以来不考虑积累、成本、营销等问题。

二、我国矿产资源性产品价格低位改革的背景

1. 失衡的产业结构阻碍资源型城镇的全面发展

统计表明，目前我国有426座矿业城镇，这些城市吸纳了3.1亿人口，有近1000万名职工，生产总值约占全国GDP总值的1/3。全国主要矿产品产量中93%的煤炭、90%的石油、80%的铁矿石、70%的天然气均由矿业城市提供。另据2005年7月在甘肃白银召开的第五届矿业城市发展论坛上公布的数据，426座建制矿业城市，近10%资源已经枯竭，有约70%处于中年期，即将面临资源枯竭问题，只有约20%处于幼年期。处于可采资源枯竭和即将枯竭的城镇共同面临的问题是经济转型，以实现经济的赶超和良性发展，但产业结构的畸形成为难以跨越的障碍。

在我国，矿业城镇的产业结构多数是采掘业以及配套产业为主的第二产业占有主体地

位;传统农业为主的第一产业和以餐饮等服务业为主的第三产业在产业结构中只占很低的比重。如表1所示。

表1 2002年我国部分矿业城市产业结构情况

城市	从业人数(%)			GDP(%)		
	第一产业	第二产业	第三产业	第一产业	第二产业	第三产业
唐山	5.1	52.43	42.46	17.85	51.10	31.06
大同	0.98	48.95	50.08	4.07	53.48	42.45
阜新	2.69	50.07	47.24	14.52	39.02	46.46
鞍山	1.81	62.45	35.74	7.45	55.75	36.79
抚顺	2.54	61.65	35.81	8.01	60.05	31.93
大庆	3.14	54.59	42.27	2.07	88.69	9.24
铜陵	3.35	63.95	32.70	6.28	55.79	37.93
淮南	2.47	65.09	32.44	12.65	47.34	40.01
东营	1.53	70.42	28.05	6.38	80.75	12.87
枣庄	0.48	53.85	45.67	15.82	49.94	34.23
平顶山	0.66	54.41	44.92	15.03	52.31	32.66
攀枝花	0.82	75.15	24.03	6.75	67.72	25.53
铜川	0.85	66.19	32.97	10.38	44.28	45.33
白银	2.80	59.01	38.19	15.51	51.10	33.38
嘉峪关	0.43	81.47	17.89	3.92	75.96	20.12
克拉玛依	0.08	78.28	19.15	0.30	84.96	14.74

数据来源:中国城市统计年鉴,2003年。

整个矿业城镇的经济发展高度依赖于矿产资源,城市三个产业之间的关联度很低,产业横向联系少、协调差。同时,矿业城镇在建设初期的作用仅仅为了给国家的建设提供大量的原材料和能源,只对矿产资源作简单的粗加工,产品种类单一,产业链条短小,并未过多考虑发展与主导产业相关联的其它产业。尤其是进入中晚期的矿业城镇,其资源大都经历了几十年开采,剩余资源近于枯竭,即使没有枯竭,维持现状也已经很难。例如大庆市,维持了数十年5000万吨的年产量(最高时达到5600万吨),即使稳住当前的年产量都很困难。固体矿产,特别是有色矿山,受地质条件、矿产赋存条件的影响,随着开发难度不断加大,开采成本提高,效益也是一路下跌。在旧体制前提下,靠资源开发积累经济转型力量几乎是不可能的。

另外,由于产业结构单一,在减产转型过程中,伴随出现的是再就业和社保体系问题。再就业首先是技术培训,其次是创造就业机会;社保体系的建设遇到的最大难题是资金筹措,在矿业不景气的大环境下,以矿业为支撑的城镇又以何为财政来源呢,多重困难横亘在矿业城镇转型的面前。

2. 失衡的产业布局拉大了资源供给区与加工区的发展差距

我国的工业布局大致经历了三个阶段,第一阶段是建国初期,建立了一批能源、原材料为主的骨干企业。这些企业主要集中在中西部地区。如兰州化学工业公司、兰州炼油厂、盐锅峡水电厂等重点企业。第二阶段是改革开放以后,特别是开放沿海城市,加入国际经济大循环之后,开始实施了非平衡发展战略。轻工、家电等消费类工业在东南沿海乃至全国得到了补偿性高速增长。第三阶段是90年代以后,随着经济的全面开放,各大区域在“区域比较利益”的基础上,呈现出多产业、多区位发展态势。发展现实正快速推动这些发达地区产业集群向重化工演进,新型重化工基地已经出现向东部沿海积聚的苗头,甚至一向重工业薄弱的珠三角也表现出产业重型化的趋势。而计划经济时期建设的重工业区发展低迷，可利用资源进入枯竭状态，国家支持有限，加上原材料价格低廉、加工产品高价双重压力下，资源供应区、原材料产区的经济发展处于徘徊、甚至停滞状态。

我国西部地区矿产资源丰富，其中有不少矿产资源的可采矿储量在全国占有很大比重。以甘肃为例，矿产资源储量居全国前 6 位的有 20 余种，居全国第 1 位的有 10 种：镍、钴、铂、钯等，其他 9 种已探明储量占全国总储量的 1/2，正是这样一个矿产资源极为丰富的省份，与沿海地区相比，经济发展的速度和差距却在不断拉大。

3. 资源低价助长了开发企业采富弃贫，忽视资源综合利用

国内外经济发展的实践表明，维持较高的资源价格可以促使企业节约资源投入，同时有利于提高资源开采程度和利用效率。相反，资源低价会刺激矿产开采企业顺应市场变化，采厚弃薄、采富弃贫。

我国目前的矿产资源价低与低效率利用同时存在。据国家发改委的监测数据，2003 年，原油、天然气、发电用煤之间的比较关系，国内为 1∶0.41∶0.41，而同期国际市场上为 1∶1.04∶0.25，按照现行名义汇率计算，2003 年我国 GDP 约占世界的 4 %，但重要资源消耗占世界的比重却很高，石油为 7.4 %、原煤为 31 %、钢铁为 27 %、氧化铝为 25 %、水泥为 40 %。我国用水总量与美国相当，但 GDP 仅为美国的 1/8，不仅开采出的资源利用效率低，资源综合利用率也不高。目前，我国矿产资源总回收率为 30 %，比国外先进水平低 20 个百分点(我国有色金属矿产资源综合利用率为 60 %，与发达国家相比低 10～15 个百分点)，同时，再生资源利用率也较低。2003 年我国钢铁工业年废钢利用量为 5800 多万吨，占粗钢产量的比例为 26 %，而世界平均水平为 43 %；再生铜产量 93 万吨，占铜产量的 22 %，而世界平均水平为 37 %。再生铅，我国的比例更低，而意大利的再生铅占 75.6 %，美国是世界最大的再生铅生产国，再生铅占铅产量 58 %以上，德国占 62 %，法国占 98 %，日本占 64 %。我国每年产生尾矿、赤泥等固体废弃物 1 亿多吨，目前只利用了 1000 多万吨，累计堆存量已达 20 多亿吨。从这些数字不难看出，我国有色金属生产节约的潜力很大。

此外，我国每年还有大量的废旧家电和电子产品、废有色金属、废纸、废塑料、废玻璃等，没有实现高效利用和循环利用。

4. 地勘投资缺乏良性循环机制导致可资开发利用的后备资源频频告急

从 1950 到 1985 年，在计划经济管理体制下，我国地勘投资增长较快，满足了国民经济发展对铁矿、原油、煤炭等矿产品的需求。此期间，地勘费占国家财政支出的比重多数年份保持在 1.4 %以上，从而保证了主要资源的需求。在 1986 至 2000 年间，国家财政对地勘投入呈现逐年递增趋势，由 1986 年的 30 亿元增加到 2000 年的 88 亿元，年平均增加 7.85 %。但与国家财政收入高增长相比，地勘费支出占财政支出比例不断下降，由 1986 年的 1.39 %下降到 2000 年的 0.55 %。这既与财政收入增长来源之一——矿业大发展相悖，更与矿业收益与勘探投入未形成良性循环有关。目前，有相当一部分大中型矿山企业资源已经枯竭或接近枯竭，特别是一些资源型城镇，由于矿产资源快采光了，“四矿”(矿业、矿山、矿工、矿城)问题严重，城市持续发展面临很大困难。“八五”以来，资源枯竭的煤矿、有色金属矿和铀矿关闭破产项目 120 多项，涉及在职职工约 60 万人，离退休人员约 42 万人。大批资源枯竭矿山的关闭，使我国资源短缺现象日益严重。据不完全统计，1990 至 2000 年，有色金属矿山因资源枯竭和破产关闭就达 70 多个。2001 年度又有 43 座有色金属矿山企业被列入关闭破产建议项目名单。统计显示，我国十种常用有色金属县属以上矿山 722 座，生产能力为每年 13993 万吨矿石，按照这样的开采水平，已有探明可采储量的保障年限不足 20 年，到 2010 年将关闭 335 座，产能消失 4955 万吨，占总产能的 35 %，届时铜、镍、钴矿产品的供求矛盾将更加突出，铝土矿、铅、锌、钨、锡、锑等一大批矿种也将出现严重短缺。出现各类矿山后备资源不足、危机矿山四起等状况与地勘投入的不足有着密不可分的关系，也与资源低价不无关系。

三、矿产资源产品价格趋势的实证分析(经济发展与资源产品价格的相关分析)

1. 甘肃矿产资源性产品产量与价格指数的阶段性对比分析

我们以镍、铜、钢、铝产品产量确定权数,得出矿产资源性产品的价格综合指数。通过对1991～2005年矿产资源价格指数、产品产量指数对比分析(数据详见表2):

表2　1991～1995年矿产资源性产品产量与价格指数表

年份	产量指数%	价格指数%
1991	102.47	99.82
1992	104.62	98.78
1993	106.38	101.93
1994	107.15	106.50
1995	108.08	107.31
1996	109.77	108.19
1997	111.85	109.31
1998	109.06	102.00
1999	97.63	99.08
2000	105.07	106.87
2001	102.72	109.32
2002	113.41	115.24
2003	118.54	119.25
2004	125.46	126.32
2005	135.23	129.32

由上表可以看出:1991～1998年甘肃省矿产资源性产品价格随产量的增长呈平稳增长走势,除1992和1998年价格涨幅低于产品产量6.8和7.1个百分点外,其余年份上涨幅度均与产量增长幅度基本保持一致。1999～2005年甘肃省矿产资源性产品价格呈快速上升走势,除2005年价格指数的上涨幅度低于产量上涨幅度5.6个百分点外,其余6年矿产资源性产品价格的增幅均高于产量的增幅。见图1:

从以上分析得出结论:1991～2005年甘肃省矿产资源性产品的价格总体呈逐年上升走势,同时矿产资源性产品产量增幅强劲,呈现出价格、产量及需求并驾齐驱的上升走势。

在我国全面建设小康社会过程中,市场对有色金属的需求量总体呈现持续上升势头,预计在未来5～10年的时间内,我国铜、铝等主要有色金属的需求量仍将保持5%左右的年均增长度,预计未来时期内甘肃省矿产资源性产品的价格还将持续上涨。

2. 矿产资源性产品价格、生产量与甘肃经济的发展呈正相关性

从经济发展阶段看,工业化过程不可避免地需要大量耗费能源和矿产资源作为工业经济发展的物质支撑。当前我国进入了工业化的阶段,正处在大量消耗矿产资源原材料支撑经济高速增长时期。在甘肃省现有38个行业中,超过1/3的部门使用有色金属产品。甘肃省矿产资源性产品与GDP的相关性很强,镍、铜、钢、铝等主要金属的消费量与GDP的线性相关系数均超过0.8,其中镍为0.8667,铜为0.8132,钢为0.847,铝为0.8326。同样,甘肃省矿产资源性产品的生产量与GDP的线性相关系数也均超过0.8。由此可见,国民经济的持续、快速发展,拉动了市场对矿产资源性产品的需求,同时也使矿产资源性产品的价格逐步抬高。

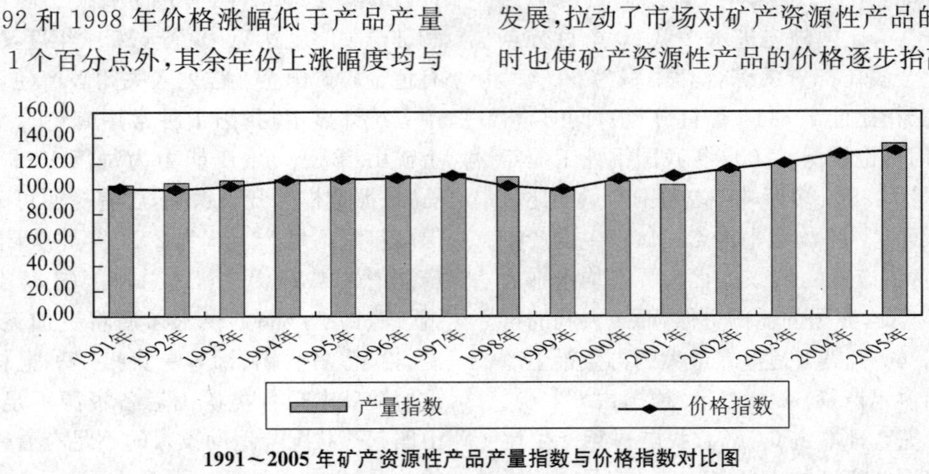

1991～2005年矿产资源性产品产量指数与价格指数对比图

3. 矿产资源性产品价格与 GDP 增长的回归分析

我们以 2005 年镍、煤、铅、锌、铁矿石、铜产品产量确定权数，得出矿产资源性产品的价格综合指数。将因素“年份”作为自变量，将因素“价格同比增长速度”作为因变量，通过线性回归模型，对 1996 年至 2005 年的数据中进行线性回归分析。利用表 1 数据计算，建立矿产资源性产品价格增长率和 GDP 增长率的回归模型。

由此，得到矿产资源性产品价格与 GDP 增长率的线性回归分析模型：$Y = 101.563 + 0.08X$

我们可以看出甘肃省的矿产资源性产品价格呈上升趋势，并且从 1996 年到 2000 年，甘肃矿产资源性产品价格呈现减速增长的趋势。2000 年是矿产资源性产品价格的拐点。从 2000 年以后价格继续又呈现加速增长的局面，而且增长幅度逐渐增大。

结论：甘肃 GDP 的持续增长在一定程度上取决于矿产资源性产品价格的上涨。在经济的发展过程中，矿产资源性产品价格指数每增加一个点，带动 GDP 增加 0.08 个百分点，并且随着甘肃省国民经济的快速发展，甘肃省矿产资源性产品价格上涨的速度越来越快。

4. 资源性产品价格上涨给企业和甘肃带来了较高的经济效益

矿产原材料价格大幅度上涨，使得甘肃省矿业企业利润大幅度增加，1990～2005 年期间，煤炭采选业利润平。增长 4.09 %，石油和天然气开采业利润平均增长 6.77%；有色金属矿采选业利润平均增长 2.78%；有色金属冶炼加工业利润平均增长 10.02%；特别是最近两三年，矿业企业的效益明显好转，甘肃省的社会资金纷纷投资到各个矿产企业，使得矿业成为甘肃省投资新热点。

5. 目前，甘肃省大部分矿产地大多走着一条“发现—兴起—后备资源不足—矿产枯竭”的路子

“铜城”白银一度是中国最大的有色金属工业基地和甘肃省最重要的能源基地。然而，目前白银的铜资源已接近枯竭，产量由上世纪七八十年代 5 万吨锐减至当前的年产铜 1 万吨左右，开采年限也就三五年时间，80%以上的原材料需要外购。玉门油田由于资源枯竭和石油生产基地搬迁，玉门市面临特殊困难，城市人口和财政收入锐减，经济萎缩，企业负担沉重，职工生活困难，社会不稳定因素增多。目前资源优势尚存的金昌和嘉峪关市，经过 40 多年的开采，主体矿山已进入深部开采阶段，地质条件越发复杂，导致开采难度进一步增大，开采成本逐渐上升。如果全部资源由当地供给，资源也将在 30～40 年左右的时间内消耗殆尽。矿产资源储量日益减少，成为制约甘肃省经济可持续发展的重要问题。

结论：甘肃国民经济在快速发展的同时消耗了大量的原材料，随之而来的是矿产资源的储量锐减，矿产资源稀缺性逐步显现。

四、资源性产品价格改革的进程及方向

目前，随着社会主义市场经济建设的深入，价格机制也在不断完善，但能源、原材料的国家定价一直偏低，不合理的价格体系并未理顺。据甘肃若干经济问题研究数据显示，1989 年，国家统配煤矿的生产成本为 53.42 元/吨，国家计划价格为 36.48 元/吨，平均每吨亏损 19 元。原油生产成本为 143.74 元/吨，国家批发价格为 141 元/吨，平均每吨亏损 32.4 元。加工产品的价格国家基本放开，加上通货膨胀的影响，使原材料的价格大大低于其价值，最终产品的价格大部分又高于其价值，结果是原材料工业自我积累能力薄弱，企业发展遇到很大困难，影响了企业的生产积极性和扩大再生产，造成全国原材料、能源工业和加工业的比例失调，加剧了社会总需求和总供给的矛盾，扩大了东西部发展的差距。

1992 年 10 月，中共第十四次代表大会深刻总结了我国改革开放 14 年来实践经验，准确把握我国经济体制改革的未来方向，明确提出社会主义市场经济改革目标。在前一个时期整顿治理、经济“软着陆”的基础上，国家进一步加快了价格市场化改革步伐。当年放开了一大批生

产资料、重化工产品、交通邮电、劳务收费、进出口商品的管理办法。但是与国际市场比较，我国资源性产品价格确实是偏低的。资源性产品价格偏低实际上是由长期以来职能部门定价不合理造成的。过低的资源要素价格刺激着产能过度扩张，造成资源错配，导致许多行业的产能过剩、银行坏账和经济粗放型增长。整个社会也因此背上了沉重的成本负担，这个存量成本大部分都是由政府和居民承担。

我国资源性产品价格改革的方向是改革现行税收制度，制订促进循环经济发展的新的税收制度，循环经济发展将大行其道。例如：提高资源税税率、扩大资源税税目、提高矿产资源使用费、提高排污费、增设环境保护税、增设石油煤炭贵重稀有金属的特别收益金，对纳税人综合利用资源、治理污染采取税收优惠措施，以及对浪费资源、破坏环境的行为加重税收负担等等。国家通过税收制度，发挥其调节职能，以期能够增加资源开采和利用企业及个人的行为负担综合成本，减少和杜绝浪费资源和污染破坏环境的行为，达到保护资源、环境的目的。国家通过税收制度，价格杠杆调节，提高资源型城市的矿产资源的原始价格，增加开采资源的投入成本抬高开采资源的门槛，限制小规模厂矿的私挖滥采和无序竞争，有利于大型规模化和现代化厂矿的正常生产，也有利于资源型城市资源的合理开采和规范开发。

五、推进资源价格改革的对经济发展的影响分析

(一)甘肃省的工业内部结构

从工业内部来看，对甘肃工业总量增长贡献较大的行业主要是石化、有色、冶金、电力等传统产业，高技术产业比重仍然较低。在2000～2005年甘肃省规模以上工业总产值中增长贡献率最大的4个行业中(详见表3)石油加工及炼焦业的增长贡献率高达33.37%，仅这4个行业的增长贡献率就达到82.74%。由此可见，资源性产业仍是推动甘肃省工业经济增长的主要动力。

表3　甘肃规模以上工业企业主要行业总产值增长情况

单位:亿元

	工业总产值		2005年比2000年增加	增长贡献率(%)
	2000年	2005年		
总　计	874.52	1988.26	1113.74	100
石油加工及炼焦业	114.56	486.26	371.7	33.37
有色金属冶炼及压延加工业	130.64	341.66	211.02	18.95
黑色金属冶炼及压延加工业	54.49	243.48	188.99	16.97
电力、热力的生产及供应业	96.84	246.62	149.78	13.45

工业总产值及增量和增长贡献率以当年价格计算。

(二)对矿产资源型企业的生产成本与利润的分析

在此，我们以金川公司作为典型案例进行分析，希望能够起到见一斑而窥全豹的效应。金川公司是我国有色金属行业最具影响力和发展潜力的大公司之一，经过近五十年的建设已形成年产镍13万吨、铜20万吨、钴6000吨、铂族金属3500公斤、金8吨、银150吨、硒50吨、无机化工产品120万吨及3万吨镍盐的综合生产能力。其主要产品镍和铂族金属的产量，占国内总产量的9(0%以上，镍产量位居世界第五位、亚洲第一位。金川公司又是中国北方最大的铜生产企业。2006年金川公司营业收入达到354.1亿元，资产总额达224.6亿元。

金川公司是立足于自有矿山逐步发展壮大的，企业属于采、冶、加一条龙的生产方式，目前，公司冶炼技术水平进一步提高，产能持续增长，在产品的冶炼加工生产中，金川公司对自有矿山的依赖程度在逐步降低，预计在“十一五”

末，企业对自有矿山的依赖程度下降到50%。可以说：通过对金川公司生产运营的分析、研究，对认识资源性产品价格机制在市场经济条件下的作用和发展趋势具有重要意义。

1.金川公司的经济发展情况及生产成本分析

首先，我们运用统计调查资料来观察价格对金川公司销售收入的影响。受统计资料限制，本文主要通过金川公司的主要产品镍“九五”和“十五”时期及2006年统计数据的测算分析，观察价格对金川公司整体销售收入的影响。分析主要采用两因素分析方法。分析结果见表4。

表4 镍产品两因素分析结果表价格指数销售量指数销售收入增量

	价格指数	销售量指数	销售收入增量（亿元）	因素影响销售收入		利润增长空间
				价格	销售量	百分点
九五	104.0	113.0	55.2	16.1	39.1	6.5
十五	118.0	114.6	210.1	127.9	82.2	16.5
2006年	136.3	122.2	81.45	54.28	27.17	27.56

从两因素分析结果看：“九五”时期镍销售收入增长20.3%，增加55.2亿元，其中：由于镍价上涨4.0%影响镍销售收入增加16.1亿元，销售量增长13.0%影响镍销售收入增加39.1亿元，销售量对销售收入的贡献达到70.8%，价格为29.2%。在“九五”期间，镍销售收入的增长主要靠销售量增长的带动，这一时期金川公司的镍价每吨在6～7万元，其价值没有得到充分体现，应该说这一时期的镍价是低于镍产品本身的使用价值。

“十五”时期镍销售收入增长35.4%，增加210.1亿元，其中：由于镍价上涨18.0%影响镍销售收入增加127.9亿元，销售量增长14.6%影响镍销售收入增加82.2亿元，价格对销售收入的贡献高达60. 9%，销售量为39.1%，价格的贡献高出“九五”时期31.7个百分点，价格的上涨成为镍销售收入增长的主导因素，随着我国资源性产品改革的推进，矿产资源的稀缺性逐步得到体现，镍价逐年镍最高价格达到28.7万元，2007年一度接近40万元的高位。从2006年镍产品的价量两因素分析结果看，镍销售收入增长66.6%，增加81.45亿元，其中：由于镍价上涨36.3%影响镍销售收入增加54.28亿元，销售量增长22.2%影响镍销售收入增加27.17亿元，价格对销售收入的贡献达到66.6%，销售量为33.4%，价格对产品销售收入的影响继续加大，2006年高出“十五”时期5.7个百分点。

其次金川公司成本与利润的对比分析，可以看出成本价格低是金川公司利润大幅度增长的源泉。

随着我国经济的全球化进程，国际间产品价格的传导作用愈来愈明显，国际市场产品价格对我国市场同类产品价格的影响越来越大，我国资源类产品价格已基本与反映长期成本的国际市场价格接轨。近年来，金川公司总体上镍产品生产成本呈刚性不变，而镍价随行就市，价格不断上涨，“九五”、“十五”以及“十一五”前两年，镍原材料中间投入价格虽然也有较大幅度的上涨，但由于矿山自有，所以也可视为中间投入的价格呈现刚性不变或微小变化，而镍产品出厂价格却持续走高，加之镍产品在金川公司所占权重较大，镍产品价格的不断上涨进一步推动了企业产能的扩张，拉动金川公司生产经营利润呈逐年攀高走势。“九五”、“十五”及2006年纯价格利润空间大幅度扩张，分别增长6.5%、16.6%和27.6%。

利润总额不断增加的背后，也折射出生产成本偏低，社会矛盾日益凸显的问题。主要表现在：一是由于金川公司资源禀赋条件好，生产成本低，产品市场价格高，企业因此获得巨大超额利润，但对地方经济带动的作用却很微弱，财政却获得甚少。据中国化工技术信息中心提供的资料显示，2006年，金川公司实现营业收入353亿元，其中利税总额达72亿元，缴给地方的税费总额只有21.2亿元，仅是其利税总额的

29.4%。按现行利益分配格局，金川公司向国家上交的税额远远不能满足履行社会管理和公共服务职能的需要，资源开发造成的环境问题更是无力治理。二是矿产资源靠行政的手段以无偿或变相无偿的方式配置给企业，使国家和地方的大量权益流向企业，企业享有了这种特殊的权益后，就成了资源开发的主体，企业以追求利益最大化为目标，与资源所有者的责任和义务相对立。

我们通过 1995 年，2000 年、2004 年、2005 年金川公司的产品销售收入、利润总额、生产过程中所消耗的原材料、人工费及职工平均工资各项指标的对比，金川公司的生产成本分析比较可以得出如下结论：资源成本价格低是金川公司取得较高利润的重要因素，而企业收入的再分配不是以弥补社会职能和环境治理的支出为主，不能真实反映甘肃省矿产资源稀缺程度。推而广之，资源性产品垄断企业大都存在类似问题，政府应该在价格改革中予以重视。

(二)推进资源价格改革的对甘肃经济发展的影响分析

作为基础价格，资源价格改革必然引起一定范围的价格变动，涉及不同行业、不同市场主体、不同人群之间的利益调整，对经济社会发展以及人民群众生活的各个方面都会产生重大影响。

1. 矿产资源价格变动将影响资料价格水平的变动及物价水平的变化。从前面的分析结论中可以看出，近年来，甘肃省矿产资源性产品的价格总体呈上涨之势，矿产资源价格的上涨加快了资源生产行业的开采速度，使得甘肃省矿产资源的储量锐减，矿产资源稀缺性逐步显现。甘肃省金川公司、酒钢公司、白银公司等企业由于对矿产资源具有很强的依赖性，矿产资源价格的上涨将会增加企业的生产成本，拉动甘肃省生产资料价格指数上升，再通过生产领域传导到消费领域，拉动消费价格不断上升。同时，矿产资源产品价格的提高，会带动矿产资源生产行业的产值增加，拉动甘肃省国内生产总值增加。

2. 资源价格改革还将推进资源生产和经营行业的市场化进程，提高行业竞争程度和生产经营水平，有利于资源相关行业的快速发展和技术进步。资源价格的提高，有利于降低对能源资源的依赖，增加经济发展中的科技和知识含量，甘肃省的资源相关行业特别是下游企业由于市场竞争力较弱，资源价格上涨无疑会给企业的生存带来压力，为了求发展，回避原材料价格上涨带来的不利影响，企业势必会加强内部管理，大力开发具有重大带动作用的高新技术，挖掘成本低廉的原材料能源替代品，降低企业生产成本，提高企业的生产效率。

3. 资源价格改革还将在一定程度上改变社会消费行为，促进资源集约利用和社会节约，有利于循环经济发展和节约型社会建设，缓解资源能源供需矛盾。有利于落实科学发展观，转变经济增长方式，支撑节约型社会的建立，促进经济社会的持续健康发展。

六、甘肃矿产资源性产品价格改革中政策和措施

1. 树立科学的矿产资源发展观，强化协调发展理念，关注长远利益

科学发展的主要环节就是不断保护和增强发展的可持续性，对于甘肃省资源开发型为主的经济发展模式，可持续性更应受到极大的重视，其中一个重点就是关注长远利益，这包括两个方面；一是关注自身的长远发展能力，加强矿产资源的合理开发和利用，形成未来甘肃的持续发展能力；二是关注产业的长远利益，促使资源依赖型企业延长产业链，应用循环经济的原则，实施矿产资源勘察开发一体化，把专业化分工与市场紧密结合，统一矿产资源及矿产品市场，充分发挥信息化的作用，以信息化来带动甘肃矿产资源经济运行。通过矿业的科技进步和人力资源的开发，推进全省矿产资源的低消耗、低污染、高效率的可持续发展。

2. 完善资源税的环保功能和征收力度，遏止资源的过度开采和浪费，拓宽节能融资渠道

一是统一现行的资源税征收标准。现在不同地方的能源资源税征收标准存在较大差异，这些人为的政策差异不利于地区间的公平竞

争，不利于区域平衡发展，有必要尽快统一起来。

国家有关部门目前正在酝酿将对现行资源税政策进行重大调整，资源税计税依据将以矿产资源储量代替销量，作为主要计税依据，同时资源税还将与矿产的市场价格和回采率等项指标挂钩。在现行资源税的基础上，将各类资源型收费如矿产资源管理费（根据矿产资源产品价格指数采用从价累进法征收，随价格指数的变化情况而变化）并入资源税，统一征收管理。

二是适当提高单位计税税额，特别是对非再生性、非替代性、稀缺性资源征以重税，以此限制掠夺性开采与开发。对导致环境污染严重的消费品和消费行为征以重税，使其行为成本化，成本化的原则应使这种不节约行为的成本大于用于改进技术，提高效率的成本。

三是调整资源税征收办法。将税率与资源回采率和环境修复情况挂钩，按资源回采率和环境修复指标确定相应的税收标准，资源开采率越低，环境修复程度越差，资源税率就越高。

四是改革资源税的计税依据。由现在的按企业产量征收改为按划分给企业的资源可采储量征收，促使企业尽量提高资源的回采率，抑制乱采滥挖、挑“肥”弃“瘦”的行为，使资源税真正成为发挥环境保护功能的税种。

3. 设立循环经济发展专项基金，开征资源企业特别收益金，促进循环经济发展

资源具有不可或缺、不可代替、不可再生和特有的价格传导特性，进行资源开发的自然垄断型企业的利润来自于广大消费者，因此企业的超额利润应当留在政府手里，提供稳定的补贴来源，由政府支配去完善公共事业，回报消费者。建议甘肃省应借鉴国外先进经验，逐步完善税收体系框架，向资源垄断企业征收“暴利税”，把国家和地方的资源权益收回来，用于当地环境治理和贫困人口救助，进而实现社会的和谐发展。同时应设立发展循环经济专项基金，专项基金可来源于资源暴利税。政府可将这部分资金中的一部分用于支持可再生能源开发利用的科学技术研究、标准制定、资源勘察和示范工程，增加包括清洁生产和再生能源在内的与循环经济相关的资金支持力度；另一部分由政府专项管理，企业按需使用，重点治理本企业的污染源和进行环境保护，解决目前环境治理企业缺位现象。这样可以既增加地方财政收入，保障地方治理环境、发展循环经济的资金来源，又可以限制企业在生产过程中对环境的污染和破坏的外部性行为，从而形成国家、地方、企业循环经济发展的合力，实现共赢局面。

4. 加大依法治理力度，建立健全生态环境保护法律法规和标准体系

企业作为市场利益主体，具有内部成本外部化、私人成本社会化的原始动力。这是生态破坏、环境污染的基本起因。在市场经济条件下，政府作为公众利益的代表，必须对企业的这种行为进行强制约束，建立生态补偿、环境修复机制，将企业造成生态环境破坏的外部成本内部化。解决谁来为环保买单的问题。一是应当组织专家对矿产资源型城市环境污染进行权威性鉴定、评估、研究恢复方案。依法加强环境保护和治理，抓紧开展矿区的规划环评，建立矿区环境和生态恢复新机制，督促矿业企业承担资源开发的环境成本，缴纳一定的生态环境补偿费。二是尽快将生态环境保护和建设纳入国家法制化管理体系之中。甘肃省应采取过渡办法，以地方法规的形式，先行建立生态环境补偿机制。三是建立生态保护和建设的投入机制。要加大生态保护和建设的投入，充分利用市场机制建立合理的、多元化的投入体系，建立健全生态审计制度，确保投入与产出的合理性和生态效益、经济效益、社会效益的统一。

5. 合理调整利益分配机制，增强地方政府的社会管理和公共服务功能

严格执行国家关于矿产资源的收益向地方特别是基层政府倾斜的政策，保证省、市、县之间的收益合理分配。通过收入的再分配，实现政府调控经济的公平目标。一是按照国家的有关规定，调整好矿产资源的补偿费分成比例，由现行的省、市 4∶6 分成比例调整为 3∶7 分成，可将 30％的利益留存省上，用于补充甘肃省矿产资源的勘探工作，实行滚动运行，加强矿产勘查。将 70％的利益分配给各市县，用于各市县的现有资源开发保护和改善当地人民群众的生产生活条件。要加强对矿产资源开采地区的污染治理和环境保护，同时要提高当地人民群众的生活补助，减轻环境污染给他们带来的生活压力。对于污染指数过高的矿产资源型城市，还可以提供资金保障，采取异地安置方式，确保人民群众远离污染，改善生活环境。

总之，我们要坚持以科学发展观为指导，坚定不移地走生产发展、生活富裕、生态良好、社会和谐的文明发展之路，建立资源节约型、生态保护型、环境友好型社会，发展循环经济，实现甘肃经济社会的跨越式发展。

作者：甘肃省调查总队

二、收入分配篇

城镇居民收入分配差距扩大的因素分析及预测

一、城镇居民收入差距依然呈持续扩大的态势

改革开放以前,由于受经济体制的约束,我国城镇居民的收入分配格局基本上是高度平均的。改革开放以后,受体制改革与经济发展的双重影响,城镇居民的收入分配格局发生了很大的变化,收入差距伴随着居民收入水平的提高不断扩大。

本文主要就近五年来我国城镇居民收入分配差距的状况及影响因素作分解分析,并就其未来变动态势做出预测。本文资料来自国家统计局山东省调查总队。

二、影响城镇居民收入差距的主要因素分析

(一)从收入构成角度分析影响城镇居民收入差距及其变动的主要因素

收入构成的角度对收入差距进行分解分析的基本原理是:居民收入总差距(G)等于各分项收入的差距(G_i)与其收入比重(Y_i)乘积之和。用公式可表示为:

$$G=\sum_{i=1}^{N}G_i\times Y_i \tag{1}$$

$$\Phi_i=\frac{G_i\times Y_i}{G} \tag{2}$$

$$\sum\Phi_i=1 \tag{3}$$

其中G是总收入的基尼系数;Y_i是第i项收入占总收入的比重;N为分项收入的个数;G_i是第i项收入的拟基尼系数,即按照总收入排序计算得到的第i项收入的基尼系数,因此被称为拟基尼系数。Φ为城镇住户各分项人均收入对家庭人均总收入差距的贡献率。

一般而言,某分项收入的拟基尼系数与总收入的基尼系数之间存在三种关系:一是某项收入的拟基尼系数为正值且大于总收入的基尼系数,这表明该项收入的分配差距比总收入的分配更加不平等;二是该项收入的拟基尼系数为正值但小于总收入的基尼系数,这表明该项收入的分配差距低于总收入的差距;三是某项收入的拟基尼系数为负值,表明该项收入集中在低收入阶层,高收入阶层中分得较少,是使总收入差距缩小的因素。

利用公式(2)可以进一步推导出各分项收入的基尼系数弹性的计算公式:

$$\Upsilon_i=\frac{Y_i}{G}(G_i-G)\times 100\% \tag{4}$$

其中,Υ_i表示第i项收入的基尼系数弹性,它的经济意义为第i项收入占总收入的比重每变化1%导致总收入的基尼系数变化的百分比,反映了该项收入对总收入差距的边际影响。

对公式(1)做进一步的发展使其适合对收入差距的增量进行分解。具体的推导过程省略,这里直接给出最后推导的结果:

$$\Delta G=\sum_{i=1}^{N}\Delta G_i\times Y_i+\sum_{i=1}^{N}G_i\times\Delta Y_i+\sum_{i=1}^{N}\Delta G_i\times\Delta Y_i \tag{5}$$

其中,$\sum\Delta G_i\times Y_i$表示由各分项收入分配格局的变化造成的总收入差距的变化,称之为分配效应;$\sum G_i\times\Delta Y_i$表示由各分项收入在总收入中比重的变化导致总收入差距的变化,称之为结构效应;$\sum\Delta G_i\times\Delta Y_i$表示由各分项收入分配格局的变化和其占总收入比重的变化共同作用导致总收入差距的变动,称之为交叉效应。

本文根据以上公式来分析和计算2002~2006年山东省城镇居民各种来源的家庭人均收

入[①]及其变动对家庭人均总收入差距及其变动的影响。

1. 各分项家庭人均收入占家庭人均总收入的比重及变动情况

近五年来，山东省城镇居民各分项家庭人均收入占家庭人均总收入的比重及变动情况如下：

(1)工薪收入是城镇居民家庭人均总收入的主体，其占总收入的比重平均为55.53%，其中最低为51.88%，最高为62.95%。这表明，劳动收入依然是我国城镇家庭最主要的收入来源。从变动趋势上看，其在总收入中所占的份额是逐渐下降的，这是我国市场化改革的必然结果。

(2)借贷收入占总收入的比重排在第二位，平均为29.19%。从变动趋势上看，增幅很大，从2002年的21.04%增至2006年的32.37%，增加了11个百分点。

(3)转移性收入占总收入的比重排在第三位，平均为11.59%。从变动趋势上看略有下降。

(4)经营净收入占总收入的比重排在第四位，平均为1.96%。从变动趋势上看增长很快，从2002年到2006年几乎增长了一倍。

(5)财产性收入占总收入中的比重虽然很小，平均不足1%，但其增长幅度很大。

(6)出售财物收入和其他收入占总收入的比重很小，此处不再讨论。

2. 各分项收入的拟基尼系数

下面我们进一步考察各分项收入的拟基尼系数，讨论各分项收入的分配格局和与总收入的关系。(见表1)

表1　2002—2006年山东省城镇住户各分项收入的拟基尼系数

	2002年	2003年	2004年	2005年	2006年	与总收入关系
1. 工薪收入	0.25903	0.27708	0.26412	0.27085	0.26536	—
1.1 工资及补贴收入	0.26066	0.27979	0.26722	0.27402	0.26866	—
1.2 其他劳动收入	0.12917	0.06645	0.10755	0.12157	0.08473	—
2. 经营净收入	0.00425	—0.01648	0.02598	0.12491	0.16240	—
3. 财产性收入	0.42907	0.66948	0.47678	0.48897	0.47537	+
3.1 利息和红利收入	0.49956	0.55690	0.52799	0.55100	0.52621	+
3.2 其他财产租金收入	0.21858	0.78211	0.38148	0.39078	0.39832	+
4. 转移性收入	0.30975	0.32402	0.31464	0.34118	0.32822	—
4.1 离退休金收入	0.29114	0.28491	0.26941	0.34304	0.32208	—
4.2 社会救济保险收入	—0.02978	—0.31267	—0.31414	—0.25366	—0.25477	—
4.3 其他转移性收入	0.45593	0.54998	0.55521	0.39591	0.42675	+
5. 出售财物收入	0.67250	0.93377	0.73125	0.75794	0.86512	+
6. 借贷收入	0.64450	0.55456	0.51368	0.51317	0.55955	+
6.1 收回借出性收入	0.62358	0.54199	0.49640	0.50208	0.53692	+
6.2 贷款性收入	0.80036	0.74654	0.82547	0.74227	0.86617	+
6.3 其他借贷收入	0.50615	0.50502	0.26657	0.51865	0.13162	+
7. 其他收入	0.30268	0.39336	0.16558	0.25694	0.09728	—
总收入	0.34590	0.36556	0.35252	0.35168	0.36821	—
样本量	2617	2623	2584	2741	2954	—

注：(1)在"与总收入差距关系"一栏中，"+"该项收入的拟基尼系数大于总收入的基尼系数，"—"分别该项收入的拟基尼系数基尼系数小于总收入的基尼系数甚至为负值。

① 在现有的研究收入分配差距的文献中，一般不将出售财物的收入和借贷收入包括在内，本文之所以把这两类收入囊括进来，主要原因有两个：一是随着我国消费信贷市场的逐渐完善，这部分收入在城镇居民总收入中所占的份额越来越大，从而对居民的生产和日常生活的影响日益加大；二是研究收入分配重要目的之一是考察隐含在收入分配差距背后的居民消费福利差距，随着我国信贷市场的日臻完善，居民借贷消费的现象越来越普遍，借贷消费在居民消费中所占据的份额越来越大，这需要在研究城镇居民收入分配的时候将这部分收入考虑进来。

上表中近五年的数据显示：

(1)总收入的基尼系数虽然在这几年有所波动，但其趋势是逐步增大的。也就是说，城镇居民的收入分配差距延续了上个世纪逐步扩大的势头，继续保持拉大的趋势。

(2)从各分项收入的分配格局与总收入的关系来看，工薪收入、经营性收入和转移性收入的拟基尼系数均小于总收入的基尼系数，这意味着这三项收入相对于总收入而言其分布还是比较平均的，因此具有相对平均化的作用。尤其社会救济保险收入的拟基尼系数均是负值，说明这部分收入更多地被分配到了低收入或者贫困阶层的手中，发挥了缩小收入差距的作用。

(3)财产性收入、出售财务收入和借贷收入的拟基尼系数大于总收入的基尼系数。表明这几项收入相对于总收入而言其分配格局更加不均等，其中，出售财务收入和借贷收入更为明显。

3. 各分项收入对总收入差距的贡献率及其边际影响

下面我们分析各分项收入对总收入差距的贡献率及其边际影响，详见表2和表3。

表2　2002～2006年山东省城镇住户各分项人均收入对家庭人均总收入差距的贡献率(%)

	2002年	2003年	2004年	2005年	2006年	平 均	2006—2002
1. 工薪收入	47.14	43.24	39.56	40.81	37.39	41.63	—9.75
1.1 工资及补贴收入	46.85	43.11	39.24	40.43	37.17	41.36	—9.68
1.2 其他劳动收入	0.29	0.13	0.31	0.38	0.21	0.26	—0.08
2. 经营净收入	0.02	—0.07	0.12	0.91	1.20	0.44	1.18
3. 财产性收入	0.86	1.89	1.02	1.22	1.30	1.26	0.44
3.1 利息和红利收入	0.75	0.79	0.73	0.85	0.87	0.80	0.12
3.2 其他财产租金收入	0.11	1.11	0.28	0.38	0.43	0.46	0.32
4. 转移性收入	11.56	9.84	8.90	12.27	10.10	10.53	—1.46
4.1 离退休金收入	9.04	6.95	6.14	10.77	8.67	8.31	—0.37
4.2 社会救济保险收入	—0.02	—0.14	—0.10	—0.12	—0.08	—0.09	—0.06
4.3 其他转移性收入	2.53	3.05	2.87	1.62	1.51	2.32	—1.02
5. 出售财物收入	0.60	1.94	0.31	0.26	0.71	0.76	0.11
6. 借贷收入	39.20	42.55	49.91	44.11	49.19	44.99	9.99
6.1 收回借出性收入	30.54	37.63	45.20	40.92	43.72	39.60	13.18
6.2 贷款性收入	7.24	3.82	4.55	2.92	5.45	4.80	—1.79
6.3 其他借贷收入	1.42	1.11	0.16	0.27	0.03	0.60	—1.39
7. 其他收入	0.62	0.61	0.18	0.41	0.10	0.38	—0.52
总收入	100	100	100	100	100	100	—
样本量	2617	2623	2584	2741	2954	—	

从表2我们可以看出：

(1)借贷收入由于其高度的不平均，对总收入差距贡献率最高，平均达到了44.99%左右，其中以收回借出性收入的贡献为主，其贡献率平均达到了39.6%。从变动趋势上看，近五年来这两项收入对总收入差距贡献率的增幅都很大，分别达到了9.99%和13.18%。

(2)工薪收入对总收入差距贡献率排在第二位，平均为41.63%。其中仍以工资及补贴为主，其平均贡献率为41.36%。从变动趋势上看，这两项收入对总收入差距贡献率的降幅都较大，分别达到了9.75%和9.68%。

(3)转移性收入对总收入差距的贡献排在第三位，平均为10.53%，且呈现出轻微下降的态势。其中仍以离退休金的贡献为主，贡献率平均达到了8.31%；而社会救济保险收入对总收入差距的贡献率为负值，即该项收入的绝对地缩小了总收入的差距，但影响非常小。

(4)经营性收入和财产性收入对总收入差距的贡献率很小,但增长幅度很大,这与其在总收入中份额的大幅度增长有关。总体上看,在中国城镇居民的收入差距中,最主要的仍然来自工薪收入。但借贷收入的差距对城镇居民收入差距的影响越来越显著,并且已经出现了超过工薪收入的势头。

表 3　2002～2006 年山东省城镇住户各分项人均收入对总收入差距的边际影响(%)

	2002 年	2003 年	2004 年	2005 年	2006 年	平　均
1. 工薪收入	−15.81	−13.81	−13.24	−12.18	−14.49	−13.91
1.1 工资及补贴收入	−15.32	−13.21	−12.53	−11.46	−13.77	−13.26
1.2 其他劳动收入	−0.49	−0.59	−0.71	−0.72	−0.72	−0.65
2. 经营净收入	−1.37	−1.50	−1.57	−1.66	−1.52	−1.52
3. 财产性收入	0.17	0.86	0.26	0.34	0.29	0.38
3.1 利息和红利收入	0.23	0.27	0.24	0.31	0.26	0.26
3.2 其他财产租金收入	−0.06	0.59	0.02	0.04	0.03	0.12
4. 转移性收入	−1.35	−1.26	−1.07	−0.38	−1.23	−1.06
4.1 离退休金收入	−1.70	−1.97	−1.90	−0.27	−1.24	−1.41
4.2 社会救济保险收入	−0.27	−0.32	−0.22	−0.29	−0.20	−0.26
4.3 其他转移性收入	0.61	1.02	1.05	0.18	0.21	0.61
5. 出售财物收入	0.29	1.18	0.16	0.14	0.41	0.44
6. 借贷收入	18.16	14.50	15.66	13.88	16.82	15.81
6.1 收回借出性收入	13.60	12.25	13.10	12.26	13.74	12.99
6.2 贷款性收入	4.11	1.95	2.61	1.54	3.13	2.67
6.3 其他借贷收入	0.45	0.31	−0.05	0.09	−0.05	0.15
7. 其他收入	−0.09	0.04	−0.21	−0.15	−0.28	−0.14

从表 3 中我们看出:

(1)工薪收入的边际影响在考察期内始终为负值,平均为−13.91%。这意味着该项收入在总收入中份额每增加 1%会使总收入差距缩小将近 14%。其中,以工资及补贴收入为主,其边际影响平均为−13.26%,即该项收入在总收入中的份额增加 1%,会导致总收入差距缩小 13%左右。从趋势上看,这两项收入的边际影响都有缩小的势头。

(2)借贷收入由于其分配格局的高度不平均,其边际影响为正并且很大,平均为 15.81%。这意味着该项收入在总收入的比重每增加 1%,将导致总收入差距拉大 15.81%。从趋势上看其影响近五年来变动不大。

(3)转移性收入的边际影响为−1.06%,即该项收入在总收入中比重每增加 1%,总收入差距会缩小 1%以上,从趋势上看其影响有缩小的态势。其中,离退休金和社会救济这两项收入的边际影响分别为−1.41%和−0.26%,而其他转移性收入的影响为 0.61%。

(4)经营净收入的边际影响平均为−1.52%,即这项收入在总收入中的比重每增加 1%,总收入差距会相应地缩小 1.52%。从趋势上看,其影响在波动中扩大。

(5)财产性收入的边际影响平均为 0.38%,表明该项收入在总收入中的比重每增加 1%,总收入差距会相应地增加 0.38%,并且从趋势上看在逐步增加。

4. 各分项收入对收入差距拉大的影响分析

以上考察了各分项收入占总收入的比重、各分项收入的分配格局以及各分项收入对总收入差距的贡献和边际影响。进一步的问题是,在考察期内,山东省城镇居民的收入差距进一步扩大了。那么,从收入构成的角度看,在收入差距拉大的过程中各分项收入到底起了什么作用？到底是各分项收入在总收入中份额的变化影响大，还是其自身分配格局变化的影响大，或者二者平分秋色。这里我们利用交叉相乘法做初步的验证。即用2006年的各分项收入占总收入的比重分别与2002年的各分项收入的拟基尼系数相乘并求和，然后用2002年的各分项收入占总收入的比重分别与2006年的各分项收入的拟基尼系数相乘并求和。对比两次计算的结果：

$$G_1=\sum_{i=1}^{N}G_i(2002)\times Y_i(2006)=0.38578$$

$$G_2=\sum_{i=1}^{N}G_i(2006)\times Y_i(2002)=0.33606$$

如果用2006年的各分项收入占总收入的比重分别与2002年的各分项收入的拟基尼系数相乘并求和，则计算的结果 $G_1=0.38578$，与2006年总收入的基尼系数0.36821相差0.01757，与2002年的总收入的基尼系数0.34590相差0.03988。如果用2002年的各分项收入占总收入的比重分别与2006年的各分项收入的拟基尼系数相乘并求和，则计算结果 $G_2=0.33606$，与2006年总收入的基尼系数相差0.03215，与2002年总收入的基尼系数相差0.00984。由此可以看出，G_1 与2006年总收入的基尼系数更接近，G_2 与2002年总收入的基尼系数更接近。如果将计算的结果 G_1 和 G_2 同2002年总收入的实际基尼系数0.34590相比较，可以发现 G_1 大于它，G_2 小于它。由此可以推测，从总体上看，这期间各分项收入自身分配格局的变化使总收入差距缩小，而各分项在总收入中份额的变化则导致了总收入差距的扩大。这一点与以前的一些研究成果不同。利用公式(5)对总收入差距的增量进行了分解，具体的分解结果见表4。

表4　2002～2006年山东省城镇居民家庭收入差距增量的分解结果

	分配效应		结构效应		交叉效应		合计	
	数值	比重(%)	数值	比重(%)	数值	比重(%)	数值	比重(%)
1.工薪收入	0.00397	15.86%	−0.02868	−114.55%	−0.00070	−2.79	−0.02541	−101.48
1.1　工资及补贴收入	0.00402	16.06%	−0.02907	−116.11%	−0.00071	−2.83	−0.02576	−102.88
1.2　其他劳动收入	−0.00005	−0.20%	0.00039	1.56%	0.00001	0.04	0.00035	1.39
2.经营净收入	0.00220	8.78%	0.00006	0.24%	0.00210	8.40	0.00436	17.43
3.财产性收入	0.00031	1.24%	0.00137	5.48%	0.00014	0.58	0.00183	7.30
3.1　利息和红利收入	−0.00041	−1.64%	0.00038	1.52%	−0.00019	−0.76	−0.00022	−0.88
3.2　其他财产租金收入	0.00072	2.88%	0.00099	3.97%	0.00033	1.34	0.00205	8.18
4.转移性收入	0.00242	9.68%	−0.00488	−19.50%	−0.00030	−1.18	−0.00275	−11.00
4.1　离退休金收入	0.00510	20.38%	−0.00256	−10.22%	−0.00062	−2.49	0.00192	7.67
4.2　社会救济保险收入	−0.00026	−1.05%	−0.00042	−1.66%	0.00003	0.13	−0.00065	−2.58
4.3　其他转移性收入	−0.00242	−9.65%	−0.00191	−7.63%	0.00030	1.18	−0.00403	−16.10
5.出售财物收入	0.00060	2.40%	−0.00004	−0.16%	−0.00001	−0.05	0.00055	2.18
6.借贷收入	−0.01786	−71.30%	0.07303	291.67%	−0.00962	−38.41	0.04556	181.96
6.1　收回借出性收入	−0.00100	−4.01%	0.08405	335.68%	−0.00054	−2.16	0.08251	329.51
6.2　贷款性收入	−0.01201	−47.95%	−0.00524	−20.94%	−0.00647	−25.83	−0.02372	−94.72
6.3　其他借贷收入	−0.00485	−19.35%	−0.00578	−23.06%	−0.00261	−10.42	−0.01323	−52.83
7.其他收入	−0.00146	−5.83%	−0.00099	−3.95%	0.00336	13.40	0.00091	3.62
合　计	−0.00981	−39.17%	0.03987	159.22%	−0.00502	−20.05	0.02504	100.00

资料来源：国家统计局山东调查总队

具体的分解结果证明了我们上面的分析结论：

(1)从总体上看，结构效应对收入差距拉大的贡献为正，其贡献率为159.22%，即结构效应拉大了收入差距；而分配效应和交叉效应的贡献为负，其贡献率分别为－39.17%和－20.05%，即这两种效应起到了缩小收入差距的作用。

(2)在各分项收入中，工薪收入对收入差距拉大的贡献是负的，贡献率为－101.48%，起到了抑制收入差距扩大的作用。其中，其分配效应对收入差距增量的贡献率为15.86%，起到了拉大收入差距的作用，而结构效应和交叉效应的贡献率分别为－114.55%和－2.79%，对抑制收入差距扩大起到较大的作用。

(3)借贷收入对总收入差距拉大的贡献是正的，贡献率达到了181.96%。其中，发挥主要作用的结构效应，贡献率达到了291.67%，分配效应和交叉效应的贡献率则分别为－71.30%和－38.41%。

(4)经营净收入对总收入差距增量的贡献是正的，总体贡献为17.43%，三种效应的贡献率分别为8.78%、0.24%和8.40%。

(5)财产性收入的三种效应对收入差距拉大还是起到了推动作用，其对总收入差距增量的贡献率分别为1.24%、5.48%和0.58%。综合起来看，财产性收入的总体贡献率为7.30%。

(6)转移性收入对总收入差距增量的贡献是负的，为－11.00%，起到了抑制收入差距拉大的作用。其中，分配效应起到了拉大收入差距的作用，贡献率为9.68%，而结构效应和交叉效应起到了缩小收入差距的作用，其贡献率分别为－19.50%和－1.18%。

(二)从城镇居民家庭特征角度考察影响收入差距及其变动的主要因素

除了从收入构成的角度外，这里我们还从城镇居民家庭特征的角度考察影响城镇居民收入差距及其变化的主要因素。

1. 居民家庭特征对城镇居民总体收入差距的影响分析

所使用的分解方法如下：

$$G_1=\phi_1 R_1 G_1+\cdots+\phi_i R_i G_i+\cdots\Delta, i=1,2,3 \quad (6)$$

其中 R_i 为第i个特征的特征－收入相关系数，反映了第i个居民家庭特征与城镇居民个人收入之间的相关程度；G_i 为特征基尼系数，反映了第i个居民家庭特征的分布程度；ϕ_i 为居民家庭特征收益权数，反映第i个居民家庭特征收益率；△为加权等级误差项。这里 ϕ_i 的计算过程相对比较复杂，它的计算公式为：

$$\phi_i=a_i\frac{\bar{I}_i}{\bar{Y}} \quad (7)$$

其中 a_i 为第i个居民家庭特征的特征收入，$\bar{I}_i$ 为第i个居民家庭特征的平均值，$\bar{Y}$ 为总收入的平均值。这里我们首先测算居民家庭特征收入。所谓居民家庭特征收入是指每个居民家庭特征对个人收入的贡献额。即在其他因素不变的情况下，变动一个单位的某个特征所引起的居民收入的增减额。我们先运用多元线性回归的方法确定特征收入，具体的公式为：

$$Y=\alpha_0+\alpha_1 X_1+\cdots+\alpha_1 X_1+\cdots+\alpha_n X_n+\Delta \quad (8)$$

式中 Y 为人均收入；X_i 为解释变量，即居民家庭特征；n为解释变量的数目；Δ为随机误差项；α_i 为回归系数，即代表居民家庭特征收入。进行多元回归的目的就是估计各居民家庭特征的回归系数。这里我们选取的居民家庭特征包括城镇住户所在地区的经济发展水平、家庭有收入者人数的比重、家庭中国有职工人数比重，以及户主的进城时间、民族、性别、年龄、就业的性质、行业、职业、工龄、教育年限等。多元回归的结果见表5。

表中的数据显示回归模型的效果还是比较好的，各项居民家庭特征回归系数的显著性水平比较高。

测得居民家庭特征收入，即可得出居民家庭特征收益权数 φ_i；而特征—收入相关系数 R_i 和特征基尼系数 G_i，则较易于直接算出。于是根据公式(6)就可测算出各种居民家庭特征分别及总体上对收入差距的解释程度，具体见表6。

表 5　2002 和 2006 年按居民家庭数据计算山东省城镇住户的居民家庭特征收入

	2002 年		2006 年	
	回归系数	t 统计量	回归系数	t 统计量
常数项	－17837.11	－7.72	－36625.20	－9.07
地区经济发展水平	262.97	12.08	224.07	10.77
进城时间	－25.86	－2.11	－21.64	－0.99
民族	－1027.09	－0.81	－1113.00	－0.46
性别	1339.34	4.02	1774.78	2.76
年龄	100.64	2.73	266.92	5.65
就业性质	103.52	0.93	81.98	0.44
行业	237.02	5.47	237.02	3.78
职业	938.17	1.96	2065.50	2.15
工龄	29.65	0.90	－56.70	－1.46
教育年限	474.22	6.70	1204.35	9.29
有收入者人数比重	13399.72	14.18	23682.92	14.03
国有职工人数比重	1535.79	2.81	3286.79	3.39
方程的总体评价	R^2＝0.1969 R^2＝0.1850		F＝53.22 F＝55.63	

表 6　山东省城镇居民各居民家庭特征对收入分配差距的影响程度

变　量	代　号	2002 年		2006 年	
		数　值	比　重	数　值	比　重
居民家庭特征收益比重					
居住地的经济发展水平	ϕ_1	0.34474		0.31004	
进城时间	ϕ_2	－0.07508		－0.03354	
民族	ϕ_3	－0.09219		－0.05565	
性别	ϕ_4	0.04907		0.03550	
年龄	ϕ_5	0.40447		0.58188	
就业性质	ϕ_6	0.11074		0.04345	
行业	ϕ_7	0.15196		0.10429	
职业	ϕ_8	0.15381		0.16524	
工龄	ϕ_9	0.06365		－0.06463	
教育年限	ϕ_{10}	0.54855		0.73465	
有收入者人数比重	ϕ_{11}	0.87135		0.71049	
国有职工人数比重	ϕ_{12}	0.09706		0.09860	
居民家庭特征收入相关系数					
居住地的经济发展水平	R_1	0.21233		0.18230	
进城时间	R_2	0.01709		0.02187	
民族	R_3	0.00318		0.01165	
性别	R_4	0.06697		0.04049	
年龄	R_5	0.07164		0.06934	
就业性质	R_6	0.11005		0.14106	
行业	R_7	0.16481		0.15264	
职业	R_8	0.12737		0.13741	
工龄	R_9	0.07927		0.07522	
教育年限	R_{10}	0.15935		0.21539	
有收入者人数比重	R_{11}	0.27887		0.27269	
国有职工人数比重	R_{12}	0.12061		0.13640	

续表

变 量	代 号	2002年		2006年	
		数 值	比 重	数 值	比 重
居民家庭特征基尼系数					
居住地的经济发展水平	G_1	0.28439		0.26313	
进城时间	G_2	0.27967		0.28372	
民族	G_3	0.01567		0.01523	
性别	G_4	0.5961		0.63879	
年龄	G_5	0.12791		0.13186	
就业性质	G_6	0.08484		0.10664	
行业	G_7	0.37506		0.40711	
职业	G_8	0.14428		0.14541	
工龄	G_9	0.25485		0.27207	
教育年限	G_{10}	0.11713		0.1155	
有收入者人数比重	G_{11}	0.12444		0.13302	
国有职工人数比重	G_{12}	0.29577		0.41287	
人口特征贡献额	$\sum\phi_i R_i G_i$	0.08460	100.00	0.07961	100.00
居住地的经济发展水平	$\phi_1 R_1 G_1$	0.02082	24.61	0.01487	18.68
进城时间	$\phi_2 R_2 G_2$	−0.00036	−0.42	−0.00021	−0.26
民族	$\phi_3 R_3 G_3$	0.00000	−0.01	−0.00001	−0.01
性别	$\phi_4 R_4 G_4$	0.00196	2.32	0.00092	1.15
年龄	$\phi_5 R_5 G_5$	0.00371	4.38	0.00532	6.68
就业性质	$\phi_6 R_6 G_6$	0.00103	1.22	0.00065	0.82
行业	$\phi_7 R_7 G_7$	0.00939	11.10	0.00648	8.14
职业	$\phi_8 R_8 G_8$	0.00283	3.34	0.00330	4.15
工龄	$\phi_9 R_9 G_9$	0.00129	1.52	−0.00132	−1.66
教育年限	$\phi_{10} R_{10} G_{10}$	0.01024	12.10	0.01828	22.96
有收入者人数比重	$\phi_{11} R_{11} G_{11}$	0.03024	35.74	0.02577	32.37
国有职工人数比重	$\phi_{12} R_{12} G_{12}$	0.00346	4.09	0.00555	6.97
居民家庭/收入基尼系数	G	0.34590	100.00	0.36821	100.00
得解释的基尼系数	G_j	0.08460	24.46	0.07961	21.62
未解释的基尼系数	△	0.26130	75.54	0.28860	78.38

表中数据显示：

(1) 2002年山东省城镇居民的收入差距基尼系数中，可以由城镇住户所在地区的经济发展水平、家庭有收入者人数的比重、家庭中国有职工人数比重，以及户主的进城时间、民族、性别、年龄、就业的性质、行业、职业、工龄、教育年限等来解释的为0.08460，占当年实际收入差距基尼系数0.34590的24.46%。2006年由这十二个特征解释的基尼系数为0.07961，占当年实际收入差距基尼系数0.36821的21.62%。就是说，居民的各种居民家庭特征总体上能够解释总收入差距的1/5～1/4左右。这两年相比，2006年上述特征对收入差距的解释力有所下降，这说明近年来影响城镇居民收入差距扩大的因素更加复杂多样。

(2)2002年，对收入差距贡献率较大的为居民家庭特征依次为：家庭中有收入者比重、居住地的经济发展水平，以及户主的教育水平和就业的行业，其贡献率分别为35.74%、24.61%、12.10%和11.10%。其他如户主的年龄、居民家庭中国有职工人数比重，以及户主的职业、性别、工龄、就业性质、民族和进城时间等影响比较小。2006年，对收入差距贡献率较大的为居民家庭特征依次为：家庭中有收入者比重、户主的教育水平、居住地的经济发展水平、户主就业的行业、居民家庭中国有职工人数比重和户主的年龄，其贡献率分别为 32.37％、22.96％、18.68％、8.14％、6.97％和 6.68％。

（3）在被解释的收入差距中，各种居民家庭特征的贡献率在考察期间的变动情况如下：户主教育年限贡献率的增幅是最大的，从 2002 年 12.10％增加到 22.96％；居民家庭中国有职工人数的比重、户主的年龄和职业的贡献率略有增加，分别从 2002 年的 4.09％、4.38％和 3.34％增加到 2006 年的 6.97％、6.68％和 4.15％。居住地的经济发展水平贡献率有较大幅度的下降，从 2002 年的 24.61％下降到 2006 年 18.68％。而居民家庭中有收入者比重、户主就业的行业、性别、就业性质的贡献率都有较小幅度的下降，分别从 2002 年的 35.74％、11.10％、2.32％和 1.22％下降到 2006 年的 32.37％、8.14％、1.15％和 0.82％。

2. 居民家庭特征对城镇居民收入差距变动的影响分析

以上我们从整体上测度了一些居民家庭特征对城镇居民总体收入差距的影响程度。接下来我们分析上述各个特征对收入差距变动的影响，即在从 2002 到 2006 年的收入差距的增加值中，这些居民家庭特征能够解释多少，具体的分解公式为：

$$\frac{\partial G}{\partial t}=\sum_{l}^{r}\left[\frac{\partial\phi_i}{\partial tR_iG_i}+\frac{\partial\phi_i}{\partial t\phi_iG_i}+\frac{\partial G_i}{\partial tR_i\phi_i}\right] \quad (9)$$

公式中各符号的含义与前文中公式相同，r 为居民家庭特征的个数，具体的测算结果见表 7 所示。

表 7　各个居民家庭特征对总收入差距的变化的影响程度

变　量	代　号	2002 年的数值	2006 年的数值
人口特征收益比重	$\boldsymbol{\phi_i}$		
地区	ϕ_1	0.34474	0.31004
进城时间数	ϕ_2	－0.07508	－0.03354
民族	ϕ_3	－0.09219	－0.05565
性别	ϕ_4	0.04907	0.03550
年龄	ϕ_5	0.40447	0.58188
就业	ϕ_6	0.11074	0.04345
行业	ϕ_7	0.15196	0.10429
职业	ϕ_8	0.15381	0.16524
工龄	ϕ_9	0.06365	－0.06463
教育年限	ϕ_{10}	0.54855	0.73465
有收入者人数比重	ϕ_{11}	0.87135	0.71049
国有职工人数比重	ϕ_{12}	0.09706	0.0986
特征收入相关系数	$\mathbf{R_I}$		
地区	R_1	0.21233	0.18230
进城时间数	R_2	0.01709	0.02187
民族	R_3	0.00318	0.01165
性别	R_4	0.06697	0.04049
年龄	R_5	0.07164	0.06934
就业	R_6	0.11005	0.14106
行业	R_7	0.16481	0.15264
职业	R_8	0.12737	0.13741
工龄	R_9	0.07927	0.07522
教育年限	R_{10}	0.15935	0.21539
有收入者人数比重	R_{11}	0.27887	0.27269
国有职工人数比重	R_{12}	0.12061	0.13640
人口特征基尼系数	$\mathbf{G_I}$		
地区	G_1	0.28439	0.26313

续表

变　量	代　号	2002 年的数值	2006 年的数值
进城时间数	G_2	0.27967	0.28372
民族	G_3	0.01567	0.01523
性别	G_4	0.5961	0.63879
年龄	G_5	0.12791	0.13186
就业	G_6	0.08484	0.10664
行业	G_7	0.37506	0.40711
职业	G_8	0.14428	0.14541
工龄	G_9	0.25485	0.27207
教育年限	G_{10}	0.11713	0.1155
有收入者人数比重	G_{11}	0.12444	0.13302
国有职工人数比重	G_{12}	0.29577	0.41287
2006 年比 2002 年的增量		增量数值	比　重
基尼系数增加额		**0.02231**	
地区经济发展水平	$d\phi_1/dtR_1G_1+dR_1/dtG_1\phi_1+dG_1/dt\phi_1R_1$	−0.00660	−29.58
进城时间数	$d\phi_2/dtR_2G_2+dR_2/dtG_2\phi_2+dG_2/dt\phi_2R_2$	0.00009	0.40
民族	$d\phi_3/dtR_3G_3+dR_3/dtG_3\phi_3+dG_3/dt\phi_3R_3$	−0.00001	−0.04
性别	$d\phi_4/dtR_4G_4+dR_4/dtG_4\phi_4+dG_4/dt\phi_4R_4$	−0.00118	−5.29
年龄	$d\phi_5/dtR_5G_5+dR_5/dtG_5\phi_5+dG_5/dt\phi_5R_5$	0.00162	7.26
就业	$d\phi_6/dtR_6G_6+dR_6/dtG_6\phi_6+dG_6/dt\phi_6R_6$	−0.00007	−0.31
行业	$d\phi_7/dtR_7G_7+dR_7/dtG_7\phi_7+dG_7/dt\phi_7R_7$	−0.00284	−12.73
职业	$d\phi_8/dtR_8G_8+dR_8/dtG_8\phi_8+dG_8/dt\phi_8R_8$	0.00045	2.02
工龄	$d\phi_9/dtR_9G_9+dR_9/dtG_9\phi_9+dG_9/dt\phi_9R_9$	−0.00257	−11.52
教育年限	$d\phi_{10}/dtR_{10}G_{10}+dR_{10}/dtG_{10}\phi_{10}+dG_{10}/dt\phi_{10}R_{10}$	0.00693	31.06
有收入者人数比重	$d\phi_{11}/dtR_{11}G_{11}+dR_{11}/dtG_{11}\phi_{11}+dG_{11}/dt\phi_{11}R_{11}$	−0.00417	−18.69
国有职工人数比重	$d\phi_{12}/dtR_{12}G_{12}+dR_{12}/dtG_{12}\phi_{12}+dG_{12}/dt\phi_{12}R_{12}$	0.00188	8.43

总体上看，各居民家庭特征对收入差距的影响是不同的，由于本身收益率等的变化以及其他特征收益率的相对变化，同一特征在不同年份对收入差距的影响也是变动的。另外，从增量的角度进行考察，一些特征，如户主的教育年限是导致收入差距拉大最主要的因素。

三、对城镇居民收入差距未来发展趋势的预测

在进行定量的预测之前，我们首先就影响城镇居民收入差距未来走势的主要因素进行定性的分析。总体上讲，影响我国城镇居民收入差距未来发展趋势的诸因素中既有使收入差距缩小的变量，也有促使收入差距进一步扩大的因素。

(一)影响城镇居民收入差距未来发展趋势的主要因素

1. 导致城镇居民差距扩大的主要因素

首先，随着经济体制改革的深化，包括个体、私营经济成分在内的非公有制经济成分将继续增加，经营性收入在个人收入中的比重会越来越大，这种变化必将导致居民收入差距的增大。我们在对城镇居民收入差距增量的分解分析也表明了这种趋势，近五年来，经营净收入对总收入差距的增量贡献了 17.43%。

其次，一方面随着城镇居民收入水平的快速增加，居民手中可用于投资的资本越来越多；另一方面，我国资本市场的逐步完善，城镇居民的投资渠道愈加丰富。这样财产性收入在城镇居民收入中将占据越来越多的份额。而这种收入的重要特征之一就是具有“马太效应”，这必

将拉大城镇居民的收入差距，数据表明，近五年来，财产性收入对总收入差距的增量贡献了7.30%。

最后，随着政府机构和事业单位工资体制的改革，不同等级的行政职务和技术职称之间的收入差距将逐渐拉开。这必然导致收入差距的增大。

2. 缩小收入差距的主要因素

首先，目前，中央已经提出要实现区域的协调发展，我国经济发展重点将要西移，再加上及经济发展过程中将要出现的"涓滴效应"我国区域之间的经济发展水平将逐渐趋于平衡，地区差距逐渐缩小。前文的分析表明，进而，居住地的经济发展水平对收入差距的贡献率有较大幅度的下降，从2002年的24.61%下降到2006年18.68%。这意味着地区之间经济发展水平的缩小必将成为缩小城镇居民收入差距的一个重要经济因素。

其次，随着经济发展水平的提高、社会保障体系覆盖面的扩大和保障水平的提高，低收入阶层的收入水平将有所提高，从而缩小城镇居民的收入差距。前文数据表明，近五年来，转移性收入起到了抑制收入差距拉大的作用，对总收入差距增量的贡献率为－11%。

最后，税收制度的完善将在一定程度上抑制高收入阶层收入水平的过快增加，这在一定程度将会减小收入差距。

基于上述的分析，我们认为，未来我国城镇居民收入差距的变化是上述两方面的因素(促其扩大与促其缩小的因素)共同作用的结果。在未来几年中，促使收入差距扩大因素的影响依然会占主导，因而，城镇居民收入差距仍将呈缓慢上升的趋势。以下是我们运用计量分析的方法，对我城镇居民收入差距的未来发展趋势进行定量预测。

(二)预测的结果

这里，我们选用指数平滑法中的双指数平滑法、非周期的 *Holt－Winter* 法、可加的 *Holt－Winter* 法和可乘的 *Holt－Winter* 法对我国城镇居民的收入差距进行定量预测，以便对结果进行对比。

我们预测所用的是资料来自1988—2006年《中国城镇住户调查年鉴》中提供的分组资料。所使用的收入包括工薪收入、经营性净收入、财产性收入、转移性收入、出售财物收入和借贷收入。

表8　2007～2010年城镇居民收入差距预测结果

年份	G1F1	G1F2	G1F3	G1F4	平均值
2007	0.385821	0.371839	0.405506	0.431408	0.39864
2008	0.400656	0.377458	0.416219	0.460402	0.41368
2009	0.415492	0.383077	0.413482	0.448227	0.41597
2010	0.430327	0.388696	0.420785	0.449791	0.42240
t检验	0.166	0.198	0.145	0.164	—

资料来源：作者根据《中国城镇住户调查年鉴》(1988～2006)中的数据预测得到。

注：G1为实际值，时间段是1988～2006年。G1F1为双指数平滑法的预测值(1988～2010)，G1F2为非周期的Holt－Winter法的预测值(1988～2010)，G1F3为可加的Holt－Winter法的预测值(1988～2010)，G1F4为可乘的Holt－Winter法的预测值(1988～2010)。

表中的最后一行为1988年到2006年每种预测方法的预测值和实际值之间的t检验，以考察预测结果的准确性。结果显示，预测结果的可靠性超过了95%。

从表8可以看出，虽然有波动，但城镇居民的收入差距总体上呈现出拉大的趋势。到2010年，城镇居民收入的基尼系数将达到0.39到0.45之间，平均为0.42左右。

作者：山东省调查总队

内蒙古城乡居民收入差距扩大的现状及影响因素分析

2006年内蒙古城镇居民人均可支配收入首次突破万元大关,达到10358元,同比增长13.4%;农牧民人均纯收入为3342元,同比增长11.8%,农牧民收入水平及增长幅度均低于城镇居民。近年来,自治区各级政府一直把提高农民收入放在各项经济工作中的重要位置,但由于城乡收入差距的形成原因复杂,解决难度较大,尽管政府采取了多种措施,但效果并不明显,而且有进一步拉大的现象。城乡居民收入差距的扩大是制约城乡经济协调发展的重要因素,已经成为内蒙古在构建和谐社会进程中的一个突出问题。本文拟就内蒙古城乡居民收入差距持续扩大的现状及其影响因素加以分析。

一、内蒙古城乡居民收入差距的现状

目前,内蒙古城乡居民收入差距拉大的现象可以从多个方面反映出来。

(一)从城乡居民平均收入水平变动看

从上世纪90年代以来,内蒙古农牧民收入增长变动轨迹呈现两个黄金时期和一个波谷时期,表现在1992～1998年和2004～2006年两个时期农牧民纯收入均呈两位数增长,是收入大幅度提高的黄金时期。而在1999年～2003年时期间,农牧民收入的年均增长幅度比较低。从城镇居民看,1991年以来全区城镇居民人均可支配收入除个别年份外的年增幅基本在9%以上(2000年增长7.50%,2001年增长7.93%)。在长达17年的时间里,仅个别年份(1995年、1996年、1998年和2005年)全区农牧民人均纯收入的增速高于城镇居民人均可支配收入的增速,其他13年农牧民收入的增速均低于城镇居民收入的增速。1990～2006年全区城镇居民人均可支配收入年均增速为14.69%,而农村居民人均纯收入年均增速仅为10.81%。2006年城乡居民人均可支配收入的增长速度分别为13.36%和11.80%。这表明收入增长速度的差距直接导致了城乡居民收入差距加大。

(二)从城乡居民收入比和绝对差看,更能清晰地凸显两者间的收入差别

有数据显示,内蒙古在1990年改革开放初期城乡居民人均收入比为1.79∶1,1995年为2.19∶1,2000年为2.52∶1,2005年为3.06∶1,2006年进一步扩大到3.10∶1。如果再将城镇居民享受带有福利性质的医疗、教育、交通、以及公共服务等计算在内,剔除农民收入中非现金收入的实物折款和用作生产资料的投入,内蒙古城乡居民实际收入的差距更是比数字显示的差距还要大。从城乡居民绝对差看,1990年城乡居民人均收入绝对差为508元,到2006年这一数字已改写为7016元,2006年城乡居民收入绝对差是1990年绝对差的13倍之多。

(三)用收入差异系数来分析,更能反映城乡居民收入的差异程度

收入差异系数用公式:S=1－IR/IU来表示。(其中:S:城乡居民收入差异系数;IR:农村居民人均年纯收入;IU:城镇居民人均年可支配收入)。经济理论界专家研究认为:当S＞0.5时,表示城乡处在二元结构状态;当0.2＜S≤0.5时,表示城乡处在由二元结构状态向城乡一体化过渡时期;当S≤0.2时,基本完成城乡一体化。

表1　内蒙古自治区城乡居民收入差别对比表

单位:元/人年

年份	农村牧居民人均纯收入	农牧民纯收入增速(%)	城镇居民人均可支配收入	城镇居民可支配收入增(%)	城乡居民收入比(农村=1)	城乡居民收入差别系数	城乡居民收入绝对差
1990	647	—	1155	—	1.79:1	0.44	508
1991	651	0.61	1295	12.12	1.99:1	0.50	644
1992	719	10.44	1479	14.20	2.06:1	0.51	760
1993	829	15.29	1883	27.31	2.27:1	0.56	1054
1994	1062	28.10	2503	32.92	2.36:1	0.58	1441
1995	1300	22.41	2846	13.70	2.19:1	0.54	1546
1996	1602	23.23	3432	20.59	2.14:1	0.53	1830
1997	1780	11.11	3945	14.94	2.22:1	0.55	2165
1998	1982	11.34	4353	10.34	2.20:1	0.54	2371
1999	2003	1.05	4771	9.60	2.38:1	0.58	2768
2000	2038	1.74	5129	7.50	2.52:1	0.60	3091
2001	1973	−3.18	5536	7.93	2.81:1	0.64	3563
2002	2086	5.72	6051	9.30	2.90:1	0.66	3965
2003	2268	8.72	7013	15.89	3.09:1	0.68	4745
2004	2606	14.90	8123	15.82	3.12:1	0.68	5517
2005	2989	14.69	9137	12.48	3.06:1	0.67	6148
2006	3342	11.80	10358	13.36	3.10:1	0.68	7016

借鉴以上的划分标准来判断城乡居民的收入差距程度,我们认为:当S>0.5时,表示城乡居民收入差距过大;　当0.2<S≤0.5时,表示城乡居民收入差距处于从收入差距过大向合理状态的过渡阶段;当S≤0.2时,表示城乡居民收入差距处于比较合理的状态。从上表数据可以看出,自治区城乡居民收入在1990年～2006年长达17年的时间序列中,只有1990年的收入差异系数小于0.5,其它年份均大于0.5,而且有逐年增大的趋向,这表明自1991年以来内蒙古城乡居民处于收入差距过大状态。

(四)从城乡居民人均生活消费支出来看,内蒙古城乡居民消费水平差距进一步拉大,从另一方面表明城乡居民收入差距的扩大

1990年城乡居民消费水平的差距是597元,城乡居民人均生活消费支出比为2.01∶1;1995年消费水平的差距为1418元,生活消费支出比为2.12∶1;2000年消费水平的差距为2313元,生活消费支出比为2.43∶1;2005年城乡居民消费水平的差距扩大到4483元,城乡居民人均生活消费支出比为2.83∶1;2006年城乡居民消费水平的差距进一步扩大到4895元,支出比为2.77∶1。

二、影响内蒙古城乡居民收入差距扩大的因素分析

城乡居民收入差距扩大是一个已经长期存在并成为阻碍经济持续、健康发展的重大问题。如何合理调控城乡居民收入差距,建立与和谐内蒙古相适应的科学合理、公平公正的新型收入分配体系,是构建和谐内蒙古进程中一个重大的现实问题。内蒙古城乡居民收入差距过大的根本原因与传统二元经济体制和农牧民收入增长相对缓慢有关系。

农牧民收入增长相对缓慢,是城乡居民收入差距拉大的重要原因

从农业内部来看,虽然国家、地方各级政府加大了扶持农业的力度,以千方百计增加农牧民收入作为近年来的工作重点,但农牧民收入的增长依然慢于城镇居民收入。制约农牧民收

入增长的因素很多，从农业内部因素来看主要有以下几个方面：

一是农畜产品需求弹性的下降和农牧业生产资料价格的上涨导致农牧民从事农牧业的收益下降。改革开放以来，内蒙古农畜产品产量虽然有了很大的提高，但由于城乡居民收入水平提高，生活质量有了很大改善，使得主要农畜产品收入需求弹性下降。城镇居民的恩格尔系数由 2000 年的 34.44％下降到 2006 年的 30.30％，农牧民的恩格尔系数同期由 44.79％下降到 39.03％，恩格尔系数下降意味着农产品收入需求弹性下降，这也注定了经济发展达到一定程度，农牧业经济的增长必然要慢于第二、第三产业的发展。另一方面，内蒙古农牧民用于生产投入的生产资料的价格却不断上涨。据内蒙古调查总队抽样调查数据显示，1996 年到 2006 年的十年间，内蒙古农资价格累计上涨 36.9％，年均涨幅达 3.5％，从而促使以家庭为单位生产经营的农牧民的农牧业生产成本上升，导致农牧业效益的下降。

二是以家庭为主体的农业生产经营方式难以适应全国乃至全球统一的大市场需求，影响农业生产的发展，从而影响农牧民收入水平的提高。随着我国社会主义市场经济体制的完善，以及我国加入 WTO，农牧业生产的社会环境发生巨大变化，小农牧户生产供给对国内乃至国际大市场的需求之间产生了一定的不适应性。而且因农牧业生产规模小，难以应对市场风险，使农牧业生产在市场占有方面处于劣势。虽然农牧业产业化经营有了一定的发展，特别是以乳业为典型的特色牧业的发展进步很大，但并没有完全解决农牧户与市场对接之间的矛盾。

城乡二元结构下的劳动生产率差异、管理体制差异、经济形态差异、工农产品价格剪刀差是城乡收入差距不断拉大的根本原因

历史的经验证明，只要传统的农牧业部门还没有摆脱在二元经济结构中的不利地位，城乡之间的收入差别就很难缩小。就内蒙古自治区而言，受二元结构影响尤为明显。从地域上看，位于中西部内陆省份的内蒙古，与沿海地区不同，在沿海地区，城乡二元结构相对内陆地区较不明显，农村工业化和城镇化水平比较高，而在内蒙古，城乡分离的二元结构十分明显，发达的都市与贫困的农村并存，这种二元结构的存在使农牧民从城市发展中所得到的利益不多，城市对农村牧区的扩散效应不明显，因而，即使在国民经济高速发展的现阶段，农牧民收入相对偏低，收入增长速度偏慢，城乡收入差距较大。这种差异主要表现在以下几个方面：

一是在城乡二元结构下，内蒙古工农业产品价格"剪刀差"仍然很大。农民创造的部分物质财富，被拿走用于支持工业化和城市发展了，大部分农村经济发展缺乏资金支持，城乡差距日益拉大。改革开放以来，虽然国家基本放开了工业消费品的价格，但仍有一些行业处于垄断经营状态，加上近年来农产品价格持续低迷，工农业产品"剪刀差"仍很大，总体上仍然是农村支持城市，其结果必然是工农业发展失调，城乡居民收入差距扩大。

二是在二元结构下，现行的户籍制度、就业制度、义务教育制度、社会保障制度使城乡居民、城乡劳动者享有的权利不平等，是城乡收入差距拉大的一个很重要的因素。长期实行的城乡二元结构把人口分为城市居民和农牧民，并将就业、住房、医疗、子女教育等公民权益同户口挂钩，形成了包括公民迁徙、劳动就业、教育、财产和社会保障在内的诸多方面对农牧民的不平等；另外对农村牧区基础设施、农村牧区教育投入不足，忽视农村牧区社保体系的建立，使得农牧民在占有公共物品和享有社会福利等社会资源的分配中处于劣势。

三、缩小城乡居民收入差距的措施

缩小内蒙古城乡居民收入差距的关键在于如何进一步加快发展农村牧区经济，在于如何提高农牧民的收入水平，并通过切实有效的措施逐步改变现行的二元体制，为城乡经济的和谐发展提供良好的外部条件。

一是要推进产业经济结构的战略性调整，发展高产优质高效特色农牧业，延长农牧业产业链，实施农产品深加工推进活动，切实提高农牧业的整体素质和效益，从而促进农牧民收入

的快速稳定增长。现阶段，农牧业发展不仅受到了资源约束，而且越来越受到市场需求的约束，必须根据这种阶段性变化，对农村牧区经济进行战略性调整，尽快适应市场对农产品优质化和多样化的需求。与此同时推进农产品的精深加工，依靠科技进步提高农产品的综合加工能力，实现由初级加工为主向高附加值的高深加工为主转变，由资源消耗型向资源节约型转变，推进农业产业化经营，为农村劳动力创造新的就业机会，提高农畜产品及加工制品的竞争力，提高农村牧区经济的整体素质，最终促进农牧民增收长效机制的建立。

二是消除城乡分割的壁垒，促进农村牧区富余劳动力有序转移。通过制度保证劳动力在城乡间的自由流动，引导农牧民向城镇转移，逐步减少农牧业人口；要给予外出务工农牧民平等的就业机会和就业岗位，降低农牧民进城务工的成本，为农牧民进城务工提供方便；要进一步研究建立农牧民工工资支付保障制度，合理确定和提高农牧民工工资水平，力争让农牧民工实现同工同酬，以增加外出务工农牧民的工资性收入。

三是以改变城乡二元结构为目的，建立起社会主义市场经济体制下的平等、和谐、协调发展的工农关系和城乡关系。缩小城乡居民收入差距，构建和谐内蒙古，首先要改变计划经济体制下形成的城乡二元发展格局，建立起平等、开放、互补、协调发展的新格局，从而改革城乡隔离的二元经济和社会结构，打破城乡界限，消除城乡之间种种不平等政策，使城乡居民都能享受公平的待遇，拥有平等的权利义务和发展机会；建立工业反哺农业，城市带动农村牧区的工农关系和城乡关系，从而为最终缩小城乡居民收入差距提供动力。

作者：内蒙古调查总队

收入调控成效明显　收入差距比较合理

——大连市城市居民收入差距分析报告

根据国家统计局通知和大连市政府部署，2007 年 8 月在大连市开展了城镇住户基本情况调查。三年前的 2004 年 6 月，大连市在市内四区进行过城市居民住户基本情况调查。本报告通过对比分析 2007 年与 2004 年市内四区的调查数据，反映大连市的收入差距现状及变化情况。

一、调查结论摘要

（一）居民收入较快增长，总收入构成“一降三升”，分布结构得到优化

1. 收入较快增长

2007 年上半年，大连市城市居民户均收入为 17065 元，人均月收入为 1052 元。人均月收入与

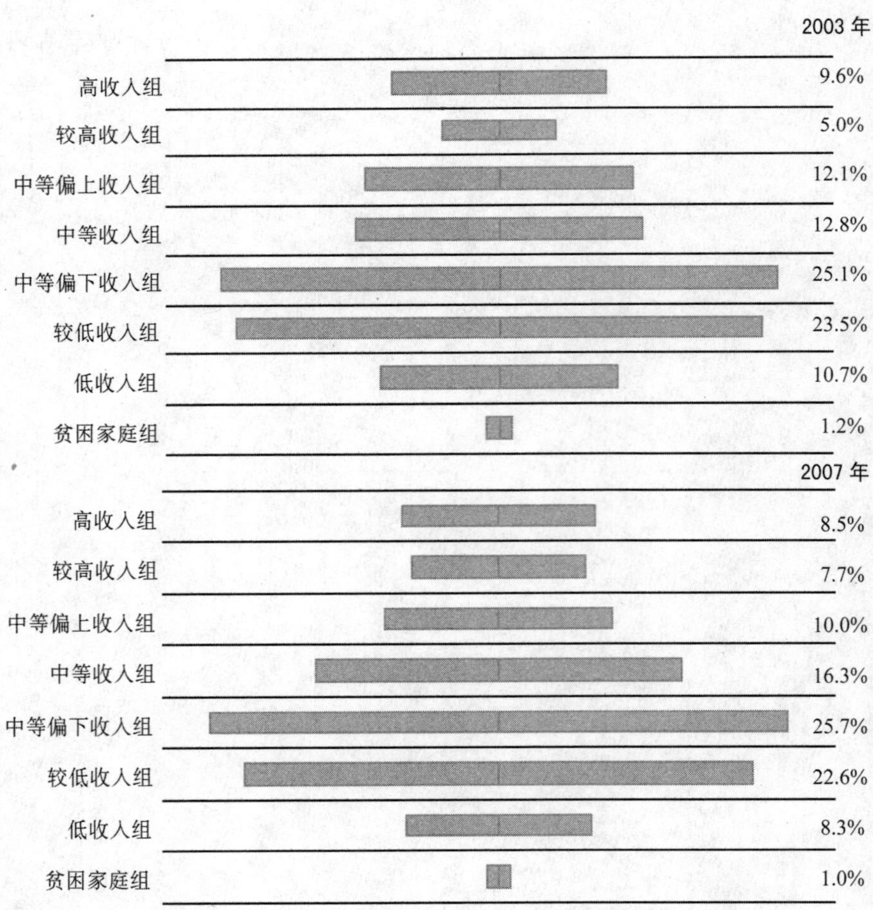

图表　2003 年与 2007 年上半年各收入组对应的户数规模

2003年同期相比，增长44.7%，年均增长11.2%。

2. 收入构成“一降三升”

在居民总收入的四项构成中，工资性收入比重下降，转移性收入、经营性收入和财产性收入比重上升。

居民工资性收入比重由2004年的66.3%，下降为55.6%；转移性收入比重大幅上升为31%，经营性收入和财产性收入所占比重分别上升为12.4%和1.0%。

3. 分布结构得到优化

不同收入组对应的户数规模呈“三升五降”态势，大连市较高收入组、中等收入组及中等偏下收入组的户数规模分别上升为7.7%、16.3%及25.7%；而剩下的五个收入组均略有下降，其中中等偏上收入组和低收入组的户数规模下降比例最大，分别下降了2.1%和2.4%。收入分布向中间靠拢，凸现出收入分布的结构性优化。

（二）总体收入差距继续保持比较合理，行业、学历、性别导致的收入差距良性改善

1. 总体收入差距处于比较合理区间

收入差距是衡量宏观经济社会发展健康程度的一个重要指标。本文采用国际通用的基尼系数(Gini Coefficient)和收入不良指数①测定收入差距。并采用依据基尼系数制定的收入差距预警系统，分析市内四区的收入差距变化。

(1)基尼系数测定。基尼系数是国际上通用的反映收入差距的重要指标。根据调查数据测算，2007年上半年市内四区居民收入的基尼系数为0.3302，处于比较合理区间。

与2003年调查的基尼系数0.3111相比，约提高了0.02，收入差距略有扩大，但均处于国际通行标准的比较合理区间。

(2)收入不良指数测定。收入不良指数在国内收入差距研究中得到了广泛应用。根据调查数据测算，2007年上半年大连市城市居民收入不良指数7.14，处于相对合理区间。

与2003年调查的收入不良指数6.45相比，收入差距略有扩大，但均处于相对合理区间。同用基尼系数衡量的城市居民收入差距水平基本一致。

(3)收入预警测量。收入差距预警系统是复旦大学学者研发的较好反映我国收入差距现状的一套体系，其具体形式见表格1。

表1　收入差距预警信号系统

收入基尼系数	信号颜色	收入差距状况
低于0.18	蓝色	非常平均
0.18～0.28	浅蓝	比较平均
0.28～0.31	浅绿色	高合理
0.31～0.35	中绿色	中合理
0.35～0.38	深绿色	低合理
0.38～0.48	黄色	警戒
0.48～0.58	红色	较危险
0.58以上	深红色	非常危险

我们将市内四区2007年与2003年②的收入差距状况和变化情况，列为表格2。从中可看出各区收入差距和预警状况。

表2　2003年及2007年上半年大连市城市居民收入差距预警状况

	2003年			2007年上半年		
	收入基尼系数	信号颜色	收入差距状况	收入基尼系数	信号颜色	收入差距状况
市内四区	0.3111	中绿色	中合理	0.3302	中绿色	中合理
中山区	0.3701	深绿色	低合理	0.3204	中绿色	中合理
西岗区	0.3461	中绿色	中合理	0.3655	深绿色	低合理
沙河口区	0.3039	浅绿色	高合理	0.3692	深绿色	低合理
甘井子区	0.3004	浅绿色	高合理	0.3396	中绿色	中合理

① 收入不良指数是依据城市居民人均收入的高低，将样本户按各占20%，分为5个组，最高收入组人均收入与最低收入组人均收入之比即为收入不良指数。收入不良指数在3以下为收入高度均等，3～6为收入相对均等，6～9为收入相对合理，9～12为收入差距偏大，12～15为收入差距过大，15以上收入差距极大。

② 由于此处收入差距分析是以家庭作为分析对象，而2004年的住户调查家庭收入指标时间段为2003年，因此在此做整体收入差距变化分析的时候，时间对比为2003年与2007年上半年。

总体来看,预警状况 2007 年上半年较 2003 年没有变化。分区域来看,与 2003 年相比,中山区的基尼系数有所下降,预警级别由 2003 年的"深绿色、低合理",提升为 2007 年上半年的"中绿色、中合理";西岗区、沙河口区和甘井子区的基尼系数均有不同程度上升,预警级别上升。其中沙河口区预警级别由"浅绿色、高合理"上升两个等级,处于"深绿色、低合理"级别。

2. 行业、学历、性别导致的收入差距呈现良性改善,职业收入差距显著

(1)行业之间收入差距明显,但差距总体呈现缩小态势。

行业[①]收入差距[②],主要来源于不同行业的劳动复杂程度,当然也有体制性的原因。行业之间的收入差距是十分明显的,但总体看,行业收入相对差距呈现缩小趋势。2007 年 6 月与 2004 年 5 月相比,高收入行业的 IT 业、金融业收入增长速度最低,批发零售业、公共管理业、制造业和教育业的收入增长较快。在 9 个行业的 36 项行业之间收入比值中,20 项比值缩小,16 项比值扩大,行业收入差距具有良性改善,有利于减小社会收入差距。

表 3　2004 年 5 月份与 2007 年 6 月的行业收入水平及比较

	2004 年 5 月		2007 年 6 月		2007 年 6 月较 2004 年 5 月	
	收入水平	排　名	收入水平	排　名	收入增长幅度(%)	排　名
"IT"业	1973	1	2246	1	13.8	9
金融业	1532	2	1746	4	14	8
公共管理和社会组织	1399	3	2110	2	50.8	2
教育业	1348	4	1826	3	35.5	4
其他	1204	5	1554	5	29.1	5
交通运输、仓储和邮政	1195	6	1449	8	21.3	6
制造业	1073	7	1501	7	39.9	3
批发和零售业	995	8	1532	6	54	1
居民服务业和其他服务业	961	9	1123	9	16.9	7

注:增长率指 2007 年 6 月相对于 2004 年 5 月的变化率,同时为使得增长率具有实际意义,增长率及 2007 年 6 月的行业收入数据都采用大连市 2005 年、2006 年、2007 年 5 月的环比消费者价格指数③折算。

表 4　2004 年 5 月与 2007 年 6 月各行业收入比值情况

	制造业	交通运输仓储和邮政	"IT"业	批发和零售业	金融业	居民和其他服务业	教育	公共管理和社会组织
交通运输仓储和邮政	0.91 (1.11)							
"IT"业	1.41(1.84)	1.46 (1.65)						
批发和零售业	0.96 (0.93)	1.00(0.83)	0.64(0.50)					
金融业	1.10(1.43)	1.14(1.28)	0.73(0.78)	1.08(1.54)				
居民和其他服务业	0.71(0.89)	0.73(0.8)	0.47(0.49)	0.69(0.97)	0.61(0.63)			
教育业	1.15(1.26)	1.19(1.13)	0.77(0.68)	1.12(1.36)	0.99(0.88)	1.53(1.4)		
公共管理和社会组织	1.33(1.3)	1.37(1.17)	0.89(0.71)	1.30(1.41)	1.14(0.99)	1.77(1.46)	1.09(1.04)	
其他	0.98(1.12)	1.01(1.01)	0.65(0.61)	0.96(1.21)	0.84(0.79)	1.31(1.25)	0.80(0.89)	0.74(0.86)

注释:①表格里括号中的数字=I(i 为行的标志)对应行业 2004 年 5 月的平均收入与 J(j 为列的标志)对应行业 2004 年 5 月的平均收入比值。②表格里括号外的数字=I(i 为行的标志)对应行业 2007 年 6 月的平均收入与 J(j 为列的标志)对应行业 2007 年 6 月的平均收入比值。

① 本文在对行业进行分析时,是将 2004 年和 2007 年调查行业划分为"IT"业、居民服务及其他服务业、公共管理和社会组织业、教育业、批发和零售业、金融业、交通运输和仓储及邮政业、制造业、其他行业,共九类。

② 从这里开始到第九个结论分析主要是利用有工作收入的家庭成员作为分析对象,结合 2004 年和 2007 年的调查,可以得出从这个结论到第九个结论的分析,时间对比为 2004 年 5 月与 2007 年 6 月。

③ 2005 年、2006 年、2007 年 5 月的环比消费者价格指数分别为:102.5%,101.9%,101.5%,数据来源于大连市统计内部信息网。

(2)不同职业之间收入呈梯度特征,差距明显。

2007年6月职业收入差距明显,军人和单位部门负责人的月均收入较高,分别为3071元和3029元;生产运输设备操作人员及有关人员、商业和服务业人员之间的月均收入较低,分别为1172元和1201元。

(3)不同学历从业人员之间的收入差距明显,但低学历从业人员收入大幅度提高。

依据调查数据进行的相关分析表明,学历与收入呈现较为显著的正相关。学历越高,收入水平一般越高。

但学历与收入变化的突出特点是,低学历的小学及以下从业人员收入,从2004年5月至2007年6月的三年中,提高了102.2%。而高学历的研究生从业人员的收入几乎没有多少提高。这有利于缩小收入差距。

表5　2004年5月与2007年6月相应文化程度的收入情况

单位:元

	小学及以下	中学	中专	大专	本科	研究生	平均
2004年5月	643	896	1080	1355	1845	2482	1157
2007年6月	1300	1223	1347	1691	2129	2513	1527
增长率(%)	102.2	36.5	24.7	24.8	15.4	1.2	32.0

(4)性别收入差距显著,但有一定程度缩小。

无论从2004年5月还是从2007年6月来看,男女性别导致的收入差距都是十分显著的。但男女性别平均收入差距,由25%下降到21%,减少了4个百分点,收入差距有一定程度缩小。从整个社会经济角度来看性别差异引起的收入差距在缩小,但性别差异引起的绝对收入差距仍然在上升。

(三)低收入群体总量较大、虽然收入增长较快,但与高收群体收入较快增长所导致的绝对差距扩大,是收入差距扩大的主要原因

根据居民收入分组调查数据分析,2003年至2007年上半年,贫困家庭和低收入家庭的收入增长率分别为50.8%和41.7%,但同期高收入家庭和较高收入家庭收入增长率分别为43.4%和66.7%,虽然均为较快增长,但低收入群体收入增长速度依然低于高收入群体,绝对差距明显扩大。高收入家庭与贫困家庭的收入比,由2003年32.2倍扩大到2007年的35.7倍,绝对差距由5060元扩大到8461元。这成为导致收入差距扩大的主要原因。

表6　各种收入段户均月收入增长率

单位:元

	家庭月均收入		2007年比2003年的增长率(%)
	2003年	2007年	
贫困家庭组	162	244	50.8
低收入组	468	662	41.7
较低收入组	927	1240	33.8
中等偏下收入组	1507	2061	36.8
中等收入组	2092	2979	42.4
中等偏上收入组	2690	3832	42.5
较高收入组	3331	4777	43.4
高收入组	5222	8705	66.7

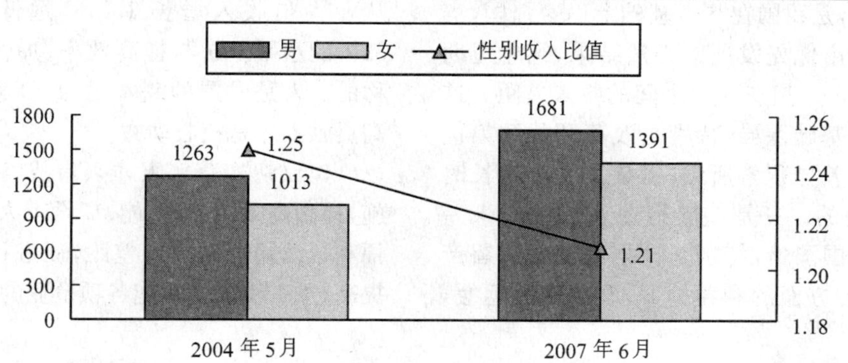

图表3　不同性别从业人员收入状况

二、看法和意见

(一)对收入差距的基本看法

1. 大连市城市收入差距宏观调控效果较好,收入差距保持相对稳定,基尼系数处于比较合理区间。在沿海开放城市中,大连市收入差距处于较低水平

大连城市居民收入分配宏观调控效果较好,收入差距始终保持较低水平。在一系列政策措施作用下,行业、学历、性别收入差距均有不同程度减小。我们组织进行 2003 年大连城市居民收入差距分析和 2004 年大连、青岛、沈阳三城市居民生活对比分析情况均表明,大连城市居民收入的基尼系数,不仅低于北京、广州,而且低于青岛、沈阳。这次分析研究,受制于数据限制,无法进行城市间对比分析,但据掌握的综合情况判断,大连城市居民的收入基尼系数,依然会低于青岛、沈阳。也就是说,大连城市居民的收入差距,不仅低于东南沿海改革开放先行城市,也低于社会经济发展水平相近的青岛、沈阳。

2. 收入差距是改革开放、加快发展的必然产物,适当扩大收入差距,有利于提高效率,促进发展

纵观发达国家历史和国内改革开放先行城市的经验,收入差距在经济社会发展的一定时期是不可避免的,是有积极作用的。现在一谈收入差距,骂声一片,其主要原因有三。一是城乡收入差距,这是世界上独一无二的二元化社会结构所致,是我国在贫穷基础上迅速强国,实现工业和城市优先发展的必然结果,绝非短期能够解决的。二是东西部之间的收入差距。这是历史发展基础差异,特别是改革开放政策优先发展效果差异积累所致,也是需要相当长时间才能解决的。三是垄断行业造成的收入差距。这是中国国情,特别是计划经济的遗留产物,受制于各方面的利益博弈,改革进展迟缓,社会意见很大。具体到一个城市,就要对收入差距进行具体分析,还能一概而论。

我们认为,大连城市收入差距不大,可以认同让收入差距的适当扩大,从而进一步提高效率,加快发展。

(二)对收入差距调控的意见

收入差距调控是公平和效率之间的博弈,是落实科学发展观的重要环节。综合上述情况,提出以下意见,供参考。

1. 继续深入贯彻市委、市政府已经制定实施的各项收入调控政策,减缓收入差距扩大化趋势,保持社会公平

市委、市政府贯彻党的“十六大”、“十七大”精神,制定实施了“惠民富市”等一系列政策,取得明显成效。特别是在去年已经提高“低保标准”的情况下,切实“着力提高低收入者收入”,今年再次提高“低保标准”,使“低保水平”高于青岛。得到广大贫困群体高度赞誉。近日对低保户的调查情况表明,低保户对市委、市政府“低保政策”的满意度指数高达到 84.9,成绩非凡。

建议进一步继续贯彻落实已有的收入调控政策措施,特别是在制度化、科学化上下功夫,取得更大成绩。

2. 继续深入落实人才兴市战略,提高高素质、高技能、高贡献人才收入,认同合理收入差距,提高社会效率

调查数据显示,高学历从业人员收入增长速度很低。2007 年 6 月与 2004 年 5 月相比,本科学历从业人员收入增长 15.2%,研究生学历从业人员收入增长 1.2%,远低于平均增长 32%的水平。这与提高效率、加快发展是不相称的。人是发展的基本动力,高素质、高技能、高贡献人才是核心动力。

建议切实落实人才兴市战略,采取有效措施,提高高素质、高技能、高贡献人才收入(包括福利),认同合理收入差距,促进社会效率全面提高,进一步加快大连各项事业的发展。

作者:大连市调查总队

提低、扩中、稳高

——逐步缩小银川城市居民收入差距

一、银川市城市居民收入差距实证分析

改革开放以来，银川市经济快速发展，城市居民收入水平快速增长。2006年银川市实现地区生产总值335.29亿元，按可比价格计算，比2000年增长1.1倍，年均递增12.8%。人均GDP从2000年的10404元增加到2006年的23506元，年均递增14.6%。在经济持续发展的基础上，城市居民收入水平大幅增长。2006年银川市城市居民人均可支配收入10067.76元，是1978年的28.0倍，年均增长12.8%；是1990年的5.4倍，年均增长12.3%；是2000年的79.1%，年均增长10.2%。在居民收入普遍提高的同时，居民的收入差距呈现不断扩大之势。

（一）基尼系数不断增大，收入差距不断扩大

基尼系数是目前国际上用来判断收入差距程度最常用的指标。系数值介于0与1之间，系数值越大，表明收入分配越不平均。我国城镇居民基尼系数（按人口比重计算，下同）从1978年的0.14逐步扩大到1990年的0.23，1995年的0.28，2000年的0.32，2004年的0.33，尚处于0.3～0.4相对合理的范围内。2005年超过了0.4。银川市1995～2006年城市居民可支配收入基尼系数（据抽样调查数据测算）也呈曲折上升趋势。

银川市城市居民收入变化主要经历了收入分配相对平均、收入差距逐步扩大和收入差距快速扩大三个阶段。1995年以前为城市居民收入相对平均阶段，基尼系数在0.2以下。1996年至2001年为城市居民收入分配差距逐步扩大阶段。基尼系数由1995年的0.1991逐步升至2001年的0.2713。2002年银川市基尼系数达到0.4790，之后一直保持较高水平，是收入差距快速扩大的阶段。

（二）不同收入层居民的收入差距不断扩大

1. 高低收入户之间的收入差距越来越大。据抽样调查资料显示，1990年各占调查总户数10%的最高收入户与最低收入户的人均可支配收入比为3.3∶1，之后逐年扩大，到1995年扩大到4.1∶1，到2005年更是扩大到9.7∶1。

2. 居民收入明显向高收入群体集中。2000年最高收入组的家庭人口占调查总人口的8.3%，其收入占总收入的26.8%；最低收入组的家庭人口占调查总人口的11.2%，其收入占总收入的5.4%。到2005年，占调查总人口8.0%的最高收入组家庭人口收入在总收入中的份额提高到32.1%，而占调查总人口11.0%的最低收入组家庭人口收入在总收入中的份额却降至3.3%。居民收入明显向高收入群体集中。

（三）与西部其他城市居民收入比较

改革开放以来，不仅东中西部地区之间经济发展速度一直存在较大差距，就西部地区而言，城市间的居民收入差距也在逐年拉大。据国家统计局城市司反馈资料显示，在西部11个省会城市中（不含拉萨），2000～2006年银川市城市居民人均可支配收入一直居第9位，仅比兰州市和西宁市高一些。1995年银川市城市居民人均可支配收入比最高的南宁市（5544元）低29.1%，比最低的西宁市（3443元）高14.2%；

2000年比最高的成都市(7649元)低26.5%,比最低的西宁市(5298元)高6.1%;2006年比最高的呼和浩特市(13831元)低37.4%,比最低的西宁市(9335元)高7.8%。

从全国城镇居民收入的基尼系数看,2001年以来呈现阶梯状递增。1991~2003年的13年间全国城镇居民收入基尼系数扩大了0.10,其中,青海省和江西省城镇居民收入的基尼系数13年间均扩大了0.09,而宁夏城镇居民收入同期的基尼系数扩大了0.11,高于全国城镇和青海省、江西省两省。1991~2006年16年间宁夏城镇居民收入的基尼系数扩大了0.13。

(四)行业间的收入差距进一步扩大

改革开放以来,随着国民经济的快速发展,不同行业、新兴产业与传统产业间职工工资水平逐步拉大。在岗职工平均工资变化呈现以下三个特点:一是行业之间的收入差距拉大。1999年收入最高的行业是电力、煤气及水的生产和供应业,年平均工资为14037元;收入最低的行业是农林牧渔业,年平均工资为5123元。前者是后者的2.74倍,差距为8914元。到2006年,收入最高的信息传输、计算机服务和软件业职工的年平均工资为44225元;收入最低的农林牧渔业职工的年平均工资为11970元。前者是后者的3.69倍,差距扩大到32255元。行业的收入极值比由1999年的2.74:1扩大到2006年的3.69:1。二是各行业在岗职工平均工资位次发生变化。收入最高行业排序,1999年至2001年是电力、煤气及水的生产和供应业,2002年变为金融业,2003年以后则变为信息传输、计算机服务和软件业了。三是收入位次靠前的多为高科技和垄断性强的行业。

从在岗职工平均工资增长速度看,增速相差也很大。与2000年相比,2006年采矿业在岗职工年平均工资增长3.3倍,金融业增长1.1倍,农林牧渔业增长96.6%,公共管理和社会组织增长94.0%,制造业增长73.5%,居民服务和其他服务业增长69.3%,房地产业增长63.4%,电力燃气及水的生产和供应业增长42.6%,建筑业增长42.1%,交通运输、仓储和邮政业增长22.0%。

二、银川市城市居民收入差距扩大的主要原因

收入分配存在差距是市场经济的常态,也是社会经济发展的一把“双刃剑”。对收入分配差距的分析,要立足于我国经济社会发展的实际情况,客观全面地判断。居民收入差距不断扩大,既有市场经济发展自然因素影响,又有经济转轨时期一些特殊因素的影响,同时,也有腐败、市场失序等非正常因素的影响。我国收入分配差距的产生,根本上源于生产要素在不同市场主体间占有的差异,而这种差异又源于计划经济向社会主义市场经济的制度变迁。因此,对收入分配差距的研究,也必须紧紧围绕制度变迁这根主线。

(一)收入来源的多元化为城市居民收入差距扩大提供了条件

城市居民收入来源分为两大类,即劳动收入与非劳动收入。改革开放之后,我国先后经历了以“按劳分配为主体,多种分配方式并存、按劳分配和按生产要素可参与分配相结合”的改革过程。这种改革承认了非劳动收入的合法性,从而极大地调动了不同阶层经营者的积极性,促进了效率的提高。主要表现在:首先,经济体制改革在给经济发展带来活力的同时,也给不同职工带来迥异的利益待遇。改革开放初期,城市企业实行了个人经营承包制,部分经营管理者在利益分配中的所得要远高于一般职工,从而使这部分经营管理者完成了资本的初期积累。随后,有的人再次在改革中占得先机。在九十年代初,大胆下海经商、办经济实体或在企业改制过程中勇于投资入股、参与经营,并获得丰厚的利益回报,成为社会最早的富裕者。其次,收入结构多元化为收入差距的拉大提供了前提条件。现在,除按劳分配外,按知识、技术、资本等生产要素参与分配已在各行业得到广泛拓展。城市居民收入除主要来源于工资性收入外,还有相当一部分来自于财产性收入、经营者收入和转移性收入,这些收入同样对收入差距扩大起着重要作用。第三,市场竞争和垄

断行为使职工收入高低悬殊。市场决定企业的命运,而职工收入的多寡又受制于企业的经济效益。垄断行业和社会公共服务行业职工收入要远高于一般行业。也就是说两个同等条件的人,如果跨入的行业不同,其收入状况会产生很大的差距。第四,职工个人能力也是影响收入高低的重要方面。优胜劣汰的准则不仅适用于企业,也适用于职工个人。在市场经济条件下,企业要想在竞争中求生存,必然对本企业职工的知识、技术提出更高的要求。因此,在企业改制过程中,有下岗、失业人员的大量存在,同样加剧了收入的两极分化。

(二)转轨期特殊的经济结构和体制性因素导致居民收入差距扩大

我国收入分配差距是在社会经济全方位的转型过程中逐步形成的,这种转型不仅是简单的由计划体制向市场体制的转轨,而且是在探索中国特色社会主义道路上的整体经济制度变迁。首先,基本经济制度的变革由此决定分配制度的变革,导致了生产要素占有的差异,进而带来分配结果的差距。随着计划经济向社会主义市场经济的整体制度变迁,以公有制为主体、多种所有制经济共同发展的基本经济制度取代了原有的单一公有制经济。分配制度也由按劳分配转变为按劳分配为主体,多种分配方式并存以及按生产要素的贡献分配相结合,新的分配制度的构建,必然使一部分人从中获益较多,另一部分人获利较少或利益受损,进而导致收入分配差距。其次,制度变迁的非均衡性,使不同区域和群体间利益获取差异大。我国经济发展所选择的不平衡增长模式,决定了制度变迁的非均衡进行。主要表现在经济发展和改革开放程度的不平衡性;不同地区和区域由于自然、历史和现实因素,所导致经济发展基础和经济发展状况的差异性;国家给予沿海地区的各种优惠政策,造成的政策不均衡性等。从而形成城乡之间、区域之间及总体的收入差距越来越大,这是收入差距扩大的主要原因。第三,转型期市场体系与机制尚不健全,使收入分配形成不公,从而形成收入差距。如由于垄断和价格未理顺,造成不同行业收入差距;要素市场不完善,使社会成员的贡献无法通过市场得到正确评价;市场的分割和封闭,使商品和生产要素无法在全国范围内自由流动,造成社会成员参与市场活动的机会不均等。此外,社会保障乏力、教育机会不均、制度的缺陷及改革中又出现新的分配不公等问题,都造成收入分配差距的扩大。

(三)腐败、市场失序等非正常因素影响

由计划经济向市场经济的制度变迁,原有的制度均衡被打破,而新制度尚未完全构建和完善,必然出现新旧制度的磨擦和制度约束的真空,会存在许多无序行为,产生大量非正常收入,这是收入差距扩大的催化因素。主要体现在以下几个方面:一是国家宏观政策、资源调配权等因素形成的收入差距。如一些垄断行业凭借国家政策垄断资源、垄断价格、垄断市场,形成高额垄断利润和垄断收入。二是违法乱纪所形成的非法收入。如在生产经营过程中偷逃漏税、走私贩私、制假贩假等形成的非法收入;在非生产经营领域中以权谋私、设租寻租、贪污受贿等所导致的非法收入。三是国企改革中利益分配的失控。导致黑色收入、灰色收入,廉价获得优质国有资源经营权,低价购买国有资产,侵吞国有资产牟取暴利等。四是国家制度、政策的漏洞和管理的疏漏等形成的收入差距,如改革初期实行的价格双轨制等。

三、对"提低、扩中、稳高"的几点认识及逐步缩小居民差距的建议

收入差距过大是收入分配中各种问题的综合表现,包括制度层面、市场层面、地域层面、人的层面等各方面综合作用的结果。解决收入差距过大,缓解分配矛盾需要从正确科学的认识、方针和政策等方面采取综合措施来解决。

(一)冷静、客观判断和对待公平分配这个大难题

分配有差距,不公平,而且逐步扩大这个问题,不仅仅是银川、中国的问题,各国都存在。"美国收入分布最不公平","1%的家庭占有大

约全国财富的40%”。这是欧美许多大学《经济学》教材作者萨缪尔森尖锐指出的。他还认为，“保证收入分配公平是政府公共政策中最困难和最富争议的一个问题”。面对银川城市居民收入差距扩大趋势，我们一定要全面科学认识，要冷静客观对待，采取的措施要尽可能切实、具体。全面科学认识，突出的有三点：

1. 银川城市居民收入总体上都有提高，而且提高的幅度不小，但存在差距，而且在不断扩大。在现实际经济生活中，不存在收入没有差距的时候，只是差距大小不一样而已。收入差距的存在有其必然性和一定程度的合理性的一面。

2. 银川城市居民收入及差距的绝对水平在全国处在较低的水平。对偏高的基尼系数，更要冷静看待。

3. 银川城市居民收入总体水平及高、中、低收入居民的收入都要努力提高。在提高中力争差距有所缩小。要使必要的差距有利于促进经济发展，不合理的差距得到逐步缩小。

(二)“提低、扩中、稳高”是改革收入分配制度，规范收入分配秩序，逐步缩小城市居民收入差距的正确选择

1. 收入增长受经济、物价诸多因素影响，增长状况是变动的，有弹性的。不少人乃至一些专家，将收入分配看得简单化了，认为提高低收入者收入水平是最容易实施的措施。特别是有的专家简单到将工资增长幅度与物价上涨幅度划数学比例等号，认为“价格上涨3%的话，工资应该涨5%”。将复杂的工资增长问题简单化了，简单归结为与物价的比例关系。这在一定意义上陷入了马克思批评过的“铁的工资规律”论了。恩格斯认为，“马克思在《资本论》里已经详细地证明，调节工资的各种规律是非常复杂的，随着情况的不同，时而这个规律占优势，时而那个规律占优势，所以它们绝对不是铁的，反而是很有弹性的”。近几年来，国家逐年提高企业退休职工养老金，这既有全国经济高速增长的因素，又有主动给老一辈企业职工长时间过低收入的回报有关。

2.“提低、扩中、稳高”是调节居民收入差距的正确方针。“提低、扩中、稳高”实施起来矛盾和问题不会少，变化也将是五花八门的。抓好两头带动中间，城市居民共同富裕才能变成现实。

3. 对“提低、扩中、稳高”的若干认识和建议。关于扩中，崔波书记撰写的《逐步扩大城镇中等收入人群的思考和建议》的研究报告提出了许多好建议。下面对“提低、稳高”提几点建议。

(1)尽可能解决“零就业家庭”就业困难。

(2)有步骤地提高最低工资标准。

(3)在社保企业职工退休养老金中，增加“春节慰问金”项目。4年前，银川统计局的一份研究报告曾提出：“长期以来，企业老退休职工多有呼声，希望逢年给一些福利。从企业退下来的许多老职工，曾经为宁夏和银川的经济发展做出过突出贡献，而企业改制了，重组了，不见了，他们盼望在每年春节，能像行政事业单位退下来的人们一样，给他们发一点福利。这是儿孙们的钱物所不能代替的。我们建议，一年一度在春节按100元标准，由社保局以政府名义给企业老职工们一次性现金或实物慰问。”我们建议在今后国家提高企业退休职工养老金的计划中，新增“新年春节慰问金”项目。

(4)积极地大力鼓励创业创新致富，富了更富，而不能限富。曾经有些政协委员对高收入人群提出过“限高”的建议。笼统对高收入人群提“限”并不妥当。以美国上世纪末百名最富有的人来分析，67人是创业致富，继承致富23人，投资金融股市致富10人。创业致富占了2/3的大头。对高收入者决不能笼统提“限”，我们认为提“稳”比较得当。稳，有总体稳定并有所提高之意。突出鼓励创业创新致富，对银川、对宁夏来说是有实际意义的。

(5)对调节高收入的办法措施，要深入研究比对，慎重权衡，利弊得失，决不要为缩差而缩差，决不能草率、简单化。这同惩处用权腐败致富，走黑道致富是性质不同的两回事。

(三)加大普及全民教育的力度，缩小教育机会差异

公共服务影响未来收入分配公平，教育是

公共服务最重要的内容。教育不仅是提升人力资源的最主要途径，而且还承担着缩小未来收入差距的职能，与未来收入分配公平程度休戚相关。解决收入差距过大的问题，要从缩小教育机会差异、加大普及全民教育的力度入手。具体讲，首先针对农村和城市中弱势群体采取救济性财政措施，使贫困家庭的子女上起学。其次在农村和城市全面实施免费义务教育，逐步完善助学贷款制度，加速建设国民教育体系。除教育外，医疗卫生也是关系到未来的收入公平。针对医疗卫生出现的问题，提出一要明确市场经济条件下政府在卫生领域公共支出的目标定位。政府财政资金有限，要求补助目标具有较高的针对性，才能确保目标人群真正从政府公共补助中受益。二要卫生领域公共资产补助重点应向基层卫生机构倾斜。三要“补需方”应该是对居民的直接补助。四要增强城镇大额医疗账户可持续支付能力；在农村建立更广泛的新型合作医疗制度，以提高未来医疗支付能力，提高医疗卫生费用分配的公平程度。

（四）进一步建立健全社会保障体系

缓解收入分配矛盾，当务之急是建立健全社会保障体系，充分发挥社会保障体系支撑市场经济运行的“稳定器”和“安全网”作用。“十一五”时期，建立健全社会保障体系需要重点推进四个方面工作。一是完善现有社会保障制度。完善城镇最低生活保障制度、社会保险制度(养老、医疗、失业等社会保险及社会福利政策)，贯彻落实再就业政策、劳动者最低工资政策。二是加快农村社会保障体系建设。按照城乡分头推进、逐步实现城乡并轨的原则，积极推进最低生活保障向农村延伸，向进入城市失地农民延伸，逐步实现最低生活保障城乡一体化。在完善以大病统筹为主的农村合作医疗制度的基础上，探索建立多层次、多种类型的农村医疗保障制度。三是合理确定支付水平。按照低保障、广覆盖的原则，相对降低支付起点，相应扩大社会保障覆盖范围，确保更多的受益者享受到与经济发展水平相适应的社会保障水平。四是提高社会保障管理水平。加强社会保障立法，形成法治化、规范化高效的社会保障运行管理体制。

（五）加强对垄断行业收入分配的监管，取缔非法收入

垄断和腐败是拉大贫富差距的两大根源，这两者造成了机会的不平等。消除垄断最有效的手段是引入竞争机制，建立公平交易与公平竞争的经济秩序，促进资源在各部门之间的合理流动，从而促进生产效率和资源配置效率的提高。要做好两项基础性工作：一方面逐步建立个人收入监测机制，实行个人收入双向申报制度和财产实名制。另一方面规范垄断收入的使用，通过部分收归财政统一管理，限制垄断企业的利润分配权力等途径，建立垄断所得向全民所有者转移的机制。此外，加强外部监督机制。除审计部门、国有资产管理部门外，还需要人大、政协、新闻舆论和公民等方面的监督机制。与此同时，还要加快建立市场经济秩序的法律、法规政策。通过反垄断、反不正当竞争制度的创新来严格立法、执法行为。加大对违规、违法的惩治力度，减少制度外收入和灰色收入，取缔非法收入。在保护依靠合法经营和劳动致富的同时，要建立权力约束、监管制衡机制，从源头上防止和杜绝腐败的滋生和蔓延，把反腐倡廉作为维护社会公平的重要途径。在效率与公平之间，取得社会多数人公认的平衡。让多数人感到机会公平、社会公正，共享发展机会和发展成果。

作者：银川调查队

新疆城镇居民不同收入阶层收入来源、差异和结构变化分析

经过近30年的改革和发展，新疆经济社会和城乡居民生活都发生了巨大而深刻的变化。然而，在人们整体收入水平得到了显著提高的同时，也出现了收入差距不断拉大，社会分配不公日渐突出等问题。特别是我国正处于体制转轨、社会转型这一特殊历史时期，面对这些社会矛盾和问题，最迫切的任务是协调好各阶层利益关系，竭力避免局部利益冲突转化为整体的社会冲突。

一、城镇居民不同收入阶层收入差距明显扩大，分化趋势加剧

收入水平的高低对一个国家或地区而言，不仅是衡量其国民富裕程度和生活质量的重要尺度，同时也是该地区政治经济形势的一个特殊反映。改革开放以来，新疆城镇居民收入总量大幅增加，收入构成发生较大变化，同时，不同收入阶层的收入差距也在不断扩大。

（一）收入总量大幅增加

改革开放近30年来，新疆城镇居民人均可支配收入由1980年的427元增加到2006年的8871元，年人均增加收入325元。2006年与1980年相比，城镇居民人均可支配收入增长了19.8倍，26年中平均每年递增12.4%。

（二）收入渠道拓宽，收入来源多元化

改革开放以来，延续多年的单一靠基本工资生活的收入模式被打破，劳动收入项目日益增多。个体劳动者收入、企业经营者收入、租赁收入、第二职业收入以及其它劳动收入项目不断涌现；资产、生产要素参与分配的财产性收入项目进入居民家庭，利息收入、股息与红利收入、投资收入、知识产权收入及其它财产收入项目日益增多；转移性收入项目得到新的扩充与发展，辞退金、社会救济金、保险收入、提取住房公积金等收入项目伴随改革而不断产生。

表1　城镇居民收入结构变化情况

单位：元

	1995年		2000年		2006年	
	收入	比重	收入	比重	收入	比重
可支配收入	4163.44		5644.86		8871.27	
家庭总收入	4183.81	100	5686.52	100	9689.07	100
工薪收入	3606.46	86.2	4133.24	72.7	7490.69	77.3
经营净收入	85.43	2.0	230.09	4.1	594.81	6.1
财产性收入	54.94	1.3	38.03	0.7	58.39	0.6
转移性收入	522.41	12.5	1285.16	22.6	1545.18	16.0

从表1中不难看出，从1995年到2006年，工薪收入仍然是新疆城镇居民收入的主要来源，但在家庭总收入总的比重总体呈下降趋势，而经营性收入和转移性收入的比重明显上升。这些表明，城镇居民收入渠道拓宽，收入来源日趋多元化。

(三)不同收入阶层收入差距扩大

1984年新疆城镇居民收入基尼系数仅为0.02016,到1993年扩大到0.2776,从1993年到2004年一直在0.27～0.29之间波动,到2005年扩大到0.3303。新疆城镇居民收入总体的不平等程度尚在合理的区间内,但收入差距扩大的趋势依然十分明显。

具体来看,1995年,处于收入两头10%,即最高、最低组居民家庭的收入分别8928.8元和1706.27元,高低收入比为5.23:1;2000年,最高、最低组居民家庭的收入分别为13491.87元和2069.77元,高低收入比为6.52:1;到2006年高收入家庭人均收入增长到20417.9元,比1995年增加11489.1元,比2000年增加7318.46元;而低收入家庭仅增加了1020.89元和837.03元,高低收入家庭的相对差距也扩大至7.49:1,人均收入的绝对差距由1995年的7222.53扩大到2000年的11209.31元,再到2006年的17690.74元。低收入家庭的收入状况长期裹足不前,年收入分配份额由2000年的3.6%下降到2.8%;而高收入家庭年均增速高达18.7%,年收入分配份额则基本稳定在23%左右。

二、不同收入家庭之间收入不平等程度分析

(一)近些年新疆城镇居民不同收入家庭的收入构成及变化

1. 近些年新疆城镇居民高收入家庭的收入构成及其变化

高收入家庭收入中,工薪收入在家庭总收入中的比重明显降低,从1995年到2006年共降低了10.4个百分点,大于全区平均降低速度,经营性净收入从无到有,而转移性收入的比重快速上升,已经达到26.0%,明显高于全区平均水平,人均转移性收入是全区平均水平的3.7倍。

2. 近些年新疆城镇居民中等收入阶层的收入构成及其变化

中等收入家庭以工薪族为主,工薪收入在家庭总收入的比重高达86.7%,11年仅降低了3.5个百分点;经营性净收入的比重从0.4%提高到4.0%,转移性收入的比重变化不大,两项的收入水平明显低于全区平均水平。

表2　高收入家庭居民收入结构变化情况

单位:元

	1995年		2000年		2006年	
	收入	比重	收入	比重	收入	比重
可支配收入	8928.80		13009.44		20417.90	
家庭总收入	8934.33	100	13174.91	100	22216.85	100
工薪收入	7201.11	80.6	8875.75	67.4	15592.80	70.2
经营净收入			239.08	1.8	695.79	3.1
财产性收入	160.64	1.8	57.05	0.4	145.37	0.7
转移性收入	1572.58	17.6	4003.03	30.4	5782.90	26.0

表3　中等收入家庭居民收入结构变化情况

单位:元

	1995年		2000年		2006年	
	收入	比重	收入	比重	收入	比重
可支配收入	3984.83		5588.47		8325.90	
家庭总收入	4023.91	100	5630.97	100	9020.59	100
工薪收入	3628.80	90.2	4087.90	72.60	7816.45	86.7
经营净收入	14.53	0.4	208.23	3.7	363.53	4.0
财产性收入	36.22	0.9	15.29	0.3	7.02	0.1
转移性收入	344.36	8.6	1319.55	23.4	833.6	9.2

3. 近些年新疆城镇居民低收入阶层的收入构成及其变化

在低收入家庭的收入中，除经营性收入的比重高于全区平均水平外，其他各项收入的比重均低于全区平均水平，其中工薪收入的比重比1995年降低了3个百分点，比全区平均水平低7.6个百分点，转移性收入的比重比1995年仅提高了1.6个百分点，比全区平均收平低0.6个百分点。

表4　低收入家庭居民收入结构变化情况

单位：元

	1995年		2000年		2006年	
	收入	比重	收入	比重	收入	比重
可支配收入	1706.27		1890.13		2727.16	
家庭总收入	1733.29	100	1917.58	100	3129.61	100
工薪收入	1259.78	72.7	1383.71	72.2	2180.90	69.7
经营净收入	220.33	12.7	189.87	9.9	457.30	14.6
财产性收入	14.24	0.8	12.35	0.6	10.9	0.4
转移性收入	238.94	13.8	331.65	17.3	480.51	15.4

(二)影响新疆城镇居民不同收入阶层收入构成的宏观因素

1. 经济发展因素对城镇居民不同收入阶层的收入构成的影响

我国处于社会主义初级阶段，生产力水平低且不平衡，生产力结构存在明显的多层次性。这是我国目前及今后相当长时间内存在较大收入差距的基础性因素。

(1)不均衡发展的地区经济发展战略。改革开放以来，按照“梯度发展理论”，我国实行了非均衡发展战略。国家实施了有利于东部沿海地区发展的开放政策，新疆则提出了“天山北坡经济带”发展战略。2002年人口仅占全区人口8.6%的“天山北坡经济带”，其固定资产投资占全区固定资产投资的46.8%；地方财政支出中，基本建设投资，2002年“天山北坡经济带”仅占9.8%，到2006年比重扩大到16.5%，增长58.8%。虽然“天山北坡经济带”经济的快速发展带动了新疆国民经济总体水平的发展，但同时也造成地区经济发展不平衡现象愈益凸现，拉大了落后地区与发达地区的经济发展差距，从而使不同地区城镇居民的收入差距随之不断扩大。

(2)所有制结构的调整。改革开放以来，特别是1997年以后若干年自治区逐步加大企业改革力度，大量中小企业或被关停并转，或被申请破产；而同期，非公有经济却在不断发展和壮大起来，在吸纳劳动力就业方面发生着此消彼长的变化。从2002年到2006年，私营企业就业人数增长92.7%，外商投资企业就业人增长75%，个体从业人员增长28.5%；同期国有单位就业人数下降3.3%，城镇集体单位就业人数下降45.0%。所有制结构的调整对收入差距扩大影响显著。

(3)产业结构调整。产业结构的调整和升级，扩大了对高技能人才的需求，同时也减少了对低技能劳动者的需求，使他们处于无限供给的状态，工资水平降低。

2. 经济体制改革因素对城镇居民不同收入阶层的收入构成的影响

(1)分配制度的改革。收入分配的理论创新和制度创新在我国社会主义市场经济的过程中不断推进。收入的决定机制和分配方式日益市场化、多样化、货币化。随着经济体制改革的深化，我国居民收入的分配也从长期由政府决定逐步转向主要由市场决定。分配理论和分配方式经历了从单一的按劳分配，到按劳分配为主、其他分配方式为辅，再到按劳分配与按生产要素分配相结合的演变过程。城镇居民的收入除工资、奖金、津贴等外，还有承包收入、经营利润收入、工资外劳务收入、利息收入、提成收入、股票收入、债券收入、专利权或特许权收入、房产收入、彩票收入、保险收入、社会保障收入、补偿或赔偿收入等等。其中不仅包括了劳动收入，也包括了许多非劳动收入。此外，在计划经济时代，城镇居民个人收入中除了货币工资外，还有大量的非货币工资性收入，如粮食、副食、住房等各种补贴及实物性分配。这些非货币工资性收入现已大部分实现了工资化、货币化。

在按劳分配的原则下，由于劳动者的体力、智力不同，劳动贡献有大有小，导致收入上的差距。按生产要素贡献参与分配是在多种经济成分并存的条件下，允许和鼓励相对稀缺的资本和技术、管理等生产要素参与收益分配，有利于稀缺资源的优化配置和有效利用，促进经济的高效发展，由于占有要素的数量和质量不同，收入差距必然拉大。

(2)国有企业产权改革。国有企业改革是我国经济体制改革的关键，国有企业改革至少从三个方面对收入差距产生影响。首先，国有企业内部实行的奖金制、年薪制、管理和技术人员持股的分配形式，它对职工收入差距的扩大起到了举足轻重的作用。其次，现代企业制度的改革加速了企业破产、停产和职工下岗分流的过程，从而导致部分职工的收入下降，其结果必然引起城镇居民内部收入差距的扩大。第三，国有企业改革过程中，国有企业产权主体缺位，缺乏有效的激励约束机制，对国有资产占有量的差别造成的利益往往通过内部人控制而转化为本单位甚至个人的利益，造成大量国有资产流失。

(3)市场竞争的不公平。第一，行业垄断。在渐进化改革中，行政权力没有完全退出市场，电信、电力、金融、保险、航空等行业是在政府的保护下形成的体制性和政策性的垄断。垄断行业的过高收入是同高额垄断利润相联系的。垄断行业不仅获得高额垄断利润，而且限制新的进入者，导致整个经济就业面缩小，造成收入分配不平等。第二，制度缺陷。在我国经济体制的改革中，制度缺陷是转轨时期非法不合理收入大量滋生的根源。钱权交易、以权谋私等严重腐败万体以及利用制假售假、走私贩私、偷税漏税、投机欺诈等各种非法手段获取高额收入等现象，产生的非法收入严重扭曲了收入分配，造成分配不公，引起社会强烈不满。

3. 政府对个人收入差距调节的影响

(1)社会保障制度的影响。社会保障的功能在于它通过社会保险、社会福利、社会救济等方面的运作，缩小居民间收入差距，减少社会不稳定因素。然而，目前的社会保障面太窄，只有国家机关、事业单位、国有企业和部分大型集体所有制职工享受，而私营企业、外资企业的中方员工却很少享受。这种在享受社会保险方面的不均等性，使城镇居民的收入差距进一步拉大。社会保障制度的逐步完善对于保障低收入家庭生活和遏制收入差距扩大发挥着重要作用。但是目前的社会保障制度仍然存在着保障范围覆盖不全，保障水平不高等问题，作为社会"减震器"和"安全网"的社会保障，如果没有较大的覆盖面，所起保障作用必然大打折扣。除了大多数农民工被排斥在社会保障体系之外，还有相当一部分城市居民也不能享受最低生活保障待遇，另外还有相当部分城市劳动者仍未被基本养老保险所覆盖。

(2)个人所得税制的影响。个人所得税征收效果不理想，高收入者偷漏个人所得税现象严重，个人税收的再分配功能不仅很弱，而且有强化收入不均等的趋势。事实上，一般工薪阶层缴纳个人所得税的情况明显比一些富人缴纳个人所得税的情况要好得多。从所得税制本身看，工资薪金所得实行的超额累进税率、编辑税利均规定过高，而对资本财产性所得则实行比例税率，不仅税负轻，税收调节力度也受到限制。此外，实行单一分类税制难以体现税负公平的原则，所得来源多、分项收入少、综合收入高的纳税人反而不缴或少缴。

4. 知识经济对个人收入差距扩大的冲击

知识经济是建立在以知识与信息的生产、分配和使用基础之上的经济，在知识经济下个人收入差距呈扩大的趋势。首先，复杂劳动等于倍加的简单劳动，人力资本对工资水平影响更加显著；其次，创新成果如专利、版权、著作权可以通过转让、出售、许可使用等方式获得收入。最后，知识、技术、管理作为生产要素参与分配，技术和知识产权入股、股票期权等激励方式得到更广泛推广，信息产业、高新技术产业职工的收入高于其他行业职工的收入。在以信息化带动工业化的新型工业化道路中，信息资源占有和分布不均以及利用信息技术能力的差距已成为收入差距扩大的新因素。

（三）影响新疆城镇居民家庭收入构成的微观因素

1. 教育程度对城镇居民收入构成的影响

受教育程度的高低对新疆城镇居民家庭的收入即构成的影响是明显的，从表5中可以看出，户主文化程度在中专以上的家庭人均收入明显高于全疆平均水平。与户主文化程度为小学的家庭可支配收入相比，户主为中专的家庭人均收入高65.7%，大学专科的家庭高88.1%，大学本科的家庭高1.1倍，研究生的家庭高1.09倍。进一步分析表明，接受教育程度高的家庭的就业人员，都有比较稳定的职业，工薪收入是其家庭收入的主要来源，而接受教育程度低的家庭，虽然收入来源比较多样，但很不稳定。在城镇居民家庭总收入中，工薪收入的比重教育程度为中专的家庭占80.0%，大学专科的家庭占87.1%，大学本科的家庭占87.0%，研究生的家庭占98.8%，小学的家庭占39.6%，初中的家庭占67.0%。

表5　2006年按户主文化程度分组家庭收入情况

文化程度	可支配收入	家庭总收入	1. 工薪收入	2. 经营净收入	3. 财产性收入	4. 转移性收入
平均	8871.27	9689.07	7490.69	594.81	58.39	1545.18
扫盲班	5639.51	5645.46				5645.46
小学	5522.91	5751.79	2279.14	1011.45	6.29	2454.91
初中	7461.02	8160.75	5466.89	821.48	66.91	1805.47
高中	7857.02	8749.39	6795.73	940.37	69.66	943.63
中专	9143.46	9888.76	6963.24	380.36	69.77	2475.40
大学专科	10387.06	11324.90	9858.36	323.79	62.38	1080.36
大学本科	11586.81	12707.97	11048.92	201.69	26.05	1431.31
研究生	11516.98	12352.72	12205.08			147.64

2. 年龄对城镇居民收入构成的影响

年龄与城镇居民家庭收入的关系表现出明显的“U”字型，即，户主在30岁之前和50岁之后的家庭人均收入明显高于30岁至50岁的家庭人均收入。30岁之前的人口，大多出生于1977年以后，而这正是国家改革发展的最好时期，他们的共同特点是文化素质明显提高，家庭人口少，负担轻；50岁以后是人生发展的顶峰状态，这部分人工作经验最为丰富，在各单位、各行业都是发挥着骨干作用，而且随着子女就业、婚嫁等，其家庭负担也大为减轻，特别是近几年社保制度的逐步完善，也使得许多离退休人员的收入得以保障；相比较而言，30岁之50岁的人群，这部分人大多出生在困难时期，长在动乱时期，工作后又恰逢改革，而且他们上要赡养父母，下要抚养子女，无论是工作负担，还是生活负担都较重。从表6可以看出，户主为30－50岁的家庭，其收入来源比较多样，虽然工薪收入的比重在86%～89%之间，转移性收入的比重仅在2.5%～7.5%之间，明显偏低，

3. 就业结构对城镇居民收入构成的影响

城镇居民的就业结构明显受国民经济各行业发展的影响，建筑、制造、农林牧渔、批发零售、居民服务等行业的收入明显偏低；而文体娱乐、卫生社保、公共管理、金融、房地产、租赁商务等行业的收入明显偏高。

表 6　2006 年按户主年龄分组家庭收入情况

单位:元/人、年

年　龄	可支配收入	家庭总收入	1. 工薪收入	2. 经营净收入	3. 财产性收入	4. 转移性收入
平　均	8871.27	9689.07	7490.69	594.81	58.39	1545.18
20～25 岁	9684.75	10336.74	10289.38			47.39
25～30 岁	10405.32	10980.16	9533.68	1104.49	34.80	307.19
30～35 岁	8652.92	9427.84	8279.78	794.49	50.98	302.59
35～40 岁	8614.92	9461.52	8255.90	931.40	38.84	235.37
40～45 岁	7845.22	8821.08	7884.94	592.56	33.93	309.65
45－50 岁	8673.58	9773.39	8472.50	448.28	116.93	735.69
50～55 岁	10438.34	11345.14	8578.47	507.94	58.97	2199.76
55～60 岁	9530.64	10093.17	6029.38	66.54	89.58	3907.67
60 岁以上	10215.68	10389.37	1985.09	96.69	68.46	8239.13

表 7　2006 年按户主行业分组家庭收入情况

单位:元/人、年

年　龄	可支配收入	家庭总收入	1. 工薪收入	2. 经营净收入	3. 财产性收入	4. 转移性收入
平　均	8871.27	9689.07	7490.69	594.81	58.39	1545.18
1. 农林牧渔	8119.67	8718.33	8220.22	170.75	8.95	318.41
2. 采矿	9969.72	12219.10	11732.49		106.37	380.24
3. 制造	7246.11	8296.65	7289.62	303.13	58.99	644.91
4. 电力燃气水	9768.24	11031.13	10117.63		11.84	901.66
5. 建筑	6839.60	7841.02	7480.17	32.37	53.41	275.06
6. 交通运输仓储	9293.42	10974.99	8908.60	1519.09	82.18	465.12
7. 信息传输	7453.17	8356.73	7414.49	836.47		105.77
8. 批发零售	7544.35	8114.86	5409.11	2313.42	163.42	228.92
9. 住宿餐饮	9289.98	10549.36	8848.58	1505.04	10.01	185.72
10. 金融	10453.38	11640.70	10973.59	445.65	4.46	217.00
11. 房地产	10047.28	11098.71	10218.12	299.44	46.22	534.93
12. 租赁商务	10132.24	10806.06	8140.89	1354.18	310.13	1000.85
13. 科研技术	9809.19	10660.16	9893.65	39.74	14.33	713.33
14. 水利环境	9620.67	10536.40	9698.68		17.18	820.54
15. 居民服务	7551.22	8282.70	7203.55	582.13	33.52	463.50
16. 教育	10219.63	11059.07	10484.31	304.19	55.93	214.63
17. 卫生社保	11536.76	12386.78	10926.32	475.76		984.70
18. 文体娱乐	9371.06	10138.05	8992.72	845.91	2.24	297.19
19. 公共管理	10151.61	10877.10	9806.33	292.53	38.41	739.83

4. 就业情况对城镇居民收入构成的影响

城镇居民家庭的就业状况对其收入起到决定性作用,调查显示,高、中、低收入家庭的就业人数与其家庭收入有着直接的正相关关系。从表 8 中可以看出,低收入家庭就业面仅为 29.1%,大大低于全区平均水平 22.9 个百分点,而中等收入家庭就业为 57.4%,高收入家庭更达到了 63.4%。

对城镇居民收入构成产生重要影响的另一个重要原因是城镇居民就业性质。从表 8、表

9、表 10 中不难看出，由于国有经济单位、集体经济单位、其他经济单位以及个体经营者和其他就业者在工资福利、社会保障、经营环境等方面的巨大差距，也就决定了高、中、低收入家庭不同的收入结构和差距。

表 8　2006 年城镇居民家庭就业情况

单位：人、%

	平　均		低收入家庭		中等收入家庭		高收入家庭	
	人数	比重	人数	比重	人数	比重	人数	比重
家庭人口数	2.98		3.75		3.10		2.32	
就业人口数	1.55	52.0	1.09	29.1	1.78	57.4	1.47	63.4
(1)国有经济单位职工人数	0.99	63.9	0.36	33.0	1.21	68.0	1.14	77.6
(2)城镇集体经济单位职工人数	0.07	4.5	0.06	5.5	0.07	3.9	0.07	4.8
(3)其他各种经济类型单位职工	0.15	9.7	0.12	11.0	0.18	10.1	0.06	4.1
(4)城镇个体经营者人员数	0.13	8.4	0.26	23.9	0.08	4.5	0.06	4.1
(5)城镇个体被雇人员数	0.15	9.7	0.13	11.9	0.19	10.7	0.08	5.4
(6)离退休再就业人员数	0.01	…	0.01	…	0.02	1.1	0.05	3.4
(7)其他就业人员数	0.04	2.6	0.15	13.8	0.05	2.8	0.02	1.4

表 9　2006 年按户主就业情况分组家庭收入情况

单位：元/人、年

年　龄	可支配收入	家庭总收入	1. 工薪收入	2. 经营净收入	3. 财产性收入	4. 转移性收入
平　均	8871.27	9689.07	7490.69	594.81	58.39	1545.18
国有经济	9787.35	10863.89	10159.09	153.79	38.13	512.82
集体经济	8286.58	9481.33	9159.23	58.05	49.06	215.00
其他经济	7701.37	8448.07	7743.42	373.52	139.20	191.92
个体经营者	6396.37	6726.34	916.49	5458.34	132.51	219.00
个体被雇者	6891.28	7626.35	7083.37	201.31	55.12	296.55
离退休再就业者	13839.41	14462.20	6303.58		61.88	8096.74
其他就业者	5345.66	5918.56	5344.67	64.78	2.28	506.84
离退休人员	10093.01	10287.70	1668.50	85.86	71.70	8461.63
丧失劳动者	2388.46	2401.66	801.41		19.32	1590.93
家务劳动者	4218.49	4421.30	2300.95	1110.39	28.87	981.09
待业人员	3431.34	4070.50	2741.53	297.01	0.50	1031.46

表 10　2006 年按户主职业分组家庭收入情况

单位：元/人、年

年　龄	可支配收入	家庭总收入	1. 工薪收入	2. 经营净收入	3. 财产性收入	4. 转移性收入
1. 专业技术	10052.95	11181.08	10249.01	336.46	90.28	505.32
2. 机关党群企事	12177.65	13341.42	11801.87	134.98	29.05	1375.52
3. 办事管理者	9229.32	10021.68	9159.17	414.45	23.47	424.59
4. 商业人员	7389.80	7882.30	4896.06	2669.34	170.57	146.31
5. 服务性人员	6940.13	7551.32	5647.58	1620.09	40.56	243.08
6. 农林牧渔者	7696.96	8342.18	7399.72	224.29	65.35	652.82
7. 生产运输	7750.16	8994.54	7969.32	530.62	59.03	435.57
8. 不便分类者	5448.53	6024.41	4583.56	1188.11	2.27	250.36

5. 城镇居民家庭结构对收入构成的影响

调查显示，家庭规模和家庭结构对城镇居民家庭收入有着直接的关系（见表11）。在进行调查的家庭中，全部家庭平均人口为2.98人，低收入家庭平均人口为3.75人，高出平均水平25.8%，中等收入家庭平均人口3.01人，高出平均水平1%，高收入家庭平均人口为2.32人，低于平均水平22.2%。低收入家庭以两代人一个小孩、两代人两个小孩、两代人多个小孩为主，三类家庭合计占到75.1%；中等收入家庭以两代人一个小孩、两代人两个小孩为主，两类家庭合计占到79.6%；高收入家庭以一对夫妇户、两代人一个小孩为主，两类家庭合计占到91.3%。

表11 2006年城镇居民家庭结构表

单位：元/人、年

年　龄	平　均	低收入家庭	中等收入家庭	高收入家庭
家庭人口数	2.98	3.75	3.10	2.32
家庭类型（世代层次）	100.00	100.00	100.00	100.00
1.单身户	2.07	1.24	1.22	5.32
2.一对夫妇户	19.12	3.80	6.96	55.03
3.两代人单亲	4.61	5.90	3.44	2.25
4.两代人一个小孩	53.59	41.09	67.70	36.24
5.两代人两个小孩	12.06	20.67	11.87	0.00
6.两代人多个小孩	2.30	13.29	1.48	0.00
7.与父母	0.50	0.92	0.00	0.43
8.三代人	3.01	5.16	4.04	0.00
9.其他	2.73	7.93	3.29	0.73

家庭结构还对城镇居民家庭的收入结构产生着重要影响。从表12中可以看出，1人户、2人户和3人户家庭人均收入均高于全区平均水平，但以2人户最高，人均可支配收入达到13218.81元。从其收入结构看，1人户和2人户这两类高收入家庭工薪收入和转移性收入为其收入的主要来源，分别占到其家庭总收入的95.8%和96.2%，3人及3人以上户家庭均随着家庭人口的增加，工薪收入比重随之下降。

表12 2006年按户人口分组家庭收入情况

单位：元/人、年

	平 均	1人户	2人户	3人户	4人户	5人以上户
可支配收入	8871.27	12477.12	13218.81	9100.67	6349.29	4854.56
家庭总收入	9689.07	13069.64	14007.84	10143.13	6803.16	5018.59
1.工薪收入	7490.69	8646.96	8236.26	8657.20	5142.86	3320.31
工资及补贴收入	7335.50	7951.20	8016.24	8521.91	4993.88	3176.72
其他劳动收入	155.19	695.77	220.02	135.29	148.98	143.59
2.经营净收入	594.81	408.6	387.44	633.60	612.89	681.54
3.财产性收入	58.39	142.54	114.26	53.02	48.77	6.53
4.转移性收入	1545.18	3871.54	5269.88	799.32	998.64	1010.22

四、影响城镇居民收入差距变化的几个基本因素

(一)生产力发展总体水平较低和结构多层次性是收入差距的基础性因素

进入新世纪,我国经济社会发展也进入了一个新的历史阶段,虽然我们刚刚走出低收入国家序列,但我国仍处于并将长期处于社会主义初级阶段的基本国情没有变,人民日益增长的物质文化需要同落后的社会生产之间的矛盾这一社会主要矛盾没有变。从新疆来看,经济社会发展不平衡的矛盾十分突出,生产力结构存在明显的多层次性。先进的、比较先进的和落后的甚至相当原始的生产力并存。在劳动力总量中基本从事手工劳动的劳动力仍占相当大的部分。不同的生产力水平和劳动者素质从根本上决定着生产的效率。在这样的基础上,个别劳动所创造的财富差异非常大。这是目前及今后相当长时间内存在较大收入差距的基础性因素。

(二)多种所有制并存和公有制实现形式日益多样化是形成多种分配方式的制度性因素

以公有制为主体、多种所有制经济共同发展已确定为我国社会主义初级阶段的基本经济制度。这就决定了我国个人收入分配方式的多样性、复杂性,按劳分配必然地要和按要素分配并存,而且,由于社会主义初级阶段商品经济仍将得到更充分的发展,按要素分配将发展得更快、更具有成长性。

(三)经济体制转变是收入决定机制和分配方式货币化、市场化的体制性因素

在社会主义市场经济体制下,个人收入决定机制和分配方式必然要货币化、市场化。这至少表现在四个方面。第一,在全社会范围内,社会所分配的对象是在市场实现了价值的商品和劳务,货币自然是市场化分配最方便、最普遍的价值分配手段和方式。第二,在市场经济条件下,初次分配领域个人收入分配的基本依据只能是参与财富生产的各种生产要素的投入。各种要素所得主要由市场决定,以货币作为价值尺度和支付手段。第三,个人所获得的收入不仅用于最终消费,一部分也会变成新的投资(如储蓄、股票、债券或其他形式的经营性资本),即转化为资本要素参与财富生产,从而也要以货币化方式参与财富分配。第四,即使在再分配领域,分配的对象一般也是实现了价值的商品和劳务,也要实行货币化分配并在某些方面采取市场运作方式,如社会保障基金的保值增值。

(四)劳动者素质和可孳息生利的个人财产是决定个人收入的主要因素

在实践中,素质不同的劳动者所创造的价值量有很大的差别,因而必然导致收入分配上的差距。在社会主义市场经济中,允许和鼓励用合法收入形成的个人财产进行各种方式的实业或金融投资,作为要素投入的个人财产也有权利获得应有的回报。因此,可孳息生利的个人财产也成为决定个人收入的主要因素,并由此形成收入差距。

(五)人力资本要素将日益成为决定个人收入分配的重要因素

所谓"人力资本",是人们通过教育、培训和工作实践获得的知识,智能的资本化,成为相对独立的生产要素。"人力资本"要素参与分配是现代生产力的要求,是对高素质劳动者从事高级的、创新性、风险性的复杂劳动创造巨大价值的肯定。"人力资本"的质和量不仅直接决定"人力资本"所有者本人获得收入的多少和机会,也在越来越大的程度上决定着各个企业乃至各个地区可供分配的收入总量。目前,"人力资本"要素参与分配在我国才刚刚起步,从发展趋势看,其地位和作用将日益强化,日益成为决定个人收入的重要因素。

(六)防止个人收入差距进一步扩大是理顺分配关系、完善分配方式的关键因素

在市场经济条件下,市场竞争机制在通过

优胜劣汰增进效益的同时，也会引起个人收入差距扩大。适当的收入差距有利于社会生产力发展，差距过大则又会影响社会稳定并制约效益增加。今后一段时间，个人收入差距仍有继续扩大趋势，尽管其原因是多方面的，不完全是分配上的问题，也不可能单靠分配来解决，但必须高度重视。首先，在初次分配环节要尽量防止由于分配不公造成的收入差距；其次，在再分配环节要完善调节手段，加大调节力度，使收入分配差距保持在社会可承受的范围内。

作者：新疆调查总队

辽宁城乡居民收入水平分析与预测

本文力求通过对2000年以来辽宁城乡居民收入与全国和沿海省份平均收入水平的比较研究，分析影响全省城乡居民收入水平的诸多因素，预测“十一五”期间提高全省居民收入的目标，提出进一步增加全省城乡居民收入的政策建议，为实施“十一·五”规划提供参考。

一、辽宁城乡居民收入现状

进入新世纪以来，辽宁城乡居民收入（城镇居民人均可支配收入和农民人均纯收入，下同）改变了“九五”期间低增长局面，呈现出较快的增长态势，但与全国和沿海省份平均水平相比，还存在着一定的差距。同时，省内不同群体间、地区间收入发展不平衡问题呈现扩大的趋势，在一定程度上制约了全省城乡居民收入的增长进程。

（一）全省城乡居民收入呈现快速增长

“十五”期间以来，在全省经济取得长足发展的基础上，各地通过采取增加职工工资、提高离退休金标准、加大社会保障力度等一系列措施，使得城镇居民收入快速稳步增加。2006年，全省城镇居民家庭人均可支配收入由2000年人均5358元提高到10370元，六年翻了近一翻，年均增长11.6%。尤其是实施老工业基地振兴战略来的三年，增速逐年加快，分别比上年增长10.6%、13.7%和13.9%。2006年扣除物价因素实际增长12.6%，比全国平均增速快2.2个百分点，收入绝对额在全国的位次由“十五”初期的19位前移至第11位。2007年前三季度，全省城镇居民人均可支配收入达9065元，扣除物价因素比去年同期增长14.9%，创历史新高。

在这个时期，辽宁农村经济也日益活跃，农村经济结构和产业结构的调整，使农民收入的增长方式发生了一系列变化；逐步减免农业税、实行粮食直补等一系列前所未有的惠农举措，极大地提高了农民生产积极性。2006年，全省农民人均纯收入由2000年的2356元提高到4090元，年均增长9.6%，比当年全国平均水平（3587元）高503元，扣除物价因素实际增长9%，比全国平均水平快1.6个百分点，增加额和增幅均高于全国平均水平。2007年前三季度，全省农民人均现金收入（农民纯收入在年末才能计算出来，现金收入一般大于纯收入）达5185元，扣除物价因素比去年同期增长20%，创历史最好水平。

（二）与全国及沿海省份比较仍有差距

“确保城镇居民人均可支配收入达到全国平均水平；确保农村居民人均纯收入达到沿海省份平均水平”，是辽宁“十一五”规划总的目标之一，也是实现辽宁老工业基地全面振兴的主要标志之一。从目前全省城乡居民收入现状来看，尽管增额与增速不断创造历史新高，但横向比较还存在着一定的差距。

1. 城镇居民收入与全国平均水平的差距

（1）总量差距

2006年全省城镇居民人均可支配收入为10370元，比全国平均水平11759元低1389元，在全国排名第11位。

（2）增量差距

尽管2006年，全省城镇居民人均可支配收入首次突破万元大关，名义增速比全国平均水平快1.8个百分点，在全国排名第4位，但由于基数较低，总量的差距仍在拉大。据测算，城镇居民收入每增长1个百分点，全国平均增加118元，辽宁平均增加104元，辽宁与全国平均水平的差距扩大了14元。

(3)结构差距

在收入四项构成中,呈现"三低一高"格局。城镇居民家庭收入主要来源于工薪收入。2006年,全省人均工薪收入比重为58.9%,比全国平均水平低10个百分点。工薪收入对城镇居民收入增长的贡献率为36.5%,远低于全国平均69.3%的水平。经营性收入和财产性收入比重为6.1%和1.3%,略低于全国平均0.3个和0.6个百分点。由于辽宁离退休人口比重大、赡养系数高,2006年,全省离退休人员收入占家庭总收入的比重达33.7%,高于全国平均水平10.9个百分点。

2. 农民纯收入与沿海省份平均水平差距

(1)总量差距

2006年全省农民纯收入4090元,位居全国第9位,比沿海省份平均水平(4651元)低561元,在沿海九省中,位居第6位。

(2)增量差距

2006年,全省农民纯收入增长速度虽然比沿海省份平均水平快1个百分点,但由于基数较低,收入差距并没得到缩小。据测算,农民纯收入每增长1个百分点,沿海省份平均增加47元,辽宁平均增加41元,辽宁与沿海省份平均水平的差距扩大了6元。

(3)结构差距

"十五"以来,全省农民收入增长主要靠家庭经营收入拉动。2006年,家庭经营收入所占比重为54%,高于沿海省份平均水平6.5个百分点;工资性收入占收入的比重为36.7%,低于沿海省份平均水平8个百分点,农民从外出务工、乡镇企业得到的收入还不多。

表1　2006年农民纯收入构成

单位:%

地　区	工资性收入		家庭经营收入		财产、转移性收入	
	比 重	贡献率	比 重	贡献率	比 重	贡献率
辽　宁	36.7	71.8	54.0	11.8	9.3	16.4
沿海省份	44.7	59.7	47.5	27.6	7.8	12.7
相　差	−8.0	12.1	6.5	−15.8	1.5	3.7

(三)省内群体间、地区间增长不平衡

"十五"期间以来,在城乡居民收入不断提高的同时,辽宁不同收入群体间、不同地区间收入增长不平衡问题比较明显,收入差距逐步扩大,在一定程度上制约了收入的增长进程。

1. 群体间收入差距过大。在城乡居民收入不断提高的同时,高低收入群体的贫富分化有扩大之势。2006年,城镇最低10%收入户人均可支配收入为3392元,与2000年相比增加1150元,年均增长7.1%;最高10%收入户人均可支配收入为25211元,与2000年相比增加13787元,年均增长14.1%,高收入群体的收入增长速度是低收入群体的2倍,而收入是7.43倍。

农民高低收入差距,比城镇更为明显。2006年,农村最低10%收入户人均纯收入为583元,与2000年相比增加297元,年均增长12.5%;最高10%收入户人均纯收入为11908元,与2000年相比增加4987元,年均增长9.5%,虽然低收入群体收入增长速度快于高收入群体,但高收入群体的收入却是低收入群体的20.4倍。

2. 地区间收入差距拉大。全省城镇居民收入分配格局与经济发展格局大致相同,表现为由东南沿海到中部腹地再到西北依次降低。高收入地区大都集中在沿海经济带,中等收入地区基本集中在腹地的工业化地区,而低收入城市主要集中在资源型地区。2006年,城镇居民收入最高的大连市达到13350元,收入最低的铁岭市仅为7437元,高低收入比为1.8∶1。

农村居民地区间收入差距更显突出。2006年,农村居民收入最高的大连市达到6984元,收入最低的阜新市仅为2852元,高低收入比为2.5∶1。

二、城乡居民收入分配中存在主要问题的成因

(一)影响城乡居民收入增长的宏观因素

1. 收入的历史差距影响了当前居民收入总体水平。辽宁城乡居民收入目前存在的差距是辽宁老工业基地经济转型过程中体制、机制、资源、环境诸多因素制约形成的。在从上世纪 90 年代以前,辽宁城乡居民收入一直处于全国较前的位次。此后,由于经济转型过程中出现的诸多问题,影响了辽宁的城乡居民收入的持续快速增长,以致到了上世纪 90 年代中后期在全国的位次开始逐步后移,总量落后于全国平均水平。1992 年,辽宁城镇居民人均可支配收入在全国位次由 1991 年的第 11 位下降到第 15 位,以后开始逐步下滑,1999 年达到最低的第 20 位;1992 年辽宁城镇人均可支配收入比全国平均水平低 78 元,由此开始一直低于全国平均水平。另外,辽宁农民人均纯收入,在上世纪 80 年代末到 90 年代初开始逐步落后于沿海省份的平均水平,并在上世纪末差距达到最大。

2. 城乡居民收入与经济增长不同步。2001 年以来,除 2002 年和 2005 年城镇居民人均可支配收入增速高于地区生产总值外,辽宁城乡居民收入实际增长幅度(扣除物价因素)低于地区生产总值增幅,特别是农民人均纯收入更是如此。2006 年,辽宁地区生产总值按可比价格增长 13.8%,而城镇居民人均可支配收入和农民人均纯收入实际增长为 12.6%和 9%,分别比地区生产总值低 1.2 和 4.8 个百分点。

3. 产业、行业结构不尽合理。2006 年,辽宁地区生产总值一、二、三产业结构比为 10.5∶51∶38.5,而全国为 11.8、48.7∶39.5,辽宁第三产业比重低于全国 1 个百分点。由于第三产业是吸纳劳动力最多的产业,就业弹性最大,因此第三产业不发达,直接关系到辽宁的就业规模,从而影响城乡居民收入增长。发展第三产业,对缓解辽宁就业压力,增加农村剩余劳动力转移渠道,带动城乡居民收入增长有着积极的意义。

资源型行业已进入衰退期,影响了职工收入的增长。辽宁一些依赖自然资源的产业和企业,面临自然资源枯竭的严峻局面,一些丧失竞争力的企业面临被淘汰退出市场的困境。能源、水资源、矿产资源短缺的状况已经影响了辽宁经济发展,开始制约一部分原材料工业的扩张,使其产业成本上升,不具有可持续发展的竞争优势。如阜新、抚顺、铁岭等城市的资源枯竭型行业发展遇到了比较严重的困难,直接影响了职工的工资收入,制约了城乡居民收入的持续稳定增长。

4. 民营经济发展相对滞后。辽宁国有经济比重大,民营经济发展不足,2006 年,全省民营经济占地区生产总值的比重虽然达到 51.8%,但这其中有相当一部分是国有企业转属改制过去的,特别是具有较强竞争力的民营工业企业则更少,与东部沿海经济发达省份比较,存在较大差距。2005 年,辽宁规模以上民营工业完成增加值 470.1 亿元,仅为江苏和山东的 23.9%,浙江的 28.2%,比东部沿海省份平均少 349.3 亿元。另外,辽宁民营经济在安置就业方面也落后于东部沿海发达省份。2005 年,辽宁民营经济安置就业 252.1 万人,仅为江苏的 31.6%,浙江的 47.1%,广东的 48%,比东部沿海省份平均少 129.5 万人。因此,辽宁民营经济在促进经济持续发展,安排城乡就业,增加居民收入方面没能充分发挥出应有的作用。

5. 县域经济发展比较薄弱。发展县域经济是确保辽宁国民经济平稳快速增长的重要支撑,是建设社会主义新农村的重要载体,是促进城乡居民增收的根本途径。辽宁县域经济发展近几年虽然取得了可喜的进步,但是与沿海经济发达省份比较仍有较大差距。2005 年,国家统计局公布的百强县名单中辽宁仅有 2 个县(市)入围,而其它沿海经济发达省份遥遥领先辽宁。其中,浙江有 30 个;山东有 22 个;江苏有 17 个;广东有 8 个;河北有 7 个;福建有 4 个。辽宁县域经济整体实力依然薄弱,在很大程度上制约了城乡居民收入的增长。

(二)影响城市居民收入增长的因素

1. 经济转型,体制、机制转变带来的失业人

口增加。随着工业化的发展,辽宁经济结构向资金密集型和技术型产业转移,造成职工下岗人数大量增加。同时,由于上世纪 90 年代中期以来,国有大中型企业体制、机制的转变也带来了大批下岗职工。尽管各级政府采取多种形式努力提高就业再就业,但就业压力仍不断加大,就业人口负担系数依然较高。辽宁职工人数历史最高点为 1995 年为 1021 万人,2000 年下降到 826.5 万人,2006 年又降到 498 万人;2006 年末城镇登记失业率为 5.1 %,比全国平均水平 4.1%高出 1 个百分点;2006 年辽宁城镇居民家庭平均就业面为 49.6%,比全国平均水平低 2.3 个百分点,平均每一就业者的负担系数高达 2.01 人,高于全国平均负担系数 0.08 人。

2. 企业平均市场占用率低,整体竞争力不强。 2006 年,辽宁规模以上工业企业户均实现主营业务收入 10027 万元,比全国平均水平低 572 万元;占全国规模以上工业的比重为 4.5%,比广东、江苏和山东分别低 9.3、8.8 和 8 个百分点。2006 年,辽宁规模以上工业亏损面为 19.1%,比全国平均水平高 3.1 个百分点;2005 年,全省规模以上工业年销售收入超过 50 亿元的企业仅有 28 户,进入全国 500 强企业也仅有 16 户。可以看出,辽宁工业企业平均市场占用率不高,整体竞争力不强,直接影响了企业利润和职工收入的增长。2006 年,辽宁规模以上工业企业户均实现利润 316.6 万元,不及全国平均水平的一半,比全国平均水平低 328.9 万元。另外,辽宁在岗职工平均工资和全国平均水平存在较大差距,而且差额呈逐年扩大的趋势,2001 年差额仅为 725 元,2006 年更扩大到 1377 元。

表 2　辽宁省与全国在岗职工平均工资比较

单位:元

年份	辽宁	全国	差额	全国排名
2001	10145	10870	—725	13
2002	11659	12422	—763	11
2003	13008	14040	—1032	11
2004	14921	16024	—1103	10
2005	17331	18405	—1074	9
2006	19624	21001	—1377	10

3. 公务员工资收入与沿海经济发达地区相比偏低,省内地区间工资收入不平衡。 公务员的工资收入差距主要体现在地区津贴补贴。“十五”期间,辽宁公务员工资收入一直在全国平均水平上下波动。2007 年上半年,全省机关事业单位均按新工资制度进行了工资套改,机关事业单位职工的工资收入有所增长。2007 年公务员津贴补贴规范后,虽然辽宁省直公务员津贴补贴年标准达到 23420 元,提高幅度较大,但与沿海经济发达地区相比,仍有较大差距;占全省公务员总数 51%的县乡公务员,津贴补贴标准普遍偏低,直接影响了全省公务员的工资收入水平。省内各地区间公务员工资收入不平衡,差距逐年拉大。

4. 事业单位工资收入与全国平均水平存在一定差距。 近几年,辽宁事业单位平均工资收入一直低于全国平均水平,主要原因,一是津贴补贴标准偏低,二是单位创收能力普遍较差,多数单位除发放基本工资和津贴补贴外,基本没有奖金收入,部分差额拨款和自收自支单位只发放基本工资部分,有的甚至基本工资还有拖欠,直接影响了事业单位的工资收入水平。虽然随着国家关于岗位设置、绩效工资等各项改革政策的逐步完善,事业单位的收入水平将会有一定幅度的提高,但不会对辽宁在全国的排位产生明显影响。

5. 社会保障水平较低。 目前,辽宁社会保障标准低主要表现在:一是保险标准低,由于辽宁在岗职工平均工资 2001 年以来一直低于全国和东部沿海省(市)的平均水平,造成辽宁职工养老保险和失业保险征收标准处于较低的水平。另外,资金缺口大也困扰着辽宁养老保险和失业金的发放,2005 年,辽宁财政用于社会保障补助支出 165 亿元,居全国第 1 位。二是最低生活保障金标准低,与东部沿海其它省份比较差距较大。

(三)影响农村居民收入增长的因素

1. 农业生产的相对落后。 辽宁的农民收入是以农业为主体,而现代农业、设施农业、农业产业化,农业集约化发展的相对落后,使辽宁农业生产抵御风险的能力不强,直接影响了农民收入的持续快速增长。近期，省统计局对辽宁现代农业发展情况与东部沿海省份进行了比较，结果显示：辽宁现代农业的总体水平在东部沿海8省份中位居第4，与位居前3位的山东、江苏、河北分别差43.29、19.96和15.28个百分点。农业现代化水平的相对落后，影响了农民收入增长的后劲。

2. 非农产业收入比重低。2000年以来，辽宁农民非农产业收入一直较低，在沿海九省始终排在第7位，仅高于广西和海南。辽宁农民非农产业收入占纯收入的比重一直在40%—50%之间徘徊，一直低于沿海平均水平，而且差距逐年加大，直至2006年才有所缩小。

表3　2005年东部沿海8省份现代农业发展情况比较

省　份	生产能力指数	生产潜力指数	总体水平指数
山　东	96.03	69.91	86.89
江　苏	56.70	76.32	63.56
河　北	48.91	77.39	58.88
辽　宁	43.24	44.27	43.60
浙　江	25.22	73.04	41.96
广　东	39.89	28.15	35.78
福　建	25.22	37.46	29.50
海　南	0.46	1.89	0.96

表4　辽宁非农产业收入比重与沿海平均水平比较

单位：%

	2000年	2001年	2002年	2003年	2004年	2005年	2006年
辽　宁	49.3	46.0	47.0	45.3	39.9	40.5	44.6
沿海平均水平	55.3	55.7	57.9	57.9	56.2	57.5	58.7
差　距	−6.0	−9.7	−10.9	−12.6	−16.3	−17.0	−14.1

3. 经营二、三产业收入差距大。辽宁农民家庭经营二、三产业收入与沿海平均水平差距较大。辽宁农民家庭经营二、三产业收入在沿海九省中一直排在第8位，仅比海南高。从2000年到2006年辽宁农民家庭经营二、三产业收入与沿海平均水平差距越来越大，由250元扩大到326元。占纯收入的比重始终比沿海平均水平低7个百分点左右。

表5　辽宁农民家庭经营二三产业收入与沿海平均水平比较

单位：元/人

	2000年	2001年	2002年	2003年	2004年	2005年	2006年
辽　宁	279	261	272	271	242	282	325
沿海平均水平	529	517	550	559	573	603	651
差　距	−250	−256	−278	−288	−331	−321	−326

4. 农村劳动力外出务工收入较低。辽宁农民外出从业收入也较低。辽宁农民外出从业收入在沿海九省中排第8位(2003年曾超过河北列第7位)，仅比海南高。和沿海平均水平的差距也呈逐渐扩大的趋势，2005年差距最大达到313元，2006年差距仍保持上年水平。占纯收入的比重逐年增加，由2000年的6.5%增加到2006年的9.8%，但与沿海平均水平比还低5.5个百分点。

表6　辽宁农民外出从业收入与沿海平均水平比较

单位：元/人

	2000年	2001年	2002年	2003年	2004年	2005年	2006年
辽　宁	154	168	200	275	298	325	402
沿海平均水平	327	359	432	490	565	638	715
差　距	−173	−191	−232	−215	−267	−313	−313

5. 从本地企业得到收入少。辽宁农民从本地企业得到收入与沿海平均水平差距最大，而且差距呈扩大趋势，由2000年的人均差90元，扩大到2006年的差401元。辽宁农民从本地企业得到收入从2003年开始在沿海九省中一直排在第7位，仅比广西和海南高。从本地企业得到收入占纯收入的比重从2001年起一直低于沿海平均水平，而且呈逐年扩大趋势，到2006年有所缩小，差距为6.5个百分点。

表7　辽宁农民从本地企业得到收入与沿海平均水平比较

单位：元/人

	2000年	2001年	2002年	2003年	2004年	2005年	2006年
辽　宁	470	460	500	501	529	585	721
沿海平均水平	560	621	660	729	795	973	1122
差　距	−90	−161	−160	−228	−266	−388	−401

三、"十一五"期间提高全省城乡居民收入的目标

(一)"十一五"期间全国城镇居民及沿海省份农民纯收入的基本判断

1."十一五"期间全国经济增长预测

"九五"期间，我国经济进入高速增长期，GDP年均增长8.6%，比"九五"计划目标高出0.6个百分点。到了"十五"，年均增长9.5%，比"十五"计划目标高出2.5个百分点。"十五"GDP年均增长速度高出"九五"年均增长速度0.9个百分点。2006年，GDP增长11.1%(核实数)，2007年上半年增长11.5%，经济增长有加速势头。

预计"十一五"期间，我国实际经济增长速度仍将高出规划目标2个百分点左右，年均增长速度与"十五"持平或略高，但低于9%或大于11%的可能性不大。因此，预计"十一五"期间，我国GDP年均增长9.9%，高出规划目标2.4个百分点，到2010年，GDP将达到32万亿元。

2."十一五"末期全国城镇居民收入的预测

"九五"期间，全国城镇居民收入年均增长率为5.7%，比"九五"计划目标高出0.7个百分点；到了"十五"，年均增长9.6%，比计划目标高出4.6个百分点。"十五"时期年均增长率比"九五"高3.9个百分点，城镇居民收入有大幅度提高。

"九五"期间，我国城镇居民收入年均增长率低于GDP增长率2.9个百分点；"十五"期间，城镇居民收入年均增长率高于GDP年均增长率0.1个百分点，收入增长速度略高于GDP增长速度，基本持平。可以预见"十一五"期间，城镇居民收入速度仍将高于GDP的增长速度，并且幅度将会略有提高。

表8　全国GDP与城镇居民收入增长率对比

年　份	GDP增长率	城镇居民家庭人均可支配收入增长率	差值
"九五"年均	8.6	5.7	−2.9
"十五"年均	9.5	9.6	0.1

经过定量测算得到结果，即GDP每增加一亿元，能带动城镇居民收入增加0.052元。

综合上面多种因素分析，"十一五"期间，我国城镇居民收入仍将保持平稳增长，年均增长将高于GDP增长速度，年均增长11.1%，到2010年，全国城镇居民人均可支配收入将达到17800元。

3."十一五"末期沿海省份农村居民收入的预测

"十五"期间，我国沿海省份经济均保持高速增长，除辽宁外，八个沿海省份中，地区生产总值年均增长速度最快的是山东省，达到了13.2%，最慢的海南省也达到了10%。农民人

均收入增长普遍低于生产总值增长速度，农民人均收入增长最快的山东省年均增长 8.1%，最慢的广东省年均增长 4.1%，各省农民人均收入增长平均低于生产总值增长 5.5 个百分点左右。

根据沿海各省份“十五”期间农民人均纯收入的增长态势以及与生产总值增长的大致关系，并参考各省“十一五”规划制定的农村居民纯收入和生产总值增长目标，同时，结合 2000～2006 年各省农村居民人均纯收入的实际数，测算出到“十一五”末期，沿海各省份农民人均纯收入平均将达到 6147 元，见下表。

表 9　沿海各地农村居民年人均纯收入规划指标对比

省　份	农民人均纯收入“十五”年均增长	生产总值“十五”年均增长	生产总值“十一五”规划增长
河　北	5.3%	11.20%	11%
江　苏	—	13.10%	10%
浙　江	7.4%	—	9%
福　建	5.1%	10.60%	9%
山　东	8.1%	13.20%	10%
广　东	4.1%	13%	9%
海　南	6.1%	10%	9%
广　西	6%	10.6%	10%

表 10　沿海省份农民人均纯收入

	2001 年	2002 年	2003 年	2004 年	2005 年	2006 年	2010 年 *
农民人均纯收入	3114	3247	3477	3840	4234	4651	6147

注：* 为预测数。

(二)“十一五”期间辽宁城乡居民收入的基本判断

1.“十一五”期间辽宁经济发展预测

“九五”以来，辽宁国民经济保持持续、稳定、快速增长的态势。经过两个五年规划期的努力，国内生产总值由 1995 年的 2793 亿元增加到 2005 年的 8009 亿元，并且在经济高速增长的同时，物价基本稳定，失业率稳中有降，社会稳定，人民安居乐业，真正实现了经济、社会又快又好发展。“九五”期间，地区生产总值年均增长 8.6%；进入“十五”后，经济增长迈上新台阶，年均增长达到 11.2%，高于“九五”增速 2.6 个百分点，2006 年增长 13.8%，2007 年上半年增长了 14.8%，标志着辽宁经济已经进入高速增长周期。

同时，随着老工业基地振兴的不断推进，以及辽宁“五点一线”沿海经济带的大开发，“十一五”时期将是辽宁经济突飞猛进的时期，经济增长将在“十五”基础上有新的突破。

综合上述因素，“十一五”期间，辽宁经济将继续良好增长势头，年均增长速度将高于“十五”水平，但高于 14% 的可能性不大，但也不会低于 12%。预计，到 2010 年，辽宁地区生产总值将达到 14750 亿元，高出规划目标 1250 亿元；年均增长 13%，高出规划目标 2 个百分点。

2.“十一五”末期辽宁城乡居民收入的基本判断

在“十一五”规划中，辽宁城乡居民收入的年均增长率目标分别是 9% 和 8% 以上，达到 14000 元和 5500 元，但在具体执行过程中，城乡居民收入的实际增长速度往往高于规划目标，尤其是“十一五”期间，辽宁进入经济高速增长期，由于辽宁居民收入与生产总值相关性很强，经济的高速增长势必带动居民收入的增长。“九五”期间，辽宁城镇居民收入年均增长 5.4%，低于生产总值年均增长速度 3.2 个百分点，农村居民收入年均增长 5.5%，低于生产总值 3.1 个百分点；“十五”期间，辽宁城镇居民收入年均增长 10.4%，低于生产总值年均增长速度 0.8 个百分点，农村居民收入年均增长 6.9%，低于生产总值年均增长速度 4.3 个百分点；“十五”期间，城镇居民收入每年的增长速度与生产总值增长速度的差值波动幅度为 4.6%，收入的增长与经济增长基本保持同步；农村居民收入每年的增长速度与生产总值增长速度的差值波动幅度为 −5.3%，基本稳定，农村居民收入连年低于经济总量增长的速度。

表 11　辽宁生产总值与居民收入增长对比

单位:%

	生产总值	城镇居民家庭人均可支配收入	高于 GDP	农村居民家庭人均纯收入	高于 GDP
“九五”年均增长	8.6	5.4	−3.2	5.5	−3.1
“十五”年均增长	11.2	10.4	−0.8	6.9	−4.3

从“十一五”第一年来看,全省城乡居民收入分别实际增长 12.6%和 9%,分别比生产总值增长速度低 1.2 个和 4.8 个百分点。

经过定量测算得到结果,即辽宁地区生产总值每增加一亿元,将分别带动城镇居民和农村居民收入增加约 1.1 元和 0.3 元,因为全国的 GDP 是万亿数量级,因此,辽宁每亿元生产总值对两个收入的拉动作用也远远高于全国。

综合上面多种因素,定量与定性分析结合,预计到 2010 年,辽宁城镇居民人均可支配收入将达到 16600 元,年均增长 12.8%;农村居民人均纯收入达到 5790 元,年均增长 9%。

(三)“两个确保”对辽宁“十一五”期间经济增长的要求

1. 城镇居民收入达到全国平均水平对辽宁经济增长提出的要求

按照前面的分析,按照辽宁经济增长的一般规律测算,到“十一五”末期,辽宁城镇居民收入与全国水平的差距将缩小到 1200 元。如果要达到省委省政府提出的“到 2010 年,城镇居民人均可支配收入达到全国平均水平”的要求,则对辽宁经济增长提出更高要求,即“十一五”期间,辽宁地区生产总值需年均增长 14.7%;城镇居民人均可支配收入需年均增长 14.3%。

2. 农村居民收入达到沿海省份平均水平对辽宁经济增长提出的要求

到“十一五”末期,辽宁农村居民收入与沿海省份平均水平的差距将达到 360 元,如果要达到省委省政府提出的“到 2010 年,农村居民人均纯收入达到沿海省份平均水平”的要求,则对辽宁经济增长提出更高要求,即“十一五”期间,辽宁地区生产总值需年均增长 13.6%;农村居民人均纯收入需年均增长 10.8%。

表 12　“两个确保”对辽宁地区生产总值和两个收入增长的要求

	地区生产总值	城镇居民人均可支配收入	农民人均纯收入
年均增长率	14.7%	14.3%	10.8%
2010 年绝对值	15900 亿元	17800 元	6150 元

6150 元可以看出,如果前面我们对全国城镇居民收入和沿海省份居民收入所作预测基本准确的话,那么,到“十一五”末期,辽宁城乡居民收入要完成省委省政府提出的“两个确保”的要求,则地区生产总值和城乡居民收入必须有超常规的发展速度,即地区生产总值增长务必达到年均增长 14.7%,城镇居民人均可支配收入和农村居民人均纯收入年均增长需分别达到 14.3%和 10.8%。

3. “两个确保”对初次分配结构的要求

表 13　辽宁劳动者报酬占生产总值比重

年份	地区生产总值(亿元)	劳动者报酬(亿元)	劳动者报酬占生产总值比重(%)
1995	2793.37	1323.27	47.37
1996	3157.69	1569.15	49.69
1997	3490.06	1719.73	49.28
1998	3881.73	1974.25	50.86
1999	4171.69	2024.25	48.52
2000	4669.06	2099.17	44.96
2001	5033.08	2213.01	43.97
2002	5458.22	2437.35	44.65
2003	6002.54	2669.34	44.47
2004	6672.01	2894.54	43.4
2005	8009.01	3524.91	44.01
2006	9251.15	3930.66	42.5

从上面分析得出,在分配结构不发生重大变化的条件下,要达到省委、省政府提出的“两个确保”的目标,对辽宁经济增长和城乡居民收

入的增长提出了很高目标，实现难度较大。那么，如果在辽宁经济保持较为现实的较高速度增长的同时，即"十一五"期间年均增长13%的条件下，通过各种提高城乡居民收入的政策的实施和制度的完善，提高地区生产总值构成中劳动者报酬的比重，同样可以实现"两个确保"。

从上表看出，辽宁地区生产总值构成中，"九五"期间劳动者报酬占地区生产总值的比重稳定在49%左右，从"九五"末期开始直到当前，这一比重下降到44%左右并基本保持稳定。

在前面预测结果的基础上，通过进一步测算得出，如果"十一五"期间辽宁经济增长按照13%的速度正常增长，那么，到2010年，辽宁劳动者报酬占地区生产总值的比重需达到49%。

作者：辽宁省调查总队

河南城镇居民收入分配状况及问题研究

本文利用城镇住户调查资料，描述城镇居民收入状况，分析影响城镇居民收入因素，发现城镇居民收入分配中存在的问题，探讨解决问题的办法，提出增加城镇居民收入的有效途径，为有关部门及领导研究制定相关收入政策提供参考依据。

一、河南省城镇居民收入现状

（一）居民收入普遍增加，增速稳中有升

改革开放以来，社会各个阶层群体都获得了改革带来的实惠，城镇居民收入普遍增加。调查资料显示，2006 年河南城镇居民人均可支配收入达到 9810.26 元，比上年同期增长 13.2%，扣除物价因素实际增长 11.9%。相比改革初期，1985 年人均生活费收入 560.95 元，增加了 9249.31 元，二十多年间收入增加了 16.5 倍。

纵观十一届三中全会后的二十来年，从 1980 年到 2005 年，河南省城镇居民人均可支配收入累计增长了 22.7 倍，年均增长 13.5%，居民收入水平大幅度提高。分阶段来看，1980 年到 1990 年的十年间，河南省城镇居民人均可支配收入年均增长 13.3%；1991 年到 2000 年十年间年均增长 14.1%；2001 年到 2005 年的 5 年间年均增长 12.7%，以 90 年代的收入增幅最高。其中，邓小平南巡讲话后的最初几年是河南城镇居民得到实惠最多和生活改善最多的时期，1992 年到 1995 年的 3 年间城镇居民收入的年均增幅高达 27.1%。

整体来看，90 年代前期的高增长之后，全省城镇居民收入逐渐转入稳步增长状态，且增速稳中有升。“九五”期间，河南省城镇居民人均可支配收入累计增长 44.5%，年均增长 7.6%。“十五”期间，累计增长 81.9%，年均增长 12.7%，比“九五”时期快 5.1 个百分点。即使剔除价格上涨因素，“十五”期间实际年均增幅仍比“九五”时期快 4 个百分点。并且，从 2001 年开始，河南增速连续超过全国平均水平，“十五”期间，年均增长 12.7%，超过全国平均水平 1.9 个百分点。

从收入来源上看，工薪收入的稳步增长是居民收入增长的基本保障，经营净收入的高增长是居民收入快速增长的助推器。2006 年，河南城镇居民人均可支配收入为 9810.26 元，同比增长 13.2%。其中，人均工薪收入 6861.49 元，同比增长 12.6%，对可支配收入增长的贡献率为 68.8%；人均经营净收入 770.40 元，同比增长 16.6%，对可支配收入增长的贡献率为 9.6%。

工薪收入在居民收入中长期占据重要的地位，其稳步增长得益于国家和省级出台的一系列工资政策，最终使广大居民得到了实惠。“十五”时期，全省城镇居民工薪收入累计增长了 1 倍，年均增长 15.0%左右。与此同时，受个体经济发展环境改善和从业人员增加等因素的影响，城镇居民经营性收入也快速增长，5 年间人均经营净收入累计增长 1.85 倍左右，年均增长 23.3%。相对于“十五”期初，工薪收入和经营净收入在城镇居民收入中所占的比重均有明显提高。

（二）人均收入水平总体不高，中低收入比重大

总体来看，河南省城镇居民收入呈现总体水平偏低。1980 年，河南城镇居民人均生活费收入为 341.6 元，仅相当于全国平均水平的 77.8%；1985 年河南城镇居民生活费收入为 560.95 元，相当于全国平均水平的 81.9%；到

1990 年河南城镇居民生活费收入为 1152.95 元，相当于全国平均水平的 83.1%。1990 年～2000 年间，虽然河南居民收入增速有所加快，但远不及其他省份增长的快，结果年均增幅反倒比全国平均水平落后一个百分点。尤其是“八五”和“九五”时期，河南城镇居民收入的增长速度均低于全国平均水平。在原有基数就比较低的情况下，这种尚不及全国平均水平的增速更加不利于河南省居民收入水平的整体提高。2000 年河南人均可支配收入为 4766.26 元，仅相当于全国平均水平的 75.9%，在全国各省市自治区中仅高于山西省排倒数第二位。“十五”期间，河南发展较快，居民收入增长较快。2006 年河南全省城镇居民人均可支配收入 9810.26 元，占全国平均水平的 83.4%，在全国排列第 17 位，比 2005 年前进 3 位，相对于 2000 年则前进了 13 位。然而，在位次前移同时也必须清楚地意识到，发达地区虽然增长速度有所放慢，但其基数大，增长的绝对值要远大于我们。由于基数小，河南省城镇居民收入虽然增长较快，但绝对量上仍在全国平均水平之下，且与全国平均水平的绝对差距实际上仍在拉大。这也是河南城镇居民收入水平低的局面没有得到根本改观的主要原因。2000 年，河南省城镇居民人均可支配收入低于全国平均水平 1513.71 元；到了 2006 年，这一差距已经拉大到 1949.19 元。

与总体收入低相对应的，河南城镇居民家庭中低收入户比重大，高收入户偏少。根据国家统计局河南调查总队在河南抽取的 23 个市县，采用多阶段随机等距抽样方法，抽选的 2460 户城镇居民家庭调查资料，2006 年，河南城镇居民家庭月人均可支配收入在 2000 元以上的较高收入家庭仅占 3%，月人均可支配收入在 1000～2000 元的中等收入家庭占 28%，月人均可支配收入在 1000 元以下低收入的家庭占 69%，呈现出“中、底部大，上头小”的“金字塔”分布格局。

(三)与发达地区相比收入差距悬殊，在中部省区位次稳中有升

1990 年河南城镇居民人均生活费收入 1152.95 元，而广东省、浙江省则分别是 2135.00 元、1769.16 元，河南仅相当于广东的 54.00%、浙江的 65.12%。1990 年至 2000 年，是河南省城镇居民收入增长较快的时期，但相比之下，发达省份的城镇居民收入增长更快、基数也大，河南与之的差距进一步拉大。2000 年，河南城镇居民人均可支配收入为 4766.26 元，而广东省、浙江省分别达到 9761.57 元、9279.16 元，河南收入水平仅相当于广东省、浙江省的 48.83%、51.37%，与 90 年相比，差距进一步拉大。2006 年河南城镇居民可支配收入为 9810.26 元，还不到上海市收入水平 20667.91 元的一半，而浙江省、广东省也分别比河南高出 8454.84 元、6205.32 元，是河南的 1.9 倍、1.6 倍。河南省城镇居民收入水平与发达地区的巨大差距可见一斑。

区域经济协调发展向来是党中央、国务院十分重视的一个重大问题。继西部大开发、振兴东北等老工业基地之后，“中部崛起”也已提上日程。在 2004 年 12 月 5 日闭幕的中央经济工作会议上，“中部崛起”的提法，首次出现在 2005 年经济工作的六项任务当中。“中部”主要包括河南、山西、湖北、湖南、江西、安徽六个省。谁将成为中部崛起的龙头？城镇居民收入水平是一个不可忽视的指标。纵观多年来河南省城镇居民人均可支配收入在 6 省中的位次，总体来看比较稳定，变动不大。“十五”时期，我省的位次则稳中有升。该时期是中部六省城镇居民收入位次大洗牌的一年，相对于 2000 年，“十五”期末的 2005 年里，多个省份的排位忽升忽降。我省则稳中求升，最终前进 1 位，由第 5 位上升至第 4 位。2006 年是“十一五”开局之年，我省城镇居民收入在中部六省中的位次再次前移，排在第三位，取得了良好开端。

二、河南省城镇居民收入来源构成及趋势分析

2006 年，河南省城镇居民人均可支配收入为 9810.26 元，同比增长 13.2%。其中，人均工薪收入 6861.49 元，同比增长 12.6%；人均经营净收入 770.40 元，同比增长 16.6%；人均财产性收入 129.72 元，同比增长 35.4%；人均转移

性收入 2577.60 元,同比增长 12.4%。不难看出,工薪收入在城镇居民收入中占有绝对比重,其次是转移性收入,再次是经营净收入,财产性收入所占比重最低。其中,工薪收入和转移性收入一共占到了居民收入的 90%以上,是城镇居民收入的主要来源。

随着市场经济不断深入发展,城镇居民的就业渠道进一步拓宽,就业格局发生了变化,带动居民收入较快增长和收入结构趋向多元化。

表 1　收入结构变化表

收入结构	2002 年	2006 年	累计增长	占家庭总收入的比重	
				2002 年	2006 年
工薪收入	4288.8	6861.49	60.0%	65.8%	66.4%
经营净收入	301.8	770.40	155.3%	4.6%	7.5%
财产性收入	74.88	129.72	73.2%	1.1%	1.3%
转移性收入	1850.16	2577.60	39.3%	28.4%	24.9%

资料来源:根据 2003 年《河南城市统计年鉴》、2006 年城镇住户年报资料整理

可以看出,经营净收入的增长最快,在家庭总收入的比重也大幅上升;工薪收入增速不低,在家庭总收入的比重稳中有升;转移性收入在家庭总收入中的比重有所下降,但其第二大收入来源的地位仍然稳固不动摇;财产性收入的地位基本不变。

(一)工薪收入总额不断增长,所占比重稳中有升

工薪收入是就业人员通过各种途径得到的全部劳动报酬,包括所从事的主要职业的工资以及从事第二职业、其他兼职和零星劳动得到的其他劳动收入。具体包括工资及补贴收入和其他劳动收入两大类。2006 年,全省城镇居民人均工薪收入 6861.49 元,同比增长 12.6%,对可支配收入增长的贡献率为 68.8%。其中,工资及补贴收入人均 6645.82 元,同比增长 12.7%;其他劳动收入人均 215.67 元,同比增长 13.0%。

表 2　工薪收入增长情况表

	2002 年	2003 年	2004 年	2005 年	2006 年	年均增长
可支配收入	6245.4	6926.12	7704.9	8667.97	9810.26	12.0%
工薪收入	4288.8	4757.86	5322.07	6095.49	6861.49	12.5%
#工资及补贴收入	4188.12	4633.64	5185.63	5904.6	6645.82	12.2%
其他劳动收入	100.56	124.21	136.51	190.89	215.67	21.0%

资料来源:根据 2003～2006 年《河南城市统计年鉴》、2006 年城镇住户年报资料整理

由上表不难看出,近几年我省城镇居民工薪收入稳步增长,年均增幅超过了人均可支配收入 0.5 个百分点。其中,工资及补贴收入年均增长 12.2%,其他劳动收入年均增长 21.0%。工资及补贴收入是劳动者从工作单位得到的全部劳动报酬,其增长主要得益于国家及省市一系列工资政策的出台和落实,使广大人民群众最终得到了实惠。其次,全省经济的快速发展,一些行业、企业经济效益的好转,特别是能源、原材料、农产品加工等企业经济效益的大幅提高,也保证了其内部职工工资的不断上涨。其他劳动收入的大幅度增长也是一个引人注意的现象。其他劳动收入是家庭成员从事第二职业、兼职、零星劳动所得的劳动报酬。经济环境的不断优化、经济活跃度的增强,为城镇居民从事其他劳动创造了更多机会。当然,虽然其他劳动收入增长迅速,但毕竟其数额较少,工薪收入增长的主要动力还是工资及补贴收入。

经过几年的增长,工薪收入在家庭总收入

中所占的比重也有所上升。2002 年，城镇居民家庭总收入中 65.8% 来自工薪收入。到了 2006 年，这一比重已经上升至 66.4%。将近 1 个百分点的提升，更加预示了工薪收入在城镇居民收入构成中的重要地位不容动摇。

(二)城镇居民经营净收入迅猛增长

2006 年，城镇居民人均经营净收入 770.40 元，同比增长 16.6%，对可支配收入增长的贡献率为 9.6%。经营净收入是城镇居民收入来源中增长最快的，在家庭总收入中所占比重也是增长最多的。从 2002 年到 2006 年，全省城镇居民人均可支配收入年均增长 12.0%；其中，来源于经营净收入的部分累计增长了 1 倍多，年均增幅高达 26.4%，比可支配收入的增幅高出 14.4 个百分点，其迅猛增长的势头不容忽视。

经营净收入是家庭成员从事生产经营活动所获得的净收入。近年来，我省加大了对个体、私营经济的培育和扶持力度，使个体私营经济发展速度明显加快，对全市经济发展起到了强有力的支撑作用，日渐成为居民就业的重要渠道和居民收入的重要来源。

经营净收入的迅猛增长，直接促使它在城镇居民家庭总收入中所占的比重直线上升。由 2002 年的 4.6%上升到 2006 年的 7.5%，仅仅 4 年时间就提升了 63%。

(三)财产性收入所占比重略有上升

财产性收入是家庭拥有的动产(如银行存款、有价证券)、不动产(如房屋、车辆、土地、收藏品等)所获得的收入。其性质决定了它在居民收入中的比重不会太大。从 2002 年到 2006 年，虽然财产性收入累计增长了 73.2%，年均增长 14.8%，但其在城镇居民家庭总收入中所占的比重基本不变，仍处在 1%左右。随着金融资本市场的发展，居民投资理财意识的增强，财产性收入将会增速加快，比重增大，为城镇居民收入添砖加瓦。

(四)城镇居民转移性收入增速平缓，有望加速增长

转移性收入是国家、单位、社会团体对居民家庭的各种转移支付和居民家庭间的收入转移。具体包括政府对个人收入转移的离退休金、失业救济金、赔偿等；单位对个人收入转移的辞退金、保险索赔、住房公积金、家庭间的赠送和赡养等。对于城镇居民来说，转移性收入一直是继工薪收入之后的第二大收入来源。长期以来，转移性收入的增幅一直低于同期可支配有收入的增幅。从 2002 年到 2006 年，城镇居民人均转移性收入年均增幅只有 8.6%，低于同期人均可支配收入的年均增幅 3.4 个百分点。

2006 年，河南实施的养老金新政策，将连续 3 年提高企业退休人员基本养老金待遇，近年内转移性收入可望加速增长。2006 年，河南省城镇居民人均转移性收入 2577.60 元，同比增长 12.4%，比 2005 年增幅高出 7.9 个百分点。

表 3　转移性收入增长情况表

单位：元

2002 年	2003 年		2004 年		2005 年		2006 年		年均增长
	金 额	增 幅	金 额	增 幅	金 额	增 幅	金 额	增 幅	
1850.16	2039.58	10.2%	2195.92	7.7%	2293.83	4.5%	2577.60	12.4%	8.6%

资料来源：根据 2003～2005 年《河南城市统计年鉴》、2006 年城镇住户年报资料整理。

三、城镇居民收入分配存在的问题

改革开放以来，河南城镇居民收入分配总体上适应了市场经济发展的需要，基本反映出市场机制发挥基础性调节的作用；计划经济高度集中统一的分配体制被打破，分配正在向科技含量高的行业和新兴产业倾斜，脑力劳动者、技术密集领域的劳动者以及资本密集型产业的劳动者的收入正在迅速增长，大多数人的收入

分配基本合理，人民生活水平正在以前所未有的速度提高，城镇居民的收入分配有力地支持了我国经济社会的持续快速健康发展。但是，城镇居民收入分配还存在着诸多问题和矛盾。

(一)在收入普遍增加的基础上，城乡居民收入差距逐步扩大

改革开放以来，河南城乡社会经济状况发生了深刻的变化。从总体上看，我省农村居民摆脱了极度贫困，物质文化生活水平得到明显改善，基本上稳定地解决了温饱问题，奠定了向小康迈进的基础。但是，由于多种原因，起点很低的农民收入和生活一直与城镇居民存在明显的差距。

统计资料反映，最近25年的河南城乡居民收入经历了差距明显扩大的过程，其总的特点是农村居民收入始终落后于城镇居民收入，两者间的差距在波动中扩大。1980～1990年，河南城乡收入比由1980年的2.12∶1扩大为2.19∶1，为缓慢扩大阶段；1991～1995年，为加快扩大阶段，差距扩大明显高于前一阶段，城乡收入比1995年扩大到2.45∶1；1996～2000年比前一阶段有所缩小，2001～2005年，为迅速扩大阶段，收入比达到了1∶3.0。如果考虑到城镇居民获得的各种转移支付和补贴等，实际收入的差距更大。

(二)不同地区间城镇居民收入差距迅速扩大

改革开放以来，各地区居民收入水平均有显著提高，但由于收入增长速度不同，经济发展和改革开放程度的不平衡性，以及不同地区由于自然的、历史的和现实的因素所导致的经济发展基础和经济发展状况的差异性，造成的地区收入差距也在扩大。就全省来看：豫中(中原城市群)、豫北、豫西城镇人均收入较高，而豫南、豫东相对人均收入较低。

由下表可看出：1990年全省收入最高的郑州市人均收入为1494.64元，是最低的周口市(862.11元)的1.7倍；1995年，郑州市的收入是周口市的1.8倍；2000年郑州市人均可支配收入6457.79元，比最低的鹤壁市4016.63元高2441.16元，是鹤壁市的1.6倍。到了2005年，全省收入最高的郑州市人均可支配收入10639.84元，比最低的周口市高4284.23元，是周口市的1.7倍。

表4　河南省各城市市区收入差异

单位：元

	1990年	1995年	2000年	2005年
全省城市平均	1274.64	3688.36	5378.17	8667.97
郑州市	1494.64	4886.70	6457.79	10639.84
开封市	1116.59	3062.25	4417.57	7220.32
洛阳市	1427.87	4335.82	5702.63	9719.55
平顶山市	1368.77	3918.10	5617.07	8723.21
安阳市	1275.85	3337.28	5351.51	8822.45
鹤壁市	1114.89	3590.40	4016.63	7898.46
新乡市	1405.11	3929.50	5696.18	8312.13
焦作市	1121.88	3226.64	4789.41	8429.70
濮阳市	1207.50	3866.36	5463.06	7971.84
许昌市	1095.09	3554.21	5109.98	7768.66
漯河市	1059.70	3190.70	5237.74	7922.81
三门峡市	1336.30	4057.83	5831.23	8071.40
南阳市	1240.28	3452.38	5217.47	7830.69
商丘市	1024.37	3335.67	4215.27	7246.58
信阳市	1121.66	3192.17	4576.44	6762.39
周口市	862.11	2652.79	4639.94	6355.61
驻马店市	1055.59	2858.62	5433.66	6899.75
济源市	—	—	—	9017.26

资料来源：根据历年《河南城市统计年鉴》整理。

从中原城市群与群外城市的收入对比上更容易看出居民收入的地区差距。

加快城市群发展，带动本国或区域经济发展，提升经济竞争力，是发达国家现代化进程中的一条重要经验，也是一些发展中国家或地区经济发展的重要途径。为此，省委七届五次全会，做出了实施区域性中心城市带动战略，加快中原城市群经济隆起带(简称中原城市群)发展的重大战略部署。中原城市群城市体系在大的构架上分为三个层次：第一层次是大郑州都市圈；第二层次以大郑州都市圈为中心，以洛阳、济源、焦作、新乡、开封、许昌、平顶山、漯河等八个中心城市为结点，构成中原城市群紧密联系圈；第三层次为外围带。按此划分，分别计算各层次的平均收入水平，见表5。

表 5 河南省各区域收入差异对比

单位:元

	1990 年	1995 年	2000 年	2005 年
第一层次(郑州市)①	1494.64	4886.70	6457.79	10639.84
第二层次②	1227.86	3602.46	5224.37	8389.21
第三层次③	1137.62	3371.50	4971.69	7539.91
①:②:③	1.3:1.1:1	1.4:1.1:1	1.3:1.1:1	1.4:1.1:1

资料来源:根据历年《河南城市统计年鉴》整理。

不难看出,郑州市作为中原城市群的中心,居民收入水平遥遥领先,是其他城市平均水平的 1.3 倍左右,经过"十五"时期,这一差距在 2005 年已经上升至 1.4 倍。洛阳、开封、新乡、焦作、许昌、济源、平顶山、漯河 8 个城市,虽然同属于中原城市群的成员,但是其平均收入水平与郑州市相比,仍有一定的差距。而作为第三层次的 9 个群外城市,其收入水平长期处于最低端,与第二层次城市的收入差距迟迟不得拉近,与第一层次——郑州市的差距则有扩大趋势。

(三)行业之间收入差距不断扩大

行业之间收入差距主要是指城镇居民从事不同行业人员的收入差距。在改革初期,单一的公有制经济下职工工资受到严格计划控制,不同行业间的收入差距微乎其微。特别是 80 年代中期经济体制改革以来,行业收入差距问题越来越突出。

1995 年,河南在岗职工平均工资是 4344 元,收入较高的交通运输、仓储及邮电通信业的平均工资达到 5743 元,是全省平均水平的 1.3 倍,是工资最低行业——批发和零售贸易、餐饮业的 2 倍。到了 2000 年,同样是交通运输、仓储及邮电通信业,其在岗职工平均工资几乎翻了一倍,达到 11333 元,是全省平均水平的 1.6 倍,更高出批发和零售贸易、餐饮业平均工资 1.5 倍。2005 年,全省在岗职工平均工资是 14282 元。其中,农、林、牧、渔业的在岗职工工资最低,只有 7922 元;信息传输、计算机服务和软件业的在岗职工工资最高,平均达到 22227 元,是农、林、牧、渔业工资水平的 2.81 倍。相对于"九五"时期,国民经济行业之间的高低收入差距进一步拉大。2005 年,收入最高的行业分别是信息传输、计算机服务和软件业、采矿业和金融业,可以看出,收入分配正在向科技含量高的行业和新兴产业倾斜,如信息传输、软件业、科学研究和综合技术服务业,同时,垄断行业长期处在收入高位次,如金融保险、电力煤气、电信行业等。

(四)城镇居民不同阶层之间收入差距不断扩大

1. 由高低收入分组可以看出,十余年来,城镇居民收入普遍增加,但城镇居民收入差距也日益扩大。1992 年,10%的最高收入组的城镇居民人均全年可支配收入为 2856.28 元,10%的最低收入组的城镇居民人均全年可支配收入只有 881.48 元,高收入组的收入是低收入组的 3.24 倍。到了 1995 年,收入差距继续拉大,10%的低收入组的全年收入仅仅相当于 10%高收入组群体一个季度的收入。进入 21 世纪后,城镇居民收入差距更为凸显。2000 年,我省 10%高收入组的人均全年收入突破万元大关,达到 10604.63 元,而 10%低收入组的全年收入还不到 2000 元,仅仅相当于高收入组两个月的收入而已。2005 年,高低收入组之间的收入差距继续恶化。10%的最高收入组的全年人均可支配收入已突破 2 万元大关,达到 21352.9 元;而 10%的最低收入组才只有人均 3047.7 元的全年可支配收入。最高收入组是最低收入组的 7 倍之多。也就是说,10%的低收入组辛辛苦苦劳作一年所挣的收入还比不上 10%高收入组 2 个月的收入。从 1992 年到 2005 年,10%高收入组的人均可支配收入增长了 7.5 倍;而在同样的时间段内,10%低收入组的人均可支配收入仅仅增长了3.5倍。

2. 从近年来基尼系数变化来看，河南省城镇居民总体收入分配差距呈现加大趋势。所谓基尼系数是国际通用的衡量收入差距的指标，其值介于0和1之间。一般认为，0.2以下表示绝对平均；0.2～0.3之间表示比较平均；0.3～0.4之间表示较为合理；0.4～0.5之间表示差距较大；0.5以上说明收入差距相当悬殊。也就是说，系数值越大，表明收入分配差距越大。在这里需要指出的是，下表中基尼系数是根据河南省城镇居民调查（未包含农村居民）数据计算而得，加之抽取的调查样本量较小，高低收入阶层分布不足，实际的差距应该还要大些。因此，我们只是通过基尼系数的变化观察收入差距扩大的趋势。

表6　城镇居民可支配收入基尼系数

	1997年	1998年	1999年	2000年	2001年	2002年	2003年	2005年
基尼系数	0.2443	0.2469	0.2551	0.2948	0.2954	0.2894	0.2868	0.2971

四、城镇居民收入分配差距扩大的原因分析

收入分配差距的形成是一个比较复杂的过程。对当前收入差距扩大的成因，我们认为，最主要的有：

（一）二元经济结构的长期存在是城乡收入差距存在的基本原因

我国的二元经济特征比较明显。首先以手工、半手工等体力劳动为主的农村劳动生产率低于以现代工业为主的城市劳动生产率。劳动生产率的高低决定了收入的高低，劳动生产率的差距必然导致城乡居民收入的差距。其次，长期以来，我国实行的是城乡二元政策，城市与农村二元管理结构极大地限制了城乡生产要素的合理流动和优化组合，致使城乡之间在资金、劳力、技术发展失衡，造成农业与非农业、农村工业与城市工业发展机会和条件的不均等，使收入差距处于相对刚性状态。第三，国家政策保护了城市劳动力的就业，城市劳动力就业相对更为充分；而农村大量富余劳动力处于放任状态，未被充分利用。实际就业状况与收入状况呈现直接的相关关系。第四，城镇居民比农村居民享受更多的福利保障。

（二）经济体制改革与收入分配制度的调整是收入差距扩大的必然结果

十一届三中全会后，我国进行了包括分配体制在内的经济体制改革，打破了以前的平均主义收入分配方式，基本形成了按劳分配为主，各种生产要素共同参与分配的收入分配制度体系。以市场定价机制实现的按劳分配，把简单劳动与复杂劳动、熟练劳动与非熟练劳动以及开创性劳动与非开创性劳动等严格地区分开来，并给予完全不同的劳动报酬。不论是按要素贡献率来分配，还是按要素拥有程度来分配，都带来收入差距的拉大。科技含量高的行业和新兴产业，脑力劳动者、技术密集领域的劳动者以及资本密集型产业的劳动者的收入迅速增长，另外，由于高收入阶层在生产要素上的占有迅速扩大，资金存量增大，有更多的生产要素参与分配，高积累带来高收益。与此同时，市场化所带来的经济结构调整和劳动者之间的就业竞争，引发了一大批企业职工的下岗和失业，从而直接引致收入分配差距的扩大。

市场化带来的“马太效应”也使不同地区收入差距呈逐步扩大的趋势。一方面，由于大城市已拥有进一步发展的资金、技术、人才，与长期以农业生产为主地区以同样的速度增长，地区差距也将进一步扩大。另一方面，大城市经济基础好，具有更高的生产要素收益率，成为生产要素的流入区，生产要素的流入又进一步促进了经济增长，而落后地区则相反，要素流入少，经济发展受阻。市场化使“贫者越贫、富者越富”，地区之间经济发展差距拉大。

(三)分配公平失衡,分配秩序混乱导致收入差距扩大

市场机制和管理方面存在的缺陷所引起的分配秩序混乱造成分配差距。具体表现在:(1)垄断充斥市场,排斥竞争,有些部门和单位凭借行业垄断和某些特殊条件而获得垄断利润,为其职工发放额外收入,基本分配失去控制。如电信、电力、金融、航空等行业长期受行政手段保护,实行制度性垄断,获取高额垄断利润,其职工的工资相应较高。2005年河南电信和其他信息传输服务业、电力燃气及水的生产和供应业、铁路运输业、航空运输业、金融业在岗职工工资分别为23246、19089、29039、29314和21743元,分别是全部职工平均工资(14282元)的1.62、1.34、2.03、2.05和1.52倍。(2)劳动报酬尚未完全工资化、货币化,养老、医疗等社会保险项目还没有完全独立于企业之外而实现社会化,因而造成初次分配与再分配的错位。(3)有的行政机关把属于职责范围内的工作"商品化",强行向服务对象收费或摊派,有些行政事业单位凭借行政权力获得创收收入,有些地方和部门把预算内收入转到预算外,造成预算外的分配失去控制。(4)有些部门和单位的分配失去控制,有人侵吞公有财产和用偷税漏税、权钱交易等非法手段牟取个人私利,造成部分社会成员之间的收入差距过大。

(四)再分配的调节不力加剧了居民收入差距的扩大趋势

社会经济制度上的缺陷对居民收入分配最为直接的影响主要表现为对低收入者保障不够和对高收入的调节不力两个方面。

对低收入者的保障不够体现为社会保障体系建设相对滞后。市场化所带来的居民收入差距的扩大需要政府通过社会经济政策和再分配手段加以引导和调节,促进公平,向弱者提供一定的保障。迄今为止,我国已建立了国有企业下岗职工基本生活保障制度、失业保障制度和城市居民最低生活保障制度以及养老保险、失业保险、医疗保险、工伤保险、生育保险等为主要内容的社会保障体系,但还很不健全,也不够发达,与经济发展水平的要求很不适应,突出表现在:社会覆盖面狭窄;社会保障缺乏统一管理,保障基金管理不善;基金收缴困难,影响社会保障工作的正常运转。据统计资料,2006年全省城镇居民最低生活保障对象135.33万人,保障面为4.2%;农村居民最低生活保障人数200.2万人,保障面仅为3.0%,保障面还较低。

对高收入的调节不力主要体现为对高收入者的税收调节力度不够。由于当前税制还有诸多缺陷,这一方面影响了对高收入者实施有效的税收调节,另一方面又大大限制了政府对低收入者实施转移支付的能力。一是高低收入者之间承担的税负不均。目前,个人所得税收入中,工薪阶层缴纳的占了很大的比重,而一些高收入者却通过各种方式偷漏税,高低收入者的税负不均。二是收入再分配方面缺乏完善的政策措施,开征的税种少,税率低,管理不严,偷漏税现象严重,查处困难。由于税收不力,高收入挣得多,交得少,拉大了贫富差距,也刺激了低收入群体的不平衡心理。

(五)非法非正常收入大量存在导致收入失衡

当前,我国法制体系还存在漏洞和空白,许多经济法规尚待建立、完善,在许多问题上尚无法可依。由于法制不健全或执法不严不力,致使非法非正常收入大量存在。少数人通过非法形式,如非法生产和隐蔽生产等地下经济活动,通过逃避税费、压低工人工资、非法销售等途径,获取了比正常经营高出数倍甚至上百倍的利润。少数人贪污腐败、搞权钱交易或走私、骗取银行或其他企业债款赖账等,获得高收入。也有一部分借经营管理国有企业之机,牟取个人私利,有的利用企业转制,变相占有国有资产。因法制尚不健全,对非法非正常收入的监督又缺乏法律依据,监督难度大,从而导致收入分配结果的不平等。

(六)居民财产积累效应对收入差距的影响不断放大

改革开放以来,居民收入不断增加,居民财产拥有的不平等程度也逐渐扩大。金融资产收

入分配的不均等程度较高。2005 年,河南城镇居民 10%高收入组的财产性收入是低收入组的 11.4 倍。它对总收入不均等程度的贡献率大大高于其在总收入中所占的比例。另外,城镇居民自有房产状况不一,其租金收入对城镇居民收入差距起到了拉大效应。

作者:河南省调查总队

收入稳步增长 分配呼唤公平

——建省以来海南城镇居民收入分配的分析、预测和建议

海南城镇居民的收入分配状况如何？一直是海南省社会各界十分关注的问题。本文就海南建省以来，城镇居民收入分配的现状，历史，收入来源结构，高低差距等进行详细分析；并对收入增长趋势和差距走向进行预测，针对收入差距扩大的问题提出相关看法和建议以供参考。

一、海南城镇居民收入分配的现状及历史痕迹

1988年海南建省，建省前的1987年海南城镇居民的人均年可支配收入为986元，19年后的2006年人均可支配收入为9395元，是1987年的9.53倍，年平均递增12.3%，削除物价增长因素后，年平均实际递增5.3%。同时期全国城镇居民的人均可支配收入1987年为1002元，2006年为11759元，2006年为1987年的11.73倍，年平均递增13.84%，削除物价增长因素后，实际年递增6.96%。可见海南建省以来城镇居民人均可支配收入虽然得到了较快的提高，但无论是收入的绝对水平还是增速都低于全国的平均水平。作为全国最大经济特区的海南，人均收入低于全国平均水平的现象是与海南的整体经济发展状况有关联的。其一是建省前海南的经济基础较差，特别是能源和交通的基础设施较差，此前还受过“汽车事件”的冲击，底气不足；其二是建省后深受“房地产泡沫”的冲击，也就是造成海南经济发展水平及城镇居民收入稍低于全国水平的主要原因。这可从建省以来各年度海南城镇居民人均可支配收入的增长速度表现出来。（见下表）

表1 建省以来海南城镇居民年人均可支配收入及环比增长速度表

年份	可支配收入（元）	增速（%）	年份	可支配收入（元）	增速（%）	年份	可支配收入（元）	增速（%）
1987	986	—	1994	3920	27.6	2001	5839	9.0
1988	1196	21.3	1995	4770	21.7	2002	6823	12.1
1989	1367	14.3	1996	4926	3.3	2003	7259	6.4
1990	1650	20.7	1997	4850	−1.5	2004	7736	6.6
1991	1799	9.0	1998	4853	0.1	2005	8124	8.7
1992	2318	28.8	1999	5338	10	2006	9395	11.2
1993	3072	32.5	2000	5358	0.4			

注：2002年、2005年、2006年的增速为按可比口径计算。

从上表的增速我们看到，建省初期城镇居民的人均收入增幅逐年振荡走高，1993年达到最高为32.5%，1994年起逐年回落，1997年落到最低为−1.5%，出现负增长，往后振荡由低向高逐渐稳步增长。这体现出建省初期，由于特区优惠政策的吸引和拉动，各种资金由各渠道大量投入海南，且主要是投入房地产开发项目，拉动了相关行业的跟风，扩大了就业面，也

提高了就业者劳动报酬，居民家庭收入自然也得到相应提高，所以此时期城镇居民人均可支配收入的增长幅度最高。90年代中期，房地产泡沫开始破裂，大量的资金被套，影响了全省国民经济的正常运转，也影响了城镇居民的收入水平，所以此时期我省城镇居民生活收入增长幅度最低，还出现了负增长。进入新世纪后，海南经济开始好转，城镇居民的收入水平也稳步增长。

二、城镇居民收入分配差距程度的分析

以上是建省以来海南城镇居民人均收入总体趋势的分析。现在我们再按居民人均可支配收入高低不等距七分组来比较各收入层次建省以来的收入增长及差距的情况。以1987年为基数，2006年为报告期列表比较如下：

表2　建省以来海南城镇居民按高低收入不等距七分组各组收入增长情况表

单位：元

项　　目	全省平均	10%最低收入户	10%低收入户	20%中等偏下收入户	20%中等收入户	20%中等偏上收入户	10%高收入户	10%最高收入户
1987年人均收入额	986	477	596	737	888	1055	1307	2402
2006年人均收入额	9395	2776	4389	6065	8655	12172	16835	25810
2006年为1987年的倍数	9.53	5.82	7.36	8.23	9.75	11.54	12.88	10.77
年均递增(%)	12.3	9.71	11.08	11.73	12.73	13.74	14.40	13.33

注：表里收入数据以当期现价计算。

从上表数据我们看到各阶层收入增长速度按倍数大小的排列顺序是高收入户、中等偏高收入户、最高收入户、中等收入户、中等偏下收入户、低收入户、最低收入户。可看到收入分配的增长趋势是向高收入户倾斜的。

居民收入分配差距的大小是否在合理的范围内，是当前各级党政领导和社会各界都关注的问题，关系到社会的稳定与和谐。我省城镇居民收入高低差距的历史和现状情况如何？以上分析只是对不同收入阶层自建省以来收入增幅大小进行了比较分析，要了解不同收入水平差距的大小，只有以同一年度不同收入水平的分组收入进行比较，才能直接反映出各年度不同收入层次居民收入水平差距的大小。考虑到建省19年来各年度的分组收入数据量较大，所以下面我们只以1990、1995、2000和2006(代替2005)年四个年度的城镇居民收入数据分别代表建省以后各个时期的城镇居民不等距七分组的人均收入水平与各自本年度全省平均水平进行比较，以观察建省以来城镇居民各时段收入差距及走势，列表如下：

表3　不等距七分组城镇居民人均收入水平比较表

单位：元

年份	项　　目	10%最低收入户	10%低收入户	20%中等偏下收入户	20%中等收入户	20%中等偏上收入户	10%高收入户	10%最高收入户	年全省人均收入
1990	人均收入水平	749	1089	1269	1485	1851	2227	3040	1650
	占全省人均收入水平比例	0.45	0.66	0.77	0.90	1.12	1.44	1.84	1
1995	人均收入水平	2055	2548	3388	4447	5895	7553	9878	4770
	占全省人均收入水平比例	0.43	0.53	0.71	0.93	1.24	1.58	2.07	1
2000	人均收入水平	1966	2745	3535	4825	6650	9207	13740	5358
	占全省人均收入水平比例	0.37	0.51	0.66	0.90	1.24	1.71	2.56	1
2006	人均收入水平	2776	4389	6065	8655	12172	16835	25870	9395
	占全省人均收入水平比例	0.30	0.47	0.65	0.92	1.30	1.79	2.75	1

从上表数据我们看到建省初期到2006年海南省城镇居民人均收入水平逐渐向高低二头拉大差距的趋向相当明显。如最高收入组占全省当年平均水平的比例从1990年的1.84增长到2006年的2.75；而最低收入组却从1990年的0.45缩小到2006年的0.30。

再从各年度最高和高低收入组人均收入水平走势图来观察高低收入差距及走势（见下图）。

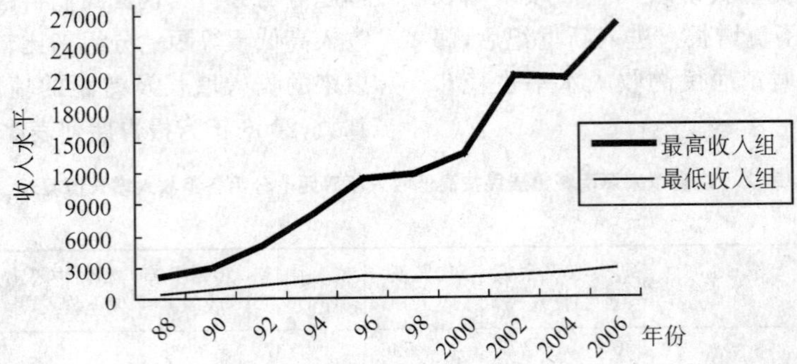

从上图看到随着时间的向前推移，高低收入户的收入差距越拉越大，1987年10%最高收入户是10%最低收入户的5.04倍，到2006年增加到9.32倍。这就对我们提出了各年度里居民收入整体综合差距有多大，其合理性程度如何的问题。

居民收入差距程度的测定有多种方法，目前国际上和国内通常使用基尼系数来测定。那我们就使用基尼系数来测定海南省城镇居民收入差距的状况。但计算基尼系数的各年度统计资料要有相对统一的指标含义和相关的人口及收入分组资料。由于年代的变迁，指标含义的差别和相关分组资料收集难度大，所以现只计算1996～2006年各年度的海南省城镇居民人均收入的基尼系数，用以测探海南省城镇居民收入差距程度大小的参考。计算结果如下表：

表4　1996～2006年海南城镇居民人均收入差距基尼系数表

年　份	1996	1997	1998	1999	2000	2001	2002	2003	2004	2005	2006
基尼系数	0.22	0.26	0.26	0.29	0.33	0.31	0.36	0.34	0.33	0.34	0.34

从以上的计算结果我们看到：1996～1999年海南省城镇居民人均收入差距的基尼系数是在0.2～0.3的比较平均的区间内波动，进入新世纪后提升到0.3～0.4的区间波动，也就是说我省城镇居民收入差距虽然逐年加大，如果只放在城镇居民这个箱体里而不是放在全社会的范围里测定，目前我省城镇居民的收入差距还是处于相对合理的区间内。

三、城镇居民收入差距拉大主次因素分析

现行城镇住户统计调查方案设定城镇居民的收入来源由四大项组成，即：工薪收入、经营净收入、财产性收入和转移性收入。在这四大项来源中，各项对造成收入差距的影响程度如何？通过计算四项来源的贡献率和集中率就可得到大致的答案。

（一）贡献率

这里所讲的贡献率是指海南省城镇居民某报告期的收入对某基期收入的总增长额度中，四大项收入来源的增长额各占总体收入增长额比重的大小。从上表的基尼系数变动的轨迹我们看到海南省城镇居民收入差距的基尼系数从相对平均区间进入比较合理的区间的时间界线是1999年，为了使所计算的贡献率有较大的参考价值，现就以1999年为基期，2006年为报告期分别计算海南省城镇居民四大项收入来源的贡献率并加以比较。

表5 2006年比1999年分组贡献率计算表(各组分开单独计算)

单位:元

项目		10%最低收入户	10%低收入户	20%中等偏下收入户	20%中等收入户	20%中等偏上收入户	10%高收入户	10%最高收入户	总体平均
工薪收入	1999年收入额	1754	1955	3179	3726	5445	6045	6681	3967
	2006年收入额	1603	2710	4523	5906	9637	13145	19652	6954
	增长额	−151	755	1344	2180	4192	7100	12971	2987
	贡献率(%)	−25	48	56	51	63	71	80	64
经营净收入	1999年收入额	—	139	48	205	92	—	—	86
	2006年收入额	534	585	596	1034	717	319	1372	727
	增长额	534	446	548	829	625	319	1372	641
	贡献率(%)	87	28	22	20	9	3	8	13
财产性收入	1999年收入额	12	22	115	80	93	4	337	90
	2006年收入额	53	88	128	237	226	671	591	231
	增长额	41	66	13	157	133	667	254	141
	贡献率(%)	7	4	1	4	2	7	2	3
转移性收入	1999年收入额	508	847	640	976	698	2164	5476	1242
	2006年收入额	695	1167	1142	2048	2424	4020	7187	2169
	增长额	187	320	502	1072	1726	1856	1711	927
	贡献率(%)	31	20	21	25	26	19	10	20
合计	1999年收入额	2274	2963	3982	4987	6328	8213	12494	5385
	2006年收入额	2886	4550	6389	9225	13004	18155	28802	10081
	增长额	612	1587	2407	4238	6676	9942	16308	4696

从计算的结果看,海南省城镇居民人均收入2006年比1999年增长额的贡献率有如下特点:1. 全省总体平均收入中,四大项收入来源的贡献率最高的是工薪收入,占64%;其次是转移性收入,占20%;第三第四位分别是经营净收入和财产性收入,分别占13%和3%。2. 各分组工薪收入对本组的贡献率,除了最低收入组出现负数外,其余六组工薪收入贡献率在本组内都是最高的,且基本按收入越高组工薪收入贡献率越高,收入越低组工薪收入贡献率越低的趋势分布。如最高收入组的工薪收入贡献率达80%,高收入组为71%,而低收入组为48%,最低收入组则为负值。可明显地看出来,拉大我省城镇居民收入差距的主要因素是工薪收入。3. 转移性收入的贡献率在全省平均数的排序上是第二位。从各分组转移性收入占本组贡献率的大小看,最低收入组为31%,最高收入组为10%,其余各组大小差别不是太明显。因为我们这里计算的贡献率是分组单独计算,同项之间没有直接可比性,但从中我们也观察到转移性收入(养老金为主)的分配对总体收入差距有一定平控作用。4. 经营净收入的贡献率在总体平均数的排次上属第三位,其有一个明显的特征,就是最低收入组的经营净收入贡献率,在本组内所占的比重最大,达87%,与工薪收入在本组内的贡献率为负值形成反差。说明最低收入组的收入增长主要靠个体经营收入来拉动,也说明个体经营收入对总体收入差距有一定的平控作用。5. 财产性收入在总体平均数中的贡献率最小,只有3%,现时其对总体收入差距的走向影响不大,但其增长速度较快,随着时间的变动,影响会逐渐加大。

(二)集中率

基尼系数反映的是总体收入差距的程度,集中率反映的是构成总体收入来源各项在本项内各组收入差距的程度,某项集中率越高,则该项收入在各组间的差距就越大,反之则越小。

现就1999年和2006年海南省城镇居民收入来源各分项的集中率计算结果列表如下：

表6　海南城镇居民1999年和2006年收入来源分项集中率

项　　目	工薪收入	经营性收入	财产性收入	转移性收入
1999年各项集中率	0.225	−0.023	0.264	0.371
2006年各项集中率	0.359	0.085	0.379	0.353

从上表集中率的数据中我们看到2006年我们省城镇居民各项收入来源的集中率除经营净收入较低外，其余三项都在相对较高的区间。1999年则是工薪收入、财产性收入较低，转移性收入相对较高，经营净收入则出现负值。出现负值是因为该年度经营净收入向低收入户大倾斜所至。由于出现负值，所以2006年和1999年经营净收入的集中率不可比。其余三项的比较结果如下：1. 财产性收入2006年集中率比1999年高出0.115，说明该项收入差距拉大，但由于其收入在总体中的比重较小，所以对总体的收入差距变动影响不大。2. 转移性收入二个年度的集中率都较大，说明其对二个年度总体收入差距拉大有一定的影响，但2006年的转移性收入集中率还是比1999年小0.018，所以从动态的观点看，其对2006年比1999年总体收入差距的拉大又起到了一定的制约作用。3. 工薪收入集中率1999年为0.225，2006年为0.359，2006年比1999年增大了0.134，且工薪收入在总体收入构成中比重最大，1999年为0.74，2006年为0.69，所以工薪收入差距的增大是构成海南省城镇居民人均收入差距拉大的主要原因。

以上通过对1999年和2006年贡献率和集中率的比较分析，得出共同的结论，即拉大海南省城镇居民总体人均收入差距的主要因素是工薪收入。

四、城镇居民人均可支配收入和基尼系数的预测

预测的目的是对今后若干年内城镇居民人均可支配收入和基尼系数的可能走向提供参考。预测的依据是海南省城镇居民1996年至2006年的人均可支配收入和基尼系数的实际数值。

(一)居民可支配收入的预测

根据1996年至2006年海南省城镇居民人均可支配收入随时间变动的散点图分布走势呈上升的直线走向，宜利用一元直线回归方程或一阶自回归方程对往后各年份的人均可支配收入进行预测，现采用一阶自回归方程 $\hat{Y}_t = a + bX_{t-1}$ 进行预测。根据已知数据计算得方程的参数 $a = -416.23$，$b = 1.14$。正式回归方程为 $\hat{Y}_t = -416.23 + 1.14X_{t-1}$。考虑到预测的时间越远，预测数据参考价值越低，所以只预测到2010年为止。预测数据列表如下：

表7　海南城镇居民人均可支配收入预测表

单位：元

	2007年	2008年	2009年	2010年
按1996年价计算	10000	10943	12014	13230
按2006年价计算	10250	11217	12314	13561

(二)居民收入差距基尼系数的预测

从往年基尼系数与相对应的人均可支配收入构成的散点图的分布走势看，具有双曲线的趋势走向，笔者采用了双曲线回归方程进行变量代换化为线性回归方程对2007年至2010年的城镇居民收入差距基尼系数进行了预测，预测结果2007年至2010年的基尼系数分别为：0.38、0.40、0.42、0.43。明显有所偏高。再用指数平滑法进行预测，预测结果往后的基尼系数都在0.34这个平台上滑动。可见两种预测结果都各有不足之处。估计往后的基尼系数很可能在二种预测结果的中间线上波动，前提是现有城镇居民的收入分配模式不变。

五、问题和建议

(一)从以上的分析和预测结果我们看到，自建省以来海南省城镇居民人均收入水平在受到房地产泡沫经济的影响较大的情况下还是取得了较快的增长。但收入增长的同时，收入差距也在不断的拉大

目前海南省城镇居民人均收入差距的基尼系数为0.34，还是处在相对合理的区间，但这是放在城镇居民收入这个箱体里计算得出的结论，如果放在全社会的整体空间里计算，也就是将城乡居民人均收入作为总体来计算，得出的结论就可能有较大的变化。目前海南省城镇居民人均可支配收入是农村居民人均纯收入的2.89倍，差距如此大，且农村人口比重大，若将城乡人均收入合并起来计算基尼系数很可能大于0.4。也就是从全社会的角度看人均收入差距有进入“两极分化”的可能性。(注：因笔者的工作职责范围在城镇住户调查，不掌握农村居民人均收入的相关资料，无法对城乡居民的人均收入差距基尼系数进行计算。)

居民收入差距如进一步拉大，特别是进入“两极分化”以上区间，就可能会影响社会的和谐与安定，进而影响全面建设小康社会的进程。所以如何扭转收入差距扩大的趋势应是当前各级党政领导都应关注的问题，也就是落实党的十七大报告中所提到的“深化收入分配制度改革，增加城乡居民收入”的重要任务之一。扭转城镇居民收入差距扩大趋势要采取的措施概括起来讲无非三条：1. 创造就业机会和建立企业职工工资正常增长机制及支付保障机制，使中等收入阶层的人数比重进一步加大；2. 采取得力措施扶持低收入群体收入水平的提高；3. 适度调节高收入阶层收入过快增长的势头。此三条国家目前已出台配套了相关的政策和措施，今后还会配套和完善相关的政策措施。关键是如何贯彻落实这些政策措施，因为有些政策措施具体贯彻落实的难度较大。如扶持低收入阶层国家就出台了最低工资制度，省政府也出台了相关的最低工资标准，但有些企业或雇主为了加大利润收入而千方百计压低员工和被雇者的工资收入。特别是在我国目前劳力较充裕的情况下，那些低技术或无技术要求的岗位，员工工资很可能达不到最低工资的标准，因为这些企业和雇主不会担心找不到人干活，所以压低工资待遇员工们也无可奈何。政府有关部门要出面解决却找不到证据，因为连打工的协议或合同都没签。所以只有国家和省政府的低保工资规定和标准是不够的，建议各级政府，特别是基层各级政府应结合本地实际情况，制定出得力的贯彻落实措施，使最低工资保障线和国家出台的其他扭转居民收入差距的政策法规得到较好的落实。

(二)各级政府要像扶持农村低收入群体一样加大对城镇低收入群体的扶持力度

也许有人认为当前海南省居民收入差距较大主要是农村居民收入比城镇居民低，要缩小居民收入差距，要扶持的低收入阶层主要是农村的低收入阶层，至于对城镇低收入阶层的扶持无关紧要，甚至认为扶持城镇低收入阶层可能还会加大城乡收入差距。如有这种认识是不正确的。因为要提高农村低收入居民的收入水平，除政府和社会要直接大力扶持外，最根本解决问题的方法是提高农村的生产力和生产效率，要提高农村生产效率就要改变当前农村现行小农经济分散经营的模式，逐步推进规模化、产业化的生产经营方式，也就是耕地要逐步向种田能手和农业集团公司流转，就意味着部分农民要放弃对耕地的经营权。放弃耕地经营权的农民最好的去向是进城务工和创业，且大部分人进城初期是从事薪水不高的务工。如果进城务工的工资过低，对农民没有吸引力，农民就不愿弃地进城，仍继续从事分散的小农经济经营方式，农业的规模化、产业化就难于实现，也难于以较快的速度提高农民的生活水平。所以从辨证与发展的观点看，扶持城镇居民低收入阶层(包括进城务工的农民工)也是对农村低收入阶层的扶持。且进城打工的农民工得到了比在家务农高的收入，就会安下心来继续在城市谋生和发展。且会将在城里挣得的收入扣除本身生活费用后的盈余款邮寄回仍留在农村的亲人，进而提高农村亲人的生活水平。所以不论从长期还是短期看，扶持城镇居民低收入阶层

(含农民工)都起到了促进农民生活水平提高的作用。所以建议各级基层政府及社会各界在大力扶持农村低收入阶层的同时,不要忽视了对城镇低收入阶层的扶持,这样也有利于促进城市化的进程。

作者:海南省调查总队

天津市城市居民收入横向比较及增收对策研究

天津市要实现区域经济增长极的国家定位，推进科学发展、和谐发展和率先发展，需要在加快居民收入增长上实现新的突破。天津市居民人均可支配收入（以下简称城市居民收入）水平偏低是一个事实，要深刻把握问题的实质，既需要纵向地寻找内在原因，更需要通过横向比较，了解天津市城市居民收入水平在全国的位次、差距和演化过程，进而寻求治本的对策。

一、天津市城市居民收入水平在全国的位置

（一）人均收入水平在全国城市排名中相对靠后

我国目前共有687个城市，国家统计局在评价城市发展时经常使用四类统计口径，Ⅰ类统计口径为31个省、市和自治区；Ⅱ类统计口径为36个副省级及以上城市（含4个直辖市、27个省会城市和5个计划单列市）；Ⅲ类统计口径为287个地级及以上城市；Ⅳ类口径为374个县级市和同级市辖区。

通常认为，像天津这样直辖市，在Ⅰ类统计口径下就可予以客观评价；但事实上，随着改革开放的深入和市场经济发展，传统的行政区划边界一再被突破，新的城市群和经济圈日渐形成。因此，按Ⅰ类口径统计，只能反映直辖市之间的发展差异；Ⅱ类统计口径主要针对大城市，但仍受到行政等级约束，一些发展既好又快、但低等级的城市被排斥在外。Ⅲ类口径可弥补前两类的缺陷，但因统计数据的可得性和时效性较差，通常只评价前50～100位城市，Ⅳ类口径主要评价县域经济的发展。

基于上述认识，我们分别使用前三类统计口径，对天津市“十五”以来城市居民人均可支配收入的绝对值进行位次排名。有数据显示，在Ⅰ类统计口径下，天津市城市居民可支配收入水平在31个省市中的位次多年未见变化，发展比较稳固；在Ⅱ类统计口径下，天津市居民的可支配收入水平不已在上游城市（前十名）之列，而处于中游城市的前列，并且有下移的倾向；在Ⅲ类统计口径下，天津市城市居民的收入水平排名，实际已落后于30个城市，超过天津市的城市多处于几大城市群内。同时，天津市排名逐年下移的趋势十分明显，2006年比2001年后移了20位。

（二）收入增速低于大中城市平均水平，收入差距不断拉大

进入新世纪后，天津市居民人均可支配收入增幅已连续六年超过10%。但与大城市比较，天津市居民的收入水平及增长速度还存在一定的差距

有数据显示，天津市与上海和北京的城市居民收入差距之比（以天津城市居民收入为1）分别由2000年的1：1.44和1：1.27扩大到2006年的1：1.47和1：1.45。收入差额与上海比由2000年的3577元增加到2006年的6385元；与北京比由2209元增加到5695元。

表 1　天津市城市居民人均收入与 35 个大城市平均水平的比较

年份	天津		35 大城市平均		差距比较		排位
	收入水平（元/人）	增幅（%）	收入水平（元/人）	增幅（%）	收入水平（元/人）	增幅（%）	
1997	6609	10.74	6630	6.85	−21	3.89	9
1998	7111	7.60	7069	6.63	−42	0.97	9
1999	7650	7.58	7700	8.93	−50	−1.35	9
2000	8141	6.41	8393	8.99	−252	−2.58	11
2001	8959	10.05	9141	8.92	−182	1.13	10
2002	9338	11.64	9422	10.65	−284	0.99	9
2003	10313	10.45	10446	10.87	−133	−0.42	9
2004	11467	11.19	11631	11.34	−164	−0.15	11
2005	12639	10.22	13083	12.49	−444	−2.27	12
2006	14283	13.01	14835	13.40	−552	−0.39	12

与国内 35 个大中城市中其他高收入城市的差距也有拉大趋势（见表 1、表 2）。

表 2　天津城市居民收入与一些高收入城市差距变化比较

单位：元/人均

城市	2000 年		2006 年	
	可支配收入	与本市差额	可支配收入	与本市差额
深圳	21577	13436	32009	17726
广州	13622	5481	19851	5568
上海	11718	3577	20668	6385
宁波	10921	2780	19674	5391
北京	10350	2209	19978	5695
杭州	9668	1527	19027	4744

（三）在各经济区（城市群）的排名中靠后

改革开放以来，珠三角、长三角和环渤海的区域经济发展相继列入国家战略，山东半岛城市群也异军突起。区域经济发展的成功标志之一，就是城乡居民的整体收入水平明显地超越全国。表 3 显示，2002 年全国城镇居民人均可支配收入 7703 元，长三角城市群整体比全国高 39.76%；珠三角城市群高 90.2%，上海市高 72%，山东半岛城市群高 23.7%，同属于环渤海区域的北京市高 59.8%，天津市高 21.2%。到 2006 年，全国城镇居民人均可支配收入为 11759 元，长三角城市群比全国平均值高出 46.1%；珠三角城市群高 66.5%，山东半岛城市群高 20.1%，北京市高 70%，上海高 75%，天津仍维持在高 21.4%水平上。

从区域城市人均收入年均增长来看，珠三角发展已呈疲态，被长三角超过；山东半岛城市群虽后发优势明显，但缺乏国家政策的支持。环渤海区域中，京津两市的发展持续加快；但区域联合态势未形成，天津市发展虽有滨海新区强劲带动，但速度不尽人意，仅略高于全国平均水平。

表 3　近五年三大直辖市城市居民收入与各个经济区及全国的比较

单位：元/人

城市	2002 年	2003 年	2004 年	2005 年	2006 年	年均增长（%）
珠三角城市群 9 市	14653	16033	16681	17477	19587	6.73
长三角城市群 16 市	10762	12087	13795	15607	17237	12.03
山东半岛城市群 8 市	8833	9520	10550	12154	14120	12.45
北京市	12454	13552	15638	17653	19978	11.97
上海市	13250	14867	16683	18645	20668	11.19
天津市	9337	10312	11467	12638	14283	10.93
全国	7703	8472	9422	10493	11759	10.53

注 1：数据来源：据相关省市年度国民经济和社会发展统计公报计汇总和计算。

注 2：珠三角 9 市包括广州、深圳、珠海、东莞、佛山、中山、江门、惠州和肇庆；长三角 15 市包括上海、宁波、绍兴、杭州、湖州、舟山、嘉兴、苏州、无锡、常州、南京、南通、镇江、扬州和泰州；山东半岛城市群 8 市包括济南、东营、淄博、青岛、烟台、威海。潍坊、日照。这些城市均为地级及以上城市。

此外，在我国的东、中、西三类经济区划中，天津市属东部发达地区。2005 年东部地区城镇人均可支配收入平均数为 13347 元，同年天津市仅为 12639 元，低于东部地区平均值 708 元。必须指出的是，东部地区不仅包括京、沪、浙、苏、粤、鲁等发达省市，还包括欠发达的冀、琼二省及鲁北和苏北地区。天津作为东部地区发达省市之一，居民收入水平至少也应在全地区平均水平以上。

(四)居民各项收入同领先城市的差距明显

从天津市居民收入来源的特点看，工薪收入无疑是城市居民获取收入的主渠道，比较表明，天津市同高收入城市的差距主要也来自于工薪收入。

表 4　2006 年天津市城市居民人均各项收入与高收入城市的比较

单位：元/人

城　市	可支配收入	工薪收入	经营性收入	财产性收入	转移性收入
深　圳	32009	27254	2408	1688	3663
上　海	20668	16016	959	300	5533
北　京	19978	16284	236	271	5626
广　州	19851	18148	985	465	3811
宁　波	19674	15000	2056	1060	4029
杭　州	19027	14428	1102	1138	4701
厦　门	18513	14580	458	803	5129
南　京	17538	12505	551	230	5909
济　南	15340	13762	176	211	2681
青　岛	15328	12003	874	98	3669
福　州	14321	10010	1107	364	4042
天　津	14283	9260	743	165	5308

注：表中所列为 19 城市的居民收入水平均高于天津市的城市。

上表显示，除工薪收入外，天津市其他各项收入的差距也存在较大差距。其中：尽管转移性收入(主要为离退休金)水平不低，但还是低于北京和上海。经营性收入则普遍低于民营经济发展较快的城市。收入长期偏低限制了居民财产积累的速度，必然影响到居民财产性收入的增加。天津市居民收入的渠道相对单一，收入来源的多样化程度还有待提高。

(五)天津市城乡和城市内部的居民收入差距相对缓和

天津市在促进城乡居民增加收入方面也取得一定成就，包括：

第一，天津市农村人均收入水平较高。我国城乡二元矛盾突出，所有城市几乎都下辖农业区县，保证市辖区农村人口的收入增长，是中国工业化、城市化的必然要求。天津市农村人均纯收入水平按照上述Ⅰ、Ⅱ类口径统计，在全国长期保持第三位，按Ⅲ类口径统计则为第九位。表 5 显示，天津市农村人均纯收入增长仅落后于北京和上海，优越于其它地区。同时，天津市对城乡居民人均收入的差距相对较低。2006 年天津市城乡人均收入比为 1.79，仅比 2001 年上升 0.67 个百分点，这在许多城市都难以做到。据世界银行相关报告的分析，全球多数国家的城乡居民收入比一般在 1.5 左右，超过 2 则罕见，但我国的这一比率 1995 年为 2.5，2005 年为 3.22，2006 年更扩大到 3.28。

表 5　近五年天津市农村居民人均纯收入在全国的位置

单位:元/人

区域与城市	2002 年	2003 年	2004 年	2005 年	2006 年	2006 年城乡居民收入比	年均增长(%)
长三角城市群	5195	5604	6290	7109	7857	2.49∶1	10.24
珠三角城市群	——	5827	6210	6331	7304	2.36∶1	6.34
天津市	5313	5816	6525	7202	7942	1.79∶1	9.88
北京市	4206	6496	7172	7860	8620	2.31∶1	20.98
上海市	6212	6658	7337	7265	8006	2.58∶1	5.75
全 国	2476	2622	2936	3255	3587	3.28∶1	8.97

数据来源:据相关省市年度国民经济和社会发展统计公报计汇总和计算

第二,按照五等分分组调查,1990 年至 2000 年,我国城镇最高 10%收入户与最低 10%收入户的人均收入比从 3.2 倍扩大到 4.6 倍,2000~2005 年又翻了一番,达到 9.2 倍①。而天津市这一数值在 2005 年为 8.04 倍,2006 年通过努力更缩小到 6.73 倍,贫富分异的“马太效应”在天津市并不显著。在全国城市各阶层收入差距不断扩大的同时,天津市出现的逆向缩小现象尤为难能可贵。但这并不意味着本市居民走向“均富”,只能说近年市政府开展的工资宏观调控已初见成效。

二、影响天津市城市居民收入增长的主要因素

影响天津市城市居民收入增长的因素复杂且相互关联。亟待从宏观层面加以梳理,以正本清源,我们通过进一步的比较分析,有如下归纳。

(一)对形势基本判断有偏差

偏差之一:“天津继上海北京之后人均 GDP 突破 5000 美元”,这一偏差来自对排名口径的认识。事实上,国内有多个城市的人均 GDP 都超过 5000 美元,不仅在时间上早于天津市,实现当年的城市居民收入水平也高于天津市。同时,自 2005 年开始的人民币汇率对美元小幅升值,客观上也在降低天津市跨越人均 GDP5000 美元的门槛。而对上海、广州等城市已在制订跨越 GDP10000 美元/人的时间表,却需要我们有清醒的认识。

表 6　均 GDP 超过 5000 美元城市的实现时间和当年居民收入水平

已实现的城市	深圳	广州	上海	苏州	北京	南京	杭州	青岛	天津
实现年度	2001 年	2002 年	2003 年	2004 年	2005 年	2005 年	2005 年	2006 年	2006 年
当年居民收入水平(元)	23544	15117	14867	14451	17653	14740	16601	15328	14283

数据来源:相关各地统计公报

偏差之二:“天津市居民收入水平仍处于全国领先地位”。天津市长期位列在省级行政区城市居民收入排名长期列第五,但此类排名无现实可比性。一旦我们放下直辖市的等级观念,与同级乃至更低级别城市做横向比较,天津市的差距是显而易见。客观而言,天津市目前的居民收入水平仅居中游,与领先城市的差距在逐年加大,处于“不进则退”的尴尬之中。

偏差之三:“十一五规划确定的居民收入年均增长 10%的目标已经不低”。确实,许多城市

① 国家发改委“中国居民收入分配年度报告(2006)”,国家发改委网站

的规划目标都不如天津市制定的具体,但实际增长确呈"你快我更快"的局势。2007年前三季度,全国GDP同比增长11.5%,而城市居民收入同比增长实际达13.2%,创历史新高。一些长期落后的西部城市了20%、/20%,而山东等后发优势明显的地区,达到了67%。

(二)收入分配的宏观调节影响了居民收入的增长

在经济发展和经济总量一定的情况下,居民收入总水平的高低取决于对收入分配总量的宏观调节,即对收入分配中各种重大比例关系的调节。从天津市情况看,收入分配政策对居民收入水平变化的影响主要表现在:

1. 居民收入增长与经济增长不同步。"十五"时期,天津市地区生产总值年均增长13.9%,高于"九五"同期2.6个百分点;地方一般财政收入年均增长24.3%,高于"九五"同期8.4个百分点。同期,本市城市居民人均可支配收入在扣除价格因素后,年均增长9.5%,仅比"九五"同期提高了1.06个百分点。进入"十一五"之后,这一状况并未有效扭转,2006年本市GDP增长14.4%,地方一般财政收入增长25.6%,城市居民人均收入虽创出新高,实际增长为10.7%。

表7　天津市城乡居民收入增长与经济增长的比较

单位:%

年份	城市居民人均可支配收入的增长率	农村居民人均纯收入的增长率	GDP增长率	财政收入增长率
1997	10.7	12.9	12.1	13.5
1998	7.6	9.6	9.3	10.3
1999	7.6	4.2	10.0	10.9
2000	6.4	7.8	10.8	18.3
2001	10.1	10.4	12.0	24.4
2002	11.6	10.2	12.7	18.4
2003	10.4	10.3	14.8	20.2
2004	11.2	11.3	15.8	26.7
2005	10.2	10.4	14.7	26.8
2006	13.0	10.3	14.5	27.7

2. 工资增长落后于经济增长。工薪收入占国民收入的比重,是衡量国民收入初次分配是否公平的国际通用指标。数据显示,我国职工工资总额占GDP比重连年走低,1980年为16.9%,1990年为15.8%,2000年为10.7%,2005年为10.8%。在我国大城市中,在岗职工工资总额占GDP比重不尽相同。以2005年天津市所达到的水平为基准,通过与35个大城市比较,可观察天津市国民收入初次分配的合理程度及在国内的位置。

表8　天津市在工资总额占GDP比重与35个大城市的比较(2005年)

类　别	各城市在岗职工工资总额占GDP比重(%)
高于天津的城市(13个)	北京(22.1)、银川(18.6)、贵阳(18.3)、西安(16.6)、海口(16.5)、乌鲁木齐(16.4)、西宁(15.7)、太原(15.4)、兰州(15.4)、厦门(14.9)、哈尔滨(13.3)、南宁(13.6)、广州(12.7)、
与天津相差+1%的城市(9个)	天津(11.3)、上海(12)、昆明(12)、武汉(11.3),重庆(11.2)、成都(10.8)、南京(10.7)、深圳(10.4)、济南(10.4)、杭州(10.2)
低于天津的城市(12个)	福州(9.8)、长沙(9.5)、南昌(9.4)、青岛(9.0)长春(8.9)、郑州(8.8)、合肥(8.6)宁波(8.6)、大连(8.2)、沈阳(8.2)、呼和浩特(8.0)、石家庄(7.4)

2001年天津市在岗职工工资总额占当年GDP比重为14.5%;在经济发展迅速的"十五"时期,这一比重未升反降,2005年比2001年下降了3.2个百分点。2005年,全国36个副省级和计划单列市在岗职工工资总额占GDP比重平均为11.86%,比本市高出0.53个百分点。2006年这一指标上升到12.1%,较"十五"时期略有好转。

(三)社会经济转型的负担依然沉重

经济社会转型期产生的结构性群体失业,一直是困扰城市和谐发展的难点问题。经过近年来国有经济的重新布局和现代企业制度改革,有些城市已开始摆脱困局。在北京、上海、广州、重庆等城市职工数量增加的同期，天津、沈阳、哈尔滨等老工业城市的职工数量却逐年递减。就天津市来看，从1992～2002年的十年间，累计有108.47万名职工下岗（含正常退休）。因此，即使在职工工资总额占GDP比重难以提高，统计上显示的在岗职工平均工资也会持续提高。这是减员增效、职工劳动生产率提高的客观反映；也是工资总额随GDP的增长同比放大的结果；但我们不应忽略，这还是以上百万职工的非自愿失业为代价的。当然，这是我们在经济社会转型中不得不面对的艰难选择。

表9　国内主要城市“十五”期间在岗职工的数量变化

单位：万人

年份	北京	上海	广州	重庆	济南	郑州	沈阳	长春	哈尔滨	天津
2001	405.8	298.1	167.9	203.9	79.4	101.7	118.1	94.3	168.9	186.4
2003	432.2	281.1	182.2	203.8	78.4	84.0	101.7	89.7	168.8	174.5
2005	444.6	345.3	191.2	207.9	94.3	87.9	95.6	84.7	147.6	166.1
期末比期初职工净增减	+38.8	+47.2	+23.3	+4.0	+14.9	−13.8	−22.5	−9.6	−21.3	−20.3

数据来源：《中国统计年鉴2006》

上表所显示的巨大反差说明，不论各地发展的主客观条件如何，一些城市已先于天津市走出社会矛盾高发期，形成充分就业与增加收入的良性互动，而天津市在职职工数量在2003年之后才有恢复性增长，增加总量不足4万人，说明天津市尚处在“过大关”的关键阶段。

（四）合理的居民收入分配格局还未形成

依照国际经验，合理的居民收入分配架构应是“两头小、中间大”，而在我国，贫富两极的收入差距在急速扩大，中等收入阶层没有充分成长。天津市各收入阶层的平均收入比要低于一些城市，但这并不表明，天津市已形成合理的居民收入分配格局。原因在于：一是天津市公有经济发达，使职工收入差距相对较小，但总体上是一种低增长状态上的均衡；二是天津市仍存在着不同行业、系统、所有制单位的收入差距，企业利润向管理层倾斜过快过大等问题，这些问题在现行收入统计中难以反映。

从借用2006年天津市个人所得税缴交情况，可进一步了解天津市居民的收入状况。据国税总局的报告，2006全国年收入超过12万元的个税申报者达162.87万人，主要分布在广东、江苏、浙江、山东、福建、北京、上海、天津、深圳、宁波、青岛等11个省市，占全国占年收入12万元报税人口的81%。位列前三的分别是广东28.3万人，北京25.5万人和上海23.8万人，天津市报税人数为3.2万人，排在第九位。自2006年起，全国统一调高了个税起征点至1600元，据不完全统计，全国约2000万人次因此而自2006年起免交个人所得税。其中，青岛20万人次、北京25万人次、南京35万人次、郑州40万人次，太原50万人次、武汉65万人次、成都120万人次，重庆200万人次，天津则达到130万人次。

由此判断，天津市居民收入仍呈“富人不多、穷人不少”金字塔型分布，距“两头小、中间大”的橄榄型良性分布尚有较大差距。因此，得出天津市居民收入分配格局走向“均富”的判断还为时过早。

（五）产业结构不尽合理

产业结构升级缓慢，民营经济发展徘徊，一直是影响天津市经济社会协调发展的难点问题，也是影响居民收入的一个主要原因。从行业结构看，发展第三产业具有高收入、广就业、增加地方税收等特点，由于天津市三产比重偏低，其特点体现的也不充分。2006年天津市城镇单位二、三产从业者劳动报酬之比为1∶1.07，而同期上海为1∶1.72、北京为1∶1.56、江苏为1∶1.55、广东为1∶1.12。天津市三产就业规模长期低于二产就业规模的主要原因，常被归咎于制造业发展迅速。而在服务业内部构成上，生产性服务业岗位少、薪资低①，一般服务业的劳动报酬更低，都限制了服务业的合理发展。

从所有制结构看，天津市大型国企资产、产值和经营收入居公有经济主导地位，中小国企和集体企业发展滞后；在非公经济中，天津市外资经济超过民营经济。在北方省市，国企，外企、民企、集体企业、个体工商户的收入一般是逐级下递减公有经济职工的收入差距小于非公经济。在我国加入WTO后，南方发达省市总结的"外资只可强市，民营方能富民"结论，在天津市同样有所表现。

三、加快天津市居民收入增长的几点建议

(一)促进居民收入增长要有紧迫感

加快居民收入增长，有助于疏解天津市发展所面临的多重压力，这主要包括：第一，天津市实现国家战略定位的压力。深圳和浦东发展的经验表明，"打铁还得自身硬"。横向比较表明，在居民收入水平上，天津市与北京的差距在不断拉大，而近的如唐山，远的如山东半岛乃至内蒙、山西，天津市的领先优势已很有限，稍有不甚就会被超越，如果居民收入在短期内不能显著提高，对内无益于社会稳定，对外也难以服众。

第二，宏观经济平稳运行的要求。中国经济持续的高速增长已暴露出多方面积弊，面对资金流动性过剩、国际贸易摩擦丛生、消费萎靡、食品和住房价格攀升等问题，无论是治标还是治本的宏观调控，无论是使用财政政策还是货币政策，都要适度提高居民收入。滨海新区的开发开放，更需要一个健康、稳定的宏观经济环境。

第三，城市化的要求。依据我国中心城市的成长规律，当城市发展纳入国家战略，通常伴有城市人口的激增。上海的城市化水平目前是88.7%，高出天津市13个百分点。今天的进城农民和外来务工者，就是明天的城镇居民，他们在城市面临的养老、就医、住房和社会保障等支出，需要在初次分配中体现，都留给二次分配时由地方财政解决是不现实的。深圳等地快速城市化的教训，就是未处理好这些关系。对此，我们应引以为戒。

第四，加快自主创新的要求。居民收入水平的高低，是一个城市居民的物质文明和精神文明程度的综合反映。天津滨海新区的竞争实力，最初可能来自固有的区位、资源、产业基础等硬实力，但最终要取决于人才、智力、文化教育和国民素质等软实力。没有较高的收入水平，吸引不了高素质的人才前来就业和创业，城市的基础竞争力就无法建立，十七大对天津滨海新区特别提出要自主创新的要求，需要在收入水平上有所体现。

总之，从天津市实际出发，需要我们形成这样的紧迫感：即在当前形势下，促进天津市居民收入合理、快速增长，无论怎样去强调提高也不过分。唯有如此，才能扭转居民天津市收入水平在全国"不进则退"的状况，才能真正落实"让全体居民共享改革成果"的宏伟目标。

(二)确立"富民为先"的收入增长目标

按照科学发展观理论，发展不能只重视GDP和财政收入，而是要人民共享发展的成果。为此，应树立"富民为先"的创新理念，按照市九届二中全会确立的2010年/2020年发展总目标，修订居民收入指标，在更高层次上考核和落实。

更为关键的是，对于居民收入的增长目标，要自上而下、有针对性的设立更具体的分解指标，譬如针对工资性收入，要有工资总额占GDP的比重、最低工资水平及年度调整幅度等指标；对于转移性收入，要在涉及最低生活保障、养老、医疗、助学、农业补贴等政府开支方面公开统计指标和数据。对于"富民为先"的规划目标，既要大胆设计、科学论证；一旦确立，也要敢

① 据中国社科院的一项调查报告，在2007年全国主要城市白领工资排行中，天津列第四类，落后于11个城市。

于昭告天下,家喻户晓。让广大群众明明白白地看到切身利益,实实在在地享受发展成果,比任何空泛的口号和目标都更有说服力。

(三)建立以"可支配收入"为核心的收入监测体系

在中国加入WPO后,我国经济已处于开放运行状态。企业和居民的收入、储蓄、投资和消费等经济活动,实时受到宏观经济波动和政府干预经济政策的影响。为使"富民为先"的政策落实到位,建议设立以城镇居民"可支配收入"为中心的收入监测体系,实时了解和判断居民收入的动态变化,切实保证居民收入的合理增长。

在我国现行统计制度中,反映居民收入的指标可有人均GDP、人均财政收入、从业人员人均报酬等,但更为客观的指标应是"城镇居民人均可支配收入"。其科学性在于:第一,该指标数据由定期抽样调查数据获得,可信度高;第二,该指标在税后核定,能够充分反映居民实际可支配收入水平;第三,该指标涵盖了居民工资性、财产性、经营性和转移性收入四方面内容,体现了市场经济发展的时代与制度特色;第四,该指标长期、广泛地作为法定指标统计,具有纵向与横向多维度可比性,可有效地反映居民收入的历史变化和宏观趋势。

建立居民收入监测体系,可以依托调查统计部门已有的居民家计调查系统和数据库,开展劳动力成本预警、居民投资风险预警等研究,定期发布企事业单位工资指导线、劳动力市场指导价等工作,加强政府监督,指导企事业单位合理地提高职工收入。至于对农民人均纯收入增长是否要加强监测,在天津市体现的并不迫切。原因在于,天津市农民收入水平较高、增长机制较为合理;随着城市化的加速和滨海新区的开发开放,农民数量将逐步减少。

(四)政府在增加居民收入方面要更有作为

党的"十七大"报告明确提出:要"走共同富裕道路,促进人的全面发展,做到发展为了人民、发展依靠人民、发展成果由人民共享"。在此背景之下,政府对促进居民收入增长,要有大动作,发挥大作为。

所谓要有大动作,就是政府要以高度的责任心和紧迫感,在"共同富裕"、"富民为先"等理念下统一认识,结合天津市的实际,科学地调整天津市居民收入的增长目标。上述分析表明,当前天津市在收入总量增加和收入结构调整上,还有较大余地,我们建议:为缩小与先进省市的差距,稳定地发挥天津在环渤海城市群的区域中心作用,天津市城镇居民人均可支配收入的年均增长率,不应低于同期人均GDP增长率,如果可行,也可进一步提高。这是保持城市经济增长与居民收入增长相互协调发展的基本原则。其实施的主要依据:一是受滨海新区开发开放带动,天津经济将已进入新一轮高速增长期,二是天津市年人均GDP目前已达6000美元,社会转型将逐步走出矛盾高发期,政府、企业都积蓄一定的发展实力,应逐步淡化"勒紧腰带搞建设"的意识;三是应利用好滨海新区和综合改革试验区特有的政策优势,积极自主创新,力求在改善民生上实现新突破。

所谓发挥大作为,以往主要体现在二次分配领域。按照十七大精神,必须改进国民收入初次分配比重偏低问题。天津企业众多、外资经济发达,强调这一点尤为重要。在公共财政方面,政府应淡化"勒紧腰带搞建设"的意识。蛋糕做大后,分配比例要加大向一线劳动者的倾斜。

从长期看,居民收入差距将是一个逐渐缩小的过程。因改革根本是利益重新分配,必然会遭到既得利益者的抵制,在调控过程中,有很多新的矛盾产生,需要协商、对话和妥协。社会主义市场经济的发展,要求政府成为职工利益的最高代言人,这是我们处理劳资矛盾应普遍遵循的原则。此外、如何在处理劳资矛盾中更好地发挥工会、工商联、行业协会、等非政府组织机构的作用,都值得深入地研究。

作者:天津市调查总队

从武汉市居民收入现状探索富民途径

武汉市第十一次党代会报告，提出了建设“和谐武汉”的奋斗目标。为构建和谐武汉，必须坚持以人为本，始终把广大人民的根本利益作为政府一切工作的出发点和落脚点。研究影响武汉市城市居民人均可支配收入主要因素，对促进和谐武汉建设，提高居民整体生活水平有着重要的意义。本文根据武汉市500户居民家庭抽样调查资料对近10年来武汉市居民收入现状、影响因素作一分析、思考，力求寻找富民的途径和对策。

一、武汉市居民收入状况

随着武汉市国民经济综合实力不断提高，城市居民收入逐年增加，各级政府所采取的增加职工工资、提高离退休金标准、加大社会保障力度等一系列政策措施产生了积极的成效，城市居民收入呈现出快速增长之势，收入水平不断跨上新台阶。

(一)收入增速呈现加快趋势

2006年武汉市城市居民人均可支配收入为12359.98元，比1997年增长1.2倍，年递增9.7%。近5年来，居民收入增长进一步加快，2005年武汉市城市居民人均可支配收入首次突破万元，年递增11.1%，高于近10年(1997～2006年)平均增速1.4个百分点。

从社会发展规律来看，收入增长与经济增长之间是良性互动的关系，具有很强的相关性。1997～2006年，武汉市城市居民收入基本实现了与经济同步增长，但收入增长的速度低于同期GDP增长的速度，收入年均增长率比GDP增长率(10.4%)低0.7个百分点。

(二)工薪收入是拉动收入增长的主要因素

居民收入从结构上分由4部份组成，即工薪收入、经营净收入、财产性收入、转移性收入，其中工薪收入比重最大。1997～2006年期间，市政府先后多次增加了国家机关、行政事业单位职工工资，国企改革和产业结构的调整，使企业经济效益普遍好转，武汉市国有、集体和其他经济类型单位职工工资水平得到了较大幅度的提高。2006年，武汉市城市居民工薪收入占可支配收入比重为73.7%，比1997年提高了4.1个百分点，继续保持着收入构成的主导地位。居民人均工薪收入年递增10.4%，高于可支配收入增幅0.7个百分点，对可支配收入增长的贡献率为77.1%，表明武汉市城市居民可支配收入的增长主要是依托工薪收入的增长。

从近几年收入增长的情况来看，武汉市城市居民收入的增长主要依赖于国家政策性调资。虽然增资是国家实施的积极的财政政策，对扩大内需和增加消费发挥了积极的作用，但这种政策性支持毕竟是有限度的。随着时间的推移，收入基数越来越大，增资政策对居民收入的拉动作用将有所减弱。

(三)低收入阶层收入明显提升

各级政府在提高整体人民生活的同时，更加注重保障低收入阶层的利益，采取提高居民最低生活保障线、职工最低工资标准和离退休人员收入等多项政策措施，增加低收入家庭收入，保障了弱势群体生活的稳定。调查资料显示：1997～2006年期间，占居民家庭户数10%的最低收入户可支配收入年递增7.3%，低于10%最高收入户3.3个百分点。但近5年来，武汉市低收入阶层收入增幅加速，10%最低收入户可支配收入年递增12.4%，高于10%最高收入户 5.0 个百分点，高于平均水平 1.3 个百分点。

尽管如此，高低收入差距仍然显著。2006 年，10%最高收入户人均可支配收入是 10%最低收入户的 5.8 倍，比 1997 年的 4.5 倍进一步扩大；高低收入水平差距由 1997 年的 8601.24 元扩大到 22167.17 元。

(四)高收入阶层收入高速增长

居民收入增长的不协调，使高收入群体与低收入群体的差距进一步拉大，社会财富进一步向高收入群体聚集。1997～2006 年，10%最高收入户收入以每年 10.6%的速度快速增长，高于平均水平近 1 个百分点；10%最低收入户收入占 10%最高收入户收入从 22.1%下降到 17.3%；2006 年，10%最高收入户占全部调查户的收入比例为 18.4%，比 1997 年上升了 2.2 个百分点；若按 200 元、500 元为组距，划分武汉市城市居民人均月可支配收入(见图 2)，2006 年，武汉市城市居民家庭收入主要分布在 600～800 元、800～1000 元、1000～1500 元和 1500～2000 元四个收入档次上，这四个档次共占调查总户数 77.0%，其中收入位于平均数以下的家庭占 60.4%。从中可看出，社会财富呈现向少数人转移的态势，这种收入倾向对构建和谐社会增加了难度，值得关注。

(五)低收入和中等偏下收入群体过大

利用武汉市 2006 年住户调查资料，把收入差距均分为五个档次(见图 3)，计算得出，第一档次的低收入户(每户年人均收入为 9342 元以下)占全部调查户 34.5%，第二档次的中等偏下收入户(每户年人均收入为 9342～16532 元)占 44.3%，第三档次的中等收入户(每户年人均收入为 16532～23722 元)占 13.9%，第四档次的中等偏上收入户(每户年人均收入为 23722～30912 元)占 5.3%，第五档次的高收入户(每户年人均收入为 30912 元及以上)占 2.1%。不同收入群体的分布呈现“中、底部大，上头小”的锥形体。因此，现阶段收入分配改革的重点就是要实施“扩中、保低、调高”战略，扩大中等收入人群比重，通过规范收入分配行为，加大再分配作用，形成“中部大、两头小”的新分配格局。

(六)与相关城市比较

近 5 年来，武汉市城市居民收入水平有明显提升，但与 19 个副省级及以上城市相比，收入水平仍然偏低。资料显示：近几年来，武汉市城市居民人均可支配收入在 19 个副省级及以上城市中，位居第 14 位，收入水平在重庆、哈尔滨、沈阳、长春和西安等城市之前；2006 年与 2002 年相比，位次上升了 1 位。可支配收入增幅为 13.9%，创近 11 年来最好水平，在 19 个副省级及以上城市中，位居第 5 位，与 2005 年相比，增幅超过厦门、大连等城市，位次上升 1 位；与 2002 年相比，位次上升了 7 位。

2006 年，武汉市城市居民人均可支配收入与中部 6 省会城市相比，仅次于长沙市，位居第 2 位，与长沙市人均可支配收入差距由 2002 年的 1225.24 元扩大到 1564.15 元；可支配收入增幅位居第 1，高于位居第 2 的合肥市 0.2 个百分点。

二、影响武汉市城市居民收入增长的几个因素

(一)国家政策及城市经济发展因素

1. 经济发展水平的影响。经济发展和经济实力的增加是居民收入增长的最根本保证和基础，经济发展将带来居民收入增长，武汉市经济发展的程度，直接制约和影响城市居民收入分配水平。在 19 个副省级及以上城市中，武汉市生产总值及全社会固定资产投资位次均排在 13 位，与武汉市城市居民收入分配水平位次基本一致。

2. 国家和地区财政政策影响。近几年，武汉市政府针对经济社会发展中出现的新情况、新问题，坚持以人为本，实施积极的财经政策，收入分配向低收入倾斜，逐步提高最低生活保障标准和最低工资标准；对下岗职工实行阳光政策，每年积极开展新增十万个就业岗位活动，加大了对低收入家庭就业的扶持力度，保障了低收入家庭生活的稳定；多次提高行政事业单

位职工工资以及离退休人员养老金；提高个人所得税起征点等等。这一系列积极的收入政策不同程度的带动了居民可支配收入增长，取得了显著效果。

3. 物价变化的影响。在相同的收入水平下，实际购买力将随物价的上升而下降，物价变化对居民实际收入水平会产生较大影响。1997～2006 年，武汉市城市居民人均可支配收入年递增 9.7%，剔出价格因素，实际递增 9.1%。其中，1998～1999 年、2001～2002 年两阶段，价格上涨幅度出现负增长，影响居民可支配收入实际增长率高于名义增长率，分别高出 3.3 个百分点和 1.0 个百分点；2003～2006 年物价指数保持 1%～3%的增幅，可支配收入实际增长率为 9.8%，比名义增长率低 2.3 个百分点，高于 10 年内居民实际收入年增长率。

(二)居民收入构成的影响

1. 国有经济单位职工收入对居民收入影响最大

2006 年，武汉市职工人均工薪收入为 17906.83 元，比上年同期增长 14.3%，人均工薪收入是 1997 年的 2.3 倍。

从就业情况看，500 户调查资料显示，2006 年城市居民家庭人均可支配收入中来自国有经济单位的工薪收入为 6693.34 元，同比增长 20.9%，占可支配收入比重为 54.2 %；来自集体单位的工薪收入为 561.54 元，同比下降 4.7%，比重为 4.5%；来自其他经济类型单位的工薪收入为 636.35 元，同比增长 71.6%，比重为 5.1%。国有经济单位职工人均工薪收入为 21750.00 元，是集体经济单位职工的 1.9 倍。随着经济的发展，居民收入来源日渐呈现多元化，但国有单位职工收入水平仍远远高于集体单位，国有经济单位职工收入仍是影响居民家庭收入增长的最主要因素。

从行业分组看，2006 年劳动工资数据显示，公共管理与社会组织、信息传输与计算机服务软件业和金融业职工工薪收入居前三位，人均工薪收入分别为 36698.00 元、35213.00 元和 33893.00 元。行业间的收入分配开始向科学技术含量高的行业和新兴产业倾斜，传统行业、劳动密集型行业和竞争较强行业的收入在相对下降，科技含量高的行业、新兴产业的职工工资水平增长较快，也是拉动居民家庭收入增长的因素之一。国有企业的下岗职工人数的减少，以及外资企业数量的增加和相对较高的工资水平，也是武汉市城市居民收入的增长点。

2. 离退休人员收入是居民收入第二大来源

2006 年，武汉市城市居民人均转移性收入为 3728.49 元，比 1997 年增长 1.4 倍，年递增 11.7%，高于可支配收入 2.0 个百分点；2001 年至今，转移性收入占可支配收入比重均在 30%以上，仅次于工薪收入。转移性收入中养老金和离退休金收入所占份额最大，一般在 85%左右。2006 年，人均离退休金达 3336.19 元，比 1997 年增长 1.6 倍，年递增 12.8%，高于可支配收入年均增幅 3.1 个百分点，对可支配收入

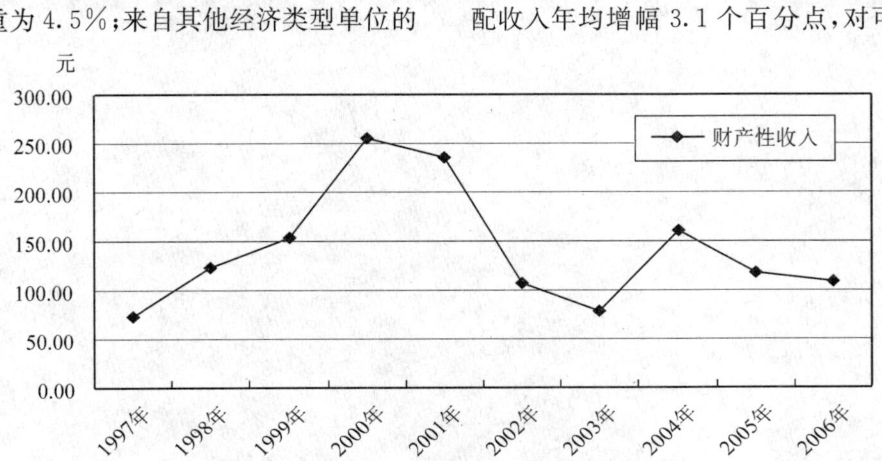

1997—2006 年武汉市居民人均财产性收入变化趋势

的贡献率为30.0%。转移支付在收入分配中的作用有所增强,离退休金收入已是居民收入的第二大来源,也是决定居民家庭收入水平和增长幅度的主要因素之一。

3. 居民家庭经营净收入和财产性收入所占比重较小

2006年,武汉市城市居民人均经营净收入为401.65元,拉动可支配收入上升1.2个百分点,比1997年增长2.8倍;经营净收入占可支配收入的比重呈稳步上升趋势,由1997年的1.9%提高到2006年的3.2%,但其占居民可支配收入的比重很小,拉动作用较弱。

1997～2006年,武汉市城市居民财产性收入上下起伏(见图),财产性收入的不稳定性,影响了财产性收入对居民增收的贡献。2006年武汉市居民人均储蓄存款余额为2万多元,人均获得的年财产性收入为108.72元,比最高点2000年下降了57.4%。从中可看出,武汉市城市居民的收入余额大部分以银行存款方式沉淀下来,作为财产投资比重不大。

(三)有收入人口及其构成和收入水平因素的影响

随着武汉市经济的发展以及就业门路的拓宽,居民家庭中有收入人口数和就业人口数所占比重呈上升趋势。2006年,武汉市城市居民家庭人口中,有收入的人口占76.6%。其中,就业人口占50.9%,离退休未再就业的人员占23.9%;其他有收入人口占1.8%。与1997年相比,有收入人口的比重提高了4.6个百分点。其中,就业人口提高了0.4个百分点,离退休未再就业的人口提高了2.1个百分点,其他有收入人口提高了1.8个百分点。2006年人均工薪收入比2005年增加1741.51元,拉动可支配收入增长16.1个百分点;2006年就业人口比2005年增加0.1人,拉动可支配收入增长5.8个百分点。由此可以看出,居民家庭中就业人口和退休人口比重的增加,及平均收入水平的增长对于居民家庭收入的增长都有一定的影响,但就业人口和离退休人口的变动因素影响相对小一些,平均收入水平的增长对居民家庭收入的增长起决定性作用。

作者:武汉市调查总队

2006年贵州省城镇居民收入消费分析

2006年是"十一五"规划开始执行的第一年,在贵州省委、省政府领导下,贵州经济在各方面均得到了较快发展,城镇居民的收入水平得到了快速增长,消费支出稳中趋活,消费结构更加合理,生活质量进一步改善。

一、收入水平大幅度提高,工薪收入仍为主流

2006年,贵州城镇居民人均可支配收入达到9116.61元,突破9000元大关,比上年增长11.9%,扣除物价上涨因素,实际增长10.1%。这一增幅再创近年来贵州城镇居民收入的新高,与全国平均增幅水平基本一致。

1. 工薪收入仍是贵州城镇居民家庭收入的主体。2006年贵州城镇居民家庭人均工薪收入6507.12元,增长18.0%,占总收入比重的68.94%,比上年同期增长3.15个百分点。工薪收入增长的主要原因,一是部分地区住房增量补贴货币化的影响;二是部份企业效益好转,企业职工工薪收入、奖金和节日补贴等方面的增加;三是部队的薪金调整。

2. 城镇居民家庭的经营性净收入增加。随着贵州经济整体态势的良好运行,2006年贵州城镇居民人均经营性净收入886.32元,比上年同期增长12.1%。经营净收入增加的主要原因是,国有集体企业下岗分流人员从事个体经营活动人数不断增加及部份个体经营行业效益转好转等因素影响。

3. 城镇居民家庭的财产性收入也保持强劲的增长势头。2006年贵州城镇居民人均财产性收入增长34.1%。财产性收入增长的主要原因是由于近年来贵州城镇居民家庭拥有的动产、不动产增加以及城镇居民的保险意识增强等,带来了收入的增长。如:利息收入增加3.0倍,出租房屋收入增长43.8%,保险收益增加7.0倍。

二、城镇居民消费水平持续增长,消费结构更趋合理

收入的增加,促进了消费水平的提,贵州城镇居民的消费结构有了明显的改善,城镇居民的消费结构正从传统型的消费结构逐步向发展型和享受型消费结构转移。2006年贵州城镇居民人均消费性支出6848.39元,比上年同期增长11.2%,扣除价格因素,实际增长9.5%。其中,服务性消费支出为1840.65,增长10.6%。城镇居民消费倾向为75.56%,比上年减少0.46个百分点,这说明贵州城镇居民用于吃、穿等基本生活资料方面的支出已基本接近平稳状况,生活质量发生了明显的改变。消费在向其他方面转移,消费结构日趋合理。综观2006年贵州城镇居民的消费状况,其结构呈现以下几个方面的特点:

1. 食品消费稳步增长,恩格尔系数下降。在消费性支出八大类中,食品消费仍是贵州城镇居民家庭消费支出的重点。随着经济的发展,收入的增加,贵州城镇居民家庭生活消费水平不断提高,求质意思日趋明显。2006年贵州城镇居民家庭人均用于购买食品消费支出2649.02元,增长7.8%,扣除物价因素的影响(食品类指数104.0%),实际增长3.7%。生活水平的提高,使得居民的饮食结构逐渐优化,以讲求营养,方便为主流。2006年贵州城镇居民人均购买水产品类支出增长7.3%;蔬菜类支出增长9.2%;糖烟酒饮料支出增长19.5%;干鲜瓜果类支出增长16.0%;糕点、奶及奶制品支出增长10.4%;在外就餐支出增长17%。

2006年贵州城镇居民的恩格尔系数为

38.68%,比上年同期减少1.23个百分点,说明贵州城镇居民生活质量在逐渐提高。

2. 衣着、家庭设备用品及服务、交通和通讯、娱乐文教服务支出均有较大幅度的增长。随着收入水平的提高和消费方式的逐步改变,人们追求时尚、衣着成衣化、高档化仍是消费热点。2006年贵州城镇居民家庭人均用于衣着消费支出832.74元,增长18.5%,扣除物价因素的影响实际增长24.6%。

在家庭设备用品方面,由于家用电器的更新换代、家庭室内装饰的时尚化和家政服务等生活高档化的追求,人们更新和购置洗衣机、电视机、空调器、室内装饰品、高档餐具和家政服务的支出等增加。2006年贵州城镇居民家庭人均用于家庭设备用品及服务的支出为446.53元,增长33.1%,扣除物价因素的影响实际增长31.85%。其中:耐用消费品支出159.55元、室内装饰品12.48元、床上用品37.61元、家庭日用杂品205.6元、家政服务12.96元,分别增长40.7%、2.6倍、41.6%、22.4%、37%。今年贵州城镇居民每百户拥有洗衣机98.10台,增长1.5%;微波炉39.31台,增长11.7%;取暖器65.31台,增长9.4%;淋浴热水器58.27台,增长5.2%。

在交通方面,生活水平的提高使得人们出行乘坐飞机、"打出租"等费用增加;在通讯方面,电子产品的迅猛发展使得人们购置和更换手机、电话机以及电信服务费等增加。2006年贵州城镇居民家庭人均用于交通和通讯的支出为775.07元,增长24%。其中:交通支出279.39元,增长27.3%;通讯支出495.68元,增长22.2%。2006年贵州城镇居民每百户拥有摩托车7.46辆,增长2.3%;家用汽车2.07辆,增长14.4%;移动电话140部,增长17.8%。

在娱乐教育文化服务方面,贵州城镇居民消费在满足了了基本需求后,正将更多的消费转向休闲娱乐,更加注重生活质量的提高。数码相机、数字电视、家用电脑等高档商品购买量加大;用于健身活动、参观旅游等休闲娱乐的费用快速增长;自身文化素质的提高和子女的教育的投资等教育经费的增加。2006年贵州城镇居民家庭人均用于教育文化娱乐服务支出为938.37元,增长15.7%。扣除物价因素的影响实际增长13.1%。其中:文化娱乐用品226.57元、文化娱乐服务287.84元、教育423.95元,分别增长10.7%、28.7%、10.7%。今年贵州城镇居民家庭用于旅游的花费增长15.4%。贵州城镇居民每百户拥有彩色电视机125.23台,已趋饱和;家用电脑29.81台,增长24.3%;影碟机81.79台,增长3.4%。

3. 居住、杂项商品和服务消费支出平稳增长。随着收入水平的提高和消费方式的逐步改变居民家庭的居住环境改善,使居民家庭的消费投向逐渐转向购置固定资产。搬新家,买新房的人增多了,从而增加了住房的装潢支出、水电燃料以及物业管理费等住房支出。2006年贵州城镇居民家庭人均用于居住的支出627.33元,增长7.6%。其中:住房支出增长15.7%;水电燃料及其他增长7.2%;居住服务费增长24.5%。杂项商品和服务支出249.66元,增长4.8%。

4. 医疗保健支出下降。2006年贵州城镇家庭人均用于医疗保健支出329.77元,下降18.2%。其中:药品费下降10.5%;医疗费下降30.1%。主要是医疗费用偏高,居民感到看病"难"和"看病贵"有病不敢看等,就医人数减少所致。

三、贵州城镇居民家庭生活中的几个突出问题

2006年贵州城镇居民家庭在收入和消费方面都有大幅度的增长,生活质量有了明显改善,消费结构进一步优化,这有利于进一步拓宽贵州城镇居民家庭的消费领域,提高消费质量,从而提高贵州城镇居民家庭的整体生活水平。但贵州仍存在着一些较为突出的矛盾和问题,其主要有:一是收入增长的幅度虽然较大,但结构仍不合理,主要表现在转移性收入仍呈下降的趋势;二是收入增长的势头不够,贵州城镇居民可支配收入的绝对额长期处于较低水平,因此与全国的平均水平相比,差距势必会继续扩大;三是城镇居民高低收入户的收入差距仍然很大,2006年,10%的最高与最低收入户之间的人

均收入差距为 18752.14 元，比上年又扩大了 8.3%。低收入家庭的收入水平低下，生活十分拮据。另外，食品类价格指数达到 104.0%，食品类价格上涨幅度较大，对低收入居民的生活产生了不利的影响。

综上所述，贵州城镇居民家庭收入有较大的提高，生活质量有了明显的改善，但同样也存在着一些问题。我们要继续提高贵州国民经济的整体水平，大力提高城镇居民中低收入水平，进一步拓宽贵州城镇居民家庭的消费领域，调整消费结构，提高消费质量，使消费结构沿着优化的方面改善，从而提高贵州城镇居民家庭的整体生活水平。同时完善各项社会保障机制，扩大就业仍是当前贵州所面临的必须着力解决的问题。我们要认真贯彻落实中央方针政策，开拓创新，与时俱进，进一步提高贵州居民生活水平，缩小与全国收入水平差距。

作者：贵州省调查总队

十六大以来云南城镇居民收入和生活的新变化

党的十六大以来，云南省各族人民高举邓小平理论伟大旗帜，全面贯彻“三个代表”重要思想，继往开来，与时俱进，全面建设小康社会，加快推进社会主义现代化。在国家西部大开发宏观政策的拉动下，随着富民强省、建设和谐开放云南、全面建设小康社会进程的不断推进，云南省经济得到快速发展，城镇居民收入不断增长，生活水平明显提高。十六大召开以来至2006年，是城镇居民收入增长较快的四年，是生活水平明显提高的四年，也是城镇居民得到实惠最多的四年。

一、人均可支配收入突破万元大关，收入构成变化明显

据国家统计局云南调查总队的调查资料显示，2002年，云南省城镇居民人均可支配收入为7240.62元，通过四年的发展，城镇居民人均可支配收入逐年增长，2006年，云南省城镇居民人均可支配收入突破万元大关，达到10069.89元，比2002年增长39.07%。连续四年保持较快增幅，年均递增8.59%。与此同时，工薪收入、经营净收入、财产性收入和转移性收入均有大幅增长，收入格局已由从前的依靠工资为主向着多元化格局转变。

(一)工薪收入稳步增长

2006年云南省城镇居民人均工薪收入6881.39元，比2002年的5446.87元增加了1434.52元，增长26.34%，年均增长6.02%。比重由2002年的70.83%下降到2006年的63.43%，下降7.4个百分点。其原因一方面是城镇居民就业观念发生变化，就业渠道不断拓宽，另一方面是国有企业改制增效，外资、合资企业成为择业新宠。

表1　十六大以来云南城镇居民收入及构成表

项　目	绝对数(元)			占家庭总收入比重(%)		
	2002年	2006年	增幅(%)	2002年	2006年	变动百分点
工薪收入	5446.87	6881.39	26.34	70.83	63.43	−7.4
经营净收入	279.04	536.72	92.35	3.63	4.95	1.32
财产性收入	70.85	467.25	559.49	0.92	4.31	3.39
转移性收入	1893.72	2962.74	56.45	24.62	27.31	2.69

(二)非公经济的发展推动城镇居民家庭经营性净收入迅速增长

随着产业结构的调整和国有企业改革的推进，城镇居民家庭中个体劳动者逐年增加，可支配收入中经营收入增长明显。数据显示，2006年，云南省城镇居民人均经营净收入536.72元，比2002年增长92.35%，年均增长17.77%。经营净收入的比重由2002年的3.63%上升到2006年的4.95%，增加1.32个百分点。

(三)资本市场和金融市场的健康发展加速城镇居民财产性收入快速增长

随着我国资本市场和金融市场的健康快速发展，人们的投资渠道拓宽，理财意识增强，致使财产性收入成倍增长。2006年，云南省城镇

居民家庭人均财产性收入467.25元，比2002年增长5.6倍，年均增长60.25%。其中，股息与红利收入增长6.6倍、出租房屋收入增长6.4倍、其他财产性收入增长1.0倍。财产性收入占家庭总收入的比重由2002年的0.92%上升到2006年的4.31%，增加3.39个百分点。

(四)各级政府努力提高低收入群体的收入成效显著，使转移性收入大幅度增加

党的十六大提出构建社会主义和谐社会，各级党委、政府高度重视提高低收入群体的收入水平和生活水平，四年间云南两次提高了低收入家庭最低生活保障标准、最低工资标准、失业金标准和离退休人员的离退休金标准，使低收入家庭的转移性收入迅速增长。调查资料显示，2006年，云南省城镇居民家庭人均养老金和离退休金2438.67元，比2002年的1574.53元增长了54.88%；人均捐赠收入、赡养收入分别比2002年增长54.57%和42.71%；人均社会救济收入和失业保险收入分别比2002年增长1.72倍和20.86%，其中：低收入家庭社会救济收入同比增长2.56倍；失业保险也从无到有。从而拉动城镇居民人均转移性收入由2002年的1893.72元上升到2006年的2962.74元，增长56.45%，年均增长11.84%，其在家庭总收入中的比重也由24.62%上升到27.31%，增加2.69个百分点。表明在构建社会主义和谐社会的进程中，云南各级党政领导坚定不移地贯彻执行十六大精神，切实关心低收入群体的生活，出台的一系列惠民政策收效明显，使低收入家庭得到了实惠，也能分享到社会进步和改革发展带来的成果。

二、十六大以来云南城镇居民生活变化的四大亮点

(一)居民消费热情高涨，消费结构日趋多样化

十六大以来，随着云南省宏观经济又好又快地发展，城镇居民收入快速增加，人们对未来预期收入增加普遍看好，使云南省城镇居民的消费热情不断高涨。调查资料显示，2006年云南省城镇居民人均消费支出已达7379.81元，比2002年的5828.06元增长了26.63%，年均增长6.08%。同时居民的消费观念也在不断的调整和转变中，八大类消费支出在稳步增长的同时，消费结构日趋多样化(详见附表)。

表2　十六大以来云南城镇居民消费支出及构成表

项　目	绝对数(元)			占家庭总收入比重(%)		
	2002年	2006年	增幅(%)	2002年	2006年	变动百分点
食品	2423.43	3102.46	28.02	41.58	42.04	0.46
衣着	539.58	745.08	38.09	9.26	10.10	0.84
家庭设备用品	311.48	335.14	7.60	5.34	4.54	−0.8
医疗保健	466.17	600.08	28.73	8.0	8.13	0.13
交通和通讯	623.87	1076.93	72.62	10.7	14.59	3.89
教育文化娱乐服务	855.00	754.69	−11.73	14.67	10.22	−4.45
居住	437.69	585.35	33.74	7.51	7.93	0.42
杂项商品及服务	170.84	180.07	5.40	2.94	2.45	−0.49

1.食品消费追求营养、科学、绿色和方便快捷。随着居民收入的不断增加，云南省城镇居民食品消费从高脂肪、高热量的生活习惯，向营养、科学、绿色转变。糕点、奶及奶制品、肉禽蛋水产品和干鲜瓜果消费在食品消费支出中所占的比重逐年提高。2006年云南省城镇居民糕点、奶及奶制品、肉禽蛋水产品和干鲜瓜果消费983.61元，比2002年增长10.74%，其中干鲜瓜果支出增长29.81%、肉禽蛋水产品支出增长8.65%、奶及奶制品增长4.35%、人均在外用餐支出增长44.85%。

2.衣着类消费走向时尚、品牌和个性化。

近年来,云南省城镇居民衣着消费普遍以中高档为主,追求服装的品牌、名牌消费,对于款式也追求新潮、时尚和个性化。2006年城镇居民人均衣着支出745.08元,比2002年增长38.09%,年均增长8.40%。人均服装消费数量由2002年5.6件上升到2006年的5.86件,且档次提高,上千元一件的服装成为人们追求时尚的价值体现。

3. 服务性消费成为新的增长点。随着居民消费观念的转变,服务性消费呈现快速增长的态势。2006年云南省城镇居民服务性消费支出为2077.65元,比2002年的1660.81元增长了25.1%。服务性消费占消费总支出的比例上升到28.15%,服务性消费支出持续增长,从一个侧面反映出人们生活质量的提高。

(二)人均住房面积不断增加,配套设施更趋完善

2006年底,云南省城镇居民人均住房总建筑面积达35.14平方米,比2002年增加8.84平方米,增长33.61%。同时,居民用于居住的支出增长迅速,2006年城镇居民人均居住支出达585.35元,比2002年增加147.66元,增长33.74%。

1. 从房屋产权看,有近九成的城镇居民家庭拥有了自己的住房。自推行住宅市场化转轨以来,居民购房热情不减,住房私有化率逐年提高,至2006年底,有89.37%的城镇居民家庭圆了住房梦,比2002年增加了1.99个百分点。而且,在收入不断增长的同时,居民对住房的品味要求也越来越高,2006年拥有单元配套住房的城镇居民家庭达75.06%,而普通楼房、平房及其它住房仅占24.94%。

2. 居住条件更加舒适,设施不断完善。到2006年底,云南省城镇居民72.02%的家庭拥有两居室以上的住房;57.16%的家庭对住房进行了装修;95.1%的家庭使用安全、卫生的自来水;67.94%的居民家庭有独立的厕所浴室;70.46%的家庭使用管道煤气和液化石油气等能源,19.41%的家庭计算机接入了互联网;有线电视普及率达100%。

(三)主要消费品升级换代速度加快,家用汽车拥有量迅猛增长

随着城镇居民可支配收入的不断增长,居民的消费总体水平也在快速攀升,居民家庭耐用消费品的升级换代速度加快。2006年底,云南省城镇居民家庭成套家具、洗衣机、彩色电视机、电冰箱、影碟机等已经基本普及,每百户拥有量分别达到77.24套、94.3台、125.89台、81.07台、82.99台,目前已进入更新换代阶段,质量和性能更优的产品开始进入家庭。数码照相机、消毒碗柜、微波炉、洗碗机、健身器材等新型产品以较快速度进入寻常百姓家庭。2006年云南省城镇居民家庭平均每百户拥有家用电脑32.36台、摄像机3.33台、钢琴2.43架、空调1.16台、移动电话153.86部、健身器材4.15套,拥有量比2002年均有不同程度的增加。就连以前绝大多数居民不敢想、不敢问津的轿车也逐步进入普通家庭,家用汽车的消费热潮已经悄然兴起,2006年云南省平均每百户城镇居民家庭已经拥有汽车8.67辆,比2002年增加了7.02辆,增长4.3倍。汽车消费的迅猛增长成为十六大以来城镇居民消费的一大亮点。

(四)旅游、健身保健、美容美体等享受型消费再为居民生活增添亮点

城镇居民在追求物质享受的同时,更加注重自己的身体、精神和文化素养的提高。随着生活水平的不断提高,人们将更多的收入用于旅游消费,2006年城镇居民人均旅游消费支出333.60元,比2002年增长2.1倍,其中人均团体旅游费用129.6元,同比增长56.58%;2006年云南省城镇居民平均每人用于医疗保健方面的支出达600.08元,比2002年增长28.73%,其中,购买保健器具和滋补保健品的支出分别比2002年增长4.5倍和1.4倍;用于健身等消费同比增长47.38%;美容美体成为城镇居民提升生活质量的象征。资料显示,2006年城镇居民人均用于美容美体的支出比2002年增长86.47%。

三、城镇居民生活中存在的突出问题

总体上看,党的十六大以来云南省城镇居民生活水平逐年提高,总体达到小康水平,但城镇居民生活中存在的问题仍不容忽视。

(一)低收入家庭收入增长缓慢,收入差距扩大

云南省城镇居民收入不断增长,消费水平明显提高,但也有许多不如意的问题。一是不同收入阶层收入差距呈逐步扩大态势。调查数据显示,2006 年 5%更低收入家庭人均可支配收入 2369.97 元,比 2002 年增长 3.66%,这一增幅低于全省 39.07%的平均水平,更低于 5%更高收入家庭 72.25%的速度。2002 年 5%更低收入家庭和 5%更高低收入家庭人均可支配收入相差 14297.24 元,两者收入之比为 1:7.25(以低收入家庭收入为 1,下同),2006 年 5%更低收入家庭和 5%更高收入家庭人均可支配收入相差 26194.79,二者收入之比扩大到 1:12.05。二是高收入家庭和低收入家庭的消费方式明显不同。高收入家庭消费以享受型为主,而低收入家庭仍以最基本的吃住为主。2006 年 5%更低收入家庭食品消费支出占家庭消费支出的 55.55%,5%更高收入家庭仅为 30.44%。

(二)云南城镇居民收入、消费与全国平均水平差距逐年扩大

从收入水平看,2002 年全国城镇居民人均可支配收入 7702.80 元,云南为 7240.44 元,在 31 省区中排第 10 位,可支配收入比全国平均水平少 462.36 元,云南城镇居民可支配收入相当于全国水平的 94%;2006 年,全国城镇居民人均可支配收入 11759.45 元,云南为 10069.89 元,在 31 省区中排第 14 位,可支配收入与全国平均水平的差距扩大到 1689.56 元,云南城镇居民可支配收入仅相当于全国水平的 85.63%。由此看出,云南城镇居民收入水平纵向比较提高很快,但横向比较则差距明显。

从消费支出看,2002 年全国城镇居民人均消费支出 6029.88 元,云南为 5828.06 元,在 31 省区中排第 9 位,消费支出比全国平均水平少 201.82 元,云南城镇居民人均消费支出相当于全国水平的 96.65%;2006 年,全国城镇居民人均消费支出 8696.55 元,云南为 7379.81 元,在 31 省区中排第 16 位,消费支出与全国平均水平的差距扩大到 1316.74 元,云南城镇居民消费支出仅相当于全国水平的 84.86%。表明,云南城镇居民的生活质量与全国的差距亦呈扩大态势。

四、进一步提高城镇居民生活质量,加快构建社会主义和谐社会进程的建议

(一)建立正常增资机制,加强企业职工增资的调节和控制力度,努力提高居民工薪收入

工薪收入是城镇居民收入的主要来源,工薪收入的增长是支撑居民收入增长的主要动力。目前,工薪收入水平低也是云南省城镇居民收入与全国平均水平差距较大的主要原因。提高云南省城镇居民收入水平,缩小差距的关键是提高城镇居民的工薪收入水平,一是通过有关法规的完善、企业工资增长指导线、最低工资标准、加大劳动保护条例的监管与执法等措施,有效地维护企业员工的利益,提高企业职工、特别是生产一线职工的收入水平;二是大力发展经济,增强提高职工工资收入的物质保证。要落实科学发展观,充分发挥市场机制的作用,促进企业提高科学技术水平、管理水平和生产效率,进一步增加企业盈利,建立职工工资分配的正常增长机制。制定控制企业高层领导人的收入标准,努力缩小其与一般员工的收入差距。

(二)增加就业岗位,保障居民生活来源的稳定性

我国的经济体制改革取得了令人瞩目的成绩,但也伴随着相当大的就业压力。各级党政领导应把扩大就业摆在更加重要的位置,强化政府促进就业的职能,实施积极的就业政策,努力发展就业容量大的劳动密集型产业企业。同

时，有关部门一方面要加大再就业培训力度，提高从业人员的职业技能，积极健全劳动力市场机制，促进劳动力的合理流动；另一方面要完善对困难群众的就业援助制度，基本保证每个城镇居民家庭和失地无业农民家庭中至少有一个人有比较稳定的就业岗位，提高就业率。

(三)健全合理调节收入分配体系，进一步完善收入分配制度

完善收入分配制度，首先要完善按劳分配为主体、多种分配方式并存的分配制度，坚持各种生产要素按贡献参与收入分配，资产、文化、能力、劳动时间等多种要素充分发挥作用；其次要在经济增长的同时，提高国家机关和事业单位职工的工资水平，同时，建立健全国有企事业单位就业者收入分配规则和监管调节机制，全面增加城镇就业者的收入水平，并由此使中等收入群体比例明显增加；再者，要在抓住机遇加快发展的同时，更加注重社会公平，建立、健全利益均衡、利益表达、利益分配的三大机制，让全社会每个成员共享改革成果，健全收入分配调节体系，要有效调节过高收入，规范个人收入分配秩序，逐步建立除个人收入所得税、高消费群体消费税外的其他税收机制，如继承税等，并强化对收入分配结果的监管和个人收入信息体系的建设，以逐渐完善收入分配制度。

(四)完善社会福利制度，建立健全对低收入群体和弱势群体的社会救助制度

近年来，云南省各级党委政府对城镇居民实行基本统一的社会福利制度取得较好的成效，特别是养老保险、失业保险等福利措施使绝大多数城镇居民的生活得到了有效保障，最低生活保障线的建立和实施更是充分体现了社会对低收入群体的有效救助和关爱。今后，社会福利制度要进一步完善，并使全社会的居民都可以享有平等的社会福利和困难援助。要建立健全与经济发展水平相适应的社会保障体系，确定合理的保障标准和方式，进一步完善城镇职工的基本养老保险、失业保险、工伤保险、基本医疗保险等制度，扩大失业保险的覆盖范围，采取多种形式使保险资金的征缴运营工作规范、有效、落到实处，并增加财政的社会保障投入，做实个人账户，增强社会统筹和调节能力；强化二次分配，建立健全社会救助体系，包括对残疾人的救助、对低收入群体的救助、对失地农民的救助和对进城务工人员的救助等，加大对贫困地区、少数民族地区和革命老区财政转移力度，努力从根本上解决贫困人口的温饱问题，并根据经济发展水平和居民收入水平的增加情况，适时提高救助标准(最低生活保障线、最低工资标准等)，从而有效地解决城市贫困问题，并使其中的绝大部分贫困家庭向小康生活水平迈进，促进社会的安定与和谐。

(五)制定针对不同收入群体的消费政策，满足各层次居民的消费需求

云南省现阶段城镇居民的消费特点：一是低收入居民家庭有较高的消费倾向，但受收入限制，他们的消费主要集中在食品等基本生活需求方面，无力满足更高层次的消费需求；二是中等收入居民家庭基本消费需求已满足，而受住房、医疗、教育预期支出加大影响，现期消费不足。因此，针对不同的消费特点，应制定不同的消费政策，对于低收入居民家庭应当努力增加他们的收入，对教育、医疗、住房进行适当补助，提高消费水平；对于中等收入居民家庭，应进一步完善各项社会保障措施，提高消费信心；对于高收入家庭，应创造相应的消费和投资环境，促进消费。

作者：云南省调查总队

改善青海城镇居民生活的对策研究

一、城镇居民生活水平稳步提高

“十五”以来，青海经济社会保持了持续、快速的发展势头，经济繁荣，社会进步，人民生活显著改善。城镇居民摆脱了贫穷，解决了温饱，基本实现了总体小康，生活质量显著提高。2006年，城镇居民实现人均可支配收入为9000.35元，人均消费性支出为6530.11元，六年间年均分别增长10.6%和7.7%。

（一）收入多元化，为改善居民生活创造了条件

改革开放以来，以公有经济为主体的多种经济共同发展，为城镇居民增加收入搭建了平台。居民收入中，以工资收入为主的劳动收入、捐赠收入、社会救济收入和其他转移性收入稳步增长，以家庭经营性收入和财产性收入为主的出租房屋、债券、保险、股票、知识产权、利息以及其他财产性收益快速增加，收入来源呈现多元化增长。2006年，城镇居民工资外收入增长幅度明显高于工资性收入增长幅度。

1. 工资性收入持续增加。“十五”以来，居民收入持续增长，国家机关、事业单位工资逐步理顺，离退休职工的离退休金增加，地方补贴政策的落实，激发了城镇居民建设社会主义的积极性。与2000年相比，2006年城镇居民实现人均工薪收入6316.64元，年均增长9.8%；转移性收入为2859.48元，年均增长为12.7%；2003年以来，城镇居民的工薪收入保持了两位数的增长，2006年增幅达12.50%；2006年，工薪收入和转移性收入在家庭总收入中占的比重达到93.6%，工资性收入仍然是城镇居民收入的主要来源。

表1　2000年以来城镇居民收入情况

年份	可支配收入		工薪收入		经营性收入		财产性收入		转移性收入	
	绝对值	增速	绝对额	增速	绝对额	增速	绝对额	增速	绝对额	增速
2000	5169.99	—	3607.00	—	160.90	—	29.30	—	1394.00	—
2001	5853.72	13.2	3793.00	5.2	234.6	45.8	48.80	66.6	1804.40	29.4
2002	6199.8	11.1	4066.92	7.2	260.64	11.1	26.16	−46.4	2156.40	19.5
2003	6731.88	8.6	4484.4	10.3	275.64	5.8	50.76	94	2329.68	8.0
2004	7319.67	8.7	5022.57	12.0	299.21	8.6	67.25	32.5	2396.05	2.9
2005	8057.85	10.1	5613.79	11.8	513.40	71.6	62.08	−7.7	2577.40	7.6
2006	9000.35	11.7	6316.64	12.5	564.08	9.9	62.93	1.4	2859.48	10.9
平均	—	10.6	—	9.8	—	23.3	—	13.6	—	12.7

2. 工资外收入快速增长，成为拉动居民收入增加的强大动力。多种经济的共同发展，为解决企业下岗、分流人员提供了增收的契机，集体、个体、股份制经济成为吸纳社会劳动力的主要场所，从业队伍不断壮大，人员不断增多。2006年，城镇居民户均从事个体经营的人员由2000年的0.16人增加到0.32人，经营性收入迅速增长，人均实现经营净收入564.08元，比2000年增长3.5倍，年均递增23.3%；财产性收入是居民家庭资产的增值收入，2006年，城镇居民人均财产性收入62.93元，比2000年增长2.1倍，年均递增13.6%。经营性收入和财

产性收入的增幅高于工资性收入的增幅。

(二)消费领域拓宽,生活质量改善

收入的持续增加,带动了居民的消费支出较快增长,特别是在消费升级的推动下,居民消费领域持续拓宽,支出增加,结构改善,吃讲营养、穿讲时尚、住讲宽敞,行讲方便,推动着居民发展服务型消费支出增加。2006 年,城镇居民人均消费性支出 6530.11 元,比 2000 年的 4185.73 元增加了 2344.38 元,增长 56.01%,年均递增 7.7%。

1. 刚性消费走低,生活质量提高。衣、食、住、行是居民生活的基本需求。经济的发展,社会的进步,为提高生活质量提供了条件。2006 年,城镇居民食品消费为 2366.42 元,比 2000 年增长 38.3%,食品消费科学化、营养化,在外饮食支出快速上升,粮食消费下降,副食消费上升。2006 年,城镇居民人均购买粮食 76.4 公斤,比 2000 年下降 17.9%;鲜菜、肉禽、蛋类、鲜奶、干鲜瓜果支出增长;在外饮食快速增长,人均支出 497.10 元,比 2000 年增长 2.0 倍;衣着消费的成衣化、个性化趋势形成,人均购买衣着支出 724.96 元,比 2000 年增长 58.1%,其中:人均服装支出 510.00 元,比 2000 年增长 8.2%;人均家庭设备用品及服务支出 420.31 元,比 2000 年增长 25.5%,其中:耐用消费品支出 216.26 元,比 2000 年增长 5.57%。城镇居民消费进入发展型消费的初级阶段。

表 2　青海城镇居民消费支出情况

单位:元

指　　标	2006 年	比 重 (%)	2000 年	比 重 (%)	增 幅 (%)	年均增幅 (%)
消费性支出	6530.11	100.00	4185.73	100.00	56.0	7.7
1. 食品	2366.42	36.24	1711.03	40.88	38.3	5.6
2. 衣着	724.96	11.10	458.57	10.96	58.1	7.9
3. 家庭设备用品及服务	420.31	6.44	334.90	8.00	25.5	3.9
4. 医疗保健	542.93	8.31	307.24	7.34	76.7	10.0
5. 交通和通信	753.07	11.53	297.72	7.11	153.0	16.7
6. 教育文化娱乐服务	793.72	12.16	495.34	11.83	60.2	8.2
7. 居住	653.04	10.00	274.48	6.56	137.9	15.5
8. 杂项商品和服务	275.66	4.22	306.45	7.32	−10.1	−1.8

恩格尔系数走低,生活质量提高。恩格尔系数是衡量居民生活质量的重要指标,即食品支出占消费性支出的比重。根据联合国粮农组织的标准划分:恩格尔系数在 60%以上为贫困,在 50%～59%为温饱,在 40%～49%为小康,在 30%～39%为富裕,30%以下为最富裕。根据以上标准,青海城镇居民生活的恩格尔系数呈逐年下降趋势。2006 年,恩格尔系数为 36.2%,比 2000 年下降 4.7 个百分点。在未扣除价格因素的条件下,恩格尔系数持续下降,一方面体现了居民消费结构的进一步优化,另一方面体现了消费趋势的变动。青海恩格尔系数虽然下降,但是与全国平均水平相比,存在一定的差距。2006 年,全国人均食品支出为 3111.92 元,青海为 2366.42 元,相当于全国平均水平的 76.00%。

表 3　青海城镇居民 2000 年来的恩格尔系数

年 份	恩格尔系数 (%)	年份	恩格尔系数 (%)
2000	40.9	2004	35.7
2001	38.1	2005	36.3
2002	35.7	2006	36.2
2003	36.8		

2. 家庭信息化消费攀升,享受型消费起步。"十五"以来,城镇居民用于交通通讯、住房、医疗保健和教育文化娱乐服务等方面的消费呈上升趋势。

(1)交通和通信支出快速增加,家庭信息化

程度提高。2006年，居民人均交通通讯消费支出753.07元，比2000年增长153.0%，年均递增16.7%，居八大类消费增速之首，占消费性支出的比重为11.53%，比2000年上升了4.42个百分点，移动电话基本普及，每百户拥有量由2000年的10部增加到2006年的148部，极大地方便了居民生活，加快了生活节奏。

(2)住房消费快速增长，居住条件明显改善。改革加快了居民住房商品化、货币化进程，居民用于改善居住环境的支出大幅增长，消费比重上升。2006年，人均居住支出为653.04元，比2000年增长137.92%，年均增长15.5%，比重由2000年的6.56%上升到10.00%，上升了3.44个百分点；住房使用面积由2000年的人均12.06平方米增加到2006年的18.54平方米；居住二居室以上的家庭达89.43%，比2000年上升了21.25个百分点；居住成套率上升，比2000年上升5.00%。

(3)发展型服务消费持续升温。服务性消费是城镇居民生活质量改善的集中体现。近年来，居民消费需求发生了较大变化，消费方式由单一的物质消费向物质、精神消费转变，服务性支出增幅高于商品性支出增幅。2006年，城镇居民人均服务性消费支出达到1955.66元，比2002年增长15.32倍，(2000年指标口径不可比)年均增长74.80%，增幅高于消费性支出69.5个百分点。服务性消费支出占消费性支出的比重由2002年的28.5%上升到2006年的29.9%，上升1.4个百分点；医疗保健支出为542.93元，比2000年增长76.71%，年均增幅10.0%。所占比重由2000年的7.34%上升到8.31%，上升0.97个百分点；人均教育文化娱乐支出793.72元，比2000年增长了60.2%，年均增长8.2%，其中，教育支出比2000年增长1.30%。

二、影响居民生活的不利因素

消费是推动经济增长的驱动器。居民消费作为社会消费的重要组成部分，展现着经济发展的成果，展示着社会进步。近年来，城镇居民收入增长与经济发展不同步，影响消费升级，弱化了经济增长的后劲，延缓了可持续发展的步伐，成为制约青海经济发展的“瓶颈”。

(一)区域经济限制了有效需求。青海地处西部，地广人稀、资源大省、经济小省的客观现实，决定了经济起步低、发展慢，居民收入水平不高、有效需求不足的现实。在西部大开发政策的推动下，投资拉动了青海经济快速增长，提高了地区经济实力，改变了城市面貌，改善了人居环境。但是，经济总量和增长速度和其他省市相比，存在一定的差距。2006年，青海实现生产总值为641.58亿元，和上年同期相比，增幅为12.20%，绝对值在全国排列第30位，增幅排列在第20位，经济增长从根本上制约了居民收入的增长。

(二)收入增长低于经济增长。经济发展与收入增加、消费增长是正相关的关系。2000年以来，青海经济连续保持两位数的增长，最高增幅达到19.45%；居民收入增幅有三年为一位数，三年为两位数，增幅最高为13.23%。2006年，城镇居民实现人均可支配收入9000.35元，比2000年累计增长82.63%，年均增长10.60%；同期，实现生产总值641.58亿元，是2000年的2.43倍，年均增长15.00%；居民收入增幅低于GDP增幅4.40个百分点，收入增长长期低于GDP增长。

1. 居民收入增长缓慢。近年来，城镇居民收入增长缓慢，成为制约青海社会经济生活的主要矛盾。2000年以来，青海城镇居民人均可支配收入为5169.99元，2005年为8057.85元，2006年为9000.35元，与全国平均水平相比，分别相差1110.00元、2435.18元、2759.1元，居民收入排列在全国的末尾。

2. 对增资的依赖程度高。工薪收入历来是城镇居民支撑收入增长的主要来源。近年来，居民收入结构虽然发生了悄然变化，工资外收入增加，工薪收入在居民收入中的比重有所下降，但是，增资拉动收入增加的特征依然强劲。2006年，居民收入中，有95.03%的增长因素是来自增资拉动。

3. 工资外收入对居民收入的贡献小。改革开放，为城镇居民收入多元化开辟了广阔的空间，工资外收入逐渐增加。2006年，城镇居民收入构成中，工薪收入占总收入的 64.43%，转移性收入占 29.17%，经营性收入占 5.75%，居民家庭财产性收入占 0.64%，工薪收入和转移性收入在居民家庭总收入中的比重在 90%以上，经营性收入和财产性收入的比重不足 10%。

(三)居民收入差距持续拉大。“十五”以来，区域经济发展引发的收入差距引起了社会各界的关注。2000 年，青海城镇居民人均可支配收入与全国平均水平的差距为 1110.00 元，2006 年差距扩大到 2759.10 元；2000～2006 年，青海城镇居民基尼系数分别为 0.25、0.26、0.29、0.31、0.30、0.35、0.33，虽然在相对合理的区间，但是呈现不断扩大的态势。

1. 省内收入差距拉大。从城镇居民收入的绝对值变动情况看：2000 年，青海城市人均可支配收入为 5491.37 元，县城为 4559.30 元，城市和县城的人均可支配收入相差 932.07 元，2006 年，城市人均可支配收入为 9496.77 元，县城为 7921.27 元，城市和县城的人均可支配收入相差 1575.5 元，差距不断拉大；从行业看，国家机关、企、事业单位负责人、垄断行业构筑了城镇高收入户，而低收入户主要以中、小型企业的工人、下岗失业人员、城镇低保户和临时打工人员组成。

2. 高、低收入户收入差距拉大，近年来，高收入群体凭借国家政策、行业优势、垄断资源，“先富起来”，率先进入的小康富裕阶段，少部分人集中了大部分社会财富，与中、低收入户的生活形成鲜明对比。2000 年，城镇居民低收入户和高收入户之间的收入比是 1∶1.54，2006 年扩大到 1∶3.03；2000 年以来，有 60.00%的城镇居民人均可支配收入低于全省平均水平。

(四)有效需求不足。在全面建设小康进程的推动下，青海城镇居民基本摆脱了生存型消费，进入到发展型消费的初级阶段。但是，收入差距导致的社会需求不足，影响经济社会的协调发展。根据世界银行资料，1993～2004 年，高收入国家平均消费率为 78.4%，中等收入国家为 73.5%，低收入国家为 81.2%；2002 年，世界平均消费率为 80.1%，中国为 58.2%；2003 年，国际上中等收入国家的消费率为 75.00%，中国为 55.5%；2000 年～2006 年，青海最终消费率分别是 65.12%、67.60%、66.81%、66.06%、66.46%、66.39%、66.01%，低于国际水平，高于我国平均水平，呈持续走低态势。

1. 消费增长低于收入增长。“十五”期间，青海城镇居民消费长期低于收入增长，除 2001 年居民消费增幅为两位数外，其余年份均为一位数，2006 年，城镇居民消费增长成为“十五”以来的新低，支出是 6530.11 元，增幅为 4.56%，消费增幅比收入增幅低 6.04 个

2. 消费层次低。2006 年，城镇居民家庭总支出中，消费性支出占 74.31%，购建房支出占 4.66 占，转移性支出占 12.54%，财产性支出占 0.31%，社会保障支出占 8.45%，转型期的城镇居民面对购买住房、支付社会保障、医疗、教育等方面增加的支出，以降低即期消费，减少支出为首选。因此，消费层次不高。

3. 消费升级慢。2006 年，体现城镇居民消费升级的主要耐用消费品仍然以移动电话、彩电、冰箱、洗衣机、家用电话居多，每百户拥有量分别为 148.19 部、113.27 台、84.40 台、99.01 台和 85.52 部，家庭生活的社会化，使城镇居民在外用餐上升；衣着消费走向个性化；家用电器消费步入更新换代；足出户外，居家省内郊游成时尚；以家用汽车和高档信息产品为标志的第三代家用消费品，开始在高收入户中起步，每百户拥有家用汽车为 2.35 辆，每百户接入互联网的计算机和接入互联网的移动电话分别是 15.62 台和 0.13 部；购买大户型单元房除高收入户有支付能力外，中、低收入户主要以负债购房为主。也就是说，80.00%的城镇居民消费，依然徘徊在第二代消费升级的初级阶段，缓慢的推动着消费转型。

(五)群体间的消费反差加剧了内需不足。收入决定消费。从不同收入组的消费情况来看，2006 年，20.0%的高收入户消费性支出为 9972.24 元，这一群体在满足自身需求的条件下，主要以投资住房、有价证券为主；60.0%的中等收入户，以提高生活质量为目标，进入消费上升期；20.00%的低收入户，在改善生活需求的前提下，以积极应付养老、医疗、住房、教育方面增加的支出。消费趋势上，高收入群体拥有旺盛的购买力，但即期消费已经实现，消费倾向

走低，购买力主要以储蓄和金融资产投资的形式沉淀下来；低收入群体有着旺盛的消费需求，但没有购买能力，抑制了即期消费。（见表4）

表4　2006年相对收入不等距九组分组

单位：元

	最低10%	更低5%	低10%	较低20%	中间20%	较高20%	高10%	最高10%	更高5%
●消费支出	2185.18	1744.19	3689.19	4546.86	6733.02	8697.35	9972.24	14362.60	17755.88

（六）预期消费限制了消费升级。“十五”以来，城镇居民面对逐渐增强的消费预期和社会就业压力，在对未来收入增长预期不强的情况下，消费持续低迷，特别是城镇低收入户，消费更趋谨慎。2006年，城镇居民社会保障支出占家庭总支出的8.45%，比2002年增加4.32个百分点。居民在对收入预期不强的情况下，社会保障支出加大了居民的负担。

三、“十一五”时期，改善居民生活的有利条件

党的“十七”大，为新时期、新阶段发展经济，改善民生描绘了宏伟蓝图。指出：“坚持以人为本。全心全意为人民服务是党的宗旨，党的一切奋斗和工作都是为了造福人民。要始终把实现好、维护好、发展好最广大人民的根本利益作为党和国家一切工作的出发点和落脚点，尊重人民的主体地位，发挥人民的首创精神，保障人民的各项权益，走共同富裕道路，促进人的全面发展，做到发展为了人民，发展依靠人民，发展成果由人民共享。”加快经济社会的全面发展，改善人民生活水平，是全面落实科学发展观的集中体现。关注民生、改善民生，进一步提高青海人民生活水平，扩大居民消费，增强消费对经济发展的拉动作用，对于全面建设小康社会，加快推进社会主义现代化，开创中国特色社会主义事业新局面，具有重要意义。

（一）增加收入是主线

温家宝总理在今年政府工作报告中指出，“扩大消费需求，要努力增加城乡居民收入”。实现城镇居民收入持续、稳定增长，就要建立健全与经济增长相适应的工资支付制度、最低工资制度和最低工资标准调整机制，在保持城镇居民工资性收入持续增长的同时，不断拓宽居民增收渠道，“创造条件让更多的群众拥有财产性收入，”促进居民工资外收入较快增加。

深化收入分配改革是必然。我们要坚持效率优先、兼顾公平的原则，实行按劳分配为主体、多种分配方式并存的分配制度，把按劳分配与按生产要素分配结合起来，发挥市场机制对初次分配的基础性调节作用，健全劳动力价格的市场形成机制；提高企业离退休人员基本养老金标准、优抚对象抚恤补助标准、城市居民最低生活保障补助标准；改革公务员工资制度，建立国家统一的职务与级别相结合的工资制度和工资正常增长机制；加强对垄断行业收入分配的监管，合理调节垄断行业收入；强化税收对收入分配的调节功能，保护合法收入，调整不合理的收入，调节过高收入，取缔非法收入，防止收入分配两极分化。青海是“三江”之源，中华水塔，资源大省，经济小省，通过资源补偿机制，加大对青海转移支付的力度，缩小地区收入差距。

优化经济结构是出路。我们要坚持以市场化、产业化、社会化调整经济结构，创新思路，优化结构、增加就业、促进消费，滚动发展，提升传统产业的附加值，发展新兴产业，近年来，青海新兴发展的高原旅游业，每年以30.00%的速度递增，在依托青海独特的高原自然生态、历史文化、民族风情的基础上，努力把青海建设成全国著名的高原旅游胜地。在加快旅游景区、景点的基础设施建设，完善配套功能，全力打造环西宁“中国夏都”旅游圈、环青海湖风光和体育旅游圈、青藏铁路世界屋脊旅游带的同时，积极发展黄河上游水上明珠旅游、三江源生态旅游，以带动旅游交通、餐饮住宿、文化娱乐、运动休闲、旅游购物等相关产业协调发展，创造更多的就

业岗位，增加居民的收入。“十一五”期间，青海城镇居民将保持8.00%的收入增长速度，预计到2010年，人均可支配收入达到12200元以上。

（二）扩大居民消费是经济发展的趋势

“十一五”时期，是青海经济社会发展进入战略性调整的重要时期，虽然城镇居民消费层次较低，但是，传统的衣食温饱问题已经基本解决，而以住宅、汽车、旅游、信息通讯等为标志的现代消费热点基本开始形成，居民的消费结构、消费方式、消费趋势进入升级期，刷卡消费、网络购物渐成时尚，电子商务、送货上门消费增加较快，居民消费结构升级明显加快，新的消费亮点不断闪现，商品房销售温度不减，带动家居商品高速增长；汽车消费受到青睐；电子通讯、生活日用品和节庆消费前景市场广阔。

“十一五”期间，青海将以改善民生为重点，推进各项社会事业快速发展，大幅提高基本公共服务水平。公共卫生文化覆盖面扩大，社会保障水平提高。到“十一五”末，青海城镇职工基本养老保险覆盖人数扩大到64万人，失业保险参保人数扩大到37万人，基本医疗保险参保人数扩大到67万人，城镇新增就业15万人；加大对图书馆、剧院、体育馆等文化休闲娱乐场所的建设，改善居民的精神生活。通过我们的不懈努力，将使全省各族人民学有所教、劳有所得、病有所医、老有所养、住有所居，真正做到改善民生，促进民和，确保民安。

作者：青海省调查总队

2007

三、消费结构篇

城乡消费需求与收入分配结构的相关性研究

对于我国近年消费需求不振的原因，经济学界提出了各种解释。有一种观点认为：收入分配差距的拉大，是居民消费需求不振的重要原因。经验事实表明，低收入者的收入主要来自工资收入，高收入者的收入主要是财产性收入。当经济发展处于上升阶段时，投资以累积的比率扩大，一方面会使利润增加，另一方面也会转化为资本存量，使得利息提高，结果是财产性收入迅速上升，工资收入虽然也有所增长，但速度缓慢。这样，工资收入在总收入中的比重下降，非工资收入比重上升，穷者相对越穷，富者相对越富。尽管穷者有较高的消费倾向，但总体收入增长的缓慢限制了消费总量，而富者储蓄倾向却随着收入上升不断提高。因此，全社会的消费倾向有下降的趋势，有效需求不足开始出现。近年来，拉动经济增长的"三驾马车"中投资与出口增长强劲，而作为拉动国民经济增长主要动力源之一的消费需求相对不足。

一、城乡居民消费需求与收入分配的现状

(一)城乡消费需求相对不足

消费需求是经济增长的动力源之一，20 世纪 90 年代后期以来，居民尤其是农村居民消费不振已成为影响我国国民经济快速健康发展的制约因素。随着买方市场的形成，一方面是产品供大于求；另一方面是城乡居民储蓄存款余额大幅增长，居民消费欲望不强；生产和消费形成了一对矛盾，经济发展形态已由供给约束型转向需求约束型。以福建为例，1990 年以来福建社会的最终消费率(最终消费额与国民生产总值的比例)呈现出了逐步下降的趋势(见图 1)。

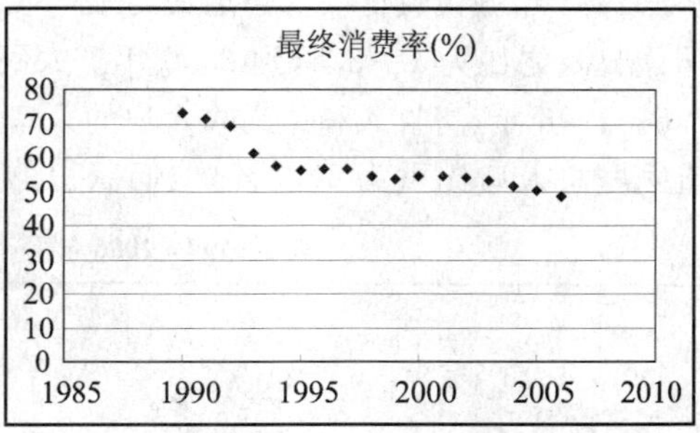

图 1　福建社会的最终消费率 1990～2006

除了最终消费率，近年来我国城乡居民的平均消费倾向(消费支出占可支配收入的比重)总体上也呈下降趋势，以福建为例如图 2 所示。

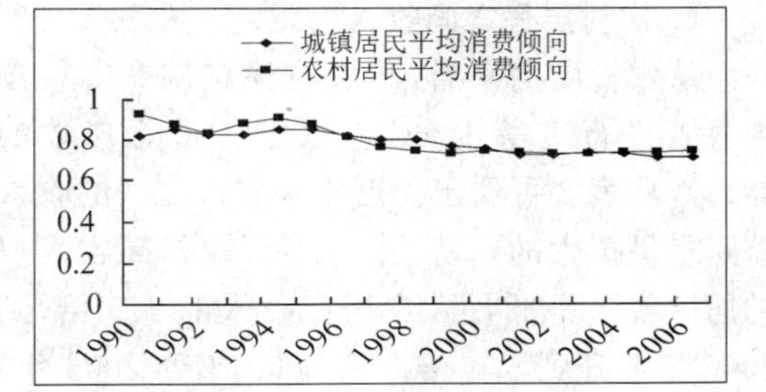

图 2　福建城乡居民的平均消费倾向 1990～2006

(二)城乡居民收入分配差距逐渐拉大

目前，我国居民生活水平有了很大提高，从总体上看，绝对收入都增加了，同时人们的收入差距也拉开了，城乡居民的收入结构已呈现多层次化趋向。居民收入差距的拉大，意味着一部分人绝对收入可能并没有下降，但相对收入下降了。收入差距的扩大，逐渐形成了不同的收入阶层，也因此而逐渐形成了不同的消费阶层。由于我国城乡居民收入的统计是分离的，因此我们可以先从城镇和农村两方面来考察我国城乡居民内部的收入分配结构，然后再分析城乡居民之间的收入差距。以福建为例，具体

情况参见表1和表2;其中人口比重是指每个收入等级人口数占总调查人口的比重,收入比重是指每个收入等级人口数乘以相应等级的人均可支配收入与调查户可支配总收入之比。

1. 城镇居民之间收入差距

表1数据显示,从1996年到2006年,福建城镇不同收入阶层之间的居民收入差距呈扩大之势。1996年城镇最低收入户居民与最高收入户居民收入之比为1∶3.5,到2006年扩大到1∶6.5。1996年,高收入和最高收入户的人口占调查家庭总人口比重为18.3%,他们获得的收入占调查户可支配总收入的比重为29.9%。相反,占人口22.1%的低收入和最低收入户收入比重只有13.5%。到2006年,占人口比重只有17.9%的高收入和最高收入户在总收入中所得到的份额上升到35.2%,而处于低收入和最低收入户人口比重占21.5%,收入比重却降为9.7%。这意味着,当前全省城镇有20%多的人口获得的收入占总收入的比重不足10%,而另外不足20%的人口却获得了社会总收入的三分之一以上。

表1 1996、2006年福建城镇不同收入层次的居民收入情况

	年份	最低收入	低收入	中下收入	中等收入	中上收入	高收入	最高收入
人口比重(%)	1996	11.1	11	20.4	20.1	19.2	9.4	8.9
	2006	11.0	10.5	21.0	20.4	19.1	9.2	8.7
人均可支配收入(元)	1996	3096.37	3709.89	4380.38	5222.47	6332.49	7617.40	10698.72
	2006	4785.17	6784.85	8761.93	11424.06	15225.60	19888.0	31140.16
收入比重(%)	1996	6.2	7.3	16.0	18.8	21.8	12.8	17.1
	2006	4.1	5.6	14.3	18.1	22.7	14.2	21.0

2. 农村居民之间收入差距

从农村层面来看,将农村住户调查资料按纯收入进行5等份分组(每组各占总户数的20%),从表2可看出。近年来农民之间的收入差距也呈扩大的趋势。2000年,农村高收入户的居民收入是低收入户居民收入的4.9倍,到2006年上升到5.4倍。从2000年到2006年,低收入户居民人均纯收入增长31.2%,年平均增长4.6%,而高收入户居民增长45.6%,年平均增长为6.5%,年平均增幅比低收入户高2.0个百分点,收入越低,增长越难。农村居民家庭的基尼系数由2000年的0.30扩大到2006年的0.36,表明农户间收入差距拉大。

表2 2000、2006年福建农村不同收入层次的居民收入情况

	年份	低收入	中下收入	中等收入	中上收入	高收入
人口比重(%)	2000	21.7	21.1	20.6	19.6	16.9
	2006	23.0	21.7	19.4	19.4	16.5
人均纯收入(元)	2000	1404.38	2166.07	2841.20	3654.47	6881.77
	2006	1842.41	3343.49	4487.06	5992.54	10016.45
收入比重(%)	2000	9.5	14.2	18.1	22.2	36.1
	2006	8.8	15.0	18.0	24.1	34.1

3. 城乡居民之间收入差距

从表3可看出,与城乡居民内部收入差距呈扩大之势一样,近年来城乡居民之间的收入差距也在进一步拉大。城镇居民与农村居民之间的收入差距比从1996年的2.24扩大到2006年的2.84,而实际上可能更高。由于城镇居民享受到的各种福利性补贴无法统计,如教育、住房、医疗,以及公共用品上的消费,比如用电,公共交通等,实际收入被低估,城乡居民收入差距实际会更高。

表 3　1996～2006 年城乡居民收入差距情况

年　份	城镇居民可支配收入(元)	农村居民纯收入(元)	收入差距比
1996	5574	2492	2.24
1997	6144	2786	2.21
1998	6486	2946	2.20
1999	6860	3091	2.22
2000	7432	3230	2.30
2001	8313	3381	2.46
2002	9189	3539	2.60
2003	10000	3734	2.68
2004	11175	4089	2.73
2005	12321	4450	2.77
2006	13753	4835	2.84

二、消费需求与收入分配的三大关系

收入分配与消费需求的关系，在现有的各种消费理论中找不到现成的明确结论，它们的关系隐含在消费函数逻辑推理的背后。研究现代西方消费理论一般都从凯恩斯的消费函数理论开始。凯恩斯在《就业利息与货币通论》(The General Theory of Employment Interest and Money)中成功地将消费与收入水平相联系，明确地将消费作为收入的绝对水平的函数，并用边际消费倾向(MPC)、平均消费倾向(APC)和消费率等概念来阐述消费与收入之间的关系。

1. 从平均消费倾向(APC)看消费与收入之间的关系

凯恩斯的消费函数理论一般被称之为绝对收入假说(absolute income hypothesis)，其要点是:当前消费主要依赖于当前收入。凯恩斯的绝对收入假说对消费函数理论做出了重大贡献。其绝对收入假说的方程式可简单地表示为：

$$C=C_0+\alpha Y_D \quad (1)$$

式中 C 代表消费，C_0 表示自主消费，是常数，α 表示边际消费倾向(MPC)，Y_D 是即期可支配收入。凯恩斯认为边际消费倾向是递减的，从感性经验方面来看，居民和家庭在收入水平比较低的时候，必然要消费掉大部分的收入以保证日常生活。当收入水平上升到一定程度的时候，居民就会对消费在各个人生阶段上进行分配，以实现效用的最大化，而且，居民也必须对日后的大宗消费进行储蓄。因此边际消费倾向是随着收入水平的提高而下降的，收入 Y_D 越高，α 值越小。

(1)式两边同时除以 Y_D，得到

$$C/Y_D=C_0/Y_D+\alpha \quad (2)$$

左边 C/Y_D 即为平均消费倾向(APC)。由于自主消费 C_0 是常数，α 是递减的，因此平均消费倾向 APC 随着即期可支配收入 Y_D 的增加而下降。这表明一个人收入越高，消费占收入比重越低，储蓄所占比重越高，也表明高收入阶层的平均消费倾向低。由此可以推出，如果收入分配极端不均，收入集中于少数高收入阶层，整个社会的平均消费倾向(APC)就会降低，从而抑制消费，出现消费不足和低迷。这是从凯恩斯绝对收入假说逻辑推理的背后推导出来的结论，也是关于收入分配和消费需求关系最有力的观点。这种观点虽然后来受到生命周期假说(life cycle hypothesis)和持久收入假说(permanent-income hypothesis)的冲击(这两种假说隐含收入分配不影响消费的结论)，但由于这两种假说都有许多严格的假设条件，这些假设又远离现实，在严格假设条件下得出的收入分配不影响消费的结论经不起实践的检验，并没有对凯恩斯的绝对收入假说造成实质性威胁。二十世纪七八十年代消费理论的新发展，进一步论证了收入分配确实会影响总消费，从而进一步证实了凯恩斯绝对收入假说的正确性。

2. 从边际消费倾向(MPC)看消费与收入之间的关系

我们首先假定全社会中存在着三种类型的收入水平，即为高收入水平、中收入水平、低收入水平，三种收入水平在全社会总收入中所占的比重分别为 $G\%$，$Z\%$，$D\%$，具有这三种收入水平的居民的边际消费倾向分别为 α_G，α_Z，α_D，我们假定全社会收入变化为 $\Delta Y=100$。根据边际消费倾向的定义，此时全社会的边际消费倾向是：

$$(G\alpha_G+(100-G-D)\alpha_Z+D\alpha_D)/100 \quad (3)$$

我们假定居民的收入结构发生以下变化：

高收入水平者的收入比重增加为$(G+X)\%$，中等收入者的收入比重不变，低收入水平者的收入比重降低为$(D-X)\%$，这实际上就表明居民收入分配差距扩大了。在收入分配结构变化之后，全社会的边际消费倾向为：

$$((G+X)\alpha_G+(100-G-D)\alpha_Z+(D-X)\alpha_D)/100 \qquad (4)$$

我们可以比较收入结构变化前后的全社会边际消费倾向。将(4)、(3)相减，结果为：

$$((\alpha_G-\alpha_D)X)/100 \qquad (5)$$

这样，只要比较 α_G 和 α_D 的大小，就可以知道收入分配结构的变化会对全社会的边际消费倾向产生怎样的影响。由于边际消费倾向的递减规律，高收入水平的居民群体有着较低的边际消费倾向。这就意味着 α_G 小于 α_D，公式(5)的值小于零，由此可见，收入分配差距拉大后的全社会边际消费倾向下降了。

3. 从储蓄动机看收入与消费的关系

消费理论认为，居民的储蓄动机可以大致分为三类，分别是生命周期储蓄动机、预防性储蓄动机和遗赠性储蓄动机。

生命周期储蓄是指居民为了在他整个的生命周期当中，能够均匀地分配自己的收入和消费，使自己在收入减少时能够维持生计而进行的储蓄，这涉及到消费和储蓄的跨期选择问题。预防性储蓄动机是指居民面对未来生活中收支的不确定性，为防止意外情况的发生而进行储蓄的动机。在我国制度转轨的背景下，计划经济体制下的各种社会福利制度被取消，市场化改革逐步走向深入，一些在计划经济体制下被国家承包起来的大宗消费项目也开始由居民承担，例如住房、高等教育、医疗、养老等等，因此居民开始面临未来支出的不确定性。另一方面，经济体制改革也打破了劳动力市场上不合理的终身雇佣制度，引入了人才竞争机制，居民的劳动收入也失去了稳定性，下岗、失业也成为居民必须面对的事实。

上述两种储蓄动机普遍存在于各个收入阶层。这是因为，无论居民的收入情况如何，都会拿出收入的一部分储蓄起来，一方面作为日后丧失劳动能力时的消费基金，另一方面防范可能出现的大宗消费项目。但是，对于各个收入层次的居民来说，基于预防性动机的储蓄在收入中所占的比例是不同的。对于低收入的居民来说，他们对于未来收入和支出不确定性的预防性储蓄是按轻重缓急来排序的，具体来说是按照对家庭成员的生计造成影响的程度来进行储蓄的，超出其收入承受范围的储蓄计划就无法被执行。也就是说，低收入家庭只能预防那些自身有能力预防的不确定性事件。随着家庭收入水平的提高，预防性储蓄的范围也会随之扩大，家庭成员会对未来的收支不确定性进行更为详尽的预防，尽最大可能进行储蓄，以避免因发生意外事件对家庭造成影响。

遗赠性储蓄同样如此，这是指居民基于对子孙后代的关怀，为子女今后的生计或发展考虑而进行的储蓄。一般来说，居民只有在满足了基本的生活要求，并且已有足够的生命周期性储蓄和预防性储蓄后，才有能力为下一代进行储蓄。因此，高收入水平居民在新增收入中进行遗赠性储蓄的比例就要远远高于低收入居民。

综合三种储蓄倾向来看，高收入居民的预防性储蓄倾向和遗赠性储蓄倾向要高于低收入居民。因此，可以认为高收入居民的边际消费倾向低于低收入居民。

三、收入水平决定消费需求

(一)城镇居民收入差距与平均消费倾向

为了进一步确定收入分配差距和消费需求之间的关系，我们建立一元线性回归方程，以基尼系数(X)作为解释变量，以居民的平均消费倾向(Y)作为被解释变量，采用表 4 的数据进行回归分析。

表 4　福建城镇居民平均消费倾向与基尼系数

年　份	平均消费倾向	基尼系数
1994	0.85	0.25
1995	0.85	0.25
1996	0.82	0.26
1997	0.80	0.28

续表

年　份	平均消费倾向	基尼系数
1998	0.80	0.29
1999	0.77	0.29
2000	0.76	0.31
2001	0.72	0.31
2002	0.72	0.33
2003	0.74	0.33
2004	0.73	0.33
2005	0.71	0.33
2006	0.71	0.34

利用统计软件 SPSS 进行分析，步骤为：

(1)建立数据文件，定义“平均消费倾向”变量为 Y，定义“基尼系数”变量为 X，并拷入相应数据；

(2)选择主菜单[Analyze]=>[Regression]=>[Linear]，打开[Linear Regression]主对话框。在左边列表框中选定变量 Y，单击按钮，使之进入[Dependent]框，选定变量 X，单击按钮使之进入[Independent(s)]框。分析结果如下：

Variables Entered/Removed

Model	Variables Entered	Variables Removed	Method
1	X[a]	.	Enter

a. All requested variables entered.

b. Dependent Variable：Y

Model Summary

Model	R	R Square	Adjusted R Square	Std. Error of the Estimate
1	.964[a]	.929	.922	.01436

a. Predictors：(Constant)，X

ANOVA[b]

Model		Sum of Squares	df	Mean Square	F	Sig.
1	Regression	.030	1	.030	143.377	0.000[a]
	Residual	.002	11	.000		
	Total	.032	12			

a. Predictors：(Constant)，X

b. Dependent Variable：Y

Coefficients[a]

Model		Unstandardized Coefficients		Standardized Coefficients	t	Sig.
		B	Std. Error	Beta		
1	(Constant)	1.227	.039		31.807	.000
	X	−1.532	.128	−.964	−11.974	.000

a. Dependent Variable：Y

从分析结果可得到回归方程：

$$\hat{Y}=1.227-1.532X$$

$R^2=0.929$，方程拟合系数为 0.929，这表明解释变量和被解释变量有显著的相关关系。

t 检验和 F 检验结果为：

($t=31.807$，SIG=0.000)

($t=-11.974$，SIG=0.000)

$F=143.377$，SIG=0.000(Sig 表示实际显著性水平，即 p 值)

回归方程通过 t 检验和 F 检验。回归系数有明确的经济意义，当代表收入分配差距的基尼系数上升 1 个百分点时，居民的平均消费倾向就下降 1.532 个百分点。这也验证了前面的理论分析结果，即收入差距拉大会抑制居民的消费。

(二)城乡之间收入差距比和最终消费率

用同样的方法建立一元线性回归方程，以城乡收入差距比(X)作为解释变量，以最终消费率(Y)作为被解释变量，采用表 7 的数据利用 SPSS 软件进行回归分析。

表 5　1997～2006 年福建城乡居民收入差距与最终消费率

年　份	最终消费率	城乡收入差距比
1997	56.8	2.21
1998	54.6	2.20
1999	53.6	2.22
2000	54.4	2.30
2001	54.4	2.46
2002	54	2.60
2003	53.2	2.68
2004	51.6	2.73
2005	50.2	2.77
2006	48.6	2.85

分析结果可得到回归方程：

$\hat{Y}=72.697-7.817X$

$R^2=0.697$，方程拟合系数为 0.697

t 检验和 F 检验结果为：

（$t=15.860$，SIG＝0.000）（$t=-4.286$，SIG＝0.003）

$F=18.374$，SIG＝0.003

回归方程通过 t 检验和 F 检验。

这表明解释变量和被解释变量具有较强的相关性。城乡收入分配差距与最终消费率之间呈负相关关系，收入分配差距越大，最终消费率越低。从数据分析结果看，近些年来最终消费率的不断下降显然与城乡居民之间收入分配差距扩大有关。

四、政策建议

（一）努力提高农村居民收入水平，缩小城乡收入差距

对于农村居民来说，要提高其收入水平，需要从以下几个方面努力：

一是要缩小工农业产品价格"剪刀差"，提高农业生产的收益率。只有这样，才能提高农业生产的收益率，使农户的储蓄和其他资金积极地用于农业生产，而不是通过金融系统流向收益率更高的部门，尤其是流向城市工商业部门。只有这样，才能保护农民生产积极性，进而提高农民收入。

二是要完全开放劳动力市场，彻底改革现有城乡分割的户籍管理制度。巨大的城乡居民收入差距来源于城乡经济的显著差异，这种差异主要是劳动力的流动受到抑制，形成了分割的农村劳动力市场和城市劳动力市场，这种分割的劳动力市场又是现有城乡分割的户籍管理制度造成的，因此完全开放劳动力市场，形成统一的劳动力市场，就必须彻底改革现有城乡分割的户籍管理制度。如果把户籍管理制度的改革与城市的各种补贴制度（如住房补贴、交通补贴等）改革相配套，实现农村居民和城市居民同样的国民待遇，将有助于形成城乡经济的一体化，缩小城乡居民收入差距。

三是要加大对农业的资金投入，增加农业预算支出。农业是弱质产业，比较利益低，在市场经济体制下，资源配置的利益倾向会导致农业投入的严重不足。因此，国家要加大对农业的投入，尤其是加入 WTO 后，受冲击最大的是农业，更要加大对农业的投入，从政策上加大倾斜度，特别是对农村基础设施、教育、科学研究及技术推广的投资和支出要提高，对贫困地区的投入要增加。国家农村预算支出占农业国内生产总值的比例要大大增加。

四是要切实减轻农民负担。近些年，一些地方农民负担增加超过了农民的承受能力，严重挫伤农民发展生产的积极性，损害党群、干群关系。各级人民政府必须高度重视，把减轻农民负担问题真正提到议事日程，作为当前治理整顿、加强廉政建设的一项重要工作认真抓好。

（二）改善城镇居民收入分配结构

1. 努力提高低收入群体的收入水平

随着我国经济社会改革的不断深化，城镇居民中也出现了相当数量的下岗工人和失业者，他们的收入较低，提高该群体的收入水平也是刻不容缓的。为此，必须千方百计采取多种举措提高低收入群体的收入。

一是增加就业机会，提高城镇低收入家庭的劳动技能。城镇低收入家庭收入低、增收缓慢的关键因素就是其家庭人员就业率太低。针对城镇低收入家庭人员文化程度低和劳动技能不高的状况，一方面，应为他们提供更多的适合工作岗位，增加就业机会。各级政府可以结合本地的市政建设、城镇创建、城镇环卫、城镇绿化等工作，加大投资开发公益性岗位，优先安置城镇低收入家庭人员的就业。另一方面，提供免费的劳动技能培训。不仅需要加强对上岗前的培训，即使在适合的就业岗位上工作了，并非意味着可以取得较多的收入和增收的机会，还应进一步加强对他们的工作技能培训，为今后选择新的就业岗位或自行创业奠定基础。

二是加强对企业职工工资增长的监督指导，确保城镇低收入群体的就业者工资的正常增加。城镇低收入家庭的就业者主要就业于企业，所从事的行业也是国家非垄断行业，由于以往工资增加缓慢甚至多年得不到增加，所以导

致低收入化。如果长期不能改变这一状况，不仅影响职工家庭收入增长，也会扩大收入差距。为此，各级政府应高度重视企业职工工资正常增长机制的建立和完善，以企业职工工资与企业效益保持同步增长为原则，加强对企业收入分配的监督指导，规范企业工资标准的确定和工资增长的程序，让"涨工资"成为城镇低收入家庭的增收主渠道。

三是与经济发展保持同步，适时提高城镇居民最低生活保障线。各级政府应根据本地的经济发展和财政收入的增长水平，逐年从财政收入中提高收入再分配资金的比例，并适时提高城镇居民最低生活保障线，让更多的城镇低收入家庭享受到城镇最低生活保障线政策，享受到改革开放和社会主义现代化建设的成果。

2. 稳定和扩大中等收入群体

中等收入者有较高的消费欲望和消费能力，但仍然面对着未来收入和支出的不确定性，缺乏良好的预期和消费信心。要刺激中等收入阶层的消费需求，首先要深化与居民收入、消费关系密切的体制改革，稳定中等收入者的收支预期，增强其消费信心和物质基础。力图避免中等收入群体中一部分由于没有稳定的收入来源进入低收入阶层

3. 适当调节部分居民的高收入

收入分配差距的迅速拉大，不仅降低了总体的消费需求，也影响到了我国的社会稳定与和谐发展。即使是合理又合法的收入，如果收入水平过高，超过了大多数居民的收入水平，也必须通过一定的手段进行调节，调节的方式主要是制定适当的税种和税率。我国目前已经开征了个人所得税，但是还存在着一些不尽合理的地方。同时，要加大税率对不同收入群体的调节力度。通过个人所得税、利息税和遗产税等税种和适当的税率，降低部分居民的高收入。

总之，从促进消费需求增长、提高居民消费倾向的角度来看，我国收入分配政策调控的目标应是形成"橄榄"型的收入分配结构，即中等收入者占据社会居民的较大比重，低收入和高收入者都只占社会居民的一小部分。对于中等收入者来说，其预防性储蓄倾向比低收入者要低，而遗赠性储蓄倾向由于受到收入总量的限制，又要低于高收入者。因此，中等收入者的边际消费倾向实际上是最高的。要提高居民总体的消费水平，避免有效需求乏力的情况出现，就应当大力提高中等收入者在居民中所占比例，使我国社会的收入分配结构向"橄榄"型的收入分配结构转变。

参考书目：

潘成夫：我国最终消费率与收入分配的实证分析，现代财经(天津财经学院学报)2006.7

刘振彪、尹剑锋：收入分配差距影响中国经济增长的实证分析，深圳大学学报人文社科版，2005.5

秦顺乔、周永祥：边际消费倾向递减规律实证分析，商贸论坛·应用研究，2006.3

张平：中国转型过程中的分配和消费，现代经济探讨，2002.5

张东辉、司志宾：收入分配、消费需求与经济增长——来自中国农村的证据，福建论坛，人文社科版，2006.9

张平、杨丽萍：当前我国消费需求不足的成因与对策，《商场现代化》，2006.7

作者：福建调查总队课题组

北京城市居民消费需求变动趋势制约因素及对策

扩大内需是我国经济发展的长期战略方针和基本立足点。中央经济工作会议明确了在“十一五”期间要提高消费对经济增长的贡献率，改变一直以来过度依赖投资的增长模式，以推动中国经济在“重要战略机遇期”实现平稳较快的发展。这是“十一五”期间我国经济工作的指导思想和主要任务。而“十五”期间北京市居民消费占最终消费的比重均在六成以上，其变动趋势如何，将决定全市国民经济发展的基本走势。因此，研究居民消费需求变动趋势、剖析制约居民消费需求成因，为提高“十一五”期间消费对经济增长的贡献率，为政府制定相关对策提供科学依据，具有重要意义。

一、“十五”期间居民消费水平发展状况

“十五”时期，北京市经济保持健康较快增长，经济总量突破 6000 亿元，GDP 年均增长 11.9%，高于“九五”时期 1.6 个百分点，人均 GDP 在 2005 年突破 5000 美元大关，达到了国际中上等收入国家水平。

(一)收入水平增速加快

“十五”时期，随着全市经济发展速度的加快，城市居民收入水平也相应地进入了一个快速增长时期。2005 年，城市居民人均可支配收入达 17653 元，比 2000 年增长 70.6%，扣除价格因素，实际增长 64.2%，年均实际递增 10.4%，高于“九五”时期 3.3 个百分点，实现了收入的快速增长(见图 1)。

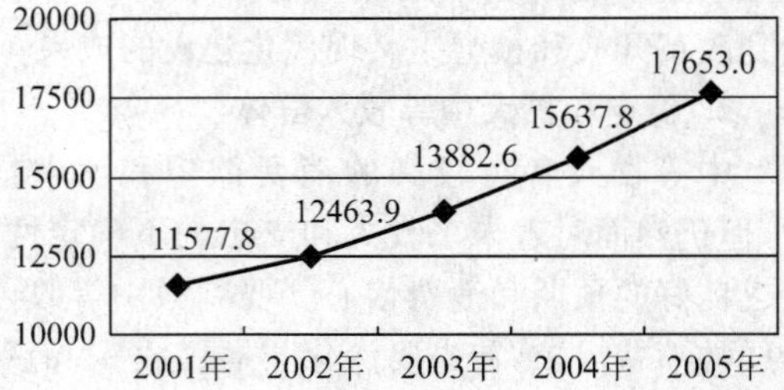

图 1 “十五”时期北京城市居民收入变动趋势(元)

(二)消费水平稳步上升

随着居民收入水平的提高，消费水平也稳步攀升。2002 年，全市城市居民人均消费支出首次突破万元，2005 年达到 13244.2 元，比 2000 年增长了 55.9%，扣除价格因素，实际增长 50%，年均递增 8.4%，高于“九五”时期 2.2 个百分点。

表 1 “十五”时期北京城市居民收入与消费水平

年份	收入			消费		
	人均可支配收入(元)	按当年价格计算的环比指数(%)	按可比价格计算的环比指数(%)	人均消性支出(元)	按当年价格计算的环比指数(%)	按可比价格计算的环比指数(%)
2000	10349.7	—	—	8493.5	—	—
2001	11577.8	111.9	108.5	8922.7	105.1	101.9
2002	12463.9	107.7	109.7	10285.8	115.3	117.4
2003	13882.6	111.4	111.2	11123.8	108.1	107.9
2004	15637.8	112.6	111.5	12200.4	109.7	108.6
2005	17653.0	112.9	111.2	13244.2	108.6	107.0

(三)消费对经济增长的贡献率下降

“十五”期间,北京市城市居民消费水平虽稳步上升,但消费率则出现逐年走低趋势。年均最终消费率和居民消费率分别为52.1%和33.9%,2005年双双降到了5年间的最低点(见图2)。“十五”期间年均居民消费率低于国际平均水平约26个百分点。而同期年均投资率则高于年均最终消费率0.8个百分点,2003年投资率达到了5年间最高值54.5%,高于消费率1.6个百分点。表明“十五”期间,消费对经济增长的拉动作用呈减弱趋势,其对经济增长的贡献率低于投资。

据测算“十五”时期,全市最终消费、居民消费、投资对经济增长的年均贡献率分别为50.1%、29.5%和51.5%,最终消费对经济增长的年均贡献率低于投资1.4个百分点。居民消费年均贡献率比“九五”时期下降1.8个百分点,投资年均贡献率比“九五”时期上升11个百分点,印证了居民消费对经济增长的贡献率呈下降态势,经济增长对投资的依赖程度较强。

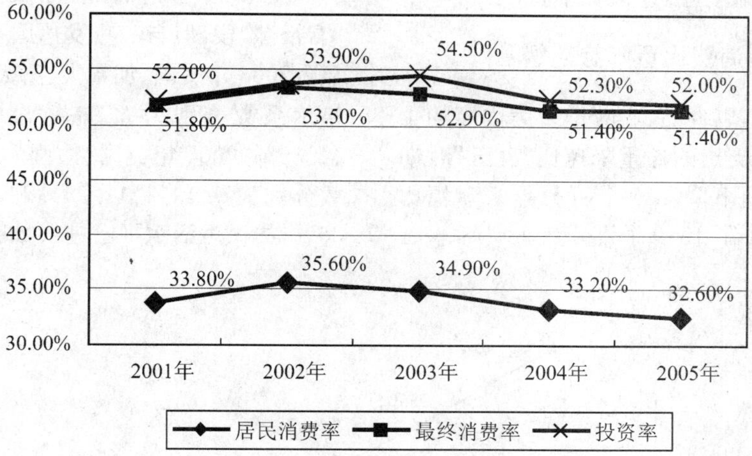

图2 “十五”时期北京消费与投资率变动趋势

二、居民消费结构变动特点

消费结构的变化,也反映了居民消费需求的变化。判断消费结构是否趋向优化,可依据消费统计学理论“生存性消费比重是否下降,发展、享受型消费比重是否上升”来进行判断。消费统计学将居民消费八大类(见表2)分为生存型消费和发展、享受型消费两类。其中“食品”、“衣着”支出,是用于满足基本生活需要的消费项目,属于生存型消费;“医疗保健”、“娱乐教育文化服务”和“杂项商品与服务”是用于开发智力,培养美育、德育,增强体质等需求的消费项目,属于发展型消费;而“家庭设备用品及服务”、“交通通信”和“居住”则用于满足生活舒适、爱好、增强生活情趣等需求的项目,属于享受型消费。

表2 “十五”期间北京城市居民消费支出构成(%)

项 目	2000年	2001年	2002年	2003年	2004年	2005年	2005比2000年增减(百分点)
消费支出	100.0	100.0	100.0	100.0	100.0	100.0	—
1.食品	36.3	36.2	33.8	31.7	32.2	31.8	−4.5
2.衣着	8.9	9.2	8.4	8.2	8.7	8.9	0.0
3.家庭设备用品及服务	12.9	9.5	6.2	6.3	6.8	6.4	−6.5
4.医疗保健	7.0	7.6	9.2	8.9	9.7	9.8	2.8

续表

项 目	2000年	2001年	2002年	2003年	2004年	2005年	2005比2000年增减(百分点)
5.交通和通信	7.1	8.6	12.4	15.2	12.8	14.7	7.6
6.教育文化娱乐服务	15.1	16.0	17.6	17.7	17.3	16.5	1.4
7.居住	6.9	6.6	9.0	8.6	8.7	7.9	1.0
8.杂项商品和服务	5.8	6.3	3.5	3.4	3.8	4.0	−1.8

注:表中"居住"是指住房维修用的建筑材料、房租、维修服务费及水、电、燃料方面的支出,不含购建房支出。在城市住户统计调查里,城镇居民购建房支出属非消费性支出。

表2显示"十五"期间全市城市居民消费结构发生了明显变化,主要呈现如下特征:

(一)生存型消费比重降势趋缓

"十五"期间,以食品、衣着消费为内容的生存型消费占消费支出的比重降速比"九五"时期有所放缓,5年间下降4.5个百分点。降幅比"九五"时期,缩小了13.9个百分点。

2005年北京城市居民恩格尔系数为31.8%(见图2),标志着北京居民生活水平进入了"富裕"阶段,但与一些发达国家相比,仍差距明显。2003年美国、加拿大、澳大利亚和日本的恩格尔系数分别为6.99%、9.88%、10.51%和14.39%;2004年英国、法国和韩国的恩格尔系数分别为9.19%、14.24%和15.69%,均低于30%,居民生活水平已进入"最富裕"阶段。

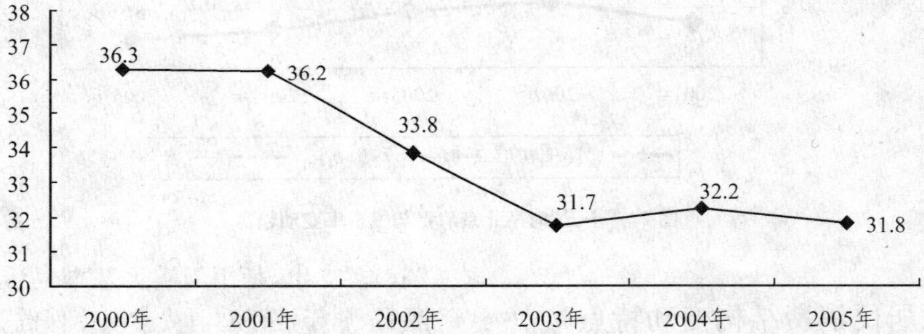

图3 "十五"期间北京城市居民恩格尔系数(%)

(二)发展和享受型消费比重缓慢攀升

随着人们生活水平的提高,生存型消费比重下降的同时,发展和享受型消费比重缓慢攀升。表2显示,"十五"期间,八大项支出中"医疗保健"等发展型消费占总消费支出的比重共增长了2.4个百分点,其中医疗保健消费上升2.8个百分点,教育文化娱乐服务消费上升1.4个百分点,这与近年来医药费虚高、教育收费高涨密切相关外,还与居民越来越关注自身的健康和子女教育有关,在保健和教育方面加大了投入。

交通通信、居住等享受型消费比重"十五"期间增长2.1个百分点,这与近年来手机和互联网的迅速普及以及家用汽车拥有量增加,居民"行"、"信"消费档次快速提升有关,使交通通信占消费支出的比重升幅达到了7.6个百分点;此外,居住消费占总消费支出的比重增长了1个百分点;而家庭设备用品及服务消费比重则下降6.5个百分点,说明"十五"期间,城市居民家庭设备用品已趋于饱和水平。

上述消费结构变动分析表明,"十五"期间,北京城市居民合理的消费结构模式已形成,并逐年趋向优化。但生存型消费比重降势趋缓;发展、享受型消费比重呈缓慢攀升态势。

三、居民消费需求及投向

(一)居民基本消费需求占收入超四成

居民基本消费需求是保证人类生存和再生产所需要的基本消费量，是提高和丰裕居民物质和文化生活的起点。研究居民基本消费需求，对于科学合理配置生产、协调产业结构，为实现市场基本生活消费品和高层次生活消费品的合理供应，满足居民消费需求，制定扩大消费需求的相关政策提供参考依据。

在此，采用扩展线性支出系统模型(ELES)〔详见附录〕，利用2005年北京城市居民住户调查资料，测定居民基本消费需求。从表3合计一栏可见，2005年，全市居民年人均基本消费需求水平为7719.15元，同年人均可支配收入为17653元，人均基本消费占人均可支配收入比重为43.7%，比重与1998年比上升不到1个百分点(1998年人均基本消费需求/人均可支配收入=43.1%)，基本持平。表明居民为满足其生活基本需要，所需支付的货币量约占其收入的43.7%，而剩余收入，即收入的56.3%则投向更高层次的享受、发展类消费、非消费支出和储蓄。

表3　2005年北京城市居民基本消费需求额及需求比重

消费类别	人均消费性支出(元)	人均基本消费需求(元)	基本消费需求比重(%)
	(1)	(2)	(3)=(2)/(1)
食品	4215.56	3239.68	76.85
衣着	1184.14	630.77	53.27
家庭设备用品	852.18	293.16	34.40
医疗保健	1295.76	910.54	70.27
交通通讯	1943.48	744.31	38.30
娱乐文教	2186.55	1247.19	57.04
居住	1039.78	452.55	43.52
杂项、服务	526.76	200.94	38.15
合 计	13244.21	7719.15	58.28

表4　1998年北京城市居民基本消费需求额及需求比重

消费类别	人均消费性支出(元)	人均基本消费需求(元)	基本消费需求比重(%)
	(1)	(2)	(3)=(2)/(1)
食品	2865.73	2209.42	77.09
衣着	713.69	354.86	49.77
家庭设备用品	794.13	78.83	9.93
医疗保健	347.88	178.51	51.31
交通通信	369.54	184.86	50.07
娱乐文教	964.19	498.44	51.70
居住	528.28	69.07	13.07
杂项、服务	387.40	77.96	20.12
合 计	6970.80	3651.95	53.39

同时在表4列出1998年北京城市居民基本消费需求测定的相关数据，与2005年进行对比分析，呈现如下特征：

1.“食品”基本消费需求比重下降，但仍居各类消费之首

这反映了食品类消费的弹性较小，其基本消费需求与实际消费支出差距不大。从数值上看，2005年的比重略小于1998年，这也说明，随着生活水平的提高，全市居民对食品的消费也逐渐由基本型消费朝发展、享受型消费转变。

2. 医疗保健、文教娱乐用品类基本消费需求比重上升，分别居第二、第三位

医疗保健人均基本消费需求占人均消费支出的比重2005年比1998年上升了19个百分点，比重位居第二；文教娱乐比重上升5.34个百分点，比重位居第三，表明居民医药和教育费用的基本消费需求升高，保健、高档娱乐等发展、享受型消费需求有所下降，这与近年来教育、医疗费用高涨有较大的关系。

3. 交通、通信及家庭设备用品的基本消费需求比重小

说明这两类项目的需求弹性较高，居民对这两项的需求侧重于发展和享受型的需求。尤其是交通通信基本需求比重比1998年下降了11.8个百分点。表明这两类消费具有较大的发展潜力，是放开搞活市场、刺激消费以及厂商市场竞争的重点。

这种消费需求的转型、升级，反映出居民消

费观念的改变，反映出居民生活的总体水平和质量正在提高。

(二)居民发展和享受型消费占收入的四分之一

居民消费投向分析是通过消费者的货币收入在不同消费项目之间的投放比例，来揭示其消费行为的一般规律。投向需求系数是指消费者在满足基本消费需求后的一组反映消费投向的指标，它表明消费者在满足基本消费需求后，剩余货币收入投放于各种发展和享受型消费项目的比重，反映各项发展和享受型消费在整个消费活动中所占的地位及其对消费者货币支出的影响。研究居民消费投向，对于了解掌握居民消费投向特点及潜在的有效需求，预测消费市场的变化趋势，为国家制定扩大内需、有效调控消费市场相关政策提供依据具有重要意义。

根据2005年北京城市居民住户调查资料，利用ELES模型测算投向需求系数（测算结果见表5）。

表5　2005年北京城市居民消费投向系数测定

消费类别	需求投向系数 βI	消费需求总量 pr (元)
食品	0.0702	4215.56
衣着	0.0419	1184.14
设备用品	0.0458	852.18
医疗保健	0.0233	1295.76
交通通讯	0.1001	1943.48
娱乐文教	0.0742	2186.55
居住	0.0493	1039.78
杂项、服务	0.0272	526.76
合 计	0.4320	13244.21

表6　1998年北京城市居民消费投向系数测定

消费类别	需求投向系数 βI	消费需求总量 pr (元)
食品	0.1362	2865.73
衣着	0.0744	713.69
设备用品	0.1484	794.13
医疗保健	0.0351	347.88
交通通讯	0.0383	369.54
娱乐文教	0.0967	964.19
居住	0.0953	528.28
杂项、服务	0.0642	387.40
合　计	0.6886	6970.80

表7　居民消费需求投向变动比较

项　目	2005年	1998年	2005年比1998年增减(±)百分点
需求投向占剩余收入比重(%)	43.2	68.9	−25.7
需求投向占可支配收入比重(%)	24.3	39.2	−14.9
非消费支出及储蓄占可支配收入比重(%)	32.0	17.7	+14.3

分析表5、表6和表7，将2005年与1998年居民消费需求投向测定结果进行比较，显示如下特征：

1. 居民发展、享受型消费占收入比重下降，剩余收入更多地流向非消费性支出和银行储蓄

2005年全市城市居民消费需求投向系数为0.432，意味着“十五”末期，居民用于发展和享受型消费支出占剩余可支配收入（扣除基本消费需求支出后）的比重为43.2%，占可支配收入的比重为24.3%，与1998年的39.2%相比，下降了14.9个百分点。居民购房等非消费支出以及储蓄占可支配收入的比重为32.0%，与1998年的17.7%比，上升了14.3个百分点。表明“十五”时期，居民消费受到一定程度的抑制，剩余收入更多地流向非消费性支出（购建房、转移性、财产性、社会保障支出）和银行储蓄。

2. “交通通信”位居消费需求投向榜首

居民在满足基本消费需求后，剩余收入投放各类消费的顺序依次是：交通通信、娱乐文教、食品、居住、家庭设备用品、衣着、杂项服务及医疗保健。表明目前居民的收入水平，在满足基本消费需求后，最愿将剩余的货币投向“行”、“通信”、“娱乐文教”和“吃”，改变了“九五”期间，“用”、“吃”“娱乐文教”的顺序。

四、制约居民消费需求扩大的主要因素

“十五”期间，居民消费需求投向占可支配收入的比重下降，非消费支出及储蓄占可支配收入的比重上升，居民消费需求受到一定的抑制，消费倾向降低，剩余收入更多地流向了非消费支出和储蓄。消费对GDP的贡献率下降。

分析其原因，我们认为制约消费需求增长的因素，主要有以下几个方面：

（一）生产扩张的趋势与居民有效支付能力不足的矛盾依然存在

“十五”期间，全市投资增速高于消费和国内生产总值的增速，使得投资率不断上升，增大了调整投资与消费比例的难度。与消费需求增长相比，固定资产投资增幅仍然偏高。经济内在增长动力在逐渐增强，尤其是企业自主投资增长加快，使生产扩张的趋势与普通城乡居民有效支付能力相对不足之间的矛盾依然存在。

（二）收入差距扩大对消费需求增长形成较强的约束

经济增长对宏观政策的依赖性仍然较强，结构性矛盾和体制性矛盾仍然对经济增长形成明显的压力，主要体现为城市高低收入差距、城乡收入差距的扩大、居民有效支付能力不足等对消费需求增长形成较强的约束。本市城市居民住户调查资料显示：

1. 城乡收入差距扩大

2005 年北京城市居民人均可支配收入是农民人均纯收入的 2.3 倍，收入的绝对差已从 1995 年的 2660 元，增加到 2005 年的 9793 元。

2. 城市中低收入家庭收入增速低于高收入家庭

据城市住户调查资料，20%居民高低收入组收入增速差距明显，“十五”期间，高收入组人均可支配收入增长 84.9%，增速比中等偏下组和低收入组分别高 27.2 个和 36.3 个百分点。

3. 城市居民高低收入差距扩大

北京城市高低收入家庭年人均可支配收入之比由 1995 年的 2.86 倍扩大到 2005 年的 3.84 倍。

（三）较大规模中低收入群体消费能力不足，影响整体消费需求提高

城市住户调查资料显示（见表 8），中等收入组及以下的居民人均消费水平均低于平均水平 13244.2 元。其中 20%中等收入组的年人均消费支出合计为 11772 元，低于平均水平 1472 元。而其相邻的 20%较高收入组年人均消费总支出为 15814 元，则超过平均水平 2570 元。表明目前仍有较大规模的中低收入群体消费能力不足。

表 8　2005 年北京城市居民收入分组消费对比

单位：元

收入分组 / 人均消费	人均基本消费需求	人均消费水平	10%最低收入	20%低收入组	20%较低收入组	20%中等收入组	20%较高收入组	20%高收入组	10%最高收入	两极端组间差距（倍）
食品	3240	4215.6	2998	3448	3912	4212	4714	4825	5713	2.2
衣着	631	1184.1	474	729	971	1137	1404	1858	2066	5.2
设备用品	293	852.2	275	496	655	637	1060	1255	2079	9.7
医疗保健	911	1295.8	665	855	1166	1364	1745	1535	1597	2.7
交通通讯	744	1943.5	629	980	1266	1289	2534	4235	4150	8.5
娱乐文教	1247	2186.6	1062	1489	1868	1940	2456	3522	3771	4.5
居住	453	1039.8	526	702	766	722	1294	1195	2722	5.1
杂项服务	201	526.8	162	287	336	471	607	1052	1125	8.8
合计	7719.2	13244.2	6791.0	8986.0	10940.0	11772.0	15814.0	19477.0	23223.0	4.0

注：10%最低和最高收入组是 20%高低收入组的其中组；5%更低和更高收入组是 10%最低和最高收入组的其中组。

从表 8 可见，10%最低收入组居民除“居住”支出以外的各项支出竟达不到人均基本消费需求水平（表 8 第 1 列数据）。表明中低收入群体消费水平不仅在平均水平以下，而且其中有相当一部分群体其人均消费水平达不到基本消费需求。因此，中低收入群体消费能力不足

是抑制当前消费水平增长的一个主要因素。

(四)医疗、养老、教育、住宅的制度性短缺,影响居民消费预期

医疗、教育和住宅的制度性短缺是抑制我国内需和消费的新"三座大山"。社会保障体系还不十分完善,医疗、教育、养老等社会保险问题突出,极大影响居民的消费预期。据北京社会心理研究所 2006 年初开展的一项调查表明,有 45.1%的市民储蓄是为看病备用;有 43.2%的居民为今后养老而存钱;有 37.3%的市民为孩子教育开支而储蓄;有 20.9%的市民储蓄的原因为节俭的习惯;但有 16.7%的市民储蓄的原因是为出于生活安全考虑。

(五)消费环境不理想,影响消费者购买欲望

目前消费市场消费环境仍存在较多问题,假冒伪劣商品、食品安全问题,虚假广告等非诚信现象的存在,使消费者不敢放心消费,影响了居民消费需求的增长。

五、对策及建议

针对上述制约居民消费需求的诸多因素,我们建议扩大居民消费的工作重点应放在以下几个方面:

(一)加大结构调整力度,满足消费需求增长

居民消费结构的变化,是确定产业和产品结构升级方向的重要依据,有关部门应把经济结构战略性调整与居民消费结构升级结合起来,以适应居民消费需求的变化。比如将"住"与"行"的消费升级需求统筹规划,有重点地增加与城镇居民"住"与"行"升级的相关投资。从既能满足消费者即期需求,又能满足其潜在的需求出发,继续拓宽消费领域,促进产业多元化,加快发展服务业,提高服务业增加值占国内生产总值的比重。

(二)提高居民收入水平,增强中低收入群体消费能力

收入决定消费,提高居民收入水平,是增强居民消费能力的关键,而提高居民收入的重点,则应放在需求潜力最大的城镇中低收入群体身上。应通过税收和福利政策,加大收入由高收入阶层向低收入阶层的转移力度,缩小贫富收入差距,提高中低收入群体消费能力。比如:

1. 适度调高最低生活保障标准

应根据国际贫困标准的测算方法,及时测算和调整每年的贫困标准,尽量使实际执行标准不低于理论测算值。力争在"十一五"末期按家庭收入水平和标准的差额实行目标补贴,提高其消费能力。

2. 逐步提高最低工资标准

在提高城市原有低收入群体收入水平的同时,应提高农民工收入水平,让其能够定居城市,租得起、住得起房,孩子上得起学,其家属看得起病。通过增强农民工收入水平、消费能力,来扩大城市消费群体规模,实现拉动内需之目的。

3. 制定促进城镇居民就业和收入增长的长效机制

扩大中小企业贷款规模,扶植中小企业发展,扩大就业岗位,提高中低收入居民收入水平、消费能力。

(三)加快解决和完善社会保障体系的突出问题,改善居民消费心理预期

社会保障制度不健全是造成居民预期消费加大、即期消费减少的主要原因。为此,应该重新审视和进一步完善各项社会福利改革制度,加快建立公平、合理和完善的社会保障体系,解决医疗、住房等领域的突出问题,减少居民扩大消费的后顾之忧。加大对社保资金支持力度,扩大社保覆盖面,继续加强城镇"两个确保"和"低保"工作,妥善解决农民工社保问题;应将增加经济适用房、廉租房投资和供给政策落到实处,以缓解买房难和租房难问题;积极稳妥推进医疗卫生体制改革,建立平价或低收费的国家公立医院,从根本上缓解居民看病贵的问题,改变消费者消费心理预期，提高居民即期消费水平。

（四）改善消费环境，推动消费结构升级

应进一步改善消费市场环境，引导与宣传同步，监督与服务并举，健全消费市场法律法规，加大执法力度，净化消费市场环境，维护消费者合法权益。大力倡导经营业主诚信经营，促进行业自律的同时，广泛宣传，增强消费者维权意识，完善消费者维权机制，切实改善消费者的消费环境。

（五）优化消费信贷环境，促进消费需求增长

应进一步建立健全社会信用体系，优化消费信贷环境，扩大消费信贷规模。如进一步降低居民消费信贷的门槛和利率，方便居民贷款消费，促进消费需求增长。

（六）利用首都历史人文资源和承办奥运契机，拓宽消费领域

30万外国游客、70万本国游客，再加上数万名运动员和媒体记者，2008年夏季，北京将会迎来一个巨大的消费热潮。因此，要全方位地提高商业服务质量，出台更加便利消费者购物消费的政策，突出商业服务特色，全力提升商业服务业水平，拓宽消费领域，满足未来消费需求。

附录：北京城镇居民消费需求ELES模型

利用扩展线性支出系统对北京城镇居民基本消费需求进行测算：

1. 扩展线性支出系统(ELES)

扩展线性支出系统模型的基本表达式为：

$V_i=P_ir_i+B_i(Y-\sum P_ir_i)$，其中：

V_i：表示消费者对第i种商品或劳务的消费需求总量；

P_i：表示第i种商品或市场价格；

$r_{i?}$：表示第i种商品或劳务的基本消费需求量；

$P_ir_{i?}$：对第i种商品或劳务的居民人均基本消费需求量；

i：表示第i种商品或劳务的消费需求投向；

Y：表示消费者的生活费收入。

2. 模型的参数确定

本文根据居民消费支出八大类，以2005年北京城镇居民住户调查资料为依据，应用最小二乘法得出消费性支出和可支配收入的*ELES*模型为：

$V_0=7719.15+0.432(Y-7719.15)$

相关系数$R=0.9808$

式中7719.15为2005年为人均年基本消费需求额，0.432为消费需求投向。2005年居民八大类基本消费需求模型为：

食品：$V_1=3239.68+0.0702(Y-3239.68)$

衣着：$V_2=630.77+0.0419(Y-630.77)$

设备用品：$V_3=293.16+0.0458(Y-293.16)$

医疗保健：$V_4=910.54+0.0233(Y-910.54)$

交通通讯：$V_5=744.31+0.1001(Y-744.31)$

娱乐文教：$V_6=1247.19+0.0742(Y-1247.19)$

居住：$V_7=452.55+0.0493(Y-452.55)$

杂项：$V_8=200.94+0.0272(Y-200.94)$

3. 城镇居民ELES参数估计值

附表　全国城镇居民 2005 年 ELES 参数估计值

类　别	bi	βi	r	Piri	νi	支出实际值	绝对误差
食品	2698.09	0.0702	0.9712	3239.68	4068.59	4215.56	－146.97
衣着	307.11	0.0419	0.9683	630.77	1126.14	1184.14	－58.00
家庭设备用品及服务	－60.55	0.0458	0.9924	293.16	834.52	852.18	－17.66
医疗保健	730.61	0.0233	0.8318	910.54	1185.92	1295.76	－109.84
交通通讯	－28.38	0.1001	0.9452	744.31	1926.91	1943.48	－16.57
娱乐教育文化服务	674.35	0.0742	0.9699	1247.19	2123.93	2186.55	－62.62
居住	72.26	0.0493	0.9546	452.55	1034.60	1039.78	－5.18
杂项商品与服务	－8.68	0.0272	0.9720	200.94	521.76	526.76	－5.00
合 计	4384.82	0.4320	0.9808	7719.15	12822.35	13244.21	－421.86

r 表示相关系数。

作者：北京调查总队　王健华

消费结构优化 消费需求提升

——近年上海市城市居民消费结构变化分析

消费结构不断升级是反映居民生活水平逐步变化的重要标志之一。为充分反映居民家庭消费结构特征和生活质量的变化情况，本文尝试将居民消费结构划分为基础型消费、保障型消费和改善型消费三大类别，通过这三大类别消费结构的特征和变动趋势来分析居民的消费需求状况。其中，基础型消费指满足人们日常生活基本需求的商品和服务，主要包括食品（不包括在饭店用餐）、衣着、家庭日用杂品、市内公共交通费、居住（水、电、燃料、房租和物业管理费等）支出；保障型消费指具有当期保障功能的医疗保健支出和具有预期性保障的教育支出；改善型消费包括提升居民生活质量方面的支出，主要包括在饭店用餐、耐用消费品、汽车、手机等交通通信工具及服务、文化娱乐用品及服务、住房装潢、金银珠宝、化妆品和美容费等支出。

一、消费结构的变化趋势

近年来，随着经济的快速发展和居民收入水平的提高，上海市居民的消费不断升级，消费热点轮换出现，居民消费结构也发生了较大的变化。

（一）基础型消费水平不断提高，比重连年下降

近年来，居民衣食住行等消费需求一直占据主导地位，但随着消费水平的不断提高，居民基础型消费比重连年下降。居民家庭人均基础型消费支出由2001年的5136元提高到2006年的6553元，年均增长5%；但占消费支出的比重由55%降至44.4%（见表1），已不足全部消费的一半。基础型消费中各主要支出比重的变化如下：

表1 基础型消费占消费支出的比重

单位：%

项目	2001年	2006年
基础型消费	55.0	44.4
#食品（不包括在饭店用餐）	36.7	27.3
衣着	6.2	7.0
居住	8.5	6.3
#水电燃料及其他	5.4	4.2
市内公共交通费	2.2	2.4
家庭日用杂品	1.4	1.4

1. 食品消费比重下降速度最快

在基础性消费中，食品（不包括在饭店用餐，下同）支出的比重下降速度最快。2001—2006年，居民人均食物消费支出从3248元提高到4033元，年人均食物消费增长4.4%；但消费支出的比重却由36.7%下降到27.3%。食品消费比重大幅下降是基础型消费比重下降的主要原因。

2. 注重自身形象，衣着消费比重趋升

2006年，居民人均衣着支出首次突破千元，达到1027元，占消费支出的7%。与2001年相比，衣着支出增长78%，所占比重提高0.8个百分点。衣着支出和比重保持稳定增长，说明人们越来越注重自身形象，在衣着打扮上更舍得花钱。

3. 节能意识增强，能源消费比重下降

近年来，居民家庭能源支出有所增加，但能源支出占消费支出的比重一直在下降。主要原因是节能的广泛宣传和节能产品的推广使用，居民节能意识已大为提高。居民住房条件逐步改善后，家庭电的用量虽有所增加，但通过安装

分时电表等措施，电费支出增加并不明显；而家庭水和燃气的用量变化不大。与2001年相比，2006年居民人均水电燃料及其他支出增长22.1%，所占比重下降1.2个百分点，其中水、电和燃料的支出比重分别下降了0.3个、0.4个和0.5个百分点。

4. 市内公共交通支出比重上升

随着全市公共交通线路的不断增加和延伸，居民出行更加方便、快捷，市内公共交通支出增长较快，成为居民家庭日常支出的重要组成部分。2006年，居民人均市内公共交通支出（不包括出租汽车费）为360元，占消费支出的2.4%。与2001年相比，人均支出增加152元，增长73.1%，占消费支出的比重上升0.2个百分点。

（二）保障型消费支出比重基本稳定，刚性特征显著

近年来，随着医疗、教育体制改革的实施，全市居民家庭用于医疗保健和教育方面的支出有所增长，但占消费支出比重基本保持稳定。尤其是近两年来，通过大力整治教育、医疗乱收费，多次降低义务教育收费和药品价格，保障型消费的比重还略有下降。2006年，居民人均保障型消费支出为1988元，占消费支出的13.5%，其中医疗保健和教育支出占消费支出的比重分别为5.2%和8.3%。与2001年相比，医疗保健支出比重下降0.8个百分点，教育支出比重上升0.5个百分点。值得注意的是，虽然人均教育支出的比重变化不大，但在有学龄子女的家庭中，教育支出占家庭消费的比重高达15.7%。

（三）服务、餐饮和汽车消费推动改善型消费比重上升较快

近年来，居民消费结构的变化体现出从追求物质消费转向追求精神和服务消费，从满足于日常生活消费为主的基础型消费逐步转向更高层次的改善型消费。2001－2006年，居民家庭人均改善型消费支出增长了1.1倍，年均增长达16.4%，占消费支出比重也由31.2%上升到42.1%。

1. 服务性消费持续攀升

在满足基本生活和保障生活需求后，花钱"买享受、买轻松、买方便"成为居民消费的新时尚，以服务性消费为代表的高层次需求带动居民改善型消费支出迅速增长。2001年，居民人均服务性消费支出为1062元，占改善型消费的36.5%；2006年，人均服务性消费达到2644元，比重提高到42.5%。在服务性消费中，电信服务和文化娱乐服务消费增长较快。2006年，人均电信服务支出由2001年的331元提高到的743元；人均文化娱乐服务由164元提高到504元，占消费支出的比重比2001年分别上升0.4个和2.5个百分点。

2. 在外用餐需求不断增加

都市快节奏的工作与生活，使人们更重视消费的时间和精力成本，更关注消费的便捷性和快速性，其典型的表现就是居民在外餐饮需求逐年增加。2006年，居民人均在饭店用餐支出为1216元，占全部食品支出的23.1%，占消费支出的比重由2001年的6.7%，提高8.2%（见表2）。

表2 改善型消费占消费支出的比重

单位：%

消费支出项目	2001年	2006年
改善型消费	31.2	42.1
#服务消费	11.6	18.1
汽车及燃料	1.0	3.6
通信工具	1.2	1.3
住房装潢	—	3.5
在饭店用餐	6.7	8.2

3. 汽车消费方兴未艾

汽车是居民消费升级的重要产品。近年来，私车消费对居民总消费水平的影响力逐步增强。2001年以前，每百户居民家庭汽车的拥有量不到1辆，汽车消费微乎其微。随着汽车进入家庭的速度逐渐加快，2006年，每百户城市居民家庭拥有汽车5辆，其中高收入家庭拥有19辆。居民购车支出比2001年增长3.9倍，与汽车相关的燃油和零配件等方面的支出增长了7.4倍。

4. 饰品、化妆品类消费增长迅猛

近年来，随着居民生活水平和质量的提升，居民在饰品、化妆品等个人用品方面的需求增长迅猛。其中金银珠宝、手表、化妆品和美容服务等方面的支出增长尤为突出。2006年，居民人均用于以上四项花费为378元，占消费支出的2.6%。与2001年相比，支出增长1.6倍，比重提高1个百分点。

二、高低收入居民家庭消费结构的变化特征

(一)低收入家庭基础型消费比重下降缓慢

调查显示，20%最低收入家庭(以下简称低收入家庭)由于收入有限，他们只得将大多数支出用于食品等最基本的消费，因而基础型消费比重下降较慢。2006年，低收入家庭基础型消费占消费支出的57.3%，其中食品消费占消费支出的40.3%。与2001年相比，基础型消费和食品消费比重均仅下降3.1个百分点(见表3)，速度低于平均水平。

表3　2006年比2001年低收入家庭基础型消费和食品消费比重变化情况

单位：百分点

指　　标	城市平均水平	20%最低收入家庭
基础型消费比重下降	10.6	3.1
#食品支出比重下降	9.4	3.1

(二)低收入家庭教育支出比重上升较快

为了孩子的明天，低收入家庭非常重视子女教育，教育支出比重上升较快。2006年，低收入家庭人均教育支出占消费支出的14.8%，比平均水平高6.5个百分点。与2001年相比，低收入居民家庭保障型支出增长36.2%，占消费支出的比重上升2.9个百分点；而平均水平下降了0.3个百分点。其中，低收入家庭的医疗保健支出比重下降0.6个百分点，与平均水平相差无几；但教育支出比重上升3.5个百分点，比平均水平高出3个百分点(见表4)。

表4　2006年比2001年低收入家庭医疗和教育支出比重变化情况

单位：百分点

指　　标	城市平均水平	20%最低收入家庭
医疗保健支出比重下降	0.8	0.6
教育支出比重上升	0.5	3.5

(三)高收入家庭是拉动改善型消费的主要动力

高收入家庭消费能力最强，改善型的消费比重提高也最快。2001－2006年，高收入家庭的改善型消费支出增长达1.6倍，占消费支出的比重提高了14.8个百分点，而同期平均水平只增长1.1倍，比重提高10.9个百分点。其中，高收入居民家庭餐饮占消费支出的比重提高1.6个百分点，文化娱乐服务消费比重提高2.2个百分点，汽车消费比重提高3.6个百分点，分别快于平均水平0.1个、0.6个和1.5个百分点。由此可见，改善型消费比重主要由高收入家庭拉动上升。

三、影响居民消费结构优化的主要因素

虽然上海市经济近年来连续保持两位数以上增长，居民人均可支配收入也保持较快增长，但近两年仍然出现居民消费结构优化速度放缓，消费需求不足的现象。2006年，居民基础型消费的比重不但没有下降，还高出2004年、2005年0.4个百分点；改善型消费比重上升势头也有所放缓，分别比2004年和2005年上升1.7个和1个百分点，速度明显慢于前几年的水平。

(一)低收入居民消费需求不足

低收入居民消费不足，特别是改善型消费需求不足是影响居民消费结构优化的重要原因。2006年，低收入居民家庭人均消费支出为8004元，为平均水平的54.2%。其中人均改善型消费支出为1829元，不到平均水平的三成。低收入家庭在餐饮、通信工具及服务、文化娱

乐、住房装潢和汽车消费与平均水平相差悬殊。低收入家庭人均在饭店用餐支出仅是平均水平的28.5%,通信服务是43.9%,文化娱乐服务是26.8%,住房装潢是15.3%,汽车消费更是为零。

(二)社会保障功能尚不完备,成为居民消费的后顾之忧

社会保障体制还不健全、保障功能偏弱,是影响目前居民消费的另一重要原因。近年来,随着医疗、养老、教育等一系列改革政策的实施,个人用于医疗、教育方面的费用迅速增加。2006年,居民人均医疗保健和教育费支出比2001年分别增长36.7%和67.6%。医疗、教育等多数属于被动性消费,支出的不确定性很大,导致居民对未来支出预期上升,迫使居民需要留出一部分收入,用于养老、医疗和子女教育,严重影响了居民即期消费的增长,造成居民的消费倾向不断下降。

(三)购房支出及还贷挤压居民消费

近年来,由于住房价格的上涨,居民家庭购房支出急剧上升,还贷压力加大。2006年,在购买住房的调查家庭中,户均购房支出为55.2万元,扣除户均住房贷款14.8万元,实际户均购房支出达到40.4万元。在全部有住房贷款的家庭中,户均住房还贷额达到2.6万元,相当于家庭消费的37.7 %。住房价格偏高,导致居民购房需要进行长时间的储蓄积累。这无疑会严重挤压即期消费和后期消费。

(四)家用汽车消费受到政策和环境的制约

购车费用对居民消费支出的影响较大。但由于受到一些客观条件的制约,全市居民家庭购车门槛较高,家庭汽车消费在一定程度上受到影响;城市道路拥挤,汽车油价的不断上涨等,也是制约汽车消费需求的另一重要因素。目前,全市居民家庭每百户私车拥有量不但大大低于北京、广州等特大城市,也低于发达地区的一些大、中城市。

四、改善环境,合理引导和优化居民消费

(一)收入增长方面:力争做到“两个不低于”

收入水平是影响居民消费需求最直接、最根本的因素,并最终决定着居民的消费层次和消费结构。因此,在经济发展的同时,要进一步提高不同阶层居民的收入水平和购买力水平,力争做到居民收入的增幅不低于经济增长的水平;中、低收入居民的收入增幅不低于高收入者的水平,以此提高广大消费者对收入的良好预期和消费信心。

(二)社会保障方面:为百姓撑起一把保护伞

目前,制约居民消费的主要原因,不是一般可预期支出的增加,而是对医疗、教育、养老等方面改革究竟要增加多少支出,心中无底。为此,应加大社会公共资源的投入,尽早推出“公共卫生及全民基本医疗保障”新方案,完善社会保障体系,为百姓撑起社会保障的大伞,降低居民支出预期。房地产业要重点发展面向广大群众的普通商品住宅,政府要制订政策,关心帮助低收入家庭住房问题,以降低居民未来支出预期,提高居民的即期消费水平。对于中、低收入居民家庭,应根据居民人均可支配收入和职工平均工资增长情况,定期调整“三条基本保障线”标准,为中低收入家庭生活水平逐步提高提供基本保障。

(三)扩大和稳定就业方面:更多地鼓励自主创业,增加收入

扩大和稳定就业,努力增加就业者收入,也是扩大消费需求的重要一环。针对就业困难人员,政府可通过购买岗位的方式,实施就业托底和援助。对有创业意愿和一定创业能力的人员,要加强就业指导和扶持,采取税费减免、发放小额贷款、统筹帮助安排经营场所等措施鼓励弹性就业、自谋职业和自主创业。

(四)培育和引导消费结构升级方面:大力发展生活服务业,改善城市购车、用车环境

一是大力发展生活服务业。从居民消费结构的演变过程中不难发现,随着经济的发展和生活水平的进一步提高,居民对服务性消费的需求将越来越大。目前,由于服务业的发展还不够充分,居民的许多需求还未得到满足。2006年,全市居民家庭服务性消费还不到消费支出的三分之一,远低于国外50%以上的平均水平,服务消费发展空间将十分巨大。因此,当前扩大内需、增加消费的重点之一在于发展服务业,特别是生活服务业,以满足居民消费升级的需求。

二是改善城市居民购车、用车环境。目前上海市对家用汽车实行的限购政策,在某种程度上压抑了人们的消费欲望。这不利于促进消费和结构优化。可以实行购车和用车分离,从限制购车转为限制用车,通过相应的管理手段,来控制和调节家用汽车上路数量,达到改善道路交通的目的。这不但可降低消费者购车"门槛",保护居民的购车热情,还将促进与汽车相关产业的发展与消费。

作者:上海调查总队　黄丰秋

扩大城乡居民消费 拉动安徽经济增长

长期以来,我国宏观经济增长的一个典型特征就是持续的高储蓄率、高投资率和低消费率。安徽亦是如此,自1984年以来,投资率一直在30%以上并呈上升趋势,2006年达到45.3%,同期储蓄率也已达到60%以上。如此高的投资增长率和国民储蓄率一直如影随形,在世界各国中都是极其少见的。

当前,我国国情决定了经济必须保持较高的增长速度,投资的拉动作用不能忽视,但必须控制投资的规模及投向,同时更加注重发挥消费对经济的拉动作用。国家"十一·五规划"明确指出:"要进一步扩大国内需求,调整投资和消费的关系,增强消费对经济增长的拉动作用。"

近年来,各级政府已采取了一系列旨在扩大居民消费,提高消费对经济增长拉动作用的政策、措施,然而,效果不尽如人意。当前,居民消费对安徽经济增长拉动作用如何?制约安徽居民消费需求增长的因素何在?如何才能有效扩大居民的消费需求,进而拉动安徽经济又快又好发展?本文拟就此进行实证分析。

一、扩大居民消费与拉动经济增长关系的定性分析

1. 扩大居民消费是拉动经济增长的根本动力

从经济学角度看,一个社会的经济增长主要来自两个方面的推动:一是供给推动,一是消费拉动。改革开放后,我国经济增长的主要约束已经由短缺经济时代的资源供给约束转变为市场需求约束。在短缺经济时代,人们常说"没有生产就没有消费"。而在市场约束时代,人们说的更多的是"没有消费就没有生产"。

从社会再生产过程看,投资需求不过是中间需求,只有消费需求才是真正的最终需求,消费需求规模的扩大和结构的升级才是经济增长的根本动力。而在消费需求中,居民消费又起着决定性作用。因此,居民消费的扩大是拉动经济增长的最主要动力。

2. 扩大居民消费是经济健康发展的必然要求

在消费需求中,居民消费起支配作用。长期以来,我国居民消费一直占到消费需求总量的80%以上。所以说,扩大居民消费,用国内需求替代出口需求,用消费需求替代投资需求,维持需求总量与供给总量的平衡,是当前形势下我国经济又好又快增长的必然要求。同时,扩大居民消费,尤其是扩大农村居民及城市困难群体的消费也是实现社会主义制度本质、构建和谐社会的必然要求。

安徽经济运行与全国大体相似,经济增长已由资源供给约束转变为市场需求约束。据对全省消费品市场600种主要消费品的调查分析,2007年以来,供求基本平衡的商品有172种,占28.7%;供大于求的商品428种,占71.3%,消费品市场几乎没有供不应求的商品。安徽是人口众多的内陆省份,同时居中的区位优势及已有的工业基础条件,有利于建立内需型经济,满足国内市场需求。因此,"十一·五"期间乃至今后,无论是保持经济的稳定性还是加快发展,都应该把扩大消费作为主战略来抓。

3. 安徽城乡居民消费现状及对经济增长影响

改革开放以来,安徽城乡居民消费规模不断扩大,消费水平逐步提高。但在生产总值快速增长的同时,居民消费并未能实现同步增长,不仅最终消费率呈逐年下降趋势,而且在最终消费中,居民消费所占比重又逐年降低,导致居民消费对经济增长的贡献率出现较大幅度下降,由1981年的75.1%降至2006年的44.2%

(详见图 1)。

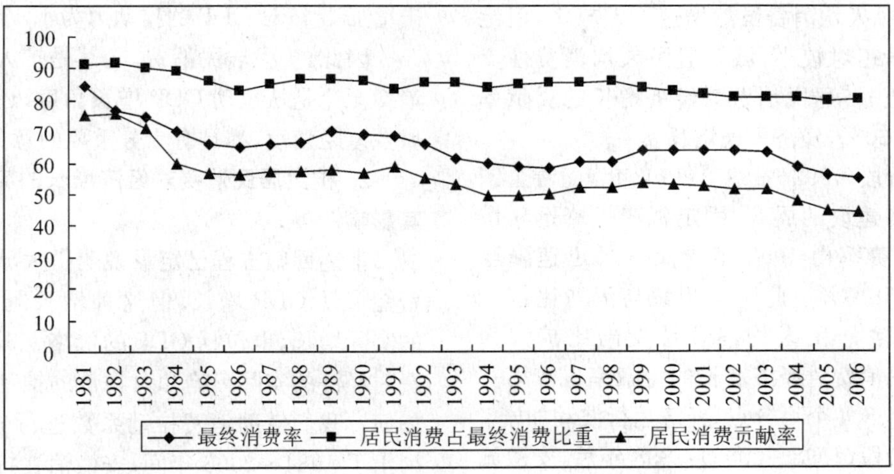

图 1 安徽居民消费占最终消费的比重及其对经济增长的贡献率

在居民消费与生产总值增长不同步的同时,居民消费内部也出现了城乡居民消费增长不同步的现象。1981～2006 年的 26 年间,安徽人均生产总值扩大了 28.1 倍,年均增长 14.7%;城镇居民人均消费性支出扩大了 17.6 倍,年均增长 12.7%;而同期农村居民人均消费性支出只扩大 11.9 倍,年均增长 11.4%,详见图 2。

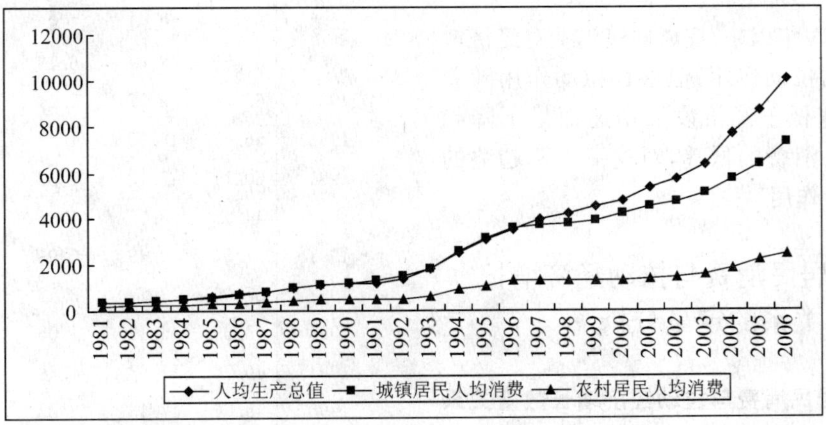

图 2 安徽人均 GDP 及城乡居民人均消费性支出走势图(元)

根据图 2 中人均 GDP 及城乡居民消费走势,可将其运行过程分为三个阶段(见表 1)。

表 1 分阶段人均 GDP、城乡居民人均消费增长率及居民消费贡献率表 %

年份	人均 GDP 年均增长率	居民人均消费年均增长率		最终消费率	居民消费占最终消费年均比重	居民消费对 GDP 增长年均贡献率
		城镇	农村			
1981～1991	13.2	13.0	10.1	70.7	87.2	60.0
1992～1997	22.8	19.5	19.9	60.7	85.2	51.6
1998～2006	11.1	7.9	7.0	61.1	81.9	50.1

第一阶段(1981～1991):该阶段安徽城镇居民人均消费支出增长速度与经济发展基本同步,城乡居民人均消费虽然增速相差较大,但绝对水平差异相对较小,城乡居民人均消费性支出比为2.2:1。居民消费对经济增长的贡献率最高,达到60%,经济平稳增长。

第二阶段(1992～1997):1992年,随着全国新一轮经济建设的展开,固定资产投资迅猛增长,最终消费率由1992年的65.0%迅速降至1996年的58.3%。此阶段积累与消费比例严重失调,城乡居民人均消费性支出比扩大为2.8:1,居民消费对经济增长的贡献率也较第一阶段下降了8.4个百分点,经济运行波动加剧。

第三阶段(1998～2006):1998年后,安徽城乡居民消费性支出增长速度明显慢于经济增长,尤其是农村居民消费增长滞缓,加剧了"居民消费与经济增长不同步,城乡居民消费增长不同步"的现象,城乡居民人均消费性支出比达到改革开放以来的最高值3.1:1。此阶段,居民消费对GDP增长的贡献率比上期又下降了1.5个百分点。

总之,1981年以来,安徽居民消费对经济增长有着较大的拉动作用,但这种拉动作用随着居民消费增速低于经济发展增速而呈下降趋势。农村居民消费的低迷,对这一下降趋势的形成起了主导作用。

二、扩大居民消费与拉动经济增长关系的定量分析

1. 扩大居民消费与拉动经济增长数量关系的测定

为定量描述城乡居民消费水平的提高对经济增长作用的大小,现利用1981～2006年安徽生产总值GDP和安徽城镇居民人均消费性支出(CC)资料,建立如下回归方程:

$$LnGDP = -1.62 + 1.16LnCC \quad (1)$$

方程(1)表明:城镇居民人均消费性支出增加1%,对GDP的拉动力为1.16%。

同样,利用1981～2006年安徽GDP和农村居民家庭人均消费性支出(NC)资料,可以得到回归方程(2):

$$LnGDP = -2.47 + 1.45LnNC \quad (2)$$

方程(2)表明:农村居民家庭人均消费性支出增加1%,对GDP的拉动力为1.45%。

因此,扩大居民消费,尤其是扩大农村居民消费无论是从拉动GDP增长角度,还是从缩小城乡差距角度,都具有十分重要的意义。

2. 扩大居民消费对经济增长的实际拉动及其影响

上述回归方程已定量说明扩大城乡居民消费能带动GDP增长,但这种增长既包含GDP的实际增长,也包括GDP的价格上升。居民消费对经济的实际影响和对物价的推动影响分别如何?我们借助消费拉动系数进行分析。表2列出了1984～2006年间,安徽消费拉动系数及其影响。

表2 安徽省居民消费拉动经济增长及其影响分析

单位:%

年份	消费拉动系数	拉动名义增长	拉动实际增长	拉动物价上涨	正向影响度
1984	9.11	2.11	0.6	1.51	28.58
1985	44.24	10.91	7.33	3.58	67.2
1986	55.55	8.64	6.13	2.51	70.92
1987	62.78	9.77	5.64	4.13	57.69
1988	56.63	13.39	1.49	11.89	11.14
1989	60.11	7.62	−2.09	9.71	−27.46
1990	44.96	3.05	1.45	1.6	47.58
1991	297.64	2.49	−0.91	3.4	−36.68
1992	37.09	7.7	2.48	5.21	32.28
1993	48.09	16.12	7.05	9.07	43.73
1994	40.76	15.95	1.33	14.62	8.36
1995	49.66	17.19	8.03	9.16	46.72
1996	52.45	8.79	3.29	5.5	37.39
1997	63.9	9.03	7.93	1.1	87.77
1998	51.56	2.62	2.76	−0.15	105.65
1999	102.53	3.77	5.75	−1.98	152.43
2000	43.45	1.94	1.98	−0.04	102.27
2001	43.82	3.63	4.6	−0.97	126.65
2002	40.76	3.26	5.69	−2.43	174.45
2003	48.85	5.77	7.92	−2.15	137.35
2004	30.69	6.5	7.11	−0.61	109.32
2005	20.37	2.37	3.23	−0.86	136.09
2006	39.41	5.67	10.72	−5.05	189

根据表2计算结果,我们得出如下结论:

(1)从总体看,1984年以来,安徽居民消费增长对经济实际增长的拉动作用大于对物价上升的推动作用。23年中消费对经济的正向影响度大于50%的年份有13年,占50%以上。

(2)在商品市场供不应求期间,即卖方市场的条件下,消费需求增长对物价上升的推动作用要大于对经济增长的实际拉动作用。1984～1997年的14年间,消费对经济的正向影响度大于50%的只有4年,不足30%。

(3)在商品市场供大于求期间,即买方市场的条件下,消费需求增长对经济增长的实际拉动作用明显大于对物价上升的推动作用。1997～2006年的10年间,消费对经济的正向影响度皆远远大于50%。

因此,在当前市场供大于求的商品已超过70%的情况下,增加居民消费不仅能有效提高经济增长的速度,还能显著提高经济增长的质量。

三、制约居民消费需求增长的因素分析

1. 居民收入特别是农民收入增长缓慢制约了消费水平的提高

1984～2006年的23年间,安徽GDP年均增长15.8%,城镇居民人均可支配收入年均增长14.2%,而农民人均纯收入年均只增长11.3%。23年中,GDP增速高于城镇居民人均可支配收入增幅的有10年,高于农民人均纯收入增幅的有20年。

利用1984～2006年安徽城、乡居民家庭人均消费性支出及人均可支配收入资料,进行回归分析,可得到安徽城、乡居民的边际消费倾向分别为0.73及0.74,即城乡居民人均可支配收入每增加1个单位,其73%以上都能转化为消费。因此,城乡居民特别是农村居民的收入水平低、收入增长缓慢是制约居民消费水平提高的根本因素。

2. 居民收入差距扩大,对消费需求增长具有负面影响

1984年以来,安徽居民收入差距进一步扩大。城乡居民收入差距由1984年的1.73:1扩大至2006年底的3.3:1;城镇居民收入差距由1988年的3.2:1扩大到2006年的4.9:1;农村居民收入差距由2000年的3.2:1扩大到2004年的4.0:1。居民收入差距扩大,导致社会平均消费倾向降低。

从城乡居民收入差距扩大看,农民收入增长滞缓,直接影响着农村市场的开拓。安徽是农业大省,至2006年,农村常住人口占全部人口的比重仍高达62.9%。,而农村零售额仅占全部零售额的25.5%,即占全部人口近2/3的农村人口所购买的商品仅占全部商品零售额的1/4,城乡消费差距进一步扩大,严重制约了全省消费需求的增长。

3. 改革预期不确定,降低了居民当期消费倾向

一是收入预期不确定增大。经济转型、企业转制和农村富余劳动力向非农产业转移所带来的就业压力,使居民就业稳定性减弱,再就业困难加大,降低了居民的预期收入。一旦预期收入下降,居民必然降低当期消费。

二是支出预期不确定增大。居民对自己承担的改革成本和社会保障制度的保障程度预期不明,同时住房、教育、医疗等改革也明显增加了人们的支出预期。根据生命周期假说理论,每个人都将根据一生的全部预期收入来安排自己的消费支出,如果预期将来的消费支出增加,就会增加当期储蓄,减少当期消费。

4. 居民消费结构性升级尚未实现,阻碍了消费需求的结构性扩张

2005年,安徽人均GDP已突破1000美元,标志着居民的财富积累已经达到了消费结构升级的临界点,发展型、享受型的消费比重将进一步提高,居民消费正逐步进入新一轮消费周期。城镇居民消费热点主要是住房、电脑、汽车、旅游、服务消费等,农村主要是住房、家电、农用车和摩托车等。

2006年,安徽城镇及农村居民人均居住支出为694.17及378.65元,分别比全国平均水平低210及90.3元。如果安徽城乡居民居住支出赶上全国平均水平,则相当于增加近100亿元的消费需求。2006年末,安徽每百户农村

居民彩电、洗衣机、冰箱的拥有量，分别相当于每百户城镇居民的68.6%、38%、29.1%。按照农村居民彩电、洗衣机和冰箱拥有量分别达到城镇居民50%(其中彩电达到70%)进行测算，将实现消费需求近70亿元；

2006年末，安徽每百户城镇居民计算机、汽车的拥有量分别为33.89台、0.88辆。如果拥有量达到2006年全国平均水平，将释放出130多亿的消费需求。所有这些潜在消费需求的实现必将大大推动实际消费需求的增长。

5. 消费者的主观阻隔，制约了居民消费需求的实现

消费者的消费观念、消费心理、消费信心在一定程度上影响和制约了居民消费需求的实现。从消费观念看，"量入为出"、"节俭第一"、"无债一身轻"等旧有的观念仍然在起主导作用。从消费心理看，在居民对未来收支预期没有明显好转的情况下，即期消费的欲望不可能得到彻底的释放。从消费信心看，影响居民消费信心进而影响消费需求的因素主要有两个：一是假冒伪劣商品、坑骗消费者、虚假广告等非诚信现象充斥市场，抑制了消费欲望，对消费结构升级产生了梗阻；二是售后服务不到位，这一点在农村表现尤为明显。

6. 消费环境对居民消费的影响

农村基础设施的短缺，如水、电、交通、通讯等基础设施的薄弱，阻碍了农村居民耐用消费品的消费；城市过高的土地开发相关收费、商品房契税和汽车牌照费、技术检验费、电力增容费和过高的教育收费也在一定程度上制约了城镇居民边际消费倾向的提高。

四、扩大居民消费拉动经济增长的建议

1. 努力提高居民收入，调整收入分配格局

对城镇而言，建立健全与经济增长相适应的工资调节制度和最低工资制度。进一步建立和完善城镇社会保障体系，逐步提高社会保障水平。此外，还要创造更多的就业机会，促进新增劳力就业及下岗、失业人员再就业工作。

对农村而言，要落实好中央出台的各项关于加强和保护农业、努力增加农民收入的政策措施。加大调整农业和农村经济结构的力度，改善农业生产条件，努力从农业内部挖掘收入增长潜力。认真清理对农民工的歧视性政策，研究保障农民工工资按时足额发放的政策措施。有条件的地方要加快推进建立农村最低生活保障制度的进程。

还要注意调整收入分配格局，规范社会分配秩序，逐步缩小居民收入差距。一是加快税制改革，加大税收调节力度。二是发挥政府职能，加强对企业职工工资的管理。三是适当增加转移支付的比重，通过转移支付，增加低收入者、离退休人员及失业人员的收入。

2. 提高各项改革的配套性和系统性，稳定居民收支预期

一方面，加快养老、医疗、失业等社会保障制度建设，使之规范化，以降低人们对未来收入和支出预期的不确定性。另一方面，对涉及居民利益的各项改革措施，要和大多数居民的承受能力结合起来，提高改革措施的透明度，使居民增强对未来的信心。

3. 积极推进城镇化建设，促进农村市场的扩张

一是逐步弱化和消除二元经济结构，进行相关配套制度改革。加大户籍制度改革力度，允许农民自由进出县城以下的建制镇和集镇，逐步放开大中小城市对农民的准入限制。完善农村土地使用和流转制度，消除农民对土地依附关系的限制。建立和完善城镇社会保障制度，解除农民进城后的后顾之忧。

二是农村城镇化进程中要把小城镇建设与发展乡镇企业有机结合起来。

三是拓宽筹资渠道，增加小城镇建设资金投入。

四是对农村小城镇合理规划。促进城镇的第二、三产业发展，聚集人口，加快农业剩余劳动力向非农产业转移。

4. 改善供给结构，培育消费热点

将扩大投资与拉动消费结合起来，根据居民消费需求重点的转移，及时调整消费供给产业结构和产品结构。在城镇，重点是推动住房消费，尤其是要促进廉价房、小套型住房的供

给，并带动相关产业、产品的供给与消费；加快信息基础设施建设；发展教育事业；推动旅游消费；促进文化体育对外交流和消费。在农村，继续将住房、家用电器作为消费热点，同时加快摩托车、照相机、音响等耐用消费品进入农村市场和农民家庭的步伐，进一步挖掘和实现农村消费潜能。

5. 正确引导消费观念，扩大消费信贷

按照国际经验，人均 GDP 在 1000～3000 美元之间是消费信贷发展最快的时期，安徽恰好处于这个时期。因此，要正确引导居民的消费观念，扩大消费信贷规模及领域，促进居民储蓄向消费转化。

6. 切实改善消费环境，树立消费信心

首先，减少家用轿车的附加购置成本和使用成本，加快公务用车制度改革。其次，大力整顿规范市场秩序，严厉打击制假售假等行为。第三，继续加大对消费基础设施的投资力度，为拓宽城乡市场、扩大居民消费创造有利条件。

作者：安徽调查总队　葛素群

湖南省居民消费需求问题研究

党的十七大强调要加快我国经济发展方式转变，走中国特色新型工业化道路，促进经济增长由主要依靠投资、出口拉动向依靠消费、投资、出口协调拉动转变。这就为我们研究消费问题提出了新的目标和任务。消费需求每增长1个百分点，相当于投资增长1.5个百分点对经济增长的拉动作用。作为实现消费的主体，居民消费在很大程度上决定消费水平的总体规模和发展水平。我国消费问题的核心和瓶颈是需求不足，尤其是居民消费需求不足问题。如何总结当前湖南省居民消费需求的特征，剖析其影响要素，从而采取有效的政策手段解决，对于促进湖南消费发展乃至中部崛起战略的实施都有非同寻常的意义。

一、当前湖南居民消费需求的主要特征

通过对湖南居民消费总体状况的研究显示，当前湖南居民消费需求的主要特征表现为"四高四低"：居民消费水平提高，但发展速度低；居民消费率高，但增势逐年走低；居民消费对经济贡献率高，但近几年拉动作用降低；城市居民消费结构层次高，农村消费层次低。

（一）居民消费水平逐年提高，增速趋缓

1. 消费水平逐年提高

随着城乡居民收入水平的不断提高和改革的不断深化，全省城乡居民消费支出水平一年比一年提高。与1997年相比，2006年，湖南人均居民消费支出增加了3107.9元，与全国平均增加的3108.7元相比，增加的绝对额基本相等。

2. 人均消费排位靠后

尽管全省城乡居民的消费水平随着经济的发展和收入的增加而逐年提高，但与全国平均水平比较，湖南的人均居民消费支出水平仍处于较低水平。在不扣除价格指数情况下，1997－2006年的10年中，湖南人均居民消费支出低于全国平均水平，在全国31个省区市中排位也较后。

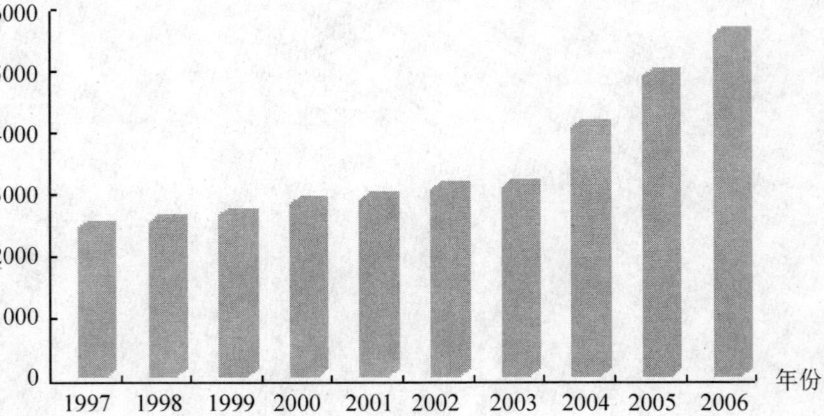

图1　1997～2006年湖南人均居民消费支出

表 1　1997～2006 年湖南人均消费支出情况

年　份	人均居民消费支出(元)		湖南人均居民消费支出排位		湖南人均居民消费支出占全国平均水平的百分比(%)
	全国	湖南	在全国排位	在中部六省排位	
1997	2986.55	2383.09	15	2	80.0
1998	3143.12	2463.60	16	2	78.4
1999	3329.42	2588.27	16	2	77.7
2000	3622.49	2768.28	16	2	76.4
2001	3856.02	2837.48	16	2	73.6
2002	4092.65	3005.13	18	2	73.4
2003	4398.03	3027.01	20	3	68.8
2004	4910.72	4002.09	15	2	81.5
2005	5446.60	4831.01	14	2	88.7
2006	6095.22	5491.01	14	2	90.1

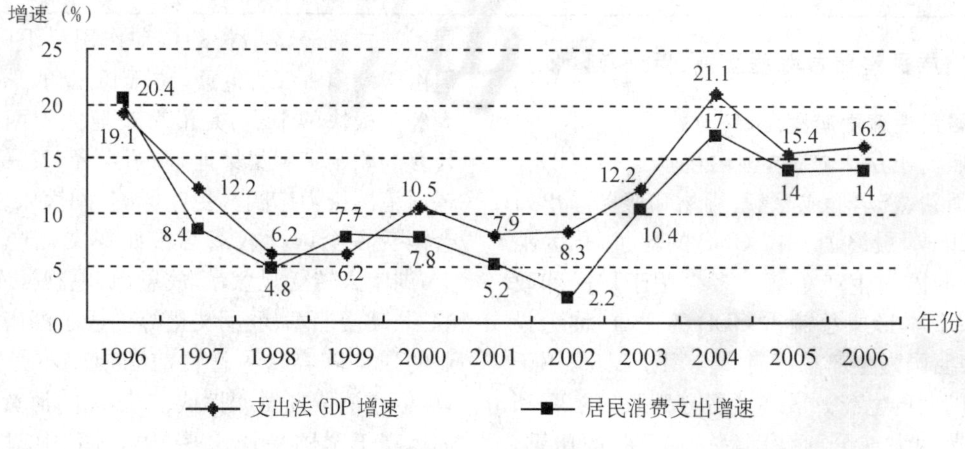

图 2　1996～2006 年湖南省居民消费支出增速与 GDP 增速对比

3. 支出增速相对较低

从与经济发展速度的比较看，在不扣除价格指数情况下，1996～2006 年期间，全省 GDP 年均增长 11.1%，而居民消费年均增长 9.5%，居民消费增长比 GDP 增长慢 1.6 个百分点。特别是 2000 年以后，居民消费连续一直慢于 GDP 的增长。居民消费增速慢，在一定程度上说明城乡居民没有充分享受到全省宏观经济快速发展带来的成果，也成为了制约全省扩大内需的重要障碍之一。

从与居民收入增长速度的比较看，居民消费支出增幅也显不足。1996～2006 年期间，全省城乡居民消费支出年均增速慢于收入增加速度。消费的缓慢增长反映居民对收入的预期比较差，消费前景不很乐观。更值得关注的是，1996～2006 年期间，全省城乡居民消费支出年均增速慢于全国平均速度，在中部六省中排位也靠后。10 年中，湖南城镇居民消费支出年均增速在全国 29 个省市(四川、重庆由于区域发生变化，不参加排位)居 21 位、农村居民年均增速居 19 位，在中部六省中分别居第 5 位和第 4 位。10 年中，湖南城镇、农村居民年均消费支出比全国平均增速慢 1.16 个百分点和 0.38 个百分点。

表 2 1996～2006 年湖南省人均消费支出与全国平均水平比较

单位:%

地　区	年均收入增长速度		年均消费支出增长速度	
	农村	城镇	农村	城镇
全　国	106.42	109.29	106.05	108.30
山西省	107.40	110.48	106.73	108.98
上海市	106.55	109.71	107.55	108.12
江苏省	106.74	110.51	105.53	109.03
浙江省	107.79	110.14	108.41	108.76
安徽省	106.33	108.03	106.34	107.30
福建省	106.85	110.27	106.50	108.73
江西省	106.35	109.71	105.59	108.49
山东省	107.67	109.57	106.64	108.43
河南省	107.52	110.08	106.33	108.31
湖北省	106.26	108.43	105.26	107.13
湖南省	106.58	107.59	105.67	107.14
湖南在全国 29 个省市中位次	16	23	19	21
湖南居中部六省位次	3	6	4	5

(二)居民消费贡献程度高,但逐年降低

1. 居民消费贡献程度高

按照支出法来核算,国内生产总值(GDP)由最终消费、资本形成总额、货物和服务净出口三部分组成,最终消费占 GDP 的比重,称为消费率,表明国内生产总值有多少用于居民和政府消费;资本形成总额占 GDP 的比重,称为投资率,表明国内生产总值有多少用于积累、用于生产和扩大再生产。最终消费分为政府消费和居民消费两大部分,政府消费占 GDP 的比重,称为政府消费率;居民消费占 GDP 的比重,称为居民消费率。

改革开放以来,特别是 1990 年以来,尽管居民消费对经济增长的拉动作用呈下降趋势,但由于湖南毗邻粤港澳,位于长三角、珠三角两大经济板快的节点,是沿海产业向中西部地区转移的联结带和集聚地,购销半径、发展纵深和辐射范围极为广阔。受此影响,湖南人敢消费、会消费在全国比较著名。如在文化产业发展上,湖南人转变观念,解放思想,电视湘军、出版湘军、动漫湘军、歌厅文化等构成了湖南文化产业的强势阵容。尽管目前湖南仍不是经济强省,但在消费方面,湖南城乡居民的消费率一直远远高于全国平均水平,居全国、中部六省前列。居民消费需求在三大需求中居于主导地位,最终消费率一直在 60%以上。

表 3 1996～2006 年湖南消费率情况

项　目		1996	1997	1998	1999	2000	2001	2002	2003	2004	2005	2006
消费率(%)	全　国	59.22	58.95	59.62	61.06	62.30	61.37	59.57	56.78	54.30	51.84	49.92
	湖　南	66.23	65.36	66.16	66.51	64.55	64.10	63.65	62.08	59.08	62.00	60.95
	湖南居全国位次	6	6	3	3	6	7	7	9	7	6	6
	居中部六省位次	1	1	1	1	1	1	1	2	1	1	1
居民消费支出占 GDP 比重	全　国	45.79	45.21	45.34	46.00	46.44	45.16	43.68	41.67	39.83	37.74	36.23
	湖　南	53.24	51.48	51.37	50.82	48.29	46.99	45.89	43.64	47.76	46.94	46.01
	居全国位次	3	6	3	4	8	6	7	9	6	3	2
	居中部六省位次	1	2	2	2	3	3	2	3	1	1	1

续表

项目		1996	1997	1998	1999	2000	2001	2002	2003	2004	2005	2006
农村居民消费支出占GDP比重	全国	18.75	17.85	16.72	16.00	15.34	14.49	13.52	11.95	10.95	10.19	9.55
	湖南	33.87	32.44	32.36	30.71	28.14	26.74	25.46	23.09	22.01	17.45	15.98
	居全国位次	2	3	3	4	7	6	5	6	5	5	5
	居中部六省位次	1	2	2	2	2	2	2	2	2	2	2

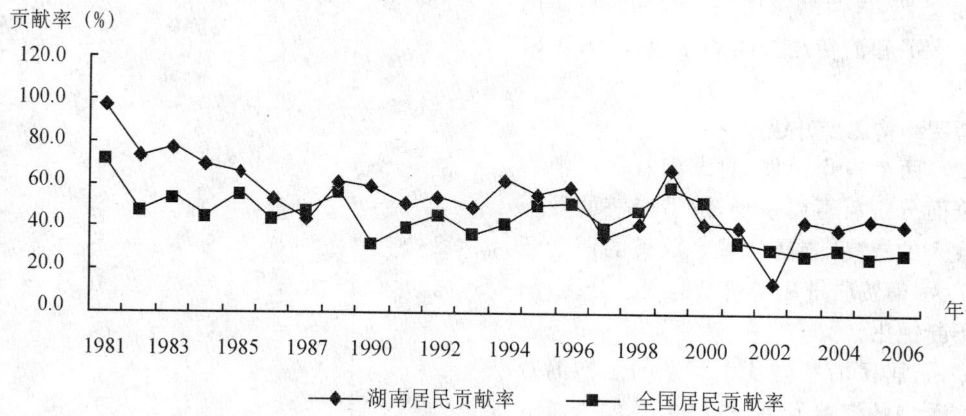

图3 1981～2006年湖南居民消费贡献率与全国平均水平对比

近年来，湖南的投资增长速度较快，但相对全国平均水平而言，湖南居民消费对经济增长的拉动作用在大多年份高于全国平均水平，成为拉动经济增长的一个重要因素。2006年，最终消费和居民消费对经济增长的贡献率分别达到了54.5%和40.3%，比全国平均水平的38.8%、27.4%多15.7和12.9个百分点。

2. 贡献程度逐年降低

改革开放以来，湖南的经济发展较快，GDP有较大幅度的增长，但城乡居民收益并未相应增长。受此影响，湖南居民消费特别是农村居民消费占GDP的比例呈不断下降趋势。居民消费特别是农村居民消费占GDP比重的迅速下降，在一定程度上已成为制约我省国民经济增长的重要因素之一。

随着投资占经济总量比重的提高，投资对湖南经济增长的拉动作用正在增强，消费支出特别是居民消费支出对经济增长的拉动作用从总体上看呈减缓态势。2002年开始，湖南的投资贡献率已逐渐超过消费贡献率，成为拉动湖南经济增长的主要因素。

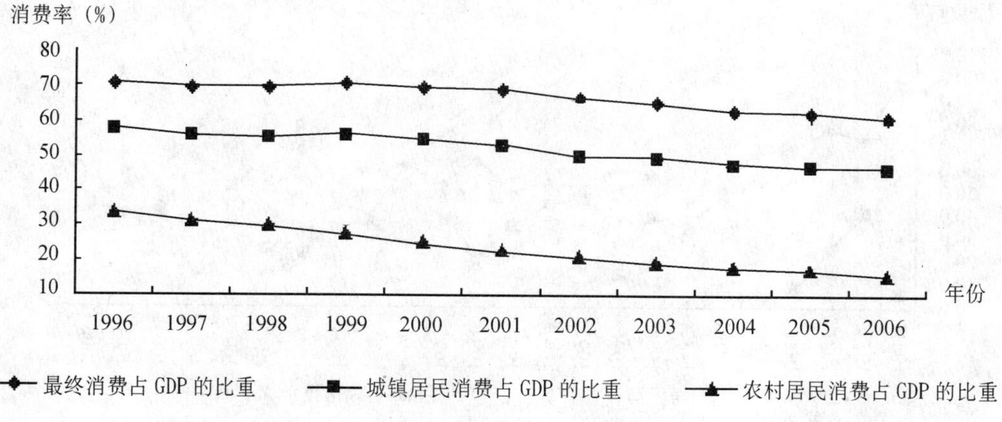

图4 1996～2006年湖南消费率变化情况

(三)消费结构逐步优化,城乡差距明显

消费结构的变化,也反映了居民消费需求的变化。农村居民消费仍处在由温饱向小康过渡的阶段,城镇居民消费则处在小康向富裕发展的阶段,城乡居民生活水平和消费结构有15～20年的差距,同时城镇居民内部和农村居民内部消费水平和消费结构的差距也在15年以上。

1. 消费结构逐步升级

从城乡两个视角出发,对湖南省居民消费结构作全面分析后可以发现,随着经济的发展和居民收入的提高,湖南省城乡居民的消费领域不断扩大,消费质量和消费结构逐步升级,消费结构不断优化。

在城镇,居民消费已从生存型的温饱消费逐步向享受型的消费发展,恩格尔系数迅速下降,服务性消费支出的比重正在逐步增加。2006年湖南省城镇居民恩格尔系数为34.9%,比1996年下降了13.6个百分点,与此同时,城镇居民用于居住、医疗保健、交通和通讯、文教娱乐用品及服务等方面的消费迅速增长。2006年,城镇居民用在这四方面的支出为3312.75元,这四项消费支出的增长量在城镇居民消费支出增加额中占51%。在农村,虽然农村居民消费较低,但消费结构也有所变化,生存消费所占比重下降。从恩格尔系数看,2006年湖南农村居民恩格尔系数为48.6%,与1996年相比,下降了10.5个百分点。

表4 1996～2006年湖南省城乡居民消费结构变化情况

单位:%

年份	城镇居民		农村居民	
	恩格尔系数	四项支出比重	恩格尔系数	四项支出比重
1996	48.5	26.6	59.0	20.7
1997	45.7	30.8	59.4	20.7
1998	43.6	34.2	58.6	21.2
1999	40.5	35.8	58.5	21.3
2000	37.2	38.3	54.2	24.8
2001	35.0	41.3	52.9	25.8
2002	35.6	43.1	52.5	26.8
2003	35.8	43.6	51.9	28.2
2004	36.0	44.9	54.1	35.3
2005	35.8	44.1	52.0	37.1
2006	34.9	44.7	48.6	40.1

尽管湖南城乡居民的消费结构在逐步升级,但与全国平均水平相比,湖南城乡居民消费结构还显落后,消费层次仍然较低。2006年,在全国31个省区市中,湖南城镇居民恩格尔系数位居全国第14位,比全国平均水平仅低0.89个百分点;农村位居第23位,比全国平均水平高了5.5个百分点。说明湖南农村居民消费支出仍以衣、食等生活必需品为主,消费仍然停留在低层次水平上,结构升级缓慢,整体还处于由温饱向小康过渡阶段。

2. 城乡消费差距明显

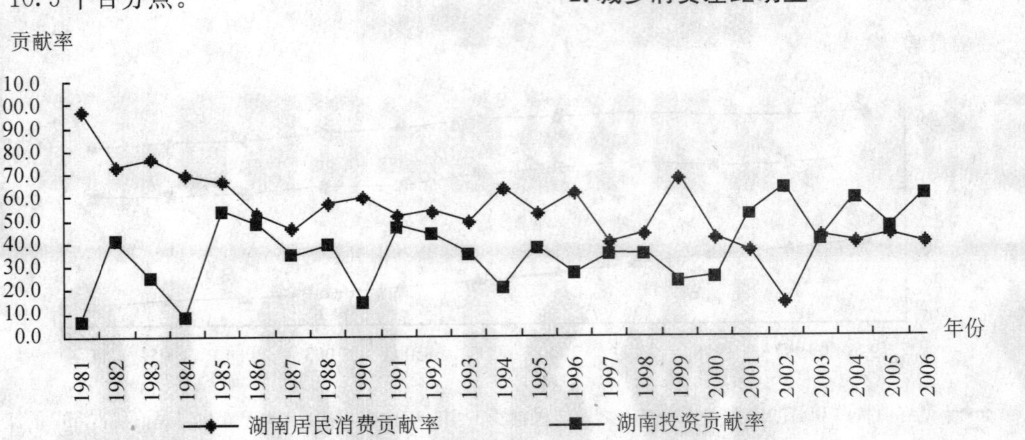

图5 湖南居民消费、投资对经济增长贡献情况

表5 城乡居民消费支出结构变化情况

单位:%

项目	城镇			农村			2006年城乡支出比重对比
	1995年	2006年	比重变化	1995年	2006年	比重变化	
消费支出	100	100		100	100		
1.食品	48.8	34.9	-13.9	60.3	48.6	-11.7	-13.7
2.衣着	12.4	10.6	-1.8	5.4	4.6	-0.8	6
3.家庭设备用品及服务	9.5	6.3	-3.2	14.1	4.3	-9.8	2
4.医疗保健	2.8	7.7	4.9	5	6.5	1.5	1.2
5.交通和通讯	5.3	11.8	6.5	2.6	8.3	5.7	3.5
6.文教娱乐用品及服务	10.5	14.5	4	1.9	11.3	9.4	3.2
7.居住	6.3	10.7	4.4	9.4	14	4.6	-3.3
8.其他商品和服务	4.3	3.5	-0.8	1.3	2.4	1.1	1.1

(1)城市生存型消费比重降势快于农村

1995年城镇吃穿两项比重为61.2%,到2006年下降为45.5%,下降了15.2个百分点。农村居民只下降了12.5个百分点。其中,食品消费比重差距拉大了2.2个百分点,穿着消费比重差距缩小了1个百分点。但从绝对水平来看,与城镇居民的衣着消费向时装化、名牌化、个性化发展的享受型相比,农村居民的衣着消费水平仍未脱离温饱型阶段。

(2)主要耐用消费品升级换代,城乡差距扩大

数字表明,农村家庭设备用品及服务所占比重由1995年高出城镇4.6个百分点,变为比城镇低2个百分点,说明城乡差距进一步扩大。农村居民的耐用品消费总是落在城镇居民之后。2006年,39.44%的城镇居民家庭有电脑,农村居民仅0.96%;城镇居民家庭一户有3—4台空调较普遍,农村仅3.3%的农家有空调;在农民家里换上了大彩电的同时,许多城镇居民家庭换上了高清晰的液晶电视机、等离子电视机;城镇居民几乎家家有洗衣机、电冰箱,农村每百户仅洗衣机29.76台、电冰箱16.54台。

3.发展享受型消费需求趋旺

(1)交通通讯成为城乡居民消费亮点

居民的交通通讯支出属于享受型支出,其比重在城乡居民家庭消费中得到明显提高,在城镇居民八大类消费中,增幅第一,农村也排在第二。电子通讯、汽车、摩托车成为居民消费热点,2006年,26.27%城镇家庭用上了家庭网络,每百户城镇居民家庭拥有2.1台家用汽车;农村每百户农户拥有摩托车33.05辆,比1996年增长10.9倍;电话机和移动电话从无到有,分别达到60.32和64.73部。

(2)居住条件显著改善,住房需求仍然较旺

2006年与1995年相比,城镇居民的居住类支出比重提高4.4个百分点,农村提高4.6个百分点。城乡居民居住类消费比重同步提高,表明随着住房条件的改善,居住类消费水平有了较大提升。

(3)医疗、娱乐教育文化消费比重上升

医疗制度的改革也导致人们用于医疗的支出增加,绝对支出额和支出比重都有上升趋势,居民的健康意识在加强。娱乐文教也是近几年来增长较大的一项。教育投入的增加表明了家长对子女教育投入的增加,也反映了整个社会文化生活水平的提高。但老百姓仍期望国家加大投入,减轻个人负担。

(四)消费潜力较大,预期目标不断提高

1.边际消费倾向上升

边际消费倾向表示的是收入增加一个单位使消费增加的量。从表1中我们看到,城镇居民的边际消费倾向受收入增长、价格变动等影响较大。2001年和2002年城镇居民边际消费倾向分别为0.3497和0.4346,但2003年开始边际消费倾向却出现大幅度上升,达0.7097,

2004 年继续上升到 0.8502，到 2005 年、2006 年则连续出现下降，分别为 0.6844 和 0.6774。边际消费倾向的先升后降，与 2003 年开始的工资改革有关，工薪收入增加提高了城镇居民的消费意愿，加上物价上涨，影响到边际消费倾向大幅提升；工资改革过后，人们的消费意愿又下降了。除 2003 年以外，农村居民的边际消费倾向明显高于城镇居民的边际消费倾向，说明农村居民的消费意愿强于城镇居民，尤其是从 2004 年开始落实的一系列惠民政策使农民得到了实惠，农民的消费意愿显著提高。2004 年、2005 年农村居民的边际消费倾向超过了 1，处于由温饱型向小康型过渡的农村居民急需提高生活水平和生活质量，农村消费空间巨大。

表 6　2001～2006 年城镇居民边际消费倾向

	2001 年	2002 年	2003 年	2004 年	2005 年	2006 年
消费支出	0.3497	0.4346	0.7097	0.8502	0.6844	0.6774
#服务性消费支出	0.3613	−0.0880	0.2285	0.2833	0.2093	0.1497
1. 食品	−0.0003	0.0739	0.2703	0.3184	0.2315	0.1647
2. 衣着	0.1362	0.0457	0.0610	0.0722	0.1117	0.0791
3. 家庭设备用品及服务	−0.1210	0.0106	−0.0002	−0.0340	0.0693	0.0639
4. 医疗保健	0.1413	0.0263	0.0665	0.0894	0.1387	0.0318
5. 交通和通信	0.1912	0.2120	0.1176	0.2138	−0.0889	0.1670
6. 教育文化娱乐服务	0.1180	−0.0038	0.1542	0.1032	0.0523	0.0444
7. 居住	−0.1443	0.0431	0.0070	0.0571	0.1442	0.1022
8. 杂项商品和服务	0.0285	0.0269	0.0333	0.0301	0.0257	0.0243

表 7　2001～2006 年农村居民边际消费倾向

	2001 年	2002 年	2003 年	2004 年	2005 年	2006 年
生活消费支出	0.4756	0.7836	0.5217	1.0925	1.0150	0.9432
1. 食品	−0.0021	0.3347	0.1864	0.7457	0.3371	0.1114
2. 衣着	0.0352	0.0454	0.0616	0.0204	0.0554	0.0360
3. 居住	0.1766	0.0132	0.0050	0.0697	0.0502	0.4173
4. 家庭设备用品及服务	0.0265	0.0409	−0.0382	0.0418	0.0784	0.0569
5. 医疗保健	0.1318	0.0721	0.0179	0.0619	0.1574	0.1042
6. 交通通信	0.0299	0.1638	0.2095	0.0908	0.1587	0.1126
7. 文教娱乐用品及服务	0.1163	0.1443	0.1626	0.0309	0.1762	0.0457
8. 其他商品及服务	−0.0387	−0.0308	−0.0832	0.0313	0.0016	0.0592

2. 消费需求空间大

(1)需求的收入弹性

根据需求收入弹性的计算公式：收入弹性＝(△PiXi/PiXi)/(△Y/Y)。收入弹性的绝对值越大，该商品富有弹性，表明居民因收入变化对该商品的需求增加。一般来说，在其它条件不变的情况下，当收入增加时，所增加的收入中用于购买基本生活必需品支出所占比重趋于减少，用于发展、享受型消费支出的比重将增大。反之，如果生活必需品的收入弹性高，则居民的生活状况仍处于低水平的贫困阶段。但现实社会生活是复杂多变的，各地区、各不同层次的人群以及不同时段其商品需求弹性是不同的，某些商品还要考虑其产品的周期性，尤其在分析城乡居民的大类消费的需求弹性时更应准确把握。以下分别计算了 2001～2006 年的城乡居民需求收入弹性。

表 8 2001～2006 年城镇居民需求收入弹性

	2001 年	2002 年	2003 年	2004 年	2005 年	2006 年	平均
消费支出	0.4031	0.5212	0.8859	1.0727	0.8566	0.8596	0.7600
#服务性消费支出	1.4703	−0.3477	1.0146	1.2564	0.9030	0.6520	0.7779
1. 食品	−0.0010	0.2427	0.9472	1.1211	0.8044	0.5834	0.6152
2. 衣着	1.6435	0.5296	0.7354	0.8924	1.3956	0.9522	0.9931
3. 家庭设备用品及服务	−1.5567	0.1630	−0.0030	−0.6204	1.5386	1.3493	0.1401
4. 医疗保健	3.1227	0.5118	1.3463	1.7532	2.5131	0.5035	1.7670
5. 交通和通信	2.8872	2.8528	1.3732	2.4122	−0.8691	1.9855	1.8970
6. 教育文化娱乐服务	0.8421	−0.0277	1.2141	0.7968	0.4127	0.3711	0.5435
7. 居住	−1.3972	0.4935	0.0834	0.7462	1.9398	1.2617	0.5444
8. 杂项商品和服务	1.0750	1.0079	1.2469	1.1026	0.9316	0.8857	1.0520

表 9 2001～2006 年农村居民需求收入弹性

	2001 年	2002 年	2003 年	2004 年	2005 年	2006 年	平均
生活消费支出	0.5378	0.9047	0.6047	1.2936	1.1651	1.0668	1.0146
1. 食品	−0.0043	0.7308	0.4116	1.6996	0.7146	0.2425	0.7170
2. 衣着	0.8626	1.1170	1.5091	0.4869	1.3991	0.8781	0.9832
3. 居住	1.5400	0.1122	0.0446	0.6495	0.4857	4.2339	1.2350
4. 家庭设备用品及服务	0.7451	1.1639	−1.0811	1.3293	2.4078	1.5528	1.2213
5. 医疗保健	3.5218	1.7321	0.4178	1.4911	3.5993	1.9316	2.5609
6. 交通通信	0.6611	3.6779	4.2373	1.5654	2.5813	1.6030	2.7846
7. 文教娱乐用品及服务	1.1485	1.4152	1.5680	0.2892	1.7858	0.4322	0.9869
8. 其他商品及服务	−1.2924	−1.1449	−3.3949	1.6676	0.0800	3.2086	0.2210

(2)需求价格弹性

根据需求自价格弹性的计算公式：Eii＝(△Xi/△Pi)/(Xi /Pi)，以下分别计算了 2001～2006 年城乡居民需求自价格弹性。自价格弹性的绝对值越大，表明居民对该商品价格的变化反应越大，该商品富有弹性。

表 10 2001～2006 年城镇居民需求自价格弹性

	2001 年	2002 年	2003 年	2004 年	2005 年	2006 年
消费支出	0.0376	0.0427	0.0588	0.0978	0.1173	0.0968
其中：服务性消费支出	0.0730	−0.0348	0.0979	0.1582	0.0870	0.0805
1. 食品	0.0143	0.0064	0.0362	0.0705	0.1713	0.0747
2. 衣着	0.1473	0.0330	0.0766	0.0928	0.1581	0.0926
3. 家庭设备用品及服务	−0.0772	0.0097	−0.0035	−0.0981	0.1470	0.1137
4. 医疗保健	0.2189	0.0664	0.0506	0.2888	0.2786	0.0328
5. 交通和通信	0.2380	0.2577	0.1406	0.2895	−0.0967	0.1837
6. 教育文化娱乐服务	0.0357	0.0083	0.1311	0.0769	0.0343	0.0671
7. 居住	−0.0967	0.0519	−0.0277	0.0738	0.1609	0.1509
8. 杂项商品和服务	0.0744	0.0903	0.1282	0.1355	0.0980	0.0912

表 11　2001～2006 年农村居民需求自价格弹性

	2001 年	2002 年	2003 年	2004 年	2005 年	2006 年
生活消费支出	0.0347	0.0347	0.0046	0.1199	0.1422	0.1014
1. 食品	0.0142	0.0158	−0.0302	0.1272	0.1565	0.0358
2. 衣着	0.0697	0.0334	0.0860	0.0427	0.1492	0.0713
3. 居住	0.1159	−0.0004	−0.0006	0.0535	0.0352	0.3338
4. 家庭设备用品及服务	0.0368	0.0705	−0.1236	0.2299	0.2513	0.1143
5. 医疗保健	0.2003	0.0725	0.0208	0.1720	0.3507	0.1487
6. 交通通信	0.0094	0.1684	0.2449	0.1639	0.2378	0.1714
7. 文教娱乐用品及服务	0.0535	0.0686	0.0467	0.0200	0.1356	0.0606
8. 其他商品及服务	−0.0602	−0.0490	−0.1911	0.2008	0.0079	0.2800

从城乡居民需求的收入弹性、价格弹性可以看出，城镇居民的生活消费收入弹性从 2003 年、农村居民生活消费收入弹性从 2004 年开始进入一个新的较高弹性的阶段，这是因为城镇居民自 2003 年实行工资调整、农村居民自 2004 年实施惠民政策以后，居民收入有较大幅度的增长，城乡居民在实际收入增加和收入预期提高的情况下生活消费支出弹性显著提高，近几年城镇居民的需求收入弹性均在 0.85 以上，特别是农村居民的需求收入弹性超过了 1。从八大类消费来看，城镇居民满足吃和穿的生存型消费需求阶段已经结束，逐步向以发展型和享受型消费的阶段过渡；除衣着和其他商品及服务消费以外，农村居民各项支出的收入弹性和自价格弹性均要大于城镇居民，农村的消费市场发展空间巨大。交通通讯、教育娱乐、住房是城镇居民的主要消费热点，农村居民的消费热点是家庭设备用品、医疗保健、交通通讯和教育娱乐。

价格上涨使居民的消费支出增加。从价格弹性来看，医疗、交通通讯的弹性最高，其次是住房，说明城乡居民对医疗、交通通讯和住房的价格比较敏感。

3. 消费需求增长点丰富

党的十七大提出了“全面改善人民生活”、“生活质量明显提高”，并要实现“学有所教、劳有所得、病有所医、老有所养、住有所居”的目标。但目前湖南城乡居民的生活水平仍处于小康的初级阶段，城镇仍有近 10％的居民处于低水平的温饱阶段，农村居民的生活水平更比城镇落后 15～20 年。

一是城镇虽然以吃、穿等基本生存需求为主的消费结构已经被取代，但多数中低收入户吃穿用的质量并不高，尤其是按人口十等份划分的最低 10％和次低 10％的居民，其生活消费支出分别为全省平均水平的 42.3％和 57.2％，这部分居民的消费需求巨大。农村居民食品、衣着消费比重虽然继续下降，但居民吃、穿、住、用的质量并不高，吃的以素食为主，肉禽蛋奶和水果、副食消费需求空间大。

二是城镇居民对住房的需求仍然较旺，一方面是仍有 13.3％的无房户希望拥有自己的住房，另一方面一些住房面积较少、结构较差的居民户希望改善居住条件。农村居民对住房的需求将由面积扩张转向装潢质量方面。

三是随着农村水、电等基础条件的改善，农村居民对热水器、洗衣机、空调等家用电器的需求迅速上升。

四是尽管城镇已经车满为患，但城镇居民的汽车梦并未消减。随着农村道路的改善，农村居民购买汽车、摩托车的人将会显著增加。

五是以人力资本投资的教育、休闲、保健的新消费结构正在形成。随着国家对基础教育投入的加大，居民对教育投入的比重将在近期有所下降，但城乡居民对自身学习的投资将会提高。目前城乡居民的健康状况都不容乐观，多数中老年人都处于亚健康状态，对医疗保健的需求旺盛，对旅游休闲的需求也迅速增长。

二、影响湖南居民消费需求增长的要素剖析

(一)收入要素

1. 居民收入水平偏低

根据绝对收入假说和持久收入假说，收入是消费的来源和基础，是影响消费最重要的因素。其中，影响最大的是收入水平。收入水平的高低直接决定着消费水平的高低。

(1)居民收入水平偏低

2006年湖南加权计算的居民人均收入虽然在中部排名第二，但在全国排名仅列第16位，低于全国平均水平，与上海、北京、浙江等发达省份相比，还存在着较大的差距。居民收入水平的整体偏低决定了湖南居民消费水平的整体偏低。湖南居民收入水平偏低的原因：一是经济发展水平不高。近年来，全省在招商引资、调整产业和优化产品结构、改造提升现有支柱产业、不断完善产业配套、大力发展新兴主导产业和第三产业等方面做了大量的工作，取得了令人瞩目的成效，社会经济发展上了一个新台阶。但同发达省份相比，湖南的经济发展水平还是比较低的。2006年全省的人均GDP为11950元，在全国排第21位。二是就业难度增大。湖南是人口大省，在全国居第六位，且农村人口多，就业难度大。同时，由于国有企业改革导致大量的下岗职工、就业分配制度改革造成大学生毕业就失业的问题较突出、大量农村富余劳动力进城务工等原因，进一步加大了就业工作难度。2006年，全省城镇登记失业人员为43万人，失业率为4.3%，比1990年提高了1.6个百分点。

表12　2006年湖南居民收入水平与全国水平、发达省份、中部省份的比较

地　区	城镇居民人均可支配收入(元)	农村居民人均纯收入(元)	城市人口比重(%)	农村人口比重(%)	加权计算的居民人均收入(元)	在全国的排位	在中部的排位
全国	11759.45	3587.04	43.9	56.1	7174.73	—	—
上海	20667.91	9138.65	88.7	11.3	19365.1	1	—
北京	19977.52	8275.47	84.33	15.67	18143.81	2	—
浙江	18265.1	7334.81	56.5	43.5	13510.42	3	—
湖北	9802.65	3419.35	43.8	56.2	6215.24	15	1
湖南	10504.67	3389.62	38.71	61.29	6143.86	16	2
山西	10027.7	3180.92	43.01	56.99	6125.72	17	3
江西	9551.12	3459.53	38.68	61.32	5815.76	19	4
安徽	9771.05	2969.08	37.1	62.9	5492.61	21	5
河南	9810.26	3261.03	32.47	67.53	5387.56	22	6

(2)居民收入增长较缓慢

居民收入特别是农民收入增幅不高，直接影响购买力水平的提高，由此引发的需求不足成为消费增长缓慢的主要因素。

1)低于全国平均水平。湖南2000至2006年城镇居民人均可支配收入和农村居民人均纯收入的年均增速分别为9.1%和7.5%，在中部六省中排名分别列倒数第一、三位，低于全国平均水平1.9和0.6个百分点。

2)低于经济发展速度。2000年以来，全省城乡居民的收入增速明显低于GDP的增速。2000～2006年湖南城镇居民人均可支配收入和农村居民人均纯收入年均增幅分别为9.1%和7.5%，而同期湖南GDP增长速度为13.4%，城市与农村居民收入的增长速度分别比GDP增长速度低4.3和5.9个百分点。

表 13　2001～2006 年湖南省城乡居民收入增速与中部省份、全国平均水平比较

单位：%

年　份	项　　目	全国	湖北	江西	安徽	山西	河南	湖南
2001	城镇人均可支配收入增速	9.2	6.0	7.9	7.1	14.1	10.5	9.0
	农村人均纯收入增速	5.0	3.7	4.5	4.4	2.7	5.6	4.6
2002	城镇人均可支配收入增速	12.3	15.9	15.1	6.4	15.6	18.6	2.6
	农村人均纯收入增速	4.6	3.9	3.4	4.8	9.9	5.6	4.3
2003	城镇人均可支配收入增速	10.0	7.9	8.9	12.4	12.4	10.9	10.3
	农村人均纯收入增速	5.9	5.0	6.5	0.5	6.9	0.9	5.6
2004	城镇人均可支配收入增速	11.2	9.6	9.5	10.8	12.8	11.2	12.3
	农村人均纯收入增速	12.0	12.6	13.4	17.5	12.6	14.2	12.0
2005	城镇人均可支配收入增速	11.4	9.5	14.0	12.8	12.8	12.5	10.5
	农村人均纯收入增速	10.8	7.2	12.3	5.7	11.6	12.4	9.9
2006	城镇人均可支配收入增速	12.1	11.6	10.8	15.4	12.5	13.2	10.3
	农村人均纯收入增速	10.2	10.3	10.6	12.4	10.0	13.6	8.7
2002～2006	城镇人均可支配收入年均增速	11.0	10.0	11.0	10.8	13.4	12.8	9.1
	农村人均纯收入年均增速	8.1	7.1	8.4	7.4	8.9	8.6	7.5

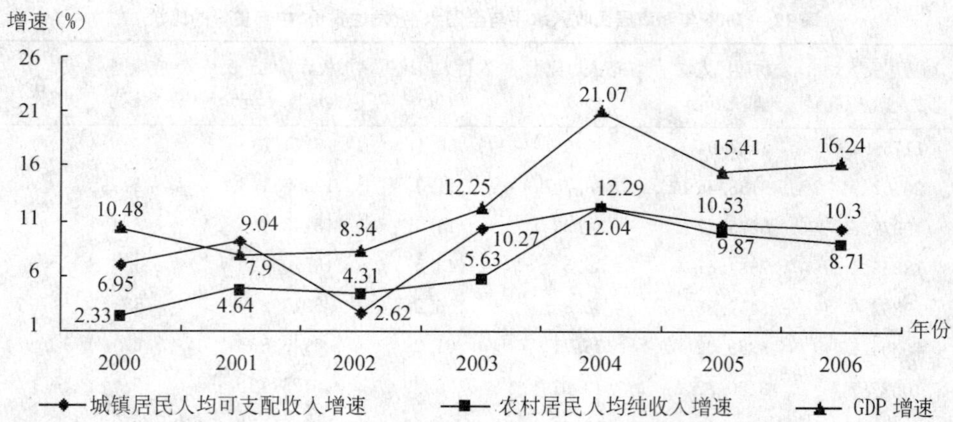

图 6　湖南城乡居民收入增速与 GDP 增速比较

3)农村居民收入和城镇工人收入增长尤其缓慢。一是农村居民收入增长缓慢。1997 年至 2006 年，湖南省农村居民人均纯收入的年均增速为 5.8%，大大低于 GDP 年均 11.5%的增速，也明显低于城镇居民人均可支配收入年均 8.1%的增速。二是城镇工人收入增长缓慢。建立市场经济体制以来，由于没有建立正常的增资机制，企业工会没有正确的发挥职能，我国企业工资就处于缓慢增长的态势。特别是近年来，产业工人的工资几乎处于停滞状态。湖南的情况也是如此。由于农村人口和城镇工人的人数之和占全省总人口的绝大多数，因此这部分人口的收入增长缓慢也就决定了湖南居民收入和消费的增长缓慢。

2. 居民收入差距不断扩大

收入分配对消费有着重要的影响。不同的收入群体的消费倾向不同，一般来说，高收入居民的消费倾向要明显低于低收入居民的消费倾向，低收入居民想消费却没钱消费。因此，收入分配差距越大，社会的整体消费倾向就越低，从而导致消费增长乏力。

(1)贫富两极收入差距不断扩大，不同收入群体分布结构不合理

1)贫富差距呈扩大化趋势。改革开放以

来，由于收入分配不够合理，贫富差距呈扩大化趋势。从城镇住户分组资料来看，城镇居民高收入组的收入增长显著快于低收入组。10％的最高收入家庭与10％的最低收入家庭人均可支配收入比，2000 年为 4.8：1，2005 年达到了 8：1。从农村住户分组资料来看，农村居民高收入组的收入增长也明显快于低收入组。20％的高收入家庭与20％的低收入家庭人均纯收入比，2000 年为 2.4：1，2005 年达到了 3.7：1。

表 14　湖南省高收入组与低收入组收入情况对比

年　份	城镇居民			农村居民		
	最低收入户人均可支配收入	最高收入户人均可支配收入	最高收入为最低收入的倍数	低收入户的人均纯收入	高收入户的人均纯收入	高收入为低收入的倍数
2000	2593.7	12565.9	4.8	1237.43	2922.98	2.4
2006	3511.1	28163.6	8	1622.96	6009.62	3.7
2006 比 2000 增长(％)	35.4	124.1	—	31.2	105.6	—

2)收入群体分布结构不合理。湖南是农业大省，农村人口占全省人口的 61.3％。由于农村居民的收入水平普遍较低，因此全省居民收入群体的分布结构是典型的"金字塔"型。根据消费倾向理论，低收入群体的消费倾向最高，高收入群体的消费倾向最低，居民收入群体分布以"橄榄"型最为理想，其对消费的拉动和经济的增长最为有利；而"金字塔"型最不理想，其对消费的拉动和经济的增长最不利。以城镇居民为例，湖南 2006 年城镇居民低收入群体的消费倾向为 0.91，高收入群体的消费倾向为 0.74，低收入群体比高收入群体的消费倾向高 17 个百分点。

表 15　2006 年城镇不同收入群体消费倾向的比较分析

	人均可支配收入(元)	人均消费支出(元)	消费倾向
高收入群体	23145.32	17169.02	0.74
较高收入群体	13602.82	9925.49	0.73
中等收入群体	10007.49	7936.64	0.79
较低收入群体	7498.04	6046.18	0.81
低收入群体	4453.54	4033.32	0.91

(2)城乡居民收入差距大，且呈现不断扩大趋势

从以下几方面，我们可以看到城乡居民收入差异呈现越来越大的特点：一是从收入水平的绝对差距看。1978 年湖南城乡居民收入仅相差 181.34 元，到 2000 年已扩大为 4021.54 元，2006 年更是扩大到 7115.1 元，绝对差距扩大了 39 倍。二是从城乡收入比来观察。1978 年，城乡居民收入为 2.27：1，2000 年扩大到 2.83：1，2006 年扩大到 3.1：1。三是从各自发展速度比较。1978 年至 2006 年，城镇居民可支配收入增长了 32.4 倍，而同期农民人均纯收入只增长 23.8 倍，城乡居民收入差距呈日渐扩大之势。

表 16　湖南城乡居民收入及差距比较表

年　份	农村居民纯收入	城市居民可支配收入	二者相差绝对额	二者之比(以农村＝1)
1978	142.56	323.9	181.34	2.27
1991	688.9	1783.2	1094.3	2.59
1992	739.4	2166.6	1427.2	2.93
1993	851.9	2821.5	1969.7	3.31
1994	1155.0	3892.7	2737.7	3.37
1995	1425.2	4699.2	3274.0	3.30
1996	1792.3	5052.1	3259.9	2.82
1997	2037.1	5209.7	3172.6	2.56
1998	2064.9	5434.3	3369.5	2.63
1999	2147.2	5815.4	3668.2	2.71
2000	2197.2	6218.7	4021.5	2.83
2001	2299.5	6780.6	4481.1	2.95
2002	2397.9	6958.6	4560.7	2.90
2003	2532.9	7674.2	5141.3	3.03
2004	2837.8	8617.5	5779.7	3.04
2005	3117.7	9524.0	6406.3	3.05
2006	3389.6	10504.7	7115.1	3.10
年均增长	12.5％	13.8％	1.3	—

3. 居民收支预期不稳定

随着国企改革、政府机构改革、就业分配制度改革等改革的推进，下岗失业人员增多，结构调整带来摩擦性失业，农村剩余劳动力向非农产业转移的就业压力增加，使城乡居民就业稳定性减弱，再就业困难加大，都使得居民收入预期不稳定。同时由于教育和医疗的产业化、住房的商品化改革，社会保障体系的不完善，使得居民预期支出变得不稳定。这些情况使居民不能形成可靠的收支预期，尽管收入总额增加，居民也不敢大胆消费，严重影响即期的消费支出。

（二）人口要素

一个地区的人口总量和人口构成对这个地区的消费有着重要的影响。一般来说人口总数越多，则当地的消费总量也越大。而从人均消费水平角度来看，则主要是人口构成的影响，其中影响最大的是人口的城乡结构、年龄结构、文化结构和就业结构。下面主要从人口构成进行剖析（就业问题在上文已论叙，本部分不再重复）。

1. 农村人口比重偏大

湖南是农业大省，农村人口众多，2006 年农村人口与城镇人口的比例为 61.3∶38.7，城市化水平偏低，在全国排在第 20 位，与其它省份相比，城乡二元经济结构更加明显，对消费的影响也更加突出。农村人口的收入水平和文化水平偏低，决定农村人口的消费水平偏低。农村人口的比重过大拉低了全省居民的整体消费水平。以 2006 年为例，湖南城镇居民人均消费水平和农村居民人均消费水平在全国都是第 10 位，但全省居民人均消费水平则排在了第 14 位。

表 17　2006 年湖南城乡居民收入水平与消费水平的比较（按最终消费计算）

地　区	城市化水平（%）		居民消费水平（元）					
	城市化水平（%）	在全国的排名	城镇居民人均消费水平	在全国的排名	农村居民人均消费水平	在全国的排名	全体居民人均消费水平	在全国的排位
湖南	38.71	20	9260	10	3110	10	5491	14

湖南目前的户籍制度虽然不像过去一样严格限制农民的自由流动，但附着在城乡户口上的福利待遇仍在一定程度上阻碍了农村人口向城镇人口转变。大量进城务工的农民由于子女教育、住房、医疗、社保等因素难以融入城市生活，在城市工作了几年甚至十几年最终还是回老家务农。他们一般从事城里人不愿干的工种或低级劳动，工资收入水平较低。为了节约开支，他们在城里还基本上保持农村的生活习惯，把一部分收入用来做食物支出，住房与家用电器都很简单甚至没有，把节省下来的钱寄回老家建房，养育子女。这样不仅阻碍了城市化的发展和“三农”问题的解决，也影响了居民消费。

2. 老龄化趋势加快

我国近十年来长期实行独生子女政策，导致人口老年化趋势日益明显，劳动年龄人口比重日益下降，造成社会和家庭被抚养的人口增加，收入降低，从而对居民消费需求、消费结构带来一定的影响。根据人口普查资料，全省 60 岁以上的老年人口已从 1953 年的 9.62%上升到 2000 年的 12.95%，按照联合国“60 岁以上的人口超过 10%就进入了老龄化社会”的标准，湖南在 1990 年就进入了老龄化社会，近年更有加快的趋势。据有关资料表明，老年人的收入一般仅为退休前的 70%左右，老年人的消费倾向偏低，储蓄倾向高，一般老年人的储蓄倾向为 41.7%（据杭州市老龄人口调查发现，40～45 岁居民储蓄动机为 3.3%，45～50 岁居民储蓄动机为 15.8%，55～60 岁为 24.4%，60 岁以上则升至 41.7%）。市场上最强大的购买动力来自于青少年和成年人口，他们最容易受市场消费刺激。由于老年人口的收入低，储蓄倾向高，如果整个社会老年化倾向严重，必然会导致整个社会的消费倾向降低。

3. 整体文化程度偏低

只有较高文化素质的消费群体，才能不断推动消费的增长，才能引导消费结构的升级与变换。从我湖南的情况来看，城镇居民的整体文化水平较高，但农村居民整体文化水平偏低，由于农村人口比重偏大，从而导致全省整体文化水平偏低。2006年，全省高中文化程度的人口比重为14%，大专以上文化程度的人口比重只有0.51%，高中文化程度以下的人口占到了总人口的85%左右。受教育程度低的影响，使得低文化程度居民特别是农村居民不仅在获取较高收入的就业方面举步维艰，而且消费也一直处于较低层次，其家用电器消费主要是电视机、洗衣机、录音机等传统产品，而微波炉、电脑、数码相机等数字化、智能化的高档消费品少，从而阻碍了这部分消费的增长。

（三）体制要素

1. 社会保障体系不健全

在计划经济向市场经济转变过程中，政府实行了一系列改革措施。如住房制度改革、医疗制度改革、教育体制改革、国有企业改革和政府机构改革等。在上述改革迅速推进的同时，社会保障制度却未能跟上改革的速度，城镇社保覆盖面和保障水平较低，非公有制经济从业人员参保率低，农村社保还极不健全。同时社会保障制度还与人员流动的现状不相适应。由于社会保障制度的不完善，导致居民用于防范养老、疾病、意外等风险性储蓄大量增加，抑制了现实购买力的释放。

2. 税费政策需进一步理顺

目前，有些消费政策和税收政策还不尽合理。据统计，我国是世界上汽车税费项目最多、税费额最高的国家，除增值税、消费税、购置附加税、车船使用税外，国家还明文规定收取车检费、保险费、年审费、养路费、车辆牌照费、过路费等。商品房的税费也比较高，既在建房时收取税费，又在交易中收取税费，据专家估算，商品房的税费约占商品房价的30～40%。事实上，随着居民消费结构的升级，汽车和商品房已经逐渐成为居民的生活必需品，如果税赋及使用成本过高，必然会影响居民对这方面的消费需求，从而也影响了这些产业和行业的发展。还有公务用车制度，也不利于促进居民轿车消费的增长。同时，个人所得税也与当前的发展形势不相适应。从起征点1600元来来看，标准依然偏低。以2007年在长沙市建筑工地做小工的工人为例，每天的工价基本在50～70元，一个月收入基本达到了1200～1600元。同时从个税的征收方式来看。由于征管水平的限制，现行个人所得税在设计时把征收的重点放在了易于征收的纳税目标上。高收入者由于收入来源多样，逃税和漏税的现象较多；只有工薪阶层收入单一，实行源泉代扣易于管理，成为个人所得税的主要纳税人。据统计，目前全国工薪阶层缴纳的个人所得税已占个人所得税总额的70%以上，在某些地区超过了80%以上。这种设计思路，不仅使个人所得税调节收入再分配的功能难以发挥，还加剧了收入分配上的不公平，扩大了贫富的差距。

（四）物价要素

物价对消费有着直接的影响，某类商品价格在一定时期内较大幅度的上涨，会在很大程度上影响消费者的消费信心和消费欲望，进而影响居民总体的消费水平。

1. 基本生活保障支出增长过快

通过分析1990～2006年湖南城乡居民消费支出情况可以看出，近十多年来，由于学费、医疗费、住房价格上涨较快，在城乡居民八大类消费支出中，用于教育、医疗、居住等基本生活保障支出过快增长，速度远远高于同期居民生活消费总支出的增长速度，大幅挤占了其他方面的消费支出。从而导致用于防范风险的预防性储蓄较快增长，抑制了现实购买力的释放。

表18　1990～2006年湖南城乡居民生活消费支出增长情况（未扣除价格指数）

	城市居民消费年均增速（%）	农村居民消费年均增速（%）
人均收入	13.41	12.95
生活消费总支出	13.07	11.25
食品	9.61	9.20
衣着	11.47	8.88
家庭设备用品及服务	9.90	9.56
医疗保健	26.22	17.36
交通和通信	27.63	29.10
教育文化娱乐服务	16.29	15.58
居住	19.54	11.49
杂项商品和服务	12.31	26.80

2. 物价整体水平呈高幅上涨态势

今年以来，由于翘尾因素与新涨价因素的共同拉动，物价呈不断上涨态势。1～10 月湖南消费者价格指数(CPI)累计上涨 5.7%，高于全国 4.4%的总体水平，涨幅居全国第二。其中特别是粮食、食用油、猪肉、禽蛋、液化气等生活必需品价格的上涨，提高了居民对物价上行的敏感度，使得消费形势有了新的变化。一是此次拉动湖南消费价格上涨的主要因素是食品类价格指数的上涨。1～10 月全省食品价格指数累计上涨 13.7%，影响总指数上涨 4.47 个百分点，占总指数的 78.4%。其中粮食上涨 9.3%，油脂上涨 27.5%，肉禽及其制品上涨 33.7%，蛋上涨 23.7%。由于消费者对以上生活必需品的需求具有一定的刚性，不会因为价格上涨而使需求产生较大波动，这就使消费者特别是低收入群体在其收入不变的情况下，不得不减少其他方面的开支，来满足基本需求。二是由于农村食品供应状况差于城市、农村商品流通慢于城市等因素，农村 CPI 的涨幅高于城市。以 10 月份为例，全省城市 CPI 上涨 4.3%，农村 CPI 上涨 6.9%，农村高于城市 2.6 个百分点。农村居民比城市居民面临着更大的物价上涨压力。

(五)环境要素

消费环境制约居民消费。居民消费是个人和家庭的行为，但受到社会环境和消费条件的刺激和影响。社会经济、科技的发展水平，道路、通信与基础设施的建设，水、电、气等供应状况，地理气候等自然条件，人口密度以及社会风气等，都是消费环境的重要内容。消费从来就和人们的生活方式直接相联结，环境影响人们的消费，反过来消费也影响环境。当前我省有效需求相对不足，在很大程度上受到消费环境的限制。有些长期存在的消费环境问题正在逐渐改善，有些新的深层次的问题却逐渐显露。

1. 生态环境破坏严重

人对自然界有着直接的生理和心理需要，“返璞归真”、“回归自然”甚至成为现代文明的一种享受。但是现实正在与人们的需求越来越相背离。“原生态”、“绿色消费”成为稀缺资源。环境问题日益成为各国经济与社会发展所面临的重大问题。湖南的城市生活污水处理率只有 18%，目前仅有 4 个城市有污水处理厂，生产和生活消费的各种污染物通过饮用水、空气、食物进入人体，从而危害人体健康。据医学研究，癌症病发病率有 80%是因环境因素导致的。从消费的角度而言，生态环境不好，人们吃的、用的、穿的都要受影响。比如，食品安全已成为人们群众最关注、反映最多、又最感头痛的问题之一。

2. 基础设施建设与管理较滞后

(1)基础设施建设较滞后

湖南城乡的基础设施建设近几年得到很大改善，尤其是公路建设方面成效显著，但也还存在一些问题。一是农村的水、电、路、气、通讯、网络等基础设施建设仍不完善，限制了农民的消费升级。二是城市部分配套设施的建设没有及时跟进。如城市汽车消费面临道路拥堵、停车难等问题。据测算，家庭汽车月均使用成本达 1438 元，“买得起，用不起，停车难”让部分消费者望车却步。

(2)公用设施的社会效益发挥不够

公用设施的作用具有经济效益和社会效益两个方面，社会效益应放在第一位，但湖南很多地区存在“重建设、轻管理”的现象，导致公用设施的社会效益还发挥不够。如文化、体育设施很少有免费的“午餐”，公司或个人承包后，一切向钱看，限制了普通公众的健康消费。

3. 市场环境及信用环境有待改善

(1)商家诚信意识不高

近几年，由于部分商家素质较差、缺乏诚信，使得像“大头奶粉”、“地沟油”“翻新手机”等假冒伪劣产品泛滥，电视、网络上的虚假广告连篇累牍。据近期湖南省工商局质量监测显示，高桥大市场批发销售的茶叶中含有三氯杀螨醇，“南北特”牌莲蓉月饼中苯甲酸超标。还有个别垄断行业和经营企业无视国家的有关规定和行业道德规范，在交易过程中使用霸王条款，对消费者采取强制性搭配销售和乱收费，商品的售后服务总体水平也不高。

(2)市场监管力度不强

目前我国市场监管体制不完善，市场监管部门多，但责权不明，人人打假导致无人打假，加上相关法律法规不完善和有些部门执法行为不规范，使不法商家有了可趁之机。同时，我国消费者权益保护起步较晚，消费者权益保护的制度设置和执法力度都还没有完全到位，导致消费者权益没有得到有效保护。据2005年长沙市的一项调查显示，在消费者因合法权益受到侵害而向有关部门投诉时，有一半以上的消费者得不到任何结果。

(3)消费信贷发展滞后

目前，金融机构针对住房、汽车等大额耐用消费品的金融产品创新不足、门槛较高，特别是由于信用信息不对称，社会诚信度不高，银行对发展消费信贷业务比较谨慎。而居民负债消费信心不足、消费理念比较保守也造成消费信贷发展滞后。2006年末，全省消费贷款余额365.6亿元，只占全部贷款的6.9%，低于全国10.2%的平均水平，更低于发达国家30%～35%的比重。根据经验测算，1个单位消费信贷能够带动1.5个单位的消费增长。消费信贷的滞后，不利于促进消费。

4. 农村第三产业发展缓慢

农村流通体系建设滞后，商业网点少，中间环节多，提升农村居民购物环境和商品档次的便民超市、集贸中心等购物场所发展较慢，耐用消费品的售后服务也难以跟上。这是长期存在的老问题。实施市场经济以来，农村公共服务落后城市的状况在湖南很大部分地区日益严重。其原因主要有：一是地理因素决定农村居民居住分散，加上农村青壮年都外出打工，通常农村人员显得稀少，因此第三产业经营不具有集约性，不经济。二是单打独斗的生产形式也给管理增加了难度。村级党组织不如城市社区，村主任只相当于联络员，上传下达，管理能力、发展思路及资金有限，导致农村第三产业及其他公共服务业发展缓慢，给农村居民生活带来不便。

三、促进湖南居民消费增长的政策建议

(一)提高居民收入水平，提升消费能力

1. 建立正常的企业工资增长机制

一是建立正常的企业工资谈判和增长机制。大力改革企业工会制度，把企业工会真正建成企业工人的代言人，而不是企业的管理者。要实行企业工会代表和领导人的直接选举制度、企业工会代表企业工人参与与企业管理层的工资谈判机制，切实尊重工人的权利和自由，让工人对自己的工资、对自身的价值有发言权，从而促进企业工资正常增长机制的有效建立。二是要进一步完善劳动法规，发挥政府部门的监管作用。要在劳动法规中进一步明确工人的权利，进一步完善最低工资制度，明确规定企业利润累计达到一定比例时要适时合理地提高工人工资。

2. 提高居民整体素质，积极安置居民就业

较高素质劳动力的合理流动可以使劳动力通过流动各得其所，不同的人力资源得到不同的回报，还可以使某些高收入岗位面临较大的竞争压力，平衡个人之间不合理的收入差距。为此，我们要采取各种途径，加强居民的技能培训，提高他们的整体素质。要依托产业规划、就业意向，建立专业院校定点培训、专业部门组织讲座、乡村社区发放资料、广播电视专栏传播等多种培训方式，及时对城乡居民进行有针对性的技术培训。尤其要加强农村初、高中在校学生的职业技能培训，对职业高中、技校学生的学杂费进行财政补贴。组织大中型企业与职业学校联合办学等。要发挥农业龙头企业的技术优势，对农民进行新技术培训。此外我们还要逐步破除劳动力流动的户籍制度、福利制度和就业制度等各种制度性障碍。增加居民在大城市与中小城市之间，城镇与农村之间迁移和就业的自由度，千方百计为居民创造就业机会。

3. 落实收入分配政策，扩大中等收入群体比重

要全面落实国家的收入分配政策，不断完

善居民收入分配办法，努力扩大中等收入群体比重，以缩小居民收入差距。一是要“保低”。要加大对低收入群体的扶持力度，建立健全城乡居民贫困认定标准和扶持体系，根据全省的经济发展水平和物价变动等因素，及时调整扶持标准，减轻中低收入者的税费负担，让低收入群体共享经济发展的成果。二是要“调高”。要加大对高收入者的税收征管力度，打击其“非法收入”，开征遗产税。三是要“扩中”。要建立一种全社会的择优机制，即社会上的优秀分子可以通过自身努力，获得较好的职业和收益；要加大教育的普及率和发展速度，使大多数人成为收入和职业身份上的中间层；要帮助中小创业者解决资金、技术、人才、管理、市场信息等方面的实际困难；要为有突出贡献的人员搭建更有利于其出成果的平台。四是要建立城乡一体的社会救助体系。五年内逐步建立城乡一体的社会救助体系，加大城乡特困家庭医疗救助力度，尽快缩小城乡居民收入差距。五是加强对高收入群体投资和消费引导，鼓励高收入群体投资社会公益和慈善事业，通过一定的资源分享，换取社会的稳定和投资环境的完善，实现“安富济贫”和“贫富互利”。

(二)创新农村工作思路，做活农村消费市场

1. 不断加大农村投入力度

要继续在经济政策、资金投入、产业导向和科技推广等方面，加大对农村的支持和投入，加快农村的经济发展，不断推进新农村建设。一是要制定切实可行的优惠政策措施，鼓励城市投资者到农村投资，努力将城市的资金、技术、人才引向农村，通过各种形式增强农村的经济实力。二是要加强农村基础设施建设，特别是农田水利建设的投入，为现代农业发展打好基础。三是开展城乡帮扶和对口支援活动。组织各级各部门、城市街道、大中型企业、学校等与边远乡村结对帮扶，为农民进城务工就业、农产品入市销售、工业品下乡等提供帮助。四是加大小城镇规划建设力度，着眼于城乡统筹规划发展和农村劳动力转移，组织对全省2000余个乡镇进行分类规划和建设。

2. 不断调优农业结构

大力发展现代农业。要以现代工业和科学技术为基础，加强农业综合管理，实行种养加、产供销、贸工农一体化生产，提升农业发展水平。要充分发挥湖南的农业资源优势和技术优势，大力发展高产型、优质型、安全型、保健型、观光型、工艺型农业，满足城乡居民对吃、穿、住、用、玩等方面的多样性需求。

3. 建立农村社区服务中心

每2～4个村建立一个社区服务中心，为农民集中提供计生、公安、民政、社保、农技、医疗、文化、商业服务，改善农村的消费环境，方便农民的生产生活。

(三)健全社会保障体系，增强居民消费信心

1. 增加公共投入，提高公共产品供给能力

政府必须加快完善公共财政体制建设，调整财政支出结构，削减(或退出竞争性领域的)经济建设费用和行政管理开支，加大公共产品的供给，并将部分企业国有股份直接划拨给社保基金持有，以此为居民提供基本的教育、医疗、养老等社会保障及信息服务，并建立与市场经济相适应的公共财政体制，在当前的宏观经济形势下，才能有效地刺激居民消费需求，提高居民的整体福利，使消费与投资、经济发展与社会发展良性均衡，也是转型社会公众对公共型财政和服务型政府的迫切要求。

2. 完善社保体系，提高社保标准

要逐步建立和完善城乡一体的教育、医疗、养老等社会保障体系，适当提高社会保障标准。一是解决农村医疗、养老统筹的问题，让农民也像城镇职工一样，建立个人医保和养老账户，每年缴纳一定的费用(养老缴费从年满18岁开始，到60岁止，缺乏劳动能力的由家人代缴，家庭贫困的从政府及社会救助金中解决)，财政进行相应补助，低标准起步，逐年提高，最后达到城乡一体。二是解决城镇未就业人员的医疗、养老统筹问题，确保每一个公民病有所医、老有所养。三是逐步提高职工的养老保障水平，使职工生活水平不因退休而大幅度降低。四是进一步加大对中小学的教育投入，在提高教育设施、教学水平的同时，减免中小学书杂费。五是

尽快开征社保税，改善社保账户的流动性，努力实现全民社保。

（四）加快产业发展，提高消费供给水平

居民消费结构的变化，是确定产业和产品结构升级方向的重要依据，我们应该把经济结构战略性调整与居民消费结构升级结合起来，既满足居民消费需求，又促进产业多元化发展。

1. 大力发展新型工业

一是大力发展家电、汽车产业。一方面应加大对湖南整车品牌的培育力度，积极引进知名品牌来我省设立整车生产基地，另一方面应大力发展汽车配件制造业，分享整车消费促进经济增长的成果。积极引进国（境）内外家电、IT、通讯产品的知名品牌来湖南设立制造基地、研发基地、服务外包基地，实现消费品向制造业和相关产业的延伸。二是做大做强品牌优势企业和优势产品。要建立严格的品牌保护制度，维护品牌消费品形象；通过财政补贴、扶持其上市融资等方式，加大对优势品牌生产企业的支持力度；消除贸易流通的地方壁垒，不仅要引导居民消费本地生产的名优产品，更要支持企业开拓省外、境外市场。要借助湖南电视传媒的优势，加大广告宣传推介力度，提高品牌消费品的知名度；鼓励品牌企业通过开连锁店、加盟店等方式开拓省外或境外市场。三是发挥资源优势开发新的品牌。充分发挥湖湘文化底蕴深厚、地域特色鲜明的优势，开发新的消费产品。出台激励措施，推动更多的湘籍消费产品成为全省著名商标、中国驰名商标。推动省内品牌进入跨国公司全球采购范围，扩大市场影响力。

2. 大力发展第三产业

一是利用湖南的旅游资源优势大力发展旅游业。正确处理生态保护与发展旅游的关系，统一规划全省旅游资源的保护和开发，抓好旅游交通、旅游产品和服务体系建设；打造旅游精品，科学设计和推出旅游线路，重点培育以张家界为龙头的生态旅游，以韶山为重点的红色旅游，以长沙、衡山、炎帝陵、舜帝陵为代表的历史人文旅游，以湘西凤凰为重点的民俗风情旅游；在城市近郊，积极引导发展以“农家乐”为代表的农村休闲旅游。围绕旅游做好宾馆餐饮、纪念品市场的开发，增加旅游产品附加值，提高旅游业的综合效益。二是发展以餐饮、娱乐为主题的服务。如依托湘菜的影响力，推出具有湖湘饮食文化特色的餐饮品牌并向省外拓展。三是扩大中等职业教育和高等教育招生，提高医疗供给水平，满足居民对教育、医疗需求的同时，提高居民素质。四是大力发展信息服务、金融理财服务、租赁服务、社区服务、家庭服务等多层次、多形式的居民服务产业。五是大力发展文化产业，努力建设文化强省。优化文化产业发展环境，大力培养文化产业发展所需要的人才，努力培养影视湘军、文学湘军、动漫湘军、艺术湘军，大力发展湖南影视、音像、出版、动漫等文化产业。

3. 加大房地产业调控力度

一是要强化政府对中低收入居民的住房保障。要在现有的基础上大力发展经济适用房和廉租房，要进一步完善经济适用房和廉租房制度。二是要加强政府对房价的调控力度。要严厉打击房地产领域的过度投机行为。在当前主要是增加土地和住房供应、打击非法囤地行为，通过出台房屋空置税或房屋投机税来调控住房投机行为。三是要加强对住房公积金的监管。将其纳入保监会或银监会的监管范围，以杜绝住房公积金的挤占、挪用行为。

（五）优化消费环境，释放消费潜力

1. 完善基础设施建设

继续加大对消费基础设施的投资力度，加快城乡公共交通、水利、供水、供电、供热和信息等基础设施建设，为拓宽城乡市场、扩大居民消费创造有利条件。优化城乡商业网点布局与建设，整合和集聚商贸资源，大力发展和完善现行物流业，提升商贸设施档次和物流行业效率。

2. 扩大消费信贷规模

健全社会信用体系。完善消费信贷的相关法律法规并贯彻落实，逐步建立完善个人担保和保险制度、个人信用管理制度等，以规范银行和消费者行为，保护银行和消费者的合法权益。改进消费信贷的管理方式，金融机构要配合消费信贷信用体系的建立进度，逐步放宽基层银行的审批权限，改进考核办法，为消费信贷业务

的拓展营造良好的内部环境。

3. 加强市场监管

加大整顿和规范市场秩序的力度，从行政执法、行业自律、舆论监督、群众参与等方面完善市场监管体系，坚决打击损害消费者利益的行为。加强协调，形成统一管理的打击制假售假的组织体系和机制。建立健全消费者权益保护体系，努力营造健康安全的消费环境。改革商贸流通领域原有的协会组织形式，引导发展真正意义的商会、协会组织，实现行业自律。完善市场物价的统计方法，建立监测预警体系，准确及时地了解市场物价信息。完善重要商品的储备、投放及期货交易制度。加强金融、财政、税收的综合调控力度，稳定市场物价，防止通货膨胀。

(六)引导消费文化，促进消费健康发展

在大力鼓励居民消费的同时，要引导居民实施合理、健康、节能、环保、节约的消费行为，努力形成健康、环保、节约的消费模式和消费文化。

1. 倡导节约型消费模式

要大力开展节水、节电、节能、节材活动，建立相关的考核评价体系，大力营造反对浪费、节约资源的社会氛围，引导居民处处节约资源。

2. 倡导环保型消费模式

要加大环境保护力度，完善相关的考核评价机制。大力发展和推广节能环保技术。鼓励居民使用节能环保的汽车、住房、家电等产品，引导居民时刻爱护环境。

3. 倡导健康型消费模式

要加强居民健康消费教育，提高居民健康消费意识，引导和鼓励居民购买健康型的消费产品，特别是要鼓励居民购买天然、绿色、无污染的产品。同时大力发展健身保健产业，鼓励居民健身保健方面的消费。

参考文献：

1. 1995 年至 2007 年的《中国统计年鉴》；
2. 1995 年至 2006 年的《湖南省统计年鉴》；
3.（美）“曼昆”著，机械工业出版社出版的《经济学原理》

作者：湖南调查总队　张宏性　梁已香

论构建以消费推动为主导的经济增长机制

近年来伴随着经济迅速增长，新疆居民收入差距逐步扩大，两极分化矛盾日益突出，居民消费增长率下降。经济生活中出现生产性过剩，经济增长后劲不足，可持续增长面临考验，如何化解经济生活中现存的各种矛盾，调节当前收入分配结构，刺激消费需求增长，形成经济增长良性循环机制，实现经济健康可持续发展，具有重要的现实意义。

一、目前经济运行基本格局

自改革开放以来，中国经济保持了飞速发展态势，创造了经济增长奇迹。新疆与全国一样，1978 年至 2005 年，国内生产总值年平均增长率 10.3%。虽然近几年经济增长率仍处于高位，但它却伴随以市场疲软，商品过剩日趋严重。至 2005 年，积压下来的商品总量预计达 233.5 亿元以上，相当于当年 GDP 的 9%左右。由于生产过剩的存在，市场物价总水平呈现下降趋势。与商品过剩相对应，还产生资金过剩与劳动力过剩。

近年来我国一直保持较高的贸易增长，贸易顺差不断扩大，外汇储备迅速增加，国际贸易摩擦不断且持续升级。如果我们继续采取依靠劳动力和产品低廉价格的优势，来扩大净出口，无疑将引起更多的国际贸易摩擦，同时增大人民币升值的压力。2005 年我国实现的经济增长过多地依赖于净出口的增长，净出口额达到 7500 亿元，近乎 GDP 的 5%，相当于 2005 年 GDP 增量的 50%以上。

二、推动国内消费增长是当前经济生活的核心问题

消费是人类生存和人口再生产的需要，也是经济活动的必要前提条件，经济活动，最原始、首要的是从消费开始的。马克思主义再生产理论同样认为，消费是社会再生产的起点和终点，也就是说消费既是经济发展的动力源，也是产业结构调整的风向标。

近年来，内需不足特别是消费需求不足，一直是经济运行的突出矛盾。这表现在不仅存在商品过剩，而且产生了资金过剩，同时，劳动力过剩的矛盾有所加重。消费需求是最终需求，正是由于消费需求的不足，引起了商品过剩，销售不畅导致企业利润下降，生产资源闲置，生产能力过剩，引发资金投向迷茫，生产乏力造成劳动力过剩，形成了一条多个矛盾相交织的恶性循环，危及社会的稳定和经济的可持续发展。而要解开这个环，就必须从扩大内需、启动消费入手，逐一化解各种过剩矛盾。

(一)启动消费化解商品和生产过剩

一个地区经济景气在很大程度上受到商品市场景气的影响，商品市场景气则受到消费和供求关系两方面的影响。商品市场不景气最直接的表现是商品过剩。商品过剩对经济运行造成严重的负面影响，一方面形成买方市场，一般商品供给过剩，竞争激烈，使得商品价格不断走低，企业预期收益恶化，就业困难，职工收入难以增加，进而阻碍居民消费的增长。另一方面，由于收入制约或对未来的收入预期不良，或者由于企业的产品和服务的供给不能适应居民消费结构升级的需要，导致居民收入未能转化为即期消费而被储蓄起来，使许多产品和服务不能获得价值实现。长此下去，国民经济就会陷入物价和经济增长率交错下降的恶性循环。

随着市场经济的不断发展，供求结构完成了由卖方市场向买方市场的转变，因此，只有启动消费，才能化解生产过剩矛盾，一方面生产供

给可以被消费需求的增长所消化，不存在产品积压和资源的浪费；另一方面则意味着消费需求的增长和消费结构的升级，能够满足企业生产所提供的供给，降低被动储蓄，增加生产投资。如此一来，社会生产和再生产就能顺畅进行，国民经济就会实现良性循环。

(二)启动消费化解资金过剩

截止2005年末，新疆各金融机构各项存款余额3427.5亿元，比年初增加467.7亿元，增长15.8%；各项贷款余额2272.1亿元，比年初增加57.4亿元，增长2.6%，存款余额比贷款余额高出13.2个百分点，存款总量继续增加；资金过剩的产生，是由于有效生产能力低下、新的经济增长点发育不足造成的。从更深层次观察，资金过剩是由消费不足造成的。由于居民消费需求相对不足，企业对投资的预期收益不佳而投资意愿较低，银行存款增加远远高于贷款的增加，从而产生资金剩余。

(三)启动消费缓解劳动力过剩

再就业问题已成为目前影响社会稳定的重要因素。劳动力过剩表现为职工下岗、失业以及农村富余劳动力过多。目前劳动力过剩是经济发展多年积累的深层次矛盾的综合反映，也是改革和发展进程中必然经历的阶段。解决劳动力过剩的根本途径是解决生产和资金过剩问题，促进经济发展。只有经济发展了才会创造各种就业机会。劳动力作为一种生产要素，其需求直接决定于经济增长。扩大市场容量，并以市场需求带动经济增长，才是解决劳动力过剩的根本之路。

三、现阶段居民的消费存在主要问题

2005年新疆居民消费总额达到764.3亿元，扣除价格因素影响，1978～2005年间年均增长6.0%，居民消费水平的提高极大地改善了城乡居民生活，在居民消费稳定增长的同时，居民消费形势不容乐观，仍存在诸多问题。

(一)居民消费增长明显慢于经济增长

最近10年，我国最终消费率平均为59.5%，新疆最终消费率平均为55.1%，而世界平均消费率水平为78.5%。我国最终消费总额平均增长一直低于GDP增速，1990～2005年间新疆居民消费总量年均增速比GDP增速慢3.5个百分点，其中2000年以后，比GDP增速慢2.4个百分点。

(二)消费对经济增长的贡献份额连续下降

消费、投资和净出口是拉动经济增长的“三驾马车”。然而，近年我国消费对GDP增长的贡献份额连续大幅下降，从2000年的73%、2001年的48%、2002年的40%，降至2003年的37%，在此期间，经济的较快增长率主要靠投资与出口带动。

(三)消费与投资的增长不协调

近年来，新疆投资率连年提高，消费率逐年下降。1990～2005年间，投资率由51.5%上升到61.7%，消费率由68.7%下降到48.6%。发达国家和许多发展中国家的投资率一般为20%～30%，消费率一般为70%～80%。我国如此高的投资率又如此低的消费率，不利于国民经济持续、稳定、健康发展，影响产业结构调整和经济增长方式转变。

(四)居民消费增速低于政府消费增速

20世纪90年代以来，我国政府消费增速逐年加快，而居民消费增速逐年减缓，居民消费比重明显走低。新疆政府消费占整个最终消费比重由1990年的24.3%上升到2005年的39.7%，而居民消费增速逐年减缓，居民消费比重明显走低，居民消费占整个最终消费比重由1990年的75.7%下降到2005年的60.3%。1990～2005年新疆政府消费平均每年增长16.2%，居民消费平均每年增长11.1%，居民消费每年增长低于政府消费增长5.1个百分点。

(五)农村消费增速低于城市消费增速

我国城乡之间消费差距较大。以当年价格

计算，1990～2005年，城市、县城、县以下消费品市场零售总额平均每年增长分别为13.6%、8.9%和9.7%，县城和农村比城市消费品市场增速分别低4.7和3.9个百分点。农民消费水平低下和消费增速缓慢将严重地制约着我国整体消费的增长。

(六)消费率持续偏低，居民消费倾向下降

根据国际货币基金组织的统计，发达国家最终消费支出占GDP的比例平均在80%左右，发展中国家平均约为74%，从10年来的情况看，新疆最终消费率一直低于60%，1995年至2005年，最终消费率平均为55.6%，2005年最终消费率为48.6%，首次降至50%以下。资料显示：通常城乡居民消费在国内总需求中的比重普遍在75%以上，美国1970～2001年人均消费占人均可支配收入接近90%，新疆"十五"期间居民消费在国内总需求中的比重在61.3%，与全国情况一样，均远低于世界平均水平。

表1　新疆主要年份城镇居民平均消费倾向变动情况表

年　份	人均可支配收入(元)	人均消费性支出(元)	平均消费倾向
1980	427	418.4	0.980
1985	734.8	650.8	0.886
1990	1313.5	1104.4	0.841
1995	4163	3187	0.766
2000	5645	4423	0.783
2005	7990	6208	0.777

四、影响居民消费主要因素分析

居民消费行为是在一定的社会条件下，居民消费需求、消费能力、消费偏好的综合体现。消费需求是否得到满足，消费行为是否健康、合理，关系到居民生活质量的提高，关系到社会生产力的发展，也关系到社会的和谐与发展。不断提高消费水平是人们对其生活质量提高的向往，也是我国全面建设小康社会，构建和谐社会，发展社会主义生产的目的。生活质量的提高，将促进人的全面发展和综合素质的不断提高，也将创造新的社会需求，为消费创造更广阔的空间，促进社会的全面发展和进步。

(一)居民收入对消费具有决定作用

居民收入水平是衡量居民贫富程度的标志，它既是经济增长的结果，也是消费增长的前提。居民收入增长应由经济发展水平决定，经济增长质量一个很重要表现是居民收入与人均GDP的协调发展。

长期以来，我国实行的是高积累、高投资和低收入、低消费政策，在相当长的时期内，城乡居民收入增长速度远低于GDP增长速度，投资率偏高，最终消费率下降。

收入对消费的影响不仅体现在收入水平上，收入差距也会影响消费的增长。一般来说，中低收入阶层的边际消费趋向较高，而高收入阶层的边际消费趋向较低。因此，收入差距扩大会降低整个社会的边际消费倾向。未来的收入预期对其消费行为影响很大，当消费者预期未来收入会有明显增加时，那么他的消费意愿就会显著增强；而当消费者预期未来收入难以增长甚至减少，那么他就会控制支出，降低自己消费水平。二十世纪九十年代中期后，由于收入增长缓慢，人们对未来收入预期不乐观，而医疗、住房、教育、养老保险等改革使得预期支出增加，造成居民消费增速下降。

(二)利率与消费的关系

居民个人消费是建立在个人收入基础之上的，居民收入分为居民消费与储蓄两部分，居民消费与储蓄跟收入呈正相关。收入越多，居民消费与储蓄必然越多。当收入水平较低时，居民收入主要向消费倾斜，满足维持人类生存的基本需求；当收入达到一定水平后，居民收入将向储蓄倾斜，表现为边际消费倾向随收入增加而递减特征。

在个人可支配收入数量既定的条件下，利率是影响消费和储蓄比例关系的重要因素。当利率上升的时候，居民储蓄意愿增强，从而储蓄额增加；当利率下降的时候，人们就会减少储蓄用于现时消费。通常情况下，储蓄中延期消费性质的部分所占的比重越大，居民储蓄对利率变动的弹性就越小；如果储蓄总量中，资产类储

蓄所占的比重越大,居民储蓄对利率变动的弹性就比较大。自1996年以来,我国先后七次降低银行储蓄利率,并开征利息税,以刺激居民消费,从实际效应看呈逐步递减趋势。

(三)价格与消费关系

价格是影响消费的直接因素,在一定程度上,消费增长率决定于消费品价格水平。

1. 价格对消费的直接影响

若商品和服务的价格下降,消费需求将因此进一步扩大,消费供给则因此而相对缩小,缩小后的消费供给与增大后消费需求相互影响、相互作用的结果,形成一个新的均衡的消费量,此时消费增长率超过收入增长率;若商品和服务的价格上升,消费供给将因此进一步扩大,消费需求则因此而相对缩小,缩小后的消费需求与增大后消费供给相互影响、相互作用的结果,形成一个新的均衡的消费量,此时消费增长率低于收入增长率。

2. 价格对消费的间接影响

在居民货币收入不变的情况下,若商品和服务的价格上升,居民实际收入水平就会下降,消费者要维持原有消费水平,就必须增加购买支出,这时居民平均消费倾向相应提高;反之,若商品和服务的价格下降,居民实际收入水平就会提高,消费者要维持原有消费水平,购买支出减少,这时居民平均消费倾向相应降低。

(四)消费偏好

从消费者来看,消费行为最终决定于消费者的个人偏好,通常情况下,消费者对于自己喜好商品,会增加购买;反之,会减少购买。从商品自身来看,商品的购买、使用、保养和维修条件以及商品广告等都是影响消费者消费行为的重要因素。

此外,社会文化、消费者的社会交往、消费的相关制度规定、消费者自身文化水平等都影响着居民消费方式、消费水平消费结构。

五、居民消费增长与居民收入差距关系分析

居民消费是社会总消费的主体,因此启动消费应首先考虑增加居民收入。个人收入分配是各个社会成员经济利益分配的最终体现,具有很强的社会敏感性。收入分配是否合理,会直接影响社会成员社会心态平和程度、社会关系的协调程度。

(一)城镇居民收入差距

1. 城镇居民收入基尼系数攀升

1978年城镇居民收入分配的基尼系数为0.16,收入分配处于高度均等区间。改革初期一直到80年代中期,城镇居民收入差距变化不大,基尼系数变化不大。80年代中期以后,我国经济体制改革重心向城市转移,实行计划经济向市场经济转变,收入分配从平均主义向按劳分配制度转化,城镇居民收入差距逐步形成并呈扩大趋势。城镇居民收入的基尼系数由1985年0.26,上升到2005年0.33。基尼系数的上升在一定程度上反映出新疆城镇居民收入差距拉大,不利于社会和谐稳定。

表2 新疆城镇居民收入基尼系数变动情况表

年 份	1985	1990	1995	2000	2001	2002	2003	2004	2005
基尼系数	0.255	0.242	0.273	0.274	0.272	0.298	0.292	0.286	0.330

2. 高低收入阶层收入差距扩大

2005年城镇居民人均可支配收入为7990元,其中占总户数10%的最高收入户人均可支配收入为18210元,占总户数10%的最低收入户人均可支配收入为2263元,高低收入组之比达8∶1,1985年10%的最低收入户与10%最高收入户收入差距为5.3∶1。1995至2005年的10年间10%最低收入户人均可支配收入只提高32.3%,年均增长2.8%,而最高收入户10年提高1.04倍,年均增长7.4%,年均收入增幅比最低收入高4.6个百分点。

3. 地区间城镇居民收入差距扩大

不同地区居民之间收入差距的扩大突出反映在东部和中西部之间收入差距的扩大上，新疆城镇居民可支配收入1990年还位居全国中游，到2005年已下滑到全国倒数第一，可支配收入与全国平均水平的绝对差额由1990年的73元扩大到2005年的2503元。在新疆内部，则体现在经济相对发达城市与偏远落后地区差距明显扩大。

4. 行业间收入差距扩大

在烟草、民航、电力、电信、金融等垄断性强的行业和一些资本技术密集型的大中型企业，员工工资收入和各种福利待遇快速增长，与之形成鲜明对照的是纺织、机械、煤炭、农林水利等行业有一大批企业陷于困境，员工收入普遍下降。从相对数来看，1985年在岗职工平均工资最高的行业是最低收入行业的1.9倍；2005年在岗职工平均工资最高的金融业是最低收入行业的2.6倍。

(二)农村居民收入差距

1. 农村居民收入基尼系数变化

改革开放前的农村收入分配具有很浓的平均主义色彩，农民之间收入差距处于较低水平。1978年农村居民收入基尼系数约为0.21左右，处于相对均等区间，其后农村内部收入差距在总体上呈逐渐扩大趋势，基尼系数由1985年0.29上升到2005年0.39。与城镇居民相比，新疆农民收入内部之间差距更大，收入分配更加不平衡。

表3　新疆农民收入基尼系数变动情况表

年　份	基尼系数
1985	0.288
1990	0.340
1995	0.349
2000	0.383
2001	0.368
2002	0.377
2003	0.407
2004	0.386
2005	0.392

2. 农村居民高低收入组的收入水平差距

新疆2005年农民人均纯收入为2482元，其中占总户数10%的最高收入户人均纯收入为13243元，占总户数10%的最低收入户人均纯收入为1799元，高低收入组之比达7.36∶1，农民内部收入间差距进一步扩大。

3. 地区间农村居民收入差距扩大

2000年，东部地区12个省(市)农村居民人均收入3649元，而西部10个省(自治区)农村居民人均收入只有1606元，新疆农民人均纯收入1980年比全国平均水平高10元，至2005年则比全国低773元。

(三)城乡居民收入差距

2005年新疆农民人均纯收入2482元，当年城镇居民人均可支配收入7990元，城乡居民人均收入比例高达3.22∶1，差距进一步扩大。再加上城乡居民收入差距上还有许多统计上没有反映出来的差异，由于城镇居民的收入统计还没有涵盖所享有的各种各样的补贴，比如说城镇居民享受养老金保障、失业保险、最低生活费救济等，其中很多人是享受医疗保险的，如果把这些非货币因素考虑进去，城乡收入就远远不会是3倍的差距。城镇居民人均可支配收入1985年至2005年增长9.9倍，年均增长12.7%，农民人均纯收入增长5.3倍，年均增长9.6%，由于农民人均纯收入大大低于城镇居民可支配收入，因此造成农村居民消费水平也一直远低于城市居民。

表4　城乡居民收入比例变化表

年　份	农民人均纯收入占城镇居民可支配收入比例
1978	0.37
1980	0.47
1985	0.54
1990	0.52
1995	0.27
2000	0.29
2001	0.28
2002	0.28
2003	0.30
2004	0.30
2005	0.30

(四)居民收入差距扩大对消费增长不良影响

在居民收入增长率既定的条件下,消费增长力度取决于边际消费倾向。消费者的消费倾向是指消费者愿意将自己的收入中用于消费的部分占总收入的比重。通常情况下,中低收入阶层的边际消费趋向较高,而高收入阶层的边际消费趋向较低。

表 5　新疆城镇居民平均消费倾向变动情况表

年　份	10%最低收入户平均消费倾向	20%中等收入户平均消费倾向	10%最高收入户平均消费倾向
1980	1.275	1.120	0.736
1985	0.938	0.892	0.776
1990	0.940	0.886	0.740
1995	0.887	0.798	0.657
2000	0.985	0.798	0.663
2005	1.00	0.81	0.705

由上表能够看出,收入差距扩大是整个社会的边际消费倾向降低的主要原因之一。

六、刺激居民消费增长的主要政策取向

(一)实施"公共投资促进消费"战略

从扩大公共投资角度来看,有三个切入点。一是从投资力度来看,必须加快完善公共财政体制建设,调整财政支出结构,加大财政对于基本医疗、基础教育、交通、科技文化、社会保障等公共投入,实现公共投资带动社会消费的目标。二是从投资的方向来看,要改变偏重开发区经济类基础设施建设,忽视环境、卫生、基础教育、防灾减灾等人文类基础设施的投资建设的倾向,通过经济与社会基础设施供给的增加,提高居民的消费能力,完善城乡消费条件,降低储蓄意愿。三是从投资地区来看,重点是加大对中西部地区和农村地区的公共投资力度,加大转移支付,重点是农村基本医疗、乡村道路、人畜清洁饮用水工程、防灾减灾设施建设和电力、电信基础设施建设,弥补这些地区消费条件的不足,刺激中西部和农村地区可消费开支能力的提高和消费环境的改善。

(二)立足扩大内需,积极营造消费增长的政策环境,引导生产领域提供适销对路的产品和服务

第一,企业的投资与生产要与居民新的消费增长点相适应。消费需求作为社会再生产总循环过程的现实出发点和最终归宿,对企业投资和生产的引导作用日益增大。企业要重视对消费需求变化及其规律的研究,要根据居民消费需求的变化来调整产业结构和产品结构,使投资、生产与消费需求的变化趋势相一致,与消费需求新的增长点相一致,生产适销对路的产品,避免生产的盲目性,促进新的消费增长点的实现。

第二,企业生产的产品要与居民当前消费水平,与居民消费层次的差异性相适应。城乡居民消费水平和消费环境存在差异,对消费品的需求档次也有差异。总体上看,目前新疆人均国民收入、消费水平在全国处于较低水平,城镇居民消费档次较高,品牌意识很强;而农村居民的要求则主要是价格便宜、功能简单、质量过硬、售后服务周到。针对不同的消费需求,企业要研究市场,准确定位和市场细分。

第三,服务业的发展要与居民消费需求由商品形态迅速向服务形态拓展的需要相适应。要适应居民生活水平提高、生活工作节奏加快,以及家政劳务的需要,加快发展服务行业,拓宽服务领域,逐渐形成多层次、多方位、方便配套的社区系列化服务体系。同时,要加强旅游、文化、体育等设施建设,整顿规范旅游市场秩序,推进体育、文化体制改革和机制创新,引导居民扩大旅游、文化、体育等消费。

(三)分配领域要努力增加城乡居民收入,增强居民消费能力

第一,通过理顺收入分配机制,努力提高城乡居民(尤其是中低收入居民)的收入水平。就消费拉动而言,促进居民消费增长的关键是如何增加居民收入以及如何提高居民的消费倾向。据一般的测算,提高的工资收入的75%可

进入消费领域。因此，实现消费拉动最重要的途径，就是不断增加居民的可支配收入。要提高居民收入以拉动消费，首要的是保持经济快速增长，以确保居民收入增加的基础；其次是实行社会保障建设优先的政策，积极推进医疗保障制度、医疗卫生体制和药品流通体制改革，提高城镇居民收入可支配的质量；第三是实行就业优先政策，促使更多的城镇居民就业和再就业，切实保障劳动者合法权益，完善并执行最低工资标准，加大对困难群体的扶持力度。

第二，开拓农村市场，千方百计增加农民收入。在政策方面，经过连续两年大幅度地减免农业税和增加政府补贴等措施的实施，继续增加农民收入可操作的空间已经很小。从长期看，要想扩大农村消费，使农民收入迈上一个新台阶，就要坚决加大对农村发展政策的倾斜力度，尤其要加大财政对农村基础设施建设的投入力度。同时，要加快农村社会事业发展，建立和完善农村社会保障制度，加大对欠发达和落后地区农村合作医疗的投入力度。通过推进城镇化、减轻农民负担、加大财政转移支付等手段，多渠道增加农民收入。积极开拓农村市场，搞活农产品流通，健全农产品市场体系，推进农业产业化经营，提高农民进入市场的组织化程度和农业综合效益。

第三、完善财政税收政策。尤其是要逐步完善转移支付等积极的财政政策，充分利用财政、税收、利率等系列经济杠杆，解决区域之间发展不平衡、差异过大的问题，使收入差距过大回到正常的区位中来。

(四)积极发展消费信贷，促进消费结构升级

受中国传统消费观念影响，居民消费不习惯于预支未来的收入进行消费。近年来通过不断推广，信贷消费逐渐成为人们所接受的一种消费方式。未来要进一步扩大消费信贷规模，拓宽消费信贷领域，确定合理的消费信贷利率，延长贷款年限，简化贷款手续，使更多的消费者利用信贷消费方式，实现消费升级。

作者：新疆调查总队　余晓明　何白齐　刘迪生　王成录

透视恩格尔系数下降背后的几个问题

恩格尔定律主要表述的是食品支出占总消费支出的比例随收入变化而变化的一定趋势。其涵义在于，可通过观察人们在满足了生存的基本需求后，还剩多少“闲钱”，判断生活水平是否提高。揭示了居民收入和食品支出之间的相关关系，用食品支出占消费总支出的比例来说明经济发展、收入增加对生活消费的影响程度。众所周知，吃是人类生存的第一需要，在收入水平较低时，其在消费支出中必然占有重要地位。随着收入的增加，在食物需求基本满足的情况下，消费的重心才会开始向穿、用等其他方面转移。

一、北京市城市居民恩格尔系数变化

改革开放以来，北京城市居民的恩格尔系数从总体上讲，呈逐渐下降的趋势。从1978年到2006年，全市城市居民家庭恩格尔系数由58.7%下降到30.8%，下降了27.9个百分点。表明北京市自改革开放以来，居民家庭收入的增长同食品支出之间的定量关系和相关关系是正常和健康发展的。同时也说明了全市城市居民生活正由温饱向富裕迈进的发展进程。

北京市恩格尔系数在整体下降的趋势下，大体经历了“高位徘徊——波动下降——较快下降”的变动过程。1978～1984年为高位徘徊期，恩格尔系数为55.3%～59.4%，意味着城市居民消费支出的一半以上用于食品支出，按照联合国粮农组织的标准，处于刚刚摆脱贫困、进入温饱的初期阶段；1985～1995年为波动下降期，十年间恩格尔系数从1985年的50.6%下降到1995年的48.5%，仅下降2.1个百分点，1993年恩格尔系数首次下降至50%以下；1996年以来，北京城市居民家庭恩格尔系数下降速度明显加快，2006年与1996年相比，下降了15.8个百分点（见图1）。

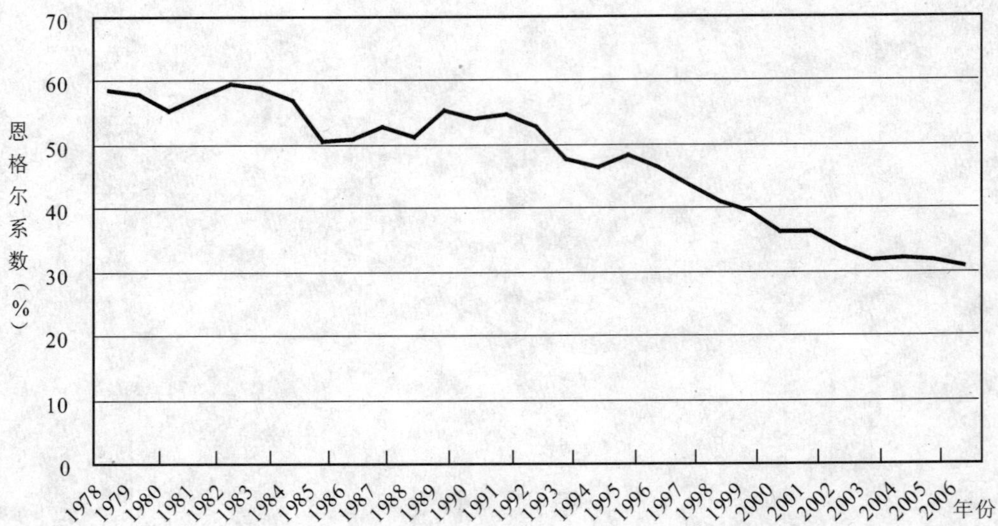

图1　1978～2005年北京市城市居民家庭恩格尔系数变化图

二、恩格尔系数下降意味着生活质量的提高

恩格尔系数的降低表明消费结构的变化，消费结构的变化表明生活质量的提高，而在生活质量提高的背后是什么呢？无疑是经济的发展，人民收入水平的提高。2006年，全市城市居民人均可支配收入达到19978元，比2000年增加9628元，"十五"期间，城市居民人均可支配收入年均增长12.5%。城市居民人均可支配收入的持续快速增长，为食品消费支出比重下降，其他消费支出比重上升提供了可能。

在收入不断增长的同时，居民的消费水平明显提高。2006年，全市城市居民人均消费支出为14825元，比2000年增加6332元，"十五"期间，城市居民人均消费支出年均增长9.3%。

随着收入水平的提高和消费支出的增加，尽管食物消费支出所占比重下降，但食物消费支出金额是增加的，食物消费的质量得到改善，人们的营养水平得到提高。恩格尔系数随着居民收入水平的提高而下降，说明在各类消费的增长中，食物消费增长得相对较慢，这是由于食物消费属于维持生存的消费，生存需要满足之后，消费支出会有较大的部分扩展到满足生存以外的其他需要。具体表现在：

1. 精起来的饮食

2006年，全市城市居民家庭人均食品支出为4561元，占消费支出的比重为30.8%，比2000年低5.5个百分点。在食品消费比重持续下降的同时，城市居民中，吃好、吃精，注重营养、追求方便的倾向越来越明显。主要表现为：

(1)粮食类消费量下降，蔬菜、干鲜瓜果类支出上升。2006年，全市城市居民家庭人均粮油类支出435元，比2000年增长19.8%，人均消费粮食65.4千克，比2000年少消费1.7千克。2006年，北京城市居民家庭人均蔬菜类、干鲜瓜果类支出分别为314元和447元，比2000年分别增长33.1%和64.3%。

(2)注重营养，食品结构更为合理。糕点、奶及奶制品和蔬菜类支出增幅明显高于肉禽蛋及水产品类支出增幅。2006年，全市城市居民家庭人均糕点、奶及奶制品和蔬菜类支出分别为449元和314元，比2000年分别增长57%和33.1%，分别高出肉禽蛋水产品类支出增幅38.5个和14.6个百分点。其中，人均奶及奶制品支出280元，比2000年增长57.3%，奶及奶制品已成为许多家庭餐桌上不可缺少的食物。

(3)追求食品口味的多样化和方便化，在外饮食支出越来越多。2006年，全市城市居民家庭人均在外饮食支出为1319元，比2000年增长97.8%，占食品支出比重由21.6%上升到28.9%。2006年全市餐饮业实现零售额287亿元，比2000年增长2.3倍。目前，餐饮业占社会消费品零售额总量的8.8%，比2000年提高2.8个百分点。这反映了北京市居民生活质量进一步提高，人们不再满足于在家吃饱，更追求外出就餐的方便、情调。

2. 靓起来的衣着服饰

北京市城市居民家庭收入水平的大幅度提高，带来了居民穿着消费的深刻变化：成衣消费比重明显扩大，并且向中高档转变，"一季多衣"取代了过去的"一衣多季"。衣着消费的个性化特征明显，年轻一代追逐时装潮流。2006年，全市城市居民家庭人均衣着类支出为1442元，比2000年增长91%，在消费支出中的比重比2000年下降0.8个百分点。尽管衣着支出在消费支出中的比重下降，但服装、鞋类的成品支出一直处于上升趋势。2006年，全市城市居民人均服装、鞋类支出为1355元，在衣着类支出中的比重为94%。

3. 炫起来的耐用消费品

在用的方面，家电等耐用消费品的热点长盛不衰。2006年，北京市城市居民家庭人均家庭设备用品及服务类支出为977元，城市居民家庭每百户拥有空调器、家用电脑、摄像机分别由2000年的69.6台、32.1台和5.4架迅速提高到2006年的157.1台、95.7台和18.9架。

4. 多起来的私人轿车和移动电话

信息化的高速发展，使得北京市交通和通信迅速发展，交通通信条件的改善使人与人之间的距离迅速缩短。2006年，全市城市居民家庭人均交通和通信支出为2173元，比2000年增长2.6倍，其中，交通、通信支出分别比2000

年增长4.4倍和1.5倍。交通支出中家庭交通工具和交通费支出分别为417元和394元，比2000年分别增长14.4倍和1.3倍；通信支出中通信工具支出比2000年增长1.3倍。截止2006年，全市私人汽车保有量达到181万辆，比上年末增长17.6%，其中，轿车121万辆，增长22%。2006年，平均每百户拥有移动电话206.1部，是2000年的7.5倍。

5. 热起来的文化教育消费

2006年，北京城市居民人均教育文化娱乐服务支出为2515元，五年间年均增长9.9%，其中，人均文化娱乐用品、文化娱乐服务支出分别为809元和731元，同比分别增长19.3%和25.2%；人均教育支出为975元，五年间年均增长5.3%。以前过节要么呆在家里，要么走亲串友，现在，富裕起来的人们，越来越喜欢到外面的世界放松心情。2006年，全市城市居民人均团体旅游支出443元，比2000年增长1.2倍。目前，无论是政府还是个人，对于教育的投资和关注的热情都逐年提高，不仅大学生越来越多，硕士生、博士生、博士后研究人员等也明显增多。全市高校在校学生数由2000年的28.3万人上升到2006年的55.5万人。

6. 大起来的住房

居民生活质量的提高还表现在居住条件的改善上。国际经验表明，人均住房面积与其它形式的消费一样，随经济发展程度的提高而提高。北京市城市居民家庭人均住房使用面积由2000年的16.2平方米增加到2006年的20.1平方米。与此同时，居住质量和配套性能也不断提高，90.3%的居民独用自来水，76%的居民使用有厕所浴室，92.3%的居民使用暖气取暖，99.3%的居民使用管道煤气和液化石油气。从居民生活所必需住房、水电燃料及其他和居住服务费这三类支出看，随着生活水平的提高及调价原因，2006年这三类支出总共为1213元，比2000年增长106.6%，其占消费支出的比重由2000年的6.9%上升到8.2%。

三、恩格尔系数的三种特殊情况

恩格尔系数虽有普遍的适用性，但在不同时期或不同地区也有一定的特殊性。如何正确认识恩格尔系数在现阶段的变化，把握恩格尔定律的适用性成为当前一个值得注意的问题。在实际应用中，如果不根据国情、市(省)情以及各地区居民的传统消费习惯、生活方式等客观情况加以分析，只是简单地套用这一定律，那么所得结论往往有失偏颇。在此，根据近几年北京城市居民家庭生活调查资料，就恩格尔系数中的三点特殊情况加以剖析。

1. 节日恩格尔系数偏高

对老一辈人而言，逢年过节的回忆，除了热闹，更多的是吃。在物质贫乏的年代，节日是大家“打牙祭”的最好机会。这就让我们发现一种现象，平时的恩格尔系数在下降，而节日里恩格尔系数却偏高(见图2)，节日的重心还是围着一张餐桌在转。从北京城市居民家庭2003年～2006年调查资料看，含春节、“五一”、“十一”这些节日的月份的恩格尔系数均比其他月份高。

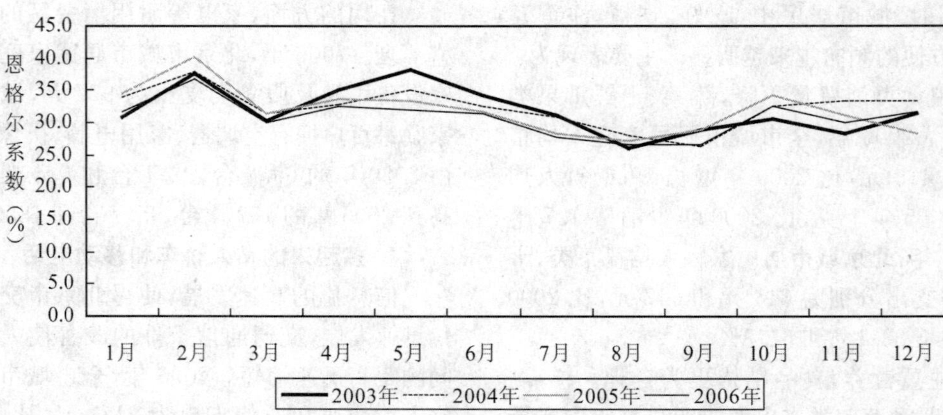

图2 各月恩格尔系数变化图

从生活中的经济现象看，居民的钱包是鼓起来了，消费的档次也上去了，可是过节消费方式重的是物质，少的是文化娱乐。从饭桌上解放出来，把节日"恩格尔系数"降点下来，这是新时代一种文化追求，也是多姿多彩的节日乐趣。

2. 收入较高地区的恩格尔系数未必小于收入较低地区

通常来讲，收入和消费水平越高，恩格尔系数就会越低，然而在现阶段，恩格尔系数的变化趋势并不完全尽然。以北京和十大城市居民家庭生活调查主要指标资料看（见表1），恩格尔系数最高的武汉、沈阳分别为 38.8% 和 37.2%，并不是收入和消费水平最低的地区；恩格尔系数最低的成都、北京分别为 30% 和 30.8%，也不是收入和消费水平最高的地区；收入和消费水平最高的深圳、广州和上海虽然城市居民的生活质量明显强于其他地区，但恩格尔系数却与天津、沈阳大致相同。从六类主要食品消费支出上看，肉禽蛋水产品类、糖烟酒饮料类和粮油类支出占食品支出的比重较大，对食品支出额有较强影响。如深圳、广州、上海三市均是沿海城市，受当地饮食习惯影响，其鲜活水产品支出占食品支出的比重较大，是影响恩格尔系数较高的原因之一。

表 1　北京与十城市收支水平和恩格尔系数比较(2006 年)

地　区	可支配收入（元）	消费支出（元）	食品支出（元）	恩格尔系数（%）
北京	19978	14825	4561	30.8
天津	14283	10548	3680	34.9
上海	20668	14762	5249	35.6
广州	19851	15443	5722	37.0
武汉	12360	9182	3563	38.8
南京	17538	12233	4145	33.9
沈阳	11651	8670	3229	37.2
西安	10905	8987	2966	33.0
杭州	19027	14472	4231	29.2
成都	12791	10301	3093	30.0
深圳	22567	16628	5651	34.0

3. 贫困家庭的恩格尔系数未必就在联合国粮农组织划分的鉴定范围内

以 2002～2006 年北京城市居民家庭住户调查资料为例，我们将抽样调查的城市居民家庭按可支配收入的高低排序，分成九个组来观察恩格尔系数的变化（见表 2）。结果表明：更低收入组的恩格尔系数相对比较小，低于联合国粮农组织对恩格尔系数的贫困鉴定标准。

按理说，贫困家庭的恩格尔系数应该是比较高的，那么引起其超常规变动的原因又是什么？据分析，一是 20 世纪 90 年代后期以来，我国进行产业结构调整，并对城市居民的社会福利制度实施了全方位改革，制度改革对贫困家庭所造成的生活压力增大，他们不得不在家庭极其有限的收入条件下，通过节衣缩食的方式以应对改革带来的一系列刚性支出，从而使得贫困家庭的恩格尔系数在这一段时期起伏不定且幅度很大；二是在改革中有一部分家庭的生活陷入困境后，亲朋好友常从各个方面帮助他们，以减少他们自身的开支，这一隐形因素必然使得贫困家庭的恩格尔系数出现虚假性下降。如转移性收入中的捐赠收入，北京城市 5%更低收入居民家庭人均捐赠收入、赡养收入分别从 2002 年的 14 元和 2 元提高到 2006 年的 36 元和 4 元。

表 2　城市居民各收入组恩格尔系数(%)

分　组	2002 年	2003 年	2004 年	2005 年	2006 年
合　计	33.8	31.7	32.2	31.8	30.8
最低 10%	37.3	42.0	42.2	44.2	40.0
更低 5%	38.2	45.5	45.0	44.5	40.3
低 10%	39.4	39.4	36.1	38.4	38.1
较低 20%	38.8	36.4	36.1	35.8	33.7
中间 20%	35.2	35.2	36.2	35.8	32.7
较高 20%	31.7	30.9	30.9	29.8	30.1
高 10%	31.9	24.0	28.4	24.8	25.5
最高 10%	26.8	22.9	23.4	24.6	23.7
更高 5%	23.5	21.3	20.8	24.3	22.6

四、对使用恩格尔系数的几点认识

1. 在不同的经济体制下，计算出来的恩格尔系数是不同的

在过去的计划经济体制下，我国城市居民消费中，住房、医疗都是采取福利消费的形式，高等教育也是采取福利消费的形式，即年轻人上大学，不须要家庭负担学费甚至生活费。这样计算起来，恩格尔系数就非常高，在国际上与市场经济国家没有可比性。20 世纪 90 年代后期以来，我国调整产业结构，鼓励发展第三产业，并对城市居民的社会福利制度实施了全方位的、前所未有的改革。这些政策的调整明显拓宽了居民的消费渠道，使居民的新增消费力相对集中于医疗保健、交通通信、住房、教育等方面，极大地提升了各家庭的消费比重（见表3），同时，也直接加速了恩格尔系数的下降。所以，现在我们计算的恩格尔系数在国际上有较强的可比性。

表 3　十年来我市城市居民家庭消费支出构成（%）

项　目	1996 年	1998 年	2000 年	2002 年	2003 年	2004 年	2005 年	2006 年
消费支出合计	100.0	100.0	100.0	100.0	100.0	100.0	100.0	100.0
食品（即恩格尔系数）	46.6	41.1	36.3	33.8	31.7	32.2	31.8	30.8
衣着	14.8	10.2	8.9	8.4	8.2	8.7	8.9	9.7
家庭设备用品及服务	7.6	11.4	12.9	6.2	6.3	6.8	6.4	6.6
医疗保健	3.8	5.0	6.9	9.2	8.9	9.7	9.8	8.9
交通和通信	4.5	5.3	7.1	12.4	15.2	12.8	14.7	14.7
教育、文化、娱乐服务	12.2	13.8	15.1	17.6	17.7	17.3	16.5	17.0
居住	5.0	7.6	6.9	9.0	8.6	8.7	7.9	8.2
杂项商品与服务	5.5	5.6	5.8	3.5	3.5	3.8	4.0	4.1

2. 慎用划分标准，对现象下一些判断性的结论

恩格尔定律是根据经验数据提出的，它是在假定其他一切变量都是常数的前提下才适用的。恩格尔系数的划分标准是居民生活水平重要的但不是唯一的评判依据，如果无条件而又不做分析地仅以恩格尔系数的高低来判断居民生活的阶段性进展情况，就会使人容易产生认识上的偏差。比如，某地区恩格尔系数比另一地区低，并不能得出该地区居民生活就一定比另一地区高的结论；某地区的恩格尔系数如下降到 39%以下，也不能充分说明该地区居民生活就已经达到富裕阶段的水平；同样，某地区的恩格尔系数如在某一年分出现一定程度的反复，不一定就表示该地区的居民生活水平在升降，等等。因此，我们在考察恩格尔系数变化的同时，还要紧密结合居民的收入、消费、居住、城市化程度等状况加以深入地分析研究；食品加工、饮食业和食物本身结构变化等因素也会影响家庭的食物支出增加，只有达到相当高的平均食物消费水平时，收入的进一步增加才不对食物支出发生重要的影响。只有这样才能做出比较切合实际的判断。

在运用这一标准进行国际和城乡对比时，要考虑到那些不可比因素，如消费品价格比价不同、居民生活习惯的差异等因素。恩格尔系数反映的是一种长期的趋势，而不是逐年下降的绝对倾向。

作者：北京调查总队　张峦

2006 年黑龙江省城镇居民生活呈现九大亮点

2006 年,在省委、省政府的正确领导下,全省经济快速健康发展,振兴老工业基地成效显著,国家惠民政策的全面落实,有力地推动了城镇居民生活的提高和变化,呈现九大看点:

1. 城镇居民可支配收入首次突破 9000 元大关

调查表明,2006 年全省城镇居民人均可支配收入首次突破 9000 元大关,实现 9182 元,同比增长 11%,这是省委、省政府大力发展经济,富民强省战略的成果。

2. 弱势群体生活水平普遍提高

2006 年各级党委和政府以科学发展观为指导,努力构建和谐社会,给城镇低收入家庭生活带来了巨大的变化和影响,全社会更加重视弱势群体的生存与发展,政策取向向弱势群体倾斜。调查表明 20% 的低收入群体人均收入为 3574.9 元,同比增长 16.45 %,比平均水平和 20% 的高收入群体均高了 5.45 个百分点。

3. 贫富差距缩小

2006 年,中央一系列关于收入分配的限高、扩中以及提高低收入的政策也显现效果,标志贫富差异的基尼系数为 0.3482,比上年回落了 0.01 个百分点,是自 2003 年以来首次出现贫富差距缩小的新变化,表明二级分化的态势得到遏制。

4. 城镇居民生存能力提高

2006 年,随着经济增长速度加快,城镇居民运用存量财富增值能力和充分利用优势创造价值的能力进一步提高。调查表明,2006 年在城镇居民的收入构成中,财产性收入和经营性收入是增长最快的,分别增长了 36.1% 和 20.2%。尽管这部分收入仅占 2006 年城镇居民整体收入的 12.3%,但其发展已驶入快车道,成为 2006 年城镇居民生活中最有活力的亮点之一。

5. 城镇居民财富积累增速

调查表明,2006 年城镇居民收支相抵结余 2527 元,节余额比上年增长 20.6 %,比上年增加 10.5 百分点。一是收入平稳快速提高,全省城镇居民人均可支配收入平均在两位数以上运行。二是在振兴东北老工业基地的宏观政策效果显现,全省大多数大中型企业丢掉包袱,搞活经济,效益出现可喜局面,地方财政进一步好转,工薪发放不但得到保障,而且有相应提高。全年工薪收入增长 10.0%。三是以辞退金、离退休金、赡养捐赠收入、提取住房公积金为主要内容的转移性收入近几年来成为城镇居民生活来源的重要补充。全年城镇居民人均转移性收入增长 10.8%。四是刚性大宗消费下降。特别是教育和住房、医疗等受国家宏观政策限制的刚性消费趋势回调,稳定了民心。

6. 城镇居民消费稳定心态平和

调查显示,今年以来全省商品市场繁荣兴旺,城镇居民消费稳定,心态平和,没有出现大的波动,尽管粮油市场出现了暂时的波动,但由于货源充足,已平稳渡过,城镇居民已具备稳定的应对能力以及心理承受能力。调查显示,2006 年全省城镇居民人均消费支出 6655.4 元,同比增长 7.7%,而在八大类消费支出中增长幅度均在 13%～3%之间波动。其中:食品消费支出增长 7%,衣着消费支出增长 10.6%,家庭设备用品及服务消费支出增长 12.9%,交通和通讯消费支出增长 11.4%,杂项商品和服务消费支出增长 5.3%。

7. 教育和住房、医疗消费增幅首次回调

调查显示,城镇居民教育、住房、医疗消费增长超常,而其占城镇居民全部消费支出的份额也逐年加大,成为城镇居民的沉重负担。特别是低收入家庭更是不堪重负,为了扼制这种不正常的消费现状,减轻城镇居民的负担,解除人们的后顾之忧，各级党委和政府采取了各种积极的措施和办法，特别是 2006 年，效果更加明显。调查结果表明：2006 年，教育消费支出 484.25 元，同比增长 0.9 %，在 8 类城镇居民消费中居倒数第 1 位，医疗保健消费支出 634.3 元，同比增长 3.4%，在 8 类城镇居民消费中居 2 位，居住消费支出 755.3 元，同比增长 8.6%，增长速度也回落，分别比增长最快的 2004 年回落了 19.8 个，14.4 个和 10.6 个百分点。

8. 城镇居民生存质量更高

随着收入的提高，财富的增长以及人们观念的变化，城镇居民普遍追求更高的生存质量，主要体现在消费中更加追求健康和安全，文化娱乐更加追求高雅趣味，交流追求便捷和快速，生活更加追求自我和享受。调查显示：文化娱乐消费支出 391.55 元，同比增长 10.54 %。交通和通讯消费 665 元，同比增长 11.4 %，旅游人均花费 541.1 元，同比增长 10.3 %。而标志现代化和文明的大件商品大部分也有提高，家用汽车百户拥有 1.55 辆，同比增加 0.04 辆，电脑每百户拥有 28.4 台，增加 2.4 台，移动电话每百户 128.3 部，增加 11.24 部。

9. 城镇居民生活社会化程度提高

随着人们生活节奏的加快以及第三产业的发展，城镇居民生活社会化程度日益提高，接受社会服务的范畴和领域逐步渗透到了城镇居民生活的各个角落。2006 年黑龙江城镇居民接受服务项目人均消费支出 1777.2 元，同比增长 5.2%，占城镇居民消费支出的比重达到 26.7%，服务性消费占消费支出的四成多。

作者：黑龙江调查总队　金刚

江西城镇不同收入群体消费差异分析及对策研究

目前江西人均GDP已超过了1000美元，根据国际上许多国家的经验，当人均GDP接近或达到1000美元时，预示着居民的财富积累已经到了消费结构升级的临界点。这一阶段如果积极有效地保护和培育居民消费需求，将能强化居民即期实现有效需求的愿望，增加居民消费需求占GDP的比重，提高消费率从而提高消费对经济增长的拉动力，实现国民经济又好又快地发展。从构建社会主义和谐社会高度出发，提高不同收入群体尤其是中、低收入群体的消费能力，培育消费热点，拓宽消费领域，引导市场良性发展，增强消费对经济的持久拉动作用，促进经济社会全面协调发展，是当前乃至今后一段时期内我们必须破解的难题之一。本文试图通过对近几年江西城镇不同收入群体消费差异性描述和分析，来探寻进一步扩大居民消费需求的路径。

一、收入差距是导致消费差距的决定性因素

1. 不同收入群体消费水平差异

为了更好地反映不同收入群体消费差异性，我们利用2003～2006年江西城镇住户调查资料进行描述和分析。选择2003～2006年的资料是出于以下两方面的考虑：一是近四年的资料更具有现实意义；二是近四年来江西城镇居民收入极值比，即最低与最高收入组居民人均收入比在2004年出现拐点，呈现出以2004年为分界点，前半段表现为差距逐步扩大，后半段表现为差距逐步缩小。利用这一时期的资料可以较好地把握居民消费差距变化规律和变化特点。

资料显示，从城镇居民人均可支配收入看，自2003年以来，江西城镇居民收入极值比曲线呈现出倒“U”型分布，表现为2003至2004年最低与最高收入组居民收入差距呈拉大趋势，收入差距（以最低收入户为1，下同）由2003年的1∶5.98扩大到2004年的1∶6.03；2004～2006年居民收入差距呈逐步缩小之势，2005年最低与最高收入组收入差距为1∶6，比2004年略有缩小，2006年这一差距改写为1∶5.86，呈进一步缩小之势。但从国际上通用的全面测度不同收入群体收入差距的指标基尼系数看，2003～2006年江西城镇居民收入基尼系数分别为0.2834、0.2798、0.2883、0.2880。从以上两组数据看，这四年的收入基尼系数曲线与收入极值比曲线走势并不完全一致。这表明要全面描述居民收入差距必须综合运用多种测度方法，而不能只看极值比；同理，全面描述居民消费差距也不能只看极值比，还要看不同收入组的消费支出差比（差距比，下同）

表1　2003～2006年不同收入组收入差距比（以最低收入户为1）

年　份	最低收入户	低收入户	较低收入户	中间收入户	较高收入户	高收入户	最高收入户
2006	1	1.43	1.86	2.33	3.01	3.85	5.86
2005	1	1.5	1.9	2.46	3.21	4.24	6
2004	1	1.42	1.84	2.38	3.01	3.92	6.03
2003	1	1.41	1.8	2.35	3.01	3.84	5.98

为了更好地反映2003～2006年四年来不同收入组的收入差比，我们对上表四年时间序列的数据进行了平滑处理，通过表1资料计算得出四年不同收入组平均收入差比为1∶1.4∶

1.9∶2.4∶3∶4∶6(以最低收入户为1,下同),这一组数据能更有效地反映四年来不同收入户收入比的平均变动态势。

表2　2003～2006年不同收入组消费支出差距比(以最低收入户为1)

年　份	最低收入户	低收入户	较低收入户	中间收入户	较高收入户	高收入户	最高收入户
2006	1	1.4	1.63	2.03	2.25	2.95	3.95
2005	1	1.23	1.57	1.93	2.45	3.28	3.69
2004	1	1.26	1.68	1.94	2.33	2.96	3.62
2003	1	1.42	1.68	2.03	2.44	3	4.08

通过表2资料计算得出四年不同收入组平均消费支出差比为1∶1.3∶1.6∶2∶2.4∶3∶3.8。把四年来不同收入组平均收入差比和平均消费支出差比这两组数据进行比较分析,我们得出这样的判断:一是居民收入是其消费的决定性因素,居民的收入差距决定了其在消费上的差距;二是不同收入组收入差距与其相同组别的消费差距变动方向高度一致;三是仅从各年份最低收入组与最高收入组极值比看,收入差距与消费差距变动并不完全一致,消费极值比曲线并未象收入极值比曲线一样呈现出倒"U"型分布,如2006年居民收入极值比由2005年的1∶6缩小到2006年的1∶5.86,而消费极值比却由2005年的1∶3.69扩大到2006年的1∶3.95(这一判断进一步揭示出仅从极值比来分析居民收入和消费的变化规律是不够客观全面和科学严谨的,还必须看各收入组变化规律);四是不同收入组居民家庭人均可支配收入差距大于同一收入组的人均消费差距。

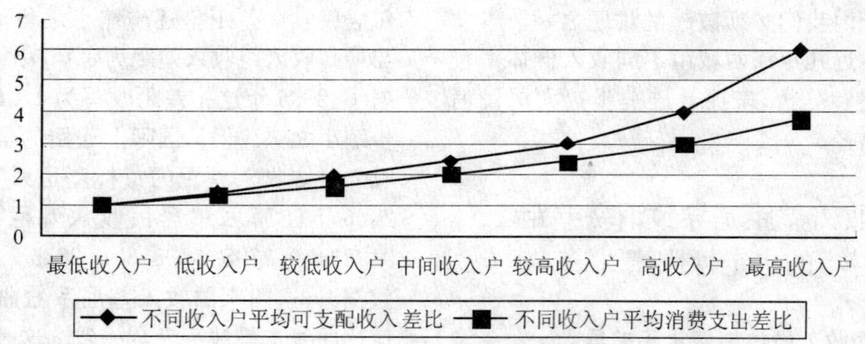

图1　2003年～2006年不同收入组别城镇居民收入差比与消费差比

2006年江西城镇最低收入组、低收入组、较低收入组、中间收入组、较高收入组、高收入组和最高收入组人均消费支出分别是3291.63元、4605.86 元、5373.28 元、6685.53 元、7400.82元、9700.92元、13000.17元。从2006年不同收入组历史数据比较看,2006年最低收入组人均消费支出还不及1994年最高收入组的水平(3793.2元),落后12年;低收入组不及1995年最高收入组的水平(4840.08元),落后11年;较低收入组不及1997年最高收入组的水平(5477.88元),落后9年;中间收入组不及2000年最高收入组的水平(6953.16元),落后6年;较高收入组还不及2002年最高收入组的水平(8805元),落后4年;高收入组只相当于2004年最高收入组的水平(9700.56元),落后2年。必须指出的是,以上比较尚未考虑价格上涨因素,如果对2006年城镇居民消费支出水平进行价格缩减的话,他们与最高收入组的差距还将增大。

要增加居民的消费需求,提高消费对经济增长的贡献率,最有效的途径就是提高居民收入水平,只有居民的收入水平持续提高,才能使居民的潜在消费需求转化为现实的消费需求。

2. 不同收入群体消费倾向差异

表 3　2003～2006 年不同收入组平均消费倾向

年　份	全省城镇平均	最低收入户	低收入户	较低收入户	中间收入户	较高收入户	高收入户	最高收入户
2006	0.6958	0.863	0.8443	0.7585	0.7508	0.6441	0.6597	0.5812
2005	0.7087	0.9253	0.757	0.7637	0.724	0.7056	0.7151	0.5686
2004	0.7061	0.8985	0.7983	0.8204	0.7334	0.6968	0.6783	0.5398
2003	0.7122	0.8574	0.8655	0.7986	0.7385	0.6945	0.6694	0.5845

从消费倾向看，有两个显著的特点：一是在 2003～2006 年四年，全省城镇居民平均消费倾向分别为 0.7122、0.7061、0.7087 和 0.6958，总体呈逐年递减趋势；二是从不同收入组看，中、低收入群体的消费倾向明显高于高收入群体，这一特征在以上四年的时间序列中都表现得十分明显。解读这一现象，我们不难发现，中、低收入群体的消费愿望明显高于高收入群体，只要适当增加收入，就会激发他们的消费潜能，使收入的增长迅速转化为消费的增长。必须指出的是，现阶段，由于中低收入群体收支预期尚未根本好转，他们认为未来收入和消费支出还存在不确定性，他们会在消费支出高峰到来之前尽力增加储蓄，以应对各种阶段性的集中开支，如子女教育、大病治疗、买房等，这种过强的预防性储蓄动机会使他们以减少即期消费的代价来增加储蓄。如果能改变他们对未来的收支预期，他们的消费倾向还将明显提高，消费热情会进一步高涨。因此，无论从经济理论的视角还是从实际工作的角度出发，当前扩大内需的一系列政策着眼点都应放在主要提高居民收入，特别是提高中、低收入群体的收入水平和改善他们的支出预期上。

3. 不同收入群体恩格尔系数差异

表 4　2003～2006 年不同收入组恩格尔系数

年　份	全省城镇平均	最低收入户	低收入户	较低收入户	中间收入户	较高收入户	高收入户	最高收入户
2006	0.3968	0.515	0.4386	0.4262	0.4121	0.3961	0.3631	0.306
2005	0.4084	0.5121	0.5039	0.4493	0.4214	0.3878	0.3378	0.352
2004	0.4302	0.5689	0.5283	0.457	0.439	0.4196	0.3685	0.3502
2003	0.4029	0.5628	0.478	0.441	0.4179	0.3866	0.3542	0.3106

恩格尔系数是反映居民生活水平的一个重要指标，根据国际粮农组织提供的标准：恩格尔系数在 59%以上为生活绝对贫困，50%～59%为温饱，40%～50%为小康，30%～40%为生活富裕，30%以下为更富裕。表 3 数据能清晰的看出在恩格尔系数这一指标上城镇居民生活的发展变化轨迹。2006 年，城镇居民恩格尔系数为 39.68%，已站上了富裕生活的门槛。从不同收入户看，不同收入户的恩格尔系数呈现出两个显著特点：一是不同收入户恩格尔系数随收入组别的不断提高呈现逐级下降的态势；二是用恩格尔系数来衡量，不同收入户处于不同的三个生活阶段：即较高收入组、高收入组、最高收入组处于富裕生活阶段，中间收入组、较低收入组、低收入组处于小康生活阶段，最低收入组处于温饱生活阶段。四年来，占总调查户 40%的较高收入组、高收入组、最高收入组的恩格尔系数处在 30%～40%的富裕生活阶段；占总调查户 50%的中间收入组、较低收入组、低收入组的恩格尔系数处在 40%～50%的小康生活阶段；占总调查户 10%的最低收入组的恩格尔系数处在 50%～59%的温饱生活阶段。

4. 不同收入群体耐用消费品拥有量差异

耐用消费品拥有量的多少可以从一个侧面折射居民生活质量的高低。在众多耐用消费品中，我们选出具有代表性的三个品种，即拥有量水平较高的彩电（2006 年百户拥有 143.96 台），拥有量水平中等的空调（2006 年百户拥有 78.5

台)和拥有量水平较低的家用电脑(2006 年百户拥有 37.33 台)来分析不同收入组的生活质量。表 5 数据显示,不同收入户在以上三个品种拥有量上既有相同之处又存在差异性。相同之处:一是随着收入组别的提高,居民家庭彩电、空调、家用电脑拥有量呈明显递增态势;二是如果把同一品种拥有量划分为高、中、低三个梯度,则最高收入组和高收入组处于高梯度,较高收入组、中间收入组、较低收入组处于中间梯度,低收入组、最低收入户组于低梯度。不同之处:一是不同收入组在彩电、空调、家用电脑拥有量上的差距各不相同,在彩电拥有量上的差距最小,空调次之,差距最大的是家用电脑;二是相同收入组在彩电、空调、家用电脑拥有量上的差距明显,彩电拥有量最高,空调次之,最低的是家用电脑。基于以上分析,我们可以得出判断:一是提高居民收入水平可以带动居民耐用消费品拥有量的明显增加;二是从不同耐用消费品看,以家用电脑为代表的新型家电由于普及率较低和不同收入组拥有量差异性较大,表明这类产品的收入弹性较大,因此随着收入水平的进一步提高,居民对新型家电品种的消费潜能会进一步释放,普及率会显著提高,新型家电品种将成为中、低收入群体的购买对象。

表 5　2003～2006 年不同收入组耐用消费品百户拥有量

单位:台/百户

	年　份	最低收入户	低收入户	较低收入户	中间收入户	较高收入户	高收入户	最高收入户
彩电	2006	114.98	120.17	142.79	148.09	147.41	154.53	177.42
	2005	108.35	128.76	129.83	139.85	146.81	166.14	160.34
	2004	124.78	123.59	127.63	137.1	136.64	144.64	160.05
	2003	107.87	127.87	119.84	128.45	137.36	145.48	150.49
家用电脑	2006	11.12	16.65	30.71	33.45	45.14	54.5	76.76
	2005	9.14	11.54	22.39	29.29	42.16	56.9	58.6
	2004	2.62	10.67	17.72	12	24.94	34.04	43.44
	2003	3.7	4.87	10.29	15.04	20.61	28.03	32.21
空调	2006	27.96	41.71	63.35	78.05	91.03	115.04	142.41
	2005	24.57	37.01	45.39	69.6	83.05	138.24	135.1
	2004	14.66	23.43	37.28	58.35	62.08	93.14	98
	2003	12.37	19.29	28.03	44.9	61.41	68.15	91.95

二、不同收入群体在消费内容和消费结构上的差异

由于不同收入群体在收入水平、未来收支预期、经济和心理承受力等方面的差异,造成了他们在消费行为和消费选择上的差异,从而导致了他们在消费内容和消费结构上的差异。调查资料显示,高、低收入户的消费差距不仅表现在消费水平上,更主要的表现在消费内容和消费结构上,

1. 不同收入群体食品消费差异

表 6　2003～2006 年不同收入组人均食品消费支出

单位:元/年人

年　份	全省城镇平均	最低收入户	低收入户	较低收入户	中间收入户	较高收入户	高收入户	最高收入户
2006	2636.93	1695.08	2019.93	2290.35	2755.19	2931.49	3522.45	3978.15
2005	2495.09	1561.55	1882.93	2151.66	2476.24	2891.8	3374.68	3960.37
2004	2296.48	1523.35	1782.58	2055.01	2280.93	2620.7	2917.07	3397.55
2003	1979.83	1321.33	1595.95	1737.86	1987.19	2216.01	2493.35	2974.04
平 均	2352.08	1525.33	1820.34	2058.72	2374.89	2665	3076.89	3577.53

通过上表资料计算得出四年不同收入组平均食品消费支出差比为 1∶1.19∶1.35∶1.56∶1.75∶2.02∶2.35。显然,四年来不同收入组平均食品消费支出差比小于同一收入组的消费支出差比,更小于同一收入组的收入差比。也就是说四年来食品消费支出在不同收入组的平均波动小于其消费和收入的波动。2006 年全省城镇居民人均食品消费支出为 2636.93 元,比 2003 年增长 33.2 %,分别比人均可支配收入和人均消费性支出增幅低 5.2 个百分点和 2 个百分点。

从 2006 年、2005 年两年资料看,2006 年不同收入组食品消费支出差比为 1∶1.19∶1.35∶1.63∶1.73∶2.08∶2.35;2005 年为 1∶1.21∶1.37∶1.59∶1.85∶2.16∶2.54。比较两组数据,我们发现,2006 年不同收入组(除中间收入组外)食品消费支出差比均小于 2005 年,这一特征与 2006 年和 2005 年不同收入组收入差比波动方向十分相似但波幅明显小于收入差比。解读以上数据,从动态看,随着不同收入居民家庭收入水平的提高,不同收入居民家庭用于食品消费的支出也相应增加;随着不同收入居民家庭收入差距的缩小,他们在食品消费上的差距也在缩小。从静态看,不同收入居民家庭在食品消费水平上的差距远远小于他们在收入上以及总消费上的差距。食品基本属于生存资料的范畴,受生理极限的制约,人们在食品消费量上的差别会小于其他商品。相对而言,不同收入居民家庭在食品消费水平上的差距不大,当然,从质的角度看,不同收入居民家庭在食品消费上还有不小的差距。

2. 不同收入群体衣着消费差异

表 7　2003～2006 年不同收入组人均衣着消费支出

单位:元/年人

年　份	全省城镇平均	最低收入户	低收入户	较低收入户	中间收入户	较高收入户	高收入户	最高收入户
2006	725.72	247.07	410.65	591.75	742.01	893.66	1082.83	1470.16
2005	647.8	238.24	315.57	441.8	623.02	924.93	1097.24	1275.23
2004	513.57	169.44	245.56	378.07	566.62	651.85	938.62	847.69
2003	480.86	136.66	243.53	317.77	497.06	664.96	777.96	925.93
平 均	591.99	197.85	303.83	432.35	607.18	783.85	974.16	1129.75

通过表 7 资料计算得出四年不同收入组平均衣着消费支出差比为 1∶1.54∶2.19∶3.07∶3.96∶4.92∶5.71。不同收入户平均衣着消费支出差比大于同一收入组别的消费支出差比。资料表明,随着城镇居民收入水平和消费水平的不断提高,一方面,居民用于衣着方面的消费支出在相应增长,2006 年城镇居民人均衣着消费支出为 725.72 元,比 2003 年增长 50.9%;另一方面,与消费支出相比,不同收入组衣着消费支出呈现出更大的差异性和波动性。

从 2006 年和 2005 年两年的资料看,2006 年不同收入组衣着消费支出差比为 1∶1.66∶2.4∶3∶3.62∶4.38∶5.95;2005 年为 1∶1.32∶1.85∶2.62∶3.88∶4.61∶5.35。比较两组数据,我们发现,2006 年不同收入组(除较高收入组和高收入组外)衣着消费支出差比均大于 2005 年,这一趋势正好与这两年的不同收入组收入差比变动趋势相反,就是说,2006 年在不同收入组收入差距缩小的背景下,他们在衣着消费支出上的差距却在不同程度的扩大。这一现象说明现阶段城镇不同收入水平的居民衣着消费更多的是受消费偏好影响,而不完全是受收入差距的制约,具体地说,这种消费偏好表现为中低收入群体对价格的偏好,出于对其收入水平的考虑,他们对商品的价格十分敏感,更愿意购买物美价廉的衣着商品;而中、高收入群体则更看中的是衣着商品的品牌、品质和舒适度,因此他们在衣着商品上的花费明显大于中、低收入群体。

3. 不同收入群体家庭用品及服务消费差异

表 8　2003～2006 年不同收入组人均家庭设备用品及服务支出

单位:元/年人

年　份	全省城镇平均	最低收入户	低收入户	较低收入户	中间收入户	较高收入户	高收入户	最高收入户
2006	451.32	136.26	338.55	256.49	436.34	484.44	650.6	1352.4
2005	426.99	120.64	184.83	334.19	387.62	485.08	907.66	956.15
2004 年	328.18	84.73	137.08	222.74	306.14	435.32	527.77	816.98
2003	351.5	103.71	184.79	240.93	318.48	433.73	459.21	1009.92
平均	389.5	111.34	211.31	263.58	362.15	459.64	636.31	1033.86

通过表 8 资料计算得出四年不同收入组平均家庭设备用品及服务支出差比为 1：1.89：2.37：3.25：4.13：5.72：9.29。显然，四年来不同收入组平均家庭设备用品及服务支出比大于同一收入组别的收入差比，更大于同一收入组别的消费支出差比。也就是说四年来家庭设备用品及服务支出在不同收入组别的平均波动大于其消费和收入的波动。测算结果表明，四年来不同收入组在家庭设备用品及服务上的消费差距是八大类消费支出中差距较大的。

从 2006 年、2005 年两年资料看，2006 年不同收入组家庭设备用品及服务消费支出差比为 1：2.48：1.88：3.2：3.56：4.77：9.93；2005 年为 1：1.53：2.77：3.21：4.02：7.52：7.93。比较两组数据，有两个显著的特点：一是两年的极值差比较大，2006 年为 1：9.93；2005 年为 1：7.93；二是不同收入组差距呈现较大的梯度特征，大体上可以把最低收入组、低收入组、较低收入组归为梯度下层，主要特征是家庭设备用品及服务消费水平较低，使用的基本是低端产品；高收入组和最高收入组归为上层，主要特征是家庭设备用品及服务消费水平明显高于其他收入群体，从消费内容看，使用的基本是质优、价高的高端产品；介于上层和下层之间是中间收入组和较高收入组，其在消费水平和消费内容上也介于上层和下层之间。

4. 不同收入群体文化娱乐和服务消费差异

表 9　2003～2006 年不同收入组人均文化娱乐和服务支出

单位:元/年人

年　份	全省城镇平均	最低收入户	低收入户	较低收入户	中间收入户	较高收入户	高收入户	最高收入户
2006	474.05	89.18	147.49	382.47	445.42	550.45	831.4	1290.47
2005	412.6	82.2	116.13	267.89	414.59	544.49	689.03	1143.4
2004	357.36	79.69	134.17	225.52	319.86	428.77	697.96	990.85
2003	293.16	70.54	143.32	178.62	262.68	352.22	618.95	702.18
四年平均	384.29	80.4	135.28	263.63	360.64	468.98	709.34	1031.73

文化娱乐和服务消费基本属于享受和发展资料的范畴，其消费水平的高低是衡量居民生活质量高低的一个重要指标，同样不同收入组文化娱乐和服务消费支出差比也是衡量不同收入组生活质量差距的重要指标。近年来，随着居民收入水平的不断提高，居民在文化娱乐和服务方面的消费支出迅速增长，2006 年全省城镇居民人均用于文化娱乐和服务方面的消费支出为 474.05 元，比 2003 年增长 61.7%，比人均可支配收入增幅高 23.3 个百分点。这一特征不仅表现在全省平均水平上，同时也表现在不同收入组上。通过表 9 资料计算得出四年不同收入组平均文化娱乐和服务消费支出差比为 1：1.68：3.27：4.49：5.83：8.82：12.83，明显大于同一收入组别的消费支出差比和收入差比，各收入组别差比波幅基本是收入差比波幅的 2 倍，一方面说明居民文化娱乐和服务消费支出与其收入呈高度正相关，即收入愈高，文化娱乐和服务消费支出水平愈高；另一方面说明不同收入组在文化娱乐和服务消费方面的差距非常大，从极值比看，2006 年最低收入户与最高收入组人均可支配收入比为 1：5.86，就是说

最高收入组人均可支配收入是最低收入组的5.86倍。人均文化娱乐和服务消费支出比为1∶12.83，最高收入组人均文化娱乐和服务消费支出是最低收入组的12.83倍，差距十分明显，以上数据清晰地诠释出了不同收入组在文化娱乐和服务消费方面的差距。分析表明，现阶段，随着收入水平的不断提高，居民在文化娱乐和服务方面的消费支出水平迅速增长的同时，不同收入组文化娱乐和服务消费支出差距也在迅速扩大，这种差距的扩大不仅表现在水平上，更表现在消费质量上。

5. 不同收入群体在交通和通信消费、居住消费、服务消费上的差异

根据城镇住户抽样调查资料计算得出：2003年—2006年四年不同收入组平均交通和通信消费支出差比为1∶1.56∶2.05∶2.7∶3.73∶4.57∶6.16；平均居住消费支出差比为1∶1.51∶1.71∶2.05∶2.15∶3.44∶4.95；平均服务性消费支出差比为1∶1.38∶1.93∶2.31∶2.89∶4.09∶5.15。三组数据显示，不同收入组平均交通和通信消费、居住消费、服务性消费支出差比均大于同一收入组别的消费支出差比，各收入组别交通和通信消费、居住消费、服务性消费差比波幅基本与其收入差比波幅一致。数据表明，现阶段居民交通和通信消费、居住消费、服务性消费支出与其收入呈高度正相关，即收入愈高，服务性消费支出水平愈高，不同居民家庭收入水平的高低及差距大小，决定了他们在交通和通信消费、居住消费、服务性消费支出水平的高低及差距大小。

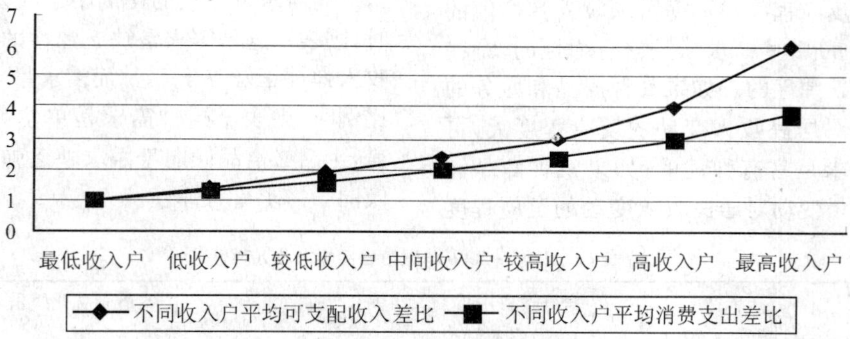

图2　2003年～2006年不同收入组别城镇居民收入差比与部分消费项差比

表10　2003～2006年不同收入组人均交通和通信支出

单位：元/年人

年　份	全省城镇平均	最低收入户	低收入户	较低收入户	中间收入户	较高收入户	高收入户	最高收入户
2006	600.16	221.81	364.97	450.8	571.98	780.05	935.14	1218.68
2005	567.52	209.71	306.25	393.31	506.23	825.87	942.59	1146.74
2004	498.45	176.65	257.79	353.37	482.8	596.93	764.58	1220.58
2003	465.83	140.97	240.81	312.2	458.55	592.43	778.42	1027.19
平均	532.99	187.28	292.46	377.42	504.89	698.82	855.18	1153.3

表11　2003～2006年不同收入组人均居住支出

单位：元/年人

年　份	全省城镇平均	最低收入户	低收入户	较低收入户	中间收入户	较高收入户	高收入户	最高收入户
2006	742.93	333.61	604.9	523.91	792.12	657.58	1162.66	1763.42
2005	646.16	290.59	401.12	478.51	632.2	645.31	1461.81	1173.06
2004	505.47	265.03	349.79	425.25	498.42	545.74	521.42	1211.6
2003	573.38	254.89	373.68	525.49	423.32	609.0	793.32	1516.38
平均	616.99	286.03	432.37	488.29	586.52	614.41	984.8	1416.11

表 12　2003～2006 年不同收入组人均服务性消费支出

单位:元/年人

年　份	全省城镇平均	最低收入户	低收入户	较低收入户	中间收入户	较高收入户	高收入户	最高收入户
2006	1695.44	724.14	990.3	1338.74	1620.04	1971.2	2727.32	3593.29
2005	1536.54	717.71	796.95	1161.62	1419.64	1871.99	2637.54	3257.07
2004	1334.9	505.49	714.24	1116.99	1242.96	1611.13	2283.98	2561.7
2003	1187.66	400.7	732.48	905.89	1145.93	1321.09	1954.35	2685.83
平 均	1437.64	587.01	808.49	1130.81	1357.14	1693.85	2400.8	3024.47

三、不同收入群体需求收入弹性差异

需求收入弹性,又称收入弹性,是指在其他条件不变的情况下,居民收入发生 1% 的变化时,所引起的消费需求数量变化的百分比,它是用来测定某种商品和服务的需求量变动因居民收入变动的反应程度。根据需求收入弹性值的大小,可以判断哪些需求量是富有弹性的,哪些需求量是缺乏弹性的。如果某种商品和服务的需求量变动对居民收入变动的反应程度大,可以说这种需求是富有弹性的;如果某种商品和服务的需求量变动对居民收入变动的反应程度小,可以说这种需求是缺乏弹性的。

需求收入弹性公式为:

$$需求收入弹性=\frac{需求量变动百分比}{收入变动百分比}$$

当某种需求收入弹性大于 1,从而需求量变动的比例大于收入变动的比例时,则表示这种需求是富有弹性的;当某种需求收入弹性小于 1,从而需求量变动的比例小于收入变动的比例时,则表示这种需求是缺乏弹性的;当某种需求收入弹性正好等于 1,从而需求量与收入变动同比例时,则表示这种需求是单位弹性。一般而言,生活必需品倾向于需求缺乏弹性,而奢侈品倾向于需求富有弹性。

表 13　2005～2006 年城镇居民需求收入弹性

年　份	食品	衣着	家庭设备用品及服务	医疗保健	交通和通信	教育文化娱乐服务	居住
2006	0.526	1.113	0.527	0.867	1.283	0.233	2.576
2005	0.617	1.864	2.147	1.552	0.499	1.303	−0.845

根据表 13 数据,从食品消费收入弹性值看,2005 年和 2006 年食品消费收入弹性值均小于 1,根据经济学理论,当某种需求收入弹性小于 1,表示这种需求是缺乏弹性的,因此,城镇居民食品消费需求是缺乏弹性的,由于 2006 年食品消费收入弹性值小于 2005 年,我们认为,现阶段,随着居民收入水平的提高,居民食品需求量变动对居民收入变动的反应程度正进一步缩小。从 2005 年看,城镇居民衣着消费收入弹性、家庭设备用品及服务消费收入弹性、医疗保健消费收入弹性、教育文化娱乐服务消费收入弹性分别为 1.864、2.147、1.552、1.303,消费收入弹性值均大于 1,表明 2005 年居民在衣着消费、家庭设备用品及服务消费、医疗保健消费、教育文化娱乐服务消费上是富有弹性的,即这四类消费变动对收入的变动反应程度大。

2006 年,城镇居民衣着消费收入弹性、交通和通信消费收入弹性、居住消费收入弹性分别为 1.113、1.283 和 2.576,消费收入弹性值均大于 1,表明 2006 年居民在衣着消费、交通和通信消费和居住消费上是富有弹性的,即这三类消费变动对收入的变动反应程度大。结合 2005 年和 2006 年两年的数据看,七大类消费需求弹性值中,较稳定的是食品和衣着,弹性值波动较大的是家庭设备用品及服务、医疗保健、交通和通信、教育文化娱乐服务、居住。

1. 不同收入组食品需求收入弹性差异

表 14　2005～2006 年不同收入户食品需求收入弹性

年　份	最低收入户	低收入户	较低收入户	中间收入户	较高收入户	高收入户	最高收入户
2006	0.543	0.691	0.497	1.16	0.157	0.835	0.034
2005	0.237	0.335	0.327	0.588	0.578	0.795	1.641

2005 年不同收入组食品消费收入弹性除最高收入户弹性值大于 1 外，其他各组弹性值均小于 1；而 2006 年不同收入组食品消费收入弹性差异则较明显，从最低收入组到最高收入组弹性值分别是 0.543、0.691、0、497、1.16、0.157、0.835、0.034；结合 2005 年和 2006 年两年不同收入组弹性值看，最低收入组、低收入组、较低收入组和高收入组弹性值比较稳定，波动不大；而中间收入组、较高收入组、和最高收入组弹性值有一定的波动。如果说最高收入组弹性值波动是个特例的话，那么从其他收入组居民食品消费收入弹性变化轨迹中，还是可以寻找到其中的规律性，一是最低收入组、低收入组、较低收入组三个组别的居民由于收入水平相对较低，在食品消费上基本处于吃饱阶段，高收入组居民已处于吃好阶段，因此，这几组居民的食品消费收入弹性波动不大；二是目前中间收入组、较高收入组居民在食品消费上基本处于由吃饱向更高层次的吃好阶段过渡时期，因此，弹性值波动较大。

2. 不同收入组衣着需求收入弹性差异

表 15　2005～2006 年不同收入户衣着需求收入弹性

年　份	最低收入户	低收入户	较低收入户	中间收入户	较高收入户	高收入户	最高收入户
2006	0.235	2.861	2.619	1.966	－0.387	－0.251	1.171
2005	3.835	1.699	1.17	0.683	2.34	0.857	4.998

从 2005 年和 2006 年两年衣着需求收入弹性值看，两年弹性值大于 1 的是低收入组、较低收入组和最高收入组，这三个收入组的衣着消费是富有弹性的，尤其是低收入组、较低收入组 2006 年的弹性值较 2005 年明显增大，分析原因是，低收入组、较低收入组居民在满足温饱后，随着收入水平的提高，他们对衣着的需求明显增加；最高收入户居民对衣着需求也明显增加，但内容不同于低收入组、较低收入组，最高收入组居民更注重的是品牌，而低收入组、较低收入组更注重的是价格。弹性值波动较大的是最低收入组、中间收入组、较高收入组。两年来，这三组居民衣着消费弹性值在缺乏弹性和富有弹性两个弹性区间波动，中间收入组由 2005 年的缺乏弹性变为 2006 年的富有弹性；最低收入组和较高收入组则由 2005 年的富有弹性变为 2006 年的缺乏弹性。两年来，高收入组弹性值始终处于缺乏弹性区间。

3. 不同收入组家庭设备用品及服务需求收入弹性差异

表 16　2005～2006 年不同收入户家庭设备用品及服务需求收入弹性

年　份	最低收入户	低收入户	较低收入户	中间收入户	较高收入户	高收入户	最高收入户
2006	0.823	7.897	－1.794	1.294	－0.015	－5.403	3.174
2005	4.003	2.076	3.474	1.826	0.638	3.65	1.688

观察 2005 年不同收入组家庭设备用品及服务需求收入弹性值，一个十分显著的特点是，除较高收入组外，其他不同收入组的弹性值均大于 1，说明居民对家庭设备用品及服务消费对收入的变动极为敏感，随着收入水平的提高，他们会迅速增加家庭设备用品及服务消费。结合 2005 年和 2006 年两年的数据看，两年来，低收入组、中间收入组、最高收入组的家庭设备用品及服务需求收入弹性值均大于 1，富有弹性。解读以上数据，我们认为，现阶段，收入的变动对不同收入组居民家庭尤其对三个层次的居民家庭即低收入户、中间收入户、最高收入户居民家

庭在家庭设备用品及服务方面的消费十分敏感，随着收入水平的提高，他们会迅速增加家庭设备用品及服务消费。当然，由于不同收入组居民家庭购买力和消费结构各不相同，他们在家庭设备用品及服务消费的内容和质量上是不同的，他们的消费也烙上了鲜明的印迹：低收入组居民的消费尤其是家庭设备用品消费还处在"由少到多"阶段；中间收入组居民的消费处在"由多到全"阶段；最高收入组居民家庭的消费处在"由全到新"阶段。

4. 不同收入组医疗保健需求收入弹性差异

表 17　2005～2006 年不同收入户医疗保健需求收入弹性

年　份	最低收入户	低收入户	较低收入户	中间收入户	较高收入户	高收入户	最高收入户
2006	3.767	6.628	3.989	0.922	−3.448	−4.851	3.308
2005	0.813	1.717	−1.46	4.332	2.786	1.997	−0.406

仅从 2006 年不同收入组居民医疗保健需求收入弹性值看，表现为最低收入组、低收入组、较低收入组、最高收入组富有弹性，而中间收入组、较高收入组、高收入组缺乏弹性。与 2006 年弹性值相比，2005 年，除低收入组外，其他各组医疗保健需求收入弹性呈现相反的趋势。要寻找导致这一现象的答案，不能只从医疗保健需求收入弹性本身出发，而应从居民医疗保健消费内容着手，现阶段，居民医疗保健消费内容主要由药品费和医疗费组成，以 2006 年为例，城镇居民人均药品费和医疗费支出占医疗保健支出的比重高达 88.4%，就是说药品费和医疗费支出是左右医疗保健需求收入弹性值的主要因素。从消费行为角度看，药品费和医疗费支出对于城镇居民来说是一种被动消费，因此，收入的变动并不是左右医疗保健需求变动的唯一主要因素。

5. 不同收入组交通和通信需求收入弹性差异

表 18　2005～2006 年不同收入户交通和通信需求收入弹性

年　份	最低收入户	低收入户	较低收入户	中间收入户	较高收入户	高收入户	最高收入户
2006	1.189	1.785	0.872	0.4996	4.395	4.442	−0.463
2005	2.391	0.4202	0.916	0.363	0.042	−0.09	1.866

观察 2005 年和 2006 年不同收入组居民交通和通信需求收入弹性值，呈现以下特点：一是两年来最低收入组居民交通和通信需求收入弹性值均大于 1，表明现阶段最低收入组居民交通和通信消费需求是富有弹性的，即随着收入水平的提高，最低收入组居民会明显增加交通和通信消费；二是较低收入组和中间收入组居民交通和通信需求收入弹性值均小于 1，缺乏弹性，表明现阶段这部分居民交通和通信需求变动对居民收入变动的反应不灵敏；三是低收入组、较高收入组、高收入组居民交通和通信需求收入弹性值由 2005 年的小于 1 变为 2006 年的大于 1，即由缺乏弹性变为富有弹性，这一变化趋势正好与最高收入组相反。

6. 不同收入组教育文化娱乐服务需求收入弹性差异

表 19　2005～2006 年不同收入户教育文化娱乐服务收入弹性

年　份	最低收入户	低收入户	较低收入户	中间收入户	较高收入户	高收入户	最高收入户
2006	2.978	−0.306	−0.327	0.638	0.607	−3.837	1.414
2005	2.819	−0.411	1.889	0.652	1.237	1.195	1.978

观察 2005 年和 2006 年不同收入组居民教育文化娱乐服务需求收入弹性值，呈现以下特点：一是位居两头的最低收入组和最高收入组居民教育文化娱乐服务需求收入弹性值均大于

1，富有弹性；二是低收入组、中间收入组居民教育文化娱乐服务需求收入弹性值均小于1，缺乏弹性；三是较低收入组、较高收入组、高收入组居民教育文化娱乐服务需求收入弹性值由2005年的大于1变为2006年的小于1，即由富有弹性变为缺乏弹性。

7. 不同收入组居住需求收入弹性差异

表20　2005～2006年不同收入户居住需求收入弹性

年　份	最低收入户	低收入户	较低收入户	中间收入户	较高收入户	高收入户	最高收入户
2006	0.613	1.393	0.967	2.763	2.091	34.406	－0.244
2005	0.376	－0.381	－1.324	1.217	－0.58	－1.738	－1.992

比较2005年和2006年两年不同收入组居民居住需求收入弹性值，有以下几个特点：一是最低收入组和最高收入组居民家庭两年来居住需求收入弹性值都小于1，表明他们都缺乏弹性，虽然都是缺乏弹性，但经济含义却不同，现阶段最高收入组居民已基本完成了以住房装修为特征的"基本建设"，而最低收入组居民由于受预算约束还不具备装修住房的实力，因此他们都缺乏居住需求收入弹性；二是中间收入组居民两年来居住需求收入弹性值都大于1，表明他们富有弹性；三是低收入组、较高收入组、高收入组居民居住需求收入弹性由2005年的缺乏弹性变为2006年的富有弹性，表明现阶段随着收入水平的提高，他们的居住消费需求，对收入的变动越来越敏感。

作者：江西调查总队课题组

湖南居民消费现状、影响因素及对策研究

提升消费能力，扩大消费需求，是落实科学发展观和建设和谐社会的重要内容，也是拉动我省经济又好又快发展、实施富民强省战略的有效途径。作为实现消费的主体，居民消费在很大程度上决定消费水平的总体规模和发展水平。

一、居民消费现状

1. 居民消费水平逐步提高，但速度较慢

一是人均居民消费支出较低。2006 年全省城乡居民人均消费支出分别为 8169.3 元和 3013.32 元，比 1996 年增加 4071.04 元和 1276.61 元，在全国均排在第 10 位。但由于湖南省农村人口比重大，导致全体居民人均消费支出较低，2006 年为 5009.2 元，只排在全国第 13 位。二是居民消费增幅低于全国水平。1996 年至 2006 年全省城乡居民消费支出年均增幅分别为 7.1%和 5.7%，低于全国平均 8.3%和 6.1%的增速，在 29 个省市分居第 21 位和 19 位。三是人均居民消费增幅一直远低于同期的 GDP 增幅。四是年均居民消费增幅低于同期政府消费 4.15 个百分点。近几年湖南消费市场社会消费品零售总额增速呈加快上升态势，主要是政府消费拉动的结果。

表 1　1996～2006 年湖南省人均消费支出增速与全国平均水平比较

单位：%

地　区	年均收入增长速度		年均消费支出增长速度	
	农村	城镇	农村	城镇
全　国	106.42	109.29	106.05	108.30
山西省	107.40	110.48	106.73	108.98
上海市	106.55	109.71	107.55	108.12
江苏省	106.74	110.51	105.53	109.03
浙江省	107.79	110.14	108.41	108.76
安徽省	106.33	108.03	106.34	107.30
福建省	106.85	110.27	106.50	108.73
江西省	106.35	109.71	105.59	108.49
山东省	107.67	109.57	106.64	108.43
河南省	107.52	110.08	106.33	108.31
湖北省	106.26	108.43	105.26	107.13
湖南省	106.58	107.59	105.67	107.14
湖南在全国 29 个省市中位次	16	23	19	21
湖南居中部六省位次	3	6	4	5

2. 居民消费率和消费贡献率较高，但近几年双双走低

2006 年居民消费率和对 GDP 的贡献率分别为 46.0%和 40.3%，均高于全国平均水平。然而，由于近几年来，湖南投资力度的不断加大和居民消费增长较缓慢的影响，居民消费率和

消费贡献率都逐年下降，对经济的拉动作用逐年降低。2006年与1996年相比，两者分别下降了11.6和20.49个百分点。居民消费对经济增长的拉动作用从总体上看呈减缓态势。从2002年开始，投资贡献率逐渐超过居民消费贡献率，2006年投资贡献率达到60.7%，超过居民消费贡献率近20个百分点。

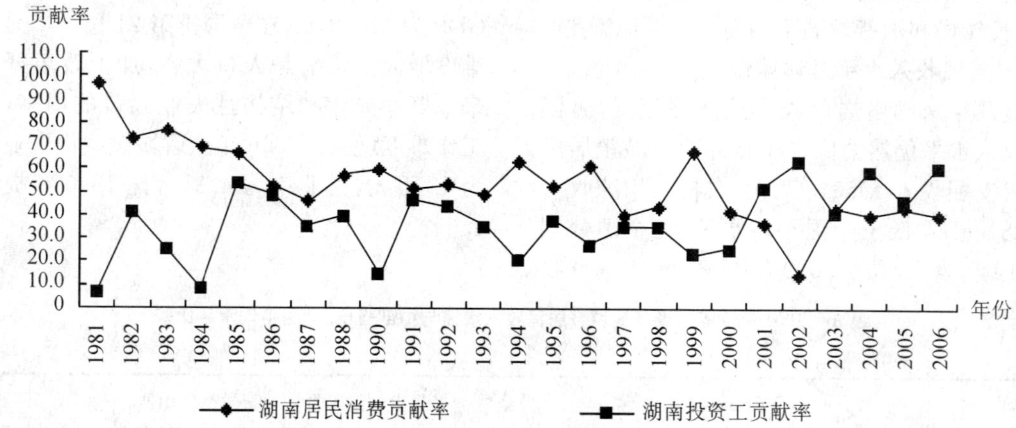

图1　湖南居民消费、投资对经济增长贡献情况

3. 消费结构不断优化，但城乡差距明显

2006年湖南城镇居民恩格尔系数为34.9%，比1996年下降了13.6个百分点；农村居民恩格尔系数降低了10.5个百分点，仍高达48.6%。恩格尔系数的变化说明：一是城市生存型消费降势快于农村。二是发展享受型消费需求趋旺。从交通通信消费来看，2006年城乡居民交通通信类支出比重比1995年分别提高6.5和5.7个百分点，在八大类消费比重的增幅中，分别列第一和第二位，表明交通通信成为了城乡居民的消费亮点。从居住类消费来看，2006年城乡居民居住类支出比重比1995年分别提高4.4和4.6个百分点，表明城乡居住条件显著改善，住房需求仍然较旺。另外，居民医疗保健、教育娱乐等享受和发展型消费比重增幅也较大。

表2　城乡居民消费支出结构变化情况

单位：%

项　目	城　镇			农　村			2006年城乡支出比重对比
	1995年	2006年	比重变化	1995年	2006年	比重变化	
消费支出	100	100		100	100		
1. 食品	48.8	34.9	−13.9	60.3	48.6	−11.7	−13.7
2. 衣着	12.4	10.6	−1.8	5.4	4.6	−0.8	6
3. 家庭设备用品及服务	9.5	6.3	−3.2	14.1	4.3	−9.8	2
4. 医疗保健	2.8	7.7	4.9	5	6.5	1.5	1.2
5. 交通和通信	5.3	11.8	6.5	2.6	8.3	5.7	3.5
6. 文教娱乐用品及服务	10.5	14.5	4	1.9	11.3	9.4	3.2
7. 居住	6.3	10.7	4.4	9.4	14	4.6	−3.3
8. 其他商品和服务	4.3	3.5	−0.8	1.3	2.4	1.1	1.1

二、主要影响因素

通过对居民消费现状的研究可以发现湖南居民消费存在的主要问题是居民消费需求不足、增长较慢和消费发展不均衡。主要原因是:

1. 居民收入水平总体偏低

近几年来湖南居民收入虽然逐年提高,但总体收入水平仍然偏低。2006 年全省城镇居民人均可支配收入 10504.67 元,农村人均纯收入 3389.81 元,均低于全国平均水平,在全国分别排第 16 和第 15 位。2000 年至 2006 年城乡收入增幅分别为 9.1%和 7.5%,在中部 6 省中分别列倒数第一和第三位,低于全国平均水平 1.9 和 0.6 个百分点,低于同期 GDP 增速 4.3 和 5.9 个百分点。湖南居民收入水平偏低的原因:一是经济发展水平不高。2006 年全省的人均 GDP 为 11950 元,在全国排第 21 位。二是就业难度增大。湖南是人口大省,加上改革开放以来摩擦性失业和结构性失业人口的增多,就业工作难度增大。2006 年全省城镇登记失业人员为 43 万人,失业率为 4.3%,比 1990 年提高了 1.6 个百分点。

表 3　2001～2006 年湖南省城乡居民收入增速与中部省份、全国平均水平比较

单位:%

年　份	项　　目	全国	湖北	江西	安徽	山西	河南	湖南
2001	城镇人均可支配收入增速	9.2	6.0	7.9	7.1	14.1	10.5	9.0
	农村人均纯收入增速	5.0	3.7	4.5	4.4	2.7	5.6	4.6
2002	城镇人均可支配收入增速	12.3	15.9	15.1	6.4	15.6	18.6	2.6
	农村人均纯收入增速	4.6	3.9	3.4	4.8	9.9	5.6	4.3
2003	城镇人均可支配收入增速		7.9	8.9	12.4	12.4	10.9	10.3
	农村人均纯收入增速	10.0	5.0	6.5	0.5	6.9	0.9	5.6
2004	城镇人均可支配收入增速	11.2	9.6	9.5	10.8	12.8	11.2	12.3
	农村人均纯收入增速	12.0	12.6	13.4	17.5	12.6	14.2	12.0
2005	城镇人均可支配收入增速	11.4	9.5	14.0	12.8	12.8	12.5	10.5
	农村人均纯收入增速	10.8	7.2	12.3	5.7	11.6	12.4	9.9
2006	城镇人均可支配收入增速	12.1	11.6	10.8	15.4	12.5	13.2	10.3
	农村人均纯收入增速	10.2	10.3	10.6	12.4	10.0	13.6	8.7
2001～2006	城镇人均可支配收入年均增速	11.0	10.0	11.0	10.8	13.4	12.8	9.1
	农村人均纯收入年均增速	8.1	7.1	8.4	7.4	8.9	8.6	7.5

同时,由于收入分配制度不完善,居民的收入差距进一步扩大。一方面是城乡差距扩大。从收入水平的绝对差距看,1978 年湖南城乡居民收入仅相差 181.34 元,到 2000 年已扩大为 4021.54 元,2006 年更是扩大为 7115.1 元,绝对差距扩大了 39 倍。从城乡收入比来观察,1978 年为 2.27:1,2000 年扩大到 2.83:1,2006 年扩大到 3.1:1。另一方面是贫富两极的差距扩大。城镇 10%的最高收入家庭与 10%的最低收入家庭人均可支配收入比,2000 年为 4.8:1,2005 年达到 8:1。农村 20%的高收入家庭与 20%的低收入家庭人均纯收入比,2000 年为 2.4:1,2005 年达到了 3.7:1。由于高收入群体有钱但消费倾向低,低收入群体虽消费倾向高但没钱消费,因此收入差距的扩大在一定程度上降低了社会的整体消费倾向。

2. 社会保障和公共服务体系不完善

截止 2006 年末,全省职工参加基本养老保险、失业保险、医疗保险的人数分别只占城镇人口的 22.1%、15.7%和 22.8%。参加农村合作医疗的农民 1857.2 万人,占全省农村人口的 47.8%。社会保障的覆盖面还比较窄。同时,教育、医疗、住房等社会公共领域过度市场化,导致其价格问题日益突出,加上近期 CPI 上涨较快,使居民消费意愿难以提升。

3. 人口结构有待提升

一是农村人口比重偏大。湖南是农业大省，农村人口众多，2006 年农村人口与城镇人口的比例为 61.3:38.7，城市化水平偏低，比全国平均水平低 5.2 个百分点在全国居第 20 位，与其他省份相比，城乡二元经济结构更加明显，对消费的影响也更加突出。农村人口的收入水平和文化水平偏低，决定农村人口的消费水平偏低。农村人口的比重过大拉低了全省居民的整体消费水平。以 2006 年为例，湖南城镇居民人均消费水平和农村居民人均消费水平在全国都是第 10 位，但全省居民人均消费水平则排在了第 13 位。二是老龄化趋势加快。近十年来长期实行独生子女政策，导致人口老龄化趋势日益明显。根据人口普查资料，全省 60 岁以上的老年人口已从 1953 年的 9.62%上升到 2000 年的 12.95%，按照联合国“60 岁以上的人口超过 10%就进入了老龄化社会”的标准，湖南在 1990 年就进入了老龄化社会，近年更有加快的趋势。据有关资料表明，老年人的收入一般仅为退休前的 70%左右，老年人的消费倾向偏低，储蓄倾向高，其储蓄倾向一般在 40%以上。由于老年人口的收入低，储蓄倾向高，如果整个社会老龄化倾向严重，必然会导致整个社会的消费倾向降低。三是整体文化程度偏低。湖南城镇居民的整体文化水平较高，但农村居民整体文化水平偏低，由于农村人口比重偏大，从而导致全省整体文化水平偏低。2006 年全省高中文化程度的人口比重为 14%，大专以上文化程度的人口比重只有 0.51%，高中文化程度以下的人口占到了总人口的 85%左右。受教育程度低的影响，使得低文化程度居民特别是农村居民不仅在获取较高收入的就业方面举步维艰，而且也影响其对数字化、智能化家电的消费。

4. 消费环境有待改善

一是基础设施配套不完善。农村的水、电、路、气、通讯、网络等基础设施建设仍不完善，流通体系建设滞后，商业网点少，中间环节多，售后服务差，这些都限制了农民的消费升级。同时，城市一些配套设施建设也没有及时跟进。如一些城市存在交通拥堵和停车难等问题。二是市场环境及信用环境有待改善，社会诚信意识不强，假冒伪劣产品还比较多，市场监管力度还不够，消费者权益难以得到有效保护。三是消费信贷发展滞后。由于社会信用体系的不完善和金融部门消费信贷产品创新不足及门槛太高，导致消费信贷发展缓慢。2006 年末全省消费贷款余额 365.6 亿元，只占全部贷款的 6.9%，低于全国 10.2%的平均水平，更低于发达国家 30%－35%的比重。

三、几点对策

1. 提高收入水平，提升消费能力

首先是通过加大对农村、农业的投入力度和加快农村富余劳动力的转移来提高农民收入。其次是提高工人工资水平。要通过完善工会制度，尊重工人权利，建立工资谈判机制，完善劳动法规来建立正常的工资机制。三是完善收入分配制度，缩小收入差距，扩大中等收入群体。四是通过加强教育普及率和加大职业技能培训力度，提高居民文化素质，促进居民就业。

2. 完善公共服务，提高消费意愿

一是完善社保体系。通过加大农村社保力度，改善社保征缴方式，完善社保账户的流动性，提高社保标准，逐步建立一套城乡一体的社保体系。二是加大公共产品供给。调整财政支出结构，加大对教育、医疗、住房保障等领域的公共投入力度，减轻居民的负担。三是加强市场调控。完善市场物价监测体系，完善重要商品的储备、投放及期货交易制度，加强金融、财政、税收、行政等综合调控力度，稳定市场物价。

3. 改善消费环境，释放消费潜力

一是完善基础设施建设。继续加大对城乡特别是农村的水、电、路、气和通讯等基础设施建设，完善城乡商业体系，发展现代物流业。二是扩大消费信贷规模。通过完善社会信用体系，改善消费信贷的管理和考核方法，加大金融创新，降低信贷门槛来扩大消费信贷规模。三是加强市场监管。从行政执法、行业自律、舆论监督、群众参与等方面完善市场监管体系，加大整顿和规范市场秩序。四是建立农村社区服务中心。每 2～4 个村应建立一个社区服务中心，为农民集中提供计生、公安、民政、社保、农技、医疗、文化、商业服务，改善农村的消费环境，方便农民的生产生活。

4. 突出重点领域，增加消费亮点

要重点突出发展汽车、住房、旅游、文化娱乐、保健休闲等消费领域，促进消费的健康快速增长。

5. 加强科学引导，提倡合理消费

采取政策鼓励、教育宣传、舆论导向等措施，逐步引导城乡居民向节约、环保、健康的消费模式转化。

作者：湖南调查总队　方志红

广东居民消费变动情况的实证分析

改革开放以来，广东的经济基本保持着又好又快的发展态势。2006年广东完成地区生产总值(GDP)25968.55亿元，连续18年居全国首位，一二三产业构成也从1978年的29.8∶46.6∶23.6，调整为2005年的6.2∶50.7∶43.1，国民经济的发展正处于工业化中期阶段，并向以第三产业为重心的方向转型。但广东最终消费尤其是居民消费的贡献率一直不高，内需的拉动作用不强。十五时期广东的最终消费对GDP增长的贡献率为54.8%，其中居民消费的贡献率为42.2%。

本文通过对广东居民的消费情况及1990年以来居民消费率的变化情况的实证分析，力图找出不断提高的消费和高速增长的经济之间的相关关系以及影响居民消费率变化的因素，分析居民消费率偏低对经济和社会的影响，并提出提高居民消费率所应采取的政策建议。

一、广东居民消费增长状况分析

1. 城乡居民消费均快速增长

1978～2005年，无论城镇还是农村居民的消费支出都有了很大幅度的增长，如果不考虑价格因素，2005年广东城镇人均消费支出比1978年增长了28.5倍；同期，农村人均消费支出增长了19倍(见图1)。

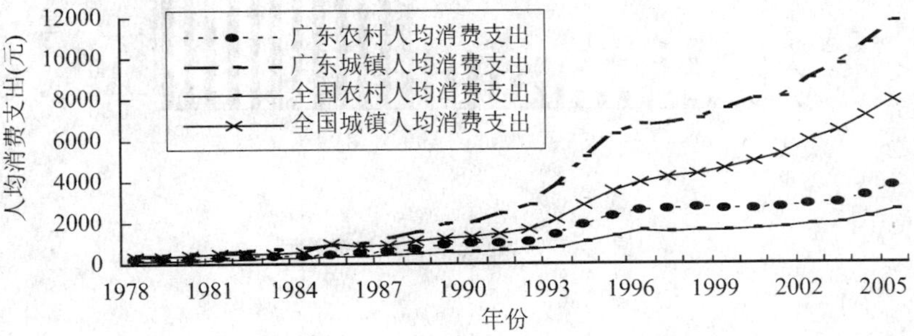

图1 全国及广东城乡居民人均消费变化

同时，广东城乡居民人均消费支出均高于全国城乡人均消费支出水平，而且差距呈逐步扩大的趋势(见图1)。2005年，广东城镇人均消费比全国城镇人均消费高出48.7%，广东农村人均消费比全国农村人均消费高出45.1%。

2. 居民消费增长的变化与收入增长变化呈较高的一致性

在近三十年的观察期，广东城乡人均消费支出增长速度与同期的城乡人均收入增长速度变化呈现出较高的一致性，充分体现了收入是消费的函数这一经济学定律。尤其值得注意的是，无论是城镇还是农村，约近一半的年份，居民人均消费增长率超过了人均收入(见图2)。可见，广东城乡居民的整体消费需求较为旺盛。

3. 城乡居民消费差距有所扩大

从1978到2005年，广东城乡居民消费水平在大幅度提高的同时，由于历史的原因和现实城乡经济发展水平的差异，城乡居民消费水平仍然存在着一定的差距。这种差距随着城乡经济增长的差异变动，表现出缩小一扩大一再缩小一再扩大的波动过程，但整体上呈扩大趋势。城乡消费水平之比（以农村消费为 1）从 1978 年的 2.16∶1 扩大至 2005 年的 3.19∶1，绝对差距则从 215.1 元扩大至 8102.1 元（见图 3）。

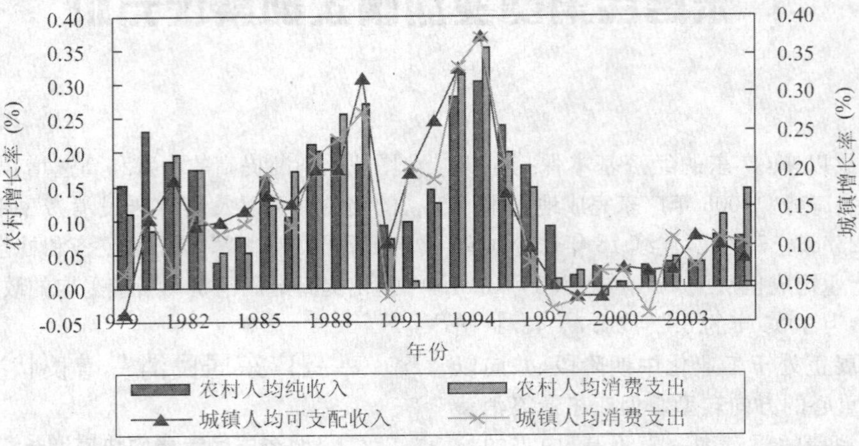

图 2　城乡居民人均收入和消费支出增长率

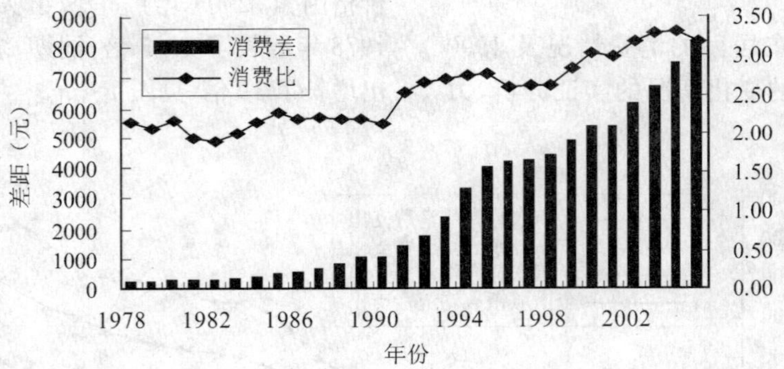

图 3　广东城乡居民人均消费差距

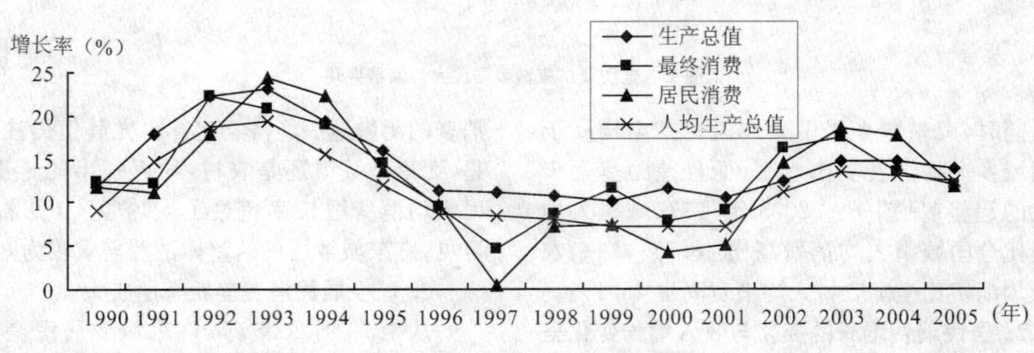

图 4　广东 GDP、人均 GDP 与居民消费变化趋势图

4. 消费结构有了很大改善

自 1978 年以来，广东城乡居民的恩格尔系数呈整体下降趋势，其中城镇居民的恩格尔系数下降速度快于农村。恩格尔系数的下降，表明广东居民的消费结构有了很大的改善，食品消费支出的减少反映出其他更高层次需求的消费支出的增加，表明广东居民的生活水平不断提高。广东城镇居民恩格尔系数从1978年的66.6%下降到2000年的38.6%，首次降到40%以下，达到了富裕水平，到2005年更是进一步下降至36.1%。农村居民恩格尔系数则从1978年的61.7%下降到2000年的49.8%，亦开始步入小康水平，2005年继续下降至48.3%。

5. 经济增长与消费增长呈较高的相关性

通过分析1990～2005年广东GDP与最终消费、居民消费的相关关系，相关度分别高达0.998和0.997。从图4也可以看出，1990～2005年广东GDP、人均GDP以及居民消费增长的增长率变动情况具有较一致性的变动趋势，由此可见，经济增长与居民消费增长的相关程度较高。

二、1990年以来广东居民消费率变动特点

居民消费率是指在一定时期中一国或地区的居民消费物品及劳务的总和在国内生产总值中占的比重，即国内生产总值(GDP)中居民消费部分占整个GDP的比重。居民消费率是反映一国宏观经济运行状况的重要指标，它过高或过低都会引起宏观经济结构失调，影响国民经济的良性循环和健康发展。

1. 居民消费总量呈稳步上升态势，但居民消费率整体呈下降趋势

广东居民消费由1990年的807.8亿元增加到2006年10015.29亿元，但与此同时，全省GDP也在快速增长，居民消费占GDP的份额却在下降。1990～2006年的16年间，广东居民消费率从1990年的52.4%下降到2006年的38.2%，下降了14.2个百分点(见表1)。从图1可以看出，1990～2006年广东居民消费率的变化经历了五个阶段：1990～1993年为第一阶段，这一阶段居民消费率快速下降，四年间居民消费率下降了7个百分点。1994～1996年为第二阶段，居民消费率略有回升，上升了3～4个百分点，但其平均水平明显低于第一阶段。1997～2001年为第三阶段，这一阶段广东居民消费率持续下降，五年下降了近10个百分点，2001年居民消费在GDP中的比例降到不足40%。2002～2004年是第四阶段，居民消费率又开始缓慢回升，三年仅上升了2.9个百分点。但2004年以来，居民消费率又开始走向下降通道，2006年居民消费率更降到了90年以来的历史最低点，仅占38.2%。从总体来看，1990年以来广东居民消费率虽起伏不定，但降幅多于升幅，总体呈现出长期下降的趋势。

图5 1990～2006年广东居民消费率走势图

表1 1990～2006年广东GDP构成及最终消费率、居民消费率情况

年份	GDP(支出法)(亿元)	最终消费额(亿元)	居民消费额(亿元)	政府消费(亿元)	最终消费率(%)	居民消费率(%)	政府消率(%)
1990	1541.99	938.48	807.84	130.64	60.9%	52.4%	8.5%
1991	1847.99	1081.39	923.37	158.02	58.5%	50.0%	8.6%
1992	2440.58	1359.08	1118.52	240.55	55.7%	45.8%	9.9%

续表

年　份	GDP(支出法)(亿元)	最终消费额(亿元)	居民消费额(亿元)	政府消费(亿元)	最终消费率(%)	居民消费率(%)	政府消率(%)
1993	3465.31	1852.06	1574.61	277.45	53.4%	45.4%	8.0%
1994	4618.25	2598.57	2287.69	310.88	56.3%	49.5%	6.7%
1995	5933.05	3363.38	2912.58	450.80	56.7%	49.1%	7.6%
1996	6834.97	3859.32	3343.01	516.32	56.5%	48.9%	7.6%
1997	7774.53	4245.18	3539.62	705.56	54.6%	45.5%	9.1%
1998	8530.88	4582.16	3781.21	800.95	53.7%	44.3%	9.4%
1999	9250.68	5083.60	4072.05	1011.55	55.0%	44.0%	10.9%
2000	10741.25	5714.46	4474.11	1240.35	53.2%	41.7%	11.5%
2001	12039.25	6255.92	4733.53	1522.40	52.0%	39.3%	12.6%
2002	13502.42	7286.63	5449.58	1837.05	54.0%	40.4%	13.6%
2003	15844.64	8643.44	6537.53	2105.91	54.6%	41.3%	13.3%
2004	18864.62	10162.04	7953.60	2208.44	53.9%	42.2%	11.7%
2005	22366.54	11533.44	8989.70	2543.74	51.6%	40.2%	11.4%
2006	26204.47	12892.81	10015.29	2877.52	49.2%	38.2%	11.0%

2. 居民消费仍是最终消费的重要组成部分，政府消费的比重不断提高

居民消费始终占最终消费的 70% 以上，2006 年居民消费占最终消费的 77.7%。但所占份额整体呈下降趋势，尤其是 1994～2002 年，居民消费占最终消费的比重年年递减，8 年共下降近 13 个百分点，2002 年为历史最低，仅占 74.8%。政府消费得益于国家近年来的宏观调控政策及宏观经济形势向好带来的政府财政收入增长较快，比重逐年提高，2006 年已达到 22.3%。1990 年居民消费与政府消费之比为 6.2∶1，2006 年已缩小到 3.5∶1。

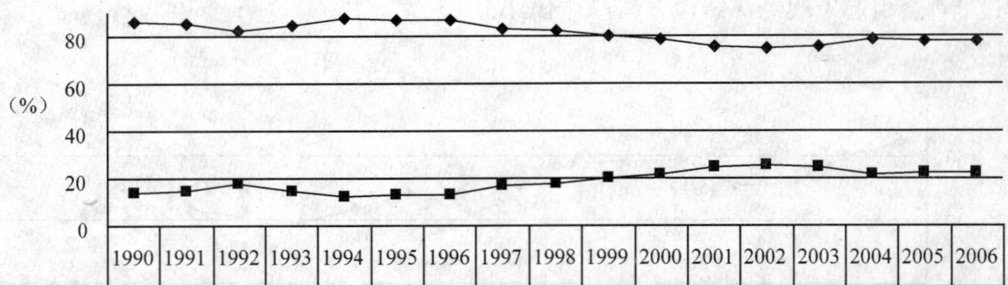

	1990	1991	1992	1993	1994	1995	1996	1997	1998	1999	2000	2001	2002	2003	2004	2005	2006
居民消费比重	86.1	85.4	82.3	85	88	86.6	86.6	83.4	82.5	80.1	78.3	75.7	74.8	75.6	78.3	77.9	77.7
政府消费比重	13.9	14.6	17.7	15	12	13.4	13.4	16.6	17.5	19.9	21.7	24.3	25.2	24.4	21.7	22.1	22.3

图 6　1990～2005 年广东居民消费与政府消费占最终消费的比重情况

3. 城乡居民消费率差异日益扩大

作为居民消费率的两个有机组成部分，农村居民消费率和城镇居民消费率呈现出不同的变动趋势(见图 7)。1990 年以来农村居民消费率明显呈现出下降趋势，而城镇居民消费率则呈现出相反的变化趋势，基本呈上升趋势，尤其是十五期间上升较快。1990 年农村居民消费率为 26.0%，与城镇居民消费率仅相差 0.3 个百分点；2006 年农村居民消费率下降至 5.7%，期间下降了 20 个百分点；而城镇居民消费率上升至32.6%,上升了6.3个百分点;城乡居民消费率相差达26.9个百分点。

从城乡居民消费占居民消费的比重来看(见表2),1990年城乡居民消费所占比重不相上下,但此后,农村居民消费逐年下降,城市居民消费则逐年增加,2006年城镇居民消费比重是农村居民消费比重的5.8倍。

表2 1990～2005年广东居民消费构成情况(居民消费＝100)

年 份	1990	1991	1992	1993	1994	1995	1996	1997	1998	1999	2001	2002	2003	2004	2005	2006
农村居民(%)	49.7	44.7	42.0	39.2	36.9	35.1	35.6	34.5	33.9	31.9	30.1	26.1	19.3	15.4	15.8	14.8
城镇居民(%)	50.3	55.3	58.0	60.8	63.1	64.4	65.5	66.1	68.1	69.9	70.1	73.9	80.7	84.6	84.2	85.2

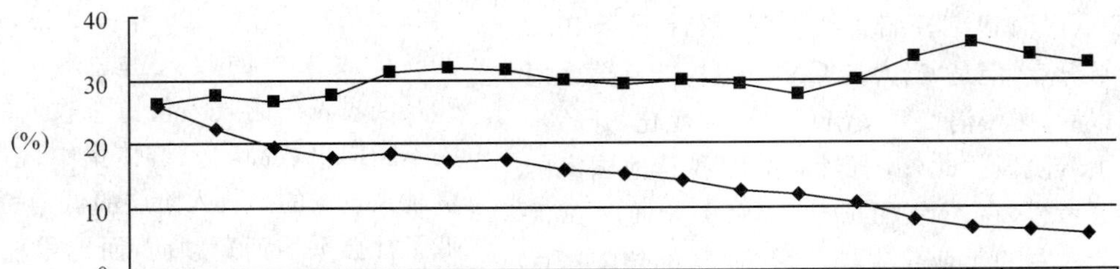

	1990	1991	1992	1993	1994	1995	1996	1997	1998	1999	2000	2001	2002	2003	2004	2005	2006
—◆—农村居民消费率	26	22.3	19.3	17.8	18.3	17.2	17.4	15.7	15	14	12.6	11.8	10.5	8	6.5	6.3	5.7
—■—城镇居民消费率	26.3	27.7	26.6	27.6	31.2	31.9	31.5	29.8	29.3	30	29.1	27.6	29.8	33.3	35.7	33.8	32.6

图7 1990～2006年广东城乡居民消费率变动情况

注:城乡居民消费率＝城乡居民消费/GDP(支出法)

4. 居民消费率长期低于国际水平,而且差距日益拉大

1990年以来,世界各国居民消费率基本上在60%以上,而广东居民消费率一直都低于50%,且在不断递减(见表3)。美国人均GDP达到3000美元时,居民消费率为63%;2005年广东人均GDP已接近3000美元,但居民消费率仅为40.2%。世界平均消费率从2000年的77.2%上升到2003年的79%,而这一阶段广东居民消费率仅40%多。

表3 居民消费率之国际比较

单位:%

	1990年	1994年	1995年	1999年	2000年	2003年	2005年
低收入国家	61.0	62.0	57.0	70.0	70.0	68.0	—
中等收入国家	62.0	59.0	63.0	62.0	59.0	60.0	—
高收入国家	61.0	—	63.0	62.0	61.0	63.0	—
全 国	49.7	44.6	46.1	47.6	48.0	44.0	—
广 东	52.4	49.5	49.1	44.0	41.7	41.3	40.2

资料来源:世界及全国数据源自世界银行相关年度《世界发展报告》,广东数据源自《广东统计年鉴(2006)》。

基于以上分析,我们可以得出以下结论:第一,居民消费率虽然仍占最终消费的主体,但从总体上呈下降趋势;第二,从居民消费率的内部结构来看,1990年以来农村居民消费率大幅下降,城镇居民消费率小幅上升;第三,居民消费率明显低于目前世界各国居民消费率的平均水平。

三、影响居民消费率变化的因素

一般而言，居民消费率是随着经济发展阶段的变化而变化的。西蒙．库兹涅茨和 H. 钱纳里的实证研究表明，人均国民生产总值(GNP)不同水平时的消费变化呈动态分布。以1964年的美元来衡量，居民消费率在人均 GNP 低于 100 美元时(中值 70 美元)为最高，达到 77.9%；此后，随着人均 GNP 提高到 1000 美元，居民消费率开始直线下降，累计下降 16.2 个百分点；但是，当人均 GNP 迈过 1000 美元门槛以后，居民消费率又出现转折性变化，开始步入上升阶段。此外，通过对美国和其他国家的实证考察，在人均 GDP 从 1000 美元通向 3000 美元左右的工业化中期阶段，通常都伴随居民消费率一定程度的攀升。从这个意义上说，随着经济发展水平的提高，居民消费率的下降是符合世界性一般规律的。但值得注意的是，广东居民消费率远远低于"世界性一般规律"所显示的相同收入水平下的居民消费率，并且在 GDP 达到一定发展阶段后，居民消费率继续下降。因此，从经济发展阶段来进行解释外，笔者认为影响居民消费率变动的因素还有：

1. 居民收入增长相对缓慢

收入是消费的函数，居民收入的增长速度决定了消费的增长速度，收入增长与 GDP 的增长速度的对比情况也直接决定了消费在 GDP 中的变化情况。在其他条件不变的情况下，如果居民收入的增长速度低于 GDP 的增长速度，必然导致居民消费总量与经济发展总量的差距不断拉大，即居民消费总额占 GDP 的比重不断下降，成为居民消费率持续走低的重要原因之一。长期以来广东经济总量增长速度一直处于全国前列，但居民收入增长却相对缓慢，尤其是近年居民收入增长速度远低于全国平均水平。1990～2006 年，广东人均 GDP 年均增长 11.8%，而农村居民人均纯收入的年均实际增长率为 4.3%，城镇居民人均可支配收入的年均实际增长率为 6.1%，均大大低于同期人均 GDP 的年均增长率。

2. 居民收入差距扩大

收入差距与居民消费倾向呈负相关关系。即经济中可支配收入越是倾向于均等化，居民整体的可支配收入用于消费支出的比重越大；反之，可支配收入的分配若趋向于非均等化，则居民整体的可支配收入用于消费支出的比重越小。20 世纪 90 年代以来，广东居民之间的收入差距进一步扩大，城乡之间、地区之间、行业之间、职业之间的收入差距都呈现出不同程度的扩大趋势，尤其是城乡间的收入差距由 1994 年的 2.9 倍扩大到 2006 年 3.2 倍；2005 年全省 20%高收入户的收入占总收入的 43.9%而 20%低收入户的收入仅占总收入的 6.7%。收入不断向少数高收入群体集中，占居民收入份额越来越大的高收入阶层的低消费倾向直接拉低了社会平均消费倾向，而比重较大的低收入者甚至中等收入者有较高的消费倾向却购买力较低甚至无购买力。2006 年城镇居民 20%高收入户的平均销费倾向为 0.73，而 20%低收入户的平均销费倾向则高达 0.96；农村居民 20%高收入户的平均销费倾向为 0.63，而 20%低收入户的平均销费倾向则高达 1.096。

3. 投资积压消费

改革开放以来，在消费率总体走低的同时，广东的投资率一直在高位运行，据测算，1990～2005 年广东的平均投资率为 38.12%。为快速发展经济，广东先后出现的"开发区"热、"基本建设"热和现在的"房地产"热等投资热潮，造成投资规模过大，这必然挤占和压低消费，致使消费率偏低。

4. 社会保障制度的不完善，压抑了居民的消费欲望

国家对养老、医疗、教育及住房制度等系列改革后，相应的社会保障制度未能及时完善，居民对于自己未来生活的不确定感增加，致使居民不得不提高储蓄，以应对上述各方面的相关支出之需。

5. 消费环境的影响

食品安全、假冒伪劣商品、售后服务、消费纠纷等问题的频频发生，消费者权益得不到有效保护，消费者的购买意愿也因此受到影响。如在消费潜力巨大的农村，水、电、交通、通讯等基础设施发展的滞后制约了农村居民对高档耐用消费品的升级消费;并且,越是经济不发达的地区,集体经济和非农产业越落后,各种公共服务的费用由农村居民承担的比例就越高,从而影响其消费支出。而城镇居民开始向住房、汽车、信息、旅游、教育、医疗服务等新热点集中,但与之相关的消费保护政策却还不够健全或尚未出台,一些配套设施也相对滞后。

四、居民消费率长期偏低的社会影响

1. 消费需求不足,不利于实现国民经济的良性循环

消费需求作为最终需求,对投资需求的持续增长和国民经济的稳定发展起着决定性作用。消费需求逐渐上升会影响到投资方向以及产业结构的变动。因此,从消费需求入手,根据市场消费趋势和需求结构,调整产业结构、产品结构,从而影响投资结构,这是需求导向型经济的又一重要立足点,也是消费需求对经济发展的又一大作用。

从短期看,投资增长带来的需求可以在短期内产生较明显的作用,拉动经济快速增长;但从长期看,由于缺乏消费需求的支撑,投资形成的生产能力不能得到充分利用、产品价值得不到实现,将会造成市场疲软、产能过剩,社会总需求与总供给的平衡关系遭到破坏,国民经济因此无法实现良性循环。

2. 内需不旺加重了对外贸易的压力和负担,增加经济风险

由于内需不足,从主观和客观上都只能更多地瞄准国际市场,加大对外出口。但随着贸易顺差继续加剧,贸易摩擦不断增多,一旦国际市场出现大的风险,或人民币继续大幅升值,国际市场受阻,则将会有成千上万工业企业面临生存的危险。

3. 影响居民生活

居民消费率偏低表明经济总量用于居民消费领域的部分相对较少,广大居民没有从社会财富的增长中得到更多的实惠福利,这不仅在一定程度上制约了城乡居民生活水平的提高,也不利于稳定居民的社会心态、调动和发挥劳动者的积极性。

五、提高居民消费率的几点建议

1. 调整收入分配制度,提高居民收入水平,减少居民间的收入差距

收入是消费的基础,只有收入水平提高了,才能扩大消费需求,促进消费结构升级。因此,一方面要通过各种渠道增加居民收入,尤其是增加农民收入和城镇低收入阶层的收入,如加大农业投入,发展优质、高效、高附加值的现代农业,大力消除城镇化过程中的制度障碍、加快农村剩余劳动力的转移等为增加农民收入创造更多的机会;采取各种促进就业和再就业的政策措施、提供优惠的小成本创业政策等,帮助城镇中低收入者增收;加强对农民工的保护政策,适当提高农民工工资、严格制止工资拖欠,使广大农民工也具备城市消费的能力。另一方面必须改革当前的收入分配制度,一是调整国家、企业和居民之间的分配比例,尽量使经济发展的财富更多地分配到居民手里;二是缩小居民间的收入差距,使个人收入分配更加规范化、公平化,让更多人能够更公平地分享到发展的成果,从而提高居民消费率。

2. 完善社会保障,降低居民风险预期

稳定收支预期是促进消费需求和提高消费率的重要条件。社会保障水平越高、对居民生活的覆盖面越大,居民未来预期中的不确定性就越低,居民的“后顾之忧”就越少。当前需要尽快建立起社会保障覆盖面大、实施范围广、社会化程度高、保障功能强,既公平又有效率的社会保障制度和保障体系。最大限度地降低居民对未来风险的预期,促进即期消费。尤其是要加强农村社会保障体系的建立和完善,增强农民消费的信心,并有助于大量流入城市的农民安于消费。

3. 大力改善消费环境,调动居民消费的意愿

(1)改善农村消费环境,促进农村居民消费。农村消费环境欠佳严重制约着农村居民的消费,必须尽快完善。加强农村基础设施建设,为农村使用家用电器提供良好的基础设施条件。加快农村流通网络建设，为农村消费需求的实现提供商业条件。加大金融扶持力度，为有经营能力的农村居民提供消费信贷帮助。

(2)加大整顿和规范市场经济秩序。加大对产品质量、价格等的监管力度，严厉打击制假、售假、价格欺诈等违法行为，加强消费投诉纠纷的处理工作，维护消费者权益。同时，还要及时披露公共信息，改善消费者在市场交易中信息不对称的状况，增强消费市场的透明度。

作者：广东调查总队　程慧

对重庆市城市居民服务性消费的分析及建议

消费性支出分为商品消费支出和服务性消费支出。服务性消费支出是用于人们支付社会提供的各种文化和生活方面的非商品性服务费用。根据常见的划分标准,服务性消费可以分为:餐饮服务、衣着加工服务、家庭服务、医疗服务、交通通信服务、教育文化娱乐服务、居住服务和其它服务八大类别。

服务性消费水平的高低既是反映居民生活质量的重要标志,又反映了人们对社会性服务的需求程度,在一定程度上反映出一个地区或城市的社会经济发展水平。人们服务性消费需求的增长能够有效地促进服务业的发展,带动产业结构的升级,提供更多的就业机会,促进国民经济发展。研究城镇居民服务性消费的变化情况,对其进行纵向、横向、内部结构的分析、比较和研究,能够加深对居民服务性消费现状和发展变化的认识,促进城镇居民服务性消费更好地发展,引导服务业的有序发展,进而促进第三产业良性发展。本文拟从十六大以来重庆市城市居民服务性消费支出的变化入手进行一些有益探讨。

一、重庆市城市居民服务性消费支出现状

十六大以来伴随着重庆社会经济发展速度的加快,人们收入水平不断提高,重庆城市居民的服务性消费支出保持平稳增长。据国家统计局重庆调查总队的抽样调查资料显,2002 年～2006 年的五年间重庆市城市居民年人均服务性消费支出由 1883.88 元增加到 2969.28 元,净增 1085.4 元,增幅达 57.6%,年均增长 9.5%,比商品消费支出增幅快 2 个百分点,成为推动居民消费支出持续增长的首要原因。服务性消费占消费支出的比重逐年增加,由 2002 年的 29.6%上升到 2006 年的 31.6%,增长 2 个百分点,保持平稳上升态势(见表 1)。

表 1　2002～2006 年重庆城市居民服务性消费支出比重

名　称	2002 年	2003 年	2004 年	2005 年	2006 年
可支配收入(元)	7238.07	8093.67	9910.09	10243.99	11569.74
消费支出(元)	6360.20	7118.06	7973.05	8623.29	9398.67
服务性消费支出(元)*	1883.88	2019.74	2443.77	2689.82	2969.28
服务性消费支出比重(%)	29.6	28.4	30.7	31.2	31.6

从服务性消费内部构成看,教育文化娱乐服务占的比重最大(见表 2),2002 年占到 40%,2003 年以后始终保持在 35%以上,占整个服务性消费支出的三分之一强。居民用于教育文化娱乐的支出由 2002 年的 792.24 元/人增加到 2006 年的 1049 元/人,增长 32.4%,年均增长 3.4%。在教育文化娱乐服务中,教育费用是主要部份,占教育文化娱乐服务的 70%以上,占整个服务性消费的 26%以上;这与近年来人们重视对子女的教育和培养,教育投入加大;成人更加注重自身的学习提高,购买各种书籍、学习软件,听讲座,参加培训班,丰富自身文化知识,不断提升个人素养和综合素质是分不开的。

表 2　2002～2006 年重庆城市居民各类服务性消费支出比重(%)

名　　称	2002 年	2003 年	2004 年	2005 年	2006 年
全部服务性消费	100.0	100.0	100.0	100.0	100.0
1.餐饮服务	12.1	12.5	12.7	13.2	14.9
＃在外用餐占总比	12	12.4	12.6	12.9	14.7
2.衣着加工服务	0.3	0.2	0.2	0.2	0.2
3.家庭服务	1.5	1.7	1.1	1.3	1.9
＃家政服务费占(%)	61.4	56.6	50.2	67.0	67.8
4.医疗服务	6	5.4	5.7	7.4	7.6
5.交通通信服务	29.2	32.5	32.2	30.1	30.1
6.教育文化娱乐服务	42	37	35.6	36.2	35.3
＃教育费用占	75.4	71.8	73.7	73.5	73.5
7.居住服务	6.6	8.8	10.4	9.4	7.8
＃居住服务费占	14.1	23	21.7	21.9	29.6
物业管理费占	53.4	54.4	68.0	65.2	74.3
8.其它服务	2.3	1.9	2.1	2.2	2.2

交通通讯服务在服务性消费支出中居第二位。近年来随着全市交通条件的不断改善，人们出行的便利程度大幅提高，有效地激发了人们出行的热情，重庆市城市居民的交通费支出五年间增加了 63.46 元，增长 25.9%。移动电话、固定电话、小灵通等通讯设备以及互联网的广泛普及，在通讯资费整体下降的情况下，人均通讯服务消费支出保持年均 3.7%的增速，2006 年人均通讯服务费达 572.13 元，比 2002 年增加 88.3%，平均每天消费 1.59 元/人，占交通通讯服务的 64%，占整个服务性消费支出的 19%左右。交通通讯服务支出在服务性消费中的比重达 30%以上。

餐饮消费仍是城市居民常规消费的主流。重庆人热情好客又好吃，重庆美食名扬天下。重庆人均在外用餐的消费占服务性消费的比重常年保持在 12%以上，2006 年达到 14.7%，年均保持 3.7%的增幅。

家庭服务需求快速增长。随着居民收入的不断增加、职业女性摆脱家务劳动意愿不断增强，居民对家庭服务的需求不断上升，各类家政服务纷纷走进居民家庭生活。2006 年重庆市城市居民的人均家庭服务支出为 55.6 元，比 2002 年增加 28.24 元，增长 103.2%，五年翻了 1 倍多；以家政服务为主要消费方式的支出快速增长，2006 年比 2002 年增加 20.92 元/人，翻了 1.25 倍，占家庭服务支出的 67.8%。家庭服务消费的增幅居各类服务性消费首位。

居住服务需求旺盛。近年来，重庆的城市建设不断加快，安居工程、廉租房工程的推广、各种中高档楼盘相继落成，在改变城市面貌、美化城市环境的同时，也改善了人们的住房条件，有效地带动了居住服务消费快速增长，2006 年人均居住服务支出比 2002 年增加 108.65 元，累计增长 87.6%，其中人均居住服务费支出增长 292.7%，年均增速达 4.5%。在居住服务费中物业管理费的增长最快，2006 年比 2002 年增长了 4.46 倍，人均物业管理费支出达 51.09 元，年均增长 4.8%。

医疗服务消费逐年上升。由于医疗费上涨和人口老龄趋势加快，医疗服务消费需求逐年上升，消费支出不断增加，2002 年～2006 年重庆城市人均医疗服务支出增加 112.69 元，增幅达 100.4%，仅次于家庭服务消费的增幅。2006 年医疗服务支出占服务性消费的比重达 7.6%。

二、不同收入户间的比较

将全市抽中调查户按人均可支配收入由高到低排序，可以看到不同收入户间服务性消费的差异。以2006年资料为例(见表3),从表中可以看到:随着可支配收入的上升,服务性消费占消费支出比重也在整体上升,高收入户家庭服务性消费高,最高收入户支出金额为7131.68元,比最低收入户多出近四倍,占消费性支出比重为38.1%,比最低收入户高9.4个百分点。最高收入户和最低收入户不仅支出金额相差大,比重变化也很明显。

表3　2006年重庆城市居民不同收入户服务性消费支出比重

项　目	全市平均	最低收入户	低收入户	中等偏下户	中等收入户	中等偏上户	高收入户	最高收入户
消费支出(元)	9398.69	5066.64	6397.3	8112.58	8898.53	9350.93	12852.12	18721.48
服务性消费支出(元)	2969.28	1453.47	1802.85	2268.25	2554.99	3091.36	4172.93	7131.68
比 重(%)	31.6	28.7	28.2	28	28.7	33.1	32.5	38.1

三、与全国平均水平和主要大城市间的比较

从全国和主要大城市对比看,以2006年的资料为例,重庆市城市居民人均服务性消费占消费支出的比重比全国平均水平高3.5个百分点,比最高的城市低4.3个百分点,比最低的城市高3.6个百分点,在36个大中城市中位列前茅。

重庆城市居民服务性消费支出的平稳增长是与重庆社会经济的持续快速发展,居民收入水平的不断提高一致的,客观上反映了重庆城市居民消费观念的更新和生活质量的提高,同时也反映出重庆城市居民服务性消费需求日趋旺盛,服务性消费市场潜力巨大。随着重庆建设长江上游地区的经济中心、西部地区的重要增长极、城乡统筹发展的直辖市,重庆市城市居民的服务性消费将呈现以下特点:

1. 教育消费将长期主导城市居民服务性消费

当前我们已进入了全民教育、终身学习的时代。学历教育向素质教育转变、书本知识学习向综合素质培养转变,多媒体学习和网络学习多种教育形式兴起,成人学习热情高涨。越来越多的人将知识学习和技能的提高作为提升自身综合能力,增强竞争力的重要手段。人们对知识的渴望将直接促使教育需求的增长,促进教育消费的增加。随着义务教育学杂费的免除,人们将有更多的钱用于其他教育支出上,教育消费在深度上、广度上、形式上将不断提升。

2. 旅游休闲将继续成为服务消费的热点

自国家实施"黄金周"政策以来,旅游已成为人们主要的休闲方式。人们参观游览热情高涨,游览大好河山,感受自然美景,体验生活乐趣是很多人的度假选择。2006年全市城市居民每百人旅游人次达到157次,每百人旅游花费超过5万元,全年人均用于参观游览、团体旅游的支出达到186元。随着新的劳动法颁布,强制带薪休假制度的推行和传统节日休假的实行,人们对旅游消费需求必将呈现多样化,不断提升,旅游消费将继续成为居民服务消费的热点。

3. 家务劳动社会化趋势将进一步拉动城镇居民服务消费

随着人们生活水平的提高和生活节奏的加快,家务劳动社会化趋势越来越明显,人们希望从繁杂的家务劳动中解脱出来,尤其是人口老龄化和家庭结构单一化,使人们对餐饮、家庭服务、居住服务需求将保持快速增长。居民对聚会餐饮、物业管理、家庭医生、安装维修、清洁、幼儿学生接送、商品递送、搬家等便民家政服务的潜在需求空间广阔。

4. 交通通讯服务消费升级将带动服务性消费提升

重庆特殊的地理条件决定了人们出行对交通工具的依赖,随着交通条件的不断改善,各种交通方式的出现及私车的增多,将使交通服务费保持一定的增长。网络的迅速发展,使人们通过计算机和互联网进行学习、工作、娱乐和购物非常普遍,通讯消费升级已成不争的事实,2007年前三季度重庆城市居民接入互联网的计算机每百户54台,通过互联网购买商品或服务的人均支出达12.56元。随着科技的不断发

展，人们对网络信息化的需求将不断深化和扩展，并带动服务性消费水平的提升。

四、建议

十六大以来，重庆市第三产业在全市GDP中的比重一直保持在42%以上，2006年达到44.8%，比一二产业分别高32.6和1.8个百分点，服务业已成为国民经济的主导行业。一二三产业之比由2002年的1:2.5:2.8上升为2006年的1:3.52:3.67。从服务业内部构成看，在以交通运输及邮电通讯业、商贸及住宿餐饮业等传统行业为主的基础上，社区服务、家政服务等新兴行业的比重虽然仍较小，却呈现出稳步上升的势头。新兴服务行业的稳步上升为其进一步的发展奠定了较好基础。居民的服务性消费需求增长能够有效地促进服务业的发展，服务业所提供的优质服务不仅能够扩大居民的服务性消费需求，使二者形成良性循环，并能够提供更多的就业岗位，实现剩余劳动力有效转移。

1. 抓住重庆建设城乡综合统筹发展试验区的历史契机

按照国务院《关于加快发展服务业的若干意见》的要求，大力发展面向民生的服务业，积极拓展新型服务领域，不断培育服务业新的增长点。围绕城镇化和人口老龄化的要求，大力发展市政公用事业，加大对新兴服务行业发展的规范化管理和合理引导。保护优质服务业的发展，淘汰劣质服务，为市民营造一个良好诚信的服务性消费环境。

2. 强化和提升社区、居住小区、物业管理公司等的服务功能

采取各种形式培训提升服务业从业员特别是家政服务人员的素质和技能，加强对农村进城务工人员的技能培训。因地制宜发展特色服务业，打造我市特色服务业品牌，形成品牌效应。

3. 围绕构建和谐社会的要求，加快服务事业发展

要大力发展教育、医疗卫生、新闻出版、邮政、电信、广播影视等服务事业，以农村和欠发达地区为重点，加强公共服务体系建设，优化城乡区域服务业结构，逐步实现公共服务的均等化，实现城乡服务体系协调共进。围绕小康社会建设目标和消费结构转型升级的要求，大力发展旅游、文化、体育和休闲娱乐等服务业，优化服务消费结构，丰富人民群众精神文化生活。

4. 改善公共服务供给，促进公共服务消费

公共服务供给决定了居民能够享受到的公共服务消费水平高低，直接影响居民的消费支出结构，左右居民的消费预期，因此有必要重点发展教育、医疗、文化和卫生等公共服务领域，提高服务水平；加大公共服务资金投入，提高公共服务供给能力；加快公共服务的改革，提高公共服务效率和社会公平程度；加大财政转移支付力度，改善边远落后地区公共服务供给，逐步提高公共服务的保障水平，促进我市服务性消费良性发展。

作者：重庆调查总队　龙小珉

城镇居民消费结构及与产业结构关系研究

党和政府历来重视改善居民消费结构、提高居民生活质量问题，重视产业结构调整问题，把不断提高人民生活水平作为发展经济的根本目的，把调整产业结构作为优化居民消费结构的重要手段。把握城镇消费结构升级的脉搏，紧扣消费热点，合理优化调整产业结构，促进产业、产品同步升级，进一步拓宽消费领域，实现消费和生产相互促进，协调发展，共同推动社会进步。

一、城镇居民消费结构变动特点

居民消费结构总是与一定时期社会生产力发展水平息息相关。随着生产力的发展，社会财富不断积聚，居民收入水平随之增加。居民收入是消费需求的基础，由于居民收入变动方向和居民消费变动方向的一致性，在收入水平不断提高的条件下，必然导致消费总量的增加和消费结构升级，由满足基本的生存消费向更高层次的结构转移。城镇居民消费结构变动总体上呈现三大特点。

（一）消费结构的阶段性

将1982～2006年安徽省城镇住户调查资料进行整理，抽选并计算出历年“恩格尔系数、家庭用品消费增长速度、教育文化消费增长速度、拥有住房面积增长速度”这四个指标值，利用SPSS软件对四个变量进行系统聚类分析，设定类别数为4类，得出改革开放以来安徽省城镇居民消费结构的四个阶段分类。

根据表1提供的信息，结合实际情况进行适当的归类调整后，得出改革开放以来全省城镇居民消费结构变化的四个阶段。

表1　改革开放以来安徽城镇居民消费结构4阶段SPSS软件分类表（Cluster Membership）

Case	4 Clusters	Case	4 Clusters
1982	1	1995	1
1983	1	1996	3
1984	1	1997	3
1985	2	1998	3
1986	2	1999	3
1987	1	2000	3
1988	2	2001	3
1989	3	2002	4
1990	3	2003	4
1991	1	2004	4
1992	3	2005	4
1993	2	2006	4
1994	2		

第一阶段：1984年以前。这一阶段，城市改革开放刚刚起步，正处于萌动状态，经济社会建设各项事业百废待新，人们收入水平也很低，消费结构单一，家庭开支主要集中在吃、穿、用等最基本的生活资料上。其中，吃的消费占家庭消费支出的比重（恩格尔系数）在60%以上，除了吃、穿所剩无几。而吃的结构中，以粮食、蔬菜消费为主，肉蛋奶等高蛋白及精细食品消费量很少；穿着也很单调，以保暖为主。1982年人均消费粮食147公斤，消费蔬菜123公斤，大约是现在的两倍；而人均消费肉类23公斤，只有现在的一半。

受社会生产力发展水平不高以及家庭收入水平低下的双重影响，居民对大件耐用品的消费支出很少，自行车、电风扇、手表是当时比较普及的第一代家庭耐用品“老三件”，平均每百户拥有量都超过100。这期间，彩电、冰箱、洗衣机刚刚问世，属于稀缺商品。到2004年末，平均每百户拥有彩电 1.6 台、冰箱 2 台、洗衣机 20 台。

第二阶段:1985～1994 年。这期间,我国全面推进改革开放,工农业生产如火如荼,市场产品逐步走向丰富多彩。随着城镇居民收入水平逐年提高,消费结构不断改善,市场消费热点异彩纷呈。生产促进消费,消费推动生产,生产和消费基本上实现了良性互动的大好局面。大部分家庭已经摆脱了贫困,走向温饱,城镇居民恩格尔系数从 1985 年的 57.1%下降到 1994 年的 53.9%,居民吃的比重明显下降,有将近一半的收入投到吃以外的消费品上,消费结构开始向多元化方向发展。

这期间,随着党的工作重心转移,社会主义市场经济的潜在能量迅速得到释放,民用产业特别是轻、纺工业快速发展,城镇居民对该类产品消费量迅速增长。以方便人民生活和提高居民生活质量为目的的家庭耐用品消费开始不断升温,以"新三件"(电冰箱、洗衣机、电视机)为代表的家庭耐用品迅速进入城镇居民家庭。其中,每百户电冰箱拥有量从 1985 年的 4 台猛增到 1994 年的 66 台,增长了近 16 倍;洗衣机、彩电每百户拥有量分别从 1985 年的 35 台、7.3 台增长到 1994 年的 86 台、73.4 台,各增长了 1.46 倍、9 倍。主要家用电器普及率在短短的十年时间就赶上了西方资本主义五十年的水平。这期间,大部分消费品供不应求,市场经常刮起抢购风,只要是企业生产出来投放到市场的轻工品、纺织品,无论质量如何,都成为人们抢购的对象。

居民在吃穿等基本生活资料得到满足后,家庭消费除了购买大件家电外,开始向高档用品、文化教育、医疗保健等更高层次消费品转移。

表 2　安徽省城镇居民主要支出的收入弹性系数对比表(1985～1994 年)

	1985 年	1986 年	1987 年	1988 年	1989 年	1990 年	1991 年	1992 年	1993 年	1994 年
1. 食品	1.07	0.75	1.53	1.23	1.15	0.54	1.29	0.66	0.60	0.96
2. 衣着品	0.75	0.94	0.27	1.82	−0.24	0.81	0.89	1.44	0.89	0.84
3. 日用品	2.88	1.58	0.99	2.06	−0.81	−0.21	0.79	−0.32	1.31	0.74
4. 文化教育	4.04	1.36	0.40	1.22	2.16	5.33	−0.05	1.31	1.10	0.49
5. 医疗保健	12.49	1.49	4.36	1.69	0.76	13.33	0.99	0.42	1.05	2.52
6. 购房建房	21.89	5.17	15.30	−0.14	1.48	7.33	5.58	1.51	2.10	1.36

从表 2 可看出,这一阶段居民家庭对食品、普通衣着等基本生活品消费倾向逐步走低,弹性系数小于 1,而教育、医疗保健、购建房方面弹性系数开始上升。这说明人们开始将消费中心向注重家庭未来发展方向倾斜。这期间城镇居民住房仍以单位福利分配为主,住房市场化还没有形成,居民没有购房意识,主动购房者极少,"购房建房"支出项的内容主要是以建房支出为主。

第三阶段:1995～2001 年。这期间恰逢邓小平同志南巡讲话后,我国进入了更加全面的改革开放新时期,经济社会快速发展,人民收入水平不断提高,城镇居民实现了由温饱向小康型转变。1998 年,全省城镇居民恩格尔系数首次突破 50%大关,下降到 49.5%,人们千百年来追求吃饱穿暖的居家生活理念被打破,开始消费吃、穿以外的东西。这期间,随着国有企业改革稳步推进,产业结构调整步伐加快,大量的轻工业品源源不断地推向市场。加之国家推出教育体制改革、居民住房市场化改革,大大刺激了居民消费,家庭消费向以添置家庭设备用品、改善交通工具、注重教育投资等方面的转变,消费结构发生了根本性的变化。2001 年,全省城镇居民人均可支配收入 5668.8 元,比 1996 年增长 26%,人均消费日用品 327.4 元,教育文化娱乐支出 585.4 元,购房建房直接支出 555.7 元,分别比 1996 年增长 40.7%、93.6%、70.8%。

这期间,一些高收入家庭开始消费私家车和商品房等万元、十万元级的大宗商品。抽样调查资料显示，2001年，全省每百户拥有私家汽车0.62辆，拥有空调器36.4台，住房的私有化率达到83%，有70%的家庭住上了单元式配套住宅。与5年前相比，家庭生活水平又前进了一大步。

第四阶段：2002年以后。这个阶段是城镇居民消费结构全面快速升级，家庭生活向富裕型生活转型期。经过“六五”、“七五”再到“九五”时期经济社会全面发展，城镇居民家庭人均可支配收入向万元级迈进，居民的吃、穿、用等基本生活消费品早已达到了满足，市场基本生活用品出现供过于求的局面，居民家庭消费重点是进一步改善家庭交通条件、住房条件，追求更高层次的生活享受和家庭未来发展。这期间，城镇居民消费结构进一步向医疗保健、交通通讯、教育文化、居住等方面倾斜，几十万元级的商品房、私家轿车逐步成为城镇居民消费新热点。2006年，全省城镇居民平均每人用于交通通讯支出788.3元，比2002年增涨70.5%。其中，用于通讯支出达到498.6元，增长80%；用于医疗保健支出441.4元，增长48%；用于教育文化娱乐支出694.2元，增长45%。2006年，全省城镇居民人均购房直接支出852.7元，加上购房贷款项目，人均购房总支出达到1103元，为历史最高值。现在，全省城镇居民平均每户拥有住房建筑面积79平方米，比2002年增加9平方米，已经达到省政府提出的全面小康社会目标；平均每百户拥有电脑34台，拥有私家轿车1辆。据合肥市车管所统计，省会合肥目前平均每天有约120辆小轿车开入私家车库，这个速度还在不断上升。如今，商品房、私家车、电脑成为新世纪城镇居民家庭生活现代化“新三件”的重要标志。

(二)消费结构的层次性

不同收入水平、不同地区、不同年龄、不同职业的家庭消费内容不一样。正是这种不同的消费层次，构成各不相同的消费需求，从而实现了社会需求的多样性。根据家庭人均可支配收入的不同，将城镇居民家庭分为三个阶层：20%的高收入家庭列为高收入阶层，60%的中收入家庭列为中等收入阶层，另20%的低收入家庭就是低收入阶层。通过对这三个层次家庭消费资料分析，不同阶层消费结构具有明显差异。

高收入阶层与中低收入阶层相比，在消费内容、消费目标等方面表现出不同的特征，消费档次明显超前。以2006年安徽省城镇住户调查数据为例，当年高收入组人均总支出21857元，是中等收入阶层的2倍，是低收入阶层的4倍。其中，高收入组用于日常消费性支出12266元，另外9591元主要用来购置房产（占45%）、参加各种社会保险（占16%）、赡养捐赠（占34%）。高收入阶层的消费支出有三个特征：一是享受性消费品和发展性消费品比例较高，他们是商品房、小轿车、高档珠宝的主要消费群体，在家庭成员的教育上也舍得花大钱；二是中高档的食、衣、住、行、用品消费的比例较高，显示出高标准的生活质量；三是劳务消费比例较高，2006年人均服务性消费支出3502元，比中等阶层高75%，是低收入群体的3倍。

与高收入阶层相比，中低收入阶层消费支出总量中的基本生活用品消费比例较高；中低档的食、衣、住、行、用品较高；物质消费占较大比例，劳务及精神方面消费比例较低。特别是低收入阶层，家庭收入只能维持基本的生活，食品消费支出就占去全部消费支出的50%左右，除了维持日常消费外，所剩无几，很难进行享受性消费。但中低收入家庭仍然十分重视教育投入，2006年这部分家庭用于学习教育开支占到全部消费性支出的10%，比高收入家庭组高10个百分点。不同阶层家庭比较，当前高收入家庭忙于购房买车，中低收入家庭则全力保子女教育。

(三)消费结构的上升性

居民消费层次结构升级的一般规律是：首先满足最基本的生存消费，随着收入水平的提高，基本性消费品比重逐步下降，享受性消费品和发展性消费品比重逐步上升，吃、穿、用、住、行消费结构逐次上升。居民消费结构的上升性是社会经济发展的必然结果。随着社会的进步、收入的增加，人们的消费总是由低层次向高层次不断发展，这种层次性变化主要体现为消费结构的升级。

改革开放之初，我国生产力发展水平低下，市场商品长期短缺，居民收入水平很低，1981 年全省城镇居民人均收入只有 398 元。那个时期人们大多生活在贫困线以下，仅吃的消费就占去 70%左右，能吃饱穿暖就算是很幸福了，根本谈不上消费更多的商品。即使有部分家庭收入水平较高，由于市场商品匮乏，连肉食品、布匹都要凭票供应，有钱也无处消费。那个时期，居民的收入主要用于吃和穿，消费结构非常单调。

改革开放后，党的中心工作很快转移到经济建设上来，大力发展民用工业，不断满足人民物质文化生活需要，市场商品逐步丰富。伴随着经济发展、社会进步，城镇居民收入水平不断提高，消费结构逐步升级。从改革开放初期的二十世纪八十年代到现在，短短的二十几年，安徽省城镇居民就从解决基本的生存问题走向小康生活，再向更加注重生活质量的富裕生活过度，基本消费品比重逐步下降，享受性和发展性消费比重逐步上升，消费结构呈现明显的上升性。安徽省改革开放以来主要年份城镇居民家庭消费支出主要类别结构弹性系数变化情况(见表 3)。

表 3　安徽省城镇居民主要年份消费结构的收入弹性系数表

	1982 年	1985 年	1990 年	1995 年	2000 年	2005 年	2006 年
可支配收入增速(%)	6.69	12.98	18.04	24.22	4.52	12.77	15.35
1. 食品支出弹性系数	0.36	1.04	0.24	1.04	1.08	0.85	0.73
♯粮食	−0.78	0.08	0.37	0.73	−4.08	0.02	0.23
2. 衣着品	0.92	0.73	0.35	1.21	0.37	1.54	0.90
3. 日用品	−0.48	2.82	−0.09	1.02	2.46	1.03	1.03
4. 教育文化娱乐	0.89	3.95	2.35	−0.37	−0.20	0.54	1.98
5. 交通通讯	—	—	2.65	0.12	5.06	1.55	1.07
6. 医疗保健	17.45	12.22	5.87	−0.81	9.61	0.09	0.67
7. 居 住	1.34	2.94	0.75	−0.46	4.17	1.42	3.26
服务支出	0.89	1.42	1.38	—	—	0.73	1.42

从表 3 看出，随着居民收入水平的不断增加，食物消费弹性系数逐步下降。特别是粮食消费弹性系数基本上小于 1。主要是因为居民的食物消费基本得到饱和状态，开始将消费重心向其他方面转移。

衣着消费倾向先升后降，逐步趋向稳定。经济的发展，温饱问题的解决会促使衣着消费迅速提高，二十多年来，衣着消费首先表现为上升，然后趋于平稳；同时，居民衣着消费在增加过程中会逐步追求品位化，尽管支出总量增加，但衣着支出的弹性系数呈下滑趋势。1995 年衣着消费弹性系数大于 1，以后基本上在 1 左右徘徊。衣着支出在发展曲线图上表示就是经历一次上凸后再趋向平稳。

日用品消费支出由升趋稳，结构多样，但总的消费趋势是向上的。这主要是因为日用品包含的种类繁多，更新换代速度快。日用品消费弹性系数的变化主要体现了新产品和高品位产品两个创新性特征，市场上新研发的产品以及改造后的高品位产品的相继出现吸引着广大消费者，居民在用品消费上的支出绝对数量不断攀升。国家宏观经济发展越快，日用品消费无论绝对增幅还是所占比重都越大，结构变化越多样，居民的消费热情始终不减。

教育文化娱乐消费属于家庭发展性消费内容。居民的这项消费弹性系数基本上大于 1，反映城镇居民重视对家庭成员特别是子女的文化教育投入，始终把发展作为家庭消费的主要内容。

交通通讯、医疗保健弹性系数大于 1，表明居民在满足家庭基本消费需求后，注重改善家庭成员的交通通讯条件，重视家庭成员的身体健康，愿意增加这方面投入。现在，大部分城镇居民家庭成员日常外出已经不满足于挤公共汽车、骑自行车，一些中高收入家庭已经将消费目光投向更高级别的私家车，消费结构向纵深发展。

住房消费是居民消费结构中较高级别的消费内容，在吃、穿、用以及医疗保健问题基本解决后，住房消费逐步被摆上家庭消费的前台，弹性系数逐步上升。特别是进入21世纪，住房分配市场化后，城镇居民对改善家庭住房条件意识强烈，住房投入逐年增大，住房消费弹性系数每年都超过1。住房消费日益成为居民消费结构中的重要组成部分。

服务支出快速增加。二十多年来，居民的服务性支出弹性系数有三分之二的年份都大于1。1986年全省城镇居民人均服务性支出58.5元，占消费支出的比重为8%。1996年为540元，占消费支出的比重上升到15%。2006年人均服务性消费支出进一步增加到1927.4元，占消费支出的比重上升到27%。说明服务性消费已经成为居民家庭消费中的重要内容，服务性消费水平不断提高是居民生活质量提高的重要标志。居民的服务性消费与宏观经济中的第三产业紧密联系，服务性消费支出的快速增加，对于优化调整产业结构、促进国民经济综合协调发展具有重要意义。

二、安徽省消费结构变化趋势

为进一步细分安徽城镇居民消费结构发展变化趋势，我们将居民家庭总支出按照类别提取12项：食品消费、衣着消费、耐用品消费、医疗保健、交通、通信、文娱用品、文娱服务（主要指旅游）、教育、个人消费（主要指化妆品、金银珠宝首饰）、购房、社会保障。考虑到服务性消费的特殊性，将家庭服务性支出单独作为第13项。分别计算出这13项支出2001年以来历年收入弹性系数，结果见表4。

表4　近6年安徽城镇居民家庭支出的收入弹性系数表

指　标	2001年	2002年	2003年	2004年	2005年	2006年
总支出	1.34	2.36	0.58	0.97	1.09	1.11
1食品	0.47	0.36	0.77	1.11	0.85	0.73
2衣着	0.93	3.05	0.00	1.32	1.54	0.90
3耐用品	10.63	−15.80	−0.98	−2.46	12.19	8.54
4医疗保健	1.86	7.06	0.55	2.25	0.09	0.67
5交通	1.17	6.03	0.71	1.14	1.55	1.07
6通信	1.81	4.11	1.22	1.35	1.12	1.26
7文娱用品	2.97	−0.49	2.58	−0.59	2.33	0.22
8文娱服务	1.87	10.94	−0.89	4.35	0.61	0.32
9教育	4.34	−5.28	0.80	1.88	−0.21	3.51
10个人消费	1.65	−16.32	2.23	14.06	4.70	3.01
11购房	21.19	1.18	−1.17	−1.58	1.59	4.13
12社会保障	9.40	4.08	2.25	2.99	4.05	0.97
13服务性	1.93	1.90	−0.02	1.81	0.73	1.42

从表4看出，全省居民这几年食品消费倾向稳中有降，交通、通讯、住房等的消费倾向较高，居民对教育、文娱服务、社会保障等发展性投资倾向也不断升高。

由于历年的弹性系数具有一定的波动性，不能直接进行判断，我们利用SPSS软件，进一步对这13项指标进行方差分析（见表5）。

表 5　13 项指标的弹性系数方差分析结果表(Descriptives)

	Mean	Std. Deviation	Std. Error	95% Confidence Interval for Mean		Sum of Squares
				Lower Bound	Upper Bound	
1. 食品	.7150	.26965	.11008	.4320	.9980	.364
2. 衣着	1.2900	1.01062	.41259	.2294	2.3506	5.107
3. 耐用品	2.0200	10.64607	4.34624	−9.1524	13.1924	566.694
4. 医疗保健	2.0800	2.57553	1.05146	−.6229	4.7829	33.167
5. 交通	1.9450	2.01905	.82427	−.1739	4.0639	20.383
6. 通信	1.8117	1.15137	.47005	.6034	3.0200	6.628
7. 文娱用品	1.1700	1.63275	.66657	−.5435	2.8835	13.329
8. 文娱服务	2.8667	4.33735	1.77071	−1.6851	7.4184	94.063
9. 教育支出	.8400	3.43567	1.40260	−2.7655	4.4455	59.019
10. 个人消费	1.5550	9.88295	4.03470	−8.8165	11.9265	488.363
11. 购房	4.2233	8.56551	3.49685	−4.7656	13.2123	366.840
12. 社会保障	3.9567	2.91277	1.18913	.8999	7.0134	42.421
13. 服务性支出	1.2950	.78722	.32138	.4689	2.1211	3.099

根据表 5 第二列弹性系数均值大小进行排序,排在前几位的分别是:购房、社会保障、文娱(旅游)服务、医疗保健、耐用品消费、交通、通信。排在最后位的是食品,说明食品消费变化不大。从第五—六列 95%的置信区间及方差值看,耐用消费品、个人消费品的弹性系数最不稳定,弹性系数均值置信区间上下限相差 20 左右,显示其消费倾向具有很大的不确定性。当市场上推出高质量、新颖产品时,或者当年出现流行产品时,该产品立即会出现消费热潮;相反,市场没有新热点时,居民消费热情锐减,弹性系数为负值。这也为企业科技创新提供了良好的市场平台,说明市场潜力是无止境的。

三、消费结构与产业结构关系

(一)产业结构决定消费结构

在以市场为生产导向的今天,产业结构的调整首先表现出的是产品结构的更新换代,更多的适合居民消费的产品源源不断地投放市场,通过观察消费者对产品的喜好程度来决定产品的命运,从而不断地进行生产结构调整。产业结构决定消费的质量和水平,一定的产业结构决定一定的消费结构。改革开放以来,无论从实物消费还是从价值消费来看,人们的消费水平都有了很大的提高,从自行车到摩托车再到汽车,这些都缘于产业结构不断升级。如果没有产业结构不断升级,就没有消费结构的不断优化。以住房开发为例,全省不断改善投资结构,加大房地产建设力度,房地产投放量快速增加,居民的住房条件不断改善,住房质量也快速提高。2000 年全省城镇住宅竣工面积 713.6 万平方米,2003 年增加到 1298.3 万平方米,2006 年进一步上升到 2607.2 万平方米,六年增长 2.7 倍。与其同时,居民家庭人均住房面积从 2000 年的 17.5 平方米增加到 2006 年的 27.1 平方米(不包括第二套住房),六年增长了 55%。不仅住房面积增加,住房质量也大大改善。如今,住房的私有化率达到 92%,有 80%的家庭居住两居室以上的住房,户均拥有私房价值超过 10 万元,均比六年前翻番。

(二)消费结构对产业结构具有引导作用

消费结构变动决定了产业结构调整的方向,也决定了经济增长的空间。消费需求的多样化和消费结构的高级化将促进生产和服务向纵深发展,从而大大改变产业结构的组成、匹配关系与运行方式。消费结构调整不但能引导投资决策改变方向,从而影响到整个社会投资结构的变动,而且能通过挤压成熟或衰退产品与服务的市场空间促进存量资本的合理流动,通过消费结构的调整人为缩短某些产品和技术生命周期的方式,催生新产品和新技术,促进产业升级。

1. 消费结构升级换代的层次性和阶段性为优化产业结构带来机遇

随着城镇居民收入水平的提高，其需求结构也发生相应的变化，这种变化累积到一定程度就促成居民消费结构的升级换代，每次消费结构升级换代总是伴随着很强的层次性和阶段性，而正是这种层次性和阶段性的消费结构变化直接影响到产业结构的变化。在消费结构升级的初级阶段即改革开放前些年，轻工产品及纺织业热销，服装、食品类消费支出在居民消费中占有很大比重，由此带动了轻、纺工业的较快发展；90年代前后的第二次消费结构升级阶段，电冰箱、洗衣机等家庭耐用品开始进入居民家庭，这对电子、钢铁、机械制造等行业产生了强大的驱动力；在现阶段即第三次消费结构升级时期，人们日益关注“住”与“行”，用在“住”与“行”等方面的支出大幅度增加，直接推动了建筑、汽车及其相关行业的迅猛发展，并且受产业链效应的影响，人们的生活必需品消费范围也在发生变化，这种变化不仅影响着生产和消费资料的构成，还影响着全省的产业结构。

2. 热点消费品的产业链效应为产业结构调整带来机遇

目前正在进行的消费结构升级的主要标志就是以商品房和私家车为代表的大宗商品开始家庭化。住房、汽车等商品的产业链比较长，它们的消费可以带动相关产业的高速发展。据测算，汽车产业能带动156个相关产业发展，住宅业能带动45个相关产业发展。可见汽车、住房等热点消费品的拉动作用范围广，层次高，与社会生产和人民生活关系密切。真正启动并合理控制这些热点消费品的市场导向对于全省产业结构的调整大有裨益。

（三）消费结构与产业结构的良性互动能推动经济社会又好又快发展

产业结构决定消费结构，消费结构的调整又反过来促进产业结构升级。以教育为例，随着居民生活水平的提高，越来越重视文化教育，愿意多增加这方面的支出，希望家庭成员都能够受到很好的教育，提高素质。1995年全省城镇居民人均教育文娱支出193.4元，2000年达到508元，2006年达到869元。同时，政府顺应消费结构变化，不断加大教育投资，促进教育结构升级，取得了良好的互动效果。安徽省城市已经普及九年制义务教育，高等学校拥有量从1995年的35所增加到2006年的83所。

我国社会主义市场经济体制正在不断发展完善，消费需求的变化越来越快，对产业结构调整所发挥的作用越来越大。不断增长的消费需求以及不断升级的消费结构，必然会对市场发出不同的信号。这就要求企业加强市场调研，研究发现居民消费结构变动方向，认真细分市场，及时把握市场脉搏，以消费需求为导向，以消费促生产，加大产业结构调整力度，加快技术进步，生产出适应市场需要的消费品。当前，理顺消费结构与产业结构的良性互动关系，关键是要使产业结构的调整不断适应居民消费结构升级的需要，只有产业结构适应了消费结构的变化，才能逐步形成支柱产业，形成新的国民经济增长点，促进经济、社会和人的全面协调发展。

四、促进产业结构调整的对策建议

发展经济、保障和改善民生，提高全体人民的生活质量，这是党的十七大提出的建设社会主义社会的一项基本任务。要提高居民的生活质量，首先就要合理调整产业结构，改善我国的产品供给能力，适应不同阶层居民消费结构变化的需要。

1. 加快产业结构优化升级

当前，安徽存在着基本消费品结构性供大于求的问题，买方市场背后包含着严重的产业结构不合理问题。不少消费者有购买欲望和潜在的支付能力，由于没有合适的产品，消费能力不能转化为有效的消费需要。因此，调整和优化现有的产业结构是扩大消费容量、进一步升级居民消费结构的关键。

对于农业结构调整，首先是调整种植业结构，在保证粮食产量稳定生产的前提下，加大大豆、油菜、蔬菜等经济作物的生产，以满足人们多层次的生活需要。另外，鼓励发展畜牧水产业，生产出更多的肉类食品，提高人们食品消费质量，促进食品消费结构逐步向更高层次转变。

对于轻工业结构调整，一是利用全省资源优势大力发展食品工业，发挥科技优势，就地转化农产品，提高农产品的附加值；二是适应人们穿着消费变化速度快的特点，合理调整纺织业结构，多生产花色品种齐全、适销对路的产品，创造自己的品牌。

对于生活用品产品结构调整，应根据市场需要，开发出多层次、式样新、人们喜爱的产品，以适合各种层次人们生活需要。当前尤其要注重开发住房装饰材料及装饰用品的生产。

2. 继续扩大住房建设，增加居民住房消费

住房是当前城镇居民最关心、消费意愿最强烈的内容，"居者有其屋"，安居才能乐业。住房既是生存资料，又是享受和发展资料，是实现全面小康社会的重要内容。住房消费是当前全省城镇居民家庭消费热点之一，要利用这一大好时机，继续把住房投资作为支柱产业来发展，加大住房建设力度，以满足不同阶层消费者的需要。住房建设是一个系统工程，可以带动一个较长的产业链条，不仅支持民用建筑业发展，而且可以带动建材业、装潢材料业、卫生洁具生产业、冶金业、机械化工、林业以及家用电器业的协调发展。同时，住宅行业每吸纳 100 个人就业，可以带动相关行业 200 个人就业。

3. 大力发展信息产业

"以信息化改造工业化、带动现代化"是党的十六大提出的未来发展经济的目标。不断扩大信息产品及网络服务的供给，增加居民信息消费。居民的信息消费包括信息服务、信息设备的购买两方面内容。前者主要指网络建设与服务、数据传媒技术及应用；后者包括手机、话机、计算机、网络设备及附件的生产。信息产业是高科技产业，随着信息技术的快速发展，信息的生产和消费已经渗透到当今社会的每一个角落，成为现代化生产、生活不可或缺的重要内容，市场前景广阔，拓展空间巨大。

4. 继续扩大文化教育建设，提高居民文化教育消费的需要

发展安徽省的文化教育事业，一是加大教育投资，逐步实现教育资源均衡，使更多的人能享受到应有的社会教育，提高自身素质，增强市场竞争力；二是大力发展新闻传媒事业，加快培育广播、电视、演出市场，丰富人们的文化生活，提高人们的文化修养和道德情操。

5. 大力发展旅游经济，促进旅游消费

发展旅游经济不仅能增加地区经济收入，促进就业，而且能促进产业结构的升级，降低单位 GDP 的能耗，为国家节约能源。旅游包括行、游、住、食、娱、购六个方面，发展旅游经济，重点是建设美化旅游景点，优化发展商业、饮食业、娱乐业、交通运输业等产业，带动经济增长。

6. 大力发展资本市场

大力发展证券市场、债券基金市场、金融保险市场，为安徽的奋力崛起提供资金支持。要积极鼓励扶持符合条件的企业上市融资，做大做强一大批企业。资本市场不仅在中心城市里安营扎寨，还要向偏远地区延伸，向符合条件的城关镇延伸，使更多的人能接触到资本市场，参与资本投资经营。

7. 加快城市基础生活服务设施生产建设

随着城市化进程的加快，城市规模不断扩大，人口逐年增加，对城市基础设施的需求量不断增加。加之城市居民生活水平快速提高，人们对城市基础生活服务设施要求不断提高，加快城市基础生活设施建设迫在眉睫。这也为当前的产业结构调整提供了难得的机遇。

参考资料：

1.《中国统计年鉴》、《安徽统计年鉴》
2.《国民经济核算统计年鉴》
3.《统计基础和 SPSS 应用》，清华大学出版社
4.《消费经济学》，田晖，同济大学出版社
5.《数据分析方法》，施锡铨，上海财金大学出版社

作者：安徽调查总队城镇住户处

中国城市社会经济热点问题调查报告

2007

四、城市化篇

加速城镇化进程对我国资源环境的影响

城镇化既是以工业化为基础的社会现代化过程的必然结果，反过来又是社会现代化的推进器。我国正处在城镇化发展的关键时期，加速城镇化对于我国新一轮经济增长具有重要意义。城镇规模的扩大是城镇化过程当中不可避免的结果，但必须根据资源环境的现实国情对土地、水体、能源资源进行保护性地利用，对大气、噪声、水源等环境污染实行控制，使城市规划与建设必须在资源环境约束条件下展开，从而实现城市的可持续发展。

一、我国城镇化的发展

(一)我国城镇化发展的列车已驶入快车道

我国城镇化经历了相当曲折的过程。在改革开放前的完全计划经济体制下，通过户籍管理制度，我国城镇化过程受到严格控制。根据城镇非农业人口占总人口比重计算，我国1949年的城镇化程度为10.6%，1957年为15.4%，1975年为12.2%，1978年为12.5%，具有较强波动性。1979年实行改革开放政策以后，我国城镇化发展出现了新的契机：城镇基础设施建设加快、投资渠道多元化、城镇非正式部门的就业潜力增大等提高了城镇吸引力和吸纳力，乡村劳动生产率大幅度提高使农村剩余劳动力剧增等因素，对城镇化形成巨大推力。在这些因素的综合作用之下，城镇化过程大大加速了。1949年到1978年29年间，城镇非农人口占总人口的比率仅提高了1.9个百分点，1978年到2006年29年间，城镇人口占总人口的比率提高了31.4个百分点。(见表1)

表1 1985～2006年全国部分统计指标

年　份	全国城镇人口(万人)	城镇化率(%)	人均国内生产总值(元)	工业占全国GDP比重(%)	工业废水排放总量(万吨)	城市建成区面积(平方公里)
1985	25094	23.71	858	38.3	2574009	
1986	26366	24.52	963	38.6	2602380	
1987	27674	25.32	1112	38.0	2637531	
1988	28661	25.81	1366	38.4	2683886	
1989	29540	26.21	1519	38.2	2520945	
1990	30195	26.41	1644	36.7	2486861	
1991	31203	26.94	1893	37.1	2356608	
1992	32175	27.46	2311	38.2	2338534	
1993	33173	27.99	2998	40.2	2194919	
1994	34169	28.51	4044	40.4	2155111	
1995	35174	29.04	5046	41.0	2218943	19264.00
1996	37304	30.48	5846	41.4	2058881	20214.18
1997	39449	31.91	6420	41.7	1883296	20791.30
1998	41608	33.35	6796	40.3	2006331	21379.56
1999	43748	34.78	7159	40.0	1973036	21524.54
2000	45906	36.22	7858	40.4	1942405	22439.28

续表

年　份	全国城镇人口（万人）	城镇化率（%）	人均国内生产总值（元）	工业占全国GDP比重（%）	工业废水排放总量（万吨）	城市建成区面积（平方公里）
2001	48064	37.66	8622	39.7	2026282	24026.63
2002	50212	39.09	9398	39.4	2071885	25972.55
2003	52376	40.53	10542	40.5	2122527	28308.00
2004	54283	41.76	12336	40.8	2211425	30406.20
2005	56212	42.99	14103	42.0	2431121	32520.70
2006	57706	43.90	16084	43.3	2401946	33659.80

数据来源：《中国统计年鉴》,《中国环境统计年鉴》

(二)城镇化加速发展是必然趋势

1.我国城镇化加速发展的主要动因

按照城镇化发展的一般规律，一个国家或地区的城镇化水平达到30%左右时，城镇化进程将进入快速发展阶段。从经济发展水平看，世界银行对全球133个国家的统计资料表明，当人均国内生产总值从700美元提高到1000～1500美元、经济步入中等发展我国家行列时，城镇化进程加快，城镇人口占总人口比重将达到40%～60%。我国90年代中期的1996年，人均GDP在700美元的水平，城镇化率达到30.5%。2006年我国人均GDP超过2000美元、全国城镇人口57706万，城镇化水平达到43.9%，逐渐接近世界城镇化47%的平均水平。和1996年相比，10年增加13.4个百分点，表明我国正处在城镇化加速期，并将持续发展，这与下列因素有直接关系：

一是观念因素的推动：从我国现阶段经济社会发展的特征看，推动城镇化进程是克服城乡二元结构问题、帮助农民增收的重要手段，是全面建设小康社会、解决“三农”问题的根本出路，是缩小东西部差距的一个重要途径。虽然2006年城镇化率达到40.9%，但仍有亿万农民不能充分享受现代城市文明，也不利于农业产业结构的调整和城乡经济社会的统筹发展，加快城镇化进程已成为全社会的共识。

二是长期滞后的压力：由于我国过去长期实行城乡分离的户籍管理制度，严重制约了城镇人口的增长，也造成了城镇化水平长期严重滞后于工业化水平。资料显示(见表1)，20世纪90年代中期以前，城镇化水平长期停留在30%以下，低于工业增加值占全国GDP的比重10个百分点以上。横向比较，我国的城镇化水平也长期落后于世界平均水平和同等水平的国家。城镇化发展长期滞后严重影响了社会经济的全面发展。

三是产业发展的推动：随着我国工业化进程步伐的加快，特别是社会主义市场机制的逐步确立和完善，市场配置资源将成为主要的资源配置方式，劳动力作为最活跃的生产要素，由劳动生产率低的农业部门向劳动生产率高的第二、三产业部门转移的速度必然加快、规模必然增大，经济发展动力逐步由农业向工业和服务业的转移，加速城镇化进程成为必然。

四是经济增长的要求：城乡居民消费是拉动经济增长的基本力量之一，城镇化进程缓慢使大量农民滞留在土地上，农业劳动生产率得不到提高，农民收入上不去，影响着农民的生产和生活，也影响城市居民的收入和国家经济总量的提高。

2.对2020年我国城镇化进程的预测

在对未来我国城镇化发展的速度的预测研究上，学界存在几种不同的预测。世界银行公布的《世界发展指标》显示出城市化水平与人均GDP呈现正相关性，国务院发展研究中心发展战略和区域经济研究部根据2020年我国人均GDP将增至2800美元的依据，预测我国城镇化水平将可达到60%左右。尽管在城镇化速度估计上各种观点不同，但有一点是共同的，我国正面临城镇化的加速发展，未来的几十年，我国将从一个农民为主体的社会变成一个市民为主体的社会。

通过对1985～2006年我国城镇化水平的

数据(见表1)进行时间序列的分析。采用ARIMA(p,d,q)预测模型,即求和自回归移动平均模型(autoregressive integrated moving average)进行预测,剔除历史数据自相关的影响,可以得到2007～2011年的城镇化水平预测值如表2所示。

表2　2007～2020年我国城镇化水平预测表

年　份	城镇化率预测值(%)	标准差	置信区间	
2007	44.85	0.2871	44.2849	45.4103
2008	45.82	0.6360	44.5738	47.0669
2009	46.83	1.0629	44.7449	48.9112
2010	47.87	1.5540	44.8227	50.9141
2011	48.95	2.1029	44.8240	53.0671
2012	50.06	2.7037	44.7610	55.3593
2013	51.21	3.3525	44.6441	57.7856
2014	52.41	4.0459	44.4814	60.3410
2015	53.65	4.7812	44.2803	63.0224
2016	54.94	5.5563	44.0469	65.8271
2017	56.27	6.3690	43.7871	68.7533
2018	57.65	7.2179	43.5060	71.7996
2019	59.09	8.1014	43.2084	74.9651
2020	60.57	9.0181	42.8988	78.2492

注:城镇化率预测值按习惯只保留小数点后两位数字

预测结果表明,在今后14年期间我国城镇化率将以平均每年1个百分点的速度递增,至2020年时城镇化水平为60.57%,达到中等发达国家水平。这意味着,今后相当长的一段时间是我国城镇化发展的关键时期,一方面表明了我国在由传统农业国向现代化工业国家迈进取得了实质性进展;另一方面因我国人口基数较大,城镇人口每增加一个百分点,其绝对量就会有较大增加,必将会对我国的资源利用和环境建设带来很大的压力,过去二十年的城镇化进程已经证明了这点。因此,在加速城镇化进程的同时,更要注重对资源的有效利用和环境保护,按照统筹城乡、布局合理、节约土地、功能完善、以大带小的原则发展,是今后我国城镇化发展面临的新课题,也是我国是否能建设资源节约型、环境友好型社会的重大课题。

二、加速城镇化对资源环境的影响

资源是人类赖以生存和发展的基础,生态环境是维系城市可持续发展的重要条件。发达国家城镇化的实践表明,城镇化进程加快给资源和生态环境带来显著的压力。我国的城镇化进程,在促进社会现代化加速发展的同时,不可避免地催生了各种自然生态环境问题。随着工业化、城镇化的加速推进,面临着生产生活污染叠加,点、线、面源污染共存,新旧污染物交织,水、气、土污染相互影响的复杂态势,生态经济系统呈现无序化和非持续性,出现了城镇化与区域环境要素的不协调现象。

(一)土地资源的承载压力加大

城镇化快速发展的一个具体表现就是城镇的快速扩张,反映在空间上就是城镇建设用地规模的不断扩大。1984年城市经济体制改革的二十多年来,我国城镇化进程随着社会经济的发展快速推进,但一些地区城镇化发展忽视了我国的基本国情,脱离了城乡统筹、合理布局和节约土地的原则,建设布局在空间上出现无序化乃至失控,耕地被大量吞噬。

1984年到1995年间是我国城镇化进程起步阶段,也是从较低水平逐步快速发展的阶段。以这段时间农村耕地面积的变化作为考察对象,构造其与城镇化率的定量关系。(全国城镇化率{Xt}与农村耕地面积{Zt}之间的关系。)具体数据见表3:

表3　农村耕地面积与城镇化发展

年　份	城镇化率(%)	农村耕地面积(千公顷)
1985	23.71	96,846.0
1986	24.52	96,230.0
1987	25.32	95,888.7
1988	25.81	95,722.0
1989	26.21	95,656.0
1990	26.41	95,672.7
1991	26.94	95,653.3
1992	27.46	95,426.0
1993	27.99	95,101.3
1994	28.51	94,906.7
1995	29.04	94,970.9

所得最终结果显示 ECM(误差修正)模型为(完整构建过程略):

$$\nabla \ln Z_t = -0.10811 \nabla \ln X_t - 0.80135 ECM_{t-1} + u_t$$

方程检验结果显示该方程显著线性相关。参数检验结果显示城镇化率的当期波动对耕地面积的当期波动有显著性影响,而且上期误差(ECM)对当期波动影响也比较显著。而且从回归系数的绝对值大小可以看出上期误差对耕地面积的当期波动调整幅度很大,单位调整比例为-0.80135,而考察差分和对数之后的城镇化率的当期波动对耕地面积的影响,每增加一个百分点的差分对数城镇化率会带来 0.10811 的差分对数耕地面积的负增长。所以,可以肯定城镇化率的提高直接影响到农村耕地面积的减少。

从城市建成区面积指标的变化,再来考察其和城镇化之间的关系。(见表 4)

表 4　全国城市建成区面积与城镇化率指标

年　份	全国城市建成区面积(平方公里)	全国城镇化率
1995	19264.00	29.04
1996	20214.18	30.48
1997	20791.30	31.91
1998	21379.56	33.35
1999	21524.54	34.78
2000	22439.28	36.22
2001	24026.63	37.66
2002	25972.55	39.09
2003	28308.00	40.53
2004	30406.20	41.76
2005	32520.70	42.99
2006	33659.80	43.90

先对第一组数据消除异方差性,得到全国城市建成区面积的对数序列{lnAt},然后通过编程运算建立一个城镇化率对数序列$\{\ln X_t\}$与全国城市建成区面积的对数序列$\{\ln A_t\}$之间的回归模型:

$$\ln A_t = 5.23095 + 1.35653 \ln X_t + u_t$$

R^2 为 0.9223,表明模型拟合良好,参数均显著。我们可以看出对数城镇化率和对数建成区面积之间存在一种简单的线性关系,城镇化率的对数值每增加一个单位,建成区面积的对数值相应增加 1.35653 个单位,表明近十多年来城镇化的加速与城市建成区面积的增加紧密联系的,结合前面的模型分析不难得出,农村耕地的减少是刚性的。土地是民生之本,人多地少是我国的基本国情。我国人口约占世界总人口的 22%,耕地面积只有 18.31 亿亩,人均耕地仅有 1.39 亩,不到世界人均水平的 40%。耕地质量低下且在退化。2006 年净减少耕地 30.6 万公顷(2005 年净减少 36.2 万公顷);全年实际建设占用耕地 16.7 万公顷,比上年增长 20.1%;灾毁耕地 3.6 万公顷。

近十年来,我国城镇化进程使空间失控极为严重。城市建成区面积增加,城市用地扩张,城市人均综合占地达到 110-130 平方米的高水平——这是大多数人均耕地资源比我国多几倍乃至十多倍的欧美发达国家的水平。目前,导致空间失控和蔓延式发展的因素中,除了滥建开发区这一趋势得到初步控制外,许多短视行为和不合理现象还在继续,如不切实际的规划建设"国际大都市",政府办公区大搬家,滥砍滥伐树木盲目修建大马路、高成本绿地等,"大学城"也成为新一轮大规模"圈地"的形式。为加快工业化、城镇化进程,近几年来从我国东部沿海地区开始,直到中西部地区,到处都在大办工业园区,许多地方虽然没有引来多少工业项目,但先把土地圈起来,有的地方工业园区面积已占到县域面积的 10%甚至 20%以上,导致部分地方优质耕地成片被毁。由于土地价格低、补偿不到位,农民利益受到严重侵害,出现了一批"种田无地、就业无岗、低保无份"的"三无"人员。据统计,仅在 1987~2001 年,全国非农建设占用耕地 3394.6 万亩,其中 70%以上是征地。一些城市投入大量的资金、土地等资源到城市基础设施建设和房地产开发,城市的面貌确实变化很快,许多县城甚至乡镇都建设了漂亮、豪华的广场,但是对转移农村人口、增加城乡就业则关注不够。在我国土地资源相对贫乏的事实面前,今后城镇化发展的模式必须和节约土地、合理布局紧密联系起来。

(二)加剧了环境污染

工业化带来城镇化,城镇化带来农业人口向城镇的聚集,使人口、资源、环境、经济发展等失去原有的较低水平的动态平衡,显现出发展中的矛盾。一是在大城市,由于历史的原因,工业企业布局和结构不尽合理,一些企业布置在城市中,随着城镇化的快速发展,这些企业逐渐被居民区包围,形成居民和企业的矛盾;二是在小城镇,一些不规范的乡镇企业的发展,虽然吸纳了一定的富余劳动力促进了城镇化发展,但这些工业企业结构偏重,技术含量低、高能耗、高排放问题突出,形成了经济发展和环境保护的矛盾。这些结构性和布局性污染,导致一些城市环境质量日益恶化,削弱了人与自然和谐相处的生态功能。此外,在全球化背景下,发达国家具有发展软环境的巨大优势,充分利用发展中国家急于发展经济而不顾环境危害的现状,将污染转移,不仅有污染型的企业,甚至是废旧物和垃圾,进一步加剧了环境污染。2005年,我国城市污水排放量359.5亿吨,工业固体废弃物13.4亿吨,城市生活垃圾1.6亿吨,二氧化硫排放量2549.4万吨,化学需氧量排放量1414.2万吨。2006年各项指标继续增长,其中二氧化硫排放量2594万吨,比2005年增长1.8%;化学需氧量排放量1431万吨,增长1.2%。从我国近十年来工业废弃排放、工业固体废弃物产生量、城市污水排放量、垃圾清运量、噪声均值等指标看,城市环保基础设施建设相对滞后,在全球污染严重的城市中,我国的一些城市占有很高的比例,因此,环境治理任重道远。

(三)水资源短缺和破坏现象并存

水资源是各种资源中不可替代的一种重要资源,它与人类生存和社会经济发展息息相关。城市的发展,城市人口的不断增长,对城市用水的需求量日益加大,同时水资源的缺乏和水污染的威胁在不断加剧。由于高强度的人类活动和不合理的资源开发,不仅耕地减少,同时湿地萎缩,水土流失严重,生物多样性锐减,特别是围湖养殖以及填湖造地,导致湖泊大量减少,既不利于生态系统平衡,又不利于蓄洪防洪。产业发展粗放增长,使水资源受到严重污染,可用淡水急剧减少。地表水环境容量十分有限。除大江大河外,多数支流污染物排放已超过环境容量,水质型缺水现象突出。主要水库、湖泊的水质大部分不能满足功能区划要求,城市内湖和纳污河渠几乎全部受到严重污染。江苏太湖和安徽巢湖大规模爆发的蓝藻,正是过去20年中水污染问题不断恶化、积重难返的表现。2006年,我国海域总体污染形势依然严峻,全国海域未达到清洁海域水质标准的面积约14.9万平方公里,比上年增加约1万平方公里,其中,严重污染海域面积约为2.9万平方公里

2006年水资源总量下降,用水总量呈现继续增长的态势。全年水资源总量25330亿立方米,比上年减少9.1%;人均水资源1927立方米,减少10%。全年总用水量为5670亿立方米,比上年增长0.7%,用水量居世界第一位。其中,生活用水增长0.7%,工业用水增长1.9%,农业用水增长0.2%。初步统计,万元国内生产总值用水量279立方米,万元工业增加值用水量151立方米,水资源使用效率处于较低水平。

(四)受到矿产、能源等方面的制约

加快城镇化进程要伴随着经济的强劲增长和得到二、三产业发展的强大支撑,尤其是在加速发展的初级阶段,第三产业尚不发达的情况下,第二产业的发展是城镇化的动力源。我国大规模的制造业、建筑业和采掘业等是吸纳农村富余劳动力的主渠道,这些行业一是高能耗;二是耗资源;三是不利于环保。目前能源问题已经成为可持续发展中的重要问题。我国能源产业规模和生产总量不断扩大,强有力地支持了工业化进程。但能源生产和消费结构却不尽合理,煤炭约占能源消费构成近70%,煤炭开采、加工、运输和使用过程中,产生大量污染物。我国燃煤消费量大,热效率低,造成能源利用效率不高和严重的环境污染问题,节能和减排任务十分艰巨。2006年能源消费总量24.6亿吨标准煤,比上年增长9.3%。其中,煤炭、原油、天然气、水电、核电能源类消费量比上年分别增

长9.6%、7.1%、19.9%、5.0%、2.4%。主要原材料消费中，钢材、铝、乙烯、水泥分别增长17.2%、32.1%、23.9%、14.5%，仅有铜下降4.0%；能耗增长主要体现在钢铁、煤炭、石油、电力等行业。万元国内生产总值能源消耗1.21吨标准煤，未能实现"十一五"时期每年单位GDP能耗降低2%的目标。

人均能源资源相对不足，资源质量较差。我国常规能源资源（煤炭、石油、天然气、水能）的总储量蕴藏量就其绝对量而言，是较为丰富的。有关专家估计，若按目前的开采水平，我国石油资源和东部的煤炭资源将在2030年耗尽，水力资源的开发也将达到极致。目前，在世界能源产量中，高质量的液、气体能源所占比例为60.8%，而我国仅为19.1%。新能源与可再生能源（太阳能、风能、地热能、柴薪秸秆等生物能、潮汐等海洋能资源）可采储量较多，但是人均能源资源占有量仅相当于世界平均水平的二分之一。

（五）就业吸纳能力不足加大城市发展负荷

我国目前具有相当规模的基础原材料产业，但依靠这些产业的扩张吸引农村富余劳动力的空间已经不大，城镇化和就业人口的增加越来越依赖于第三产业的发展。在我国三次产业的就业比重中，第一产业占42.6%，二产业和三产业分别占25.2%、32.2%，我国工业化程度与发达国家还有很大距离，实现产业结构根本转型还需一个长期的过程。如果今后城镇化率平均每年增长1个百分点，就业岗位就要增加800万至1000万，目前产业的发展空间及其规模难以支撑持续地提供城镇化带来的就业岗位和规模。城市人口密度过大，过度的资源消耗、超负荷运转的基础设施，若是城市贫困人口增加，作为城市日益恶化的生态环境危害的脆弱群体，更无力去改善环境，而其生活方式则会加剧城市生态环境的退化，无疑将进一步加大城市发展的压力，引起城市病等其它社会问题。

（六）大气环境、声环境质量状况不容乐观。

空气污染受到城市的密度、车辆、船舶、飞机的尾气、工业企业生产排放、居民生活和取暖、垃圾焚烧等严重的影响，达到了令人难以接受水平。2006年全国二氧化硫排放量2594万吨，比2005年增长1.8%；化学需氧量排放量1431万吨，增长1.2%。2006年，在被监测的559个城市中，有349个城市空气质量达到二级以上（含二级）标准，占被监测城市数的62.4%；有159个城市为三级，占28.4%；有51个城市为劣三级，占9.1%。在声环境方面，近1/3城市声环境为轻度至中度污染。城乡生产和生活各类污染加剧。城市机动车尾气污染严重，生活污水处理率低，生活垃圾产生量以年均8.1%的速度增长。经济增长方式仍然粗放、资源能源利用效率还较低、尚未完全遏制高耗能、高污染行业的产能扩张导致"十一五"时期主要污染物排放总量每年减排2%的目标没有完成。癌症的发病率正在以年均30%的速度增长。

三、从资源环境的视觉推进城镇化协调发展的思考

城镇化进程不仅关系到城镇的发展，也关系到"三农"生活的改善、统筹城乡协调发展、缩小城乡差别和建设社会主义新农村等问题的解决。鉴于我国人口多，而人均资源不多，生态环境的先天脆弱性，未来城镇化的发展必须用最少的资源和环境代价，创造最大的经济和社会效益，这是今后发展最为迫切的要求。

（一）树立符合我国国情的城镇化发展理念

我国即需要快速推进城镇化进程，又要最大限度地节约各类资源和保护环境，做到可持续发展是今后城镇化发展的目标。十七大明确提出了我国未来要走中国特色的城镇化道路的具体方针，要按照统筹城乡、布局合理、节约土地、功能完善、一大带小的原则，促进大中小城市和小城镇协调发展。以增强综合承载能力为重点，以特大城市为依托，形成辐射作用大的城市群，培育新的经济增长极。多年的城镇化历程表明，单纯的大城市和小城镇模式已经没有出路，根据我国的国情，城镇化道路不应局限于一种模式，而是要走多元、高效率的城镇化道路。我国东部发达地区多年形成的城市群带吸

纳了大量劳动力和高技术人才，对推动我国城镇化进程起到明显的作用。这样的城市群在其他地区也正在形成规模。实践证明，城市群的规模和密度优势将物流和创造就业的成本降到很低，是大中小城市和小城镇共同协同发展的重要形式。我国应当集中资源，在未来的20年集中建设这样的高效城市群，同时，强化城市对区域经济的带动作用，城市周边有规划地建设生态示范区，增强城市生态环境的综合功能。国家发改委宏观经济学会秘书长王建也撰文提出借鉴美日经验，到2030年建设“20大都市圈”的设想。(7)指出只有走建设大都市圈的道路，才是在有限耕地资源的基础上，既保吃饭，又保实现工业化的根本出路。

(二)加强对资源、环境破坏方面的评价和考核体系，建立预警机制

发展城市群虽高效，但也不可避免带来环境污染和资源消耗，因此，要加大力度研究应对考核机制。针对城市空气污染和水环境污染加剧、垃圾等固体废弃物污染愈演愈烈、“白色污染”、“垃圾围城”等现象、绿地减少、建筑密度增大、城市变得日益拥挤不堪、城市“热岛效应”、“温室效应”、“峡谷效应”时有发生的状况对城市生态环境治理进行综合化整治。从2006年大气污染防治实行减排责任看，约束性指标的导向作用开始显现，当年实现新增脱硫装机容量超过新增发电装机容量；城镇污水处理率提高4%；集中供热面积增长5.1%；建成区绿化覆盖率提高1个百分点。实现“十一五”城镇化发展和环境发展的目标，必须继续建立和完善科学的环境统计、监测和考核体系；建立起城市政府、各部门分工负责、环保部门统一监督管理、公众积极参与的工作机制，推进城市环境的综合保护。

(三)有规划、有计划地推进现代城市发展模式

针对目前加快城镇化存在的现实问题，建议一是在城市规划中划定禁建区、控制区，强化保护基本农田和生态用地；二是大力推行“双跨越”的建筑节能目标和模式，在北方地区限期推行供热体制改革；三是加强实施“公交优先”战略，推行以公共交通为导向的城市交通模式；四是有序发展大城市新区和卫星城，加快城际铁路建设，逐步取代以高速公路为主的局面；五是积极探索适合我国国情的有特色的城市建设规划，切忌盲目照搬所谓郊区化的城市发展模式。

(四)防止城市出现结构性衰退与功能性衰退

要根据环境的容量来推进城镇化，实现可持续发展的城镇化。如我国的一些资源型老工业基地城市的衰退，主要是因为资源枯竭、产业结构未能及时优化升级造成的结构性衰退。如我国北方一些缺水型城市，在城市的发展过程中，随着城市人口增长和规模扩大，合理的城市环境容量往往被突破，资源紧缺造成的城市整体功能下降，从而造成城市超负荷运转，整体机能下降，出现城市功能性衰退。要改变资源短缺与利用效率低下并存的局面，一方面，加强对城市水体、土地资源的保护，另一方面，加强技术创新，提高资源利用效率。推动产业结构调整，淘汰污染严重的落后工艺、生产能力和产品。

(五)采取措施推进企业污染成本内部化、城市环境产权化，运用有效的经济手段，建立治污的惩罚、激励机制

保护环境一是要对经济活动给环境造成的影响收费。当企业或政府的工程对环境造成破坏时，必须要求其进行整改，以符合国际标准。二是根据资源状况，确定资源和能源费用，甚至提高能源价格，降低污染物排放水平，倡导节约能源的生活方式。此外，还可以抑制能源消耗过多的企业进入城市，形成资源能源屏障。日本已经成功地证明了这一政策的可行性。日本的能源价格是美国的两倍还多，人均能源消耗尚不及美国的一半。我国可研究征收能源消费税，用此项税收产生的收益投资更多的公共交通、低成本住宅和环保项目。

作者：湖北调查总队

加速城镇化进程不能忽视土地资源和环境保护问题

随着国家经济的高速发展，城镇在国民经济和社会发展中占有举足轻重的地位，全国工业总产出的 50%、国内生产总值的 70%、国家税收的 80%、高教和科研力量的 90%以上集中在城镇。城镇化是每个国家在工业化、现代化进程中必经的过程。新中国 50 多年的历史表明，城镇化是必然的发展过程。党的十六大提出全面建设小康社会、走新型工业化道路，中国的城镇化将经历一个高速发展的时期。党的十七大又提出走中国特色城镇化道路，按照统筹城乡、布局合理、节约土地、功能完善、以大带小的原则，促进大中小城市和小城镇协调发展。在未来 20 年甚至更长时间内，城镇化如何发展，加速城镇化水平的提高对资源和环境有何影响，提出哪些需求，这是关系到全局的重大问题，关系到子孙后代的大问题。值得我们去分析思考。

一、城镇化发展的基本情况

我国城镇化起步较晚，改革以来发展较快，全国城镇人口由 1980 的 1.35 亿发展到 2006 年的 5.77 亿。改革开放后市场经济的建立，推动了我国国民经济高速发展，生产力有很大提高，促使城镇化进程有实质性进展。目前，我国的城镇化水平已经达到 43.9%，我国城镇化进入快速增长期。就安徽省来说，"十五"以来，全省把城镇化作为地区发展的四大战略之一，积极推进城镇化进程，一方面，努力发展经济，推进工业化进程，使大批农村剩余劳动力从土地中解放出来，向城镇聚集，城镇人口不断增加。另一方面，根据省情需要，在全省范围内开展农村区划调整，将人口规模较小，区位优势不明显的乡镇并入经济实力强、人口密度大的中心镇，通过撤乡改镇，乡镇合并、镇镇合并、镇改街道，整合资源，发挥中心城镇对区域发展的积聚和带头作用，积极促进农村城镇化进程。至 2006 年，安徽省城镇化水平达到 37.1%，低于全国平均水平 6.8 个百分点，比 1990 年提高了 19.2 个百分点，年均提高 1.2 个百分点，提高幅度高出全国平均水平 1.7 个百分点。

表 1　全国、安徽城镇化发展情况

单位：%

	1990 年	1995 年	2000 年	2001 年	2002 年	2003 年	2004 年	2005 年	2006 年
安徽	17.9	19.1	28.0	29.3	30.7	32.1	33.5	35.5	37.1
全国	26.4	29.0	36.2	37.7	39.1	40.5	41.8	43.0	43.9

城镇化呈现高速发展，但同时，大量的问题也开始表现出来：1、城镇化滞后于工业化，滞后于产业转移，影响了我国社会经济的可持续发展；2、城镇产业结构不合理；3、城镇基础设施建设投入不足；4、城镇发展面临着严重的资源和环境问题；5、小城镇的布局散、乱，建设水平亟待提高。在众多城镇化建设进程中暴露的问题之中，最值得关注的就是与居民生活质量密切相关的资源生态环境问题。由于在加快城镇化建设和工业化过程中，片面追求经济效益，从而给城镇资源生态环境带来极大的破坏和损失，导致了人与自然之间的关系失衡。资源生态环境的破坏，已经严重制约了城镇化建设的进一步深化。城镇建设与资源生态环境之间的矛盾，是当前亟须解决的问题。只有调整好发展建设与保护资源环境的关系，才能保证城镇化

建设的持续、稳定、健康的发展，才能取得建设与资源生态双赢的结果，才能达到人与自然的真正和谐。

二、城镇化快速发展与土地资源及环境保护之间的相互关系

党的十七大明确提出了城镇化发展新的宏伟蓝图，我们对加速城镇化发展充满信心。然而，在加速城镇化进程的同时，必须处理好方方面面的关系，尤其在当前，我国正处在工业和城镇化高速发展时期，人口与产业在城市高度集中是历史趋势，资源过度利用和环境严重污染尤为突出地表现出来。

(一)城镇化快速发展与土地资源的关系

显然，我国正处于城镇化快速发展阶段初始时期。城镇化的快速发展，必将伴随着占用更多的土地，这将给如何合理开发和优化配置土地资源提出了新的挑战。

1. 城镇化快速发展要求进一步促进土地资源优化配置

随着经济的发展和城市化进程的不断加快，城镇用地规模的不断扩大是城镇化的一个主要表现，城镇化与经济发展之间呈现着较为明显的互动关系，所以，一个地区经济水平越高，城市规模越大，城镇功能也越强，对生产要素的吸引力也就越大。以安徽省为例：城镇化率及耕地面积呈以下变化趋势。

从主流方面看，城镇化的快速发展，必然加速城镇人口的增加，扩大城镇建设用地规模，占用大量的农用土地，这就要求对土地资源作进一步优化配置。城镇的规模主要体现在两个方面：人口规模和用地规模，两者呈显著正相关。城镇化的快速发展，城镇建设要占用大量土地，这是无疑的。但特别需要引起人们重视的是，城镇建设用地中大部分还是耕地。因为出于技术和经济的原因，城市对土地要求苛刻，一要求建立在适用土地上（对土地的地面坡度、地基承载力等有要求），否则基础设施和交通工程就会复杂化；二要有充足的水源保障，这是城市工业和居民的生命线；三要有蔬菜等副食品供应基地，需要相应面积的郊区规模。适合城市用地这些特点的大多正是我国最短缺的耕地。

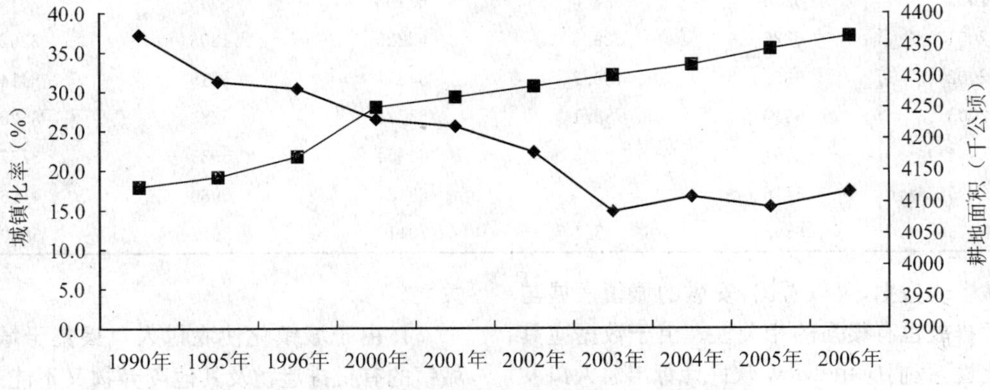

安徽省城镇化率及耕地面积变化情况

2. 土地整理和土地的集约利用强有力地促进城镇化中期阶段快速发展

我国确定了全面建设小康社会的目标，并明确提出走中国特色的城镇化道路。回顾思考近 20 多年来，我国城镇化发展实践，可以认定，加快我国进入城镇化中期阶段的发展速度是实现我国全面建设小康社会的重要保障。我国在改革开放后，尤其是 20 世纪 80 年代末期，由于历史上形成的城乡之间隔离发展，各种经济社会矛盾出现，城乡一体化思想逐渐得到重视。为适应城镇化快速发展的需要，我们必须树立科学发展观，合理开发利用土地资源，优化配置

土地资源。多年实践证明,土地整理和土地集约利用是土地资源优化配置最有效的途径。土地整理工作,涵盖着土地开发、土地复垦、土地治理、土地改良、土地整治等相关内容。当前土地整理的重点是实施、深化和补充土地利用总体规划,进一步优化配置土地资源,合理利用土地、特别是集约用地,实施耕地占补平衡和总量动态平衡,以利于解决"三农"问题,全面建设小康社会,从而大力促进高质量的城镇化可持续快速发展。

据推测,城镇化水平在未来十年还将有一个大的提高。城镇化在发展中表现出许多明显的外部特征,通常最直观地表现为城市规模的扩大,具体体现在城市土地面积的扩展,人均住房面积、人均公共绿地面积等人均指标的提高。"民以食为天,食以地为本",土地的重要性不言而喻,如何在城镇化进程中对土地加以有效利用,关系到城市能否实现可持续发展的问题。

(二)城镇化快速发展与环境保护的关系

城镇发展与"三废"排放有很强的正相关性,从全国一些地区情况看,根据 2002 年长三角地区"三废"排放量及有关指标,选取了 16 个城市做其相关分析,计算出相关系数:

表 2

	废水排放总量(万吨)	废气排放总量(吨)	固体废弃物产生总量(万吨)
人口总量(万人)	0.607	0.844	0.857
城镇化水平(%)	0.774	0.764	0.857

人口总量越多,"三废"排放越多;城镇化水平越高,"三废"排放越多。从我省的情况看,城镇化率与环境指标也存在密切的关系。

表 3 安徽省城镇化与环境主要指标

年 份	人口总量(万人)	城市化水平(%)	废水排放(万吨)	废气排放(亿标立方米)	固体废物(万吨)
1990	5661	17.9	98620	2328	2552
1995	6000	19.1	87006	3559	2749
2000	6278	28	63106	3945	2815
2001	6325	29.3	63229	4808	3262
2002	6369	30.7	64577	5119	3414
2003	6410	32.1	63524	5383	3522
2004	6461	33.5	64054	5933	3767
2005	6516	35.5	63487	6960	4196
2006	6593	37.1	70119	8677	5030

从上表数据,可以看出,安徽的城镇发展与"三废"排放也有很强的相关性。由于数据应具有可比性,我们应用 eview 软件计算出总人口及城镇化水平与废气排放及固体废物之间的相关系数:

表 4

	废气排放总量(吨)	固体废弃物产生总量(万吨)
人口总量(万人)	0.885	0.813
城镇化水平(%)	0.912	0.871

相关系数显示,它们之间有着高度的正相关性。

1. 由于城镇化使农村人口聚集于城镇,而城镇的有机排泄物及其他废弃物又不能有效地进入农田生态系统,从而产生两个环境问题:一是城镇的有机排泄物和废弃物的集中,造成了城镇环境的有机物污染,如目前各种类型的城市共同存在的生活垃圾处理和环境污染问题,就是具体表现;二是农田生态系统的有机投入物减少,为了保持生态平衡,就必须用各种替代物如化肥等替代有机物投入,而农田大量注入化学肥料,会形成生态问题。

2. 在城镇化的进程中,受乡村社区自然经济的深刻影响，绝大多数乡镇在工业化进程中忽略了环境规划和治理，致使局部地区污染严重。由于工业生产活动集中在城镇，如果治理不周，工业企业所排放出来的废水、废气和废渣等会在一个位点上集中，加上城镇面积的限制，城镇内各种工业集中排污极易造成各种污染物之间的交汇作用，结果或扩大原有污染物的污染能力，或衍生出某些新的污染物。当这些污染的排放超过了自然系统本身的净化能力后，就会造成严重的生态环境问题，如空气污染、水质污染、农田污染、噪声污染等。

3. 城镇的盲目发展也带来了一系列的环境问题，如废气、废水、噪声等，尤其是小城镇建设，因缺乏规划，基础设施建设滞后而带来大范围的环境影响和生态破坏。突出表现在：

(1)城镇周边污染严重。随着城镇规模的扩大，城镇周边的农村对城镇产生了一定的污染。随着农业的发展，农膜产生的“白色污染”大量增多，村镇居民产生大量的生活污水和垃圾，焚烧秸秆造成大气污染，规模化养殖造成的污染也愈加严重。特别是以化学肥料替代有机肥料造成的环境问题日益严重。目前，我国耕地化肥用量每公顷 375 千克(发达国家为每公顷 200 千克)。氮素化肥过量施用，会流失进入水体。

(2)乡镇工业污染不断加剧。在城镇化进程中，乡镇企业蓬勃发展，但由于乡镇企业的发展具有布局散、规模小和经营粗放等特征，使得周边环境污染严重。据统计，乡镇工业废水化学需氧量、粉尘和固体废物的排放量占全国工业污染排放总量的比重均接近或超过 50%。工业中从事汞制品、砷制品、铝制品、联苯胺等产业，以及噪声和振动污染的行业，由于技术工艺落后，设备简陋，管理和各种制度不健全，有毒有害的污染物排放超过国家允许排放标准的几十倍、几百倍甚至上千倍，直接危害职工健康。据统计，全国每天排放的污水量超过 1 亿吨，其中 80%以上未经过任何处理就直接排入水域，使河流、湖泊、水库遭受污染。如滇池、太湖、巢湖等大部分湖泊富营养化严重，靠近城镇人口密集区的很多湖泊已退化成为流域中的污水库。许多水库也开始进入富营养化状态，城郊水库的富营养化问题最为严重，给城市供水带来严重危害。

(3)工业企业占用和毁坏了大量农田，给农业生产带来了一定程度的损害。人地矛盾一直是制约我国农业发展的一个主要因素。如今我国可以开垦的荒地所剩无几，而现有耕地却被大量侵占，其中乡镇工业的占地面积是惊人的。自 1979 年以来，乡镇工业的占地面积已经达到 1 亿多亩。除直接占用耕地外，乡镇工业还污染和破坏了大量农田。据统计，全国每年因工业废水而污染的耕地面积达 2 亿多亩，占耕地总面积的 15%左右；每年因污染而减少的粮食超过了 100 亿公斤，直接经济损失 125 亿元，其中因为乡镇工业污染和破坏而引起的达 47%以上。

三、对城镇化发展中土地资源优化配置及环境有效保护的建议和对策

(一)城镇化快速发展中的土地资源优化配置对策

1. 以规划统领全局，实现土地可持续利用

针对城镇建设用地中工业用地比例过大的问题，今后在现有的城市土地建设用地结构中，要大幅度缩减工业用地比例，尤其是一些能耗高、污染严重的企业，减轻城市生态环境承载力的压力，同时在城市规划的调控下，逐步增加城市绿地面积，加强城市公用设施建设，改善城市生态环境。强化土地利用总体规划和城市总体规划对城市总体布局和发展方向的控制作用，促进城镇土地资源的合理利用。

2. 提升城镇化用地结构，积极推动土地资源优化配置

城镇化快速发展，导致城镇建设要占用大量土地，但实质上是从宏观上对土地利用结构的调控，主要是将大量的农用地转变成城镇建设用地。例如，随着城镇化水平的提高，2000—2006 年期间，安徽省原有耕地共减少 315003 公顷，新补充耕地为 113679 公顷，两者相抵后耕地占补不平衡，耕地净减少 201324 公顷，年均净减少 28760 公顷(见下表)。随着城镇化进程

加快，耕地面积还会减少，形势不容乐观。

表 5　安徽城镇化水平与耕地变化统计

单位：公顷

年　份	城镇化水平（%）	耕地减少总量及不同因素造成耕地减少量					耕地补充	耕地净减少
		合计	#国家基建	其他基建	退耕还林还草	耕地改园		
1990	17.9	8357	2991				864	7493
1995	19.1	13485	5559				1782	11703
2000	28.0	14665	7720				4215	10450
2001	29.3	14816	7733				4645	10171
2002	30.7	47932	6538				8388	39544
2003	32.1	143418	10235				16256	127162
2004	33.5	46955	11214				44344	2611
2005	35.5	28370	7027	3968	3136	1431	16913	11457
2006	37.1	18847	7840	6293	2097	1159	18918	−71

为适应城镇化快速发展的需要，合理开发利用土地资源，主要是通过土地整理来补充用地数量，提高土地质量，特别是耕地质量。农村土地整理实际上是对农用土地结构的一种直接调整方式，直接影响到土地资源的总体优化配置，而且必将大力促进乡村城镇化的发展。城镇化快速发展过程中，城镇的建设和城镇土地整理自然要对城镇用地结构进行调整，促使城镇用地得到优化配置，从根本上解决城镇土地配置不合理、土地利用效率不高的问题。

由于我国人均农业用地的水平远远低于国外的平均水平，不能靠大量减少耕地来满足经济发展对建设用地的需求。因此，我们在城镇化快速发展过程中，一定要提升用地结构，调整水准，不仅要优化农用地结构，而且要提高建设用地的整体集约利用率，优化建设用地内部的组成结构和布局结构，调整城镇体系及城乡居民点的数量和规模结构，这些都是当前土地资源优化配置的重要手段。

3. 发挥乡村城镇化快速发展对解决人地矛盾和保护耕地的积极作用，不断加速土地资源的优化配置和集约利用

我国是农业人口众多的发展中国家，城镇化有利于减少农村人口，减低人口增长对土地的压力。如按 1995 年我国城乡人口和耕地面积计算，城镇化水平每提高一个百分点，农村人口人均耕地就可增加 0.0087 公顷（0.13 亩）。乡村城镇化水平的提高，无论是占地总规模，还是人均占地数量都可以得到大大降低。所以说，乡村城镇化是最为节约用地的一种土地利用方式；从长远和全国而言，城镇化也有利于耕地的保护。

解决我国特别是农村人地矛盾日益尖锐的问题，除了实行严格的计划生育政策以外，还必须将大量的农村剩余劳动力从农村转移出来，以缓解农村日益尖锐的人地矛盾，使城乡土地得到优化配置，而要做到这一点，就必须加快城镇化进程。因此，必须充分发挥乡村城镇化快速发展的作用，从而不断加速土地资源的优化配置和集约利用。

4. 科学确定城镇用地规模，全面考虑土地资源的优化配置

在城镇化快速发展过程中，合理确定城镇用地规模，直接关系到城镇建设需占用土地数量的多少，同时还直接或间接影响土地资源的优化配置。因此，应对有关问题进行深入调查研究，科学地确定城镇建设用地规模和全面考虑土地资源的优化配置。对此，应点面结合去考察研究：首先应从城镇体系的人均用地规模考察。在城镇化过程中，我国城镇体系的人均用地规模表现特征：一是城镇人均用地与城镇规模等级成反相关。二是村镇人均建设用地远远大于设市城市。目前我国村镇的人均建设用地为155平方米，建制镇为149平方米，分别为设市城市人均用地水平的1.53倍和1.47倍。三是城镇间人口容量水平差异较大。全国城市中，人均城市建设用地在100平方米以下的城市占38%，其人口占全国设市人口的63%；人均城市建设用地高于120平方米的城市占46%，其人口占国家设市城市的24%。在人均城市建设用地高于120平方米的城市中，77%是小城市，占全部小城市数量的60%。其次，从单个城镇的用地规模考察。一个城镇用地规模的大小，直接影响城镇的用地结构、布局形态、基础设施、生态环境等方面，也就是说，将直接影响到土地是否优化配置。如果城镇用地规模过小，将使城镇发展缺乏弹性，生态环境恶化，交通拥挤，从而制约城镇的合理布局和健康发展；规模过大，就既浪费土地资源，又造成城镇布局松散，增加基础设施的投入，降低城镇土地的经济效益，使城镇的集聚效益不能充分发挥。

5. 加强与土地有关的税收征管

目前，我国城镇建设资金主要来源于土地交易，城镇政府出让土地，开发商售宅给居民后，居民在拥有使用权的70年内，工业用地在拥有使用权50年内不用交一分钱，交易是一次性的，政府得到收益也是一次性的，因而造成上届政府拼命卖地。而卖出土地之后的服务则由下届政府来承担，结果造成每一届政府靠增加新土地的出让来维持自身运转，但土地供给是有限的，一些发达地区，在城镇化高速发展中，可能无地可卖。过去政府来自土地的收入，绝大部分是以收费的形式取得的，如土地使用费、土地出让费、土地开发费等等，虽然也能取得收益，但多为一次性的费用，对提高土地利用效率作用不大。今后，为了扩大城镇建设，提高土地利用效率，应考虑实行以税代费制度，要加强土地使用税、土地增值税的征管力度，即对以出售或其他方式有偿转让国有土地使用权等获得的收益，要依据其增值额，征收土地增值税。要开征空置税即对于已获地开发使用权但一段时期仍闲置未用的土地征收空置税，以杜绝土地浪费现象，提高土地利用效率。

(二)城镇化发展中的环境有效保护对策

1. 统一规划，合理布局

长期以来，追求以经济增长速度和产值为主要特征的传统发展观，忽视经济增长质量和以经济效益为核心的综合效益。这种“高消耗、高污、高投入、低产出”的传统粗放型经济增长方式，偏重资源和能源的数量投入，忽视资源支撑和环境承载，对环境造成了严重的污染和破坏，使本应造福人类的能源和资源不但未能转化成预期产出，反而异化成为致害人类的污染物，造成了水质污染、大气污染、固体废弃物污染、噪声污染以及生态破坏等环境公害。我们必须转变观念，走新型工业化道路，坚持以人为本、全面协调可持续的科学发展观。

2. 强化对农村城镇化进程中的环境管理

政府对农业和农村环境管理的基本手段有三个：行政手段、经济手段和法律手段。行政手段是我国过去在农业和农村环境管理中使用较多的手段，但是，行政命令在使用的过程中还存在规范不够、约束力不强、缺乏经常化和制度化的检查与监督等问题。随着市场经济体制的完善，政府应多运用经济手段和立法手段来规范生态环境建设。目前，经济手段在我国农业和农村环境管理中的使用还不充分，今后，随着城镇化建设的深入，政府应加大经济手段的使用力度，发挥经济手段在农村环境管理中的作用。我国农村环境管理的法制化建设已经取得了可喜的进步，已颁布实施了一批有关资源与环境保护的法律，但法律体系还不健全，法律之间存在着某些冲突，有法不依、执法不严的现象比较严重，因此，我国农村环境管理的法律手段还必须强化，真正确立法律手段在管理农村环境中的严肃性和权威性。

3. 加大对环境建设的物质投入，提高对环境建设的关注程度

随着我国市场经济体制的完善，我国各地区的经济得到长足的发展，特别是东部地区，各地的GDP迅猛增长，人民的物质生活水平得到极大的提高，但各级政府对生态环境的投入水平远远低于经济发展水平，造成城镇的环境基础设施相对滞后。在市场经济条件下，应该多渠道筹集资金，加快城镇环境基础设施建设步伐，为保护和改善城镇环境质量奠定坚实物质基础。应采取国家、集体、个人、外资多元投资方式，保证稳定有效的环境资金投入；积极引进市场机制，特别鼓励个人参与城镇环境建设，同时，探索建立生态环境效益补偿机制。加大物质投入的同时，也要提高人们对生态环境的关注程度，要让人民充分认识到生态环境的重要性，广泛开展生态环境科学的教育宣传和普及工作，提高公众的环保意识，强化公众监督和舆论监督的力度，形成对破坏资源环境行为者的公众压力，建立地方性法规，使环保工作真正走上法制轨道。

4. 制定城镇发展的长期规划，严格控制城镇规模

农村的城镇化是一项长期艰巨的任务，不是一朝一夕能完成的，这就需要管理者从实际出发，根据当地的发展状况制定长期合理的规划，要充分注重生态环境的承受力，强化城镇生态环境规划，坚持走可持续发展的道路，尽快编制或修改中央和地方的城镇生态环境建设规划纲要，强化生态规划的社会作用，提升生态规划的社会地位，强化城镇总体规划的生态观念，确立有利于城镇生态系统平衡的总体布局模式和土地利用格局，同时，还要坚持统筹规划，突出重点，量力而行，有步骤对污染比较严重的城镇进行生态环境的综合治理和建设，设法增强其生态功能，改变其生态脆弱状况，使城镇经济功能与生态功能保持平衡。

5. 完善环境立法，加大环境法律执法及监督力度

对我国城镇化过程中，出现的新的生态环境问题重新立法，对有效遏制生态环境恶化方面的法律、法规进行补充和完善，为我国城镇化进程的加快提供更多与当地实际因素联系紧密、可操作性强的法律、法规；提高排污费标准，促使排污单位积极治理，进一步明确和加强污染者的法律和社会责任感。重视环境民主与公众参与，鼓励社会公众广泛参与环境影响评价、环境决策、环境执法监督活动，增强公众参与环境影响评价意识，对我国城镇化过程中的生态环境的保护起到公众监督与参与的作用。

作者：安徽调查队

加快城镇化进程对四川资源和环境的影响

改革开放以来，四川经济社会快速发展，城镇化水平不断提高，但同时也给资源和环境带来了不小的影响。尤其在环境条件改善缓慢、资源严重短缺的今天，客观上要求城镇化进程必须与资源环境相协调，才有利于促进社会经济的持续健康发展，否则，急速城镇化必将超越城市资源的承载能力，降低城镇化的质量和效果。本文将从分析四川城镇化的发展状况入手，深入分析城镇化对四川资源环境产生的影响，并提出对策建议。

一、四川城镇化发展的现状

城镇化是一个综合性概念，实质上反映的是由产业聚集而带动的人口聚集。通常用城镇人口占全部人口的百分比来表示城镇化率或城镇化水平。城镇化与经济发展和政策支持力度密切相关，从总体上看，四川的城镇化趋势与全国一致。为了便于研究，我们对中国城镇化阶段及特征进行简要回顾，并在此基础上剖析四川城镇化发展的一些特点。

(一)城镇化进程的简要回顾

四川和全国城镇化进程的阶段划分基本一致，主要为四个阶段：

1949～1978 年为第一阶段：此段时期城市被定位为生产中心而非消费中心，发展战略以“变消费型城市为生产型城市”为主。其典型特征是城市化政策极为稳定，波动较大。

1978～1990 年为第二阶段：改革开放将市场机制引入传统计划经济，使我国逐步向社会主义市场经济转变。在全球化推动下，外资首先成为经济发展的主要推动力。“离土不离乡，进厂不进城”的乡村工业化模式以及“自下而上”的城市化过程为其主要特征。

1990～2000 年为第三阶段：政府可通过招、拍、挂方式出让土地使用权，土地价值和资本分配成为城市结构优化的依据。旧城改造方兴未艾；新区建设日新月异；高新技术园区、工业开发区如雨后春笋般崛起；中心商务区更是成为城市潮流。城市空间的迅速发展和重组，经济社会的多元化使得城市人从“单位人”转变为“社会人”。

2000 年后为第四阶段：生产方式发生质的变化，企业和国际资本与市场的联系日益紧密，服务业尤其是生产服务业在经济运行中的作用日益突出，城镇化进程继续加快，但城市经济存在结构性隐忧。

(二)四川城镇化发展的主要特点

一是水平不断提高。统计资料表明，伴随着改革开放和社会经济的快速发展，四川城镇化取得了明显成就。在第二阶段的 12? 年间，四川城镇化水平提高了 9.6 个百分点，平均每年提高 0.8 个百分点；在第三阶段的 1990—2000 年间，城镇化水平提高了 5.4 个百分点，平均每年提高 0.5 个百分点；2000 年至今的第四个阶段中，城镇化水平由 2000 年的 26.7%上升到 2006 年的 34.3%，提高了 7.6 个百分点，平均每年提升 1.2 个百分点。第四阶段的年均上升速度分别比前两个阶段快 0.4 和 0.7 个百分点，表明进入第四阶段后四川的城镇化进程明显加速。

二是区域差异明显。在四川城镇化总体水平不断提高的同时，不同区域的城镇化水平却呈现出明显的差异特征。

2006 年四川 21 个市州地区城镇化水平高低差距达 43.6 个百分点，城镇化水平最高的成都地区为 61.5%，最低的甘孜仅 17.9%，两者相差 43.6 个百分点。按 2006 年城镇化水平，四川不同区域的城市可分为三个梯队：

第一梯队：城镇化水平在50%以上的地区，分别是成都和攀枝花地区。

第二梯队：城镇化水平在30—50%之间，包括自贡、泸州、德阳、绵阳、遂宁、内江、乐山、南充和雅安九个地区。

第三梯队：城镇化水平在30%以下，包括达州、巴中、资阳等10个市州。

三是横向比较差距大。从与全国的比较看，四川城镇化进程的三个阶段均落后于全国平均水平。四川经济发展水平及工业化率均比全国低决定了四川城镇化水平长期落后于全国水平是其明显的特征。

表1　四川与全国的城镇化水平比较

	14978年	1990年	2000年	2001年	2002年	2003年	2004年	2005年	2006年
四川	11.7	21.3	26.7	27.2	28.2	30.1	31.1	33	34.3
全国	17.9	26.4	36.2	37.7	39.1	40.5	41.8	43.0	43.9
四川—全国	−6.2	−5.1	−9.5	−10.4	−10.9	−10.4	−10.7	−10.0	−9.6

资料表明，目前世界上发达国家城镇化水平在70%—90%，发展中国家城镇化水平平均为40%以上。因此，尽管改革开放后四川的城镇化发展成绩明显，但同时我们也要清醒地看到，四川的城镇化仍处于比较低的水平。

二、城镇化进程中面临的主要问题

总体看，四川城镇化发展成绩不小，特别是改革开放后城镇化水平提高很快。但同时也要看到，四川城镇化进程中也存在着不少需要认真研究和解决的问题，包括城镇化水平总体仍然较低，区域发展不平衡，与全国的差距明显等。从更深一个层面看，四川在城镇化进程中还面临供需两方面的"瓶颈"约束，而且城镇化已出现了一定的过速特征。

(一)从需求角度看，农村人口面广量大，结构偏差，影响城镇化水平的提升速度和质量

一是人口总量大。受制于历史的原因及过去生育政策的影响，四川历来以人口众多闻名全国。在重庆没有分出去之前，四川人口一直位居全国第一，十个中国人就有一个四川人。川渝分家后，四川人口也一直位居全国前列。四川人口多，多在哪里？就多在农村。虽然四川目前已进入了较低生育水平状态，但在其庞大的基数与增长惯性作用下，新增人口量仍然保持每年30万人左右的自然增长，且新增人口主要以农村人口为主。资料表明：1978年，四川总人口7071.9万人，其中农村人口6244.5万人，城镇人口827.4万人；2006年全省总人口增加到8722.5万人，城镇人口达到了2991.8万人，农村人口仍然高达5730.7万人。1978—2006年，城镇人口增长了2.6倍，但农村人口绝对量仅减少513.8万人，减少幅度仅为8.2%。结合人口自然增长率情况，我们进行了简单推算，结果表明，在最近30年里，农村转向城镇的2164万人中，大约1100万人被新增人口抵消了。

二是人口素质差。据四川省第五次人口普查资料，2000年全省6岁及6岁以上人口文盲率达8.7%；2006年6岁以上人口平均受教育年限仅7.6年，文盲率为8.3%。四川人口受教育程度低的人群主要集中在农村及少数民族地区，特别是文盲和只有小学学历的人更是集中在农村劳动力中。2005年1%人口抽样调查资料显示，四川少数民族人口中，文盲人口占44%，比全省人口文盲率高35.4个百分点，初中及以上受教育程度人口在少数民族中仅占15.4%。受教育程度低，直接导致劳动力综合素质低，就业竞争力弱，特别是外出农民工，由于没有多少文化、没有多少技能，无论向省外转移还是向城镇输送，大多只能干脏、苦、累、险且收入偏低的工作。

三是老龄化严重。目前四川人口的老龄化有两个比较突出的特点：一是老龄化速度和老年人口的绝对数量增长快；二是人口老龄化超前于经济发展水平而提前出现。根据四川省第五次人口普查和2005年1%人口抽样调查资料

计算。2000年—2005年,四川老龄人口系数上升了1.1个百分点,老少比上升了5.5个百分点;社会总负担系数上升了1.1个百分点,其中老年负担系数上升了1.6个百分点。2005年,65岁及以上的老年人口已经超过700万,占总人口的比重已经达到8.6%,老龄人口中,农村所占比重相当大。

此外,社会公共资源短缺,特别是教育资源分配不均、社会保障程度差、医疗技术力量薄弱,居民就医困难等问题在一定程度上影响了城镇化的质量和效果。加之近年来城乡居民收入差距的不断扩大,强化了农民转化为城镇居民的内在欲望,但是却恶化了这种转化的条件,也给四川的城镇化进程带来了一定的负面影响。

(二)从供应角度看,城市数量规模及产业结构分布不尽合理,影响城镇化进程和效果

1. 城市分布不合理,导致辐射功能偏弱

按照新的五类城市划分标准,目前四川有超大城市1个:成都;有大城市4个:南充、攀枝花、绵阳和自贡;有中等城市8个:乐山、泸州、宜宾、德阳、江油、遂宁、广元和内江,其余全部为小城市。

从城市的地域分布看,主要集中在成都平原经济圈内。2006年,在占全省土地面积10.5%的成都平原5.1万平方公里的范围内,拥有不同规模的城市12个,城市数量占全省的38.7%;而其余43.4万平方公里的国土面积,仅有中小城市19个,特别是甘、阿、凉三个少数民族地区,国土面积占全省的一半,只有西昌一个市。由于城市规模结构不完善,特大城市缺乏次级规模的经济中心城市和相当数量的第三级中心城市相衔接,不利于有效地推动全省经济空间的有机协调发展。

与全国的比较看,四川城市数量偏少。四川国土面积占全国的5.1%,2006年人口占全国的6.6%。作为人口众多、幅员辽阔、历史悠久的西部大省,城市数量却只占全国的4.6%,而且多数城市为原来的行政地区和州府所在地转化而来,缺乏一定数量的特大城市和大城市作为区域的经济、金融中心,交通与信息的枢纽,与其在西部大省的地位不太相称,也影响经济持续发展的后劲。

2. 产业结构不甚合理,影响了城镇化的发展进程

2006年,四川一、二、三产业增加值占全省GDP的比重分别为18.5:43.7:37.8,二三产业合计占81.5%,而全国2006年二三产业合计达88.3%,长三角地区的上海市为99.1%,江苏为92.9%,浙江为94.1%,充分表明四川二三产业的比重明显偏低。

从就业人口比例看,2006年四川一、二、三产业就业人口比例分别为48.9:20.1:31,二三产业人员比重合计仅为51.1%。而全国2是57.4%,四川比全国水平低6.3个百分点。四川不仅与全国有差距,而且与发达省市差距更大。以北京为例,该市已经实现了"第三产业增加值占GDP"及"第三产业从业人员占全部从业人员"两个70%的比例,而作为长三角发达地区,2005年上海市二三产业从业人员比例达到92.9%,江苏为72.2%,浙江为75.3%。

根据有关权威专家对当前我国经济发展状况及城市承受能力进行的测算表明,中国城镇化进程以年均提高0.8个百分点比较合适。据此判断,四川的城镇化进程在第四个阶段已有过速之嫌。特别是像四川这样的经济发展相对落后的农业大省,农村人口以平均每年120万人的速度向城镇转移,相当于每年增加一个特大型城市的人口,无疑对对四川城市的承转能力和资源环境形成了较大的影响。城镇化一旦脱离循序渐进的原则,超出正常的发展轨道,势必形成城市人口虚高,建设布局在空间上出现无序化乃至失控,耕地、水等资源过度消耗,环境受到严重污染,城市基础设施建设出现巨大浪费等问题。从这一点看,目前的城镇化过速发展的后果可说已略见端倪。

三、加快城镇化进程对资源和环境的影响

(一)对自然资源的影响

1. 建设用地不断增多,耕地面积逐年减少,人均耕地面积持续下降

一是建设用地不断增多。建设用地主要包

括居住用地、工矿用地、交通用地和水利设施用地等。这些年来四川城镇化进程加快,特别是大中城市的扩张,必然伴随着各类建设用地的增加。数据表明,2000～2006年,四川省的基建用地累计6.4万公顷,相当于2006年全省耕地面积的1.6%,其中:居住用地与工矿用地约占建设用地的68.3%,对耕地的影响最大。有研究表明,每增加一个非农业人口将增加居民及工矿用地0.44亩,每减少一个农业人口将减少居民及工矿用地0.36亩。交通建设用地是城镇化进程中仅次于居住用地及工矿用地的重要占地项目。2000～2006年,四川公路、铁路运输路线长度由9.5万公里增加到11.7万公里,新增2.2万公里。如果按照道路平均50米宽的水平计算,6年来累计占地1.1万公顷。

二是耕地面积逐年减少。从全国情况看,改革开放以来我国耕地面积已经减少了一成以上,而正在快速推进的城镇化占用了大量耕地资源,致使耕地面积呈现逐年减少之势,四川情况同样如此。2000年末,全省实有耕地面积434.6万公顷,其中:水田225万公顷,旱地209.6万公顷;到2006年底,全省耕地面积只有391.7万公顷,6年间减少了42.9万公顷,平均每年减少6.1万公顷。

三是人均耕地面积持续下降。由于人口众多,土地资源相对较少,因此在实施城镇化的进程中面临人口增长和土地资源建设的双重压力。据统计,1978—2006年,四川非农业人口增加了2100多万人,但同期耕地面积减少了99.2万公顷,人均耕地面积由1.04亩下降到0.67亩,减少了0.37亩,现有人均耕地面积不足1978年的三分之二,其中2000～2006年四川人均耕地面积就减少0.11亩。

2. 水资源短缺和水污染问题日益严重

由于人口增长、城镇化建设、不合理使用、污染排放等原因,人类赖以生存的"生命之水"已经向我们亮出了"黄牌"。

从水源看,地表水径流量减少,储蓄量下降。以成都为例,全市目前蓄水总量仅有1.48亿立方米,比去年同期减少0.49亿立方米,减少24.9%,是近10年来同期最低值。成都的主要水源都江堰,当前水量较往年同期偏少8%。有关数据表明,岷江、青衣江、大渡河、雅砻江等主要江河上游来水偏少10%～30%。目前,全省水利工程总蓄量为62亿立方米,比上年同期减少15.5亿立方米,较多年同期平均减少7.5亿立方米。一些较大的水库比如金堂的幸福水库已经干枯,更不说一些小水库。不少地方的江河、湖泊遭遇了几十年不遇的低水位。

与此同时,水污染问题日趋严重。随着城镇化进程的加快,城镇生活污水和工业废水排放量急剧增加,导致城镇水体污染严重。2005年,城镇生活污水排放量13.9亿吨,处理量仅为4.3亿吨,生活污水处理率仅为30.6%。工业废水量排放量12.3亿吨,处理工业废水量0.9亿吨,处理率仅为7.3%,工业废水排放达标率为88.3%。水环境的恶化,一方面降低了水资源的质量,对人体健康和工农业用水带来不利影响;另一方面,由于水资源被污染,原本可以被利用的水资源失去了利用价值。值得关注的是,目前水污染正从城市向农村扩展。与大城市相比,小城镇资金短缺,市政建设落后,排水体制不健全,大多数地方没有污水处理厂,加之居民环境保护意识淡薄,向水体倾倒生活、生产垃圾,致使大量的生活、生产废水随自然地势流入坑河,造成水体污染日益严重。

从饮用水看,多数农村饮用不安全水。目前世界中等发达国家农村安全饮水普及率为70%以上,发达国家在90 %以上。中国的安全饮水普及率大致为东部70%,中部40% ,西部更低。2006年,四川省农村自来水受益率为41.2%,全省约3000万人饮用不安全水源之水。由于农民经常向坑塘倾倒垃圾,导致水体富营养化,坑塘面积逐年减小,农村饮用水在遭遇水质严重超标的同时,可用水源也在不断减少。

(二)对城镇设施和资源的影响

1. 对基础设施的影响

基础设施建设与城市经济活跃度及经济发达程度具有相当高的关联度。数据表明,四川城镇基础建设整体偏弱,城市本身承载能力不强。

从道路及城市交通看,2006年四川省铁路营业里程0.2万公里，公路通车里程16.5万公里，其中等级公路8.5万公里；18个地级城市中，年末实有公共汽车11459辆，出租汽车24529辆，每万人拥有公共交通车辆8.5标台，人均路面面积为9.8平方米，与城市人均道路面积较低相伴随，城市公路交通资源紧张，道路扩张无法与机动车辆数量的增加匹配，公交车人满为患，大城市和超大城市机动车非机动车相互抢道，交通拥挤、堵车成为家常便饭。特别是省会城市成都，乘公交车挤、打的难、开车堵现象日见突出。

从城市设施水平看，18个地级城市的调查数据表明，2006年城市人均公共绿地面积8平方米，建成区绿化覆盖率33.5%，污水处理率49.4%，生活垃圾处理率71.4%，用水普及率83.5%，煤气普及率74.2%，上述各项指标与全国和兄弟发达省市均存在着一定的差距。

从住房情况看，2006年四川城镇居民人均住房使用面积22.4平方米，虽比2000年的10.4平米有大幅增长，但比全国水平明显偏低。由于城市基础设施落后，交通运输不便，使四川城市对外交流困难，城市功能难以发挥，城市承载力弱小，城市发展空间受到限制，严重地影响了四川城市化的发展。

2. 对经济资源的影响

目前城镇居民生活中面临的问题，除了上述分析已经提到的医疗、教育等公共资源短缺外，就业形势严峻、收入增长乏力和救济人口增多等问题也不容忽视。

从就业情况看，形势日趋严重。1990年，全省登记失业人数为26.6万人，失业率为3.7%；2000年，全省登记失业人数为30.8万人，失业率为4%；2006年，全省登记失业人数为36.1万人，失业率为4.5%。总体看，虽然参加再就业培训的人数和新增就业人数也逐年上升，但失业人群依然不断增加，失业率不断攀升，而且失业人数仅仅是登记人数，如果考虑到隐性失业情况，实际情况会更加严峻。

从收入增长看，增长明显乏力。受制于经济发展水平、工资政策、企业效益、个人技能等多重因素的影响，四川城镇居民收入增长不仅比发达省市低，而且低于全国平均水平。1978至2006年，四川城镇居民可支配收入年均增长12.6%，其中：1990～2006年平均为12.2%，2000～2006年均为仅为8%，而全国平均水平为：1978～2006年增长13.5%，1990～2006年增长13.7%，2000～2006年为11%，表明四川城镇居民收入不仅低于全国，而且2000年后的增幅明显低于前两个阶段，收入增长乏力，也与同期经济发展和GDP增长明显不协调。

从社会保障情况看，问题也比较突出。虽然总体上城乡居民接受最低生活保障人数呈减少现象，但结构差异比较明显，城镇居民接受最低生活保障人数在增加，农村在减少。数据表明，2000年，四川城乡居民接受最低生活保障人数为380.4万人，其中：城镇115.6万人，农村264.8万人。2006年四川城乡居民接受最低生活保障人数为323.3万人，其中：城镇165.3万人，农村158万人。2006年与2000年比较，接受最低生活保障的人口总数减少57万人，农村减少106.8万人，但城镇却增加约45万人。结合城镇化进程中分析的结果表明，农民由农村向城镇转移的过程中由于自身素质、技能及观念等多种原因，很容易沦落为城镇中的弱势群体和救济对象，城镇化过程中的农村贫困问题实际上随着城镇化的进程部分转移到了城镇中来，这也是我们在实施城镇化过程中面临的需要认真研究和解决的重要问题之一。

3. 对能源供应的影响。

中国能源的国情具有以下两个明显的特点：一是人均能源资源占有量低。与世界平均水平相比，我国人均资源占有量煤炭只有55%，石油11%，天然气仅为4%；二是能源需求量大。由于经济发展和城镇化进程加快，中国已由原来的能源输出国变为能源进口大国，进口油、气比例逐年上升，不仅影响国际能源市场供求关系，而且对我国的经济和能源安全也形成了一定的威胁。

四川能源格局情况可以说是中国能源状况的缩影，拥有全国著名的二滩电站和大量的水电等资源，曾经也是能源输出口大省，一度为电力过剩而犯愁，一些城市甚至因此而搞了不少的光彩工程，甚至在四川某著名工业城市还修建了高耗能产业园区。而今才不过几年时间，就已经面临能源短缺的危机,需要靠大量进口来解决问题。

以 2006 年为例,可供消费的能源总量按等价值计算为 12517 万吨标准煤,比 2005 年增长 10.7%,但一次能源生产量为 12305 万吨标准煤,仅增 7.8%,外省(区、市)调入量达到 2883 万吨标准煤,增长 16.8%。能源消费中,工业消费 8819 万吨标准煤,增长高达 27.8%,成为能源消耗的主体。能源不足一方面靠进口,同时也靠压缩消费。2006 年生活消费量为 1543 万吨标准煤,比上年同期减少 2%,这也就不难理解为什么像成都这样的大城市,一到夏天用电高峰时期就经常出现拉闸限电保生产,三环路内分片区供电、三环路外用电基本无法保证的消费格局了。

不仅电能如此,四川省在其他能源购进方面也大都呈现高速增长态势。其中,2006 年比 2005 年煤炭调入量增长 2.1 倍,焦碳调入量增长 16.9%,汽油调入量增长 21.3%,煤油调入量增长 25.7%,柴油调入量增长 18.3%,电力调入量增长 15.1%。

(三)对生态环境的影响

总体来看,生态环境破坏比较严重,人类生存在逐步受到威胁。从空气质量看,2005 年,四川 18 个地级市中可吸入颗粒物在 0.1 毫克/立方米以下的仅有德阳、绵阳、雅安和巴中四个城市,其余 15 个城市均在 0.1 毫克/立方米以上;空气中二氧化硫含量在 0.03 毫克/立方米以上的有 13 个城市。此外,有 13 个城市一年中空气质量达到好于二级的天数少于 300 天;超大城市成都和自贡、攀枝花、绵阳、南充四大城市中,也仅绵阳空气质量达到二级的天数超过 300 天,其余全在 300 天以下。总体看,城市越大,空气质量相对越差。

从工业废气排放情况看,2000 年,全省工业废气排放总量 4771 亿标立方米,工业二氧化硫排放量 99.4 万吨,烟尘排放量 97.8 万吨,工业粉尘排放量 56 万吨。2005 年,工业废气排放总量 8139.7 亿标立方米,工业二氧化硫排放量 105.1 万吨,烟尘排放量 57.9 万吨,工业粉尘排放量 35.8 万吨。几年时间,除了烟尘和工业粉尘排放量减少外,工业废气排放大幅上升,排放量依然较大。

从噪声治理情况来看,2000~2005 年,虽然治理噪声施工项目由 11 个增加到 40 个,竣工项目由 11 个增加到 35 个,治理噪声费用投入由 159.8 万元增加到了 930.2 万元。但由各种工业声源、生活噪声源、交通噪声源、施工噪声源等形成的各类噪声对城市居民日常生活和工作造成的污染仍然十分严重。

四、加快城镇化与资源环境协调发展的对策思考

不可否认,改革开放以来,四川城镇化得到了较大发展,但正如上述分析,在资源浪费、环境污染等方面也存在不少亟待解决的问题。我们认为:受人均资源不足,环境容量有限的约束,四川城镇化不能走一些西方发达国家的道路,必须走增强科学规划、倡导资源节约、积极稳步推进的发展模式。尤其是近年四川经济高速发展,更要注意兼顾城镇化进程与资源环境承载能力的关系,在城镇化水平稳步提高的同时,使城镇化的质量也能得到较大的提高。

(一)提高认识,科学规划,有序推进

首先,要客观、全面地认识城镇化问题。加快城镇化建设具有双重性。一方面,推动城镇化进程是缩小东西部差距和城乡差距的一个重要途径,是全面建设小康社会、和谐社会和解决三农问题的根本出路,也是克服城乡二元结构问题,帮助农民增收的重要手段。但同时也应看到,城镇化以消耗大量资源为特征,两者相互制约、互为影响,加速城镇化对对资源提出了很大挑战,城镇化与区域环境要素的不协调现象比较突出,并造成资源浪费和生态环境恶化,使生态经济系统向无序化和非持续性方向发展。城镇化发展,应该遵照胡锦涛总书记提出的:要在坚持走中国特色的城镇化道路,按照循序渐进、节约土地、集约发展、合理布局的原则,努力形成资源节约、环境友好、经济高效、社会和谐的城镇发展新格局。因此,城镇化并不是越快越好,其进程必须与经济发展和资源环境相匹

配，不能作为政绩工程，也不能以牺牲资源和环境为代价。

其次，要着力提高规划的科学性。规划是最大的节约。城镇化发展要立足于四川现有的城市承载能力，做好规划。要针对目前城镇化中出现的一些问题，切实从土地、水、能源、社会公共资源等入手，着力推进城镇发展模式由粗放型向节约型转变，从片面追求数量扩张向追求质量提高转变。按照不同规模的城市发展需求和规划目标，明确城市的优先开发区、重点开发区、限制开发区和禁止开发区，并在实际工作中认真按照规划来设计，防止城市的无序蔓延对资源、能源环境产生重大影响。

第三，推进城镇化既要重时更要重质。整体看，四川城镇化进程不断加快，取得的成绩有目共睹。但如果按照均衡发展每年提高0.8%的标准衡量，四川城镇化进程在进入新世纪后已有过速之嫌，虽然近年来四川经济发展明显加速，但已比专家认为的合理标准高50%。根据《四川省国民经济和社会发展第十一个五年规划纲要》要求，到2010年，四川的城镇化率要达到38%左右，而2006年已经达到了34.3%，如果按照2000年后四川年均城镇化率每年提高1.2个百分点测算，很容易实现这个目标，即使速度稍低一点，也应该没有问题。因此，近中期看，四川城镇化进程应该更加注意按照循序渐进、节约土地、集约发展、合理布局的原则，因地制宜、稳步推进。这样才有利于实现城乡经济向“资源集约型”、“质量效益型”和“环境友好型”转变，进一步提高四川城镇化的质量和效果。

(二)树立有利于资源环境改善的发展理念

按照英国著名的规划学家彼特·霍尔(Peter Hall)对城市化模式的三种归纳：第一类是充满活力、持续增长的城市。其基本特征是采用农村剩余劳动力“正规就业”的方式来转移，工业化与城市化的基本同步。第二类是“非正规超常发展的城市”。其基本特征是人口的空间转移在前，职业转移在后，甚至许多人终身没有正规就业的机会。第三类是“趋于老龄化的成熟城市”。其特点是人口稳定或下降，面临老龄化和家庭裂变的挑战，经济增长缓慢并进入转型阶段，社会阶层分化。中国人多地少，人均耕地仅为美国的1/15，水资源人均拥有量仅为世界人均水平的1/4，能源人均占有量低但消费需求大，加之党和政府正在大力倡导和谐社会的目标建设，诸多国情特点决定了无论中国还是四川，其城镇化道路的选择必须坚持“正规就业”为主的资源节约型发展模式，在城镇化进程中必须树立有利于资源节约和环境保护的发展理念。

第一，城镇分布必须顺应资源约束。与城镇化过程相伴随的是不可流动资源或半流动性资源的大量需求。因此，无论全国、全省的城镇化整体进程还是单个城镇的发展，都应当力求遵循当地这两类资源的约束。

第二，坚持“紧凑型”的城镇发展方向。美国等发达国家城市郊区化导致的经济成本、环境成本和社会成本的大幅度提高是我们作为人多地少国家和省市必须吸取的教训。因此，我们的城镇化必须在城镇体系规划和城市规划的调控下做到较密集的城市开发布局，城市必须要成为紧凑的城市，与开放的生态空间相结合，坚持每平方公里一万人的城市人口用地标准，否则，如果缺乏强有力的城镇体系规划和城市规划调控手段，所带来的环境成本、经济成本、社会成本将会给我们带来灭顶之灾。

第三，坚持走可持续发展的道路。可供选择的主要思路包括：优化大城市与超大城市的空间结构，努力避免“摊大饼”代来的资源和能源浪费；以推进新型工业化为主导方向来推动城镇化，避免走“资源—产品—污染排放”，或“先污染、后治理”的老路。要在全社会推广节能新理念，在城市发展中，将生态型城市的理念包容进去，走循环经济道路；实行最严格的城市规划与最严格的耕地保护；优先发展公共交通；合理布局各类开发项目，减少环境污染等。

(三)建立资源环境的评判和预警机制

资源具有明显的稀缺性特点，而环境决定生存质量和空间优劣。因此，在实施城镇化进程中加强对资源和环境的保护，是一件利国利民，有利于子孙后代的大事。由于城镇人口人均能耗大约是农村人口的三倍左右，决定了城镇化本身具有非常明显的刚性特点，同时也决定了在城镇化进程中一旦出现问题，其后果就很难得到纠正。目前一些地方城市基础设施一方面不断重复建设，一方面需求严重不足，结构性矛盾突出，对资源环境造成了很大的影响和破坏，其根本重要原因也就在于监督及惩罚机制的建立和完善不够。因此，未雨绸缪，建立由相关政府部门，比如由发改委、规划、环保及统计调查等部门参与的城镇化进程与资源环境评估监测机构，制定符合四川实际的切实可行的城镇化发展思路和对策，对四川城镇化进程进行总体控制和结构调整，对城镇资源和环境进行科学的测算、评价，对城镇化进程中威胁资源和环境的城市和项目进行及时预警，对造成资源浪费和严重污染的违纪违法单位和事件进行相应的惩罚等，对于切实保护资源和环境无疑具有重要的作用。同时，城镇化进程与资源环境监测机构的成立，还可以在资源环境得到保障的前提下，根据经济发展速度对四川城镇化进程进行合理有效的政策调控，防止出现类似非洲、拉丁美洲出现的城市病，促进四川城镇化健康有序发展。

作者：滕采模　冯久先　罗学文　明波　肖成刚　刘红缨

参考文献：

1. 胡碧玉等：《加快四川城市化进程促进城乡统筹发展》
2. 叶嘉安等：《中国城市化的第四波》
3. 梁书民：《城镇化背景下的耕地资源》
4. 仇保兴：《我国城镇化八大挑战 城市病基于调控机制不完全》

缩小城乡差距，促进城乡和谐发展

——对山东城乡发展差距的初步认识

城乡和谐发展是全面建设小康社会的基本要求和重要任务。山东经过20多年的改革与发展，城乡面貌明显改善，居民生活质量普遍提高。但城乡差距、影响城乡协调发展的因素依然存在，仍没有从体制上、机制上根本解决，促进城乡协调发展的任务十分艰巨。为进一步推进山东城乡和谐发展，我们依据十七大提出的基本要求，结合山东实际，对山东城乡发展成就、不和谐因素及其成因和城乡和谐发展的政策取向，进行了分析与研究，供各级领导决策参考。

一、山东城乡发展的主要成就

山东各地按照省委、省政府的要求，解放思想，与时俱进，求真务实，全面落实科学发展观，注重经济社会协调发展，注重调整经济结构，加快转变经济增长方式，注重统筹城乡区域协调发展，实施"一个龙头、三个突破、东西联动、城乡统筹、促强扶弱、协调发展"的区域发展战略，发展壮大县域经济，认真落实"双30"的战略举措，加快形成优势互补、协调联动、相互促进、竞相发展的县域经济发展新格局。加快推进城市化进程，加快建设社会主义新农村，科学履行政府社会管理、公共服务职能，不断健全和完善社会保障体系，不断提高人民的物质文化生活水平，创造了有利于创业发展和安居乐业的良好环境。

（一）综合经济实力明显增强。全省经济呈现又好又快的良好发展态势，2006年生产总值21846.7亿元，比2005年增长14.7%，人均生产总值达到23546元。政府财力持续扩大，地方财政收入达到1355.3亿元，增长26.3%。

（二）城乡面貌明显改善。城市规模、现代化水平和辐射带动能力不断提高，区域发展呈现相互联动的良好局面。2006年城镇化水平为46.1%，农村电网改造工程全面完成，基本实现了城乡同网同价。农村公路改造完成9.7万公里，村村通电、通车、通电话基本实现，自来水普及率达到71.5%。

（三）社会事业较快发展。普及九年制义务教育不断巩固，高等教育逐步发展，教育质量逐步提高，普通高校在校生达到133.8万人。公共卫生两个体系建设任务基本完成，建成社区卫生服务机构1028个，省级财政累计投资1.9亿元，对360所乡镇中心卫生院进行改造，新型农村合作医疗省级试点县达到88个，累计投资30.9亿元新建和改造农村中小学校舍。城乡社保和社会救助体系逐步建立健全，农村五保老人供养率达到61%。

（四）城乡居民生活水平和质量明显提高。2006年，城镇居民人均可支配收入达到12192元，农民人均纯收入4368元，分别增长13.5%和11.1%。城乡居民人均住房面积分别达到22.56平方米和30.69平方米。连续三年新增城镇就业100万人，转移农村劳动力120万人以上。社会保障覆盖面逐步扩大，4067.7万农民参加新型农村合作医疗，失地农民基本生活保障制度初步建立。

（五）环境建设取得新成效。环境保护得到大力加强，循环经济有效推进。全省万元生产总值能耗、二氧化硫排放量明显降低，17市城市空气质量良好率达94.2%，城乡居民生活环境进一步改善。

二、城乡发展不协调的主要表现

（一）受传统经济分工束缚，产业结构调整缓慢。受传统经济分工束缚，大多数农村仍采取封闭式的农业发展模式，二、三产业所占比重极低，产业结构调整缓慢，从城市经济社会基本情况调查资料看，城市辖区第三产业增加值占全市生产总值54.2%，人均生产总值是全市的2.4倍，远远高于农村。

(二)城乡社会建设差距大，农村科技推广体系不健全。按乡村人口计算，每400多人仅有一名农业技术人员；城乡教育资源失衡，农村师资力量、校舍条件、办学经费等远不及城市；农村文化娱乐设施、农村医疗卫生条件、农村基础设施相对落后，部分公路路段达不到标准。

(三)城乡财政投入差距大，财政金融支农比重较低。由于重视实行城市工业优先发展战略，"重工轻农"，"重城市轻农村"，人为制造"剪刀差"(包括工农产品价格的"剪刀差"和征用农民土地价格"剪刀差")，使农民艰苦创造的巨额财富源源不断地流向城市、市民，农村经济发展明显落后于工业，农民生活与城市有极大的差距。而财政投入倾向于城市经济发展。2006年全省财政一般预算支出用于农业的支出为77.53亿元，仅占4.2%。城市辖区占地方财政一般预算支出的52%，全省市辖区与31个县级市市区之和占全部的67.9%。随着农民生活水平的不断提高，农村对公共服务的需求也明显增加，然而，占比重较低的城镇人口，一直占较多的社会固定资产投资。31个县级市的调查资料显示，26%的市区人口占52.1%固定资产投资。

(四)城乡居民收入差距不断拉大。城镇居民人均可支配收入和农民人均纯收入的差距呈逐渐扩大趋势(见下表)。

城镇居民人均可支配收入与农民人均纯收入比较

年份	城镇居民人均可支配收入(元)	增长速度(%)	农民人均纯收入(元)	增长速度(%)	二者收入之比
2000	6489.97	—	2659.2	—	2.44:1
2001	7101.08	9.4	2804.51	5.5	2.53:1
2002	7614.5	7.2	2953.97	5.3	2.58:1
2003	8399.91	10.3	3150.49	6.7	2.67:1
2004	9437.8	12.4	3507.43	11.3	2.69:1
2005	10744.79	13.8	3930.55	12.1	2.73:1
2006	12192.24	13.5	4368.33	11.1	2.79:1

尽管采取多种措施增加农民收入，自2004年以来农民收入增长明显加快，但仍然低于城镇居民收入的增长速度，所以城乡居民收入的相对差距和绝对差距仍在扩大。

综上所述，城乡发展乃至"三农"问题等都体现在农村的发展中，既有主观原因，也有客观原因。鉴于农村、农民、农业曾经乃至现在都在为整个国家默默地贡献着，因此统筹城乡协调发展是十分及时和必要的。只有实现农村加快发展，才能做到城乡和谐发展，才谈得上全社会的和谐。

三、影响城乡和谐发展的主要因素

城乡差距拉大、城乡发展失调既有历史因素，如中国传统农业社会历史悠久；也有客观现实因素，如农村人口过多、农村人地比例失调等等。但这都是表层因素，并不是直接因素或充分条件。其根本原因在于长久以来的城乡二元体制，它人为地限制农民人身自由、妨碍对农民的人力资本投资、阻碍农民劳动力流动和转移、过度提取农业剩余，是造成城乡发展失调的体制障碍。

(一)客观原因。我国是农业大国，最初积累资金的方式只能依赖农业，在一穷二白的基础上、在自力更生的条件下开始推进工业化的，农业和农民为国家的工业化作出了巨大贡献。但与此同时，城乡的二元经济结构也在进一步强化。特别是近年来，相对于快速发展的城市而言，农村经济社会发展滞后的矛盾日益突出。我国农村人口占大多数，随着基础设施建设和发展，人均占有耕地越来越少，人地关系日益紧张，意味着农业内部就业容量日益缩小，从中央到地方积极采取措施转移农村劳动力，但是在现行体制下，很难大幅度减少农民，仅靠现在的农业发展和农民自身条件，大幅提高农民收入的难度越来越大。城乡之间发展的不协调不仅制约着农村生产力的发展和农民生活质量的提高，而且也制约了国内市场的扩大。农村发展的滞后和农民收入增长的缓慢已成为影响经济持续快速增长的一大瓶颈。

(二)体制原因。所谓体制原因是指在城乡二元结构的基础上，主要表现为国家在户籍制度、社会保障制度、就业制度、公共服务制度以及教育制度等方面所实行的城乡分离的政策。

1. 现行户籍制度阻碍城乡经济社会和谐发展。现行的户籍制度不但造成城乡断裂，而且使城市本身的发展失去支撑和依托。

2. 城乡分离的社会保障制度。与城镇社会保障制度相比，农村社会保障制度的建设还非常薄弱。国家每年要为城市居民提供各类社会保障，如养老、医疗、救济、补助等，而农村公共卫生和预防保健等工作薄弱，广大农民缺乏基本医疗养老保障。目前，农民看不起病、因病致残、因病返贫的问题在贫困地区依然存在。

3. 现行的就业制度造成城乡劳动者就业权利不平等。农民工已经成为产业工人的重要组成部分，但进城农民与城市居民身份地位、就业、社会保障、享受公共服务等权利是不平等的，对进城农民一些不公平的、甚至是歧视性的政策并没有发生实质性的变化。对流动人口的管理制度存在缺陷，在外来人口比较集中的地区，城市发展和各种公共服务规划并没有考虑这部分人的存在和需要。

4. 现行的公共教育制度造成城乡中小学享受不平等的待遇。城市中小学教育全部由国家投资，农村中小学教育经费则以乡镇统筹的方式由农民自己解决。农村义务教育投入体制不合理，中央和省级用于基础教育投入较少，基础教育投入基本上由基层政府承担，特别是农村基础教育投入主要由县乡政府承担。这种分级办学体制加重了基层政府和农民负担，造成了农村与城市之间义务教育机会不平等的延续。即使现在农村义务教育投入中政府投入已占了大头，这种投入还是低水平的。实行"以县为主"的农村义务教育管理体制，对保障教师工资的发放有明显的效果，未能从根本上解决义务教育体制的城乡分割问题。

5. 财政支农资金总量不足，农民直接收益的资金比重较低。财政对农业的支持与农业的重要地位和发展要求相比仍是低水平的，财政支农资金还缺乏一个稳定的增长机制。一是财政支农资金总量不足。一般财政对农业支持总量占当年农业总产值的10%左右，同口径相比，发达国家的支持水平约为30%～50%。二是财政支农资金投入结构不合理。农业财政支出中用于人员供养及行政开支大体维持在60－70%，直接用于农业基础设施比重较小。在农业投入中，直接用于生产的资金较少。

四、城乡和谐发展的目标

以邓小平理论、"三个代表"重要思想为指导，以建立和谐社会和全面建设小康社会为目标，全面落实科学发展观，统筹城乡基础设施建设，统筹城乡资源要素配置，完善公共财政分配体制，统筹城乡社会保障体系建设和社会事业发展，逐步消除城乡二元体制，缩小城乡差距，促进城乡繁荣，实现城乡一体化。

（一）建立城乡统一的户籍制度。统一城乡户籍登记制度，有利于消除城乡居民在待遇方面不合理的身份限制，城乡居民享有同等的社会保障和教育、医疗等公共服务，消除农民就业体制障碍，逐步建立城乡统一、省内自由居住的人口登记制度。

（二）城乡资源优化配置。随着城市功能的进一步完善和社会主义新农村建设的逐步实施，做好农村村庄和农民居住规划，形成比较合理的区域布局，人口居住相对集聚、资源集约利用。力争城镇每年新增就业120万人，转移农村劳动力，只有每年确保120万人以上，才有可能到2010年城市化率实现50%的目标。

（三）城乡社会事业协调发展。加快发展农村社会事业，促进城乡协调发展。把发展农村教育事业作为教育均衡化的重点来抓，统筹安排城乡教育规划、教育资源和教育投资。在全省实现基本普及九年义务教育和基本扫除青壮年文盲目标的基础上，提出高标准的"普九"和普及15年教育的目标。加大教学设备和配套设施的投入力度，全面改善办学条件，全面推进素质教育，进一步提高办学质量，农村劳动力平均受教育年限达到10年；医疗卫生方面，加强农村公共卫生工作、推进农村卫生服务体系建设、建立和完善新型农村合作医疗制度与医疗救助制度，切实改善农村的卫生医疗状况。加快推进城市医疗体制改革，建立完善的城乡社区卫生服务网络和疾病预防体系，每千人医生数和床位数分别达到2人、2.5张；加大政府对文化事业的投入，加强基层文化基础设施建设，城乡居民精神文化生活得到进一步改善。

（四）城乡社会保障体系更加健全。在推进城市社会保障体系建设的同时，建立保障对象全覆盖、保障形式多层次和保障资金多渠道的失地农民保障制度，扩大城乡社会保障覆盖面，提升统筹层次，养老、医疗、失业等基本社会保险覆盖各类企业与职工，农村社会保障体系基本健全，建立农村养老保险制度，农民参保率达到70%以上，新型农村合作医疗保险参保率达到100%，建立健全农村最低生活保障制度，加大城乡社会福利和社会救济力度，拓宽社会保障资金融资渠道，基本形成项目全、式样多、覆盖广、衔接好的城乡社会保障体系。

（五）城乡基础设施更加完善。逐步建成国内先进、功能完备的基础设施，覆盖城乡的“路网”、“电网”、“管网”、“信息网”。饮用自来水的村庄达到85%以上，有线数字电视用户率达到40%以上，宽带网络基本覆盖城乡；农村生活环境明显改善，全省80%的乡村基本达到文明乡村的标准。

（六）城乡居民生活明显改善。建立公平的收入分配机制，城乡实现比较充分就业，教育、医疗、社会保险、公共服务实现城乡基本均等化，城乡居民生活条件基本同质化。农民收入稳步增长，逐步缩小城乡居民收入差距，农村居民预期寿命达到75岁，文教娱乐消费支出比重超过15%，恩格尔系数在0.35以下，基尼系数在0.33左右。

五、促进城乡和谐发展的政策取向

农村社会和城市社会之间是相互联系、相互依赖、相互补充、相互促进的。农村发展离不开城市的带动和辐射，城市的发展也离不开农村的促进和支持。要实现城乡和谐发展，不仅要依靠当前中央对农村的政策支持，如粮食直补、取消农业税、加大对农村的固定资产投资等。还必须从全局的角度综合考虑，敢于破除城乡二元体制，从根本上理顺城乡社会关系。

（一）加快调整国民收入分配机制。新中国成立后，为了加快工业化进程，对农产品实行统购统销，通过工农业产品的“剪刀差”实行以农补工，使资源配置向城市倾斜，工农差距、城乡差距不断扩大。要实现城乡经济社会和谐发展，必须尽快改变国民收入分配办法，调整国民收入分配机制。

（二）加快体制改革，建立有利于城乡共同发展的新机制。统筹城乡经济社会发展涉及到社会经济生活的各个方面，必须坚持深化体制改革，消除发展中的各种障碍，形成城乡要素自由流动，城乡居民地位平等的城乡一体化发展机制。

1.建立城乡一体、竞争有序的劳动力市场，实行城乡劳动力的平等的就业政策。《中华人民共和国宪法》规定：“中华人民共和国的公民在法律面前人人平等。”社会中的每个成员都是平等的。目前，必须取消农民工进城就业的各种准入限制，一视同仁、平等竞争；简化农民外出就业手续；清理整顿对外出或外来务工人员的乱收费，对外来人口的管理费用纳入财政预算中；建立并完善进城务工农民子女的义务教育和经费筹措保障机制，保障农民工子女享受义务教育的权利；把农民进城务工纳入《劳动法》实施范围，保障劳动者合法权益；将农民工的培训纳入各级公共财政的支持范围，让农民充分享受自由进城和自由迁移的权利，妥善解决城市农民工的社会保障问题。

2.建立城乡统一的教育体制和政策。统筹城乡教育发展，必须全面落实科学发展观，将农村教育工作作为整个农村工作的重中之重。优先发展农村教育，消除与城乡经济二元结构相伴随的城乡教育差距；完善农村义务教育发展保障机制，加大农村教育投入；加强对农村教育的支持力度，打造城乡教育发展共同体。加强对农村劳动力的职业技能培训，提高农民就业能力。

3.建立统一的社会保障机制。城乡和谐发展，必须提高农村居民社会保障水平，尽快建立社会救助、社会保险、社会福利、社会优抚等内容的社会保障制度。加快推进城乡职工基本社会保险，让进城务工农民享受基本养老保险、基本医疗保险和基本失业保险，加快推进和完善农村新型合作医疗制度和社区卫生服务体系。只有建立起城乡统一的社会保障制度，才能解决农民的后顾之忧，城乡统筹发展才有基本的制度基础。

4.加大对农村的财政支持力度。深化农村财政体制改革，扩大公共财政在农村支出的覆盖面，在财政资金分配。政策和措施上向农业和农村倾斜，增加对农村公共产品的供给和农村公共服务，深化土地征用制度改革。

(三)加快农村富余劳动力转移。只有减少农民，才能富裕农民。世界各国经济发展的一个最基本特征是：随着经济的发展，农业在GDP中比重越来越低。只有农村人口也同步降低，整个国民经济的发展才能进入良性的循环状态。

农村劳动力转移关键作用在于潜移默化地改变着农村劳动力的观念和意识，改变着农村的生活方式及思想，改变着农村的生产技术和管理，从而促进农村经济社会的发展。同时，农村劳动力转移是农民增收的重要途径，据调查，2002～2006年，工资性收入占农民人均纯收入的比重由35.8%上升到38.3%，提高了2.5个百分点。2006年工资性收入对农民收入增长的贡献率达53.4%，是农民增收的主要推动力。由此看出，农村劳动力转移能够取得多重效果。各级政府要高度重视，从制度和体制上入手，采取多种措施，加快农村劳动力转移，为推进社会主义新农村建设、城乡和谐发展和全面建设农村小康社会发挥重要作用。

作者：山东调查总队　谭杰　仝义贵　马明霞　刘永奇　郭琦

城乡建设一体化：缩小城乡居民生活差距的根本途径

城乡居民生活差距是社会经济发展中的突出矛盾，缩小城乡差距是构建和谐社会的基础。近年来，随着各项“增资提补”和“惠农”政策的快速落实，陕西城乡居民收入同步增长，生活消费水平稳步提高。但是由于城乡二元经济结构还没有根本改变，城乡居民收入和消费差距仍然有继续扩大趋势。为进一步探讨缩小城乡居民生活差距途径，国家统计局陕西调查总队对近年来城乡居民收入发展情况进行了深入调查研究。研究表明：陕西城乡发展关系日益密切，城市经济的快速发展较好的带动了农村经济的提升，科学统筹城乡发展，加快二元经济结构向城乡一体化转变，是缩小城乡居民生活差距的必由之路。

一、陕西城乡居民生活差距现状

（一）收入差距加速扩大是城乡居民生活差距拉大的主要根源

城乡居民生活差距表现在诸多方面，但归根结底是由收入差距造成。改革开放以来，陕西城乡居民收入差距经历了迅速缩小——逐渐扩大——逐渐缩小——加速扩大的发展过程。进入21世纪后，全省城镇居民人均可支配收入以年均10.4%的速度增长，至2006年达到9268元，较改革开放的1978年增长了近30倍；全省农村居民纯收入也以年均7.4%的速度增长，2001年首次突破1500元大关，至2006年达到人均2260元，较1978年增长了16倍。

2000～2006年，城乡居民收入差距由3.49比1扩大到4.1比1，收入绝对数相差7008元，达到历史最高点。城乡收入差距平均每年增大559元，城乡收入比已经远远超出合理范围（国内外公认合理城乡居民收入差距应为1.5∶1至2∶1之间）。（见表1）

2006年，陕西城乡居民收入差距在全国31个省市排序中高居第四，仅低于贵州、云南和甘肃，而城镇居民收入和农村居民收入的排位分别是24和28位。与2005年相比，陕西城镇居民可支配收入在全国排序位次上升一位，农村居民纯收入位次未变，城乡收入差距位次也上升一位。由此可见，陕西农村居民收入增长滞后是城乡生活差距拉大的主要原因。

表1　陕西城乡居民收入对比表

年　份	城镇居民家庭人均可支配收入（元）	农村居民家庭人均纯收入（元）	城乡收入绝对差（元）	城乡收入比率（农村居民=1）	城乡收入比增长差距
2000	5124	1470	3654	3.49	
2001	5484	1520	3964	3.61	0.12
2002	6331	1596	4735	3.97	0.36
2003	6806	1676	5130	4.06	0.09
2004	7492	1867	5625	4.01	−0.05
2005	8272	2052	6220	4.03	0.02
2006	9268	2260	7008	4.10	0.07

(二)消费差距是城乡居民生活差距的具体体现

相对于收入差距的拉大,陕西城乡居民的消费水平却是呈现逐步缩小趋势,这既是缘于社会产品的日益丰富和农村居民消费观念的转变,更是缘于建设社会主义新农村为提高农民生活水平带来的实惠。2000~2006 年,陕西城镇居民生活消费支出占可支配收入的比重呈现逐步下降趋势,至 2006 年为 81.5%;而农村居民生活消费支出占纯收入的比重却呈现循环上升趋势,至 2006 年达到 96.5%。但是,城乡居民消费水平依然存在 3.46:1 的倍数上的差距(参看表 2),农村居民的消费水平仅是城镇居民的 28.9%,相当于 1994 年城镇居民消费水平。

表 2 陕西城乡居民消费支出对比表

年份	城镇居民家庭人均消费支出(元)	农村居民家庭人均消费支出(元)	城乡消费绝对差(元)	城乡消费支出比率(农村居民=1)
2000	4277	1251	3026	3.42
2001	4638	1331	3307	3.48
2002	5378	1491	3887	3.61
2003	5667	1455	4212	3.89
2004	6233	1618	4615	3.85
2005	6656	1896	4760	3.51
2006	7553	2181	5372	3.46

同时农村居民与城镇居民消费在构成上也存在较大不同,具体表现在三个方面(参看表 3):一是城镇居民恩格尔系数低于农村居民 4.7 个百分点,表明城镇居民生活水平显著优于农村居民。资料显示,2006 年陕西城镇居民粮食、油脂、肉类、禽蛋、鱼虾、瓜果蔬菜等主要食品消费实物量均低于 2005 年而高于 2004 年,城镇居民的食品消费在 2005 年已经达到全面满足,而农村居民的油脂、蔬菜、蛋奶等主要食品消费实物量仍在继续增长;二是在消费上城镇居民更加注重品质上的要求,吃讲营养,穿讲美观,用讲品牌,全面提升,而农村居民则是首先改善基本居住条件和生存环境,有钱先盖房仍然是农民传统生活模式。2006 年末,陕西农村居民人均住房面积继续增长,住房价值较上年同期增长 6.9%;三是旅游休闲度假成为城镇居民提升生活水平的重要内容,而农村居民出行则是为了寻求和创造更多的收入来源,这是城乡居民在出行消费方面本质上的差异。

表 3 2006 年陕西居民消费构成变化表

	城镇居民人均消费支出构成(%)		农村居民人均消费支出构成(%)	
	2005 年	2006 年	2005 年	2006 年
合　计	100.00	100.00	100.00	100.00
食品	36.08	34.28	42.87	38.97
衣着	10.11	10.17	6.56	6.33
家庭设备用品及服务	5.59	6.34	4.41	4.35
医疗保健	9.09	8.10	8.74	8.99
交通和通讯	9.47	10.92	8.60	9.95
教育文化娱乐服务	16.25	16.95	15.68	13.57
居住	9.82	9.89	11.16	15.64
杂项商品和服务	3.59	3.36	1.98	2.20

(三)医疗卫生、义务教育和社会保障等基本建设差距进一步拉大城乡居民生活差距

长期以来城乡二元经济结构的发展使城市建设越来越好,农村发展进展缓慢,全省财政支出中每年用于农业的支出仅为 3.5%左右。在农村,近半数的村庄没有合格饮用水,山塬地带仍然有较多的自然村不通公路;卫生资源严重短缺,医疗设备不尽人意,占全省人口 62.8%的乡村人口只能享受 20%的卫生资源,每万人仅拥有 12.5 个乡村医生;教育的师资力量和教学设备与城市比质量低且配备差,专业教师结构

性缺编矛盾突出，教师学历达标率仅为80%；农村社会保障也仅是涉及“五保户”，因病致贫和因病返贫现象时有发生。而在城市，公路建设四通八达，城市建设占用了大量的人力、物力和财力；医疗卫生和教育设施与国际接轨日益密切，高精尖设备80%以上集中在城市，高学历人才也都主要集中在交通便利、经济相对发达、条件优越的城市和城镇；城市的社会保障也基本实现应保尽保。如果将城市居民所享受的社会公共品进行量化，那么城乡居民生活水平差距将达到五至六倍。

二、城乡居民生活差距拉大原因

1. 城乡二元经济结构是城乡收入差距存在的历史原因。首先，城乡分割的管理体制和优先发展城市的经济政策，使农村始终成为城市经济发展的无私的供给者，“重城轻乡、重工轻农”的各种倾向，造成资金、土地等生产要素从农业流向工业，从农村流向城市，城乡“剪刀差”极大地促进了城市工业的发展，拉大了城乡居民收入差距；第二，城乡劳动生产率差异导致城乡收入差距。“城乡分治”使城乡经济发展逐步形成两个经济单元和两种发展水平，农村居民主要从事第一产业，城镇居民主要从事二、三产业，以手工、半手工等体力劳动为主的农村劳动生产率显著低于以现代工业为主的城市劳动生产率，加上农村劳动力的低素质积累效应，也导致城市劳动力价值远高于农村劳动力价值。陕西省人均耕地仅有1.6亩，耕地少且水利条件差，机械化程度不高，农产品科技含量少且价格低，增产多增收少的现象一直存在；第三，城乡劳动力就业待遇差异也是影响城乡收入差距的重要因素。城市劳动力就业受国家保护政策影响相对稳定，有固定的工资和补贴，退休后还有社会统筹的离退休金保障生活；而农村劳动力就业则处于松散和放任状态，多数进城务工经商的农民“移而不迁”，基本上是在“非正式劳动力市场”中寻求“城市剩余工作”，多从事劳动强度大、工资效益低的体力劳动，退休离岗后就不再有收入来源。

2. 国家基础建设投资和社会消费品及服务项目供应倾斜，是城乡生活差距拉大的现实因素。例如在收入方面，同样是国家财政补贴政策，2006年陕西城镇居民家庭离退休养老金同比增长7.9%，人均达1869元，而同年农民得到的政策性补贴（包括退耕还林、粮食直补、种植综合补贴、农村新型合作医疗报销医疗费、无偿扶贫款等）人均仅为60元。在消费方面，城市人享有的文化教育、劳动保护、就业帮助、交通通讯、医疗卫生、福利补贴、养老保险、社会保障以及国家提供的公共服务等，对绝大部分农民来说可望不可及。在国家投资方面，城市优先发展战略使大量的财政资金集中投资于城市，用于经营性投资和城市基础设施、教育、卫生等建设，城市先进设备设施日新月异，而农村山、塬区随处可见的是破损的木制电线杆支撑着农村居民的生产生活用电。在金融政策支持方面，“嫌贫爱富”的金融政策给低收入群体和高收入群体带来的机会不平等，农民贷款无门，极大地限制了农民的发展机会和增收空间，最终导致“富的更富，穷的更穷”。

3. 工资性收入能力是当前导致城乡收入差距的主要因素。陕西城镇居民家庭可支配收入主要来源于工薪收入、经营净收入、财产性收入和转移性收入。农村居民家庭纯收入主要来源于工资性收入、家庭经营收入、财产性收入和转移性收入。收入来源虽基本相同，但结构却大相径庭（参看表四）。城镇居民家庭以工薪收入为主，工薪收入占到可支配收入的四分之三，是居民家庭生活的主要来源；农村居民家庭则以经营纯收入和工资性收入两项为主，其中经营纯收入占53.9%，工资性收入占37.5%。2000～2006年间，城镇居民家庭工薪收入年均增长12.7%，农村居民家庭工资性收入年均增长11%，增长速度虽然接近，但由于农村居民家庭获得工资性收入的能力及份额较少，故而城乡居民收入差距难以拉近且成扩大趋势。而作为农村居民家庭纯收入主要来源的经营纯收入，年均增长速度不到5%，导致农民增收滞后形成必然。

表4　2006年陕西居民收入构成表

	农村居民人均纯收入		城镇居民人均可支配收入	
	收入额(元)	构成(%)	收入额(元)	构成(%)
合　　计	2260	100.00	9268	100.00
工薪收入或工资性收入	848	37.52	6958	75.08
经营净(纯)收入	1219	53.94	309	3.33
财产性收入	53	2.34	176	1.90
转移性收入	140	6.19	1825	19.69

三、城乡建设一体化是缩小城乡居民生活差距根本途径

城乡居民生活差距扩大是工业化建设进程中不可避免的现象。西方经济学专家库茨涅兹的倒U曲线理论所揭示的收入分配与经济增长相关关系的规律表明，一个国家在工业化发展进程中，城乡收入差距首先会呈现一个扩大的趋势。近年来，陕西经济快速增长，生产总值增长速度高于全国平均水平，但是二元经济特征也非常明显，在一定时期出现收入差距的扩大是难以避免的。然而，二元经济结构和城乡居民生活差距长期存在，必将伤害作为弱势群体而存在于社会边缘的农民的经济利益和生产积极性，导致农村经济对城市经济的发展支持日益削弱，既不利于构建和谐社会，更不利于社会经济可持续发展。

1.城乡二元结构向城乡一体化发展是缩小城乡差距的根本出路。城乡二元结构的存在，必然使得社会经济结构转换严重滞后于社会经济总量的增长，造成工业和农业、城市与农村、农民与市民之间的结构性矛盾。从现阶段经济发展需求看，陕西城乡经济发展关系日益密切，城市经济的发展需要向乡村拓展，需要农村土地、水资源和劳动力的支持，而农村经济的发展也急需工业现代化的支持，农村和农民更是需要消除不公平社会待遇，分享工业化和城市化成果。陕西人均GDP已达到11762元，超过人均1000美元，根据国际经验，陕西经济已进入以工补农、以城带乡的发展时期，工业已有能力反哺农业。因此，为保障国民经济可持续发展，必须快速发展农村经济，加快缩小城乡差距，从而缩小城乡居民生活差距。首先，科学统筹发展，突破影响城乡一体化建设的体制障碍，将城乡发展纳入统一规划，明确定位城市建设和农村建设的相互补充作用，整体推进城乡产业结构战略性调整、城乡就业结构战略性调整、城乡规划建设与生态环境建设、城乡社会保障与公共服务体系建设、城乡配套改革以及城市加快发展和农村跨跃式发展的总体部署。第二，从调整农村产业结构入手，以工促农，以城带乡，加大工业生产对农村经济发展的支持力度，对与农村经济发展相关的生产和企业实行优惠政策。第三，健全公共财政制度，加大财政扶农支农力度，加大农村基础设施建设投入力度，使农业生产和农村经济发展具备与城市经济发展相协调的硬环境。第四，加快农村的城市化建设和农民的非农化、现代化转变，建立生产要素自由流转机制，积极实现土地向规模经营集中，乡镇工业向园区集中，农民居住向城镇集中。通过农村人口有序流入城市和城市建设向农村拓展，彻底消除二元经济结构，使社会发展趋于协调，使城乡差距逐步缩小。第五，大力发展农村二、三产业，让农民在家门口就可以利用闲暇时间务工，既不误农时，解决农民的后顾之忧，又可以消除因农民从业的不稳定造成企业经济效益的损失。

2.提高农民收入是解决城乡差距的简捷途径。2006年陕西农村居民人均纯收入为2260.2元，扣除物价上涨因素，仅相当于城镇居民1993年水平，农村居民生活水平落后于城镇居民13年以上。城乡居民生活差距拉大，不是因为城镇居民收入过高，而是因为农民收入太低。农村经济的滞后发展是城乡居民生活水平差距拉大的根本原因。近年来，陕西在全面取消农

业税、对农村落实教育“两免一补”政策、对农民发放各种政策性补贴的同时，不断加大财政支农力度，财政支农比重不断上升。农村基本建设步伐也不断加快，教育、卫生医疗、社会保障制度逐步建立，农村剩余劳动力走向城市就业已不再受户籍束缚。但是，农村和农业经济不发展，农民收入不提高，城乡居民生活差距缩小只能是一纸空谈。陕西是传统农业大省，农业收入是农民纯收入的重要来源，长期以来“以农为主”的经营性收入始终是农民扎根土地赖以生存的根本收入。虽然近年来农民经营性收入占纯收入的比重呈下降趋势，已由 2000 年的 62.4%下降到 2006 年的 53.9%，但是在农民家庭的收入来源中仍占有半壁江山，因此提高农民收入必须从发展农业入手，加快农业产业化、现代化转变进程，以农业生产和农产品加工延长农业产业链，提高农产品科技附加值，使农产品价格的提升不再是承继农业生产资料的价格上涨，而是农产品市场价值的真实体现，使农民能够依托农产品在二、三产业中获得利润，增加效益，促进增收。除去经营性收入，农民外出务工收入（即工资性收入）是近年来农民增收的亮点。2006 年陕西农民纯收入较上年增长 208 元，其中务工收入增长 91 元，对农民纯收入增长的贡献率达到 43.8%，务工收入的增长对家庭收入增长的贡献率较上年提升 8.2 个百分点。随着城市化建设进程日益加快，农民务工收入越来越成为农民增收的关键性因素。然而，农民工就业不稳定，缺乏技术，低工资，轻保障，使农民工收入始终处于低水平徘徊。因此，建立必要的农民工用工长效管理机制和劳动保障制度，实现工农平权，使农民工能进城、能留下、能稳定，既是对城市化建设劳动力需求的补充，更是对用工技术的有效保证，也是社会稳定的要求。另外，稳定农产品价格也是保证农民增收的重要条件。2007 年以来，小麦、玉米、棉花、瓜果及畜产品出售价格上涨，使农民增收看到希望，但是价格不稳定，让农民扩大生产规模顾虑重重，对农业生产结构调整造成一定影响。

3. 加速推进社会主义新农村建设，增加农村有效供给，是缩小城乡差距的最有效措施。为农村提供与城市均等的公共产品和公共服务，满足农民日益增长的生产需求和消费水平，对提高农民生产和生活质量至关重要。有研究表明，生产性公共物品供给对农业总产值的贡献有明显的促进作用，产出弹性系数为 0.64，即每增加 1 元的生产性公共物品供给，农业总产值将增加 0.64 元。同时，生产性公共物品的供给所形成的固定资产具有长期性发挥作用的功能，其对农业生产的贡献不仅有短期边际收入效应，更具有长期边际收入效应。长期以来，陕西农村公共产品供给主要偏重于投资一些短期公共项目，对农民急需的生产性公共产品提供不足，对涉及农村可持续发展的公共项目供给严重短缺，对农业科技推广、农业发展的综合规划和信息系统投入欠缺，造成农村公共产品供需失调，致使农村经济发展和农业生产始终维持一种简单而传统的低效率生产模式。另外，从农民生产生活发展趋势来看，农村居民消费欲望将继续持续一个向上不断攀升的趋势。2006 年，陕西城镇居民平均消费倾向（城镇居民家庭消费性支出与可支配收入比率）为 81.5%，比上年提高 1 个百分点；农村居民平均消费倾向（农村居民家庭消费性支出与纯收入比率）为 96.5%，比上年提高 4.1 个百分点。这些都表明，增加农村有效供给已经到了最为关键的时刻，关系着城乡一体化建设能否抓住经济快速发展的有利时机实现突破，关系着以消费促动农村经济增长良性循环的目标实现。

4. 加快对农民文化素质和专业技能的培训，促其转变观点，提高农村人口质量，使农村人口向城市转移具备相当于城市居民的文化基础和良好素养，是缩小城乡差距的有效手段。文化素质差距是城乡收入差距产生的根本因素之一，农村居民文化素养底子薄，专业技能缺乏，决定了农民在进城务工时只能从事简单、繁重、生产效益低、劳动力价值低的体力劳动，因而使农民在向城市转移时，多数成为生活在城市的贫困人口。另一方面，农民在从事农、畜牧业生产时，由于缺乏一定的自有技术，在遇到虫害、瘟疫等天灾时，只能束手等待救援而不能自救。这些都是城乡教育差距和教育资源不均衡造成的结果。在城乡一体化建设成为必然趋势的今天，农村人口向城市转移日趋加快，农民不只在农业生产中需要农业生产专业技术，更是在城市化建设中需要与城市居民共有的工业、建筑业生产等各方面的专业技能，服务于城市化建设需要。因此，提高农村教育质量，加强对农民自身素养和专业技能的培养，使其享有与城市居民等同的社会服务资源，具备与城市居民等同的生产生活技能，是城乡一体化建设中缩小城乡差距的当务之急，也是提高农民收入的基础条件。

5. 进一步提高城镇居民收入，以城市居民消费带动农村产业结构调整和发展，真正实现优势互补，也是缩小城乡差距不可忽视的因素。城镇居民收入增长的决定因素是经济的发展和经济实力的增强。但是由于社会的收入分配是一个十分复杂的过程，因此政府结合市场机制运用宏观调控成为调整城镇居民收入分配的重要手段，增收新政策是城镇居民家庭中就业人口和离退休人员收入增长的主要因素。2006 年新的增收政策对居民家庭收入增长的 12%，拉动了 9.2 个百分点。其中机关企事业单位“增资提补”拉动 7.4 个百分点，离退休养老金标准提高拉动 1.65 个百分点，最低生活保障标准提高拉动 0.15 个百分点。新增收政策对城镇居民家庭收入增长的贡献率为 76.5%。新的增资政策出台和建立正常的工资增长机制对于城镇居民收入增长有着十分重要的作用。另一方面，城镇居民高低收入户可支配收入差距的缩小，也是要靠政府政策的扶持才有可能快速实现。2006 年，占全省城镇家庭 20%的高收入户人均可支配收入为 17211 元，是占全省城镇家庭 20%的低收入户的 4.41 倍，较上年缩小 8 个百分点，这 8 个百分点的缩小，很大的成分是依靠政府提高低保户最低生活保障金实现的。居民收入要更快的增长，要理顺分配关系，实现社会公平，没有新的增资政策和有关调整收入的政策出台是很难实现的。因此，政府必须制定合理的分配关系和宏观调控手段，在效率优先、兼顾公平的前提下，调节分配结构，规范分配秩序，建立城镇居民收入增长的长效机制，有计划、有目标的保证城镇居民收入稳步提高，以收入增长促进消费提升，以消费升级拉动经济增长。只有提高城市居民生活质量，以城促乡，带动消费，为农产品及服务创立市场，才能使城乡发展互相促进，协调共荣，才能使社会主义社会和谐健康发展。

作者：谭静池　司选辉　陈兴锋

中国城市社会经济热点问题调查报告

2007

五、区域经济发展篇

我国东部地区经济发展的回顾与展望

我国东部地区包括北京、天津、河北、上海、江苏、浙江、福建、山东、广东、海南10个省(市)。北京是我国的首都,源于政治上的优势,经济发展始终处于全国前列;上海是近代中国的金融中心和民族工业的发源地,在东亚和亚洲,甚至在全世界都处于极为重要的地位;江苏、浙江两省是我国历史上著名的"鱼米之乡",是历朝历代的税赋之地,经济地位十分重要。新中国成立后,特别是改革开放后,东部地区各项经济指标占全国的比重不断提高,现已成为我国的技术创新中心、体制创新中心、制造业服务业发展中心和金融信息中心,成为我国国家竞争力的核心地区。因此,从国家战略层面来讲,研究东部、了解东部的发展历程,认识东部、找到东部目前存在的问题,审视东部、为东部的发展提出建设性意见,具有重大理论和现实意义。

一、东部地区经济发展历程回顾

东部地区是我国经济发展水平最高的地区,是我国经济发展的重心,也是不同经济发展模式竞相展现的舞台。自改革开放以来,随着我国区域经济发展战略和对外开放政策重心的不断转移,东部地区立足于本地区经济发展的现实需要和资源要素的比较优势,快速提高自身经济发展能力,产生了远远高于中部、西部、东北等区域的生产效率,成为带动我国经济发展的重要引擎。

(一)1980～1990年,东部地区借助区位优势和原有经济基础,实现了率先发展,打破了我国各地区均衡发展的格局

20世纪70年代,我国实施地区均衡发展的产业政策,基本形成西南、西北、中南、华东、华北、东北六大经济体系。1979年,中共中央、国务院决定在深圳、珠海、汕头和厦门试办特区,1980年,正式定名为"经济特区",实施"特殊政策、灵活措施"。广东、福建两省的对外开放,打破了均衡发展格局,东部地区实现了率先发展,在区域竞争中获得了先发优势。1984年,中共中央、国务院在建立以上"经济特区"的基础上,进一步开放14个沿海港口城市。1985年,又在长江三角洲、珠江三角洲和厦漳泉开辟沿海经济开放区。至此,东部地区由局部开放到全面开放,极大地解放了生产力,确立了我国经济领跑者的地位。

1. 率先开放使东部地区经济快速发展,占全国经济的比重不断提高

1980年,东部地区实现GDP1921.31亿元,占全国的42.53%,人均GDP576元。到1990年,GDP达到8474.01亿元,占全国的45.69%,比1980年提高了3.16个百分点;人均GDP2185元,比1980年增长了2.79倍,是全国平均水平的1.34倍。在固定资产投资方面,1980年,东部地区全社会固定资产投资额为337.84亿元,1990年达到2082.65亿元,年均增长19.8%,占全国的比重由1980年的37.09%增长到45.69%。固定资产投资额的快速增长为东部地区经济发展提供了强劲动力,带动了消费和出口的显著增长。对外开放的一个直接成果是实际利用外资的增加。1983,东部地区实际直接利用外资2.75亿美元,占全国的30.02%,1990年达到27.68亿美元,比1983年增长了9.07倍,占全国的比重增长到79.38%。外资的注入不仅推动了东部地区经济增长,也带来了新的发展理念、先进的制造技术和管理经验,增强了东部地区综合经济实力。

2. "三来一补"加工贸易和市场化的率先改革,广东快速成为东部经济增长主体

大力发展出口加工贸易。70年代,广东抓

住东南亚地区产业结构调整的机遇，利用侨乡优势和低廉劳动力资源优势，大力发展“三来一补”（来料加工、来样加工、来件装配）出口加工业，实现了对外贸易快速发展。1981～1990 年，进出口总额年均增长率高达 32.3%，比全国平均增速高 20.6 个百分点。

率先尝试市场化改革。1978 年，广东抓住了我国对外开放的历史机遇，积极争取得到了中央的重大优惠政策，大胆进行了体制改革。一是以放开塘鱼价格为突破口，进行物价、流通体制改革。二是大力推进计划、基建改革。缩小指令性指标，扩大指导性指标或实行市场调节。三是坚持对外开放，创办经济特区。特区实行多种优惠政策吸引外资，采取合资经营、合作经营、独资经营等多种经营方式，其中合作经营是广东省在全国首先实施的。

广东经济实力迅速增强。经济总量迅速壮大，GDP 由 1980 年的 249.6 亿元增加到 1990 年的 1559 亿元，居全国及东部地区第一位，占东部地区的 18.4%，年均增长率达 13.15%，高于全国平均水平 4.0 个百分点；工业化程度快速提升，1980－1990 年，广东工业增加值保持 15.79%的年均增长率，1987 年高达 31.6%，比当年全国平均增长率高 18.4 个百分点。

3. 乡镇企业的大发展使江苏经济完成了资本积累，并为“苏南模式”奠定了坚实基础

国家对于乡镇企业的肯定及政策上支持成就了江苏经济崛起。1979 年的《政府工作报告》高度肯定了社队企业，提出保护和尊重社队企业的所有权与自主权，为社队企业营造了极为宽松的发展环境。1984 年，中共中央、国务院转发农牧渔业部《关于开创社队企业新局面的报告》，同意将社队企业改名为乡镇企业，并指出，乡镇企业是农业生产的主要支柱，是广大农民群众走向共同富裕的重要途径。由于国家的支持，江苏省乡镇企业不断发展壮大。到 90 年代，江苏全省农村社会总产值中，乡镇企业已是“五分天下有其四”，工业经济总量已是“三分天下有其二”。从 1979 年到 1990 年，江苏乡镇工业总产值由 74 亿增加到 1170 亿；企业个数由 54500 增加到 10 万个；企业人数由 263 万增加到 587 万。

江苏经济在乡镇企业的带动下实现较快增长。GDP 由 1979 年的 298.6 亿元增加到 1990 年的 1416.5 亿元，年均增长 10.94%，高于全国平均增速 1.79 个百分点，GDP 占东部地区的比重增加到 16.7%。工业化程度进一步加快，1980～1990 年，江苏工业增加值年均增长 13.1%，高于全国平均增速 3.3 个百分点。

（二）1991～2000 年，东部地区对外开放进一步深化，外向型经济得到较大提升，综合经济实力进一步增强

这一时期，我国改革开放的重心从珠三角扩大到珠三角和长三角两个地区，并且随着上海的全面改革开放，东部地区经济愈加强大。

1. 在对外开放深化和税收改革引领下，东部地区经济总量不断壮大，我国经济呈现东部一枝独秀的局面。

到 90 年代中期的 1995 年，东部地区 GDP 达到 29215.85 亿元，占全国的 49.96%。2000 年，GDP 达到 51020.52 亿元，占全国的 57.07%，比 1990 年提高了 11.38 个百分点。2000 年，东部地区全社会固定资产投资额为 17484.79 亿元，占全国的 53.12%，比重比 1990 年提高了 7.43 个百分点。1990 年上海证券交易所和 1991 年深圳证券交易所的成立，加速了资金流入东部的速度，为东部地区经济增长提供了足够的金融支持。2000 年，东部地区实际直接利用外资达 328.43 亿美元，占全国的 80.67%，1991－2000 年年均增长 28.1%。对外贸易额快速增长，2000 年进出口总额为 4177.89 亿美元，占全国的 88.09%，比 1990 年提高了 25.45 个百分点，1991～2000 年年均增长 19.2%。

2. 浦东开发开放使上海老工业基地焕发活力，成为我国的国际金融中心和新的经济增长极

国家区域发展重心调整使上海成为我国的经济增长核心。80 年代广东沿海对外开放打破了原有东部地区的均衡，但仅仅广东一个省的力量不足于拉动东部及全国的经济发展，因此迫切需要构建另一个经济增长点。上海因其得天独厚的地理位置和雄厚的金融、工业基础，成为国家区域开发的首选。1990年,上海向党中央、国务院上报了《关于开发浦东、开放浦东的请示》,1990年4月18日,国务院总理李鹏在上海宣布:中共中央、国务院同意上海市加快浦东地区的开发,在浦东实行经济技术开发区和某些经济特区的政策。上海在90年代初抓住了浦东开发的历史性机遇,外资大量涌入,从而确立了我国金融中心、经济发展重心的地位,成为我国对外开放的桥头堡。

上海综合经济实力显著增强,引领长三角地区全面发展。1991～2000年,上海经济保持12.2 %的年均增长率,高于全国平均增速2.1个百分点,2000年人均GDP达到34547元,是东部地区平均水平的3.04倍,是全国平均水平的4.88倍,比1990年增长了4.85倍。利用外资高速增长,1991～2000年,上海实际直接利用外资年均增长33.4%,2000年达到31.60亿美元。

3. 浙江省个体私营经济异军突起,进一步增强了东部地区总体经济实力

改革开放以来,浙江在没有国家特殊优惠政策的情况下,依靠自身力量,率先发展个体私营经济,走出了一条具有浙江特色的发展道路,取得了令人瞩目的巨大成就。

政府管理体制创新促进了浙江经济成长。浙江的政府管理体制创新突出地表现在两方面:一是实行无为而治的政府管理模式。政府不主动干预经济运行,本着不争论、看实效的原则,最有效地支持个体民营经济发展。二是率先提出向县级政府放权。浙江省从20世纪80年代中后期就开始实行省管县财政体制,同时县级党政主要领导干部由省委直管。进入90年代,浙江省三次扩大县(市)经济管理权限,做到能下放的权限都予以下放,促进了县域经济的快速发展。

个体私营经济带动浙江经济快速发展。浙江经济的成功在于对市场化的先知先觉。以温州为例,从80年代末开始,600余万人口的温州就已有1/5人口从农业转入工商业,形成了"千家万户办企业、千辛万苦搞经营、千山万水闯市场"的局面。抓住我国改革开放初期的"短缺经济"和市场"封闭"这一历史性"市场真空",积累了大量财富。进入90年代,个体工商户逐步发展成为家族模式的中小企业,温州有近10万家中小企业,中小民营企业对温州经济贡献率高达90%。

浙江经济在中小民营企业的支撑下,快速发展壮大。1991～2000年,浙江经济以平均每年15.0 %的速度增长,高于全国平均增速4.9个百分点,2000年GDP达到6036.34元,占东部地区的11.83%。工业化水平快速提升。1991～2000年,浙江工业增加值保持18.8%的年均增长率,高于全国平均增速4.5个百分点。居民收入快速增长,人民生活水平进一步提高。

4. 20世纪90年代山东经济的全面振兴为东部地区经济发展注入了新的活力

大力发展县域经济。1990年,经国务院批准,山东省又有44个县(市)对外开放,全省累计133个县(市、区),除长岛县外,全部对外开放。同时,山东共三次下发《关于促进农村经济发展的若干意见》,对县域经济发展提供了财政、金融等多项支持,促进了县域经济的大发展,加速了农村工业化的进程。经过多年的努力,山东县域经济取得了长足发展,成为山东经济发展的主力军。

坚持抓好国有大中型企业改革。90年代,党中央、国务院集中精力抓国有企业改革,大力推行现代企业制度,并出台了多项鼓励政策。在这一背景下,山东省委、省政府下大力气抓国企改革,运用政府资源、财政资金进行减人减债,山东国企迅速摆脱困局,重现生机和活力。更为重要的是,山东省积极调整大型国有企业的主要领导者,将一大批懂经营、会管理的人才选拔到领导岗位上来,带领一批国有企业走向全国、走向世界,"青岛模式"为东部地区经济增添新的活力。

山东经济快速发展,成为东部经济发展一大亮点。1991～2000年,山东GDP年均增长13.8%,高于同期全国平均增速2.7个百分点。2000年,山东GDP达到8542.44亿元,占东部地区的16.74%。在经济发展强势助推下,山东工业化程度快速提升,1991～2000年,山东工业增加值年均增长17.0%。

(三)2000 年以来,在中部、西部、东北等区域加快发展的同时,东部经济增长速度还在加快,经济发展水平仍遥遥领先于其它地区

2000 年,中共中央、国务院提出西部大开发战略,2003 年,提出东北振兴战略,2005 年,从中央到地方又提出“中部崛起”的发展规划,相继加大了对西部、东北和中部的投入力度。从这三项重大战略决策可以看出,国家认识到东部与其它区域之间的经济差距过大,希望通过财政转移支付加快其它区域的发展,缩小东部与其它地区差距,形成区域经济协调发展的格局。

1. 东部经济增长速度还在加快,经济发展水平仍遥遥领先于其它地区

2001～2006 年,东部地区 GDP 以平均每年 12.7%的速度增长,比全国平均增速高 2.9 个百分点,2006 年 GDP 达到 128593.1 亿元,占全国的 55.7%,比 2000 年降低了 1.37 个百分点,人均 GDP 为 27567 元,是 2000 年的 2.43 倍。在固定资产投资方面,2006 年东部地区全社会固定资产投资额达到 54637.1 亿元,占全国的 50.6%,比 2000 年降低了 2.52 个百分点。虽然东部地区投资额占全国的比重在下降,但 2001～2006 年,全社会固定资产投资额仍以平均每年 20.9%的速度增长。说明东部地区资金集聚能力不断巩固和增强,已经形成自我强化的良性循环。2001～2006 年,东部地区实际直接利用外资以平均每年 14.2%的速度增长,进出口贸易额以平均每年 24.8%的速度增长,比全国平均增速高 0.4 个百分点。

2. 滨海新区建设使天津成为北方经济中心

天津的经济发展得益于滨海新区的开发开放。2005 年 6 月下旬,继国务院常务会议通过上海浦东新区进行综合改革配套试点工作之后,天津滨海新区正式向中央申请成为国内第二个国家综合改革试验区。2006 年 3 月,国务院原则同意给予滨海新区五项扶持政策,包括将滨海新区作为综合改革试验区、设立东疆保税港区、进行金融改革试点、扩大建设用地供应、将区内 510 平方公里范围高新技术产业所得税税率降为 15%等。2006 年 5 月 26 日,国务院发布《关于推进天津滨海新区开发开放有关问题的意见》,批准天津滨海新区进行综合配套改革试点。

天津综合经济实力迅速增强。随着经济全球化和我国制造业由南向北转移,环渤海地区逐渐成为我国经济发展的热点地区,而天津因其区位交通和工业基础优势,成为我国北方的工业中心,经济实力迅速增强。2001～2006 年,天津 GDP 年均增长 14.0%,高于全国 4.7 个百分点,高于东部 3.8 个百分点。2006 年人均 GDP 达到 40961 元,居东部地区第三位,是东部地区平均水平的 1.49 倍。

二、东部地区经济发展的优势

(一)区位交通优势

东部地区地处我国东部沿海,是我国经济走向世界的海上走廊。东临太平洋,与日本、韩国隔海相望,处于亚太经济圈的关键区位,具有对外开放的优势。区域内交通发达,形成了由铁路、公路、水路、航空和管道等多种运输方式相互补充的现代化立体交通网络。区域内铁路营业里程 16998 公里,占全国的 23%;公路通车里程 515791 公里,占全国的 27%;高速公路里程 16724 公里,占全国的 41%;内河航道里程 52756 公里,占全国的 43%。沿海主要港口码头泊位 3387 个,占全国的 93%,其中万吨级泊位 697 个,占全国的 91%;沿海主要港口年货物吞吐量达 183860 亿吨,占全国总吞吐量的 63%。上海、广州、北京、天津、青岛等空港均为国家一类对外开放口岸。

(二)资源禀赋优势

东部地区属暖温带季风气候,兼具南北方气候特点,宜于多种动植物生长,有着发展名优农产品和特色农业的特殊优势。东部地区能源、矿产资源储量丰富,是全国最大的黄金生产基地和重要的石油生产基地。石油储量 4.96 亿吨,占全国的 19.9%;铁矿储量 63.7 亿吨,占全国的 29.5%;铅矿储量 241.3 亿吨,占全国的

17.3%；硫铁矿 38236.6 万吨，占全国的 20.1%，菱镁矿 27522 万吨，占全国的 15.8 %。东部海洋资源是其独特优势所在，海岸带和近海海域蕴藏着丰富的石油、天然气及数十种矿产资源，渔业产量、原盐产量、地下卤水储量和可建深水泊位的天然港址都可圈可点，有着建设深水大港的独特优势，也是发展核电的理想区域。旅游资源特色突出，人文景观、自然景观和民俗旅游资源丰富，有的已成为全国乃至世界的旅游热点。

(三)工业基础优势

东部地区是我国最重要的工业基地，尤其是我国重要的能源、重大装备和化工原料生产基地。随着工业化的发展，形成了以重工业为主体，以大型企业为骨干，以机械、冶金、电力、石化、煤炭、森工、建材、医药、食品、轻工、纺织等为重点，门类比较齐全的工业体系，在我国工业布局中占有十分重要地位。装备工业中的大型压力容器、大型矿山设备、大型连铸连轧设备、大型电站成套机组、核电设备、重型数控机床、大型谷物联合收割机、汽车铁路货车、微型汽车与发动机、多用途飞机和直升机、支线飞机、大型铸锻件、精密轴承、数控工具与量仪等产品产量很大，基本占据国内 70%以上的市场。东部地区也是我国重要的原材料产地，粗钢产量达 19497.24 万吨，占全国的 55.2%；钢材产量达到 21735.45 万吨，占全国的 57.5%；原煤产量 2.85 亿吨，占全国的 12.9%；原油产量 6720.05 万吨，占全国的 37.1%；天然气产量 83.74 亿立方米，占全国的 16.4 %。经过近几年的结构调整，机械、石化、食品等传统加工产业不断巩固提高，电子信息、生物技术、新材料等新兴产业加快发展。一大批大型企业集团在国内同行业居重要地位，部分产品质量达到国际先进水平，生产能力居亚洲前列。

(四)市场潜力优势

东部地区经济发达，人口众多，人民生活水平较高，再加上沿海的地理优势而具有国内和国际两个市场优势。经济全球化、国际制造业的转移为东部地区发展装备制造业提供了现实机遇，内需启动、工业化发展等为东部地区发展原材料工业提供了市场需求。首先，受经济全球化影响，国外将很多装备制造业向中国转移，为东部地区发展带来机遇。其次，经济发展对装备制造业拉动起到十分重要的作用，我国是发展中大国，工业化进程还没完成，急需大量的装备产品，实现经济增长方式转变的当务之急是通过装备制造业的保障来推进传统产业的优化升级。因此，发展装备制造业的市场潜力巨大。第三，我国正处于工业化的中期阶段，发展工业对原材料的需求有着广阔的市场空间。

(五)人才科技优势

一是东部地区人才众多。2005 年从事科技活动人员总数达 207 万人，占全国的 54.4%；国有企事业单位拥有专业技术人员 690.9 万人，占全国的 31.4%；有普通高等学校 714 所，占全国的 39.8%；高等学校在校学生数 643.1 万人，占全国的 41.2%。二是科技活动经费支出对 GDP 的贡献较大。2005 年，东部地区科技活动经费筹集总额 3443 亿元，占全国的 65.6%；科技活动经费支出总额达 3129 亿元，占全国的 64.7%，其中研发经费支出 1648 亿元，占全国的 67.3%；研发经费支出相当于国内生产总值比例为 1.50%，高于全国平均水平 0.16 个百分点；三是科研产出较多。2005 年，东部地区专利申请受理数 262416 项，占全国的 68.5%；专利授权数 114953 项，占全国的 67%。四是开发区高新企业产值在全国占有较大比重。2005 年，东部地区开发区高新技术企业数达到 27329 个，占全国的 65.1%，实现总产值 18776 亿元，占全国的 64.8%。

三、东部地区经济发展的制约因素

东部地区虽然是我国经济发展水平最高的地区，是我国国家竞争力的核心，但和世界发达地区相比，还有很大差距。我们应清醒地认识到，东部地区自身还存在着诸多障碍因子，制约东部地区经济向更高层次发展，影响其对中、西部及东北地区经济辐射与带动作用的发挥。

(一)产业整体发展的层次不高,地区间发展差距比较明显

一是产业结构仍须继续调整。林牧渔业占农业总产值的比重还较低,约 50%。农业产业化经营进展不快,龙头企业带动能力还不强;工业生产要素投入仍不足,工业名牌产品规模优势不突出,大型企业集团的支撑能力有待提高。主导产业优势不明显,高新技术产业占工业总产值的比重较低;服务业亟待提高,生产性服务业总量还偏小,对制造业的支撑作用不强。金融保险、信息服务、中介服务等知识密集型服务业还处于上升阶段。二是东部地区内部差距比较明显。人均 GDP 最高的上海市达到 75263 元,是最低的海南省的 5.95 倍;即使是同属在京津冀城市群内,北京市的人均 GDP 高于河北省 32611 元。广东省的工业增加值最高,达到 12500.22 亿元,是最低的海南省的 57.46 倍。从主要经济版块的对比看,珠江三角洲、长江三角洲的经济发展水平高于京津冀城市群和山东半岛城市群。三是非公有制经济发展的差距更为明显。广东、浙江发展速度远远高于东部其它地区,占本地区 GDP 的比重也远远高于其它省份。

(二)生产要素日益缺乏,环境承载能力面临挑战

一是东部区域性缺水矛盾日益凸显。水资源总量 5546.1 亿立方米,占全国总量的 19.8%,人均水资源量 1195.6 立方米,仅为全国平均值的 55.6%。水资源分布极不均衡,64%的地下水资源集中在平原区,其它地区相对贫乏。二是土地资源非常短缺。人均土地面积 0.2 公顷,仅为全国平均水平的 29%,人均林地面积 0.08 公顷,为全国平均水平的三分之一。三是生态环境治理任务繁重。污染物排放量大,结构性污染状况没能根本改变,工业废水中 COD(化学需氧量)、工业粉尘、废气及二氧化硫和烟尘排放量仍然较大,造纸、石油化工、冶金、建材和电力等产业污染排放较为严重。

(三)行政壁垒普遍存在,影响区域经济一体化进程

各地方政府为实现本地区利益最大化,凭借行政权力对市场进行干预,以行政区划为界限主观分割统一市场,阻碍了市场要素的自由流动和资源的有效配置,其结果必然是加大区域间流通成本,降低经济活力。当前阻碍东部地区经济一体化深度融合的行政壁垒具体表现在:一是地方政府间的各种贸易和制度壁垒。如一家企业在江苏省获得了某种产品的卫生、质量认可,但在进入上海市场时,必须还要得到上海有关部门的认可,加大了企业的时间成本、入市成本。二是公共发展壁垒。位于省与省交界地区的水、电、路等公共基础设施仍处于相互分割状态。三是跨地区发展壁垒。有些政府常将优秀企业视为“生蛋的金鸡”,为给本地提供就业岗位、增加财政收入,总是尽可能地将其留在自己的辖区内,限制甚至阻碍企业自由跨区域发展。

四、东部地区经济发展展望

(一)经济实力进一步增强

1. 地区经济总体实力持续增强

GDP 总量可以衡量一个地区的经济总体实力。我们选取东部、中部、西部和东北地区 1978、1992 和 2006 年的数据作为比较对象,这三个年份分别代表不同的经济发展阶段——1978 年改革开放,1992 年邓小平南巡讲话,2006 年为“十一五”开局之年。1978 年东部、中部、西部和东北地区 GDP 总量分别占全国的 44.5%、22.0%、19.2%和 14.3%;在 1978—1992 年间,东部 GDP 占全国比重提高了近 4.4%,其他三大区比重除西部地区略有提高外,都在下降。到 2006 年,四大区 GDP 总量占全国比例的差距进一步扩大,东部地区的 GDP 总量已超过全国的一半,达到 55.7%,而中部、西部和东北地区则持续下降。

表 1　1978、1992、2006 年四大区 GDP 占全国比例(%)

年份	东部	中部	西部	东北
1978	44.5	22.0	19.2	14.3
1992	48.8	20.6	19.4	11.2
2006	55.7	18.7	17.1	8.5

从上表可以看出,从 1978 年到 2005 年,东部地区 GDP 占全国的比重持续并显著上升,西部地区先升后降,中部和东北地区连续下降。

我国"十一五"规划提出的鼓励东部地区率先发展的区域发展总体战略,为东部地区未来经济发展指明了方向。可以预见,"十一五"甚至更长一段时期,东部地区 GDP 总量将不断增长,地区经济总体实力将持续增强。

2. 经济发展水平进一步提高

人均 GDP 是衡量某一地区在一定时期内人均创造产品和服务的能力,从地区生产力差异角度分析地区间的收入差别,可用来衡量一个地区经济发展的水平。1978 年东北地区人均 GDP 最高,其余依次是东部、中部和西部地区;到 1992 年,东部人均 GDP 超过东北地区,西部上升、中部下降。与此同时,两极分化明显,即东部地区和东北地区人均 GDP 较高且差距较小,中西部地区较低且差距也较小,但是前二者相当于后二者的 2 倍。至 2006 年,东部地区人均 GDP 进一步提高,继续拉大与其他三大地区之间的差距,是东北的 1.51 倍,中部的 2.25 倍和西部的 2.52 倍。"十一五"时期,东部地区经济发展水平还将进一步提高,中部、西部和东北地区短期内很难赶超东部地区。

表 2　1978、1992、2006 年四大区人均 GDP(元)

年份	东部	中部	西部	东北
1978	553	389	262	560
1992	3140	1584	1532	2966
2006	27567	12269	10959	18277

(二)内部的竞争与合作不断加强,竞争多于合作

为了具体说明这一问题,本课题选用长江三角洲这一区域合作体作为分析对象。

1. 竞争与合作不断加强

(1)内部合作的案例:长三角"三小时"城市交通圈。长三角在交通基础设施合作方面取得了长足进步,长三角都市圈内中心城市"三小时互通",所有地区"20 分钟上高速",上海与长三角以外周边地区实现"五小时沟通"。高速公路网络正在加速成型。苏、浙、沪已建、扩建、在建、待建的高速公路有沪宁、宁杭、杭甬、宁太等近 10 条。今后,上海与苏、浙的高速公路通道将增至 7 条和 4 条。在 2010 年前实施的重点为长江三角洲区域内国家高速公路、国家高速公路辅助线及跨长江和杭州湾通道工程,力争 2004 年至 2010 年间建成高速公路 5700 公里,使高速公路网总里程达到 9500 公里。2001 年底开通沪杭高速公路公共交通卡收费系统后,公共交通卡在高速公路道口的应用,已拓展到所有与上海联网的高速公路系统。交通接轨,成为长三角区域政府间紧密合作的典范。

(2)内部竞争的案例:产业竞争加剧。根据产业结构趋同系数,上海与江苏为 0.82,上海与浙江为 0.76,江苏与浙江高达 0.97。长三角城市"十五"规划中排在前四位的支柱产业分别是电子信息、汽车、新材料和生物医药,趋同率达 70%。在产业结构趋同的情况下,上海推出"173"计划,规划了包括嘉定、青浦、松江三个区在内的面积 173 平方公里的产业园区,让苏浙始料不及。原本江苏和浙江视上海为长三角龙头,意图从各方面与其展开合作,但上海市既要做成国际经济、金融、贸易和航运四大中心,又要在传统的制造业上与江苏、浙江一争高低。作为应对措施,江苏实施沿江开发战略,在新一轮规划中,全省 400 多公里的江岸线和沿线 8 个城市都被囊括在内,将重点发展装备制造、化工、冶金和现代物流四大产业。浙江也加紧打造"环杭州湾产业带"。

"倾销式"招商引资。长三角 16 个城市分属二省一市,在招商引资方面竞争非常激烈。2003 年初,苏浙沪联合举行招商引资活动,为了争夺外资,区域内城市间展开了"倾销式"竞争,使得外资"渔翁得利"。一份跨国公司在华投资报告显示,跨国公司在中国拓展投资方式将从新建投资转到并购投资、从合资转向独资、从单

个项目投资变为产业链投资，投资重点地域将从"珠三角"转向长三角，争夺外资的竞争将会愈演愈烈。

2. 竞争大于合作的原因。

长三角分属二省一市，虽地域相近，但行政辖区分而治之。作为长三角区域经济的共同参与者，不可避免会在不同层次、不同领域、不同阶段发生利益共享与冲突，未来趋势是竞争大于合作。首先，现行绩效考核制度，决定了一届政府在任期内必须具有明显的政绩体现，因此必然追求政治效益最大化。第二，小区域利益与大区域利益相冲突，如不同省之间、不同省地级市之间、同省地级市之间的利益冲突将长期存在。第三，国家发展战略的影响。长三角区域经济的形成，是市场经济体制改革的产物，更是国家发展战略促成的。尤其在一些大规模的竞争和协调问题上，仍然受制于国家发展战略的影响。

3. 竞争的程度还将进一步加剧。

基础设施本来是东部地区最易合作的项目，因为基础设施合作对于区域内的任何合作方都有利，但洋山港的出现，使未来长三角的基础设施合作前景变得暗淡。2002 年年初，宁波就海港规划提出了"以上海为中心，以浙江（宁波）、江苏（太仓）为两翼进行港口组合。"即北翼的太仓作为与上海港配套的散装杂货港口，南翼的宁波凭水深优势成为上海的深水外港。但上海市政府在谋求近海战略、实现经济利益最大化的驱动下，放弃使用宁波北仑港，而是选择在浙江区域内建设洋山港。为此，洋山港与宁波北仑港展开了争夺物流资源的激烈竞争，结果是两败俱伤，均处于亏损状态。既然在最易合作的项目上都出现如此局面，东部地区未来的竞争程度将会进一步加剧。

（三）政府宏观管理地区经济的能力不断提高

1. 基础设施建设成为地方政府参与经济建设的主要手段

一个地区经济增长在空间上必然受其所依赖的物质基础和物质结构影响。这种物质基础和物质结构——基础设施从许多方面不同程度地促进和制约着经济发展。随着经济发展到更高阶段，大多数的居民及其活动集中在大城市地区，从而形成大规模的劳动力市场、资金市场和商品市场。而市场范围的扩大是以良好的基础设施为前提，它所形成的框架结构与为生产和生活服务的能力一旦固定在某一区域，就要在那里长期发挥作用。区域范围内基础设施配置所形成的生产和服务能力奠定了该区域经济增长的基础，区域范围内基础设施的配置则会影响区域贸易、区域资本流动、工业布局等各个方面。改革开放 20 年来，东部地区不断加大基础设施投入，基础设施的增强反过来拉动经济增长，形成了良性循环。今后，东部地区基础设施投入将进一步加大，基础设施建设将成为东部各省（市）地方政府参与经济建设的主要手段。

2. 软环境建设进一步加强

软环境建设对一个地区经济发展的作用非常巨大，以外向型经济为主导的东部地区对软环境的完善力度将不断增强。一是进一步推进行政审批制度改革，加强机关作风建设和行政效能建设，推进政务公开以及减少行政事业性收费等，政务环境将逐步优化；二是放宽市场准入条件，制定促进发展的优惠政策，下放经济管理权限和行政审批权限，政策环境趋向宽松。三是积极推进依法行政，规范执法检查与处罚，法制环境不断完善。四是加强社会信用建设和中介机构建设，市场环境将逐步改善。

（四）产业结构优化的步伐逐步加快

1. 第二产业比重继续提高，经济带动能力不断增强

一个国家由低收入水平走向高收入水平的过程是第一产业逐渐下降至一个稳定的较低比重，第二产业的比重经历由低到高再回落的过程，第三产业的比重是逐渐提高，并达到 70%左右。从我国东部地区三次产业构成比重来看，1990 年以来，第一产业比重逐年下降，第二、第三产业比重呈上升趋势，到 2006 年，东部地区三次产业构成比重为 7.3：52.2：40.5。因此，东部地区第二产业占 GDP 的比重在一段时期内仍将保持上升趋势，经济带动能力将继续增强。

表3　东部地区三次产业构成比重表(%)

年　份	第一产业	第二产业	第三产业
1990	22.6	45.5	31.9
1995	16.0	49.5	34.5
2000	11.5	49.1	39.4
2001	11.0	48.9	40.1
2002	10.1	49.0	40.9
2003	9.1	51.4	39.5
2004	8.9	53.3	37.8
2005	7.9	51.6	40.5
2006	7.3	52.2	40.5

2. 第三产业比重将大幅提高

第三产业的发展水平是衡量生产社会化程度和市场经济发展水平的重要标志。2006年，东部地区第三产业增加值占GDP的比重为40.48%，而世界平均水平第三产业比重高于60%，欧美等发达国家第三产业比重高于70%。东部地区第三产业在从业人员素质、服务意识、技术水平和技术装备方面与国际先进水平存在着很大差距；物流功能、服务功能、教育功能、金融功能等还不发达；技术贸易、专业服务等与发展高科技和建立市场经济体制密切相关的新兴服务行业还非常薄弱。东部地区第三产业存在着巨大的发展空间和潜力。从未来发展趋势看，东部地区第三产业的原有传统服务业带动能力依然较强，如交通运输仓储及邮电通讯业、批发零售贸易、餐饮业、社会服务业、房地产业等增加值稳定提高，新兴服务业如金融保险业、卫生、体育和社会福利业，科学研究综合技术服务等行业在服务业总产值中的比重将不断提高。

3. 产业结构升级加速了第一产业从业人员向二、三产业转移

从发达国家经济发展历程看，随着工业化进程的逐步推进，制造业的资本装备率和劳动生产率不断提高，从而经济增长方式也逐步由粗放型向集约型转变。美国、德国、意大利和澳大利亚等发达国家第一产业从业人员比重均在5%以下，日本为5.6%，第二产业从业人员比重基本上低于30%，第三产业从业人员比重在70%左右。2005年，东部地区一、二、三产业从业人员比重分别为32.9%、33.2%和33.9%。和发达国家相比，东部地区第一产业吸纳的就业比重偏高，第三产业吸纳的就业比重较低。随着东部地区工业化进程的推进和第三产业的发展，从业人员将从第一产业向第二产业和第三产业转移，且转发速度将进一步加快。

(五)对外开放进入到一个新阶段

1. 利用外资将出现新变化

从区域结构看，随着东部地区生产要素成本的上升，外商投资将从我国东部向中西部地区梯次转移。从投资规模看，由于东部传统制造业投资已出现饱和趋势，要素成本的上升和能源资源环境的制约，将加大外商投资成本并对外商投资的增速产生较大影响，因此，东部地区利用外资总规模将在目前基础上保持平稳增长。

从产业结构看，服务业尤其是现代服务业将成为外资加速进入的行业。从利用外资方式看，国家和企业信用水平不断提高，人民币汇率形成机制以及其他相关体制的改革不断推进，较大规模的外汇储备和国内投资银行业的日益发展，为我国及东部地区以多种方式利用外资、降低金融风险创造了条件。由于传统产业布局已基本完成，新建投资与企业并购都将成为外商直接投资的重要方式。而且“十一五”及更长一段时间内，外资利用的重点是从以往的弥补资金、外汇不足切实转到引进先进技术、管理经验和高素质人才上。此外，东部地区利用外资的管理体制将更加合理有效，利用外资与经济社会发展将更加协调。

2. 对外贸易取得突破性进展

按照发挥比较优势、弥补资源不足、扩大发展空间、提高附加价值的要求，积极发展对外贸易，促进对外贸易由数量增加为主向质量提高为主转变。优化出口结构。以自有品牌、自主知识产权和自主营销为重点，引导企业增强综合竞争力。支持自主性高技术产品、机电产品和高附加值劳动密集型产品出口。完善加工贸易政策，继续发展加工贸易，着重提高产业层次和加工深度，增强国内配套能力，促进国内产业升级。引导企业构建境外营销网络，增强自主营销能力。积极开拓非传统出口市场，推进市场多元化。积极扩大进口。实行进出口基本平衡的政策，发挥进口在促进我国经济发展中的作用。完善进口税收政策，扩大先进技术、关键设备及零部件和国内短缺的能源、原材料进口，促进资源进口多元化。

3. 国际经济技术合作良性发展

东部地区实施“走出去”战略已有 20 多年，境外投资取得了可喜进展。境外投资已由主要分布在发展中国家，集中在服装、渔业、采矿、贸易服务等产业向依托东部的产业和技术优势，积极开展跨国并购，在国外建立自己的销售渠道和研发中心，进行产业投资和金融资本投资结合转变。“十一五”及今后很长一段时期，东部地区继续支持有条件的企业对外直接投资和跨国经营。以优势产业为重点，引导企业开展境外加工贸易，促进产品原产地多元化。通过跨国并购、参股、上市、重组联合等方式，培育和发展我国的跨国公司。按照优势互补、平等互利的原则扩大境外资源合作开发。企业将参与境外基础设施建设，提高工程承包水平，稳步发展劳务合作。境外投资促进和保障体系进一步完善，对境外投资的统筹协调、风险管理和海外国有资产监管进一步加强。

4. 扩大对内开放，积极开展区域经济合作

积极扩大对内开放，加强内联合作，促进国内资金、技术、人才等生产要素参与东部地区的经济发展。充分利用国家加快中西部开放开发和东北振兴步伐的有利时机，结合对口支援，跟踪一批项目，用技术、人才和管理等优势进行配套。组织一批具有一定品牌和市场优势但在东部地区发展受限的劳动密集型、资源密集型以及耗能、耗水多的企业或产品向中西部和东北地区转移。引导和鼓励民营、乡镇企业和种养大户到受援地区寻求合作点和新的发展空间。强化区域经济合作。按照“优势互补，互惠互利，真诚合作，共同发展”的原则，采取“政府推动，部门参与，企业为主”的方式，加强与中西部、东北地区的经济技术合作，建立面向 21 世纪的战略合作关系，形成“政府搭台、企业唱戏”的格局。

五、东部地区经济持续发展的路径选择

（一）提高对外开放水平，积极参与全球化分工与合作，提高经济竞争能力

1. 积极吸引外资，巩固对外经贸联系

一要创新招商方式，多种手段吸引外资。坚持招商引资和招商选资相结合，招商引资与新的国际经济分工体系相适应。要特别重视利用信息化和现代化先进技术和手段进行招商，逐渐变革传统的招商引资工作方式和模式，大幅提升招商引资工作的效率和质量，使招商引资手段与迅速变化的国际资本市场相适应。除采用会节招商、上门招商、乡情招商、信函招商等传统手段外，还要采用电子商务招商、推行产业招商、产权招商、风险基金代理中介组合、包装上市等新型招商手段。招商引资方式要注意与不断扩大的对外开放领域相适应，形成多层次、多渠道、国际性的主体式招商引资网络。二要转变对外贸易增长方式。优化对外贸易结构，提高高技术产品、具有自主知识产权和自主品牌的产品、附加值高的产品以及服务出口比重，提高加工贸易的产业层次和配套能力，增强出口产品的市场竞争力，提高对外贸易的质量和效益。

2. 坚持“走出去”战略，提升参与竞争能力

加强对“走出去”战略的总体规划和政策指导。鼓励有条件的企业走出国门，继续把开发利用境外能源和重要矿产资源作为境外投资的工作重点，把成熟技术和设备与国外生产条件和资源结合起来，获取重要资源，缓解东部资源约束；支持优势企业采用跨国整体并购、股权置换、境外上市等方式开展跨国投资经营，取得先进技术和各类人才，建立境外生产基地、研发中心、营销网络；要把大型优势企业作为“走出去”战略的主体，重点支持大企业到境外建厂。鼓励采取合资、合作和并购等多种方式进行境外开发，探索通过资本运营快捷地进入国际市场，尽快形成一批具有市场竞争力的强大企业集

团。充分发挥中小企业、民营企业在“走出去”战略的比较优势，采取集约式投资，形成“群体”效应。

（二）加强区域内各地区的协作，提高产业分工协作的水平

1. 建立区域协调机制，着手推进区域一体化

东部地区要维持长久竞争力和维护区域的繁荣和发展，必须走一体化发展的道路，加快建立区域协调机制。一是加快推进区域制度建设一体化。要为区域一体化发展提供制度保障，加大户籍制度、住房制度、教育制度、就业制度、医疗制度、社会保障制度等方面的改革力度；要从东部整体利益出发，认真梳理各区域现有的地方性政策和法规，减少各地区在税收等特殊优惠政策方面的差异，对各种经济主体实行公平待遇，为区域协调发展提供法制保障。二是加大区域一体化体制改革力度，逐步打破地方利益主体、经济主体和管理主体“三位一体”的格局。要构建区域市场一体化的有效管理体制，充分发挥市场在区域利益调节中的主导作用，弱化区域利益调节中的行政干预手段，共建区域性商品市场和要素市场体系，建立相应的区域贸易和要素市场自由流动的监督管理体制，以市场一体化为核心来推动区域经济一体化发展。进一步完善市场机制，规范地方政府的调控行为。三是构建区域一体化发展机制。建立区域公共资源统一配置机制，对区域内土地资源、水资源、岸线资源、旅游资源等公共资源进行统一规划，统一开发和统一管理，使区域公共资源在合理利用的基础上取得最大效益。构建区域性公共基础设施建设和环境保护的协调机制。构建区域产业互动发展机制，根据资源察赋和地区比较优势，加强区域内现有支柱产业的跨区企业联合与重组，同时，整体协作开发高新技术领域，建设区域高新技术产业群落和企业网络，改变目前区域内高新技术开发区布局零散，低水平重复建设的不合理现象。

2. 在充分发挥东部各地区比较优势的基础上，加快区域内产业整合的力度

一要大力推进制造业的整合。东部地区制造业的生产能力已经位居世界前列，但同国际跨国公司相比，单个企业实力太弱且发育的速度较慢，短期内不能形成与著名跨国公司相抗衡的实力。所以，东部要以集群来整合制造业，通过企业购并和联合加快进行跨地区的企业重组，突破传统企业发展模式，加速企业发育过程，组成特大型企业集团，以积极的姿态参与国际竞争。东部地区必须按照已有产业发展基础和地区比较优势，寻求地区支柱产业和主导产业，通过整合和重组等各种有效途径，重建由计划经济向市场经济体制转换时期被打断的产业链，从合理组织生产体系、集约使用资源中创造新的市场优势。二要在主要现代服务业上展开深层次的合作。建立现代流通体系，大力发展连锁经营、物流配送、多式联运、网上销售等现代流通组织形式和服务形式，使现代物流业成为东部主要基础产业和重要支柱产业之一。加强会展业的合作。应加强东部与香港澳门、东南亚各国在涉外会展业的相互合作、优势互补和资源共享，积极承接各个国家、各个地区会展业向东部延伸。推进管理咨询业合作。目前东部的管理咨询业仍处于初级发展阶段，规模不大，涉及服务范围不广。而国际管理咨询业发展较为成熟，拥有完备的法律体系、规范的市场机制和先进的管理模式。东部要向美国、日本等咨询业强国学习，整合现有的咨询产业资源，做强、做大咨询业。

（三）加快结构调整和产业升级步伐，提升产业竞争力

1. 大力发展附加值高的先进制造业

要面向国际国内两个市场，充分发挥产业基础好、技术支持雄厚的优势，抓住世界制造业加速转移和我国推进重要装备国产化的有利时机，坚持全面推进与重点突破相结合，着力发展基础设备、成套设备和交通运输设备，积极发展其它领域重大装备和配套产业，形成主机、辅机及零部件专业化生产、区域化协作、社会化配套的产业体系。通过自主创新、引进技术、合作开发、联合制造等多种方式，增强自主创新能力。大力扶持对国家经济安全和国防建设有重要影响，对促进国民经济可持续发展有显著效果，对

结构调整、产业升级有积极带动作用的重点企业和名牌产品。大幅度提高装备制造业在东部工业经济中的比重，努力实现装备制造业跨越式发展，用“中国装备”支撑“中国制造”，建成拥有核心技术开发能力、重大装备成套能力和具有国际竞争力的先进装备制造业基地。重点在东部建设“三大基地”：一是建设数控机床生产基地。以经营国际化、产品智能化、制造规模化为目标，跟踪国际先进水平，实施海外并购、合资合作与自主研发相结合，建设数控机床生产基地。二是建设成套装备基地。要重点推动输变电及发电设备、石化通用设备、冶金矿山重型装备、工程机械等重大技术装备的专业化生产和社会化协作，培育具备从工程设计、设备成套供应与系统集成、建筑安装和全程服务的总承包能力的大型工程公司，建设重大成套装备基地。三是建设交通运输设备制造基地。以汽车及零部件、船舶、机车、民用飞机及零部件为代表的交通运输设备制造业，是东部具有比较优势的产业，加速发展这一产业，将带动全国装备制造业的快速发展。

2. 重点发展高新技术产业

一是完善各项支持政策，增加科技投入。建立以政府投入为引导的科技投融资体系，财政每年的科技投入应高于财政经常性收入的增长速度。要安排专项资金，重点支持技术创新的重大项目，在最短的时间内创造出拥有自主知识产权的名牌产品，增强国际竞争能力。二是整合科技资源，加快科技创新体系建设。充分发挥政府、市场的作用，构建以企业为主体，产学研有机结合的技术创新体系。鼓励企业加大对研究开发活动的投入，引导企业加强同科研院所和高等院校研究机构的联系和合作。支持民营科技企业增强技术创新能力，通过科技型中小企业创新基金等方式扶持民营科技企业加快发展。加强政策法规体系建设，形成有效的市场竞争秩序。完善有利于高新技术产业发展、促进科学技术创新的相关政策。三是加强科技攻关，提高科技成果转化的速度。加强关键性、战略性技术领域的研发和自主创新，提高核心竞争能力。促进科技成果与市场的紧密结合，切实提高科技成果的转化率。四是加快运用高技术改造和提升传统产业。加快用高新技术和先进适用技术改造提升传统产业步伐，依靠自主创新和高新技术促进经济增长方式转变。制造业要加快信息技术的广泛应用，机电和成套设备制造业要推广和大幅度提高成套CAD(计算机辅助设计)设计、系统集成等方面的综合能力，推进制造业信息化。要加强先进适用技术在农业开发与推广中的应用。要加强高新技术在文化传媒、旅游会展、商贸物流、信息服务、房地产业、金融保险、中介服务等第三产业的运用。

3. 积极发展现代服务业，规划好金融、信息、现代物流等行业的发展重点和方向

一是加快发展信息、金融、保险以及会计、咨询、法律服务、科技服务等商务服务行业，促进服务业行业结构优化。二是积极发展文化、体育健身、旅游、教育培训、社区服务、物业管理等需求潜力大的产业。不断拓展新的服务领域，加快发展计算机和软件服务业、创意服务业、动漫服务业、会展服务业等。三是运用现代经营方式和信息技术改造提升传统服务业。四是突出发展竞争力强的大型服务企业集团，促进服务业的集团化、网络化、品牌化经营。

4. 继续推进国有经济投资主体多元化，加快调整国有经济布局结构，保持国有经济主导地位，壮大民营经济

一是国有资本要更多地投向关系国家安全和国民经济命脉的重要行业和关键领域，使国有经济更好地发挥控制力、影响力和带动力。强化国有企业的核心竞争力及其在产业结构调整中的主导作用。在关系到国家安全的重要领域如大型基础设施、重要资源和战略性的高新技术开发等行业领域，国有经济必须占据控制地位。对一般竞争性领域，国家不新增投资，具备条件时国有资本可以部分或全部退出。总的来讲，调整后的国有资本集中在以下两个领域：公益性极强的领域，即别的资本不愿进入的领域；特殊性极强的领域，即涉及国家安全、主权等不宜由其它主体来控制的领域。二是切实降低门槛，放宽准入条件，积极拓宽民营经济的发展领域。凡是法律法规没有规定民营经济禁入的领域，凡是允许外资进入的领域，民营经济都可以进入。要进一步落实扶持民营经济发展的有关政策，在市场准入、信贷、税费、上市、投融资等方面，对各种所有制经济一视同仁。要建立健全对民营经济的服务机构，成立各种级别的中小企业协会，在合资合作、结构调整、内部改革、开拓市场、信息交流、人才培养流动等方面，为民营企业做好指导服务工作。

（四）大力发展循环经济，加快资源节约型和环境友好型社会建设

1. 实施清洁生产审核，提高企业技术含量，走出一条低消耗、少污染、高效益、可持续发展的新路子

认真贯彻执行《清洁生产促进法》，新改扩建项目必须优先采用资源利用率高、污染物产生量小的清洁生产技术、工艺和设备；对污染物排放超过标准或总量指标严重污染的企业必须实行清洁生产审核，实现节能、降耗、减污、增效。

2. 积极开展资源节约活动，抓好节能、节水、节地、节材和资源综合利用，推动节约型社会建设

一要加强对冶金、石油化工、煤炭、电力、建材等重点耗能行业和年耗能5000吨标准煤以上重点用能单位节能工作的跟踪和指导，落实节能降耗目标和措施。制定主要用能设备能效指标和单位产品能耗指标，规范用能行为；推进交通运输节能。建立节能型公共交通系统，推广清洁燃料汽车；推进建筑节能，统筹市政和城乡建设，新建、改建和扩建的居住建筑和公共建设要强制性执行节能50%的节能标准；引导商业和民用节能，在公用设施、宾馆商厦、居民住宅中推广应用高效节能产品，在农村大力发展节能燃料技术；积极发展新能源和可再生能源，实施替代能源战略。二是要综合运用行政、法律和工程、技术、经济手段，逐步建立以水资源权属管理为中心，分级管理、监督到位、关系协调、运行有效，对开发、利用、保护水资源实施全过程动态调控的水资源统一管理体制。实行规范化管理，全面落实建设项目水资源论证工作，实行一票否决制，对没有水资源论证或论证不充分的项目绝不能开工建设，在缺水严重的地区严禁建设耗水量大的项目。目前应重点做好地下水资源的保护工作，采取强制性、引导性措施，限制地下水超采，逐步实现地下水采补平衡，促进地下水资源的可持续利用。三是多种手段节约用地。要针对建设项目的投资强度、建设速度、产出力度、牵动幅度等制定供地政策，控制用地规模，节约、集约利用土地。要通过调整经济结构，加快经济增长方式和资源利用方式转变，严把土地闸门关口，强化建设用地预审和土地审批工作，使其制度化、规范化。继续实行从严从紧的建设用地供应政策，进一步完善土地资源“严控、严保、严用、严查”的各项措施，严格土地利用总体规划和土地利用年度计划管理。

（五）加快培育市场主体和健全市场体系，促进政府职能转变

1. 完善产权交易市场

一是坚持以资本为纽带。资本在区域内的流动以企业间跨地区的兼并、重组为主要形式，通过企业间相互合作、投资、参股、控股、买断、兼并等各种方式体现出来。东部地区的产业整合最终所要实现的目标之一，就是要在各个省份现有产业发展的基础上谋求产业的进一步集中，形成更加高效的产业集群和产业群落。而展开跨地区的强强联合，组成更具规模和竞争力的龙头企业，然后通过龙头企业联合，控股区域内的上下游配套企业，形成由紧密层和松散层组成、具有塔形组织结构的巨型企业集团，则是实现这一目标的基本途径。目前，各个省份内部的强强联合和组建企业集团已经取得了一定的进展，因此可以在此基础上尝试更大范围和更大规模的企业跨地区购并活动。二是坚持以产权交易为手段。企业的跨地区并购活动和产业资本的跨区运作，主要是依托产权交易市场来完成的。目前，东部各个省份已各自建立了产权交易市场和相应的产权中介机构，但这些交易市场和中介机构的服务半径大多局限于本地区，而且有着各自的产权交易条文。一个统一的产权交易系统是东部地区有效推进产业整合的基本条件之一。因此作为一项基础性工作，要把上海现在的产权交易市场扩展为更大

范围的区域性产权交易市场，把各地现有的地方产权交易市场调整成为上海这一主市场的分市场，形成垂直管理与横向衔接相结合的综合管理系统。同时还要积极发展跨地区的产权交易中介业务。

2. 加快政府转变职能步伐

(1)加强服务意识，建设服务型政府。一是继续将强化基础设施建设力度作为政府的关注点。由于基础设施领域需要巨大的投资规模和具有较强的经济外部性，会形成所谓的“市场失灵”，这正是需政府介入的重要领域。二是致力于社会保障和新型社会救助体系的构建。社会保障和社会救助属于公共服务的范畴，要依法推进社会养老、失业、医疗、工伤和生育保险，不断扩大覆盖面，提高保险基金支付能力和保障水平。建立以各种专项救助为主，以其他救助、救济和社会帮助为补充的新型社会救助体系。积极推进农村“五保”和城镇“三无”对象集中供养制度、被征地农民基本生活保障制度等等。三是致力于营造良好的经营环境。营造良好社会环境是建立服务型政府的重要举措，要充分认识到“软环境”的重要性。以企业诚信为突破口，打造诚信政府，为经营者创造良好的软环境。

(2)加快政务公开，建设人民满意政府。一是把投资项目审批、办理执照、批钱批物、集团购买以及基层和群众反映强烈的其它审批事项，作为行政服务中心政务公开的重点内容。大力推进网上公开，政府网站上应将审批项目的名称、办理依据、条件、程序、时限、结果等全部向社会公开。二是依托各级政府门户网站和各种形式的服务窗口及时宣传各级政府出台的政策法规。

(3)保障人民合法权益，建设法治政府。一是加强法规制度建设。法律、行政法规和规章既要保持相对稳定性，又要适应形势要求适时修改完善，努力做到立法进程与改革和发展进程相适应。二是加强和改善行政执法，确保法律法规正确实施。继续深化行政执法体制改革，加快建立权责明确、行为规范、监督有效、保障有力的行政执法体制。三是完善行政监督机制，加强对行政权力的监督制约。要完善群众参与、专家咨询和政府决策相结合的决策机制。实行行政复议制度，加强行政复议机构和队伍建设，完善行政复议工作制度，通过行政复议及时有效监督所属部门和下级政府严格依法行政。

(4)注重民生，加强扶贫帮困。研究制定增加城镇居民收入的政策，继续抓好就业再就业工作，特别是零就业家庭的就业工作。巩固和完善城市最低生活保障制度，全面实施农村最低生活保障制度。继续做好新型农村合作医疗工作，逐步启动城市居民基本医疗保障工作。继续做好农村扶贫和帮困工作，解决农村群众饮水安全问题。

作者：辽宁调查总队

辽宁中部城市群经济一体化发展的现实思考

一、辽宁中部城市群经济一体化的意义

（一）辽宁中部城市群经济一体化是应对世界经济全球化和区域经济一体化历史大趋势的必然选择

世界经济全球化、区域经济一体化是国际经济发展的大趋势。在一定区域内实施经济一体化，有利于生产要素的优化配置，有利于提高资源的使用效率，可全面提升区域经济的综合实力和核心竞争力。世界上最发达地区都是以城市群为核心的区域经济一体化形式存在的，如以波士顿和华盛顿为核心的美国东北部城市群，以东京为核心的从东京、横滨到大阪的日本城市群，以伦敦为核心的从伦敦到曼彻斯特的英国城市群等等。从国内看，一些城市群正在崛起，区域经济一体化步伐也明显加快。目前，“长三角”、“珠三角”、京津冀三大城市群的国内生产总值约占全国总量的40％，利用外资约占80％，出口贸易额约占70％，已成为支撑全国经济的主要增长极和带动我国经济发展的强大引擎。而肩负辽宁老工业基地振兴重任的中部七城市必须要充分发挥城市群的整体优势，整合资源，联动互促，共同推进辽宁乃至东北地区经济的快速发展。

（二）辽宁中部城市群经济一体化是振兴辽宁老工业基地的重大举措

东北老工业基地曾是新中国工业的摇篮，为建成独立、完整的工业体系和国民经济体系，为国家的改革开放和现代化建设做出了重大贡献。但是，随着社会主义市场经济体制的建立，老工业基地的结构性和体制机制性矛盾日益突出，经济发展陷入举步维艰的境地，与沿海发达地区的差距不断扩大。在这危急时刻，党中央、国务院做出了实施振兴东北老工业基地的重大战略决策，为我们指明了方向，增添了动力，创造了机遇，带来了希望。东北有15座城市被国家列为老工业城市，辽宁中部城市群就有4座，而且这个地区城市密集、产业集聚、科技发达、交通便利，有望成为21世纪中国最具发展潜力和活力的经济增长中心之一。中心城市沈阳具有较强的创新能力和对高新技术的消化吸收能力，有条件积极参与国际水平分工，其他中小城市可以通过与中心城市进行产业、产品的合理分工和布局，纳入国际垂直分工行列，从而实现参与国际水平分工与垂直分工的有机结合，参与国内外竞争。目前，正值世界经济重心向亚太地区转移和我国生产力布局由南向北推移，加快以沈阳为中心的辽宁中部城市群一体化建设，更有利于发挥其中国重工业带和环渤海国际经济圈重要组成部分的优势，承接转移。因此，辽宁中部城市群经济一体化不仅是沈阳及周边城市提高竞争力的必然选择，也是振兴辽宁老工业基地的客观要求。

（三）辽宁中部城市群经济一体化是辽宁全面建设小康社会的有效途径

党的十六大提出全面建设小康社会的奋斗目标。省委九届五次全会根据党的十六大精神，结合我省经济和社会发展实际，提出了我省全面建设小康社会的奋斗目标：到2010年，全省基本实现全面建设小康社会目标；到2020年，全省城乡全面进入小康社会，沈阳、大连等发达地区率先实现现代化，把辽宁建成经济更加发展、民主更加健全、科技更加进步、文化更加繁荣、社会更加和谐、人民生活更加殷实的沿海发达省份。在我省全面建设小康社会的进程

中,辽宁中部城市群以其占全省51%的人口、44%的土地和61%的地区生产总值起着举足轻重的作用。这块经济搞好了,就会带动全省经济的大发展,一半的人口就能享受到经济发展所带来的幸福生活。特别是中心城市沈阳以其优越的生产、生活条件,发达的交通、通讯设施,集中的金融、商业机构以及巨大的消费市场,对周边城市(镇)能够产生强大的经济吸引和辐射力,一方面通过吸引周围地区的资金、人才、信息等资源,促使其经济实力进一步增强;另一方面通过向外扩散商品、转让技术、转移产业,带动周边城市(镇)的经济发展,缩小与沈阳的经济落差,这样必将使强者更强,弱者变强,有利于解决区域经济发展不平衡的矛盾,从而实现共同富裕的目的。

二、辽宁中部城市群实现了又好又快发展

辽宁中部城市群是指以沈阳为中心,以鞍山、抚顺、本溪、营口、辽阳和铁岭为主体构成的城市密集地区。土地面积65040平方公里,占全省总面积的43.95%,人口2150.8万人,占全省总人口的51.1%。近年来,在省委、省政府的正确领导下,中部城市群实现了又好又快发展,经济一体化的形态和特征日益凸现。基本特点突出表现在以下五个方面:

(一)经济实力明显增强,占据全省半壁江山

经过几年的发展,目前中部城市群的整体经济实力明显增强,占据了全省的半壁江山,主要经济指标大部分超过了全省的50%以上。2006年,中部城市群实现地区生产总值5688亿元,占全省的61.4%,比2000年提高了6.6个百分点;地方财政一般预算内收入实现345亿元,占全省的42.2%,比2000年提高27.5个百分点;全社会固定资产投资额3154.9亿元,占全省的55.5%,比2000年提高了9.6个百分点;社会消费品零售额1941.7亿元,占全省的56.5%,比2000年提高1.3个百分点;实际直接利用外资34.6亿美元,占全省的57.7%,比2000年提高了16.9个百分点。

(二)经济增长速度加快,经济发展后劲增强

2006年,中部城市群经济继续保持快速增长,实现了速度、质量和效益同步增长。一是速度加快。2006年,中部城市群地区生产总值增长16.6%,高于全省2.8个百分点,增速创"十五"以来新高;地方财政一般预算内收入增长21.5%,高于全省1.5个百分点;社会消费品零售额增长14.5%,增速和全省保持一致,创"十五"以来新高;城镇居民人均可支配收入增长14.8%,农民人均纯收入增长11.6%。二是后劲增强。2006年,中部城市群全社会固定资产投资额完成3154.9亿元,增长29.8%。主要用于新型产业基地建设,竣工投产和启动实施了一批重大结构调整和基础设施项目,积蓄了发展后劲。

(三)产业结构明显优化,优势产业进一步发展

坚持以科技创新引领产业结构调整,以工业结构调整为重点促进产业结构优化升级。在继续用高新技术和先进适用技术改造传统产业的同时,有重点地发展高新技术产业。科技创新有力地推进了中部城市群产业结构升级,促进优势产业和支柱产业发展。装备制造业总体水平全面提升,基础装备向数控化、系列化方向发展,专用设备向大型化、成套化方向迈进,沈西工业走廊先进装备制造业聚集区建设加快推进。原材料工业向高加工度方向发展,石化工业向装置大型化、炼化一体化方向推进。鞍钢营口鲅鱼圈500万吨精品钢材、五矿营口中板150万吨宽厚板、中石油抚顺石化分公司100万吨乙烯改扩建项目开工建设,辽化年产80万吨PTA改造项目竣工投产,鞍本钢集团朝阳凌钢200万吨精品钢材等项目相继开工建设。鼓励发展现代服务业,改造提升传统服务业,沈阳、鞍山物流基地等一批服务业项目建设进展加快。

(四)开放步伐不断加快,经济外向度不断提升

"十一五"规划开局之年,省委、省政府实施

了“五点一线”沿海经济带开发开放战略，有力地带动了全省新一轮大开放。中部城市群紧紧抓住东北振兴和沿海开放双重机遇，在吸纳国际产业资本、对外贸易上取得了新进展。2006年，中部城市群实际利用外商直接投资34.6亿美元，比上年增长42.4%；进出口总额达到123.6亿美元，比上年增长16.6%；其中进口额为45.1亿美元，比上年增长1.8%，出口额为78.5亿美元，比上年增长27.2%。目前，台湾富士康集团投资总额10亿美元的营口科技园项目、中国五矿集团公司投资总额200亿元的五矿（营口）产业园项目、总投资99.7亿元的中冶京诚营口中试基地等项目相继落户，以沈西工业走廊为代表的一批重点产业园区迅速崛起，开始形成沿海与腹地、沿海经济带与中部城市群优势互补、互为支撑、良性互动的全面开放新格局。

（五）城乡人民生活显著提高，消费市场日益繁荣

近年来，中部城市群城乡居民收入大幅增长，人民生活水平日益提高。2006年，中部城市群城镇居民人均可支配收入为9774元（按城市简单平均），比上年增加1258元，增长14.8%，和全省平均水平的差距由2005年的3439元缩小到596元；农民人均纯收入为4776元，比上年增加496元，增长11.6%，高出同期全省平均水平686元。城乡居民收入的大幅增长，带动了消费市场的进一步繁荣。2006年，中部城市群社会消费品零售额达到1941.7亿元，比上年增长14.5%；人均社会消费品零售额为9046元，比上年增长14.0%。

三、辽宁中部城市群经济一体化发展的对策建议

（一）目标定位

到2010年，把辽宁中部城市群发展成为结构较为合理，特色鲜明，技术先进，机制灵活，发展协调，发展力和竞争力很强的新型产业基地——先进装备制造业基地和高加工度原材料工业基地，建设成为我国新的经济增长区，最富经济活力和竞争力的经济区之一，在全国率先全面进入小康社会，并初步实现中部城市群经济一体化。

中部城市群地区生产总值年均增长16%，占全省的比重达到65%，地方财政一般预算内收入年均增长20%左右，固定资产投资年均增长30%，外商直接投资年均增长25%，外贸进出口总额年均增长20%，城镇居民人均可支配收入年均增长15%，达到全国平均水平，农民人均纯收入年均增长14%，达到沿海省份平均水平。

（二）对策建议

1. 建立完善协调机制和利益补偿机制。推进辽宁中部城市群区域一体化是一项跨市域、跨行业、跨部门、跨管理体制的涉及问题多、难度大的全新工作，必须要建立完善协调机制和利益补偿机制。一要建立和完善协调机制。中部城市群涉及了七个地级城市，必须有一个强有力的协调机构来保证区域合作政策的运行。其职能是负责统筹整个区域经济活动的重大事宜，根据区域经济各地区分工特点，制定中长期区域经济发展总体纲要的具体设想与前景规划，协调合作中出现的主要矛盾。二要建立和完善利益补偿机制。在实施区域一体化进程中，不可避免地要打破原来某些方面的隶属关系和利益分配格局，损害一些地区的利益，因此建立和完善利益补偿机制是十分必要的。利益补偿机制要坚持公平和公正的原则，使利益受损地区既能在远期发展中受惠，也能得到近期的利益补偿，尤其是地方政府的财税补偿。如对被整合或重组企业的属地，建立必要的互利和共赢的制度安排，确保属地财税收入增长不减；在资源共享方面，也要建立科学合理的资源供给补偿制度。

2. 加快推进区域市场一体化。推进区域一体化是一项长期复杂的系统工程，必须以市场调节为导向，发挥市场机制的作用。在辽宁中部城市群经济一体化中，市场是基础和纽带，因此，市场体系的建设尤为重要。一要完善商品市场体系。要加快政府职能转变，改革和规范

行政审批制度，减少对企业的行政干预，更多地发挥市场机制的作用。中部城市群的各级商务部门要重视对市场的监督管理，加强与工商、质检、物价等部门的协调合作，做好与司法和行政执法部门的衔接，建立稳定的工作机构。加快全社会商务信用建设，大力倡导诚信经营、诚信消费，强化信用意识，为商品市场网络健康发展提供信用基础。二要培育和发展人力资源市场。根据国外区域经济发展的经验，任何一个成功范例，都离不开合理的劳动力和人才交流，因此，构建辽宁中部城市群也就必然要求建立一个发达的劳动力市场和人才流动机制。三要完善和发展金融市场。构建统一的区域金融市场，疏通融资渠道，有效吸收国内外闲置资金或引进外资，缓解区域开发所面临的资金短缺问题，提高资金利用效率，促进区域经济发展。

3. 加快推进区域基础设施一体化。加快基础设施的互通互融，是加快辽宁中部城市群的主骨架。辽宁中部城市群的发展必须坚持基础设施先行，统一推进交通、信息、环境等基础设施的建设。一要加快交通设施一体化建设。加速区域内高速公路的建设，发展沈阳至鞍山、抚顺、本溪、营口、辽阳、铁岭的城际交通，打造“大沈阳一小时经济圈”；以沈阳为中心，加快启动经济区城际间轨道交通建设；扩建桃仙国际空港；加快营口亿吨大港的建设。二要加快信息系统基础设施一体化建设。从公共事业信息化方面入手，促进城市群信息一体化。开展网络和信息安全深层次的合作。推进电子商务的发展，共同开发建设综合性或专门的公共信息交换平台，大力推动以电子商务为主体的各项应用服务的发展。三要加快环境基础设施一体化建设。“十一五”期间，一要打破行政分割，搞好区域环境基础设施建设的统一规划，推进环境基础设施建设整合，加快环保统筹治理步伐。搞好“三废”污染源一体化整治，大力改造传统工艺，发展清洁生产；加速建设区域生活污水和生活垃圾无害化处理工程等，逐步实现“废物”“污物”减量化、资源化。

4. 加快推进区域产业一体化。优化区域产业布局，实现区域内优势产业的整合与资源共享，这是构建辽宁中部城市群的核心。要打破地域限制，鼓励和引导人才、技术、资金等要素的充分流动。注重市场气氛的培养和产业的发展，协同整合产业优势，组建区域性的优势产业集团，打造各具特色的“总部经济”。充分发挥中心城市沈阳服务和辐射功能，做大做强现代服务业，全力构建具有国际先进水平的汽车和装备工业产业基地；推进鞍山和本溪钢铁产业整合，打造钢铁产业总部；将抚顺打造成为石油、化工原料及深加工产业总部；营口要依托港口优势，承接境内外重化工业转移的发展机遇，构建辽宁现代化新兴重化工基地；将辽阳打造成化纤原料及深加工总部；铁岭要建设成为现代化能源基地和打造农产品深加工总部。

加快推进产业结构升级。重点发展先进装备制造业，积极发展高加工度原材料工业、高技术产业和现代服务业，为装备制造业发展提供服务和支撑。加快产业集聚和技术集聚，培育发展一批具有国际竞争力的特色产业集群，建成布局合理、用地节约、环境友好、国际竞争力突出、综合配套能力强的现代化产业聚集区。尤其要把加快发展服务业作为中部城市群产业结构升级的战略任务抓紧抓好，以扩大总量、优化结构、促进就业为主线，大力发展与先进制造业相衔接的现代物流、金融保险、科技服务等生产型服务业，着力培育潜力较大的信息服务、科教文卫、旅游会展、房地产等新兴服务业，努力提升与居民生活密切相关的商贸流通、住宿餐饮、社区服务等传统服务业，加快形成与国家新型产业基地相适应的高增值、强辐射、广就业的服务业新格局，为中部城市群的产业、技术、信息、人才集聚奠定坚实的基础。

5. 提高中心城市的辐射与带动能力。辽宁中部城市群区域经济一体化的进程，很大程度上取决于中心城市的发展，取决于其能否为周边城市的发展提供更好的服务与支持。因此，沈阳应进一步发挥“龙头”作用或带动作用，一是沈阳应从加快辽宁中部城市群区域一体化的角度把自身做强、做大，提高自己在城市群中的能级差，真正成为具有强大竞争力和区域认同感的现代化区域性中心城市；二是沈阳应从中心城市与城市群协调发展的角度，进一步强化作为区域性中心城市的使命感，通过加强对整个城市群的融入意识和服务功能，切实有益于辽宁中部城市群的协调发展。

6. 加大开放力度，全面提升对外开放的质量和水平。在更大范围、更广领域、更高层次上参与国际经济技术合作与竞争，以开放促调整、促改革、促发展。充分利用国家关于促进东北老工业基地进一步扩大对外开放的优惠政策，鼓励外资参与国有企业改革改组改造，鼓励外资投资现代农业、装备制造业、石化工业、高技术产业、农产品加工业、现代服务业等重点发展行业，促进产业升级和技术创新。积极构建与日本、韩国、欧洲的产业协作区，引进一批产业关联度大、技术含量高、辐射带动力强的重大项目。进一步转变对外贸易增长方式，优化对外贸易结构，提高高技术产品、具有自主知识产权和自主品牌的产品、附加值高的产品以及服务出口比重，提高加工贸易的产业层次和配套能力，增强出口产品的市场竞争力，提高对外贸易的质量和效益。进一步完善对外投资的政策和服务体系，鼓励有实力的企业到海外投资办厂、设立分支机构或进行并构重组，形成“引进来”与“走出去”有机结合的双向开放格局。

作者：贾晓光、白俊杰

吉林省循环经济发展态势、问题及建议

一、循环经济简介

1. 循环经济的起源

循环经济作为一种新型经济发展模式，起源于上世纪中后期的发达国家。循环经济一词，是由美国经济学家 K·波尔丁在 20 世纪 60 年代提出的，最初是指在人、自然资源和科学技术的大系统内，在资源投入、企业生产、产品消费及其废弃的全过程中，循环利用能源，发展资源回收利用产业，以提高资源的利用率。随后在政府的推动和企业界的积极响应下，推广发展循环经济成为发达国家的一种潮流和趋势。

2. 循环经济的内涵

随着许多国家对发展循环经济的探索和实践，目前循环经济的内涵可以概括为：循环经济是一种以资源的高效利用和循环利用为核心，以“减量化、再利用、资源化”为原则，以低消耗、低排放、高效率为基本特征，符合可持续发展理念的经济发展模式，是对“大量生产、大量消费、大量废弃”的传统发展模式的根本变革。

3. 循环经济的基本特征

循环经济的主要特征是废弃物的减量化、资源化和无害化。首先在生产和生活的全过程中讲求资源的节约和有效利用，以减少资源的投入，实现废弃物的减量化；其次是对生产和消费过程中产生的废弃物进行综合利用，体现回收再使用和循环利用的原则，达到废弃物的资源化；三是对不能循环再生的废弃物进行无害化处理，达到经济发展与环境保护的双赢。

4. 循环经济的发展途径

发展循环经济的基本途径包括推行清洁生产、综合利用资源、建设生态工业园区、开展再生资源回收利用、发展绿色产业和促进绿色消费等，主要是构筑三个层面的循环系统，即企业层面的微观循环系统、区域层面的中观循环系统和全社会层面的宏观循环系统，其对应着国际上比较有代表性的是美国杜邦化学公司模式、丹麦卡伦堡生态工业园区模式和日本模式。

5. 我国循环经济发展概况

我国于 20 世纪 80 年代起，开始重视对工矿企业废弃物的综合治理利用工作。进入上世纪 90 年代后，在环境趋势恶化的压力下，对循环经济发展意义的认识逐步深化，1993 年在上海召开的第二次全国工业污染防治会议上，循环经济理论首次登上了国家级讲坛，正式拉开了循环经济在中国传播、发展的序幕。2003 年 1 月 1 日，《中华人民共和国清洁生产促进法》开始实施。2003 年 6 月，生态建设、环境保护与循环经济科技问题作为第十个专题被列入国家中长期科技发展规划。2004 年以来，循环经济发展问题引起了社会各界的高度关注，理论性研究成果开始大量涌现，各级政府也陆续出台了一些实际操作性较强的政策。党的十六届四中全会明确提出，要大力发展循环经济，建设节约性社会。2004 年 9 月，国家发改委在全国循环经济工作会议上要求，要以循环经济理念指导“十一五”规划的制定。2004 和 2005 年，国家环保总局将大力发展循环经济列为年度工作重点。2005 年，我国以政府文件的形式出台了《国务院关于加快发展循环经济的若干意见》，标志着政府推动型循环经济在全国范围内开始正式铺开。目前，循环经济在我国尚处于启动、试点阶段，但随着国家《循环经济法》的酝酿出台，循环经济发展高潮即将到来。

二、吉林省循环经济发展态势及特点

1. 生态省建设为循环经济发展奠定了良好的基础

进入新世纪新阶段，吉林省委、省政府顺应新趋势，重新审视省情，提出了发展生态环保型效益经济的全新发展模式，做出了建设生态省的战略决策，编制出台了以实现经济高质高效、生态环境优良、社会发展和谐为目标的《吉林省生态省建设总体规划纲要》。目前，吉林生态省建设第一阶段任务业已完成，初步建立起了生态环保型效益经济基本框架，为循环经济的发展奠定了良好的基础。到 2005 年，全省新增绿色名牌产品 50 个，绿色产业增加值占全省国内生产总值比重达到 12%；新增森林面积 32 万公顷，森林覆盖率达到 43%；新增治理水土流失面积 6000 平方公里，水土流失率低于 12%，土地退化治理率大于 30%；建设基本草原和治理"三化"面积各 20 万公顷，退耕还林还草 10 万公顷，可利用草场占草场总面积的 81%；矿山生态环境恢复治理率达到 26%；主要污染物排放总量比 2000 年减少 10%；50%的城市空气环境质量达到二级标准；地表水水质达标率、城市污水处理率、工业固体废物综合处理率分别达到 50%、40%、65%；城镇清洁能源使用率每年增加 3.4 个百分点；生态城镇占全省城镇总数的 15%；城镇化水平达 48%；科研投入占国内生产总值的比例达到 1.5%。

2. "十一五"专门规划明确了循环经济近期发展目标

为促进经济发展方式的根本转变，实现经济社会的可持续发展和全面建设小康社会的宏伟目标，2006 年出台了《吉林省人民政府关于全面推进循环经济加快发展的实施意见》和《吉林省循环经济发展"十一五规划"》(以下简称《规划》)，明确提出到 2010 年，每万元 GDP 能耗由 2005 年的 1.60 下降到 1.22，每万元工业增加值取水量下降 35%，工业固体废物综合利用率达到 65%，废旧物资回收利用率达到 65%，主要再生资源回收利用率达到 85%，城镇生活垃圾无害化处理率达到 70%，固体废物无害化处理率达到 100%的发展目标。为使循环经济在推进生态省建设、促进经济发展方式转变和提高经济发展质量等方面发挥更大的作用，决定采取了点、线、面相结合的方法，在全省企业层面、区域层面、社会层面和资源再生产业方面重点抓好"53121"工程，即 50 个循环经济骨干企业(项目)、3 个循环经济示范园区、1 个循环经济试点市、2 个循环经济试点县(市)和 1 个国家循环经济试点重点领域的建设，以带动循环经济在吉林的全面推进实施。

3. "十一五"期间循环经济优先重点建设项目总体进展顺利

按照《规划》规定，"十一五"期间吉林省选择在农业、钢铁、有色、煤炭、电力、化工、建材、轻工等 8 个行业进行循环经济重点建设，并确定了总投资额达 227 亿元的 76 个优先重点建设项目。此次调查结果表明：循环经济优先重点建设项目总体进展顺利，截止 2007 年 6 月末，已有 60%的循环经济重点项目进行了开工建设，其中有 13 个项目已完成计划总投资额的一半以上(具体完成情况见下表)。

4. 以亚泰集团为代表的骨干企业资源循环利用成效明显

企业是循环经济发展的重要载体。《吉林省循环经济发展"十一五规划"》以资源综合利用、能源梯次利用、物质良性循环、经济持续增长和环境最佳保护为目标，选择了吉林亚泰集团股份有限公司、通化钢铁集团有限责任公司等 50 户典型企业，根据生态效率理念，通过产品生态设计、清洁生产等措施进行单个企业的试点，尽量减少产品和服务中物料和能源的使用量，以实现企业资源利用的最大化、经济效益的最优化和污染物排放的最小化，取得了明显成效。

以吉林亚泰集团股份有限公司为例，由于企业自身实力比较雄厚，加之国家和省市的重点扶持，近年来加大了淘汰落后产能、广泛应用环保设备和对工业废弃物的处置力度，目前已完成了企业内部循环经济发展的主要目标，取得了显著的经济效益、环境效益和社会效益。在实施清洁生产方面，所有扬尘点均设置选用了高效通风除尘设备，使各车间各岗位粉尘浓

吉林省"十一五"期间循环经济建设快速进展项目完成情况表

项目名称	建设单位（承建单位）	工程起止年限	计划总投资（万元）	截止 2007 年 6 月末实际完成投资（万元）	已完成投资额占计划总投资的比例（%）
榆树市秸杆发电综合利用项目	加拿大瑞威集团绿色能源投资有限公司	2006.4～2007.12	27640	35000	127
煤矸石综合利用工程(4000t/d)	金刚集团白山水泥有限公司	2006～2007	36000	43084	120
4000t/d 新型干法水泥熟料生产线项目	吉林亚泰水泥有限公司	2005～2006	45497	45497	100
集安市集中供热建设工程项目	集安市仁隆房地产有限公司	2004～2007	14879	14879	100
造气 60 吨三废余热资源综合利用	通化化工股份有限公司	2006	5131.4	5131.4	100
东辽县三龙空心砖厂资源综合利用项目	东辽县资源综合利用公司	2005～2006	5064	4600	91
年回收 1 万吨废旧塑料及深加工木塑复合材料、塑料节水器材项目	白山市喜丰塑料股份有限公司	2005.11～2007.11.	8600	6570	76
年产五亿块煤矸石制砖项目	吉林省宸昕建筑材料有限公司	2006～2008	6360.5	4800	75
白山发电厂五期扩建工程(2×30 万 KW 新建机组工程)	白山热电有限责任公司	2005～2007	293465	203631	69
年产 50 套高效生物流化污水处理再生利用成套设备产业化项目	四平市海格机电设备制造有限公司	2006.1～2007.3	8501.7	5442	64
年利用百万吨煤矸石烧制 5.2 亿块空心砖生产线项目	吉林省光大实业集团有限责任公司	2004～2007	33530	20202	60
利用低品位硅藻土建设年产 50000 吨硅藻土基体无毒杀虫剂	吉林省长白山化工有限公司	2005～2008	11160	6624	59
年处理 5 万吨金精矿粉多金属综合选冶厂项目	集安市利源黄金有限责任公司	2006.6～2007.5	6200	3280	53
水泥粉尘治理工程项目	吉林德全水泥集团股份有限公司	2005.3～2008.3	6010	3020	50
合计			508038.6	401760.4	79

度均低于《工业企业设计卫生标准》(GBZ1－2002)；在循环水的利用方面，水泥磨用水从并联式改为串联式，企业外排污水（包括生活污水）全部进入污水处理站处理后回用，已实现废水零排放；在余热利用方面，已在两条生产线设置了余热发电站，每年可向水泥生产线供电

1.95亿千瓦时，相当于年节约标准煤约6万吨；在固体废弃物回收利用方面，2006年亚泰集团将生产过程中产生的1000吨的废铜、废铁、废钢、废铝等全部进行回收再加工处理，综合利用包括粉煤灰、镍渣、钢渣、煤矸石、硫酸渣、油母页岩等各类废渣量200万吨，节约资金近200万元；在大气污染防治方面，今年4月，亚泰集团与日本丸红株式会社就双阳、明城、哈尔滨三个水泥厂扩大产能，并规划利用水泥窑头窑尾余热建设三座纯低温余热发电站，5年减排二氧化碳100万吨的CDM项目达成合作意向。

5. 以江源区为代表的区域循环经济试点取得初步成功

农业循环经济就是把循环经济理念应用于农业生产，在农业生产过程中和产品生命周期中减少资源、物质的投入量和减少废物的产生排放量，实现农业经济和生态环境效益的统一。2002年以来，江源区按照省委、省政府大力发展生态环保效益经济的要求，重点建设了八大农业循环经济生产基地并取得显著成效：以砟子镇、大阳岔镇、大石人镇为重点的黑木耳、香菇等食用菌生产基地，总投资额为670万元，已全部完成；以松树镇、湾沟镇、大阳岔镇为主的林蛙养殖基地，总投资额为900万元，已全部完成；以桔梗、红豆杉、五味子为主的中药材生产基地，总投资额为600万元，已全部完成；以野猪、绒山羊、梅花鹿为主的特种养殖基地总投资额为400万元，已全部完成；以三岔子镇、孙家堡子镇为主的花卉生产基地，总投资额为300万元，已全部完成；以林子头、红石、小河口、森工、沙金万亩蔬菜高效示范区为主的无公害蔬菜种植基地，总投资额为1000万元，已全部完成；以蕨菜、薇菜为重点的山野菜培植基地，总投资额为200万元，已完成50%；以山葡萄、长白山弥猴桃为重点的果品生产基地总投资额为50万元，已完成60%。目前，江源区的菌、蛙、参、药、菜等特色农业生产已初具规模，在重点建设的八大农业基地中有六大基地已经开始产出效益，另两大基地投资完成额也已过半。

2006年，江源区进一步制定了循环经济示范区发展规划，确立了农业循环经济发展战略，用工业化思维谋划循环型农业发展重点。计划在种植养殖业方面，推广建立立体种植养殖模式、种养加一体化与废弃物资源化利用模式和有机农业开发模式；在畜牧业方面，推广建立规模化养殖场农牧结合模式和零排放模式；在农副产品加工业方面，推广建立加工废弃物集中利用模式和就地利用模式，以龙头企业为依托打造种养加循环发展产业链，使农业、牧业和加工业相互促进，循环发展。

三、吉林省循环经济发展中出现的问题及难点

1. 个别市(州)对发展循环经济的重视程度不够

目前，吉林省循环经济发展虽然在总体上有效启动，但在贯彻实施省委、省政府全面推进循环经济发展政策方面，各市(州)在重视程度上却存在着较大差异。白山市制定了《关于加快发展循环经济的实施意见》，结合实际提出了“十一五”期间循环经济发展的具体指标，并确定了再生转化循环、林木业增值循环、特色医药、节能降耗、环境保护五类重点项目；通化市制定了《循环型生态经济体系构建规划》，部署了积极构造都市型生态农业、着力推进传统工业生态化和大力发展生态服务业三大战略；而有的市(州)目前只是用已制定的节能减排和环境保护方面的方案、意见和规划等简单代替循环经济发展规划；有的市(州)目前只是在有关部门成立了循环经济项目工作组开展了一些亟待综合开发利用的能源矿产废弃物情况调查；个别市(州)连循环经济研究机构都未设立，只是指定了有关部门的某个人进行关注。这种现象的存在将严重影响吉林省循环经济的全面推进。

2. 各地在推进循环经济发展速度上出现明显不平衡

从吉林省“十一五”期间循环经济优先重点建设项目分地区启动情况上看，通化、白山、长春等市开工建设情况较好，启动率已达到60—90%；而其他市(州)则有超过半数以上的项目由于各种原因尚未启动。

从各类循环经济示范区域建设情况上看，

积极性较高、动手较快的白山市已确定了以白山经济开发区为重点，辐射江源区、八道江区部分区域的白山循环经济示范区的范围，总面积达80平方公里，共规划项目51项，总投资160亿元；目前，《白山循环经济示范区试点实施方案》也已上报省发改委批复并上报国家，争取列入第二批国家循环经济试点单位。而有的虽已列入全省循环经济示范县（市）、示范区，但至今仍尚无任何启动迹象。

从全省再生资源回收利用体系建设、废旧金属再生利用、废旧家电回收利用、再制造等4大领域上看，吉林市出台了《再生资源回收利用管理办法》、《再生资源回收利用体系建设项目规划》，从保护生态环境和保护经营者合法权益的角度，加强了对再生资源回收利用经营行为的规范和管理，而急需各地政府大力推动的、属于宏观循环系统的其他3大领域尚未启动。

3. 资金不足是制约吉林省循环经济发展的瓶颈和最大难点

目前，吉林省循环经济发展所需要的国家支持资金争取的难度大、速度慢，地方配套资金受财政收入的制约又跟不上，企业自身积累也不足，因此，资金不足是制约吉林省循环经济发展的瓶颈和最大难点。

近年来，虽然四平等一些市（州）的经济总量和财政收入在不断增加，但经济总量不大、综合经济实力不强、经济发展能力偏低的状况并未从根本上得到扭转，因此，对循环经济建设和生态环境建设方面的投入能力明显不足，这严重阻碍了四平循环经济示范区等辖区内各单位的循环经济发展步伐。

年产25万套无机不燃防火门芯和门扇是吉林省“十一五”期间循环经济优先重点建设项目之一。该项目是吉林市玲珑家具有限公司与公安部天津消防科研所共同研制开发的新兴复合型材料防火门，其主导产品属于高新技术产品，是公安部消防评定中心首推和唯一推荐产品。该项目设计总资金为11090.1万元，其中建设投资为8485.8万元，铺底流动资金781.3万元，目前企业自筹资金4000.1万元，银行贷款5090万元，因尚有2000万元资金缺口无着落而搁浅。

由于吉林市自身财力有限，作为国家第一批循环经济重点领域试点项目——吉林市再生资源集散市场建设上也遇到了不小的困难，在统一设置废旧物资交易市场、收购亭和对流动收购人员实行“四统一”方面所需资金不足，致使吉林市再生资源集散市场建设步伐缓慢。

像通化钢铁集团这样连续入选“中国企业500强”的国有大型企业，虽然近年来累计完成环保项目投资3.2亿元，但在发展循环经济的资金投入上也不充足；至于那些得不到方方面面大力支持的民营企业、中小企业，虽有参与发展循环经济的积极性，但资金投入的瓶颈制约阻挡了他们前行的步伐。只有有效解决了资金投入的问题后，吉林省循环经济才能迎来大的发展和全方位推进。

4. 扶持循环经济发展的相关政策落实不到位

《吉林省人民政府关于全面推进循环经济加快发展的实施意见》中，着重从经济、技术、环保、社会发展等四个方面推出一系列优惠政策，以全面推进吉林省循环经济的快速发展。但从调查反映的情况看，一些政策的执行缓慢，认证过程复杂、繁琐，落实尚未到位。

白山市反映：2006年末，对9户企业共10个产品进行了增值税即征即退优惠政策资格的认证初审，并已上报到省发改委，但企业尚未收到正式认定证书。

吉林市反映：作为全省循环经济试点城市，至今未得到任何有关方面在政策和资金上的支持。

长春皓月清真肉业股份有限公司的蚯蚓养殖处理牲畜废弃物项目，原计划在2006年投产，由于长春铁路西客站占道没能如愿；后经省、市协调，打算2007年投产，但由于四环路的建设又要占道，所以项目未获批准。

吉林省宸昕建筑材料有限公司年产五亿块煤矸石制砖项目，产品经省权威质检部门检验，达到“送审稿”规定的合格产品；2007年6月28日，经省专家组鉴定后，产品通过认证，准许进入市场，批量生产，推广利用。但是，在产品销售方面却出现了困难，主要是由于利用煤矸石生产实心砖，吉林省尚无先例，属于新产品，至今没有产品的"标准",吉林市建设局虽然口头同意企业产品可以对建筑市场销售,但由于缺乏具体保证措施,造成产品积压,公司现存400多万块实心砖占满整个场区,使企业无法继续生产,严重挫伤了企业发展循环经济的积极性。

5. 对倡导发展循环经济社会大环境的营造力度不够

一是宣传力度不够。循环经济目前在我国和吉林省的发展尚处于起步阶段,目前社会上许多人对"循环经济"这一新名词颇感陌生,只是有关部门和专业人士对循环经济的内涵及发展的重大意义有着相对深刻的了解和理解。

二是法制环境不健全。虽然我国已经出台了《节约能源法》、《可再生能源法》、《清洁生产促进法》、《固体废物污染环境防治法》和《环境影响评价法》等部分涉及循环经济内容的有关法律法规,但明确、系统的一部循环经济"硬"法的制定还在酝酿讨论中。

三是循环利用的意识不足。人们对资源稀缺性的认识不够,资源危机感不强,普遍缺乏循环利用的意识。从企业层面上看,即便是海尔集团这样服务比较到位的大型企业,其冰箱、洗衣机、热水器等产品在送达消费者后,其完好的包装物也同时被遗弃在消费者家中,也没有做到回收再利用,这样既无形中增加了广大消费者的额外经济负担,又使各种包装物在再加工过程中浪费了大量的社会物化劳动和活劳动。再从家庭和居民层面上看,人们普遍缺乏将生活"垃圾"分类捡装的习惯,对可回收垃圾的范围也不十分清楚,有资料显示:我国目前的日常生活垃圾的回收利用率不足20%,而经济发达国家的回收利用率大多在65%以上。

应该看到,近年来在国家的大力宣传倡导下,人们的环保意识和节能减排意识有所觉醒,但远未达到"习惯成自然"的程度。

四、加快推进循环经济发展的对策与建议

随着全球工业化进程的整体加快,保护与改善人类赖以生存的环境,珍惜和节约利用宝贵的物质资源,实现人类社会的可持续发展,是世界各国人民的共同愿望。我国政府已把科学发展和可持续发展作为经济社会发展的基本战略,并采取了一系列重大举措。在吉林省大力发展循环经济,不是"追赶时尚"和"应景之为",而是"现实所迫"和"大势所趋"。因此,应充分利用国家给予东北老工业基地建设的各项优惠政策和吉林省在发展循环经济方面的已有优势,着力解决发展中存在的困难和问题,加快推进,全面发展。

(一)切实加大宣传力度,努力提高全省人民的生态文明意识和资源节约观念,使循环经济率先在吉林省得到蓬勃发展

胡锦涛总书记在刚刚结束的十七大报告中强调指出,要使"生态文明观念在全社会牢固树立。建设生态文明,基本形成节约能源资源和保护生态环境的产业结构、增长方式、消费模式"。因此,我们一定要牢牢抓住我国大力加强生态文明建设的契机,加大宣传引导力度,以循环经济发展为突破口,带动吉林省经济社会的跨越式发展。大力发展循环经济的宣传工作主要可从以下三方面入手:一是动用所有宣传工具,在学习宣传十七大精神的同时,重点强调大力发展循环经济是进行生态文明建设的重要途径和主要内容,进一步提出"保护环境人人有责"、"节能减排我行动"、"循环发展是生态文明建设的必由之路"等口号,详细介绍和宣讲发展循环经济的内涵及其重大意义,使生态文明、循环发展的理念深入人心;二是以明年国家《循环经济法》出台为契机,多种形式掀起学习宣传《循环经济法》的高潮,使发展循环经济成为社会各界的自觉行动;三是加大对成功发展循环经济典型事例的宣传报道力度,引导各地区、各行各业尽快走上循环发展之路。

(二)着手进行法规制度建设,使循环经济在吉林省全面、规范、持续发展

建立循环经济规划制度。县级以上政府在编制国民经济和社会发展规划、区域规划以及城乡建设、科学技术发展等规划时,都应明确提出发展循环经济的目标和要求;其次,对编制程序和包括资源产出率、废物再利用和资源化率

等具体指标都有明确要求。这些将成为政府评价考核的依据。

建立抑制资源浪费和污染物排放的总量调控制度。明确要求各级政府必须依据上级政府制定的本区域污染物排放总量控制指标和建设用地、生产用水总量控制指标，规划和调整本行政区域的经济和产业结构，不能突破本地的环境容量和资源承载力。

建立以生产者为主的责任延伸制度。将生产者的责任从单纯的生产阶段、产品使用阶段延伸到产品废弃后的回收、利用和处置阶段，对生产者在产品废弃后应当承担的回收、利用、处置等责任提出明确要求。

强化对重点行业的高耗能、高耗水企业进行重点管理。对钢铁、有色金属、煤炭、电力、石油石化、化工、建材、建筑、造纸、印染等行业内，年综合能源消费量、用水量超过国家规定总量的重点企业，实行重点管理制度。重点企业应当制定严于国家标准或者行业标准的能耗和水耗企业标准，并按规定进行审核。

强化产业政策的规范和引导。省发改委应会同环保等有关主管部门定期发布鼓励、限制和淘汰的技术、工艺、设备、材料和产品名录，禁止生产、进口或者采用列入淘汰名录的技术、工艺、设备、材料和产品。

建立激励机制。具体包括：建立循环经济发展专项资金；对循环经济重大科技攻关项目实行财政支持；对促进循环经济发展的活动给予税收优惠；对有关循环经济项目实行投资倾斜；实行有利于循环经济发展的价格、收费等政策措施。

建立法律责任追究制度。对各类社会经济主体不履行法定义务的行为，规定相应的惩罚措施。

（三）加强对已列入《规划》内的试点城市、试点区域、重点行业、重点企业和优先重点建设项目的监督、检查和指导，确保吉林省的循环经济发展规划如期顺利完成

调查中发现，有些已列入《吉林省循环经济发展“十一五规划”》的试点城市、试点区域、重点行业、重点企业至今未有启动迹象，一些优先重点建设项目的承建单位如吉林省中企源科贸有限公司、吉林新龙建筑工程有限公司吉林市建筑分公司已经注销，吉林中路新材料有限责任公司一直停产，其所承担的循环经济发展项目存在着落空的危险。因此，加强对已列入全省《规划》内的试点城市、试点区域、重点行业、重点企业和优先重点建设项目的监督、检查和指导确有必要。此外，通过做好监督、检查、指导工作和继续敞开试点申报范围，还可及时调整和丰富吉林省《规划》的内容，确保“十一五”期间循环经济在吉林省全面有效启动和发展。

（四）千方百计解决循环经济发展资金筹措难的问题，为吉林省循环经济注入持续的发展动力

一是各级政府投资主管部门，在制定和实施投资计划时，对发展循环经济的重大项目和技术开发、产业化示范项目，要给予直接投资或资金补助、贷款贴息等支持，并发挥政府投资对社会投资的引导作用，引导各类金融机构对促进循环经济发展的重点项目给予金融支持；鼓励民间资本、不同经济成分和各类投资主体参与循环经济发展；随着经济的发展和财政保障水平的提高，逐步加大对生态省建设的投入，在生态省建设专项资金的使用上，逐步提高循环经济建设项目所占比重；有关部门要在发展循环经济的政策研究、技术推广、示范试点、宣传培训等方面给予资金支持。二是进一步做好循环经济发展项目的申报工作，积极争取国债资金、国家扶持循环经济发展专项资金及国家发改委环境和资源综合利用重点项目扶持资金的大力支持。三是做好循环经济发展项目的评估、论证工作，加大宣传、推介力度，以政府名义面向社会公开招标，吸引国内外各类风险投资基金加盟。四是提高环境污染费的收费标准，加大征收力度，用于补充重点扶持循环经济发展项目的资金缺口。五是组建循环经济贷款担保公司，以解除金融机构为循环经济发展项目发放贷款的后顾之忧。

(五)尽快将扶持循环经济发展的各项优惠政策落实到位,充分调动各循环经济发展主体的积极性、主动性和创造性

除尽快落实循环经济发展的资金扶持政策外,还应重点落实技术立项、土地使用、税收优惠和价格倾斜等各项政策。

在技术立项政策方面:各有关部门应尽快研究制定推进循环经济发展的技术导向目录,国家鼓励发展的节能、节水、环保装备目录,对具有普遍推广意义的资源节约和替代技术、能量梯级利用技术、延长产业链和相关产业链接技术、"零排放"技术、有毒有害原材料替代技术、回收处理技术、绿色再制造技术以及新能源和可再生能源开发利用技术等给予优先立项支持。

在土地使用政策方面:土地管理部门要统筹协调好全省用地调控指标,对循环经济重点建设项目,要切实保障用地计划指标。要不打折扣地执行循环经济建设重点项目用地,减免市政公用基础设施配套费政策。

在税收优惠政策方面:要严格执行对有关循环经济产品增值税即征即退政策、减半征收政策;对从事循环经济技术转让、开发、咨询、服务的单位和个人免征营业税政策;对利用本企业生产过程中产生的在《资源综合利用目录》内的资源做主要原料生产的产品所得免征企业所得税5年的政策。

在价格倾斜方面:物价管理部门应尽快研究制定并落实促进循环经济发展的价格政策。可通过调整资源性产品与最终产品的比价关系,理顺自然资源价格,逐步建立能够反映资源性产品供求关系的价格机制;通过调整水、热、电、天然气等价格政策,促进资源的合理开发、节约使用、高效利用和有效保护;要对循环经济产品进行保护性定价,利用价格杠杆提升城乡居民的环保意识和循环利用观念,确保循环经济产品的顺畅流通和合理消费。

总之,只要各级党委、政府和各有关部门大力支持、密切配合,充分调动起各循环经济发展主体的积极性、主动性和创造性,循环经济就能够在吉林省全面发展、遍地开花,资源节约型和环境友好型的吉林就一定能够建设成功,经济发展、社会进步、生态文明的发展目标在吉林就一定能够实现。

作者:吉林调查总队

中部地区城市群经济社会发展比较研究

一、研究的目的和意义

继"东部大发展、西部大开发、东北大振兴"之后，中部的山西、安徽、江西、河南、湖北、湖南六省面临"经济凹地"的困境和压力。在全国十届人大二次、三次会议的《政府工作报告》中，国务院总理温家宝先后两次提出："促进中部地区崛起"，形成"东中西互动、优势互补、相互促进、共同发展的新格局"以及"国家要从政策、资金、重大建设布局等方面给予支持"，这给中部地区发展带来了新的机遇和希望。在此之后，社会各界对中部问题展开了广泛讨论和深入研究，目前比较一致的看法是中部地区崛起作为一项国家战略，首先是经济全球化和区域经济一体化背景下不断加快发展的崛起，而不是就中部谈中部的发展。其次是以对外开放、区域竞争与合作为动力来加快中部地区的发展，主要依靠自身的努力，但中央政策的倾斜具有重要的"启动"和促进作用。三是中部面临的问题很大程度上也是中国面临的问题，因此中部崛起不仅是其自身发展的需要，也是整个中国发展的需要。四是中部崛起应该是实现"共赢"目标与部分重点地区率先崛起的双重目标。

根据目前政策层和理论层的研究规划看，中部各地区将以省会城市和资源环境承载力较强的中心城市为依托，编制沿干线铁路和沿长江城镇带规划，规划以武汉城市圈、中原城市群、长株潭城市群、皖江城市带为重点，形成支撑经济发展和人口集聚的城市群，带动周边地区发展。中部地区的湖南、湖北、河南、安徽四省位于我国内陆腹地，行政区域面积占全国土地总面积的7.3%，年末总人口占全国总人口的20.9%，地区生产总值占全国的16.0%。该区域资源相对丰富，科教基础较好，生产成本相对较低，生态环境承载力较高，初步形成了便捷通达的水陆空交通网络，具有承东启西、连南通北的区位优势，不仅在我国经济社会发展中具有重要的战略地位，也为规划建设中部地区四大城市群奠定了基础。

在经济全球化的大背景下，各地出现了各种各样的城市群，以城市群的综合实力来提升区域经济。本课题试图对四个城市群经济社会发展水平的比较研究，第一，从经济发展的角度衡量城市群的发展能力，树立科学的、绿色的、环保的和可持续发展新理念，为建设节约型城市、挖掘投资潜力、提升综合实力提供科学依据；第二，转变各自为政的观念，树立区域经济发展一体化的新理念，实现区域共赢；第三，根据各城市群的优势和不足，及每个城市群在该省所处的位置，为政府在统筹协调城市群之间和城市群内部的整体布局，整合社会资源，加强区域规划合作，促进整个中部地区的发展提供客观依据，使中部崛起走出一条有中部特色的协作共赢的发展之路，具有较强的现实意义。

本文选用的中原城市群、武汉城市圈、长株谭城市群和皖江城市带四个城市群的地域范围，界定为国家统计局城市社会经济基本情况统计年报制度中解释的全市概念，即地级城市的整个行政区域，包括城区、郊区及所辖的县(市)；县级市为整个行政区域。其中长株谭城市群采用了3+5泛长株谭城市群概念，即以长株潭为中心，1个半小时通程为半径包括岳阳、常德、益阳、娄底、衡阳在内的城市群，从研究方法角度考虑，采用泛长株谭城市群更具有可比性。

二、城市群研究理论及研究前沿

城市群的研究源于欧美，有许多流派，与其

相伴出现过“组合城市”、“城镇密集区”、“都市地区”、“大都市圈”、“城市连绵带”等概念。自从戈特曼用“Megalopolis”来定义他所长期研究的美国东北部城市群以后，在国外理论界，用这个词来表示像波士华那样的诸多大城市的集合体已成为共识。但是到目前为止，国内学术界没有一个可以明确、准确地定论某一区域或某些城市集合体的概念，如在《国家“十五”规划纲要》中使用的是“城镇密集区”，《国家“十一五”规划纲要》中使用的是“城市群”，实质上他们所指的是同一空间区域。致力于相关研究的郁鸿胜专家认为，尽管都市圈、城市群、城市连绵带的物理空间布局形态并无多大的区别，但是从制度经济学的理论分析，用“都市圈”来表达城市群体就暗含了“首位城市”的概念，圈内城市间只能是“主机—终端”的关系，发展结果不可能是各城市平等协调发展。而“城市群”的提法属于城市等级规模体系，其中的城市与城市群总体之间是“网络—结点”关系，各城市的地位平等、功能互补，也最容易促成“共赢”。

1992年，崔功豪结合长江三角洲城市群的实证研究，将城市群体结构划分为3种类型：城市区域、城市群组和巨大都市带。姚士谋在对国内几大城镇密集区进行深入研究的基础上，提出了城市群的概念，出版了《中国城市群》一书，对长江三角洲、珠江三角洲、辽中南等几大城市群作了描述性的介绍，成为国内第一部以城市群为研究对象的专著。国内最近几年出版的关于城市群空间研究的主要著作是姚士谋的《中国城市群》(第二版)以及张京祥的《城镇群体空间组合》。

在理论研究上，当代国内外理论界对于区域经济非均衡运动提出了各种各样的理论。并依据区域经济非均衡发展的某种理论提出了各种区域经济的发展模式，如缪尔达尔(G. Myrdal)的循环积累因果模型，佩鲁(F. Perroux)的增长极理论模型，赫希曼(A. O. H. irschman)的中心—外围理论模型，威廉森(Williamson)的倒“U”字理论模型。目前在一些发达国家，以及包括中国在内的发展中国家，主要实施的有梯度推移发展模式(包括反梯度推移模式)、增长极模式、点轴开发模式和网络开发模式等，这些区域非均衡发展理论和模式构成了研究城市群综合发展水平的理论基础。国内学者主要使用城镇化及空间集聚———扩散理论来阐释城市群空间发展机理。研究方法上，国内仍主要以定性研究为主，但也有少数学者在定量研究方面做出了尝试，较为典型的是张宇星对城市群形态的空间分形研究以及罗震东与张京祥对大都市区域空间集聚——碎化的测度。目前对城市群问题的研究更多的是从定性分析转向定量和定性分析相结合上，从研究城市群或区域的空间布局转向研究区域的综合实力(竞争力)上，如景体华陈孟平的中国区域发展蓝皮书系列、倪鹏飞的城市竞争力蓝皮书系列等。

中部四大城市群尽管名称中既有城市圈(武汉城市圈)，也有城市带(皖江城市带)，还有城市群(中原城市群、长株潭城市群)的提法，由于本文研究的着眼点是对四个区域的经济社会发展状况做出评价，而对其区域空间的地理概念不作重点研究，所以本文更倾向于如下的城市群叙述，即所谓城市群是在特定的区域范围内云集相当数量的不同性质、类型和等级规模的城市，以一个或两个特大城市为中心，依托一定的自然环境和交通条件，城市之间的内在联系不断加强，共同构成一个相对完整的城市“集合体”。

综合国内外研究文献，本研究认为区域经济社会发展水平是一个相对概念，它主要指一个特定区域在竞争和发展过程中与其它区域相比较具有的更全面、协调和可持续发展的能力，经济社会发展水平如何，只有在比较中才能确定其高低。

三、指标体系建立和指标选择

本文的研究对象是四个城市群的经济社会发展水平，目的是基于每个城市群相对发展水平的差异程度来判断其优劣性，通过一系列的数学和实证方法对城市群和城市群之间进行比较分析，从而得出结论。对城市群经济社会发展水平的评价，在相当程度上是评价该区域的现有水平及发展潜力。因此，本文根据研究对象和研究目的来选择具体指标，建立指标体系。

(一)建立评价指标体系遵循的原则

1. 坚持把握宏观、兼顾微观，强调代表性和可操作性。指标的选择应当既能够基本反映中部城市群和中原城市群在中部地区崛起进程中的主要内容及其主要方面，指标设置避免过细、过繁、过滥，做到看得见、摸得着、感觉得到，保证具有较强的代表性。

2. 兼顾指标体系的科学性与可行性。在监测指标的选定时尽可能兼顾指标的科学性和可行性，尽可能选择本课题必需、数据收集容易、可靠性好的指标。

3. 必须具有一致性与可比性。整个指标体系是一个完整的系统，指标之间的关系要力求协调一致，避免相互矛盾，同时，要尽可能努力做到横向地区可比、纵向历史可比。

4. 处理好指标的独立性与相关性、稳定性与敏感性的关系。指标之间完全的独立性是不可能的，但应当具有相对的独立性，既要考虑指标的稳定性，也要考虑其敏感性，对于一些反映比较迟钝而又必需的指标可进行敏感化处理。

5. 尽可能选择客观指标和最终成果指标。中部地区崛起进程评价指标体系作为一种绩效评价体系，其目的在于反映城市群的经济社会发展状况与地位。监测指标以选择反映最终成果的指标为主，同时，为了避免人为因素的干扰，一般要尽可能选择具有客观性的指标。

6，遵循监测指标体系有限目标的原则。中部城市群在中部地区崛起中的作用和地位是一项伟大的战略目标和系统工程，可以从多个方面、多个角度进行研究，而对城市群发展进程监测指标体系的研究，仅仅是从统计的角度来观测和反映，不可能涉及所有问题，因此只能就反映城市群最主要的方面设置指标，加以定量分析，而不可能面面俱到。指标体系的选择也应当建立在现有基本统计制度的基础上，而尽量避免另辟蹊径，重起炉灶，同时经济社会发展日新月异，随着对未来认识的加深以及统计制度的改革与完善，应为今后该指标体系的进一步完善预留一定的空间。

(二)指标体系框架

在建立评价指标体系的过程中，本课题借鉴了国家统计局城市司和中国统计学会城市统计专业分会城市综合实力比较研究课题组研制的指标体系框架。城市群研究指标体系有一个逐步完善的过程，为了从解释的角度测量和评估城市群发展水平，也为了全面了解各城市群的优劣势，设置具体指标时，在遵循系统性、可比性和可操作性的原则前提下，对其中一些指标作了变动。由于城市群内城市数量不同，城市规模大小不一，城市发展水平差异较大，本文在设计指标时尽可能消除总量指标带来的影响，大多数指标选取了平均指标和相对指标。同时指标选取尽可能按照数据搜集容易原则来设置，着重选取了反映经济社会发展规模、速度、质量和效益的指标。综合上述因素，在借鉴城市综合实力比较研究指标体系框架的基础上，由课题组分析人员共同确定指标体系和指标结构，建立了一套、四层的解释城市群经济社会发展水平的指标体系，指标总数为 39 个：最上层是各城市群经济社会发展水平，即各城市群经济社会发展水平比较的最终计量结果，是评价的首要目标层。其次是将城市群经济社会发展水平分解成人口和劳动力、经济发展、社会发展、基础设施和环境保护五个目标层来评价四个城市群的经济社会发展水平，形成一级子系统，用公式表示为：城市群经济社会发展水平＝F{人口和劳动力发展水平，经济发展水平，社会发展水平，基础设施建设发展水平，环境保护发展水平}。第三层分别对上述五个目标层进一步分解，在规模、结构、增长速度、效益等方面形成评价指标体系的二级子系统。最底部一层为统计指标层(见表 1)。

表1　中部四个城市群经济社会发展评价指标体系

一级子系统	二级子系统	指标层
人口与劳动力发展	人口与就业规模	A1 年末总人口
		A2 年末单位从业人员
	人口与就业结构	A3 城镇化水平
		A4 第二产业从业人员比重
		A5 第三产业从业人员比重
经济发展	经济规模	B1 地区生产总值
		B2 全社会固定资产投资完成额
		B3 社会消费品零售总额
		B4 金融机构年末贷款余额
		B5 进出口总额
		B6 实际利用外资金额
	经济结构	B7 第二产业占 GDP 比重
		B8 第三产业占 GDP 比重
	经济速度	B9 地区生产总值增长率
	经济效益	B10 人均地方财政一般预算内收入
		B11 人均 GDP
		B12 万元 GDP 耗电量
		B13 万元 GDP 用水量
社会发展	居民生活	C1 城镇居民人均可支配收入
		C2 农村居民人均纯收入
		C3 人均住房使用面积
	科技教育卫生	C4 专利申请授权量
		C5 每万人拥有在校大学生人数
		C6 人均科技教育事业费用支出
		C7 万人拥有医生数
	社会治安	C8 每十万人刑事案件立案数
		C9 每十万人交通事故死亡人数
基础设施	城市规模	D1 建成区面积
	交通	D2 公路密度
		D3 万人拥有公共汽车
	通讯	D4 电话(固定)普及率
	供水供电	D5 供水生产能力
		D6 全年用电量
环境保护	环境治理投资	E1 环境污染治理本年投资完成额
	废物处理	E2 单位区域面积 SO2 排放量
		E3 工业废水排放达标率
		E4 三废综合利用产品产值
		E5 生活垃圾无害化处理率
	城市绿化	E6 建成区绿化覆盖率

1. 人口和劳动力子系统。选用了年末总人口、城镇化水平、年末单位从业人员、第二产业从业人员比重、第三产业从业人员比重5个指标。用年末总人口和城镇化率来反映城市人口规模和城镇化水平,用年末单位从业人员来反映就业规模,用第二产业从业人员和第三产业从业人员比重来反映就业结构。

2. 经济发展子系统。选用了地区生产总值、全社会固定资产投资完成额、社会消费品零售总额、金融机构年末贷款余额、进出口总额、实际利用外资金额、第二产业占GDP比重、第三产业占GDP比重、地区生产总值增长率、人均地方财政一般预算内收入、人均GDP、万元GDP耗电量、万元GDP用水量13个指标。投资、消费和出口是拉动经济增长的三驾马车,本文选用了地区生产总值、全社会固定资产投资完成额、社会消费品零售总额和进出口总额作为核心指标来反映经济规模。人均GDP是反映地区的经济发展水平的重要指标。基础资源和水资源决定一个地区的可持续发展能力,由于用电需要消耗基础资源,所以GDP耗电量是反映能耗的重要指标,本文选用GDP耗电量和GDP用水量作为主要指标反映经济效益。

3. 社会发展子系统。选用了城镇居民人均可支配收入、农村居民人均纯收入、人均住房使用面积、专利申请授权量、每万人拥有在校大学生人数、人均科技教育事业费用支出、万人拥有医生数、每十万人刑事案件立案数、每十万人交通事故死亡人数9个指标。关于居民收入、居住质量的评价,是因为它是衡量居民生活质量水平最重要的子系统。科技教育卫生,选用了万人拥有大学生数和科技教育事业费用支出和专利授权量来评价一个地区的人才科技资源和发展潜力,因为地区的发展很大程度取决于人的科学文化素质和科技水平,而科技水平又很大程度上取决于政府对科技的投入力度。万人拥有医生数,是生活质量不断提高的重要表现。安全感也是一种生活质量,用每十万人刑事案件立案数和每十万人交通事故死亡人数反映居民的安全度。

4. 基础设施子系统。选用了建成区面积、公路密度、万人拥有公共汽车、电话(固定)普及率、供水生产能力、全年用电量6个指标。用建成区面积来衡量一个城市的基础设施所能达到的范围及城市规模。选用公路密度、万人拥有公共汽车数来评价地区的交通便利度,这是衡量交通系统发展水平的重要指标,一个地区的发展水平很大程度取决于该地区的客流和货物之间快速、低成本、自由流动的实现程度。

5. 环境保护子系统。选用了环境污染治理本年投资完成额、单位区域面积SO_2排放量、工业废水排放达标率、三废综合利用产品产值、生活垃圾无害化处理率、建成区绿化覆盖率6个指标。现实存在的环境问题有目共睹,了解环境状况,为宏观上保护和恢复环境提供依据。本文选用单位区域面积SO_2排放量、工业废水排放达标率、废物综合利用产品产值和生活垃圾无害化处理率来反映废物循环利用能力以及空气和水的质量。环境质量是影响居民生活质量的重要因素,一般认为,人类视野中绿色占25%以上时视觉感觉最舒服,因此建成区绿化覆盖面积是评价一个城市绿化水平最重要的指标之一。

四、城市群研究方法及测算过程

对于研究城市或区域经济社会发展水平,不同的研究者用不同的研究方法,本文在其它研究者的基础上,采用因子分析(Factor Analysis)法与主要指标对比分析法相结合对中部地区城市群经济社会发展水平进行评价和分析。

(一)指标数据无量化处理方法

本课题指标数据主要来源于《2006年城市社会经济基本情况统计报表》、《2006年中国统计年鉴》和《2007年中国城市年鉴》,相对指标和平均值指标根据上述资料加工合成。

因子分析测定城市群经济社会发展水平的基本步骤是:设有m个城市群,n个评价指标,则城市群发展水平指标矩阵Xm∗n为评价样本矩阵。

将观测指标(变量)无量化处理,计算所有变量的相关矩阵。为把不同性质的指标进行综合,首先要对全部指标进行无量纲化处理,本文采用标准化处理方法,公式为

$$z_{ij}=\frac{X_{ij}-\mu_j}{\sigma_j}$$

$$(i=1,2,3\cdots.m;J=1,2,3\cdots.n) \quad (1)$$

式中：X_{ij} 为第 i 个城市群的第 j 个指标值；μ_j 为 m 个城市群的第 j 个指标平均值，σ_j 为第 j 个指标的标准差。Z_{ij} 为第 i 个城市群的第 j 个指标标准化后的数值。

由于逆指标不太适合因子分析法，在进行无量化处理前首先对逆指标进行了正向处理。本研究体系中共有5个逆指标，由于这5个逆指标全部是非比例指标，所以对逆指标的处理方法是 $1/X_{ij}$。

（二）因子模型

假设用 n 个指标对 m 个样本进行评价，运用上述方法得到标准化数据矩阵 X 的因子模型如下：

$$x_1=\alpha_{11}F_1+\cdots+\alpha_{1p}F_p+e_1$$
$$x_2=\alpha_{21}F_1+\cdots+\alpha_{2p}F_p+e_2$$
$$\cdots\cdots$$
$$x_n=\alpha_{n1}F_1+\cdots+\alpha_{np}F_p+e_n$$

可以简写为：$Z=AF+e \qquad p\leqslant n$

其中 F_i 为第 i 个公共因子，α_{ij} 为因子载荷。A 为载荷矩阵，$e=(e_1,e_2\cdots\cdots e_n)$ 称作误差或特殊因子。

1. 对标准化数据矩阵Z计算相关系数矩阵R。

2. 提取主因子。通过计算R的特征值，并根据特征根确定相应的特征向量，再计算特征根的方差贡献率和累计贡献率。根据累计贡献率大于85%原则，确定主因子的个数和相应的特征向量矩阵，即因子载荷矩阵。主因子个数为 $F_1,F_2,F_3,\cdots,F_p,p=(1,2,\cdots,p)$。

3. 进行因子旋转。由于初始因子的综合性太强，会使其因子变量的含义模糊不清，因此需要通过坐标旋转，使负载尽可能向±1、0靠近，从而降低因子综合性，使得其变换后的因子解的实际意义更容易解释和分析，本文选用方差极大法旋转。

4. 计算各主因子的分值。因子分值是各个因子在每个城市群上的得分值，将公因子作为自变量进行回归分析，即可计算各城市的主因子值。

$$F_p=b_{ij}X_1+b_{i2}X_2+\cdots+b_{im}X_m$$
$$(i=1,2,\cdots,m;p=1,2,\cdots,p) \quad (2)$$

以上的统计分析过程本文运用计算机工具和SPSS统计处理软件完成以上数据处理和各公式的计算，以保证处理过程的效率和处理结果精确性。

（三）综合因子评价

计算综合评价总得分值，以因子方差贡献率为权重计算每个城市群综合发展水平得分，也就是各主因子的得分乘以其对应的方差贡献率之和，综合因子得分为：

$$F=V_1F_1+V_2F_2+\cdots+V_pF_p \quad (3)$$

根据上述公式计算出的综合因子得分，从而得到本文用以对评价对象进行综合排序的依据。其中，F总得分值越高，说明该城市群综合发展能力越强；得分越低，说明该城市群综合发展能力越差。由于第一主因子（成分）在所有的主因子中包含的信息量最大，也可用第一主因子得分代表不同城市群间发展能力的差别。

（四）运算结果

在实际运用上述因子分析过程中，由于指标数量相对于评价对象数目较多，用因子分析提取出的公因子反映的原指标信息过多，所解释的指标含义模糊，不能清楚地对各城市群的不同侧面进行分析，因此本文对指标体系的五个二级子系统分别进行因子分析，得出四个城市群在每个子系统的得分，作为最后四个城市群在五个子系统中经济社会发展水平评价的依据。对于四个城市群的经济社会发展水平总体排序结果，本文通过运用专家对各指标赋权的综合评价方法进行了验证，其结果和因子分析法分析的结果完全一致，说明评价结果科学可信。在对五个子系统分别进行因子分析时，经过Bartlett球度检验，给出的相伴概率都为0.000，小于显著性水平0.01，说明数据具有相关性，适合作因子分析。从表2可以看出，每个子系统分析过程中提取的公因子的累计方差贡献率都大于85%，说明用新的公因子代替各子系统原有指标来评价该子系统有效。五个子系统所得到的公因子变量都是正交不相关的，说明因子分析有效。

运用 SPSS 最终得到运行结果方差贡献分析表(表 2)和因子得分表(表 3)。

表 2　方差贡献分析表

子系统	主因子	初始解			旋转后		
		特征值	方差贡献率	累计方差贡献率	特征值	方差贡献率	累计方差贡献率
人口和劳动力	1	3.537	70.741	70.741	2.605	52.106	52.106
	2	1.326	26.518	97.259	2.258	45.153	97.259
经济发展	1	2.000	50.000	50.000	1.792	44.791	44.791
	2	1.558	38.960	88.960	1.767	44.169	88.960
社会发展	1	4.927	54.748	54.748	4.913	54.592	54.592
	2	3.265	36.272	91.020	3.279	36.428	91.020
基础设施	1	3.724	62.065	62.065	2.959	49.324	49.324
	2	2.120	35.327	97.391	2.884	48.068	97.391
环境保护	1	3.651	60.843	60.843	3.446	57.440	57.440
	2	1.723	28.718	89.561	1.927	32.121	89.561

表 3　因子得分表

城市群	FA1	FA2	FB1	FB2	FC1	FC2	FD1	FD2	FE1	FE2
中　原	0.597	0.933	1.1245	−0.025	−0.2005	0.1711	0.8658	0.9629	0.4187	0.615
武　汉	0.816	−1.257	0.5146	0.4743	1.3788	−0.5308	0.5002	−0.121	1.0679	0.2305
长株谭	−0.006	0.660	−1.072	0.9318	−0.1622	1.3253	0.0475	−1.344	−0.205	−1.474
皖　江	−1.406	−0.337	−0.567	−1.381	−1.0161	−0.9656	−1.413	0.5019	−1.282	0.6288

FA 代表人口和劳动力子系统公因子，FB 代表经济发展子系统公因子，FC 代表社会发展子系统共因子，FD 代表基础设施子系统公因子，FE 代表环境保护子系统公因子

根据模型计算出的主因子得分，有正值和负值，说明该城市群某一侧面的发展水平处于被评价的各城市群平均水平之上或之下。

五、城市群经济社会发展水平评价与分析

在分析过程中，考虑到指标体系的建立和数据获取的可能以及外生变量影响程度难以把握的情况，本文采用客观指标数据引导主观评价，所有结论都在对比基础上得出，即通过数量化的方法得出结论，在比较中得出结论。

(一)总体评价与分析

根据公式(3)，用表 2 中的方差贡献率作为权重计算得到四个城市群在五个子系统上的得分以及综合得分(见表 4)。并以此对中部地区四个城市群五个子系统发展水平及总体发展水平进行排序。分值的高低只是反映城市群之间的相对发展水平，并不能具体度量经济社会发展的程度。

表 4　各子系统综合因子得分及总体排序结果

	综合得分		人口与劳动力		经济发展		社会发展		基础设施		环境保护	
城市群	得分	排序	得分	排序	得分	排序	得分	排序	得分	排序	得分	排序
中　原	0.72	1	0.67	1	0.67	1	−0.05	3	0.89	1	0.44	2
武　汉	0.56		0.24	2	0.36	2	0.56	1	0.19	2	0.69	1
长株谭	−0.25	3	0.17	3	−0.30	3	0.39	2	−0.62	4	−0.59	4
皖　江	−1.03	4	−1.08	4	−0.72	4	−0.91	4	−0.46	3	−0.53	3

表中各城市群的综合得分的经济意义是：如果得分大于0意味着某一城市群的某一子系统或综合发展水平在中部四个城市群平均发展水平之上，如果得分小于0意味着某一城市群的某一子系统或综合发展水平在中部四个城市群平均发展水平之下，需要继续努力才能赶上其它城市群水平。

结合表4中各子系统和总体评价结果及排序情况可以看出，中部四个城市群的经济社会发展水平层级明显：在综合得分中，中原城市群和武汉城市圈综合得分为正，说明其发展水平在四个城市群经济社会发展平均水平之上，中原城市群总体上经济社会发展水平最高，居首位，武汉城市圈居第二位。长株谭城市群和皖江城市带综合得分为负值，说明其总体经济社会发展水平在四个城市群平均发展水平之下，长株谭城市群位居第三位，皖江城市带居第四位，其总体经济社会发展水平与中原城市群和武汉城市圈相比，存在较大差距。

根据综合评价结果和城市群各项指标的具体值显示，四个城市群经济社会各方面平稳发展，产业结构趋向合理，人民生活质量稳步提高，环境质量在逐步改善。

进一步研究表明，第一，经济发展水平的高低与城市数量，城市规模有较强的正相关关系。一个区域的综合发展水平与该区域的规模成正相关关系，因为区域规模越大，拥有的资源越多，规模效益越强，越有发展经济的优势，经济发展水平就越高。从表5可以看出，在城市规模上，中原城市群占绝对优势，500万人口以上城市有四个，城市数量为9个，在规模上优势明显，总体经济社会发展水平也居首位。武汉城市圈其城市数量为9个，但是因为武汉城市圈中包括三个县级市，县级市的经济社会发展水平相对低下，使其圈内各城市发展水平不均衡，存在一极独大的现象，所以规模效益低于中原城市群，经济社会发展水平总体排序居第二位。长株谭城市群规模较高，在城市数量上和皖江城市带略低于中原城市群和武汉城市圈，皖江城市带在城市规模上劣势明显。

表5　城市群构成情况

人口规模	中原城市群	武汉城市圈	长株谭城市群	皖江城市带
200万以下	1	4		3
200～300万	1	2	1	2
300～500万	3		3	2
500万以上	4	3	4	1
合　计	9	9	8	8

第二，经济社会发展水平与固定资产投资有高度相关性。城市规模大，人口众多，科技、教育、医疗等政府支出水平就越高，投资需求也越大，相应发展速度就越快，基础设施建设越快，配套设施越齐全。从投资看，中原城市群城镇固定资产投资额增长速度为40.2%，武汉城市圈为23.4%，长株谭城市群为24.7%，皖江城市带为34.0%；中原城市群、武汉城市圈、长株谭城市群和皖江城市带全社会固定资产投资占GDP比重分别为47.7%、46.6%、41.9%、52.0%。中原城市群城镇固定资产投资和全社会固定资产投资都较高，基础设施发展水平居第一位。皖江城市带城镇固定资产投资仅次于中原城市群，全社会固定资产投资占GDP比重最高，在总体水平较弱的情况下，基础设施水平居第三位。加大固定资产投资力度有力地推动了经济增长，但长期过高的比重不利于经济的持续健康发展。

第三，各城市群的经济社会发展水平与首位城市发展水平成正相关关系。首位城市或经济增长极具有明显的聚集效应和规模效益，在武汉城市圈、中原城市群和长株谭城市群中武汉、郑州、长沙为省会城市，在各自城市群中首位度最高。武汉在中部各城市中总体发展水平最高，在全国大城市中综合实力也较强，所以武汉城市群整体发展水平也较高。郑州在近几年城市发展速度也很快，所以在综合发展水平上，武汉城市圈和中原城市群处于优势地位。皖江城市带不包括省会城市合肥，所以在规模经济上不占优势。从地区生产总值看，武汉为

2590.80亿元，郑州2013.48亿元，长沙1798.96亿元，而皖江城市带中地区生产总值最高的城市安庆为494.21亿元。从人均可支配收入看，人口规模大，集政治、经济、文化和社会资源一体的省会城市或次城市的人均可支配收入明显高于其它地区，如武汉和郑州属于省会城市，也是所在省人口规模最大的城市，城镇居民可支配收入分别达到12360元和12187元，高于所在城市群收入水平，尤其是武汉，远远高于武汉城市圈的水平及其它城市水平，这说明居民的生活质量在中心城市相对较强。武汉城市圈的居民人均可支配收入之所以在四个城市群中居末位，这与武汉在武汉城市圈中表现为一级独大，而其周边城市发展水平相对较弱有关系。一个城市群的发展质量最直接的表现为居民的生活质量，而居民收入是居民生活质量的具体体现。这也说明，一个城市不仅仅是由GDP、经济增长率、竞争力这些硬性的指标构成的，这些指标固然成为城市发展不可或缺的衡量尺度，但更重要的还有那些软指标，比如最终落实到人们生活上来的收入水平，这种增长才有实际意义。

第四，各城市群经济发展水平与社会发展水平、环境保护能力协调性不一致。经济发展水平高的地区，社会发展和环境保护相对较低。中原城市群在经济发展水平和基础设施建设方面优势最明显，居第一位，但在社会发展和环境保护方面需加大发展力度。武汉城市圈总体上经济、社会、环境发展水平较协调。另一方面，供水能力成为各城市群发展的制约因素，城市绿化程度滞后于城市基础设施建设。在以后的经济社会发展过程中，要尤其注重以人为本，协调发展经济、社会、环境和资源的节约利用，以保持经济社会的可持续协调发展。这也说明了一个地区的综合发展水平是多方面综合的结果，不能一味追求经济的高速增长，经济增长速度偏高会带来一系列社会问题。

(二)子系统评价与分析

结合表3，从不同城市群因子得分的高低，可以反映出城市群不同侧面的发展水平。

1. 人口和劳动力子系统

从反映就业规模和就业结构的主因子来看，中原城市群和武汉城市圈因子得分为正，高于其它两个城市群，这主要反映在这两个城市群在就业规模和就业结构上优势明显。长株谭城市群和皖江城市带得分为负，表明处于平均水平之下。第三产业就业结构指标上的载荷为负值，表明四个城市群的第三产业就业水平同第二产业就业水平存在此消彼长的关系。总体上四个城市群的第二产业就业水平较高，第三产业就业水平较低。

就业规模和就业结构比较。从图1可以看出，在就业规模上，中原城市群和武汉城市圈高于其它两个城市群，中原城市群在就业规模上具有明显优势，一般来说，这与城市规模大小有关，城市规模越大拥有的资源也越多，但也有表现相反的城市群，如武汉城市圈和长株谭城市群比较，武汉城市圈总人口规模较长株谭城市群低，但从业人员规模较长株谭城市群高。从就业结构看，皖江城市带和长株谭城市群的第三产业从业人员比重高于中原城市群和武汉城市圈，分别为55.1%、53.7%、中原城市群为52.5%、武汉城市圈为50.4%。中原城市群的第二产业从业人员比重为46.7%，高于其它三个城市群，但差距不明显，武汉城市群为45.9%，长株谭为44.2%，皖江城市带为41.6%。

人口规模和城镇化水平比较。从图2可以看出，在人口规模上，中原城市群和长株谭城市群较高，分别位居第一位和第二位，其人口数量占全省的比重分别为43.6%、63.8%。武汉城市圈人口规模居第三位，占湖北省人口总数的54.9%。皖江城市带人口规模最小，居第四位，其人口数量占安徽省人口总数的38.6%。在城镇化水平方面，武汉城市圈明显高于中原城市群、长株谭城市群和皖江城市带，并高于全国平均水平42.9%的2.1个百分点，长株谭城市群、中原城市群和皖江城市带分别低于全国平均水平1.58个百分点、2.24个百分点和2.70个百分点。总体上中部地区城市化水平较低，整体规模偏小，城市的积聚能力较弱，影响了区域经济的发展，制约了中部整体竞争力的提升。

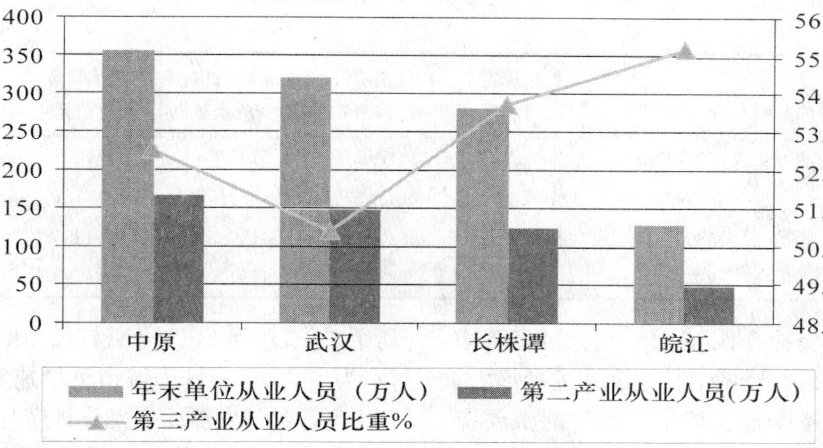

图1　就业规模比较

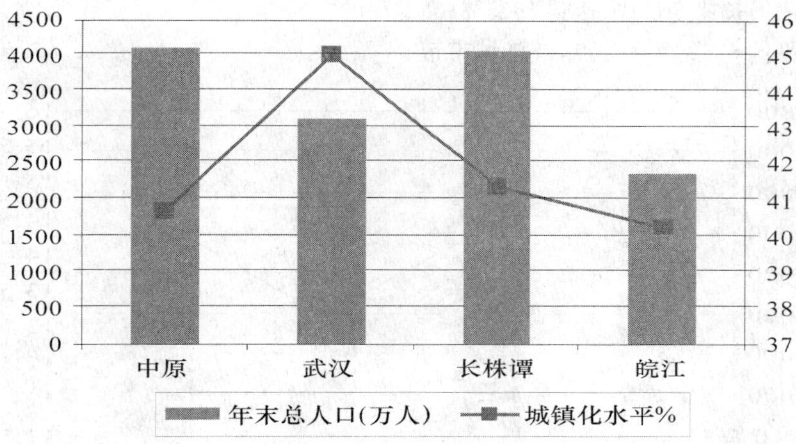

图2　人口和城镇化水平比较

综合结果表明，在人口和劳动力子系统中四个城市群的总体发展水平为：中原城市群位居第一，武汉城市圈位居第二，长株谭城市群位居第三，皖江城市带处于第四位。在人口和就业方面优势劣势各有不同，四个城市群的产业就业结构需优化。

2. 经济发展子系统

从综合反映经济规模、结构、速度和效益的主因子看，中原城市群和武汉城市圈的主因子得分为正值，处于平均水平之上。中原城市群得分明显高于其它三个城市群，说明中原城市群经济总体发展水平领先于其他三个城市群，中原城市群空间规模较大，拥有资源相对丰富，同时地处中原，是贯通南北东西的交通枢纽，近几年在投资、消费、金融等领域发展迅速。长株谭城市群和皖江城市带同处平均水平之下，在经济发展水平上劣势明显。其中第三产业增加值指标上的载荷为负值，说明四个城市群的第三产业增加值比重总体上较低，这也表明目前中部城市群对经济增长拉动作用较大的是第二产业。

经济总量比较。经济总量反映一个地区的经济规模，决定其聚集效应和规模效应的程度。从表6经济总量比较中可以看出，中原城市群的GDP总量、全社会固定资产投资完成额、社会消费品零售总额和金融机构年末贷款余额均位居第一位，如地区生产总值分别是武汉城市圈、长株潭城市群、皖江城市带的1.55倍、1.25倍和2.67倍，规模效应明显，整体实力较强。在进出口和利用外资方面分别居第二位和第三位。

表 6　2006 年中部四个城市群经济总量比较

单位:亿元

	地区生产总值	全社会固定资产投资	社会消费品零售额	金融机构贷款余额	进出口额(万美元)	实际利用外资金额(万美元)
中　原	7084.38	3380.56	2217.05	5135.48	754225	132525
武　汉	4599.79	2142.52	2165.65	4581.97	1016137	262597
长株谭	5650.94	2369.61	2130.98	4159.34	681355	214199
皖　江	2781.12	1447.39	783.74	1794.00	644792	91341

经济速度比较。速度是一个地区的经济增长速度,反映地区的经济增长速度和发展潜力,GDP 增长速度是衡量经济发展速度的重要指标。四个城市群的 GDP 增长速度均处于较高水平,高于全国平均增长水平。从图 3 可以看出中原城市群的增长速度最快,达到 15.5%,高于全国平均水平的 5.42 个百分点,皖江城市带居第二位,达到 14.5%,武汉城市圈增速居第三位,为 14.4%,长株谭城市群增速相对较低,为 13.1%。经济发展综合得分排序与经济增长速度有一定差别,这从一定程度上反映了存在其它方面因素对城市群经济社会发展水平的影响。

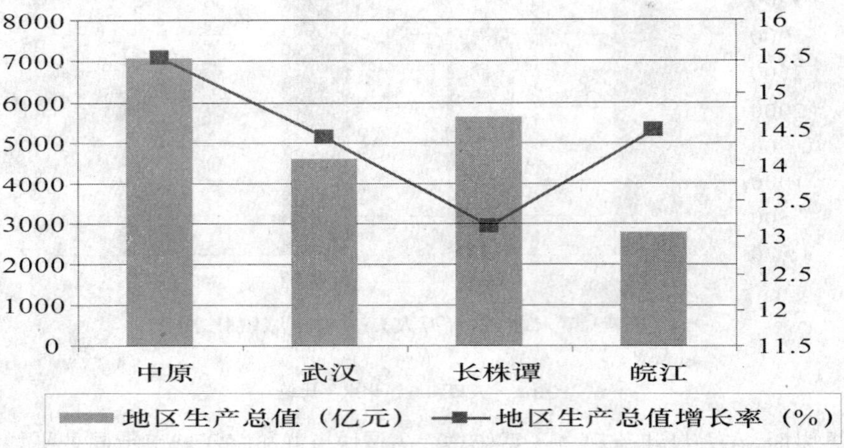

图 3　地区生产总值及增长速度比较

对外开放度比较。从反映对外开放程度和能耗的主因子来看,长株谭城市群和武汉城市圈因子得分为正值,长株谭城市群高于武汉城市圈居第一位,在平均水平之上,中原城市群和皖江城市带因子得分为负值,在平均水平之下,说明长株谭城市群和武汉城市圈对外开放水平和节能降耗能力总体上高于中原城市群和皖江城市带,皖江城市带劣势明显。从表 5 中可以看出,武汉城市圈的进出口额和实际使用外资金额明显大于其它三个城市群,表明其对外开放度较高。长株谭实际利用外资金额位居第二位,其次是中原城市群,皖江城市带在进出口贸易和实际使用外资方面比较薄弱。从外商直接投资占城镇固定资产比重看,武汉城市圈在中部地区的对外开放程度最高,为 9.9%、长株谭城市群为 8.80%、皖江城市带为 5.1%、中原城市群开放度最低,为 3.7%。

能耗比较。城市群经济社会发展的潜力和可持续能力,很大程度上受制于资源的供给,在资源相对短缺的环境下,经济发展应以最少的资源消耗达到最大限度的经济发展。第二个主因子中 GDP 耗电量指标上的载荷位负值,说明 GDP 耗电量增加,会降低经济效益,这也表明经济发达地区不能靠高消耗来拉动经济增长,在节能降耗方面还需加大力度。

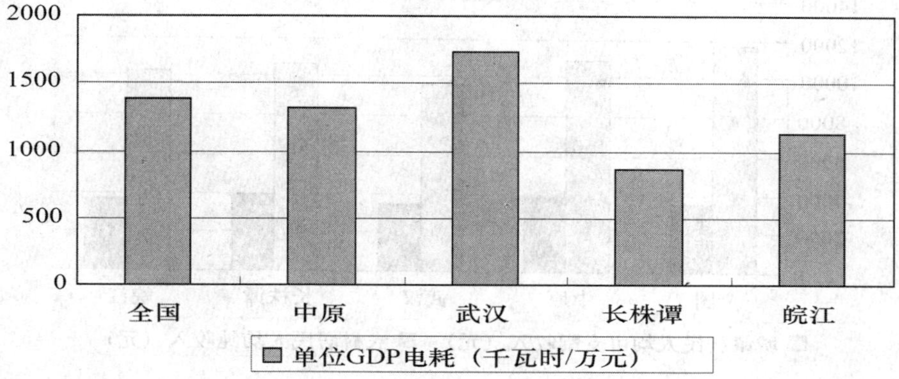

图 4　万元 GDP 耗电量比较

由图 4 可以看出，武汉城市圈耗电量最高，为 1731.80 千瓦时/万元，高于全国平均水平；其次是中原城市群为 1322.15 千瓦时/万元；长株谭用电效益最好，为 863.29 千瓦时/万元，为全国平均耗电量的 62.2%。以倪鹏飞在《中国城市竞争力报告 NO5》中详细比较的不同地区 2005 年的耗电量情况看，中部地区整体上耗电资源依然严重，产出效益依然低下。一般来说，第二产业在经济中所占比重越大的地区，能耗也越大，如中原城市群的第二产业增加值比重为 57.7%，耗电量位居第二，为 1322.15 千瓦时/万元。武汉城市圈和皖江城市带第二产业比重分别为 44.4%、48.9%，耗电量位居第一位和第三位，分别为 1731.80 千瓦时/万元、1128.80 千瓦时/万元。长株谭城市群第二产业比重为 44.2%，在四个城市群中比重最低，耗电量也最低，为 863.29 千瓦时/万元。

综合经济发展结果表明，在经济发展子系统中四个城市群的总体发展水平为：中原城市群居第一位，武汉城市圈居第二位，长株谭城市群居第三位，皖江城市带居第四位。总体上四个城市群的第三产业增加值比重比较低，单位 GDP 耗电量较高。

3. 社会发展子系统

从反映城市群的收入水平、居住质量、人才、科技、医疗水平和交通安全的主因子得分来看，武汉城市圈的因子得分为正值，明显高于其它三个城市群，说明武汉城市圈在社会综合发展方面优于其它三个城市群。中原城市群、长株谭城市群和皖江城市带都居于平均水平之下，皖江城市带劣势明显。

收入水平比较。总体上四个城市群的城镇居民可支配收入和农民人均纯收入都保持稳步增长态势。从图 5 中可以看出，中原城市群和长株谭城市群的城镇人均可支配收入和农民人均纯收入高于武汉城市圈和皖江城市带，分别为 10944 元和 10644 元，居民生活质量较高。四个城市群的城镇居民可支配收入均低于全国平均水平，这说明中部地区的居民生活水平总体上较低。农民人均纯收入出武汉外均高于全国平均水平，但优势不明显。武汉城市圈的城镇人均可支配收入和农民人均纯收入在四个城市群中处于最低水平，分别为 9636 元和 3451 元，其中农民人均纯收入低于全国平均水平，说明武汉城市圈中各城市发展不均衡，经济社会发展水平差异明显。

科技医疗水平比较。从图 6 和图 7 可以看出武汉在万人拥有在校大学生数和万人拥有医生数这两个指标上有绝对优势。武汉城市群的每万人在校大学生数为 282.07 人，是中原城市群的 1.48 倍，是长株谭城市群的 1.62 倍，是皖江城市带的 2.87 倍，这说明武汉城市圈的人口文化素质整体水平比较高，人才资源相对丰富。每万人拥有医生数分别是中原城市群、长株谭城市群和皖江城市带的 1.05 倍、1.18 倍和 1.37 倍。从人均科技教育投入指标看，武汉城市圈最高，为 251.36 元，皖江城市带位居第二位，为 248.29 元，中原城市群和长株谭城市群分别为 236.67 元和 204.27 元。武汉城市圈科技医疗水平优势明显，中原城市群较长株谭城

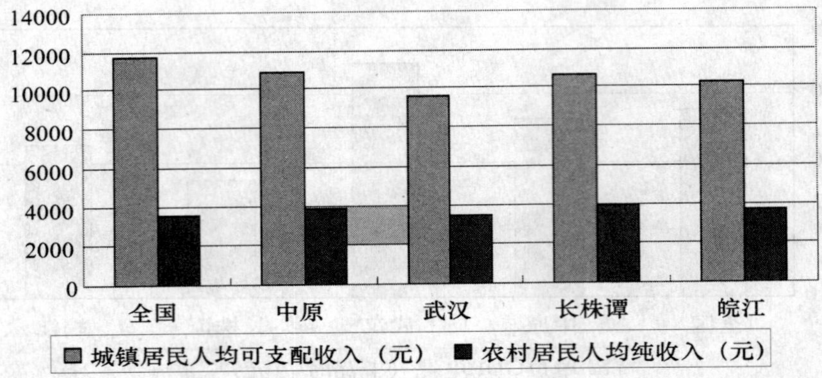

图 5　城乡居民收入比较

市群具有相对优势，皖江城市带差距明显。四个城市群人均科技教育费用支出指标的载荷为负值，这说明科技教育投入的社会产出效益是长期的，短期内可能由于减少了其它方面的投入而导致社会效益低下。

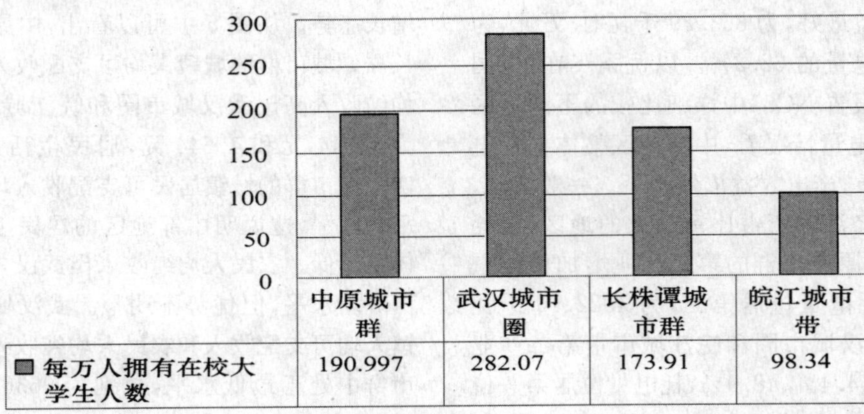

图 6　每万人拥有在校大学生数比较

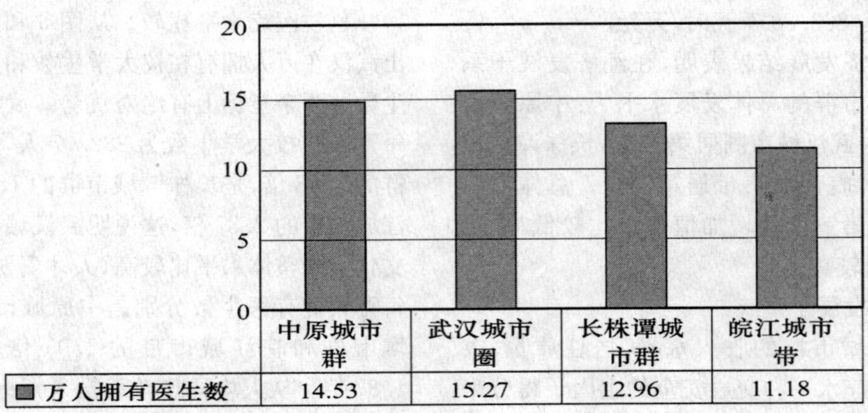

图 7　万人拥有医生数比较

综合结果表明，在社会发展子系统中四个城市群的总体发展水平为：武汉城市圈居第一位，长株谭城市群居第二位，中原城市群居第三位，皖江城市带居第四位。总体上中部四个城市群的城镇居民可支配收入均低于全国平均水平，农民人均纯收入除了武汉低于全国水平外，均高于全国平均水平。

4. 基础设施子系统

从主要反映城市规模、城市公共汽车拥有量和供电能力的第一个主因子得分可以看出，中原城市群高于其它三个城市群，说明中原城市群的基础设施建设水平较高，其城市规模较大，城市交通便利度高，供电能力较强，武汉城市圈在基础设施建设方面居中原城市群之后，优势也很明显，皖江城市带处于平均水平之下，在这方面劣势明显。从主要反映交通便利度、通讯能力和供水能力的第二个因子得分可以看出，中原城市群和皖江城市带具有优势，说明在交通和电话通讯建设方面优于其它两个城市群，中原城市群优势明显，武汉城市圈和长株谭城市群处于平均水平之下，长株谭劣势明显。

交通、通讯等基础设施比较。在交通便利度方面，中原城市群公路密度为 1.08 公里/平方公里，远高于其它三个城市群，长株谭城市群为 0.45 公里/平方公里，居末位，武汉城市圈和皖江城市带水平相当，分别为 0.74 公里/平方公里和 0.73 公里/平方公里。在城市公共交通方面，中原城市群、武汉城市圈、长株谭城市群和皖江城市带万人拥有公共汽车量分别为 8.24 辆、7.15 辆、7.06 辆和 4.11 辆，中原城市群居首位，皖江城市带与其它三个城市群差距较大，但四个城市群万人拥有公共汽车量均低于全国平均水平。在通讯设施方面，中原城市群百人拥有固定电话数最高，为 27.09 户/百人，皖江城市带为 25.35 户/百人，居第二位，武汉城市圈为 24.02 户/百人，长株谭城市群为 22.46 户/百人，居末位。从城市建成区面积指标数据来看，中原城市群和武汉城市圈分别位居第一位和第二位，中原城市群优势明显，分别为 862.30 平方公里、812.40 平方公里，长株谭城市群为 630.23 平方公里，皖江城市带规模最小为 392.19 平方公里。定量指标和因子分析结果一致，这说明基础设施水平与城市规模存在较强的正相关关系。

全年用电量、供水能力比较。从全年用电量来看，中原城市群、武汉城市圈、长株谭城市群和皖江城市带分别为 9366.58 亿千瓦时、7965.91 亿千瓦时、4878.42 亿千瓦时、3139.33 亿千瓦时，中原城市群用电量最高。在供水生产能力方面，长株谭城市群最高，为 1051.60 万吨/日，几乎是中原城市群的 2 倍，中原城市群水平最低，为 555.40 万吨/日，武汉城市圈和皖江城市带分别为 676.70 万吨/日、585.57 万吨/日。水资源的日益缺乏，已经成为社会发展的一个制约因素。

综合结果表明，在基础设施子系统中四个城市群的总体发展水平为：中原城市群居第一位，武汉城市圈居第二位，皖江城市带居第三位，长株谭城市群居第四位。总体上四个城市群的社会发展都受到基础资源如供水能力的限制。

5. 环境保护子系统

从反映废物处理能力、城市绿化程度的第一个主因子可以看出，武汉城市圈得分明显高于其他三个城市群，说明武汉城市圈在废物利用和垃圾处理方面能力高于其它城市群，中原城市群居平均水平之上，低于武汉城市圈，居第二位，长株谭城市群和皖江城市带在发展水平之下，皖江城市带劣势明显。其中单位区域面积 SO_2 排放量和建成区绿化覆盖率的载荷为负值，表明总体上四个城市群在这两方面的发展水平低于在其它方面的发展水平。从反映生态环境投资和工业废水排放达标率的第二个因子得分看出，皖江城市带和中原城市群在工业废水处理能力方面有比较优势，也说明该区域的水质量较高，长株谭城市群能力较弱。

废物处理能力比较。在废物处理能力上，皖江城市带单位区域面积 SO_2 排放量最低，为 3.66 吨/平方公里，说明处理 SO_2 排放量能力最强，中原城市群单位区域面积 SO_2 排放量最高，为 15.19 吨/平方公里，说明处理 SO_2 排放量能力最弱，武汉城市圈和长株谭城市群单位区域面积 SO_2 排放量分别为 6.33 吨/平方公里和 5.95 吨/平方公里。在废水处理能力上，中原城市群工业废水排放达标率为 96.3%，在四个城市群中居首位，长株谭城市群为 91.7%，处于末位，皖江城市带和武汉城市圈分别为 95.7%和 95.2%。在废物利用能力上，武汉城市圈三废综合利用产品产值为 405101 万元，分别比中原城市群、长株谭城市群、皖江城市带高 96694 万元、138911 万元、248546 万元。武汉城市圈生活垃圾无害化处理率分别比中原城市群、长株谭城市群、皖江城市带高 23 个百分点、24 个百分点、45 个百分点。

生态环境投资比较。在生态环境投资力度上，长株谭城市群力度最大，为 4859.49 亿元，武汉城市圈为 2564.02 亿元，居第二位，中原城市群 2415.39 亿元，居第三位，皖江城市带 1031.05 亿元，居末位。在城市绿化方面，四个城市群在建成区绿化程度上水平接近，皖江城市带略占优势，为 36.5%，其次是中原城市群 35.6%、长株谭城市群 35.5%、武汉城市圈 34.7%。环境污染治理本年投资完成额的载荷为负值，这是表明环境污染治理投资的产出效益是长期的，增加污染治理投资可能会导致减少环境的其他方面投资力度。

综合结果表明，在环境保护子系统中四个城市群的总体发展水平为：武汉城市圈居第一位，中原城市群居第二位，皖江城市带居第三位，长株谭城市群居第四位。总体上四个城市群的 SO_2 处理能力不强，空气质量不高，建成区绿化也滞后于城市规模的扩大和基础设施的建设，环境污染治理投资成为制约环境保护的因素之一。

综合以上五个子系统分析，可以得出四个城市群经济社会发展水平的优势和劣势所在：

(1)中原城市群在五个子系统的发展水平都居平均水平之上。在人口和就业规模、经济规模、地区生产总值增长速度等方面优势明显。在居民收入、居住质量、人才、科技、医疗水平等方面存在比较优势。劣势：城镇化水平相对较低，位居第三，并且在平均水平之下；交通安全状况差，第三产业产值比重较低，经济的高速增长主要是第二产业的拉动。

(2)武汉城市圈在城镇化水平和环境保护方面优势明显，居首位，在其余三个方面都居第二位，武汉城市圈的对外开放度和社会发展水平较高，在居住质量、人才、科技、医疗水平和交通安全方面优势明显，在环境保护方面，废物处理能力较强。劣势：人均可支配收入较低，单位 GDP 耗电量较高。

(3)长株谭城市群综合得分为负值，说明其总体发展水平在四个城市群平均发展水平之下，位居第三位。长株谭城市群的社会发展水平居第二位，其中城镇居民年人均可支配收入和农民人均纯收入比较高，居民生活质量较高，在基础设施建设方面，供水能力有绝对优势，交通和通讯设施水平较低，在生态环境投资力度上优势明显，在人口和劳动力、社会发展方面处于平均水平之上，但在经济发展和基础设施三方面都处于平均水平之下，经济增长速度较低。

(4) 皖江城市带的五个子系统发展水平都处于平均水平之下。经济增长速度、交通和废物处理方面有相对优势。但总体发展水平与其它城市群相比存在较大差距。

六、中部城市群发展的对策建议

国家把城市群作为中部崛起的关键点和重要领域，就应该既要把四个城市群分开来看，又要把四个城市群看作中部的一个整体，找出发展优势以及实现共赢的途径，促进整个中部地区的发展，最终实现东中西部协调发展。中部地区位于中国的中部，交通发达、承东启西、贯通南北、人口密集，有比较好的经济基础，交通条件不断改善，工农业生产迅速发展，居民收入大幅度提高，投资境不断优化。各城市群要抓住中部崛起的机遇，乘势而上，充分利用自身的便利条件，大力发展自己的优势产业，尤其把中部的区位优势、产业优势、科技优势等真正地发挥出来，由潜在的优势变成现实的优势，紧紧围绕——《中共中央、国务院关于促进中部地区崛起的若干意见》(中发[2006]10 号)中提出的“三基地一枢纽”，把中部地区建成全国重要的粮食生产基地、能源原材料基地、现代装备制造及高技术产业基地和综合交通运输枢纽。

本文根据上述评价和分析结果，结合中央的要求和精神，提出以下对策建议：

第一，利用自身优势，整合空间资源，推动区域之间基础设施共建共享，发挥中部地区承东启西、贯通南北的区位优势。中部地区要加快交通、通讯等基础设施建设，形成中部地区大交通、大流通的格局，使中部各种要素流无障碍流动。中原城市群是中部地区陆路交通最为发达和便捷的区域，境内京广、京九、陇海、宁西等铁路干线纵横交错，贯通四方，以京珠、连霍高速公路为主的交通里程居中西部之首。武汉城市圈、中原城市群和长株谭城市群位于交通枢纽京广线上，在地理位置上具有优越的区位优势，武汉是九省通衢，湖北在中部地区来说，不论是水运还是陆路交通运输都非常便利。长株潭居中华腹地，扼南北要冲，素有“荆豫唇齿，黔粤咽喉”之称，如今居京广经济带、泛珠三角经济区、长江经济带的结合部，是支撑沿海、沿江开放地区的后方基地和促进内地开发的先导城市，具有无可比拟的区域优势。皖江城市带区位最大的特点是沿江通海、居中靠东，与长三角对接，是中部地区最靠近沿海地区之一。作为经济和社会发展必不可少的公共基础设施，中部崛起需要现代综合运输体系，因此，中部各地区要统一协调，改进交通运输结构，共建交通设施，共享交通资源，以形成真正的综合交通运输枢纽。

第二，统筹协调城市群内部各城市以及城市群之间的产业布局，优化产业结构，加强区域产业规划合作。产业结构从一个侧面反映经济发展水平，在不同的经济发展阶段上，产业结构会呈现不同的状态，按照库茨尼兹对产业结构演变的规律，随着经济大发展，第二产业的产值比重会上升，但就业比重则大体不变或略有上升，第三产业则相反，就业比重会上升，但产值比重则大体不变或略有上升。从四个城市群的就业结构和产业结构看，总体上第二产业产值比重大于第三产业产值比重，第三产业就业比重大于第二产业就业比重，产业结构比较合理。但由于工业化水平较低，大多数属于劳动密集型产业，中部地区整体上科技投入不足，由科技进步推动的产业升级速度有所放慢，自主创新能力不足缺乏高科技含量的产业，第二产业从业人员较高。中部地区应按照产业比较优势原则选择产业，培育有特色的高科技推动的区域产业增长极。在原有传统工业的基础上，大幅增加高技术产业的比重，促进资源主导型产业向技术、资金和劳动密集型产业协调发展转变，发展成为先进制造业基地、科技创新基地、纺织、食品、化工和医药工业基地、汽车零部件基地。以武钢、二汽为代表的一些工业，以光电子信息产业等一些新兴产业在全国有重要影响。长株谭城市群内的3＋5个城市在产业结构上有很强的互补性。中原城市群是中西部重要的能源、原材料和装备制造业基地，具有多种产业基础，如郑州的汽车、卷烟、电子信息制造业、铝工业和商贸流通等比较发达，洛阳是全国重要的老工业基地之一，铝电、石化、建材等产业基础雄厚，平顶山和焦作是大型能源基地，漯河的食品工业，许昌的电力装备制造业等全国闻名。安徽目前主动融入以上海为龙头的长江三角洲，也在发展高新技术，发展汽车产。中部各地区要引导跨国公司和东部沿海地区企业向中部地区转移附加值较高的产业。

第三，安徽、河南、湖南都是粮食大省，发展很快，应继续扩大中部地区在农业特别是粮食生产方面的优势。中部粮食主产区应当抓住这些机遇，把粮食产业做大做强，发挥农村劳动力丰富的优势，弥补土地资源不足的劣势。河南是农业大省，中原城市群首先应该注重发展粮食生产，建成全国重要的粮食生产基地，在此基础上大力发展具有明显优势的食品工业，拉伸农业产业链，做大做强，这也是解决农村劳动力转移和就业的有效途径。

第四，努力形成资源节约、环境友好、集约有效、社会和谐的区域发展格局。不能一味以自己为中心拉大城镇框架，扩大占地规模，增加人口规模来提升自己的实力，这样会带来更多的难解的社会问题，如土地资源的承载能力减弱，能源和水资源严重短缺，人口、资源、环境之间的矛盾无法解决，直接影响到区域的可持续发展能力。因此，各地区的要素流在社会经济活动中分化、组合、聚集要首先考虑环境承载能力，走出一条科技含量高、经济效益好、资源消耗低、环境污染少、人力资源得到充分发挥的新路子。在走新型工业化道路过程中，尤其要注意坚持高标准、高起点，严格控制污染物的排放，决不能以高投入、高消耗、高污染为代价来换得工业的发展。在环境建设方面，要积极治理生态环境，大力整治生态，合理开发水资源，有效治理环境污染，改善人居环境，这也是解决城市扩张，人口集聚和产业可持续发展的首要任务。这样才能真正带动和促进中部的崛起。

第五，各城市群要继续扩大自己的优势，加快城市化发展，培育增长极，增强中心城市辐射功能。总体上中部地区城镇化水平低，导致经济中心城市或城市群缺乏辐射带动能力，成为区域发展的制约因素。因此，中部地区要稳步推进城市群的发展，增强对全国发展的支撑能力。中部地区需要积极培育若干区域性中心城市和城市群，使其尽快成为中部地区崛起的支撑点和增长点，以带动整个区域的发展，进而带动中部地区的崛起。武汉城市圈在经济、社会、环境保护等方面发展水平都比较高，科技优势尤为明显，高等院校、科研院所、国家实验所、两院院士人数在全国居于前列，是个科教大省，应发挥其科技大省的优势，重点发展以武汉为区域增长极，带动圈内城市的均衡发展。长株谭城市群具有良好的空间结构和生态条件，长、株、潭三城鼎立，成品字形分布，水和森林资源丰富，环境承载能力强，应充分利用其生态、人文、旅游资源，来提升区域的经济能力，同时培育长沙、株洲、湘潭等增长极或次增长极。皖江城市带由于中心城市规模经济较低，综合发展水平有待提高，所以要培育资源环境承载力强的次中心城市，以增强城市群中心城市的辐射功能。

第六，中原城市群经济实力较强，区位优势明显，但城镇化水平、社会发展和环境保护等方面有待加强。西气东输和南水北调中线工程的逐步建成，极大地改善了河南整体区域的经济和社会发展条件，但综合发展水平较高主要表现在经济的快速发展上。在经济快速发展背后，要着重提升自己的薄弱环节。第一，在城镇化水平、社会发展和环境保护等方面还有待加强。第二，中原城市群对外开放程度较低，良好的投资结构应该是内外结合，所以应抓住中部崛起的良好机遇，充分利用国内外两个市场，优化资源配置，拓展发展空间。第三，投资是拉动经济增长的一驾马车，在追求经济既快又好增长的同时，不能一味以加大固定资产投资来拉动经济的发展，要提高社会发展水平，要大力推进中原城市群整体科技创新和体制创新，提高科技含量，提升产业发展的层次。第四，河南省是人口大省，面对目前人口流动性较高，就业压力较大的现实问题，应提高第三产业的就业比重，依托省会城市的优势，积极推进城市群建设，培育经济增长极，实现中部地区城镇化与工业化进程协调发展，这也是有效解决“三农”问题的重要突破口。第五，要切实利用好河南的文化大省资源，大力发展科教文化事业，整合科技资源，挖掘厚重的文化底蕴，把中原城市群的整体社会发展水平提高到一个新的层次。

作为对城市群经济社会发展的初步比较研究，本课题还存在一些不足。对城市群经济社会发展水平的评价，应该是系统的全面的进行科学评价，才能真正反映一个城市群的综合发展水平，但由于在概念界定、指标取舍、数据采集等方面还存在诸多技术和实践上的困难，本课题在指标的选取上有待进一步完善，对文化、旅游、政府作用等同样能反映一个地区的发展水平的软指标也没有纳入评价体系。要达到系统、全面的评价还需要长期努力，有待进一步改进和深化。

作者：河南调查总队　张克宁　乔华　别壮丽　赵翠清

参考文献

1. 郝寿义 安虎森：《区域经济学》，经济科学出版社，1999.11

2. 厉以宁：《区域发展新思路》，经济日报出版社，2000

3. Arthur OSullivan：《城市经济学》，中信出版社，2003.1

4. 倪鹏飞:《中国城市竞争力报告》,社会科学文献出版社,

5. 景体华 陈孟平:《2006—2007:中国区域经济发展报告》,社会科学文献出版社,2007.3

6. 国务院发展研究中心战略和区域经济研究部,中部六省政府发展研究中心联合课题组:《中部崛起战略与对策》,经济科学出版社,2006.4

7. 李芃:《城市群,都市圈,城市带的理论分歧》,Google 网络

8. 盛广耀:《城市经济学前沿问题》,中国社会科学院院报,Google 网络

9. 高汝熹:《2006 中国都市圈评价报告》,上海三联书社,2007.6

10.)张钢:《长江三角洲 16 个城市政府能力的比较研究》,中国区域经济论坛

11. 余建英:《数据统计分析与 SPSS 应用研究》,人民邮电出版社,2003

12. 国家统计局城市社会经济调查司:《2006 中国城市统计年鉴》,中国统计出版社

13. 国家统计局:《2007 中国统计年鉴》,中国统计出版社

湖南地级城市综合实力比较研究

2006 年，湖南城市化继续推进，发展水平快速提高，对全省的影响程度日益增强。13 个地级城市年末总人口(不含市辖县)1201.11 万人，比上年增长 1.2%，占全省年末总人口的 17.7%；实现国内生产总值(不含市辖县)3121.27 亿元，比上年增长 17.1%，比全省国内生产总值增速快 5 个百分点，占全省国内生产总值的 41.7%。由于受资源禀赋、经济基础、外部环境和内部管理等因素影响，城市发展各具特色，但发展不平衡，综合实力强弱分明。

本文试根据国家统计局和中国统计学会城市统计专业分会研制的城市综合实力测算指标体系和测评比较方法，对湖南省地级城市综合实力进行比较研究，该评价体系由 5 项一级指标(人口与劳动力资源利用、经济发展、社会发展、基础设施、生态环境建设和保护)和 50 个基本指标来反映，采用因子分析法和主要指标比较相结合的方法对地级及以上城市的经济社会发展水平进行评价。通过综合实力测算主要是评估城市间综合实力，比较差异及分布，将有助于了解各城市的基本情况，促进城市间的优势互补和良性竞争，有利于城市全面协调发展，加速全省现代化进程。

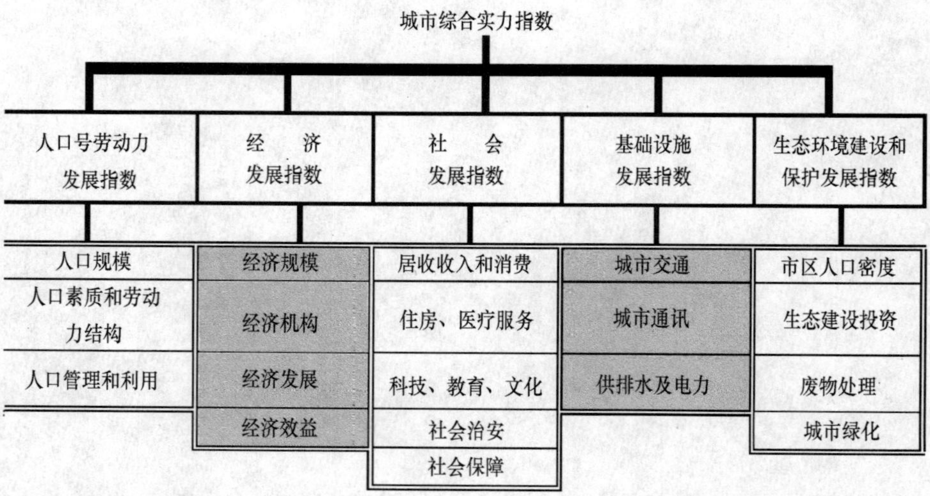

研究结果显示，2006 年我国城市综合实力分布呈东强西弱局面，西部地区和东北部地区城市发展较快，特大、超大城市是百强城市的主角，一些大中城市凭借特色产业和突出效益挤入百强之列。百强城市在综合实力明显提升的同时，也面临生态环境建设与保护的压力。据国家统计局测算，2006 年湖南 13 个地级城市中有 3 个进入全国百强城市，其中长沙市居 14 位，株洲市居 56 位，湘潭市居 83 位。与 2004 年比较，长沙、株洲城市综合实力增强，湘潭城市综合实力有所下降。长沙市前进 5 位，株洲市前进 26 位，湘潭市后退 13 位。

一、13 市与全国百强城市综合实力比较

(一)GDP 总量水平比较。2006 年全国百强城市中，GDP 总量超过 1000 亿元的有 30 个，

其中12个城市超过2000亿元，依次为上海、北京、深圳、广州、天津、佛山、杭州、东莞、南京、重庆、沈阳和武汉。湖南13市中只有长沙市超过1000亿元(1066.64亿元)。其他12市依次为：岳阳344.36亿元、常德325.27亿元、株洲285.25亿元、湘潭242.61亿元、衡阳146.64亿元、郴州143.88亿元、益阳121.96亿元、永州120.35亿元、娄底106.62亿元、邵阳78.06亿元、怀化73.34亿元、张家界66.7亿元。

(二)主要效益指标比较。2006年全国百强城市人均GDP为41890元，是其他城市的2.62倍。百强城市每百元GDP提供的财政收入18.4元，比其他城市高出3元。每万元GDP耗电、耗水分别比其他城市少150度和8吨。百强城市不但在经济发展中处于领先地位，而且也注重社会进步和环境保护。城市居民人均消费水平为11320元，比其他城市高4000多元，人均公共绿地面积比其他城市高55.6%。湖南省长沙市在全国城市中具有较强的经济实力。2006年人均GDP为49704元，比全国百强城市多7814元，比全国城市平均水平多17902元；每百元GDP提供的财政收入9.85元，比全国百强城市少8.55元；每万元GDP耗电、耗水分别比全国百强城市少379度和19.5吨。2006年湖南省株洲市和湘潭市虽进入了全国百强城市，但人均GDP比全国百强城市分别少5932元和8195元，每百元GDP提供的财政收入比全国百强城市分别少11.8元和13元，每万元GDP耗电分别比全国百强城市多594度和1463度，每万元GDP耗水分别比全国百强城市多46.9吨和127吨。

表1　2006年全国百强城市主要效益指标

指标	全国百强城市	全国其他城市	全国城市平均	湖南13市
人均GDP(元)	41890	16006	31802	25987
财政收入占GDP比重(%)	18.4	15.4	17.9	7.2
每万元GDP耗电(度)	944	1097	998	983
每万元GDP耗水(吨)	24.5	32.5	27.1	64.3
人均消费支出(元)	11320	7053	9657	8169
人均住房面积(平方米)	22.0	22.6	22.2	22.5
职工基本医疗保险参保比例(%)	78.8	67.1	74.2	76.0
职工基本养老保险参保比例(%)	75.0	59.2	68.8	64.5
生活污水处理率(%)	67.0	38.0	55.7	42.7
人均公共绿地面积(平方米)	7.0	4.5	6.0	7.0

表2　2006年湖南13个城市主要效益指标情况

	人均GDP(元)	财政收入占GDP比重(%)	每万元GDP耗电(度)	每万元GDP耗水(吨)	人均消费支出(元)	人均住房面积(平方米)	职工基本医疗保险参保比例(%)	职工基本养老保险参保比例(%)	生活污水处理率(%)	人均公共绿地面积(平方米)
长沙市	49704	9.8	565	5.0	10680	21.4	63.4	60.0	44.9	7.4
株洲市	35958	6.6	1538	71.4	9777	21.1	100	72.5	53.5	9.1
湘潭市	33695	5.4	2407	151.5	7893	21.4	92.6	93.2	45.6	8.0
衡阳市	14988	7.1	2103	50.2	6936	20.4	76.6	67.0	28.0	7.1
邵阳市	11915	6.0	947	21.5	7104	21.1	72.4	89.0	0	5.6
岳阳市	33207	4.8	816	39.9	8845	24.3	99.2	85.0	63.0	8.7
常德市	23347	5.5	431	6.2	7693	23.5	77.7	96.2	38.2	8.5
张家界市	13727	6.3	387	7.4	6587	36.2	95.2	93.2	41.0	7.4
益阳市	9346	5.0	853	8.9	7871	20.9	74.9	66.3	64.5	6.2
郴州市	21900	9.8	1418	11.5	8952	22.5	100	100	15.0	7.6
永州市	11156	3.5	1087	17.7	6472	24.9	45.9	43.8	11.1	5.9
怀化市	22011	6.2	1921	17.2	7055	22.4	97.8	83.2	17.0	7.0
娄底市	24795	5.5	2251	2.1	7266	21.2	72.2	65.1	0	8.8

(三)经济结构比较。2006年全国百强城市第一、二、三产业的增加值分别为2212亿元、53486亿元和50659亿元,结构比为2.1∶50.3∶47.6。一、二产业比重分别比其他城市低7.1百分点和2.2个百分点,三产业比重比其他城市高9.3个百分点。百强城市在工业化水平达到一定高度后,发展重点已转向信息、金融、房地产等更高层次的社会服务领域。湖南13市中,长沙市第一、二、三产业结构更优于全国百强城市。2006年长沙市一、二产业比重分别比全国百强城市低1个百分点和16.9个百分点,三产业比重比全国百强城市高17.9个百分点。张家界市和怀化市三产业比重虽高,但信息、金融、房地产等更高层次的社会服务领域水平较低。

表3 2006年湖南13个城市第一、二、三次产业结构情况

	第一产业比重(%)	第二产业比重(%)	第三产业比重(%)
长沙市	1.1	33.4	65.5
株洲市	2.1	56.3	41.3
湘潭市	2.6	55.7	41.7
衡阳市	5.0	45.4	49.6
邵阳市	7.4	43.0	49.6
岳阳市	5.3	57.4	37.3
常德市	11.3	54.4	34.3
张家界市	10.6	20.0	69.4
益阳市	17.5	35.6	46.9
郴州市	7.2	52.5	40.3
永州市	21.1	32.8	46.0
怀化市	4.5	28.8	67.5
娄底市	3.8	63.7	32.5

二、综合实力结构特征

2006年全国百强城市在人口与劳动力发展、经济发展、社会发展、基础设施建设、生态环境建设和保护等5个子系统中,分别有78个、83个、84个、79个和72个进入各领域的前100名,每个领域大约有20%左右的百强城市并未进入单领域的前百名。

2006年湖南13个城市综合实力的5个子系统中,长沙市除生态环境建设和保护未进入全国前100名外,人口与劳动力发展、经济发展、社会发展、基础设施建设4个子系统已进入前100名。株洲市和湘潭市除经济发展未进入全国前100名外,人口与劳动力发展、社会发展、基础设施建设、生态环境建设和保护4个子系统已分别进入前100名,岳阳市人口与劳动力、生态环境建设和保护分别进入前88名和81名,怀化市社会发展和基础设施建设分别进入94名和67名,衡阳市人口与劳动力发展、常德市经济发展、张家界市生态环境建设和保护分别进入单领域的前百名,邵阳市、益阳市、郴州市、永州市和娄底市均未进入一个单领域的前百名。

全国综合实力前20名城市中,除上海、北京、杭州、南京在每个子系统都进入前20名外,其余16个城市均在一个或多个子系统未能入围前20名。综合实力在20名以后的一些城市,凭借各自特色优势在一些子系统表现非凡。中西部城市如重庆、成都、西安、太原、兰州等,在人口资源或劳动者素质等方面具有相对优势,进入了人口与劳动力发展领域前20名;鄂尔多斯、烟台两个城市依靠其突出的经济效率和发展速度,进入了经济领域的前20名;太原、包头、郑州、泰安、十堰等城市注重社会服务发展,进入了社会发展领域的前20名;威海、绍兴、连云港、南通、厦门、潍坊等城市分别在基础设施建设和生态环境建设与保护方面发展优势明显。

在全国综合实力最强的前20名城市中,上海、济南、南京、宁波、杭州、武汉等城市5个子系统位次变异系数均小于1,表明这些城市各方面发展相对均衡。深圳、广州、天津、苏州、长沙、东莞、大庆等城市位次变异系数均超过2,说明这些城市内部发展不平衡。例如,苏州市是新型的工业化城市和园林型城市,其在经济发展、基础设施建设以及环境保护方面成绩突出,但在产业结构调整与社会发展方面尚需加大发展力度。广州市在人口与劳动力发展、经济发

表4　2006年湖南13个城市综合实力在全国城市排位情况

城　市	综合名次	人口与劳动力发展名次	经济发展名次	社会发展名次	基础设施建设名次	生态环境建设与保护名次
长沙市	14	8	23	7	12	104
株洲市	56	25	144	40	54	93
湘潭市	83	85	122	83	50	77
衡阳市	104	15	180	161	116	202
邵阳市	180	224	225	143	104	215
岳阳市	110	88	164	108	109	81
常德市	130	238	42	168	220	165
张家界市	155	178	143	182	149	70
益阳市	212	231	233	191	223	114
郴州市	188	206	210	114	226	203
永州市	243	188	259	227	235	235
怀化市	151	156	235	94	67	233
娄底市	161	151	232	141	117	105

表5　2006年全国城市按子系统排位前20名城市名单

综合名次	人口与劳动力发展	经济发展	社会发展	基础设施建设	生态环境建设与保护
1	北京	上海	上海	上海	上海
2	上海	北京	北京	北京	苏州
3	重庆	深圳	广州	深圳	南京
4	无锡	广州	东莞	广州	杭州
5	广州	天津	杭州	天津	常州
6	武汉	鄂尔多斯	深圳	珠海	威海
7	合肥	东营	长沙	青岛	青岛
8	长沙	苏州	天津	苏州	绍兴
9	海口	青岛	佛山	无锡	北京
10	南京	大庆	南京	重庆	泰安
11	潍坊	沈阳	青岛	东莞	南通
12	天津	杭州	太原	长沙	南昌
13	太原	大连	大连	威海	烟台
14	兰州	无锡	沈阳	南京	东营
15	衡阳	烟台	十堰	绍兴	临沂
16	成都	佛山	郑州	连云港	嘉兴
17	中山	宁波	武汉	大连	厦门
18	沈阳	南京	包头	宁波	德州
19	杭州	厦门	济南	南通	济南
20	西安	威海	泰安	杭州	潍坊

注：按照每个城市在5个一级子系统中的排位，计算位次变异系数（即，一级子系统位次标准差/综合实力位次），依此可以判断各城市在5个方面的协调发展情况。

展、社会发展以及基础设施建设方面实力雄厚，而在生态环境建设与保护力度方面偏弱。大庆作为资源型城市，其经济、社会和基础设施建设发展较快，优势明显，但生态环境建设和保护发展滞后。东莞市具有比较完善的基础设施建设和社会服务功能，但在人口与劳动力发展方面相对薄弱，主要是城市暂住人口较多，相当部分是农民工，劳动力素质偏低。

三、结论

（一）国家统计局有关专家研究认为，城市综合实力与城市规模呈较高的正相关性，发展大城市是我国城市化的重要选择。国际发展经验表明，在城市化进程中，发展最快的是大城市，其次是小城市，最慢的是小城镇。城市越大，其效应和规模效益更大，对资金、技术、人才和劳动力的吸引也就更大；城市越大，更容易调整城市的经济结构，强化城市内部分工，建立起门类齐全的专业机构、中介机构，为社会提供全面的服务，进一步促进整体效益的提高；城市越大，消费市场发育会更加完善，社会需求增加，生产更加发展。同时，我们也应当注意到城市综合实力的强弱并不唯一由规模决定，运行效益、内部结构、地方特色也有较大的影响作用。例如，人口规模并不突出的苏州凭借其高新技术开发园区和工业园区，大庆、东营凭借其石油资源与开发，长沙凭借其超前的文化服务等，克服人口规模优势弱的局限依然闯入前 20 强。扩大规模、提高效益、突出特色是提升城市综合实力的有效途径。湖南 13 个地级城市人口规模都不突出，只要增强运行效益，优化内部结构，突出地方特色，也将提升城市综合实力，闯入全国百强城市。

（二）城市综合实力与经济实力、科教文卫、城市交通、供排水及电力、居民消费等有着高度相关性，相关系数接近或大于 0.8。经济实力是核心，城市交通和供排水及电力是基础，科教文卫是关键，消费水平是目的。只有这几方面全面协调发展，城市综合实力才能有效、快速提升。2006 年全国百强城市中有 2/3 的城市得益于各方面的协调发展。与 2004 年比较，长沙市在省会城市的综合实力排位由 2004 年的第 8 位提升到第 5 位，超过武汉、成都、济南，其中人口与劳动力发展、社会发展、基础设施建设方面位次均有较大幅度提升。得益于各方面较为协调发展。株洲市和湘潭市人口与劳动力发展、社会发展、基础设施建设、生态环境建设和保护 4 个子系统进入前 100 名，已进入全国百强城市上，但经济发展核心指标分别居 144 名和 122 名，这种格局不具有很强的稳定性。常德市经济发展居 42 名，但人口与劳动力发展、社会发展、基础设施建设、生态环境建设和保护 4 个子系统分别居 238 名、168 名、220 名和 165 名，未能闯入全国百强城市，其原因是全面协调发展相对薄弱。

（三）国家区域发展战略是区域城市变化的一个重要因素。近两年来，我国西部地区和东北地区城市进步较快，综合实力相对分别提升 0.7%和 1.4%，在百强城市中各增加了 2 个席位；而东、中部地区发展平稳，综合实力相对减少 0.7%和 0.5%。说明国家制定西部和东北地区发展战略已经初见成效。随着长株潭成为全国资源节约型和环境友好型社会建设综合配套改革试验区后，长株潭城市群将率先构筑体制优势，率先形成发展活力，在更大范围内整合国内外、省内外的各种生产要素和创新资源，率先破解体制机制的瓶颈制约，为湖南省推进新型工业化和新型城市化注入强大的动力。这样，就可以为全省区域发展树立一个标杆，为激发各方面积极探索科学发展模式，形成竞相发展态势，具有强烈示范辐射带动作用，以推动湖南在中部地区率先实现崛起。

（四）以人为本，全面提升城市综合实力水平。从城市综合实力特征看，全国百强城市中有 28 个城市的生态环境建设与保护未能进入单领域的前百名，在五个子系统中，与综合实力相比，发展最不协调。对于综合实力最强的 20 个城市，情况更加严峻，他们的生态环境建设与保护发展相对其综合实力的滞后性更加严重，其中有 13 个城市未能进入单领域的前 20 名。长沙市虽已进入全国综合实力最强的 20 个城市中，但生态环境建设与保护未能进入前 20 名，这与城市快速扩大中的资源利用、能源消耗、废弃物排放成倍增长，生态环境污染、绿化率低、空间拥挤等因素有极为密切的关系。改善城市生态环境已迫在眉睫。长株潭成为全国综合配套改革试验区后，生态建设、“两型”产业、“两型”技术必将推动经济社会与生态环境保护协调发展，实现人与自然和谐共处，城市综合实力水平必将全面提升。

作者：苏寿泉

城市投资环境评价的方法论和结果分析

——对甘肃优化投资环境路径的选择

城市是区域经济活动的核心，区域投资环境的优劣主要取决于其域内城市投资环境的好坏。随着我国改革开放政策的进一步深化，城市的发展日新月异，已成为国内外投资者投资的热点。城市投资环境是国内外投资者投资时首先要考虑的一个重要因素，因此通过大力改善城市的投资环境来吸引外资和发展经济已成为区域经济建设和发展的主题。由于各城市的区位、规模、历史、文化和对区域的影响不同，以及各自面临的经济、社会问题千差万别，从而导致了各城市投资环境的差异。为能保持城市经济社会的可持续发展，提高各城市发展的竞争力，促进城市健康、全面地贯彻面向 21 世纪的城市发展战略，很有必要建立一套为之服务的，全面、系统、科学的反映不同城市投资环境状况的指标体系和评价标准，从而加大力度对不同区域和城市的投资环境进行系统研究和综合评价，充分展示不同区域和城市的发展特点，进而推动甘肃投资环境质量的整体提升。本文通过选取合理的评价指标体系对甘肃省内 12 个地级市的投资环境进行评价和分析，为甘肃省各城市有针对性地改善城市投资环境，促进经济快速发展提供决策参照。

一、甘肃省城市投资环境评价概述

(一)甘肃省城市投资环境评价的意义和概念

开展城市投资环境评价的主要目的，一是可以给投资者提供有关投资环境的区域性信息，为国内外投资者全面把握和认识区域和城市的投资环境状况做出正确的投资决策，选择理想的最佳投资地提供参考依据；二是为各地政府部门科学地评估、比较区域和城市投资环境的现状及变化，全面客观地把握未来投资环境的发展态势，积极有效地营造符合国际惯例的优质、高效的投资环境提供重要参考和思路。因此，对甘肃省城市投资环境进行科学的评价有利于了解各城市投资环境的优劣，从而有重点地确定几个城市作为省域经济发展的增长极，为进一步改善各城市的投资环境提供决策依据。

投资环境是指投资对象所具备的能够影响和吸引投资者投资的各要素现状和期望值的总和，这些要素包括政策的、人文的、地理的、社会的、经济的等等方面。城市投资环境是投资环境体系的一个层面，反映区域和城市行政辖区内与投资环境相关的各要素的状况。

(二)甘肃城市投资环境评价体系的设计思路和原则

投资环境评价指标体系的设置与建立应综合考察各种影响因素。根据经济发展规律，借鉴历史经验，结合利用外资的具体实践，设计和建立投资环境的评价指标体系。投资环境评价指标的选取在借鉴国内外通行的评估投资环境的方法的基础上，兼顾甘肃省投资环境领域中存在的特殊情况，力求及时反映各级政府的行为在市场经济体制并不完善的条件下对投资环境产生的影响，反映出经济体制变革中的种种问题以及对投资环境的影响。构建城市投资环境评价指标体系具体遵循的基本原则主要有以下四个主要方面：

1. 系统性原则

将投资环境视为系统，组成系统的各要素指标不是单一的、绝对的，横向指标之间是关联的、协调的，纵向层级之间也要求很高的代表性和相互之间的解释能力。为满足投资环境的整体性要求，指标体系既要反映物质环境，又要反映人文环境；既要反映经济因素，又要反映政治体制、社会文化等方面的因素。

2. 科学性原则

体现在指标的全面性、完整性和准确性上，指标的选取要客观反映城市投资环境的内涵。投资环境系统中的每个指标都应有确定的科学内涵，根据投资环境本身及经济社会发展的内在联系，选择含义准确、便于理解、易于计算的可靠和实用的指标构建指标体系，科学、客观地反映城市投资环境的实际状况。

3. 可比性原则

由于各地区之间存在自然资源禀赋差异，经济发展不平衡，对外资实行的优惠领域不尽相同等方面的因素，设置和建立投资环境评价指标体系必须遵循国际可比性原则。指标要保持相对稳定性，口径基本统一，以便于纵向的年度比较和横向的国际或区域间的比较。

4. 可操作性原则

指标的设置要在全面性和完整性的基础上作到简洁和易操作，指标的来源和可用性最大限度的与指标体系的设计目标相吻合。指标的选取力求理论与实践相结合、需要与可能相统一，并力求指标含义明确，统计手段灵活，计算方法简便，使得整个指标体系具有较高的使用价值和实际操作可行性。

二、甘肃省城市投资环境评价指标与评价方法

(一)甘肃省城市投资环境评价的指标体系

根据上述指导原则，本文选取反映投资环境优劣的 7 个大类指标来构建评价体系，它们是自然环境、经济环境、市场环境、人力资源环境、基础设施环境、社会服务环境和社会安全环境。

由 18 项二级指标对一级指标的含义和范围进行了具体说明，最终由 22 项基本指标构成完整的指标体系。具体见表 1。

指标体系总体说明：

表 1　甘肃城市投资环境评价指标体系

一级指标	二级指标	三级指标(基础指标)
一、自然环境	绿化水平	人均绿地面积(X1)
	生态保护	工业废水处理达标率(X2)
二、经济环境	产业结构	二三产业就业比重(X3)
		二三产业产值比重(X4)
	赢利能力	可支配收入增长率(X5)
	经济开放程度	当年实际使用外资金额占 GDP 的比重(X6)
	政府作用	财政收入占 GDP 的比重(X7)
		(科技三项费＋科学支出＋教育支出)占财政支出的比重(X8)
三、市场环境	市场规模和潜力	社会商品零售总额(X9)
		人均产值水平(X10)
		人均消费支出(X11)
四、人力资源环境	教育状况	每万人拥有高、中等学校学生数(X12)
	科技水平	每万人拥有专业技术人员(X13)
	劳动力成本	职工平均工资(X14)
五、基础设施环境	交通	人均道路面积(X15)
	供水	人均供水综合生产能力(X16)
	信息化程度	每万人移动电话用户(X17)
六、社会服务环境	医疗服务	每万人拥有医生数(X18)
	教育服务	教师数与在校生数之比(X19)
	商业服务	批发零售住宿餐饮业从业比重(X20)
七、社会安全环境	就业安全	就业率(X21)
	治安环境	刑事案件立案数与总人口之比(X22)

1. 自然环境:包括气候、空气质量、绿化程度,因气候和空气质量难于测量,主要借助于人均绿地面积指标表达城市生态环境的建设水平;用工业废水的处理率反映对生态环境的保护。

2. 经济环境:展示的是一个城市经济实力、结构协调性、赢利能力、政策环境等诸多方面。有4项基本指标构成,⑴产业结构,反映城市产业分布和城市核心竞争力的状况,选取二、三产就业和产值比重2项具体指标。⑵赢利能力,投资者最为关注的投资地的收入成长性表现,用居民人均收入增长指标来反映。⑶经济开放程度,表明地区和城市对外交流的程度。当年实际使用外资金额占生产总值比重直接反映了这种对外交往的程度。⑷政府作用,直接影响投资环境的营造,财政收支指标既反映了政府的宏观调控的能力,也反映区域整体赢利水平。

3. 市场环境是:投资者极为重视的投资条件之一,其优劣和成熟与否直接关系到企业的生存与发展潜力。与市场规模、市场消费能力和状况有关,其中社会消费品零售额显示市场总规模;人均生产总值和人均消费支出反映市场平均的消费能力和状况。

4. 人力资源环境:影响城市产业的竞争优势。高质量的人力资源及投入可以使城市产业获得资源和产品的竞争优势。城市人力资源的潜力决定城市价值体系的变动,影响城市价值体系的未来状况,因而是城市投资环境潜力的重要构成部分。指标体系由3个方面的指标构成,包括:教育状况、科技水平和劳动力成本。其中每万人拥有高、中等学校学生数直接反映出一个城市的教育水平和现状;每万人拥有专业技术人员,从结构层面反映了一个城市人力资本的技术素质和潜力;职工平均工资既反映劳动力成本的投入,也反映在劳动力的价格水平。

5. 城市基础设施环境:是城市运行与发展的空间物质载体和基本条件,是城市经济社会发展能力的物质基础,是构成城市各项功能良好发挥的重要保证。指标体系由3项基本指标构成,包括:交通、供水和信息化程度。交通指标由人均实有道路面积反映城市道路的平均水平;供水由人均供水综合生产能力直接表达;信息化程度由每万人移动电话用户数反映城市的信息产业发展状况。

6. 社会服务环境:良好的投资环境是和社会服务环境分不开的,社会服务环境反映政府综合管理水平和服务业发展的状况,是城市社会稳定、有序、健康、方便的良好体现。医疗服务、教育服务和商业服务指标是反映社会公共服务环境的重要指标,其中每万人拥有医生数集中体现了公共卫生水平;教师数与在校生之比体现教育的基本状况;批发零售住宿餐饮业居民服务和其他服务业从业比重反映商业服务的规模及水平。

7. 城市综合安全环境:是投资环境良好与否的基本保障,从两个方面构成,一是就业安全方面,用就业率指标反映城市社会经济的均衡发展状况,从一个侧面反映社会安全与稳定的重要指标;二是治安指标,刑事案件立案数与总人口之比直接反映社会安全状况,是影响投资环境优劣的主要指标。

(二)甘肃省城市投资环境评价方法

1. 数据来源

为求得各城市评价中的一致性,评价体系的数据资料来自国家统计局甘肃调查总队城市基本情况统计2006年报资料和2007甘肃年鉴,评价范围包括12个地级市。根据城市投资环境的特点,数据资料主要采用“全市”的口径,即城市的全部行政辖区。

2. 计算方法

基于城市统计资料的逐步健全和完善,以及分析工具及技术的支撑,我们对甘肃地级城市投资环境的综合评价研究主要基于主成分分析法(PCA)——多属性综合评价方法。该方法的原理是利用降维的思想,把众多变量转化为少数几个综合指标。这几个综合指标是原来变量的线性组合;综合指标保留了原始变量的主要信息,彼此间又不相关,能使复杂的问题简单化,便于抓住主要矛盾进行分析。

3. 综合评价指数的计算过程

在确定评价指标体系后,我们根据定性分析与主成分分析相结合的方法,对各城市的投

资环境(硬环境)综合评价指数进行测评,计算过程如下:

⑴对原始数据进行标准化处理。将原始数据同趋化和无量纲化。对三级子系统中的基础指标,采用0－1法来计算各基础指标的指数。即:各指标的基础指数=(实际值－最小值)/(最大值－最小值)。

⑵对分项指标进行主成分分析。利用主成分分析法——这样一种多属性的综合评价方法,主要是取决于两个方面,一是综合性地概括涉及很多方面的投资环境信息的需要;二是具有充足的统计信息的支持。投资环境是复杂而动态的社会经济综合环境的重要组成部分。如何测度和评价多维的这样一个综合环境状况和进程,就需要掌握其各个重要的侧面有深入而充足的信息,而且还要将这些信息充分地加以集中,并尽可能地舍去原始信息。主成分分析法(PCA),正是一种通过降维技术,可以将多个具有一定相关性的统计指标约化为少数几个综合指标的统计分析方法,被广泛用于指标综合。利用主成分分析方法,还有一个重要的副产品,即通过主成分权重(权重结构)上的差异和变化,进一步了解各城市投资环境方面的差别化模式或差距模式,以及投资环境改善或恶化的发展模式,掌握其演进过程。这样,对应于政策分析而言,就有了更为深入和充足的依据。

在主成分分析中,既可使用相关系数矩阵,也可使用协方差矩阵。采用相关系数矩阵等同于使用正态标准化后的数据,其最大优势就是消除量纲或数量级的影响,避免主成分过分依赖于量级过大的指标。由于各项指标已经经过了0－1法标准化处理,因此,使用相关系数矩阵的优势并不明显。此外,使用相关系数矩阵,各指标变量具有统一的标准差,可能低估或夸大不同指标的差异性,进而低估或夸大不同差异的指标对综合的投资环境差异的贡献。而一般说来,采用协方差矩阵,变量在主成分线性表达式中的权重受该变量方差相对大小的影响。当变量存在量级时,不宜采用协方差矩阵。但是,在不存在量级,或进行消除量纲或量级以后的前提下,若有理由承认变量之间的方差暗示着该变量的重要性时,采用协方差矩阵是一个较好的选择。因为这样做,可以在获取基础数据标准化的好处的同时,还尽可能地保留了各指标在离散程度上的特征,避免低估或夸大指标差异对综合投资环境的贡献。

三、甘肃城市投资环境评价结果与分析

(一)甘肃省城市投资环境评价结果

原始数据经过标准化筛选后运用SPSS11.5统计分析软件进行因子分析,用主成分法提取公因子,运用协方差矩阵和方差极大法旋转对原始数据进行线形变换。最后得出5个公因子,其有关处理结果如表2至表4。

表2 公因子提取结果系

Component	Initial Eigenvalues			Extraction Sums of Squared Loadings			Rotation Sums of Squared Loadings		
	Total	% of Variance	Cumulative %	Total	% of Variance	Cumulative %	Total	% of Variance	Cumulative %
1	10.971	49.870	49.870	10.971	49.870	49.870	9.791	44.503	44.503
2	3.428	15.583	65.452	3.428	15.583	65.452	3.997	18.169	62.672
3	2.197	9.984	75.437	2.197	9.984	75.437	2.315	10.523	73.195
4	1.864	8.471	83.908	1.864	8.471	83.908	1.924	8.744	81.939
5	1.146	5.208	89.116	1.146	5.208	89.116	1.579	7.176	89.116

表 3　旋转后因子载荷矩阵

	Component				
	1	2	3	4	5
X1	.910	—.020	.174	.105	.191
X2	.601	.372	—.558	.032	.305
X3	.217	.189	.789	.370	.339
X4	.721	.350	.342	—.047	—.159
X5	—.020	—.006	.051	.914	—.236
X6	.058	.791	—.150	.067	—.013
X7	.216	.206	.893	—.112	—.075
X8	—.957	.020	—.081	.266	.024
X9	—.055	.949	.269	—.072	.085
X10	.990	.066	.038	—.028	—.062
X11	.827	.077	—.107	—.164	—.341
X12	.137	.863	.310	—.257	.150
X13	.686	.617	.289	.009	.022
X14	.947	.089	.015	.072	—.090
X15	.840	.104	.192	—.084	.397
X16	.876	—.069	.201	.126	.208
X17	.903	.362	.052	—.009	.003
X18	.682	.648	—.095	—.166	—.206
X19	—.453	—.456	—.169	.589	—.223
X20	—.517	.213	—.144	—.457	—.050
X21	—.084	.096	.008	—.350	.884
X22	.884	.399	—.039	.122	—.115

表 4　各主成分(因子)及综合得分

	主成分得分					综合得分 E	综合排序
	F1	F2	F3	F4	F5		
兰州	0.16027	2.96243	0.91436	—0.15944	0.03946	15.26455	2
嘉峪关	2.61202	—0.65552	0.62486	0.3977	0.79555	26.42601	1
金昌	1.15664	—0.42603	—0.30704	—0.53193	—1.39117	5.693488	3
白银	—0.09119	—0.09978	0.01707	1.20314	—0.6636	0.015471	5
天水	—0.53668	—0.3365	0.42942	—0.68726	2.2455	—3.38014	6
武威	—0.52826	0.23138	—1.71951	0.62955	—0.23162	—7.3839	9
张掖	—0.27065	—0.33375	—0.86913	—2.44185	—0.01728	—10.7194	12
平凉	—0.67684	—0.20656	0.51354	0.30933	0.13429	—5.45528	7
酒泉	0.34905	0.55783	—1.59989	0.19119	—0.05918	2.214507	4
庆阳	—0.67046	—0.53639	1.51652	—0.65226	—1.00423	—8.03509	10
定西	—0.70253	—0.49575	—0.28169	1.17087	1.03843	—5.61669	8
陇南	—0.80136	—0.66135	0.76148	0.57096	—0.88614	—9.02343	11

由表 2 可知，经旋转后可得旋转后因子的贡献。5 个主成分不同程度地反映了各个指标的信息，5 个主成分的累计效率达到 89.116%，因此可以用 5 个主成分代替 22 个指标进行 12 个地级市投资环境进行综合评估。5 个因子按照各自特征值加权相加即为综合得分 E，由 E 值的大小可以反映某一城市投资环境综合水平在甘肃省的相对位置(具体结果见表 4)：

$$E=9.791F1+3.997F2+2.315F3+1.924F4+1.579F5$$

从表 4 我们可以看出，第一主成分 F1 对兰州、嘉峪关、金昌、酒泉 4 个城市的贡献为正值，尤其是嘉峪关达到了 2.61202，而其他城市的分值均为负值。对第一主成分贡献率最大指标是人均绿地面积、人均产值水平、职工平均工资、每万人移动电话用户等指标，这反映出了兰州、嘉峪关、金昌、酒泉近些年在绿化水平、市场规模和潜力劳动力成本、信息化程度上的相对优势。

在第二主成分 F2 的得分中，兰州得分最高，为 2.96243，其后依次为酒泉、武威，分值分别为 0.55783 和 0.23138，其余城市的得分均为负值，尤为对陇南、嘉峪关的负面影响最大，分值均超过了－0.6，这是因为第二主成分对社会商品零售总额、每万人拥有高、中等学校学生数等指标的载荷较大，而陇南、嘉峪关在这些方面数值相对较小。数据反映了兰州作为全省政治、经济、文化中心的地位以及酒泉、武威在市场规模和潜力方面的进步。

第三主成分 F3 的数据显示，其对庆阳的贡献仍为最大，分值达到了 1.51652，其后依次为兰州、陇南，分值均在 0.75 以上。由于对第三主成分贡献率最高是二三产业就业比重、财政收入占 GDP 的比重等指标，而这些城市均在该方面有较高的分值。从数据中我们也可以看到，反映出了这三个城市在产业结构调整方面的进步和政府作用在加强。

而在第四主成分 F4 的得分中，白银的分值最高，达到了 1.20314，依次是定西和武威，分别为 1.17087 和 0.62955。对 F4 有着积极贡献的指标为可支配收入增长率和教师数与在校生数之比等，而 3 个城市在这些方面均有着较好发展，同时这也说明 3 个城市在城市赢利能力和教育服务水平上走在全省的前列。

在第五主成分 F5 的得分中，天水分值最高，为 2.2455，其次是定西、嘉峪关，分别为 1.03843、0.79555。对 F5 贡献最大的指标为就业率，反映出在就业安全方面三个城市在全省的位置相对靠前。

(二)甘肃城市投资环境评价结果的聚类评析

由各城市投资环境综合得分情况可知，各城市投资环境在要素分布上存在显著差异。本文运用 SPSS11.5 对 12 个城市的基础数据进行了层次聚类分析，得到各城市投资环境冰柱图和样本的归类属。见表 5 和表 6。

表 5　层次聚类分析冰柱图

Number of clusters	Case																						
	7 张掖		5 天水		6 武威		11 定西		10 庆阳		12 陇南		8 平凉		4 白银		9 酒泉		3 金昌		2 嘉峪关		1 兰州
1	X	X	X	X	X	X	X	X	X	X	X	X	X	X	X	X	X	X	X	X	X	X	X
2	X	X	X	X	X	X	X	X	X	X	X	X	X	X	X	X	X	X	X		X	X	X
3	X	X	X	X	X	X	X	X	X	X	X	X	X	X	X	X	X	X	X		X		X
4	X	X	X	X	X	X	X	X	X	X	X	X	X	X	X		X	X	X		X		X
5	X	X	X		X	X	X	X	X	X	X	X	X	X	X		X	X	X		X		X
6	X		X		X	X	X	X	X	X	X	X	X	X	X		X	X	X		X		X
7	X		X		X	X	X		X	X	X	X	X	X	X		X		X		X		X
8	X		X		X		X	X	X	X	X	X	X	X	X		X		X		X		X
9	X		X		X		X		X	X	X	X	X	X	X		X		X		X		X
10	X		X		X		X		X	X	X	X	X		X		X		X		X		X
11	X		X		X		X		X		X	X	X		X		X		X		X		X

按城市的基本布局及上述分析，我们可以将这12个城市分为5个类别进行分析：

1. 第一类城市只有兰州一个城市。虽然其综合得分排在第2位，但兰州是全省政治、经济、文化、科技、教育和信息中心。甘肃城市等级体系中兰州的地位高于其余城市，是甘肃城镇体系的核心和集聚辐射功能强的都市圈，已形成科技、教育、人才和区位的优势。兰州的投资环境优势在甘肃诸城市中无疑是一枝独秀，其城市发展目标已跳出省域经济圈，因此对其投资环境的评价应放眼于西部和全国，打造一个开放型的西部重要经济文化大都市。

2. 第二类城市是嘉峪关。优势在于是甘肃的西北大门，地广人少，是主要以钢铁生产为特色的重工业城市，同时还是一座拥有历史文化古迹的旅游城市。其综合得分为12城市之首。

表6 样本的类归属

Case	5 Clusters
1 兰州	1
2 嘉峪关	2
3 金昌	3
4 白银	4
5 天水	5
6 武威	4
7 张掖	5
8 平凉	4
9 酒泉	3
10 庆阳	4
11 定西	4
12 陇南	4

3. 第三类城市包括金昌、酒泉。从表4可知，两城市综合得分排名在第3、4位。金昌的优势主要是矿产资源丰富，特别是镍矿储量规模巨大，居世界第二、全国第一，是典型的资源型重工业城市；酒泉是河西走廊上的历史名城，拥有悠久的历史文化和名胜古迹，还是一座新兴的工业城市，境内和周边分布着玉门石油管理局、酒泉钢铁公司、四〇四核工业城等一批国有重点大中型企业。

4. 第四类城市有白银、武威、平凉、庆阳、定西、陇南。白银是国家重要的有色金属工业基地，甘肃重要的能源、化工基地和黄河灌溉农业区。武威是"中国旅游标志之都"、"中国葡萄酒的故乡"、"西藏归属祖国的历史见证地"、"世界白牦牛唯一产地"，素有"银武威"之称。平凉是甘肃主要农产品生产基地，同时也是畜牧业、经济作物主产区，煤炭和石灰石资源较具优势，历史悠久、文物古迹颇多，旅游资源丰富。庆阳有丰富的资源，是甘肃的石油天然气化工基地，煤炭藏量覆盖全市，甘肃优质农畜产品生产基地，被誉为"陇东粮仓"。定西资源独特，物产丰富，是全国三大马铃薯主产区之一；野生中药材资源丰富，自古有"千年药乡"之美誉。陇南地理位置特殊，造就了极为丰富的生物资源、矿产资源、水利资源和旅游资源，是甘肃唯一具有北亚热带的生物资源和完整自然景观的地区；同时还拥有全国第二大铅锌矿带和全国第三大锑矿。

5. 第五类城市包括天水、张掖。天水有五大优势，一是区位优势，陇海线穿越全境，是陇海兰新线经济带甘肃段陇东南经济文化物流中心；二是旅游资源丰富；三是装备制造业和加工工业有一定基础和实力；四是农林土特产品优势；五是劳动力资源优势。张掖是全国历史文化名城之一，全国商品粮、蔬菜瓜果生产基地之一，资源丰富，钨矿资源量居全国北方之首，素有"金张掖"美誉。

四、甘肃城市投资环境优化路径的选择

(一)改善区域投资环境

经济的空间结构是影响区域经济发展与投资环境建设的重要因素之一。从现阶段看，甘肃省要加快构建以兰州为核心的兰州都市圈，以西陇海——兰新线甘肃段城市带为主轴，以县城和重点建制镇为联结城乡纽带的"一心一轴四个层次"的空间布局，通过强化核心，培育重点，以线串点，以点促面，形成等级分明、分工合理、协调发展的城镇体系空间网络结构，带动

全省社会经济全面发展。

1. 推进重点经济区域的城市圈集聚发展，形成核心点。进一步突出兰州都市圈、金（昌）武（威）城镇群、酒（泉）嘉（峪关）城镇群在省域城镇体系中的龙头地位，拓展兰州城市空间，发展外围新区，降低中心城区密度，充分发挥其科技、教育、人才、区位优势，加快产业升级和结构调整，强化其特大城市的集聚效应和辐射带动功能。依托兰州现有城市核心区，以其周边的永登、临洮、榆中等城镇为卫星城，构建大城市圈，培育强有力的经济核心区，强化西陇海一兰新经济带甘肃段。

2. 强化中心城市对周边地区的带动和辐射功能，以“线”串点，以点带面，依托西陇海——兰新线经济带甘肃段轴线培育和发展一批大中城市，带动地方经济发展。加快天水市建设步伐，发挥天水陇东南区域中心城市作用。强化与兰州经济圈、陇东地区和关中经济区的联系，加快机械、电子、电器、食品、制药等产业的技术升级和结构调整，振兴装备制造业，促进旅游、教育、商贸业的发展。位于西陇海一兰新经济带甘肃段上的白银、武威、张掖、金昌、定西、等城市，抓住经济带开发机遇，发挥各自的比较优势，扩大产业规模，提高技术装备，增强城市综合功能，带动地方经济发展。

3. 强化城市带联系，形成增长极。强化西陇海一兰新城市经济带的联系，推动酒泉、嘉峪关和玉门城镇群融合发展，优势互补，形成甘肃西部经济增长极，依托冶金、石油化工、特色农产品加工、旅游等产业，增强经济实力和城市竞争力，发挥交通枢纽作用，形成兰州到乌鲁木齐之间的经济支撑点。同时，推动敦煌建设，适时适度调整行政区划升格为地级市，整合周边地区风景名胜资源，使其成为现代国际旅游城市。

（二）优化产业投资环境

产业结构是衡量一个地区经济发展水平、发展阶段和产业投资环境的重要标志。甘肃第二产业在国民经济中的主导功能不强，第三产业发展滞后，主导工业以传统工业为主，总体层次偏低，结构老化且存在一定相似性，“小、散、弱、差”（规模小、经营分散、竞争力弱、效益差）问题较为严重，缺乏一批具有带动作用的龙头企业和拳头产品，企业组织结构的专业化、集团化程度低，不利于主要产品档次的提高和更新换代，更不能形成规模优势和规模效益；缺乏高层次和高附加值的高新技术产业，使城市经济职能水平低下，制约了城市对其所在区域经济的辐射带动能力。因此，要抓住机遇，以国际、国内市场为导向，大力发展第二产业，确定产业结构调整、工业主要发展方向和产业投资环境优化的思路与对策。

1. 巩固发展石化、有色、电力、冶金、机械、食品、建材等竞争优势产业，提高产品的技术含量，上质量、上档次是改善产业投资环境的战略选择。

2. 大力发展旅游产业。甘肃的自然风光、人文景观资源十分丰富，近年旅游业发展也极为迅速，但应进一步完善旅游管理体制，改善旅游环境，深度开发旅游产品，集约经营，解决供需结构矛盾，使旅游业成为支柱产业。

3. 面对国际、国内日趋激烈的竞争，调整产业组织结构，提升品牌知名度和竞争力。尽快改变企业“小、散、弱、差”状况，按“创牌、择优”的思路及国际化、集团化的要求调整产业组织结构，通过参股、控股、合资、联营、收买或兼并等形式，扩大经营规模，发挥企业群体优势。甘肃除矿产资源有优势外，无论是经济实力、工业基础、就业，还是交通、能源条件都不具备以重工业为主导的发展条件。因此，必须下功夫调整产业结构，把发展高新技术产业、附加值高和就业容量大的装备制造业放在突出位置，并作为今后甘肃工业发展的重点。

4. 面向国际市场，形成规模效益。以具有较强经济实力和出口创汇能力的工业企业为基础，选择一批有基础、有潜力、科技含量高的产业和产品进行重点扶持和改造，打破行业、地区、部门和所有制界限，组建以资产为纽带，以大型生产企业为核心，以工带贸、以贸促工的大型产业跨国集团进行集团式开发，面向国际市场，形成规模效益。同时，大型项目的选择要同省域经济发展战略结合起来，通过招商引资，促进产业的调整和升级，实现资源配置市场化、产业结构外向化，增强经济发展后劲和整体经济实力。

(三)完善投资的软、硬环境

完善投资硬环境,为资本、人才、项目进入甘肃创造良好的经济活动物质平台。硬环境主要是指良好的自然资源和交通、通讯、能源、城镇基础设施等进行经济活动的基础条件。完善投资软环境,为资本、人才、项目进入西部创造良好的保障机制。软环境涵盖多方面内容,不仅涉及人的观念、思维、认识,还涉及体制、政府职能转变等社会的方方面面。改善软、硬环境是区域投资环境建设的两个重要方面:硬环境(物质环境)是有形的,是投资者首先要注意到或看中的环境要素;软环境(人文环境)是无形的,它的改善能够弥补硬环境的缺陷,可以使硬环境的吸引力倍增,从而提高硬环境的效用。

1. 软环境方面

⑴在宏观层面上努力健全市场经济体制。制定正确的引资政策,提高融资和管理水平,提高劳动力素质,加强法制建设,把经济运作纳入法制化轨道,力求为外部投资者提供一种宽松、安全、有利益保障的社会经济环境。

⑵理顺政府与企业的关系。加大产权制度的改革力度,使企业成为真正的市场主体、投资主体,自主经营决策。

⑶研究和营造适合国有企业、民营企业发展的软环境。尤其是要加大力度改善外商投资软环境,把为省际、国际投资者提供适用、方便、舒适的生产和生活服务条件作为重点,以健全的法律法规体系,科学高效的审核、管理、监督制度,规范的政府和企业行为,高质量的金融、保险、文化教育和生活服务设施提升投资软环境。

2. 硬环境方面

基础设施、生产技术水平、企业布局、交通条件、协作条件、能源供给条件等基础性生产设施和服务设施是投资者最终决定是否投资、投资规模大小和投资方式时考虑的重要问题。甘肃目前的城市基础设施状况远不能适应投资日益增长的需要,必须加大力度搞好基础设施建设,优化布局企业,解决好能源、水源、原材料供给条件;完善交通通讯网络,尽快形成高速公路和航空运输体系以及信息高速公路网,完善区域基础性生产设施和生活服务设施提升投资硬环境。

作者:甘肃调查总队　张晓红

参考文献:

1.《甘肃年鉴》2006、2007
2. 马逢时,姬孟祥,城市综合经济实力的主成份分析
3. 中国信息报"中国百佳城市投资环境评价"
4. 罗海藩,童中贤,韩未名,省域城镇化战略。
5. 陈晓杰　张丽萍,居民生活质量指标体系初探
6. 王克桥,对县级全面建设小康社会进程统计监测制度的探讨
7. 黎永林　林燕华,"构建城市综合实力评估指标体系"
8.《城市发展战略研究》
9.《SPSS 在统计中的应用》
10. 张耕田,关于建立城市化水平指标体系的探讨

人口迁移的理论、现状及对社会经济发展的多重影响

——以新疆为例

人口迁移变动与人口自然变动、社会变动一起构成人口的三大变动。其中，人口迁移变动与人口自然变动又是影响人口时空分布的两大主要因素。而且，相对于变化较迟缓的人口自然变动，人口迁移的影响更为显著。

我国是一个地域辽阔、国内各大区域之间以及区域内部自然和社会经济条件差异显著的国家，并且是将在一个不太长的时期内从传统的农业国家转变为初步工业化的国家。改革开放以来，在我国社会经济结构转型过程中，计划迁移机制与自发迁移机制同时运行，形成多元化的迁移系统，使得我国的人口迁移独具特色。尤其是对于地处内陆边远西部，经济相对落后的新疆，长期大量的人口净迁入也就更具有它的必然性和特殊性。

据第五次全国人口普查资料显示，新疆迁移人口占总人口的36.8%，1995—2000年由外省迁入新疆的人口约113万人，外省流入人口总量排在广东、上海、浙江、北京之后位居全国第五位。进入21世纪以来，这种趋势有增无减，迁移人口对新疆经济和社会的发展影响日趋显著。加强新疆迁移人口的研究，可以为各级党委、政府和有关部门制定更加科学的人口管理政策和办法提供有力的参考依据，为制定新疆适应全面建设小康社会的人口发展战略提供决策参考。因此，人口迁移研究具有高度的现实指导意义，也更具有深远的历史意义。

文章以迁移人口以及他们的迁移流动行为为研究对象，通过研究迁移人口的迁移决策行为，实施方式和途径，迁移者融入迁入地社会经济生活的方式和程度等，把握其发展、变化的内在规律，从迁移人口总量特征、人口分布、人口特征、区域经济等方面，进一步揭示迁移人口和迁移行为对新疆经济发展的影响，并对未来迁移人口变动进行预测分析。

一、人口迁移的概念及其理论基础

(一)人口迁移的概念

在人口的三大变动中，对人口迁移变动的研究相对较少，对“人口迁移”的定义却不少。学者们从各自科学背景、研究角度和对象出发定义人口迁移，以致难以达成一个统一的定义。从人口迁移所具有的时间、空间、目的三大要素出发，不同的定义分为宽、中、窄三大派。宽派主要从空间属性来定义，着眼于人口的空间位移或地区、地域分布的变动；中派主要强调目的属性，认为迁移以定居或居住为目的；窄派则以三属性中的两或三个属性来共同界定人口迁移。可见，跨过较长距离、以较长期居住为目的向某地的迁移，是各种定义均认可的人口迁移。短期外出公务、务工、度假、旅游、朝圣，或季节性、周期性、往返性的人口空间移动，在宽派来看或可属于人口迁移，而在中派和窄派来看就只能属于人口流动了。

人口迁移或流动中所涉及的人口就称为迁移人口或流动人口。本课题中迁移人口是按“五普”调查和公安统计定义所确定的，既包括跨市县伴随有户籍变动的迁移人口，也包括户籍未发生变动，但常住地发生跨市、县的暂住人口。这些迁移人口的迁移过程就构成人口迁移、流动。

(二)人口迁移研究思路和方法

西方国家对人口迁移的研究已从19世纪

80年代从人口迁移距离和流向、迁移者的某些特征来探讨人口迁移规律，发展到20世纪50年代到70年代将人口迁移流动与社会经济现代化、人口再生产类型转变和城市化的历史进程相联系，探讨不同时期人口迁移的规律或特征，再到20世纪80年代到90年代将人口迁移与经济国际化相联系，探讨生产组织方式、新国际劳动地域分工和世界城市体系的发展变化对人口迁移的影响；从分析迁移者特征和迁出迁入地的推力—拉力对人口迁移的作用，深入到分析社会和劳动市场的结构性变化、各类市场的发展、人力资本投资、移民关系网络、累积效应及性别差异等对人口迁移的影响。这说明不仅影响人口迁移的内外因素日益复杂化、多样化，人口迁移对迁出、迁入地的影响也日益复杂化、多样化。

在社会经济结构转型过程中，由于计划迁移机制与自发流动机制同时运行，使影响我国人口迁移的内外因素更为复杂。研究者们对改革开放以来我国国内人口迁移趋势的变化，迁移人口规模、特征、过程和原因，迁移者对来源地、目的地的影响等已做了大量实证研究。20世纪90年代中期以后对经济结构和劳动市场结构转变与人口迁移的关系、迁移人口在迁入地的工作选择与转换及相关影响因素、迁移人口在迁入地的居住状况及社会地位的变化等方面也展开了研究，但研究相对不足，尤其在人口迁移理论方面建树甚少，尚未突破西方理论的框架。

(三)人口迁移的研究进展

1. 国外流动人口的研究进展

(1)扎林斯基的“人口移动转变论”，将迁移进程分为五个阶段三大迁移流：工业革命前人口很少流动；工业革命早期到后期，从农村向城市的迁移从主迁移流转变为非主迁移流；工业革命后期到发达和未来超发达社会阶段，城市间或城市内的迁移逐渐成为主迁移流；从工业革命时期到发达社会、未来超发达社会阶段，国际迁移流从向海外迁移转变为从海外迁入，再到控制来自发展中国家的人口迁入。

(2)萨森等认为(Sassen 1988，1991)：新国际劳动地域分工，加速了发展中国家工业化和进入世界市场的步伐，加剧了这些国家内部不同地区间劳动力供需的变化，引起农村人口向城市的大规模迁移，也加剧了这些国家城市现代经济与农村传统经济之间、城市正式经济与非正式经济之间的二元经济结构和就业结构的变化、不同性别劳动力迁移和就业的变化(Maeesy et al 1993；Lawson 1998)

(3)刘易斯两部门劳动力转换理论认为：传统农业部门与现代工业经济部门之间由于经济结构和收入结构的差异，导致两部门之间的劳动力转换，从而引起农村人口向城市的迁移。发展中国家只有通过现代化工业吸收农村中的隐蔽性失业的过剩劳动力，方可使国民经济发展由停滞转变为稳定增长，从而摆脱贫困走上富裕道路(刘易斯 1984)。

(4)托达罗预期收入理论：针对许多发展中国家农村人口大量涌人城市，而城市经济无力为大多数人提供长期就业机会的现象，试图系统地阐述城乡劳动力迁移的经济行为模式，并将农村迁入人口就业的可能性与城市劳动力需求及供给因素的模式结合在一起。认为农村劳动力向城市迁移的是城乡之间“预期收入”的差异，而不是实际收入的差异。因此减少农村劳动力进入城市成为潜在失业大军和缩小城市传统部门规模的最为重要措施，是缩小城乡收入差别和改善乡村人民生活(Todaro 1970；1980)。

(5)以贝克尔和舒尔茨为代表的人力资本“投资—效益”理论认为在现代社会影响人们迁移的最重要因素是迁移所带来的，可以提高迁移者个人或家庭收益的各种新机遇(Wood 1981；Clay 1991)。

(6)吉萨克对美国1965～1986年期间181个基本经济区的人口净迁入率与就业机会增长、收入、投资、当地人口的受教育程度、生活质量等变量间的关系进行了多元相关分析，认为影响人口净迁入的最重要因素是就业机会的增长(Jinsuk 1996)。

(7)以鲍尔(Piore 1979)为代表的二元劳动市场理论认为，一方面，工业社会的结构性工资反映了劳动者的职业阶层和社会地位，各层次工资的提高有联动效应，不能仅以提高最低层次工种的报酬来吸引本地人，本地人也不愿从事这些低收入、低社会地位的工作。而移民，尤其是来自低收入国家或地区、受教育少的新移民，仅将工作看作获得收入的手段，无法介意其所内涵的社会地位意义。而且，也许这很低的收入也高于其在家乡所可能获得的收入。作为家乡社区的一员，其给家乡的汇款，可巩固或提高其本人或家庭在家乡社区的收入地位和社会地位。

因而，劳动市场的工作一般可分为两类，在主导部分或正式部门就业的人受教育程度高、收入高、福利待遇好；非主导部分或非正式部门以低工资、非稳定性工作、缺少合理的提升机会为特征，主要招收非熟练劳动力（Dickens，Lang 1988）。

（8）以马希为代表的移民关系网络和累积效应理论认为，新老移民之间、迁出地与迁入地居民之间，由亲朋或同乡关系形成的人际关系网络是种社会资本，其建立和扩张有助于降低迁移成本和迁移风险，提高迁移的可能性。通过关系网络的迁移，又称为移民自组织的迁移。迁移量的逐渐增加，不仅使网络得到进一步拓展，对迁出、迁入地的社会影响也越来越大（Massey 1990；Hugo 1981；Taylor 1986；Gurak Caces 1992）。

2. 国内流动人口的研究进展

自20世纪50年代中期开始实行严格的户籍管理制度以来，户籍制度一直是影响人口迁移量、迁移流向及在迁入地居住身份的重要因素（彭勋 1992；杨云彦 1994；吕昭河 1999）。20世纪80年代中期以后，随着对人口迁移流动管理制度和调控措施的变化，人口迁移规模迅速扩大，宏观迁移流向发生逆转。从延续数百年的向北、向西开发自然资源富集区、边疆地区、人口稀疏地区的迁移流，转变为向东部沿海地区（蔡建明 1990；于蜀，张茂林 1998）或东南沿海地区的迁移流（张善余 1990，1992；杨云彦 1992）。伴随改革开放的逐步深入，我国人口迁移原因也发生了显著变化。继20世纪80年代前半期知青和下放干部的返城迁移潮之后，1984年起自发迁移人口开始迅速增加，但1987年前，在跨省迁移人口中，仍以户籍迁移及社会原因为主（蔡建明，马清裕 1991；蒋正华，李南 1994；李树茁 1994；段成荣 2000）。在80年代后半期，指向经济特区和支边干部返乡调动为主的“孔雀东南飞”之后，90年代学习培训、毕业分配和工作调动不仅是户籍迁入大中城市的主要原因，入户也逐渐成为吸引高层次人才、吸引投资的政策工具之一。户籍迁移占迁移人口的比重虽迅速下降，却仍是迁移者实现定居性迁移，尤其是迁入大中城市，并融入其社会生活的主要途径。以务工、经商为主的自发迁移已成为迁移流的主体，且在迁入地滞留期日趋延长（周祖根，朱慈 1995；朱宝树 1997，1999b；刘爽，武晓萍 1999；黄晨熹 1999；王广州等 2000）。

许多研究指出，我国地域广阔，相对于农业可利用土地特别是可耕地资源的人口压力沉重，三大地带之间及地带内部、省区之间及省区内部自然和区位条件、经济结构等都有很大差异，导致了就业机会的差异。自80年代中期人口可自由迁移流动以来，寻找就业机会是劳动力迁移的首位原因，其次才是寻求较高的期望收入、较好的工作环境和发挥个人才干的机会。迁移率主要与区域经济发展水平（如：人均GDP），其次与经济结构的差异（如第三产业比重）正相关，与迁移距离负相关。户籍迁移以学习培训、毕业分配、调动工作为主，暂住人口以务工经商为主，均以大中城市、城市群为主要迁入地，以省内迁移为主，跨省迁移以地带内为主，远距离迁移主要指向东部沿海地区，并形成不同规模的迁移圈（马侠 1989，1994；范力达 1992；张善余 1992；王桂新 1993；李树茁 1994；蒋正华，李南 1994；杨云彦 1994）。

各种调查和普查资料的分析表明，我国的迁移人口有很强的个体选择性，各类组织和机构对人口迁移也有重要影响：（1）首先表现在年轻人、未婚者有更强的迁移倾向，16～40岁是迁移人口的主体。与户籍迁移人口相比，自发迁移人口，特别女性人口是更为年轻的人口群体。（2）迁移倾向与受教育程度成正比，平均受教育程度迁移人口高于非迁移人口，户籍迁移人口高于自发迁移人口。（3）网络关系和累积效应使有的地区、有的职业具有更强的迁移倾向，或形成婚姻迁移链。（4）在各种组织形式中，建于移民网络关系基础上的自组织对迁移的影响最大,政府的劳务交易机构、市场化或半市场化的人才交流中心、职介所等也发挥了重要作用。(5)省际人口迁移量及目的地主要受移民网络关系的影响,经济因素只是前提条件而非决定性因素(王维志 1988;张善余 1992;杨云彦 1992;朱家良,吴敏一 1992;王桂新 1994,1995;李培林 1996;严善平 1998;段成荣,周皓 1998;刘海泳,顾朝林 1999:段成荣 2000)。

据研究,20 世纪 80 年代以来,我国区域经济发展水平与净迁移间的迁移弹性趋于增加,且女性净迁移的相对收入弹性大于男性,男性净迁移的距离弹性大于女性,体现在省际净迁移中女性比男性更倾向于长距离迁移,更易受收入差距的激励而迁移,特别是通过婚姻迁移(张善余,张茂林 1996)。与男性指向东部主迁移流相伴随的还有规模较小的逆向迁移流不同的是,女性几乎没有逆向迁移流。女性迁移流,包括婚姻迁移流的宏观流向均为向东(张善余 1992;杨云彦 1992),这改变了改革开放前女性主要是短距离婚姻迁移的态势,而且在目前的户籍体制下,婚姻几乎是经济不发达地区农村女性永久性迁入较发达地区的最佳途径。与男性相比,外出务工女性的低龄化、未婚化倾向更突出,就业也主要集中在劳动密集型的出口加工业和传统服务业(张和生 1994;谭琳,柯临清 1998;林富德,张铁军 1998:宋国臣,顾朝林 1999;李玲 1993;李玲等 2000;)

我国农村人口规模庞大,改革开放前又长期严格控制农村人口向城市迁移,使我国就业结构调整滞后于产业结构调整,城市化滞后于工业化(蔡昉 1989;)。在改革开放、经济发展水平提高及社会经济结构转变的过程中,必然会发生农村人口向城市迁移而形成的城市化浪潮,这是研究者们的共识。但以何种方式实现城市化,则见仁见智,在 20 世纪 80 年代后期到 90 年代初,掀起关于人口迁移与城市化道路关系的大讨论,即是自下而上、充分动员农村社区和地方政府的积极性,使农村人口以离土不离乡、就近向小城镇转移为主,还是自上而下、集约式利用各种经济资源、减小对环境的破坏,以向城市转移的集聚式为主(王向明 1988;徐云鹏,辜胜阻 1994;王嗣均 1996;彭明 1998;朱镜德 1999;崔功豪,马润潮 1999;)。

中国巨大的地区差异,使不同地区人口迁移与城市化的动力关系各有特色:有的地区以自上而下为主,有的地区以自下而上为主(赵永革 1996;徐天淇,叶振东 1987,1994;孙胤社,林雅贞 1988);即使同以自下而上动力为主的地区,也由于发展条件、原有经济基础和城市发展基础、产业结构取向的差异,而形成各具特征的模式,如苏南模式和苏北模式、温州模式和宁绍模式(张仁寿,李红 1990;朱通华,孙彬 1994)、珠江三角洲各有特色的"四小虎"模式(林洪等 1995)等;大都市周边地区的小城镇发展也各具特色(陈浩光 1998)。90 年代以来则动力机制日趋多元化(宁越敏 1998)。

大量农村人口迁入城市,参与城市社会经济生活,促进了城市各项建设事业的发展,已成为城市人口构成的实际组成部分,促进了城市化进程(王向明 1988;朱宝树 1995)。但在难以转为居民身份并保留了家乡土地份额的情况下,他们中的大多数只能在城市工作数年后返回家乡,虽避免了发生在许多发展中国家失地农民滞留城市的冲击,却延缓了城市化进程。在较发达地区,小城镇的分散发展也延缓了人口向大中城市的集中,以致目前我国城市化仍滞后于工业化和经济发展的总体进程。

自发迁移人口的暂住身份,使他们难以进入城市正规劳动市场,也无法享受与城市居民一样的居住、就医、子女入托入学等社会保障,并在社会心理、生活方式、消费模式等各方面与城市居民有很大差异,这不仅使城市社会文化日趋多元化,也逐渐成为城市贫困群体的重要组成部分(李梦白,胡欣等 1991;沈益民,童乘珠 1992;徐云鹏,辜胜阻 1994;丁金宏等 1996;杨娅 1998;顾朝林 1998)。暂住人口多数在近郊工业区及乡镇企业从业居住,或租住农民屋,从而在大城市的城乡结合部形成居住最为密集的地带,并形成建立于移民关系网络基础上,以某种行业或职业为主的不同形态和功能的移民聚落。随着暂住人口规模的扩大,特别是家庭式迁移并长期在城市就业居住所占比重的提高,自我服务系统也逐渐建立起来(王举等 1993;丁金宏等 1996;宋迎昌,武伟 1997;宁越敏 1997;孟延春,曹广忠 1997;朱宝树 1999a;刘海泳 1999;宋国臣 1999;刘贵利,顾朝林 2000)。部分进城多年,有了谋生技能和较高收入的人,通过购房或投资定居,或与城市青年结婚定居等,又促进了户籍制度的改革,如蓝印户口的出现,人口迁移从定额制向准入制转换等。这些不仅促进了暂住人口在城市滞留的长期化,逐渐缩小了城市居民与暂住人口之间、户籍迁移与自发迁移人口之间,尤其是较高学历的各类人口之间在各方面的差距,也有利于逐渐淡化户籍作用,推进户籍制度改革的进程(李玲 1999;黄晨熹 1999;朱宝树 1997,1999b;王广州等 2000)。

二、新疆历史上的人口迁移

(一)新疆人口迁移的历史回顾

新疆古代移民可上溯到西汉时期,汉武帝两次派张骞出使西域,从此汉族人口开始陆续迁入新疆。西汉王朝设立西域都护府,东汉屯田扩展到了天山以北。

魏晋时期,汉族人口为避战祸迁入新疆。唐朝,军屯和民屯更加兴盛。唐以后,西域战乱频繁,从公元 2 年到清朝统一新疆的 1800 年,人口发展十分缓慢。

清朝统一新疆后,为了巩固边防,大兴屯垦。清朝后期,屯垦移民从东疆的哈密、巴里坤延伸到北疆的伊犁、塔城。向南直抵阿克苏、喀什。

1884 年新疆建省后,取消了外省人口迁移的人为壁垒,关内的汉、回携眷来新就业,开垦荒地、务工、经商者络绎不绝。估计到 1935 年汉族移民累计约 20 万人。抗日战争前后,不少进步人士来疆。1944 年国民党政府的军队、行政人员、随军眷属和商人 10 万多入疆。在历史的长河中,迁入新疆的各民族中华儿女和新疆人民共同生活和建设新疆,其中不少人都融入了新疆各民族之中。新疆各民族也有不少迁移到祖国其他省份,如:湖南省桃源县的维吾尔族,就是随满清时期的左宗棠将军迁入内地的维吾尔人,甘肃省的裕固族,其祖先就是维吾尔人。新疆人口从本世纪初的 200 万人,增加到 1949 年的 433.34 万人,人口迁移是新疆总人口增长加快的重要原因。

新疆自古以来就是中国不可分割的一部分,迁入的移民屯垦戍边、巩固边防,繁荣了新疆经济,维护了祖国统一,功盖于世。新中国成立以来,新疆人口省际迁移具有计划迁移和自发迁移双重特色,并具有明显的阶段性。

(二)新疆近代史的人口迁移

1. 新疆人口迁移的第一高潮期(1949～1961 年)

12 年间,新疆人口由 433.34 万人,增至 710.06 万人,净增人口 267.72 万人,其中净迁移人口 187.72 万人,占同期净增人口数的 67.84%。迁移人口主要由军队转业安置、支边青壮年、自发迁移人口、有组织来新疆的人员组成。由于这一时期的人口有计划流动,奠定了新疆金融、工业、建筑等行业的基础,并组建了新疆生产建设兵团,是新疆地方财政唯一实现收大于支的时期。

2. 新疆人口迁移的低谷期(1962～1963 年)

1962 年新疆贯彻“调整、巩固、充实、提高”的方针,实行精简下放政策,关、停、下马了一批企业,被精简人员采取遣返为主,安置为辅的办法。1963 年净迁移人口只有 3.01 万人,净迁移率仅为 4.26‰,低于 50 年代的平均水平。

3. 新疆人口迁移的第二高潮(1964～1980 年)

17 年间,新疆人口由 744.18 万人增至 1283.24 万人,净增人口 539.06 万人,其中省际净迁移人口 149.90 万人,占同期净增人口数的 27.80%。这一阶段周期长,增长速度慢,净迁移人数呈显波状下降趋势。迁移人口由城市支边青年、补偿性迁入的家属、已被安置的自流移民、新疆特殊移民新生就业人口组成。

4. 新疆人口迁移的第二低谷期(1981～1989 年)

由于政策性因素,加之宣传失误,80 年代持续 9 年的低谷期,省际人口净迁移量均为负值。

合计迁入人口 62.53 万人，迁出人口 87.10 万人，净迁移人口为 24.57 万人。

5. 新疆人口迁移的平稳期(1990～2000年)

90 年代，随着石油资源的开发，兰新铁路复线的建成，沿边口岸的开放，新疆经济发展展现了较好的趋势，1990 年省际净迁移人口 1.34 万人，2000 年达到 6.59 万人，11 年间省际户籍迁移人口共计 56.55 万人，并且呈现逐年增加的趋势，扭转了 80 年代净迁移人口为负值的局面。

6. 新疆人口迁移的增长期(2000 年以来)

进入 21 世纪，新疆人口迁移流动又逐渐加速。截止 2005 年底，新疆净迁入人口达到 20.6 万人，是 2000 年的 2.4，是 1990 年的 4.4 倍。显然西部大开发的战略、新疆能源基地地位的确立、新疆工业化、城镇化的加速发展，促进东、西部地区经济互补性增长的需要，人口大规模迁移流动是这一发展阶段的必然结果。

三、人口迁移总量特征及其对社会经济的影响

(一)人口迁移对总人口的影响

1. 户籍人口净迁移量大幅增长，占户籍人口比重明显上升

2000 年以来，新疆经济持续快速发展，户籍人口净迁移量大幅增长。20 世纪 90 年代以前新疆省际人口迁移为净迁出，1983～1989 年累计迁出 22.4 万人，此后省际净迁移趋于平衡，迁入量逐渐放大，1990～2000 年省际人口净迁入量年均达到 5.74 万人，省内净迁移年均 4.26 万人，但在 2000 年以后，新疆人口迁移总量迅速上升，2001～2005 年 5 年间累积净迁入近 80 万人，其中省际人口净迁入量年均 8.65 万人，省内净迁移 7.23 万人，仅次于广东、上海、北京、浙江，成为全国第五大人口净迁入大省(图1)。

随着人口出生率的逐渐下降，迁移增长在新疆人口增长总量中的比重则逐步提高，据测算新疆户籍迁移人口增长占人口总增长的比例已从 1990～1995 年的 19.8%上升到 1996 至 2000 年的 28.7%，进而到 2001～2005 年的 46.3%。迁移人口占户籍人口的比重也出现大幅上升，由 1996～2000 年的 2.8%增加到 2001 至 2005 年的 4.2%，人口迁移率也达到了年均 15‰。显然迁移增长已成为与自然增长并驾齐驱共同拉动新疆户籍人口增长的重要力量。

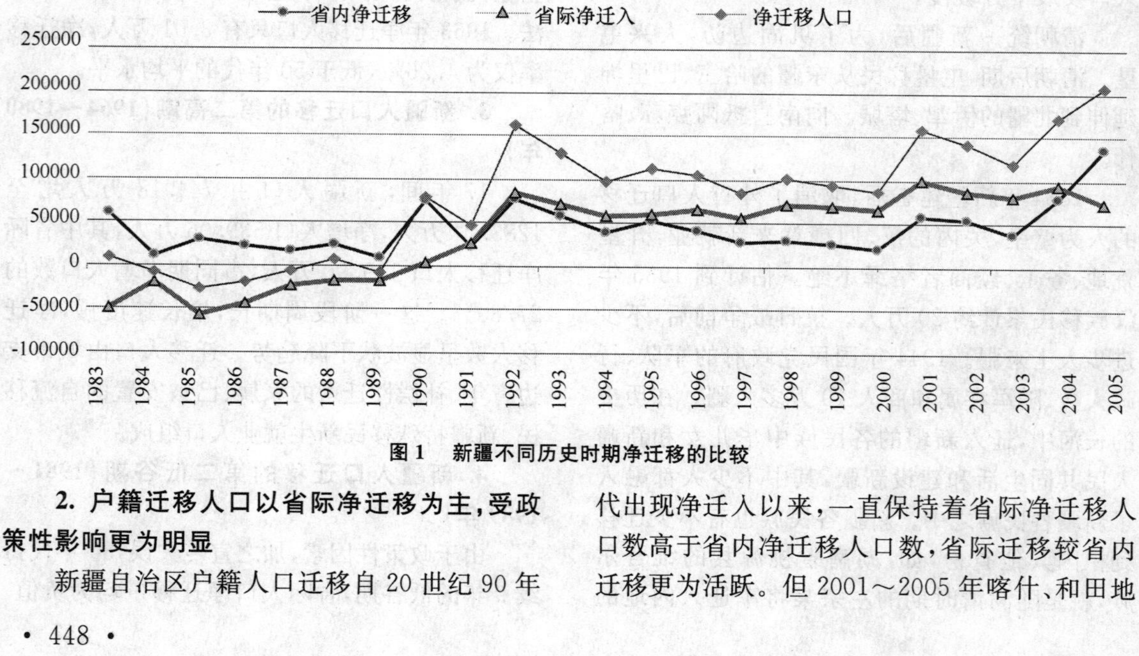

图 1　新疆不同历史时期净迁移的比较

2. 户籍迁移人口以省际净迁移为主，受政策性影响更为明显

新疆自治区户籍人口迁移自 20 世纪 90 年代出现净迁入以来，一直保持着省际净迁移人口数高于省内净迁移人口数，省际迁移较省内迁移更为活跃。但 2001～2005 年喀什、和田地

区以及乌鲁木齐、克拉玛依市等四地累积省内净迁移人口数要远远高于省际净迁移人口(如:表1),另外哈密和塔城地区省内户籍人口累积迁出人口要多于迁入人口。

表1　2001～2005年新疆分地区户籍人口省际净迁移变动情况

区　域	省际净迁移人口(万人)	省内净迁移人口(万人)	省际净迁移人口比重(%)	省内净迁移人口比重(%)	净迁移人口比比重(%)
新　疆	43.24	36.15			
乌鲁木齐市	1.19	10.56	2.75	29.21	14.80
克拉玛依市	0.75	0.99	1.73	2.74	2.19
吐鲁番地区	1.12	0.23	2.60	0.63	1.70
哈密地区	2.37	−0.50	5.49	−1.39	2.35
昌吉州	4.40	0.20	10.17	0.55	5.79
博　州	2.06	0.31	4.77	0.87	2.99
巴　州	5.30	1.03	12.25	2.84	7.97
阿克苏地区	6.84	3.65	15.83	10.11	13.22
克　州	0.70	0.32	1.62	0.87	1.28
喀什地区	3.68	11.43	8.52	31.61	19.03
和田地区	0.71	5.85	1.63	16.19	8.26
伊犁州	4.31	1.44	9.97	3.99	7.25
塔城地区	3.11	−0.46	7.19	−1.29	3.33
阿勒泰地区	1.80	0.32	4.15	0.87	2.66
新疆兵团	4.89	0.80	11.32	2.20	7.17

数据来源:新疆维吾尔自治区公安年报

2001～2005年5年间新疆累积有近80万的净迁移户籍人口,他们只有不到30%的人迁入经济增长较快,占人口比重为%的天山北坡经济带,其他则依次迁入了喀什、阿克苏、和田、巴州、伊犁州和兵团等地,分布比较均匀、广阔。其中省外迁入的户籍人口,主要迁往阿克苏、巴州这两个新兴石油城市,其次迁向经济较活跃的兵团、昌吉州、伊犁州和喀什地区;而省内人口迁移则形成明显的取向,有近50%的人口迁入南疆喀什和和田地区,这与新疆自治区近年来南疆部分兵团人口变更为地方户口的政策非常有关,另有近30%的疆内人口迁向新疆政治、经济、文化中心的乌鲁木齐市。

3. 暂住人口迅猛增长,成为影响新疆人口增长的主要因素

暂住人口是被户籍管理部门登记在册的迁移人口,但是随着人们户籍意识的淡化,流入新疆而未办理任何手续者大有人在,而且占暂住人口的比重逐年上升,实际的迁移人口规模和迁移人口增加速度,可能要高于以暂住人口为替代的水平。

伴随着西部资源的开发、石油基地的建设和口岸城市开放战略的实施,新疆暂住人口的规模不断扩大(如图2)。1983年新疆的暂住人口为9.7万人,1990年增至33.02万人,2000年到了70.81万人,2005年达到189.64万人,平均每年以7万人的规模增加。暂住人口占全疆总人口的比例,从1983年的1.34%、1990年的2.22%,2000年的3.8%,上升到2005年的9.4%,25年间提高了8.1个百分点,其中5.5个百分点是近5年暂住人口增长拉动的,显示了近年来新疆暂住人口增长的迅猛势头。

改革开放以来,新疆暂住人口的大量聚集,远远超过户籍迁移人口的总量,成为影响新疆人口增长的最主要的因素。从1990年“四普”的1515.69万人到2000年“五普”1845.95万

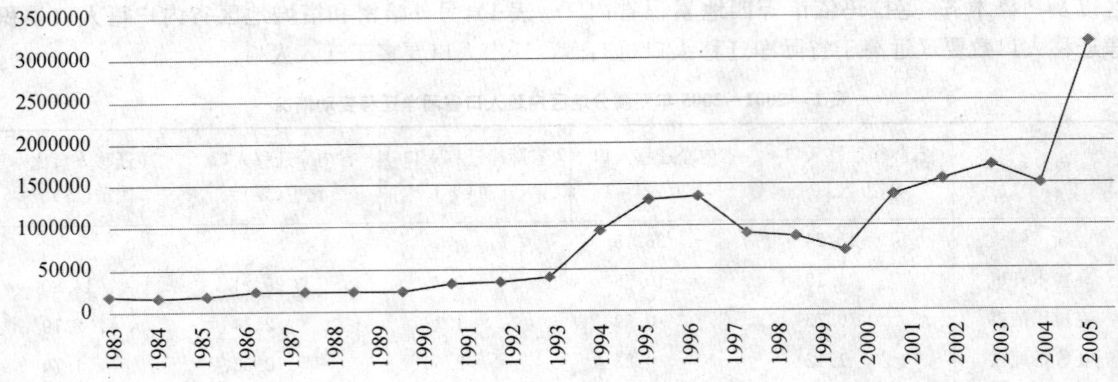

图 2　新疆历史暂住人口

人，再到 2005 年 1962.32 万人，15 年间新疆总人口净增加 446.6 万人，增长近 30%；与此同时，15 年间新疆暂住人口净增加 156.6 万人，增长 5.7 倍，占增加总人口的 35%。

(二)人口迁移的流向、分布特征及其影响

1. 农村向城市的迁移人口迅速增加

来自区内外迁移集聚的人口流，主要是从农村向城市的迁移流，大致可分为以下三种类型：

(1)延续改革开放前形成的入学培训、毕业分配、调动工作、婚姻及家庭团聚等迁移途径，以计划迁移为主的户籍人口迁移。这类迁移人口多来自全疆各地及疆外的村镇，并主要迁入新疆自治区各级城市。

(2)通过自理口粮、投资、购房、交纳城镇建设增容费等入户，在粮食供给逐渐市场化后，允许在集镇有固定住所、有经营能力的农村人口迁入户口，到 1998 年已有近 10 万人在城镇落户。农民自理口粮落户以后形成的户籍人口迁移途径，以自发迁移与计划迁移相结合，是人口从农村向小城镇的迁移，并以市县内部迁移为主。近年来在投资买房可以在城镇落户的政策，也成了许多有能力的农民改变子女生活环境而采取的最直接、有效的途径。

(3)暂住人口自发迁移，主要是从疆内外农村向新疆自治区各级城市、城镇以务工经商为主的劳动力迁移，是农村劳动力向城镇，向第二、三产业转移，是新疆自治区工业化、城市化发展的必然。

以上三种类型的人口迁移，共同构成从农村向城镇为主的迁移流。在 2001－2005 年期间迁入新疆的 80 万人口中，70%来自农村，80%以上迁入城镇，暂住人口中来自农村的比例更高。随着迁移人口大量迁入各级城镇，促进了新疆城镇化水平的迅速提高。新疆城镇人口占总人口比重由 2000 年的 33.75%上升到 2005 年的 37.15%。

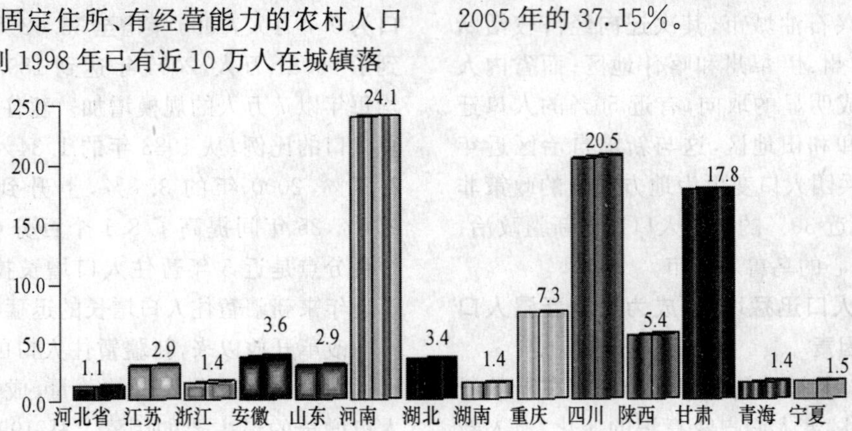

图 3　迁移人口来源构成

2. 疆外迁入人口逐年增多，河南、四川、甘肃为主要来源地

2001～2005 年新疆户籍迁移人口累积有 75.3 万人来自疆外，暂住人口中累积有近 100 万人来自疆外，同时此类人群呈现逐年扩大的态势。根据 2005 年新疆 1%人口抽样调查数据显示(如图 3)，暂住人口中疆外迁入人口分别来自于我国各地，有 14 个省市自治区所占比重超过 1%，说明新疆是个人口迁入大省，仍然保持着人口构成复杂，人员来自五湖四海这一移民省份的历史特征。其中比例高达 62.5%的人员来自于人口密集、土地资源缺乏的中西部农业大省——河南、四川和甘肃，显然这三个省份是向新疆自治区输出流动人口最主要的地区，尤其是四川省，如果将重庆市一并计算，那么新疆流动人口中有超过 1/4 的人来自这一地区。从迁入规模排序及构成来看，新疆迁移人口来源还有如下特点：①中国重要的人口迁出省份河南、四川、包括安徽是新疆外来人口的主要提供地；② 具有地缘优势的甘肃、陕西仍然是新疆外来人口主要来源地区；③充满经济活力的山东、江苏、浙江这一沿海地区也是新疆外来人口重要出处地；④另有 10%的流动人口来自如湖北、宁夏、青海、湖南等具有传统、历史、政治原因的地区。

根据新疆与迁移人口主要迁出地的人均国民收入、农民人均纯收入、居民消费水平等经济水平指数；商业人口比重、服务业人口比重、非农人口比重、人口密度等结构指数；卫生机构病床数、识字人口比重、通讯线路密度等生活质量指数的比较，新疆经济指数、生活指数并没有太大优势，对迁移人口的吸引力与经济更为发达的长三角、珠三角、京津冀都市区相比较都相去甚远，新疆能够长期保持较高的人口迁移量，主要是受社会经济结构差异的影响，另外迁移人口存量形成的迁移网络的影响也是非常重要的原因。

3. 人口迁移对新疆自治区人口总体分布影响并不显著

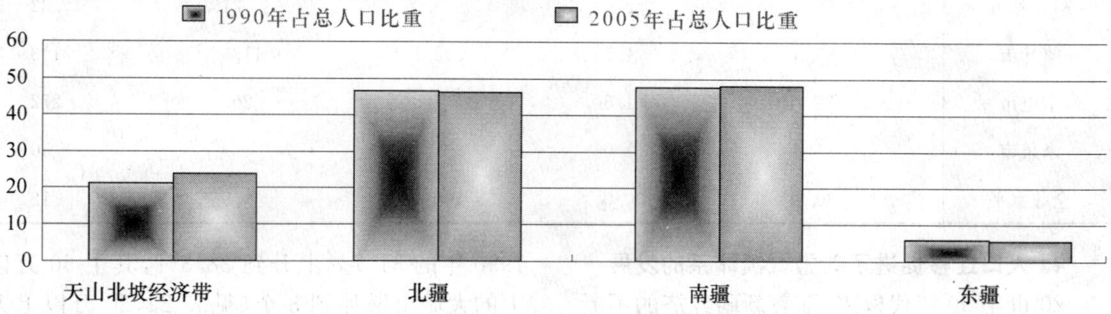

图 4　新疆人口分布结构图

新疆迁移人口特别是暂住人口的大量迁入，人口净迁入并未对新疆人口总体分布产生显著影响(如图 4)，从 1990 年到 2005 年 15 年间南疆、北疆、东疆人口结构的变动幅度竟然未超过 0.5 个百分点，变动最大的天山北坡经济带的人口比重也只从 1990 年 21.2%上升到 2005 年的 23.8%，只增加了 2.7 个百分点。显然迁移人口迁入新疆并未形成类似于我国珠三角、长三角等经济带的聚集特征，新疆迁移人口流向均匀，广泛，并没有集聚在经济增长相对较快的天山北坡经济带。这里也有新疆人口自然增长相对较高，尤其是南疆地区的高出生率的原因。

但是大量迁移人口迁移目标取向新疆自治区各级城镇的特征相对明显，尤其是部分南疆的重镇和天山北坡经济带的核心城市，人口出现大幅增长，人口密度不断提高，加速了地区的城市化进程。如表 4，新疆人口增长速度最快的城市是南疆的喀什、库尔勒和阿克苏，尤其是喀什市人口密度比 1990 年增长了近一倍，已达到国际大都市圈的水平；另外，以乌鲁木齐市为主的北坡经济带，虽然人口增长速度高于全疆平均水平，但是占全疆人口比重 15 年仅提高了 1.1 和 2.6 个百分点。

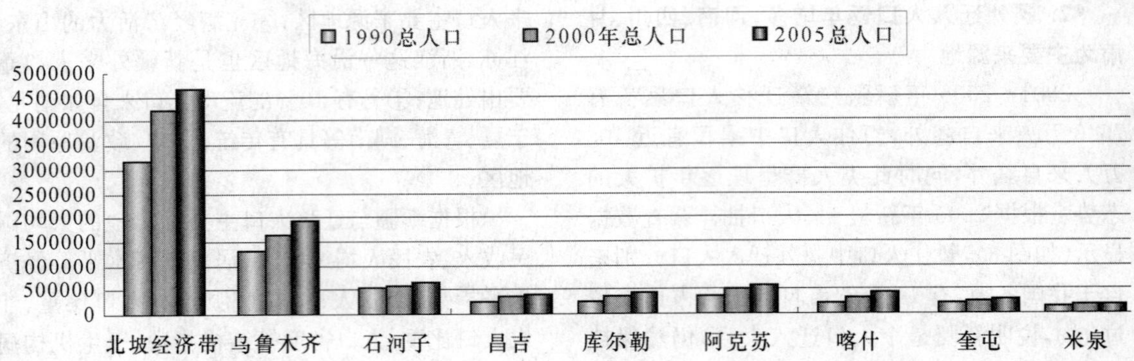

图5 天山北坡及新疆主要城市人口变动情况

表2 新疆主要城市及北坡经济带人口变动情况

	人口增长速度(比1990年%)	占总人口比重(%)		人口密度(人/平方公里)	
		1990年	2005年	1990年	2005年
北坡经济带	47.2	21.2	23.8	36	53
乌鲁木齐	47.9	8.8	9.9	115	171
石河子市	20.6	3.6	3.3	1158	1396
昌吉市	54.8	1.7	2.1	32	49
库尔勒市	74.4	1.7	2.2	35	61
阿克苏市	52.9	2.5	3.0	21	32
喀什市	86.5	1.5	2.1	1133	2113
奎屯市	34.1	1.5	1.5	203	272
米泉市	25.8	1.0	1.0	39	50
全疆水平	30.9	100.0	100.0	9	12

4. 人口迁移促进了新疆城镇体系的发展

20世纪90年代以来，随着新疆经济的不断发展，吸引了大量人口迁入各级城镇，其中既有通过计划迁移途径，主要是迁入城市的非农户籍迁移人口；也有通过自发与计划相结合的迁移途径，主要是小城镇的非农户籍迁移人口。另一方面，越来越多本地农业户籍人口通过职业非农化和居住城镇化的转变，成为实际上的城镇人口。大量暂住人口在城镇高度集中，不仅促进了城镇经济发展、市政建设和城镇空间扩展，乃至城市和建制镇的设置及升级。新疆城市数量从1990年的16个增加到2005年的19个，建制镇从1990年的194个增加到2005年的229个，城市人口从1990年的475万增加到770万，城市人口占全疆总人口的比例也由1990年的31.7%上升到38.3%，其中50万以上的大城市增加到3个(见表2)，30万以上人口的城市由1990的3个增加到2005年的9个。

表3 新疆城市规模体系的变化

城市人口规模等级	城市数量(个)	
	2006年	1990年
>100万人	1	1
50～100万人	2	1
30～50万人	6	1
20～30万人	7	8
<20万人	3	5
城市首位度	2.9	5.2

乌鲁木齐市首位度从 1990 年的 5.2 下降为目前的 2.9,但是首位度依然很高,新疆城市体系的建立目前并未完全摆脱首位型,等级规模型的城市体系也只是初现端倪。

5. 人口迁移对产业结构的影响

伴随着经济的发展,新疆的产业结构变化并不显著,在业人员总量中,第二、第三产业在业人员合计所占的比重从 2000 年的 42.3%提高到 2005 年的 48.5%,仅提高了 6.2 个百分点(图 6);同期城镇人口比重也从 33.75%提高到 37.15%,提高了 3.5 个百分点。第二、第三产业在业人员比重领先于城镇人口比重,而且领先的幅度从 2000 年的 8.6 个百分点扩大到 2005 年的 11.4 个百分点,虽然在这 5 年期间,两个比重几乎在同步提高,但是可以看出新疆城市化速度要滞后于工业化的速度。

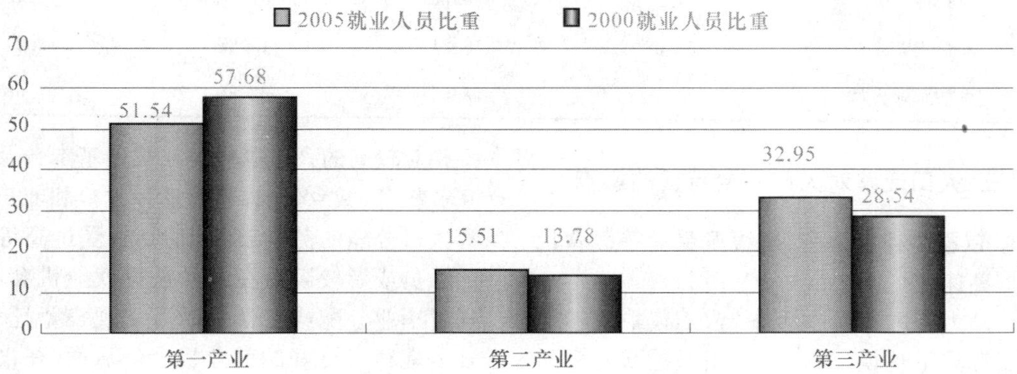

图 6　迁移人口各产业就业比重

从新疆第二产业就业比重仅占 15.51%,5 年来提高的幅度也仅为不足 2 个百分点,说明新疆第二产业发展相对缓慢,这也影响了新疆城市化速度的提高。另外,新疆并未象我国珠三角、长三角等地那样,主要以劳动密集性的加工、制造业等第二产业的快速发展,吸引了大量的迁移人口聚集,第二产业发展不足正是新疆北坡经济带未形成迁移人口集聚现象的根本原因。

第三产业就业比重从 28.54% 提升到 32.95%,反映了新疆迁移人口主要从事第三产业这一事实,随着新疆资源型经济的发展,在以技术—资金密集性产业,石油及其加工业、石油开采、石油基地的建设等的带动下,在新疆边贸和经济发展内需的推动下,吸引了大量主要从事服务、商业等第三产业的迁移人口。

6. 人口迁移对劳动力市场的影响

在业人员是区域经济和劳动市场的主体,其总量规模和行、职业结构的变化,直接反映了区域经济结构、城乡结构和劳动市场结构的变化。2005 年,新疆在业人员总量为 791.62 万,是 1995 年的 1.2 倍,但大量劳动人口及外来劳动人口的集聚,凸显了新疆自治区劳动力与经济发展,产业发展速度之间的矛盾,新疆总人口、适龄劳动人口在业率仅为 39.4%和 63.0%,但这一矛盾当前并不是突出矛盾。

随着改革开放的逐渐深入,新疆经济的不断发展,迁移人口也逐渐成为新疆自治区城镇劳动力市场不可缺少的组成部分,日益活跃的劳动市场又促进了以不同类型劳动者为主的人口迁移,促进了竞争性劳动市场迅速发展。从 2000 年至 2005 年新疆自治区各类就业人员结构的变化(如表 6)说明,5 年间,农村非农从业人员增加,城镇从业人员减少了 2 个百分点;国有、集体职工比重下降了 20 个百分点;个体私营从业人员增加了 14%,其他从业人员则增加了 7.2%。

表 4　新疆各类从业人员比重的构成变化

	2000 年		2005 年	
	从业人数(万人)	比 重(%)	从业人数(万人)	比 重(%)
社会从业人员	672.50		791.62	
城镇从业人员	318.40	47.35	358.78	45.32
国有职工	223.36	70.15	186.96	52.11
集体职工	15.58	4.89	6.05	1.66
其他职工	21.38	6.72	50.10	13.96
个体私营	58.08	18.24	115.67	32.24
农村非农从业人员	354.10	52.65	432.84	54.68

(三)人口迁移对人口主要特征的影响

1. 以初中程度为主，延缓了受高等教育比重的提高速度

劳动力资本存量是否丰富，不仅取决于劳动力资源数量规模，而且取决于通过教育和培训累积而日益提高的劳动者平均受教育程度，特别是高素质人才资源的比重。

通常情况下，迁移人口是迁出地受教育水平相对较高的人口群体。在我国基本普及九年义务教育、城乡分隔、户籍迁移人口和非户籍迁移人口分隔的劳动就业市场中，受过高等教育的人员或者较容易在家乡获得就业机会，或者通过毕业分配或工作调动而实现户籍迁移，在迁入地获得更好的就业机会。从而，在占迁移流少数的户籍迁移人口中，受高等教育的人口比重较高，而占迁移流主体的暂住人口则以初中受教育程度为主。

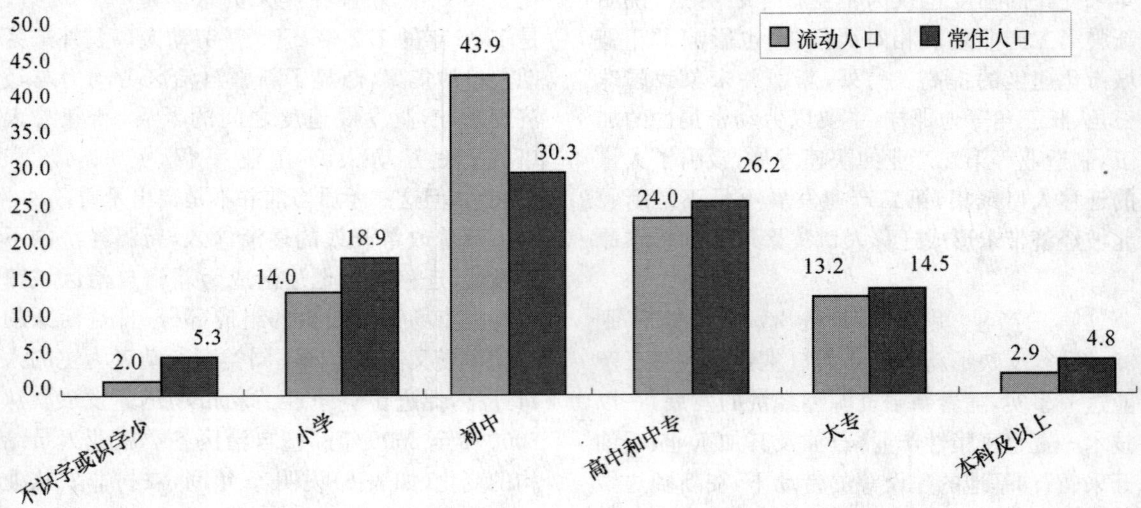

图 7　新疆迁移人口文化程度构成(%)

根据 2005 年对新疆自治区暂住人口的抽样调查结果显示(如图 4)，其中有 70.3%的人员户籍为农业人口，文化程度呈现两头小，中间大的“正态分布”，文盲和本科分别只占 2%和 2.86%，小学文化程度占到 14%，初中文化程度占到 43.94%；高中文化程度人员占到 24%，流动人口中绝大多数成员的文化程度是初、高中毕业。说明新疆自治区流入人口素质相对偏低，主要以体力劳动为主，缺少高素质人才。

表 5　新疆人口平均受教育程度及变化

分类	年份	区域	受教育程度及变化(人/10 万人,%)			
			大学	高中	初中	小学
各种受教育程度人口比例	2000 年	全国	3611	11146	33961	35701
		珠三角	5407	17240	44592	23769
		新疆	4738	12177	27551	37908
	1990 年	全国	1422	8039	23344	37057
		珠三角	2619	12350	27909	36717
		新疆	1846	10386	20684	36455
受教育程度增长率	1990～2000	全国	153。94	38。65	45。48	－3。66
		珠三角	166。07	44。27	59。24	－18。06
		新疆	156。7	17。2	33。2	4

以初中程度为主大量暂住人口的集聚,又延缓了总人口平均受高等教育比重的提高速度。通过新疆总人口受教育程度的变化和比较(表 5)说明:①在各种受教育程度人口中,新疆仍以小学程度人口比重为最高,而全国、珠江三角洲这一比重都比 1990 年下降了 3.66 和 18 个百分点,但是新疆这一指标不降反升,说明新疆整体受教育程度在外来人口的影响下有所下降。②新疆 6 岁及以上人口中,受大学教育程度人口的比重高于全国平均水平,增长率也较高,但水平和增长幅度要低于珠三角的水平。说明近年来为满足加快新疆自治区技术—资金密集性产业,石油化工业发展的需求,也吸引和培养了大量的高学历人才。③虽然 1990～2000 年期间新疆初中受教育程度的增长率低于全国和珠三角地区水平,但是增长幅度要高于同期的高中和小学水平。④与全国与珠三角地区人口受教育程度比较来看,新疆是“两头大中间小”的特点,即大学、小学比重相对较高,而高中、初中比重较低,而且这种两头发展,走两极的特点且有不断扩大的趋势。

2. 以青壮年为主,延缓了人口老龄化进程

人口迁移具有选择性,由于青年人接受了更好的教育,容易接受新观念、掌握新技术,更容易寻找新的工作并适应居住环境的变化。与中年人相比较,青年人由于较少家庭的羁绊,离开迁出地、离开熟悉的居住环境和已建立的社会关系网络等,失去的也相对较少。即青年人由于在迁移中付出的机会成本较小,而成为迁移人口的主体。在平均受教育水平较低的暂住人口,特别是女性人口中,年轻人的比重更高。

以青壮年劳动人口为主暂住人口的大量迁入,使新疆总人口年龄结构相对年轻化(表 6),与 1990 年相比较,15～64 岁的劳动适龄人口比重大幅上升达到 68.1%,拉近了与全国平均水平的差距;老年人口比重则低于全国平均水平,但户籍人口中老年人口比重已达 8.18%,显著高于全国平均老龄化率。根据 2005 年新疆人口 1%抽样调查的资料来看,迁入新疆自治区的暂住人口中劳动适龄人口的比重更高达 78.7%,同时 14 岁以下人口比重高达 16.6%,这将在未来几年中为延缓新疆自治区人口老龄化起到重要作用。

暂住人口虽有效延缓老龄化进程,但越来越多的暂住人口就业和居住的长期化,将会使新疆自治区产业结构调整所带来的失业压力增大,也将使提供住房、学校等各种社会保障的压力日趋加强。

3. 男性比例较高,社会问题不容忽视

正常情况下,新生儿性别比为 104～107。因男性死亡率高于女性,随着年龄增高,性别比会逐渐下降,使正常人口群体中两性的比例基本平衡。

表6 新疆人口年龄构成变化情况

区 域	年 份	0～14岁	15～64岁	>65岁
全 国	1990	27.69	66.74	5.57
	2000	22.89	70.15	6.96
新 疆	1990	33.1	63	3.9
	2000	27.3	68.1	4.7
	2005年1%抽样	16.6	78.7	4.7

产业结构差异对不同性别迁移人口的需求，对人口性别比有影响。通常情况下性别比的差异是迁移人口高于非迁移人口，长距离迁移人口高于短距离迁移人口、城市高于农村、专业化城市高于综合性城市、重工业城市高于轻工业城市。新疆是以农业、资源性产业为主的产业结构，新疆自治区对劳动力选择的性别特征主要以男性为主，男性在劳动力市场更具竞争力；又由于新疆自治区地理位置偏远，富源广阔，自然环境相对恶劣，这也容易使迁移人口、暂住人口性别比较高，这无疑加大了新疆自治区性别比的压力。

表7 新疆人口性别比构成

年 份	总人口	暂住人口	就业人员
2001年	107.3	209.3	208.4
2002年	104.9	183.1	218.1
2003年	105.8	165.4	237.9
2004年	105.5	172.3	243.4
2005年	105.1	172.5	251.4

2005年新疆总人口性别比为105，略低于全国平均水平，但新疆暂住人口性别比一直很高，2005年为172.5（如表7），同时在业人员性别比竟然为251.4，男性多出女性2倍，而且有不断扩大的趋势。在人口流动性很高的情况下，短期内性别比偏高不会产生显著的社会问题，但是象新疆这样劳动力市场长期对男性劳动力偏高的需求，必然会导致暂住人口性别比长期居高不下的局面，不平衡的人口性别比虽有利于降低人口出生率，但会导致婚配困难、家庭不稳定乃至性犯罪增加等严重影响安全的社会问题。

四、人口迁移对区域经济发展的作用

区域经济发展水平差距，是影响人口迁移的主要因素；人口迁移又有通过改变人口分布、促进国民收入转移、人力资本培训、人的观念更新和生活方式变化、沟通物资和信息流通渠道等方式，改变区域经济发展水平差距的作用。在我国特殊的人口迁移机制中，大量暂住人口的存在，对衡量区域经济发展水平差距也有显著影响。

（一）人口迁移对社会经济发展的影响

大量人口迁入，影响着新疆社会经济生活的各个方面。目前，新疆16%的总人口、逾30%的在业人员为暂住人口或外来劳动力，人口迁移对新疆社会经济发展和城市建设的促进作用是显而易见的。

例如作为新疆的支柱产业石油开采及加工业中近80%人员都是外来人员，这部分人或是户籍迁入人口，或是暂住5年以上成为实际的常住人口，也有不断轮换的进入新疆的专业人员，无论从克拉玛依石油大汇战还是到塔里木、吐哈油田的建设，他们都具有"开荒牛"的精神；具有非凡的吃苦、耐劳的建筑工人中有90%是暂住人口，他们遍及新疆每一寸土地，劳作在每一座城市；另外许多苦、累、脏等具有二元性质的工种都是这些流动人口所从事着，同时迁移人口有力地强化了城乡供应，弥补了城乡发展中出现的社会服务行业网点的不足，方便了群众生活，缓解了一些行业劳动力短缺。为新疆经济建设做出了巨大贡献。

（二）人口迁移对区域经济发展差距变化的影响

人口迁移具有选择性，外迁人口以受过教育的青壮年为主，这虽使迁出地经济发展的活力下降，但对就业机会严重不足的地区、劳动力外迁，不仅减轻了当地的就业压力，还有缩小与较发达区经济发展水平差距的作用。

1. 人口迁移对国民收入转移的影响

迁移人口参与迁入地的经济生活,创造国内生产总值,获得国民收入的分配,并通过两种形式促进国民收入在地区间的再分配。一种形式的国民收入再分配是税收转移,迁移人口在迁入地所创造的税收,通过国家的转移支付,进行国民收入的再分配。另一种形式的国民收入再分配是消费转移,即通过迁移人口将部分收入转移回家乡来实现的。

2. 迁移者自身的改变对缩小区域发展差距的影响

在新疆自治区目前的人口迁移体制中,永久性的户籍迁移人口仅占迁移人口总量的少数,占多数的是暂住人口,其中的大部分又是循环性的,即在外工作几年后返回家乡,又有新进入劳动市场的年轻人补充进来。暂住人口由农村进入城市或由小城市小城镇来到大城市,他们在暂住地工作生活期间,不仅学到一些工作技能或经营之道,思想观念和生活习惯也会发生不同程度的改变。他们回乡探亲或最终返回家乡时,会将城市生活方式或多或少地带回去,许多人还会运用所学技能、所掌握的经营之道、所结识的社会关系、所掌握的信息、所积累的资金,在家乡创业,或成为沟通暂住地与家乡间投资或贸易往来的桥梁。

从这个角度来看,迁移不仅具有人力资本理论所认为的,可使迁移者个人的人力资本获得更好回报的效应,迁移也可以提高迁移者的人力资本存量。因而,外出学技术、学经营、开阔眼界、尝试城市生活方式,也是许多暂住人口外出务工的重要原因。暂住人口的循环性迁移流动,促进了城乡物资和信息的流通、城市文明向农村的传播,促进了迁移人口来源地的社会经济发展,有利于缩小其与较发达区的经济发展差距。

(三)促进了竞争性劳动市场的发展

我国经济体制改革逐步深入,从计划经济体制以国有经济单位为主导,逐渐向市场经济体制转轨,多种经济形式共同发展,非公有制经济单位已成新增就业岗位的主体。劳动力市场及人们的就业观念都发生了显著变化,既形成了越来越宽松的社会经济环境,减小了对经济整体和劳动市场的冲击,也为人们开辟了多种多样的就业渠道。

目前,户籍人口与暂住人口仍大致分属不同的就业市场,在就业单位经济类型、职工的社会保障程度等方面仍有显著差异。但是,绝大多数就业岗位主要与就业人员的素质、学历、受教育程度和能力有关,在市场机制作用下,劳动力市场也就形成了一种更符合社会发展的竞争机制。

(四)促进了经济、文化、民族的交流和融合

人是知识和文明的载体。在不同的生存环境中,人类发展了适合当地条件和特点的经验、技术和文化。因而,具有一定科学文化知识和专业技能的人口迁移有利于生产经验、劳动技能和文化艺术的交流,有利于科学知识以及宗教的传播,有利于提高迁入地区的生产力水平,促进全社会科学技术及文化的发展和现代文明的建设。

人类长期在不同的地理环境下生存,因适应特殊的地理环境而形成的在生理和形体上具有特殊性的不同的人群。民族则是指生活在同一地域,在语言、风俗、信仰、心理状态等方面具有共同特征的人群集团。人口迁移可以使各种族、民族之间的交流机会增多,并为逐渐打破种族和民族界限提供了条件。

(五)人口迁移规模预测

在现实统计分析中进行的迁移人口研究,更注重的是迁入到某一区域的迁移人口,因此本课题对新疆迁移人口的预测,包括省际迁入人口、省内迁入人口、未落常住人口和暂住人口这四部分的统计人口的总合。

(1)由于受到不同年代国家人口政策、宏观经济以及新疆社会经济发展的影响,迁移人口数量波动比较大,所以采用各年份的累加值进行模拟预测,将会尽可能地降低数据波动对预测带来的干扰,使得预测数据更可靠。

具体地,以 $X0t$ 代表第 T 年的初始值,以 $X1t$ 代表第 T 年的累加值:

T=(1983,1984,1985……)

计算可得新疆 1983－2005 年累积人口迁移时间序列。

(2)通过对数据拟合试验,二项式曲面拟合效果最好,R 平方分别达到了 0.9997 和 0.9995,预测模型如下:

表 8　新疆迁移人口总量预测从业人数

年　份	迁移人口总量（万人）	年　份	迁移人口总量（万人）
2000	179.8042	2011	376.509
2001	254.1218	2012	384.407
2002	275.4645	2013	392.305
2003	290.0838	2014	400.203
2004	276.5782	2015	408.101
2005	315.6782	2016	415.999
2006	330.8562	2017	423.897
2007	344.917	2018	431.795
2008	352.815	2019	439.693
2009	360.713	2020	447.591
2010	368.611		

$Y=3.949(T-1983)+214.6(T-1983)+23.261$

(3)根据总迁移的拟合曲线方程,计算得到 2006－2020 年累积人口预测值。

(4)通过模型计算得到的各年迁移人口总量与现实数据比对,确定拟合度非常高,可依次推算未来各年度的人口迁移量。

(5)用累积预测值反推得到 2007－2020 年每年人口迁移量。(如表 8)

五、主要结论及观点

从新疆的发展历史来看,新疆自建省伊始就是以我国新的疆土、新的领地面世的,从古到今新疆人口迁移高潮时期就是新疆社会经济发展的高潮期,反之,则是新疆社会经济增长缓慢或停滞期,移民省份的历史背景,充分说明了人口迁移对新疆经济发展的重要性,对新疆社会进步的影响之显著。

进入 21 世纪以来,新疆迎来了又一个人口迁移的高潮期,在新的历史时期,新的社会背景下,这次人口迁移有着不同的特征,不同的作用,不同的影响,在迁移潮的暗流中甚至掩盖着诸多应引起我们高度关注的问题。

(一)大规模的人口迁入显著影响了新疆人口发展

20 世纪 90 年代以来,新疆人口规模在波动中迅速扩大。迁移人口来自全国各地和省内其他地区,并主要来自农村而迁入新疆各级城镇。省外迁入人口主要来自河南、四川、甘肃、重庆、陕西等地,而且随着迁移人口规模不断的扩大,来自省外的比重也逐渐提高。

大规模的人口迁移,在新疆并未形成诸如长三角、珠三角等地的迁移人口集聚的现象,人口分布较广,对新疆总体人口分布未产生显著影响。但是对新疆主要城镇的空间分布、人口密度产生了显著影响,促进了新疆城镇体系的发展,加快了新疆城市化进程。

以年轻、初中文化程度为主的、男性人口占多数的人口迁入,一方面有效缓解了新疆人口老龄化进程。另一方面又延缓了总人口受高等教育人口比重的提高速度,降低了整体人口素质,提高了人口性别比,长期以往势必会加大社会安全的压力。

(二)技术资金密集性的经济发展是人口迁移的主要动力

庞大的人口规模、有限的农业资源、大量的农村剩余劳动力、区域间显著的自然条件与社会经济发展水平差距等,是影响我国人口迁移的宏观因素。

农村土地联产承包责任制的实施、城乡各层次多种所有制经济共同发展、逐渐改变的户籍管理制度、城乡二元土地使用制度及劳动市场用工制度等制度创新,是影响我国人口大规模迁移的关键因素。

新疆以自然资源和地理位置为依托,以国家投资的技术资金密集性产业的大规模建设,以及与七国接壤的边疆贸易的快速发展,既创造了大量的就业机会,也为新疆经济注入了活力。这些也正是在横向对比了新疆经济水平、生活条件等不具备吸引迁移人口的优势下,新疆能超过全国许多优势地区长期保持大量的人口迁入的根本原因。

以资源性产业经济发展为重点，大力发展口岸贸易经济为特色的新疆经济结构，也正是在新疆产业结构转换中，第二产业发展缓慢的重要原因，同时也是决定迁入人口文化程度、性别、就业的关键因素。

(三)人口迁移对促进区域经济发展有显著影响

新疆的迁移人口，有诸多先驱一样的“老黄牛”，例如在油田建设、建筑工地、边疆口岸等地从事各行各业的迁入者，他们对迁入地的社会经济发展有显著影响。

迁移人口在迁入地参与经济生活，创造国内生产总值和税收，通过国税和地税的转移支付，与迁移人口向家乡的消费转移，促进了国民收入再分配，有利于缩小区域经济发展差距。

也正是由于迁移人口对当地经济作用日益显著，所以从2004年起，经国务院批注，我国人均国内生产总值，改为以常住人口为基数来计算。常住人口不仅包括户籍人口，也包括有定居倾向的非户籍人口。这将减少因为大量人口迁入、迁出而带来的统计上的高估或低估社会经济发展水平。

(四)促进了新疆竞争性劳动市场的发展

目前，户籍人口与暂住人口仍大致分属不同的就业市场，在单位的经济类型、职工的社会保障程度等方面仍有显著差异，二元化的劳动市场依然存在，就业、居住、医疗、教育、保险等方面的社会歧视也依然存在。好在，我国各级政府正致力于完善相关法律、法规和社会保障制度。

各类就业者的收入与受教育程度正相关，受教育程度越高，收入就越高。不同居住省份就业者之间收入差距缩小，劳动力市场的竞争机制日趋完善。

(五)促进了经济、文化、民族的交流和融合

具有一定科学文化知识和专业技能的人口迁移有利于生产经验、劳动技能和文化艺术的交流，有利于科学知识以及宗教的传播，有利于提高迁入地区的生产力水平，促进全社会科学技术及文化的发展和现代文明的建设。人口迁移可以使各种族、民族之间的交流机会增多，并为逐渐打破种族和民族界限提供了条件。

(六)人口迁移总量规模预测

经过对新疆自治区人口迁移总量历史数据的汇总，依靠建立时间序列数学预测模型，我们对新疆自治区未来15年的迁入人口规模做了预测，在2010年规模将达到370万，2020年将接近450万。

六、对策和建议

(一)高度重视，鼓励迁移

新疆迁入人口规模增长迅速，占总人口比重不断扩大，政府应对这一人口群体给予高度重视，并提高管理和服务水平。人口迁移流动是社会、经济发展过程中必然产生的合理现象，也可以说是工业革命，市场经济发展的必由之路，是社会工业化、城市化、现代化直到未来超发达社会发展的必然产物。如果大量劳动力被束缚在土地上、不去交流提高，劳动生产率势必会始终处于低水平，就不可能实现真正的经济发展。新疆的流动人口自古以来就为新疆的历史发展、社会进步、经济增长带来了巨大的帮助，做出了突出的贡献，因此在加强国际经济一体化，深化开放、改革，实施东联西出战略的今天，更应从高层面、深层次的角度去认可、接受、甚至是鼓励人口迁移流动，消除人口流动的制度和政策障碍，鼓励或保护人口迁移的积极性。

随着区域工业化、城市化和社会经济的发展，人口迁移规模将会不断扩大，迁移人口对社会、经济的影响也会越来约大。就目前流动人口的生活状态、就业机会、社会地位、制度保障等方面来说，都存在着诸多问题，而作为社会弱势群体的他们也对国家、政府提出了诸多诉求。所以政府、社会应关心他们的生活、提高他们的社会地位、了解他们的思想，对他们给予高度的

重视，尤其是要按照胡总书记的最新指示，关注他们的政治生活和地位。从党和政府的政策上、从舆论宣传上消除对迁移人口的歧视；从政府制定的政策尤其是应让农民工享受城乡同等待遇。

(二)统一领导，科学管理

用科学的管理方法，先进的技术手段，作好流动人口管理工作。政府牵头，统一领导，责成有关部门如公安、人口、民政、工商、税务、银行等，共同研究，设计出包含信息丰富的流动人口个人身份识别证件，名称暂定为“绿卡”或冠以“最受新疆人民欢迎的人”等。

办理流动人口个人身份识别卡，是加强、规范人口管理的科学手段。设定个人身份识别卡同时具备个人身份证号码的作用，具有多种功能和较大容量，具有永久性，不受地域限制，在全疆、甚至全国通用，与各地区政府的社会管理部门相关数据库联网，做到人口信息资源共享。

利用个人身份识别卡可建立各种信息库，并可随时变更、查询。信息库中可包括个人基本信息，如：籍贯、年龄、职业、住址、联系方式等；还可以输入社会经济活动所需信息，如：诚信、劣迹、经营活动、工作情况、享受优惠政策等信息；也可以输入犯罪学意义上所需信息，如：人体基因、血型、指纹、照片等。

为了达到高效管理的目的，我们可以根据流动人口在新疆生活时间、具体表现、贡献大小、劣迹多少、诚信高低等等，分化出不同级别的卡，可上可下，所有行为、记录如同常住人口的档案一样，做永久记录。在短期内我国还无法建立新的城乡一体的基本社会保障制度，用社会保障证或卡来替代户口登记制度之前。此卡的可操作性更强，更有效，它会大大降低各项管理成本，提高工作效率，改变原始的不合理、不公平的暂住证管理模式，创造出更新、更加人性化的人口管理制度，这样的制度必然会被人民群众所接受。

(三)坚持实施优势资源战略，加快第三产业发展，改善就业结构

坚持实施优势资源转换战略，积极推进新型工业化基础。进一步发挥优势，突出特色，集中力量抓好石油石化、煤电煤化工、矿产资源开发、纺织、特色农副产品精深加工和高新技术等重点产业，加快建设我国重要的石油天然气化工基地、煤电煤化工基地和重要矿产资源战略接替基地，提升传统工业，培育一批科技含量高、创新能力强、具有竞争优势和区域特色的企业和企业集团。

同时优化政策环境，进一步推动新疆自治区第三产业发展，坚持把现代商贸流通、旅游、社区服务作为重点加快发展，大力提升第三产业发展水平。

如此将会从产业结构的发展、提升，吸纳更多的社会就业，从就业这一引导迁移人口行为的根本因素出发，吸引更多高素质、专业人才，改善不和谐的就业性别比，从而改善就业结构，提高迁移人口水平和安全。

(四)建立机制，引导迁移，合理推进人口城镇化建设

1. 引导迁移，积极解决三农问题

中国的人口迁移归根到底是农业剩余劳动力的转移问题，搞好组织、引导农村劳动力有序流动，是新时期解决三农问题，帮助农民增收的重要措施之一。在未来相当长的一个时期内，以农村劳动力进城务工、经商为主的流动仍将是我国、新疆自治区社会经济生活中的一个重要现象。因此各级政府对农村劳动力的组织化程度就显得非常重要。创造就业机会，促使进入城市的迁移人口充分就业，是发展城市经济，保证社会稳定的关键。

我们应当建立健全有利于农村劳动力向城市有序流动的市场机制和市场规则。改善新疆自治区劳动力市场不健全，就业社会化程度底的现状，紧紧依托各级政府的劳动部门，充分发挥他们的劳动组织，劳动监管作用，充实人员，落实资金投入。充分发挥各级劳动中介机构的作用，依法做好劳务输出，劳动派遣，岗前培训工作。充分发挥各级工会组织，党团、妇联组织的作用，增强劳方与资方的集体合作，集体谈判能力，减少劳资摩擦、劳务纠纷，依法维护劳工权益。保护进城就业农民工的合法权益不受侵

害，完善农民工劳动保险制度，扩大工伤保险范围，推进农民工参加基本医疗保险。

2. 以需求为导向，积极推进人口城镇化建设

以需求为导向，以研究制定区域规划为契机，坚持大中小城市和小城镇协调发展，积极推进人口城镇化，加快都市圈、城市带的发展，引导农村劳动力有序转移，促进人口合理分布。新疆城市首位度高，上百万人口的城市只有首府乌鲁木齐一个，其他城市、尤其是部分小城镇的发展需要大量的劳动力作为基础，从全疆的战略高度来看，新疆自治区人口流动需要一个梯度流动的导向机制，引导迁移人口更好地为新疆经济协调发展服务。新疆自治区各级城镇可根据自身发展的需要，制定相应的吸引措施或激励机制，在发展区域经济的同时促进迁移人口的合理分布，积极推进人口城镇化。

借鉴我国东部、沿海城市的经验，迁移人口除一部分流向大中城市以外，应主要引导农业剩余劳动力向以下渠道流动：一是大力发展乡镇企业。二是向农业发展的深度和广度进军。三是大力发展小城镇。

(五)加强培训，吸引人才，提高流动人口素质

1. 加强迁移人口的职业培训，提高劳动力的就业能力

新疆迁移流动人口文化程度偏低、素质差，就业转换难，必需加强对流动人口的职业培训教育，为他们就业转换提供再培训机会，从而提高他们的劳动技能，提高劳动力自身能力和素质。根据国内、外先进经验和研究结果来看，人力资本的投入和收入及区域经济发展是密不可分的；由此产生的职业培训需求可以作为一项长期产业发展，这样一方面提高了人口素质，解决就业问题，另一方面又可带来地方财政的增长。

尤其是当前国家将“三农”问题提到政府工作的重要地位，因此我国许多地方已将农村劳动力职业培训，列入各级政府的日常工作范围；农村劳动力职业培训经费实行政府、用人单位和农民工个人共同分担的投入机制；整合现有的教育培训资源，加大支持社会办学力度，引导和支持教育培训机构与劳务输出派遣机构进行合作，与输入地区和用工单位合作，有针对性的进行岗前培训；充实农村中学职业培训课程，职业学校扩大面向农村招生培训规模。新疆自治区可因此采取由人口管理部门牵头，教育、劳动及人口基层组织相配合，由市场机制为导向，与社会力量相结合，摸索发展新疆自治区劳动力再培训的道路。

随着目前工业化和城市化建设的进程，更多的农村剩余劳动力会涌向城市，所以开展转移就业前的引导性培训以及普及转移后的职业性再教育，就成为了一项必要而又紧迫的任务。我们可以从德国的经验中得到广泛的借鉴：

(1)通过城市兴办的各类成人学校来开展成人教育。这种学校一般拥有专业设置宽泛、课程安排多样化、相关收费低、学习期限自定等特点，既不会影响外来工正常的就业和工作，也不会对大多数外来工的经济状况造成额外负担；对于极个别贫困者甚至可以免费提供资助。其目的就是通过灵活性、多样性与经济性相结合的教育途径，吸引尽可能多的外来工基于就业的方便和需求而主动选择相关专业的初级培训，提高自身的专业技能和文化素质。

(2)通过创办专门的职业学校或是培训班来开展职业教育。像德国的大企业就一直很重视职工的技术学习和职业训练，已成为德国整个教育事业的重要构成和企业发展的源动力所在。这种教育方式将学校班级里的理论培训和实习企业中的实践操作既加以分工，同时又使之紧密结合，使学生或雇工在理论知识和实践技术方面得到完整的培训。其中，承担培训任务的企业除了从国家得到一定的利惠外，最初两个月的培训开支还可以得到补偿。据我国东莞、清远、北海、浦东等地的企业经验显示，这种补偿策略在为外来工生产和其他技能的培训方面确已取得良好效果。

2. 营造良好的创业和生活环境，吸引并留住高技术人才

外来人口是新疆发展的财富，是新疆市场经济的开拓者，大量普通劳动力的涌入使相关产业稳定发展并且可以长久保持低成本，但高素质人才的迁入则为新疆带来了诸多先进的理念，促进了企业管理的提升。要想提高新疆人口素质、加快新疆产业升级，吸引并留住人才，我们要采取更多的优惠措施和办法。

尤其是生活环境相对艰苦的边疆省份，应该在收入、待遇上有更高、更好的优惠措施，才能吸引更多的高素质人才来到、留到新疆，为新疆经济建设服务，同时应该追求对高素质人才人格的尊重，提高他们的社会、政治地位。目标人才是稀缺的，而吸引目标人才的区域竞争是激烈的，不要说“珠三角”、“长三角”、“渤海湾”，就是西部的内蒙、云南等等都在吸引人才。因此要建立并完善人性化、“以人为本”的地方性法规体系，塑造一个关爱人才、尊重人才的宏观政策环境，新疆才能不被在人才竞争中再次落后。

（六）健全保障，提升迁移人口社会地位

迁移人口作为新疆社会不可或缺的一部分，是当今社会最需要关心的弱势群体，无论是生活状态还是社会地位都有待提高，这是构建和谐社会不可回避的问题。迁移人口普遍收入低、生活成本高、缺乏生活基本保障，同时迁移人口看病难、就业难、工薪支付难。

各项改革措施和经济社会政策，要更加注重农民工、流动人口等弱势群体，坚持以人为本，把减少贫困、扩大就业、反对歧视作为社会发展核心。转变政府工作职能，积极适应城市人口增长，把迁移人口纳入城市人口管理，保障迁移人口和城市人口一样，平等参与城市管理的各项事务，享受平等的市民待遇并履行应尽义务。这些应该是新疆社会转型期作好迁移人口工作的关键，是构建社会主义和谐社会、实践经济社会全面协调，可持续发展战略的必然要求。

作者：新疆调查总队

2007

六、城市低收入群体与社会保障篇

公用事业产品价格上涨对城镇低收入家庭的影响

公用事业具有基础性、公益性和自然垄断性等特点，是为生产、生活提供基础设施及共同条件的产业。公用事业所提供的产品，大都是人类生活的必需品，例如水、电、煤气、冬季取暖、公共交通、邮电服务等等，与人民生活密切相关。公用事业产品及服务的质量好坏和价格高低，直接影响着城镇居民的生活质量和日常支出水平。

长期以来，我国公用事业由国家垄断经营，基本上作为一种社会福利以象征性的低价提供给城市居民。随着我国经济的快速发展，全国城市规模不断扩大，城市居民数量不断上升，对公用事业的需求也日益增长。国家在公用事业上的支出大幅度上升，财政负担日益加重。在此情况下，我国从 20 世纪 80 年代后期开始了公用事业的价格改革，决定适当提高公用事业产品价格，减轻财政负担。近十几年我国公用事业产品价格在经过多次调整后，价格有了很大提高。

随着市场化改革逐步深入，公用事业产品价格适度的上调是非常必要的。然而，近年来公用事业产品价格上涨较快，却少有配套措施出台，给广大群众，尤其是低收入居民家庭带来了较重的经济负担。正确认识并妥善处理价格上涨对困难群众生活的影响，不仅关系价格改革能否顺利推进，而且对于社会稳定具有重要意义。

本文试用中国城镇住户抽样调查资料对水、电、燃料等公用事业产品价格上涨对城镇低收入家庭的影响做一个初步的分析并提出相关的政策建议。

一、近年来公用事业产品价格上涨情况

近年来，随着市场机制的引入，公用事业产品价格呈不断上涨趋势。个别公用事业产品价格保持两位数的高速增长。人们普遍有一种感受：私人商品价格越来越便宜了，公共产品价格越来越贵了。

我们仅以水、电、燃料等几项与居民生活最密切相关的公用事业产品与服务的价格变动来看(见表 1)：

表 1　2001～2006 年城市部分公用事业产品价格指数

单位：%

年　份	城市居民消费价格	水	电	液化石油气	管道煤气	其它燃料(煤)
2001	100.7	111.7	100.5	98.8	103.0	104.8
2002	99.0	110.2	101.4	95.6	101.9	110.1
2003	100.9	110.5	104.0	113.6	104.5	102.7
2004	103.3	110.1	102.2	114.0	102.3	114.9
2005	101.6	107.6	102.3	116.8	103.1	120.5
2006	101.5	110.7	101.9	113.5	104.5	106.0

水是维持人类生存最基本的生活资料，也是城市公用事业中最重要的一个内容，从 2000 年到 2006 年全国城市水价累计上涨了 78.4%，年均上涨 10.1%。北京市的自来水价格自 1988 年以来经历了 9 次调整，从最初的 0.12 元上升到了 2.8 元，再加上污水处理费用，居民每立方米用水的实际支出费用为 3.70 元，比 1988 年增加了 3.58 元，上涨 29.8 倍。相对于水价

的变动，生活用电和管道煤气价格上涨幅度较小，2006年比2000年累计分别上涨12.9%和20.9%，年均上涨2%和3.2%；液化石油气和其它燃料（主要是煤）价格上涨幅度较大，累计分别上涨62.2%和73.9%，年均上涨8.4%和9.7%。

与此同时，城市居民消费价格累计上涨7.2%，年均上涨1.2%，涨幅明显低于水、液化石油气和其它燃料（主要是煤）价格涨幅，也低于生活用电和管道煤气价格涨幅。近年来城市各类消费价格基本稳定，居民消费价格上涨主要是服务价格上涨和食品价格上涨带动的，其中水、电、燃料等公用事业产品和服务价格上涨的拉动作用不可忽视。

二、公用事业产品价格上涨对城镇低收入家庭的影响

城镇低收入家庭是以收入作为主要依据来划分的群体，是一个相对于高、中收入群体的概念，它普遍存在于任何地区和任何时期。在我国统计调查中，将住户按人均可支配收入从低到高排序，把最低20%收入组视为低收入组，把最低10%收入组视为最低收入组，把最低的5%视为困难户。本文低收入家庭收支数据资料采用最低10%收入组资料。

随着我国经济的快速发展，城镇居民收入逐年提高、消费支出稳步增加，同时居民间收入差距也在逐年加大。总的来看，低收入家庭的收入水平低下、收入增长缓慢，收入增幅一般都低于高收入家庭，也低于社会平均增长幅度。低收入家庭的收入仅能维持基本生活需求，消费倾向（消费性支出占可支配收入的比重）一般都在95%以上，2005年达99%，收支大体相抵。

低收入居民家庭生活受物价上涨影响较大，特别是生活必需品的价格上涨对低收入家庭影响最大。水、电、燃料等公用事业产品价格的上涨对低收入人群的影响要远远大于对一般收入人群的影响。当水、电、燃料价格出现上涨时，对于高收入家庭来说，此项支出的增加对其日常生活不会造成大的影响，而对低收入家庭来说该项支出的增加则会成为较重的负担。主要表现在以下几个方面：

1. 由于价格上涨，低收入家庭水、电等公用事业费用支出增加较多

收入决定消费，一般收入的增长应快于消费的增长，而低收入家庭消费支出增长却高于收入增长，其水、电等公用事业费用支出增长更是大大快于收入的增长（见表2），给低收入家庭生活带来很大压力。

表2　城镇居民人均可支配收入、消费支出名义增长情况

单位：%

项　目	2005年比1995年		2005年比2000年	
	全国平均	最低收入	全国平均	最低收入
可支配收入	145.00	44.48	67.09	18.16
消费性支出	124.53	50.97	58.92	22.49
水	319.30	207.38	70.11	32.81
电	306.06	194.65	75.44	40.77
煤	12.78	81.28	12.49	65.63
液化石油气	132.81	138.59	37.37	29.06
管道煤气	252.70	141.66	78.62	29.13

不考虑价格因素，2005年与2000年相比，全国城镇居民人均可支配收入累计增长67.09%，人均消费性支出累计增长58.92%，收入增长幅度高于支出8.17个百分点；而低收入居民人均可支配收入只增长了18.16%，低于消费性支出增长4.33个百分点，更低于平均水平49.83个百分点。

从水、电、燃料的消费支出看，全国平均水、电、管道煤气消费增长高于可支配收入增长3～11.2个百分点，煤和液化石油气消费增长低于

收入增长。而低收入居民家庭各项人均消费支出的增长幅度均大大高于收入的增长，幅度在10.9～47.5个百分点之间，高于全部消费性支出的增长幅度也在6.6～43.1个百分点之间，可见水、电、燃料等支出增长过快对低收入居民家庭消费支出增加影响较大。

消费支出的增加是由消费数量的增加和价格上涨两部分构成的，居民家庭水、电等公用事业费用由于价格上涨支出增加情况见表3：

表3　由于价格上涨城镇居民人均支出增加情况

（2005年比2000年）

项　目	单位	全国平均	最低收入
水	元/人	20.21	9.79
电	元/人	23.09	7.91
煤	元/人	11.45	18.28
液化石油气	元/人	18.20	11.43
管道煤气	元/人	12.73	4.41
合 计	元/人	85.67	51.82
合计占可支配收入增加比重	%	2.0	10.8
合计占消费性支出增加比重	%	2.9	9.1

2005年与2000年相比，由于价格上涨，全国城镇居民人均水、电、燃料费用多支出85.67元，占可支配收入增加额的2.0%，占消费性支出增加额的2.9%；而低收入家庭人均多支出51.82元，占可支配收入增加额的10.8%，占消费性支出增加额的9.1%，低收入居民家庭由于价格上涨带来的支出增加影响大大高于平均水平。

公用事业产品几分几毛的涨价看似不起眼，对一般家庭来讲只是增加了一点支出，但对收入仅能维持基本生存的低收入家庭而言，这增加的一点开支，加上食品、教育、医疗等价格上涨增加的开支，可能就会压垮一个家庭。

据中国人民银行物价满意度调查，2005年四季度，家庭总收入在500元以下的居民，认为物价过高、难以接受的比例达61%，认为物价偏高的比例为31%；家庭总收入在500－1000元的居民，认为物价过高、难以接受的比例达40%，认为物价偏高的比例为50%；而全部调查样本认为物价过高和偏高的比例分别为24%和63%，调查数据表明随着收入降低对物价的满意度也降低。

2. 低收入家庭水、电、燃料消费支出占消费性支出的比重过高

随着价格上涨，低收入家庭水、电、燃料消费支出不断增加，占消费性支出的比重也不断提高（见表4）。

1995年到2006年，低收入家庭水、电、燃料支出占消费性支出的比重从5.35%提高到了9.02%，扩大了69%，而同期全国平均水平分别为3.94%和5.47%，只扩大了39%。2006年低收入家庭水、电、燃料支出比重达9.02%，比平均水平高65%，在居民消费的八大类商品和服务中，比重仅次于食品类（46.3%）和教育文化娱乐类（11.9%），占居住类的72.2%。

表4　各年公用事业费用支出占消费性支出的比重

单位：%

项　目	1995年		2000年		2005年		2006年	
	全国平均	最低收入	全国平均	最低收入	全国平均	最低收入	全国平均	最低收入
水	0.39	0.53	0.69	1.00	0.74	1.08	0.74	1.10
电	1.56	1.95	2.56	3.31	2.83	3.80	2.90	4.05
煤	0.66	1.28	0.47	1.13	0.53	1.88	0.28	1.39
液化石油气	0.88	1.07	1.06	1.61	1.45	2.08	0.86	1.71
管道煤气	0.43	0.52	0.61	0.79	1.08	1.02	0.68	0.77
合 计	3.94	5.35	5.38	7.85	6.63	9.87	5.47	9.02

低收入居民家庭对公用事业产品消费支出的比重增加必然会“挤出”其对其他商品的消费，阻碍其生活质量的进一步提高。

3. 低收入家庭水、电、燃料消费数量增长较少

水、电、燃料这一类商品和服务需求的价格弹性和收入弹性都很小，需求表现出一定的刚性。居民对此类商品和服务，既不会因为价格出现较大幅度的波动而导致需求的大幅度波动，也不会因为居民收入的增减而导致需求的大幅度波动(见表5)。

表5　各年水、电、燃料人均消费数量

项目	单位	1995年		2000年		2005年		2006年	
		全国平均	最低收入	全国平均	最低收入	全国平均	最低收入	全国平均	最低收入
水	吨	27.89	21.54	31.83	23.24	35.42	21.87	35.09	21.93
电	度	169.75	122.89	274.17	180.32	433.61	235.27	479.90	267.85
煤	千克	129.52	145.45	128.07	155.34	84.01	159.81	70.91	141.38
液化石油气	千克	13.87	9.48	16.62	12.64	17.11	12.79	14.74	11.77
管道煤气	立方米	27.78	19.42	30.48	20.35	41.83	21.71	42.26	20.51

2005年与2000年相比，全国城镇居民人均水消费量增加11%，低收入家庭人均水的消费量减少6%，比全国平均水平少17个百分点；全国城镇居民人均液化石油气和管道煤气消费量分别增长3%和37%，低收入家庭人均消费量增长1%和7%，比平均水平低2和30个百分点；在全国人均煤的消费量减少34%的情况下，低收入家庭人均煤的消费量却增长3%，因为用煤取暖烧饭比用电和煤气便宜的多；随着家用电器的普及，受全球气候变暖、夏季气温偏高影响，低收入家庭人均电消费量增长了30%，但比平均水平低了20个百分点。

随着公用事业产品价格的不断上涨，低收入家庭的生活负担也越来越重，水、电、燃料的消费数量较平均水平明显偏少。低收入家庭把水、电、燃料的消费基本限制在了能满足生存的最低水平，生活质量难以进一步改善。

三、对公用事业产品价格调整的几点认识

1. 公用事业产品价格的适度上涨是必要的

作为最重要的经济杠杆，价格的制定，不可能脱离市场，更不可能长期违背市场规律。在国际市场价格、企业实际成本上扬的情况下，公用事业价格适度的上调是非常正常的。同时，作为人均资源缺乏的发展中国家，要保持可持续发展，，必须要建设资源节约型社会，实行有利于优化资源配置和环境保护的价格政策。通过价格调整，充分发挥价格的经济杠杆作用，促进企业和居民提高资源性产品的使用效率，增强节约意识也是十分必要的。

公用事业价格的调整对改善公用事业产品质量，提高服务效率、减轻财政压力、优化资源配置，促进经济增长方式的转变，推动资源节约和环境保护起到了积极的作用。

2. 公用事业产品价格调整要考虑低收入群体承受能力

城市公用事业具有公共性、公益性，公用事业产品是居民生活必需品，其价格涉及千家万户，具有特殊性。目前，公用事业多由国有企业垄断经营或主导，国家投入了大量资源，应当为百姓提供更多、更好的服务。随着政府财力的不断增长，政府应加大对公用事业的投入，使百姓能够享受更大的好处。

市场经济不仅是效率经济，也是公平经济，社会正义与社会公平是政府公共政策的基石，也是我国实现社会稳定，进而得以持续发展的基础。我们在进行经济建设和经济改革，提高经济效率的同时，必须注重社会公平，实现社会均衡发展。因此，各级政府在进行公用事业产品价格调整时，要充分考虑公众特别是低收入人群的承受能力，同时采取配套措施确保低收入居民家庭实际生活水平不因价格上涨而降

低。

3. 防止公用事业产品价格过快上涨

由于公用事业产品的垄断经营特性，造成了公用事业产品的生产、开采、销售企业很少考虑通过减员增效、降低成本来提高效益。在市场竞争不充分，市场监督管理体制不完善的条件下，涨价正在成为公用事业产品生产、开采、销售企业转嫁成本、提升利润空间的惟一手段。

水、电、燃料等公用事业产品的消费具有一定的刚性，提价不可能大幅削减消费量，相反可能会通过价格传导机制的作用，造成居民日常生活必需品与服务价格的全面上扬。价格上涨过快会加重国内居民的消费负担，降低广大居民尤其是低收入群众的生活品质，不利于扩大内需和刺激消费，也不利于维护社会稳定、构建和谐社会。

公用事业产品定价是一项复杂的系统工程，政府价格主管部门已经做了大量工作，缓和了成本上涨对百姓负担的增加，但依然任重道远。公用事业的价格调整，牵一发而动全身，涉及到社会各阶层的利益。政府相关部门应当清醒地认识到我国公用事业产品的定价机制和监管体制还存在不完善、不科学的方面，必须进一步研究制定规范公用事业产品定价的法律法规，加强监管，建立成本约束机制，完善定价机制和价格听证、公示制度，探索采取多种定价方式，按照保本微利原则，逐步理顺公用事业产品价格。

四、采取有效措施，确保不断提高城镇低收入居民家庭生活质量

我国的改革发展正处在关键时期，所面临的各种社会问题也十分突出。党的十六大提出了全面建设小康社会的伟大目标，党的十六届四中全会进一步提出要构建和谐社会，十六届五中全会提出更加重视社会公平。各级党和政府都把解决民生问题，提高人民生活水平作为谋发展、捉和谐的重要工作内容。在经济发展和人们收入普遍提高的前提下，保护好低收入人群的基本生活权益，是建立和完善社会主义市场经济体制、进一步促进经济发展、实现共同富裕、构建社会主义和谐社会的重要基础。

因此，在进行城市公用事业价格调整的决策时，必须切实考虑低收入人群的承受能力及其基本生活权益的保障问题。积极采取切实有效的措施，加快完善社会保障和救助制度，确保不断提高城镇低收入居民家庭生活质量。

1. 继续加大转移支付力度。2006 年，党和政府采取多项措施提高低收入居民收入水平，取得了明显成效。低收入居民家庭人均可支配收入比上年增长 13.8%，涨幅超过了平均水平和高收入居民，高低收入组收入之比略有下降，低收入居民家庭生活出现了一些可喜的变化。随着经济的平稳发展和财政收入的大幅增加，今后要继续加大转移支付力度，创造更多的就业岗位，提高低收入居民收入增长速度，这是不断提高低收入居民家庭生活质量的根本途径。

2. 构建低保、社保标准指数化体系。低保、社保标准指数化，是不少国家的经验。目前我国很多地区实行的低保标准虽然也根据经济发展和物价上涨情况进行了相应的调整，但是没有建立起制度化的调整机制。应当尽快研究建立制度化的最低工资、失业保险金、最低生活保障及离退休人员基本养老保险与经济增长和价格上涨之间的指数化联动机制，按经济增长和价格上涨幅度相应调整各项社保支付金额，提高低收入人群对各项社会事业改革的承受力。

3. 建立价格调节基金。在指数化联动方案未出台的情况下，应建立价格调节基金，实施临时救助，当价格上涨达一定幅度时，即增加一定数量的补贴。目前，我国大部分城镇对低收入居民的粮食、肉、蛋等消费都建立了价格补贴政策，但对水、电等公用事业产品还未建立相应的价格补贴政策。只有少数财政状况较好的城市在煤气、取暖等方面对低收入家庭给予了一定补助。建议今后在公用事业产品价格上涨较多时也要对低收入居民家庭进行适当的补贴，中央财政应给予经济欠发达地区一定的支持，确保低收入居民生活质量不因价格上涨而降低。

4. 采取多种价格形式。目前，公用事业产品价格形式单一，没有准确地反映供求关系，没有形成合理的差价、比价关系。无论是煤气还是自来水、电对同一类型的消费者，价格标准只

有一个，产品单价与消费量无关，在价格不到位和实施财政补贴的情况下，这种与消费量脱节的一步计价，往往会出现多用多补贴，少用少补贴的不合理现象，一方面增加了国家财政补贴负担，另一方面在客观上鼓励了对资源的浪费。

建议对水、电、气等公用事业采取阶梯价格、峰谷价格、季节价格等多种价格形式，研究确定不同种类的公用事业产品和服务满足家庭基本生活消费的最低消费水平，对基本消费部分制定较低的价格，保障低收入群体的基本生活用水、用电、用气，也使广大群众普遍受益。对超过基本需求的部分制定累进较高的价格，平衡供求矛盾，保护环境，节约资源。

作者：国家统计局城市司　王晓红

深度关注"涨"声中的低收入群体

一、价格数据显示"五涨三跌"

2007年一季度，甘肃省居民消费价格总指数(CPI)同比为2.7%，比上年同期增长0.6个百分点。居民消费八大类价格指数同比呈现"五涨三跌"：

"五涨"是：食品5.7%，医疗保健和个人用品5.5%，居住4.8%，家庭设备用品及维修服务2.3%，烟酒与用品1.3%。

"三跌"是：衣着0.6%，交通和通信1%，娱乐教育文化用品及服务3%。

分城乡看，一季度甘肃城市居民消费价格总水平上涨2.9%，农村上涨2.4%，城市涨幅高于农村0.5个百分点。

分月度观察，一季度各月的CPI涨幅分别为：1月2.0%，2月2.2%，3月高达3.9%，增速已连续三个月保持在2%的平台之上运行，且呈步步走高态势，逼近4%的警戒线。

二、粮油涨价引发三大悬疑

上年底突掀波澜的粮油涨价持续至今年一季度，引起了城乡居民的揪心和政府的关注，由此引发了三大悬疑：粮价上涨什么是最令人忧虑的？粮油价格上涨的"蝴蝶效应"有多大？农资过快涨价"吃了"政策利好？

(一)粮价上涨什么是最令人忧虑的?

在本轮物价上涨中，以粮食为核心的食品价格在一季度仍然充当了"涨价先锋"。食品价格同比上涨5.7%，其中粮食上涨7.9%，食用油16.2 %、淀粉2.7%，豆制品4.4%、水产品4.6%、肉禽制品10.1%、调味品6.8%、糖7.7%、茶及饮料2.8%、干鲜瓜果6.2%、糕点饼干2.8%、在外用餐食品4.1%，鲜蛋价格更是飙到了36.3%，而非食品价格仅上涨1.2%。

从构成CPI的八大类别产品看，由于食品类价格所占权重高达30%，其波动必然会对CPI走势产生重要影响，而粮价上涨往往直接带动食品类价格上涨，进而成为CPI走高的最主要原因。粮食价格问题成为社会各界关注的焦点。粮价上涨，大家最关注的群体有两个，一个是农民，另一个是城市低保和困难家庭。有人叫好——这样农民增收就有了保证；有人喊忧——城市低保人群的生活成本上升。

很明显，粮价上涨可以促进农民增收，虽然各界对粮价上涨有各种担忧，但是，这次粮价属于"恢复性上涨"，这是对农产品价格长期被低估的一个纠正。但是，涨价也带来三个方面的忧虑：一是城市低收入群体对此的承受力有限，会影响其基本生活；二是带来通胀压力；三是农民得不到涨价的好处。

从涨价以来的市场反应看，通胀尚不足为虑，因为一旦市场价格过高，政府完全有能力开仓平抑。但是，对于城市低收入群体，当粮价上涨超过承受力时，如何保障他们的基本生活？农民能否在粮价上涨中获益、如何保证涨价利益能实实在在地落到农民头上？这是我们最为忧虑的事，也是政府面临的一项艰巨任务。

一季度市场观测表明，目前甘肃整个粮食市场已经趋向稳定，由于短期内粮油供应结构不会有太大的变化，粮食生产受自然生长周期影响，价格上涨回落难，因而今年上半年在新一轮农作物收获之前，粮食价格仍将保持升势，不会大幅回落，还会小幅走高。

(二)粮油价格上涨的"蝴蝶效应"有多大?

1. 粮油价格的"蝴蝶效应"初步显现

根据蝴蝶效应理论,粮价在国民经济中有牵一发而动全身的放大效果,粮食涨价会引发连锁效应。

在上涨的带动下,各类食品价格随风而动。从一季度调查数据来看,食品价格中除春节因素外的涨价因素多于往年,体现出了一定的新涨价力量,会推升 CPI 而成为今年的主导力量。

由于粮食价格带动了食品类价格上涨,食品价格上涨已经开始出现波及到其他商品价格的趋势。在其他商品价格走势中,衣着和交通通讯类价格下跌幅度已经不断的收敛,而家庭设备也由过去几年的持续下降转为小幅上涨,医疗保健类和居住类价格仍在较高幅度上运行,其他受天气和季节因素影响较小的产品价格回升幅度也强于预期,粮油价格上涨的"蝴蝶效应"初步显现。

2. 新的涨价因素正在酝酿

在 CPI 构成中,除了食品类价格对其有重大影响外,物价会不会全面上涨还要看服务性和资源性产品价格是否会上涨。

一是非食品价格的涨价因素开始显现。受消费结构升级和产业集中度提高的影响,以家具和家电为主的耐用消费品价格同比涨幅在持续扩大。持续旺盛的需求和居民对新产品的需求以及产业集中度提高使得这些商品非价格竞争的可能性增大,这会增强耐用消费品生产商的定价能力。

二是从资源节约出发,国家对资源的重新定价可能带来水、电及燃料价格的上涨。在食品价格同比增速放缓后,再一轮的资源提价也存在一定的可能性。

三是劳动力市场目前还是处于比较景气的状况,这可能会继续带来工资的上涨,一方面从增加收入的角度提高消费能力,另一方面从增加企业成本的角度最终提高 CPI。

四是从目前来看,甘肃将继续加快资源类产品价格的调整力度,水、电、石油、天然气和煤炭等资源性产品的价格改革正在加快推进,同时也将进一步推出调整公共服务价格的提价方案,服务类价格的上涨空间较大。近日兰州市已表示要提高水电油气热的价格。受部门利益的影响,多数公共产品垄断行业对于利用提价来获取利润的积极性很高,每一次改革都变成了一轮新的提价,油、气、电的改革便是如此,年内还将有更多的改革带动服务价格的上涨。

3. 从价格传导看

上游能源、原材料价格上涨对下游工业消费品的传导会进一步有所显现,进而对价格总水平会产生一定的推动作用。一季度末,甘肃工业品出厂价格(PPI)同比上涨 7.78%,由于 PPI 变动对 CPI 价格的传导作用,90%以上将在 15 个月内实现,20 个月后基本完成,生产资料价格经过连续两年多的持续上涨,家用电器等耐用消费品的成本压力较大。随着有色金属、钢材、塑料等原材料价格的进一步上涨,越来越多的日用消费品价格将出现上涨的局面。

4. 从翘尾因素看

据测算,去年是 2.2 个百分点,今年可能只有 0.8 个百分点,再加上上游产品和固定资产投资之间的自我循环还是比较厉害,所以,上游产品的价格上涨更多的影响建筑领域,会使 CPI 中的居住类价格居高难下。价格先行指数的变化显示,伴随着近期生产资料价格、居民收入、银行工资性现金支出和货币供应量增速的加快,价格上涨的动力有所加强。

5. 从政策取向看

政府非常关注居民消费价格的走势,采取了防止固定资产投资反弹以及财政政策由积极转向稳健、提高存贷款利率等等这样一系列措施,这样将会使得甘肃居民消费价格指数的全年上涨幅度最终落在 3%的范围之内。

由以上推断,粮价上涨导致食品上涨,食品上涨将会带动物价以维持平稳水平的态势上涨。从理论上讲,物价的适度上涨对生产和消费都有好处,粮价上涨有利于增加农民收入,改变城乡结构矛盾,缓解"三农"问题。但是这些公共产品涉及到城乡居民的基本生活成本,公用事业价格改革方案出台的时机和节奏,对于城乡居民尤其是低收入群体的生活产生一定影响。

(三)农资过快涨价"吃了"政策利好?

粮油价格上涨,往往成为农业生产资料价格新一轮上涨的信号。粮油上涨常常是由农资全面上涨倒逼出来的,其价格上涨滞后于农资价格的上涨。

1. 进入2007年以来,甘肃农业生产资料价格指数一直在高位上运行。

每到春耕时节"化肥涨价,农药提价,柴油没个正价"的现象就多了起来。一季度正值春耕,一些农资价格应声上爬。1月份同比涨幅为6.2%、2月份为6.6%、3月份为5.1%,一季度累积同比5.9%,比上年高1个百分点。被调查的十大类品种价格全面上扬,农用手工工具涨幅为最,达到16.1%,农用机油上涨14%,磷肥上涨14.3%、饲料12.7%、农用种子4.3%、农用薄膜1.5%、农业服务5.5%。农资价格大幅度持续上涨,且大部分品种价格涨势强劲,像这种普遍上涨且持续上扬的态势应引起各方高度关注。

2. 农资价格上涨的原因及带来的不利影响。

一是生产原料价格提高传导农资成本上升。煤炭、石油等产品是化肥、农膜等农资产品的上游原材料,通过产业链传导至农资产品生产企业,因上游产品价格持续上涨,导致农资产品生产成本增加。

二是运输成本增加推动农资价格上涨。受成品油价格大幅上涨及整治超载运输双重因素影响,农资产品运输成本大幅上升,也推动了农资销售价格的上升。

三是惠农政策促动农民种粮积极性提高。国家的一系列政策使农民种粮积极性进一步提高,引发对农资的"强势需求",使农资价格水涨船高。

四是春耕生产带动市场销量增加。春耕时节农民开始购买农资产品备耕生产,带动化肥、薄膜等农资需求量增加,由于前期淡季库存不足,进一步拉动了农资价格上涨。

农资价格高位运行带来三个方面的不利影响:

一是影响农民增收,降低了农民增收的政策效果。农资价格明显上升,导致农业生产成本大幅度提高,在很大程度上抵消了国家支农政策对粮食生产的积极影响。

二是影响农业生产,造成农民直接经济损失。农资价格上涨已对当前农业生产产生负面影响,致使农民因为价格原因在购买农资时产生惜购现象,降低了农业投资的数量和质量,进而影响农业生产的发展,给农民带来直接的经济损失。

三是农民春耕生产资金增加,使农村信用社信贷资金不足的压力更为突出。农资价格上涨直接导致了农业资金需求的增加,农村信用社信贷资金不足的压力更为突出,特别是一些资金短缺的农村信用社,难以满足农民资金需求。

三、深度关注"涨"声中的城乡低收入群体

CPI上涨给甘肃城乡低收入群体生活带来重大影响,受影响最深的是生活必需品呈刚性消费居多的城市低收入困难群体的利益。这一轮物价上涨,主要涉及生活必需品方面,这些仅有全省人均收入不足一半的低收入家庭用以维持生计的消费支出项目价格的上涨,即便是看起来幅度不大,但也会产生很大的压力,因为他们支出的大部分甚至绝大部分都用于此。

(一)涨价将影响低收入群体生活质量

目前,在甘肃城市最低收入居民家庭中消费支出中用于食品消费的支出为60%,农村低收入家庭为58%,食品价格仍然是对居民消费价格水平最具影响力的项目,收入越少,受影响越大。

低收入群体应对涨价不得不减量降质消费。由于食品价格水平涨幅最大,而食品支出又占低收入家庭消费支出的一半以上,在没有其它收入来源的情况下,低收入家庭只能减少消费数量和消费品种,把消费限制在米、面、油、蔬菜等最基本的消费品上,同时还要减少消费量,仅能维持基本生存需要。

在减量的同时，低收入群体消费的产品大多是价格低廉的品种，是市场上最便宜的商品。物价上涨以后，一般城镇低收入家庭人均每月增加支出45元左右，其中食品价格上涨使人均每月增加支出25元左右，水电气价格上涨人均每月增加支出10元左右，其它杂项增加支出10元左右。

虽然政府提高低收入人群的收入在一定程度上缓解了他们的生活压力，但是不能完全弥补因物价上涨带来的收支缺口。2007年起，低保人口的收入人均每月增加15元，仅能弥补水电气价格上调以后增加的开支，而其它产品价格上涨对低收入人群带来的影响则无法弥补；失业保险金虽然每月拟增加55元（尚未实施），但是失业人员不仅要抚养家人，还需要一定的再就业投入，实际上，价格上涨基本抵消了这部分收入增加量；最低工资收入群体的情况稍微好一些，但是也仅够维持基本生活。一个3口之家在物价上涨以前每月550元左右就能维持基本生活，但此轮物价上涨以后，每月需要700多元才能维持基本生活。

(二)资源性价格改革将对低收入群体生活造成冲击

资源性产品是基本民生产品，价格改革将对低收入群体造成极大的冲击?。市场上的燃油、煤、气从去年底就一直在涨，煤气已近翻番。煤电油气水等资源性产品既是基本民生产品，又都是初端产品，它们的价格上涨必将带动相关行业产品价格上涨，从而引发新一轮的价格冲关，比如燃油价格的上涨已经波及到相关运输、公共交通等行业。广大的低收入群体，一个月的收入基本用于水电煤气食品等生活必需品，一瓶煤气的涨价就是他们的痛苦指数，甘肃的低保线今年1月份才达到168元，一瓶煤气的价格涨到近90元，那将是低保的一半，致使部分低收入家庭无奈弃气烧煤。对广大老百姓来说，教育、医疗、住房已经使他们不敢花钱，资源性产品涨价将使他们无钱可花；对城镇低收入群体来说，生活必需品涨价将使他们的生活质量倒退；对众多农民工来说，城市将会变成他们不敢去、去不起的地方，从而影响我们的工业化进程。

粮价是百价之王，对粮油价格的判断与调控将对民生产生重要影响。如果通过此轮粮油价格的恢复性上涨给农民带来一定的实利，是一件好事。但从利益传导环节来看，粮农不一定会成为真正的受益者。甘肃商品价格虽然上涨压力不大，但资源性产品价格压力一直居高不下，按照以往经验，农民因粮食价格上涨所获的微薄利润常常被农药、化肥、农用薄膜等抽头，甚至还不够。所谓谷贱伤农，谷贵也可能伤农。另一方面，由于农民受到议价能力的限制，在粮油价格上涨过程中囤积获高价者多是流通中间商，而不是农民。

四、减轻价格上涨对城乡低收入群体不利影响的建议

尽管一季度CPI上涨尚未突破3%，但已有破限的苗头，需要加强监测，减轻低收入群体由于价格上涨所带来的不利影响。切忌忽视利益分配与经济传导过程的复杂性，以及对社会经济可能产生的负面影响。要让粮油价格上涨不危及民生：

——对于农村

一是要让粮农成为获利链条上的一个组成部分，要建立与种粮挂钩的直接补贴机制，稳定粮食生产和保护农民利益，防止粮食价格的大幅波动；二是疏通粮食流通体制，建立更为有效快捷的市场化流通体制，继续整顿农资市场，遏制农资价格过快上涨；三是控制资源性产品价格上涨的通胀源头，使中下游企业获得喘息之机，不至于将成本转嫁到农资等环节。四是发展农产品期货市场，逐步参与并掌握定价权，避免被动接受定价的宿命。最为重要的是尽快建立农村最低生活保障制度，使农村庞大规模的贫困人口的基本生活得到保障。

——对于城市

一是调整收入分配政策，健全社会保障体系，促进消费需求增长。要努力促进城镇低收入居民的收入增长，同时，加快社会保障体系建设，减少居民消费的后顾之忧，增加居民消费信心，以有效促进消费增长；二是要在价格总水平

保持基本稳定的情况下抓住时机，适时调整一些价格上涨压力较大的公共服务和居民生活必需品等项目价格。但是要掌握节奏和幅度，避免因力度过大推动 CPI 的过快上涨，同时要解决好调价对城市低收入群体的影响；三是 CPI 统计要进行重大改革，编制城镇低收入居民基本生活价格指数，及时掌握低收入群体在价格波动中的承受能力，以此准确反映价格变动对低收入群体的影响程度，为制定保障困难群众生活的政策提供依具，维护社会稳定，构建和谐社会。

作者：甘肃调查总队　甘德霞

河南省物价上涨对城镇低收入居民生活的影响及补贴机制研究

"低收入群体"是一个相对的、没有统一界定标准的概念，它普遍存在于任何地方和任何时期。无论一个国家或地区的富裕程度如何，总有一部分人处于收入相对较低的状态。对于低收入群体的界定，存在很多种方法，主要有：

(1)绝对值法，将总体平均收入的 1/2 或者 1/3 定为低收入线；

(2)比例法，将住户按人均收入从低到高排序，把那些处于最低层的 5%、10%或 20%的居民家庭定义为低收入户；

(3)贫困线拓展法，将贫困线按一定比例扩大，例如扩大到 115%、125%、135%或 150%等；

(4)恩格尔系数法，即通过分析食物支出在生活费支出的比重，把家庭分为富裕、小康、温饱、相对贫困与绝对贫困五个阶层，其中恩格尔系数在 50－60%的为相对贫困户，高于 60%的称为绝对贫困户；

(5)日美元标准，1990 年由世界银行提出，以每人每天 1 美元作为最低生活标准。

以上不同的方法是从不同的角度来界定低收入群体的，但都以能够充分刻画出这部分群体较为贫困的生活状况为基本前提。出于本文的研究目的，并考虑实行涨价补偿措施的可操作性和分析的方便性，我们认为采取 10%的比例法比较符合河南的实际情况，即把相对收入不等距九组分组中 10%最低收入户的收入水平作为划分城镇低收入群体的标准。理由是：实行涨价补偿措施的对象主要是城镇最低生活保障对象、下岗失业人员和市、县(市、区)政府确定的其他应当救助的城镇居民。因此，我们界定的城镇低收入群体也应该限定在城镇最低生活保障家庭以及人均收入比较接近最低生活保障线的家庭上，如效益不好或濒临破产企业的离退休职工家庭等。

一、当前城镇低收入居民生活状况

(一)城镇居民低收入户规模及特征

1. 对城镇低收入群体人口数量的估计

统计资料显示，2006 年河南城镇化率 32.5%，全省总人口 9820 万人，城镇户均人口 2.94 人，10%最低收入户的户均人口 3.24 人，据此计算，全省城镇低收入人口 351.7 万人左右。根据民政部门统计数据，2006 年全省城市低保对象 135.3 万人。作为关注对象，包括最低生活保障家庭的城镇低收入群体都应作为我们研究的重点。

根据劳动、民政、统计部门的资料，目前城镇低收入群体主要包括下岗职工、失业人员、无业人员、困难企业职工、因病或因残无法工作的人员、无法定赡养人和抚(扶)养人又无储蓄的人员、多子女家庭、重灾和重病家庭等。

2. 城镇低收入群体家庭的基本特征

一般而言，城镇低收入群体家庭有以下基本特征：

一是户均人口规模较大。2006 年全省最低收入户平均每户 3.24 人，比平均水平高 0.3 人。

二是文化程度低。全省约有 70%的低收入人口文化程度为初中及以下水平，就业能力有限。根据典型调查，无就业人口家庭中只受到中学及以下教育的达到了 81.58%。

三是就业分布差异大。根据 2006 年调查资料计算，家庭成员中，无收入人员占 45%。有收入成员中，从事于国有单位的占 30.9%，从事于集体等单位的占 15.7%，从事个体经营的占

14%，被个体户雇佣的 14%，离退休人员占 18.5%，离退休工资为主要收入来源。

四是低收入者负担系数高。2006 年，全省城镇低收入家庭中平均每个就业人员负担人口 2.36 人，比平均水平高 0.44 人。从就业人口人均负担家庭人口的数量来看，无就业人口家庭完全要靠低保或其他救济来维持生活。

五是普遍存在就业、医疗、教育困难。据 2007 年对开封、平顶山、安阳、新乡、许昌和滑县、辉县、固始五市三县共计 41 户低收入家庭现状及存在困难的典型调查：41 户低收入家庭的家庭人均月可支配收入大多处于 200～300 元的水平，个别户人均月收入不足 100 元。调查结果显示，这些低收入家庭具有一定的共性：一是就业难，收入少且不稳定。稳定足额的收入来源是城镇居民生存的基本保障，然而低收入家庭普遍存在就业困难、收入少且不稳定的问题。如：辉县一户家庭全家 3 口人，一人残疾，一人是企业退休工人月收入 400 元，另一人打零工收入不定；固始一户低收入家庭全家 3 口人，主要靠子女在外打工邮寄的赡养费维持生计。就业是增加收入、缓解贫困的根本途径，但缺技术、少资金等问题形成了无形的就业压力。例如：滑县李某因故下岗后，家庭人均月收入只有 160 多元，经朋友推荐想养殖獭兔改变窘境，但苦于没有资金，想贷款又没有存单抵押，使这一想法一直无法实现。此外，有的家有病人、老人需要照顾，在一定程度上也形成了其他家庭成员再就业的障碍。二是看病难、看病贵。低收入家庭成员多数没有医疗保险，在医疗费用居高不下的情况下，他们最担心的就是生病。一旦生病，通常是“小病扛着、大病躺着”，实在不行就去小诊所看病或者自己去药店买药吃。此外，不少低收入家庭都有长期病号。不论是因病致贫，还是因贫而病，总归每个月少不了一笔固定的医药费支出，这就进一步加重了低收入家庭的生活负担。例如：平顶山王某夫妻二人均已退休，每月收入 900 多元，但因女方曾患乳腺癌，需要定期化疗，每月药费至少 400—500 元，虽然他们很少买衣服、几个月不买一次肉，但仍然经常收支倒挂；滑县东关街道的文某患有糖尿病、高血压，每月仅靠 70 元的低保金生活，就连常规用药都负担不起，不得不去打零工，但每月工资仅 200 元，还是无力承担高昂的药费。三是子女受教育费用高，无力承担。这是困扰低收入家庭的又一大难题。有的贫困家庭，孩子升学时摇号摇中了民办公助的学校，因经济困难、交不起择校费而放弃，转入普通学校。有的家庭收入仅能维持基本生活需要，对于子女逐年增长的教育费用充满忧虑。比如：平顶山金某夫妻双双下岗，每人每月只有 100 元生活费，目前孩子正在上小学，经常为孩子的成长、教育问题担忧。此外，一些低收入家庭由于户籍不在居住地而无法享受当地的低保政策，也有的低收入家庭存在居住难问题。

(二)城镇低收入家庭收支与生活消费特征

根据全省城镇居民家庭收支调查统计资料分析，城镇低收入家庭收支与生活消费特征是：

1. 城镇低收入户与高收入户的收入差距较大，且有扩大之势

近几年是城镇居民收入水平提高较快的时期之一，但城镇低收入群体的情况却相反，不仅收入水平较低，而且收入增长速度低于平均水平，加剧了和高收入群体之间的收入差距。据调查，2000 年，全省城镇最高与最低收入组的收入水平分别是 10604.63 元和 1812.71 元，高低比例为 5.85∶1；到 2006 年，全省城镇最高与最低收入组的收入水平分别累计增长 116.6%和 98.2%，达到 22970.77 元和 3593.19 元，高低比例为 6.39∶1。2007 年上半年收入差距继续扩大为 6.78∶1。

2. 城镇低收入居民家庭收入基本被消费殆尽

城镇低收入群体收入水平不高，决定了他们 85%以上的收入要在当期消费掉。2000 年城镇居民最低收入家庭人均收入 1812.71 元，支出 1730.38 元，收入的 95.5%用于当期消费；2006 年人均收入 3593.19 元，支出 3097.33 元，收入的 86.2%被当期消费掉；今年上半年这一比例又反弹至 89.5%。可见，低收入群体的当年收入基本上都用于当期消费，剩余很少，如遇天灾人祸就会步入赤贫，靠救济度日。

表 1　近年河南城镇居民家庭分阶层收支对比

单位：元

年份	指标	最低收入户	低收入户	较低收入户	中间收入户	较高收入户	高收入户	最高收入户
2005	可支配收入	3047.70	4662.42	6662.01	8972.74	11590.16	13859.95	21352.90
	消费支出	2577.22	3730.61	4840.34	6250.68	7394.36	8906.90	12396.90
	支出占收入比%	84.6	80.0	72.7	69.8	63.8	64.3	58.1
2006	可支配收入	3593.19	5493.36	7322.97	9498.46	12350.98	15683.49	22970.77
	消费支出	3097.33	4413.08	5214.99	6791.87	8271.70	10042.29	12983.03
	支出占收入比%	86.2	80.3	71.2	71.5	69.2	64.0	56.5
2007 年 1～6 月	可支配收入	2094.12	3204.34	4327.87	5694.72	7335.86	9634.03	14203.82
	消费支出	1874.97	2415.36	3210.56	3849.49	4660.48	5313.66	7132.81
	支出占收入比%	89.5	75.4	74.2	67.6	63.5	55.2	50.2

3. 城镇低收入家庭生活温饱为重，消费质量不高

城镇低收入家庭生活仅维持在温饱状态，消费质量不高。基本生活消费就是维持生活所必需的消费，包括粮食、鲜菜、油脂、医疗、教育、水电燃料等基本生活必需品。这里我们把医疗和教育包括在内，主要是因为这是现代社会生活不可或缺的基本消费。根据 2006 年河南城镇居民家庭消费支出调查资料计算，全年最低收入居民在粮食、鲜菜、油脂、肉类、医疗、教育、水电燃料方面的支出占到消费支出的 41.43%，而中等收入为 31.34%，最高收入户占到 24.93%。

表 2　2006 年河南城镇居民家庭平均每人购买食品数量（千克）

指　标	城镇平均	按比例分组						
		最低收入户	低收入户	较低收入户	中间收入户	较高收入户	高收入户	最高收入户
粮食	86.33	83.34	78.37	88.48	84.94	88.01	92.17	90.63
油脂	7.56	7.07	6.83	7.74	7.51	7.89	7.77	8.13
肉类	19.76	12.24	15.32	18.13	20.75	24.15	24.70	25.74
禽类	5.47	3.70	4.87	5.28	5.59	6.42	5.94	6.82
蛋类	13.69	12.46	12.06	14.23	13.66	14.21	14.35	14.83
鱼	3.57	2.24	2.66	3.18	3.69	4.39	4.45	5.21
鲜菜	136.71	114.71	121.11	134.11	135.82	150.44	150.37	160.61
鲜果	34.52	19.31	24.91	31.04	35.80	42.66	47.62	48.29
鲜乳品	15.34	7.08	9.78	13.59	16.43	19.60	22.74	21.92

食品在城镇最低收入居民家庭消费支出中占主要地位。2000 年城镇最低收入居民家庭恩格尔系数达 45.8%，2006 年下降到 40.1%，2007 年上半年反弹至 43.4%。而最高收入家庭的恩格尔系数几年来基本稳定在 28.5%。

在消费质量上，从表 2 可以看出，高营养食品消费数量较少，反映出低收入户消费质量不高。如，低收入户的粮食、油脂、鲜菜的购买数量与高收入户相差无几，但肉禽蛋、水果、乳品的购买数量相差较多。

二、物价上涨对低收入家庭生活的影响

物价与百姓生活息息相关。物价上涨，增加居民消费开支，影响居民生活质量。对高收入家庭而言，由于生活必需品的消费在其全部消费中所占比重不大，受价格上涨的影响有限；但对低收入家庭来说，生活必需品的涨价使他们本来仅处于温饱状况的生活更为艰难，从而对低收入居民家庭生活产生的影响较大，直接加重了低收入居民家庭的生活负担。

我们根据2001年以来城镇低收入居民生活消费支出构成，和相对应的消费项目价格指数资料，测算了全省2001～2006年、2007年1～6月份城镇低收入居民消费价格指数（见表3、4）。

表3　2001～2006年河南城镇低收入居民消费价格指数

（以上年价格为100）

	2001年	2002年	2003年	2004年	2005年	2006年
城镇低收入居民消费价格指数	101.0	100.1	103.0	107.2	103.7	101.7
一、食品	99.9	100.2	106.2	114.8	103.8	101.8
＃粮油类	98.6	98.1	106.5	125.6	100.1	101.0
肉禽蛋水产品类	104.7	98.9	103.3	121.5	103.0	96.0
蔬菜类	93.6	107.3	127.3	105.2	117.5	110.2
饮食服务	100.4	99.0	100.9	103.3	100.9	101.3
二、非食品类	101.7	100	100.9	102.2	103.7	101.7
城镇居民消费价格指数	100.7	99.8	101.7	105.4	102.1	101.2

表4　2007年河南城镇低收入居民消费价格指数

（以上年同期价格为100）

	1月	2月	3月	4月	5月	6月	上半年
城镇低收入居民消费价格指数	103.8	105.0	105.7	105.8	106.1	108.1	105.6
一、食品	106.7	109.9	110.9	110.4	111.9	116.6	110.8
＃粮油类年	110.4	110.4	110.1	109.5	109.4	110.2	110.1
肉禽蛋水产品类	118.5	124.5	125.4	127.3	137.8	147.9	129.7
蔬菜类	79.6	88.9	97.4	95.1	88.3	104.1	91.2
饮食服务	106.6	106.9	107.3	108.5	109.0	109.1	107.9
二、非食品类	102.0	101.7	102.3	102.8	102.3	102.5	102.3
城镇居民消费价格指数	102.2	103.1	103.6	103.6	103.9	105.3	103.6

表3、4表明，在近年来的物价上涨过程中，河南城镇低收入居民消费价格指数高于全省居民消费价格指数。出现这种状况的原因，主要是近年来，价格上涨的商品主要集中在食品和居住两个方面，而这些商品的消费开支占了低收入家庭的大部分。因此低收入家庭受价格上涨的影响重于其他家庭。

表 5　2001～2007 年价格上涨对城镇低收入居民生活影响程度测算表

	2001 年	2002 年	2003 年	2004 年	2005 年	2006 年	2007 上半年
城镇低收入居民消费价格指数	101.0	100.1	103.0	107.2	103.7	101.7	105.6
人均可支配收入(元)	2006.75	1912.44	2612.43	2827.61	3047.7	3593.19	2094.12
人均消费支出(元)	1910.5	2146.44	2311.43	2456.57	2577.22	3097.33	1874.97
人均可支配收入增加额(元)	194.04	−94.31	699.99	215.18	220.09	545.49	363.17
人均消费支出增长额(元)	180.12	235.94	164.99	145.14	120.65	520.11	406.33
价格上涨影响支出增加额(元)	18.92	2.14	67.32	164.99	91.95	51.77	99.43
占可支配收入增加额比重%	9.75		9.62	76.68	41.78	9.49	27.38
占消费支出增加额比重%	10.50	0.91	40.80	113.68	76.22	9.95	24.47

(一)价格上涨对消费支出的总体影响程度

上表显示，物价上涨较多的年份，低收入居民收入增加额中应对物价上涨的支出就较多。2003 年这一比例为 9.62%，2004 年为 76.68%，2005 年为 41.78%，2007 年上半年为 27.38%。

物价上涨过快，致使低收入家庭的生活质量下降，是低收入家庭反映最为突出的困难之一。低收入家庭的收入来源本来就少，并且增长缓慢。所以，食品价格大幅上涨对大多数低收入家庭无疑是雪上加霜，他们不得不少吃肉甚至是不吃肉，买菜也是买一些便宜的或处理的菜，饮食质量明显下降。一位低收入户居民这样表示："目前蔬菜、油和猪肉价格上涨太快，太贵，只有少买、少吃，多吃主食。"

概括起来，物价上涨使低收入群体的生活质量进一步降低，主要体现在以下几个方面：

一是消费品和服务消费在量上进一步减少。2005 年进行的一次典型调查表明，价格上涨，使低收入家庭更加节约用水、用电、用气，尽量少坐公交汽车以及少打电话，减少一些娱乐或休闲活动，减少看病次数以及小病尽量不看等，分别有 65.28%、56.94%、47.69%、66.67%的受调查者表明有这些变化。表 2 的调查资料表明，2006 年低收入居民家庭在肉蛋鱼、蔬菜水果、乳品等消费品方面的消费数量普遍低于全省居民消费水平。据对开封市部分低收入家庭调查，他们对粮油肉禽蛋等生活必需品价格上涨的应对办法只有两点：一是在保持生活开支不变的前提下，减少肉禽蛋的购买量。二是优先保证病人、老人和孩子的需求。该市某低保户，全家 3 口人，月均收入 600 多元，自从粮油肉禽蛋价格上涨以后，肉类每次只买 2 至 3 元钱的，鸡蛋一个月只买 1 千克。

二是消费结构层次进一步变低。主要体现在食品、衣着、日用品等商品和服务的消费上选择更加便宜的替代商品和服务，甚至在很多时候只能是去选择劣质甚至不合格的产品。对新乡市调查显示，面对猪肉价格上涨，90%以上的低收入户家庭选择不吃肉或少吃肉。调查中，不少低保户几个月不吃肉，平时买菜等到收市前按堆买，黄瓜、西红柿买烂的，由于油脂类价格上涨，他们只能经常食用自己腌制的咸菜，生活质量明显下降。

三是生活方式改变。为了赚取更多的收入来弥补因价格上涨而导致实际生活水平的下降，常采用增加工作量、改变职业或外出务工或者让子女勤工助学或辍学谋生等方式。调查表明，有 37.5%的低收入家庭选择前者，选择后者的是 21.76%。

四是收入差距进一步拉大。据测算，从城镇低收入家庭居民可支配收入与全省城镇居民平均可支配收入的对比分析，2000 年比例为 2.629∶1(低收入家庭居民可支配收入为 1)，预计 2007 年名义收入差距扩大为 2.83∶1，但按 2000 年可比价计算的实际差距预计为 3.052∶1。可见，近年来，在低收入家庭与其他收入阶层收入差距扩大过程中，扣除物价上涨的实际差距比名义差距更大。

值得注意的是，近两年，最低工资标准、低保标准有较大提高，各级政府十分重视低收入群体的就业和收入增长，低收入家庭可支配收入有较大幅度增长。全省城镇10%低收入户人均可支配收入，2006年增长17.9%，2007年上半年增长20.98%；据民政部门数据，各级政府对低保家庭的生活补贴，2006年增长13.4%，2007年上半年又增长23.3%。补贴增加对缓解涨价压力起到一定作用。今年上半年城镇低收入家庭收支如果按扣除政府补贴后的金额测算，则物价上涨影响人均多支出90.32元，占其可支配收入增加额的47.2%，占其消费支出增加额的38.5%。

(二)价格上涨对低收入群体生活影响的因素分析

表3、4显示，近年来，物价上涨的突出特点是，居民基本生活所必需的商品和服务价格上涨幅度较大。由于低收入群体在基本生活必需品方面的消费负担加重，挤占了其它方面的消费，从而严重地影响了他们的生活质量。从影响程度的轻重看：

1. 食品类价格上涨对低收入群体生活的影响最大

由于城镇低收入群体在食品消费上的比重较高，几乎占到50%，而食品类中的多数商品又是消费缺乏弹性的基本生活必需品，其价格上涨对低收入居民生活影响十分显著。2004年，食品类价格上涨影响低收入家庭人均多支出136.91元，占其全部多支出部分的70.4%，其中因粮食价格上涨多支出40.54元，植物油价格上涨多支出5.33元，鲜菜价格上涨多支出1.2元。2007年，食品类价格上涨影响低收入户人均多支出78.49元，占其全部多支出部分的78.9%，其中因粮油价格上涨人均多支出13.45元，肉禽蛋价格上涨人均多支出50.47元。

图表6　2007年上半年价格上涨对食品、居住消费的影响(同比)

	低收入家庭CPI	消费金额(元)	涨价影响额(元)
食品	110.8	805.26	78.49
其中：粮油类	110.1	146.63	13.45
肉禽蛋水产品类	129.7	220.4	50.47
蔬菜类	91.2	94.02	−9.07
调味品	110.0	12.75	1.16
糖烟酒饮料类	102.3	100.23	2.25
干鲜瓜果类	98.6	64.79	−0.92
糕点、奶及奶制品	102.0	60.74	1.19
其他食品	110.1	20.28	1.86
饮食服务	107.9	85.40	6.25
居住	106.7	191.33	12.01

2. 资源性产品价格改革对低收入群体生活影响较大

近年来，国家在资源性产品价格改革方面步伐加快，一些相关行业产品价格涨价压力加大，电价、水价、管道燃气价格、液化气价格、垃圾处理费、污水处理费稳步提高，不但推动了居民消费价格总水平的上升，也进一步加大了城镇低收入群体的生活成本。

图表 7　2000—2006 年价格对低收入家庭部分商品和服务消费的影响

	低收入家庭 CPI（2006 年以 2000 年为 100）	2006 年消费金额（元）	2006 年涨价影响额（元）
住房（租房、装修、建材等）	108.8	76.18	6.16
水电燃料	172.4	310.23	130.28
居住服务（物业、维修等）	119.2	19.51	3.14
药品	86.0	150.47	−24.50
医疗费（住院、治疗等）	186.4	82.14	38.07
交通费	118.4	27.51	4.28
教育（教材、书籍、学费等）	124.1	226.78	44.04

图表 7 显示，近年来，水电燃料、医疗、教育价格的上涨，较大程度地增加了城镇低收入居民的生活支出。以新乡市调查队 2006 年底对 15 户低收入家庭的典型调查为例，被调查的 15 户居民中（下岗职工 13 户，退休职工 1 户，无业人员 1 户；其中双职工下岗家庭 3 户，大部分属“4050”人员），用煤做饭的 11 户，占 73.3%。大多数家庭表示，资源性产品价格上涨，影响的不仅是做饭、取暖等直接消费，也会影响到食品和医疗等生活的各个方面。

（三）价格上涨对低收入群体影响的后果分析

1. 引发了居民对政府的不满情绪

2005 年进行的典型调查显示，七成以上被调查的城镇低收入家庭因涨价受到很大或难以承受的影响，他们对当时提价项目相对集中以及涨价涨幅过快意见较大。一是认为这些提价存在不合理因素，如反映“提价的理由不充分”、“提价的幅度远高于成本的增幅”、“物价涨而收入不增”等。二是提价方案没有充分考虑低收入群体的利益和承受能力，如反映“在对水、电、气等生活必需品提价时对低收入群体倾斜不够”、“南水北调基金以及污水、垃圾等处理费的征收没有考虑低收入群体的利益”、“生活得不到基本保障”等。2006 年下半年以来，市场涨价的焦点陡然转移到粮油、肉禽蛋等重要食品上来，更引起城镇居民尤其是城镇低收入家庭的不满。根据中国人民银行郑州中心支行 2007 年 2 月下旬对郑州市区 8 个储蓄网点储户的问卷调查，居民对市场物价满意的比例仅为 6%，是 2003 年以来的最小值；5 月下旬的调查显示，不同收入家庭对当前的市场物价满意程度差距较大：月收入 500～1000 元的低收入家庭认为“物价过高，难以接受”的占 63.64%，“偏高，可以接受”的占 36.36%，没有满意的家庭。收入越高，物价承受能力越强。月收入 5000～10000 元的家庭中，认为“物价过高，难以接受”的占 19.59%，“偏高，可以接受”的占 61.86%，“令人满意”的家庭占 18.56%。

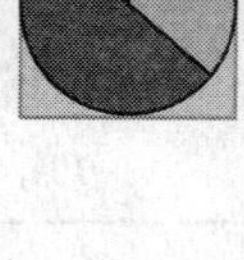

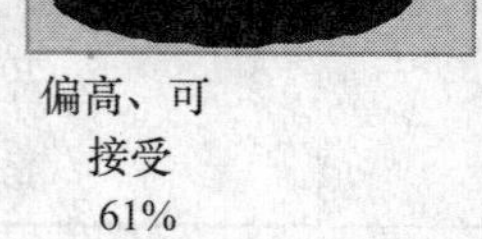

金融部门储户问卷调查结果图例（月收入按户计算）

2. 低收入群体生活信心不足，易引发社会的不稳定

根据典型调查，35%的低收入群体由于看不清价格的未来走势，对一涨再涨的物价水平没有什么心理准备，更不知道未来的价格走向何方，因此他们对未来的生活感到担忧和不安。

此时他们对自己长期处于弱势群体地位会感到心理不平衡，从而容易产生抵触情绪。有29.63%的低收入家庭表示对政府解决低收入群体因部分生活资料提价而造成的生活困难没有信心。如果低收入群体过分失望和悲观，并感到生活没有希望得到保障时，他们可能采取一些过激行为，从而引发社会的不稳定。调查显示，此时有31.94%的人会选择上访、9.26%的人会进行群体示威、5.56%的人会不惜非法手段获得满足基本生活的财物、6.94%的人会去行乞。由此可见各级政府要切实关心低收入群体，多与他们沟通和交流，让他们感受到党和政府的温暖，从而增强低收入群体勇于面对困难的信心。

三、低收入居民生活涨价补偿机制的探索

当前，城镇低收入群体收入水平仅能满足其基本生活需要，消费质量低，生活压力大，遇到价格大幅度上涨，更是雪上加霜，对这一群体实行涨价补偿，有利于改善城镇低收入群体的生活水平，有利于维护社会的安定团结、促进社会的和谐与发展。关心和爱护城镇低收入群体是各级政府的应尽职责，对城镇低收入群体实行涨价补偿措施，有利于改善党群关系，并能增强低收入群体克服困难的信心。对城镇低收入群体实行涨价补偿措施，有利于平衡各方面利益并保持市场稳定，使社会资源得到更为合理分配。因此，实行涨价补偿应该成为价格调控工作的重要举措，这也是价格调控机制不断完善的表现。

价格改革和价格调整是市场规律运行的必然，是疏导价格矛盾的重要措施，是政府价格工作的重要组成部分。目前价格改革已进入攻坚阶段，特别是将要进行的资源价格改革，涉及群众的基本生活。因此，在推进价格改革的过程中，如何在制定价格时，统筹兼顾企业和群众的利益，构建和谐社会，建立一种长效机制；如何降低价格改革对居民生活的影响，减小社会的震荡等，是当前价格工作必须面对的问题。

（一）开展低收入居民基本生活费用价格指数调查和构建科学的最低生活保障标准

1. 建立城镇低收入居民基本生活费用价格指数(COLI)统计制度

编制城镇低收入居民基本生活费用价格指数，准确反映价格上涨对低收入群体生活的影响，可以为各级人民政府调整最低工资、社会保障和社会救助标准，健全社会保障和救助政策，制定差别化的收入调控、社会救助等政策提供科学依据，对推进价格改革、保障低收入群体的利益、保持社会稳定、促进社会和谐，都具有十分重要的意义。因此，建立对河南具有代表性的城镇低收入居民基本生活费用价格指数（COLI)统计制度，是十分必要和迫切的。

河南经济区域发展不平衡，地区差异较大，实行低收入群体基本生活物价补贴制度，不能使用统一的价格变动标准，必须分类实施。

编制城镇居民基本生活费用价格指数，应采取符合低收入群体消费特征的统计方法，选择低收入群体消费数量较大、价格变动趋势有代表性、与中高收入者有明显差异的商品和服务作为规格品。

编制分地区的城镇居民基本生活费用价格指数，以现行27个消费价格调查市县为地区样本，据此汇总出不同消费水平地区的城镇居民基本生活费用价格指数。

编制分地区的城镇居民基本生活费用价格指数，应坚持定时、定点、定人的直接调查原则，确保真实反映低收入家庭消费水平及受价格变动的影响情况，按月编制所需价格指数。

为使编制的低收入居民基本生活费用价格指数更准确地反映价格变动对困难群体基本生活的影响，还要开展以低收入户为调查对象的基本生活费用支出专项调查，掌握低收入户消费结构，并以此作为编制权数的重要来源。通过低收入家庭收支调查，确定衣着、食品、水电燃料、教育、医疗、房租等生活必需品的数量及权重，准确计算城镇居民基本生活费用价格指数。

编制城镇居民基本生活费用价格指数所需

经费纳入省和各市县财政预算。

2. 科学制定并适时调整最低生活保障标准

这是实行涨价动态补偿的重要参考标准，因此必须对贫困线的测算方法做出统一的规定，尤其是对最低生活保障标准制定的程序要做出严格的规范。最低生活保障标准的制定，应建立在专项调查基础上。在制定标准时，要综合考虑政府的财政能力、经济发展水平、物价的走势情况和居民的平均收入水平等多方面因素，并与失业保险金标准、最低工资标准进行衔接，通过科学严密的测算和论证，制定一个较为合理、可行的标准。更重要的是，必须建立最低生活保障标准的经常性调整制度，根据居民整体收入的增长和物价的变动情况，对最低生活保障标准进行定期的调整。

3. 建立针对低收入群体消费结构的价格监测体系

尤其要加强对居民基本生活必需品的监测和预警能力建设，完善应急工作预案，建立健全灵敏快捷、保障有力的低收入居民价格预警机制。价格主管部门也应切实加强日常监管工作，防止商品和服务价格异常波动，特别要防止居民生活必需品价格的大起大落；同时要以统计部门的低收入群体居民消费价格综合指数为依据，谨慎出台调价措施，对各种乱涨价、乱收费行为要坚决制止，切实维护好正常的市场价格秩序。

(二)构建对低收入群体涨价补偿的长效机制

构建低收入群体涨价补偿的长效机制，是一项复杂的系统工程，应遵循以下原则：一是全局性与系统性原则；二是公开、公平、公正原则，切实做到程序、结果公开，办事公道，最弱者优先；三是动态管理原则，建立规范有序的管理机制。根据这样的原则，我们构建了低收入群体涨价补偿长效机制，依次包含补偿资金筹集机制、涨价补偿运作机制、补偿资金发放机制。

1. 关于涨价补偿的运作机制

根据涨价补偿的方式不同，我们将涨价补偿的运作机制分为两种，即政府定调价补偿机制和价格上涨时的动态补贴机制。

(1)政府定调价补偿机制

即政府在进行定价或调价时就应该充分考虑对低收入群体的补偿问题，并制定相应的减免或其它优惠政策。这不但可以节约事后不必要的人力和物力，也可以起到安定民心、稳定社会的作用。这个定调价补偿机制应该是动态和开放的，即在制定定价调价政策后，应根据情况的变化对优惠政策进行调整，并可适当增删一些补贴措施。在实践操作中，凡是涉及到与居民基本生活相关的价格或收费调整，都必须充分考虑低收入群体的利益，并制定低收入群体价格调整补偿办法。该办法的制定程序必须以法律或法规的形式固定下来，而且一旦获得通过就应该具有法律效用。该办法必须包含有明确的补偿原则、可操作的补偿标准、国内外知名学者或专家认证的可行性研究报告等内容。低收入群体价格调整补偿办法与价格调整办法一起送听证会审议(听证会中低收入居民不少于总人数的 20%)，只有两个办法均获得通过，两个办法才能同时生效。

政府定调价补偿，不与价格指数挂钩，只就调价项目补偿。金额的计算，应以调价前 6 个月城镇低收入居民家庭消费调价商品和服务的实物量乘以上调价格的金额计算。

(2)价格上涨动态补贴机制

即在价格上涨超过一定幅度时对低收入群体进行动态补贴，并根据受影响程度的不同来考虑制定不同的补偿标准。具体的补贴标准可以现有低保收入补贴标准为基数，根据价格上涨幅度对居民生活的影响程度，增加现金或实物消费补贴。

价格补贴的对象分三类：

一类：特困低保户，可支配收入极低，主要依靠低保和救济生活；

二类：符合低保标准，扣除一类对象后的部分，有一定生活来源，同时需要低保和救济的家庭；

三类：10%低收入户中扣除二类对象后的低收入家庭。

补贴的时机可分三种情况：

①当市场物价低位运行时，价格上涨对生活的影响相对较小，补偿的范围可适当缩小，即

COLI 同比涨幅在 3%以下，仅对一类对象给予补贴，并视政府调价项目或涨价突出的基本生活消费项目情况，按日常消费量和单位消费量涨价额计算补偿金额。

②当 COLI 同比涨幅连续 3 个月在 3%至 10%时，补偿的群体限于城镇低保户。以补贴前 3 个月内的平均城镇低收入家庭人均消费支出和 COLI 为依据，计算出价格上涨对消费支出的综合影响金额，并以此为标准，对未来 3 至 6 个月实施补贴。补贴对象为一类和二类对象，一类补贴给测算标准的 150%，二类补贴给测算标准的 100%。

补贴标准的测算：

$$AEPS_t = AECE_{t-1} - \frac{AECE_{t-1}}{COLI_{t-1}}$$

其中：$AEPS_t$ 为补贴期人均价格补贴金额；$AECE_{t-1}$ 为补贴期前 3 个月的人均消费支出额；$COLI_{t-1}$ 为补贴期前 3 个月的城镇低收入居民基本生活费用价格同比指数。

例如，某年 4～6 月，某地区 10%城镇低收入家庭人均月消费支出 312.5 元，城镇低收入居民基本生活费用价格指数 106.7%，因价格上涨，每一低收入居民多支出：312.5×(1—1/106.7%)=19.62 元。即 7～9 月或半年内每人每月补贴金额可在 20 元。

③当 COLI 同比涨幅在 10%以上时，市场物价较快上涨，价格上涨对生活的影响相应增大，补偿的群体可在城镇低保水平上适当扩大，最高扩大至 10%低收入户。补偿金额计算与②相同。补贴对象为一类和二类对象，一类补贴给测算标准的 150%，二类补贴给测算标准的 100%，三类补贴给测算标准的 50%。

图表 9　价格补贴对照表

	一类户	二类户	三类户
COLI 同比涨幅在 3%以下	视政府调价项目或涨价突出的基本生活消费项目测定	不补贴	不补贴
COLI 同比涨幅连续 3 个月在 3%～10%	补贴给测算标准的 150%	补贴给测算标准的 100%	不补贴
COLI 同比涨幅在 10%以上	补贴给测算标准的 150%	补贴给测算标准的 100%	补贴给测算标准的 50%

(3)补贴的终止时机选择。价格补贴不能搞终身制。上述(1)、(2)两种补偿措施应视为阶段性补偿政策，根据市场物价变化情况和低收入家庭收入状况，适时终止。应同时具备以下三个条件：一是 COLI 同比涨幅缩小至 2%以下；二是低收入家庭可支配收入增长超过物价涨幅；三是补贴期内扣除价格补贴后的低收入家庭可支配收入增速超过补贴基期的低收入家庭可支配收入增速。也可以根据对三项条件的预期，在补贴实施初期，就规定补贴的周期，如“半年之内，每人每月补贴 20 元”等。

2. 关于补偿资金的筹集机制

要对低收入群体进行涨价补偿，一个首要的问题是如何筹集涨价补偿资金。

根据我们对低收入群体抽样调查的结果，有 64.35%的城镇低收入家庭认为涨价补偿资金应该由政府来承担；另外分别有 19.44%、9.72%和 4.63%的人认为应由社保基金、相关企事业和社会团体承担；也有 27.78%的人认为应由多方共同承担。因此，在低收入群体眼里，政府要对涨价补偿肩负主要责任，这进一步说明了政府构建涨价补偿机制的必要性、紧迫性和重要性。

根据涨价补偿运作机制的要求，我们认为，涨价补偿资金的筹集渠道主要有政府财政、相关企业和专项基金等。

一是增加各级政府财政的转移支付力度。建议省财政将涨价补偿资金列入财政年度预算，专项安排使用。

二是国家管理的价格调整时，让申请提价的相关企事业单位负担一部分低收入群众的涨价补偿资金。在价格调整时，对低收入家庭实行一次性减免政策，定量免费消费。增加的开支由提价资金中列支。并将此作为企业申请提价的前置条件之一。

三是建立涨价补偿的专项基金。价格调节基金是我国在宏观经济调控实践中探索的，并由法律明确规定的政府调控市场价格的重要经济手段，是国务院授权地方政府多渠道筹集，用于调控居民生活必需品等重要商品价格的专项资金。目前全省各省辖市大都开征了此项基金。价格调节基金应作为价格补偿资金的一个重要来源。为了增强省级价格调控能力，建议尽快建立省级价格调节基金制度，积极引导价格调节基金的合理使用。具体的使用方案可在低收入群体价格调整补偿办法和低收入群体基本生活价格补贴办法中规定。

3. 关于补偿资金的发放机制

一般认为由银行网络而不是由人工发放可以防止资金被个人或某个单位滞留和挪用的现象

其一、补偿资金发放对象更新系统。由于低收入群体中的人并不是固定不变的，他们之中总有一些人正在脱贫致富、同时又有些人正在因病或其它原因致贫、或是游离于贫困线周围，这使得在对低收入群体进行补偿时，补偿资金的发放对象难以得到及时的更新。所以，应建立低收入群体的电子档案实时更新系统，以便及时、准确地将补偿资金发放到真正需要救助的群众手中。

其二、补偿资金自动发放系统。对于补偿资金的发放，为了尽可能减少银行的工作量，可考虑由财政拨款，在当地民政部门的办公地点由指定银行设立补偿资金自动发放系统(ATM)，以安全、快捷、足额地将补偿资金发放到低收入居民家庭手中。

(三)制定完善的涨价补偿配套政策和措施

在构建对低收入群体的涨价补偿长效机制后，除政府利用强大的人力、物力和财力等物资条件来保证涨价补偿办法的顺利实施外，还必须制定有力的配套政策和措施。这些配套环境至少包括以下四个方面：

一是针对低收入群体的宣传措施。由于低收入群体的媒体和通讯设备不发达甚至严重缺乏，他们获得信息的渠道有限，因此有必要制定专门的措施，及时将有关方针政策传达给低收入群体，这有利于政策的贯彻落实以及增进基层干部与低收入群体之间的沟通和了解。特别是在出台调价政策前，我们更应加大宣传力度，给各地留有充分时间尽可能详细地做好宣传解释工作，以取得群众的理解和支持。

二是建立涨价补偿的监督机制。从涨价补偿资金的筹集到涨价补偿资金的发放，都离不开社会和职能部门强有力的监督。要本着公平、公正、透明的原则，加强监督，让老百姓放心。

三是完善的公共就业服务体系。随着河南城镇化、工业化、农业现代化的进程加快，农村富余劳动力转移到城镇，农民进城务工人员已经成为产业工人的重要组成部分。同时，国企改制力度逐年加大，为使这些"下岗者"不变为新的低保对象，政府应加大完善公共就业服务体系，尽可能减少低保人口基数，这也是从根本上解决低收入群体生活的有效途径之一。"临渊羡鱼不如退而结网"，同时要引导低收入居民树立自尊、自强的再就业意识，积极参加技能培训，加强学习，努力提高整体素质。

四是加强各职能部门之间的沟通与合作，建立专门的低收入群体扶困领导机构。可以建立类似新乡市帮扶领导小组式的灵敏、高效的联席会议制度。即建立一个党委领导、政府组织、部门负责、分工协作、相互联系的日常管理运作机制，物价、财政、民政、劳动、调查统计等部门共同参与，定期或不定期地研究探讨社会保障工作形势，制定相应的工作措施。再者，要加强各部门横向之间的工作联系，互通情况、交流信息、相互配合、资源共享，避免政出多门、各行其是。

作者：河南调查总队　张　宏　刘海燕　刘建功
齐红卫　常万普　拓福星

物价上涨对广西城镇低收入家庭的影响

2007 年 1 至 9 月份，广西城镇居民人均可支配收入达到 9116 元，比上年同期增加 1629 元，增长 21.8%，增长幅度创 1995 年以来新高，城镇居民生活水平整体上有了较大提高。但也应该看到，城镇低收入家庭虽然生活得到了一定的改善，但其生活还比较贫困，加上副食品价格上涨，他们的生活条件相当艰难。

调查资料显示，2007 年 1 至 9 月份，占调查总体 10%的城镇低收入家庭人均可支配收入为 2811 元，同比增长 15.3%，比全区平均增幅(21.8%)低 6.5 个百分点；其收入仅为全区平均水平的 30.8%，不足三分之一。其中，低收入家庭 1 至 9 月份人均工薪收入仅为 1744 元，同比增长 4.9%。比全区平均增幅(21.4%)低 16.5 个百分点；1 至 9 月份低收入家庭人均消费支出 2692 元，收支相抵，人均仅结余 119 元，几乎没有余钱积攒，一些家庭还要靠亲友借债才能维持生活。

一、低收入家庭基本现状

1. 家庭人口多，经济负担重。2007 年 1 至 9 月份，占总体 10%的低收入家庭平均人口为 3.26 人，比总体平均多 10.9%；而家庭有收入者只有 1.68 人，比总体平均少 18.1%；平均每个有收入者要负担人口 1.94 人，比全区平均(1.43 人)多负担 0.51 人，高 35.7%。

2. 家庭就业人口少。2007 年 1 至 9 月份，低收入家庭平均就业人口为 1.33 人，比全区平均(1.54 人)少 13.6%。他们中 60.1%的就业者都是受雇于个体和私营企业。由于低收入家庭居民大都文化水平偏低，缺乏技术特长，就业难度大，很多靠从事临时性工作，劳动报酬低。

3. 经济收入低。低收入家庭由于收入来源渠道不广，收入不多，他们的收入水平与全区平均水平差距较大。2007 年 1 至 9 月份，低收入家庭人均可支配收入比全区平均水平少 6306 元，低 69.2%。

4. 居住条件差。2007 年 9 月末，广西城镇低收入家庭人均居住面积 18.4 平方米，比总体平均居住面积低 30.7%；有 27.5%低收入家庭是租房居住的，有 7.7%的低收入家庭未能使用上自来水，有 16.2%的低收入家庭家中无卫生设备，有 26.3%的低收入家庭还是使用煤球及木柴作为主要炊用燃料。

二、低收入家庭基本消费现状

低收入家庭由于收入少，预期收入不稳定，消费结构不尽合理。2007 年 1 至 9 月份，广西城镇低收入家庭人均消费支出 2692 元，比全区平均水平少 3456 元，低 56.2%；人均转移性支出 345 元，比全区平均水平少 851 元，低 71.1%；人均社会保障支出 286 元，比全区平均水平少 339 元，低 54.3%。

1. 食品支出增加，但主要食物消费量减少。2007 年 1 至 9 月，广西低收入家庭人均消费支出 2692 元，比上年同期增加 547 元，增长 25.5%。其中，食品支出 1556 元，增长 23.9%；食品消费占消费支出的比重(恩格尔系数)57.8%，比全区平均水平高出 17 个百分点。食品价格大幅上涨严重困扰了低收入家庭。2007 年以来，副食品价格全面上涨，1 至 9 月肉禽及其制品价格上涨高达 30.5%，油脂类价格涨幅也达到 18.5%，食品类价格总水平涨幅达 12.3%。食品价格大幅上涨加剧了低收入家庭的困难，消费水平下降。调查表明，1～9 月低收入家庭人均粮油类消费支出比上年同期增加了 11.5%，但消费量下降了 17.3%；肉、禽、蛋类支出增加 18.8%，但消费量下降了 17.4%。1 至 9

月份，低收入家庭人均消费大米 38.8 公斤、食用植物油 4.0 公斤、肉类 28.1 公斤、蛋类 3.2 公斤，除大米的人均消费量与全区平均数持平外，食用植物油消费比全区平均少 1.0 公斤、肉类少 8.9 公斤、蛋类少 1.3 公斤。许多低收入家庭平时都是购买便宜蔬菜和落市菜，一些困难家庭平时极少吃肉，买不起水果，主要以简单的饭菜维持生活。为减少家庭开支，一些低收入家庭除外出工作的家庭成员一日三餐外，在家人员一日只吃二餐，其艰难情况可想而知。

2. 低收入家庭非食品类消费大大低于全区平均水平。城镇低收入家庭除食品消费比全区平均水平低 38%以外，衣着类、居住类、用品类、交通通讯等其他消费也大大低于全区平均水平。

(1)衣着类消费低 77.5%。2007 年 1 至 9 月份，广西城镇低收入家庭人均衣着消费支出 107 元，比全区总平均水平低 369 元，家庭成员着装朴素，很少买衣服，更提不上买名牌衣服。

(2)居住类消费低 44.9%。2007 年 1 至 9 月份，广西城镇低收入家庭人均居住支出 334 元，比全区总平均水平低 272 元。水电燃料涨价后，部分用燃气的低收入住户为了节省开支，改用了煤球或木柴。

(3)家庭设备及用品类消费低 75.7%。2007 年 1 至 9 月份，广西城镇低收入家庭人均家庭设备及用品类消费支出 87 元，比全区总平均水平少 271 元。低收入家庭由于经济能力有限，一般只能使用陈旧、简单的家庭设备和用品，拥有的耐用消费物品数量较少。

(4)医疗保健消费低 67.8%。2007 年 1 至 9 月份，广西城镇低收入家庭支出人均医疗保健消费支出 131 元，比全区总平均水平少 276 元。家庭成员小病挺着不吃药，大病拖着不住院，一些家庭陷入因病致贫、因贫致病的恶性循环中。

(5)交通和通讯消费低 76.1%。2007 年 1 至 9 月份，广西城镇低收入家庭人均交通和通讯消费支出 174 元，比全区平均水平少 558 元。其中交通消费支出 64 元，比全区平均水平低 84.8%；通讯消费支出 111 元，比全区平均低 64.5%。

(6)教育文化娱乐服务消费低 69.9%。2007 年 1 至 9 月份，广西城镇低收入家庭人均教育文化娱乐服务消费支出 253 元，比全区平均水平少 587 元。

(7)其他商品和服务类消费低 77.6%。2007 年 1 至 9 月份，广西城镇低收入家庭人均购买其他商品和服务类消费支出 49 元，比全区平均水平少 170 元。因经济方面原因，低收入家庭较少购买金银首饰和美容化妆品。

日常生活中，低收入家庭只能选择价格低廉、经济实惠的食品和日常用品，生活基本能维持，遇到孩子上大学、家中有人生重病等则难以应付，只能举债或靠亲友资助。他们抵御各种风险的能力差，一旦发生突发事件，低收入家庭将不堪重负。时下各地人情风盛行，人情开支已经成为家庭生活费外的主要开支之一。2007 年 1 至 9 月份，低收入家庭用于红白事等捐赠支出人均高达 131 元，占其消费支出的 4.8%。

三、低收入家庭期盼能解决的问题

由于低收入家庭人口多，家庭成员文化偏低，缺乏技术特长，劳动技能低下，失业后再就业难度较大，做生意又没有本金，长期赋闲在家，就业难成为他们的突出问题。他们急切盼望政府能够帮助解决家庭成员的就业和再就业问题，他们期盼着找到一份适当的工作，使他们能够拥有稳定的经济收入。

1. 盼望政府能够开办一些免费或低收费的技能培训班，帮助其提高就业能力，为再就业创造条件。希望政府有关部门能在就业政策上对低收入群体有相应照顾，并安排一些公益性岗位给低收入家庭；对自主经营的低收入家庭，有关部门适当加以引导，提供经营场所，为其谋生创造条件。

2. 希望政府在制定有关涉及群众重大利益的决策时，要注意兼顾那些低收入者的实际承受能力。尤其是对基本生活影响较大的食品、水、电、燃料(气)价格的调整，要充分考虑到对低收入居民生活的影响。要认真完善价格听证会制度，及时吸纳各方意见和建议，努力做到公平合理并兼顾弱势群体，保证城镇居民生活水平都能稳定健康地发展。

3. 希望政府提高对低收入家庭的补助标准，进一步扩大城镇低保范围，将那些因老、弱、病、残、伤而致贫的家庭，也列入城镇低保范围。同时，加强对低保金发放的监督，使政府发放的低保金起到预期的救助效果。

4. 加快城镇经济适用房和廉租房的建设，向城镇低收入群体提供更多的住房，改善低收入家庭的住房条件；同时，控制住房价格的过快上涨，确保低收入者的生活稳定。

5. 希望政府继续实施"贫困学生圆梦工程"，加大对低收入家庭子女教育的帮扶力度，让更多的低收入家庭子女能够上得起大学，能够安心读大学。

6. 适度降低低收入者的医疗及养老保险门坎，提高参保能力。在低收入群体中，下岗失业、老弱病残家庭占相当一部分，他们更需要政府在医疗及养老保险方面提供更多支持。对于低收入家庭来说，由于经济能力有限，一些人交不起个人养老保险金和医疗保险金，政府有关部门应根据实际情况适当调整社保政策，对低收入者在交缴个人社保基金上给予优惠，消除他们的后顾之忧。

7. 希望政府在继续加大对低收入群体帮扶力度的同时，积极倡导社会各界伸出援助之手。要多层次、多途径开展对低收入群体的救助工作，帮助他们尽快走出困境，共同分享经济社会发展成果，实现社会的和谐稳定。

作者：广西调查总队

关注城镇弱势群体生存状况

为进一步了解山西城镇低收入家庭生活中面临的主要困难，为各级政府制定解决低收入群体生活困难措施提供依据，2007 年国家统计局山西调查总队在太原、大同、阳泉、长治、晋城、晋中、运城、临汾、吕梁、朔州、潭源、汾阳和兴县等 13 个调查市、县开展了城镇低收入居民家庭生活及参加社会保障情况专题问卷调查，调查对象为各调查市、县城镇居民抽样调查户中 10%的最低收入群体。

一、低收入家庭基本情况和特征

1. 年龄特征：青壮年居多。调查显示，年龄在 30～45 岁最多，占 48.77%，其次是：年龄在 45～60 岁的占 27.16%，60 岁以上的占 22.8%，30 岁以下的占 1.27%。由此看出，他们中绝大多数都属于青壮年，是家庭生活的依靠和主要经济支撑者，上有老下有小，既要抚养儿女，又要赡养老人，他们的肩负的经济负担重，承受的心里和精神压力大。特别值得注意的是，调查结果显示，60 岁以上的老年低收入家庭也占了相当的比例，年龄大，家庭收入低，这势必会给低收入老年人的晚年生活造成雪上加霜。

2. 文化程度特征：文化程度偏低。家庭成员文化程度低是低收入家庭的一个重要的特征。调查结果显示，文盲的占 4.32%，小学文化程度的占 16.1%，初中文化程度的占 46.3%，高中中专文化程度的占 29.0%，大专以上文化程度的占 4.28%。从低收入家庭成员的文化程度分布构成看，呈现出明显的中间高两头低的“∩”型状，小学和初中文化程度的比例高达 62.4%，可见，低收入家庭成员的文化程度普遍偏低。由于低收入家庭成员的文化程度低，难以获得再就业培训的一技之长，这确实给他们重新就业带来困难，他们中很少有人能找到一份稳定的工作，即便使就业了，也是一些技能要求较低、劳动强度较大的体力活，所得到的工资自然也就不会高。

3. 就业特征：企业职工多，下岗人员多。在接受调查的人员中，就业的占 58%，其中，在国有企业的占 26.6%，集体企业的占 11.7%，行政事业单位的占 5.3%，其他所有制性质的占 56.4%；下岗的占 35.2%，在下岗职工中，由于企业改制、倒闭和效益差原因的占 59.6%，其他原因的 40.4%；其他非就业者占 6.8%。调查结果显示，绝大多数低收入家庭的就业人员是在非行政事业单位工作的。低收入家庭中，下岗职工家庭占了相当的比重，企业改制、倒闭和效益差是造成多数职工下岗的主要原因。

4. 家庭人口特征：就业者负担系数大。低收入家庭最显著特点是家庭人口多，劳动力人数少，就业者负担系数大。调查显示，低收入家庭户均家庭人口为 3.35 人，明显高于全省户均 2.92 人的平均水平。其中，1 人户占 2.47%，2 人户占 20.37%，3 人户占 46.3%，4 人户占 22.22%，5 人以上户占 8.64%。与全省相比，3 口之家比例低于全省平均水平 8 个百分点，4 人户以上户比例高于全省平均水平 12 个百分点，而低收入家庭户均就业人口为 1.22 人，低于全省户均 1.44 人的平均水平，致使低收入家庭就业者劳动力负担系数 2.75，远远高于全省 2.0 的平均负担系数。

5. 家庭收入特征：绝大部分家庭收入偏低。调查结果显示，低收入家庭月人均收入在 200 元以下的占 31.5%，200－400 元的占 45.1%，400－600 元的占 19.1%，600 元以上的占 4.3%。近 8 成的低收入家庭月人均收入在 400 元以下，而全省月人均收入在 400 元以下的家庭的比重为 11.94%。可见，低收入家庭的收入确实明显偏低，生活困难，举步维艰。调查结果表明，他们当中已有21.6%的家庭成为靠领取当地政府最低生活保障金生活的低保户了。

二、低收入家庭的生活现状

1. 收入不及全省平均水平的1/3。据调查资料显示，2006年，山西城镇10%的最低收入居民家庭人均可支配收入为3280.9元，为全省平均收入水平10027.7元的32.7%，不足全省平均水平的1/3。从收入构成看，低收入家庭人均各项收入都与全省平均水平有较大差距。其中，人均工薪收入、财产性收入和转移收入分别为全省平均水平的31.8%、19.1%和30.2%。不仅如此，而且低收入家庭的收入来源渠道相对单一，其收入主要是依靠家庭职工的工薪收入。2006年，低收入家庭人均工薪收入占全部收入的比重达76.4%。

2. 收支倒挂，入不敷出。调查资料显示，2006年，低收入家庭人均全年家庭总收入为3601.34元，人均全年家庭总支出为3870.18元，支出大于收入269元，出现入不敷出、收支倒挂现象。

3. 消费不及全省平均水平的一半。由于收入水平低，低收入家庭的收入基本上都用于满足日常生活所必需的开支，无力改善生活质量，生活非常拮据，生活消费水平明显偏低更有甚者收不抵支，靠举债度日。调查资料显示：2006年，低收入家庭人均消费性支出为3046.2元，比全省平均水平低57.5%。其中，人均食品支出低45.6%，衣着支出低60.8%，家庭设备用品及服务支出低76.6%，医疗保健支出低63.3%，交通和通信支出低73.0%，教育文化娱乐服务支出低60.1%，居住支出低50.0%，杂项商品和服务支出低69.3%。

4. 消费结构不合理，恩格尔系数明显偏高。由于受收入偏低的影响，低收入家庭不仅消费支出水平低，而且消费结构也不合理。2006年，低收入家庭人均食品消费支出为1224.7元，占消费性支出的比重，即恩格尔系数为40.2%，比全省平均水平31.41%，高出8.79个百分点。而衣着，家庭设备用品及服务，医疗保健，交通和通信，教育文化娱乐服务等消费支出占消费性支出的比重，均低于全省平均水平。

5. 居住设施与条件相对较差。2006年，城镇10%的低收入家庭人均住房建筑面积20.40平方米，比全省平均人均建筑面积低6平方米。同时低收入家庭的住房配套设施也相对较差。据调查，低收入家庭中，有34.9%的家庭仍然居住在设备简陋的平房或普通楼房中，比全省这一平均比率高19.3个百分点；低收入家庭现有住房的估价为6.7万元，比全省平均水平低24.7%?；有52.5%的使用煤气、天然气和液化石油气，比全省这一平均比率低25.3个百分点；有28.9%的住房内没有卫生设备，远远高于全省这一平均比率16.4个百分点；仍有5.4%的无取暖设备，比全省这一平均比率高3.4个百分点。

由于低收入家庭收入低，无力改善居住条件，住房消费支出也相对偏低。2006年，城镇低收入家庭人均居住消费支出为415.1元，比全省平均水平低50%；其中人均住房支出为67.3元，比全省平均水平低79.3%；其中差距较为明显的是住房装修支出，低收入家庭人均支出仅有39.9元，比全省平均水平低83.1%；而低收入家庭人均购买煤炭229公斤，比全省平均水平高59.7%。这些极具反差的对比数据，从另一侧面真实地反映出了低收入家庭目前的住房条件仍然是比较差的。

三、困扰低收入户居民家庭生活的主要问题

通过调查发现，低收入家庭迫于生活和精神方面的压力，希望能尽快走出困境，急盼政府解决困扰生活的现实问题。

1. 下岗失业，就业再就业难。由于大部分低收入家庭成员文化程度偏低，缺乏技术特长，市场竞争能力差，不少人在企业破产解体，下岗失业后，再就业受挫，很难找到合适的工作，即使就业，其中的大部分也只能在一般的低报酬岗位就业，多为做临时工、打零工或被个体雇用。调查资料显示：调查到的162名低收入家庭成员中大专及以上文化程度的仅占4.3%，高

中及以下的文化程度占到了95.4%。在岗职工占到62.2%,在事业单位的仅有5.4%,其余多在不景气的国企、集体或做临时工。有37.8%的由于单位效益差、改制或倒闭而下岗。

2. 子女就学费用不堪重负。低收入家庭他们希望子女能成才,考上大学,将来能找到一份稳定的工作,但面对高昂的学费,低收入家庭又显得一筹莫展。部分低收入家庭反映:他们除了满足生存而必须消费食品外,大部分开支用于孩子教育,为了供孩子上大学,已经债台高筑,负债累累,为了还债已经到了拆东墙补西墙的境地。在调查的低收入户中,有一户家庭一年收入仅有16000元,而供子女上学的费用一年就支出了近25000元,如此高的费用,进一步加重了他们的生活负担。

3. 医疗负担深感沉重。调查中了解到,城镇低收入家庭普遍担心家庭成员生病住院,承担不起昂贵的医药费,对于没有参加医保的家庭来说,看病贵确实成了他们的一大心病,因此,他们小病不找医生看,上药店买点药凑户一下,大病拖着不住院,处于因病致贫、因贫致病的恶性循环中。有一调查户全年收入仅有14000元,就看病住院去年就花费了近20000元,除了吃花费2000元外,衣着支出几乎无力购买,生活十分清贫。

4. 参加社会保障的比率低。由于受社会保障覆盖面以及收入水平的限制,低收入家庭只能在温饱线上维持生活,根本没有余钱交纳养老保险和医疗保险,参加社会保障体系的比率较低。调查结果显示,被调查者仅有37.2%的人参加基本医疗保险,有34.6%的人参加社会养老保险,有近三分之一的人因"无经济能力",没有参加任何保险。

5. 物价快速上涨,直接冲击低收入户的生活。食品价格上涨,特别是粮价大幅上涨,低收入家庭受到的影响最大。低收入家庭消费品种单一、集中,消费仍以传统的主食为主。食品是生活必需品,消费的弹性小,替代效应不明显,不管价格是否上涨,都必须消费。因此生活必需品价格上涨,使低收入家庭食品的消费支出增加,消费量下降,生活质量降低。

6. 一些保障措施执行不到位。一是各级政府一直强调社保基金的征缴工作,但一些企业依然不能按时足额上缴各种基本社会保险,如养老保险、医疗保险、失业保险等,致使部分职工下岗时,一些权益得不到保障,并使他们对生活预期压力加大,缺乏生活安全感;二是下岗职工再就业,特别是从事个体私营工作的,手续复杂,优惠政策得不到贯彻落实,影响下岗职工再就业的积极性;三是劳动力市场不健全、扶贫帮困措施不完善、落实不力等。

调查中了解到,被调查低收入者中有54.9%的就业者工资收入达不到本地最低工资标准,有关部门对下岗职工进行过再就业培训的仅有6.7%。被调查的低收入家庭中仅有21.6%享受低保。调查表明最低工资保障政策以及对下岗职工进行再就业培训执行还不能完全到位,"应保尽保"工作没有完全落到实处。因此调查中有31.5%的被调查者对有关部门关心低收入居民生活工作不满意,有14.2%很不满意。

四、改善低收入家庭生活状况的几点建议

从调研中,我们深深感到,贫困户家庭包袱重、思想比较压抑、情绪低落。他们不仅需要物质支持,也需要精神关怀。解决低收入群体问题,不是一朝一夕的事情,而是一项持久而艰巨的任务,需要在各级党委和政府的领导下,积极贯彻中央关于以人为本、稳定发展、构建和谐社会的根本方针,广泛动员社会力量,多管齐下,逐步解决。目前,应从以下几个方面着力解决。

1. 要加大低保工作的宣传力度。正确引导人民对低保工作的认识,让低保政策家喻户晓。家喻户晓的目的是为了将低保政策宣传下去,让更多的人知晓低保工作面临的困难,进而大家都来关心、支持低保工作。各级领导、各职能部门、企业负责人、社会团体应树立社会责任感,共同关心弱势群体。

2. 加快经济发展是不断提高人民收入水平的根本保证。用发展的办法解决前进中的问题,是构建和谐社会必须遵循的原则。只有大力发展经济,切实改善和提高企业经济效益,才

能为构建社会主义和谐社会奠定坚实的物质基础，才能不断增加职工收入，真正提高人民生活质量。

3. 促进充分就业，从源头上解决致贫根源。就业乃民生之本，政府部门应采取最大化就业的政策，加强劳动就业服务体系建设，完善劳动技能培训，促进实施再就业工程质量，设法解决失业人员和下岗人员的就业问题，让尽可能多的人通过就业得到相对稳定的收入。同时要在税收减免、小额贷款、再就业培训补贴等方面给予优惠政策，以增加下岗、失业人员的就业机会，提高收入水平。要推进有劳动能力的低保对象实现再就业，使低保制度与就业政策有效衔接，充分发挥经济杠杆的作用，促进有劳动能力的低保对象积极就业。

4. 政府在实施再就业工程时应考虑低收入家庭子女的就业问题。近年来，山西省各级各地政府实施的再就业工程取得一定成效，如政府出钱购买公益岗位，免费提供给下岗失业人员，受到低收入家庭的拥护。在解决下岗失业人员再就业的同时，低收入家庭的子女就业难问题不能忽视，有关部门对低收入家庭子女就业应给予适当的照顾，因为“低保”制度作为一项社会救济措施，只能帮助低收入家庭渡过临时困难的权宜之计，要想使他们真正摆脱贫困，走上富裕道路，关键在于扩大就业渠道，引导他们实现再就业。

5. 分不同对象实施城市扶贫战略。对完全丧失劳动能力的家庭和个人，应实施政府救济式扶贫和社会救助扶贫相结合，并提高低保标准。对于哪些具有劳动能力因产业结构调整受到冲击而暂时处于贫困状况的家庭和个人，应实施开发式扶贫。通过扶持有劳动能力的贫困人员实现就业和再就业，是增加贫困家庭收入，解决城镇贫困的根本出路之一，也是使其早日解困脱贫的治本之举。尤其在低保对象的扶持上实现从输血型向造血型的转变，制定与之相配套的政策法规，规范管理，很有必要。一是要改变重生活保障轻就业保障的倾向，让有能力的贫困人群通过就业实现自我保障，对安置低保对象的产业、行业、企业给于相应的优惠政策。二是扩大就业空间，大力兴办门槛低、包容性强、吸纳劳动力较多的各类社会服务实体，努力发展社区服务产业，鼓励低保对象进行阶段性就业、弹性就业。三是广开职业介绍渠道，要充分利用现有的人才市场和劳动力市场，鼓励社会各界多渠道兴办规范的就业服务机构，免费为低保对象提供各种就业信息和就业前的培训工作。同时要进一步做好再就业工作，要千方百计地解决下岗职工的再就业问题，特别是要做好“4050”人员的工作安置，对接纳下岗职工的单位应贯彻最低工资标准，对从事个体经营的下岗职工要把优惠政策落到实处，保证这部分困难群体家庭收入的稳定。在政府和有关部门的扶持下，以市场需求为导向，提高再就业的能力，确保失业、下岗人员能自食其力，从而使他们摆脱对政府救济的依赖，在解决温饱问题的基础上，逐步实现脱贫致富，进而全面实现小康社会

6. 完善低保制度建设，强化低保基础管理。一方面要完善社会保障体系，保障那些低收入或无收入来源者的基本生存权力，解决下岗失业者的生活问题。要提高低保救助标准，扩大低保范围，真正实现“应保尽保”的目标。尤其是针对残疾人家庭、病患家庭和子女就学家庭要区别对待，建立必要的救助机制，建议参照国家对农村九年义务教育阶段贫困子女的“两免一补”政策，出台相应办法，制定对城市低保家庭子女教育进行“两免一补”的政策，尽快启动政府对低保家庭的教育援助。如建立政府和社会共筹的专项助学基金和奖学基金，帮助贫困学子完成学业；建立社区医疗救助机制，实现医院减免、政府救助、社会捐献的助医机制；建立廉租房、政府助建、公积金贷款相结合住房解决机制等。另一方面，建立规范的家庭收入审核机制，逐步消除“不应保而保”和“应保未保”的现象；加强低保资金管理，确保低保资金使用的规范性、安全性和有效性；强化低保动态管理，逐步形成“低保对象有进有出、补助水平有升有降”的动态管理机制。

7. 出台相关政策要兼顾弱势群体。考虑到面临的收、支、消费差异较大的实际问题，在制定有关涉及群众重大利益的决策时，要注意兼顾那些低收入者的实际承受能力。尤其是当前

对生活影响较大的教育、医疗、住房，以及水、电、煤气等事业，其价格走势高低低收入居民生活影响举足轻重，不可低估。因此在制定一些影响居民实际生活消费水平，可能导致部分低收入人群生活维系出现艰难窘境的相应价格政策出台时，一定要认真完善价格听证会制度，及时吸纳各方意见和建议，努力做到公平合理并兼顾弱势群体，避免居民收、支、消费在已有较大差距状况下再添新的增大因素，从而保证城镇居民生活水平稳定健康地发展。

8. 加强思想教育引导，坚定居民生活信心。 贫困居民受多种因素的影响目前生活出现了困难，有的对生活信心不足，甚至少部分人失去了生活的信念，对生活没有一个长远打算，泯灭了志气，抱着做一天和尚撞一天钟，过一天算一天的思想，坐以待毙。要帮助这部分贫困居民摆脱贫困，首先要从精神上帮助他们摆脱贫困，要通过各种形式的教育活动，让他们认识到自身价值的存在，认识到自已不是生活的“多余人”，要看到生活的希望，鼓足勇气朝着既定的目标走下去。

作者：山西调查总队

大力扶持低收入群体　推进和谐社会建设

我国正处于人均国民收入从1000美元到3000美元过渡的关键时期。国际经验表明，这一时期既是经济社会加速发展的黄金时期，也是各种矛盾积累交织的危险时期。党的十六大四中全会适时提出了构建社会主义和谐社会的战略任务，解决好收入分配这一经济社会发展的核心问题，尤其是解决好收入差距过大、低收入群体生活困难的问题，成为我国面临的紧迫而重大的课题。为此，我们以2006年重庆主城九区970户城市住户抽样调查资料为基础，组织开展了城市低收入群体研究，为党政部门帮助和扶持城市低收入群体提供有益的参考。

一、城市低收入群体的界定与人口数量

(一)城市低收入群体的界定

城市低收入群体是指城市人口中，参与社会生产与分配的能力较弱，经济收入严重低于社会平均水平，生存和发展存在一定困难的那部分人口。城市低收入群体是一个相对于其他收入群体而存在的特定社会阶层，其人口数量，以及与其他社会阶层的收入差距大小，是决定城市社会结构的主要因素，对社会的和谐稳定和文明进步具有重大的影响作用。

按照我国的行政管理体制，城市区域是指区和县级市下辖街道的所属居民委员会管辖的行政区域。城市低收入群体的人口应该是常年居住在城市区域的人口，不包括流动人口、暂住人口。但是，由于所掌握资料所限，本文的“城市”仅指重庆主城九区，“城市人口”等同于户籍在重庆城市区域的非农业人口，而不包括户籍不在重庆城市区域、但常住在这里的外来人口(如农民工等)。本文的城市低收入群体是指户籍在重庆主城九区的368.5万非农业人口(2006年年末数据)中的低收入人口。

(二)城市低收入群体的人口数量

目前，国内外有多种测算低收入人口数量的方法，但最通行的方法是人口比例法和平均收入法。我们运用这两种方法对重庆低收入群体的数量进行测算。

人口比例法通常是将人口总体中10%的收入最低的人口作为低收入人口。按此方法计算，重庆主城九区2006年城市低收入群体有36.85万人。根据2006年970户城市住户抽样调查分户资料，10%最低收入户年人均可支配收入最高值为5923元。

平均收入法是以社会平均收入的二分之一或者三分之一来确定低收入人口。在商品经济体制下，社会平均收入是决定生活必需品和服务价格的主要因素。由于目前居民收入差距已经十分巨大，以社会平均收入的二分之一维持生存已经存在相当大的困难。因此，我们以社会平均收入的二分之一作为低收入水平线，收入低于该水平线的人口即为低收入人口。根据2006年970户城市住户抽样调查分户资料计算，城市居民年人均可支配收入的一半为6200元，收入低于这一水平线的人口比例为12.68%。据此推算2006年重庆城市低收入群体人口有46.72万人。

上述两种方法的测算结果有一定差距。人口比例法以固定的比例来划分低收入群体，将10%的收入最低的人口作为关注对象，经济社会意义显著，计算方法简单易行。但是，人口比例法未能考虑到各收入群体的收入以及收入差距在当年的变动情况，一些收入略高于低收入水平线而生活困难的人口被排除在关注范围以外。从实际情况看，在市场竞争中，低收入人口

绝对收入的增加低于社会平均收入的增加，低收入人口的占比呈现缓慢增大的趋势。平均收入法跟踪了各收入群体的收入以及收入差距的变化，正好弥补了人口比例法的缺陷，所得出的低收入人口数量更具有合理性。

综上所述，我们认为 2006 年重庆城市低收入群体的人均可支配收入可确定为低于 6200 元，其人口数量约为 46.72 万人，占城市人口的比重为 12.68%。其中，已经纳入了民政局最低生活保障的人数为 23.14 万人，占城市人口的比重为 6.28%，占低收入群体的比重为 49.5%。

二、城市低收入群体的生存发展状况

城市低收入群体作为一个特殊的社会阶层，其生存和发展状况表现出与社会总体水平的明显差距。低收入群体自我发展能力薄弱，经济收入偏低、生活质量低下、消极情绪滋生，应成为社会各界高度关注的问题。

(一)自我发展能力薄弱

由于历史、政治、经济、社会和文化等多种因素的交织影响，人们自我发展的能力表现出较大的差异性。在市场经济体制下，自我发展能力薄弱是影响低收入群体人口生存和发展状况的决定性因素，是低收入群体的根本特征。主要表现在三个方面：

1. 人口结构欠佳。这主要表现为低收入群体人口中妇女和儿童、以及老人的占比偏大，适龄劳动人口的比重较低，劳动力素质不高。

女性多于男性。低收入群体人口的男女性别比为 90.6:100.0，而城市人口的男女性别比为 103.7:100.0。

适龄劳动人口的比重较低。低收入群体人口中，20 岁以下的人口占 23.1%，21～60 岁的人口占 64.6%，61 岁以上的人口占 12.2%。与城市总人口相比，低收入群体 20 岁以下人口的占比高 7.8 个百分点，21～60 岁的占比低 9.5 个百分点，61 岁以上人口的占比高 1.5 个百分点。

文化程度较低的人口占比大。低收入群体 21 岁以上的人口中，不识字或识字很少的人口占 4.0%，较城市平均水平高 2.9 个百分点；小学文化以下的人口占 16.4%，较城市平均水平高 9.7 个百分点；初中文化以下的人口占 47.9%，较城市平均水平高 16.7 个百分点；高中文化以下的人口占 88.6%，较城市平均水平高 18.8 个百分点；而大专文化以上的人口占 11.4%，较城市平均水平低 18.9 个百分点。

2. 人口就业状况差。在就业竞争渐趋激烈、行业和职业收入差距逐步拉大的现实环境下，低收入群体人口结构欠佳，严重影响了就业率和就业质量，以及劳动收入。

适龄劳动人口就业率低。低收入群体的就业人数占其 21～60 岁人口的比重为 49.4%，较城市居民平均水平低 35.5 个百分点。

就业人员主要就业于劳动密集型的竞争性行业。在低收入群体的就业人员中，从事制造业的人员占 28.8%，从事批发零售和住宿餐饮业的人员占 21.0%，从事居民和其他服务的人员占 14.0%，从事建筑业的人员占 5.1%。上述四项之和达到了 68.9%，而城市全部就业人员的这一从业比例为 55.4%。

就业人员主要从事体力劳动职业。在低收入群体的就业人员中，各类专业技术人员占 11.0%，机关群团与企事业单位中层以上管理人员占 1.3%，办事人员和管理人员占 16.3%，生产运输工人和有关人员占 24.9%，服务性工作人员占 31.7%，商业工作人员占 9.6%，不便分类的其他劳动者占 5.1%。前三项非体力劳动者与后四项体力劳动者的数量之比为 28.7∶71.3，而城市全部就业人员的这一职业比例为 53.7∶46.3。

劳动收入较低。低收入群体的就业人数在 2006 年的年人均工薪收入为 8032 元，月人均工薪收入为 669 元，相当于城市全部就业人数的 51.3%。

3. 家庭负担沉重。由于低收入群体人口中妇女和儿童、以及老人的占比偏大，需要供养的人口占比高，严重削弱了低收入群体的自我发展能力。

有收入者的比重低。低收入群体人口中有收入者(包括低保收入者)占比 65.0%，较城市居民平均水平低17.7个百分点。

劳动力负担系数高。调查数据显示:低收入群体人口中,有15.7%的待业人员、5.2%的家务劳动者、14.5%的在校学生、以及2.7%的其他未就业者,需要就业质量较差且收入较低的就业人员供养;平均一个就业人员对全部家庭人口的负担系数为2.36人,较城市平均水平1.84人高28.3%。

(二)经济收入偏低

在市场经济体制下,自我发展能力薄弱决定了低收入群体增收乏力、收入严重偏低。经济收入是人们生存和发展的基础,经济收入严重偏低是低收入群体的基本特征。

从相对收入角度看,低收入群体增收缓慢,与城市居民的收入差距巨大。1997—2006年低收入群体的可支配收入年均递增5.6%,其增收速度较城市居民低3.1个百分点,较10%高收入群体低5.7个百分点;城市居民与低收入群体的收入比由1.8:1扩大到2.4:1,10%高收入群体与低收入群体的收入比由3.2:1扩大到5.4:1。2006年低收入群体的人均可支配收入相当于城市居民平均收入的四成,不及10%城市高收入群体的二成。

从绝对收入角度看,低收入群体的收入不敷支出。2006年城市低收入群体人均总收入5267元,虽然压缩开支,总支出仍然达到5485元,入不敷出的问题相当突出;人均可支配收入4866元,仅仅保障生活消费(实际支出4540元)、赡养在外居住的老人和就学子女(实际支出136元)、交纳养老医疗失业保险(实际支出285元)等三项开支也存在一定的缺口。

收入不足抑制了基本生活消费的需要。基本生活消费需求是人们维持社会平均的生活水平对必须的商品和服务的最低要求。根据城市居民平均消费水平及其结构,以其需求的弹性系数来计算基本生活消费部分,测算出2006年城市居民满足基本生活消费需求的支出大约需要6420元;这相当于城市居民平均消费水平的68.6%,比重庆城区目前执行的企业职工最低年工资标准6960元低540元,比低收入群体的人均可支配收入标准线6200元高220元。这表明低收入群体的收入水平难以保障基本生活消费的需要。

(三)生活质量低下

城市低收入群体经济收入严重偏低,不能保障基本生活消费的需要,生活质量低下,生存状态堪忧。

消费水平低。2006年低收入群体人均生活消费支出4540元,不足城市居民平均水平的一半。在消费形态结构中,低收入群体实物性消费达到了72.5%,服务性消费占27.5%;服务性消费占比比城市居民平均水平低2.3个百分点。在八大类消费结构中,食品消费占比高达46.9%,较城市居民高10.9个百分点。水平低下的结构性偏废,意味着低收入群体在优先保障最基本的生存需要之外,精神型消费和发展型消费无力兼顾,甚至必要的教育、医疗等非食品消费也严重不足。

起居条件差。低收入群体人均住房使用面积为16.1平方米,较城市居民低22.2%。其中,25.9%的家庭使用的租赁房、58.9%的家庭没有装修过住房。有8.9%的家庭仍使用公用自来水、2.7%的家庭既无固定电话也无手机、6.3%的家庭仍使用公用厕所、13.4%的家庭使用非管道煤气作炊用燃料。有23.2%的家庭没有成套家具、8.9%的家庭没用上洗衣机、8.0%的家庭没用上电冰箱、23.2%的家庭没安装空调器、16.1%的家庭没安装淋浴热水器。

教育投入不足。教育是关乎子女成长、增强自我发展能力的基本途径。但是,由于收入的制约,低收入群体对子女教育的投入严重不足。根据调查资料测算,2006年低收入群体在校学生人均教育支出为3336元,只相当于城市居民在校学生人均教育支出的43.9%。

医疗无力兼顾。看病贵是当前人们反应十分强烈的社会问题,面对昂贵的医疗费用,低收入群体大多采取小病拖、中病小医、大病悉听天命的态度。调查数据显示,2006年低收入群体人均医疗支出325元,相当于城市居民平均水平的一半。

(四)消极情绪滋生

在社会转型时期,社会价值的冲突和自身物质的贫乏,不可避免地使城市低收入群体产生了心理失衡和精神负担,滋生了较为严重的消极情绪。置身于追求经济收入和利益最大化的社会环境,面对自身收入低下、生存艰辛、发展困难的生活景况,以及对养老、住房、教育、医疗等方面的诸多担忧,不少低收入者有较多的焦虑和不满情绪。现实中分配秩序紊乱、非法及灰色收入屡禁不止等,特别是一些暴富者的蛮横霸道使其埋怨情绪和被剥夺感加重,甚至产生仇富心理。不少低收入者悲观心理较重,对未来的生活信心不足。

三、形成城市低收入群体的社会原因

城市低收入群体的形成,既有自身的原因,也有社会经济方面的原因。在按劳分配的社会经济制度下,人们秉赋与能力的差异,必然产生经济收入上的差距;自我发展能力薄弱是城市低收入群体形成的个人原因。另一方面,改革开放以来,我国进入了重大的社会变革和经济体制转轨的历史时期,效率优先、兼顾公平的政策有力地促进了经济的快速增长。但是,由于经济体制机制不完善,存在机会不公平、过程不公平等现象,导致了人们收入差距的不断扩大。同时,社会保障机制和扶贫扶弱机制不健全,城市低收入群体陷于生存困难、发展无力的不利境况。

(一)城市低收入群体的形成是体制改革过程中的阵痛

1. 分配体制改革使城市居民原来享有的体制性平均被打破。改革在一定程度打破了由城乡二元结构带来的二元身份和二元待遇。改革以前,城市居民享受了由严格的户籍身份认定为其带来的种种体制性优惠待遇,如粮食、副食品和其他凭证供应物资的价格补贴;很低的住房租金条件下实缴房租和应缴房租的差额;由国家支付的对职工子女优惠养教的费用以及独生子女补助;本单位的公共福利设施的免费或低费享用以及各种实物形态或货币形态的补助。在低工资、低物价、高福利、高补贴条件下,城市居民中收入差距比较均等化。然而,随着价格、工资、用工、社会保障、住房、医疗、教育等一系列的制度改革,收入分配格局发生了重大变化,城市居民的有些既得利益丧失了,有些优惠和补贴与劳动挂钩而不再按人头发放了,有些补贴的多寡要视企业效益而定了,由此导致部分职工或居民由体制性优惠带来的收入减少。

2. 企业改革增加了个人职业及收入的不稳定性。改革的市场化进程使相当部分企业,在残酷的市场竞争和优胜劣汰机制面前,或经营艰难、或亏损累累、或破产倒闭,职工收入由此减少或丧失。尤其是国有企业改革分流出大量的下岗人员。重庆市在2000年到2003年这4年间,全市亏损企业集团数分别是25户、23户、25户和25户,其中国有绝对控股企业集团分别是18户、17户、17户和15户,其亏损额分别占全市亏损企业集团的94.2%、92.4%、97.2%和54.4%。企业亏损问题从根本上动摇了企业给职工提供各种保障的能力。由于不能从企业得到最基本的保障,职工群体中的低收入人口迅速增加。

3. 市场经济监管体制不完善,竞争机会或起点的不公平不同程度地存在。市场经济要求在等价交换的基础上,根据平等的权利进行公平竞争,即所谓的机会平等或起点平等。但是,在从计划经济向市场经济转型的过程中,存在三方面的问题:一是部分特殊行业和特殊企业掌握着垄断性的权力和垄断性的资源,它们与其他一般的行业和一般的企业处在不平等竞争的地位,可以获得垄断高额利润。这主要存在于金融、电力、铁路、医疗等部门。二是一些掌握着行政权力和稀缺资源的单位和个人可能利用手中的公共权力为自己谋私利,寻求在行政定价与市场价格之间产生的巨额的政策"租金",从而导致腐败现象的蔓延。这突出地表现在国有土地和国有资产的划拨与交易、贷款及各种许可证的发放、稀缺资源的调配、上市指标和各种投资项目的审批等方面。这两方面的问题都破坏了公平竞争的市场秩序，导致了收入差距的不合理扩大。三是按劳分配的公平原则没有得到充分贯彻。与按劳分配的要求相比，国有企业内部平均主义或“大锅饭”问题依然存在，科技人员、经营管理人员和一些创造性劳动与简单劳动的报酬差距没有拉开。同时，由于生产条件的不平等和缺乏有效的收入调节手段，国有企业中同工同酬的原则也没有得到充分体现。

(二)市场机制作用下收入差距的必然性

1. 低收入人口在就业岗位的竞争中处于不利地位。随着市场化进程的不断推进和市场竞争的加剧，经济发展在注重速度的同时，愈加注重发展的质量。产业结构的失衡使经济结构调整的步伐不可逆转，迫切需要降低一产业的比重、提高二产业的质量、扩大三产业的规模。在就业方面，我市一产业劳动力剩余问题日益突出，大量向二、三产业转移；二产业在技术进步和提高劳动生产率的过程中必然会分流出大量的廉价劳动力；三产业吸纳就业空间很大，但目前的发展水平还较低。因此，在结构调整过程中，就业岗位的增长明显滞后于经济的增长，甚至出现就业人员的分流量远大于吸纳量，就业压力增大。2003～2006年重庆二、三产业增加值年均增长11.4%、13.7%；而二、三产业从业人员年均增长0.74%、－0.76%。在与城市新增的较高素质劳动力和农村转移的廉价劳动力的竞争中，低收入人口的就业处于两面受挤压的困境，导致部分城市低收入人口处于失业或不稳定就业状态。同时，由于劳动力供给充分和就业竞争激烈，使主要就业于劳动密集型行业的城市低收入人口的工资处于较低水平。

2. 个人的禀赋和资源的差距加重了收入差距的扩大。市场经济体制下，人们拥有的知识、技术、专利、资金等禀赋和资源成为除劳动以外的参与社会分配的方式。由于城市低收入群体拥有的禀赋和资源条件差，基本不具备除劳动以外的参与社会分配的能力，非劳动收入与社会平均水平的差距十分巨大。970户城市住户调查数据显示：2006年城市低收入群体人均财产性收入仅12元，相当于城市居民平均水平的3.6%；城市高收入群体人均财产性收入与城市低收入群体人均可支配收入基本相当。

3. 城镇化进程中部分“农转非”人员直接转变为城市低收入群体。在城市扩张过程中，部分农民转化为城市人口，但由于自身再就业的能力较低和就业岗位的缺乏，使这部分失地农民就业状况很不稳定。据统计，我市城镇化进程从2003年的41.9%达到了2006年的46.7%，提高了4.8个百分点。这其中体现了城市化水平的提高，同时其背后也包含了无数的农民演化为城市低收入群体。

(三)社会保障机制和扶贫扶弱机制的建立和完善未能与社会经济的发展同步，低收入群体缺乏必要的保护和有力的扶持

1. 政府在部分公共服务领域的缺位。教育和医疗等属于政府公共服务的重要方面，但政府通过“产业化”将其推向市场，却成了部分城市市民家庭无法承受之重，在高额的教育投入和医疗负担下，部分城市市民家庭陷入了生活艰难的困境。在部分保障政策制定的起点上，还没有达到全面小康的要求，仅仅停留在基本的温饱水平上。如制定的低收入保障标准明显偏低。根据国际惯例，低收入保障线的确定主要有社会月平均工资法、比重法和恩格尔系数法，一般采用社会月平均工资法，即以社会月平均工资的40%～60%作为低收入保障线。重庆市2005年城镇单位在岗职工平均工资16630元，按照社会月平均工资方法测算，月最低工资标准应在554元到831元之间；而重庆2005年实际执行的月最低工资标准为400元。若低收入保障标准按照社会月平均工资下限554元计算，部分享受低收入保障的群体人均年收入将达到6648元，高于本文确定的6200元的低收入群体标准。

2. 对城市扶贫工作重视不够，出现了贫困的代际传递现象。目前各级扶贫机构和民政部门的扶贫重点均在农村。改革开放以来，各地农村扶贫工作成效显著，但是城市扶贫无论从组织机构的设置还是从人员配备、资金的安排方面都没有完全到位。部分就业与收入不稳定、以及遭遇伤亡、重病等意外的家庭，由于不

能得到及时的扶持和救助，在激烈的市场竞争下很快陷入入不敷出的困境。特别需要注意的是，有部分低收入人口从小生活在贫困家庭，自己成人立家后仍然生活在贫困之中，表现出贫困的代际传递特征。这部分低收入人口形成了最容易产生悲观、绝望、消极和不满情绪的亚群体，是构建和谐社会和扶贫工作最需要关心的群体。

3. 存在政府与民争利的现象。——如在城市扩张、旧城改造等过程中，补偿标准的制定未能与商品房价格、土地价格等同步，少部分市民和"农转非"人员不得不面临以获得的低于市场价格的补偿去面对当前相对火热的市场房价。在征地补偿中，以耕地平均年产值作为制定补偿的依据，在一定程度上忽视了耕地作为其他农业尤其是畜牧业发展的基础性作用，导致最后确定的补偿标准偏低，补偿价格与市场价格之间的利润以不同形式进入了开发商和政府的财政收入中。

四、城市低收入群体的演变趋势

随着我国改革开放向纵深推进，市场因素对人们就业与收入的作用逐步增强，城市低收入群体参与社会生产和分配的相对能力呈现减弱的趋势。在未来十余年这一关键的时期，如果国家分配政策，以及扶贫扶弱政策没有重大突破，那么，人口数量不断增加的城市低收入群体的生存和发展状况与社会的差距有进一步拉大的趋势。这是重庆全面推进小康社会建设和构建社会主义和谐社会所面对的重大课题。

(一)城市低收入群体的人口数量持续增加

随着人口的自然增长，尤其是工业化、城市化进程的加快，城市人口逐年增加，作为相对意义上的城市低收入群体的人口随之逐年增加。见下表：

表 1　重庆主城 9 区非农业人口数量

年　份	非农业人口（万人）	非农业人口增加（万人）
1996	269.11	
1997	276.87	7.76
1998	283.51	6.64
1999	290.27	6.76
2000	297.37	7.10
2001	306.82	9.45
2002	317.23	10.41
2003	331.04	13.81
2004	344.70	13.66
2005	357.51	12.81
2006	368.46	10.95

上表数据反映了重庆市城市人口线性增长的特点。假定未来十余年我国现行的人口政策和户籍制度没有大的调整，重庆市的城市人口自然增长率基本稳定，人口城市化保持惯性增长，根据重庆主城区非农业人口数量的趋势性特征，建立回归预测模型：

$$Y=252.76+10.04X$$

$(R_2=0.981,\ T=79.07, 21.30)$

预测结果见下表：

表 2　重庆主城区非农业人口及低收入人口数量预测

	2010 年	2015 年	2020 年
主城区非农业人口（万人）	403.35	453.54	503.74

预测结果表明：重庆主城区非农业人口保持较快增长，在 2010 年达到 400 万人，在 2015 年达到 450 万人，在 2020 年达到 500 万人。以前文测算城市低收入群体人口数量的 10%～13%计算，重庆城市低收入群体到 2010 年将达到 40～52 万人，2015 年将达到 45～58 万人，到 2020 年达到 50～65 万人。预期未来几年内我国户籍制度将会有重大的调整，重庆推进"一圈两翼"战略将加快人口城市化进程，城市人口及低收入人口数量将大大超过上述预测。

(二)城市低收入群体的收入将保持快速增长，但与社会平均收入水平的差距进一步拉大

我国经济正处于起飞阶段，宏观经济有望长期保持快速增长势头。重庆直辖十年来，经

济社会得到了长足的发展，正处在一个新的发展起点上。今年重庆启动了“一圈两冀”发展战略，致力于打造西部地区重要的增长极和长江上游地区的经济中心，经济发展进入了快车道。最近，国家批准在重庆设立统筹城乡综合配套改革试验区，为重庆加快发展注入了强大的动力。在构建和谐社会战略目标的促进下，城市低收入群体分享经济发展的成果将会增加，收入水平将保持快速增长。

但是，在经济发展对人口的生存和发展所提供的际遇中，由于低收入群体的发展基础相对较差，自我能力相对薄弱，与中、高收入群体的收入差距拉大。

预期未来十余年我国宏观经济保持快速增长，假定未来十余年我国的就业政策、分配制度，以及教育、社保、扶贫等社会福利政策没有重大改变，根据1996－2006年重庆城市居民人均可支配收入数据，建立灰色预测模型。

全市城市居民收入预测模型：

$$X^{(1)}_{(k+1)}=(5022.96-\frac{0.40204275}{-0.09539421})e^{-(0.9539421)k}+\frac{0.40204275}{-0.09539421}$$

低收入群体收入预测模型：

$$X^{(1)}_{(k+1)}=(8733.01-\frac{0.19753239}{-0.07288677})e^{-(0.07288677)k}+\frac{0.19753239}{-0.07288677}$$

高收入群体收入预测模型：

$$X^{(1)}_{(k+1)}=(2759.25-\frac{0.81907803}{-0.10815405})e^{-(0.10815405)k}+\frac{0.81907803}{-0.10815405}$$

经过后验差精度检验，均方差比值和小误差概率均符合检验标准，说明模型可靠。通过上述三个模型的逆生成还原过程，得到下表预测结果：

表3　重庆城市居民人均可支配收入预测

	2010年	2015年	2020年
城市居民人均可支配收入(元)	16317	26289	42357
低收入群体人均可支配收入(元)	5823	8384	12070
高收入群体人均可支配收入(元)	39359	67592	116077

预测结果表明：重庆城市低收入群体的收入保持快速增长，但增收速度相对缓慢，与城市居民及高收入群体的收入差距进一步扩大。与2006年相比，到2010年，低收入群体的收入年均递增5.2%，分别比城市居民及高收入群体低3.8个百分点和6.2个百分点；城市居民与低收入群体的收入比扩大到2.80∶1，高收入群体与低收入群体的收入比扩大到6.76∶1。

到2015年，低收入群体的收入年均递增6.5%，分别比城市居民及高收入群体低3.0个百分点和4.9个百分点；城市居民与低收入群体的收入比扩大到3.14∶1，高收入群体与低收入群体的收入比扩大到8.06∶1。

到2020年，低收入群体的收入年均递增6.9%，分别比城市居民及高收入群体低2.8个百分点和4.5个百分点；城市居民与低收入群体的收入比扩大到3.51∶1，高收入群体与低收入群体的收入比扩大到9.62∶1。

（三）城市低收入群体的生活状况改善，但与社会平均消费水平的差距进一步拉大

收入增长是消费增长的基本动力。从1997－2006年的调查数据看，重庆城市低收入群体的可支配收入年均递增5.6%，则消费支出年均递增7.0%。这表明城市低收入群体的消费弹性较高，收入每增长一个百分点，则拉动消费大致增长1.25个百分点。可以预期，随着收入的增加，城市低收入群体的生活状况将得到巨大的改善。

城市低收入群体中的生活困难人口的社会保障水平提高。随着我国经济社会的快速发展，国力逐步增强，构建和谐社会的进程稳步推进，社会保障和救助体系逐步完善，城市生活困难人口将享有更好的社会福利。目前，重庆民政救济的城市生活困难人口达到了23.14万人，每人每月的标准提高到了210元。

但是，受收入水平较低和增长较慢的制约，城市低收入群体生活消费水平与社会平均消费水平的差距也将扩大。

假定未来十余年国家的物价政策和补贴政策保持现有状况，消费市场的供求状况没有发

生重大变化，物价指数保持近年来的水平，根据1996－2006年重庆城市居民人均消费支出数据，建立灰色预测模型：

全市城市居民人均消费支出预测模型：

$$X^{(1)}_{(k+1)}=(4467.12-\frac{0.39071494}{-0.08087326})e^{-(0.08087326)k}+\frac{0.39071494}{-0.08087326}$$

低收入群体人均消费支出预测模型：

$$X^{(1)}_{(k+1)}=(2568.36-\frac{0.21452206}{-0.06989983})e^{-(0.06989983)k}+\frac{0.21452206}{-0.06989983}$$

高收入群体人均消费支出预测模型：

$$X^{(1)}_{(k+1)}=(7074.45-\frac{0.66914982}{-0.098131732})e^{-(0.09813732)k}+\frac{0.66914982}{-0.09813732}$$

经过后验差精度检验，均方差比值和小误差概率均符合检验标准，说明模型可靠。通过上述三个模型的逆生成还原过程，得到下表预测结果：

表4　重庆城市居民人均消费支出预测

	2010年	2015年	2020年
城市居民人均消费支出(元)	12722	19062	28561
低收入群体人均消费支出(元)	5974	8474	12019
高收入群体人均消费支出(元)	27794	45399	74157

预测结果表明：重庆城市低收入群体的消费支出保持快速增长，但增长速度相对缓慢，与城市居民及高收入群体的消费差距进一步扩大。与2006年相比，到2010年，低收入群体的消费支出年均递增4.2%，分别比城市居民及高收入群体低3.7个和6.2个百分点；低收入群体与城市居民的消费比降低到47.0：100，与高收入群体的消费比降低到21.5：100。

到2015年，低收入群体的消费支出年均递增5.9%，分别比城市居民及高收入群体低2.3个百分点和4.4个百分点；低收入群体与城市居民的消费比降低到44.5：100，与高收入群体的消费比降低到18.7：100。

到2020年，低收入群体的消费支出年均递增6.4%，分别比城市居民及高收入群体低1.9个百分点和3.9个百分点；低收入群体与城市居民的消费比降低到42.1：100，与高收入群体的消费比降低到16.2：100。

（四）城市低收入群体对个人发展的投入不足，与其他社会阶层的发展鸿沟加深

在市场经济体制下，生产经营者最基本的经营目标是利润最大化，并按照有效需求决定生产经营成败这一铁律提供商品和服务，社会平均收入和消费水平成为影响消费品与服务的品种及价格的重要因素。因此，城市低收入群体绝对购买力不足的问题仍将一定程度的存在，严重影响个人发展方面的投入。在知识经济迅猛发展、社会进步对人们文化素质的要求迅速提高、劳动力就业竞争激烈的大趋势下，对家庭教育的投入不足，制约家庭成员的文化素质的提高，存在落后社会进步的隐忧。

根据1996－2006年重庆城市居民人均食品消费和教育娱乐消费支出的有关数据，建立系列灰色模型：

城市居民人均食品消费预测模型：

$$X^{(1)}_{(k+1)}=(2241.01-\frac{0.18907924}{-0.05101429})e^{-(0.05101428)k}+\frac{0.18907924}{-0.05101429}$$

低收入群体人均食品消费预测模型：

$$X^{(1)}_{(k+1)}=(1661.97-\frac{0.13637669}{-0.04026879})e^{-(0.0.04026879)k}+\frac{0.13637669}{-0.04026879}$$

高收入群体人均食品收消费预测模型：

$$X^{(1)}_{(k+1)}=(2914.76-\frac{0.21376745}{-0.07049527})e^{-(0.07049527)k}+\frac{0.21376745}{-0.07049527}$$

城市居民人均教育娱乐消费预测模型：

$$X^{(1)}_{(k+1)}=(431.75-\frac{0.05136495}{-0.10247739})e^{-(0.10247739)k}+\frac{0.05136495}{-0.10247739}$$

低收入群体人均教育娱乐消费预测模型：

$$X^{(1)}_{(k+1)}=(150.52-\frac{0.02177604}{-0.11228404})e^{-(0.11228404)k}+\frac{0.02177604}{-0.11228404}$$

高收入群体人均教育娱乐收消费预测模型：

$$X_{(k+1)}^{(1)}=(978.69-\frac{0.12375198}{-0.10073375})e^{-(0.10073375)k}+\frac{0.12375198}{-0.10073375}$$

经过后验差精度检验，均方差比值和小误差概率均符合检验标准，说明模型可靠。通过上述模型的逆生成还原过程，得到下表预测结果：

表5 城市居民消费的恩格尔系数和教育支出预测

	2010年	2015年	2020年
城市居民人均食品消费支出(元)	3993	5153	6650
低收入群体人均食品消费支出(元)	2464	3014	3686
高收入群体人均食品消费支出(元)	6070	8635	12285
城市居民人均教育娱乐支出(元)	2226	3716	6203
低收入群体人均教育娱乐支出(元)	1069	1874	3286
高收入群体人均教育娱乐支出(元)	5207	8617	14260
城市居民消费恩格系数(%)	31.4	27.0	23.3
低收入群体消费恩格系数(%)	41.2	35.6	30.7
高收入群体消费恩格系数(%)	21.8	19.0	16.6

预测结果表明：重庆城市低收入群体在消费支出严重偏低的情况下，食品消费的比重较高，能够用于非食品消费、特别是用于教育的支出严重不足。未来十余年低收入群体教育娱乐支出的增长略快，但绝对额大致是城市居民的一半、高收入群体的两成。以2006年为基数，低收入群体教育娱乐支出与城市居民的绝对额差距到2010年将扩大56.4%，到2015年将扩大148.9%，到2020年将扩大294.2%。低收入群体的子女成长首先就落后在教育的起点上，成为影响低收入群体自我发展的不利因素。

五、帮扶城市低收入群体的对策建议

缩小收入差距、帮助城市低收入群体解决生活困难是贯彻落实科学发展观，构建和谐社会，促进经济社会可持续发展的迫切需要。对此，各级政府和社会各界都应予以高度重视，积极参与，并作为一项系统工程和长期工作抓紧抓好。

(一)高度重视城市低收入群体的生存发展问题，建立城乡统筹的扶贫扶弱机制

十六大明确提出了构建和谐社会的战略目标，把扶弱扶贫问题提升到了一个新的战略高度加以关注，发出了“缓解收入差距扩大趋势，继续减少贫困人口，促进城乡区域协调发展，加强和谐社会建设”的动员令。我们应深刻认识到收入差距扩大、城市低收入群体生活困难的严峻现实，及其对构建和谐社会所构成的重大挑战，高度重视城市低收入群体的生存发展问题。目前，国家批准在重庆设立统筹城乡综合配套改革实验区。这对我们解决收入差距扩大和城市低收入群体生活困难问题提供了有利的机会。为此，我们建议市政府从实际出发，根据实事求是、统筹城乡的原则，建立城乡统筹的扶贫扶弱机制，逐步解决城市低收入群体的生存发展问题。

一是将城乡低收入群体作为需要帮扶的一个整体来看待，把扶贫扶弱工作列入政府的目标考核之中，推动城乡扶贫扶弱工作的开展。

二是要整合、扩充、加强现有扶贫机构力量,扩充其职能,建立城乡统筹的扶贫机构,使之把工作重心从局限于农村转向农村城市两者兼顾,全方位、全领域地开展城乡扶贫工作。

三是要根据统筹城乡扶贫工作的需要,抓紧修改《重庆市"十一五"扶贫开发规划》,逐步建立和完善与农村扶贫并重的城市扶贫扶弱战略规划,明确在未来较长一段时期城市扶贫工作的目标、任务、步骤和手段。

四是要多渠道地整合资源,逐步设立城市扶贫专项基金,主要用作城市居民"三条保障线"之外的城市扶贫助困、创业资助、子女教育扶助等等。

(二)实施扩大就业的经济发展战略,并制定有效保护低收入人口就业的政策措施

就业是民生之本,是影响社会稳定和经济可持续发展的重要因素。应及时转变经济高增长战略,实施扩大就业的经济发展战略,创造更多的就业岗位。同时,低收入人口在就业岗位的竞争中处于不利地位,应切实加强保护,确保低收入人口的就业率逐步上升到社会平均水平。

一是要从本地实际情况出发,坚持把促进就业增长作为重要的政策目标之一,实事求是地制定经济发展战略和产业政策,并适当地予以倾斜,尽量避免陷入单纯地追求高新技术、追求高经济增长的误区。

二是要在区域经济规划中,保持资本密集型、技术密集型和劳动密集型产业的合理比例,促进第三产业、民营经济、中小企业以及社区服务等有利于提高就业的产业、行业和群体的发展,有所选择地在一些适当的领域,鼓励用劳动替代资本让低收入人口通过就业实现自我保障和自我发展。

三是要积极引导,注重宣传,消除对非常规就业的偏见,积极通过非正规部门就业、弹性工作、非全日制工作等多种就业形式,拓展就业渠道,提高城市低收入人口的就业率。

四是制定低收入人口就业的优惠政策,有效促进低收入人口的就业。可对城市低收入人口发放无业优待证;企业单位吸收低收入人口的就业,则按低收入人口的工资总额优惠一定的税费。

五是充分运用社区和社会力量,在政府提供一定资金的支持下,组织部分城市低收入人口,特别是年龄偏大、劳动技能有限的城市贫困居民,通过从事社会公益性劳动中获得收入,维持自身基本生活,避免单纯救助的负面影响。

六是要鼓励兴办规范的就业服务机构,充分运用现有人才市场和劳动力市场作用,加大就业信息交流共享,免费或优惠为城市低收入群体提供各种就业信息和就业培训,以促进尽快就业。

(三)加大人力资本投资,提升低收入群体的自我发展能力

一是要继续加强基础教育,确保低收入群体子女能圆满完成九年制义务教育。在条件允许的情况下,甚至可以把义务教育从九年制提高到十二年制,将职业教育与职业培训纳入高中范围,让低收入人口的子女接受现代劳动技术、掌握劳动技能,避免贫困人口出现代际传递。从目前来看,重庆在这方面已走出了可喜的一步,2006 年 7 月市政府发布了《关于资助三峡库区移民、城镇低保人员和农村贫困家庭子女就读中等职业学校的意见》,对三峡库区移民、城镇低保人员和农村贫困家庭子女就读中等职业学校实行学费全额资助,生活费、住宿费包干补助的办法。建议下一步在此基础上进一步扩大资助范围、加大资助力度。

二是在政府部分资金的支持下,调动社会力量组织各类以就业为目的的短期或中长期就业技能培训,提高低收入群体的就业能力。在具体方式上,还可以与就业单位联动,采取定点定员定向的方式进一步提高培训的针对性和有效性。

三是城市扶贫扶弱也要积极开展劳务输出。相比之下,城市人口掌握劳动技能总体情况要好于农村劳动力,开展劳务输出具有一定的条件和优势。建议有关部门积极与东部发达地区加强联系,积极借鉴农村劳务输出的经验,有组织地向东部发达地区输出城市富余劳动

力，在缓解本地就业压力、增进城市居民收入的同时也有益缓解东部劳动力短缺的状况。

(四)兼顾社会公平，加强财税调节，大力完善社会保障制度

财税调节是二次分配促进社会公平的主要手段，在扶贫扶弱问题上大有可为。应在稳定政府财政收入的前提下，更多地强调税收在调节社会收入分配上的作用。目前，我国税制在收入积聚、转让、继承等环节还存在税收缺位的现象。建议与现行个人所得税、增值税改革一道，择机开征社会保障税、个人财产税、资本增益税和个人遗产税等，从而更好调节社会收入分配。与之相应，还要进一步完善社会保障制度。

一是要大力巩固城市居民最低生活保障工作成果，要及时根据经济发展水平、财政支付能力、物价走势、居民平均收入水平的变动，逐步提高低保水平，扩大低保覆盖面。

二是要逐步建立和完善医疗救助体系，满足低收入群体基本的医疗需求。看病难、看病贵，是长期困扰城市居民的一大问题，因病致贫的现象在现实生活中较为常见。从目前来看，重庆在此方面也开始起步，但基本医疗保险所提供的保险保障仍然十分有限，在此方面发展还大有空间。

三是要继续强化失业保险、加强就业保障。从有利促进就业的角度来看，可考虑适当提高失业保险金领取标准而缩减领取期限，在失业保险金领取期限结束即转入领取城市低保金，从中节余的资金可以转而资助就业培训和再就业。

四是要积极推进城市廉租房制度，加大经济适用房建设规模，满足特困人口最基本的居住需求。

(五)大力倡导和动员社会扶贫

一是要进一步加大城市扶贫宣传力度，客观反映低收入群体的生存状态和扶贫扶弱工作面临的困难，引导社会力量更多地参与社会扶贫。同时也要积极宣传慈善事业，树立参与、投入慈善事业光荣的主流意识。

二是要坚持以制度的方式促进社会慈善事业，提高个人及企事业团体参与慈善事业的积极性。应逐步建立和完善与之相关的制度，让在慈善事业上作出较大贡献的单位和个人获得荣誉和表彰，并通过税收、行业准入以及其他方面的政策和制度让这些单位和个人在参与慈善事业的过程中获益。

作者：重庆调查总队

关注低收入群体生活　体现党和政府温暖

2007年年初以来，受猪肉等食品价格上涨带动全国居民消费价格总水平(CPI)上涨的影响，吉林市的市场物价也呈现出持续上涨的发展态势，对城市居民生活产生一定的影响。为全面了解市场物价上涨对居民家庭生活的影响，准确反映吉林市民生的基本变化，为党和政府的宏观决策提供重要依据，近日，中共吉林市委政策研究室和国家统计局吉林市调查队对此进行了专项调研，结果表明：

一、吉林市居民消费价格涨幅创近10年来最高水平，呈现出涨势加快、涨幅增大等特点

2007年，吉林市的市场物价在部分食品价格大幅上涨的推动下，居民消费价格(CPI)涨幅明显加大，1～9月份累计上涨4.5%，居民消费价格上涨主要呈现以下特点：

(一)居民消费价格涨势加快、涨幅增大，创近10年来最高水平

2007年前六个月，吉林市居民消费价格(CPI)总水平平均涨幅仅为2.9%，而7、8月份的涨幅则分别达到7.3%和9.1%。尽管9月份回落到7.3%，但1～9月份累计涨幅仍达到4.5%(见图1)，为吉林市自1997年以来居民消费价格的最高涨幅(见图2)。从主要消费类别指数看，1至9月份，食品类价格上涨10.1%，居住类上涨5.5%，医疗保健和个人用品类上涨4%，而娱乐教育文化用品及服务类、烟酒及用品类和交通和通讯类价格则分别下降1.3%、1.4%和2.9%(见图3)。

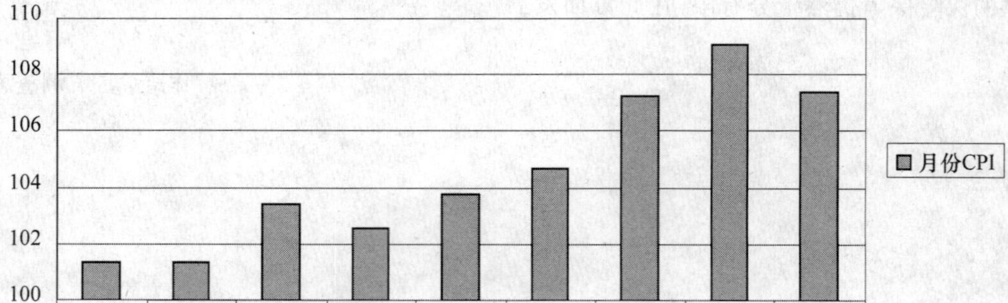

	1月	2月	3月	4月	5月	6月	7月	8月	9月
月份CPI	101.3	101.4	103.4	102.6	103.7	104.7	107.3	109.1	107.3

图1　2007年1～9月份CPI走势图表

(二)CPI上涨结构性突出

从分类价格对CPI总指数的影响看，在八大类价格指数中，食品价格影响CPI上涨3.56个百分点，居住价格上涨影响0.6个百分点，医疗保健和个人用品价格上涨影响0.42个百分点。在以上3类影响CPI上涨因素中，食品价格上涨占77%(见图4)。也就是说：如果今年吉林市食品价格与去年同期持平，则1～9月份CPI涨幅还不到1%，可见，吉林市CPI上涨的结构性较为突出。

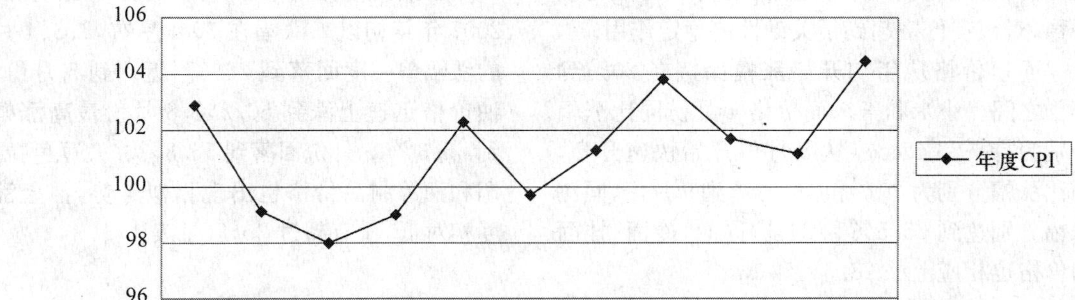

	1997	1998	1999	2000	2001	2002	2003	2004	2005	2006	2007
年度CPI	102.9	99.1	98	99	102.3	99.7	101.3	103.8	101.7	101.2	104.5

图 2　十年来吉林市 CPI 走势图

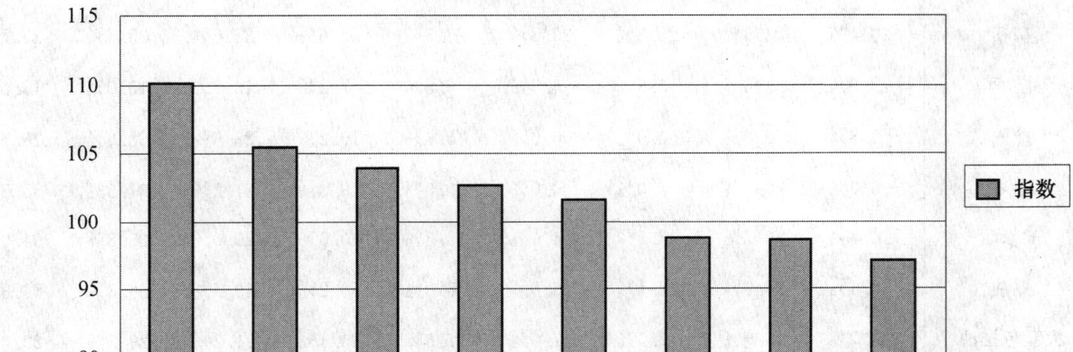

	食品	居住	医疗保健	家庭设备	衣着	娱乐教育	烟酒用品	交通通信
指数	110.1	105.5	104	102.8	101.7	98.7	98.6	97.1

图 3　2007 年 1～9 月份大类指数涨幅情况图

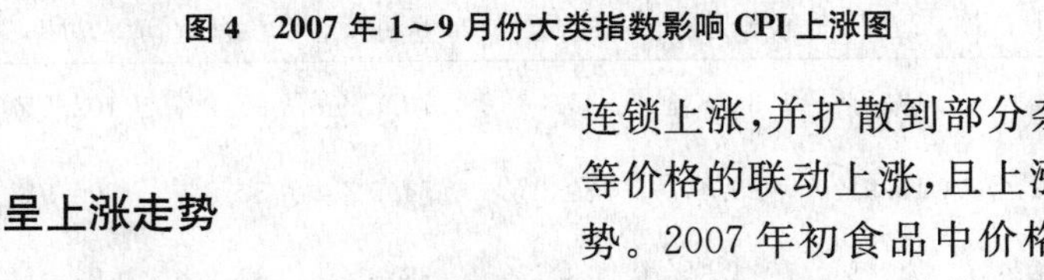

图 4　2007 年 1～9 月份大类指数影响 CPI 上涨图

(三)食品价格呈上涨走势

吉林市此轮物价上涨,其中一个重要原因就是猪肉、鸡蛋市场供应不足,居民需求增加造成市场供需矛盾紧张。随着猪肉、鸡蛋价格的不断攀升,波及到肉、禽及制品、饮食业价格的连锁上涨,并扩散到部分杂粮、糕点、其他食品等价格的联动上涨,且上涨面呈不断扩大的趋势。2007 年初食品中价格上涨品种比例仅在 40%左右,到 8、9 月份已接近 60%。具体表现为:

1. 粮油价格呈现结构性上涨

吉林市居民大米消费量占粮食消费的比重

较高，由于此轮食品价格上涨中大米价格比较平稳，对粮食价格起到了关键性的稳定作用。

面粉价格从年初开始涨幅保持在 20%到 25%之间。小米和玉米面价格 4 月份同比涨幅分别为持平和 4.4%，从 5 月份开始快速升高，同比涨幅分别为 20%和 13.3%，到 9 月份，同比涨幅分别达到 35.5%和 34%；同时，冷面、挂面的价格也相应上涨 28.6%和 13%。

豆油价格在上年 11 月份开始率先上涨，到 2007 年年初以来涨幅在 30%左右，2、3、4 月份的涨幅曾一度回落到 26%附近。到 5 月份，豆油价格迅速上涨到 50.2%，8 月份最高涨幅达到 66.3%，9 月份回落到 56.3%。大豆色拉油、调和油等制品价格也出现相似走势，但上涨幅度相对低，没有超过 30%（见表 1）。

表 1 1—9 月份吉林市主要粮油品种价格月份涨跌情况表

名 称	1月	2月	3月	4月	5月	6月	7月	8月	9月
大米	3.5%	2.6%	2.9%	0.0%	1.9%	3.8%	3.8%	2.5%	0.0%
精粉	20.4%	23.3%	23.3%	23.3%	23.3%	25.6%	25.6%	25.6%	23.7%
挂 面	2.9%	3.6%	3.6%	4.3%	6.5%	7.2%	13.8%	13.0%	13.0%
冷面	−2.8%	0.0%	0.0%	0.0%	5.6%	10.2%	28.6%	28.6%	28.6%
小米	−6.0%	−6.0%	−6.0%	0.0%	20.0%	18.0%	21.2%	31.3%	35.5%
玉米面	4.4%	6.7%	6.7%	4.4%	13.3%	20.0%	20.0%	25.8%	34.0%
豆油	30.4%	27.3%	26.1%	26.6%	36.3%	50.2%	49.5%	66.3%	56.3%
大豆色拉油	23.7%	17.0%	17.0%	17.0%	17.5%	20.4%	21.2%	29.2%	29.2%
调合油	9.5%	8.1%	8.1%	8.4%	17.1%	22.7%	24.8%	24.8%	24.8%

2 猪肉价格居高不下，牛、羊肉价格持续上涨

猪肉价格上涨是此轮物价上涨中最重要的起因。2006 年，吉林市猪肉价格在前 10 个月一直呈下降走势，11 月份开始出现明显上涨，一直持续到 2007 年 2 月份涨幅都在 20%左右。3、4 月份，猪肉价格则步入快速上涨通道，涨幅超过了 30%。7 月下旬，猪肉单日价格曾经达到历史最高点，每公斤猪腰条价格为 26 元，8 月份猪肉价格平均上涨 1.1 倍。

牛、羊肉价格 2007 年年初起点就较高，虽然在 5 月份以后涨幅低于猪肉价格的上涨，但却呈逐月涨幅攀升的态势。尤其是 9 月份，猪肉价格出现回落时，牛、羊肉价格仍然继续上涨，且目前还没有回落迹象。10 月份牛肉价格仍然保持在每公斤 26 元，羊肉价格保持在每公斤 30 元（见表 2）。

表 2 1～9 月份吉林市猪、牛、羊肉价格月份涨幅表

名 称	1月	2月	3月	4月	5月	6月	7月	8月	9月
猪肉	22.0%	18.7%	34.8%	41.0%	73.6%	95.2%	102.2%	111.7%	82.4%
生猪肘子	13.1%	15.9%	29.4%	39.0%	54.9%	80.8%	90.9%	119.2%	92.5%
生猪排骨	5.8%	4.1%	14.5%	18.7%	38.3%	63.2%	83.0%	89.3%	73.0%
牛肉	15.4%	13.1%	18.8%	16.4%	25.9%	32.4%	37.0%	50.0%	54.9%
羊肉	16.8%	12.2%	20.0%	23.0%	32.1%	40.1%	30.4%	30.0%	35.6%

3. 禽、蛋价格起伏较大

鸡蛋和白条鸡价格上涨源于2006年末期，其主要特点是上涨势头较猛。2007年1月份，吉林市的鸡蛋、白条鸡价格的涨幅分别达到40.2%和29.6%。但是，从其月份走势看并不是一路攀升，而是处于起伏波动状态。由于禽蛋生产周期短，随着供应量的增长，近几个月价格已出现回落走势(见表3)。

表3　1～9月份吉林市鸡蛋、白条鸡价格月份涨幅表

名　称	1月	2月	3月	4月	5月	6月	7月	8月	9月
白条鸡	29.6%	26.3%	22.7%	7.0%	16.2%	23.3%	40.2%	42.6%	22.3%
普通鸡蛋	40.2%	51.3%	47.6%	49.9%	76.9%	62.2%	46.2%	30.2%	14.7%

4. 粮油、肉禽蛋价格引发连锁涨价

粮油、肉禽蛋价格上涨，不仅直接推动物价上涨，而且由于成本推动及价格上涨的比价效应，还带动相关制品价格的联动上涨。且部分相关制品价格的上涨明显具有一定的时滞性。即粮油、肉、禽、蛋制成品价格的上涨落后于原料价格上涨数周后补涨。从9月份来看：吉林市干豆腐价格上涨接近40%、大豆腐涨幅接近20%；猪肘子、香肠等制品价格的涨幅分别在25%至30%左右；咸鸭蛋价格涨幅在30%左右，烧鸡价格涨幅接近10%。；餐饮行业中以肉、禽为原材料的菜肴平均涨幅也在20%至35%之间。

5. 鲜菜价格下半年推波助涨

从鲜菜价格看，上半年吉林市鲜菜价格比较稳定。从7月份开始，伴随肉、禽、蛋价格的上涨，鲜菜价格也呈现加速上涨的态势，当月鲜菜价格一度同比上涨61%。尽管8、9月份鲜菜价格涨幅明显回落，但是，三季度鲜菜价格总体涨幅的过大，则在一定程度上放大了食品价格的涨价效应。从10月份鲜菜价格走势看，由于秋储菜价格总体大幅度提高，胡萝卜、萝卜价格分别上涨73.8%和37.6%；土豆、白菜价格分别上涨35.6%和31.7%，大葱价格上涨9.6%，进一步带动了吉林市鲜菜价格涨幅的继续升高。

(四)主要食品价格对CPI的助涨作用明显

此轮物价上涨中，食品价格起到主要推动作用。对此，从三季度主要食品价格上涨对CPI的影响程度就可看出(见表4)。

表4　三季度吉林市主要食品价格上涨对CPI的影响程度

序　号	中类指标	影响CPI上涨
1	猪肉	2.10
2	鲜菜	1.15
3	鲜蛋	0.59
4	炒菜	0.54
5	牛肉	0.52
6	畜肉副产品	0.47
7	畜肉制品	0.28
8	粮食制品	0.22
9	淀粉	0.22
10	食用植物油	0.22
11	豆制品	0.13
12	植物油制品	0.12
13	羊肉	0.10
14	其他食品	0.10
15	鸡	0.10
	合计	6.85

如表所列，15个食品价格的上涨影响CPI上涨达到86.8%。其中猪肉、鲜蛋、牛肉价格的影响程度分别达26.6%、7.4%和6.6%。如果考虑畜肉副产品、畜肉制品等直接相关食品价格因素，肉、禽、蛋类价格上涨对CPI上涨的影响达到50%，可见，主要食品价格对CPI的助涨作用较为明显。

此轮物价上涨具有全国性普涨的特征。1至9月份全国CPI累计上涨4.1%，吉林省累计上涨4.5%，吉林市高于全国平均涨幅0.4个百分点，与全省持平，在全省9市、州中涨幅列第7位，排位相对靠后(见图5)。但是，近2个月来，吉林市的CPI涨幅明显加快，在全省的排位前移。8、9 两月，吉林市 CPI 涨幅在全省九市、州中涨幅分别排在第 3 位和第 5 位，呈现出在全省 CPI 涨幅排序中由靠后向前移的发展趋势。

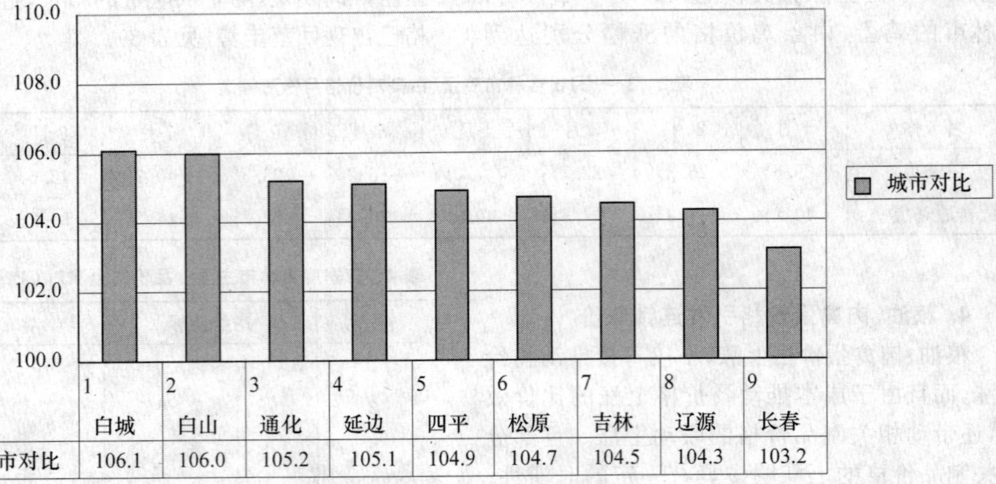

图 5　1～9 月份全省 9 市、州 CPI 累计涨幅排序图

二、物价上涨对低收入家庭生活影响明显

导致此轮物价上涨的原因是多方面的，既有国际市场的涨价因素，也有成本增加的推动，还有供求关系变化的影响，同时，居民收入增速加快也是促使物价上涨的一个重要原因。2007 年 1～9 月份，吉林市城市居民人均可支配收入为 9371.6 元，比去年同期增长 29.7%，高于同期 CPI 涨幅 25.2 个百分点，对物价上涨的拉动作用可见一斑。

尽管吉林市居民总体收入呈现快速增长的态势，但是，从不同居民家庭之间的收入构成来看，部分家庭的收入增速还相对缓慢。2007 年 1 至 9 月份，在居民收入平均增长 29.7%的同时，吉林市有 60%的居民家庭收入还处于平均收入水平以下，尤其是部分低收入家庭收入水平偏低，对物价上涨的承受能力明显较弱，物价上涨对其家庭生活影响较大。1～9 月份吉林市人均可支配收入扣除涨价因素影响，实际增长 24.1 %，同期人均消费支出实际增长 18.4 %，因此，就全市居民总体而言，此轮物价上涨对于收入高的居民家庭生活影响相对较小。1～9 月份吉林市低收入家庭人均可支配收入扣除涨价因素影响，实际增长 8.2 %，而同期人均消费支出实际增长 29.1%，物价上涨直接影响的是部分低收入家庭。

低收入家庭即我们通常所指的相对贫困家庭，国际上一般是将在全部居民家庭中，收入最低的 20%的居民家庭界定为低收入家庭，与此对应，收入最高的 20%的居民家庭则为高收入家庭。与社会平均收入水平的家庭相比，吉林市低收入居民家庭具有如下基本特征：

一是收入水平较低，且收入结构单一。1 至 9 月份，吉林市低收入家庭人均可支配收入为 4502 元，比全市平均水平低 4870 元，仅为全市平均水平的 48%。比高收入家庭低 13353 元，仅为高收入家庭的 25.2%。从收入构成看，低收入家庭的收入结构单一，财产性收入偏低，人均只有 1.45 元，分别比平均水平和高收入家庭少 85.6 元和 438.4 元（见表 10）。二是家庭人口多，就业不充分，负担系数大。低收入家庭户均家庭人口为 3.3 人，比平均水平多 0.5 人，比高收入家庭多 1.1 人。而无收入者人数则分别比平均水平和高收入家庭多 0.57 人和 1.03 人（见表 5）。可见低收入家庭的生活负担明显较重。三是家庭收支入不敷出，消费赤字现象严重。1～9 月份，吉林市低收入家庭人均消费支出为4557元,而人均可支配收入只有4502元,支出大于收入55元,呈现出严重的入不敷出的消费赤字现象。

表5 1~9月份吉林市不同收入家庭的居民收入构成表

	平均水平	低20%	较低20%	较高20%	高20%
一、家庭收入情况					
其中:可支配收入	9371.56	4501.98	6747.50	11745.44	17855.17
(一)工资性收入	6047.90	3181.60	4754.70	8543.81	9653.89
(二)经营性收入	1181.59	992.25	2182.37	983.26	842.27
(三)财产性收入	87.18	1.45	16.53	63.83	439.88
(四)转移性收入	3071.53	1239.76	1724.10	3182.23	7576.03
1.养老金或离退休金	2892.54	1196.92	1685.02	3095.79	6736.04
2.社会救济收入	2.95	12.48			
二、家庭基本情况					
1.家庭居住人口	2.79	3.30	2.88	2.62	2.23
2.无收入者人数	0.58	1.15	0.68	0.33	0.12

从吉林市低收入家庭的基本生活特征可以看出,受收入水平偏低的影响和制约,低收入家庭的消费能力也偏低,抵御市场物价上涨的承受能力明显较弱。据调查,市场物价上涨对低收入家庭的影响主要表现在:

(一)主要副食品消费需求下降,营养摄入不足,部分家庭的生活水平有所下降

物价上涨对低收入家庭的直接影响,集中表现在这部分家庭的主要副食品消费需求下降,营养摄入不足。1~9月份,低收入家庭人均用于肉、禽、蛋及水产类的支出仅为430.3元,比平均水平少107.2元;人均用于干、鲜瓜果等消费支出204.2元,比平均水平少59.3元。食品价格的上涨,使这些本来消费水平就较低的低收入家庭生活更为艰难,多数家庭只能通过降低生活标准或是以购买质次、价低的副食品来应对价格的上涨,严重影响了其家庭生活质量。如蔬菜主要以大路菜消费为主,减少肉、禽、蛋类消费,转而选购价位较低的替代品或应期食品等。

物价的持续上涨还造成部分低收入甚至是贫困家庭的生活水平有所下降。通过对人均月收入在100元至300元之间低收入家庭的抽样调查,1~9月份,因食品价格的上涨,这部分家庭月人均食品消费相应多支出15元左右,占当期收入的5%~15%。其多支出部分则源于粮、油、肉、蛋价格的上涨。去年同期每人每月平均消费肉、禽、蛋等副食品1.5公斤左右,而现在的消费量已显著减少,少数家庭已暂停了肉类消费,个别家庭甚至停止肉类消费已达6个月,其生活水平明显下降。1~9月份,低收入家庭人均购买鲜蛋量,比去年同期下降21.6%;而高收入家庭仅下降13.2%,低收入家庭消费量降幅明显高于高收入家庭。

(二)消费支出增加,生活负担加重

由于今年市场价格上涨主要集中于居民生活必需品,与居民基本生活密切相关,因此,价格上涨给低收入家庭带来的直接影响就是增加基本消费支出,生活负担有所加重。据调查,1至9月份,吉林市低收入家庭人均用于粮食支出180元,用于油脂类支出69.9元,用于肉类支出251元,用于禽类支出52.8元,用于蛋类支出55.7,受价格上涨因素影响,人均分别多支出6.6元、10.6元、79.7元、7.6元和17.2元。上述合计,即使减少对涨价食品的支出,仅此四项食品价格上涨,1~9月份,人均还是多支出121.7元。按低收入居民家庭每户3.3人计算,户均多支出402元,占当期可支配收入的2.7%。可见其生活负担。

(三)恩格尔系数上升

恩格尔系数是国际上通用的用于衡量居民生活水平的重要指标,也是测定贫困线的一个重要方法。它是指居民用于食品消费的支出占全部消费支出的比重来反映居民生活水平的变化。通常恩格尔系数(食品支出占全部消费支出的比重)越大,其生活质量越低,反之则越高。1~9月份,吉林市低收入家庭人均用于食品消费的支出为1699元。食品支出占消费支出的比重(恩格尔系数)为37.2%,高于平均水平5.4个百分点。比同期高收入家庭高出10.1个百分点。这也从一个侧面反映出物价上涨对低收入家庭的实际影响。

三、抑制物价持续上涨及减少物价上涨对低收入家庭影响的对策及建议

民以食为天,食品价格是我国价格体系中最重要的基础价格,食品价格持续上涨的态势如不能得到有效控制,势必将进一步向工业品价格传导,从而继续推高整个物价水平的不断上涨,并对城镇居民特别是低收入居民家庭的生活造成更大的影响。因此,为改善基本民生,切实减轻价格上涨对居民生活和经济发展所造成的负面影响,其基本对策及建议如下:

(一)完善社会保障机制和社会保障体制的建设,抓好编制低收入居民消费价格指数工作,加大公共财政的政策扶持力度

针对价格上涨给低收入居民家庭生活造成的实际影响,相关部门应从完善社会保障机制和保障体制的建设入手,适应市场经济发展的需要,尽快建立起与价格指数相关的社会保障机制。一是成立专业的监测低收入家庭居民生活的职能机构。此机构独立于低保中心工作职能之外,重点监测低收入家庭的生活状态和价格上涨对其生活的影响,并根据监测的数据制定动态的低保标准及其它低保政策。依其调查的工作性质,此机构设在国家统计局吉林市调查队为宜;二是按照国家的要求,着力抓好低收入居民消费价格指数的编制工作,随着市场物价的波动调整低保补助标准,根据吉林市实际应尽快予以实施应用,为提高低保标准提供可靠依据(目前国家已开始此项试点工作,尚未正式开展指数的编制工作,根据市领导的批准,吉林市将进行试点编制《城市居民基本生活费用价格指数》)。三是健全对低收入家庭的补贴机制,加大公共财政对低收入家庭的政策扶持力度,采取实物补贴和货币补贴相结合的方式提高社会保障的科学化水平,有效保障低收入家庭生活不会因物价的上涨而停滞甚至下降。

(二)以政策为依据,加强对市场物价的监管力度,强化流通环节的监督管理

2007年以来,为抑制市场价格的持续上涨,国家相继出台了一系列稳定市场物价的措施。如7月份,国家发改委发出通知,要求各地严格控制政府提价措施的出台,审慎采取价格干预措施,规范市场价格秩序,妥善安排低收入群体的生活;8月份,国家发改委发出通知,要求各级价格主管部门立即组织开展主要食品价格和相关收费专项检查;同时,国务院发布《关于促进生猪生产发展稳定市场供应的意见》;10月份,国家发改委等八部门发出通知,要求各地加强价格调控,切实做好保障食品供应的工作,抑制价格总水平上涨等。对此,我们应切实落实好这些已出台的政策和措施,用实、用足这些政策,并以此为依据,加强市场价格的监测预警,完善应急预案,对市场出现的异常波动,要及时妥善处置;要严厉打击不法商家合谋涨价、囤积居奇、哄抬物价、造谣惑众等价格违法行为;加强对大型超市的监管力度,对超市的主要食品价格测定合理的利润水平,实行成本监控,一经发现有价格违法行为,加重处罚,以此稳定集贸市场的价格;要加强对化肥、饲料等农资价格的监控,最大限度地减少农户的生产成本,防止农资价格的随意上涨向农产品传导。

(三)以市场为导向,大力发展农牧业生产,保障居民"米袋子"、"菜篮子"的价格平稳

以市场为导向,就是从满足居民对主要食品的基本需求出发,落实好国务院关于扶持生

猪生产、稳定市场供应的各项措施,大力发展农牧业生产,抓好生猪补栏,促进生猪生产;适当增加猪肉替代消费品如家禽、鲜蛋、水产品的生产,必要时运用政府价格调节基金对农民进行适度定向补贴,以保证猪肉、家禽、鲜蛋等副食品的市场供应;政府主管部门应适时组织力量加强粮、油、肉、禽、菜的有效储备,确保"双节"期间增加市场投放,保障居民"米袋子"、"菜篮子"的价格平稳。当前还要注意加强对乳类市场的调控,防止鲜奶价格出现急速的补涨,给低收入家庭生活带来新的影响。

(四)政府要严控调价措施的出台,保持市场价格的平稳

物价上涨反映的是基本民生。虽然部分产品价格的上涨是由成本推动的,是市场内生性的价值规律的要求,但是,我们必须看到,某些居民生活必需品价格的上涨是与政府主管部门对少数垄断企业的支持分不开的。因此,政府对价格的决策应符合科学发展观的要求,牢固树立以人为本的理念,严格控制水、电、煤气、公交、教育、医疗、有线电视、通讯等与居民生活息息相关的社会公共产品价格的上涨,暂缓新的调价措施的出台,防止社会公共产品价格的搭车涨价;同时要进一步规范政府机关、市场监管机构、检验检疫机构等部门的收费行为,监督有关收费站(点)落实鲜活农产品"绿色通道"收费减免政策,取缔非法收费项目、降低过高的收费标准。严肃查处各种乱收费行为,切实减轻企业和经营者的负担,减少价格形成中的转嫁成本相应拉动价格的上涨。

(五)加快经济发展,促进低收入家庭就业,增加收入水平,提高其抵御物价上涨的能力

低收入家庭对物价上涨的承受能力低说到底是收入低,就业不充分,消费能力不足。因此,提高低收入家庭抵御物价上涨能力的基本途径就在于稳步推进工业提速增效、投资需求拉动以及加快城市棚户区改造等,推动吉林市经济又好、又快发展,提供更多的就业岗位,促进低收入家庭就业和收入的增加;同时,继续推行积极的就业政策,大力发展个体、私营经济,进一步落实和完善有利于居民自主经营创业的优惠政策,如税收减免、再就业培训补贴、加大就业培训力度、提供小额贷款等,鼓励下岗、失业人员通过自主创业实现再就业,有效增加其家庭收入,减少因物价上涨对其家庭生活带来的影响。

作者:吉林市调查队　张　杰　郑锦峰　鲁道祥
李亚奇　温瑞艳　王　英

吉林省棚户区改造成效显著
实现目标仍需攻坚克难

2006年,吉林省启动了历史上规模最大的棚户区改造工程,计划用3至5年时间完成9个市(州)政府所在城市的1500万平方米、涉及100万人口的棚户区拆迁改造任务。为了解吉林省棚户区改造进展情况,棚户区拆迁中存在哪些困难和问题,最近,我们开展了一次专项调查,现对吉林省棚户区改造进展情况作以简要分析。

一、进展情况

一年来,在省委、省政府的统一部署下,经过各级政府和全社会的共同努力,全省棚户区改造开局良好,进展顺利,成效显著。2006年棚户区改造超额完成了年度改造计划,全省共拆除房屋950.2万平方米,超额26.7%;搬迁18.6万户,搬迁人数60.7万人;当年实际开工1300万平方米,投资332亿元,新建回迁房571.69万平方米,回迁安置15.3万户、45.2万人。

2006年,省委、省政府为加快进度,将棚户区改造列为解决民生问题的八件实事之一,并提出了3年的拆迁任务2年完成。上半年,全省共拆迁房屋851.1万平方米,占年计划的86%,搬迁11.7万户,其中,市本级拆迁569.9万平方米,搬迁7.3万户;县(市)拆迁281.2万平方米,搬迁4.3万户。仅长春市棚户区改造施工面积就达289.3万平方米,占全年计划的82.7%。目前,全省棚户区改造工作总体顺利,稳步推进。

二、主要措施

1. 完善政策,强化监督

一年来,全省各级领导及相关部门高度重视棚户区改造工作,积极制定、完善和落实省委、省政府提出的各项政策。一是出台配套政策。吉林省各地、各部门共出台30多个省级配套政策和数百项地方实施细则,省政府出台的《棚户区改造实施意见》中给予各地很多优惠政策,各部门也分别出台了若干保证棚户区改造的政策措施。二是拆迁补偿透明。为进一步强化对棚户区改造工作的组织和领导,各地坚持以人为本,实施阳光拆迁,妥善安置拆迁居民。省人大、省政协、省纪委等部门深入实际协调督促政策措施的落实。

2. 发动力量,筹集资金

为确保改造工作顺利进行,吉林省制定了"政府组织、市场化运作"的政策,并采取"银行贷一点、财政支持一点、政策让一点、群众自筹一点、开发补一点"的多渠道筹措办法,破解资金瓶颈。一是财政倾斜补贴。2006年,省政府为棚户区改造补贴2.5亿元;2006年2月,省财政又补贴了3.5亿元。二是实行优惠办法。吉林省规定:除安置拆迁居民以外的其他建设用地将以招标、拍卖、挂牌等方式出让,所得收益全部留给当地政府用于棚户区改造。吉林市等地还提高住房公积金贷款使用率。三是市场融资。吉林省各级政府和有关部门积极拓宽房地产开发投融资渠道,争取到中国银行短期贷款8亿元、国家开发银行贷款50亿元的资金。

3. 强化服务,提高效率

各级政府及有关部门不断增强服务意识,提高工作效率。一是开通咨询台。长春市依托12319监督服务中心受话平台,集中接听并解答居民的咨询问题,深受群众欢迎。二是拆迁、回迁人性化。据调查,吉林市对涉及棚改的43项行政收费全部减免,并对棚改区居民实行先搬家、先签协议者,可以先选房;原居住面积在36

平方米以下的住户，回迁时可得到面积补贴等优惠政策。通化市对补偿和安置标准、拆迁和回迁面积、房屋评估标准和拆迁顺序全部公开，有效推动了城市棚户区改造工作的进程。

4. 阳光操作，透明拆迁

为保证棚户区改造拆迁安置政策的公平性和连续性。一是各地相关部门都能基本做到拆迁和安置政策公开透明、家喻户晓。根据被拆迁户签订协议时间的先后顺序，优先选择回迁楼号、楼层和户型等，接受社会监督。二是坚持协议拆迁与强制拆迁相结合，以协议拆迁为主，强制拆迁为辅，保护了多数拆迁户的切身利益。

5. 积极招商，集中改造

各地积极开展招商引资，大力推进棚户区改造工作。2006 年，长春市通过项目招商、政策引商、服务留商的办法，先后吸引实力雄厚的大集团，对棚户区进行集中拆迁。其中，宁波华翔、宁波大通在光复路联合拆迁改造棚户区面积近 25 万平方米，拆迁居民 3000 多户，规划建设面积 70 万平方米。该区域自启动拆迁以来，已投入资金 1.5 亿元，完成拆迁量的 95%。

三、主要成效

1. 改善了居民的住房条件

2006 年底，全省回迁居民达 45.2 万人。改造后的棚户区中小户型占 70%以上，人均住房使用面积达 11.5 平方米，净增加 4.5 平方米。棚户区改造极大地改善了居民尤其是低收入居民的住房条件。

2. 带动了社会经济的发展

一是推动了经济进一步增长。按 2006 年投资 332 亿元计算，拉动全省 GDP 增长 0.6 个百分点，直接带动了建筑业、建材业、运输业、金融业、服务业等 30 多个相关产业的发展，拓宽了就业渠道。二是加速了房地产业发展。2006 年全省房地产总投资达到了 415 亿元，比上年增加 214 亿元，创历史新高。房地产投资占全省固定资产投资的 15%，房地产业税收占全省的 25%。

3. 促进了社会和谐

一是改善了城市面貌。据统计，目前已改造的棚户区完善了城市基础设施建设，城市的综合承载能力和辐射带动作用进一步增强。二是实施棚户区改造对社会治安产生了积极的推动作用，使整个城市更趋和谐。三是推动了社会保障制度的建立和深入发展。

四、存在困难和问题

1. 市场化运作难

一是拆迁成本较高。据调查，白城市商品房出售价格平均每平方米为 1030 元左右，经专家对 2006 年拟定改造 10 个地块的测算分析，只有 2 个地块微利，8 个地块亏损。二是施工成本逐渐增加。由于 2006 年贷款利率上调，建材价格和人工费比上年平均上涨了 8%，加大了施工成本。三是开发商积极性不高。由于棚户区回迁户多，开发利润小，资金难以回笼。另外，由于棚户区居民收入相对较低，大多数居民对商品房望而却步，如白城市现有空房达 56 万平方米。

2. 拆迁难度增大

据了解，长春市市区内计划拆迁工商企业 988 户，由于被拆迁户漫天要价、迟迟达不成拆迁协议，到目前只拆除了 361 户，仅占总数的 36.5%。柳河县棚户区内违法违章建筑较多，困难户、低保户、下岗户多，补偿安置成本较高，拆迁动员难度大。另外，个别钉子户想利用拆迁之机多捞一把，无理取闹赖着不走，给拆迁也带来一定难度。

3. 回迁户困难多

据调查，目前棚户区内有一部分是低收入家庭和特困户，他们普遍无力承担配套设施费和物业管理费，如延吉市棚户区部分居住面积为 20～30 平方米的动迁户，对超出 5 平方米之外按每平米 1100 元补齐部分感到困难较大。四平市铁东区一家五口人居住在 30 平方米的低矮潮湿小屋，由于得到的动迁补偿款较少，无力交纳回迁需增加 6 平方米的扩大面积费，所以迟迟不愿动迁。

4. 资金缺口较大

据调查，白城市棚户区改造资金缺口 3200 万元；辽源市用于补贴拆迁居民缺口资金也在

2.5 亿元左右，而棚户区改造涉及居民 8.8 万户，其中，困难户和低保户近 5 万户，占全部棚户区居民的 56%，给该市增加了补偿安置难度。长春市棚户区改造拆迁量大、补偿标准高、工程造价高、资金缺口大。

五、对策建议

1. 加大对棚户区改造资金的扶持力度

应着重和妥善解决资金问题。吉林省是经济欠发达地区，不少县市都是欠债财政，棚户区改造受资金制约的问题比较突出。为此，各地应认真研究，结合实际创造性地开展工作。应多渠道筹措资金，进一步加大对棚户区改造资金的扶持力度。金融部门应对棚户区改造的投资商给以贷款方面的优惠，以弥补棚户区改造资金的严重不足。

2. 强化工程质量和安全监督管理

棚户区改造工程要严格实行总监理工程师负责制，在规划、设计和施工都要高标准，确保工程质量。应推行分户验收制度，建设精品工程和样板工程，要加强安全监督管理，保证住房质量，使广大回迁居民住上放心房、满意房。目前由于建材价格涨幅较大，建议省有关部门对红砖、钢材、水泥等建材价格加强监管，保证建材价格的相对稳定。

3. 加大保障工作力度

一是要坚持依法拆迁、和谐拆迁，坚决杜绝野蛮拆迁。通过阳光操作，使安置补偿真正做到公开、公平、公正。对于借棚户区改造之机，漫天要价、恶意炒房、强买强卖、扰乱市场秩序的极少数人员，公安等部门应依法予以坚决打击。二是要开辟绿色通道，提高办事效率。为确保棚户区改造顺利进行，各审批收费部门都要限期办理各项审批手续，提高工作效率。三是要做好拆迁工作。各地要深入调查摸底，掌握群众的基本生产生活情况，有针对性地做好工作。

4. 要切实解决“搬得进、住得起”的问题

一是要研究制定房屋拆迁、集体土地征用等方面的政策措施，使被拆迁居民得到合理补偿安置，确保及时搬迁。二是要将棚户区改造与社会保障制度的建立相结合，充分发挥社会救助体系的功能，切实做好困难群众子女上学、冬季取暖、大病救助和就业安置等方面的工作。三是要做好回迁居民后续生活保障工作。为保证小区物业管理正常运行，各地应按照一定比例建设物业管理经营用房，所得收益专项用于补助住宅小区低保户的物业管理及其它费用。

作者：吉林调查总队　曲菠

湖南下岗失业人员再就业扶持情况调查与研究

一、下岗失业人员的概念、形成和特征

(一)概念

1982年,国际劳工组织(ILO)对失业的定义是:没有工作、目前可以工作、正在积极寻找工作的那些人员。没有工作:指在相应的时间内完全没有工作,甚至连一小时的工作也没有。目前可以工作:在大多数国家、指的是可以在2周内开始工作。正在积极寻找工作:指一个失业人员必须在调查前一段时间内采取步骤寻找工作。按照这个定义,失业人员不仅包括下岗失业人员,还包括大学毕业没有找到工作的大学生、农村剩余的劳动力等各类人员。

失业人员新的定义是:在法定劳动年龄内,有工作能力,无业且要求就业而未能就业的人员。而在此前,国家统计局统计城镇登记失业人口的标准是:非农业户口在一定的劳动年龄内有一定劳动能力、并要求就业,并在当地就业服务机构进行了登记的人员。

下岗职工、下岗失业人员是我国独有的社会现象。下岗失业人员的概念是由下岗职工逐步演变而成的。1997年,国家劳动部和国家统计局对下岗职工进行了定义(劳部发[1997]261号):下岗职工是指"由于企业的生产和经营状况等原因,已经离开本人的生产和工作岗位,并已不在本单位从事其他工作,但仍与用人单位保留劳动关系的人员"。这个概念是一个特定时期对特定对象的一个统计口径,不能完全反映我国下岗职工和失业人员的真实状况。

到了20世纪末,随着国有企业改制全面推进,"失业"逐步被全社会所认可,"下岗职工"逐步被"下岗失业人员"所取代。下岗失业人员的范围也更为广泛。2005年,国家财政部、国家税务总局财税[2005]186号文件《关于下岗失业人员再就业有关税收政策问题的通知》规定所称的下岗失业人员是指:1)国有企业下岗失业人员;2)国有企业关闭破产需要安置的人员;3)国有企业所办集体企业(即厂办大集体企业)下岗职工;4)享受最低生活保障且失业1年以上的城镇其他登记失业人员。

下岗失业人员是一个特殊的群体,其形成有历史原因,他们再就业的难度很大,生活一般比较困难,各级政府对这个问题一直十分重视。近几年来,国家和各级政府对下岗失业人员出台了一系列的扶持政策。本课题研究的对象就是这部分下岗失业人员。

(二)形成

下岗失业人员的形成是与我国由长期实行的计划经济向市场经济转型密切相关的,是历史的产物。1978年以前,在传统的计划经济体制下,我国实行的是"刚性就业"政策,因此不存在所谓的"失业"问题。直到"八五"时期,对长期生活在计划经济体制之下的中国人来说,下岗无疑是个陌生的名词,失业被认为是资本主义特有的现象。在国企改革初期,当时还不叫下岗,有的地方叫"停薪留职",有的地方叫"厂内待业",有的叫"放长假""两不找"等等。90年代中后期,下岗职工问题作为一种社会经济现象开始凸显,并且引起社会各方面的广泛关注。

国有企业下岗职工的形成,是计划经济向社会主义市场经济转变中隐含矛盾暴露的结果。在计划经济体制下,主要存在三个方面的问题:一是政企不分,企业不讲效益。新建的工厂大都没有资本金,由政府要求银行贷款,没有市场意识和竞争观念,赚了是国家的,亏了也是国家的,从而导致一些企业不讲经济效益、长期

负债经营，甚至出现停产半停产的问题。二是盲目重复建设严重。长期以来，重复建设造成产品结构不合理。在以往“短缺经济”条件下，这个矛盾

还不太突出。然而，买方市场形成后，就出现了产品大量积压，企业亏损严重的问题。于是，许多行业如纺织、煤炭、机械、军工等，便需要调整结构、减员增效。三是企业人浮于事。计划经济体制下实行“低工资、高就业、包分配、广福利”的政策，一个人的工作三个人干，一个人的饭三个人吃。职工只能进不能出，企业不仅要负责职工的生老病死，还要负担职工子女幼托、教育和就业，结果，包袱越背越重，企业无力养活冗员，只有停发、减发工资。随着计划经济向市场经济的转变，这些问题越来越突出地暴露出来，职工下岗就成为难以避免的现象。

国有企业职工下岗同时也是大规模经济结构调整和国内外市场竞争的结果。我国经济的发展正处在大规模结构调整时期，许多传统的落后产业逐渐或即将被淘汰，代之以大批新兴产业。在当今世界性经济发展的大趋势面前，若不及时调整结构，就会失去生存和发展的机会。我国的许多产业及其技术装备都是在五六十年代建立起来的，现在已到了更新换代阶段。大规模的经济结构调整，必然带来相应的结构性下岗和失业问题。纺织、机械等行业都存在着设备老化问题，一些企业被淘汰，职工就必然要下岗分流。与此同时，随着我国对外开放的发展，国内产品扩大出口，国外产品大量进入，中国经济与世界经济的联系不断扩大，这就迫使我们必须提高企业的产品竞争力，企业减员增效也就成了一个必要手段。在这种情况下，人浮于事状况再也不能维持下去，职工下岗成为一种必然现象。据有关部门统计，1993 年我国下岗职工为 300 万人，1996 年为 720 万人，1998 年，全国下岗职工已突破 1500 万人。1998 年到 2002 年 6 月底，全国 2661 万国有企业登记的下岗职工中，先后有 1726 万多人实现了再就业，而再就业率实际上呈大幅下降之势：1998 年为 50%，其后几年分别降到 42%、36%、30%和 18%。

据劳动和社会保障部消息，到 2004 年 12 月底，中国国有企业下岗职工人数为 153 万人，比上年底减少 107 万人。劳动和社会保障部新闻发言人胡晓义在 1 日举行的新闻发布会上指出，进入再就业服务中心的下岗职工全部足额领到了基本生活费并由中心代缴了社会保险费。劳动和社会保障部公布的数据显示，2004 年底，中国城镇登记失业人数为 827 万人，城镇登记失业率为 4.2%，低于年初 4.7%的控制目标，比 2003 年的城镇登记失业率下降了 0.1 个百分点。

数据还显示，2003 年，全国城镇新增就业人员 980 万，下岗失业人员再就业 510 万。

（三）特征

下岗职工多出现于转轨行业，文化低、年龄大、技能单一是这一群体的普遍特点，他们既不适应向高技术含量的企业流动，在劳动密集型企业与农民工、临时工竞争也无优势，由于国有企业职工长期收入偏低，没有积蓄，自谋出路又缺少资金，再就业难度很大。

1. 以中年人居多。据有关部门调查，下岗失业人员 25—45 岁年龄段的占 70%；45 岁以上的占 25%。下岗职工的绝大多数都是上有老，下有小，生活负担重。

2. 低学历者占绝大多数。抽样调查显示：小学以下学历者占 10%；初中学历者占 50%；高中学历者占 25%；由此可见，提高下岗职工的文化素质，是帮助下岗职工重新就业的重要手段。

3. 女性多于男性。女性占下岗职工比例为 55%；男性为 45%；城镇在岗的女性只有 40%；这既有女性就业难于男性方面的问题，也有保护妇女就业权益问题。

4. 缺乏劳动技能。下岗失业人员过去长期在国有企业工作，有的就一直在一个岗位，劳动技能单一，一旦下岗走向社会，便无所适从。

5. 缺乏竞争意识。计划经济体制造成职业上"一次定终生"，使职工缺乏竞争意识，没有失业的概念和紧迫感，对下岗、再就业没有足够的思想准备和技能储备，心理上难以承受。

6. 择业观念转变难。失业职工不愿到非国有经济单位就业，这一方面受传统观念的影响，

认为只有到国有企业工作，有稳定的工资福利，才算就业；另一方面在经济欠发达的地区，国有经济与非国有经济在工资收入的稳定性、保险福利水平方面确有明显差别，也有人在择业上不愿从事苦、脏、累、险、技术难度高和社会声望低的职业，一些人宁愿闲在家里，消极等待政府和企业的救济和安置。

下岗职工中还有一个特殊群体，那就是企业军队转业干部。他们把自己的青春和才华献给了共和国的国防事业，他们都是共产党员，都是军官干部，许多人在部队流过血立过功，转业到企业后不仅待遇较差，最后还成了下岗失业人员，面临着后半生的生活无着和再就业问题。

（四）政策

2002年以来，中共中央、国务院及劳动保障部、国家税务总局、全国总工会等10多个有关部门相继出台了扶持下岗失业人员再就业的一系列优惠政策。内容涉及对象认定、收费减免、税收扶持、小额信贷、资金管理、国有大中型企业主辅分离分流安置富余人员等方面。各省、市结合实际为贯彻中央文件精神，也下发了相应的文件。

具体来看，各级政府对下岗职工再就业的有关优惠政策有以下七项：(1)对下岗职工从事社区居民服务业的，要简化工商登记手续，3年内可免征营业税、个人所得税以及行政性收费。(2)对中小企业、劳动就业服务企业等就业实体吸纳国有企业下岗职工，只要符合国家产业政策、产品适销对路、符合贷款条件，有关商业银行和信用社要积极给予贷款支持。(3)下岗职工从事社区居民服务业取得的营业收入，个人自其持下岗证明在当地主管税务机关备案之日起，个体工商户或者下岗职工人数占企业总人数60%以上的企业自其领取税务登记之日起，3年免征营业税。(4)下岗职工从事社区居民服务业，对其取得的经营所得和劳务报酬所得，从事个体经营的自其领取税务登记证之日起，从事独立劳务服务的自其持下岗证明在当地主管税务机关备案之日起，3年内免征个人所得税。(5)新办的劳动就业服务企业，当年安置城镇待业人员达到规定比例的，可在3年内减征或者免征所得税。劳动就业服务企业免税期满后，当年新安置待业人员占企业原从业人员总数30%以上的，经主管税务机关审核批准，可减半征收所得税2年。(6)对下岗职工申请从事个体工商经营、家庭手工业或开办私营企业的，工商、城建等部门要及时办理有关手续，开业1年内减免工商管理等行政收费。(7)城镇规划建设部门要统筹安排，合理布局，积极解决好发展劳服企业的生产经营场地的问题。

二、下岗失业人员再就业扶持状况及存在的问题

（一）再就业面临的大环境分析

随着国家一系列的再就业扶持政策的逐步实施，我国的下岗再就业工作取得了很大的成效，特别是去年以来开始实施的“零就业工程”，更使得许多下岗多年的失业人员重新找到了工作。但不可回避的问题是下岗失业人员再就业难度越来越大。主要原因：一方面随着人口就业高峰的到来，整个社会面临的就业压力越来越大。另一方面，由于自身的因素，现有的下岗失业人员再就业的难度也越来越大。

1. 就业压力大

中国社会科学院发布的2007年经济蓝皮书预计，2007年我国城镇需就业总人口超过2500万人，而新增的岗位和自然减员也只有1000万个，供大于求的缺口会在1500万个以上，尤其在我国中西部地区和资源枯竭型城市里就业问题则更突出。专家预测，2005至2015年期间，我国劳动人口占总人口的比重仍保持年增长率0.7%的较高水平，“十一五”期间，城乡新进入劳动力市场的劳动力年均达2000万人。按现有的经济发展速度拉动就业，城镇每年劳动力供大于求在1200万人左右，还有近亿人处于不充分就业或就业不稳定状态。农村富余劳动力数量大，转移就业的规模仍在增长，预计达1.2亿以上。具体表现在：一是新增劳动力增多，特别是大学生毕业人数增长较快。2007年全国高校毕业人数为495万，比上年增长了19.85%，比2002年的145万增长了2.41

倍。2008年将达到559万，比今年增加64万，增长13%。随着新的大学毕业生不断走向社会，大学生就业问题将更加突出。二是农村剩余劳动力的流动。迄今为止，1980年后出生的新生代农民工已超过1亿人，转移就业形势严峻。随着新生代农民工群体的不断扩大，农民工群体正在由亦工亦农兼业为主向全职从事非农就业为主转变，由在城乡双向流动向更多融入城市转变，由谋生存向注重追求平等转变。此外还将面临退伍转业军人的安置压力。

2. 再就业难度大

目前，全国还有700多万拿再就业优惠证的国有和集体企业下岗失业人员，其中相当一部分是“4050”人员和零就业家庭。同时随着国有企业改制不断深入，还有很大一部分国有企业职工转换为下岗失业人员。从全省城镇住户基本情况抽样调查的资料来看，到2007年6月底止，我省平均每百户城镇居民仍有失业人员19人。即使已经就业的，也有部分人员岗位不够稳定，存在再次失业的风险。可以这么说，随着近几年国家对下岗再就业工作的大力扶持，那些身体好，思想灵活，有一定经济基础、有一技之长，相对年轻一点的下岗职工一般都能通过政府的帮助和自身的努力实现再就业，而剩余下来的都是再就业很困难人员，他们一无资金，二无技术，三是普遍年龄较大，身体较差。在大学生就业出现困难的情况下，下岗失业职工再就业难度就更大了。

下岗职工个人创业之路是充满艰辛和风险的，成功的人只占少部分，而在近年来的科技发展和产业升级的浪潮中，多数新岗位对下岗职工是排斥的。与大专院校毕业生和涌进城市的大量农民工相比，下岗职工在就业市场中并不占有优势，因此，他们即使就业以后收入也普遍不高。调查资料显示月收入600元以下的就占60%，600～1000元的占30%，1000元以上的占10%。

(二)再就业扶持调查

为详细了解下岗失业人员生活状况及对国家扶持政策的看法，我们选择了长沙市、益阳市、邵阳市、怀化市四个特征差异明显、地域代表性较强的城市，在每个城市随机抽选了50名下岗失业人员开展了下岗失业再就业扶持情况问卷调查。调查结果汇总如下：

1. 被调查对象基本情况

性别年龄特征：在200名调查对象中，男性占47%，女性占53%。女性多于男性。从年龄分布看，30岁以下的为9%，31～40岁的占37%，40～50岁的为41%，50岁以上的为13%。调查中“40、50”人员比例最高。

文化特征：调查的失业人员文化普遍较低。其中：小学及以下文化为3%。初中及以下文化程度为44%。高中、中专文化程度为37%。大专及以上文化为16%。

下岗年限：7%的被调查对象下岗1年以内，14%的被调查对象下岗1～3年，20%的被调查对象下岗3～5年，27%的被调查对象下岗5～8年，下岗8年以上的为31%。

家庭经济特征：从个人收入来看，无收入者占23%，月收入500元以下的占45%，500～800元占23%，800～1200元占8%，1200元以上的占1%。从家庭收入来看：500元以下的占22%，500～800元的占37%，800～1200元的占18%，1200～1500元的占8%，1500～2000元的占6%，2000～3000元的占8%，3000元以上的占1%。

2. 被调查对象生活来源

有65%的下岗失业人员目前的生活来源为打工收入，这表明我省的再就业扶持工作已经取得了显著的成效，大部分下岗居民开始自食其力。靠原有储蓄的占12%，这部分下岗居民在企业改制中获得了一次性安置费，少的几千元，多的几万元，还有的在企业效益好的时候积蓄了一笔钱，这些钱给他们简单的生活能起到一定的维持作用。靠低保金、亲戚或父母援助的分别为8%、7%和4%，他们大多是年老体弱者，无再就业能力，只能靠各方面的援助度日。在被调查对象已经找到工作的人群中，42%的人表示对目前的工作不满意，16%的人表示对目前的工作很不满意。而表示满意的只有8%，表示基本满意的为34%。

3. 被调查对象最大困难

有44%的下岗居民认为家庭的最大困难来

自“有病看不起”。尤其是那些“4050”下岗人员，年纪大，身体差，又没有医疗保障，面对疾病无钱医治，痛苦不堪。有的反映，他们还不如农民，如今农民都有农村合作医疗，住院可以报销一部分，而他们什么都没有。其次是“基本生活成困难”，占29%，这些下岗居民认为，目前物价上涨太快，特别是猪肉等主要食品价格出现较大幅度上涨，现有的收入难以应付高物价的支出。另外还有29%和20%的下岗居民认为家庭最大困难为“不能解决住房困难”与“孩子读不起书”。这些苦恼比较集中反映了下岗职工的生活状况。他们从原国有、集体企业下岗后，丧失了比较稳定的收入，他们大多处于中年，孩子在求学阶段，生活压力大，收入中断或减少对他们的生活影响很大。但更为重要的是社会保障，尤其是医疗保险的缺失，对他们的生活产生现实或潜在的威胁。另外，教育支出也成为主要问题之一，这既说明了下岗职工对子女教育的重视，把改变经济状况的希望寄托在子女身上，也说明了教育费用在近年上涨太快，成为人们关注的重点。

4. 被调查对象生活信心

77%的下岗失业人员对未来生活缺乏信心，其中没有信心的占19%，信心不足的占58%。这部分下岗居民对过去的工作单位充满怀念之情，对现在的生活感到失落，同时，由于下岗后与社会接触日益减少，信息不畅，因而对前途感到悲观失望。对未来生活充满信心的占23%。这部分被调查者普遍认为，目前国家对下岗居民非常关心，只要振奋精神，转变观念，积极投身到改革大潮中去，就一定有新的美好生活。

5. 影响就业难最大因素

被调查对象认为就业难的最大因素是年龄偏大，有这种感觉的占41%。其次是无一技之长的占24%，第三是文化程度低，占18%。身体条件差的占10%，其他因素的占7%。调查中，有很多下岗居民反映，如今企业招工，对年龄限制很死，超过35岁就一律挡在门外，即使你的能力再强也无济于事。也有的认为，现在大学生多了，企业招工对文凭强调得很严，没有大学文凭就拒之门外，这对过去当工人的下岗人员来说是一个不小的打击。还有的承认，自己没有什么过硬的本事，到哪里去就业人家都不想要。有的工作本身又苦又累，对那些身体差的下岗人员来说已经不能胜任，就业也就更难了。

(三)现有扶持政策实施中存在的问题

1. 政策好，落实难

近年来，省委、省政府先后下发了一系列关于促进下岗失业职工再就业的优惠政策，并在积极鼓励企业吸纳下岗职工和为下岗职工谋出路方面做了大量的工作，为下岗职工再就业创造了良好的政策环境和舆论环境。但从调查情况看，再就业优惠政策还没有完全落实到位。有些政策还缺乏操作性，优惠政策在促进再就业方面的巨大优势和潜力还没有完全发挥出来。调查显示，200名被调查者对目前国家的下岗再就业政策表示不太满意和很不满意的为52%。其中，不太满意的为37%，很不满意的为15%。有41%的被调查者认为“政策好是好，但是落实不到位”，另外有26%和13%的下岗居民认为“政策仍需进一步完善，落实更需要加强”和“对我来说作用不大”，他们感到国家虽然很重视下岗再就业工作，但对政策的执行和监管还存在较大的漏洞，以致到了基层就走了样。对各职能部门的满意度评价情况见下表：

下岗失业人员对各有关部门的评议

	满意率(%)	基本满意率(%)	不太满意率(%)	很不满意率(%)
工商优惠政策满意度	9	38	38	15
国税优惠政策满意度	9	46	36	9
地税优惠政策满意度	10	44	39	8
劳动部门优惠政策满意度	12	40	35	13
金融部门贷款扶持满意度	7	19	47	27

从表中看出，被调查对象对各职能部门在就业与再就业扶持工作的评价上反响不一。总体上看，对税务部门的满意度较高，其次是劳动部门，第三是工商，满意度最低的是银行部门。大多数被调查者认为，银行部门虽然也做了大量工作，但在实际效果方面比较差，如小额担保贴息贷款扶持政策，对普通下岗居民手续繁杂，能贷得到手的很少，但有些人通过关系就比较容易到手，甚至有极个别的打着下岗再就业的旗号，故意套取贴息贷款的。并且各部门自成体系，缺乏统筹和协调，督促检查和落实机制存在不足。

2. 自身条件差，认识不到位

调查显示，目前下岗失业人员普遍存在年龄偏大，无一技之长，文化程度低，身体条件差等特点。然而，部分下岗人员不愿做一些脏、苦、累的工作，他们有些人认为"这些活我能干，并且能比外来工干得还要好，但是宁愿少拿钱也不想干"，或是存在"眼高手低"的情况，小钱不愿挣，大钱挣不来，从而失去一些再就业的机会。另外，在问到对今后生活的信心时，仅有24%的被调查人员表示充满信心，58%和19%反映"信心不足"和"没有信心"。社会地位的落差、原有平衡的打破、加上因年龄、技能、体力等原因在求职过程中所遇到的困难，使他们怀念以前在国有企业的"好时光"，对提高自身竞争力信心不足。

3. 培训缺乏针对性

据调查，当前由于培训机构对一些政府组织开发的岗位和项目所需技能知识没有掌握，致使其对下岗失业人员的培训内容多数陈旧，缺乏针对性和有效性，就业适应面不宽。而免费职业培训主要集中在劳动保障部门的下属培训机构，这些机构培训设施较差，专业设置局限于厨师、电工、电焊、美容美发、电脑、缝纫等传统专业，培训教师的层次不高，不能完全适应各种层次人员的培训需求。由于缺乏约束手段，培训效果也不够理想，培训后实现再就业的比例不高。个别培训机构还出现"拉郎配"现象。另外，培训和职业介绍分别属于两个不同的机构，两个机构的运作由于相互间缺乏信息沟通和协调，加上后续管理跟不上，跟踪调查手段滞后，对于培训合格人员是否与用人单位达成聘用意向、签订劳动合同等具体落实事项不够清楚，造成培训、职介与就业相互脱节。

4. 劳务市场发育滞后

据怀化调查队调查，当前怀化市下岗失业人员通过劳务市场、人才市场寻找工作的仅占22 %。目前全市劳动力市场仍处在培育发展的过程中，它们提供的各项服务，尚不能满足市场需求。究其原因，主要在于这些机构或中介组织普遍存在制度不健全、运作不规范、信息渠道不畅等问题，导致服务意识、服务水平较低，运行质量不高，在促进就业方面的作用没有充分显现。一方面，劳动中介组织少、规模小，信息渠道不畅。调查中了解到，目前怀化市包括劳动力市场、人才交流中心、劳动服务公司等中介组织近60家，大部分规模不大，服务项目少，主要从事的只是简单的劳务输出和职业介绍。劳务信息收集与发布，求职登记、档案托管、劳务代理等业务还未能有效开展起来。由于下岗失业人员真实的就业状况和就业意向无法了解，有关的就业信息也无法及时、准确地传给下岗失业人员，致使供需信息不畅。资料显示，在问及就业难的原因时，45%的人表示就业门路少、信息不灵。另一方面，劳动市场运作不规范，法规欠完善，部分劳动者的合法权益没有得到有效维护。当前一些职业中介机构，在劳务输出上，只注重前期服务，忽视了后期跟踪服务，部分用人单位受利益驱使钻劳动法规不健全的空子，使下岗失业人员的合法权益受到伤害。调查显示，有30%的下岗失业人员表示，在再就业过程中碰到过虚假广告；25%的下岗失业人员表示遭遇过用人单位招聘介绍的情况与实际情况相差较大的情况；对当前工作满意的仅占12%，基本满意的也只占30%，不太满意的占40%，还有18%的下岗失业人员对对自己目前从事的工作很不满意。

（四）对现有扶持政策意见和期望

在访谈中，我们也深切感受到下岗失业人员自身的边缘感和地位落差。有几名被访者还拒绝了我们的调查访谈，也有人大发牢骚。他们普遍的心态是预期很差，对国家大事不太关心，对物价上涨十分敏感。比之下岗前，他们要承受双重压力：当前的挣钱养家和今后的养老。在访谈中，下岗职工会问出许多个"为什么"，我们能深切体会到那种浓厚的、无处发泄的"不公平"，特别是原来单位的干部和老职工，对不公平的感受更加强烈。社会地位的落差、原有平衡的打破、加上因年龄、技能、体力等原因在求职过程中所遇到的困难，使他们一方面怀念以前在国有企业的"好时光"；另一方面，也是最深刻的体验是"不公平"，而不是生活水平的下降。这种不公平感是一种泛化的不公平感，各个层次、各个年龄段都有不公平，但他们的不公平又有不同之处。相对而言，年龄大的职工、中层干部对改制时的不公平多一些，而年龄小一些的，一般职工，对"自己劳动和收入不平衡"，"与他人福利待遇不公平"感受更强烈一些。下岗职工对党和政府有两种比较明显的心态：一是认为自己被抛弃、被牺牲了；二是对部门产生抵触情绪，认为党和政府在为下岗职工着想，但有关部门在执行党的政策时产生偏差，造成下岗职工情绪的激烈化。另外，我们感受到他们对政府官员的一种怨愤情绪，他们认为，下岗过程是政府主导的，下岗是他们在没有谈判余地的条件下被迫做出的选择。在问卷中设计的"你对目前下岗再就业政策还有哪些意见"和"你认为政府在下岗再就业方面还应该采取哪些对策"的栏目，他们回答：要求政策加大宣传，落到实处。要求政府采取措施进一步完善保障体系。

(五)再就业效果及政策评价

1. 就业效果

近年来，湖南省推行了一整套具有湖南特色的积极就业政策，随着下岗再就业扶持政策逐步到位，再就业工作取得了令人瞩目的进展。2000年以来，全省已累计有196万下岗失业人员实现再就业。其中：2003年解决下岗失业人员再就业41万，2004年解决39.82万，2005年解决34.22万，2006年解决34.57万。五年来解决了"4050"人员再就业29万人。到2006年底，全省从业人员总量达到3842.17万人，城镇登记失业率控制在4.3%。农村劳动力转移就业规模不断扩大，全省外出务工人数达到1003.23万人，劳务经济成为湖南新的经济增长点。特别是2006年以来，我省大力推行"零就业家庭再就业工程"，2007年上半年在中部六省率先消除"零就业"家庭。到2006底，我省累计发放国企下岗职工基本生活保障金60多亿元，基本退休金490亿元。

2. 就业政策评价

近年来，湖南省的下岗再就业工作取得了明显的成效，主要的原因有以下几个方面：一是省委、省政府领导的高度重视，每年把实现城镇新增就业和下岗失业人员实现再就业作为省政府的"八件实事"来抓，制定了具体的指标，进行量化考核。二是全社会努力，落实下岗再就业工作岗位。岗位安置是消除零就业家庭的关键所在。公益岗位开发有限，我省采取各级政府出资购买一批，机关事业单位挖掘一批，再就业基地创造一批，劳务派遣输出一批等途径、多渠道落实援助岗位。通过这些渠道，共为零就业家庭落实援助岗位2.4万多个。三是各地克服财政紧张的困难，落实下岗优惠政策。省劳动和社会保障厅规定，凡自主创业的零就业家庭成员，凭"爱心联系卡"和营业执照就可以从再就业资金中享受1000元的就业补贴；符合小额担保贷款条件的零就业家庭可优先享受小额贷款扶持。为了鼓励用工单位安置吸纳"零就业家庭"成员，政府规定凡签订一年以上劳动合同的，用工单位均可按每人1000元标准从当地政府的再就业资金中获得补贴。政府还对零就业家庭成员提供一次性职业培训补贴和技能鉴定补贴；以灵活就业形式实现就业的零就业家庭成员可按规定申请社保补贴。四、群策群力，充分发挥街道和社区的作用，搞好下岗再就业工作。在长沙，社区、街道、区、市形成四级"金字塔"援助零就业家庭实现就业，每一名零就业家庭成员就业的背后是坚强的援助体系。长沙市聘请了2000多名社区居民作为社区再就业信息员，1600多名企业人力资源部门负责人作为企业空岗报告员，及时掌握辖区内用工信息，在社区登记失业之日起，48小时内向其提供1次以上岗位信息。在社区经48小时推荐仍未就业的人员，街道将指派专职职业指导员开展职业指导，两周内提供2次以上全日制企业用工信息；同时鼓励自主创业，街道成立了“下岗失业人员创业俱乐部”和“青年就业沙龙”。通过社区和街道帮扶还不能就业的，将被纳入区重点帮扶对象，由区职介中心进行“一对一”岗位信息匹配，专人带领求职者参加招聘会；最后一步是纳入市级援助，利用市级公益性岗位托底进行安置。

从调查中看出，下岗失业职工对政府出台的“零就业”家庭再就业工作认为很好的达到了63%。认为政策仍需完善的为26%，而认为对我来说作用不大的只有11%。说明老百姓对政府“零就业”家庭的扶持政策给予了充分的肯定。

三、就业理论和国外促进就业经验的启示

(一)就业理论

研究任何现实问题，离不开科学的理论指导。作为世界性难题，就业问题一直是国内外学者重要的研究对象，关于失业、就业的研究也产生了许多的理论和流派。在西方经济学中，就业问题作为一个重大理论问题来研究是从20世纪30年代开始的，最初的就业理论是以萨伊、庇古为代表的古典经济学派的充分就业理论。具有代表性的失业理论主要包括：奥肯定律、马克思失业理论、凯恩斯主义失业理论、古典失业理论、菲利普斯(曲线)失业理论、现代失业理论、蒙德尔开放经济失业理论、发展经济学隐蔽失业理论、新古典主义和新凯恩斯主义失业理论等。

1. 奥肯定律

美国经济学家阿瑟·奥肯在20世纪60年代提出了著名的“奥肯定律”，揭示了失业率与GDP增长率两者反向的相互关系。奥肯第一个研究了美国经济实际GDP波动与失业波动之间的联系，即失业率每高于自然失业率1%，实际GDP便低于潜在GDP3%。例如，假定失业率为8%，比自然失业率高2%，那么按照奥肯定律，实际GDP就比潜在GDP低6%。可用以下公式描述这个定理：失业率变动百分比＝－1/2×(GDP变动百分比－3%)。”说明劳动力需求的水平，在动态意义上主要决定于经济增长。经济增长速度快，对劳动力的需求量相对较大，就业岗位增加，就业水平高，失业率低；经济增长速度慢，对劳动力的需求量相对较少，就业水平低，失业率高。尽管奥肯定律是对美国实际经济增长率与失业率间长期内在关系的一种表述，但却具有普遍的意义。

2. 凯恩斯主义“非自愿失业”理论

凯恩斯经济理论的主要结论是经济中不存在生产和就业向完全就业方向发展的强大的自动机制。首先对于失业问题，约翰·梅纳德·凯恩斯认为除传统理论所说的“摩擦失业”和“自愿失业”外，还有“非自愿失业”。“非自愿失业”是劳动者愿意接受现有的工资水平，都找不到工作，原因是有效需求不足，若不加救治，这类失业会引发自下而上的革命。其次对于经济危机及失业的根源问题，凯恩斯归结为“有效需求”不足。再次，对于如何实现就业均衡的问题，他认为，资本主义制度不存在自动达到充分就业均衡的机制，在自由放任的状态下，资本主义社会总是存在“有效需求”不足，不能达到充分就业，为此需要政府对经济进行干预。

3. 新凯恩斯主义失业理论

20世纪80年代，新凯恩斯主义在美国兴起，代表了西方失业理论的最新成果。它是指在凯恩斯主义基础上吸取非凯恩斯主义某些观点与方法形成的理论。新凯恩斯主义的失业理论在微观经济的基础上，说明了劳动市场失效和“非自愿失业”的原因，克服了凯恩斯主义考察失业问题不论及劳动市场的缺陷，新凯恩斯主义劳动市场论的关键性假设是工资粘性，可分为名义工资粘性和实际工资粘性。新凯恩斯主义用交错调整工资论和长期劳动合同论来说明名义工资粘性；用隐含合同理论、内部人—外部人理论、效率工资理论来阐述实际工资粘性。针对工资粘性导致失业加剧提出了若干政策建议：一是应该更多地考虑长期失业者的利益，为他们多提供就业机会。二是干预劳动合同，使工资较有弹性，以提高就业率。新凯恩斯主义失业理论有很强的政策含义，对于我国解决就业问题有一定的启示。

(二)西方发达国家促进就业的主要经验

失业是一个全球性问题,在西方发达的资本主义国家,是如何摆脱失业给经济和社会带来的各种弊端呢?20世纪90年代以来,一些发达国家推行了新的就业促进举措,开拓出具有本国特色的再就业之路。

1. 用政策和法律规范劳动力市场

劳动力市场是西方国家市场体系的重要构成部分,资本主义生产关系确立所必须的首要条件,从其始创,在世界范围内就是开放和统一的市场。如北美劳动力市场的形成,在18工世纪运用高工资这一市场价格要素,吸引众多移民劳动力流入劳动力市场,解决了当时美洲劳动力严重不足的问题,这也成为当代美国高工资的基础,至今仍是有吸引力的劳动力世界市场。为解决由于经济结构不断发生变化而导致劳动力供应与社会需求之间存在经济性的不相适应情况,即劳动者的结构性失业,西方国家普遍制定了再就业培训政策的法规,如美国的《就业训练合作法》是最早的主要法律之一。法国、澳大利亚等国政府规定,企业至少有相当于工资总额的1.5%费用必须用于职工培训,否则,要将与其相当的部分以税收形式上交政府。

2. 将"充分就业"目标与其他宏观目标相结合

世界上大多数国家将就业目标同经济增长、控制通货膨胀率、国际收支平衡,一起列为宏观调控的四大目标,西方各国根据本国经济发展状况和所处的再生产过程周期的不同,宏观目标的侧重点均有所不同。如80年代后期,美、英等国经济处于衰退期的同时,日、德等国却处在经济增长期,前者的主要目标是抑制经济进一步衰退,曾采取扩展性的宏观政策,包括扩大政府的开支,降低利息率和减免税收等;而后者的主要目标是抑制财政赤字和通货膨胀,为此采取紧缩性的宏观政策,包括减少政府开支和降低流通量,提高利息率等。英国为抑制通货膨胀采取适当紧缩货币的政策,同时为促进就业,向就业市场投入几十亿英镑,采取了放松财政的政策。德国为控制通货膨胀,实施调整财政,压缩赤字,减少联邦政府支出,厉行节约措施,为缓解自90年代以来失业率居高不下的发展势头,进行了税制改革,其中心指导意图是降低税率,减免税收,以刺激经济增长和就业增加。

3. 制定就业密集型工作计划

经验表明,无论经济危机的原因和性质如何,对就业产生的消极影响都可以通过及时和规划良好的公共或非政府就业投资计划得到缓解。在1998年曼谷"亚洲金融危机社会影响"高层会议上,直接创造就业计划被称为"受危机影响的绝大多数国家惟一现实的安全网"。对于失业和就业不足现象严重,人口增长率高,非技术劳动力成本低的国家,利用富余劳动力建设生产性设施的方法对解决就业问题的效果特别明显。1998年,日本政府专门制定了《经济增加雇佣计划》,并追加500亿日元,以创造更多新的就业岗位,减少失业人员。在韩国,公共就业工程也广泛使用过,后来随着国家的工业化进程逐渐停止,但在1997年金融危机以后又重新启用,而且获得了很好的效果。公共就业工程是在经济发展缓慢时,国家出资为困难群体,尤其是长期失业人员和青年工人提供临时就业机会的工程,一般包括建筑、垦荒、植树、社区建设等工程。

4. 推行积极的劳动力市场政策

消极的劳动力市场政策是以收入为目的的补偿政策,主要包括失业保险津贴以及所有以不参加就业活动为条件的津贴给付,例如提前退休津贴等。积极的劳动力市场政策则由劳动力市场中增加合格劳动力供给和创造就业机会等措施构成,其目的是提高工人的就业能力和经济实体提供就业机会的能力。因此,除了对失业者和企业富余人员的再就业培训和求职帮助以外,其加快再就业的措施还包括:在经济调整过程中设法保住现有工作岗位,包括裁员的岗位安置制度,支持公共就业机构,培育中小企业发展,以及老工业基地经济振兴计划等。荷兰、奥地利、爱尔兰和丹麦的经验证明,积极的劳动力市场政策对这些国家解决就业问题、降低失业率的相对成功发挥了重要的作用。中东欧转轨国家在推行积极的劳动力政策方面也取得了成功,他们修改了劳动立法,完善了失业津贴制度，重建劳动力市场机构，建立了国家就业服务制度。

5. 建立和完善社会保障体系

西方国家的社会保障制度，是在30年代经济大危机之后逐步完善的，在大危机的打击下，私人资本和市场机制已无力解决大量失业人口问题，为避免社会动荡，巩固资本主义制度，各国由政府出面，先后制定有关就业方面的法律法规，建立起失业保险制度和其他保险制度。如美国1935年制定的《社会保障法》，对失业保险、老年保险等作了具体规定；加拿大于1935年颁布并实施了《就业和社会保障法》，1941年又颁布《失业保险金法令》；英国工党于1945年执政后，制定了《国民保险法》、《国民保健事业法》等一系列法律。

（三）美国、德国、法国的具体作法

1. 美国：为再就业培训制定规范的法律

美国的失业与就业长期处于不稳定状况。为减少失业率，美国国会和政府为就业培训制定了不少法律，其中的“就业培训合作法”是最早的主要法律之一。该法规定，由州、地方政府和私人机构共同合作进行培训项目的开发、实施和管理。美国政府的做法是不直接参与就业培训工作，而是向州政府负责的培训计划提供大部分资金。最近几年，美国政府每年向就业培训计划拨款近70亿美元。每年使100万左右的失业人员接受了培训，为他们走上新的工作岗位创造了条件。据统计，美国50%以上人员参加了就业培训后找到了工作，他们的平均工资为每小时7美圆，基本达到了法律规定的最低工资标准。

2. 德国：扶持中小型企业扩大就业容量和强制性的失业保险

为解决失业问题，德国政府采取了一些治标和治本相结合的措施。这些措施主要有扶持中小企业发展、重视社会保障制度和失业保险等。德国中小企业约有270万家，占德国企业总数的90%左右，中小企业的就业人员占总就业人员的78%。德国政府运用贷款、税收和补贴等方面的优惠政策，积极扶持和引导中小型企业发展。最低的资助为总投资额的5%。同时德国的所有职工都必须参加失业保险，失业保险金额实行全国统一的收费标准，由企业和个人各承担一半。失业保障分为失业金、失业救济金和社会救济三个等级。

3. 法国：青年就业法案和就业管理局

高失业率是近十多年来一直困扰法国政府的一个难题。1997年法国的失业率为12.6%，2004年为9.6%。为摆脱严重的失业局面，法国政府1998年提出了青年就业法案并在国会通过，同时法国在1967年就成立了庞大的就业机构—法国全国就业管理局。它是法国最大的职业介绍机构。就业管理局的使命是法律和国家权力机构确定的，一是与公司企业联系寻找招聘机会，二是向求职者提供就业机会，向公司和求职者双方提供免费服务，在就业市场的供求双方之间起桥梁作用。法律规定，公司需要人员必须报就业管理局，就业管理局除在850个分支机构公布后，还将与国家电台联系免费播出招聘广告，在市政府张贴就业信息公告。失业者寻找工作首先到就业管理局登记，由就业管理局将失业者的材料转给失业保障—法国工商就业协会，办理领取失业救济金的手续，就业管理局得到失业保障机构回音后，根据求职者的能力和专长寻找合适的就业机会。

（四）西方发达国家促进就业的启示

目前，西方国家都已形成较为完善的社会保障体系，分为"北欧、英联邦型"和"欧洲大陆型"两大类型，前者是以全体国民作为保障对象，以瑞典为代表；后者是以投身保险的职工作为保障对象，大多数欧洲大陆及美国均属这种类型。

我国劳动就业机制的建立过程中也可借鉴西方就业机制的经验：第一，要运用政策和法律手段对劳动力市场加强规范，并注重培训以实现再就业，这是劳动就业机制形成的中心环节和基础，市场经济条件下，劳动力只有和其他商品一样既可自由流动，自由发展，又能循规蹈矩，适应经济社会发展的要求而提高自身的品质。在社会总量上的供求关系大体平衡的前提下，只有这样的劳动力市场才是正常的市场，它可以通过劳动力的价格、供求、竞争三要素及其相互作用，充分发挥劳动力市场机制对促进经济发展的应有功能；第二，将劳动就业作为宏观调控目标之一，并与其他目标相互协调，这是劳动就业和再就业机制建立和完善的重要环节和必备条件，因为只有将各项宏观经济目标实现，才能保证整个国民经济协调发展和社会总量上的供求关系平衡，这是劳动力市场及整个市场体系正常运转及发挥其应有作用的大环境；第三，社会保障体系是构成劳动就业和再就业机制不可缺少的社会保障环节。因为通过社会保障资金的筹集和使用，既保证了职业培训和增加就业新岗位所需资金的来源，又可调节就业者与失业者之间和不同层次、不同范围的劳动者之间的利益分配。

四、完善下岗失业再就业扶持政策的对策建议

(一)现有政策的进一步落实

1. 加大政策的执行力度

一是各地领导要提高认识。下岗再就业工作关系社会的稳定，关系经济的发展，关系老百姓的根本利益，搞好下岗再就业工作是一项德政工程，民心工程，各地各部门要高度重视，加强指导和管理。二是各有关部门要积极配合。下岗再就业扶持政策，牵系到工会、税务、工商、社保、民政、公安、银行等诸多部分，各部门必须高度重视，积极配合，互相协调，真正把国家的各项优惠政策落实到位。三是要对政策的执行加强监督。从我们调查的情况看，有些部门对国家扶持政策执行不力，下岗失业人员对各部门的满意度相差较大，在下一步工作中各级政府要加强监督和督查工作，督促各有关部门切实履行职责，把国家的优惠政策真正落实到实处。

2. 规范政策的操作程序

再就业扶持措施在具体操作中，由于各地的情况差别较大，存在着一些难以把握的问题，因此一方面有关部门要规范操作程序，完善具体实行办法。另一方面，各地要因地制宜出台实施细则，并且不断总结和研究，切实解决实施过程中出现的新问题。

(二)新的政策措施的研究探讨

1. 政策措施

(1)加快立法步伐，推进制度化建设

立法先行是世界各国社会保障制度建设普遍奉行的原则。我国社会保障改革中出现的许多问题与立法的严重滞后密切相关。要加快《促进就业法》的立法进程，加快社会保障立法步伐。通过法律措施促进政府重视就业和再就业工作。国家应尽快制定《社会保险法》、《社会救助法》、《社会福利法》等社会保障基本法律，明确社会保障的性质、政府的责任与国民的权益，同时对制度的运行进行明确规范。

(2)制定“就业优先”的经济发展战略

一个国家或地区实施什么样的发展战略，不仅决定其经济增长的绩效，也决定其经济增长的就业容量。对于湖南这样的劳动力丰富的省份来说，选择符合自身比较优势的发展战略，在大力发展高科技产业之外，大力发展非国有经济、中小企业和服务业，就能大量创造就业机会，使尽量多的劳动者享受经济发展的成果。

(3)就业途径和就业方式同步拓展

随着所有制结构的调整和完善，就业结构将发生变化，各级政府部门应制定相应的社会经济政策，努力拓展新的就业途径和就业方式。一方面是大力发展非国有经济，鼓励和引导下岗失业人员兴办多种形式的经济实体或从事个体劳动；另一个方面，要实行灵活的就业方式，广泛推行临时工、小时工、季节工和弹性工作制，组织下岗失业人员从事服务性和城市公益管理工作。

(4)增加就业资金投入

政策重点要从下岗失业人员的基本生活保障向保障生活、促进再就业的方向转变。加大中央财政转移支付力度，增加就业投入，通过税收政策、产业政策、职业培训，完善社会保障等手段调控、引导和促进就业。

2. 社会保障措施

社会保障体系的建设旨在降低劳动者的风险，给困难群体提供帮助，从而维持社会环境的稳定。良好的社会保障制度应具备维护社会稳

定、减轻企业负担和支持劳动者再就业三大功能。下岗职工再就业工作难度越来越大，要尽快分清社会保障的历史责任与现实责任，合理化解历史欠账。

（1）完善劳动保障制度

要适应灵活就业的劳动关系多元化、柔性化、就业变动频率大和流动性的特点，建立既可以保障劳动者权益，又方便操作的就业登记、劳动合同管理、社会保险接续制度，支持劳动者以各种形式灵活就业。

（2）建立就业援助制度

就业困难群体不被经济增长所带动的行业所吸收，也难以通过一般的扶持政策和就业服务实现就业，需要特殊的就业援助。第一，要加强和细化再就业培训。就业困难群体中有大量无技能和低技能的劳动者，需要加强再就业培训工作和投入，增强培训效果。具体措施有改变目前以短期培训为主的培训方式，适当延长培训周期，采取更多的培训方式，增加劳动者的选择余地，寻求鼓励和帮助更有效结合的机制，激发下岗失业人员参加培训的积极性。第二，开展有针对性的指导工作。要开展对弱势就业群体的专项职业指导工作，通过职业指导解决下岗失业人员的观念问题和思想问题，为其寻找合适的培训方式、途径和就业机会。第三，大规模推行不同形式的托底安置办法。对于弱势就业群体中就业和生活都困难的群体，需要政府开发和采取更多的托底安置办法。如大力推行公益性就业岗位，通过给个人补助，鼓励再就业，通过给用人单位补助，鼓励用人单位招用。利用社区就业灵活性强、门槛低的特点，开发就业岗位。

3. 舆论宣传措施

现行的一些优惠措施老百姓满意度不高，执行中还存在的问题，一个根本的问题是一些部门认识不够，重视不够，因此在下一步的工作中，各地要切实加强舆论宣传工作。

（1）明确做好再就业工作的重要意义

下岗失业人员是历史的产物，是为改革发展做出牺牲的，关心他们的生活和再就业工作是社会应该给予的补偿。

（2）鼓励下岗失业人员解放思想

要通过加强宣传工作鼓励下岗失业人员解放思想，转变观念，变被动就业为主动就业。下岗职工的择业观念普遍不能适应市场经济的要求，竞争就业意识较差，一些下岗失业人员等待、依赖的心理较为严重，不愿意主动到市场求职，不愿意到私营企业或中小企业就业，不顾自身素质对就业岗位要求过高。因此要通过舆论宣传，鼓励人们解放思想，转变观念，主动参与市场竞争，实现由被动就业转为主动就业的转变。

（3）营造良好的就业舆论环境

各地新闻单位应当在宣传党的就业方针政策、颂扬千方百计解决就业问题的先进单位和个人及创造条件实现自身的优势实现自主就业和再就业的典型等方面扮演重要的角色。各种新闻媒体要大力宣传党的再就业优惠政策和劳动力需求信息，鼓励人们自谋职业，摈弃劳动者对于职业的“贵贱”之分的落后观念，实现多元化就业。

作者：湖南调查总队　张光友　陈　志　梁　可　林　嘉　彭岳保
袁中文　向先双　邓爱平　林　玫

市民对政府关于广州市"低保户"公共服务方面的认知、评价及需求意向

为了解市民对政府为广州市"低保户"(指领取了最低生活保障金的家庭,下同)提供公共服务方面的了解程度、需求及评价,从而提高政府对贫困人口的公共服务水平,受中国人民政治协商会议广东省广州市委员会(简称"市政协")委托,广州市城市社会经济调查队在2007年开展了公众对政府关于广州市"低保户"公共服务方面的认知、评价及需求调查。

本次调查分别访问了城市"低保户"居民(250个样本)和农村"低保户"居民(100个样本),同时也访问了非"低保户"的一般城市市民(简称一般市民,下同)(150个样本),总样本量为500个。

一、调查基本情况

(一)市民对相关政策、法规的知晓程度

1. 对提供公共服务部门的了解

在250名受访的城市"低保户"居民中,只有14人(占5.6%)表示并不知道广州市有哪些部门为"低保户"提供公共服务。在表示知道的受访人员中,被提及最多的服务部门是"广州市民政局",提及率为89.6%;其次是"广州市劳动和社会保障局",为18.0%;在"其它"提及中,受访人员主要提到的是街道和社区(居委),还有人员提到了残联、工会等机构。

在100名受访的农村"低保户"居民中,只有15人(占15.0%)表示并不知道广州市有哪些部门为"低保户"提供公共服务,其它85人(占85.0%)都表示知道广州市有哪些部门可以为"低保户"提供服务。其中82人(占全部受访样本的82.0%)提及了"广州市民政局";8人(占全部受访样本的8.0%)提及了"广州市劳动和社会保障局";只有1人提及了其它部门,为"村委会",占全部样本的1.0%。

一般市民平时对有关"低保户"的政策、法规等信息在三类人群中关注程度相对最低,但仍有29.3%的受访市民表示自己平时对这些信息"非常关注",超过五成(54.0%)市民表示"偶尔关注",只有16.7%受访市民表示自己"不怎么关注"这类信息。在受访的一般市民中,认为具有为"低保户"提供公共服务职能的部门,提及率最高的是"广州市民政局",为60.7%;其次是"广州市劳动和社会保障局",提及率为41.3%。

2. 对城镇居民最低生活保障制度的了解

(1)对申请最低生活保障金的部门认知情况

绝大部分(97.6%)受访的城市"低保户"居民明确表示"知道"应该在哪里申请领取城镇居民最低生活保障金,其中46.0%表示应该去民政部门申领,38.4%认为应该去居委申领,13.2%认为应该去街道办事处申领,基本上与广州市目前有关申领规定的实际相符。

71.0%的受访农村"低保户"居民明确表示"知道"应该在哪里申请领取农村居民最低生活保障金,其中44.0%表示应该去区、镇的民政部门申领,23.0%表示去村委会、村大队申领,4.0%认为应该去镇政府申领,与广州市目前有关申领规定的实际基本相符。

另有52.0%受访的一般市民明确表示"知道"应该在哪里申请领取城镇(农村)居民最低生活保障金,其中22.0%表示应该去社区(居委会)申领,19.3%认为应该去民政部门申领,10.7%认为应该去街道办事处申领,大致与广州市目前有关申领规定的实际相符。

(2)对最低生活保障标准的认知

分别有 68.8%受访的城市“低保户”居民和 33.0%的受访农村“低保户”居民明确表示“知道”目前广州市城镇及农村居民最低生活保障标准，而尚有超过三成(31.2%)的城市“低保户”居民和近七成(67.0%)农村“低保户”居民并不知道具体的标准或者认识标准有误。

另外，有 20.7%的一般市民明确认知城镇“低保户”居民的保障标准。对于农村“低保户”居民的保障标准，明确表示“知道”的受访一般市民只有 4.0%。

3. 对政府救助措施的了解

2006 年 7 月份，广州市政府推出“分类救济”政策，对最低生活保障家庭和城镇低收入困难家庭成员等特困人员中有患重大疾病人员、子女读书、退休人员等情况进行特殊救济。

对于分类救济这一政策，88.4%的受访城市“低保户”居民表示知道，但其中只有 31.2%表示了解详细内容，57.2%都表示并不清楚具体内容；约一成(11.6%)受访人员表示根本不知道这一政策。

在受访的农村”低保户”居民中，对分类救济这一政策表示知道的有 68.0%，其中 24.0%表示了解详细内容，44.0%虽然表示知道但并不清楚具体内容，超过三成(32.0%)受访农村”低保户”居民不知道这一政策。

2002 年开始，广州市政府对城镇特困人员实施了以下医疗救助措施：患 15 种重大疾病的，给予每人每年最高 2 万元的资助，定点到慈善医院治疗。对于这一救助措施，54.4%的受访城市“低保户”居民表示“知道”，45.6%表示“不知道”，这一政策的知晓率并不高。

在受访的一般市民中，对于广州市对最低生活保障家庭和城镇低收入困难家庭成员等特困人员实施“分类救济”这一政策，76.7%的受访市民表示知道，其中表示了解详细内容的不到一成(9.4%)，大部分(67.3%)都是表示知道但并不清楚具体内容，超过两成(23.3%)受访市民表示并不知道这一政策。

4. 对信息发布工作的满意程度

大部分受访的城市“低保户”居民对政府有关政策、法规的信息发布工作给予肯定，表示“很满意”和“基本满意”的分别为 33.2%和 58.4%，满意率超过九成(91.6%)，只有 4.0%的受访人员表示不满意，另有 4.4%表示“不清楚”。

82.0%的受访农村“低保户”居民满意政府有关“低保户”的政策、法规方面的信息发布工作，其中 46.0%表示“很满意”，36.0%表示“基本满意”，明确表示“不满意”的只有 5.0%，另有 13.0%表示“不清楚”。

超过五成(52.0%)受访的一般市民肯定政府在发布有关“低保户”的政策、法规等信息的及时性，认为“非常及时”和“比较及时”的分别有 7.3% 和 44.7%，但也有约三分之一(34.7%)的受访市民认为信息发布“不够及时”，还有 13.3%表示“不清楚”。

(二)对公共服务的需求及评价

1.“低保户”居民对公共服务的需求

(1)住房

在 250 名受访的城市“低保户”居民中，超过一半(56.0%)其家庭的人均居住面积尚没有达到 10 平方米的基本居住面积，他们当中的 55.7%(即占全部受访人员的 31.2%)向有关部门提出了帮助解决住房困难的问题，其中的 60.3%表示有关部门正在安排解决他们的住房困难问题，但还有 39.7%表示有关部门目前还没有为他们安排解决。

目前，广州市为“低保户”的住房问题实施了以下措施，即租住市直管公房或各单位自管公房(不含宗教房产)，按每月每平方米 1 元的标准缴纳住房租金，3 年内不作调整。对于这一租金优惠政策，超过八成(83.6%)受访的城市“低保户”居民认为有助于解决“低保户”的住房问题，其中认为“有很大帮助”和“有一定帮助”的分别占 43.0%和 40.6%；只有 6.4%认为“没什么帮助”，另有 10.0%表示“不清楚”。

对于租住市直管公房或各单位自管公房按每月每平方米 1 元缴纳住房租金，受访的城市“低保户”居民普遍表示在经济上可以承受，其中 38.8%表示“完全可以承受”，46.4%表示“勉强可以承受”，明确表示“不能承受”的只占 6.8%，还有 8.0%受访人员可能因为没有租住经历等原因而对此表示“不清楚”。

(2)日常生活开支

在日常生活开支上，政府也采取了不少优惠措施帮助解决“低保户”的经济困难。在卫生清洁费上，环卫部门对“低保户”的收费标准是每户每月2元，对于这一开支，超过九成(91.2%)受访的城市“低保户”居民都表示可以承受，其中表示“完全可以承受”的接近五成(49.2%)；在水费上，“低保户”目前的缴纳标准为每月每吨0.70元，92.4%受访的城市“低保户”居民表示此收费标准在经济上可以承受，其中表示“完全可以承受”的占33.2%，比例低于卫生清洁费。

(3)教育

在子女教育问题上，目前广州市对“低保户”的子女实施减免义务教育学杂费的制度，36.4%受访的城市”低保户”居民认为这一制度对“低保户”子女接受教育“有很大帮助”，47.2%认为“有一定帮助”，即有83.6%受访人员对这一制度给予了正面评价；只有6.8%认为“没什么帮助”；另有9.6%表示“不清楚”。而在受访的农村“低保户”居民中，认为这一制度对“低保户”子女接受教育有所帮助的占87.0%，其中认为“有很大帮助”和“有一定帮助”的分别占43.0%和44.0%。

对于目前广州市“低保户”的子女在接受教育方面的保障程度，

城市和农村“低保户”居民均超过七成(分别占71.2%和76.0%)认为得到了不同程度的保障；认为尚“没什么保障”的分别占11.6%和12.0%；另分别有17.2%和12.0%的城市和农村“低保户”居民对此表示“不清楚”。

(4)医疗

对于特困人员的基本看病问题，目前广州市民政部门采取的措施是按最低生活保障标准的14%给予基本医疗补助。对于这一补助标准，42.4%受访的城市“低保户”居民认为“可以”或“基本可以”解决他们的基本看病问题；但有接近五成(48.4%)认为目前这一标准“不可以”解决基本看病问题；还有9.2%表示“不清楚”。在受访的农村“低保户”居民中，57.0%认为“可以”或“基本可以”解决他们的基本看病问题，认为“不可以”解决基本看病问题的则占37.0%，还有6.0%表示“不清楚”。说明相当部分“低保户”居民对政府进一步帮助解决基本看病问题有较迫切的需求。

目前广州市对城镇特困人员患重大疾病采取了以下救助措施：患15种重大疾病的，给予每人每年最高2万元的资助。对于这一措施，八成六(86.4%)受访的城市“低保户”居民认为对解决特困人员重大疾病的医疗问题有所帮助，只有5.2%认为“没什么帮助”，另有8.4%表示“不清楚”。说明这一措施的成效得到了大部分城市“低保户”居民的肯定。

广州市新型农村合作医疗的覆盖面较广，绝大部分(95.0%)受访的农村“低保户”居民都表示全家已经参加，2.0%表示部分家庭成员参加了，只有1.0%和2.0%分别表示没有参加或不清楚。在已经参加了新型农村合作医疗的农村“低保户”居民中，大部分(占82.5%)人员都表示得到了政府有关部门的资金资助，其中46.4%表示政府“资助了全部所需资金”，36.1%表示“资助了部分资金”，“没有得到资助”或表示“不清楚”的分别占9.3%和8.2%。

对于目前广州市对“低保户”采取的医疗救助措施，受访的城市和农村“低保户”居民认为“可以”适应现实需要的分别占9.2%和16.0%；认为“基本可以”适应需要的分别占44.4%和38.0%；认为“不可以”适应需要的则分别占30.0%和28.0%，比例较高。说明对“低保户”的医疗救助有待进一步加强。

(5)总体情况

对于目前广州市实行的城镇居民最低生活保障标准(每人每月330元)，认为“可以”或“勉强可以”应付最基本的日常生活开支的受访城市”低保户”居民占53.6%，虽然超过了一半，但认为“不可以”应付的比例也较高，占46.4%。

对于目前广州市实行的农村居民最低生活保障标准(每人每月170～240元)，认为“可以”或“勉强可以”应付最基本日常生活开支的受访农村“低保户”居民占49.0%，超过一半(51.0%)认为“不可以”应付，说明有相当部分“低保户”居民对提高最低保障标准有迫切需求。

虽然一般市民没有仅靠最低生活保障金过

日子的经历，但我们还是请他们就现有的物价水平和自己的经验等对目前广州市实行的居民最低生活保障标准作出评价。

对于城镇居民最低生活保障标准（每人每月330元），大部分（73.3%）受访的一般市民都认为这个标准不足以应付最基本的生活开支。在农村居民最低生活保障标准（每人每月170～240元）方面，有56.0%的一般市民认为这一标准不足以让他们应付生活基本开支。总的来说，大部分市民认为目前的最低保障标准偏低。

在衣、食、住、行、养老、治病等各方面生活需求中，对于衣、食、住等3方面，以目前的最低生活保障标准对城市和农村"低保户"居民来说满足程度较高，表示"可以满足"和"基本满足"的合计比例都在六成或以上；但对于出行、养老和治病等3方面的满足程度则较低，特别是养老和治病方面，认为"不能满足"的比例都在五成至六成以上。说明养老和医疗是目前城市和农村"低保户"最迫切需要帮助解决的问题。

2. 市民对公共服务的评价

（1）对政府部门提供公共服务的方便、及时性的评价

只有8.8%受访的城市"低保户"居民认为广州市全部的"低保户"都能方便、及时地得到政府提供的公共服务，61.6%认为只是部分人能如此，18.0%认为很多人尚不能够方便、及时地得到服务，还有11.6%表示对此"不清楚"。

相对而言，受访的农村"低保户"对政府提供的公共服务的便捷性和及时性评价略高。30.0%受访的农村"低保户"居民认为广州市全部的"低保户"都能方便、及时地得到政府提供的公共服务，41.0%认为部分人能如此，13.0%认为很多人尚不能够，还有16.0%表示"不清楚"。

在一般市民对政府部门为"低保户"提供公共服务的方便、及时性的评价中，只有8.0%受访市民认为广州市全部的"低保户"都能够方便、及时地得到政府部门提供的公共服务，44.0%认为"部分人能够"如此，认为"很多人尚不能够"的则占40.0%，还有8.0%表示"不清楚"。

（2）对政府扶助"低保户"的各项政策、措施的落实评价

对于市政府为扶助"低保户"采取的政策、措施，接近三成（29.6%）的受访城市"低保户"居民表示"很满意"，62.4%表示"部分满意"，明确表示"不满意"的只有4.8%，还有3.2%表示"不清楚"。对于市政府这方面的工作，农村"低保户"居民的满意度比城市"低保户"的评价相对高些，有接近五成（49.0%）的受访农村"低保户"居民表示"很满意"，43.0%表示"部分满意"，明确表示"不满意"的只占3.0%，表示"不清楚"的则占5.0%。

（3）一般市民对"低保户"采取的救助措施的评价

大部分受访的一般市民都支持帮助有住房困难的"低保户"解决这一问题，87.3%受访市民表示政府"应该"采取措施帮助人均居住面积达不到10平方米的"低保户"解决住房困难，认为"不应该"的只占2.7%，还有10.0%受访市民没有表态，表示"不清楚"。

在各项措施中，租住公房租金优惠、卫生清洁费、水费优惠和减免子女义务教育学杂费等4项措施得到了受访的一般市民较高的认同，均有超过七成的受访市民认为措施合理。市民对有关医疗救助的3项措施的认同度相对较低，特别是按最低生活保障标准的14%给予基本医疗补助和对15种重大疾病给予最高2万元资助等两项措施，认为合理的受访市民比例低于六成，超过三分之一的受访市民都认为这些措施还不够优惠。

二、相关意见和建议

第一，针对农村"低保户"居民对有关政策的知晓程度较低的情况，应进一步加大有关政策、法规在农村的宣传力度，帮助农村"低保户"以及更多的农村居民更好地了解这方面的信息。

第二，落实政策，切实帮助"低保户"解决住房困难问题。调查结果显示，相当部分城市"低保户"面临着住房困难问题，他们当中有些不知道该如何向有关部门申请援助，有的甚至根本不知道可以向政府申请帮助，相关的宣传应有

所加强；另外，对于已经提出了救助申请尚未得到妥善安置的，有关部门应尽快落实帮助他们解决困难。

第三，进一步加强对“低保户”养老、医疗方面的救助措施。访问中，不少“低保户”都表示，平时如果有小病勉强可以应付过去，如果有重症或者患上了慢性病，需长期服药等，医疗费用的压力就非常大，希望加大对“低保户”居民患慢性病、重症病等的医疗救助。

第四，进一步扩大对“低保户”子女受教育的保障。目前广州市对“低保户”子女接受义务教育方面的保障得到了较多“低保户”的肯定，但在其子女接受高中、大专、大学等非义务教育阶段的教育方面，不少“低保户”都表示希望政府能给予更多的支持，帮助其子女接受良好教育，自力更生，将来改善家庭条件，减轻社会和政府的负担。

第五，建立居民最低生活保障标准定期评估制度，根据物价水平适时调整标准，保障“低保户”能应付最基本的日常生活开支。最近一段时间，广州市出现了物价上涨的势头，不少受访“低保户”居民都表示目前的最低保障标准应付最基本的日常生活开支已非常紧张，再加上物价上涨，他们的压力非常大，因此如果能建立居民最低生活保障标准定期评估机制，根据物价水平和变化情况适时调整最低生活保障标准，保证公共资源得到更有效的利用。

第六，采取措施为有能力的“低保户”居民提供更多的就业机会。调查中，我们了解到对于“低保户”居民来说，其实他们也不希望总是白白享受社会的支援，如果有能力的话，他们也希望自己能自力更生，显示自己的价值，减少对社会的负担，因此在对“低保户”进行救助的同时，应尽量为有能力的人员提供就业机会，帮助他们通过自己的劳动来改善生活。

第七，加强基层人员与“低保户”的互动，增进彼此的了解。不少“低保户”在访问中表示希望街道、居委等为他们提供服务的基层人员能更多地与他们进行沟通和交流，加深彼此的了解，这样有关人员可以更好更及时地了解到他们的实际情况和需要，更好地为他们提供服务。

第八，在物质关怀之外，同时注重对“低保户”的精神关怀。“低保户”在生活中不仅有物质生活方面的需求，也有精神生活方面的需求，因此可以考虑开设或开放一些可供“低保户”进行文化活动的场所，提高他们精神文化生活的质量。同时上面提到的基层工作人员与“低保户”的互动与交流也可以更好地体现对他们的精神关怀。

作者：广州调查队　郑雪梅　杜淑健　钟伟萍

甘肃城镇低收入群体生活状况研究

十七大报告将和谐与民生提到重要的议事日程。构建和谐,关注民生,成为我们党执政为民的风向标。十七大明确提出:"要通过发展增加社会物质财富,不断改善人民生活,又要通过发展保障社会公平正义,不断促进社会和谐。","要坚持把改善人民生活作为正确处理改革发展稳定关系的结合点,使改革始终得到人民拥护和支持。"这些都深刻体现了党的执政为民的理念,也反映了今后党和政府在改善民生、促进和谐方面的力度会不断加大。那么,在促进和谐,关注民生的进程中,低收入群体的生活状况更值得社会各界及政府关注。在以食品价格领涨的消费价格以较快速度上涨的情况下,他们的生活状况如何?对物价上涨的承受力如何?敏感程度如何?从收入上涨角度看,低收入群体收入上涨速度较慢,低于全省平均水平和高收入群体,其收入上涨部分能否弥补价格上涨部分?要提高低收入群体生活水平应采取哪些措施?本文带着这一系列问题进行了探析。

一、低收入群体生活状况

(一)低收入群体的界定

在不同的研究文章中,对城镇低收入群体的界定有不同的方法,如贫困线以下人群、城镇居民最低收入的10%或20%的人群。为资料便于取得,本文中研究的低收入群体指城镇居民中收入最低的10%的群体,基础资料来源于城镇住户调查资料。

(二)低收入群体家庭特征

1. 家庭人口多,就业者负担系数高是家庭主要特征

调查资料显示,前三季度甘肃省城镇居民低收入家庭户均家庭人口为3.24人,比全省平均水平高14.49%,比10%的高收入户高出42.11%;户均就业人口为1.38人,比全省平均水平低8.61个百分点;低收入家庭每一就业者负担人数为2.35人,比全省平均水平高0.48人;低收入家庭就业面为42.59%,比全省平均水平低10.77个百分点。这些数据表明,低收入家庭人口多,就业人数少,就业人数不足家庭的一半,就业者负担系数高。

2. 从事零星工作和不稳定工作的比率高于全省平均水平

从就业人员构成来看,国有经济单位职工依然最多,占48.55%,但比全省平均水平低20.32个百分点;其次为城镇个体或私营企业被雇人员和其它就业人员,分别占15.22%和17.39%,分别比全省平均水平高7.27个百分点和14.08个百分点,由此可以看出低收入家庭中的就业人员中,从事零星工作和不稳定工作的人比率高于全省平均水平。

(三)收入水平远远低于全省平均水平

1. 低收入居民收入绝对水平低:人均可支配收入比全省平均水平低66.88%

2007年前三季度,甘肃省城镇10%的低收入群体人均可支配收入为2295.5元,比全省平均水平7375.81元低5080.31元,比全省平均水平低66.88%。低收入群体人均可支配收入仅及最高10%的高收入群体可支配收入的13.84%。

2. 收入增长速度低于全省平均水平和高收入群体

前三季度,10%最低收入户人均可支配收入为2295.5元,同比增长0.95%,增速低于全省平均水平13.10个百分点,而较高收入组和高收入组增长较快,均在15%以上,且高于全省平均水平（如下表）。从下表可以看出，10%的最低收入户的收入增长最慢，其次为最高10%收入组，其他收入组增幅均在15%以上。

表1　2007年前三季度不同收入水平居民人均可支配收入增速表

分组	可支配收入（元）	上年同期可支配收入（元）	增减±%
全省平均	7375.81	6467.71	14.05
最低10%	2295.5	2273.92	0.95
低10%	3758.42	3159.90	18.94
较低20%	4974.21	4309.48	15.42
中间20%	6845.4	5747.38	19.10
较高20%	9079.76	7704.60	17.85
高10%	11812.01	10246.81	15.28
最高10%	16591.94	16000.27	3.70

3. 工资性收入依然是低收入群体收入来源的主要渠道，社会救济收入和失业保险收入所占比重较大

调查资料显示，甘肃省城镇低收入群体中，人均工资性收入为1969.03元，工资性收入依然是收入来源的主要渠道，仅及全省平均的32.79%，占可支配收入的85.78%。其次为转移性收入，人均516.16元，仅及全省平均水平的32.64%，其中养老金和离退休金280.47元，远远低于全省平均水平，仅及全省平均水平的20.18%；人均社会救济收为123.03元，比全省平均水平高2.96倍，人均失业保险金46.92元，比全省平均水平高7.59倍，社会救济收入和失业保险收入占低收入群体人均可支配收入的7.40%，这一比重比全省平均水平0.49%高6.91个百分点。

（四）低收入群体生活状况

低收入群体由于收入低致使其生活水平低。调查资料显示，2007年前三季度甘肃省城镇10%低收入群体人均消费性支出为2530.2元，甘肃省城镇居民家庭人均消费性支出为5812.6元，低收入人均生活水平仅及全省平均水平43.53%。

1. 消费性支出主要为生存性支出

从消费性支出结构来看，食品、衣着、医疗、居住（包括水费、电费、燃气费等）这些基本的生存性资料达1795.91元，占消费性支出的70.98%，发展性的消费即教育支出占10.23%，其余的各项支出如交通通讯、耐用消费品、娱乐、各项服务性支出合计占18.79%，若扣除交通通讯支出后，耐用消费品、娱乐、杂项商品和各项服务性支出仅占10.01%。从此可以看出，低收入居民家庭的消费性支出主要为生存性消费支出，服务性、娱乐性消费支出占的比重极少。

2. 食品支出比全省平均水平低45.44%

前三季度，甘肃省城镇低收入群体人均食品支出1132.57元，低于甘肃省城市居民平均水平45.44%。低收入人群恩格尔系数为44.76%，比全省平均水平高9.05个百分点。家庭膳食质量也较差，购买的菜基本上为大路菜或在傍晚购买的堆堆菜，有不少家庭为了孩子教育、为家人治病而省吃俭用。

3. 衣着消费比全省平均水平低62.64%

从低收入群体衣着消费水平看，前三季度人均衣着消费259.85元，比全省平均水平低435.64元，低62.64%。低收入家庭对衣着的消费主要为必须的孩子校服、内衣裤等，个性化、时装化的品牌服饰与低收入群体无缘。

4. 教育文化娱乐服务类支出比全省平均水平低61.68%

调查显示，低收入群体家庭人均教育文化娱乐服务类支出为333.19元，仅占全省平均水平的38.32%。从调查过程中得知，在低收入家庭中，他们所用于该项的支出主要为教育费用支出，教育费用占到该项的77.68%。对低收入家庭来说，孩子的教育是他们最担心的问题。现在的社会对于知识越来越重视，他们也明白对于他们的孩子来说，要脱离现在生活的困境，上学读书是唯一的出路，所以将有限的收入中很大一部分投入到孩子的教育中，成为他们不得不背负的重担。他们很少有娱乐服务类的支出。

5. 居住类支出比全省平均水平低56.40%

前三季度，低收入家庭人均居住类支出206.74元，比全省平均水平低267.41元，低

56.40%。其居住类支出的83.08%用于水、电、暖、煤气、液化气等生活所必须的硬性开支，以维持正常生活所需，而这一部分的绝对额要比全省平均水平低93.03元，从此可以看出，低收入家庭在水、电、暖、煤气等的支出比一般家庭更为节约，在住房装潢等享受性支出方面差别更大。

6. 家庭设备用品及服务比全省平均水平低69.8%

家庭设备用品及服务里面主要包含耐用消费品、室内装饰品、床上用品、家庭日用杂品、家庭服务等，是城镇居民家庭生活质量的一个主要指标。2007年前三季度全省城镇平均人均支出337.1元，低收入家庭人均支出为101.82元，低于全省平均水平69.80%，从此可以看出低收入家庭生活质量远远低于全省平均水平。

7. 交通和通讯支出比全省平均水平低66.99%

前三季度，低收入群体人均交通和通讯支出222.17元，仅及全省平均水平的33.01%，这是在八大类是差别最大的一项。从此可以看出，低收入群体的消费结构中，能省则省，不必要的支出坚决不花。

综上所述，甘肃省城镇低收入群体生活水平远远低于全省平均水平（如下表），仅有食品消费占到全省平均水平的54.56%，其他均不及一半，相差最大的为其他商品和服务，低收入群体人均消费不及全省平均水平的三成。

表2　前三季度低收入群体消费水平与全省平均对比表

项　目	全省平均人均消费额	10%低收入群体人均消费额(单位:元)	10%低收入群体消费额占全省平均百份比
消费支出	5812.6	2530.2	43.53
食品	2075.74	1132.57	54.56
衣着	695.49	259.85	37.36
居住	474.15	206.74	43.60
家庭设备用品及服务	337.1	101.82	30.20
医疗保健	419.03	196.75	46.95
交通和通讯	673.01	222.17	33.01
教育文化娱乐服务	869.43	333.19	38.32
其它商品和服务	268.63	77.1	28.70

（五）低收入群体消费倾向最高

调查资料显示，2007年前三季度甘肃省城镇10%低收入群体消费倾向为110.22%，远远高于全省平均水平78.81%和10%高收入户61.95%的水平，分别高出31.41和48.27个百分点。从此可以看出，低收入群体的收入基本上全部用于消费，他们的消费欲望极为强烈，要扩大消费给低收入群体增加收入是最直接的办法。

（六）低收入群体居住条件差

从住房面积看，2007年前三季度甘肃省城镇低收入群体人均住房使用面积为15.09平方米，比全省平均水平20.11平方米少5.02平方米；从住宅式样看，低收入群体居住在平房和普通楼房的比例为10.33%，高于全省平均水平6.75个百分点；从房屋产权看，低收入群体中租赁公房和私房的比例为19.14%，高于全省平均水平11.33个百分点，而低收入群体拥有自有产权房比重为80.85%，比全省平均水平91.82%低10.97个百分点。从目前的低收入群体家庭收入水平看，面对不断攀升的商品房价格，他们只能望房兴叹。以兰州市为例，按照2007年前三季度低收入家庭每月收入为793.35元计算，购买一套建筑面积为80平方米的商品房，他们需要花费31年的全部收入，因此自已购买商品房对他们来说只能是个难圆的梦。

二、物价上涨对城镇低收入群体影响的定量分析

2007年以来，物价上涨较快，对低收入家庭产生了较大的影响。在八大类消费品中，对低收入群体影响最大的是哪种消费品，每类消费品价格上涨使低收入群体多支出多少钱，低收入群体收入上涨是否可以弥补物价上涨多支出部分，高、中、低收入群体对价格的敏感程度如何？以下对此进行分别测算与定量分析。

(一)物价上涨对低收入群体消费影响的定量分析

1. 物价总水平上涨对低收入群体消费的影响

2007年前三季度，甘肃省城镇居民消费价格总水平上涨4.5%，其中食品、医疗保健等价格上涨较快，直接影响到甘肃省城镇低收入群体的生活质量，以下从消费八大类分别测算各类消费品对低收入群体的影响。

表3 2007年前三季度消费价格上涨对低收入户影响测算表

项　目	前三季度低收入群体人均消费性支出(元)	城镇消费价格指数	受价格影响多支出金额(元)	多支出部分占消费性支出比重(%)
消费性支出	2530.20	104.5	108.96	4.31
食品	1132.57	109.2	95.42	3.77
衣着	259.85	97.6	−6.39	−0.25
居住	206.74	106.2	12.07	0.48
家庭设备用品及服务	101.82	103.1	3.06	0.12
医疗保健	196.75	113.2	22.94	0.91
交通和通讯	222.17	97.0	−6.87	−0.27
教育文化娱乐服务	333.19	100.1	0.33	0.01
其它商品和服务	77.10	99.7	−0.23	−0.01

从表3看出，前三季度由于城镇消费价格上涨，使甘肃省城镇低收入居民人均多支出108.96元，多支出部分占消费性支出比重4.31%。其中由于食品价格上涨使低收入居民人均多支出95.42元，占消费性支出的3.77%，成为影响最大的一项。其次为医疗保健类和居住类，由于价格上涨分别使低收入居民人均多支出22.94元和12.07元。价格指数下降的衣着类和交通通讯类分别使低收入居民人均少支出6.39元和6.87元。以下就影响较大的食品、医疗、家庭设备用品及维修、居住等几项的子项进行测算。

2. 食品价格上涨对低收入群体的影响

从消费结构看，低收入居民的食品消费所占比重是最大的，占到消费性支出的44.76%，比全省平均水平35.71%高9.05个百分点。因此，食品价格上涨对低收入群体的影响要远远高于中等收入和高收入群体。

表4 2007年前三季度食品价格上涨对低收入户影响测算表

项　目	前三季度低收入群体人均消费性支出(元)	城镇消费价格指数	受价格影响多支出金额(元)	多支出部分占消费性支出比重(%)
食品	1132.57	109.2	95.42	3.77
其中：粮食	43.90	105.7	2.37	0.09
食用肉及畜产品	136.97	125.3	27.66	1.09
其中：猪肉	87.34	132.5	21.42	0.85
禽	30.02	128.0	6.57	0.26
蛋	32.83	135.7	8.64	0.34
水产品	24.03	104.3	0.99	0.04
蔬菜类	166.76	102.2	3.59	0.14
油脂类	71.77	121.9	12.89	0.51
烟酒类	97.06	101.2	1.15	0.05

从上表可以看出，由于食品价格上涨，前三季度低收入居民人均多支出 95.42 元，其中由于肉禽蛋水产品价格上涨多支出 42.87 元，由于粮食价格上涨多支 2.37 元，油脂类价格上涨多支 12.89 元。价格涨幅最高的为蛋类，前三季度同比上涨 35.7%，低收入居民人均多支 8.64 元；其次为猪肉，价格同比上涨 32.5%，低收入居民人均多支出 21.42 元；再次为禽类，价格同比上涨 28.0%，低收入居民人均多支出 6.57 元。值得一提的是，价格涨幅最高的肉禽蛋类，低收入居民由于受收入限制，消费量本来就很低，一般用于小孩、病人或偶然食用，而这些食品价格的快速上涨，使本来就很少食用的这些食品食用量更小，如低收入居民前三季度猪肉食用量人均由 6.03 千克下降到 5.85 千克，人均下降 0.18 千克，鲜蛋人均食用量由人均 6.04 千克下降到 4.71 千克，人均下降 1.33 千克。

3. 医疗保健价格上涨对低收入群体的影响

在低收入群体中，因病致贫的人占一定的比重，药品费和医疗费的较快上涨使这个生不起病的低收入群体的生活雪上加霜。从下表测算可以看出，由于药品价格上涨 17.6%，使低收入群体人均多支出 19.83 元，由于医疗费上涨 7.0%多支出 4.04 元，对低收入户来说，这是一个不小的开支。

表 5　2007 年前三季度医疗保健价格上涨对低收入户影响测算表

项　目	前三季度低收入群体人均消费性支出(元)	城镇消费价格指数	受价格影响多支出金额(元)	多支出部分占消费性支出比重(%)
医疗保健	196.75	113.2	22.94	0.91
其中:药品费	132.51	117.6	19.83	0.78
滋补保健品	1.04	100.6	0.01	0
医疗费	61.90	107.0	4.04	0.16

4. 家庭设备用品及维修价格上涨对低收入群体的影响

家庭设备用品是衡量家庭生活质量的一个主要指标，低收入居民家庭对此项的消费远远低于其他收入家庭，他们在维持了温饱和满足了教育、医疗消费后才会对于此进行必要的消费，低收入家庭设备用品及服务仅及全省平均水平的 30.20%，因此，此项价格上涨对低收入群体影响不大，多支出 3.06 元。

表 6　2007 年前三季度家庭设备及维修价格上涨对低收入户影响测算表

项　目	前三季度低收入群体人均消费性支出(元)	城镇消费价格指数	受价格影响多支出金额(元)	多支出部分占消费性支出比重(%)
家庭设备用品及服务	101.82	103.1	3.06	0.12
其中:耐用消费品	21.15	101.9	0.39	0.02
室内装饰品	3.46	99.9	−0.003	−0.00
床上用品	10.99	94.7	−0.62	−0.02
家庭日用杂品	62.38	104.3	2.57	0.10
家庭服务	3.82	114.9	0.50	0.02

5. 居住价格上涨对低收入群体的影响

居住类消费支出是生活所必须的硬性开支，如租赁房屋、水、电、暖、煤气、液化气等维持正常生活所必须的开支。

表 7　2007 年前三季度居住类价格上涨对低收入户影响测算表

项　目	低收入群体人均消费性支出(元)	城镇消费价格指数	受价格影响多支出金额(元)	多支出部分占消费性支出比重(%)
居住类	206.74	106.2	12.07	0.48
(一)住房	20.88	116.3	2.93	0.12
租赁房房租	16.27	101.6	0.26	0.01
(二)水电燃料及其它	175.6	102.2	3.78	0.15
1. 水.	16.27	113.8	1.97	0.08
2. 电.	71.01	104.1	2.80	0.11
3. 燃料	44.98	98.9	−0.50	−0.02
(三)居住服务费	10.26	106.4	0.62	0.02
1. 物业管理费	3.58	115.7	0.49	0.02
2. 维修服务费	0.12	103.0	0.003	0.0001
3. 其它居住服务费	6.56	100.5	0.03	0.001

从表 7 看出，这部分价格上涨对低收入家庭影响较大。前三季度，居住类价格上涨 6.2%，使低收入居民人均多支出 12.07 元，其中由于水、电、燃料及其它价格上涨人均多支 3.78 元。

(二)不同收入群体消费的价格弹性分析

在影响消费量的诸因素中，消费品本身的价格是非常重要的，消费的价格弹性表示在一定时期内的一种消费品消费量相对于该消费品价格的相对变动的反应程度。消费对价格的弹性是指价格每增长 1 个百分点，对消费量的影响程度。在此，假定 x 表示某一种消费品的消费量，p 表示该消费品的价格，$e_{x,p}$表示该消费品的价格弹性，则

$$e_{x,p}=\lim_{\triangle x\to 0}\frac{\triangle x/x}{\triangle p/p}=\frac{d_x}{d_p}\cdot\frac{p}{x}$$

如果 $e_{x,p}<-1$，那么该商品在这一点富有弹性，即相应于价格变动的百分比，消费量将有更大的百分比变动。如果 $e_{x,p}=-1$，那么价格与消费量变动的百分比相同，此时消费为单位弹性；如果 $e_{x,p}>-1$，那么，价格对于消费量所产生的影响就小，从而消费在这一点上缺乏弹性。特别地：如果 $e_{x,p}$ 趋向 $-\infty$，则称消费品消费量对价格完全有弹性；如果 $e_{x,p}=0$，则称消费品消费量无弹性。

下面，选几个主要消费品对其价格弹性进行分析，以分析高、中、低不同收入群体对价格的敏感程度，以及价格上涨对他们的影响。

1. 高收入群体对价格的弹性分析

我们取甘肃省城镇住户调查资料七分组中收入最高 10%的群体的消费量进行高收入群体对价格的弹性分析(见表 8)。

从表 8 看出，高收入居民除了对白酒、服装等较敏感外，对其他消费品价格上涨不敏感，价格弹性较小。在上表数据中，他们对鲜瓜鲜奶等的消费量减少是由于使用了其他替代产品。

2. 中等收入群体对价格的弹性分析

我们取城镇住户调查资料七分组中最中间的 20%的中等收入群体的消费量进行中等收入群体对价格的弹性分析(见表 9)。

表 8 高收入组消费价格弹性分析计算表

品名	2007 年前三季度人均消费量 x_1（千克）	2006 年前三季度人均消费量 x_2（千克）	$\triangle_x$	2007 年前三季度平均消费价格 p_1	2006 年前三季度平均消费价格 p_2	$\triangle_p$	$\triangle x/x_2$	$\triangle p/p_2$	$e_{x,p}$
大米	18.17	16.16	2.01	3.73	3.37	0.36	0.124381	0.106825	1.164344
面粉	26.42	14.01	12.41	2.26	2.18	0.08	0.885796	0.036697	24.1381
食用植物油	8.48	9.00	−0.52	10.83	8.44	2.39	−0.05778	0.283175	−0.20404
猪肉	10.93	11.14	−0.21	15.66	11.58	4.08	−0.01885	0.352332	−0.0535
鸡肉	3.03	2.06	0.97	13.55	11.03	2.52	0.470874	0.228468	2.061006
鲜蛋	7.44	6.68	0.76	6.84	4.78	2.06	0.113772	0.430962	0.263995
鱼	4.13	3.25	0.88	11.2	10.94	0.26	0.270769	0.023766	11.39312
鲜菜	102.75	88.12	14.63	2.65	2.46	0.19	0.166024	0.077236	2.149568
白酒	1.46	5.07	−3.61	55.57	44.01	11.56	−0.71203	0.262668	−2.71076
鲜果	46.21	41.02	5.19	3.48	3.35	0.13	0.126524	0.038806	3.260424
鲜瓜	29.82	36.19	−6.37	1.28	1.15	0.13	−0.17602	0.113043	−1.55711
鲜奶	27.53	30.84	−3.31	3.28	3.01	0.27	−0.10733	0.089701	−1.19653
服装	10.82	8.24	2.58	73.06	84.66	−11.6	0.313107	−0.13702	−2.28512
水	17.03	18.79	−1.76	1.59	1.33	0.26	−0.09367	0.195489	−0.47916
电	307.27	364.45	−57.18	0.52	0.48	0.04	−0.15689	0.083333	−1.88269

表 9 中等收入组消费价格弹性分析计算表

品名	2007 年前三季度人均消费量 x_1（千克）	2006 年前三季度人均消费量 x_2（千克）	$\triangle_x$	2007 年前三季度平均消费价格 p_1	2006 年前三季度平均消费价格 p_2	$\triangle_p$	$\triangle x/x_2$	$\triangle p/p_2$	$e_{x,p}$
大米	16.53	12.79	3.74	3.73	3.37	0.36	0.292416	0.106825	2.737337
面粉	29.17	28.50	0.67	2.26	2.18	0.08	0.023509	0.036697	0.640625
食用植物油	8.05	8.47	−0.42	10.83	8.44	2.39	−0.04959	0.283175	−0.17512
猪肉	9.14	8.99	0.15	15.66	11.58	4.08	0.016685	0.352332	0.047356
鸡肉	2.25	1.79	0.46	13.55	11.03	2.52	0.256983	0.228468	1.12481
鲜蛋	6.34	6.99	−0.65	6.84	4.78	2.06	−0.09299	0.430962	−0.21577
鱼	2.99	2.11	0.88	11.2	10.94	0.26	0.417062	0.023766	17.54868
鲜菜	84.69	71.80	12.89	2.65	2.46	0.19	0.179526	0.077236	2.324382
白酒	0.96	5.09	−4.13	55.57	44.01	11.56	−0.81139	0.262668	−3.08903
鲜果	35.83	25.39	10.44	3.48	3.35	0.13	0.411186	0.038806	10.59594
鲜瓜	20.56	22.77	−2.21	1.28	1.15	0.13	−0.09706	0.113043	−0.85861
鲜奶	21.14	20.81	0.33	3.28	3.01	0.27	0.015858	0.089701	0.176787
服装	7.56	4.71	2.85	73.06	84.66	−11.6	0.605096	−0.13702	−4.41611
水	14.61	14.26	0.35	1.59	1.33	0.26	0.024544	0.195489	0.125552
电	225.1	203.10	22	0.52	0.48	0.04	0.108321	0.083333	1.299857

从上表看出，中等收入群体除了对白酒和服装外，对其他消费品价格并不敏感。

3. 低收入群体对价格的弹性分析

我们取甘肃省城镇住户调查资料七分组中收入最低的10%的群体的消费量进行低收入群体对价格的弹性分析(如下表)。

从表10看出，低收入群体除了对面粉价格不敏感外，对其他消费品都比较敏感。在本表数据中，对鱼和鲜果价格也不敏感，是因为这两项价格上涨幅度较低，成为同类消费品的替代品。

表10 低收入组消费价格弹性分析计算表

品名	2007年前三季度人均消费量 x_1（千克）	2006年前三季度人均消费量 x_2（千克）	$\triangle_x$	2007年前三季度平均消费价格 p_1	2006年前三季度平均消费价格 p_2	$\triangle_p$	$\triangle x/x_2$	$\triangle p/p_2$	$e_{x,p}$
大米	12.08	14.16	−2.08	3.73	3.37	0.36	−0.14689	0.106825	−1.37505
面粉	30.78	25.38	5.4	2.26	2.18	0.08	0.212766	0.036697	5.797913
食用植物油	6.94	7.85	−0.91	10.83	8.44	2.39	−0.11592	0.283175	−0.40936
猪肉	5.85	6.03	−0.18	15.66	11.58	4.08	−0.02985	0.352332	−0.08472
鸡肉	1.17	1.28	−0.11	13.55	11.03	2.52	−0.08594	0.228468	−0.37616
鲜蛋	4.71	6.04	−1.33	6.84	4.78	2.06	−0.2202	0.430962	−0.51095
鱼	1.75	1.46	0.29	11.2	10.94	0.26	0.19863	0.023766	8.357738
鲜菜	63.92	65.24	−1.32	2.65	2.46	0.19	−0.02023	0.077236	−0.26192
白酒	0.59	3.20	−2.61	55.57	44.01	11.56	−0.81563	0.262668	−3.10517
鲜果	20.18	18.33	1.85	3.48	3.35	0.13	0.100927	0.038806	2.600809
鲜瓜	13.48	18.61	−5.13	1.28	1.15	0.13	−0.27566	0.113043	−2.43854
鲜奶	12.69	16.84	−4.15	3.28	3.01	0.27	−0.24644	0.089701	−2.74735
服装	3.11	2.41	0.7	73.06	84.66	−11.6	0.290456	−0.13702	−2.11981
水	10.32	15.98	−5.66	1.59	1.33	0.26	−0.35419	0.195489	−1.81182
电	136.78	150.17	−13.39	0.52	0.48	0.04	−0.08917	0.083333	−1.07004

以上分析显示，低收入居民对价格的敏感性要高于其他群体，高收入群体对价格最不敏感，因此，价格上涨对低收入群体的影响最大，对高收入群体的影响最小。

4. 对同一消费品的人均消费量低收入群体要远远低于中、高收入群体

我们继续观察高、中、低收入组价格弹性分析表会发现，对同一消费品的消费量，高收入群体人均消费量最大，其次为中等收入群体，低收入群体人均消费量最小，高中低收入群体中每一级消费量相差20%左右，则高低收入群体消费量要相差40%左右，这说明低收入群体人均消费量明显偏低，依然处于节衣缩食的状况。

(三)价格上涨与收入增加对比分析

2007年以来，消费价格尤其是食品价格上涨幅度较大，这直接影响到低收入居民家庭的生活水平的提高，那么2007年收入上涨部分能否弥补价格上涨部分呢?

前三季度，10%低收入群体人均可支配收入为2295.5元，同比增长0.95%，绝对额同比增加21.58元；低收入群体人均消费性支出为2530.2元，同比增长10.35%，绝对额同比增加237.4元，也就是说支出增加额高于收入增加额

215.82 元。

前三季度，城镇居民消费价格指数上涨 4.5%，低收入居民由于价格上涨而多支 108.96 元，高出收入增加额 87.38 元，也就是说价格上涨多支出部分远高于收入增加部分，2007 年收入上涨部分不能弥补价格上涨部分，低收入群体的生活由于价格上涨而下降。

从以上分析中可以看出，低收入群体生活困难，他们对价格上涨的敏感程度要高于其他群体，在价格大幅上涨的情况下，收入增长幅度低于价格上涨幅度，收入上涨部分不能弥补价格上涨部分，若不及时出台对低收入群体生活必要的补贴，他们的生活会变得更加拮据。

三、几点建议

十七大报告明确提出了实现全面建设小康社会奋斗目标的新要求，“加快发展社会事业，全面改善人民生活。现代国民教育体系更加完善，终身教育体系基本形成，全民受教育程度和创新人才培养水平明显提高。社会就业更加充分。覆盖城乡居民的社会保障体系基本建立，人人享有基本生活保障。合理有序的收入分配格局基本形成，中等收入者占多数，绝对贫困现象基本消除。人人享有基本医疗卫生服务。社会管理体系更加健全。”构建和谐，关注民生，尤其对低收入群体，社会应给予更多的关注，政策应给予更多的保障。据此，我们提出如下建议：

1. 完善最低生活保障制度

最低生活保障制度正逐步成为一张呵护数以百万计城市贫困居民生存的安全网，是被称为“最后一道防线”的救济制度。由于受地方财力等多方限制，最低生活保障制度还存在着需要完善的地方，对此，我们提出如下几点建议：

(1)继续提高最低保障标准。近几年来，甘肃省最低保障制度不断完善，低保力度不断加大，低保面不断扩大，低保标准也在不断提高，如兰州市低保标准由 2004 年的 176 元提高到 2007 年的 230 元，提高了 33.7%，年均增加 9.33%，扣除物价上涨因素，实际增加 22.11%，年均实际增加 6.88%。但根据甘肃省城镇居民最低生活需求标准，甘肃省低保标准依然偏低，低收入户在领取低保金后依然处于节衣缩食的状态，遇到大病、教育、购房等突发事件时依然一筹莫展。因此，要尽地方财政最大能力，提高最低保障标准，这个标准上升要与经济发展保持同步提高，使低收入居民能够分享到经济发展的成果；另一方面在物价大幅上涨时，应根据物价指数进行适时调整，保证低收入群体的生活不因物价上涨而更贫困。

(2)增加省级财政对低保金的投入，同时对贫困地区、民族地区增加转移支付力度。甘肃省现行的城镇低保金给付资金来源为中央占 67%，省上占 15%，地方财政占 18%。从资金来源渠道可以看出，国家占了大部分，其次为地方，省上出的资金是最少的。而甘肃省低保线偏低，省上如果增加低保金投入，国家和地方投入金额不变，则可以提高低保线，使低收入群体生活不致于过分拮据。贫困地区、民族地区由于自然条件差，经济欠发达，贫困人口多，地方财政收入相对较少，大量资金用于低保有一定困难，省级财政应对贫困地区、民族地区增加转移支出力度，对不同地区的资金给付标准应有所不同。

2. 建立覆盖全民的医疗保障体系后，应加大执行力度，不留政策死角，使所有城镇居民切实享受到医疗保险

我国的城镇职工基本医疗保险制度的实施范围为城镇职工，实行单位缴费和个人缴费相结合的医疗帐户制度，该制度并未覆盖失业人员和未就业人员，而这一部分人在低收入群体中占很大比例，也是最需要医疗保障的。为弥补这一缺陷，甘肃省正在实施城镇居民医疗保险制度，将覆盖全体城镇居民，这是关注民生，解决低收入群体、失业人员、学生缺乏医疗保障这一难题的重要举措，但是在这两种政策同时实施的过程中，应注意政策的切实执行，不要留有死角，如有些困难企业，职工医疗保障虽然已纳入《城镇职工基本医疗保险制度的实施范围》，但是他们企业为了少交医疗保险金，每月计提医疗保险，但在年末时并未上缴，本企业职工的医疗保险自然也没有参加，这就没有保护本企业职工的利益。因此，应加大这两种保险的执行力度，不留政策死角，使所有城镇居民切实享受到国家的各项政策，享受到党的温暖，使低收入居民解除由于大病致贫的危险。

3. 建立对低保户的教育扶助体系，防止贫困的代际传递

城镇贫困的形成，从其根源上来说是由于文化素质过低，不能适应现在工作岗位对技能的需求。帮助贫困家庭子女获得较高的教育是防止贫困代际传递的重要手段之一，建立对低保户子女的教育扶助体系，从根本上提高低收入家庭成员的整体素质，使低保户代际间走出“贫困—无法上学—失业—贫困”恶性循环的怪圈。在义务教育阶段，甘肃省已出台相应的扶助贫困家庭子女入学的一系列减免政策。但对非义务教育阶段特别是大学教育，沉重的教育费用使贫困家庭生活更为困难。目前各部门对贫困大学生的救助行动各自为政，往往缺乏长远的规划。政府需要制定一个全省统一的教育补助体系，以帮助贫困学生完成学业。这一体系应该包括社会捐助的专项基金，银行的助学贷款以及学校的勤工俭学。在高校，政府应该把银行助学贷款和勤工俭学作为发展的方向，培养贫困学生依靠自身的努力完成学业的能力。

4. 将对低收入居民提供廉租住房作为制度固定下来，切实解决低收入居民的住房困难

随着住房市场化和商品化，房价不断攀升，购买商品房对低收入居民来说已是个遥不可及的梦想，低收入居民住房依然简陋依然拥挤。2007年以来，国家出台了不少惠民政策，对低收入居民提供廉租住房是其中的一项，甘肃省已开始实施，不少低收入居民搬进新居，改善了其居住条件，使他们切实得到了实惠，我们应将对低保户提供廉租住房作为制度固定下来，使他们能够长期地享受这一待遇，切实解决住房条件恶劣的难题。

5. 开展社会捐赠活动与发挥民间慈善团体的作用

随着人民经济收入和生活水平的不断提高，导致人们的生活方式发生改变。以衣着为例，目前的发展趋势是成衣化、多样化、高档化和个性化。这也导致在衣着方面更新换代的速度大大加快，一般的衣服更新周期快则1—2年，慢一点也就3—4年，成年累积“压箱底”反而成为居民的负担。加上衣服种类和件数都较多，穿着的平均时间相对也较短，替换下来的衣服大多有6—8成新，使用价值并未丧失。如前所述，城市低收入居民在衣着方面的消费是极低的，他们除了买一些必不可少的衣着之外，主要穿亲友赠送的旧衣服。所以，实际上，在穿着方面，民间已经自发形成了一条“捐助—受助链”。现在我们要做的工作，是将这种捐助扩大到全社会，使其形成一种社会化的捐助网络，以进一步提高捐助的“边际效率”。同时，捐助的物品还可超出衣着的范围。因为在耐用消费品方面，如家具、家电等，目前也正处于更新换代的高潮，如何处理旧家具、旧家电，也将成为城市居民的一个生活难题。所以，捐助物品也可以扩大到家具，甚至过了时的家电（如收音机、旧电视等）。

（1）将自己不用的积压物品捐赠出去，使这些物品能够物尽其用，又能帮助低收入居民家庭。我们可以学习大连市在社会捐赠活动方面开展较好的经验，在社区一级建立捐赠站，但由于城市居民现在闲暇时间有限，要他们主动送到捐赠站还是有一定的难度的，因此还要提供上门接受捐赠的服务。

（2）应该使捐赠物资首先满足本地的贫困家庭的需要，这样做可以减少成本。捐赠物资的储存和运输都需要大量的成本，所以捐赠物资最好尽可能就地消化。可以逐级建立供需信息及物资交流的制度和网络，让有需要的贫困家庭进行登记，当有合乎他们需要的物品被捐赠出来时，就可以通知他们去领取。

（3）建立政府部门和慈善组织对求助对象的转介通道。政府解决不了或不好解决的问题（譬如金额特大的医疗费用）可转请慈善组织通过社会捐赠来解决，慈善组织在工作中发现应保未保的情况也可以转介到政府部门解决。

6. 在物价上涨或制定与人民生活相关的调价政策时，应充分考虑到对低收入群体的保护

对消费品价格上涨最敏感影响最大的是低收入群体，他们对物价上涨承受力是最低的，因此，在物价上涨或制定与人民生活相关的调价格政策时，应充分考虑到对低收入群体的保护。

(1)对由市场进行调节的价格上涨时,应对低保户实行物价补贴或发证补贴的方式进行补贴。2007 年以来,以食品价格大幅上涨为代表的消费价格持续上涨,对低收入居民生活带来了较大的影响,省上也因此出台了对低收入户进行肉食补贴等的政策,国家也从生猪的供应生产等环节做了一系列政策鼓励措施,以增加供给,保证市场充足的货源,平抑肉价,这对保证低收入居民生活水平不再因为物价上涨而更加低下。

(2)对水、电、气等由政府部门制定的与人民生活息息相关的调价政策时,应充分考虑到对低收入群体的保护。水、电、气是日常生活所必须,这一部分成为低收入人群的硬性支出。水、电、气价格上涨将对低收入居民生活产生较大且长期的影响,因此,这些产品价格上涨,应充分考虑到低收入居民的承受能力,对他们可以实行一物二价,即对普通居民可以实行正常调高价格,对低收入居民可凭借低保证等享受较低的价格,以保证低收入居民生活不因调价而更拮据。

7. 促进充分就业,从源头上解决社会致贫根源

低收入群体之所以收入低,就业负担系数高,是因文化水平低,就业困难。因此,政府应在大力发展第三产业,支持中小企业和非国经济发展,提高就业容量的同时,加强就业指导,发布就业信息,加强免费职业培训,提高其就业能力,促进充分就业,从源头上解决社会致贫根源。

作者:甘肃调查总队　康宾

宁夏城镇困难群众生活中面临的主要困难

2006年，宁夏调查总队在银川、石嘴山、中卫、吴忠等市县抽选了部分城镇困难居民家庭进行了调查，在调查中了解到：当前城镇困难居民家庭普遍存在就业难，医疗、养老、子女教育等费用支出大，加之食品等价格大幅上涨，对城镇困难居民家庭的生活产生较大影响。

一、当前城镇困难家庭面临的困难

（一）食品价格上涨已成为影响困难居民家庭生活的突出问题。前三季度，10%最低收入户人均食品支出1105元，由于食品价格上涨人均多支出111.3元，户均多支出375.1元；同期10%最低收入户社会救济收入为220元，同比增加78元，政府提高低保收入和发放的生活补贴被食品价格上涨抵消。特别是肉、禽、蛋等价格上涨更加重了困难居民家庭生活的负担，他们只能通过减少消费数量、降低生活标准来应对。在调查中，大多数困难家庭反映食品价格上涨太快，负担明显加重，生活水平下降，对未来生活担忧。银川市吴月霞老人和87岁老母亲仅靠200元低保金生活，她说现在物价涨的太厉害，每月在吃的方面花费150元左右，买便宜的堆菜，10月份又借了150元买了点白菜、莲花菜等，准备腌点咸菜冬天吃。

（二）就业困难收入低。城镇困难居民家庭普遍存在文化程度低、年龄偏大、身体较差等问题，致使他们的就业机会少，劳动报酬很低，家庭生活困难。在银川市被调查的20户困难家庭中，3人是个体经营者，3人依靠打零工养家糊口，3人是政府解决“零就业”家庭和“4050”人员……人均月收入只有216元。

（三）医疗费高，使城镇困难居民家庭不堪重负。在被调查的困难家庭中有一半家庭中有长期生病成员，医疗费用高，医药支出增加导致这些困难家庭出现小病不愿治，大病无钱医，因病致贫、因病返贫现象突出。石嘴山市贫困户齐真，夫妻双双下岗，低保收入每人每月180元，女儿患红斑狼疮，现已辍学在家，哥哥为了给妹妹治病也辍学在外打工，挣钱全部寄回补贴家用，为节省开销，全家只能住在苗木场花棚营业房里。

（四）养老保险金自交比例较高，不少困难家庭无力交付。由于困难家庭下岗、失业人员较多，养老金全部由个人交付，但是这些家庭收入很低，维持正常生活尚且困难，更无力支付养老和医疗保险金。石嘴山市被调查的困难家庭中有6成由于自交养老费用太高，而没有交纳养老金，对这些困难家庭今后的生活保障将产生很大的影响。

（五）教育支出过高，加重家庭负债。银川市的刘建伟，因病生活不能自理，每月享受低保金320元，女儿前年考入大学，政府一次性资助学费5000元，以后学费和生活费都靠借钱解决，现在债务已达2万多元。

（六）困难家庭冬季取暖问题比较严重。石嘴山市被调查的困难家庭中只有30%居住楼房，70%居住在平房，困难家庭主要靠火炉取暖，随着燃料价格尤其是煤炭价格的上涨，有的困难户靠捡煤渣烧火取暖。

二、对改善城市困难群众生活状况的建议

（一）完善最低生活保障制度，逐步提高保障水平，扩大保障面。当前在积极稳定市场价格的同时，应充分考虑困难群众的经济承受能力，虽然地方各级政府适时提高了低保标准，如银川市低保标准每人每月由190元提高至200元，但对困难家庭生活状况改善作用不大。应

进一步扩大低保覆盖面，将实际收入低于所在城镇最低生活保障线的困难群体纳入最低生活保障范围，并随着经济的发展逐渐提高低保标准。

(二)加大控价力度。在调查中有85%的城镇居民强烈要求控制市场价格，尤其是控制食品、燃料等价格的大幅上涨，逐步建立与价格指数相关的临时救助、救急体系，及时发放肉食、水、电、燃料及取暖费补贴等，以应对突发涨价对困难群众生活的影响。

(三)完善面向困难群众的就业援助制度。增加就业机会，及时帮助"零就业"家庭和"40、50"人员解决就业困难，对困难家庭有劳动能力的人员进行专业技术培训，使他们更容易适应工作需要，安排公益性岗位，落实城镇就业人口最低工资标准政策。

(四)加强低保人员养老、医疗方面的管理和政策落实工作。关注低收入困难群体没能力交纳养老金、医疗保险金和残疾人的养老问题。扩大现行医疗救助卡买药范围，加强监管，对残疾、大病给予适当救助。银川市、石嘴山市和中卫市开始进行城镇居民医疗保险试点，对城镇困难群体看不起病起到了积极的保障作用。

(五)加强廉租房制度，对困难居民家庭在房租方面应适当减免。银川市无房户可申请廉租房，租赁房每平米交纳0.60元，可享受30平米的优惠，对此类做法应广泛推广，给予城镇困难家庭更多的实惠。

作者：宁夏调查总队　城镇住户处

七、构建和谐社会篇

空巢老人生活状况的调查与思考

按照国际通用的老龄化标准，中国1999年就提前进入了老龄化社会。目前，我国60岁及以上的老年人已达1.43亿，占全国人口总数的11%。江苏早在1986年底老年人口就已经占总人口的10%，比全国提前13年进入老龄化社会，2006年末全省60岁及以上人口已占总人口比重的14%，呈现出老龄化速度快、高龄化比例大、空巢化程度高的特点。为了解空巢老人的生活状况及存在问题，由省委研究室、国家统计局江苏调查总队、省劳动和社会保障厅、省财政厅、省人口计生委、省委老干部局、省老龄办和省老年学会等部门组成的联合调研组开展了空巢老人生活状况的调查与研究。

一、调查基本情况

调研组于2007年4～6月，在南京市鼓楼区和六合区选择了400户无子女或不与子女共同居住的年龄在60岁以上的城乡空巢老人家庭进行问卷调查。被调查者中城镇空巢家庭占66.6%，农村空巢家庭占33.4%；夫妻独居户占48.8%，单身独居户占51.2%；男性占44.4%，女性占55.6%；60～69岁的占31.0%，70～79岁的占37.7%，80岁以上的占31.3%；空巢老人平均独居13.65年。调研组还分别在六合区和鼓楼区召开了老龄工作座谈会。

调查发现，大多数空巢老人生活安定，居住舒适，健康良好，部分老人也面临着生存的压力。主要表现在：子女啃老现象较为普遍；老有所医尚未有效解决；心理健康与精神慰藉问题凸显；老年群体的积极作用发挥不够；老年妇女生存压力较大；多层次养老体系和老年活动阵地建设有待加强等。

二、调查现状

1. 对生活状态满意度较高

被调查者中56.9%的人对自己的生活状况表示“很满意”和“比较满意”，表示“不太满意”和“很不满意”仅有7.9%。有82.7%的空巢老人认为吃饱穿暖很满足了；空巢老人平均住房面积有57.08平方米，88.5%老年人对自己的居住环境感到满意；老年人感觉吃饭(93.3%)、穿衣(91.7%)、上厕所(91.9%)、上下床(90.5%)、室内走动(92.2%)都“不费力”，生命、健康质量良好。当问及夫妻关系时，有83.4%的老年人与老伴的感情“很好”和“比较好”，近60%的空巢家庭老人能共同分担家务，97.4%的人从未遭遇过家庭暴力；被调查者中有78.7%的老年人认为“现在社会越来越关心和尊重老年人问题”。

表1　空巢老人对目前生活状况满意度(%)

	很满意	较满意	一般	不太满意	很不满意
满意度	18.1	38.8	35.2	7.4	0.5

2. 基本生活条件有保障

69.6%的空巢老人对自己经济状况的感觉是“够用有余”和“大致够用”，65.6%的老人不担心今后生活来源。91.0%的家庭有自来水，89.3%用上了煤气，电视机拥有率在家庭设备中居最高，达93.8%。有76.7%的人回答今年街道、村里派人来探望过，其中82.0%的单身独居和85.5%的80岁以上独居老人得到更多的关心。

3. 半数以上老有所乐

50.8%的被调查者有一两种以上的爱好，其中城市老人为66.7%。主要的娱乐方式包括:看电视(88.7%)、聊天(32.6%)、逛公园(24.4%)、看书(23.4%)、栽花种草(19.7%)、体育锻炼(18.1%)、下棋打牌(16.5%)等等。64.3%的空巢老人表示有可以诉说心事的人,并表示"我喜欢和别人聊天"(72.0%)、"我喜欢结交朋友"(56.6%);半数以上的空巢老人有看书阅报的习惯,他们当中每天看书报 1~2 小时的达到 56.6%。他们在今年 3 月份家庭生活费用中用于书报娱乐的费用达 56.70 元。

4. 老有所为意识较强

步入老年后,老年人不仅仅只是忙家务和带孙辈,他们仍然希望不断丰富自己的生活,实现老有所为。调查发现,74.3%的人愿意帮助比自己更年长的老年人,33.6%的人愿意带头组织街道或村里的老年人开展娱乐活动,35.2%的人能主动给所在社区(村)提建议,24.0%的人曾向政府有关方面反映情况,20.6%的空巢老人参加过志愿者活动,45.1%的空巢老人热心公益,参加过捐赠活动。

三、存在问题

1. 不同群体生活质量差异显著,子女啃老现象普遍

城镇离退休家庭收入水平逐年提高,生活质量改善,但也有一定比例的家庭由于退休时间较早、医疗支出较多,生活比较困难。农村养老问题日趋严重,特别是失地户中的空巢老人、留守老人、独生子女家庭老人,这些人或没有经济来源,或失去子女赡养、照料。本次调查中更是显现出其中不同群体的生活质量具有显著差异。

(1)城乡差距明显。调查显示,农村空巢家庭老人存款不到城市空巢老人的 1/3,62.8%的农村老年人感觉自己的经济状况"有些困难"和"十分困难",他们中有 35.8%的人担心今后没有生活来源,这一比例比城市高 25.4 个百分点;有 50.4%的人担心收入养不活自己,比城市高 37.0 个百分点。

表 2 空巢老人经济状况自我表现感受(%)

	够用有余	大致够用	有些困难	十分困难
平 均	28.3	41.3	22.2	8.2
城市	37.5	49.6	10.1	2.8
农村	10.5	26.7	42.5	20.3

在家庭基本生活设施上城乡亦存在明显差异。城市空巢老人家庭自来水使用率为 99.6%,农村 67.8%;煤气拥有率城市 96.1%,农村 71.3%;热水器使用率城市 83.8%,农村 6.9%。家用电器拥有率城市也明显高于农村,城市空巢老人家庭电话使用率 91.7%,农村 22.7%;洗衣机拥有率城市 85.0%,农村 10%;电冰箱使用率城市 89.0%,农村 11.8%,空调拥有率城市 83.1%,农村仅为 5.5%。

(2)高龄、单身独居老人困难较多。被调查的 80 岁以上独居老人中有 52.6%的担心生病无钱治疗,40%的人希望能提供上门看病服务,45.1%的老人担心今后生活无人照料。他们当中有 16.8%的感觉上下床有些困难,25.4%的人扫地有困难,32.8%的做饭有困难,43.8%的洗衣有困难,44.6%的经常感到孤独。被调查的单身独居老人中,有 11.7%的人生病不治疗;有 50.3%的人担心自己生活无人照料,而这部分人中又有 66.0%的人不愿意与子女同住;75.8%的人感到孤独,41.2%的人觉得自己是社会的负担,61.1%人的感觉自己没用,43.2%的人觉得活着没有意思。

(3)子女啃老现象较普遍。调查显示,2007 年 3 月份调查对象的家庭日常开支中,用于饮食的占 27.6%,房租水电通讯占 15.4%,日用品 4.4%,书报娱乐费用 3%,其他开支 12.5%,而资助子女的费用却高达 37.1%,年龄越长者资助儿女的比例越高,其中 80 岁以上高龄老年人资助儿女的费用占日常开支的 47.9%,59.0%高龄老人反映自己经济状况"有些困难"和"十分困难"。

2. 过半数老年人担心没钱治病

被调查的老年人中 92.5%的有病主动求医问药,持"听之任之"态度的占 7.5%。32.1%的老人需要提供"上门看病"的服务,远高于对其他服务的需求。关于生活中最担心的事,

57.7%的老年人最担心的是“生病没钱治疗”，在农村这一比例达到68.8%。被调查者对生病没钱治疗的担心远远超过了“没有生活来源”(20.2%)、“收入养不活自己”(27.5%)、“生活无人照料”(30.2%)、“子女不孝”(7.5%)的担心。在对政府目前老龄工作的建议中，排第一位的是“完善老年医疗保障体系”(74.6%)，这是老年群体的共同期盼。

表3 空巢老人担心生病没钱治疗(%)

	完全不担心	不太担心	一般	比较担心	非常担心	没想过
城市	19.5	18.3	7.3	33.7	17.5	3.7
农村	9.6	13.6	8.0	36.0	32.8	

老年人本身已进入体弱多病的阶段，而独居老年人更是需要扶持的对象。被调查老年人中觉得自己的健康状况“较好”的占14.1%，“很好”的只占4.0%，单身独居的老年人觉得“较好”的占11.0%，“很好”的更少，仅有2.5%。市场也在迅速迎合着老年群体渴望身体健康的需求，所以他们中有近半数的人“遇到过推销医疗保健品”，城市更高，有68.8%，他们中的许多人曾经遭受过欺骗。

3. 心理健康与精神慰藉问题比较明显

调查中空巢老人的心理健康状况令人担忧：有52.6%的人“感到自己越来越跟不上社会的发展”，54.0%的人“觉得自己没用”，49.1%的人“对什么都不感兴趣”，他们“感到很孤独”(58.3%)，甚至“觉得活着没意思”(36.8%)。调查的独居老人中平时有“失眠”(70.8%)、“身心疲惫”(67.1%)、“烦躁易怒”(49.0%)、“容易哭泣或想哭”(19.9%)等现象。

4. 单身独居老年妇女生活压力较大

(1)生活质量较低。38.5%的单身独居老年妇女觉得自己的经济状况“有些困难”和“十分困难”，高于单身独居男性4.3个百分点。家中使用自来水的占89.4%(单身独居男性95.2%)、使用电视机的占87.2%(单身独居男性97.3%)，感觉居住环境不太理想的占26.3%(单身独居男性23.8%)，感觉自己健康状况“很差”和“较差”的有36.4%(单身独居男性32.5%)，生病后“只能听之任之”的占13.9%(单身独居男性8.9%)。

(2)自我评价不高，消极情绪较多。调查显示，单身独居老年妇女与消极情绪有关的数据全部高于男性，她们对自己的评价普遍不高，43.0%的人认为自己“是家庭的负担”(单身独居男性29.7%)、43.0%的认为自己“是社会的负担”(单身独居男性37.3%)，64.1%的“觉得自己没用”(单身独居男性57.1%)。

表4 男女独居老人不良精神症状比例(%)

	常失眠	感觉身心疲惫	易怒	易哭泣	对什么都没兴趣	感觉孤独	觉得活着没意思
女性	73.1	71.8	46.6	37.1	67.6	78.6	46.6
男性	61.5	58.3	46.4	18.8	44.1	72.2	38.6

(3)参与意识薄弱，有宗教信仰的较多。调查表明，单身空巢家庭的老年妇女不识字、小学文化的占59.8%，其中多数集中在农村。她们精神生活贫乏，缺乏良性生活安排，62.1%的“没什么兴趣爱好”，63%的“从不看书报”，50.6%的“从不锻炼身体”，74.7%的不主动给所在社区(村)提建议，89.5%的不向政府有关方面反映情况，20.6%的有各种宗教信仰(高于男性10个百分点)。一些村干部反映：“找开会她不来，到教堂去却积极得很”，可见，有不少老年妇女把信佛、信神，甚至参加一些迷信活动作为精神寄托。

5. 老年活动阵地建设不足

被调查的老年人平均有多于3个的子女，而“愿意”和子女同住的老年人仅有17.3%，有17.7%的城市老年人和57.1%的农村老年人“希望被照料的方式”是与子女同住。

表 5　空巢老人希望被照顾的方式(%)

	与子女同住	住养老院	请保姆	其他
城市	17.7	24.3	36.2	21.8
农村	57.1	17.0	2.7	23.2

当前,老年社会保障、老龄事业基础设施建设、老龄产业发展等尚跟不上老龄化的速度。调查发现,有 48.3%老年人"从不参加"社区老年活动室的活动(见下图),50.9%的老年人"从不参加"老年学会、协会的活动,农村则有 76.1%的人"从不锻炼身体"。这是因为,不仅是各种为老服务的项目缺乏,而且现有的设施、场地并没有用足用好。我们对坐在马路边的老年人进行访谈时,他们反映虽然社区有老年人活动室,但活动室很多时候只是一个摆设,平时租给人打麻将用了。他们反映想去老年大学,可名都报不上。还反映现在适合老年人参与的电视、电台节目太少,而且栏目不固定,寻找困难,即便找到了,也大多是推销老年用品的。

空巢老人使用社区老年活动室的情况

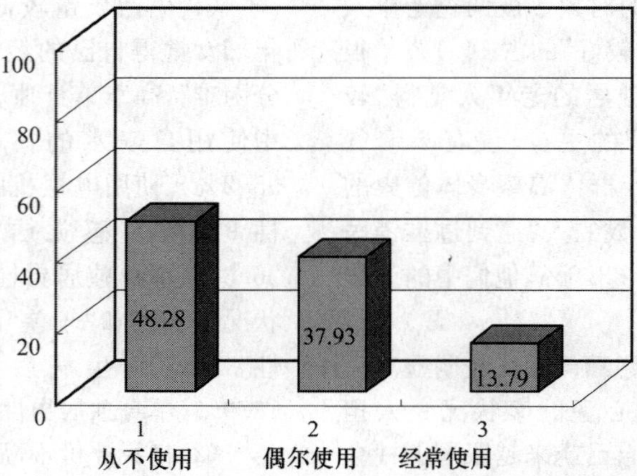

四、建议与思考

1. 重视老年工作宣传

调查发现,虽然有 78.7%的被调查者认为老年问题越来越受到关心,但同意"尊敬老年人的年轻人越来越多"观点的仅有 47.7%。因此,仍然要进一步加强尊老敬老社会氛围的培育。一要加强宣传教育,运用主流媒体,通过开设专栏、专版,制作专题节目,举办专题图片展览等形式,宣传老龄工作方针政策、普及老年法规政策知识,引导全社会更加关心和支持老龄工作。二要针对目前电视、广播适合老年人的节目较少较分散,不能适应老年人需求的现状,推出老年人喜闻乐见的栏目。

2. 完善老年人优惠政策与公共服务体系

(1)制定优惠政策。对城镇赡养高龄老人的家庭在老人病重期间给予带薪护理假;对与老人异地生活的生活有困难的成年子女,提供交通费补贴,使之在节假日能够与老人团聚,使老人能够获得亲情关爱。完善计生划生育家庭奖励扶助制度,与低保标准提高同幅度增长扶助金标准,享受对象应当包括城镇年老无退休养老金的独生子女家庭老人。

(2)完善养老服务体系。培训护理人员和家政服务人员,加强对老年人的上门服务;建立老年活动室,开办老年学校;开展老人法律援助、庇护服务;社区医疗中心每年为老年人免费或低收费体检一次,建立健康档案,提供医疗咨询服务;完善老年人的居家安全报警系统,为单身、高龄老年人安装救助门铃等。

3. 做好老年人的精神慰藉

一要组织开展适合老年人的各项文体、交往活动。二是建立健康老人帮助困难老人和老年人之间的同伴联络制度。在学校开展为老年人服务的实践活动,建立青少年和老年人之间的互动联系制度。三是扩大志愿者队伍,开展邻居结对帮困活动。从调查的情况看,社区更要帮助老年人搞好邻里关系。老年人遇生活不便、头疼脑热或突发事件,邻居能在第一时间赶到，这是社区照料不能替代的。四是多建价廉服务优的养老院、护理院，以便集中供养。五是引导老年人积极地看待空巢现象，把子女长大离巢看作自己抚养的成就，利用空巢的悠闲、清静做自己感兴趣的事，从而战胜"空巢综合症"带来的抑郁、孤寂。

4. 畅通社会参与渠道

鼓励和组织低龄老年人融入社会，帮助老人实现老有所为。老年人有较多的闲暇时间，因此他们在维护社区安全、消除隐患方面能发挥很好的作用。如一些社区建立老年志愿服务队，从事社区的卫生、安全巡查，在创建干净、安全社区环境的同时，自己也从中找到了快乐。

作者：江苏调查总队

城市社会化养老问题研究

随着我国经济的快速发展和医疗水平的不断提高，人们的生活水平和医疗条件都得到了前所未有的改善，人口的平均寿命明显延长，人口老龄化的程度日趋严重。如何组织和培养社会化养老的力量？如何健全各个层次的养老机构？如何提升社会化养老服务的水平？如何满足今后养老需求不断变化的要求？这将是摆在我们面前最现实、最迫切、最关键的问题。

一、株洲人口老龄化的进程

根据世界卫生组织的定义，如果一个国家60岁以上老年人口达到总人口数的10%或者65岁以上老年人口占人口总数的7%以上，那么这个国家就已经属于人口老龄化国家。根据这个标准，2000年株洲市(本文中城市社会化养老研究范围仅包括城市四区和醴陵市市区，数据口径也与此相同。下同)60岁以上老年人口占总人口的比例为9.7%，65岁以上的占5.7%。到2005年(1%人口抽样数据)，株洲市60岁以上老年人口占总人口的比例达到了12.9%，65岁以上的占到了9.5%。因此，株洲到2005年已经完全进入了老年城市的行列。

二、株洲市社会化养老机构的现状

1. 养老机构的概况

据株洲市民政部门的统计，目前株洲市共有老年公寓和福利院8所(不包括农村敬老院)，其中荷塘区规模最小的夕阳红公寓是一个招待所改建的，只有醴陵市老年公寓是专门新建的养老机构。通过对这8个社会养老机构的实地调查和对有关人员的访问，株洲市社会化养老机构的概况如下：

从所有制性质来看，除仅有13个房间的荷塘区夕阳红公寓为集体所有制性质和规模最大的醴陵市老年公寓为国有民营性质以外，其它均是国有事业单位性质，属市民政局的二级机构。

从养老规模来看，8家养老机构共有床位数549个，现已入住440人，总入住率为80%。但芦淞区和石峰区的分院基本上只收五保老人，荷塘区和天元区共接收五保老人26人，剔除这个因素以后，各养老机构中社会化养老部分的入住率为85%。

从服务对象来看，国有养老机构的服务对象，主要包括由财政拨款供养的五保老人和自费入住的无传染性疾病、患有其它不宜入院疾病的老人及部分智障人员，集体和民营养老机构则不包括五保老人。入住对象没有地域限制。

从管理和护理服务人员来看，8所养老机构共有管理人员29人，护理服务人员100人。但因各院管理方式不同，有的护理人员是私人雇请来，有的则是由养老机构统一雇请，统一调配使用。

从收费标准来看，各养老机构根据各自的条件及提供服务的程度制定了相应的收费标准。国有机构一般护理(免护理费，今年提价后的标准)的收费标准在460至700元之间，集体和民营机构条件相对较好，费用标准在770至830元之间。如果需要额外护理，则按三级护理60元左右、二级护理200元左右、一级护理400元左右、特一级护理700元左右的标准收费。有的则要求入住者自请护理人员，自付护理费用，养老机构只收取护理人员的伙食费200至300元。

从内部设备设施来看，国有养老机构中基本上都是简单的单人房带一个洗漱间，有的还是二人合住一间。内部设施只有床、桌、椅、柜几样简单的家具和老式的木门木窗，彩电、冰箱、洗衣机、空调等家用电器自备使用则按电表数收取电费。但收费较高的夕阳红公寓和醴陵市老年公寓除了简单的家具外，房间还配有电视机、电热水器、浴霸等设备，电费也要自理。

从公共设施来看，每个养老机构里都有或大或小的健身房和娱乐室，都有服务人员二十四小时值班。两家集体和民营机构每个房间还配有呼叫电铃，随时可以呼叫服务人员上门服务。醴陵市老年公寓里还配有标准的门球场和宽敞的阅览室。

2. 养老机构中老人的心态及基本情况

通过对各养老机构中入住老人的随机调查，95%以上的老人（思维清晰的老人）对目前的生活感到满意，也很知足，因为既解决了子女的难题，也解决了自己饮食起居无人照料的问题，还消除了孤独感，感觉在这种集中式的社会养老机构中度过晚年是一种很好的方式。

从对入住条件的选择来看，环境优美、房屋宽敞且交通方便是子女们看中的先决条件，而楼层的高矮则是老人们的首选，因此，所有养老机构中入住率没有达到100%的原因，主要是因为三、四楼层较高，没有电梯上下不方便。

从入住的原因来看，绝大多数老人都是因为不愿意给子女添麻烦而自愿入住的。有的则是丧偶或身体状况不佳或因病需要全面护理而不得不入住养老机构。也有极少数的老人是感觉跟子女住在一起家务活太多、太累，身体吃不消而想到养老机构中来休息、休养。

从入住老人的年龄、性别和婚姻状况来看，80岁以上老人占大多数，且以女性和丧偶者居多。年龄最高的为98岁，年龄中位数约为83岁。年龄在70岁以下入住的，绝大多数是因为健康的原因。只有极少数健康状况良好，但因丧偶且子女不在身边而入住养老机构是图个方便和热闹。夫妻双方一起入住的很少，基本上是由于一方身体不好，在家一个人照顾不来而到养老机构中寻求帮助。

从入住者的健康状况来看，8家养老机构中生活能自理或基本能自理的老人占80%，20%是生病或残疾需要全面护理的老人及少数年轻的智障者。

从费用负担方式来看，自费入住的老人中，有离退休金的基本上都是用离退休金为自己养老，只有不够部分和医疗支出才会要子女资助。也有一些是农村来的空巢老人，他们没有离退休金，所有费用就由儿女们全部负责。

从子女探视情况来看，大多数老人每星期都能得到子女的探视，逢年过节还能被子女接到家中或酒店团聚。只是刚入住不久的老人才会对子女探望的期望高一些。

从社会的关注度来看，社会公众对养老机构中老人的关爱主要表现在节假日慰问和一些日常生活的帮助上。关爱的群体以各大、中、小学学生为主。其次是一些机关事业单位、新闻媒体和一些个体、私营单位及义工。每年三月份学雷锋活动月是关爱活动最多的时候。

三、养老机构中存在的困难和问题

株洲市国有性质的养老机构基本上是由上世纪八九十年代收养五保老人的机构发展起来的，由民政局统一管理，实行自收自支的管理模式。除了资金问题以外，各养老机构目前主要的困难和问题是：

1. 没有交通工具，难以为老人提供方便、快捷的服务

调查中，所有养老机构均没有用于为老人服务的交通工具。由此带来的困难，一是无法应对老人出现发病等紧急状况；二是不能及时为老人购买一些生活急需品和药品；三是无法提供定期接送老人与亲人团聚的服务项目；四是不能更好地为老人安排一些室外活动和与其他养老机构的交流。

2. 楼房没有电梯，高一点的楼层无法充分利用

目前所有养老机构虽然最高的楼层是四楼，但对于70多岁以上的老人特别是身体不好的老人来讲仍算是“高楼”了。有的甚至还没有设置无障碍通道，导致三、四楼的房子空置，造成了资源的浪费。

3. 难以聘请到专业且稳定的护理人员

现在各养老机构的护理服务人员中基本上都没有学过医护知识或从事过医护工作，绝大部分是40～50岁的下岗职工和从农村来的务工者。

4. 担心出现意外事故

入住养老机构的老人绝大部分年事已高或身体欠佳，因此担心他们摔伤、走失，担心他们的用电安全和人生安全。一旦出事，只有养老机构自己独自承担。

5. 室内及室外设备的维修经费难以筹措

无论是房屋还是家庭设备和设施，年岁久了都会不同程度的损坏。平时桌椅门窗、厨具卫具、娱乐设备等坏了要靠养老机构自己筹钱解决，只有大修才可以向主管部门申请。多年来国有养老机构一直是福利院性质，根本没有什么赢利，因此，对各种设备设施的维修改造很难有经费来进行。

6. 部分养老机构交通不便和基础设施不健全

株洲现有的8个养老机构中，有5家位置偏僻，无公交车进出。有一家集体机构，老人的用水用电价格按营业用价格收取，且电视只能收到湖南的4个台。有一家则连自来水都不能正常供应，需要等周围居民用水高峰期过后用加压泵将水抽至水塔才可用。

四、现阶段各年龄段不同类型人员养老心态分析

通过对家居养老人员434人的调查，其中40岁以上在岗人员293人，18～39岁人员208人，各年龄段人员养老心态如下：

1. 家庭养老人员的基本情况及心态

接受调查的434位家居养老人员中，77%对目前生活满意或比较满意，40%的跟子女住在一起，20%的身体不太好，60岁以上老人中15%的丧偶。在问到“您是否想过去敬老院集中养老”的问题时，34%的老人回答“想到过”。但现在没去的原因，最主要的是目前身体状况还好，能自己照顾自己。在对养老机构的地域选择作调查时，40%的人表示愿意到建在郊外但交通方便的机构中养老，29%的人愿意住在城市的养老机构中养老，回答“无所谓的”占31%。费用负担方面，11%的老人表示只能接受每月300元以下的费用，30%的老人觉得目前300～500元以内可以承受，11%的老人可以接受每月500元以上的费用，其他则表示要视情况而定。

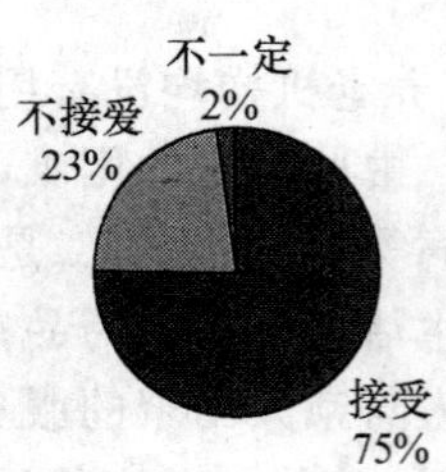

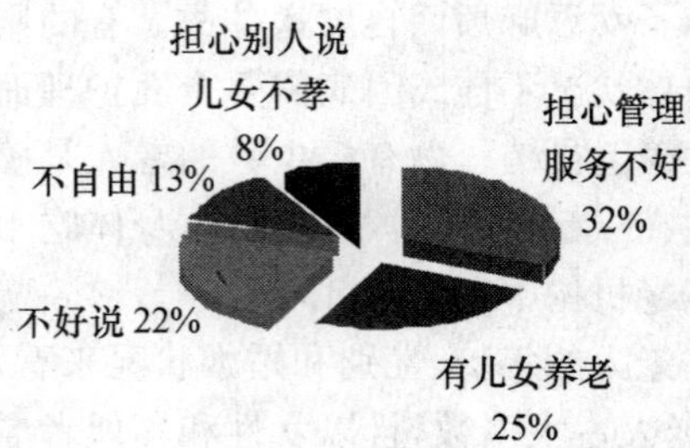

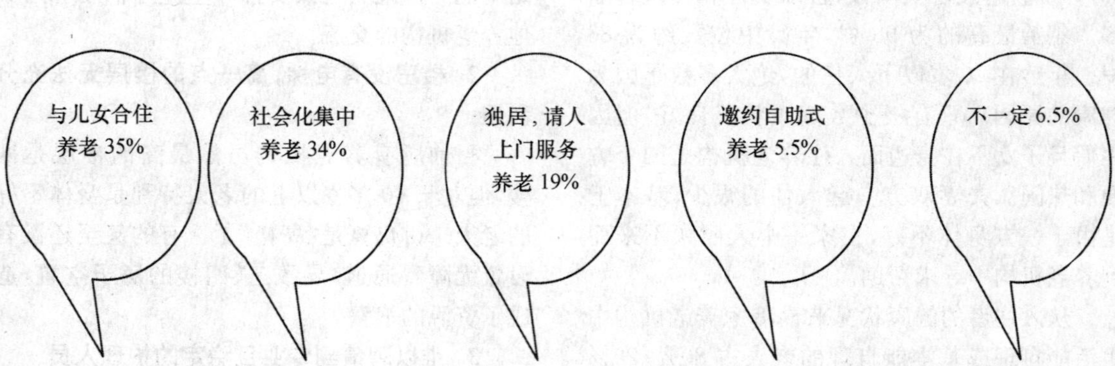

2. 40 岁以上在岗人员的养老意向

现在，不少企业单位 40 多岁的女性和 50 多岁的男性“内退”或退休现象越来越多，因此，现在的中年人退休和养老的心理预期越来越近。从 293 份四十岁以上中年在岗人员的调查问卷来看(如图)：

社会化养老中居住方式的选择：

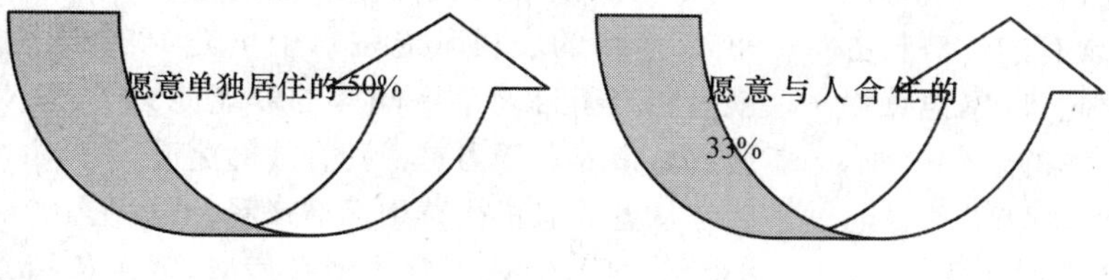

3. 年轻人对如何为父母养老的设想

从接受调查的 208 名 18～39 岁的年轻人来看，有超过半数以上的人希望与父母住在一起，为他们养老尽孝。24%的人表示希望父母独居，但会请人上门照顾他们。10%的人打算为父母邀约亲朋好友互助式养老，只有 9%的人明确表示会为父母选择合适的养老机构集中养老。

五、提高社会化养老能力和水平的建议

1. 领导上重视，宣传上造势，营造全民关注社会化养老的氛围

社会化养老是一项庞大的系统工程，是实现十七大宏伟蓝图的重要工程。首先，需要领导上重视。指导各部门、各单位各尽其责，协调配合，共同搞好养老事业；其次，要借助广播、电视、报刊等媒体进行广泛的宣传，营造一种全民关注社会化养老的良好环境和氛围，让人人都来积极建言献策，添砖加瓦，促进株洲社会化养老事业又好又快发展。

2. 职责上明晰，将老年工作纳入到各级政府的政绩考核之中

社会化养老工作是一项关乎百姓生存，情牵百姓冷暖的民心工程，如何落到实处，需要一个专门机构来负责。现在株洲负责老年工作的机构主要是各级老龄委员会办公室和老干局。要明确一个为主的机构，并赋予一定的职责权限和配备一支精干务实的干部队伍，制定切实可行的量化指标，纳入到各级政府和领导每年的政绩考核之中，把责任逐项落到实处。

3. 政策上支持、财力上扶持，鼓励多层次兴办养老机构

政策上支持。一是对兴办养老服务机构的单位和个人，在土地、税收、水电气、车辆使用等方面给予政策性优惠；二是在用人上给予适当的经费补贴；三是对长期主动为养老机构和老年人提供服务的单位(如医疗单位、居民服务业单位等)在其他相关方面给予相应的政策优惠。

财力上扶持。一是对兴办养老机构的单位或个人，由各级财政安排资金进行直接补助；二是由政府牵头建立养老慈善基金；三是适当发行福利彩票．集全民之力来共同建立起一批分布合理、不同档次的养老机构供不同层次的老年人自由选择。

4. 管理上规范、设施上完善，充分发挥现在养老机构和医疗资源的作用

根据目前株洲市现有 8 家养老机构的入住情况和存在问题，对规模较大的养老院加装升降电梯；对供水不正常的进行管道改造；对电视频道收视限制的给予解码；对交通不便的地方每天增开一两个班次的公交车；对入住老人进行分类管理，或集中调剂安置；对按营业价格收取水费、电费的给予政策优惠等等。这些措施相对于新建来讲，见效更快，投入也不大，既能把已有的养老能力充分利用，又能让已经入住的老人更加方便、舒适。

同时，充分利用现有医疗资源，使身体不好的老人在老有所医的关爱中更好地享受老有所养。一是医疗机构与现有养老机构进行资源优化配置和整合。如医院到养老机构中设立门诊部，随时方便老人就诊；或定期到养老机构中对老人进行身体检查和健康辅导；或为老人建立

健康档案，对那些需要定期治疗和长期用药的老人进行上门服务。二是医疗机构利用现有条件建立临终关怀医院。一些重病的老人仅靠养老机构的力量是无法为他们全方位养老的。临终关怀医院就能让他们既能得到有效的治疗，又能安心休养。三是医院利用现有的优势自办养老机构。医院可以利用自身优势，象恺德微创医院那样开设集养、护、医一体的老年公寓，为株洲的社会化养老事业分忧解困。

5. 强化职能，提升社区养老服务水平

随着城市的扩充，社区的职能和职责也在进一步增加。因此，强化社区养老服务功能，扩充社区养老服务队伍，是一条既能让子女放心又能让老人舒心的养老之路。一种是社区兴办老人日托班。即在有条件的社区设立老人日托班，为社区老人提供日托服务，负责他们的饮食、娱乐、购物及基本医疗护理等。另一种是社区居家养老模式。即社区建立养老服务中心，选派经过培训后的养护人员到老人家中，为老人提供钟点式生活服务或健康基本护理服务。还可以实行送餐上门、陪老人聊天、逛街、就医甚至走亲访友等服务。

6. 规模上扩充，费用上优惠，适当降低养老院入住门坎

落叶归根是很多老人们的心愿。现在农村敬老院几乎每个乡都有，而且空气清新，场地宽广，是很多城市人所向往的生活环境。如果全市 47 个乡的农村敬老院每个扩充 10 个床位，就有相当于目前市区同等的养老能力了，这对缓解城市养老压力是一种有效的捷近。

从各养老机构费用标准来看，虽然在 460～830 元之间，但只要身体稍有病痛，费用负担立刻就加重了。据统计，2006 年株洲市城镇企业离退休人员的月平均养老金收入为 718 元，机关事业单位离退休人员养老金为 1398 元。占离退休人口 84％的企业离退休人员养老金收入只能进入到条件最简陋的养老机构中，而且还必须保证身体健康才能够自养。因此，在福利彩票、养老慈善基金和每年的财政补贴中拿出一部分资金，专门用于养老机构中老人的社会福利或食宿补贴，则在一定程度上降低了入住养老院的费用负担，使低收入群体中的老人能够享受得起社会养老的服务。

作者：湖南株洲调查队　罗友权

大力发展民办养老服务机构

目前，福建省 65 岁以上的老龄人口为 319 万人，占全省总人口的 8.97%，其中 80 岁以上的老人 56 万人，百岁老人从 1999 年的 396 位增加到 2005 年底的 833 位。人口老龄化引发了一系列不可回避的社会问题，如老年赡养问题、生活护理问题、疾病治疗问题、学习教育问题、文体活动问题等等。养老服务机构是为老年人提供养护、康复等综合服务的机构，是老龄产业的重要组成部分。

一、福建省养老服务机构现状

1. 社会养老服务较为薄弱

调查显示，全省现有养老床位不足 2 万张，老年人养老床位拥有率仅为 4.5‰，低于全国平均 8.6‰的水平，更低于联合国 20‰的标准，养老床位数量严重不足，与福建省经济发展水平及人口老龄化趋势不相适应。据有关部门统计，全省现有县以上公办社会福利养老机构 88 所，占地面积 765.72 亩，建筑面积 21.04 万平方米，床位 5525 张，目前入住 3916 人(其中“三无”老人 2417 人)，入住率 71%；有乡镇(街道)敬老院 646 所，占地 1957.26 亩，建筑面积 30.88 万平方米，床位 9055 张，入住“五保”老人 6496 人，入住率 72%；全省有民办(含民办公助、公办民营等)养老服务机构 65 所，占地 177.16 亩，建筑面积 7.45 万平方米，床位 4859 张，目前入住老人 1429 人，入住率 45%。

2. 公办社会福利机构发展良好

全省县以上民政部门兴办的社会福利机构比较健全，有一定规模，服务比较规范。近几年，许多公办福利机构利用空余床位接收社会老人入住，受到老年人欢迎。有的还利用院内空地兴建面向社会的老年公寓。如福州市社会福利院现有床位 110 张，在院老人 105 人，除了 34 人为“三无”老人和优抚对象外，其余为社会老人。为了更好地满足社会老人的需求，民政部门决定投资 900 万元再兴建一幢老年公寓楼，新增床位 280 张。厦门市社会福利中心建了一幢建筑面积 1 万平方米，有 400 多张床位的老年公寓楼(又称松鹤疗养院)，面向社会开放。泉州市鲤城区社会福利院有 180 张床位，目前在院供养对象 60 人、残疾弃婴 30 人、自费社会老人 50 人。漳州市社会福利院利用院内场地新建一幢建筑面积 1.3 万平方米的老年公寓楼。南平市延平区社会福利院新建一幢有 400 张床位的老年公寓楼。龙岩市光荣院、宁德市蕉城区福利院等也都扩建了老年公寓楼。

3. 民办养老服务机构逐步发展

近几年，福建省民办养老服务机构逐步得到发展，龙岩、厦门、福州等地发展更快一些。目前龙岩市城区有各类民办养老服务机构 8 所，860 张床位；厦门本岛 19 家养老机构中除了一家公办、一家公助民办以外，其他均为纯民办，总床位 1244 张；福州市现有 14 所民办养老服务机构，722 张床位。各地在兴办民营养老服务机构中，涌现了一批好的典型。如，龙岩市永乐老人公寓有 100 多张床位，已入住老人近百人，今年还将新建一栋老年公寓楼。厦门市金尚老人公寓是一对部队转业干部夫妇兴办的，成立于 2002 年 8 月，是公建民营的养老服务机构，建筑面积 7000 多平方米，有 100 张床位。老人公寓内医疗、康复、健身、活动等服务设施比较完善，集养、医、护理与康复为一体。福州市金秋老人护理院，是福建省 13 家“爱心护理工程”试点单位之一，目前共收住着 59 位老年痴呆、高血压中风、糖尿病、心脏病等生活不能自理的老人，他们的平均年龄是 85 岁，年纪最大的 102 岁。

二、民办养老院存在的主要问题

1. 缺乏固定的服务场所

由于受历史观念影响，以前总认为福利机构是慈善性质的场所，不宜建在繁华地段。现在观念虽有改变，但繁华地段又寸土寸金，受经济条件制约绝大多数养老机构无力征地，只能位于“被人遗忘的角落”，或在城乡结合部，交通不便。多数民办养老院靠租赁馆舍经营，没有属于自己的固定场所，常因租约到期，房东收回场地等原因而难以为继。

2. 规模偏小，服务内容简单

由于资金投入不足，民办养老服务机构大多设施比较简陋，房屋及其他建筑物难以达到《老年人建筑设计规范》的要求，缺乏必要的医疗设施和老人康复训练设施。多数民办养老院面积较小，设施不配套，人员培训跟不上，无法形成规模。在服务内容上基本只能提供吃、住、护理等简单服务，且居住生活条件简陋，服务人员大多没有受过专业培训，在管理上也是强调整齐划一、统一起居、统一活动，近似于集体生活的管理模式，缺乏人性化管理。

3. 经济效益差，资金筹集难度大

从经营角度上讲，从事养老服务机构及相关服务是一项带有福利性的微利项目。从福州市 14 家民办养老机构调查情况来看，仅有 1 家盈利，4 家保本，9 家存在不同程度亏损。目前，民办养老服务机构基本上没有得到金融机构贷款。他们的投资除了自有资金外，主要是靠民间借贷。民间借贷规模较小，且利率较高，给民办养老服务机构造成了较大的债务负担。

4. 优惠政策落实不够

2000 年国务院办公厅转发了民政部等 11 部门《关于加快实现社会福利社会化的意见》，在建设规划、土地使用、税收减免、水电使用等多方面给予优惠。但由于政策条文过于原则，对具体的优惠没有明确的规定，一些地方政府对这些政策的落实缺乏组织协调、引导、监督，加上一些部门出于本部门的利益考虑，在落实优惠政策上往往推诿扯皮，使各项优惠政策难以得到落实。

三、建议

1. 提高认识

要以树立和落实科学发展观，构建社会主义和谐社会战略思想为指导，按照政策指导、政府扶持、社会兴办、市场推动的原则，统筹规划，突出重点，因地制宜，分类指导；以市场化、社会化为导向，逐步建立适应人口老龄化发展趋势的多元化、多层次的城乡养老服务体系。鼓励和扶持民营资本投资兴办养老服务产业，逐步将养老服务机构由政府兴办为主向社会力量投资兴办为主转变，是加快发展养老服务产业的重要途径。

2. 明确目标

《福建省人民政府关于加快发展老年服务机构的意见》提出，今后 5 年，福建省要基本建成以政府兴办的养老机构为示范，以民办养老服务机构为骨干，以社区养老服务为依托，以居家供养为基础的社会养老服务体系，争取到“十一五”期末，全省各种所有制形式的社会养老服务机构床位数达到每千名老人 10 张以上。要实现以上目标，就要因地制宜，实现投资主体多元化。

3. 加强规划

重点做好县以上城区养老服务机构的合理布局，把养老服务设施布局规划纳入城镇建设规划，统筹安排社区养老服务设施建设。农村地区重点办好供养农村五保对象的农村五保供养服务机构，通过发展农村乡（镇）敬老院和老年服务中心，扩展服务对象和服务范围，不断提高农村养老的覆盖面和服务水平，推进社会主义新农村建设。

4. 加快改革

鼓励非公有制经济参与社会福利养老单位的产权制度和经营方式的改革。政府应从老年福利机构经办人的角色中解脱出来，成为组织社会力量发展社会福利事业工作的组织者和引导者，更多地从宏观管理、政策制定、经验总结方面进行指导。对原先由政府开办的公办福利机构除大部分转为民营外，可以将条件突出的转为示范性、窗口式的老年福利机构，发挥它们在人才、服务和设备方面的优势，作为培训中心发挥骨干和辐射作用。

5. 大力扶持

对经民政部门审批、工商部门登记的企业性质的民办养老服务机构，给予鼓励和支持，享受国家有关服务业的政策待遇。今后将加大政策支持和资金扶持力度，广泛动员社会力量，大力推进养老服务机构的发展，不断满足不同层次、不同类型养老服务的需求。

作者：福建调查总队　林勇

应对人口老龄化　构建和谐新江苏

——江苏省老龄工作的调查与建议

为深入了解江苏人口老龄化的现状和趋势，推动全省老龄工作的进一步发展，由省委研究室牵头组织，国家统计局江苏调查总队、省劳动和社会保障厅、财政厅、妇联、人口与计划生育委员会、省委老干部局、省老龄办和省老年学会等部门参加的联合调研组分赴全省各地，通过问卷调查、座谈会、走访社区乡村居民家庭等多种形式，开展了深入细致的专题调研。总体上看，近年来在省委、省政府的领导下，江苏老龄工作取得了比较明显的成效，“六个老有”目标正在加快推进。但作为全国率先步入人口老龄化的省份，老龄化形势十分严峻，潜在问题逐步显现，对经济社会发展的制约日益突出，解决不好将直接影响江苏“两个率先”目标的顺利实现。

一、六大特点彰显江苏人口老龄化的严峻形势

截至2006年底，全省60周岁以上老年人口已超过1151万，占户籍人口总数的15.7%，比全国平均水平高4.7个百分点。人口老龄化进程呈现出“六大特点”：

一是来得早。60岁以上老年人口达到人口总数10%，是衡量一个国家或地区进入人口老龄化的“门槛标志”。按照这个标准，江苏于1986年已进入人口老龄化阶段，比全国(1999年)总体水平提前了13年。苏州、无锡两个地区则分别比全国提前了18年和16年。

二是基数大。全省老年人口基数大，农村占比高。1986年，全省60岁以上老年人629万，仅用了20年时间，到2006年增长到1151万，其中70%左右的老年人口居住在农村。据统计，太仓市的老龄人口已占该市人口总数的21.7%。

三是增速快。1986年至2006年，全省老年人口净增522万，年均增长率为30.67‰，几乎是人口年均自然增长率5.14‰的六倍。特别是上世纪70年代末实行计划生育以来，独生子女的父母一代正在步入老年，人口老龄化进入加速发展的新阶段。

四是寿龄高。全省人口预期平均寿命，从1949年的39岁提高到目前的78岁。80周岁以上的高龄老人达160万，占全省老年人口总数的14%，且以年均3.8%的速度继续增长。

五是“空巢”多。据2006年底统计，全省城市社区中，与子女分开居住的“空巢”老人占40%以上；农村“空巢”老人占35%以上。其中80岁以上城乡高龄“空巢”老人达20%。

六是农村弱。由于农村体制改革、农民家庭结构的变化和社会保障制度建设滞后，导致了农村老龄化中养老问题十分突出，特别是苏北地区失去劳动能力的孤寡、病残老年农民生活更为困难。

调查表明，全省人口老龄化的提前到来和迅速发展的形势不可逆转，正向着人口抚养系数不断攀升的重度老龄化迈进，它既是江苏多年来坚定贯彻计划生育国策，严格控制人口增长的必然结果，也是经济快速发展、人民生活条件和生存环境不断改善的必然结果。

据有关资料报道，发达国家的人口老龄化是在工业化、城市化和现代化的经济快速增长基础上而逐步到来的，一般经历了40～80年时间。而江苏则在改革开放初期就已进入老龄化阶段，加快发展和物质积累只用了20年左右的时间。当前，在全面建设小康社会的新阶段，既有经济发展的压力，又有社会转型和家庭结构变化带来的人口赡养压力，要保障和满足包括

老年人口在内的全省人民日益增长的物质文化需求，困难突出，任务艰巨，形势十分严峻。“十一五”期间是全省经济社会更好更快发展的重要时期，也是应对人口老龄化、做好老龄工作的关键时期，必需高度重视，积极应对，力争做到早预见、早谋划、早动手，为构建“和谐江苏”奠定坚实基础。

二、积极应对老龄化工作取得初步成效

改革开放以来，特别是近几年，全省老龄工作坚持以科学发展观为指导，以构建和谐社会为目标，以提高老年人生活水平和生活质量为出发点和落脚点，积极应对、扎实工作，取得了一定成效。

1. 城乡社会保障体系初步建立

全省城镇职工养老保险覆盖率已达97.2%，离退休人员基本养老金按时足额发放并逐年有所增加。退休职工社会化管理率已达96.5%。农村社会养老保险进一步发展，参保人数达868.97万人(其中，参加“新农保”的有176万人)，被征地农民143.2万人全面落实社会保障，全省有22.78万农村“五保”老人1万多城市“三无”老人生活得到保障。城乡老年人救助制度正在建立，全省已有42.86万城镇居民纳入低保补助，有105.82万农民纳入农村低保。城镇职工基本医疗保险覆盖率达92.8%。新型农村合作医疗覆盖面已达92%，各地还建立和推广了多种老年人补充医疗、多种大病医疗保险和慈善医疗补贴，弥补老年人基本医疗保险的不足。全省建有老年病医院10所，开设老年病专科门诊200个，老年护理院4个。

2. 养老设施和养老服务事业发展迅速

到2006年底，全省现有城市养老机构499所，老年护理康复机构255所，农村敬老院1611所，养老床位14万张以上。省政府2005～2006年两年共投入资金2.85亿元，帮助经济薄弱地区改扩建农村敬老院，新增床位6万多张。养老机构建设不断加强、服务不断改善、功能不断提高，全省农村“五保”老人集中供养率已达52%。以老年人为主要服务对象的社区服务中心、服务站和各种家政服务机构迅速发展。各地因地制宜，积极探索，走出了公办民营、民办公营和政府购买服务等养老服务的新路子，得到了国家的肯定和推广，产生了积极的社会效应。

3. 老年人文化体育事业起步良好

目前，全省共有老年大学和学校3284所，初步形成了多层次、多形式、多学制、多学科的老年教育体系，参加学习的老年人超过38万人，占老年人口总数的5%以上。老年体育网络进一步健全，基层老年人协会18986个，每年有超过300万的老年人参加文化体育活动。通过实施“星光计划”，共投入7.3亿元改善了全省基层老年活动场所和基础设施。城乡老年群众文艺活动组织得到壮大，开展了经常性、多样化、健康向上的老年文化娱乐活动，丰富了广大老年人的精神文化生活。

4. 老年人参与经济社会发展作用初显

近年来，我省各级政府十分注意调动老年人的积极性、为老年人搭建发挥余热的平台。省政府下发了《关于进一步发挥离退休专业技术人员作用的意见》等，全省老年人在关心教育下一代、扶贫济困、参与社区管理、维护社会治安、参与科研项目、进行科普宣传、兴办社会公益事业等方面都发挥了不可替代的积极作用，老年人自身的社会价值也同时得以实现。

5. 老年人依法维权的基础增强

在司法部门的协助下，全省老年维权网络逐步建立、健全，各市、县(市、区)依托老龄工作系统普遍建立了老年人法律援助站，老年维权工作逐步向乡镇(街道)、村(社区)延伸，为进一步全面开展老年法律援助、老年法律服务、老年司法救助等，打下了一定的组织基础和工作基础。

三、当前老龄工作面临五个方面的突出问题

调查中发现，伴随着人口老龄化趋势的不断严峻，社会保障等面临空前压力。但从宏观和微观来看，我们应对人口老龄化的能力还不强，部分市、县领导同志对人口老龄化的现状和形势了解不多、重视不够，老龄化对经济社会发

展带来的制约和影响也估计不足，缺乏站在全局高度全面规划和统筹协调，经费投入偏少，机构不够健全等，老龄工作面临着一些突出问题。

1. 参保面不足，养老基金缺口日增

据统计，2001 年全省企业职工养老保险基金支出 144.03 亿元，2006 年增至 336.49 亿元，增长了 234%，养老保障支付的压力显著加大。据省劳动保障部门反映，1991 年全省在职职工与退休人员的供养比是 5.36:1，而到 2006 年末，这个比例已经锐减到 3.5:1，加之财政补贴跟不上养老金支付的增长幅度，使部分地区“现收现付”制度下的养老基金筹付体系面临严重“收不抵支”局面。截至 2006 年末，全省城乡参加各项养老保险的总人数为 2338.77 万人，仅占全省 20 岁以上户籍人口的 41.6%；其中农村参加养老保险 868.97 万人，仅占农村 20 岁以上户籍人口的 35.4%。目前，全省仍有大量应参加而未参加养老保险的人口游离于保障体系之外。

2. 医疗保障起点低，老年人支付压力大

从目前情况看，主要有两个方面的矛盾和问题，一是医疗保障改革起步晚和低，保障基金支出高、增速快。近年来，医疗保障基金支出高速增长，远远跟不上医疗费用的增长。据统计，2001 年全省城镇职工基本医疗保险基金支出为 21.5972 亿元，2006 年增至 107.7313 亿元，增长 398.82%，但与医疗费用增长相比，只能是杯水车薪，根本难以解决低收入群体，特别是低收入老年群众的就医困难。二是医疗资源分布不均，救助机制不够完善，个人支付比例过大。据卫生部门提供的数据，全社会个人缴费约占全部医疗费用支出的 70%左右。由于老年人体衰病多，医疗费用支出是其他人群的 3～5 倍，特别是患有高血压、糖尿病等慢性疾病的老人，由于需长期服药，难以承受必须个人负担的巨额医疗费用，因病致贫或因病返贫的现象在农村和城市都较为普遍。

3. 老年服务事业和老龄产业发展滞后

随着经济社会发展水平的不断提高，老龄人口各方面的需求日益增长，但江苏为老年人服务产业发展不快，进展缓慢，特别是为老年人服务的金融、理财、保险等产品相对短缺，难以适应老年人的需要，与江苏经济社会发展水平很不协调。具体表现：一是养老服务机构床位明显不足。有关资料显示，发达国家社会机构养老床位数约占老年人口总数的 5～7%，而江苏到 2006 年底，各类养老机构的床位只有 14 万张，仅达全体老年人口总数的 1.1%。即使按暂定 2%的比例标准推算，全省还尚缺 9 万张养老床位。二是部分社会养老机构生存困难。省市人大代表、无锡“博爱康复颐养院”院长朱敏芳说：“1998 年开办康复院以来，累计收住老人 1600 余名，其中‘临终关怀’的老人就有 800 多人，替政府分担了一些困难，但由于敬老院用房租赁即将到期，房主多次催促搬家，现有 300 多名老人将无处安身，虽经多方呼吁近一年，至今还没有解决”。徐州市“我享幸福院”人手严重不足，仅有的一名义工还是在徐州矿业大学工作的加拿大人。该院院长洪嫒痛心地说：“我们幸福院成立六年来，收住老人近千名，没有享受过政府任何经费资助”。三是老龄服务岗位和人员明显不足。有资料显示，发达国家的社区服务从业人员占就业总人口的 20%～30%，发展中国家平均已达 12%～18%，江苏仅占 4%左右。目前，全省社区公益岗位和灵活就业人数共有 80.62 万人，占全省城镇就业总人数的 5.97%；剔除其中灵活就业人数，社区公益岗位的就业人数为 23 万人，仅占全省城镇就业总人数的 1.7%。

4. 老年人的精神文化生活严重匮乏，合法权益缺乏有效保障

一是精神文化生活严重匮乏，问题突出。由于家庭结构的转型和“养儿防老”传统观念的变化，老年人在日常生活中倍感失落和忧郁，自感被家庭和外界所抛弃，产生了一些心理负担和负面情绪。据对南京鼓楼和六合区 400 户独居和空巢老人的调查显示，49.1%的人“对什么都不感兴趣”；58.3% 的人“感到很孤独”；63.2%的老年人“觉得活着没意思”。调查中，一些老年人也反映，虽然社区有老年人活动室，但活动室很多时候只是一个摆设，平时租给人打麻将用了。还有一些有文化和专业技能的老人反映，所谓“老有所用”只是一句空话，他们迫切想发挥余热，但社会上还没有一个规范可信的服务平台。老人精神文化生活的严重贫乏，使许多老年人只能靠看电视、搓麻将和打牌来消磨时光。有的老年人常常是“出门一把锁，进门一盏灯”，过着孤灯孤影的孤独生活。二是老人合法权益没有保障。当前，不尊老、不养老和虐待老人等侵犯老年人合法权益的现象时有发生，甚至出现打骂父母、老人病死在家中无人知晓的情况。在具体维权工作中，由于养老“主要依靠家庭论”受到挑战，老年维权案件的复杂性和艰巨性日益突出，为老年人维权工作任重道远。

5. 区域和城乡间老龄工作水平差距较大

目前，苏南大部分市县在养老保障和养老服务体系建设方面，已基本实现了城乡统筹。苏州市仅用五年时间，通过增加资金投入，构建了城乡一体、覆盖率逐年扩大、水平逐年提高的社会保障体系和养老服务体系。苏北地区的养老保险、医疗保险、失业保险、失地保障和“新农保”等，覆盖率及保障水平都很低。相当一部分农村人口还没有参加基本养老保险，即使已参保的农民，其保障水平也很难维持年老后的基本生活。在省政府“关爱工程”扶持下，苏北各乡镇敬老院的条件虽有部分改善，为五保老人服务的水平也有了一定提高，但面向全体农村老年人的养老服务机构仍然十分缺乏，盐城市农村“五保”老人集中供养率仅40%。调查中还发现，个别敬老院存在着因管理不到位造成的脏乱差现象，甚至还有个别入住老人反映吃不饱饭的问题。

四、稳步推进老龄工作的几点建议

1. 加快推进社会保障全覆盖，确保“老有所养、病有所医”

老年人曾经为国家富强做出过毕生贡献，今天改革开放的丰硕成果中有他们的汗水和辛劳，让老年人安度晚年是我们应尽的责任和义务。一要建立健全覆盖城乡的基本养老保障制度。完善城镇企业职工基本养老保险制度，要重点做好扩面和征缴两项工作；建立财政“托底”的农村新型养老保险制度，重点探索城乡衔接的养老保险办法；建立适应进城务工人员特点的养老保险制度，重点研究参保人员区域流转中保费转接政策；建立覆盖全省的老年困难群体救助制度，重点完善农村“五保”、城市“三无”老人的供养办法。还要建立与经济发展、财政增收相挂钩的城乡养老保障补助标准自然增长的新机制。二要建立健全与省情相适应的老年医疗保障制度。进一步完善城镇职工医疗保险制度，探索建立包括全体老年人在内的城市居民医疗保险制度；进一步完善农村新型合作医疗制度，重点研究扩面征缴和省、市两级财政对困难地区补贴办法；建立覆盖全省的困难老人医疗救助制度，逐步提高老年人医疗救助水平；完善医疗服务网络和双向转诊制度，发展惠民老年医院、老年疾病专科，改善就医环境，适当减免老年人诊疗费用，缓解老年人看病难、看病贵的问题。

2. 提高养老服务水平，加快推进老龄产业发展

认真落实省政府《关于进一步推进养老服务业发展的意见》，加快建立以老年居家养老为基础、社区养老服务为依托和机构养老服务为补充的养老服务体系。遵循市场经济原则，采取公建民营、民办公助、政府补贴、购买服务等多元化资金投入和运营方式兴办养老服务业。各级政府要加大投入力度，加快建立县级以上具有现代管理和培训等示范性养老机构，鼓励社会力量投资兴办适应不同层次需求、不同收费标准的养老服务机构。支持企业开发、生产满足老年人需求的门类齐全、品种多样、经济适用的老年用品。积极开发适合老年人的金融、理财、保险等服务产品，研究推出老年护理保险新险种、“以房自助养老”、“承包地转租养老”等新项目，提高老年人的服务支付能力。

3. 着力整合社会资源，优先满足老年人的精神文化需求

加强老年文化建设，宣传、文化部门要采取多种形式，加大老龄工作的宣传力度，创作更多适合老年人的优秀文化产品，在全社会弘扬敬老爱老的社会美德。加强老年教育工作，动员社会力量、整合社会资源办好各类老年学校，加快发展空中老年大学、网络大学，鼓励和支持更多的老年人参加学习，丰富老年生活。结合城市规划改造，加强老年活动场所建设，各地老干部活动中心要创造条件向全社会开放，积极开展适合老年人特点的文体活动。实行老年人优待证全省通用，让老年人平等享受游园、乘公交、观赏文艺演出等多种优先、优惠服务。

4. 积极梳理各项政策法规，完善老龄工作机制

进一步贯彻《江苏省实施〈老年人权益保障法〉办法》，系统梳理相关配套实施办法，补充完善全省老龄工作法规、规章体系。建立健全养老服务事业目标管理机制，将养老服务体系和队伍建设的各项指标列入社会发展计划，统筹发展、严格考核、确保落实；建立增加养老服务事业经费的投入机制，按照公共财政的要求，根据本级辖区实有老年人数量计提养老服务事业经费，设立财政专项，实行预决算管理；鼓励推广常州市“企业认捐、利息助老”的成功经验等。充分运用财政、金融、税收等手段，扩大养老资金筹集渠道，为提高老年人福利水平奠定财务基础。建立养老服务行业培训、管理机制，实行养老服务机构、组织执业资格认证和养老服务人员职业资格登记制度，强化行业自律、行政监督，保证养老服务业市场有序、健康发展。建立维护老年人合法权益法规的执行、监督机制，健全基层老年维权组织，加强对老年维权工作的指导、监督和检查，切实维护老年人合法权益。

5. 提高思想认识，切实加强对老龄工作的领导

做好老龄工作是坚持以人为本、全面建设小康社会的客观需要，是构建社会主义和谐社会的重要内容。要积极开展人口老龄化发展趋势的跟踪观察和科学预测，定期发布“人口发展信息报告”，为宏观决策提供科学依据。要把老龄事业纳入当地经济和社会发展总体规划，按照“政府主导、社会主体和全民参与”的方针，坚持共建共享的原则，因地制宜开展“和谐老龄化”创建活动，实现经济社会发展与老龄事业建设的和谐、代际的和谐、不同人群权益的和谐、家庭的和谐及老年人个体身心的和谐。

作者：江苏调查总队　张伟新　吴熙云

上海市青少年体育锻炼情况调查

为配合《中共中央国务院关于加强青少年体育增强青少年体质的意见》(以下简称《意见》)的贯彻执行,2007年国家统计局上海调查总队开展了一次针对本市中小学生体育锻炼的专项调查。调查在本市城市范围内60所中小学校中共抽取了有效样本360个,其中,学生样本300个,教师样本60个。

一、对《意见》的贯彻情况及对学生体育的重视程度

1. 学校及时传达《意见》,重视学生体育锻炼

调查显示,当问及学校对学生体育锻炼的重视程度时,有63.4%的教师表示他们所在学校领导"很重视"学生体育锻炼,33.3%表示"比较重视",两者合计为96.7%,只有3.3%表示"一般",没有教师认为学校领导不重视学生体育锻炼。

对教师的调查还显示,《意见》下发以后,有91.7%的学校及时传达了《意见》精神,从另一个侧面反映本市中小学校对学生体育工作的重视。

2. 教师:关注《意见》执行,侧重素质教育

当问及教师对《意见》看法时,所有教师都认为《意见》的出台很有必要,充分肯定了《意见》对提高我国青少年体质的作用。其中,有52.6%的教师认为《意见》"有必要,必将对提高我国青少年体质起到很大作用",但同时也有47.4%的教师认为"有必要,但能否对提高我国青少年体质起到作用,关键是执行"。可见,虽然所有教师都认同《意见》的作用,但不少教师也较为理性地对《意见》的执行表示了一定程度的担忧,特别是有半数以上的中学教师表达了此种担忧。

教师是学校教育理念传播的主要载体,教师对学生素质教育的侧重较大程度上影响学生这些方面素质的提高。调查显示,在"德、智、体"诸方面,教师最看重的是学生的思想品德,有71.6%的教师把它放在第一重要的位置;其次看重的是身体素质,有21.7%的教师把它放在第一重要的位置,56.6%放在第二重要的位置;第三才是学习成绩,只有18.4%的教师把学习成绩放在第一或第二的位置(见表1)。可见,本市中小学教师主观上把学生体育的重要性放在学习前面,无疑有益于学生体育工作的开展,但在实际教学过程中,往往由于升学压力等因素的影响,体育难以真正享受到"第二"的地位。相对来说,小学教师对体育的重视程度要大于中学教师。

表1　教师对学校教育各方面的重视程度

单位:%

项　目	第一重要	第二重要	第三重要
学习成绩	6.7	11.7	63.3
思想品德	71.6	26.7	1.7
身体素质	21.7	56.6	20.0
才艺修养	0	3.3	15.0
其他	0	1.7	0

3. 学生:知道《意见》下发,兼顾学习锻炼

对学生的调查显示,有75.4%的中学生(不调查小学生)"知道"中央下发了有关青少年体育锻炼的文件,有51.3%的学生参加了"集体锻炼一小时"活动。

当问及有关体育锻炼的重要程度时,在回答此问题的中学生中,有近九成(89.2%)认为"体育锻炼和学习一样重要,没有好的身体,也影响学习",5.6%认为"身体很重要,但不一定要锻炼,营养更重要",只有2.6%的学生认为

"作为学生，学习好是主要的，太多体育锻炼比较浪费时间"。可见，从学生的角度，体育锻炼也得到了广泛的认可(见图 1)。

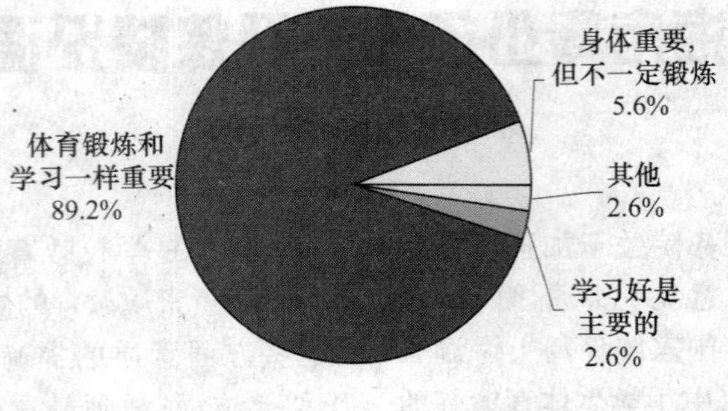

图 1　学习和锻炼的关系

二、中小学生基本体质现状

广大青少年身心健康、体魄强健、意志坚强、充满活力，是一个民族旺盛生命力的体现。改革开放以来，我国青少年营养水平和形态发育水平不断提高，但是，因片面追求升学率的影响，加之部分地区体育设施和条件不足，学生体育课和体育活动难以保证。从上海的情况来看，只有 18.3%的中小学教师认为"现在青少年营养比较好，体质普遍比以前好"；而有 78.3%认为"现在青少年普遍不注意锻炼，体质反而比以前差"，主要表现在以下方面：

1. 耐力、力量、速度等体质指标较差

有 75%的中小学教师认为他所带班级的学生"耐力、力量、速度等体质指标较差"。其中，高中教师持此种观点的占 85.7%，初中教师占 73.7%，小学教师占 65%。这在一定程度上反映，随着年龄的增长和学业压力的加大，青少年体质有所下降(见表 2)。

表 2　教师对本市中小学生体质的看法(多选)

单位：%

项　目	合计	小学	初中	高中
耐力、力量、速度等体制指标较差	75.0	65.0	73.7	85.7
视力不良、近视眼较多	80.0	80.0	73.7	85.7
超重、肥胖学生较多	48.3	50.0	52.6	42.9
有营养不良现象	3.3	5.0	0.0	4.8
其他	3.3	10.0	0.0	0.0

2. 半数以上为近视眼

有 80%的中小学教师认为他所带班级的学生"视力不良、近视眼较多"。而从本次调查样本数据看，本市中小学生中一半以上为近视眼，比重达 53.3%。其中，高中生由于学习压力大，用眼较多，近视眼比重高达 72%；初中生近视眼比重也超过半数(50.5%)；虽然小学生近视眼比重略低，但也达到 38.1%。这应该引起有关部门的足够重视(见表 3)。

表 3　中小学生部分健康指标

单位：%

项　目	合计	小学	初中	高中
近视眼比重	53.3	38.1	50.5	72.0
超重比重	6.0	5.7	4.2	8.0

3. 6%体重超重

有 48.3%的中小学教师认为他所带的班级"超重、肥胖学生较多"。根据世界卫生组织公布的青少年体重标准的计算方法，如果身高体重指数(身高体重指数＝体重公斤数除以身高的平方)超过 24 则为超重，超过 28 时就是肥胖。根据这一标准，从本次调查样本数据来看，本市中小学生平均体重指数为 19.3，超重学生比重为 6%，其中高中生超重比重略高，为 8%(见表 3)。

三、中小学生体育锻炼情况

1. 中小学校体育设施较为充足

有 63.3%的教师认为他们所在学校体育设

施“很充足”或“比较充足”;21.7%认为“一般”;认为“比较短缺”和“很短缺”的分别只占13.3%和1.7%。

从本次调查的60所中小学校体育设施实际拥有情况来看,有一半的学校有足球场,几乎所有学校(95%)有篮球场,55%的学校有羽毛球场,88.3%的学校有数量不等的乒乓球台,还有11.7%的学校有游泳池。从不同类型学校来看,中学体育设施的拥有情况要普遍好于小学(见表4)。

表4 中小学校体育设施拥有情况

单位:%

设施	合计	小学	初中	高中
足球场	50.0	50.0	36.8	61.9
篮球场	95.0	85.0	100.0	100.0
羽毛球场	55.0	35.0	47.4	81.0
乒乓球台	88.3	75.0	89.5	100.0
游泳池	11.7	5.0	10.5	19.0

2. 大多数学生积极参加体育活动

(1)校内体育活动

全市中小学校平均每周体育课为3.3节,其中,高中阶段体育课数量相对略少,平均每周为3.1节;小学与初中略多,为3.4节。

有84.3%的学生每天参加早锻炼,其中,初中生参加早锻炼的比重最高,达89.5%;小学生其次,为85.7%;高中生参加早锻炼的比重相对较低,但也达78%。几乎所有的学生每天参加课间体育活动(97.7%),几乎所有的学生每天做眼保健操(98%)。不同年级的学生参加这两项活动的比重均超过96%。有68%的学生表示经常参加学校里的课后体育活动,平均每个学生每周参加课后体育活动的次数为1.8次,不同年级学生参加课后体育活动的频率基本相同(见表5)。

表5 学生参加校内体育活动情况

项目	合计	按年级分			按性别分	
		小学	初中	高中	男	女
体育课数(节/周)	3.3	3.4	3.4	3.1	3.3	3.3
是否参加早锻炼(%)	84.3	85.7	89.5	78.0	82.5	85.9
是否参加课间体育活动(%)	97.7	99.0	96.8	97.0	97.1	98.2
是否做眼保健操(%)	98.0	100.0	97.9	96.0	98.5	97.5
是否参加课后体育活动(%)	68.0	65.7	65.3	73.0	73.0	63.8
参加课后体育活动(次/周)	1.8	1.9	1.7	1.8	1.9	1.7

(2)校外体育活动

平均每个学生平时(周一至周五)回家后体育活动次数平均每周为1.3次。从不同年级来看,初中生、小学生平时校外体育活动的参与率和活动频率要高于学习压力较大的高中生;从不同性别来看,男同学参加课外体育活动的积极性明显高于女同学(见表6)。

从周末参加体育活动的频率来看,平均每个学生每个周末参加0.9次体育活动。与平时参加课外体育活动情况类似,周末体育活动中也显示出初中生、小学生活动积极性高于高中生、男生高于女生的格局(见表6)。

表6 学生参加校外体育活动情况

项目	合计	按年级分			按性别分	
		小学	初中	高中	男	女
平时回家后体育活动(次/周)	1.3	1.5	1.5	1.1	1.5	1.2
周末体育活动(次/周)	0.9	1.0	1.0	0.8	1.1	0.7

四、中小学生体育锻炼时间测算

1. 平均每天体育锻炼时间为 67 分钟，但有半数少于 1 小时

根据调查样本中，学生参加各项体育活动的频率和每次体育活动的持续时间（体育课以平均每节 45 分钟计算，早锻炼以平均每次 20 分钟计算，课间操以平均每次 10 分钟计算，其它按实际填答时间计算），按如下公式估算学生体育锻炼时间：

平均每天锻炼时间 =（平均每周体育课数×45

+参加早锻炼比重×20×5

+参加课间操比重×10 ×5

+每周课后体育活动次数×课后体育活动每次持续时间

+每周平时课外体育活动次数×平时课外体育活动每次持续时间

+每周周末课外体育活动次数×周末课外体育活动每次持续时间）7

计算结果显示，全市中小学生平均每天体育活动时间为 67 分钟，略高于《意见》要求的 1 个小时。从不同年级学生来看，初中生体育活动时间最多，平均每天为 75 分钟；小学生其次，为 65 分钟；高中生相对较少，但也达到了 60 分钟。总的来看，男生平均每天锻炼时间要多于女生，特别是高中女生，平均每天体育活动时间仅为 51 分钟，低于《意见》要求的 1 个小时（见表 7）。

表 7　学生平均每天体育锻炼时间

单位:分

分　组	合计	小学	初中	高中
全部	67	65	75	60
男生	71	69	76	68
女生	63	63	74	51

虽然全市中小学生锻炼时间平均水平达到《意见》的要求，但仍有 51.3%的学生每天锻炼时间少于 1 小时。

数据分析显示，全市中小学生锻炼时间呈峰值偏左的非正态分布，63%的学生锻炼时间低于平均值 67 分钟。从图 2 可以看出，大多数中小学生平均每天锻炼时间主要集中在 40～80 分钟，占总数的 73%，其中 40～50 分钟的最多，占 30%；有 11.7%的学生每天锻炼时间在 80 至 100 分钟；而每天锻炼时间少于 40 分钟或多于 100 分钟的均相对较少，只分别占 5.6%和 9.7%。

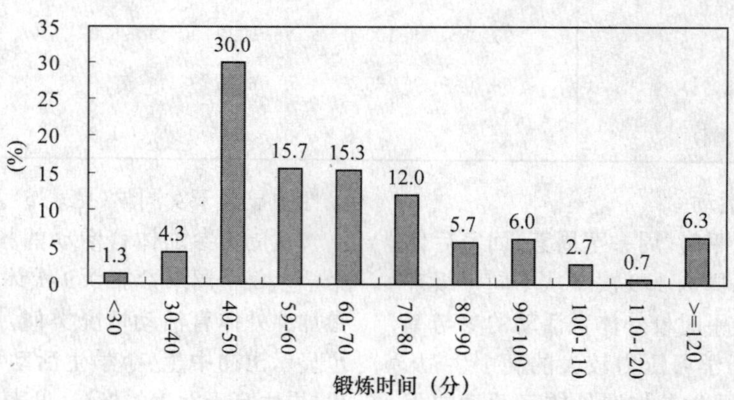

图 2　上海中小学生平均每天体育锻炼时间分布

2. 体育锻炼以校内锻炼为主

从锻炼时间分配来看，校内体育锻炼为全市中小学生体育锻炼的主要形式。调查显示，周一至周五，学生每天校内锻炼时间为 70 分钟，放学后校外锻炼时间为 13 分钟，合计为 83 分钟，大大超过《规定》要求的 1 小时；而星期六和星期天，学生平均每天锻炼时间仅为 26 分钟。可见，学校安排的锻炼时间相对充足，而校外锻炼较少。有 29.3%的学生除了学校安排外，不参加任何体育活动。

若将校内、校外锻炼时间平均分摊到每一天，则每天67分钟的全部锻炼时间中，校内锻炼占50分钟，校外锻炼占17分钟（见表8）。

表8　中小学生体育锻炼时间分配

单位：分

分　组	合计	按年级分			按性别分	
		小学	初中	高中	男	女
平均每天体育锻炼时间	67	65	75	60	71	63
校内锻炼	50	50	53	47	51	50
体育课	21	22	22	20	21	21
早锻炼	12	12	13	11	12	12
课间操	7	7	7	7	7	7
课后活动	10	9	11	9	11	9
校外锻炼	17	15	22	13	20	13
校外活动（周一至周五）	9	8	12	6	10	8
校外活动（周末）	8	7	10	7	10	5

全市中小学生体育锻炼时间上的差异，主要来自校外锻炼时间的差异，而校内锻炼时间差异很小。从表8数据可以看出，初中生锻炼时间最多，达75分钟，高出最少的高中生15分钟。但是在校内锻炼时间上，高中生的47分钟只比初中生的53钟分差6分钟，其余9分钟的差异全部来自校外锻炼。从性别差异来看，男、女生的平均校内锻炼时间几乎没有差异，仅差1分钟，但校外锻炼时间差异达7分钟。加强中小学生体育锻炼，应该更加重视校外体育活动的开展。

五、全市中小学生课余时间安排及对体育锻炼的影响

1. 四成教师认为学生课业负担较重

调查中，当问及对学生课业负担的看法时，在全部被调查的中小学教师中，有5%认为他所带班级的学生课业负担“很重”，35%认为“比较重”，两者合计为40%；50%认为“一般”；只有10%认为比较轻；没有人认为目前学生课业负担“很轻”。由此可见，虽然几年来学生“减负”呼声很高，学生课业负担也确实减轻了不少，但是由于升学压力等因素的影响，学生课业负担仍然不轻。这使得学生没有太多的时间和精力去参加体育锻炼。

从不同年级看，小学生的课业负担相对来说比较轻，而中学生，特别是高中生的课业负担相对较重。在被调查的高中教师中，有14.3%认为他所带班级学生的课业负担“很重”，57.1%认为“比较重”，两者合计占71.4%（见表9）。

表9　教师对学生课业负担的看法

单位：%

分　组	合计	小学	初中	高中
很重	5.0	0	0	14.3
比较重	35.0	10.0	36.8	57.1
一般	50.0	60.0	63.2	28.6
比较轻	10.0	30.0	0	0
很轻	0	0	0	0

2. 平时放学后最主要的“课余活动”仍然是学习

让被调查学生列出周一至周五放学回家后的主要活动（选择花时间最多的三项），结果显示，做学校布置的作业是学生最主要的“课余活动”。有96%的被调查学生选择“做学校布置的作业”这一选项，其中小学、初中、高中学生的这

一比重分别为 94.3%、95.8%和 98%。

考虑到今后升学中可能的加分因素，以及对若干年后的就业压力的预期，除了学校的学习任务以外，由家长或学生自我加压的课外学习任务也占据学生较多的课余时间。分别有 42.3%和 14.7%的学生每天要花较多的时间进行“课外学习（如英语、奥数等）”以及“参加辅导班（如钢琴、舞蹈、绘画等）”。在这一点上，学校课业负担相对较轻的小学生承受的压力要大于中学生，分别有 52.4%和 21.9%的小学生平时放学回家后还要花较多时间进行课外学习和参加辅导班，而中学生反而有相对较多的时间花在看电视等休闲活动。

由于仍要花较多的时间学习，故只有 51%的学生平时放学后能经常参加体育活动，且不同年级的学生差别不大。相对来说，男生放学回家后参加体育活动的积极性要高于女生（见表 10）。

表 10 学生平时课余时间部分活动安排
（多选，花时间最多的三项）

单位：%

项　目	合计	按年级分			按性别分	
		小学	初中	高中	男	女
做学校布置的作业	96.0	94.3	95.8	98.0	95.6	96.3
体育活动（不包括校内）	51.0	49.5	53.7	50.0	57.7	45.4
看电视	45.3	30.5	48.4	58.0	52.6	39.3
课外学习（外语、奥数等）	42.3	52.4	28.4	45.0	39.4	44.8
帮助做家务	25.7	30.5	27.4	19.0	20.4	30.1
参加辅导班（钢琴、舞蹈等）	14.7	21.9	6.3	15.0	6.6	21.5
出去玩	7.3	8.6	11.6	2.0	8.8	6.1
其他	5.0	2.9	9.5	3.0	2.9	6.7

3. 周末半数以上学生不常外出，六成学生外出主要是参加各类辅导班

当问及周末外出活动情况时，在全部被调查的小学生中，只有 21.3%表示“每个周末都出去”，25.3%表示“经常出去”，而有半数以上（51.4%）表示仅仅是“偶尔出去”，另有 2%则表示“从不出去”（见图 3）。

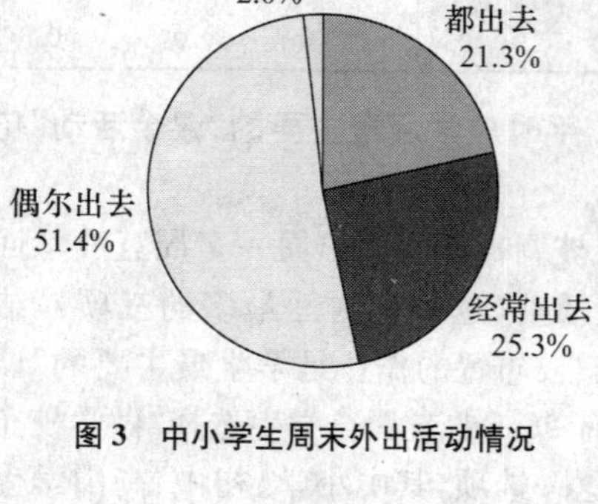

图 3　中小学生周末外出活动情况

而当问及周末出去活动的主要内容时（多选，选最常去的三项），选择最多的是“参加课外学习或其他辅导班”（如钢琴、舞蹈、绘画、外语、奥数等），占全部回答学生的 60.9%。其中，周末经常出去“参加课外学习或其他辅导班”的小学生占 69.2%，高中生占 62.9%，初中生相对比较“轻松”，但周末要去参加各类辅导班的比重也达 49.5%（见表 11）。

可见，较重的课业负担以及家长加给学生的学习任务，也在较大程度上挤占学生周末可自由支配的时间，因而中小学生周末参加体育活动的比重也不高。全市中小学生周末参加体育活动的比重为 57.8%，这个比重在不同年级学生间差别不大，但男生要明显高于女生，这与平时放学回家后体育锻炼情况类似。

表 11　学生周末部分活动安排(多选,最常去的三项)

单位:%

项　　目	合计	按年级分			按性别分	
		小学	初中	高中	男	女
参加辅导班	60.9	69.2	49.5	62.9	60.0	61.6
公园	40.5	45.2	45.2	30.9	36.3	44.0
逛街	54.8	49.0	50.5	64.9	41.5	66.0
参加体育活动	57.8	55.8	60.2	57.7	69.6	47.8
走亲访友	33.0	29.8	34.4	35.1	26.7	38.4
其他	5.4	4.8	8.6	3.1	6.7	4.4

五、有关青少年体育锻炼的建议

1. 要加强宣传

要强化全社会对增强学生体质的共识,形成“学校重视、学生积极、家长支持”的局面,让《意见》的各项要求落到实处,不能流于形式。同时,要坚持正确的舆论导向,减轻学生的升学压力,切实减轻学生负担,让学生有精力、有动力、有时间去参加体育锻炼。

2. 要增加投入

各级财政要加大对中小学体育设施建设的投入,使学校体育设施在数量上、质量上满足学生锻炼的要求。同时,要统筹安排全社会体育设施资源,减少结构性矛盾;要扩大学校之间、学校和社会之间体育设施的相互开放程度;学校体育设施要在双休日、节假日向学生开放。

3. 要强化标准

要进一步完善学生体质标准和体育锻炼标准并加大实行力度,可考虑将体育成绩记入中考总分。

4. 要完善管理

要将体育学科放到合理的地位,提高体育教师的待遇,加强培训与管理;要由专业人员负责指导学生课外体育活动,同时要加强保护;设立学生意外事故保险或专项救助基金,消除学校对学生体育活动的后顾之忧。

作者:上海调查总队　杨建忠

新时期四川青年思想状况

青年是社会最活跃的群体，代表着祖国的未来，更是推动社会发展的一支重要力量。随着我国改革开放的深入发展，经济社会生活方式多样化趋势的进一步增强，青年的思想状况也发生了复杂和深刻的变化，价值取向的多元化，行为方式的多样化，更大的流动性，更强的自主性与差异性等等，直接导致了当前青年思想政治工作呈现出前所未有的复杂性和艰巨性。

一、新时期青年思想现状

在当前改革开放、市场经济逐步完善的社会背景下，青年的思想观念、思维方式、行为规范处于剧变之中，青年的心态日益呈现出多元、动态、矛盾的特点。

(一)信仰状况

1. 超过半数青年信仰共产主义

在青年个人信仰方面，信仰共产主义的青年比例占54.7%，信仰宗教和星相占卜的青年占4.9%，一些青年暂时还无明确的信仰。而随着文化程度的提高，信仰共产主义的比例越高，没有信仰的比例、信仰宗教、星相占卜的比例逐步降低。

2. 积极申请入党要求进步的较多

从入党整体情况来看，有高达42.5%的青年已经或正在向中国共产党靠近。随着文化程度越高，已是共产党员的比例也越高。从入党动机来看，大部分青年人的入党动机比较纯洁，希望为他人和社会多做贡献、且比例较大。

3. 多数青年爱国主义意识较强

多数青年选择要做遵纪守法的公民，社会主义的建设者和忠诚的爱国者。由此可见，青年人作为社会主义的主人翁有积极投身祖国建设的强烈愿望，有遵纪守法的强烈意识，有较强的爱国主义精神。

(二)价值观念

1. 对择业标准个性化比较突出

青年在择业时，主要考虑的是有利于个人发展，其次才是兼顾国家利益与个人兴趣。可见，青年人在择业时都是希望能有利于个人的发展，追求自我价值的最大化，这在当今社会成为青年人的一个显著特点。文化程度高的青年人在择业时考虑到兼顾国家利益和个人兴趣的较多，能较好的将为祖国做贡献与实现自己的理想抱负相结合。随着年龄的增长，受社会各种因素的影响，考虑有利于个人发展的因素的比例在增加，青年人的择业标准更加趋向现实。

2. 对社会作贡献的观点得到普遍认同

青年人对判断价值标准大小依次选择的是：对社会贡献的大小、是否干出一番大事业、生活是否舒适。大部分青年人将对社会贡献的大小放在评判个人价值标准的第一位，反映出青年人对社会强烈的责任感，将推动社会发展作为青年的己任，在这一点上男青年更多的表现出了积极的意愿。男性青年的个人价值标准更倾向于对社会贡献的大小、是否干出一番大事业，女性青年的个人价值标准更倾向于生活是否舒适。同时，文化程度越高的青年人对为社会做出贡献的个人价值标准所占比例较高。

3. 对当前热点问题的价值判断明确

从调查结果看，对当前的热点问题，大部分青年人都有一个清晰明确的认识，有较为清醒的头脑，有较好的判断能力，有自己正确的观点和看法，文化程度越高，其认知、分析、深入理解的能力也越强。

4. 对幸福生活的理解较一致

总体来看，认为当前青年最需要的幸福生

活是能展现自我才能与社会价值的比例最高。青年人认为人生最大的幸福，是拥有家庭的幸福、为社会做出贡献以及事业的成功。男青年在此基础上更注重的是对个人成就感的追求，而女青年则更多的是满足于家庭的美满和谐。随着文化程度以及收入的提高，青年人认为人生最大幸福是为社会做贡献、建立美满和谐的家庭、事业成功、受人尊敬的比例在提高，更加注重的是一种对社会的责任承担和自我成就感的实现。这在很大程度上，使高素质的青年人在实现人生最大幸福的过程中，更好的推动社会发展，从而更好的体现个人的价值，促进社会与个人的双赢。

5. 对压力的认识体会逐渐加大

青年的压力主要来自经济条件、就业压力、学习压力。由于年龄的增长，青年人会承担起更多的家庭责任，体会到更多的生活艰辛，因此其来自现实状况的压力比较大。随着文化程度的提高，这部分青年人进入社会的时间要稍晚一些，对现实生活的认知还不是十分敏感，其压力更多的是来自于自身学习、就业以及情感方面的问题。随着收入的提高，人们追求更高层次的需要，是需要自身能够进一步的发展，能够更多的得到社会的尊重，所以其再学习压力、人际关系和谐等其他压力会增加。

6. 对影响就业因素的看法较多

在调查中发现，认为影响青年就业的主要因素依次是个人能力、找工作的人太多、专业和学校品牌、择业观念。大多数青年人认为个人能力的高低是影响就业的主要因素，随着文化程度的提高，认为影响就业的主要因素是专业和学校品牌、择业观念的比例在增加。

7. 对男女择偶标准的看法不太一样

当今社会中，青年人在择偶上更多的是看重对方的个人魅力，如人品是否优良、性格是否良好，是否具备一定的才能。但男女青年相比较，男青年较注重对方的外貌条件，而女青年还会考虑对方的职业因素，这也反映出男女两性之间在个人满足感上的差异性。

8. 对个人价值的看法比较趋同

在调查中我们主要列出对以下问题的看法：竞争不需要顾及良心和道德（84.2%不同意）；大利大干、小利小干、无利不干（72.5%不同意）；宁可我负天下人、不可天下人负我（75.9%不同意）；人与人之间的关系就是相互利用（69.4%不同意）；主观为自己、客观为他人（51.6%不同意）；及时行乐（50.9%不同意）；奉献就是人生最大的快乐（65.5%同意）；市场经济也需要雷锋精神（74.4%同意）；正当的索取，无私的奉献（79.1%同意）；个人利益应服从国家和集体利益（81.4%同意）。

（三）行为倾向

1. 多数青年的道德规范较强

对不符合道德规范的行为，有80.7%的青年会严肃指出，或者委婉指出。可见，绝大多数的青年人都有责任感，在面对不符合道德规范行为的时候会指出来，有一个正确的态度。

2. 多数青年具有强烈的正义感

98.5%的青年表示路见不平时会有所行动，只是表示的方式有所不同。多数青年会采取做力所能及的事或依法相助，10.3%的青年会拔刀相助，只有极少数的青年人会不闻不问。青年人在遇见打抱不平状况时，都会主动的给予帮助，很少会视而不见，表现出青年人的正义感，有一种比较容易冲动的劲头，敢于鸣不平。而采用依法相助，遵循相关法律，更加有智慧地去运用法律武器来保护自己和别人的能力有待提高。

3. 对多余钱的使用途径是既传统又现代

大多数青年人对多余钱的用途都没有拿去吃喝玩乐、贪图享受，主要是用于孝敬父母、投资、学习深造。这说明新时期青年还是遵循着中国的传统美德，有孝顺父母、知恩图报之心。同时，也有新时期的特色，更加追求金钱价值的实现，有较强的理财观念，懂得如何利用手中的资源获得更多的收益。还比较注重个人的进一步提高，热衷“充电”，以期为自己的更好发展做好准备。而男女青年在面对多余钱的使用时，侧重点有所不同，女青年表现得更加积极，眼光比较长远，更有前瞻性；而男青年则显得比较保守，更加稳妥一些。城乡青年相比较看，城市青年体现出的是一种享受性的使用，更多的是从自身的情况出发，而农村青年则体现出能更好的解决实际问题的特征，将更多的钱用于帮助别人和孝敬父母上。

4. 青年人对国家大事高度关注

有72.4%的青年表示关注国家大事。青年人对祖国科学技术的巨大发展、精神文明建设、党的发展以及祖国的统一、国家的长远发展大计都表现出了很强的关注性，这反映出青年人对祖国发展的关心、对祖国日益强大倍感自豪，同时对高层次精神文明的需求也表现出很强的积极性。

(四)对重大理论问题的认识

1. 对建立和谐社会有深刻的认识

多数青年认为影响“和谐社会”建立的主要因素依次是官员腐败、贫富两极分化、失业问题、法制不健全、社会保障不力。在青年人眼中，要建立和谐社会政府必须下大力气整治官员腐败问题，尽可能的缩小贫富差距、切实有效的解决失业问题以及健全社会主义法制体系、建立健全有力的社会保障体系。

2. 对效率与公平的认同度较高

青年对目前社会经济发展中有关效率与公平认识：排在第一位是效率与公平并重；第二是效率优先，更加注重公平；第三是效率优先，兼顾公平；第四是公平优先，效率第二。随着文化程度的提高，认为应当效率优先，兼顾公平的青年的比例随之提高。

3. 对当前社会有关诚信的认识差距较大

有51.5%的青年认为要讲诚信，有17.6%的青年认为社会诚信严重缺失、普遍不讲诚信，有21.4%的青年认为别人怎样我不管、我要讲诚信，有5.2%的青年认为对亲人、朋友讲诚信，有1.9%的青年认为有监督就讲，有2.5%的青年在诚信方面有其它认识。随着文化程度的提高，认为对亲人、朋友讲诚信的比例反而较少。

4. 对社会主义建设充满信心

有62.4%的青年认同马克思主义对我国现代化建设具有根本指导作用。有66.5%的青年认同人民代表大会制度是我国发扬民主的主要方式。有70.8%的青年认同社会主义市场经济的建设和完善是富国强民的必由之路。可见，绝大多数青年人是愿意积极投入到社会主义市场经济的建立和完善之中的。

(五)对政府工作的评价

1. 对我国近年来的政治局势满意度高

90.6%的青年人认为我国近年来政治局势稳定。可见，绝大多数的青年人对于国家目前的政治局势是非常满意的，认为国泰民安的稳定局面，对青年人安心学习和工作提供了一个良好的发展环境。

2. 对我国未来10年政治局势的看法充满信心

86.9%的青年认为我国未来10年政治局势是稳定的。这说明大多数青年对祖国未来的政治局势是相当有信心，对祖国的稳定政治局势是非常看好。

3. 对党和政府近年来的主要工作持肯定态度

61.5%的青年认为党和政府在国防和军队现代化建设，坚持科学发展观、构建和谐社会方面取得显著成绩或较好成绩。58.2%的青年认为在外交工作、深化经济体制改革和推进对外开发工作、加快发展科技教育卫生文化等各项社会事业工作以及解决经济运行中突出问题方面取得显著成绩或较好成绩。57.7%的青年认为在加强民主法制建设、推进经济结构调整和增长方式转变、做好就业和社会保障等工作方面取得显著成绩或较好成绩。39.9%的青年认为在民族、宗教、侨务和对台工作方面取得显著成绩或较好成绩。

4. 对重大问题的关注程度较高

调查结果显示，青年对当前重大问题的关注程度由高到底排序依次是：(1)就业问题；(2)社会保障问题；(3)物价问题；(4)医疗问题；(5)教育费用问题；(6)住房问题；(7)“三农”问题；(8)人民币与美元汇率问题；(9)中国股市问题。

二、青年思想中存在的主要问题

1. 坚定的个人信仰还有待提高

在个人信仰中有超过半数的青年信仰共产主义，而还有不少青年是没有信仰或是有其他个人信仰。青年人入党意愿是喜忧参半，有

42.5%的人已经或正在申请加入中国共产党，但有高达57.5%没有想过加入共产党。一部分青年人在成长道路上缺少一个高尚信仰的指引作用，在纷繁复杂的现实社会中面对形形色色的诱惑，很容易误入歧途。女青年在信仰方面的缺失问题比男青年更加明显。特别需要指出的是，受现在少数党员形象不佳而不想加入中国共产党的比例随着年龄以及文化程度的增长有增加的趋势。

2. 价值观念和行为存在不良倾向

根据问卷调查显示，当代青年人存在不良倾向的价值观和行为主要表现在以下几个方面：一是在择业标准和个人价值方面以有利于个人发展，追求自我价值的最大实现较重，而考虑兼顾国家利益与个人兴趣、到祖国最需要的地方去的比例较低。二是对婚前同居的看法更加开放，持认同观点的比例达50.9%。其主要理由是认为只要双方愿意就没有什么，或者这是他人私事。三是部分青年满足于现状，不思进取，依赖父母，缺乏进取心和开拓进取意识。四是自我意识及逆反心态增强，在为人处世、政治观念、婚姻观念、职业态度、生活方式、消费观念等方面，有近50%的年青人与上辈人存在着分歧，特别是在生活方式、消费观念、职业态度方面的分歧最大。

3. 对国家发展缺乏清晰的认识

青年对于国家发展普遍持热心拥护和积极参与的态度，但缺乏应有的清晰认识，尤其是对我国社会主义体制优越性的认识不够。有部分青年对改革的形势、改革中的利益调整、改革的前景、社会体制等一系列问题认识模糊，缺少迎接困难、承担风险、同舟共济的精神准备。

三、对加强青年思想政治工作的建议

青年时期是个人世界观形成的重要时期，思想活跃但很不稳定。现代青年生活的空间不断扩大，思想、文化交流日趋频繁，各种思想的产生、传播、变异、融合都呈高速、放射状态，这就使青年心态受多种条件和环境的影响。青年思想观念、行为方式的变化，反映着时代的潮流，代表着时代发展的方向。要正确认识并高度关注青年人的思想变化，把握青年人的所思所想，关心他们的所盼所求，在思想和行为上及时给予正确的引导。

1. 加强理论学习，帮助青年人树立正确的世界观、人生观、价值观

当务之急是不断提高青年的文化理论素质，要结合党的发展历史，结合社会主义建设的历史，结合改革开放和现代化建设的实践，帮助青年树立正确的世界观、人生观、价值观。要深入开展爱国主义、集体主义、社会主义和艰苦创业的精神教育，增强贯彻执行党的基本路线的自觉性和坚定性，教育广大青年坚定对马克思主义的信仰，对共产主义的信念，对改革开放和现代化建设的信心，增强对党和政府的信任。

2. 加强道德教育，不断提高青年人的综合素养

要培养青年强烈的社会责任感，遵纪守法、爱国敬业，建立积极向上、健康和谐的价值观。要弘扬社会主旋律，营造社会公众信仰、树立健康向上的道德和价值观念的舆论氛围，引导青年从整个社会发展的历史规律和进步倾向去认识当前社会的现实问题。

3. 开展典型教育，对青年人进行正面激励

要增强利用现代传媒能力，生动活泼地宣传典型模范人物的生动事迹。大力宣传在改革开放和现代化建设中涌现出的青年先进群体和先进人物，为广大青年树立可亲、可敬、可信、可学的榜样，努力形成崇尚先进、学习先进、争做先进的良好风气。由于青年心理状态的不成熟与不稳定性，这种引导方式对青年心理态势的影响具有强大的说服力，有着更为直接和明显的作用。

4. 注重人文关怀，切实帮助青年人解决实际困难

青年面临的实际问题和困难对其思想成长起到很大的作用，要把解决实际问题作为解决思想问题的重要突破口。要认真了解把握青年的生活状况和现实需求，善于倾听青年的呼声，关心青年的疾苦，竭诚帮助青年解决工作、学习、生活中所遇到的各种具体问题和实际困难，多做暖人心、稳人心的工作。

青年思想政治工作是一项复杂的社会系统

工程，需要社会各个方面的共同关注，齐抓共管形成合力。全社会要大力倡导有利于青年健康成长的良好环境，积极开展有针对性的思想教育和实践活动；要不拘一格，创新思路，努力使青年思想道德建设工作再上一个新台阶；要把思想政治工作寓教于帮，通过办实事，将党组织的关怀和温暖送到青年的心坎上，同时要把思想政治工作寓教于管，着力形成一套教育、管理、惩处相结合的体系，还要把思想政治工作寓教于乐，大力加强文化建设，结合实际开展不同特点和层次的、健康向上的，能吸引青年广为参加的文体娱乐活动，让大家在集体活动中受教育、受启发、受感染。只有全社会齐抓共管，形成合力，青年思想政治工作才会与时俱进，青年人的成长进步才能与时代同步、才能与社会同行。

作者：四川调查总队专项调查处

需要与现实

——"市民心中的和谐社会"调查报告之关注与压力篇

健康、和睦、安居乐业的生活是市民心中和谐社会的重要内容,也是整个社会和谐稳定的微观基础。

一、日常生活中市民关注的方面

(一)总体分析

调查显示,市民在日常生活中最关注的方面主要集中在"身体健康"、"医疗保障"、"家庭和睦"、"收入增加"、"就业稳定"和"养老保障"等方面,分别有 96.1%、72.8%、61.1%、60.2%、53.5%和52%的被调查者选择了这些选项(见图 1)。

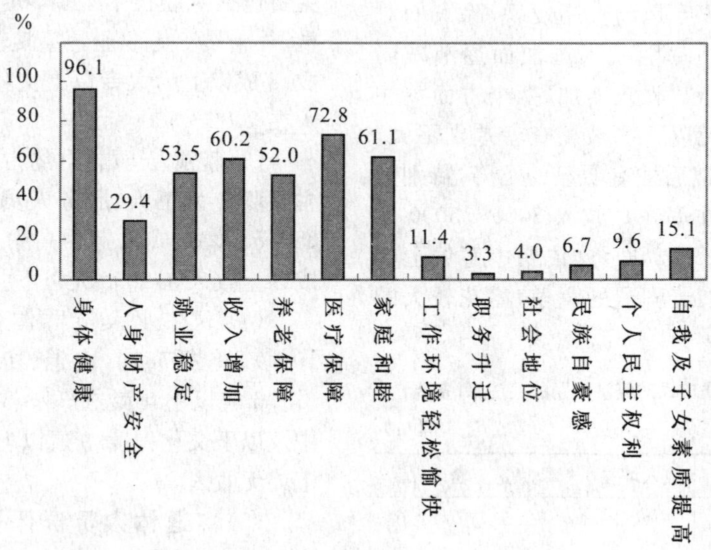

图 1　市民日常生活所关注的方面(多选)

1. 身体健康放在首位

"身体是革命的本钱",有一个健康的身体是一个人生活和工作的基本前提。调查发现,几乎所有的人(96.1%)都表示"身体健康"是他们日常生活中最关注的方面之一。而且不同年龄段、不同文化程度、不同收入、不同职业的被调查者都表示了相同的重视程度。

同时,还有 72.8%的被调查者选择与"身体健康"相关的"医疗保障"为他们日常生活中最关注的方面之一,此比重仅低于"身体健康"本身。其中,56～65 岁老年人关注"医疗保障"的比重达到了 85.5%;个人月收入在 1000 元以下的低收入群体的比重为 82.8%。

2. 家庭和睦受到普遍关注

家庭是社会的细胞,家和万事兴,关注家庭和睦是中国文化的传统。与注重"身体健康"类似,家庭和睦也是受到普遍的关注,有六成以上(61.1%)的被调查者选择"家庭和睦"为他们日常生活中最关注的方面之一，而且也受到了不同年龄段、不同文化程度、不同收入、不同职业的人们的普遍重视。值得注意的是，56－65 岁年龄的人选择“家庭和睦”为日常生活中最关注的方面的比重达到近七成(68%)，显示老年人更希望得到家庭的温暖。

3. 经济问题是市民关注的主要内容

调查显示，在最受重视的 6 个选项中，包括“收入增加”、“就业稳定”、“养老保障”在内的三个方面实际上都属于经济问题。这说明，虽然上海已经进入了比较富裕的小康社会，但经济问题仍是市民日常生活中关注的主要内容。日常生活中关注“收入增加”、“就业稳定”和“养老保障”的被调查者比重均超过了 50%(见表 1)。

收入水平无疑是影响对经济问题关注率(指关注该方面的被调查者比重，下同)的重要因素，高收入群体对经济问题的关注率明显低于较低收入群体。但是调查还发现，除人们对“养老保障”的关注率随收入增加而逐渐减弱外，对“就业稳定”和“收入增加”两个方面关注率，月收入 5000 元以下的被调查者差别不大，只有超过 5000 元以后才有明显的下降，特别是对就业稳定的关注率在月收入 3000－5000 元的群体达到最大(59.3%)，这说明中等偏上收入的就业人员面临着剧烈的竞争，需花较大的努力以保住饭碗。

表 1 不同收入层次市民对经济问题的关注率(多选)

单位：%

个人月收入	收入增加	就业稳定	养老保障
合计	60.2	53.5	52.0
500 元以下	60.6	51.5	72.7
500～1000 元	67.7	53.4	68.2
1001～2000 元	65.2	47.1	59.9
2001～3000 元	58.7	54.5	51.7
3001～5000 元	59.3	59.3	31.9
5001～8000 元	42.1	26.3	10.5
8000 元以上	37.5	25.0	12.5

(二)差异分析

不同群体的市民日常生活中关注的方面是不同的。调查显示，社会中的蓝领、不在业人员和离退休的群体相对更关注基本的经济问题和社会保障，而学生和白领群体则更关注于工作环境、社会地位、民主权利等方面。

1. 对社会各群体的划分

根据年龄、文化程度、职业、收入等变量，利用动态聚类的多元统计方法，我们把被调查者大致分为学生、白领人士、蓝领人士、不在业人员、离退休人员等五个群体。从聚类结果发现，蓝领群体和白领群体构成了社会成员的主体，同时离退休人员也占据较大的比重。各群体主要特征如下：

(1)学生群体(约占全部样本的 9%)。全部为学生，年龄在 18～25 岁。包括 3 成的高中(中专)；3 成的大专(高职)；4 成的本科生；基本无自己的收入。

(2)白领人士群体(约占全部样本的 23%)。主要包括专业技术人员、机关事业单位工作人员、外企员工等职业。年龄较轻，25～45 岁占 6 成；8 成以上为大专以上文化程度；约 7 成月收入在 2000～5000 元。

(3)蓝领人士群体(约占全部样本的 39%)。主要职业为工人、服务人员。7 成以上年龄在 35～55 岁；9 成以上为高中及以下文化程度；8 成以上收入在 2000 元以下。

(4)不在业人员群体(约占全部样本的 10%)。包括离岗、内退、协保、失业及无业人员。6 成以上年龄在 35～55 岁；8 成以上为高中及以下文化程度；9 成以上月收入在 500 元以下或无收入。

(5)离退休人员群体(约占全部样本的 19%)。全部为离退休人员，年龄全部 55 岁以上；8 成以上为高中及以下文化程度；收入基本都在 2000 元以下。

2. 社会各群体日常生活中关注方面的差异

西方著名心理学家马斯诺把人的基本需要由低到高分为五个层次：生理需要主要指人对食物、水分、空气等的最基本需要；安全需要是对安全、稳定、保障的需要；爱的需要包括渴望成为群体中的一员，希望与他人建立良好的关系，经常得到互助和友爱；尊重的需要包括自尊和受人尊重，满足尊重的需要能增强人的自信和自强感；最高层次的是自我实现的需要，希望自己的潜能得到充分的发挥。马斯诺认为：低一层次的需要得到相对满足后，人才会产生高一层次的需要。

与需要层次对应，本次调查涉及的市民生活中关注的方面中：身体健康基本属于最基本的生理需要；人身财产安全、就业稳定、收入增加、养老保障、医疗保障，基本属于安全需要；家庭和睦、工作环境轻松愉快基本属于爱的需要；职务升迁、社会地位基本属于尊重的需要；民族自豪感、个人民主权利、自我及子女素质提高基本属于自我实现的需要或尊重的需要，或两者之间。

表 2 各群体对不同方面的关注率(多选)

单位：%

项目	合计	学生	白领	蓝领	不在业	离退休
身体健康	96.1	96.6	94.0	95.9	96.0	99.0
人身财产安全	29.4	36.4	35.9	23.0	23.8	34.0
就业稳定	53.5	64.8	53.0	65.6	63.4	19.6
收入增加	60.2	33.0	59.8	70.0	56.4	55.2
养老保险	52.0	10.2	36.3	55.0	61.4	78.9
医疗保障	72.8	50.0	65.8	76.0	73.3	85.1
家庭和睦	61.1	72.7	58.5	57.4	63.4	64.9
工作环境轻松愉快	11.4	17.0	20.1	10.9	5.0	2.6
职务升迁	3.3	3.4	10.7	0.8	1.0	0.5
社会地位	4.0	18.2	4.3	2.3	4.0	0.5
民族自豪感	6.7	19.3	7.3	5.7	4.0	3.6
个人民主权利	9.6	25.0	12.8	4.9	9.9	7.7
自我及子女素质提高	15.1	12.5	19.7	14.5	12.9	13.4
其他	0.1	0.0	0.0	0.3	0.0	0.0

从表 2 数据，我们可以得出如下结论：首先，大部分被调查者的需要主要还是处在较低的层次，关注率大于 50%的需要基本都是为了满足生理需要、安全需要，最多是“爱的需要”。其次，从“需要层次”的角度，上海社会各群体中，“层次”最高的是学生群体，其次，白领群体和蓝领群体，不在业人员群体和离退休人员群体的“需要层次”相对较低。在校学生大多年纪轻，对生活充满了希望，理想主义色彩较浓，加上不需要为谋生考虑太多，因此对高层次的需要关注较多。例如，学生群体对“社会地位”、“民族自豪感”、“个人民主权利”的关注率分别达 18.2%、19.3%、25%，远远高出其它群体。第三，从构成社会成员主体的白领群体和蓝领群体的差别来看，前者的需要层次明显高于后者。数据显示，除了“身体健康”和“家庭和睦”差异不大外，蓝领群体在“安全需要”方面的关注率要高于白领群体，而白领群体在“尊重的需要”和“自我实现的需要”方面的关注率要明显高于蓝领群体。例如在“职务升迁”、“工作环境轻松愉快”、“个人民主权利”方面的关注率，白领群体分别高出蓝领群体 9.9 个、9.2 个、7.9 个百分点(见图 2)。第四，离退休人员群体是一个特殊的群体，与蓝领群体相比，其对就业、收入方面的关注率相对较低，而更加关注养老保障、医疗保障，其关注率分别达到 78.9%和 85.1%。第五，不在业人员群体也是一个特殊的群体，和蓝领群体具有类似的年龄层次和文化程度，主要的区别在于是否就业。而另一方面，这个群体中有不少协保、内退人员，因而，其日常生活中关注的方面介于蓝领群体和离退休人员群体之间。

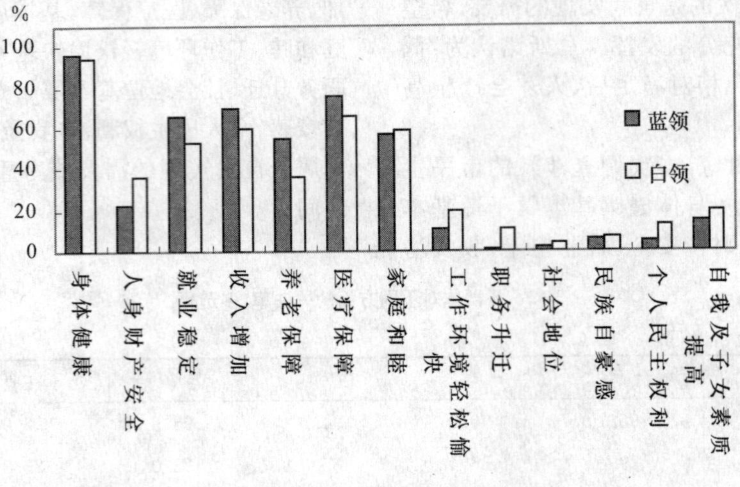

图 2　白领与蓝领的需要层次对比

二、日常生活中市民面临的压力

(一)总体分析

1."看病就医"、"经济收入"和"住房问题"压力最大

调查显示,目前上海市民日常生活中面临的压力来自多方面,其中最大的三方面压力是"看病就医"、"经济收入"和"住房问题",分别有58.9%、52.3%和50.8%的被调查者表示受到这三方面的压力,其中分别有16.7%、14.1%和19.4%的被调查者表示来自这三方面的压力"很大"。另外,子女教育(43.8%)、就业问题(42.2%)、养老问题(41%)也是市民生活中压力较大的方面。相对来说,"身体状况"、"工作(学习)"、"人际关系"、"社会治安"等方面给市民带来的压力较小(见图3)。

2. 受到的压力与关注的方面有密切关系

如果说市民在日常生活中关注的方面是他们生活需要的话,那么其面临的压力是需要与现实相冲突的结果。根据调查结果,可以把关注的方面和面临的压力分为如下4类:

第一类,关注程度高,但受到的压力小。如"身体健康"("身体健康"关注率高达96.1%,但只有21.6%的人表示有来自"身体状况"的压力)和"人际关系"("家庭和睦"的关注率为61.1%,但仅有8%人表示有来自人际关系的压力)。

第二类,关注程度低,且受到的压力也不大。比如工作方面,分别有11.4%和3.3%的被调查者表示他们日常生活中比较关注"工作环境"和"职务升迁",而市民受到来自"工作(学习)"的压力总体来说不是很大,有31.8%的被调查者表示承受着这些压力。

第三类,关注程度低,但受到的压力却较大。如教育方面,"自我及子女素质提高"不是市民日常生活中关注的焦点(关注率为15.1%),但却有43.8%的被调查者表示承受着来自"子女教育"方面的压力。

第四类,关注程度高,且受到的压力也较大。这一类是所有压力中的主要组成部分,包括经济收入、就业、养老、医疗等方面。如表示关注"医疗保障"的被调查者比重达72.8%,仅次于"身体健康";表示受到"看病就医"压力的被调查者比重也达58.9%,在所有压力方面最高。(见表3)。

从"第四类"可以看出,这种"关注方面"与"压力来源"的正相关性,显示了市民对生活的需要和现实之间的矛盾:即关注的方面,往往得不到满足,存在较大的压力。或者反过来:正因为存在压力,所以不得不引起重视,从而使"需要"不得不停留在较低的层次,因为关注程度高且受到的压力也较大的项目都属于和经济有关的较低层次的方面。

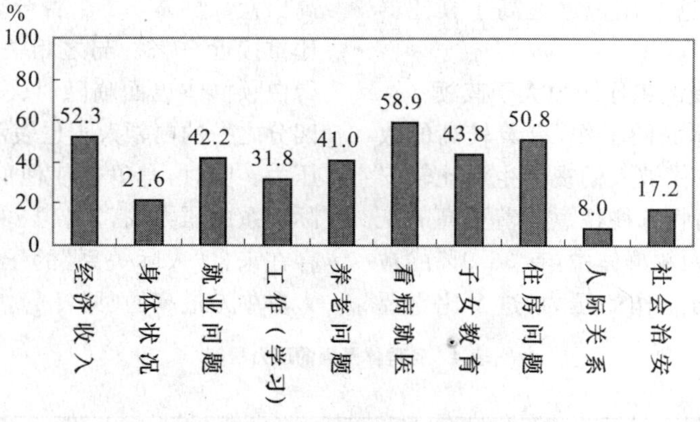

图 3　市民日常生活中面临的压力

表 3　部分市民关注的方面与受到的压力比较

压力来源	压力程度(%)	关注方面	关注率(%)
经济收入	52.3	收入增加	60.2
身体状况	21.6	身体健康	96.1
就业问题	42.2	就业稳定	53.5
工作(学习)	31.8	工作环境轻松愉快	11.4
		职务升迁	3.3
养老问题	41.0	养老保障	52.0
看病就医	58.9	医疗保障	72.8
子女教育	43.8	自我及子女素质提高	15.1
人际关系	8.0	家庭和睦	61.1
社会治安	17.2	人身财产安全	29.4

(二)差异分析

对调查数据进行分析后发现,各群体受到的压力在程度上和侧重点上都存在较大的差异,主要体现了以下方面:

1. 不在业人员群体受到的压力最大

调查发现,在我们所分析的五个群体中,包括离岗、内退、协保、失业及无业人员在内的不在业人员群体所承受的压力最大,各方面压力程度(即存在压力的被调查者比重,下同)的平均值为48.4%,高出全部平均11.6个百分点。除了有高达73.7%的不在业被调查者表示存在来自"就业问题"的压力外,与就业密切相关的"经济收入"、"看病就医"、"养老问题"等也使他们承受着较大的压力,分别有78.9%、83%和63.4%的不在业被调查者表示面临来自这三方面的压力。蓝领群体受到的压力仅次于不在业人员群体,各方面压力程度平均值为41.2%;然后是学生群体、白领群体,压力程度平均值分别为36.2%、33.6%;相对来说,离退休人员受到的压力较小,压力程度为24.4%。

2. 各群体都受到住房问题的压力

房价的持续快速上涨,使得房价超过了很大一部分上海人的购买能力。住房困难的人想改善居住条件,年轻人想买房结婚,条件好一点的想提高居住质量,但是高高在上的房价,让很多人望而却步。调查表明,其他方面的压力在各群体之间都存在不同程度的差异,唯有住房问题使得各群体都感到较大的压力。除了离退休人员群体外,无论是白领还是蓝领,还是不在业人员,均有一半以上的被调查者表示存在来自"住房问题"的压力。值得一提的是,应该是"衣食无忧"的学生群体也有53.2%表示有"住房问题"压力,显示了目前住房的拥挤、家庭还房贷对即期消费的影响或对今后住房问题的担忧。

3. 学生群体存在较大择业压力

学生应该是无忧无虑的一代,但是剧烈的社会竞争使得学生群体,特别是即将步入社会的大中专学生感到很大的择业压力。调查发现,有68.6%的学生被调查者表示存在"就业问题"的压力,这个比重仅比不在业人员群体低5.1个百分点,而分别高出蓝领、白领群体21.4和43.1个百分点。就业的压力,又使学生群体不得不努力在学校学很多的知识、技能以提高竞争力,从而进一步使他们面临了较大的学习压力。调查表明,有62.5%的学生被调查者表示存在学习的压力，这个比重远远高于其他群体的工作压力。

4. 白领群体承受的工作压力大于蓝领

白领群体有着体面的工作，有着较高的收入，而且年纪又轻，往往被人们视为生活比较安逸的人群。但是较高收入往往意味着更高的工作强度。调查表明，白领群体中，有36.9%的被调查者表示存在来自工作的压力，这个比重要高出蓝领群体5.1个百分点，尤其是外企员工，比重接近50%。与之相关的是，剧烈的竞争使得白领群体也面临随时失去工作的危险，使得四分之一的白领人士也表示存在“就业问题”的压力。同时，竞争也使他们面临较为复杂的人际关系的压力，有12.9%的白领被调查者表示存在来自“人际关系”的压力，这个比重在所有人群中是最高的(见表4)。

表4 各群体受到的压力程度

单位:%

项目	合计	学生	白领	蓝领	不在业	离退休
平均	36.8	36.2	33.6	41.2	48.4	24.4
经济收入	52.3	64.1	43.3	62.7	78.9	26.9
身体状况	21.6	8.0	21.4	21.2	28.7	25.3
就业问题	42.2	68.6	25.5	47.2	73.7	18.9
工作(学习)	31.8	62.5	36.9	31.8	31.5	6.1
养老问题	41.0	18.2	29.9	52.2	63.4	27.3
看病就医	58.9	38.8	45.5	65.6	83.0	57.7
子女教育	43.8	25.0	49.1	53.9	50.6	17.9
住房问题	50.8	53.2	50.0	55.3	55.4	39.4
人际关系	8.0	8.1	12.9	7.3	9.1	3.1
社会治安	17.2	15.9	21.8	14.7	9.9	21.2

三、建议

1. 提高收入是缓解压力、提高生活层次的基础

医疗问题、住房问题、养老问题、子女教育问题等等，归根结底都是经济问题。所以提高市民的收入水平，是解决这些问题的关键。因此，除了进一步促进就业、提高社会保障，扩大不在业人员、退休人员等弱势群体的收入来源外，要不断完善收入分配制度，提高占就业人群主体的蓝领群体的收入。同时，要大力发展现代服务业，提供更多就业机会，扩大以白领群体为代表的中等收入者的比重，使整个社会在收入分配更加合理，使市民的生活在更高层次上达到和谐。

2. 医疗问题是当务之急

“身体健康”、“医疗保障”是市民生活中最关注的两个方面，同时“看病就医”又是市民最大的压力，因此医疗问题是当前构建社会主义和谐社会中亟待解决的问题。要进一步提高医疗保障水平，特别是对医疗服务需求较大的老年人的保障水平；要继续深化医疗体制改革，规范医药市场，切实降低市民的医疗支出；同时，要加大财政支持力度，扩大医疗服务的有效供给能力，以满足提前进入老龄化社会的上海市民不断增长的医疗服务需求。

3. 住房问题是众望所归

居者有其屋，是一个安居乐业的和谐社会的基本前提。从目前来看，虽然房价有所回落，但相对市民的购买力来说仍居高位。而且，通过用金融、税收等手段暂时抑制市民的购房需求特别是自住购房需求，不是一个和谐社会的最终目的。因此，在进一步稳定房价、提高收入的同时，要通过合理规划、精心设计，加大政府介入力度，租售并举，使上海房地产市场在总量上、结构上趋于长期的均衡。

4. 要关心年轻人的心理状态

学生是未来的建设者，但是一方面由于整个社会劳动力相对过剩，另一方面几次扩招使得大中专毕业生数量增加，致使不少大学生毕业后找工作困难，在“4050”问题后又出现了“2030”问题，造成极大的智力资源浪费。因此，需要政府和社会多方面关心他们的就业和生活，并及时掌握他们的心理状态，消除可能出现的不满情绪，达到整个社会的和谐稳定。

作者：上海调查总队　杨建忠

搞好社区卫生服务　提高居民健康水平

——山西城市社区卫生服务状况调查

社区卫生服务是一种贴近群众、方便群众、防治结合、以防为主的新型卫生服务形式，符合我国国情，适应人民群众需要，是建设基本卫生保健制度的基础。构建和完善新型城市社区医疗卫生服务体系有利于用较低的费用，提供优质的服务，满足群众多方面多层次的医疗卫生服务需求，有利于有效合理地利用卫生资源，充分发挥各级各类医疗机构的作用，最终解决群众“看病难、看病贵”问题。为此，国家统计局山西调查总队深入省级有关部门及太原、阳泉、长治、晋城、运城等市，对社区卫生服务工作情况进行了专题调查。调查结果表明，自 1997 年开展社区卫生服务工作以来，全省 11 个市全部设有卫生服务机构，服务城镇人口覆盖率达四成以上，为解决百姓看病难、看病贵问题发挥了积极作用。但在工作推进过程中遇到的困难和问题较多，社区卫生服务机构还未发挥出应有的作用，需要引起重视，采取有效措施，切实加强社区卫生服务工作。

一、全省社区卫生服务工作现状

山西省社区卫生服务工作是从 1997 年开展的，10 年来在探索中不断推进并取得了积极成果，特别是 2006 年 2 月国务院召开全国城市社区卫生工作会议以来，全省城市社区卫生服务事业进入了快速发展时期，从省委省政府到各有关厅局都相继制定出台了促进城市社区卫生发展的方针政策和一系列配套保障措施，全省各级卫生行政部门积极主动开展工作，城市社区卫生服务事业稳步推进、快速发展，服务触角不断延伸，服务水平有所提高，居民对社区卫生服务的认可和利用程度逐渐提高，社区卫生工作取得较大的进展。

1. 各级领导重视，目标任务明确

2006 年以来，山西省委省政府认真贯彻执行中央精神，把发展山西社区卫生服务作为城市卫生综合改革和缓解群众看病难、看病贵的重要举措，作为“十一五”规划的重点工作大力推进。山西省人民政府下发了《关于发展城市社区卫生服务的实施意见》，成立了城市社区卫生工作领导小组，为社区卫生工作的顺利开展提供了组织保障。省财政和各市财政都划拨出一定的资金给予社区卫生工作必要的支持，通过投入，不同程度地解决社区卫生工作在发展和建设过程中的资金需求。

2. 机构人员发展快，覆盖比例达四成

截至 2006 年底，通过资源重组、功能转换和社会参与等形式，全省共建成卫生服务机构 434 个，其中社区服务中心 81 个，社区卫生服务站 353 个，覆盖城镇人口 400 余万人，覆盖率达到 44.5%。全省共有社区卫生技术人员 6144 人，其中医师 2489 人，护士 2032 人。在所调查的 5 个城市中，全部建有卫生服务中心和服务站点。太原市卫生服务机构由 3 年前的 100 多个增加到 2006 年底的 255 个，其中医疗服务中心 31 个，卫生服务站 224 个，社区卫生服务网络覆盖率达到 80.7%。卫生服务人员达到了 2978 人，其中医生 1280 人、护士 1184 人、预防保健人员 388 人。

3. 各地结合实际，工作有所创新

2006 年全省各市根据规划积极落实社区卫生服务体系建设任务，坚持以人为本、合理配置有效资源，积极探索，推进和完善一些新的服务项目。如在城市的大中型医院与社区卫生服务机构之间建立双向转诊制度，社区首诊制度；对基层医院实行整体转型等探索，取得了一定经验。太原市提出了创新管理机制、创新运行机制、创新服务方式、创新监督机制的四创新活动,使社区卫生服务取得了新的突破。他们创造的运行机制,构成了以指导中心为依托,服务中心为基础,服务站为前哨的三级卫生服务网络。在迎泽区、杏花岭区、小店区、晋源区开展了双向转诊试点工作,35 家社区服务机构与大医院签订了双向转诊协议书。他们充分利用社区卫生机构扎根社区、贴近群众的优势,努力探寻居民需求,拓宽服务形式,延伸服务内容,积极主动地开展了家庭出诊、家庭护理、家庭病床、老年人照料、临终关怀、特困病人免费诊疗等特需和人性化服务。截至 2006 年底,太原市建立家庭健康档案 20.7 万户,签订一般及特需服务合同 1.9 万余份,开设家庭病床 2 千余张,对 7 万余名高血压、糖尿病等慢性病病人实施了有效管理,使居民享受到了方便、快捷、优质、价廉的服务。太原市迎泽区已成为全国社区卫生服务示范区,其辖区山大二院与社区卫生服务机构在双向转诊等方面积累了一定的经验,取得了良好成效。他们本着教育在社区,健康你我他的理念,因地制宜、因人而异地利用居民就诊、上门服务、专题讲座等多种形式,开展了防病治病基本知识的传授和健康知识普及活动,使居民受益匪浅。

二、社区卫生服务工作中存在的主要困难和问题

1. 宣传不到位,居民对社区卫生服务了解不多

城市社区卫生服务工作是一项群众性的工作,涉及千家万户居民家庭,政府和卫生部门虽然做了许多工作,卫生服务机构成立了不少,许多机构挂了牌子,但由于宣传不到位,广大市民对社区卫生服务内容和有关政策不甚了解,还未形成社区就医意识。因此一般病、常见病直接到社区接受诊治的还不多,社区没有真正发挥其作用和效益。

2. 政府对社区卫生投入不足,缺乏稳定的投资机制

社区卫生服务机构是以政府为主导的机构,所提供的公共卫生和基本医疗服务不以营利为目的,具有公益性质。按照有关政策,各级政府应为社区卫生服务提供基层基础建设、人员培训和公共卫生服务的经费,但全省对社区卫生投入经费十分有限。许多卫生服务机构是一些医院的派出机构,医院按照卫生行政部门的要求,为建站而建站,为设点而设点,并没有进行有效的投资和管理。在人员的福利待遇上,也是各有各的做法,有的部分工资靠自己挣,有的奖金靠自己发,有的是以医院的名义建站,实际上属于个人承包,人员待遇得不到保障。作为社区服务的基础工作如建立居民健康档案、传染病管理、妇幼保健、慢性病管理等卫生服务项目则因经费不足而难以很好开展。社区卫生服务机构人员为能生存下去,普遍存在以药养医,以医养防,重医轻防的倾向,存在与收入直接挂钩提成和乱收费现象。过分追求经济利益,使社区卫生服务机构的职能和作用受到了质疑。

3. 网络机构不健全,高素质的医护人员缺乏和设备简陋同时并存

2006 年底山西调查总队对“看病难、看病贵”进行了抽样调查,在调查你所居住社区医疗网点建立情况时,回答没有建立的达到 62.4%;建立的 37.6%,其中,认为办得好的仅占 2.9%,较好的占 10.9%,一般的占 30.3%,差的占 20.3%;究其原因,有 54.1%人认为医生水平较差,25%的人认为医疗设备较差。太原市是设备配备较好的城市,但在社区卫生服务机构中除药品柜、紫外线灯、诊查床、输液器材、氧气袋和电话配备率较高外,其他基本设备配备率很低。在太原市的 255 个社区卫生服务机构中仅有 B 超 85 台,心电图机 136 台,血糖仪 159 个,显微镜 93 台,由于设备缺乏,许多项目不能开展,限制了居民到社区卫生服务机构就诊。调查中问到,当你得了小病的就医去向时,有 50%的人回答到药店买药,有 28%的人到大中医院就诊。一些人认为社区卫生服务机构中,有相当一部分医务工作者是从医院退休或内退后再就业的,业务知识比较陈旧,诊疗水平相对较低,加之医疗设备简陋,检查手段极为有限,医疗质量难以保障,所以他们看病还是愿意到大医院去。在各城市的大医院每位专家平均

每天接诊的患者高达 50～70 人次，有的甚至更多，患者看一次门诊则需要排队等候两三个小时甚至更长的时间，而这些病人一多半通过社区诊治就能解决问题。这种情况充分说明，如果社区医疗办得好，有了顺畅的转诊程序，既可缓解大医院人满为患的压力，又能在一定程度上改变社区卫生服务机构门庭冷落的局面，使他们的作用得到发挥，从而较好地解决患者看病难和看病贵的问题。

4. 纳入医保比例低，限制了居民到此就医

随着医疗改革步法的加快，居民中参加医保的数量迅速攀升，而社区卫生服务机构被纳入医保的定点比例却偏低。据卫生部门统计，2006 年全省被纳入医保定点的社区卫生服务机构仅占其总数的 35%，太原市是山西被纳入医保定点比例最高的城市，2006 年底在 255 家社区卫生服务机构中，纳入医保定点的也只有 129 家，仅占 50%。在被调查的其他几个城市中，纳入医保的比例仅有 1/3 甚至更低，也就是说还有 2/3 的社区服务机构没有得到劳动和社会保障部门的认可。有些城市要纳入医保需交纳 1～2 万元的费用，进入定点医保门槛太高，他们只能在医保外徘徊。社区卫生服务机构想扩大自己的服务范围，承担为参保居民的医疗保健工作，但目前大多数社区服务机构并没有配备医疗保险信息管理与费用结算的有关设备；有相关设备的机构有相当一部分没有实现与医疗保险经办机构进行计算机联网，非但小伤小病住进来不能享受医保有关政策规定，就是想在社区卫生服务站买点药也无法刷卡，极大地限制了社区卫生服务机构与参保居民在医疗需求服务上的双向互动。

三、做好社区卫生服务工作的建议

1. 搞好区域规划，合理布局设点

应本着方便就近的原则，认真进行区域规划，合理设立医疗站点。建议将带有公益性质的、非营利的公立医疗机构进行整合，按照区域规划原则，将其中的部分一级医院或二级医院实行整体转型，条件不具备的通过投资改造，成为社区卫生服务中心。同时根据需要，由中心再派生出若干个卫生站，实行行政上和业务上的一体化管理。建设服务中心和站点，不光有个数量问题，更重要的是要解决好合理设点问题。要解决好居民看病难的问题，除了将部分医院实行整合转型外，还存在一个根据需要进行新建的问题。

2. 强化政府领导，加大资金投入

国家应加大对社区的医疗卫生投入，要建立科学、合理的投入机制，大力发展以预防、保健、医疗、计生、康复、健康教育为主体，主要针对慢性病及一般性疾病的社区卫生服务。同时社区卫生服务中心要以优质医疗服务和技术赢得患者信任，将一般性疾病解决在基层社区。同时，要制定相应的政策引导医疗卫生人才持续、稳定、长期地投身到社区医疗卫生事业。

3. 建立严格的双向转诊制度

社区卫生服务中心及其所属站、点，应以诊治常见病、多发病为原则，同时深入社区家庭进行医疗咨询，提供防病知识的宣传和强身健体的指导。对疑难重症患者及时转诊到大中型医院，各医院康复期的住院病人要及时转诊到适宜的社区卫生服务机构，实行社区首诊制，基本医疗服务逐步由社区卫生服务机构承担。

4. 科学核定基本医疗服务收费价格

制定社区卫生服务机构基本医疗服务价格，要充分体现社区卫生服务机构的公益性，定价参考的服务成本要按照扣除政府投入的房屋、设备等固定资产折旧后的成本核定；按人员工资和业务经费核定财政补助的地区，要扣除财政补助。逐步弱化药品收益对社区卫生机构的补偿作用，进一步降低社区卫生服务机构销售药品的实际加价率。社区卫生服务机构应优先采购和使用廉价药品。

5. 加强人员的配备与管理，建立内部激励和外部监管机制

社区卫生服务机构应根据服务功能、服务人口、居民的服务需要，按照精干、效能的原则设置卫生专业技术岗位，配备适宜学历和职称层次的人员从事全科医学、公共卫生、中医和中西医结合的专业执业医师和护士、药剂检验等卫生技术人员；抓紧建立健全社区卫生服务的技术操作规则、工作制度、考核指标等管理信息系统。加强和改善对医务人员工资的管理，实行以岗位工资和绩效工资为主要内容的收入分配办法，医务人员的收入不得与服务收入直接挂钩，坚决杜绝开“大处方”等增加群众负担的行为。规范收支管理，有条件的可实行收支两条线管理。

作者：山西调查总队

新形势下的群众工作

——河南省新形势下的群众工作调查

2007年9月，国家统计局河南调查总队在河南省部分市县组织开展了“新形势下的群众工作”问卷调查。调查采取随机抽样的方法，在全省范围内抽选郑州、开封、洛阳、平顶山、安阳、南阳6个城市市区，固始、襄城2个县城，原阳、扶沟、伊川、虞城、濮阳、西平、尉氏、舞阳、灵宝、民权、宁陵和卢氏等12个县农村地区的720户城镇、农村居民家庭，进行入户调查。问卷内容为各阶层人群对目前群众工作的认知状况，对群众工作实际情况的评价，对社会热点问题的反映，以及对群众工作的意见、建议。

一、被访者对目前群众工作的评价

（一）群众对当前各级党委、政府群众工作总体评价较高

1. 满意度较高。有84.3%的被访者对当前各级党委政府开展的群众工作评价为满意，其中28.4%的人表示（完全）满意，55.9%的人比较满意；仅有15.8%的人表示不满意。分不同职业看，在被调查的7类职业群体中，农民的满意度最高，为88.7%；其次为学生87.1%；离退休人员86.4%；企业职工满意度低于其它职业群体，为75.7%。

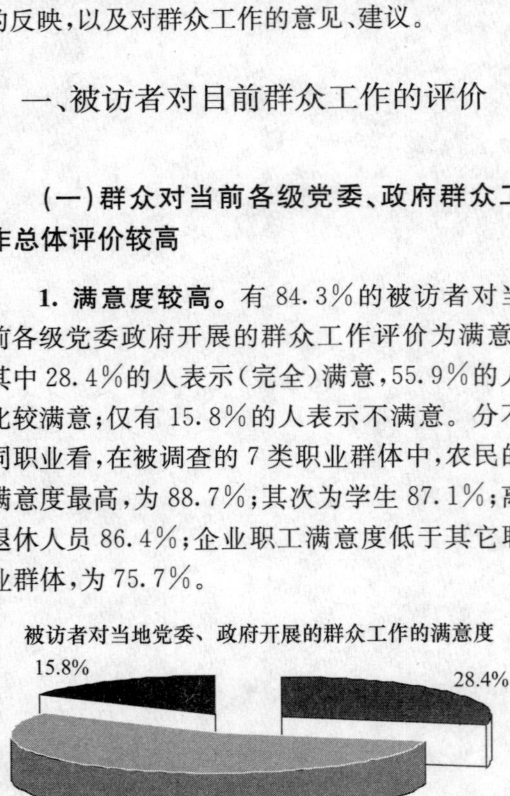

图1 被访者对当地党委、政府开展的群众工作的满意度

2. 被访者普遍认为各级党委、政府重视群众工作。91.8%的被访者对各级党委、政府是否重视群众工作持肯定态度，其中31.5%的人认为“很重视”，60.3%的人认为“重视”；只有8.2%的人认为“不重视”。分地区看，农村对这方面的评价高于城镇，农村持肯定态度的人数比例达到了95.0%，城镇为82.7%。

3. 大多数被访者认为目前各级党委、政府群众工作的方式适应当前形势发展的需要。66.2%的被访者认为目前群众工作方式适应或基本适应当前形势发展的需要，其中11.2%的人认为“很好地适应”，55.0%的人认为“基本适应但需要抓好落实”；另有33.7%的人认为目前群众工作方式需要进一步改革创新。分地区看，农村对这方面的评价同样高于城镇，70.0%的农村被访者认为目前群众工作方式适应或基本适应当前形势发展的需要，城镇的人数比例为62.5%。

（二）各级党委、政府群众工作取得了较好的成效

1. 大多数被访者认为各级党委、政府开展的干部公开接访、主动下访的做法取得了成效。65.0%的被访者认为取得了成效，其中14.1%的人认为效果很好，50.9%的人认为有一定成效，但坚持不够；另有35.0%的人认为效果不明显。分地区看，对这方面的评价，城镇高于农村，认为“效果很好”和“有一定成效”的城镇被访者人数比例为67.8%，高于农村5.6个百分点。

2. 绝大多数被访者表示群众反映的问题得到了解决。71.1%的被访者认为自己反映的问题得到了解决，其中4.3%的人认为得到了完全解决，66.8%的人认为基本解决；有28.9%的人

认为没有解决。分地区看，农村地区情况好于城镇，有76.1%的农村被访者表示自己反映的问题得到了完全解决或基本解决，而城镇被访者的人数比例为66.1%，低于农村10个百分点。分职业类别看，认为反映问题得到解决的人数占各自群体比例最高的是个体私营业主和工商户，比例为82.2%，其次是农民75.7%和无业、失业人员68.6%；对问题解决评价最低的是企业职工和专业技术人员，分别有38.7%和35.1%的被访者认为自己反映的问题没有解决。

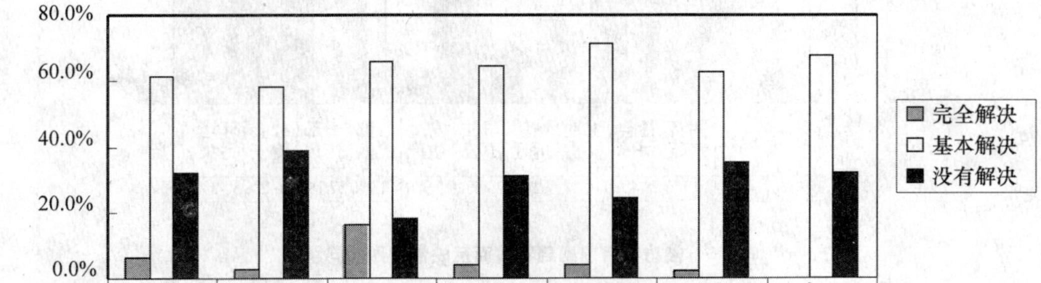

	学生	职工	个体	无业	农民	技术	离退
完全解决	6.5%	2.8%	16.1%	3.9%	4.1%	2.1%	0.0%
基本解决	61.3%	58.5%	66.1%	64.7%	71.6%	62.8%	67.8%
没有解决	32.3%	38.7%	17.9%	31.4%	24.4%	35.1%	32.2%

图2　不同职业群体对问题解决情况的评价

(三)群众工作中存在的薄弱环节

1. 接近半数的被访者认为目前反映社情民意的渠道不畅通。47.3%的被访者认为渠道不畅通，52.7%的人认为渠道畅通。分职业看，认为渠道不畅通的人数比例较高的群体是专业技术人员53.2%、企业职工52.3%、个体私营业主和工商户51.8%、学生51.6%，人数均超过了半数。

2. 落实"十大实事"的工作力度有待加强。被访者对各级党委、政府落实省委省政府承诺的"十大实事"的效果评价一般。有40.1%的被访者不清楚落实"十大实事"的效果如何，在59.9%知晓者中，只有21.6%的人评价为效果很好，34.0%的人评价为一般，4.0%的人认为没有落实。分地区看，农村地区和城镇地区差异不大。分不同职业看，无业、失业等弱势群体在这方面的评价明显高于其他群体，认为落实效果"很好"的人数比例为35.3%，比平均水平高出13.7个百分点。

3. 群众对国务院《信访条例》认知度不高。45.1%的被访者不知道2005年实施的国务院《信访条例》，39.3%的人听说过但不了解；只有15.6%的人表示"知道"。分地区看，城镇地区认知度明显高于农村地区，农村地区有55.3%的被访者不知道《信访条例》，城镇地区这方面的比例为40.2%。在所有职业群体中，认知度最高的是无业、失业人员25.5%，其次是专业技术人员24.5%和企业职工18.9%。

二、群众最关注的热点问题和意愿诉求渠道

(一)群众感到不满而反映最强烈的问题

1. 目前群众感到不满而反映最强烈的三大问题是医疗、教育和贫富差距。对医疗、教育和贫富差距感到不满的人数占所有被访者的比例依次为54.8%、53.1%和50.1%；感到不满而反映强烈的其他问题和被访者比例依次是：干部腐败42.9%、就业再就业37.3%、社会治安36.2%、环境污染30.3%、社会保障28.4%、干部作风27.1%和司法不公23.4%。

分地区看，城镇被访者反映问题更强烈、更集中，反映问题的人数比例高于农村。同时，关注的问题也有差异，城镇地区被访者最不满的问题居第一位的是医疗，不满而关注的比率高达62.0%。从不同的政治面貌看，目前党员与

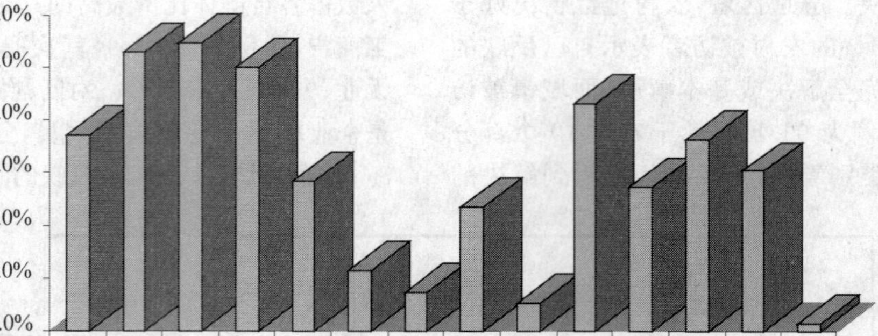

就业再就业	教育	医疗	贫富差距	社会保障	土地征占	城镇拆迁	司法不公	安全生产	干部腐败	干部作风	社会治安	环境污染	其他
37.3%	53.1%	54.8%	20.1%	28.4%	11.3%	7.2%	23.4%	5.3%	42.9%	27.1%	36.2%	30.3%	1.5%

图 3　被访者目前感到不满而反映最强烈的问题

群众感到不满而反映强烈的问题有所差异，群众反映居前五位的问题是：教育 71.9%、干部作风 71.4%、社会治安 71.4%、社会保障 69.3% 和干部腐败 68.1%；党员反映居前五位的问题则是医疗 62.7%、贫富差距 57.2%、教育 50.0%、干部腐败 48.2% 和就业再就业 40.4%。

2. 群众最不满干部作风方面的五个问题。首先是以权谋私，对此现象表示不满的被访者人数比例高达 72.6%；其次是漠视群众利益 49.2%、生活腐化 43.1%、脱离实际搞政绩工程 36.3%、作风不民主 33.9%。对于这五个方面的问题，前三个问题，农村和城镇地区反映一致，后两个问题，农村地区被访者反映更强烈的是“干部作风不民主”，列第四位。

3. 当前引发群众上访问题的主要原因。主要原因集中在两个方面，即反映的问题久拖不决和基层干部处置不公，二者人数比例分别是 82.6%和 60.4%。反映其他问题的人数比例较低。农村和城镇地区被访者对这方面问题的反映高度一致。

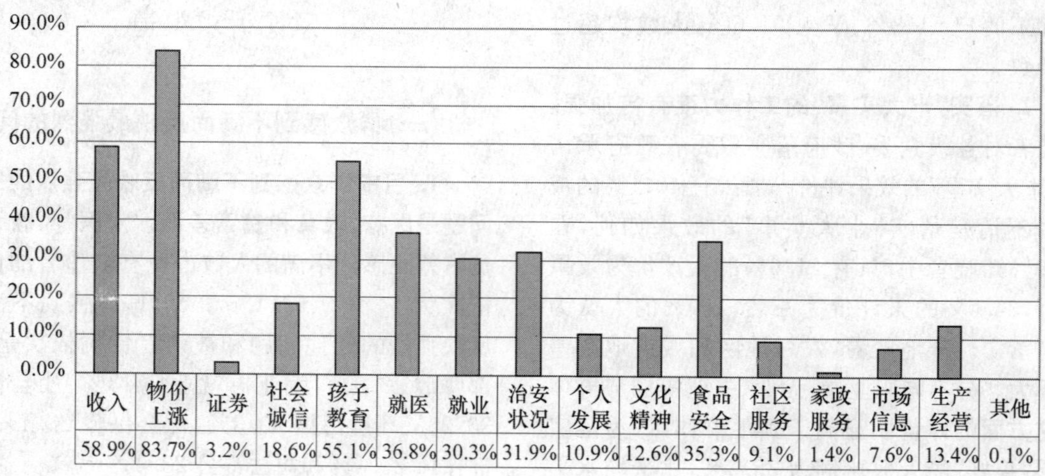

收入	物价上涨	证券	社会诚信	孩子教育	就医	就业	治安状况	个人发展	文化精神	食品安全	社区服务	家政服务	市场信息	生产经营	其他
58.9%	83.7%	3.2%	18.6%	55.1%	36.8%	30.3%	31.9%	10.9%	12.6%	35.3%	9.1%	1.4%	7.6%	13.4%	0.1%

图 4　被访者目前最关心的涉及个人亲身利益的热点问题

(二)群众目前最关心的涉及个人利益的热点问题

群众目前最关心的个人利益问题集中反映为：物价上涨，人数比例高达 83.7%，另外反映比较集中的两个问题是：收入 58.9%和子女教育 55.1%；群众关心的其它问题依次是就医 36.8%、食品安全 35.3%、治安状况 31.9%和就业30.3%。

分地区看，农村和城镇被访者关心的个人问题呈现明显的地区特点而有所差异，农村群众对"子女教育"的关心程度超出了"收入"，二者比例分别为54.0%和52.1%；此外，从被访者关心的个人问题居于第三、第四的位次看，农村群众更关心社会治安和食品安全，城镇群众更关心就医和就业。

（三）群众的意愿诉求渠道和方式

1. 目前群众解决问题的首选渠道是法律。 被访者首先愿意通过法律的渠道来解决问题，占56.0%，其次是托关系找熟人占48.5%、信访占40.6%和新闻媒体占38.7%。分地区看，农村和城镇的诉求渠道选择差异较大，除法律是共同的首选渠道外，农村群众更倾向于托熟人找关系占51.0%和信访占44.6%，很少选择新闻媒体占25.6%；而城镇居民更倾向于新闻媒体占51.7%和托熟人找关系占46.1%，选择信访渠道的人数比例不高，为36.7%。

2. 群众最愿意用电话的方式来反映问题。 如遇需要反映的问题，群众首选的反映方式是电话，选择这种方式的人数占59.8%，其次是书信37.4%；而选择个体上访和集体上访的人数比例分别为30.9%和28.5%。农村和城镇地区反映问题的方式选择一致。

三、对群众工作的期盼和建议

1. 确保各项政策真正落实。 要把涉及广大群众切身利益的事情办好，不能只喊口号、浮夸、应付，部门之间不推诿扯皮；管理要透明化，让群众拥有知情权；要经常深入乡村、社区一线了解体察民情；加大城镇社区和农村乡以下基层群众工作的力度，建立完善对群众问题自下而上的经常性督察机制，尽力把上访群众的问题解决在基层。

2. 加强干部作风建设。 要树立服务意识，真正把群众利益放在首位，切实有效地为群众多办事、办实事，对群众反映的问题要认真解决，不能解决的要给予合理解释，让群众看到希望；要放下架子，公平、公正、公开地办事；领导干部要勤政、廉正，以身作则，己正才能正人；要树立实事求是的作风，不做表面文章，不搞政绩工程。

3. 保证民意诉求渠道畅通。 建立联系基层群众的具体措施和办法，使群众能时刻感到党委、政府就在自己身边；市委、政府、各有关部门都应建立群众接待日，让百姓有参政议政的机会，鼓励全社会群众积极参政议政，关心社会发展和公共事业，发挥主人翁的积极性和创造性，为构建和谐社会贡献力量；完善群众工作的约束和监督机制，建立健全群众评议政府和干部的长效机制，真正使群众的满意与否成为度量政府工作的标尺。

4. 重视解决群众反映的社会问题和民生问题

（1）物价。多关注广大群众的生活状况，妥善安置低收入家庭的生活问题，适当给予生活补贴；针对食品价格、房价等上涨过快的问题，制订有关政策，保证经济平稳运行，保持社会稳定。

（2）教育。建立严厉查处教育乱收费的长效机制；增加"两免一补"政策执行的透明度，确保政策执行公平；加大农村教育的投入，加强对农村师资培训，改善农村教学条件，提高农村人口的文化水平和综合素质。

（3）就医。重视解决群众看病难、看病贵的实际问题，健全医疗保障体系；深化医疗体制改革，制止公立医院的市场化倾向；加大农村医疗卫生投入，改变农民缺医少药的状况，积极推行并不断完善新型合作医疗；继续治理药品价格虚高和个别医院的医德问题。

（4）解决好收入差距过大、就业和社区建设等问题。在加强对收入分配的宏观调控，改善收入分配模式的同时，建立健全各种社会保障制度和救济制度，切实维护低收入人员、贫困人员的合法权益。加强社区工作，明确社区管理和服务职责；加强社区公共文化娱乐设施建设，满足人民群众不断增长的文化生活需求。

作者：河南调查总队　朱隽峰　王铮

广东群众安全感较强　社会治安问题仍不容忽视

2007年5月至6月，受广东省政法委委托，广东调查总队在全省21个地级以上市随机抽取4800户城乡居民组织开展了群众安全感调查工作。调查显示，广东社会治安状况比2006年有所好转；大多数群众对广东的社会治安状况持肯定态度，并在目前的社会治安环境下感觉安全；刑事犯罪是当前最主要的影响安全感的治安问题。

一、群众对社会治安总体评价良好

1. 超过半数的被访者认为所在地的社会治安状况与2006年相比有所好转

近年来，广东省委、省政府采取措施，加大了社会治安环境治理的力度，使得全省社会治安明显好转，这是广大群众有目共睹的。超过半数(占56.5%)的被访者认为所在地的社会治安状况与2006年相比有所好转，只有9.3%的被访者认为社会治安状况比以前差或比以前差很多。

2. 大多数群众对所在地的社会治安状况持基本肯定态度

随着社会治安的明显好转，目前广东的社会治安状况也得到广大群众的肯定。有88.3%的被访者对所在地的社会治安状况持基本肯定的态度，其中，39.3%的群众认为所在地的社会治安状况很好或较好。只有11.6%的群众认为较差或很差。

从就业状况来看，由于下岗失业人员的经济状况大多不太好，居住地的治安环境也普遍差一些的缘故，下岗失业人员对所在地的社会治安状况的评价要比在业人员和离退休人员的评价差些(见表1)。

表1　不同就业状况被访者对所在地社会治安状况的评价

单位:%

	很好或较好	一般	较差或很差
在业人员	40.1	48.9	11.0
下岗失业人员	36.0	49.2	14.9
离退休人员	40.4	47.8	11.8

3. 在目前的社会治安环境下，超过七成的被访者感觉安全

群众在较好的治安环境下工作和生活，才会有安全感产生。据调查，76.8%的被访者认为在目前的社会治安环境下感觉“很安全”、“安全”或“基本安全”，但仍有23.2%的被访者认为“不太安全”或“不安全”(见图1)。

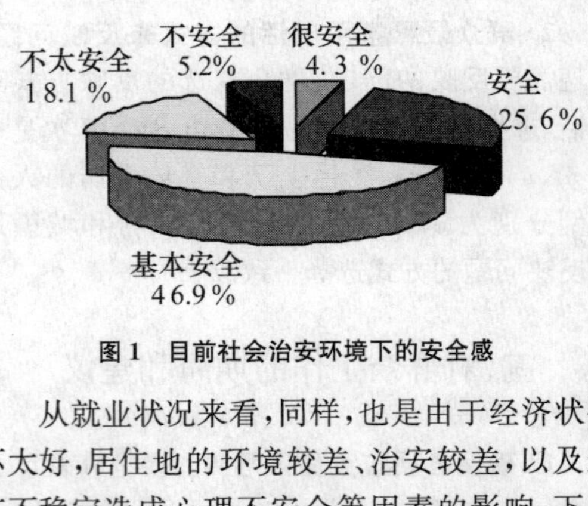

图1　目前社会治安环境下的安全感

从就业状况来看，同样，也是由于经济状况不太好，居住地的环境较差、治安较差，以及经济不稳定造成心理不安全等因素的影响，下岗失业人员在目前的社会治安环境下的安全感要比在业人员和离退休人员差些(见表2)。

表2　不同就业状况群众对目前社会治安环境下的安全感的评价

单位:%

	安全、很安全或基本安全	不太安全或不安全
在业人员	78.4	21.5
下岗失业人员	69.5	30.5
离退休人员	76.0	24.0

4. 多数群众对政法机关的工作表示满意

从调查结果可以看到,群众对政法机关工作的满意率都超过了50%,其中,群众对公安机关(派出所)的满意率最高,达81.4%,远远高于其他机构;只有一成及以下的群众对政法机关的工作表示不满意;群众对除公安机关以外的其他机构"不了解"的比例也较高。这说明政法机关的工作是得到多数了解政法机关的群众肯定的(见表3)。

表3 对政法机关的工作的评价

单位:%

	满意或基本满意	不满意	不了解
公安机关(派出所)	81.4	13	5.6
人民法院(法庭)	61	5.5	33.5
人民检察院	58.2	4.1	37.6
司法行政机关(司法所、法律服务中心)	62.4	4.3	33.4
社会治安综合治理办公室	66.4	11.3	22.4

从不同年龄、性别、文化程度、就业状况的群体来看,被访者对5种政法机构的满意率与全省总体水平差异不大。

二、影响群众安全感的主要因素

1. 刑事犯罪是当前最主要的影响安全感的治安问题,其次是公共秩序混乱和交通事故

社会治安是影响安全感的最主要因素,这是无须质疑的。那么,当前哪一类治安问题最影响安全感呢?调查发现,当前最影响安全感的治安问题,排在第一的是"刑事犯罪",提及率达到46.6%;第二是"公共秩序混乱",占20.4%;第三是"交通事故",占20.4%;第四是"火灾",占3.6%。

无论从性别、年龄、文化程度、政治面貌,还是从就业状况、职业来看,不同群体认为当前最影响安全感的四个治安问题的排列顺序都与总体水平保持一致。

2. 赌博现象、外来人员违法犯罪和入室盗窃犯罪现象是对群众安全感有相对严重影响的违法犯罪活动

各种违法犯罪现象的存在,不同程度地影响着广大人民群众的安全,群众对此深恶痛绝。我们让被访者对十种违法犯罪现象的影响进行评价,经过加权评分发现,严重程度排在前三位的分别是:赌博现象(57.39分)、外来人员违法犯罪现象(53.94分)和入室盗窃犯罪现象(49.61分)。

三、矛盾纠纷解决途径和不法侵害处理情况

1. 社区(村)协调组织是群众最主要的解决矛盾纠纷的途径

当遇到矛盾纠纷时,有70.1%的群众首先寻找社区(村)协调组织,有12.6%的群众找政府有关部门,只有7.3%的群众找政法机关。说明社区(村)协调组织在群众心目中占有重要的地位,在解决群众的矛盾纠纷时起到重要的作用。同时,也说明政府有关部门,特别是政法机关为群众服务的作用还没有得到充分的发挥,应引起足够的重视。

2. 报案后公安机关主要是受理登记并立案,破案效率不高

令人遗憾的是,由于法制意识淡薄,以及对公安机关的办案能力感到怀疑等原因,遭受过不法侵害的家庭,只有46.9%向公安机关报案,还没有过半数。更加令人沮丧的是,被访者报案后,公安机关已破案的案件只有3%,公安机关未采取任何措施或行动却占16.6%,显示了公安机关办事效率不高(见表4)。

表 4 被访者报案后，公安机关采取措施的比例

采取的措施	比例(%)
受理登记并立案	66.2
已破案	3.0
已调查了解或查处	8.5
未采取任何措施或行动	16.6
其他	5.7

四、存在的主要问题

1. 政法机关对违法犯罪活动的打击力度不够

总的来看，只有 35.7%的被访者认为政法机关对违法犯罪活动打击有力，还不到四成；却有 64.3%的被访者认为政法机关对违法犯罪活动打击不够有力或不力。表明大多数群众认为政法机关打击违法犯罪活动的力度不够，打击违法犯罪活动的力度应该加强。

2. 政法队伍办事效率不高

调查显示，当前政法队伍中存在的最突出问题是“效率不高”，提及率为 39.8%，提及率远远高于其他选项；排在第二位的是“执法不公”，提及率 9.7%。政法队伍效率不高已经给群众留下了深刻的印象，也给群众在政法机关办理事务造成了一定的困难，应引起政法队伍的重视。其他情况详见图 2 所示。

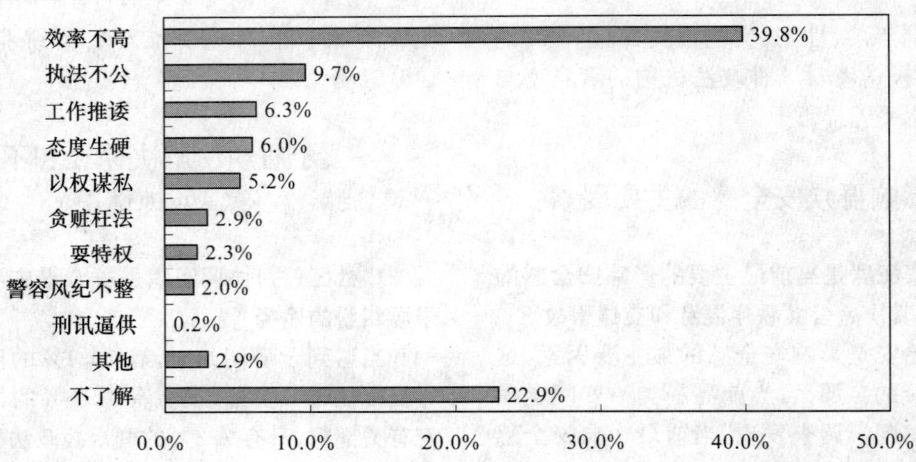

图 2 当前政法队伍中存在的最突出问题

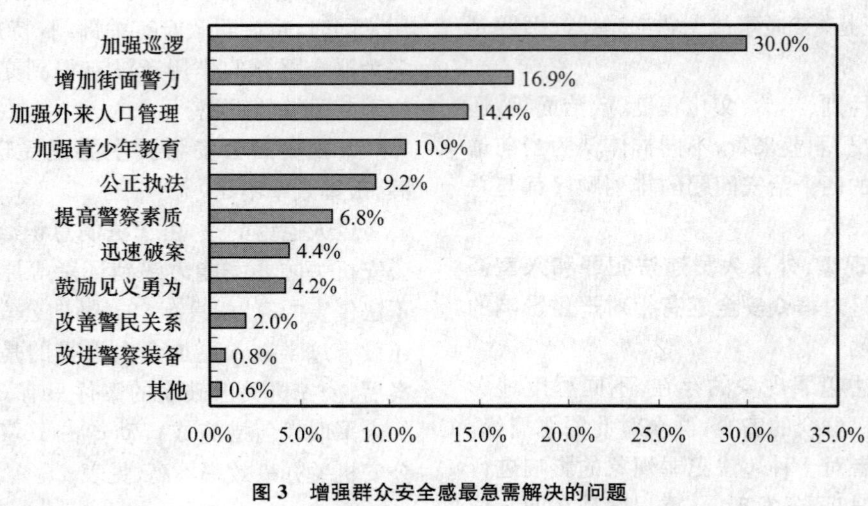

图 3 增强群众安全感最急需解决的问题

3. 加强巡逻、增加街面警力、加强外来人口管理是目前增强群众安全感急需解决的问题

得到一定的措施保护，群众才会有安全感。政法机关应根据群众的呼声，采取相应的措施，才能真正把工作做到实处。调查显示，目前增强群众安全感最需解决的问题是“加强巡逻”，提及率达 30%，其次是增加街面警力（16.9%）和加强外来人口管理（14.4%）。其他详见图 3 所示。

值得一提的是，对于目前增强群众安全感最急需解决的问题，学历越低的群体选择“加强青少年教育”的比例越大，说明学历越低的群体对加强青少年教育的呼声较大，从某种程度上表达了低学历群体对教育的渴望（见表 5）。

表 5　不同学历群体对“加强青少年教育”的提及率

单位：%

大学及以上	大专	中专	高中	初中	小学及以下
4.9	7.1	8.6	10.4	14.0	15.4

五、加强全省社会治安的意见与建议

1. 加强培训教育力度，建立一支高效率、高素质的政法队伍

一要开展思想教育和法制教育。政法部门应深入开展全心全意为人民服务的思想教育，以及以严格执法、公正执法、文明执法为主要内容的法制教育活动，肩负起“保护人民，打击敌人，惩治犯罪，服务经济”的职能。二要组织业务素质教育和人事考核。政法工作者要定期进行业务素质培训，及时掌握必备的知识和技能，提高执法工作的效率；认真落实凡进必考、统招统考制度，组织好基本素质考试，对考核不合格的，坚决予以辞退，建立一支高效率、高素质的政法队伍。

2. 加大对违法犯罪活动的打击力度

一是各地政法机关要进一步统一思想，充分认识打击违法犯罪对维护政治稳定和社会安定的重要意义，以高度的政治责任感，主动、扎实做好工作。二是要不断总结打击违法犯罪活动的成功经验，深挖犯罪源头。三是要继续把查处大要案件作为打击违法犯罪活动的重中之重，特别是要加大对大案要案的惩处力度，以教育群众、震慑犯罪。四是要强化宣传工作，广泛发动群众提供线索。要通过媒体大力宣传公布举报电话，宣传相关法律法规和打击犯罪活动取得的战果，形成良好的舆论氛围。

3. 加强基层警力，扎实基层工作

要按照宁缺机关、勿缺基层的原则，加大政法系统内部警力资源整合力度，精简机关，充实基层警力，缓冲警力不足的突出矛盾。警务工作要落实在基层。据群众反映，加强巡逻、增加街面警力是增强群众安全感的重要举措，应引起有关部门的重视。

4. 加强外来人口的管理

近年来，外来人口违法犯罪逐年上升，对社会的危害日益严重，因此，应加强流动人口管理。变单一管理为管理、服务、维权、教育相结合的综合管理方法。建立健全出租私房档案管理制度，落实签订出租人治安管理责任书，对违法、违规的房东和房客进行查处。并充分发挥社区、村委会基层组织作用，落实暂住人口管理工作领导责任制，降低流动人口带来的治安压力。

5. 形成群众性的治安防范网络

要认真贯彻专门工作与群众路线相结合的方针，树立“警力有限、民力无穷”的理念。以治保会为依托，合理调整治安员布局，通过充分发挥治保会、治安员的桥梁和纽带作用，发动和组织群众认真搞好治安防范，形成群众性的治安防范网络，不断优化治安环境。

6. 积极预防和化解各种矛盾，减轻各种不稳定因素带来的社会压力

有关部门要密切关注与群众密切相关的社情动态，及时发现不安定因素。对有可能引发违法事件的苗头，有关职能部门要提早介入，耐心疏导，及时化解矛盾，控制事态恶化，切实保护群众利益，维护辖区稳定。同时，要研究问题产生的原因，提出解决的办法和建议，努力将矛盾解决在基层。

作者：广东调查总队　符绮玮　何莉

当前海南老百姓最关心的若干民生问题的调查

民生问题关乎社会和谐发展。国家统计局海南调查总队2007年底在全省范围内对800户家庭开展群众最关心、最直接、最现实利益问题的专项抽样调查。调查共设计了当前突出的20个社会问题，分别是：食品安全、公共交通、就业、医疗保险、看病难看病贵、腐败、教育、低保、社会治安、物价上涨、房价问题、三农问题、征地搬迁、环境污染、安全生产、虚假广告、道德观念、贫富差距、政务公开和其他社会问题。

调查显示，群众最关心、最直接、最现实的利益问题是基本生存（就业、物价上涨、社会治安、食品安全、看病难等）问题；其次是社会保障、教育、公共卫生问题；再次是文化、娱乐、体育、旅游、市政建设、社会参与等方面的需求。

一、民生问题

1. 物价上涨过快已上升成为民众最关注的问题之一

物价上涨特别是与群众生活关系密切的粮油、禽蛋、肉类、蔬菜等食品价格的过快上涨，牵动了千家万户，增加了民众的负担。调查显示，78%的被访民众关注物价上涨问题，物价上涨已上升为民生最关注的问题之一。2007年前三季度城镇居民人均可支配收入为8391元，比2006年同期增加1241元，增幅为17.4%，而同期居民消费价格总指数上涨了4.1%，剔除价格上涨因素影响城镇居民收入实际增加915元，实际增幅为12.8%。相对低收入家庭而言，物价上涨对这些家庭影响最大。前三季度10%最低收入组居民收入为2304元，比2006年同期增加244元，增幅为11.9%，若剔除价格上涨因素影响人均实际仅增加154元，实际增幅为7.5%。调查同时显示，三成多公众关注高房价问题，认为高房价是幸福感的最大障碍。

2. 就业问题依然严峻

就业问题是民生之本，是民生赖以生存的重要途径。调查显示，58.6%的被访民众最关注就业问题。2007年前三季度，全省城镇居民人均工资性收入为6164.66元，比2006年同期增长17.0%，比上半年提高1.2个百分点，占居民家庭总收入的比重为69.0%；工资性收入中，工资及补贴收入人均为5778.44元，同比增长16.8%。前三季度，农村居民人均现金收入3124元，比去年同期增加449元，增长16.8%。尽管全省积极完善和落实就业再就业政策，上半年全省城镇新增就业人数4.68万人，完成年计划的58.54%；下岗失业再就业1.86万人，完成年计划的52.32%；全面启动零就业家庭就业援助工作，提供公益性岗位1200多个，但是就业问题依然严峻，就业与失业问题依然是民生最关注最现实的问题。民众的就业话题主要集中在：工作难找，大学毕业生，没经验成就业劣势；下岗职工、外来农民工、残疾人、失地农民的就业问题。

3. 弱势群体的生活质量令人忧虑

调查发现，低收入者作为弱势群体的生活质量令人忧虑。家庭月收入在1000元以下的人群生活满意度明显偏低，在与2007年上半年的对比中，家庭月收入越低的人，由于日常生活食品的价格连续上涨，越多的人认为生活水平有所下降。这从另一个侧面为我们敲响了警钟，在贫富差距不断拉大的当前社会中，低收入者越难以摆脱生活的困境，说明社会分层问题越严重，社会不安定因素就积累越快。同样令人担忧的还有低收入者对未来的生活比较缺乏信心。2007年上半年，海口低收入户人均可支配收入2108.48元，同比增长13.9%。低收入户的收入水平远低于海口平均值，消费水平也只相当于全市平均值的36.5%。

4.“看病贵、看病难”，医院成为城镇居民最不满意的单位之一

全省已启动城镇居民基本医疗保险试点工作，将省属驻市县国有困难单位列入属地医疗保险，将从未参加基本医疗保险的退休人员纳入社会医疗补助范围，解决了海南省医疗保险制度改革多年以来未能解决的难题。调查显示，有47%的民众认为仍然存在“看病难、看病贵”，药价虚高、天价医疗费、医生拿红包拿回扣等现象。

5. 食品质量引发食品安全担忧

民以食为天，食以安为先。我们每天都离不开食品，而食品的质量、卫生状况已引发民众对食品安全的担忧。调查显示，逾五成市民对食品安全有忧患及对在外就餐的卫生状况不放心，近五成市民对购买或食用熟食最不放心。一些不法分子为牟取暴利，在食品中掺杂使假，滥用防腐剂、添加剂、色素，严重危害人民群众的身体健康。老百姓对直接关系身体健康的食品安全忧心忡忡。八成多民众认可目前有关部门对食品安全的重视程度，七成多被访者对抓好食品安全工作有信心，对加强食品安全提议最多的是“严惩”以及“把好进货关”。

6. 教育费用日益攀升影响家庭的正常消费

教育费用近年来已经成为社会普遍关注的热点问题，随着教育改革和高校扩招规模的不断增大，教育费用也日益攀升。调查显示，近六成民众最关注子女教育费用，认为重点学校费用过高，影响家庭的正常消费。城乡家庭在教育方面的投入越多，对教育费用的不满意程度越高，这与人们通常认为的收入越低越对教育费用敏感的观点相反。在经济快速发展的今天，一些人的心态是认为只要上好的学校就会有好的前途。致使有些家庭倾其所有要让孩子接受最好的教育，教育费用对家庭消费倾向产生重大影响，带来消费的扭曲。教育资源的公平分配也是当前民众普遍议论的热点问题。公众呼吁实施家庭经济困难学生资助项目，确保每个贫困家庭至少有一个适龄孩子上职校。

7. 社会治安综合治理亟待加强

调查显示，近四成民众最关注社会治安，反映在繁华地区和公交车上扒手多，在居民区小商小贩叫卖声扰民，在居民小区内从事娱乐歌厅扰民、餐馆油烟污染环境，在中小学、幼儿园及周边地区流窜人员多，市民缺乏安全感，民众呼吁加强社会治安综合治理，加大打击违法犯罪的力度，营造良好的社会治安环境。

8. 公共交通滞后于社会发展

城市公共交通是居民出行的主要方式，随着公共交通的快速发展，公交线路明显增加，公交车型不断更新，居民出行条件比以前有较大改善，但由于受部分地区道路狭窄、公交站设计不合理、等车时间长和线路短影响，公共交通仍滞后于社会发展，制约了居民外出乘坐公交车的积极性。调查显示，近六成民众关注公共交通，呼吁加快城市道路建设，着力改善乘车环境，方便出行。

9. 环境质量已成为影响居民生活满意度的重要因素

调查显示，八成多公众认同环境污染对现代人的健康造成了很大影响，39%的公众认为环境污染给本人和家人健康造成了很大影响或较大影响。环境质量已成为影响居民生活满意度的一个重要因素。

10.“三农问题”影响海南全面建设小康社会进程

三农问题是社会各界较为关注的民生问题。2007年前三季度农村居民人均现金收入3124元，比去年同期增加449元，增长16.8%，农村居民消费支出1435元，比去年同期增长11.3%。今年海南农民的现金收入增长速度加快，前三个季度，人均现金收入累计的增幅分别为14.2%、16.2%和16.8%，是近十年来增长最快的。现金支出呈现“三升一平一降”的势态。除了税费支出持平，财产性支出有所减少外，生产费用支出、生活消费支出和转移性支出都有不同程度的增加。对农村全面建设小康社会进程的监测结果显示，2006年海南省农村全面小康实现程度为31.2%，比2005年提高8.4个百分点，是2000年以来提高最快的一年，但仍低于全国平均水平3.7个百分点。实行农业保险是减少受灾渔民、农民灾害损失的重大举措。2007年橡胶树风灾保险、香蕉风灾保险、生猪养殖保险、渔船全损保险等6个险种的试点推行，将给海南省农民吃下定心丸，农民无后顾之忧，生产积极性将会更高。

二、民生问题对策与建议

社会要和谐，首先要发展。解决人民群众最关心、最直接、最现实的利益问题，应当建立在发展的基础上。

1. 采取有效措施，改善创业环境

着力创造公平就业的环境，采取税费减免、贷款贴息、社会保险补贴、岗位补贴等办法对就业困难人员给予扶持；通过公益性岗位安置等途径，对就业困难人员实行优先扶持和重点帮助；建立健全创业服务体系，完善中小企业信用担保体系，加快创业基地建设，以创业促就业，促进城乡居民持续增收。

2. 出台价格补贴政策

确保低保家庭的收入与支出随着物价上涨水平同步调节。坚决制止搭车涨价和哄抬物价的现象，维护市场的稳定。

3. 继续加大治理教育乱收费的力度

稳定教育收费标准，不得出台新的收费项目和标准，坚决制止与招生录取挂钩的各种乱收费。教育是百年大计，民众期待越来越多的领导都能够成为“教育书记”和“教育市长、县长”。

4. 关心农民疾苦、维护农民利益

土地作为农民最后的生活保障，随着人口负荷的增大，农民很难单靠土地来维持生计和养老，全省实施“大企业进入、大项目带动”战略后，失地农民逐年增多，要尽快制订失地农民的保障制度，加强农村生产力建设，加快转变农业增长方式，统筹推进农村各项改革，全面增强农业和农村发展的活力。

作者：海南调查总队　吴健　陈震

八、房地产篇

政府调控住房市场的必要性及其对策研究

住房是一种满足人们最基本生活需要的重要商品。在目前住房商品严重供不应求、中低收入家庭因房价高企买不起房、部分低收入家庭基本生活需要的住房还比较困难的情况下，政府应采取各种积极有效的措施，对住房市场进行调控，努力抑制住房价格过快上涨。

一、政府调控住房市场的必要性

1. 住房是一种关系人民安居乐业以及国计民生的特殊商品，政府有责任有义务解决好老百姓基本生活需要住房比较困难的问题

解决好普通老百姓基本生活需要的住房需求，是各级政府必须履行好的基本公共服务职能，也是坚持我党“以人为本”的执政理念和建设和谐社会的具体体现。在目前住房严重供不应求、部分普通百姓基本生活的住房还比较困难的情况下，住房应该首先满足老百姓的基本生活需要，其次才是满足改善型、享受型和投资型的需求，也就是我们通常所说的应该是先雪中送炭，再锦上添花。这如我们以前在粮食供不应求的情况下对粮食进行国家调控，实行统购统销，努力解决全国老百姓有饭吃的情况是一样。

2. 从目前住房市场的运行情况来看，单纯依靠市场自发调节，已经很难解决住房严重供不应求、价格持续高涨、有限的住房资源合理分配的问题

目前，住房市场存在的主要问题是住房价格持续高涨，中低收入家庭望房兴叹，持续处于“购房难”的困境，部分低收入家庭基本生活需要的住房需求得不到满足。统计显示，近几年来，我国住房价格一直呈现上升的态势，2007 年又有所加快。前三季度，70 个大中城市房屋销售价格累计平均上涨 6.7%，其中一季度上涨 5.6%，二季度上涨 6.3%，三季度上涨 8.2%。

世界银行和联合国人居中心分别得出的合理住房价格的房价与每户居民平均年收入比为 4～6 倍和 3～6 倍。韩国首尔是 7～8 倍，日本东京是 4.5～5 倍，澳大利亚悉尼是 8.5 倍，英国伦敦是 6.9 倍，美国纽约是 7.9 倍，而我国则远远高于这些数据。据初步预测，2007 年杭州市户均可支配收入在 5.6 万元左右，以 80 万元一套房计算，则房价与收入比将超过 14 倍。国际惯例认为，当房价收入比超过 5 倍的时候，该城市房屋购买力“极低”；当一个地方房价收入比超过 6 倍的时候，就会被国际上公认为属于房地产泡沫区；当一个地方房价收入比超过 7 倍以后，就会被世界上公认为“房价难承受的地区”。

据浙江省城镇住户调查，至 2006 年底全省城镇居民中还有 3.89%居住在一居室住房中，有 4.87%居住在普通楼房中，有 1.34%居住在平房及其他房中。有 2.71%的居民居住在没有卫生设施的住房中。全省城镇年人均可支配收入在平均数 18625 元以下的中低收入家庭占 61.2%，其中有 10.6%约 30 万户家庭人均住房居住面积在 12 平方米以下；全省城镇年人均可支配收入只有平均数一半 9312.5 元以下的低收入家庭占 16.9%，其中还有 18.6%约 15 万户的家庭人均住房居住面积在 12 平方米以下，这些家庭要改善住房条件相当困难。

商品的价格是由商品的价值和供求关系决定的。目前，住房商品严重供不应求，已成为住房价格偏高的一个重要原因。一方面住房商品由于受土地资源的制约等原因，供应相对有限。而另一方面需求非常旺盛。同时，住房商品在流动性方面与一般商品还不一样。住房商品是不能在区域间流动的，杭州的房价很高，但不能把相对低价的嘉兴房子流通到杭州来卖，以平抑房价，而一般的商品是可以的，如粮食这种关系国计民生的商品，浙江粮食不够了，可以把东北、河南、江苏等产粮大省的粮食流通过来销售。所以解决住房问题远比解决粮食问题困难得多。另外，住房商品所处环境的优越性会刺激住房需求，如全省各地甚至全国都有人到杭州这个宜居城市来买房，从而加剧区域住房供求关系的不平衡。因此，在目前我国城市化进程不断推进，人们基本生活的住房需求、改善需求、投资需求不断增加，而土地资源有限，住房供应严重不足的情况下，单纯依靠市场自发进行调节来解决供求关系严重失衡、房价不断高涨的情况，显然已经是不可能的。如果单纯依靠市场来进行调节，其结果住房商品将越来越集中到少数有钱人、投资人手里，甚至可能会造成一定程度上的垄断。住房商品价格不断上扬，普通百姓望房兴叹，这种状况发展到一定阶段就会变成一个严重的社会问题，影响社会稳定。同时，随着房产泡沫的破灭，也会造成严重的经济问题。

3. 政府加强对住房市场进行调控是积极有效的

1998 年，我国实行住房商品化以后，按照所谓的不干预"理论"，对住房套型和价格不予干预。其严重的后果是，房价连年过快上涨，大套型住房比重不断增大。2003 年至 2005 年，我国城镇每年建设住房 6 亿多平方米，500 多万套。其中大套型、高价位住房占 60%以上，300 多万套。我国城镇居民约为 1.5 亿户，其中高收入(含中高)者约为 3000 万户。高收入者基本上都有了自己的住房，但还有不少人有再买几套房的需求。如果每年有 15%的高收入者进入市场再买一套房，就可以把每年 500 多万套的新建住房基本"吃光"。我国政府及时发现了这个问题，并于 2005 年和 2006 年两次开展了以稳定房价和调整住房供应结构为主要内容的宏观调控，虽然效果不理想，但作用还是有的，小户型住房的比例出现了增加。如果不采取措施，今天的房价可能会更高，住房会更集中到少数人手里。2007 年 9 月，国务院总结了两年来调控房地产市场的经验，由中国人民银行和中国银监会联合下达了调控房地产市场的进一步措施，提高贷款购第二套房的首付比例和贷款利率，从目前来看，效果是非常明显而有效的，既防控了金融风险，又抑制了投资需求，对于稳定房价非常有效。

4. 国外一些政府也对住房市场进行调控

对于一些重要商品，在市场出现盲目性，价格严重偏离价值的时候，政府出来进行调控，以缓解供求矛盾，平衡价格，这是任何一个市场经济国家都做的事情。对于住房市场，西方许多国家政府也都进行调控。如美国政府于 1930 年开始介入住房问题实行住房分类调控制度，当时中低收入者还处于"买房难"的境地，他们通过制订法律规定了以下做法：对占居民总数 20%的高收入者供应商品房；对占居民总数 62%的中等收入者供应"社会住宅"，政府给以占"社会住宅"总价 5%～10%的优惠，以控制房价。对占居民总数 18%的低收入者供应廉租屋，由低收入者到市场上去租住政府"定价"限额以下的住房。

美国的经验告诉我们，从实际情况出发，针对住房这个特殊商品，打破在市场经济条件下政府不干预市场和价格的"常规"，政府介入住房调控是完全必要和有效的。目前，我国还处于"买房难"的阶段，在近几年内，也许至少 10 年内，解决中低收入者住房问题和对房价进行合理干预是完全必要。

而日本政府长期实行不干预地价和房价的政策，并曾经对持续几十年的地价和房价猛涨不予过问，成为导致日本经济长达 15 年萧条的重要原因。据日本劳动省《每月勤劳统计调查》1992 年发表的调查资料指出，从 1960 年至 1990 年的 30 年时间里，日本六大城市的地价上涨了 56.1 倍，平均每年猛涨 14%以上，并带动房价相应上涨，创造了地价和房价持续涨速惊人、高得惊人的"神话"。而这 30 年里六大城市的国民生产总值只上升 17.4 倍，两者的巨大差距，使日本产生了举世公认的房地产泡沫经济。日本从 1990 年泡沫经济破灭至 2006 年开始复苏，萧条期长达 15 年以上，对国民经济和市场都造成了巨大的危害。

沉痛教训使日本政府有所清醒，在泡沫经济破灭后的上世纪 90 年代开始"亡羊补牢"，采取一些平抑房价和打击土地投机的措施，采取了诸如对土地交易课以95%的重税等一系列调控措施，促进了房地产市场的健康发展。

5. 对住房市场进行调控是符合绝大部分人的愿望的。房价上涨过快，中低收入家庭买不起房，已成为一个经济和社会问题，老百姓很有意见，迫切希望政府对房价进行调控。2007年三月，新浪网就政府是否应该干预房价做过一个网上调查，结果有84%的网民希望政府对房价进行调控，因此，可以说政府对房价进行调控是符合绝大部分人的愿望的，是顺乎民意的行为。

二、政府调控住房市场的对策

1. 要明确政府调控住房市场的目标

政府调控住房市场的目标是什么？要达到什么样的目的，这是政府调控住房市场工作的出发点，这点很重要，否则调控就会偏离方向。政府调控住房市场的目的应该是满足广大人民群众最基本的住房需求，把目前有限的住房商品资源首先满足中低收入家庭最基本生活的住房需求，同时适当满足中高收入家庭改善型、享受型和投资型住房的需求。

2. 要弄清楚房价上涨的真正原因

商品的价格是由商品的价值和供求关系决定的。住房商品的价格主要受住房商品成本和供求关系的影响。随着住房商品成本的上升，住房商品价格会随着上升。同时如果住房供不应求，价格也会上升。目前住房价格偏高的真正原因主要来自两个方面：

(1)生产成本的不断上升。土地出让价、各种税费、建筑材料成本、人工成本、机械使用费、营销费用等的上升，势必推动房价的上涨，尤其是土地拍卖价的飙升，造成楼面地价的上升，直接导致了房价的上涨。如2007年7月9日，杭州市教工路原浙江工商大学土地拍卖，拍卖的楼面价就达到每平方米15700多元。开发商如果要盈利，房价就得卖到20000元以上。光楼面价就超过了当时附近地段在售房的价格，形成了奇特的“面粉”比“面包”贵的现象。统计数据显示，我国70个大中城市土地交易价格上涨较快，前三季度累计平均上涨12.8%，其中一季度上涨9.8%，二季度上涨13.5%，三季度上涨15%。

(2)供求关系的严重失衡，住房商品严重供不应求。这几年全国商品房供应量虽然大幅增加，但还是远远满足不了需求的增加。这种需求主要来自以下几个方面：一是城市化过程中新增人口对住房的需求。目前，中国的城市化水平已经达到44%左右，城市人口超过五亿。短时间内大量新增的城市人口成为城市购房的主力军。二是外来进城务工人员对住房的需求。三是城市原有人口对住房的需求。随着社会的发展，以前传统的四世同堂已经转变成为当今社会的“一夫一妻一个娃”。孩子一旦长大成人，就要从家庭中独立出去并购置自己的新居，这也就使得城市的住房供应随着家庭规模的日益小型化而变得越来越紧张。四是中高收入家庭对改善型、享受型住房的需求。随着居民收入的增加，人民的生活水平提升，越来越多的家庭对住房品质提出了更高的要求。老百姓这种“换套房子改善改善住房条件”的想法从很大程度上也转化成为新一轮的购房需求。五是各种各样的投资客对住房投资的需求等。随着国民收入的增加，老百姓的存款越来越多。然而，单一的投资渠道及低回报率和对住房价格继续上涨的预期，使得越来越多的人开始转向投资房地产市场。炒房在一段时间内成为在短时间内使财富增值的有效手段。这种以投资的形式购买住房的需求，也形成了对价格的推动。六是城际移民和国际移民对住房的需求。现在出现了很多的城市移民，这一点集中体现在像北京、上海、广州、深圳这样的大城市。由于大城市往往意味着更多的机会和更高的生活水平，从小城市往大城市迁移的人也就越来越多。这无疑从很大程度上加大了某些大城市的住房需求。同时，随着中国社会的发展，加之其相对低廉的消费水平及住宅价格，中国已经开始吸引越来越多的外国人前来工作和定居。这部分人往往比本地人拥有更雄厚的经济实力，他们的出现从某种意义上说，也间接拉动了中国楼市的需求。

3. 要采取各种积极有效的措施进行调控

首先,要适当抑制各种非消费性需求。当前首要的是要适当控制投资需求,控制炒房,以缓解对住房商品的需求。这方面去年以来政府通过提高交易税,征收增值税,提高第二套贷款购房的首付款比例和贷款利率,对控制投资炒房的作用还是非常明显的,但力度掌控还不够,政府要根据住房市场的供求情况及时进行调整。可以通过设置高档房和家庭第二套以上房的消费税,遏制囤积房产的现象。积极增加百姓的投资渠道,缓解投资炒房现象。加快城乡统筹发展,缩小城乡、大城市与中小城市之间的差距,缓解大城市的住房需求压力。

其次,要增加住房的供应量。政府要尽可能地增加土地供应量,督促房地产企业尽快开发已出让的土地,增加小户型住房的供应,打击囤积居奇。积极开发经济适用房和廉租房,满足中低收入家庭对住房的基本需求。增加经济适用房和廉租房的供应不仅能有效解决低收入家庭的住房困难,还能缓解住房商品的供求关系,从而起到平抑商品房价格的作用,有利于中等收入家庭通过购买商品房解决住房问题。要着力研究解决城乡二元结构遗留下来的城乡住房产权不平等的问题,让符合一定条件的农村住房也能上市交易,以提高农村住房资源的使用效率,增加社会住房商品的供应量。现在有些进城务工人员,在城市已经有了房,但在农村也有房,其中有些人是想把农村的房子卖掉的,但苦于政策不允许。

再次,要努力控制住房生产的成本。对于不同的住房商品,政府对土地的供应应该采取不同的政策,以控制住房商品的楼面价。要适当降低住房开发和流转的税费。要合理规划城市分区,增加政府投入,努力改善郊区交通、医疗、教育、商业等配套设施,让在郊区居住的人工作、生活方便,提倡住宅郊区化,抑制城区房价。

4. 要坚持政府调控和市场调节相结合的原则

(1)对房地产市场进行细分,根据不同的市场特点采取不同的调控办法。满足中低收入家庭最基本生活需要的住房需求,更多地需要政府进行调控。对于享受型和投资型的住房需求,则可以由市场进行调节。

(2)政府调控要尽量采取经济和法律的手段,尽量不用行政的手段。政府调控房价的手段可以用经济的、法律的和行政的手段,在选择这些调控手段时,政府应该更注重运用经济和法律的手段,以保证政府调控的有效性和逐步由政府调控向市场调节转变。

(3)要根据住房市场的变化情况,及时调整调控政策。在目前房地产市场严重供不应求、各种调控手段和市场运行规则还不完善的情况下,政府调控应该多一些,等将来住房商品供求关系缓和了,各种调控的手段和市场运行规则完善了,老百姓基本的住房需求也基本解决了,就应该主要地由市场进行自发调节。

作者:浙江调查总队　殷柏尧

房地产价格涨势平稳 结构性矛盾比较突出

2007年上半年，山东继续认真贯彻落实国家对房地产业的一系列宏观调控政策，加大力度规范房地产市场秩序，房地产市场运行质量不断提高，与上年同期相比，山东房屋销售价格上涨5.0%，土地交易价格上涨4.3%，房屋租赁价格上涨2.6%，物业管理价格上涨1.3%，房地产价格涨势平稳。但是，当前房地产价格结构性上涨压力依然较大，价格调控工作面临的困难和问题仍需予以关注。

一、上半年山东房地产价格变动特点

(一)房屋销售价格平稳上涨

2007年上半年，山东房屋销售价格同比上涨5.0%，涨幅比上年同期回落0.4个百分点，比全国70个大中城市房屋销售价格平均水平低1个百分点。分季度看，一季度上涨4.6%，二季度上涨5.4%，涨幅逐季扩大。分月度看，进入4月份后，山东房屋销售市场逐步进入销售旺季，价格涨势扩大，其中一月份上涨4.8%，二月份上涨4.6%，三月份上涨4.5%，四月份上涨5.3%，五月份上涨5.2%，六月份上涨5.6%。

分类看，新建商品房销售价格上涨5.1%，涨幅比上年同期回落0.5个百分点，其中一季度上涨4.7%，二季度上涨5.6%。从月度涨幅看，一月份上涨4.7%，二月份上涨4.7%，三月份上涨4.6%，四月份上涨5.6%，五月份上涨5.3%，六月份上涨5.8%。在新建商品房销售中，住宅类商品房价格同比上涨5.3%，比上年同期回落0.3个百分点，其中经济适用房、普通住宅和高档住宅价格分别上涨3.3%、5.2%和6.5%；非住宅销售价格上涨4.1%，回落0.4个百分点，其中办公楼价格上涨3.9%，商业娱乐用房价格上涨4.4%，其它用房上涨1.2%。

二手房销售价格上涨4.9%，涨幅比上年同期回落0.1个百分点，其中一季度上涨4.6%，二季度上涨5.1%。从月度涨幅看，一月份上涨4.9%，二月份上涨4.6%，三月份上涨4.3%，四月份上涨4.8%，五月份上涨5.1%，六月份上涨5.4%。在二手房销售中，住宅上涨4.9%，回落0.6个百分点，非住宅同比上涨4.8%，比上年同期扩大1.5个百分点。

(二)土地交易价格涨幅逐季扩大

2007年上半年，山东省土地交易价格同比上涨4.3%，比上年同期回落1.2个百分点，其中一季度上涨3.7%，二季度上涨4.9%。分类看，居住用地价格上涨4.3%，比上年同期回落2.0个百分点，工业仓储用地价格上涨5.3%，比上年同期扩大0.9个百分点，商业、旅游、娱乐用地价格上涨3.2%，比上年同期回落1.9个百分点，其他用地价格上涨4.5%。在居住用地中，高档住宅价格上涨5.4%，普通住宅用地价格上涨4.2%，经济适用房用地价格同比上涨2.5%。

(三)住宅租赁价格涨幅扩大，物业管理价格平稳

房屋租赁价格同比上涨2.6%，比上年同期扩大1.5个百分点，其中一季度上涨3.0%，二季度上涨2.1%。分类看，受部分地区住宅租赁需求增加影响，住宅租赁价格涨幅较高，同比上涨4.6%，比上年同期扩大2.8个百分点，办公楼租赁价格上涨1.5%，商业娱乐用房租赁价格上涨2.0%，工业仓储用房租赁价格上涨0.3%，其他用房租赁价格上涨0.1%。在住宅

租赁价格中，高档住宅租赁价格涨幅最高，同比上涨12.0%，普通住宅租赁价格上涨4.9%，经济适用房租赁价格上涨1.5%。

物业管理价格同比上涨1.3%，比上年同期扩大0.4个百分点，其中一季度上涨1.1%，二季度上涨1.5%。分类看，住宅类物业管理价格上涨1.2%，办公楼物业管理价格上涨0.3%，商业娱乐用房物业管理价格上涨1.1%，工业仓储用房物业管理价格上涨2.6%。在住宅类物业管理价格中，高档住宅物业管理价格与上年持平，普通住宅物业管理价格上涨1.0%，经济适用房物业管理价格上涨4.6%。

二、山东房地产价格调控工作面临的困难和问题

(一)房地产价格上涨压力依然较大

一是山东商品房市场自2004年至今持续保持销售面积大于竣工面积的格局，有力地支撑着房价的上涨。二是企业职工收入增加、公务员工资制度改革等调整收入分配政策促进了社会各群体实际收入的增加，加快了居民消费结构升级步伐，与住房和汽车相关的消费增长加快，加上“自住型”购房者对政策性降价预期日趋减弱，观望气氛逐步消除，购房需求逐步释放，新建商品房销售价格上涨趋势短期内难以逆转。三是受新建商品房价格上涨影响，住房需求向二手房市场转移，使得二手房市场也将承受较大的价格上涨压力。四是随着城市规模的不断扩大，城市居住用地需求增长与土地资源不足的矛盾日益突出，开发商获取各类用地的难度都在加大，各类新型建筑材料、人工费价格持续走高也将推动房价的上升。五是受房屋销售价格上涨的影响，部分居民转向租赁房屋来满足或改善居住条件，一些旧城改造回迁或无房居民也涌入房屋租赁市场，再加上进城农民工、大中专毕业生留城就业或创业、人才流动对住宅租赁市场的需求，房屋租赁价格也将呈现上涨变化。

(二)住房结构性供需矛盾仍较突出

从户型结构看，目前山东住房户型结构调整仍处于起步阶段，调整套型结构比例、增加中小套型住房供应的政策效应在短期内难以完全显现，一些地区部分房地产开发公司仍以建设、销售100—120 m^2的大户型为主，特别是高层住宅，100 m^2以上的住宅占有较大比例，适合普通居民需求的住房供应量仍然偏低，结构性供需矛盾仍较突出。数据显示，上半年，山东90平方米以下住宅施工面积1613.6万平方米，占住宅施工面积的18.2%，竣工面积仅占13.8%，而90平方米以下的住宅销售面积则是竣工面积的2.3倍，中小户型供给仍相对短缺。从住房区域供给看，由于城市市中心城区土地的稀缺，新开和在建楼盘呈现出明显的外延性，大城市由市中心向城郊发展，中小城市房地产市场投资也有向所辖县市发展的倾向，但受工作、生活、交通等多种因素影响，一些城市住房需求量仍主要集中在主城区(市内城区)，城市郊区及离主城区较远的市辖区居民购房需求相对较少，住房供给和需求呈现出区域结构性不对称增长的新特点。

(三)经济适用房对市场的调节作用较弱，廉租房政策推进存在一定难度

近年来，山东积极推进经济适用住房和廉租住房制度建设，着力解决城市弱势群体住房困难问题，取得显著成效，房屋供给结构不断优化，但部分城市经济适用住房建设规模较小，对市场的调节作用仍然较弱。据统计，2006年山东住宅投资892.5亿元，比上年增长27.8%，但经济适用房投资完成额只有30.29亿元，比上年下降44.3%，占住宅投资额的比重只有3.39%。今年以来山东住宅投资继续保持平稳增长，经济适用房投资增长速度也加快，但比重依然较低。上半年，全省经济适用房开发投资额21.2亿元，比上年同期增长69.1%，占住宅投资额比重4.3%，仍处于较低水平。在廉租房政策推进方面，各地进展也不平衡，一些县市尚未建立廉租住房制度，受经济发展水平所限，部分城市财力不足，资金无保障，推行廉租房政策

难度也较大，另外，一些地区申请廉租房补贴环节较多、程序复杂，特别是很多下岗职工需要到原单位开证明、办手续，存在“人难找、事难办”现象，导致部分低收入家庭知难而退。

(四)省会及沿海城市房价偏高，部分中小城市价格上涨加快

2006年，山东3口之家城镇居民购买90平方米商品住宅的房价收入比为5.57:1，但济南、青岛、烟台、威海、日照等5个城市房价收入比已超过7:1，居民购房承受能力相对较弱，青岛房价与收入之比高达13:1，已远远超出居民的购房承受能力。同时，新的涨价动力显现，市郊城区及中、小城市房价上涨速度加快，控制房价过快上涨任务依然艰巨。上半年，全省17城市房屋销售价格涨幅比上年同期扩大的城市有9个，占52.9%，其中聊城、日照和菏泽分别扩大2.88、2.63和2.58个百分点；涨幅超过全省平均水平(5.0%)的城市共有8个，分别是莱芜上涨9.9%居全省首位，聊城上涨7.7%居第二位，日照上涨6.2%居第三位；潍坊上涨5.7%，青岛和烟台均上涨5.5%，泰安上涨5.3%，枣庄上涨5.2%；其它城市房屋销售价格同比涨幅在2.9—5.0%之间。

(五)房地产市场秩序有待进一步规范

一是房地产市场的管理涉及建设、房管、土地、物价、银行等多个部门，缺乏统一协调机制，一些地区采用分段式管理模式，各职能部门各管一方，项目报批、验审效率有待提高。二是违章开发，违规预售、销售商品房等现象时有发生。部分开发商为缓解资金压力，以各种名义提前预售在建楼房，“预售圈钱”使开发商逃脱了监管，损害了消费者的合法权益。三是虚假广告、中介市场混乱，拖办房产证等问题比较突出，影响房地产市场的正常发展。四是住房建筑质量差。一些房地产开发企业建设资金不足，工程层层转包，偷工减料、以次充好，“墙体断裂、烟道不通、地面裂纹、屋顶漏水”等房屋质量问题时有发生。六是城乡结合部(规划区内)以“村貌改造”为名的违法、非法住宅建设屡禁不止，干扰了商品房市场健康有序发展。

三、几点建议

一是坚定不移贯彻执行国家宏观调控政策，并将国家各项政策落到实处，进一步巩固山东在稳定房价，促进房地产市场持续稳定健康发展方面取得的成果，使住宅价格与居民收入保持适宜的比例关系，使房价涨幅与经济发展水平相适应，确保大多数居民能够买得起住房。

二是大力调整供应结构，提高有效供给水平。在“国六条”规定基础上，制定适合山东省情的住房供应政策，认真落实“70%的90平方米户型”政策，着力解决户型结构不合理矛盾；在区域规划上兼顾主城区和郊区城市功能定位差异，着力解决区域性房源过剩和紧缺并存的矛盾，住房供应力争做到以市场需求为导向，不断提高有效供给水平。

三是继续大力推进经济适用房和廉租住房建设。加快经济适用房和廉租住房建设，完善住房保障体系是解决城市低收入群体住房难问题的关键。要切实加大经济适用房土地和资金投入，规范经济适用房建设和使用，切实履行政府服务公众住房需求的责任。建立以租为主、以售为辅的住房保障体系，构建一个既能租到合适住房、又能保障租房权利的住房租赁市场，对极端贫困家庭，由政府为其提供低租或免租费住房，有步骤解决低收入家庭的住房困难。

四是密切关注中小城市房价过快上涨。中小城市基期房价相对偏低，随着环境、交通和生活配套设施不断完善，购买力由大城市向中小城市转移倾向显现，中小城市住房需求逐步释放，房价上涨明显加快，调控压力加大。

五是进一步规范市场秩序，严厉查处违规违法行为。要加大监督检查力度规范市场秩序，对单位变相集资建房和违规旧村改造项目要坚决清理；对违规预售、虚假广告、囤积房源、违规炒作、哄抬房价、欺诈促销等现象要坚决查处；管理部门要完善行政审批职能，简化手续，提高效率，逐步建立“法制、规范、公开、透明”的市场化运作机制，确保山东房地产市场健康稳定发展。

作者：山东调查总队　张燕丽　赵冲

政策"高压"房价仍涨 利益驱动成因复杂

随着经济的高速增长，陕西省各个产业迅猛发展，房地产业发展快速，价格也随之上涨。高昂的价格阻碍了居民住房水平的改善，抑制了房地产有效需求的实现。

一、陕西房地产价格状况

2006年，陕西城市房屋销售价格比上年上涨3.9%，涨幅逐季平均升高0.5个百分点，五年累积上涨17.8 %，平均年递增3.3个百分点。新建商品住宅价格上涨幅度有所扩大、二手房销售价格上涨幅度略有回落。

1. 新建商品住宅销售价格上涨3.9%。随着居民收入稳步提高，人们改善居住环境欲望不断增强，区域经济发展日益协调，宏观经济影响和全国整体经济发展势头良好，楼盘品质的提升和人们对国家宏观调控房地产市场充满乐观预期，从而促进居民购房需求增加。分类别看，经济适用房、高档住宅销售价格分别比上年上涨2.5%和4.0%，普通住宅销售价格上涨4.6%。

2. 二手住宅销售价格上涨4.3%。二手房交易遭遇政策瓶颈，持房观望政策走向所占比例增多，交易量与上年比大幅下滑，价格反其道上涨，涨幅超过商品房销售价格0.4个百分点。分类别看，多层住宅销售价格上涨4.3%。高层住宅、其他住宅销售价格同比分别上涨2.1%和4.2%，涨幅均低于去年同期。

3. 新建非住宅商品房销售价格上涨1.8%。分类别看，办公楼房销售价格上涨2.3%，商业娱乐用房销售价格上涨1.5%。

2006年，房屋租赁价格略涨0.9%，其中：住宅价格上涨1.9%，商业娱乐用房价格上涨1.2%，工业仓库用房价格上涨2.4%，办公用房价格下降3.0%。房屋租赁价格小幅波动，物业管理价格在波动中上升，住宅租赁价格高低与该地区交通、商业圈繁荣度、文化氛围、居住环境等息息相关。

二、房地产价格上涨的原因

在一定时期内，房价上涨是不可逆转的。经济高速增长、人民币升值、人多地少资源相对短缺等等因素。房地产市场的调整将分别影响到投资和消费，进而对经济增长和金融稳定产生负面影响。

1. 总需求与总供给关系相互作用推动房地产价格上涨。居民收入的不断提高，消费水平提升，城市化进程加快和城市功能的提升，使住房需求加大。从理论上讲，房价的涨跌，其根本的动力都是由供求关系决定的。当前，房价的上涨是房地产市场需求旺盛的结果，其结果主要表现在广大中低收入者住房需求释放和可供给中低收入阶层选择房屋脱节。

2. 成本推动的原因。一是土地，特别是2005年4月份以来，国家实行了半年不批新增的土地，上游产品的价格在上涨，建筑材料及人工费的价格也在上涨。2006年经过土地市场和房产市场的协调配套发展，市场化配置资源的基础性作用等深层次问题继续探索。从供应结构上看，普通中低档商品房用地的供应将明确成为国土资源部门供地的重点。国土资源部门"密切关注市场变化，及时调整土地供应计划，严格控制高档住房建设用地，增加中低价位商品房、经济适用房、廉租房的土地供应"政策已显现了效果并将继续保持。二是原材料价格推动成本上升。建材价格一直处于高位。虽然建筑用钢材价格在年初有所回落，但幅度不大，后半年又开始抬头，价格整体水平仍然在高位运行。其他建材如水泥和玻璃价格也处于总体上涨的运行状态。建材价格的上涨在一定程度上推动了房地产价格的上涨。

3. 政策性因素的原因。有些地方仍然存在片面追求房地产拉动经济增长的问题，贯彻落实中央调控政策的积极性不高。主要问题是不能够正确对待房价上涨过快后的城市房价正常的适度回落。西安市出台了落实“稳定房价”的政策实施细则，在一定时期对市场起到调控作用，但是由于检查落实情况结果不力，执行效果不明显。

4. 商品房供给结构变动推动。房地产市场供求总量的阶段性失衡直接影响房地产价格变动，即中低价位商品住房供应量下降，高档商品房供应增加，使得商品房平均价格上扬，这与当前房地产市场需求结构性矛盾有很大的关系。尽管2006年陕西经济适用住房投资同比增长1.1倍，占开发投资的比例上升到9.8%，房地产供给结构的不合理状况得到一定改善，但结构的不合理仍推动了商品住房平均价格上升。

5. 经济基本面好，促进房地产价格上涨。房地产价格波动与经济基本面基本形成正相关关系，即基本面状况良好，价格就容易出现上行波动，基本面恶化，价格就极有可能出现下滑。由于房地产价格和经济基本面之间的正相关，形成的是动态均衡的关系，就是说不仅经济基本面会影响房地产价格波动，反过来后者也将影响到前者。如果房地产价格波动打破了原先的均衡关系，经济基本面势必发生与之相适应的变化，这样才能逐步建立两者之间新的均衡关系。但是如果这种均衡关系缺乏真实基础，就是说假如房地产价格的上行波动只是过度预期和投机造成的，那么这时房地产价格作为投资和经济发展的重要先行指标，给出的是错误的市场信号，虚假繁荣的经济基本面很快将由于失去支撑而回归真实，而且极有可能是破坏原有真实经济基本面的回归。

三、存在的问题

1. 房地产业存在较为严重的垄断性。房地产业的垄断主要表现在对于国家资源如土地的占有上。垄断的结果是伤害消费者的利益：房地产业和中国很多垄断性行业并没有多大的差别，一些企业和集团利用自身的优势，取得了对国家资源的占有权和使用权，在市场上拥有绝对的优势。如何减少垄断，形成有序竞争的房地产市场是当前降低房价，提高房地产业服务质量的重要措施。房地产业的垄断情况主要表现一是土地的垄断。据统计，2006年，全省购置土地面积为460万平方米，完成开发面积仅占同期购置土地面积的不到10%，大量的土地被开发商掌握，加大了土地调控的矛盾，增加了房地产开发高垄断房价的空间；二是市场垄断：由于房地产市场发展时间不长，还没有形成有效的市场定价机制，相当一些房地产开发企业通过操纵市场，提高房价。垄断的直接后果是消费者剩余的减少，政府应当增加竞争，或者对房地产业制定反垄断法，才能从根本上消除高房价的隐忧；直接的价格控制：部分房地产开发商，为了追求高利润，通过提高住房档次，囤积居奇等方式提高房价，利用信息发布不充分的市场缺陷，通过各种形式，抬高房价。致使房价远远超过了它实际具有的价值。

2. 社会资源大量投入到房地产业，阻碍经济可持续协调发展。房地产的资金大部分来源于金融机构，再加上消费者的按揭贷款，使得金融机构沉淀的资产越来越多，同时潜在的风险也越来越大；另一方面，连续的高房价容易导致投入规模出现爆发式增长，从而带动相关产业如水泥、钢材、电力等产业的急剧膨胀。一旦房地产泡沫破裂或者其他原因导致房地产投资规模下降，那么相关产业将出现大量闲置产能，对经济将产生严重的危害。

3. 房地产市场信息不透明，市场交易存在“黑箱操作”。信息不对称问题存在于房地产业链条的各个环节。在供应环节，土地价格是如何确定的？各种材料价格是多少？消费者都难以知道。特别是土地，可以说房地产商发的就是土地财，没有土地问题的信息不对称问题，房地产不可能有暴利。土地中的“租金”问题，对于政府、对于官员、对于房地产开发商，可以说是万恶之源。在生产环节中，也存在黑箱操作，老百姓不知道房子里是什么样的钢筋、水泥，不知道是什么样的水电气设施，很多人到真正住进去以后才知上当。在消费环节，房地产企业与消费者之间的不对称，房地产企业与银行之间的信息不对称。如预售制中的问题，一部分房地产开发企业利用与银行之间的信息不对称搞假按揭，利用与消费者之间的不对称搞损害消费者利益的事。

4. 房地产的“虚假繁荣”，损害房地产业的健康发展。房地产的投资者由于无法获得准确的信息，只能依赖于其他人的行为和预期来形成自己的预期，从而选择自己的行为策略。当投资者批量购入商品房，房地产市场就会因持续的购房热潮而不断升温，在从众行为下，加上新闻媒体和某些政府行为的有意无意的导向作用，使得人们不断参与购买房地产，最终可能导致将房价推向顶峰，导致房地产的虚假繁荣，同时刺激房地产投资者的更多投入。但事实上，商品房真正的消费者并没有增加，这必将造成供求关系的严重脱节，最终使得房地产市场无法协调、有秩序地发展。??

5. 影响整个社会的风险承受能力。持续的房地产价格的上涨必将导致更多的消费者通过长期按揭的方式来满足自己的住房需求，消费者在办理按揭的时候通常根据自己当前的收入水平预期未来的债务偿还能力，一旦将来实际收入达不到预期的水平，就很可能出现相互拖欠、甚至不能偿还的现象。如果经济出现整体不景气，社会上就会出现大批的“负资产者”。信用渠道的阻滞和中断，将会严重危害国家的金融安全和社会稳定。

6. 透支社会财富，抑制社会有效需求。消费需求不仅是经济增长的重要动力之一，而且可以在一定程度上平衡由投资波动所引起的震荡。过高的房地产价格需要普通的消费者 15 至 25 年甚至更长时间才能偿付一套住房的按揭贷款，这也就意味着在此期间的其他支出只能尽量压缩，形成了明显的消费挤出效应。随着房价的不断上涨，消费者支出的挤出效应也越来越突出，这必将压制未来若干年的消费能力。此外，对于人民生活水平的提高也形成了鸿沟。

7. 房地产的有效需求具有很大的局限性，需要国家进行调节。“有效需求局限”是房地产价格管理中一个十分突出的问题。2006 年，陕西省城镇居民人均可支配收入达 9200 元，高低收入户差别很大，这种差别并不是完全合理的，很多人的财富形成与他的能力并不相当。不合理原因不言自明。这样就形成了房地产行业严重的结构性失调。因此，必须采取措施增加居民和农民的收入，提高其购房的能力，是消除房地产结构失衡的重要措施。目前，引起房价过高、房地产投资过热的一个重要原因是收入结构不合理，这种收入结构是由多种因素形成的，房地产增长不能让更多的老百姓受益，根本原因在于社会分配制度存在一定的问题。

四、建议与对策

1. 调整住房供应结构，平抑市场房价。按照本省“十一五规划”继续加强普通商品住房和经济适用房建设，确保中低价位、中小户型住房的有效供应，达到有效平抑房价的目的。我国住房基本政策就是“建立和完善以经济适用住房为主的住房供应体系”。特别是确保“中低收入家庭购买经济适用住房；对其他收入高的家庭购买、租赁市场价商品住房”。2006 年 5 月国务院“国六条”政策的出台，其中最为重要的是重点发展中低价位、中小套型普通商品住房、经济适用住房和廉租住房。因此，合理优化土地供应结构。严格控制高档住宅土地供应量，适量增加中低价位普通商品房和经济适用房供地，并加强土地出让后的管理，严禁蓄意囤积土地、炒买炒卖土地的行为。规划调控结构。发挥规划调控龙头作用，在项目结构、规模审批等方面从严掌控，着力控制高档项目开发，优先审批普通商品房开发项目。继续优化住房供应结构。大力推进经济适用房和城区居民拆迁房工程建设，着力解决中低收入家庭和拆迁户住房困难，适当增加中、低价位商品住房供应量。

2. 整顿房地产市场，稳定房价。加强房地产市场的整治，规范房地产市场行为，确保房价稳定。加大市场整治力度，结合国家调控政策的实施，对全省房地产市场进行清理整顿，着力规范大、中城市房地产市场行为，对个别开发商恶意炒作，哄抬楼价的行为予以严厉查处；加强商品房预售管理。推行商品房销售公示制度，对未取得《商品房预售许可证》的房屋，不得进行商品房预售、签订商品房预售合同、收取售房款或定金；建立信用制度。建立健全房地产企业信用档案制度，全面推广商品房预售合同登记备案；严格控制虚拟房价，采取措施对报价与实际交易价格相差过大的行为严厉处罚，避免消费者上当受骗。

作者：陕西调查总队　任宽荣

我国房地产价格发展趋势研究

一、研究的背景与意义

自1998年我国取消福利分房以来，房地产投资规模迅速扩大，虽然住房商品化只经历了近20年，但它焕发出的勃勃生机和所取得的巨大成就被当之无愧地称为朝阳产业。与此同时，房地产价格不断上涨，有些地方甚至以每年20%的速度增长。房地产价格的持续上涨在相当程度上是由于长期被压抑的潜在需求得到释放的一种表现。引发房地产价格上涨的因素很多，而且在不同阶段有不同的走向，2003年针对房地产价格上涨过猛的势头，国家采取各种调控措施，但房价涨势过高的势头并没有得到有效遏制，2004年下半年以来，国家调整了调控方向，取得了一定成绩。但是近年来，我国房地产价格上涨较快，部分地区房价持续飙升，上涨幅度大大超出经济总体增长水平及其它行业产品与服务的上升幅度。房价增长过快的趋势，不仅极大地影响到城市居民的生活质量，也是整个国民经济继续平稳发展的一个不稳定因素，房价问题已经成为一个引起广泛关注的重要经济问题和社会问题。从经济学角度来讲，一般商品的价格越高，该商品的需求量就会越小，但对于房地产市场而言，价格飞速上升，需求量也在不断扩大。这种现象值得我们思考与分析。

经过十多年的发展，我国房地产业已经成为国民经济的重要支柱产业。据统计，近十年来，我国GDP平均增长8%左右，其中房地产业对GDP的直接与间接贡献率之和占到1.9%至2.5%，住房消费成为扩大内需的新动力和消费热点。据世界银行统计，20世纪80年代中期至90年代初，发展中国家的房地产投资对相关产业的乘数效应为2倍，住房投资及其服务两项所创造的价值分别约占各国GNP的7%－8%。实践证明房地产业是关联度极高的产业，对国民经济有着很大影响，其发展能带动50多个行业产品的发展，发展带动系数在我国约为1.5至1.7倍。1998年我国明确提出将房地产业作为新的经济增长点和消费热点，这就要求从理论上弄清市场经济下房地产业如何发展，因此房地产价格理论又是其中重要的研究课题。

在整个房地产市场进程中，价格机制始终作为基础性调节机制，价格的合理性也影响着房地产政策预期目标的实现。有研究表明，在我国如果房价降低1%，则居民的住房消费支出就会增长0.73%，可以吸引更多的居民向住房投资，因此进行房地产价格发展趋势研究是发展房地产业不可忽视的微观基础。理顺房地产价格，打破当前制约房地产业价格瓶颈，消除价格因素对房地产业的不利影响，解决居民住房问题，培育住房市场有效需求对促进国民经济增长具有重要的理论和现实意义。

二、影响房地产价格波动的因素分析

(一)房地产价格的形成

从理论上讲，房地产价格是由房地产开发成本和利润组成。房地产开发成本是房地产开发商为开发一定数量的商品房所支出的全部费用，首先包括土地、土建、设备费用，这一成本占总成本的80%左右。其次房地产开发配套及其他收费支出，主要指水、电、煤气、市政和公共建筑配套费用。第三就是管理费用筹资成本。房地产成本的三大部分又可进一步细分。

(二)房地产价格的供求关系

房地产价格是房地产市场上供需双方所形成的价格。研究房地产市场的供求关系变化，有助于判断房地产市场运行状况。房地产市场的供给与需求影响了房地产价格的变动趋势，当供给一定时，需求增加，房地产价格会上升；当需求一定时，供给增加，房地产价格会下降。

1. 房地产供给因素

房地产供给是一定时期内人们为社会提供的房地产总量。影响房地产供给的主要因素是房地产产业政策、与产业政策相关的货币政策。产业政策是解决房地产在整个国民经济中地位和在发展战略实施过程中作用的依据；货币金融政策是保证产业政策得以实施的前提条件。这一点可以从1998年我国取消福利分房体现出来。1998年，全国各大城市相继停止了公有住房的实物性分配，金融部门在房地产开发方面的贷款急剧增加，房地产市场日渐活跃。

2. 房地产需求因素

房地产需求是一定时期内人们愿意而且有能力购买房地产的数量。作为房地产经济活动的基本载体—土地，是不可再生资源，其最大的特点就是稀缺性，供给缺乏弹性。当房地产市场需求发生变化时，容易引起房地产商品价格的变化。

党的“十六大”提出全面建设小康社会，具体目标：一是城镇人均住房由2000年的19平方米增加到2020年的30平方米，二是城镇化率由2000年的30%增加到2020年的50%。实现这两个目标，到2020年，我国现有城镇居民需要增加住宅面积50亿平方米。党的十七大报告提出加快建立覆盖城乡居民的社会保障体系，保障人民基本生活，健全廉租住房制度，加快解决城市低收入家庭住房困难。因此，在可以预计的相当长的时期内，我国的房地产市场的主流是需求占主导地位。因而，需求的变化对房地产价格起着至关重要的作用。

（三）房地产价格影响因素

虽然房地产价格是一个简单概念，但在实际操作中，经济、政治、环境、人口、规划、消费心理等方面的社会因素也会直接影响房地产价格的变化。为方便分析研究将其分为可量化因素和不可量化因素，由于不可量化因素模型分析较为复杂，这里只是做定性阐述与分析，主要对可量化因素进行实证分析。

1. 不可量化因素

（1）政治因素

政治因素包括政局因素与政策因素两个方面。政局情况对房地产业的总体发展有极大影响，房地产是不动产，投资需要一段时期才能收回，政治的稳定直接影响着人们的置业信心，政局稳定房价上升，反之下降。稳定的政局与房地产价格成正比关系。政策因素是指政府对房地产价格高低的态度及采取的干预方式、措施等，主要包括影响房地产价格的制度、政策、法律法规、行政行为等。主要有房地产制度、房地产价格政策、城市发展战略、城市规划、土地利用规划、交通管制等。另外，在我国相当长一个时期内，房地产属非商品范畴，人为使房价偏离其价值，严重影响房地产业的发展和土地的合理利用。所以，政策因素从某种程度上来讲，也是影响房地产价格的主要因素之一。

（2）环境因素

环境因素指房地产所在地段的自然条件和各种配套设施条件等因素。主要包括住房的周围物理性状因素和周边基础设施。同城市、不同地区的城市规划目标，如交通布局、空中与地下开发管制等在很大程度上左右着土地的使用功能，从而影响房地产价格。其次，大气环境、声觉环境、水文环境、视觉环境和卫生环境也是影响房地产价格的因素之一。

（3）心理因素

心理因素是指人们对房地产价格变化的心理承受能力，或对价格的心理评估。主要指房地产购买者对未来政局和经济前景的信心施于房地产行市的心理作用，对房地产价格造成影响，心理因素对房地产价格的影响有时是不可忽视的。

（4）国际竞争状况

国际竞争是指国与国之间吸引外来投资而展开的竞争。竞争激烈时，为吸引投资者通常会采取低地价政策，从而会使房地产价格低落；但如果在其他方面采取优惠政策，吸引大量投资者进入，则房地产需求增加，导致房地产价格上涨。

2. 可量化因素

可量化因素主要包括经济因素与社会因素，它制约着整个房地产经济的发展和房地产价格水平。经济因素主要包括经济发展状况，储蓄、消费、投资水平、财政收支及金融市场、利率、物价、居民收入等。社会因素主要包括人口数量、家庭人口规模及城市化率等。在这些因素中，某些因素具有较强的相关性，我们选取具有代表的因素进行分析。

(1)经济发展

经济发展预示着投资增加、生产活动活跃，对厂房、写字楼、酒店、住宅和各种娱乐设施等的需求增加，引起地价上涨，从而导致房地产价格上涨。例如，20 世纪 80 年代亚太地区的日本、新加坡、韩国和中国台湾、香港等国家和地区，经济持续高速增长，地价大幅度上涨现象。

(2)利率

从收益角度分析，房地产价值与报酬率负相关；从求取报酬率的累加法可以看出，报酬率与利率正相关。所以，房地产价格与利率负相关，利率下降，房地产价格会上升；利率上升，房地产价格会下降。

从消费者角度来看，目前房地产市场上购房者大多采用分期付款的方式，需要从银行获得购房贷款，利率越低，购房成本就越小，在同样的收入水平下，购房需求将增加，反之，则下降。

从投资者角度来看，利率越低，购房的机会成本就越小，越来越多的资金去追逐相对固定的土地，对土地需求增加，土地价格上涨带动房地产价格上涨，同时，房地产价格上涨进一步使投资者确信投资房地产可以获得较高的投资收益而加大投资力度，导致房地产价格不断上涨。

(3)物价

房地产价格是物价的一种，但与一般物价的特性不同，物价的普遍波动表明货币购买力的变动，从理论上来讲，物价变动，币值发生变动，房地产价格也随之变动。但在实际中房地产价格与一般物价的关系非常复杂。但是不论物价总水平是否变动，其中某些物价的变动可能会引起房地产价格变动，比如建筑材料、建筑人工费用等。从我国近年来的资料分析，房地产价格的上涨率明显高于一般物价的上涨水平。1998－2006 年我国房地产价格涨幅为 41.79%，居民消费价格水平涨幅仅为 7.43%。

(4)居民收入

居民收入的真正增加(剔除物价上涨情况下的增加)，意味着人们生活水平的提高。从理论上讲，在其他条件不变的情况下，人们对住房的需求与其收入水平成正比，其居住与活动所需的空间会扩大，从而增加对房地产的需求，导致房地产价格上涨。

(5)城镇化水平

城市人口数量和结构的变化是影响房地产市场需求的主要因素。随着城市人口的增长，对空间的需求随之增长。城市人口的自然增长与房地产需求量的增长有直接的关系。我国目前在城市人口数量增加的同时，家庭人口结构也在发生变化，如家庭呈小型化、分散化。家庭平均人口减少，相对家庭户数增加，对居住、生活空间的需求必然增多。与城市人口增长相伴随的城市化进程加快，城市平面不断扩大，城市周转地带空间结构重新组合，这种城市地域的扩展无疑带动了房地产的需求。这也势必对我国房地产价格的走势产生重大影响。即城镇化水平的发展将促进房地产价格的上升。随着人口数量的增长，对房地产的需求必然增加，从而促使房地产价格上涨。

(四)房地产价格影响因素实证分析

1. 房地产价格影响因素的指标体系建立

(1)反映房地产价格变化的指标。在统计年鉴上，反映房地产价格变化的统计指标有：房屋销售价格指数、土地交易价格指数、房屋租赁价格指数，通过对以上三个指标的相关性分析，发现房屋销售价格指数和土地交易价格指数具有较高的相关性(从 1990 年到 2006 年的相关系数为 0.928)，两者同房屋租赁价格指数的相关性较小(最大的相关系数仅仅为 0.178)，因此，可以使用房屋销售价格指数和土地交易价格指数来反映房地产价格的变化。

(2)可量化影响因素的指标。分别从国内生产总值、固定资产投资、货币供应、居民收入与消费、价格水平等方面选取量化影响因素的统计指标。为了保持与房地产价格指数的可比性与同一性，主要选用指数形式与发展速度形式，具体指标有：国内生产总值指数、全社会固定资产投资发展速度、货币供应量同比发展速度、城乡居民人民币储蓄存款发展速度、职工平均工资统计指数、城镇居民人均可支配收入指数、居民消费水平指数、固定资产投资价格指数、居民消费价格指数、商品零售价格指数、城市化率、城市人均住宅建筑面积发展速度。

通过对以上指标与房地产价格指数进行相关性分析，发现居民消费水平指数、城市人均住宅建筑面积发展速度与房屋销售价格指数相关性较弱（从 1990 年到 2006 年的相关系数分别为 0.104、0.154），说明居民消费与城市人均住宅水平对房地产价格影响较小，而其他指标与房地产价格指数的相关性较高。（见表 1）

2. 因素分析

（1）房地产价格指数的因子分析

反映房地产价格变化的房屋销售价格指数和土地交易价格指数具有较高的相关性，通过因子分析将两者合为统一的房地产价格因子。（表 2，房地产价格因子经过标准化处理）：

表 1　房地产价格与影响因素的相关系数

	代码	房屋销售价格指数	土地交易价格指数
房屋销售价格指数	Y_1	1.000	
土地交易价格指数	Y_2	0.928	1.000
房屋租赁价格指数	Y_3	0.178	0.114
固定资产投资价格指数	X_1	0.848	0.712
居民消费价格指数	X_2	0.890	0.709
商品零售价格指数	X_3	0.949	0.814
全国居民消费水平指数	X_4	0.104	−0.054
国内生产总值指数	X_5	0.831	0.813
中国历年平均工资统计指数	X_6	0.463	0.408
全社会固定资产投资发展速度	X_7	0.897	0.933
货币供应量同比发展速度	X_8	0.313	0.533
城乡居民人民币储蓄存款发展速度	X_9	0.540	0.759
城市化率	X_{10}	0.849	0.813
城镇居民可支配收入指数	X_{11}	0.714	0.780
城市人均住宅建筑面积发展速度	X_{12}	0.154	0.340

表 2　房地产价格因子表

时　间	1998	1999	2000	2001	2002	2003	2004	2005	2006
Y_1	101.4	100	101.1	102.2	103.7	104.8	109.7	107.6	105.5
Y_2	102	100	100.2	101.7	106.9	108.3	110.1	109.05	105.8
FY	−0.784	−1.263	−1.063	−0.696	0.211	0.565	1.572	1.104	0.354

（2）影响因素统计指标的因子分析

通过对房地产价格及其影响因素指标的相关矩阵分析，剔除了居民消费水平指数、城市人均住宅建筑面积发展速度两个指标，对剩余影响因素统计指标进行了因子分析。

经计算，得到三个相互独立的影响因子。计算得各因子所对应的特征值、贡献率、累计贡献率和各指标变量的因子载荷矩阵等。下表为主分量法计算出相关阵的特征值、贡献率、累计贡献率：

表 3　主分量法计算出相关阵的特征值、贡献率、累计贡献率

因子项目	第一因子 (Factor 1)	第二因子 (Factor 2)	第三因子 (Factor 3)
特征值	6.5011	1.7672	1.0190
方差贡献率	0.6501	0.1767	0.1019
累计贡献率	0.6501	0.8268	0.9287

根据对上表结果的分析可知，用第一主因子可以解释原来 10 个变量的 65%信息量，用前二个主因子可以解释原来 10 个变量的 83%信息量，用前三个主因子可以解释原来 10 个变量的 93%信息量。并且这些主因子变量之间不具有相关关系，即它们所携带的信息没有相互重叠。这便于我们客观地认识和分析事物，本文选取前三个公共因子进行分析。

表 4　主因子载荷阵

因子变量	第一因子(Factor 1)	第二因子(Factor 2)	第三因子(Factor 3)
X_1 固定资产投资价格指数	0.75822	−0.51713	−0.22494
X_2 居民消费价格指数	0.84573	−0.45604	−0.13752
X_3 商品零售价格指数	0.93858	−0.32003	−0.04816
X_5 国内生产总值指数	0.91789	−0.04607	−0.03508
X_6 中国历年平均工资统计指数	0.66607	0.07092	0.71082
X_7 全社会固定资产投资发展速度	0.92191	0.07118	−0.35497
X_8 货币供应量同比发展速度	0.50994	0.79965	−0.08362
X_9 城乡居民人民币储蓄存款发展速度	0.59205	0.69660	−0.35342
X_{10} 城市化率	0.95006	−0.00175	0.14547
X_{11} 城镇居民可支配收入指数	0.82511	0.22912	0.40203

对房地产价格影响因素的因子载荷分析，发现每个因子的经济意义：变量 X_{10}、X_3、X_7、X_5 第一因子上有较高的载荷，因子载荷值系数均在 0.9 以上，因此第一因子代表了经济发展与城镇化进程的水平，定义为经济发展因子；变量 X_8 和 X_9 在第二因子上有较高的载荷，可见第二因子代表了货币供应对房地产价格指数的影响，定义为货币因子；变量 X_6 和 X_{11} 在第三因子上有较大的载荷，反映了居民收入对房地产价格指数的影响，定义为收入因子。

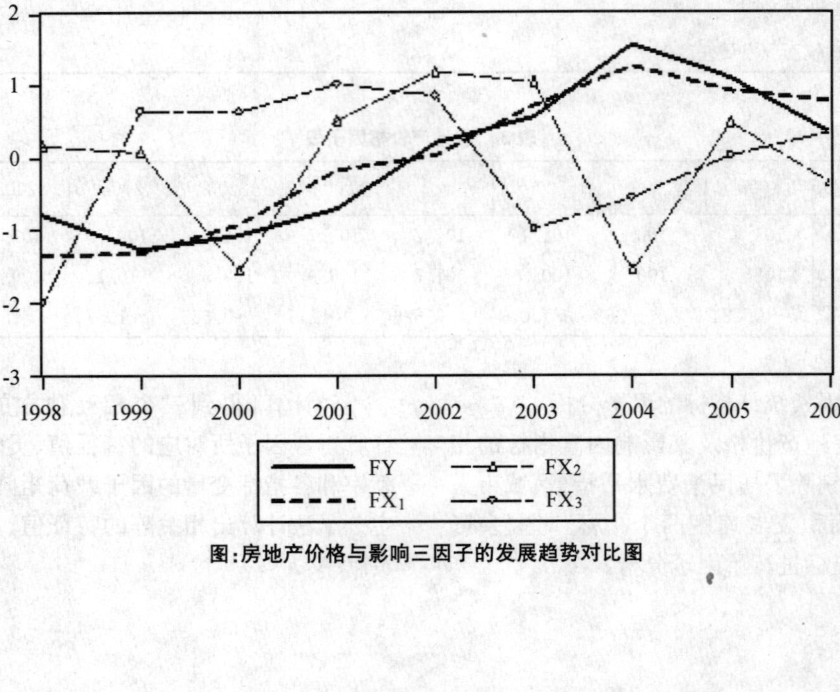

图：房地产价格与影响三因子的发展趋势对比图

表 5　房地产价格及其影响因子(标准化数据)

房地产价格因子 (*FY*)	第一因子 (FX_1)	第二因子 (FX_2)	第三因子 (FX_3)
−0.784	−1.34267	0.16854	−2.00119
−1.263	−1.31356	0.078069	0.651048
−1.063	−0.91549	−1.55421	0.6331
−0.696	−0.16932	0.511757	1.019754
0.211	0.036743	1.184354	0.85737
0.565	0.724587	1.04306	−0.98275
1.572	1.263928	−1.56317	−0.55436
1.104	0.925495	0.481255	0.028239
0.354	0.790294	−0.34965	0.348797

(3)房地产价格指数与影响因素的相关分析

通过因子分析得到房地产价格因子和影响因素因子,数据如下表。

运用相关进一步分析房地产价格因子和影响因素因子的数量关系。

通过房地产价格因子和影响因素因子的相关系数矩阵可以发现,房地产价格因子和经济发展因子具有较高的相关性,而与其他两个因子的相关性较弱,并且呈现出负相关,这说明剔除经济发展因素以后,居民收入水平的变化和货币供应量的增加跟不上房地产价格的上涨。

表 6　房地产价格因子和影响因素的相关矩阵

	房地产价格因子 (*FY*)	经济发展因子 (FX_1)	货币因子 (FX_2)	收入因子 (FX_3)
房地产价格因子(*FY*)	1	0.938	−0.018	−0.216
经济发展因子(FX_1)	0.938	1	0.000	0.000
货币因子(FX_2)	−0.018	0.000	1	0.000
收入因子(FX_3)	−0.216	0.000	0.000	1

(4)结果分析

通过以上分析可知房地产价格与经济发展的总量指标具有同步性,从表 5 的主因子载荷阵反映出,城镇化率、国内生产总值、商品零售价格指数及固定资产投资发展速度对房地产价格的解释能力极高,均在 90%上。房地产价格因子与其他影响因素的货币因子、收入因子在建模过程出现负系数,从经济理论角度很难解释。通过分析发现,影响房地产价格因子的第一因子经济发展因子与货币、收入因子相互独立,出现负系数是由于经济发展的速度与货币供应量、居民收入水平变化不协调所致。

三、建立房地产价格指数预测模型

在以上分析基础上,选择全国和北京市、上海市、武汉市、兰州市四个在我国东中西部具有一定代表性的城市,以 1998 年至 2006 年度房屋销售价格季度指数为对象,用博克斯—詹金斯(B—J)方法论原理,进行房屋销售价格季度指数时间序列平稳性检验,在通过检验基础上,建立相应的 ARIMA 模型(自回归求积移动平均),对 2007 年 1 到 4 季度的房屋销售价格进行预测。

博克斯—詹金斯(BJ)方法论包含四个基本步骤:

步骤 1:识别。找出模型的适当的 p、d 和 q 值,绘制自相关图(ACF)和偏自相关图(PACF)。将原序列的自相关函数 σ_k($\sigma_k=\gamma_k/\gamma_0$,即滞后 k 的协方差/方差)对 k 描点所得图形。其中 p 为时间序列自回归项数,q 为时间序列移动平均项数,d 为时间序列成为平稳序列之前必须取其差分的次数。

步骤 2:估计。识别 p 和 q 值,估计模型中所含自回归和移动平均项参数。

步骤 3:诊断。选定 ARIMA 模型,进行估计参数,对模型进行检验,决定是否接受拟合。

步骤 4:预测。根据 ARIMA 模型进行预测。许多研究经验认为 ARIMA 模型应用上更优于短期预测。(建模过程略)

将根据 ARIMA 模型得到的 2007 年一至四季度房地产销售价格指数预测值和一至三季度

实际值比较如下：（见表 7）

表 7　2007 年分季度房地产销售价格指数预测值与实际值比较

	一季度		二季度		三季度		四季度
	预测值	实际值	预测值	实际值	预测值	实际值	预测值
全　国	105.71	105.6	105.82	106.3	105.56	108.2	105.70
北京市	109.93	109.0	110.65	109.5	110.83	111.6	111.13
上海市	98.62	100.2	97.99	100.8	98.74	103.9	99.26
武汉市	106.97	103.2	107.14	104.3	106.04	105.6	105.87
兰州市	104.32	104.5	103.18	104.6	103.86	105.6	103.97

通过比较可以看出，2007 年一至四季度，全国和北京市、上海市、武汉市、兰州市房屋销售价格指数预测值都呈现明显上升趋势。从预测值与实际值比较来看，虽然存在统计上的误差，但变动趋势基本一致。

四、我国房地产价格发展的基本趋势

基于以上分析，在未来 3 至 5 年内，我国房地产价格变动将呈现以下基本趋势：

1. 价格上升速度将逐渐趋缓，房地产市场将步入理性发展

我国实行房改以来，房地产市场稳定发展。从 1999 年到 2004 年，房地产价格处于稳定上升阶段，2004 年至 2006 年略有下降，这与国家 2003—2004 年加大宏观调控力度密切相关。1998 年以来，我国房地产业已持续近 10 年的繁荣。从 GDP 增长速度、城镇化率增长趋势、住宅销售面积和住宅销售额的增长速度综合判断，未来 3 至 5 年内，房地产价格将保持基本稳定或偏热的增长态势。随着国家实施新的住房政策，加大宏观调控力度，住房供给将由单一的市场化供给变为市场供给和保障性供给两种主要来源，房地产市场将步入适度调整期，进入更加理性的发展阶段，价格上升趋势将逐渐趋缓，房地产市场也将逐渐回归理性。

（二）房地产金融和土地供给政策将对房地产价格产生较大影响

借鉴近 10 年的房地产发展经验，未来 3 至 5 年，房地产金融和土地供给政策将是影响房地产价格的主要因素。国家将通过紧缩银根和地根两种主要方式调控房屋供给。由于土地资源的稀缺性，房屋销售价格将随土地价格的变动而变动，房屋租赁价格将随房屋销售价格的变动而变动。1998 至 2006 年，全国房屋销售价格指数和土地交易价格指数之间显示出同向的趋势性。房屋销售价格指数和土地交易价格指数基本上反映了房地产价格的变化。由于土地供应的约束性，国家将针对保障性住房和市场化住房采取不同的房地产土地供应政策，其中，保障性住房土地供给量将逐步加大，市场化房地产土地供给价格将有所提高。从房地产金融来看，通过调整利率影响房地产资金成本将是另一个重要的宏观调控措施。调高利率，将使部分资金撤出房地产市场，投机和投资过热趋势将会减小。如果开征物业税，将会增大空置房屋的成本风险，从一定程度上抑制房价。

（三）房地产业将继续保持住宅建设为主的基本特色

未来 3～5 年，商品住宅需求仍然是房地产市场中的主要需求，在房地产业中，商品住宅将继续保持较高的比例。1998 年至 2006 年数据显示，全国住宅占全社会施工房屋建筑面积的比例在 58%～68%之间，住宅占全社会竣工房屋建筑面积的比例在 60%～75%之间。住宅占商品房销售面积比重近 90%，占商品销售额比重在 80%以上。商品住宅需求仍然是房地产市场的主要需求，在房地产业中继续保持较高比例。

五、影响房地产价格变动的主要因素

(一)经济增长的助推作用是房地产发展的决定性因素。1998至2006年,我国房地产发展与宏观经济发展基本协调,经济发展促进了房地产业的发展,房地产作为一个重要产业,为经济发展做出了重要贡献。随着我国经济快速发展,房地产将继续保持较快的发展速度。有研究表明,2008年我国国民经济如将以11%以上的高位增长,GDP可望突破28万亿元。今后二十年内,我国经济将保持每年百分之八以上的增长,是房地产继续保持快速发展的基础。一是我国制造业"方兴未艾"。我国经济增长多半由资本和劳动投入带动,虽然能源、原材料价格涨幅较大,但通胀率一直很低,企业盈利率也在大幅提高。2007年一度出现的CPI指数高企,主要是由于食品因素导致。只要不出现大的经济和金融危机,我国经济在二十年内将保持百分之八以上的增长。二是我国具有竞争力的产业主要是传统制造业和一般服务业,我国的制造业仍是朝阳产业,今后二十年的经济增长仍要依靠制造业。三是中国企业已经到了大幅增加技术研发、创新投资活跃的时期。今后二十年,科技创新对国民经济的贡献会大幅度提升。经济发展将继续带动房地产业稳步发展。

2. 城镇化快速发展是房屋需求的刚性因子

2006年,我国城镇化率是43.9%,根据1998—2006年城市人口增长率来看,每年不低于1%,按此增长率的速度,到2020年,我国城镇化率要达到55%至65%。也就是说,按照我国2020年15亿人口来计算,我国城镇人口大概为8.25亿到9.75亿,这意味着在未来几年内将有3到5个亿的农民从农村迁移到城市。日益庞大的流入人口对城市基础设施、公共服务和城市管理能力提出挑战。流动人口就业、就医、定居、社会保障及子女受教育问题,将对城市房地产需求进一步增加。保障性住房压力不断增加,市场化商品房需求进一步增大,也是影响房价的重要因素。仅从这一因素来看,我国房地产需求的潜力是非常大的。

3. 居民收入增长是我国房地产市场前景持续看好的最重要的经济学依据

居民住房消费能力对收入的高敏感、高弹性,是判断房地产市场发展前景的最重要经济学依据。据测算,我国城镇居民有20%的高端群体,他们今年挣多少钱不影响住什么房子,所以他们的住房消费能力对收入不敏感、无弹性。有20%~25%的人群属于低收入群体,其住房消费能力也对收入不敏感、无弹性。50%左右的群体对住房消费需求强烈,属于高敏感、高弹性的群体,这一群体的住房消费增长率远远高于收入增长率。这个群体年龄在28岁到40岁之间,这个阶段也是工资收入、个人财富累计增长最快的阶段。这个群体住房消费能力对收入的高敏感、高弹性,是影响房地产价格的又一个重要因素。

六、对房地产价格政策的几点建议

1. 住房政策设计应紧紧围绕基本国情

不同国家由于国情不同,住房政策也应不同。我国住房政策设计必须考虑我国基本国情:

一是人口基数大,中低收入家庭多,人地矛盾尖锐。我国目前约有城镇居民5.6亿人,约1.9亿户家庭。其中,中等收入以下家庭约占70%,约4亿人口,通过政府供给来主导解决这么多人的住房问题,肯定不切实际。即使最低收入家庭(约占10%)也有近6000万人口,其中住房困难户(人均住房面积低于10平方米)就有约1000万户、3000万人,超过了很多国家的人口总数,仅保障这部分人的基本住房需求就是一项非常艰巨的任务。要解决这1000万户住房困难,"十一五"期间每年需要资金近500亿元,资金缺口非常大。另一个问题是人地矛盾突出。我国适合城镇化发展的平地面积只占12%,约115万平方公里。目前人均平地面积不到900平方米,与人地矛盾非常突出的日本相当。到2030年人口高峰时,按16亿人口计算,人均平地面积将下降到不足720平方米,只是日本的90%。平地资源的高度稀缺,意味着占有土地的边际机会成本很高，为了保障后代人的居住权利，实现代际公平，就必须大力实施集约用地政策。

二是收入差距大。我国房价收入比的社会差距很大，2006 年最低收入户的房价收入比是 22，而最高收入户只有 2.44，前者约为后者的 9 倍。而且，这种差距呈逐年扩大趋势。2000 年最低收入户房价收入比是最高收入户的 5 倍，2001 年扩大到 5.4 倍，2003 年扩大到 8.5 倍，2004 年又扩大到 8.9 倍，2005 年进一步扩大到 9.3 倍，2006 年名义差距有所缩小，但仍有 9 倍。

从国际比较来看，我国高收入家庭与低收入家庭房价收入比的差距要比国际平均水平高出很多，中、低收入家庭的购房能力明显低于国际同等水平。如果以房价增速与中等收入家庭收入增速大体同步为合理标准来看，我国近两年房价增速明显偏高，直接导致了中、低收入家庭购房支付能力下降。但由于低收入家庭收入增速一直较低，即使房价增速保持在一个合理水平，这些家庭的房价收入比也依然会较高，与中、高收入家庭的差距也会继续扩大。因此，我国住房问题的核心是购买能力的社会差距过大，根源是收入差距过大。由于市场经济条件下，中、低收入家庭不太可能通过提高家庭收入来显著提高购房能力。因此，基本居住权的保障、购房能力社会差距的调节需要政府住房政策来发挥作用。

三是住房征信体系不完善，公民与政府间还不能实施有效监督。目前，与居民住房、购房相关的信息还分散在房屋、城建、民政、公安、金融等部门，不仅各个部门内部的征信体系不完善，部门之间也无法互联互通，政府主管部门也没有建立起有效的公共信息披露制度，整个住房征信体系很不完善。商业银行在住房信用查询方面主要依赖人民银行建立的银行业个人征信系统，但该系统的个人信息还不完整、不准确、更新慢，不能充分、及时地记录和反映家庭成员的相关信息，不能对家庭住房情况进行精确统计，因而也不能为廉租房配租等工作提供征信支持。由于政府不能准确掌握居民的收入、住房情况，居民也不能对政府及政府官员的行为进行有效监督，双方存在着严重的信息不对称，使得一些在小国或发达国家成效显著的住房政策并不适用于我国。

2. 从资产属性与商品属性把握房地产价格特点

综合相关研究，我们认为，房地产是特殊商品，其特殊性表现在它同时具有商品属性和资产属性。这种属性正是其价格形成和变动趋势不同于普通商品的关键所在。

一是商品属性。房地产产品首先是一种商品。当其作为普通商品时，体现普通商品属性，具有使用价值和价值，使用价值通过居住实现，价值通过市场流通与交换实现，并在需求与供给的竞争中形成均衡价格。

二是资产属性。房地产商品不仅具有商品属性，同时具有资产属性。“居者有其房”是其资产属性的基本依据。普通商品消费具有替代性，房屋消费具有不可替代性，因而体现出稀缺性。

三是商品属性和资产属性刺激了投资需求和投机需求。交换的发生，既体现了商品属性，满足了居住需求，又获得资产，刺激了投资需求和投机需求。在计划经济体制下，土地不作为商品进行流转，住房属于福利性质，房屋既不作为商品在市场流通，又不体现增值属性，两种属性得不到体现，就不会刺激投机需求。普通商品定价依据生产成本和利税，资产性商品定价的依据则要复杂得多。房地产商品的两重属性，决定了任何形式的价格干预行为都不符合市场经济运行规则，也不是房地产发展中的理性行为。同时，居民个人基于控制房价的愿望也很难作为制定房价的依据，房地产市场必须纳入国民经济宏观调控范围统一调控。

3. 加强宏观调控措施的配套与统一

自房改以来，国家针对房地产市场出现的过热现象，先后进行几次宏观调控，特别是 2003 年以来，采取一系列政策和措施以抑制房价。但是，房价过快上涨的趋势仍未得到有效遏制。似乎形成一种现象：越是宏观调控，房价就越是上涨。从宏观调控来看，调控手段完善需要一个过程，调控效果的释放也需要逐渐体现，调控的目的与结果难免会出现偏差，从措施本身来看，宏观调控措施还有不到位和不配套的地方。首先是金融政策的调节力度不够，利率作为金融政策中最重要的调节手段，虽然近年来多次实施的利率调整增加了购房者的还贷成本，但其上调的幅度还是低于房地产市场收益率的上涨幅度，从而不能有效地遏制市场的需求和投资动机。其次是税收政策没有到位，我国目前只针对房屋买卖的交易过程征税，如果能够对房屋的保有过程也进行征税，那么就会增加购房者对于持有成本的顾虑，就会起到一定的抑制作用。此外，在征税方式和税率的制定上还值得进一步商榷，应继续完善住房转让环节的税收政策，加快物业税的实施进程，并尽可能地考虑适时开征资产税、遗产税，逐步增加拥有多套住房的成本。再就是利率手段和税收手段之间的协调性不足，随着我国市场经济的不断发展，应更加侧重于税收政策调节。

4. 充分发挥税收金融在抑制需求中的作用

价格调控的重点是房价。抑制房价过快增长，从需求角度看，一是住房基本政策只鼓励一个家庭拥有一套住房，而对投资性住房应采取较严厉的抑制政策，同时限制外籍人员购买住房；二是加大税收调节作用，尽快出台征收不动产税政策，促进“卖房”；三是对购买第二套以上住房采取严厉的金融抑制政策，将购买第二套以上住房的首付提高到40%以上，并将利率大幅提升，以抑制住房的投资需求。

5. 逐步扩大保障性住房供给

住房问题是困扰各国政府的世界性社会问题，各国政府都把解决住房问题放在十分重要的战略地位。1997 年，联合国人类住区委员会第十六次会议通过了关于“振兴人居中心”的决议，要求各国政府迅速制定和执行各自的住房战略和政策，通过各方在提供住房过程中展开合作，进行最大限度的协调配合，从而促进、保障和合理地增加公共、私人和非政府行业对提供住房的贡献。

房地产发展比较成熟的国家和地区的做法，商品房由市场供给，实行市场调节。保障性住房针对低收入群体，纳入公共服务与公共产品保障的范畴。2007 年 8 月，全国住房保障会议发布的《国务院关于解决城市低收入家庭住房困难的若干意见》提出加快建立健全以廉租住房制度为重点、多渠道解决城市低收入家庭住房困难的政策体系。把解决城市低收入家庭住房困难作为城市住房工作的重点和深化住房制度改革的重要内容，这也是政府公共服务，改善居民生活条件的一项重要职责。可以说，这是我国住房改革和房地产发展新的标志，也是在中国特色社会主义市场经济条件下住房建设新的成功的探索，将住房供给的市场化商品化与保障性住房分开，便于研究和把握我国房地产市场运作规律。

6. 加强和完善法制建设保障房地产市场健康有序发展

健全的法制是房地产市场康有序发展的保证。与房地产业迅速发展相配套的法律法规建设还刚刚起步，法制不健全导致市场监管缺位，必然导致房地产市场运作中的无序现象，以及过度投机、设租和寻租等现象发生。加快房地产立法和住房法制建设，为房地产市场健康有序发展提供保证。

作者：甘肃调查总队　刘小宁　牟耀虎

2006 年河北省重点城市房地产价格走势分析

2006 年，是我国强化房地产宏观调控的重要一年，国家连续发布多项引导房地产业健康发展、稳定房价的宏观调控政策。河北省认真贯彻执行国家各项宏观调控政策，以稳定房价为目的，从完善住宅供应结构、税收、信贷和住宅保障体系等方面入手，出台了一系列适合河北省房地产市场的具体政策，有效地促进了房地产市场的健康平稳发展。

一、房地产价格走势特征

2006 年，河北省重点城市石家庄、唐山、秦皇岛市房地产价格在去年上涨的基础上仍呈上涨态势，房屋销售价格与去年同期（以下简称同比）相比平均上涨 5.4%，其中商品房销售价格同比平均上涨 5.6%，二手房销售价格同比平均上涨 5.2%。土地交易价格同比平均上涨 1.6%。房屋租赁价格平均上涨 1.4%，物业管理价格均与去年持平。

（一）房屋销售价格呈上涨态势

2006 年，河北省重点城市房屋销售价格平均上涨 5.4%，一至四季度分别上涨 6.0%、5.6%、4.7%和 5.3%。新建商品房销售价格平均上涨 5.6%，其中新建商品住宅销售价格上涨 6.2%，非住宅销售价格平均上涨 3.1%，房屋销售价格变动呈现以下几个特点：

1. 二手房价格涨势平稳，涨幅低于新建商品房。2006 年，河北省重点城市二手房销售价格与去年同期相比平均上涨 5.2%，比新建商品房销售价格低 0.4 个百分点，其中二手住宅销售价格平均上涨 5.4%，比新建商品住宅销售价格低 0.8 个百分点。

2. 商品住宅价格的涨幅高于非住宅价格的涨幅。调查显示，商品住宅销售价格平均上涨 6.2%，非住宅销售价格平均上涨 3.1%，商品住宅价格涨幅高于非住宅 3.1 个百分点。

3. 普通住宅价格的涨幅高于高档住宅价格的涨幅。2006 年，河北省重点城市普通住宅价格平均上涨 6.6%，高档住宅价格平均上涨 3.5%，普通住宅价格涨幅高于高档住宅 3.1 个百分点。

4. 办公楼价格的涨幅快于商业娱乐用房价格的涨幅。2006 年，办公楼价格平均上涨 3.6%，商业娱乐用房平均上涨 3.0%，办公楼价格涨幅快于商业娱乐用房 0.6 个百分点。

5. 各市房屋销售价格变动幅度不同，石家庄、秦皇岛市四季度涨幅扩大。2006 年，石家庄、唐山、秦皇岛市房屋销售价格分别上涨 4.3%、6.5%和 5.5%，石家庄市前三季度涨幅逐季回落，四季度涨幅有所扩大，比三季度扩大 0.8 个百分点，10 至 12 月份价格分别上涨 3.3%、3.9%和 4.2%，涨幅逐月扩大。唐山市涨幅逐季回落，一至四季度分别上涨 7.6%、6.9%、5.8%和 5.5%，四季度比一季度涨幅回落 2.1 个百分点。秦皇岛市一至四季度分别上涨 4.4%、5.3%、5.4%和 6.7%，二、三季度涨幅平稳，四季度涨幅扩大，比三季度扩大 1.3 个百分点，其中 12 月份价格同比上涨 7.6%，是自 2005 年下半年以来涨幅最高的月份。

6. 12 月份秦皇岛市新建商品住宅销售价格涨幅在全国 70 个大中城市排位中居首位。调查显示，2006 年，河北省重点城市石家庄、唐山、秦皇岛市新建商品住宅销售价格同比上涨 6.2%，三市新建商品住宅价格分别上涨 4.6%、7.1%和 7.0%，与全国 70 个大中城市的平均涨幅相比，石家庄市低于全国平均水平 1.8 个百分点，唐山、秦皇岛市分别高于全国平均水平 0.7 和 0.6 个百分点。

石家庄市各月新建商品住宅价格涨幅均低

于全国平均水平，在全国70个大中城市由高到低的排序中，由1月份的第16位，逐渐降至今年以来的最低位8月份的第55位，9月份以后位次逐渐前移，到12月份居第32位。

唐山市新建商品住宅价格涨幅5月份以后逐渐回落，在全国70个大中城市排序中位次逐渐后移，由1月份的第8位，逐渐后移至12月份的第24位。

秦皇岛市前8个月涨幅比较平稳，均低于全国平均水平，在全国70个大中城市排序中，各月位次居第16～32位之间。9月份以后，新建商品住宅价格上涨幅度逐月扩大，10、11、12月涨幅分别达到8.1%、9.3%和11.8%，分别高于全国70个大中城市平均水平1.5、3.5和5.5个百分点，在全国70个大中城市排序中位次逐月前移，10月份居第8位，11月份居第5位，12月份涨幅居全国70个大中城市首位，比居第二位的北京市新建商品房价格涨幅高出1.4个百分点。

（二）土地交易价格涨幅扩大

随着国家严格控制占用耕地及严格住房用地审批制度的实施，土地交易价格呈上涨态势。2006年，石家庄、唐山、秦皇岛市土地交易价格同比平均上涨1.6%，涨幅比去年下半年扩大1.0个百分点，其中居住用地交易价格平均上涨2.2%，涨幅比去年下半年扩大2.1个百分点，商业、旅游、娱乐用地交易价格平均上涨2.9%，涨幅比去年下半年扩大1.0个百分点。从分市情况看：石家庄市涨势平稳，全年上涨0.3%，唐山市涨幅较大，上涨5.8%，秦皇岛市下降1.2%，但从分季看，秦皇岛市四季度土地交易价格由三季度的下降1.5%转为上涨2.3%，提高了3.8个百分点。

（三）房屋租赁价格小幅上涨，涨幅低于房屋销售价格

2006年，在普通住宅租赁价格上涨的带动下，河北省重点城市房屋租赁价格小幅上涨。石家庄、唐山、秦皇岛三市房屋租赁价格与去年同期相比平均上涨1.4%，涨幅低于房屋销售价格4.0个百分点。其中：住宅租赁价格平均上涨3.7%，低于住宅销售价格2.5个百分点；商业娱乐用房租赁价格平均上涨1.2%；工业仓储用房租赁价格平均上涨0.1%；办公楼租赁价格与去年同期持平。

二、四大因素影响房地产价格变动

（一）市场需求迅速扩大，是拉动房价上涨的直接动力

1.住宅消费的更新换代，带动住宅需求增加

自1998年房改以来，福利分房逐步退出历史舞台，个人成为房地产市场的消费主体。随着国民经济的快速发展，居民收入不断增长，购买力不断提高，对住宅品质要求不断提升，居民改善住房条件的需求旺盛，促使房地产价格持续上涨。2006年，河北省城镇居民累计人均可支配收入为10304.6元，同比增长13.1%，其中：石家庄、唐山、秦皇岛市城镇居民累计人均可支配收入分别为11495.1元、12375.8元、10774.5元，同比分别上涨14.5%、18.0%、9.9%，居民可支配收入提高，消费结构发生变化，消费需求不断升级，而“住”成为城市居民的首位选择，购建房支出上涨较快，2006年河北省城镇居民人均购建房支出1051.3元，同比增长1.6倍。居民消费的升级换代促使房地产价格上涨。如唐山市在经历1976年大地震后，复建时期的住房套平均建筑面积为50平方米，随着收入水平的提高，要求改善居住环境的居民越来越多。以小换大成为拉动唐山市商品住宅价格上涨的主要动力。

2.城市化进程的推进和人口的增加，导致住房需求增加

随着城市化进程加快，一方面城市人口不断增加，对住宅产生新增需求；另一方面随着旧城改造力度加大，拆迁户对住房的需求增加。三是城市中那些没有享受到房改福利的年轻人已陆续进入婚龄，对住房产生需求。四是我国正在经历一个从农业大国向工业大国转化的历史时期。农民工涌入城市打工后，必然需要住下来，从而也拉动了住房的需求。居住需求的增长，推动了住房价格的上涨。

3. 周边地区居民购房，增加了对住宅的需求

如秦皇岛市由于特殊的地理位置和宜人的自然环境影响，吸引周边地区居民前来购房，作为休闲度假的临时居所或是作为一种投资增值的方式，增加了对住房的需求，吸引了北京、天津、唐山等周边地区的人群来秦购买住房，据从秦皇岛市房产管理部门了解，外地购买人群占到了所有购房者的 20%～30%，也成为拉动秦皇岛市房屋价格上涨的主要动力。

4. 作为一种投资途径，带动房价上涨

由于房地产兼具消费品和投资品的双重属性，一些富裕家庭看好房地产的投资性，此外房价的持续上涨刺激了购房者的信心，“买涨不买落”的心理驱使投资者纷纷加入到购房的大军中，房地产成为一些居民投资理财的优先选择。

（二）供应结构不合理，助推房价上涨

国务院办公厅转发建设部等九部门《关于调整住房供应结构稳定住房价格的意见》中，明确了新建住房结构比例，在“十一五”时期重点发展普通商品住房，规定自 2006 年 6 月 1 日起，凡新审批、新开工的商品住房建设，套型建筑面积 90 平方米以下住房（含经济适用住房）面积所占比重，必须达到开发建设总面积的 70%以上。但由于现在开盘的项目，大多是 6 月份以前审批或开工的，大户型所占比重仍偏高。而目前房地产市场的需求，是中低收入家庭对中小户型住宅的需求，从销售情况看，中小户型住宅在很短时间内就被抢购一空，而大房型及高档住宅却出现了销售困难，造成空置面积的增加，从而形成了中小户型供应短缺与大户型、高档住宅的过剩现象并存的状态。中小户型需求的增加与供应短缺的矛盾，对房价的提升起到了强劲的推动作用。

（三）成本增加，促使房屋销售价格上涨

1. 土地交易价格不断攀升，加大了房屋的开发成本

由于土地的不可再生性，决定了土地资源日益稀缺，其可供开发的土地面积逐年减少，其交易价格不断上涨。同时，近年来，国家宏观调控土地的各项政策相继出台，加大了对土地市场的调控力度，控制土地的审批和管理，经营性用地必须经过招标、拍卖、挂牌方式取得，从而带动土地交易价格上涨。2006 年石家庄市经编厂 69 亩土地以每亩 360 多万元创下了该年石市土地交易价格的最高纪录。土地交易价格的上涨，加大了房屋的开发成本，引发了房屋销售价格上涨。

2. 固定资产投资的快速增长，带动建筑成本增加

建筑成本是构成住房价格的重要因素。近年来，由于固定资产投资快速增长等因素的影响，导致建筑材料价格上涨，2006 年，河北省建筑安装装饰工程投资价格上涨 1.6%，人工费价格上涨 7.3%，主要建筑安装材料如木材、水泥、地方建筑材料、化工材料、电料同比分别上涨 1.5%、2.4%、4.4%、7.2%、1.3%，建筑材料费的上涨将直接导致建筑安装工程成本增加，从而促使商品房成本加大，价格上涨。另外，随着人们对住房品质的要求不断上升，建筑材料品种更新、质量提高，一些新型环保建筑材料被大量采用，商品房的配套设施和环境也在不断改善，在一定程度上加大了商品房的建筑成本。面对成本的增加，开发商以上调销售价格的方法，将增加的成本转嫁到购房者身上，促进了房价的进一步提升。

（四）宏观政策的贯彻实施，抑制了房价的过快上涨

2006 年，针对当前我国少数大城市房价上涨过快、住房供应结构不合理矛盾突出、房地产市场秩序比较混乱等问题，国家出台了一系列的宏观调控措施。随着各项调控措施的逐步落实，一方面，住房供应结构得到有效调整，经济适用住房建设、廉租住房保障制度的进一步完善，中小户型供应的增多，将会带来供求关系的变化，以往中小户型住房价格快速上涨的态势会得到一定的控制；另一方面，房地产开发全过程监管力度的进一步加强，在很大程度上遏制了捂盘惜售、囤积房源、恶意炒作、哄抬房价等现象的发生；第三，城镇房屋拆迁规模更趋合

理，将有效抑制对住房被动需求；第四，加快房地产统计和信息披露制度，坚持正确的舆论导向，强化群众合理消费观念，将使房地产市场供求关系更趋合理。以上因素，会对房价上涨产生一定的抑制作用，从而使房地产市场价格逐步趋于平稳。

三、对今后房地产市场健康发展的几点建议

1. 应进一步加大宏观调控的力度

由于房地产产业链长，牵涉钢铁、建材等众多行业，房地产过热，势必拉动生产资料价格上扬，增加通货膨胀的压力。因此，住房价格不能完全由市场来自发调节。为稳定住房价格，国家陆续出台了一系列宏观调控措施，各级政府应认真执行国家的各项宏观调控措施，使之发挥应有的调控作用，防止房地产价格大起大落，以确保经济稳定运行和社会发展。

2. 应进一步加强经济适用房和廉租房建设与管理

加强经济适用房和廉租房建设，满足城市中、低收入家庭的基本需求，可以大大降低对商品房的需求，从而抑制房屋销售价格的上涨。今年河北省完成345万平方米经济适用房建设，要使这些经济适用房发挥应有的作用，政府就要遏制经济适用房建设中存在的不良行为，特别是要严格审核经济适用房的购买条件，使中、低收入的居民能够购买到经济适用房。

3. 应进一步引导消费者树立合理的住房消费观念

政府要通过加强房地产市场的监测，全面准确地掌握市场运行情况。要进一步加大宣传力度，适时披露相关信息，增加市场信息的透明度，给消费者提供正确的市场信息，使消费者逐渐树立正确的消费观念，引导消费者理性购房，使消费者形成理性的消费观念，不要盲目追风购买商品住房。

4. 应进一步规范房屋租赁市场

房屋租赁市场是房地产市场的重要组成部分，是住房供给的一个重要渠道，大力推动房屋租赁市场的发展，对于完善住房供应体系、健全住房保障制度、解决城镇居民住房问题具有重要意义。首先应该建立和完善房屋租赁管理机制，规范房屋租赁市场。其次应该采取措施增加出租房屋的供应量，如：发展用于租赁的经济适用房建设；降低出租房屋的税率，鼓励私人住房出租；鼓励房地产开发企业进入租赁市场，经营住房租赁业务，增加租赁市场的供应等。

作者：河北调查总队　王兰　苌惠然

辽宁省重点调查城市房地产价格现状及变动趋势分析

一、沈阳、大连房地产价格变动趋势回顾

1998年，国家提出把住房产业培育成经济支柱产业。辽宁省房地产业开始步入一个新的时期。以沈阳、大连为代表的辽宁省城市房地产价格近十年的发展趋势如图1、图2。

由图1、图2可以看出，自1998年以来，沈阳、大连的房屋销售价格一直处于上升趋势，上涨幅度由平缓、急速到逐步回稳。这一时期两市房屋价格的发展大致可以分为两个阶段：

1. 恢复性上涨阶段（1998～2002年）： 这一阶段沈阳、大连房屋销售价格的特点是低位徘徊、缓慢上升。与上年相比，1998年沈阳市房屋

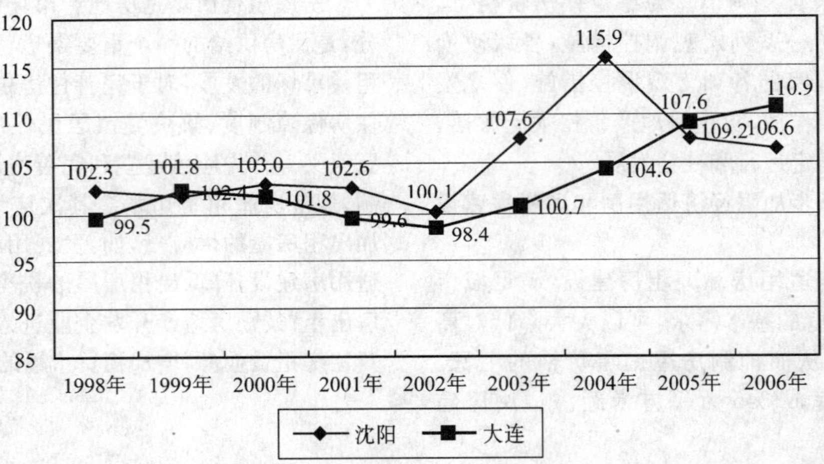

图1　1998～2006年沈阳、大连房屋销售价格变动趋势（以上年价格为100）

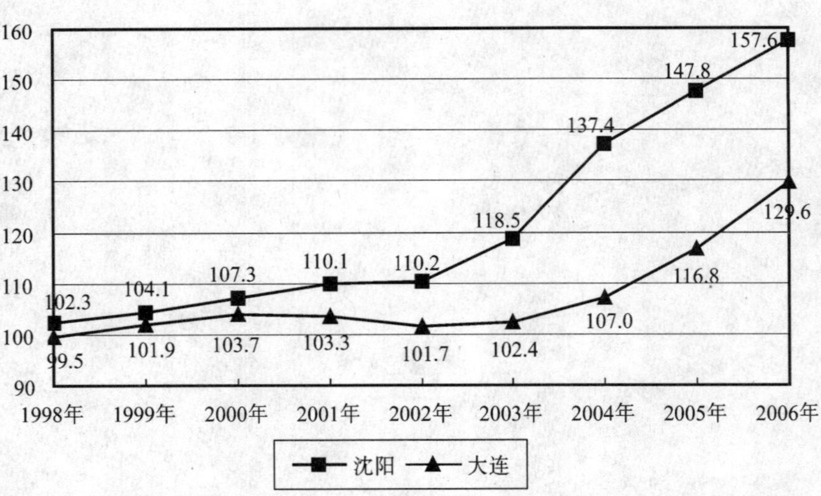

图2　1998～2006年沈阳、大连房屋销售价格变动趋势（以1997年价格为100）

销售价格上涨2.3%,1999年上涨1.8%,2000年上涨3.0%,2001年上涨2.6%,2002年上涨0.1%,沈阳市房屋销售价格走势呈现涨幅相对平稳,温和上升的特点。五年间沈阳市房屋销售价格累计上涨10.2%,平均年增长1.96%;与上年相比,大连市房屋销售价格1998年下降0.5%,1999年上涨2.4%,2000年上涨1.8%,2001年下降0.4%,2002年下降1.6%,大连市房屋销售价格走势呈现有涨有跌、中间高两头低的特点。五年间大连市房屋销售价格累计上涨1.7%,平均年增长0.3%。

2. 加速上涨阶段(2003~2006年):这一阶段沈阳、大连房屋销售价格的特点是上涨迅速、涨幅较大,高位持续攀升。与上年相比,2003年沈阳市房屋销售价格上涨7.6%,2004年达到本轮涨幅峰值,上涨15.9%,2005年宏观调控效果显现,涨幅明显回落,上涨7.6%,2006年上涨趋势平稳,上涨6.6%。沈阳市房屋销售价格走势呈现倒"V"字型。四年间沈阳市房屋销售价格累计上涨43%,平均年增长9.4%;与上年相比,2003年大连市房屋销售价格上涨0.7%,2004年上涨4.6%,2005年上涨9.2%,2006年上涨10.9%。大连市房屋销售价格呈现单边上扬,涨幅持续扩大的特点。四年间大连市房屋销售价格累计上涨27.4%,平均年增长6.2%。

二、沈阳、大连、丹东、锦州四市房地产价格现状

2007年1~9月份,辽宁省重点城市房屋销售价格继续保持平稳运行的态势,涨幅略有回落。其中:沈阳市房屋销售价格累计上涨5.6%,大连市房屋销售价格累计上涨7.1%,丹东市房屋销售价格累计上涨2.3%、锦州市房屋销售价格累计上涨3.6%。四市房屋销售价格的运行特点是:

1. 房屋销售价格持续上涨,涨幅平稳、稳中微降

从2007年月环比数据看,沈阳、大连、锦州三市的房屋销售价格持续上涨,但增幅和缓;丹东市房屋销售价格则在徘徊中上涨,微涨与微降交替显现。从同比数据看,沈阳房屋销售价格涨幅逐渐回落,大连房屋销售价格涨幅稳中微降,丹东和锦州两市房屋销售价格涨幅则呈波段式上升。各市分月数据详见下表。

表1　2007年1~9月辽宁省重点调查城市房屋销售价格指数

	沈阳市		大连市		丹东市		锦州市	
	与上年同期比	与上月比	与上年同期比	与上月比	与上年同期比	与上月比	与上年同期比	与上月比
1月份	106.4	99.9	107.3	100.4	102.7	100.2	104.1	100.4
2月份	107.0	101.3	107.3	100.6	102.7	100.2	104.1	100.5
3月份	105.7	100.1	107.0	100.3	102.5	99.9	103.7	100.1
4月份	105.3	101.1	107.0	100.5	101.7	99.8	103.7	101.0
5月份	105.1	101.3	106.8	100.5	102.8	100.3	103.2	100.4
6月份	105.2	101.4	106.9	100.4	102.7	100.3	103.2	100.0
7月份	104.5	100.9	107.0	100.5	102.3	100.5	104.7	100.4
8月份	105.2	101.8	107.0	100.5	101.5	99.9	101.9	100.1
9月份	105.8	101.2	107.1	100.6	101.5	100.3	103.7	100.7
1~9月份	105.6	101.0	107.1	100.5	102.3	100.2	103.6	100.4

2. 锦州市商品房涨幅比二手房高,大连市、丹东两市二手房销售价格上涨较商品房快,沈阳市商品房与二手房比肩上扬

2007年1~9月份,锦州商品房上涨4.3%,比二手房高1.9个百分点;大连市二手房上涨8.4%,高于商品房1.7个百分点;丹东市二手房上涨4.2%,比商品房高2.7个百分点;沈阳市商品房涨幅与二手房涨幅相同,均上涨5.6%。

3. 沈阳、锦州新建商品住宅涨幅居前，大连、丹东二手商品住宅涨幅高于新建商品住房

2007 年 1～9 月份，沈阳市新建商品住宅上涨 6.1%，高于二手商品住宅 0.2 个百分点；锦州市新建商品住宅上涨 5.3%，高于二手商品住宅 2.3 个百分点。大连市二手商品住宅上涨 8.4%，比同期新建商品住宅高出 0.9 个百分点，丹东市二手商品住宅上涨 4.0%，高于新建商品住宅 2.4 个百分点。

4. 非住宅二手房上涨快于非住宅商品房

2007 年 1～9 月份，沈阳市非住宅二手房上涨 4.6%，比新建非住宅商品房涨幅高 2.1 个百分点；大连市非住宅二手房上涨 8.7%，比新建非住宅商品房高 4.6 个百分点；丹东市非住宅二手房上涨 5.3%，比新建非住宅商品房涨幅高 4 个百分点。

5. 沈阳、大连房屋销售价格涨幅位次在同类城市中呈后移趋势；锦州市房屋销售价格涨幅与东三省同类城市相近，丹东市房屋销售价格涨幅居后

与全国平均水平比，1～8 月份大连房屋销售价格涨幅高出 0.6 个百分点，幅差较上月缩小 0.1 个百分点；沈阳房屋销售价格涨幅比全国平均水平低 0.8 个百分点，幅差较上月扩大 0.5 个百分点；与其它副省级城市比，大连房屋销售价格涨幅仍居第二位，但当月涨幅排位已降至第 6 位；沈阳房屋销售价格涨幅降至第九位，比 2006 年后移三位。详见下表。

表 2　2007 年 1～8 月份十五个副省级城市涨幅排位表

	2007 年 1～8 月份		2007 年 8 月份		2006 年	
	同比	位次	同比	位次	同比	位次
全国	106.4		108.2		105.3	
深圳	115.1	1	120.8	1	111.8	1
大连	107.0	2	107.0	6	108.2	2
成都	106.8	3	107.4	5	107.6	3
广州	106.7	3	106.4	10	107.0	4
厦门	106.7	5	106.9	7	107.0	4
南京	106.4	6	106.6	8	104.7	8
宁波	106.0	7	109.0	2	102.2	14
青岛	105.8	7	106.6	9	103.2	12
沈阳	105.6	9	105.2	13	106.8	6
哈尔滨	105.5	10	105.1	15	106.1	7
西安	105.0	11	105.9	11	103.9	10
长春	104.7	12	107.8	4	102.8	13
济南	104.5	13	105.2	14	104.1	9
杭州	104.3	14	108.0	3	103.3	11
武汉	104.0	15	105.4	12	102.1	15

与全国其它 35 个中等城市相比，锦州、丹东涨幅一直居后，1～8 月份两市分别位列 29 和 33 位；与同在东三省的牡丹江市与吉林市相比，锦州市涨幅（上涨 3.6%）与吉林市（上涨 3.5%）相近，但比牡丹江市低 0.5 个百分点；丹东市涨幅则排在最后，上涨 2.4%。四城市 2007 年以来各月涨幅比较如下：

表 3　2007 年 1～8 月锦州、丹东、吉林、牡丹江房屋销售价格指数

	1 月份	2 月份	3 月份	4 月份	5 月份	6 月份	7 月份	8 月份	1～8 月份累计	1～8 月份全国排名
锦州	104.1	104.1	103.7	103.7	103.2	103.2	104.7	101.9	103.6	29
丹东	102.7	102.7	102.5	101.7	102.8	102.7	102.3	101.5	102.4	33
吉林	102.7	103.1	103.3	103.3	104.4	103.1	104.2	104	103.5	30
牡丹江	102.8	103	103.5	104.6	102.2	104.3	105.7	106.9	104.1	27

三、影响辽宁省城市房地产价格变化的因素分析

1. 宏观经济持续平稳、较快增长，为房地产业提供良好的发展空间，使其发展成为重要的支柱产业

1998年以来，我国实施的积极财政政策使国民经济保持了平稳的发展态势，辽宁省经济也得到了快速发展。沈阳市国内生产总值由1998年的938.8亿元增加到2006年的2519.6亿元，增长1.7倍；大连市由926.3亿元增加到2569.7亿元，增长1.8倍；丹东市由157.8亿元增加到385.3亿元，增长1.4倍；锦州市186.5亿元增加到460.2亿元，增长1.5倍。

宏观经济稳定快速地增长，为辽宁省房地产业的蓬勃发展奠定了基础，使房地产业迅速发展并逐渐成为重要的支柱产业。沈阳市房地产开发投资完成额由1998年的35.6亿元增加到2006年的538.3亿元，增长14.1倍；大连市由62.9亿元增加到337.2亿元，增长4.4倍；丹东市由3.6亿元增加到34.4亿元，增长8.6倍；锦州市由5.4亿元增加到16亿元，增长2倍。

2. 人民生活不断改善，收入稳步提高，为百姓改善生活环境和居住条件提供了物质基础。城乡储蓄连年增加，个人住房信贷不断完善，也增强了居民购买力

国民经济持续、快速发展，为人民生活改善提供了必要条件，百姓共享经济发展硕果，收入逐年增加。沈阳市城镇居民人均可支配收入由1998年的4932元增加到2006年的11651元，增长1.4倍；城乡居民储蓄余额由1998年的809.5亿元增加到2006年的1922亿元，增长1.4倍。大连市城镇居民人均可支配收入由6093元增加到13350元，增长1.2倍；城乡居民储蓄余额由1998年的689亿元增加到2006年的1866.5亿元，增长1.7倍。丹东市城镇居民人均可支配收由1998年的3840元增加到2006年的7860元，增长1倍；城乡居民储蓄余额由1998年的168.7亿元增加到2006年的376.8亿元，增长1.2倍。锦州市城镇居民人均可支配收由1998年的4566元增加到2006年的9981元，增长1.2倍；城乡居民储蓄余额由1998年的175.5亿元增加到2006年的398.8亿元，增长1.3倍。

3. 集中释放的巨大需求，推动房地产价格持续上涨

一是城镇住房商品化改革导致了住房市场有效需求的快速增加。1998年，国务院下发了《关于进一步深化城镇住房制度改革加快住房建设的通知》，实施了积极的税收政策和住房金融政策，鼓励居民住房消费。尤其是银行推出个人购房按揭贷款业务，有效激发了长期被压抑的购房需求，住房消费有效需求迅速释放，使住房销售市场的合理需求增加；另一方面，从1999年下半年起，住房二级市场开始放开，允许房改房上市交易，增加了个人购房的支付能力，使住房需求在短期内急剧增加。二是城市化进程加速发展以及流动人口不断增长，必然增加住房需求。据统计资料显示，2006年沈阳市年末总人口703.6万人，城市化率为63.1%；大连市年末总人口572.1万人，城市化率为43.3%；丹东市年末总人口242.5万人，城市化率24.7%，锦州市年末总人口为309.2万人，城市化率23.6%。根据诺瑟姆曲线，处在30%～70%的城市化率区间，城市化将呈现高速发展的态势，辽宁省沈阳、大连已经处于这一区间内，丹东、锦州也将在未来相当长的时间内处于这一区间。城市化的高速发展首先带来城市人口的膨胀，对住宅需求的增长是必然结果。此外，大量流动人口的不断涌入，也间接地加大了住房需求。三是城市重新进行整体规划，使住房销售市场的被动需求不断增加。随着工业化和城镇化发展、城镇人口增加，大规模城市改造和居民拆迁将持续进行，无疑会持续、稳定加大有效需求。四是居民的消费结构升级和消费品位的提高。随着新技术、新材料的使用，商品住宅的房屋结构更优化、合理，配套设施、绿化面积、周边环境及物业管理等档次的提高，提升了商品的品质。因此也吸引了有一定购买力的消费群体进行更新换代。五是投资需求。由于利率过低及投资渠道单一，住房投资就成为最现实合理的选择。

巨大的需求极大地刺激了房地产业的发

展,也不断地推动房屋销售价格上涨。1998至2006年沈阳、大连两市房地产开发投资额的增速大大高于GDP增速,其中,沈阳市年均增长40.4%,大连市年均增长20%;而且两地商品住宅投资急剧增大,商品房销售面积显著增加。沈阳市商品住宅投资额1998年为20.1亿元,到2006年已增加到397.1亿元,增长18.8倍;大连市商品住宅投资额1998年为40.9亿元,到2006年已增加到242亿元,增长4.9倍。沈阳市商品房销售面积由120.5万平方米增加到1243.8万平方米,增长9.3倍;大连市商品房销售面积由212.6万平方米增加到628.8万平方米,增长2倍。1998—2006年沈阳市房屋销售价格累计上涨57.6%,年均涨幅5.2%;大连市房屋销售价格累计上涨29.6%,年均涨幅2.9%。

4. 信贷资金不断增加,间接推动了房价的急剧上涨

一方面在商业贷款和公积金贷款的双重支持下,百姓的潜在购买力很容易便成为现实购买力,市场需求可以快速形成;另一方面银行利率过低和投资渠道单一,使国内大量储蓄资金以及闲散资金在找不到更好的投资渠道时,纷纷流入房地产市场。由于个人住房消费信贷资金比较容易申请,使大量购房条件不足的消费者轻易地进入房地产市场。个人消费信贷快速增长,导致了个人住房消费快速膨胀、房地产价格快速上涨。

5. 土地价格的持续上涨以及开发成本的提高,必然引起房屋销售价格不断上扬

土地成本是房屋销售价格重要的组成部分之一,所以房屋销售价格的涨跌与土地价格的走势密切相关。1998至2006年沈阳市土地交易价格及房屋销售价格走势见下表。

表4 1998～2006年沈阳市土地交易价格指数及房屋销售价格指数对比表

	1998年	1999年	2000年	2001年	2002年	2003年	2004年	2005年	2006年
土地交易价格指数	100.0	99.1	101.8	101.7	108.1	116.1	116.2	111.4	107.3
房屋销售价格指数	102.3	101.8	103.0	102.6	100.1	107.6	115.9	107.6	106.6

1998至2006年伴随着土地价格的不断上涨,沈阳市房屋销售价格也在持续攀升。九年间沈阳市土地交易价格累计上涨78.9%,其房屋销售价格累计上涨57.6%。

造成土地价格的上涨的原因主要有两个:一是随着土地管理制度进一步完善,土地招标拍卖方式逐步全面实施,城市土地经营采用市场化运作方式,城市规划内的商业、金融、旅游、娱乐、经营房地产用地全部实行招标拍卖,土地市场化程度逐步提高,土地交易价格大幅上扬;二是由于城市建设速度不断加快,城市中心建设用地日趋紧缺,加之各地普遍实行了土地的收购储备制度,土地增值收益已经成为地方政府财政的主要来源,地方政府希望通过土地市场的价格调控获得更多的财政收入。这些因素直接或者间接地导致了土地价格的上涨,进而推动了房地产价格的上涨。

四、2007年及未来几年辽宁省城市房地产价格趋势判断

2007年上半年,辽宁省重点城市沈阳、大连、丹东、锦州房地产市场呈现上扬之势,锦州、丹东两市增速明显加快。丹东市完成房地产开发投资20.2亿元,同比增长44.4%,其中完成商品住宅投资16.9亿元,同比增长58.9%,商品房销售面积556.8万平方米,同比增长28.3%。锦州市完成房地产开发投资11.5亿元,同比增长73.3%,其中完成商品住宅投资9亿元,同比增长137.2%,商品房销售面积40万平方米,同比增长41.2%。综合各方面及房屋销售价格变动趋势看,2007年沈阳、大连、丹东、锦州四市房屋销售价格仍将继续保持上涨态势,沈阳、大连两市涨幅将小幅回落,丹东市继续低位运行,锦州市显现加速上涨之势。

影响房地产价格的变化是多方面的。其主

要因素包括国家宏观调控政策的实施、房地产供求状况、房屋开发成本等。从长期趋势看，城镇居民住房需求的变化仍将是决定未来房地产价格变动的最重要因素。

1. 房地产市场需求还有巨大空间，供求矛盾近期难以有更大改善

(1)消费性需求仍将保持较大规模和较快速度增长。改革开放20多年的国民经济快速发展，使人民生活水平大幅度提高，对高质量生活的追求使得大众对通过购置房产改善居住条件的欲望空前强烈。各方面、多层次的住房消费性需求将逐步表现为房地产市场需求并快速增长，基本住房需求、改善性住房需求和被动性住房需求(如拆迁带来的需求)等需求均呈现出一定程度的刚性。

(2)投资需求和投机需求持续存在。在资金来源方面，由于居民存款和其他来源资金的增加，银行、个人及机构投资者都在寻求更安全有效的投资渠道。而长期以来房地产价格上涨和投资的稳定回报及中国经济的飞速发展恰恰迎合了这些投资方的需求预期，吸引了更多的资金流入房地产市场。通过房地产进行投资、投机、融资、养老的需求随着经济升温而进一步体现出来，因此，房地产市场的需求将保持旺盛势头。

(3)供给紧张在一段时期内仍将存在。长期看，随着我国二手房市场的逐步规范，房地产市场化的进一步发展等因素影响，我国住房市场有效供给将会不断增加。但目前房地产市场的供给主要来源于房地产开发，在目前房地产开发投资规模依然过大，房价上涨过快的前提下，房地产开发投资进一步加快是不现实的，供求矛盾仍将存在。

从供求发展趋势看，居民住房巨大需求与供给短缺的矛盾近几年内会持续存在。在严格的宏观调控政策下，近期内房地产价格增长速度会有所回落，但回落幅度不会太大；从长期看，房地产价格将呈现持续小幅升高的态势。

2. 房地产开发成本不断上升，也将影响住房价格继续攀升

房地产价格可以分为四大块：土地成本、建安工程成本、相关税费和开发商的利润。其中土地成本、建安成本、利润均属可变成本，一般相关税费是不变成本，而土地成本、建安成本的不断增加，无疑会加大房屋销售成本，从而支持住房价格走高。

(1)土地成本持续上涨。在各地实施土地储备制度后，土地价格上涨迅速，土地供应量得到严格控制，而住房需求的快速增长，也加剧了房地产开发土地供需矛盾。从长期来看，由于土地资源作为一种不可再生资源，客观上将导致土地供应的相对不足和土地供需不平衡，在一定程度上推动了地价上涨。另一方面，土地出让金也是当地政府进行配套基础设施的资金来源。因此土地成本将呈逐步升高的趋势。

(2)人工费价格及建材价格的上涨导致建安成本不断提高。近年来，受投资过度旺盛等因素影响建材价格持续上涨。2006年，辽宁省固定资产投资价格比上年上涨2.1%。其中，人工费价格上涨10.1%，建筑安装工程价格上涨2.8%、材料费价格上涨1.2%，地方建筑材料价格上涨5.5%。建材价格的上涨直接导致了商品房竣工造价的不断上升，2006年辽宁省商品房平均竣工造价为每平方米1336元，比上年增长11.3%。从长期来看，随着人们需求层次的不断提高，商品房的品质会逐步提高，配套设施和环境也会不断改善，这些都将在一定程度上加大商品房的开发成本。

3. 宏观调控政策的影响将在未来逐步显现

近年来，为抑制住房价格过快上涨国家出台了一系列宏观调控措施。? 2006年5月国务院提出了在住房供应结构、税收、信贷、土地、廉租房和经济适用房建设等方面促进房地产业健康发展的六条措施("国六条")，九部委又联合下发了《关于调整住房供应结构稳定住房价格的意见》，对"国六条"进一步细化，而且在套型面积、小户型所占比率、新房首付款等方面作出了量化规定，提出90平方米、双70%的标准。2007年8月国务院颁布《国务院关于解决城市低收入家庭住房困难的若干意见》，其划时代意义将在未来显现。它标志着我国住房制度在经历福利分房、全民购买商品房的住房体制顺利向市场体制的转轨之后，通过"解困"这一保障型住房体制运作架构的细化，进一步完善了"政策+市场”的双轨模式。同时为合理调控货币信贷投放，2006 年央行两次上调人民币存贷款基准利率，2007 年又连续五次上调金融机构人民币存贷款基准利率。2007 年 9 月央行发布《关于加强商业性房地产信贷管理的通知》，明确提出对已利用贷款购买住房、又申请购买第二套(含)以上住房的，贷款首付款比例不得低于 40%。从长期看，这些宏观调控措施必将对抑制住房价格过快增长产生积极影响。

综合分析看出，在国民经济保持持续、稳定发展的良性经济循环中，房地产业在未来仍将是需求旺盛、供不应求的行业。在国家宏观调控政策的指导下，房地产价格的增长速度将会有所回落，并保持相对稳定态势。

五、加强房地产价格调控的几点建议

1. 加快建立健全以廉租住房制度为重点、多渠道解决城市低收入家庭住房困难的政策体系，进一步完善房地产市场供应体系

要从居民收入结构和住房需求结构出发，以满足中低收入群体购房需要为目标，加快“双限房”、经济适用房和廉租住房的建设，尽快建立健全住房保障体系。加大住房结构调整和住房保障体系建设政策的落实力度，适当提高经济适用房和“双限双竞”房占住房建筑面积的比重；加大有关政策落实力度，满足中低收入家庭住房需求。为了确保中央政策的落实，对建立责任制的城市政府，应实行政策落实情况定期报告制度，并加大督促检查问责的力度。做好政策规范运作工作，明确政策的长期性，公布住房供应规划，稳定市场预期。要切实加强经济适用住房建设和管理，完善廉租住房制度，使制度真正落到实处。还要密切关注房地产信贷规模总量和结构的变化情况，积极防范房地产贷款风险。

2. 加强对土地市场的宏观调控，引导房地产价格趋于合理

各级政府要科学制定城市规划，确定各类房产用地布局和比例。按照城市规划做好土地收购、整理、储备工作，有计划地向房地产市场投放土地，严格执行经营性土地的招标拍卖挂牌出让规定，加大对闲置土地的清理力度，坚决打击各类囤积土地的行为。必须加强土地的引导和调控作用，着力增加中低价位、中小户型普通商品住房和经济适用房供应。

3. 完善住房租赁市场体系规范发展住房租赁市场

开展城镇最低收入家庭住房困难情况调查，掌握廉租住房需求情况，建立保障对象档案。切实落实以财政预算安排为主、多渠道筹措廉租住房资金，逐步扩大廉租住房制度覆盖面。提倡住房合理消费，鼓励广大中低收入家庭分流租房市场。鼓励以租赁经营为目的的中低价位的普通商品住宅建设，特别是中低价位、中小套型普通商品住宅建设。增加住房租赁市场的有效供给。加大对住房租赁市场的管理力度，规范发展住房租赁市场服务。要健全房地产中介服务市场规则，规范房地产中介服务行为，严格执行房地产经纪人员职业资格制度，建立树品牌、讲诚信的激励机制和社会环境。

4. 规范市场秩序，促进市场理性发展

加强对房地产行业的监管，遏制房地产开发中的暴利，促使房地产价格向价值的理性回归。加快房地产信息系统和预警系统建设，加强市场动态监测。完善信息披露制度，定期公布商品房建设规划、预售面积、实际销售面积、销售价格等信息，加强舆论引导，增强政策透明度。加大对非法炒卖、囤积房源，违规销售、恶意哄抬房价，发布不实价格和销售信息、恶意欺诈消费者等违法、违规行为的处罚力度。

作者：辽宁调查总队

浙江房地产物业管理业现状与发展研究

房地产物业管理是房地产业发展的重要环节，规范和发展房地产物业管理是构建“以人为本”和谐社会的重要内容。目前，物业管理已经成为与我国城市居民生活息息相关的重要服务行业。服务层面不断扩大，已经从清洁、保安、维修，延伸到商务娱乐教育等居民生活的方方面面；服务内涵得到前所未有的提升，和上下游及相关行业的产业链已经联通，构筑了合理的多链条式物业管理产业结构。从而产生并放大了物业管理行业的社会效益。因此，随着房地产业的跨越式发展，浙江省房地产物业管理业正面临着巨大的发展机遇，同时也存在着一定的问题。

一、发展现状

近20年，浙江的物业管理业得到迅速发展，从小到大，初步从借鉴、探索、推广到规范化，由传统的房管式逐步发展为专业化、企业化、一体化招投标的三化一体的物业管理模式。在管理体制上，物业管理企业大部分属于房地产开发商创办，少量属于房管所改制或后勤单位改制。到2006年底，浙江省共有物业管理企业1919家，比2005年增加223家，增13.1%。共有从业人员71353人，比2005年增7.0%。全年营业收入352081万元，其中主营业务收入317299万元，比2005年增31.8%。其中达到国家一级资质的物业管理企业有57家。主要特点如下：

1.行业规模化程度提高

到2006年底，浙江省共有物业管理企业1919家。其中规模以上(年主营业务收入500万元以上)企业137家，比上年增加39家，增39.8%，占全部企业的比例7.1%，比上年提高了1.3个百分点；规模以上企业共有从业人员18783人，占全部企业从业人员的26.3%，比上年提高了5.6个百分点，平均每个规模以上企业从业人员137人；规模以上企业主营业务收入共计194064万元，占全部企业主营业务收入的61.2%，比上年提高了8.2个百分点，平均每个规模以上企业主营业务收入为1417万元。规模以下企业1782家，比上年增11.5%；共有从业人员52570人，平均每个企业从业人员30人；主营业务收入共计123235万元，平均每个企业主营业务收入69.2万元。

表1 浙江省物业管理企业规模化程度比上年提高情况

	2005年			2006年		
	合 计	规模以上	规模以下	合 计	规模以上	规模以下
企业数(家)	1696	98	1598	1919	137	1782
占企业数比例(%)	100	5.8	94.2	100	7.1	92.9
从业人员数(人)	66671	13805	52866	71353	18783	52570
占从业人数比例(%)	100	20.7%	79.3	100	26.3%	73.7
主营业务收入(万元)	240736	127515	113221	317299	194064	123235
占主营业务收入比例(%)	100	53.0	47.0	100	61.2	38.8

2. 物业管理企业资质水平提高较快，但总体水平仍然偏低

2005 年，浙江省 1696 家物业管理企业中一级资质企业只有 17 家，二级资质企业为 62 家，其中二级资质以上物业管理企业主营业务收入共计 32448 万元，仅占所有物业管理企业的 13.5%。2006 年，浙江省 1919 家物业管理企业中一级资质企业迅速增加到 57 家，二级资质企业增加到 79 家，其中二级资质以上物业管理企业主营业务收入 65567 万元，占所有物业管理企业的比重提高到 22.5%。可见浙江省物业管理企业资质水平比上年提高较快，但二级资质以上物业管理企业占总体的比例仍然偏少，不到 10%。

3. 地区发展很不平衡

浙江省物业管理企业发展水平不平衡，各地差距明显。

表 2　各市物业管理业发展情况

	一级资质企业（家）	规模以上企业（家）	房地产开发投资额占全省比例（%）	物业管理收入占全省比例（%）
杭州市	45	76	28.1	42.9
宁波市	5	32	19.9	21.0
温州市	1	10	10.7	9.0
嘉兴市	0	8	7.5	11.0
湖州市	0	3	4.6	3.5
绍兴市	3	0	8.2	3.3
金华市	0	5	7.0	4.1
衢州市	1	1	2.5	0.9
舟山市	0	0	2.1	0.7
台州市	2	2	6.5	3.3
丽水市	0	0	2.9	0.4
合　计	57	137	100	100

从表 2 看，浙江省上规模、资质高的物业管理企业主要集中在杭州、宁波等地，而衢州、舟山、丽水等地几乎没有规模以上和一级资质物业管理企业。通过对比还可以看出，各地区物业管理企业主营业务收入占全省比例和房地产开发投资额占全省比例成正相关关系，但是各地区两项数据之间的差距比较大。例如，杭州房地产投资额占全省比例为 19.9%，物业管理收入占全省比例却达到 42.9%；而台州房地产投资额占全省比例为 6.5%，物业管理收入占全省比例只有 3.3%。可见，各地物业管理业发展很不平衡。

4. 初步建立了行业规则，规范了行业主体行为

1999 年以来，浙江省按照国家有关规定并根据实际情况先后出台了《浙江省住宅区物业管理办法》、《浙江省住宅区物业维修专项资金管理暂行办法》和《浙江省物业管理条例》，建立了一套比较完善的行业规则，规范了物业管理活动，促进了物业管理行业的健康发展。尤其在新建小区全面推行物业管理，对业主大会与业主委员会、物业的使用与维护、物业管理用房与费用等方面都作了比较明确的规定。并全面推行了前期物业管理，要求开发企业或建设单位在项目规划设计时必须落实前期物业管理工作，签订《前期物业管理委托合同》。同时，规定了物业管理服务的必要条款和解决争议的办法，明确了各方面主体的法律责任，从而规范了行业主体行为，促进了行业规范发展。

二、存在的主要问题

1. 房地产开发商转嫁遗留问题给物业管理企业，最终损害业主利益

《物业管理条例》规定，在业主、业主大会选聘物业管理企业之前，一般由开发商选聘物业管理企业，签订书面的前期物业服务合同；开发商还应当在销售物业之前，制定业主临时公约，对有关物业的使用、维护、管理，以及业主的共同利益、业主应当履行的义务、违反公约应当承担的责任等事项依法做出约定，并向业主予以说明，开发商应当对遵守业主临时公约予以书面承诺。但现实是：许多物业管理企业属房地产开发商所办，变相成开发商“甩包袱”的工具。有的开发商在卖完房子的几年后，撤走其所属物业管理企业，给业主留下一个烂摊子。有的开发商为了顺利销售房产，销售时故意推出低价物业管理费以吸引购房者，日后其所属物业管理企业的低物业管理费收入难以维持正常运营,因此亏损倒闭,而开发商的承诺也就成一纸空文。

有的物业管理企业在对项目没有足够了解的情况下通过竞标中标开发商的物业管理,在收取开发商的一笔前期费用后,将应对层出不穷的开发商遗留问题。而开发商却将责任甩得一干二净。尽管《物业管理条例》规定,物业管理企业承接物业时,应当对物业共用部位、共用设施设备进行查验;在办理物业承接验收手续时,建设单位应当向物业管理企业移交相关资料,配置必要的物业管理用房。但房产质量问题的发现总是不那么简单,例如房屋建筑内在的质量问题,施工建造中留下的安全隐患,设备安装调试的欠缺等等,这些问题往往在物业竣工时不易察觉,加上验收疏忽遗留下的,给物业管理企业留下了一个又一个的难题,必然造成后期物业管理的力不从心。

2. 物业管理企业与业主之间的矛盾突出

调查表明,物业管理企业与业主之间的矛盾问题比较普遍,当前的消费投诉中,物业管理被列为投诉热点之一。如 2003 年 12 月杭州最早的高层住宅小区——中山花园业主大会以"收费过高、管理不善、开支混乱"为由解聘了物业管理企业,成为轰动一时的案例。分析物业管理矛盾的形成主要有以下几点原因:

一是对物业管理存在认识上的偏差:如部分业主认为物业管理只是服务,业主与物业管理企业之间是"主人"与"仆人"之间的关系,业主以主人自居则导致物业管理工作难于开展。而有部分物业管理企业,在开办之初就抛弃了"服务"的宗旨,有的俨然是一副"行政管理者"的姿态,而没有认识到:自己的行业如果一定要说管理,那也是管家式的管理,核心内容依然是为业主服务。业主和物业管理企业的这两种思维反差是形成彼此间大部分矛盾的根源。

二是近年来城市化进程飞速发展,许多初次购买商品房的消费者还没有交纳物业管理费这一新生事物的概念。大多数的业主在搬入商品房前,没有交物业管理费的习惯或经历,搬进新家后,突然要面对每个月上百元的物业管理费,不免心中不平,觉得这是物业管理企业在谋取暴利,认为自己买房时化了这么多钱,免费或提供低价物业服务是应该的,从而对物业管理企业的服务格外挑剔,稍有不顺心即会产生矛盾,尤其对住房质量、环境或服务存在的不满意,成为拒交物业管理费的主要理由。

三是物业管理企业提高物业收费标准也是产生彼此矛盾的重要原因。许多物业管理企业本身就是属开发商所办,在房产销售时,开发商迫于销售压力或对未来的物业管理费用估计不足。到物业交付运营后发现,原来预定的物业管理费标准与实际维持运营需要有很大差距,于是只能提价。开发商或物业管理企业在物业管理费价格上的前后不一,加大了业主对开发商或物业管理企业的抵触情绪。有些业主拒交或拖延交纳物业管理费,导致开发商或物业管理企业收不到钱,只好减少服务内容或降低服务质量。如此一来,便形成了恶性循环,不仅影响了业主的居住质量,也降低了物业的品位。

3. 房地产物业管理企业盈利状况堪忧

企业是以赢利为目的,浙江省很多物业管理企业处于微利经营或者亏损的状态。分析原因,有收费渠道过于单一的因素,但更重要的是物业管理费收取率不高。据对浙江省嘉兴市一些新建小区调查了解,若企业要维持保本经营,以目前 0.5 元每平方米的收费标准,收取率要接近 100%。而实际物业管理费的收取率较低。据了解:收费情况好的企业收取率最高在 95% 左右,而有些旧小区收取率甚至不到 50%。从物业管理企业的发展来看,其收入来源可以有四个方面:一是物业管理费;二是公众代办性服务费的收入;三是特约服务费的收入;四是物业管理企业的综合经营的收入。而目前浙江省的物业管理企业绝大部分是单纯依靠收入来源的第一种,即物业管理费,并且存在收取率不高的问题。因此,在物业管理收入不高且基本被固定不变的情形下,面对企业的各项成本开支不断上涨形势,物业管理企业要维持正常运营就困难,要实现有赢利或较好收益就更困难。而在企业面临因收费不足导致运转困难的状况下,只能节省开支,从而迫使其服务质量的降低。由此又引发业主投诉上升。从物业管理企业的发展空间看,需要开拓第三、第四种收入,但这些收费要靠企业的能力和创新,去充分发掘和开拓。而目前大多的物业管理企业缺乏这样的条件和能力，由此企业的发展前途和空间非常有限。

4. 人才匮乏、员工素质不高制约着行业发展

目前，在物业管理企业中缺乏管理人才和高素质的员工是普遍现象，主要体现在两个方面：一是缺乏专业的管理人才。《物业管理条例》第 33 条规定：从事物业管理的人员应当按照国家有关规定，取得职业资格证书。但现实中实际从事物业管理的人员中取得物业管理员职业资格的人为数不多，具备高级管理资格的人员更是凤毛麟角。现有物业管理企业管理人员在专业结构、知识结构等方面与物业管理的发展要求普遍存在较大差距，非专业人员做物业管理是普遍现象。而这种专业人才不足的局面，较大程度地影响着物业管理行业的发展，使企业决策缺乏科学性和战略性，少有创新意识。从而导致企业管理落伍，如目前不少物业管理企业还没有完全进入市场经济的运行轨迹，普遍采用传统的管理模式，管理方式单一。二是物业服务人员普遍缺乏专业知识。目前的物业管理企业中，一般员工的构成主要以素质不高的普通人员为主，如一些房地产开发企业的分流人员，传统房管局(所)的转型人员，缺乏专业训练的民工等，素质普遍不高。因此，很多人认为物业管理行业是一个低技术、劳动密集型行业，其工作就是简单的维修、清洁、绿化、收费和保安。因此，低服务水平、低工资是目前这一行业的普遍现象，这一现象的存在固然有其客观性和现实性。但一个优秀的企业，没有一支高素质的人员队伍，企业的生存与发展是困难的。也因为企业的低要求、低工资待遇，一些真正素质高的服务人员在得不到应有的重视和待遇的情况下又会流失向其它行业。如 2006 年 3 月份宁波市某一小区曾发生保安人员集体离职事件，事情的起因就在于对每个月只有 800 元的工资待遇不满。而社会发展需要这一行业的健康和快速增长，提高员工素质、提升服务水平，是目前物业管理企业的关键。

三、对策和建议

(一)物业管理企业应当以需求为导向，改进服务、管理模式和营销方式

21 世纪是我国物业管理行业进入发展、完善和成熟的重要阶段，在这个阶段将会出现一个竞争激烈、管理完善、服务理念提升的时期。对物业管理行业来说，市场环境的变化、竞争格局的形成、高新技术的应用、消费观念的更新，要求物业管理企业从服务观念到服务方式，从经营理念到市场定位，都要做出相应的变革，才能适应发展的需要。

1. 物业管理企业要通过提早布局来解决“建管脱节”问题

目前，浙江省许多物业管理企业面临的困难来自于开发商的遗留问题，即“建管脱节”问题。物业管理企业及时介入项目开发，提供有价值的意见和建议，是解决该问题的关键。在物业尚未建成和实施前期物业管理服务之前，物业管理企业便应当接受开发商的委托，介入项目的开发建设，参与项目的可行性研究和规划、设计、施工、安装、调试、验收、交房等阶段工作，凭借物业管理经验及其资源，从维护业主利益的立场出发，为开发商在物业各个生产环节提出从规划设计、功能设置、施工建造、安装调试、建筑质量、监理验收到前期物业管理等方面的意见与建议，供其参考，使物业的开发建设在满足物业规划设计要求的同时努力做到尽善尽美，以减少未来业主对物业功能与质量的不满，并为以后物业的使用和管理打下良好的基础。还应确定物业管理早期介入和前期管理的时间、方式和工作内容，明确各配合方之间信息沟通的渠道，确定分阶段物业管理的目标和要求。只有在责任和权利得到明确，理顺与开发商之间的关系之后，物业管理企业的正常运营才能得到有效的保障。

2. 物业管理企业要走专业化发展的道路来应对未来的竞争

物业管理的专业化是物业管理市场化到一定程度的必然结果。物业管理要有专门的针对

对象和具体的细分市场，在管理上要有专业化水准。全省大部分的物业管理企业是由房地产开发企业派生的，物业管理企业要克服这种一体化管理中机构庞杂、人员众多、管理成本高的弊病，摈弃落后的用人观念，建立科学的人力资源管理机制，加大专业人才培训力度，吸引和留住人才，发挥和调动他们的积极主动性和创造精神，做好服务集成，通过高标准服务来激发消费者的自觉缴费意识，从根本上解决物业管理收费难的问题，向知识型管理过渡，走一条人才专业化、服务专业化、竞争市场化的道路。

3. 要以规模化、集团化、品牌化发展拓宽企业发展道路

物业管理是一种微利性行业，客观上要求物业管理企业必须走规模化、集团化、品牌化之路。如今物业管理市场正面临着重新洗牌，浙江省的物业管理企业要想得到进一步发展，必须摆脱现行的小而全模式。物业管理企业想要在激烈的竞争中形成自己的核心竞争力，需要有规模化的经营作为后盾。如果不形成规模化经营，就不可能赢得可观的利润，而没有经济实力作基础，规模化经营只会是空谈。因此，物业管理企业一定要走兼并重组之路，扩大企业的规模和托管的物业面积，形成规模经营。企业只有在规模化、集团化之后才能形成一定的品牌效应。而品牌是产品或企业区别于其他产品或企业的标志。对企业而言，品牌代表了一种潜在的竞争力与获利能力，更有利于实现企业规模的扩张。因此，物业管理企业必须根据不同的目标客户、不同的物业类型，选择适当媒体来进行宣传自己的品牌，并逐步形成员工的品牌气质，结合所管理的物业品牌，走出一条适合自身的良性循环的发展之路。

4. 用“以人为本”的服务理念提升企业的内在价值

新修订的《物业管理条例》把“物业管理企业”改称为“物业服务企业”，进一步明确了物业管理企业“服务”的职能定位，这就要求物业管理企业必须要提高服务理念，时时、处处为业主着想。物业管理的服务对象是人，物业管理的目标之一是要为业主和使用人营造“整洁、文明、安全、方便”的环境。物业管理企业要倡导“以人为本”的科学发展观，在与业主的接触和服务中要把人情味体现在每个细节中，注重对业主的感情投资，提高业主满意度。物业管理企业所从事的一切活动要以使业主称心、满意为前提，其核心就是要提供完善、优质服务。任何物业管理企业必须捕捉市场信息，突出物业服务的人性化理念，将物业管理服务超越单纯的维修与维护，为小区用户营造一种高品位的生活气氛，引导一种全新的生活方式。物业管理其实也是在营销“产品”，其“产品”的核心就是“服务”。只有将“以人为本”提高到企业核心文化的高度上来，才能真正赢得“消费者”的心，才能使企业立于不败之地。

(二)政府要加大对物业管理行业发展的支持力度，推进行业健康发展

一个行业的健康发展，离不开政府的大力支持。浙江省的物业管理行业面对的是国民经济，特别是房地产业飞速发展这一历史性的发展机遇，尤其需要政府的大力支持与正确的引导。各级政府应当从以下几个方面着手：

1. 要加快推动物业管理的市场化进程

首先，应当建立起双向选择的市场竞争机制，加快物业管理市场化的进程。物业管理企业通过投标来选择业主；业主(业主委员会)通过公开、公平、公正的招标程序，择优选择自己的好管家。招投标中要防止低价位恶性竞争，避免企业、业主两受害。另外，对于占很大比例的开发商自办物业管理企业，应当通过多种方式确保其物业管理企业的独立性，尽量使双方利益关系脱钩。脱钩以后，开发中的遗留问题应由开发商负责，而不遗留或移交给物业管理企业。只有把这些体制关系理清，进一步实行市场化、社会化，才能根本上解决物业管理纠纷。

2. 有关职能部门要利用好资质评定的作用

有关部门应制定相应政策，一方面，提高企业的注册门槛。另一方面，严格执行淘汰制度。促使一部分优秀的物业管理企业进一步发展壮大，淘汰一些制约行业整体水平提高的“小、散、滥”物业管理企业，最终实现强强联合，形成物业管理集团。物业管理的资质评定还应当包括服务质量，不能单以注册资本、从业人员等表面指标来衡量企业的资质。要从规章制度上促使企业苦练内功，发挥好服务大众的作用。

3. 应给予物业管理企业适当的政策优惠

物业管理的问题不仅关系到居民居住的舒适程度，也关系到社会环境问题。而且物业管理企业在对下岗职工、复员军人提供就业岗位上也做出了很大的贡献。可以说物业管理的问题不光是一个行业的问题，也是一个国计民生问题，关系到社会和谐。所以政府在推进物业管理市场化的同时，也不能完全放手，应当给予物业管理企业足够的关怀。可以向经营不善的物业管理企业推广其他业绩良好企业的经验和模式。对于物业费收取率低的旧小区物业管理企业可以采取适当的补贴或者其他的优惠政策。各地政府都应当力争保证辖区内所有小区覆盖物业管理。

4. 继续完善房地产物业管理立法

物业管理作为一个新兴行业，发展迅速。而有关物业管理的立法还不能跟上行业发展的步伐。虽然《物权法》和新修订的《物业管理条理》的出台在一定程度上弥补了法律法规的空白，但是在一些物业管理的细则上如小区公共部分的处置、开发商还没卖掉的房子产权归属等问题上仍然存在很多争议。这就需要我们根据自身的实际情况自行制定和完善物业管理的地方法规。地方性的法规要制订得更加细化、更有操作性。为此，建议立法部门加强调研，加快完善浙江省物业管理的地方性立法。

作者：浙江调查总队　占予沸

从南昌看房地产价格

近年来,我国房地产业迅猛发展的势头备受世人瞩目,不仅因其作为国民经济的支柱产业而对国家宏观经济产生巨大影响,更因其与广大百姓的自身利益休戚相关而令人关注。房地产价格长期持续攀升,呈现出过高的迹象已经成为社会焦点问题之一,并引发了是否产生房地产价格泡沫的大讨论。2005 年开始,国家出台了一系列的调控政策,但房地产价格仍然居高不下,如何看待房地产价格变动及合理控制房地产价格的过度波动,从而使宏观经济保持稳定是一个需要研讨的课题。本文在南昌市近年来房地产价格变动的基础上对此做一些探讨。

一、如何正确衡量房地产价格走势

房地产价格有多种表现形式,即有平均销售价格、同质可比价格,还有交易价格、评估价格等等类型。

目前,人们普遍用"平均销售价格"来衡量房地产市场中价格的变动情况。所谓平均销售价格,采用全面统计的方法,是指一定时间范围内,在特定的区域市场,新建成商品房的平均交易价格。即用商品房销售额除以商品房销售面积所得到的价格。但是用"平均销售价格"来反映房地产市场中的价格走势是存在问题的。我们看这样一个例子。根据某公司对南昌市 2007 年第三季度的市场分析,这个季度新开的 50 多个楼盘中,有相当数量是位于城区外围地段及城近郊区的普通住宅,其售价低于南昌市住宅的平均价格水平,这得出了"南昌市住宅平均价格水平下降"的结论。再看另一个例子,假如某一年市场上经济适用房项目较多,销售量很大,而第二年经济适用房项目减少,而商品住宅的销售量又猛升,这样第二年的住宅平均销售价格就会比第一年要高。以上这两个例子中平均销售价格的上涨和下跌是否真实地反映了市场供求关系的变化呢? 显然不是。用"平均销售价格"来度量房地产市场价格存在明显的缺陷。当然这并不是否定平均销售价格的作用。平均销售价格是一种平均支出额的概念,因此能够在一定程度上反映这个阶段居民的购房支出水平,可以在各个地区之间进行横向对比。但是如果用平均销售价格来分析某一地区住宅价格随时间的变化情况,即进行纵向比较,就会产生误差。

可以看出,房地产市场中价格的走势并不能从市场交易价格中直接观察到,而首先要剔除掉非价格因素的影响。"房地产价格指数"就能弥补"平均销售价格"的不足。对房地产价格指数的研究起源于 18 世纪的欧洲,从 20 世纪三四十年代起开始盛行。我国对房地产指数的理论研究和实践探索开始于 20 世纪 90 年代初,目前我国国内现有的各类房地产指数分为房地产价格指数和房地产综合景气指数两大类别。房地产综合景气指数是根据一定原则选取多种反映房地产市场景气或发展状况的经济指标,采用一定的综合方法(如合成指数或扩散指数法)对这些指标进行加权综合,得到的一个综合景气指数,以反映房地产市场或房地产业的景气状况。房地产价格指数是动态描述某一城市各类房地产(如商业、住宅和工业)价格变动及其总体价格平均变动趋势和变动程度的相对数,它仅就价格这一个经济变量进行跟踪记录,对于市场行情的波动具有直接、及时的表现力。主要有中房指数、全国 70 个大中城市房地产价格指数、中国二手房价格指数。

本文涉及的房地产价格走势是用全国 70 个大中城市房地产价格指数来衡量的,70 个大中城市房地产价格指数是在全国 70 个大中城市，采取抽样调查统计的方法，采用加权的拉氏指数形式编制的房屋销售价格指数，包括了新建商品房和二手房销售价格资料，分住宅、非住宅两大类，既包括普通住宅、高档住宅、经济适用房的销售价格，也包括办公楼等非住宅销售价格。还包括了房屋租赁价格、各类物业管理价格资料和不同用途的土地交易价格资料。能比较全面地反映房地产市场各类价格变动情况，反映房地产价格水平。

二、南昌市房价现状

江西房地产业虽然起步较晚，初期投资规模较小，但进入21世纪后，江西省房地产业突飞猛进，"十五"期间以年均53.40%的增长速度快速发展，并已成为江西经济发展的重要增长点。伴随着房地产投资规模的扩大，房地产价格也快速攀升。为了及时观察南昌市房地产市场的价格水平和变化情况，正确衡量其价格走势特点，1998年起，我们采取抽样调查方法，遵循代表性强（所选调查单位的房地产营业额占本地区的总额的75%以上）、兼顾了各种用途、不同的地理位置的房地产项目、兼顾了不同企业注册登记类型的抽样调查原则，在南昌市抽选房地产企业作为调查对象，2007年抽取的房地产企业达148家。据调查统计资料显示，南昌市的房地产价格主要呈现以下特点：

1. 商品房销售价格快速上涨

伴随着房地产投资的快速增长，房屋销售价格上升势头强劲。从2002年到2006年这5年间，南昌市房屋平均销售价格明显呈现出稳定的上升趋势，商品房价格累计上升38.2%，比全国的累计涨幅高6.9个百分点（详见表1）。

表1　2002～2005年南昌市房屋销售价格指数

单位：%

地　区	2002年	2003年	2004年	2005年	2006年	2007年1月～9月
全国平均	103.70	104.80	109.70	107.60	105.50	106.70
南 昌 市	111.60	104.80	107.30	108.30	106.20	106.50

分类别看：住宅价格累计上升44.03%，高出商品房价格上涨幅度5.83个百分点，非住宅价格累计上升28.03%。

在住宅销售中，经济适用房销售价格累计上涨64.66%，经济适用房因其开发供应的特殊性和针对性，价格启动始于2002年，而这之前，价格一直平稳，每平方米维持在1000元左右，2002年后快速上扬，2006年经济适用房总体价位维持在1800元左右；多层住宅（6层以下含6层）销售价格累计上涨46.89%，高层住宅（7层以上含7层）销售价格累计上涨40.74%。住宅价格的大幅上升，是推动商品房价格上涨的主要因素。

非住宅销售在住宅价格快速攀升的带动下，也实现了由负增长转为正增长。2001年南昌市非住宅价格还是负增长，2002年房地产开发和经营出现了新的变化，非住宅开发呈现多样化，先后出现了专业写字楼、产权商铺、产权酒店、酒店式公寓等，繁荣了房地产市场，顺应了市场的需求，非住宅市场销售也开始走旺，2002年非住宅销售价格也由2001年的负增长转为正增长，以后年年攀升，2002～2006年非住宅价格累计增幅为28.03%。

2006年1～3季度，房价上涨势头仍然很强劲。据国家发展改革委、国家统计局调查显示：2007年1～9月，全国70个大中城市房屋销售价格同比上涨6.7%，南昌市1～9月份房屋销售价格同比上涨6.50%，低于全国平均涨幅0.2个百分点。其中与居民生活关系密切的住宅价格增速较快，住宅销售价格同比上涨7.20%。

2. 房地产价格水平较高，与周边城市比较仅低于武汉

房地产价格水平的高低与否，能否为广大居民所承受，往往用房价收入比来衡量。按世界银行的标准，发达国家的房价收入比一般在

1.8～5.5倍之间，发展中国家合理的房价收入比在3－6倍之间。根据抽样调查资料结果：南昌市城市居民收入与房价情况2006年南昌市城镇户均年可支配收入为29343.71元，以2006年12月南昌市调查样本商品房平均销售价格4129元/平方米，按每套住房90平方米计算，一套住房需37万多元，那么房价与户均收入的比例12.66∶1，江西的房价收入比已超出世界银行的标准上限1倍多，说明南昌市的房屋价格水平相对于收入来说很高。

与周边的合肥、武汉、长沙等大中城市比，南昌市房价水平仅低于武汉。据了解：9月份，武汉市调查样本商品房平均销售价格每平方米4800元以上，南昌市4600元，合肥市3400元，长沙市3700元。

三、房地产价格有泡沫吗？

以1996年将住宅建设作为经济增长点和1998年取消福利分房等政策为标志，中国房地产业进入相对稳定的发展时期。房地产市场繁荣火爆的景象从东南沿海局部地区开始，逐渐向全国大部分地区扩散，出现了住房市场化改革后的第一次全面繁荣，伴随着这一轮房地产繁荣的，除了人均住房面积提高的统计数字，留给人们印象最深刻的就是顽强上行的房地产价格和对房地产泡沫的各式各样的争论。2002年上半年开始有了房价“泡沫论”之说，2005年开始的宏观调控更是引发了各界对房价涨跌的大论战。但是房地产价格并没有因为宏观调控和争论停止上涨的脚步，南昌市房地产是否已被高估了？是否已经存在房地产泡沫？这可以从以下几个指标综合来看：

1. 空置面积

至2006年末，南昌市共有空置一年以上的商品房24.41万平方米，比2004年底(2005国家出台宏观调控之前)下降了17.14%。空置率的大幅下降，正说明南昌市的房地产市场尚处于供不应求的状态。

2. 租售比

所谓“租售比”，是指每平方米使用面积的月租金与每平方米建筑面积的房价之间的比值。根据市场经济发达国家或地区房地产市场的一般规律，正常的房地产市场中，售价与租金之间存在一个较为固定的比例关系，房屋“租售比”约为1∶200 。根据调查了解，2006年南昌市的二手房价格均出现了大幅上涨，而房屋租赁市场的价格却相对平稳。南昌市中心城区的“租售比”已经高达1∶400左右，表明市场已存在非常高的风险。

3. 投资需求占购房需求的比例

房价的快速上涨引起了越来越多的短期炒作行为。据有关方面报道，南昌市楼盘中，部分楼盘炒楼者已经占到购房需求的20%以上，投资者比例高。从上面的数据来看，南昌市的房地产市场，空置面积在减少，市场仍有较强的吸纳能力。但租售比高，投资需求比例高，说明市场存在一定的风险，有泡沫成分。

四、房地产价格居高不下的原因

影响房地产价格变动的主要因素：一是供求因素。一个城市的房地产价格主要取决于本地区的房地产供求状况，供给和需求是形成价格的两个最终因素。供给量一定，需求增加，则价格上升；需求减少，则价格下跌；需求量一定，供给增加，则价格下跌；供给减少，则价格上升。二是区位因素。房地产所处区位有自然位置和社会经济位置之别，自然位置是固定不变的，社会经济位置却可以随城市的扩张、交通的改善及其他建设而在变化。当位置由劣变优时，价格上升，相反则下跌。三是环境因素。住宅周围的噪音、空气污染、视觉、清洁、绿化状况，已成为左右房价高低的重要因素。四是心理因素。人们对所购买的房产消费偏好、时尚风气、欣赏趣味及价值观的变化，都会影响房地产的价格。五是经济因素。包括经济发展状况、消费、投资水平，特别是建筑材料价格、利率高低及居民收入等。六是行政因素。主要是影响房地产价格的制度、政策、法规、行政措施等。七是社会因素。人民安居乐业及城市化进程的加快，还有一些不可预见的因素都会引起房价的涨落。

2005年以来政府针对房地产市场出台一系

列的调控政策，但房屋价格仍然保持强劲的上涨态势，究竟是什么原因使房价高居不下，我们要回到房地产市场本身来找原因：

1. 供需矛盾得不到有效缓解使房地产价格上涨

从供应方面看，住房市场有效供给来源于房地产开发和二手房市场。随着二手房市场的逐步规范，房地产市场化的进一步发展等因素影响，南昌市住房市场有效供给将会不断增加。但房地产市场的供给主要来源于房地产开发，2005 年，在国家出台一系列调控措施之后，房地产开发投资速度逐年回落。据统计调查资料：2005 年南昌市房地产开发投资额 110.22 亿元，比上年增长 15.43%，2006 年投资 110.75 亿元，与 2005 年的投资规模基本持平，涨幅度大幅度回落。2007 年 1～9 月投资额为 57.83 亿元，同比呈现大幅度下降的势态。这就意味着供给状况近期内难以有大的改观。从需求方面看，房地产市场需求分为生活需求、改善需求、投资需求和投机需求。住房制度改革以后，房产归属关系发生了变化，居民往往将购房与增加家庭财产（不动产）联系起来，热情就更高了。老职工积极以旧房换新房，小房换大房，新职工积极以按揭、负债的方式买房，生活需求和改善需求呈刚性的，在宏观调控的新形势下，部分消费者预期房价会下跌，可能会等待房价进一步回落而持币待购，但越等房价越涨，这部分需求也就必然要释放出来的。而对于投资性需求和投机性需求，在宏观政策的调控下，投资者会更加理性地分析投资收益，但是，从长期看，在利率、汇率政策不发生大的改变，而投资渠道单一的状况不可能改变的情况下，这部分从楼市中撤出的资金流向何方，今后仍然是一个问题。如果没有更好的投资渠道，这些资金也许还会重新回到楼市中来，在下一波行情中继续推高房价。

因此，从供需双方的发展趋势综合来看，居民住房巨大需求与供给短缺的矛盾近几年将会持续存在，房地产价格大幅度回落的可能性不大。

2. 成本的刚性增长使房价无法回落

从房价的构成来看，房价下跌的空间不大。房价的构成主要包括土地成本、建安成本和项目经营期间的费用、税金及附加等内容，再加上开发利润。

首先，土地价格占了房地产价格的很大一部分，因此房价的涨跌与土地价格的走势密切相关。在过去几年中，房地产价格的上涨往往伴随着土地价格的上涨（见表 2），地价的上涨对房价的抬高在一定程度上起了一个拉动作用。由于土地资源的稀缺性、土地供应的有限性及区位的差异性，客观上导致土地供应的相对不足和土地供需不平衡，在一定程度上推动了地价上涨。而拆迁工作的进一步规范也相应增加了拆迁补助费用。另一方面，土地出让金也是当地政府进行配套基础设施的资金来源。因此土地成本将呈逐步升高的趋势。

表 2　2002～2007 年土地价格指数

单位：%

	2002 年	2003 年	2004 年	2005 年	2006 年	2007 年 1～9 月
土地价格指数	125.20	110.10	118.80	104.23	105.08	104.23
房屋销售价格指数	111.60	104.80	107.30	108.30	106.20	106.50

第二，建材价格的上涨导致建安成本的不断提高。近几年来，由于投资的过度旺盛等因素影响导致建材价格的持续上涨。2006 年原材料、电力、煤炭、石油供应紧张的局面仍然持续，铁路运输紧张局面难以得到根本缓解，建材价格仍将维持在高位。据统计：2007 年一至三季度，固定资产投资价格同比增长 4.80%，其中，建筑安装工程价格上涨 6%、材料费价格上涨 5.40%。建材价格的上涨在一定程度上加大了商品房的开发成本，直接导致了商品房造价的上涨。

第三，人力成本、项目的期间费用和开发利

润都难以明显下降。由于工资的刚性特征，今后人力成本将会持续上涨；项目期间的费用多是由政府部门征收的，也都是经过相关部门批准的，这部分成本短期内也不可能下降；而对于企业的开发利润，由于国家采取了加大普通商品住宅和经济适用房建设、整顿规范市场秩序等宏观调控政策，这部分可能会下降一些。但房地产企业作为市场中的法人主体，其着眼点只能以盈利为中心。所以从长期看，这部分成本也不会有太多的下降空间。

五、房地产价格近期下跌动力不足

2005年以来，国家连续出台了很多政策：从“国八条”到“国六条”，并出台了多项财税和金融政策，加大对房地产业的宏观调控力度。最近，各大商业银行提高了购买第二套住房的贷款比例，开征物业税的声音一浪高过一浪，人们对于房价下跌的预期随着管理层的重视越发的迫切。十月份南昌市房地产市场成交量明显萎缩，但房价也能下跌吗？我们认为：作为商品，房价受市场供求关系的影响，阶段性的涨跌是正常的，但从长远来看，房地产价格下跌动力不足，主要有以下几点支撑着房价的上涨：

1. 市民购买力旺盛仍将是一个大的趋势

2007年1～3季度，南昌市城镇居民可支配收入同比增长20.12%；另外，2006年、2007年的股票牛市大行情，使得不少居民的投资收益大幅度甚至成倍增长。今后，随着国民经济继续保持平稳较快发展的势头，城乡居民的收入将不断提高，收入水平的提高市民的购买力大大增强，市民购买力旺盛仍将是一个大的趋势。

2. 人民币升值将导致房地产价格长期持续上涨

2006年，美元对人民币汇率中间价屡创新高，2007年10月31日，银行间外汇市场美元等交易货币对人民币汇率的中间价为：1美元对人民币7.4692元，这是进入2007年以来，人民币汇率中间价创出的第66个新高。从国际经验看，资产价格上涨是本币升值背景下的一般规律，房地产资产价格也不例外。升值以来我国资产价格上涨趋势初露端倪。据9月份国家发改委、国家统计局公布的70个大中城市房屋价格指数：北京、深圳同比分别大涨13.3%、20.5%。人民币升值将导致房地产价格持续上涨。

3. 从房地产市场主体的行为来看，房价下跌的动力不足

房地产市场的活动主体主要有三个：一是地方政府；二是企业，主要是房地产企业和金融机构，也包括为房地产企业提供原材料的上游企业；三是购房者，主要是居民。从这三个方面的行为动机来看，房地产价格下跌的动力明显不足。

政府是房地产市场的监管者，对房地产市场的稳定发展负有直接的责任。政府尤其是地方政府同时也是房地产市场的利益参与和分配者。对于地方政府来说，房地产膨胀得越大，地方政府的收益就越大。房地产价格上涨不仅可以提高当地GDP的数据，而且可以使地方政府得到更多的土地出让金，搞更多的城市建设，使地方官员的政绩更加明显。而与此同时，地方政府却没有付出任何经济上的成本。土地的减少，银行的坏帐，资源的衰竭都不是由地方政府来承担最终责任。正是这种成本和收益的极端不对称性，使地方政府成为推动中国房地产业快速发展的动因。

银行和房地产开发企业的行为和动机。银行对房地产业的价格影响基本上是中性的，因为银行对开发商的贷款紧缩减少了房地产市场的供应量，而对按揭贷款用户的紧缩减少了房地产市场的需求量。从银行的利益出发，房地产市场价格的大涨和大跌都不符合银行业的利益。但在目前银行信贷资金大多注入房地产市场的状况下，已经隐含着巨大的金融风险，房价下跌不仅会直接影响银行信贷资金的回收，也可能导致整个金融系统的信用危机。开发商是紧跟地方政府节奏的一个群体，也是对房地产市场价格走势有良好期盼，但没有主导能力的一个群体。但不管怎样，作为商品房市场中的供给者，房地产开发商肯定不希望房价的下跌，而且会在和政府的博弈中选择相应的对策保证自己的利益最大化。从另一个方面看，在宏观调控的大背景下，如果房地产商的盈利空间并不大，那么房价下跌的结果是房地产商停止开发甚至破产，但是低价格的房子依然造不出来。

住房的最终消费者居民，对于房价的涨落处于两难选择之中。对于还没有购房的居民来说，他们肯定希望房价下跌，以实现他们的住房需求；但是对于大部分已经拥有房产的家庭来说，房价的大落对他们肯定没有好处，因为房价大落，他们的资产会缩水。

六、引导房地产市场健康发展

1. 增加住房供应量尤其是低收入者买得起的住房供应量

要优化商品房供应结构，大力推动省地环保型建筑，降低房屋的造价；积极开发小户型，降低买房的总体价格。加强对房地产开发的规划引导，明确小户型供应量应当占据一定比例。此外，在符合规划控制原则和相关规范要求的前提下，适当提高容积率，增加单位用地的住房供应，促进土地集约利用。大力发展房地产二级市场和租赁市场，解决人员流动与住房产权流动之间的矛盾，降低住房消费的“门槛”，推动住房条件梯次地向上改善。在对房改房、集资房进行清理、明晰权属的基础上，推动其上市交易，以缓解住房供需矛盾。

2. 控制开发成本，降低房地产企业的期望利润

一是在相同的开发环境下，房地产企业要通过对设计、施工、材料、装修公司的选择和资金的供给，对房产开发进行有效地组织和管理，尽可能地降低建筑工程成本、减少管理费用支出，把期望利润调整到一个合理的水平；二是政府有关部门要采取有效措施，尽快制定商品房价格管理办法，积极指导、协助房地产企业建立健全价格行为自我约束机制，规范商品房价格构成和销售行为，有效地制止房地产企业在售房过程中乱摊费用虚置成本或借交房之际乱收费用等损害消费者利益的行为。

3. 加强对土地市场的宏观调控，引导房地产价格趋于合理

近几年来，土地价格高涨一直是推动房价上涨的重要原因，因此要调节过高的房价，就必须加强对土地市场的调控。面对快速增长的住房需求，各地要科学指定城市规划，确定各类房产用地布局和比例，其中土地价格上涨过快的地区可以适当增加土地供应以平息地价；要建立健全基准地价、标定地价定期发布制度，坚决打击囤积土地、炒买、炒卖土地的行为；土地拍卖的出让方式不可滥用，例如对目前利润率较低、需要量较大的低档次商品住宅的用地，就可以考虑协议出让等方式以相应降低造价；政府及土地管理部门在土地出让和转让时，要公开、公平、合理，增加透明度，防止对地价的炒作行为，杜绝暗箱操作，确保地价交易公平合理地进行。在做好土地转让招标工作的同时，还应加强土地价格的管理与调控工作，避免土地价格出现不符合市场规律的过度上涨。

4. 加大对房地产价格的检查与监管力度，维护市场正常秩序

一是清理整顿房地产的各项税费。对名目繁多的房地产税费要进行全面清理，各种税种的设置应根据市场进行调整，通过完善房地产财税制度，促进房地产的流通和消费，消除房地产成本中的不合理税费；向政府部门、事业中介机构缴纳的管理费和服务费等各种收费项目，能降低标准的给予降低标准，能减免的给予减免，对不合法、不合理的收费项目要坚决予以取缔；对因城市建设资金不足而设立的各种基础设施配套性收费，应结合城市公用事业价格改革和费改税的推行逐步降低收费标准，直至取消；二是严肃查处房地产价格的违法行为。如对低价出让土地、高价炒卖房地产，对短少面积、搞价格欺诈等扰乱房地产市场正常价格秩序的行为要予以曝光和严肃查处，以维护房地产市场正常的价格秩序。

作者：江西调查总队　李广友　殷仕华　刘根兰

洛阳市城市"廉租房"情况调查

渴者思饮，寒士思屋。城市低收入家庭住房困难户对住房的渴望不言而喻。洛阳市委、市政府在建立和谐社会的过程中，对这一问题高度重视，为了使这些特困群体也能"居住有其屋"，享受安居乐业的美好生活，想方设法、多渠道筹集资金，于2006年10月1日在市区范围内实施了"廉租房"政策。时间已过去八个多月了，落实情况怎样？效果如何？百姓如何评价？洛阳调查队受市委、市政府的委托，于2007年5月26日至30日，就上述问题对城市区的110户享受"廉租房"政策的家庭及所在社区的60位社区主任进行了问卷调查，目的是了解情况，听取市民对"廉租房"工作的意见和建议，为政府不断改进完善这项政策提供科学依据。调查结果如下：

一、基本情况

本次调查是按随机抽样的原则，在洛阳市城区的涧西、西工、老城、廛河、洛龙五个区，抽取了110户享受"廉租房"政策的家庭及所在社区的60位社区主任，采用调查员直接入户面对面访问的方式，对共计170名被访者进行了访问。

1."廉租房"政策阳光普照，补贴资金较好到位。在被调查的60个社区中，都实行了"廉租房"政策，对符合条件的特困户进行了"廉租房"补贴。在被调查的110户"廉租房"家庭中，其中2006年进入88户，2007年上半年进入22户。享受现金补贴109户，享受房屋配租1户。一季度发放一次补贴。享受"廉租房"家庭人均补贴的情况是：10元以下占1.8%；11～20元占23.9%；21～30元占23.8%；31～40元占19.3%；41～50元占9.2%；51～60元占22.0%。

2.享受"廉租房"的家庭，绝大多数符合政策规定。在被调查的110户"廉租房"家庭中，100%是"低保"户，他们中的一些户生活十分困难，一家老小几口人挤在或借、或租来的十几、二十几平方米的房子里，破旧、阴暗、潮湿，冬天难遮寒，夏天难防雨。这些家庭享受"廉租房"政策的主要原因是：家里有无劳动能力的残疾人占18.2%；有长期"卧床"的病人占9.1%；有孤寡老人占10.0%；家庭成员中没有就业人口占56.4%；无房或人均住房建筑面积低于12平方米占100.0%。

3.这些特困群体在享受"廉租房"政策后，绝大部分住户住房面积没有增加。在被调查的110个"廉租房"户中，有增加5户，占被调查户4.5%；没有增加105户，占被调查户95.5%。没有增加的主要原因是："廉租房"补贴主要用于维持生计占87.6%；用于家庭医疗占25.7%；用于家庭教育占37.1%；用于其它方面占5.7%。

4.被调查的60个社区，都把上级机关研究拟将享受"廉租房"政策的住户名单进行了公示。在60个被调查的社区主任中，了解市政府制定的"廉租房"政策占70.0%，了解一部分占30.0%。公示"廉租房"研究结果，接受群众监督的社区达到100.0%。

5.被调查的110户"廉租房"家庭中，目前有74.5%的户"租单位公房或私人的房子"。在110户"廉租房"家庭中，普遍住房条件较差，所谓"住公房"的基本是用毛粘盖成的平房或上世纪五六十年代建成的又黑又破的筒子楼。调查显示："廉租房"家庭中，租"公房或民用房"占74.5%，属于"私有房"占9.3%，"暂借房"占7.2%，"房改房"占4.5%，"集资房"占2.7%，"临建房"占0.9%。

二、公众评价

我国现行的“廉租房”政策，是维护和保障困难群体基本生存权的一项重要措施，体现了党和政府对弱势群体的关心和爱护，对促进经济发展和保持社会稳定有着重要意义，我市从去年10月1日开始实行以来，群众反映如何，是怎样评价的呢？调查结果显示：

1.“廉租房”户对政府的“廉租房”政策较为满意，满意度达84.6%。在110个“廉租房”家庭中，对“廉租房”政策：“满意”为39.0%；“比较满意”为45.5%；“不满意”为15.5%，他们解释道，所有的困难户都十分感谢政府的“廉租房”政策，“不满意”的原因主要是，政府现在发放的“廉租房”补贴，多数户都用于维持生计，实际住房条件并没有得到改善，不如把补贴改为租给适中面积的实物房更实惠。这一调查结果说明，政府实行的“廉租房”政策，已经开始有效的解决或缓解了部分困难群众的居住问题，是一项得人心、暖人心、热人心的民心工程，深受百姓的欢迎和支持。

2.在被调查的60个社区主任中，98.3%的人认为“廉租房”政策的操作过程做到了公开、公平、公正。这项举措能否落到实处，能否做到公正、公平，是否真正解决了特困群体的实际困难，直接关乎到该项政策的成败。调查结果表明：81.7%的社区主任认为市政府的“廉租房”政策在社区得到了全面落实。有18.3%的人认为没有得到全面落实，原因是：政策宣传不到位占45.5%；人为因素占18.2%；有关机关相互扯皮占9.1%；政策不够完善占63.6%；其他占9.1%。当我们问到“‘廉租房’政策的操作过程是否做到了公开、公平、公正”时，55%的社区主任认为“完全做到”，43.3%的人认为“基本做到”，认为“没有做到”仅占1.7%。两种答案基本吻合。

3.58.4%的社区主任认为市政府在“廉租房”政策的投入“有点少”。《洛阳市城市廉租住房管理办法》规定，“租赁住房补贴标准按照人均住房建筑面积12平方米控制，不足部分按照每月每平方米4.5元发放。租金核减标准为公有住房租金50%。实物配租的廉租房按公有住房租金50%交纳租金。”对于这一标准，58.3%的社区主任认为“适中”，18.3%和5.1%的人认为“稍低”与“过低”，11.7%、3.3%的人分别认为“有点高”和“过高”，“不清楚”占3.3%。对于市政府在“廉租房”政策上的投人，58.4%的社区主任认为“有点少”，他们期望“廉租房”政策能为更多的困难群众解难排忧。

4.社区主任们对目前实行的“廉租房”动态管理机制认知度较高，在90%左右。在60个被调查的社区主任中，认为“廉租房”户进入机制“合理”的占18.3%，“比较合理”的占73.3%，两者相加为91.6%；而认为“不合理”的仅占8.4%。对“廉租房”退出机制认为“合理”的占31.7%，“比较合理”的占53.3%，两者相加高达85.0%；而认为“不合理”的占15.0%。大多数被调查者认为，符合“廉租房”条件就进入，不符合条件就退出，实行动态管理，科学客观，合情合理。

三、存在问题

政府的“廉租房”政策是一项阳光政策，住房困难群体渴望普照，个别住房并不困难的人员见利忘义，千方百计骗取。所以在政策的具体操作过程中，难度之大可想而知，下列现象应引起我们的注意和反思。

1.仍然有一些特困家庭没有享受到“廉租房”待遇。对60位社区主任的调查显示，48.3%的人认为在本辖区还有一些非常困难的家庭没有享受到“廉租房”政策。其中，认为有2户以下的占27.6%；3－5户占24.2%；6－9户占3.4%；10户以上占44.8%。这些特困户没有享受到“廉租房”的原因是：“指标有限”占24.1%；“本人不愿申请”占6.9%；其它占69.0%，如“不知有此政策”“对政策不了解”、“企业早期破产，无处开证明”、“单位不愿承担责任不盖章”、“年龄大、文化低、不知咋办”、“申请材料不全”、“廉租房政策不完善”、“错过申报时间”等。

2.仍有一些并不困难的家庭享受“廉租房”政策。对60位社区主任调查表明，5.0%的主任认为本社区有这样的现象存在。他们认为出现这种反常现象的主要原因是此类人员“上边有人”占66.7%;其它占33.3%。这些人长期不在该辖区居住,社区无法证明界定,他们能开据所需的一切证明,钻了“廉租房”政策漏洞的空子。洛龙区安南社区张主任告诉我们,区里刚开会传达廉租房政策精神,辖区就有一人拿着“廉租房”申请表来盖章,此人骑着摩托车、腰里别着手机。后来有人举报其人在龙门村盖有两层楼房。居委会没有同意他的申请,主任也没有盖章,可不知为什么上级机关就批下来了,该户到现在还享受着政府的“廉租房”补贴,群众意见很大。

3.“廉租房”工作中,“退出机制”反应不够灵敏。如:洛龙区地调社区,有两户在享受“廉租房”补贴后,买了二手房,人均居住建筑面积已超出12平方米,按有关规定应该退出“廉租房”系列,可目前仍享受着“廉租房”补贴。

4.个别“廉租房”户查无住址,情况曲折。在洛龙区的洛钢社区,我们在享受“廉租房”政策的名单中,发现三户的住址同是“洛龙区关林镇关林北路84号院14栋3楼30号”,调查员楼上楼下多次查找、询问,都没有找到这一地址。这是怎么回事呢?社区的同志说,他们只保证是“低保户”,其住房情况是由房产科提供的。那么“低保户”又是怎么办来的?居委会同志解释说,可能是上世纪80年代买的户口,人不在这里居住……,情况复杂。

看来,把好事办好,把好事办实,让党和政府的关怀完完全全落实到社会弱势群体身上,还有许多的工作要做、要改进、要完善。

四、群众建议

“廉租房”工作是政府社会保障工作的一个重要组成部分,有关部门做了大量卓有成效的工作,切实帮助社会弱势群体解决了一些实际困难。110位“廉租房”住户和60位社区主任在给予充分肯定的同时,也提出了一些意见和建议。

1.要加强“廉租房”政策的宣传,加大“廉租房”工作的监督力度。要广泛宣传“廉租房”政策,务必使“廉租房”政策的目的、标准、条件深入人心,做到严格标准,程序公开,结果公示,增加透明度,接受社会监督,力戒违规操作,使真正困难的群众享受到政府的关心和爱护,不困难的人员望而却步。建立责任追究制,对以权谋私弄虚作假的单位和个人的“骗廉”行为进行公开处理,以维护“廉租房”政策的严肃性。

2.政府要在经济发展、财力许可的条件下,加大对“廉租房”政策的投入。在调查中,众多社区主任告诉我们,目前享受“低保”的家庭中,相对来说还有很多住房比较紧张的户。如果把现行的“人均住房建筑面积12平方米”标准提高到“人均15平方米”,就基本上解决或缓解了享受“低保”群体中住房较为困难的部分。所以,建议市委、市政府在全市经济形势较好的情况下,兼顾城市建设的同时,加大对“廉租房”政策的投入,不断改善特困群体的生存条件。

3.政府要加快“廉租房”建设步伐,顺应特困群体的实际需要。在调查的110户“廉租房”家庭中,只有一套“实物配租房”,其余均为现金补贴,所占比例不到1%。当我们提出“政府‘廉租房’政策上实行现金补贴和实物配租房两种方式,你更倾向于哪一种?”时,69.1%的“廉租房”户选出了“现房配租”,发出了“我们想有合适的房子”的热切呼声。他们诉说道“孩子大了,一家人挤在一间房子里实在不方便”,“现在住的是危房,真怕哪一天塌了”,“政府补贴的钱,我们都用于维持生计了,攒不住。住房问题还是解决不了”。“建议政府多建一些40～60平方米的廉租公寓,以适当的价格租给我们,从根本上解决‘廉租房’家庭的住房问题。”

4.完善“廉租房”政策,增强可操作性。一是制定细则,一些“低保”家庭,由于种种原因,虽然户籍在社区管辖范围内,但长久不在这里居住,在别的地方是否买房或盖房、收入等方面的情况,怎么调查,有关方面怎么配合等,政府应出台可操作性的措施。据对60位社区主任调查资料显示,都认为自己根本没有能力查清这些问题,他们工作在最基层,外出调查,没有工作证明,没有资金,没有人员,相关单位根本不配合,对社区做好这项工作带来很大难度;二是扩大“廉租房”范围,修改有关政策条款,对确实有困难的群众也要解决“廉租房”问题。如：农转非人口、企业早期破产失业的人员、违犯计生政策的人员、实在无法开据有关证明但社区比较了解情况的家庭(存在上述情况的人不能享受“低保”政策)等，使“廉租房”政策不漏死角，减少社会的不稳定因素，。

5. 广开就业门路，增加收入机会，增强他们抵御和战胜困难的能力。“廉租房”住户家庭人员普遍存在文化程度低，没有一技之长等问题，所以各级政府要加大这方面的工作力度：(1)加强对“廉租房”人员的技术培训，提高就业能力；(2)增加社会公益岗位，着重安排 40～50 人员；(3)对“廉租房”户自谋职业的小额贷款、税收、工商管理费等方面提供优惠政策；(4)举办针对“廉租房”人员的就业见面会，扩大就业机会。通过这些措施，使他们找到较为合适的工作，增加家庭收入，达到逐步脱贫的目的。

事实证明，洛阳市“廉租房”工作去年已迈出了可喜的一步，今年又有了新的进展，它为解决社会特困群体的住房问题带来了新的希望。我们相信，随着全市经济的快速发展和社会文明的进步，只要人人献出一点爱，全社会共同努力，城市低收入家庭住房困难户真正实现“我想有一个属于自己的房”的梦想，已不在遥远！

作者：洛阳调查队

广西房地产价格变动与趋势研究

房地产行业涉及多个行业的发展，直接关系到民众的安居乐业，在社会经济生活中占据重要地位。随着我国房地产业的迅速发展，全国各地房地产价格上涨较快，各种重大事件及经济的快速发展对房地产价格的影响日益加大，房地产价格受到上至中央，下到百姓的普遍关注。近年来，在国家区域经济发展战略大背景的影响下，广西的房地产发展十分迅速，房地产市场规模不断扩大，房屋价格也不断上升，尤其是中国东盟经济贸易区的建立和泛北部湾的开发开放，广西的房地产发展将进入一个新的发展时期，那么，今后几年广西房地产价格如何变动？走势如何？本文从近年来广西房地产发展和价格变动的现状出发，分析影响广西房地产价格变动的原因，通过构建模型的方法，利用各发展因素与房地产价格之间的相互关系，进一步探索这些因素对房地产价格的影响和促进作用，并对广西未来房地产价格走势进行前瞻性预测，从而为自治区党委和政府进行宏观调控、促进广西房地产市场向着合理有序的方向发展，为区域经济的协调发展提供决策依据。

一、广西房地产的发展现状特点及面临的机遇和问题

(一)广西房地产的发展现状和特点

随着住房体制改革的不断深入，我国房地产市场取得了长足的发展，尤其是进入21世纪后，房地产业开始成为我国经济发展的重要支柱产业之一，全国房地产市场十分活跃，广西房地产业也不例外，尤其近几年，广西步入一个快速发展的时期，经济持续快速增长，房地产投资和规模不断加大，发展势头十分强劲。2006年全区房地产开发完成投资369.98亿元，比2000年增长8.6倍，年均增长20.6%。伴随着区域经济的发展、居民实际收入的提高、消费者住房消费观念的转变和城镇化进程的加快，广西房地产开发和房地产市场更加活跃，房地产价格上涨显著。

1.广西房地产投资持续快速增长

广西—东盟经济区及北部湾经济区域的快速发展，使全区房地产投资保持高速增长势头，2003至2006年间，广西房地产投资额增长了3倍多，且每年均以30%以上的速度上涨；期间同比分别增长59.8%、37.1%、35.6%和29%；2007年1～8月则上涨42%；由于房地产投资的推动，广西房地产市场呈现出快速发展态势。

分年份看：

2003年，全国房地产市场发展持续向好，《国务院关于促进房地产市场持续健康发展的通知》的发布，对增强房地产投资和消费信心起到了重要作用。广西随着城市化进程的加快以及旧城改造力度的不断加大，投资开发规模持续扩大，房地产开发投资强劲增长。当年完成房地产开发投资首次突破百亿元大关，达120.26亿元，同比增长59.8%。

2004年，政府进一步加大宏观调控力度，着力于整顿市场经济秩序，采取一系列措施促进房地产市场健康、持续发展，广西房地产开发投资呈现出良好发展局面，房地产开发投资保持较快增势。2004年，广西房地产开发投资额在2003年首次突破百亿元大关的基础上，完成投资达192.35亿元，同比增长37.1%，开发投资再创历史新高，增长速度高于全社会固定资产投资，居各类投资之首。

2005年，随着西部大开发战略的不断深入，中国一东盟博览会永久落户南宁、中国与越南“两廊一圈”合作体系的推出以及泛珠三角经济圈的建立，使广西由原来处于国家经济布局边

缘地带变为我国新一轮对外开放的前沿，经济区位的变化给广西带来千载难逢机遇，加上各地旧城改造、撤地设市、行政区划调整等，给房地产开发带来巨大发展空间。2005 年，广西房地产开发投资继续保持较快增长的态势，当年完成投资 287.02 亿元，同比增长 35.6%，增速高于全国平均水平 15.8 个百分点，投资增速居前列。

2006 年，受国际经济上涨、政府换届、货币供给宽裕和企业效益提高等短期因素影响，我国固定资产投资在上年高增长的基础上继续加快增长，投资结构优化，瓶颈产业得到加强。上半年，国内住宅价格大幅上涨，房地产投资同比增幅在 20%以上，由此引发了"国六条"的出台。房地产新政效应在下半年显现，过快增长的住房需求和房地产投资有所抑制。广西房地产开发投资增速比上年有所回落，但仍然保持较快的增长态势，全年房地产开发完成投资 369.98 亿元，同比增长 29.0%，房地产开发投资占城镇投资的比重达到 18.54%。

2007 年，随着北部湾经济区域开发建设的步伐加快，广西房地产开发投资继续扩大，1—8 月广西完成投资 289.50 亿元，同比增长 42.0%。

2. 房地产规模快速扩张，结构发生新的变化

在房地产开发投资快速增长的同时，广西的商品房施工、竣工规模也快速扩张。2003～2006 年，全区房地产开发竣工房屋面积达到 3.4 万亿平方米，以年均 26.6% 的速度递增。2006 年房地产业竣工房屋面积达 1133.7 亿平方米，比 2000 年增长了 1.03 倍。同时，房地产开发结构也发生了新的变化，商品住宅建设的主体地位继续得到加强。2003～2006 年商品住宅投资为 639.4 亿元，占房地产开发投资的比重达 64.7%。同期竣工商品住宅面积 3397.2 万平方米，占全部竣工房屋面积的比重达 83.3%。

3. 房地产供销两旺，商品住宅成新的消费热点

经过十多年的发展，广西房地产已逐步趋于成熟，商品房销售迅速扩大，与投资的比例日趋合理。从 2003 年开始，广西商品房销售逐年提高，2005 年商品房销售额占投资额的比例达 101%，为广西商品房销售十几年来的最高点，2003—2006 年销售额占房地产投资额的比率分别为：79.1%、88.9%、101%、89.2%，商品房销售持续走旺。

2003 年，广西房地产企业施工加快，竣工面积大量增加，全年房地产企业竣工房屋面积达 543.03 万平方米，比上年增长 54.1%，在供应量大量增加的同时，商品房销售持续走旺。全年共销售商品房 490.67 万平方米，比上年增长 44.5%。

2004 年，随着西部大开发战略实施和中国—东盟自由贸易区的建立，广西成为各方投资建设的热土。旧城改造和城市基础设施建设以及危旧房屋的拆迁力度进一步加大，在一定程度上扩大了购房群体。加上外来人口的大量涌入，也使广西商品房销售市场持续活跃，个人购房热情不减。2004 年，全区商品房销售面积 820.36 万平方米，比上年增长 30.1%。

2005 年，商品房销售市场平稳，受宏观调控政策的影响，居民的持币观望致。上半年广西商品房销售出现了近年来少有的下滑局面。进入四季度，商品房销售市场出现回暖，居民购房欲望回升，当年商品房销售突破 1000 万平方米，达到 1046.82 万平方米，实现销售额 213.25 亿元，销售面积和销售额均在上年高速增长的基础上保持 12.1%和 12.7%的增长速度。

2006 年，广西房地产开发建设规模持续增加，商品房销售回升。广西商品房施工面积 4711.8 万平方米，同比增长 15.4%，商品房竣工面积 1130.46 万平方米，下降 15.1%。商品房销售面积 1502.1 万㎡，增长 11.8%；销售额 329.86 亿元，增长 17.7%，其中住宅销售额 270.72 亿元，增长 16.3%。

2007 年 1～8 月份，商品房销售面积和销售额继续呈加快增长态势，分别为 1022.26 万平方米和 255.54 亿元，比上年同期增长 42.8%和 61.5%，增速比 1～7 月加快 0.4 和 4.9 个百分点。

4. 房地产价格上涨较快，土地价格涨势迅猛

随着房地产开发步伐的加快，广西房屋销售价格逐年上涨，2007年呈现加速上涨态势，据对广西南宁等五市的调查，全区平均同比价格上涨4.3%，2003—2006年同比价格分别上涨2.1%、4.5%、3.8%、3.9%，2007年1～9月则上涨7%。其中南宁市、柳州市、桂林市、梧州市、北海市房屋销售同比价格分别上涨5.3%、4.7%、4.2%、1.1%、3.5%。而2007年1～9月广西五市房屋销售价格上涨最为迅猛，上涨比较快的有：北海市、柳州市及南宁市，房屋销售价格分别上涨12.1%、7.1%、6.2%；其中北海市房屋销售价格2007年以来一直以两位数的涨幅上涨，涨幅在全国70个重点调查城市中持续名列第一。

同时，广西近年来土地交易价格也呈快速上涨趋势，特别是这两年上涨迅猛，平均同比价格上涨5.6%，2003至2007年同比价格则分别上涨1.3%、1.2%、4.3%、4.6%、16%。

（二）广西房地产面临的发展机遇

城镇化的加速推进使得基础设施和住房需求量增大；中国—东盟自由贸易区、泛北部湾经济合作区的建立以及港口群、产业群和城市群的打造将使第二产业优化升级，工业建筑需求旺盛；重化工、石油、林浆纸、核电、国际物流等重大项目的加紧建设将形成更大的发展规模；新农村建设和全面建设小康社会的进程加快也将成为重要的潜在市场，这些都为广西房地产的发展提供了新的发展机遇。?

1. 未来房地产业发展空间广阔

从全国看：首先，我国正处在新的经济社会发展阶段。按国外工业化国家发展历程，这一时期房地产属于高增长阶段，一般地产投资都在30%上下，社会不动产需求旺盛。中国正处在城市化31%～75%的高速率期间，仅每年新增的城镇居民住房需求就是相当可观的。中国正处在完成第一次工业化时期，全面实现小康社会的宏伟目标，需要房地产有一个相适应的较快的发展。其次，房地产是中国经济的支柱产业。“十一五”规划目标的实现，离不开房地产的发展。被房地产带动的产业多达50多个，特别是在国民经济中举足轻重的钢铁产业，有色金属产业、建材产业、水泥产业、玻璃产业，家具产业等都与房地产的发展息息相关，因此，从经济大局看，国家将会长期扶植和保护房地产的发展。

从广西看：泛北部湾经济区域正在“起飞”。按照梯度发展理论：泛北部湾经济区域将是继“珠三角”、“长三角”及环渤海经济圈之后引领中国经济加速发展的“第四增长极”。北海、钦州、防城港的海域及港口资源优势，南宁的政治地缘优势，将会在资源整合中发挥重要作用，从而为广西的房地产带来良好的发展预期。

2. 宏观经济持续发展，为房地产业的稳定发展提供了坚实的基础

广西经济连续三年保持较快的发展，GDP增长保持10%以上，2007年前三季度，全区GDP达到3718亿元，同比增长15%。国民经济的持续发展为房地产市场创造了良好的发展条件。广西经济的快速发展，经济实力的增强，人民收入的提高，必将为房地产创造出更大市场。

3. 随着工业化、城市化的推进，必将会增大房地产发展的动力与需求

广西有近5000万人口，城镇人口占34.64%，随着工业化、城镇化战略的实施，城镇化步伐的加快，广西的城镇人口还将进一步加快，对房地产的需求必将成倍增长。如此巨大的需求空间，展示了房地产的发展希望。

4. 区域经济发展对房地产发展起到重要的推动作用

中国—东盟自由贸易区及泛北部湾经济合作区的建立使广西的经济发展进入了一个快速增长的时期，城市的地位和作用也大大提升，北部湾城市群的打造不光对于广西经济的发展有促进作用，而且对整个地区的房地产发展都起到不可估量的推动作用。

(1)提升城市的竞争力

一是通过重点加强港口物流合作，实现产业对接与分工，形成一批互补互利、相互促进、各具特色的港口群、产业群和城市群，推动中国与东盟次区域合作从单一的“陆上合作”走向相互呼应的“海陆合作”，促进泛北部湾地区发展成为太平洋西岸一个新增长带，同时使广西沿海成为中国经济新增长极。

二是整个经济区从形成泛北部湾经济合作的枢纽和基点出发进行整体性规划谋划，打造现代化和国际化的大都市。如南宁市正以打造区域性国际城市为目标，向南规划建设175平方公里的五象新区，建设一个新南宁；北海将逐步把廉州湾与铁山港湾联合起来，形成“一带两湾”城市发展新格局；钦州将加快中心城区建设和临港新区建设，开辟城市建设和临港工业两大“主战场”；防城港市则把行政中心搬迁出旧城区，让港口建设和临港工业拥有更大的发展空间；玉林要在“十一五”期间形成100万城区人口和100平方公里建成区的城市规模；崇左正依托南(宁)友(谊关)高速公路和南宁国际机场，发展城镇带和通道经济。

三是伴随各项城市建设项目的全面展开，将有效提升城市整体承载力。

(2)促进房地产市场繁荣

首先，区域经济发展使广西房地产市场异常活跃。这两年，广西房地产开发投资项目保持强劲增长态势，2006年房地产开发投资367亿元，同比增长29%；2007年前8月投资额达到289.5亿元，同比增长42%。从房屋市场销售情况看，2006年房屋销售面积1502.1万㎡，同比增长11.8%；2007年1～8月房屋销售面积达到1022.3万㎡，同比增长42.8%。

其次，区域经济发展使广西房屋价格保持了高速的增长。一方面中国—东盟自由贸易区及泛北部湾经济区域的开发开放对住宅市场有较大的需求。据对南宁、桂林及北海三市近三年房屋价格指数变化情况研究可以发现，三个城市房屋价格都出现了不同程度的上涨，其中以北海房屋价格上涨最多，在2006年达到了最高点，特别是近两年三地经济发展强劲，外来购房者大量涌入，使房地产市场需求大量增加，并呈现稳步上升的局面。另一方面，中国—东盟自由贸易区及泛北部湾经济区域的开发开放将带来城市的扩容及第三产业的快速发展，使原来的城乡结合部升格为一个高档的功能区，从而带动整个城市人口的增加，加大了对城市房地产市场的需求。

(3)推动商业地产的发展

首先，区域经济的发展将提高和完善城市整体基础设施、交通设施、环境绿化的建设，同时也将拉动第三产业的发展，提高城市的GDP增速，这些都大大提高了城市整体的竞争力，从而能够吸引更多的机构购买和租赁写字楼，带动商业地产的发展。

其次，随着大量外来资金和劳动力进入南宁、北海，对工业用房、商业用房和住宅的需求将大幅增加，加上城市建设规模的扩大，最终形成产品市场、资本市场、劳动力市场和房地产市场，共同推动区域经济增长，快速提高区域经济增长速度和经济规模，使广西的房地产市场随着泛北部湾经济区的快速发展而不断成熟和壮大，带动城市商业地产的繁荣。

(三)广西房地产发展存在的问题

1.房地产开发投资扩展较快，规模过大。2006年，全区房地产当年完成投资369.98亿元，比2000年增长8.57倍，土地开发总规模为628.38万㎡，比2000年增长2.56倍，分地市看，2006年房地产开发投资增长速度超过50%的市有4个，最快的达到了444.5%。有的市房地产投资占城镇全部投资的比重已达到30%以上。

2.商品房销售价格涨幅偏高。近年来，广西商品房销售价格一直呈增长态势，特别是近两年，价格快速上涨，有些市甚至已上涨了一倍以上。2006年全区商品住宅平均价格为2549元/㎡，比2000年上涨了75%，年均增长幅度达到两位数。

3.商品房开发结构性矛盾突出。目前，房地产市场处于高速发展阶段，但市场供给的结构性失衡问题比较突出。主要表现在：一是非住宅商品房开发过快。资料显示，2006年，商业营业用房开发投资75.8亿元，比上年同期增长10.5%，占房地产开发投资的比重为23.4%。二是经济适用房投资较少。2006年经济适用房投资8.48亿元，比上年增长13.8%，占房地产开发投资的比重为2.61%。三是大户型住房供应过多，而小户型住房不足。

4.商品房空置面积较多。2006年底，商品房空置面积总量达到223.65万平方米，比2000年的119.29万平方米增加104.4万平方米，增长46.7%。空置面积过多，一方面会造成社会资源的浪费，另一方面也会占压资金，影响房地产开发企业的效益。

房地产业发展中之所以会存在上述问题，既有客观必然性，如城镇化建设进程的加快，住房制度改革的实施等，使市场的潜在需求得以释放。同时也有房地产业发展快，各项管理措施不能及时跟进；房地产开发商的利润率偏高；各级政府为了政绩工程加大城市改造的力度，房屋拆迁过度，形成了被动需求等原因。

二、影响广西房地产价格的主要因素

从广西房地产发展的轨迹看，经济发展、投资增长、居民收入等对广西房地产价格的影响是不容置疑的，但哪些因素起主要作用？以下我们利用几年来广西房地产发展统计资料及房地产价格调查资料，采用经济核算方法和MATLAB建立模型的方法通过各种因素发展对广西房地产价格的影响和推动作用进行分析，从中找出有关规律及特点。

(一)建立房地产价格因素影响模型

房地产价格的变动是一个多层次、多因素相互作用的结果，既有政策层面的原因，也有经济层面的原因，既有社会因素、经济因素的影响，也有供需分配因素的影响，因此，影响房地产价格变动的因素比较复杂，为此，只有采用先进的计算分析工具进行定量分析，才能把握房地产价格变动的脉络，从而把影响房地产价格的主要因素分析清楚。MATLAB是目前国际公认的优秀计算分析工具，使用MATLAB数据统计的计算方法，用数理统计方法从数据中获取信息和判别初步规律，在社会、经济、科学等各个领域有着广泛的应用。在此，我们利用MATLAB分析工具对近年来影响广西房地产价格变动的各种因素进行分析，探悉区域经济发展过程中影响房地产价格走势的内在因素。

1. MATLAB建模思想及方法原理

MATLAB是高性能的数值计算和可视化软件，它集矩阵运算、数值分析、信号处理和图形显示于一体，是实现数据分析与处理的有效工具。它自带的统计工具箱是一套建立于MATLAB数值计算环境的统计分析工具，能够支持范围广泛的统计计算任务，提供科学统计的基本能力。MATLAB线性建模就是研究一个随机变量与一个(或几个)可控变量之间的相关关系，从一组数据出发，确立变量间是否存在相关关系，如果存在关系，确定它们之间合适的数学表达式，并对它的可信度作统计检验；从共同影响一个变量的许多变量中，判断哪些变量的影响是显著的，哪些变量的影响是不显著的，最后利用所确定的方程进行有效控制。

(1)两个变量之间线性回归模型的建立方法原理。设变量 x 和 y 之间存在一定的相关关系，而这些关系基本上是呈线性的，其线性关系可以用公式 $y=\alpha+\beta x+\varepsilon$ 来表示，其中 $\alpha+\beta x$ 表示找出 y 随 x 的变化而线性变化的部分，ε 是一切随机因素影响的总和，它是不可观测其值的随机变量，并假定其数据期望 $E(\varepsilon)=0$，方差 $D(\varepsilon)=\delta^2$，且 e 服从正态分布 $N(0,\delta^2)$。通过对参数 α、β 的估计，由此得出 $y=a+bx$ 的线性回归方程。在 $y=\alpha+\beta x+\varepsilon$ 中，当 $|\beta|$ 越大，y 随 x 的变化越明显；当 $|\beta|$ 越小，y 随 x 的变化越不明显；特别是 $|\beta|=0$ 时，就意味着 y 与 x 没有线性关系。因此通过回归检验，最终找出有显著线性的变量。

(2)一个变量与多个变量之间线性模型的建立方法原理。在实际情况中影响因变量的因素很多，希望从中挑选出影响显著的自变量来建立回归模型，这就涉及变量选择的问题，逐步回归就是从一种众多变量中有效地选择重要变量的方法。MATLAB的逐步回归建模就是它提供一个交互式画面，通过此工具结果产生图形窗口，虚线表示该变量的拟合系数与0无显著差异，实线表示有显著差异；红色线表示从模型中移去的变量，蓝色线表明存在模型中的变量，并列出一个统计表，包括回归系数及其置信区间，以及模型的统计量剩余标准、相关系数、F值和P值，可以进行自由地选择变量，逐步淘汰不显著变量，得出最为相关的线性模型。

2. 影响房地产价格因素指标的选择

根据广西的具体情况，我们对房地产价格过去的走势与现行的状况进行系统分析，从定性分析中选用下列十个指标，广西人均国内生产总值、广西城市居民消费价格指数、广西房地产开发投资总额、城镇人口、居民储蓄存款、土地价格指数、固定资产投资价格指数、广西城镇居民可支配收入、广西财政收入、广西城市人均居住面积等因素作定量分析具体指标。

（二）各宏观因素对房地产价格的影响程度分析

根据 MATLAB 建模思想及对影响房地产价格因素指标进行选择后，为了得到各个因素对房地产价格的影响程度，我们将上述各因素分别与房地产价格建立模型进行分析。

基本模型为：$y=a+bx$，

其中，y 为房地产价格指数，x 为某个影响因素，a、b 为待估参数。

以下通过对各个因素的建模，对单个模型线性比较显著进行分析。

1. 广西人均国内生产总值

根据历年统计调查资料，使用 *MATLAB* 回归分析软件（下同），广西人均国内生产总值与房地产价格两者之间关系的模型为：

$$y=76.7323+0.22517x_1 \quad (1)$$

从模型(1)看，房地产价格与广西人均国内生产总值同向变化，广西人均国内生产总值每上升一个百分点，房地产价格指数上升 0.22517 个百分点。

2. 广西城镇居民消费价格指数

$$y=13.9687+0.87242x_2 \quad (2)$$

从模型(2)看，房地产价格与广西城镇居民消费价格指数同向变化，广西城镇居民消费价格指数每上升一个百分点，房地产价格指数上升 0.87242 个百分点。

3. 广西房地产开发投资总额

$$y=90.1536+0.08622x_3 \quad (3)$$

从模型(3)看，房地产价格与广西房地产开发投资总额同向变化，广西房地产开发投资总额每上升一个百分点，房地产价格指数上升 0.08622 个百分点。

4. 居民储蓄存款

$$y=19.0182+0.73163x_4 \quad (4)$$

由模型(4)，房地产价格与居民储蓄存款同向变化，居民储蓄存款每上升一个百分点，房地产价格指数上升 0.73163 个百分点。

5. 土地价格指数

$$y=58.9317+0.42225x_5 \quad (5)$$

从模型(5)看，房地产价格与土地价格指数同向变化，土地价格指数每上升一个百分点，房地产价格指数上升 0.42225 个百分点。

6. 固定资产投资价格

$$y=21.8543+0.78962x_7 \quad (6)$$

从模型(6)看，房地产价格与土固定资产投资价格同向变化，固定资产投资价格每上升一个百分点，房地产价格指数上升 0.78962 个百分点。

（三）各种宏观因素与房地产价格的因果关系分析

为进一步分析各种宏观因素对房地产价格的影响，我们将利用 *MATLAB* 逐级回归方法对以上各个因素进行筛选，以期找出各种宏观因素与房地产价格的因果关系。

首先，将广西人均国内生产总值、广西城市居民消费价格指数、广西房地产开发投资总额、居民储蓄存款、土地价格指数、固定资产投资价格指数等作为待选变量，分别设为 x_1、x_2、x_3、x_4、x_5、x_6。

第二，利用 1998～2006 年的统计数据建立相关模型；

第三，根据 *MATLAB* 的逐级回归方法，得出各个因素对房地产价格指数影响的显著性模型图，如下图(1)

从图(1)中可看出：x_2、x_4 的 P 值较大，对模型影响不显著，移去 x_2、x_4 两个变量，得出如下模型图：

从图(2)可看出：4 个变量对模型影响显著。得出模型为

$$Y=26.8504+0.194282x_1-0.0279314x_3+0.211379x_5+0.353012x_6$$

第四，结果分析：

1. 从 1998～2006 年这一时期看，各因素对房地产价格变动的影响程度是不同的。影响较大的因素主要有：广西人均国内生产总值(x_1)；广西房地产开发投资总额(x_3)；土地价格(x_5)

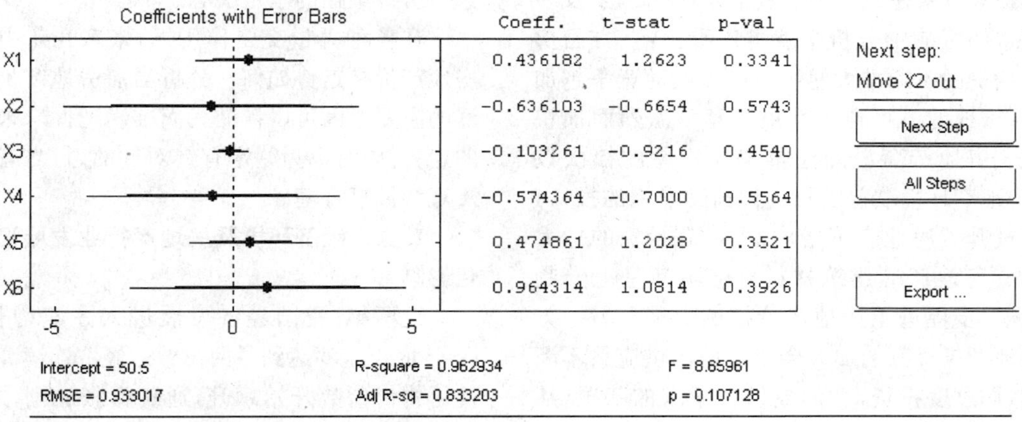

(1)

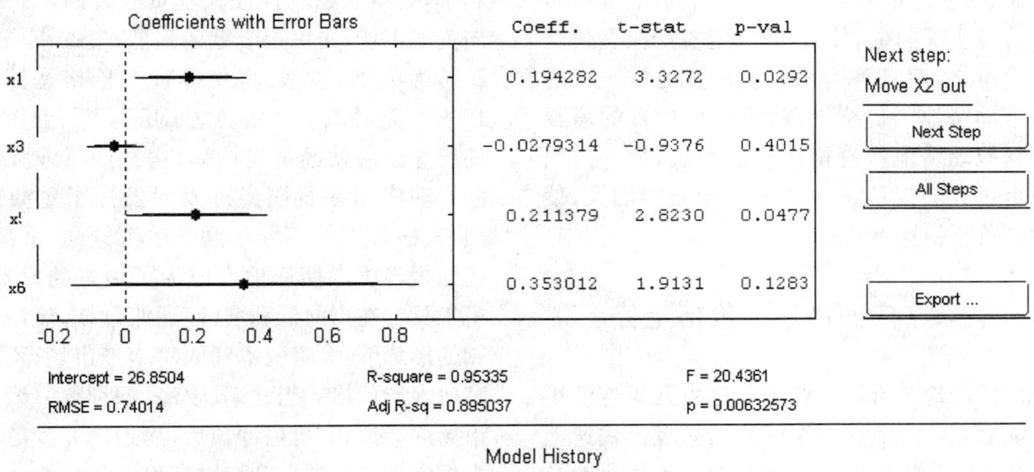

(2)

及固定资产投资价格(x_6);而广西城市居民消费价格指数(x_2);居民储蓄存款(x_5)的影响相对不太显著。

2. 各因素中与房地产价格变动呈正向影响的因素有固定资产投资价格指数、土地价格指数和广西人均国内生产总值。在其它因素不变的情况下,土地价格指数、固定资产投资价格指数和广西人均国内生产总值每上升一个百分点,房地产价格分别上涨 0.353012、0.211379 个百分点和 0.194282 个百分点。而与房地产价格变动呈反向影响的因素有广西房地产开发投资总额,广西房地产开发投资总额每上升一个百分点,房地产价格就下降 0.0279314 个百分点。

3. 固定资产投资价格指数成为影响广西房地产价格上涨的主要因素。回归分析表明,成本推动依然是广西房地产价格上涨的主要原因,近年来构成房地产价格成本的钢材、水泥及建筑材料价格的上涨明显带动房地产价格上涨就证明了这一点。

4. 土地价格的快速上涨正在成为广西房地产价格上涨的重要原因。近年来,土地价格拍卖制度的实施,使各房地产开发企业之间的竞争从销售环节转到土地拍卖环节目,将高价直接转移到销售环节的房屋销售价格上,成为拉动房地产价格上涨的主要成因。

5. 广西人均国内生产总值与房地产价格上涨成正比,说明了经济的发展对整个地区的投资、基础设施建设及城镇化扩大等带来了一系列的变化,对房地产价格的上涨必然造成一定的影响。

6. 广西房地产开发投资总额对对广西房地

产的影响其实是双向的。我们从单个因素及多个因素的影响中分析中就可以看出：一方面房地产投资的不断加大使房地产开发商竞争越加激烈，土地的不可再生性由于竞争激烈而加快上涨。房地产商更加注重提高房屋的档次设计、房地产环境改善以及各种辅助设施的投入，从而提升了房地产价格成本；还有投资的加大使构成房地产的建筑材料价格不断呈上升趋势，进一步促进了房地产价格的上涨。另一方面房地产投资额的加大会使房地产供应量不断增加，如过度投资，会形成供大于求的状况，从而促使房地产价格的下滑。

总之，从定量分析中我们看到，影响广西房地产价格上涨的主要因素为固定资产投资价格及土地价格，而经济的发展及投资的扩大又进一步推动房地产价格上涨，房地产投资的增长一方面拉动房地产价格成本的增长，另一方面如投资过大会促使房地产供需矛盾的加大，使房地产价格快速下滑。

三、未来广西房地产价格走势

广西房地产价格在经历了过去几年连续平稳上涨后，从 2007 年 2 季度开始呈现出快速上涨的势头，1～9 月均以同比超过 5％的速度上涨，其中北部湾地区核心城市北海市的房价更是从 2007 年年初开始便以同比两位数的速度快速上涨。一方面，除了“停缓建工程”问题处理完毕后的恢复性增长因素，地区经济发展，人民生活水平提高，以及区域经济的发展前景都是推动房价上涨的实在因素；另一方面，国内盛行“流动性过剩说”，资本市场火爆，房价快速增长的态势开始由一线城市蔓延至二线城市，南宁、北海、桂林等房地产二线城市房价纷纷跟风提价，推动了房价的加速上涨。

面对房价快速增长的状况，国家政府连续出台调控措施抑制房价过快上涨，从前两年发布的“国六条”、“国八条”，到今年 8 月发布的《国务院关于解决城市低收入家庭住房困难的若干意见》，从用连续数次上调存款利率，上调存款准备金率，发行定向票据等金融手段调控，到加紧研究开征物业税的税制改革，显示了国家对房价调控的坚定决心。

在各种力量交错作用下，未来几年内广西房地产价格走势如何？分析当前房地产价格上涨的主要原因可以帮助我们准确把握未来房价的走势，同时也为制定有针对性的，行之有效的宏观调控打好基础。

1. 国内经济环境及房地产行业发展形势变化影响

近两年，我国经济发展进入高速增长区，GDP 增长速度达到了两位数。经济连续高增长使得物价指数开始攀升，通货膨胀加剧，“流动性过剩”迹象明显。由于连续多年保持银行低利率，资本的趋利性使大量资金开始从银行流向资本市场，居民投资欲望强烈，资本市场由活跃转为火爆，股票、房价等资本价格暴涨。从 1997 年金融风暴开始确立了房地产行业作为支柱产业以启动经济发展后，房地产行业强有力的拉动作用在我国经济发展发挥了重要的作用，其核心地位不断加强。政策倾向，低风险，高回报等优点使房地产成为了最好的投资、投机工具。在当前低利率，高通胀预期，流动性过剩的形势下，大量资本涌入房地产市场，不断推高房地产价格。当北京、上海、深圳等一线城市市场逐渐饱和，价格冲顶后，房地产开发商及资本投资者开始转向利润空间更大的二线城市发展。外地资本注入及外来投资性需求增多势必对广西房地产价格走势产生影响，推动房价上涨。

2. 区内经济发展形势及房地产行业内部竞争的影响

在中国一东盟对话与合作不断深化，广西在多区域合作中的战略地位提升，泛北部湾（广西）经济区规划建设全面启动的推动下，近年广西经济提速发展。2005 年和 2006 年，广西经济增长速度分别达到了 13.2％和 13.5％，2007 年前三季的 GDP 达到 3717.97 亿元，同比增长 15.0％，增幅同比提高 1.9 个百分点，经济增长创 13 年来新高。目前北部湾（广西）经济区已被《国家西部大开发“十一五”规划纲要》列为西部大开发三个率先发展的重点地区之一，建立泛北部湾经济合作区域的构想得到了越来越广泛的认同及支持，广西的经济发展前景向好。

高速发展的经济,美好的发展前景为广西房地产业提供了优越的发展环境,将会吸引越来越多的房地产开发商前来投资。由于目前房地产行业普遍采用的是“价格领袖制”定价模式,即由首先来此地开发的开发商制定房价,后来者跟随其价格走,形成价格合谋。价格合谋下要提高房地产的市场竞争力,价格手段已经不是主要决定因素。房地产所处位置,周围环境,采用的设计理念,建筑材料的等次等因素共同决定了该房地产的市场竞争力。要在这些方面获得优势,开发商所付出的成本也要相应提高。此外,由于土地的稀缺性,房地产开发商越多,获得土地开发权的成本就越高,最终导致房地产价格提升。

3. 工业化、城市化进程加快对房地产价格的影响

随着北部湾(广西)经济区各项重点项目一一部署完毕,巨额固定资产投资落实到位,北部湾沿海基础建设项目开始动工建设,重大工业项目不断落户北部湾经济区,广西工业化进程加快。这些基建、工业项目从开工,建成到投入运转,都将提供大量的就业岗位,城镇化中的农业人口进城就业安置矛盾将得到大幅缓解,广西城镇化进程也得以加快。2006 年广西城镇的人口达 1718 万人,与 2005 年相比,城镇人口增加 62 万人。城镇人口规模增大,将产生大量的居住需求。由于当前广西的廉租房建设严重滞后,经济适用房发展速度远低于一般商品房,2007 年上半年广西经济适用房建设投资仅占全区房地产开发投资的 1.4%,城镇化进城加快所产生的大量居住需求只能通过商品房来满足,这势必加剧房地产的供求矛盾,推动房价上涨。

4. 城镇居民收入水平的不断提高,将推动房地产价格上涨

2006 年,广西城镇居民可支配收入 9899 元,增长 11%,为 2002 年以来最高增幅;年增加额达 982 元,创历史新高。2007 年上半年城镇居民人均可支配收入达 6210 元,比上年同期增加 1036 元,增长 20%,同比提高 10.1 个百分点,创近十年来同期新高。居民收入连创新高,在生活品质方面的要求也将不断提升,改善居住条件的欲望更加强烈,从而将产生更多的购房需求。同时,收入持续增加也将使更多的居民具备投资理财的条件,部分储蓄将从银行投向收益更高,风险相对较小的房地产市场以期保值升值。收入增长带来的自然需求增多将使得房价上涨。

5. 传统的住房观念与现行住房体制尚不完善使房地产价格上涨

一方面,尽管房改至今已有多年,自古传承下来的“居者有其屋”,“人人有住房”的观念仍深植人心,人们都渴望拥有一套属于自己的房子。随着社会经济的不断发展,房地产价格不断提升,已超出一部分人的承受能力。但在这些传统观念影响下,这部分人即使要付出高额贷款利息也希望通过申请房贷获得一套产权属于自己的住房,这种不合理需求对正常的房地产供需产生了冲击,将供求矛盾激化,刺激房价上涨。另一方面,国家政府在房改后确立的以商品房为解决城镇居民居住问题的主要途径以来,商品房市场在高额利润驱动下得到了飞速的发展,但住房体制结构中相关配套缺乏利益支持的廉租房、经济适用房、二手房,在政策制度方面没有得到较好的完善,发展严重滞后,管理混乱。今年国务院发布的《国务院关于解决城市低收入家庭住房困难的若干意见》只提供了一个解决低收入家庭住房问题的办法,占绝大多数的低收入线以上家庭在经济适用房、二手房、出租房市场管理体制不完善的状况下,购买商品房仍然是他们解决居住问题最好的途径。由于房地产具有垄断性质的“价格领袖制”定价模式,在缺乏外部竞争的状况下,新建商品房市场就会形成卖方市场,涨价便“有恃无恐”了。在传统的住房观念和住房体制不完善的共同作用下,房价越上涨,没有房产的人就越担心以后买不起房从而千方百计想尽早买到房,使得供需矛盾进一步激化,导致房价越涨越烈。由于房地产调控政策效应生效滞后,居住理念的引导也非一时半刻可以完成,短期内房价上涨的态势在这两个因素作用下仍将持续。

6. 国家宏观调控手段生效情况的影响

我国房地产市场发展时间不长,国家对房价调控的经验还不丰富,目前我国房地产宏观调控手段主要有国务院各部委以通知形式发布宏观调控意见,运用金融手段通过央行、银监会对房贷、利率进行调控,辅以少量税制及立法调整。由于各地房地产发展情况不同,国家只能以发布宏观调控意见的笼统形式确定指导思想和调控方向,由各地政府制订详细的调控措施,在效力上有所折扣。加上目前国家采用的是"事后处理"的滞后调控,时效不强,调控政策效果不理想。而采用金融手段调控需要与整个国民经济发展状况结合起来运用,不是独立的房价调控手段,适用范围有限。今年上半年,广西房地产开发的内部结构矛盾依然突出,主要表现是经济适用房投资明显下降。1—6月,广西90平方米以下房屋和经济适用房建设投资分别为23.13亿元和2.99亿元,仅占全区房地产开发投资的10.9%和1.4%,2006年"国六条"切实调整住房供应结构,重点发展中低价位、中小套型普通商品住房、经济适用住房和廉租住房的政策效果还未显现。在摸索出一套及时有效的调控方式之前,房地产开发的结构矛盾将继续存在,修补式的调控措施对短期内房价上涨的态势作用不会太明显。

7. 需求旺盛刺激投资热情,供求矛盾将有所缓解

近年持续旺盛的购房需求及房价上涨,使房地产开发有了较大的利润空间,激发了开发商的投资热情。1～6月,广西房地产开发投资完成211.50亿元,比去年同期增长44.2%;全区房屋新开工房屋施工面积1164.79万平方米,比去年同期增加713.80万平方米,增长63.2%。同时广西政府加大了土地供应量,房地产开发土地储备量增加,今年上半年全区房地产企业累计购置土地面积899.57万平方米,完成土地开发面积313.77万平方米,分别比去年同期增长76.0%和12.4%,为房地产开发持续发展打下了基础。未来几年广西房地产供应量将有所增加,供求矛盾将得以缓解,房价走势将趋稳。

四、促进广西房地产健康协调发展的调控策略

调控房价不能脱离房地产发展规划独立进行,建立健康的房地产市场运行机制,不断完善住房制度,保持房地产持续健康、稳定有序发展才能使房价走势保持正常稳定。广西房地产发展的调控策略应该在保持与国家对房地产业发展的一系列调控政策一致的基础上,根据广西区情制定行之有效的调控措施。

1. 客观看待房价上涨问题,准确把握房价调控方向和力度

这两年,广西经济发展进入加速上行周期,国民生产总值、财政收入、人民收入均实现了快速增长。房地产的快速发展在广西投资拉动型增长模式下起到了至关重要的作用,在需求持续旺盛形势下,房地产价格适度上涨是正常、合理的。上半年广西商品房住宅均价2500元/平方米,居全国各省、市、区中下水平、西部中上水平。商品房住宅价格同比上涨6.8%,居全国各省、市、区中下水平、西部中等水平,房价及其增速总体上仍处于合理区间。从房价与居民收入关系角度分析,根据广西调查总队的抽样调查资料现在,2007年上半年广西城镇居民收入与房价的关系如下表:

表1　2007年上半年收入房价比

单位:元

地　区	城镇居民家庭月收入	商品房住宅均价	收入房价比
全　区	3073.92	2499.50	1.23∶1
南　宁	3191.23	2782.80	1.15∶1
桂　林	3073.92	2920.40	1.05∶1
北　海	3478.55	2182.90	1.59∶1

注:城镇居民家庭月收入=上半年人均可支配收入*家庭平均人口数/6。

表2　2007年上半年收入房价增速对比比

地　区	人均可支配收入上半年增速	商品房住宅价格上半年增速
全　区	20.02%	6.80%
南　宁	13.54%	6.80%
桂　林	24.54%	4.00%
北　海	19.85%	16.60%

可以看出,以2007年上半年广西商品房住宅均价计算,2007年广西城镇居民家庭月收入可以购买1.23平方米的商品房住宅,南宁市居

民家庭可以购买1.15平方米，北海市居民家庭可以购买1.59平方米，桂林市居民家庭则可购买1.05平方米。虽然这一数字相对较低，但从表2看，除北海因房价上涨较快，收入增速与房价增速差距不大外，全区及南宁市、桂林市的人均可支配收入增速大大高于商品房住宅增速，家庭每月可购买商品房面积是呈增长趋势的。因此，近期广西房地产宏观调控的方向应该以稳定房价为核心，抑制房价泡沫；解决住房供应结构问题，完善房地产市场机制。

2. 建立健全广西房地产监测系统，及时掌握房地产发展状况，为准确调控打好基础

及时掌握当前房地产市场的形势是宏观调控的基础，要及时掌握房地产发展状况必须建立健全房地产监测体系。目前，广西对房地产行业的监测职能分散在建设厅、统计局、调查总队等部门，各部门对房地产的监测重点有所不同，同一指标在调查口径方面也存在差异，所监测的指标难以汇总综合在一起，反映的房地产发展状况不够全面，对宏观调控决策起到的参考作用有限。因此，建立一个房地产监测系统，将各部门所掌握的房地产信息综合汇总起来进行分析，有利于整合监测资源，提高监测效率，更加及时、全面的掌握整个房地产发展状况，对制订宏观调控政策起到更好的参考作用。

3. 认真贯彻国家房地产调控政策，根据区情及时制订实施细则

近两年，国家针对房地产发展中结构不合理，部分城市房价上涨过快的情况连续制订了“国六条”、“国八条”，《国务院关于解决城市低收入家庭住房困难的若干意见》等调控政策，这些政策对我国房地产发展存在的住房供应结构不合理、房地产市场秩序混乱等问题提出了有针对性的调控策略，为地方政府调控房价指明了方向。由于国家宏观调控有时滞性，在广西房地产形势还没有发生新的变化，国家宏观调控还适用的时候，应根据国家这些宏观调控政策精神，根据广西房地产发展的实际情况，及时实施细则的措施并落实到位，逐步解决广西房地产市场中存在的问题，使广西房地产健康持续的发展。

4. 加强土地开发管理，提高土地开发效率

随着广西—东盟经济区及泛北部湾经济区的建立，广西原有的城市规模将难以满足经济高速发展的要求，土地供应也将日趋紧张。合理、高效地利用土地资源是保证房地产可持续发展的前提。在增加土地供应量满足市场需求的同时，要合理高效的利用土地资源，必须加强土地开发的规划管理，保持土地供应连续、充足。加快已拍卖土地的项目开发，严格审核土地开发资质，提高土地开发效率。

5. 审批环节严格把关，确保新建房地产开发项目符合政策要求

认真贯彻落实国家重点发展中低价位、中小套型普通商品住房、经济适用住房和廉租住房的精神，严格把关审批环节，对达不到国家住房建设结构要求的项目坚决不予通过，确保新建房地产开发项目符合政策要求。

6. 规范房地产市场，大力整治房地产市场违规行为

整顿新建商品房市场，杜绝在获得销售许可前以任何形式订购房屋的现象，对取得销售许可的楼盘限定期限开盘销售，严惩任何形式的“捂盘”行为，缩短房地产销售环节。落实房屋销售明码标价制度，促进房产信息公开化、透明化，加强市场监管力度，保证房地产市场健康有序的发展。

7. 加强出租房市场管理，搞活二手房市场，住房供应多样化

目前，广西房屋出租市场比较混乱，管理难度较大。要使房屋出租真正成为缓解住房供求矛盾的手段之一，必须建立规范化的房屋出租市场体系，所有待租房屋进行房屋出租信息登记，由有中介资质的单位集中管理，对外公开招租。租房协议必须经过有资质的中介部门公证鉴定方能生效，并到有关监管部门登记备案。同时加强中介部门的资质审核，严格把关，保证中介机构有合格的中介资质。搞活二手房市场，简化二手房交易环节，建立健全二手房价值评估体制，加快空置房屋流转，使住房供应多样化，缓解新建房市场供需矛盾。

8. 加强金融领域房地产贷款管理，保证房贷质量，降低金融风险

要稳定房价，防止房价大幅度波动，加强金

融领域的管理是必要的，主要是在对房地产开发贷款的项目管理上，必须保证放贷对象的项目质量。在经济发展上行阶段，房地产贷款项目是商业银行最优秀的贷款业务。在房价上升期，房地产开发往往能获得较好的收益，房地产贷款项目还贷率非常高，各商业银行对房地产项目的贷款在审核管理方面比较放松。一旦房价出现下跌，房地产贷款的还贷积极性将大打折扣，开发商及房产所有者更倾向于任由银行拍卖其房产而不愿意偿还贷款，而房价下跌使得抵押的房产难以保值，贷款变成银行坏账。因此，在当前房价连续快速上涨的形势下，从金融领域控制房价泡沫生长，必须严格审核贷款人的贷款资质，准确评估房地产项目的价值，控制放贷额度，抑制过度的投资热情，保证房贷质量，规避金融风险。

9. 改革房地产税制，重新分配房地产利润，实现房地产发展的经济效益和社会效益最大化

税收是国家进行利益再分配的重要手段。在当前住房需求旺盛，房价快速上涨的形势下，房地产开发商通过房地产开发获取了高额的利润。与此同时，经济实力较强的个人在房价上涨时通过投机房地产待升值后转让获取利润，挤占了正常需求者的市场供应份额，激化了供求矛盾，推高房价。而普通市民为满足其住房需求却要付出越来越多的代价。这一现象的实质是一种不合理的利润再分配，房地产开发商和房地产投机者通过房价上涨侵占了普通市民的合法权益。在矛盾激化之前，必须通过房地产税制改革来调整不合理的利润分配机制，使房地产的发展实现经济效益和社会效益最大化，让大部分人收益于房地产的发展。制定物业税是房地产税制改革的有效手段，对房产持有者按房产价值征收物业税，通过加大房产的持有成本，可以加快房地产的流转速度，增加市场供应量；可以抑制房地产投机行为，减少非正常需求，缓解房地产供求矛盾；将征收上来的税收用于廉租房、经济适用房的发展，满足中低收入阶层的住房需求，将大大缓解由于房价上涨过快带来的社会矛盾，使房地产的发展达到社会全面、和谐发展的要求。

作者：广西调查总队

九、能源供求篇

如何解决能源瓶颈问题研究

能源是人类赖以生存的基础，也是经济社会发展中不可替代的重要资源。随着全球消耗量的增加，近年来国际市场能源供需矛盾日显突出，市场竞争异常激烈，价格频繁波动，大幅度抬高了经济运行成本，严重制约了各国经济和社会向前发展。因此，研究吉林能源市场现状，有效解决供需矛盾，减少不利影响，对完成“十一五”期间单位国内生产总值能耗降低20%左右的既定指标，以及建设节约型社会、推进产业结构调整、转变经济增长方式、促进经济又好又快持续健康发展至关重要。

一、吉林能源市场呈现的主要特点

1. 消费量急剧增长

在投资、消费、进出口三驾马车的带动下，近年来全省经济持续快速增长，工业化、城市化的进程不断加快，能源消费量迅猛提升。据统计，“十五”期间，吉林全社会能源消费总量平均每年以12.6%的速度增长（见图1），比全国平均增速高出0.9个百分点。从具体年份看，2004年以后全省能源消费步伐加快，2005年为5957.63万吨标准煤（下同），比上年增长10.3%，2006年增势进一步强劲，消费总量为6622.41万吨，比2001年增加2909.69万吨，增幅为78.3%，比2005年增加664.78万吨，增长11.2%，其增幅高于同期全国消费增长平均水平。从消费结构看，煤炭是被消耗的主体，约占全省能源消费总量的70%以上。

2. 产量增速相对缓慢

在经济增长的带动下，近年来全省能源产量也在不断上升，但增速相对缓慢。主要表现在：一是增长速度与邻省和全国水平尚有差距。2006年吉林省原煤产量同比增长11.1%，低于辽宁省3.5个百分点；发电量同比增长2.3%，比全国平均水平低12.3个百分点，分别低于辽宁省和黑龙江省9.9和6.2个百分点。二是占全国的比重小于邻省。2006年吉林省主要能源产品产量有不同程度的增长，但占全国总量的比重远低于辽宁省和黑龙江省。2006年全省原煤产量所占的比重仅为1.3%，分别低于辽宁省和黑龙江省1.8和3.0个百分点；原油占全国的比重为3.7%，分别低于两省2.9和20.8个百分点；发电量占全国的比重为1.5%，分别低于两省2.0和0.8个百分点（见表1）。

3. 价格持续上涨

煤炭价格连涨不止。在2005年大幅上涨之后，2006年全省企业购进的无烟煤和烟煤同比价格分别上涨13.3%和12.3%，2007年1～8月份分别上涨6.7%和2.1%（见图2）。

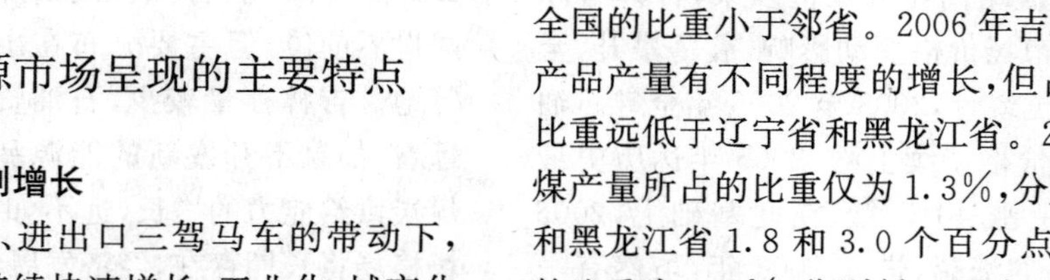

	2001年	2002年	2003年	2004年	2005年	2006年
消费总量	3712.72	4208.99	4767.69	5400.7	5957.63	6622.41

图1 吉林省能源消费总量（万吨标准煤）

表 1　2006 年主要能源产品产量及占全国比重

地　区	原　煤		原　油		天然气		发电量	
	产量（亿吨）	比重 %	产量（万吨）	比重 %	产量（亿立方米）	比重 %	产量（亿千瓦时）	比重 %
全　国	23.73		18476.57		585.53		28657.26	
辽　宁	0.74	3.1	1226.46	6.6	11.94	2.0	1014.54	3.5
吉　林	0.3	1.3	680.35	3.7	2.41	0.4	443.2	1.5
黑龙江	1.03	4.3	4340.51	24.5	24.65	4.2	646.59	2.3

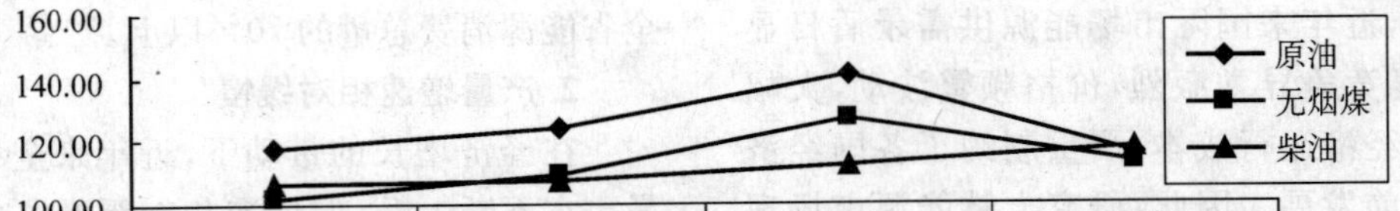

	2003年	2004年	2005年	2006年
原油	117.68	123.78	140.50	115.50
无烟煤	101.50	109.30	126.70	113.30
柴油	106.20	107.50	112.20	117.20

图 2　主要能源产品价格指数(以上年为 100)

石油价格盘踞高位。入世以来，吉林省原油价格受国际市场价格变动影响，震荡攀升，至今高位运行。据统计，2003 至 2006 年全省石油及天然气出厂价格持续上涨，2005 年达历史最高水平，同比上涨 40.5%。在此基础上，2006 年又有 15.5% 的涨幅，进入 2007 年，虽然有一定幅度的回落，但仍处历史较高水平。

成品油价格调整频繁。受原油价格上涨的影响，自 2005 至 2006 年上半年，国家曾先后 7 次上调成品油价格。之后，虽有下调但幅度很小，至今仍然较高。据统计，2007 年 1～8 月份，全省企业汽油购进价格同比上涨 4.6%，柴油上涨 12.4%，煤油上涨 9.0%。

水、电、天然气价格稳步上行。受成本增加、资源紧缺等因素影响，近年全省水、电、燃气出厂价格平稳上涨。今年 1～8 月份全省企业自来水购进价格同比上涨 0.9%，电上涨 2.8%，天然气上涨 8.8%。

4. 煤炭、石油、天然气基础存量较少

2006 年吉林省石油、天然气和煤炭基础存量分别为 16529.56 万吨、167.84 亿立方米和 17.11 亿吨，占全国总基础存量的比重分别为 6.0%、0.6% 和 0.5%，比辽宁省分别低 0.2、0.1 和 1.0 个百分点，比黑龙江省分别低 16.5、2.5 和 1.8 个百分点。我国煤炭资源储藏量虽居世界前位，但主要分布在山西、陕西、内蒙古等地。吉林存量较少，石油资源欠丰富。从长远看，如果不开发新的能源品种来替代，原油、煤炭供给能力的增长，远不如相邻省份，卖方市场格局将长期存在，经济发展将受到制约。

二、对经济发展带来的负面影响

1. 对外依存度上升，外界因素制约性增强

产量与消量增速的差距，充分说明吉林省能源自给能力严重不足，缺口持续扩大，对外依存度逐年上升。为满足经济增长的需要，每年都要从邻省调入相当部分能源。据统计，2005 年全省净调入能源 2758.6 万吨标准煤（等价值，下同），占能源消费总量的 46.3%。2006 年全省净调入能源 3371 万吨标准煤，占能源消费总量的 50.9%，调入量比上一年增加 612 万吨，比重比上一年增加 4.6 个百分点。在依赖外进的情况下，吉林能源供应能够满足工业经济发展的需要，但受国内价格提高、运费上涨等因素影响，成本负担加重，外购难度加大，在资源紧张的情况下要受卖方制约，讨价还价的能力减弱，基本处于被动接受状态。

2. 工业生产成本负担加重，冲减企业利润

煤炭、原油是工业企业生产的基础原料，由于价格长期居高不下，给以其为原料的下游生产企业带来沉重的成本负担，利润受损严重。吉林化纤集团是国家520家重点企业之一，2006年该企业扩大了投资规模，提高了产能，但利润却大幅下滑，全年集团实现利润10104万元，同比下降45.5%。其原因之一是受原油价格上涨因素影响，生产纯腈纶的主要原料丙烯腈价格大幅上涨，2006年购进价格同比平均上涨9.2%，进入2007年涨势进一步增强，最高月份涨幅达25.1%，使企业难扭亏损局面，2007年一季度亏损1221万元。电力、成品油等生产企业同样不能摆脱能源涨价所带来的困扰。

3. 农业生产投入增加，农民预期收入减少

受原油、煤炭涨价影响，以其为原料的化肥、成品油等主要农业生产资料价格连居高位，使农业生产成本持续上升，直接冲减农民净收益。据对全省1600个农户抽样调查，今年二季度农民购买农用柴油平均价格每升为4.82元，同比上涨5.1%，受涨价因素影响比去年同期多支出1万元左右；购买复合肥料每公斤平均价格2.21元，同比上涨4.1%，受涨价因素影响多支出5万元左右。仅两项因素，影响2007年二季度每个农户比上年同期多支出近40元。

4. 加大了未来能源供应工作的难度

吉林省高耗能的产业结构特征较为突出，这个问题不是短期内能够完全解决的，因此工业仍是未来能耗的主体，同时受自然资源欠丰富、产量增速缓慢和国内能源供需紧张等诸多因素影响，全省能源自给后劲不足现象短期内不会有明显的改观，对外依存度将会进一步增强。因此，在全球能源供应紧张的大气候下，吉林省未来的能源供应任务显得更加艰巨，各级政府应该采取得力措施，未雨绸缪，以改变目前卖方市场对全省经济发展的制约影响。

三、值得关注的问题

1. 企业设备老化、工艺落后，不利于节能和环保

据调查，全省多数重工业企业都不同程度的存在着设备老化、加工工艺落后的问题，对节能降耗工作十分不利。因资金不足等原因，通钢集团几十年前购置的老生产线一直用到现在，轧钢老生产线没有除尘设备，每年排放烟尘3000吨，因设备老化，产业链较长，3～4个生产线才能生产140万吨钢，而新的生产线一个就可以完成同样的产能，并且具备节能、清洁、环保等特点。目前吉林化纤集团有限责任公司使用的仍是六十年代的设备，生产的产品工艺落后，耗能较大，不利于环保。因此，更换设备、改进工艺工作十分紧迫。

2. 重型化的产业结构不利于降低能耗

原煤是消耗的主要能源产品。据统计，2006年全省原煤总消费量为7443.28万吨(实物量)，其中工业生产消费6457.57万吨，占总量的86.8%。分工业部门看，重工业消费原煤5603.3万吨，占工业总消费量的86.8%，轻工业消耗原煤854.27万吨，仅占13.2%。可以看出，重工业是吉林省能源消费的主体，原煤、原油是主要消耗品。在工业行业中，钢铁、冶金、电力、造纸、建材和化工是能耗的主力，表现出高耗能的产业结构特征，与轻型工业省份相比，增加了节能降耗的难度。

3. 节能意识和二次能源利用率有待提高

从目前情况看，全省集中供热还没有完全普及，分散供热不仅煤炭购价高，而且易出现浪费现象。企业生产过程中产生的废水、废气等没有得到再次利用。如通钢在炼钢过程中产生的煤气，冬天能够用于取暖，夏天就要白白的浪费，一个月就要浪费近百万元。

4. 急需技改资金

目前，企业已充分认识到节能降耗的重要性，部分企业采取了淘汰和改进落后产能的办法，但因资金缺口较大，不能按期完成。据对全省耗能大户吉林化纤公司调查，为节约能源，准备对六十年代生产的粘胶短纤维生产线进行改造，需要大量的资金才能从根本上解决能耗高的问题，靠企业自身筹措这笔资金相当困难，需要政府方面给予一定的支持。通钢集团、四平市部分耗能大户由于资金不足，使各项改造项目落实困难，节能效果受到影响。

四、对策思考

1. 提高能源开发和替代技术，减少对外依赖

能源价格的持续高涨和资源的紧缺，制约着全省经济的发展。加快石油替代产业化步伐，降低能源的对外依存度已成为迫在眉睫的首要任务。油页岩是石油和煤炭较为理想的替代能源，吉林省煤炭和石油资源有限，但油页岩资源十分丰富，有着广泛的技术开发前景。以往的经验显示，当原油的进口价高于 25 美元/桶时，开发油页岩才有经济意义，从近两年情况看，国际市场原油价格每桶经常在 25 美元以上运行。因此，应积累宝贵的经验和引进先进的技术设备，加大对油页岩勘探和综合开发利用技术的投入，加速发展油页岩产业，对解决全省能源供需矛盾，减少对外依赖程度，促进全省经济不断向前发展具有重要意义。

2006 年我国研制成功的利用秸秆能源发电项目获全球能源奖一等奖。秸秆能源是重要的可再生资源，不仅洁净环保，减少像石化能源所带来的污染，还有替代石化能源的作用。吉林是农业省，秸秆资源极为丰富，但科学利用率并不是很高，目前多用于农村烧柴，既浪费又不卫生，还造成环境污染。若能将其替代煤炭用来发电，将减轻企业的成本负担，减少煤炭消耗，对改善全省煤炭供应现状和消费结构起到积极的作用。

2. 加快实现产业结构转变

虽然吉林省近年在产业结构调整方面取得了一定成效，但与轻工业省份相比，仍不尽合理。像电子、通讯、电冰箱、空调等高科技产品和耐用消费品的产量占全国的比重很小，个别产品根本就不生产。因此应继续在调整产业结构上下功夫，引进世界上先进的产业项目，多生产耗能少、附加值高、经济效益好的高科技产品，重点淘汰高能耗、高污染的钢铁、有色金属、化工、建材、电力等行业的落后产能、工艺装备和产品，降低工业耗能比重。

3. 走循环经济之路，促进节能增效

要加强资源综合利用和环境保护，最大限度的提高废气、废水、废物的综合利用水平，建立废气回收装置，建立污水处理与再生利用系统，建立固体废气物综合利用设施，走循环经济之路。

4. 加大资金扶持力度，抓好重点企业节能降耗工作

建立政府引导、企业为主和社会参与的节能降耗投入机制。

各级财政要加大节能减排投入，鼓励和引导金融机构加大信贷支持，企业在不影响正常生产的情况下应加大节能减排资金的投入。

5. 建立健全节能指标监测和考核体系

加大能源工作管理力度，实行政府监督机制，做到责任明确，措施配套，政策完善，同时进行执法检查，奖惩分明。工业企业是吉林省能源消费主力，因此要想节能，先从企业抓起，必要时可树立节能典型，以点带面。

作者：吉林调查总队　孙晓梅　刘彤　邢筠

山西大型煤炭企业发展有望加快
存在问题不容忽视

山西是我国煤炭资源和生产的大省，也是全国最重要的能源基地，肩负着国家经济建设对煤炭需求的重要使命。近年来随着国民经济的快速发展，能源原材料需求急剧增加，国际国内能源价格持续上涨，山西煤炭价格出现了大幅度的上涨。目前，作为山西煤炭工业支柱的大型煤炭企业集团发展状况如何，可持续发展中还存在哪些困难，成为山西经济发展中的重要问题。国家统计局山西调查总队对同煤集团、西山煤电集团、晋城兰花集团等大型煤炭企业进行了深入调研。结果显示，2007年以来受成本上升和需求拉动以及国际市场能源产品价格的上涨、煤炭新政的实施等多种因素的影响，煤炭行业产品出厂价格涨幅逐步扩大，各企业销售收入也都有较快增长，但利润比2006年有所下降，企业生产经营存在不同程度的困难，煤炭行业可持续发展任重而道远。

一、今年以来重点企业的运行状况

2005年以来，针对山西省煤炭工业“多、小、散、乱”的局面，全省精心组织了煤炭行业的“三大战役”，主要措施是打击和取缔非法采煤点，矿井关小上大、煤炭资源整合及有偿使用，组建符合可持续发展要求的现代化大型煤炭企业等。通过“三大战役”的实施，一大批不具备安全生产条件、非法和破坏浪费资源的采矿点被取缔；矿井总量由“十五”前期的3800多座减少到2700多座，全省煤炭市场经济秩序有了明显好转，企业经营环境得到了极大改善。煤炭企业运行状况良好。主要表现在：

一是煤炭企业集团的竞争力明显增强。在煤矿数量大幅度减少的同时，产业集中度有了明显提高，大企业、大集团的煤炭产量占全省煤炭总产量的比重由过去的50%左右上升到60%以上，竞争力明显增强。有关资料显示，2007年1～9月，我省国有重点煤炭企业累计完成销售收入904.21亿元，占到全省煤炭企业总收入的65%以上。煤炭工业协会发布的《2007中国煤炭工业100强企业名单》中，山西省有14家企业上榜，比2006年增加了两家。其中同煤集团、山西焦煤集团名列第5和第6位，兰花集团名列第47。

二是煤炭新政使企业税费负担有所减轻。首先，资源税征收的改革向有利于大企业的方向倾斜。在以往的煤炭资源开采方面，资源税是按照开采量征收，一些中小煤炭企业开采过程中往往发生只开采容易开采部分和遗弃不开采部分的现象，造成了矿产资源的浪费。新的征收办法以动用的资源储量为基数，一方面体现了对煤炭资源稀缺性的重视，另一方面将引导企业扩大生产规模提高技术水平，保护煤炭资源。新征收办法的实施，对大型煤炭企业集团在税费政策上更加体现了公平竞争的原则。同时，国家实施中部崛起战略中，税费改革更加有利于企业发展。从2007年7月1日起，中部地区增值税政策由原来的“生产型”调整为“消费型”，扩大了增值税的抵扣范围，从而降低了煤炭企业增值税缴纳额，减轻了企业增值税负担。此外，从2007年8月起，山西省取消煤运系统对煤炭生产企业和用户的26项收费项目。

三是煤炭销售价格持续走高。近年来，受成本推动和市场需求拉动两方面因素的影响，山西煤炭价格持续上涨。调查资料显示，2001～2005年，全省煤炭开采和洗选业出厂价格累计上涨达101.9%。2006年价格上涨较为平稳，全年涨幅为4.21%，2007年以来又出现了出厂价格涨幅逐月扩大的趋势，1～9月份分别比上年同期上涨 101.27%、102.55%、103.25%、102.82%、101.74%、103.38%、106.44%、106.22 和 107.05%。这些，都预示着山西大型煤炭企业可持续发展的前景广阔。

二、当前煤炭企业面临的主要困难

1. 生产成本上升较快

尽管近几年煤炭价格上涨较快，但是由于历史原因，山西省的煤炭生产在资源有偿使用、安全、环保、技术进步、职工工资等方面的历史欠账较多，企业的生产成本这几年上升也很快。2005 年以来，国家有关部门相继出台了有关资源、安全、环保等一系列政策法规。这些政策性成本增加项目主要有：资源成本（包括资源税、资源补偿费、矿业权费等）、环境成本（环境治理恢复保证金）、安全成本、劳动力成本（两津一补）和可持续发展成本（可持续发展基金和煤矿转产发展资金）等五大方面。据有关部门初步测算，这五大方面的政策性成本因素，使煤炭成本至少增加 70～80 元/吨。

2006 年 4 月，国务院决定在山西省开展煤炭工业可持续发展政策措施试点工作，作为这次试点工作的一项重要措施就是全省从 2007 年 3 月 1 日起征收煤炭可持续发展基金。煤炭可持续发展基金由不同煤种标准、矿井核定产能规模调节系数、原煤产量等三个要素组成，按照乘法公式计算征收总额。其中煤种的具体标准为动力煤 14 元/吨、无烟煤 18 元/吨、焦煤 20 元/吨；矿井核定产能规模调节系数按照矿井产量 45 万吨以下、45 至 90 万吨、90 万吨以上三个不同档次划分，系数分别为 2、1.5、1。目前山西各重点煤炭企业的矿井规模都在 90 万吨以上，所以其征收的调节系数都为 1，这一政策的实施明显有利于大型煤炭企业公平竞争，有利于煤炭资源的整合；受到各企业的一致拥护。但是由于省内地方中小煤炭企业由原来的缴纳能源建设基金改缴煤炭可持续发展基金。相比而言，国有重点煤炭企业原来不缴纳能源建设基金，实施征收煤炭可持续发展基金后，成本增加幅度远远高于外省煤炭企业和省内地方中小煤炭企业，使得今年各大企业盈利水平下降明显。据西山煤电集团反映，全年公司预计上缴煤炭可持续发展基金将达 39890 万元，同煤集团在未征收可持续发展基金之前吨煤利润在 3 元左右。而在征收每吨 14 元的可持续发展基金后，由于电力系统作为消费主体的特殊性，地方性涨价不能影响企业煤炭供给价格，征收工作给同煤集团造成吨煤 10 元左右的亏损。

2. 企业社会负担较为沉重

由于山西各大煤炭企业都是老企业，职工人数多，历史包袱沉重，企业办社会现象比较突出，各种非生产部门还未全部剥离。据同煤集团反映，到目前为止，地方政府未能完全接管企业内学校、公安等部门，集团每年要将一笔不小的开支用于学校等部门。西山煤电集团下属 2 个医院、24 所小学、13 所中学，目前只有少数单位正在办理移交手续，大部分单位还需要企业负担。大量的职能部门仍由企业负担，加大了企业的经营成本。此外，为解决煤矿职工的住房条件，从去年开始的全省国有重点煤矿棚户区改造工作，也需要企业投入大量的资金。

3. 经营方式不能较好地适应市场变化

合同煤炭在各大型企业产品销售中所占比重较大，销售价格相对固定，而且价格较低，对市场变化反映不灵敏。如西山煤电集团生产的炼焦烟煤，2007 年 7 月份平均销售价格为 225.21 元/吨，低于 327.72 元/吨的全省平均价格，7 月份出厂价格只比一月份上涨了 12.97 元，而全省平均价格则比今年一月份上涨 44.19 元。虽然销售单价的不同可能与煤种有关，但是从 7 个月以来的变化可以看出，由于大型煤炭企业的销售合同在年初签订，当市场出现对企业有利的变化时，其销售价格不能及时反映市场需求，对企业效益产生不利影响。

4. 运力不足对产品销售的影响较为突出

目前，山西出省外运能力为 2.5 亿吨左右，占全国省际总运量的 80%以上。近年来，铁路年出省运量已达 2.2 亿吨以上，公路出省运量达到 6000 万吨/年，并以 1000 万吨/年的速度递增，晋煤通路外调量占全国省际铁路净调出量的 75%左右。随着大秦线、侯月线及与之配套的兖石线复线改造、邯长线与邯济线的贯通、京九线的营运及全国铁路的普遍提速，山西煤炭铁路外运条件得到了很大改善。但依然不能满足煤炭产量对运力的需求。据西山煤电集团反映，其下属的前山玉门沟四矿所生产的贫瘦煤国内市场看好，四矿年产量在1300万吨以上，但目前能供给的铁路运输能力只有1050万吨，还有200余万吨需低价公路地销。公路、铁路运输销售差价在80元/吨左右，由此造成四矿每年减少销售收入16000万元。兴县斜沟矿区目前煤炭产量在300万吨/年，但2007年预计只有100万吨产量可以通过铁路运输销售，其余200万吨需要低价公路销售。兰花集团由于所处地理位置和企业规模地位等原因，产品销售业受铁路运力制约较为突出。仅靠铁路运输难以保证正常销售，只能采取公路短途运输到邻近的月山、焦作、洛阳等车站进行二次装车，增加了运输成本。

5. 企业的盈利水平有待进一步提高

2007年上半年，在煤炭销售价格上涨的同时，各大型煤炭企业的煤炭产量和销售收入比2006年虽有不同程度的增长，但是企业盈利水平都有不同程度的下降，同煤集团甚至出现了较大亏损。利润的下降，使得企业的资金周转出现一定困难，生产经营受到影响。资料显示，同煤集团2007年上半年实现销售收入150.47亿元，比去年同期的121.38亿元增长23.97%，实现利润－9120万元，比上年同期的5165万元减少14285万元，减幅达276.6%。西山煤电集团上半年实现销售收入62.51亿元，与去年同期相比增加6.61亿元，增幅11.82%；实现利润4.14亿元，与去年同期相比减少0.52亿元，减幅为11.2%。兰花集团上半年实现销售收入17.37亿元，比去年同期的15.83亿元增长9.7%，实现利润44038万元，与去年同期相比减少2071万元，减幅为4.49%。这些发展中存在的问题，都需要有关方面引起重视。

三、对煤炭企业可持续发展的思考和建议

随着国家煤炭工业发展计划和山西煤炭工业"十一五"规划的逐步实施，煤炭价格市场化步伐越来越快，我国煤炭市场正在发生深刻的变化，煤炭企业面临新的机遇和挑战。因此，作为山西省煤炭工业支柱的国有重点煤炭企业集团应该正确认识当前的政策调整和市场形势，及早做好各项准备，提高经营管理水平，抓住机会，做强企业，实现可持续发展。

1. 加大技改投入力度，提高煤炭资源综合利用效率

在煤炭生产环节要加大技改投入，尽快淘汰落后的生产工艺、技术和装备设施的使用，通过新工艺、新技术和新装备的推广应用，提升机械化装备水平和煤炭安全生产水平，提高煤炭生产效益。强化内部管理，加大矿井废水、煤矸石、煤泥、粉煤灰、塌陷地等资源的利用力度，做到变废为宝，循环利用；降低经营成本，提高资源利用效率。

2. 坚持科学发展，推动结构升级，逐步摆脱煤炭行业粗放经营传统模式

首先要逐步延伸产业链，提高煤炭产品的开发深度，在煤化工、煤层气开发、煤矸石利用等方面加大投入，提高煤炭产品的附加值，减少初级产品在企业生产中所占的比例。其次，还应逐步拓宽企业经营思路，开辟新的发展方向。煤炭企业作为山西最有实力的企业群体，有能力也有条件投资如环保产业等新型产业，企业经营者应目光向外，大力发展非煤产业。一方面可以提升全省煤炭企业以及山西工业经济的运行质量；另一方面也是缓解运力对煤炭企业生产经营制约的有效途径。

3. 逐步完善可持续发展基金的征收和管理制度，努力增强企业发展后劲

煤炭可持续发展基金是国务院在山西省开展煤炭工业可持续发展政策的重要举措，基金的征收虽然暂时给企业经营带来一定的困难，但可持续发展基金的主要作用是理顺煤炭价格，真实反映煤炭生产的成本，促进煤炭外部成本的内部化，从长远看我国煤炭市场价格市场化进程的加快，必将对全省煤炭工业的可持续发展产生积极而长远的影响。煤炭基金的征收是从2007年3月1日开始，而各企业的销售合同都是在年初签订的，当时未能考虑到政策的变化，属于偶然因素。对此，可考虑出台地方政策对企业由此而引起的利润减少，甚至亏损采

取先征后返或减免等方式予以适当补贴。到下年签订销售合同时，销售价格就可反映这部分成本。这一成本的变化将被市场接受。

由于长期的计划煤管理方式，大型煤炭企业至今在经营管理方面计划色彩仍然较浓厚，经营上对产业政策依赖严重。从国务院批准山西作为煤炭工业可持续发展试点和太原煤炭交易中心的成立为标志，煤炭价格市场化进程正在加快。作为应对措施，各企业应该及时转变经营理念，改变过去以大合同为主的销售方式，增强企业应对市场波动的能力。此外，由于可持续发展基金的征收是一项新的政策，在实施过程中的一些相关政策和管理办法还需不断完善。在征收和使用环节还存在搭车收费、收补不一致、基金使用效率低等种种问题，需要相关管理部门在今后的工作中不断完善政策，提高基金的使用效率。

4. 进一步解放思想，有效利用资本市场，坚持走集约化发展的路子

目前山西几大重点煤炭企业都有控股的子公司在上海、深圳证券交易所上市，股份公司的上市，改变了全省煤炭企业传统的投融资体制，实现了产权的多元化结构形式。各上市企业初步建立了规范的法人治理结构，通过上市逐步了解和熟悉了资本运营的方式方法。但是从目前情况看，各上市企业直接融资额少，与石油开采、电力、冶金等其他基础行业比还有比较明显的差距，不管是配股，还是增发所占比重很小，再融资功能并没有充分发挥出来，资本运营的运作空间还不大，手段也不够多。随着人民币对美元汇率的不断升值，和国际市场能源价格的持续上涨，作为石油替代产品的煤炭价格开始了新一轮的上涨。全省各煤炭上市企业在国内资本市场上受到投资者的追捧，我们应该抓住这一难得的机遇，充分利用资本市场上的这次资产价格的重估机会，通过配售、增发、或者发行公司债、企业债等融资形式，融得企业所需资金，解决企业资金制约问题，加快企业发展。

5. 下大力气，积极推进大型煤炭企业的社会服务化改革

从政府的角度考虑，应及早动手，加快分离企业办社会职能的进度，将现在仍留在企业内部的矿区供水、供电、公安、医疗教育等部门划归相关职能部门，提高矿区的社会保障水平，缓解就业压力，尽快减轻企业社会负担。

6. 放眼长远，不断探索大型煤炭企业可持续发展的新途径

鉴于山西部分地区已经出现或将要面临的资源枯竭问题，各级政府相关部门应加强矿区的社会转型、以及矿区城市社会转型的前瞻性研究，以实现经济社会的可持续发展。

作者：山西调查总队　韩建华

成品油提价对湖南炼油企业、运输行业营运的影响

受国际市场原油价格持续上涨的影响，国内成品油价格与原油价格倒挂的矛盾日益突出。为保证国内成品油供应，促进能源节约，国家自2007年11月1日起适当提高了成品油价格。为了解本次成品油提价对相关企业、行业的影响，国家统计局湖南调查总队对长沙、岳阳、株洲、常德、湘潭、邵阳、郴州、怀化、永州、张家界等市进行了一次专题调查。调查结果显示：成品油提价后，炼油企业亏损情况有所减少，运输行业利润下降明显，成品油供应仍趋紧张。

一、炼油企业亏损有所减少

湖南重要炼油企业为长岭股份公司和巴陵石化有限责任公司两家。国际原油价格大幅上涨，导致炼油企业成本上扬。长岭股份公司目前原油进价约5500元/吨，比10月份上涨了近1500元/吨；巴陵石化公司现原油进价约为5220元/吨，比10月份月上涨了近1000元/吨。长岭股份公司现在每生产一吨汽油平均亏1836元，生产一吨柴油约亏1498元，巴陵石化公司现在每生产一吨成品油约亏损950元。为应对目前市场成品油供应不足状况，长岭股份公司和巴陵石化公司炼油设备均满负荷运行。按目前的生产能力，长岭股份公司每天产汽油约为2500吨、柴油约为6000吨，巴陵石化有限责任公司日产主要成品油约5100吨。如按成品油调价后的价格计算，现两家炼油企业仍处于比较严重的亏损状态，但与调价前相比，亏损有所减少。

二、交通运输业压力倍增

1. 公交运输企业亏损增加。本次成品油提价对公交运输业冲击明显。据从事中长途汽运的岳阳市神驰集团反映，该公司现有客车、货车共385辆。现柴油每升从4.76涨到5.22元，上涨0.46元/升，按目前柴油消耗量计算，公司客车每天大约消耗柴油费用要增加10000元，一个月增加30多万元；货车一个月增加8至9万元，导致公司营运成本大幅增加。另据邵阳市扬子巴士公司相关负责人介绍，该公司现有营运车辆316辆。这次油价上涨，每辆车每天平均要增加油费开支16元。按此计算，每天新增费用5056元，一个月增加15万多元，一年要增加近200万元。公司2006年经营亏损380多万元，今年预计继续亏损，且亏损额增加。湘潭市公交运输企业因油价上涨，导致每月增加费用近30万元。

2. 出租车营运业利润下降。由于油价上涨，长沙、岳阳、邵阳、湘潭、怀化等市出租车司机普遍明显感到因成本增加导致收入减少。岳阳市的一位出租车司机算了一笔账：按目前载客率计算，每天油耗30升左右，现汽油每升上涨0.4元，每天增加油费12元，一月下来他们减少收入300元以上。省会长沙市出租车司机每月收入减少近600元。据业内人士测算，燃油价格大幅上涨，出租行业整体成本上升9%左右，在其他开支不变的情况下，司机们所获的利润将日渐微薄，许多出租车司机不得不采取蹲点等客、少空跑或避开拥挤路段的办法来节省油钱。

三、成品油市场供应紧张

由于国内成品油市场供求矛盾突出，加上湖南已经全面进入枯水季节，湘江长沙段接近历史最低水位，千吨级的船舶很难直航进入株洲、湘潭、长沙的水运油库码头，而铁路运力也比同期偏紧，造成湖南省部分城市成品油供应紧张。如：中石化永州分公司柴油实行定量供应，每天供应 600 吨，每车每次限量 200 元；张家界市内仅两个加油站限时供应 0 号柴油，每天加油排队等数小时还不一定能加上油。据该市运兴旅游公司负责人反映：自油价上涨以后，一个星期的时间公司已有 6 个团队因担心车辆加不到油而没有承接业务，企业损失在 3 万元以上。郴州市内的湄桥、龙泉路、城东、珠江桥等加油站，目前每台车每次加油限量 200 元。湘潭市部分从事货运业务的企业也反映由于近期柴油紧缺，经常加不到油，导致公司长途货运业务受到限制。由于供应紧张，少数地区加油站附近已经出现高价倒卖柴油谋取暴利情况。如郴州市中石油龙泉路加油站附近一桶 200 公斤的大铁桶装柴油，已炒卖到 1800 元。

调查发现，为应对成品油价格上涨，合理疏导受影响行业的成本增支的影响，湖南省物价局出台了《关于保障成品油供应稳定市场物价的通知》。该《通知》规定，此次成品油提价后城市公交、农村道路客运（含农村水路客运），运价不动，也不向旅客收取燃油附加；成品油提价的增支按国家有关规定给予补贴；出租车仍执行现有燃油附加方案，不再加收燃油附加费；公路客运继续按现行办法与柴油价格分段联动，燃油附加费每人票增加 0.5 元。为确保市场稳定，各级价格部门正在加强市场监测和价格监督，严厉打击囤积居奇、造谣惑众、搭车涨价等违法行为，以维护正常的市场秩序。同时，部分城市已经开始落实石油价格改革财政补贴资金。如怀化市 2007 年度石油价格改革财政补贴资金为 3656 万元，比 2006 年的 2466 万元增长 48.3%。补贴对象分别为：林业企业林场苗圃 1584 万元，城市公交 852 万元，农村客运 829 万元，出租车 182 万元，水路客运 108 万元，渔民和渔业企业 54 万元。

四、几点建议

1. 建议政府有关部门对受燃料价格影响较大的公交、出租车等交通运输行业，减免部分费用，以减轻因油价上涨对公交、出租车业带来的冲击。同时，应采取切实措施，抓紧研究制定全省交通行输业应对油价变动的长效机制，确保城市公共交通行业健康稳定地发展。

2. 合理规划公交、出租车业市场的发展。以长沙市为例，目前该市公交车有 2400 多台，部分线路乘客满载系数低；出租车有近 7000 台，空驶率高，能源的浪费较大。从目前长沙的城市规模和人口出行情况看，这些公共车辆和出租车已完全能够保证市民的正常出行。因此，有关部门应合理规划公交、出租车业的发展规模，提高资源利用率，节约燃油。

3. 要积极规范运输业和出租车行业营运市场，避免无序竞争，严厉打击无牌摩的拉客、黑车经营等违规行为，维护好公交、出租业的营运环境。

4. 要积极采取有效措施，严厉制止倒卖成品油、哄抢油等行为，维护油库和加油站的现场秩序和治安保障。铁路、公路、水路等相关部门要相互配合，做好成品油供应单位的调运，确保成品油资源的足量入户。中石化、中石油两大公司应加大工作力度，积极与各个总部相协调，增加湖南市场的资源供应量。

作者：湖南调查总队　傅磊峰

能源及其价格对陕西国民经济状况影响的研究

“十一五”规划把能源中长期发展确定为：节能优先、效率为本、煤为基础、多元发展、立足国内、开拓海外、统筹城乡、合理布局、依靠科技、创新体制、保护环境、保障安全的能源政策。工业生产是以能源为依托的，能源使用量增加、价格上涨使得工业成本增加，而能源是不可再生资源。陕西是全国能源生产、消费大省，但不是全国经济强省，因此如何以尽量少的资源投入置换出价值量更大的工业产品是研究的重点。本文拟通过对近几年来工业企业在电、煤炭、石油等能源产品生产、消耗及价格变动方面对陕西经济发展的影响情况进行分析。

一、能源供求、消费与价格现状分析

供求关系历来都是决定市场价格的重要因素。合理的能源价格对能源市场稳定运行至关重要。在市场经济中，能源价格由能源的供应和需求二者的均衡来决定，价格对供需起杠杆调节作用，三者总是在动态变化中达到平衡，从而使资源得以最优配置。尽管能源供应商希望能源价格越高越好，消费者希望能源价格越低越好，但价格是把“双刃剑”，过高过低对供需双方都不利。由于能源供应方调整生产的灵活性受能源系统设施、资源供给、环保标准的约束，以及其他不确定因素的影响；需求方受经济支付能力、消费偏好等因素的影响，这使得能源供需双方始终处于变动之中，因此这种变动中形成的新的市场均衡也要由相应的新的市场价格来反映。但由市场供需自由决定价格，价格自由调节供需的机制也有一定的盲目性，有时候对经济不一定是最有利的，不符合整个社会的长远利益。加之能源价格具有相对垄断性，因此政府有必要采用价格政策进行引导和调整。

（一）陕西省工业能源消耗的基本情况

在国民经济快速发展、能源市场需求旺盛的作用下，陕西煤炭、石油等能源价格连续四年大幅攀升，对拉动全省经济增长，增加地方财政收入，扩大就业，提高城、乡居民收入水平，促进资源利用效率的提高等方面发挥了积极的作用。石油、煤炭、天然气作为世界三大重要天然能源之一，随着工业化的进程已经渗透到国民经济与社会生活的各个领域，被视为现代经济健康发展与腾飞的动力。

1. 工业耗能总量迅猛增长

2000～2005 年，能源消费年均增长 15.7%，增幅相差 15.3 个百分点。其中工业企业综合能源消费量年均递增 12.2%。从工业内部结构看，高耗能产业的比重仍较高，经济结构初级化、重型化特征明显。陕西历史上形成了耗能密集型的工业结构，近年来虽逐步进行了调整和优化，但并未有实质性转变，工业经济增长仍主要依靠重工业的增长来拉动。2005 年，全省规模以上重工业实现增加值占规模以上全部工业增加值的比重高达 60%以上，明显高于全国平均水平。轻重工业比重明显失调；耗能高的初加工企业较多，产业水平处于低层次是陕西工业经济的典型特征。近年来，随着经济的快速增长，全省规模以上工业企业能源消费总量呈现增长趋势，全省规模以上工业企业综合能源消费 2005 年 3205.02 万吨标准煤，比 2000 年的 1819.02 万吨增长 76.2%；2006 年上半年规模以上工业企业综合能源消费 1811.42 万吨标准煤，比上年同期增长 11.7%，但低于工业增加值增速 5.1 个百分点。

2. 高能耗行业悄然有变

从能源消费量和产值能耗看，由于产业结构和技术改造，五年来（2000～2005）高能耗行业也在悄然发生改变。2005 年全省煤炭采选业、石油和天然气开采业、电力、热力的生产和供应业、石油加工、炼焦及核燃料加工业的能源消费量，分别为 98.82、130.90、442.30 和 1209.91 万吨标准煤，占全部工业能源消费的一半以上(56.2%)，而 2000 年这些行业的能源消费量所占比重为 27.9%。纵向比较，全省能源生产的产值能耗是逐步下降的，但就不同的生产过程看，加工转换过程的能源消耗逐步下降，而能源采选业的单耗呈上升趋势。从其它大类行业看，按能耗高低排序位居前列的依次是化学原料及化学制品制造业、非金属矿物制品业、黑色金属冶炼及压延加工业、有色金属冶炼及压延加工业、造纸及纸制品业、交通运输设备制造业和纺织业，这些行业所消费的能源合计占全省能源消费量的 36.7%，而 2000 年这些行业的位次分别是化学原料及化学制品制造业、非金属矿物制品业、服装及其他纤维制品制造业、有色金属冶炼及压延加工业和交通运输设备制造业。从不同品种的能源消费情况看，2005 年煤炭消费前五位的行业是：电力、热力生产供应业、石油加工、炼焦及核燃料加工业、化学原料及化学制品制造业、造纸及纸制品业、石油和天然气开采业；而 2000 年位居前五位的分别是电力、热力的生产供应业、煤炭采选业、非金属矿物制品业、化学原料及化学制品制造业、石油加工、炼焦及核燃料加工业。2005 年汽油、柴油消费前五位的行业是：电力、热力的生产供应业、石油和天然气开采业、石油加工业、化学原料及化学制品制造业、交通运输设备制造业；2000 年则为非金属矿物制品业、电力、热力的生产供应业、石油加工、炼焦及核燃料加工业、电子及通信设备制造业、石油和天然气开采业。2005 年电力消费前五位的是：电力热力的生产和供应业、黑色金属冶炼及压延加工业、化学原料及化学制品制造业、有色金属冶炼及压延加工业和非金属矿物制品业；2000 年则为电力热力的生产和供应业、化学原料及化学制品制造业、非金属矿物制品业、有色金属冶炼及压延加工业和纺织业。

3. 多数工业行业单位产值能耗下降。

2006 年上半年，在全省 39 个工业行业大类中，产值单耗有 28 个行业较去年同期下降，11 个行业上升，部分行业下降幅度高于全省平均水平。其中有色金属矿采选业万元产值能耗下降 0.95 吨标准煤、非金属矿物制品业下降 0.52 吨标准煤、皮革毛皮羽毛(绒)及其制品业下降 0.46 吨标准煤、造纸及纸制品业下降 0.38 吨标准煤、橡胶制品业下降 0.27 吨标准煤、石油加工炼焦及核燃料加工业下降 0.23 吨标准煤、煤炭开采和洗选业下降 0.21 吨标准煤。部分行业产值单耗增加较快，其中木材加工及木、竹、藤、棕、草制品业增加 0.78 吨标准煤、塑料制品业增加 0.32 吨标准煤、非金属矿采选业增加 0.3 吨标准煤、电力、热力的生产和供应业增加 0.09 吨标准煤、医药制造业增加 0.07 吨标准煤。

(1)200 家重点耗能工业企业降耗初见成效。2006 年上半年，省统计局、省发改委重点监测的全省 200 家重点耗能工业企业综合能源消费量 1431.6 万吨标准煤，占全省规模以上工业企业能源消费总量的 79%。200 家重点耗能工业企业产值单耗 1.17 吨标准煤/万元，较上年同期下降 17.6%。在 200 家重点耗能工业企业中，产值单耗较上年同期下降的有 116 家，其中 88 家下降幅度超过全省平均水平。

(2)部分企业单位产值能耗增长过快。2006 年上半年，在 200 家重点耗能工业企业中，产值单耗较上年同期上升的有 70 家。其中上升较快的前 10 家企业主要分布在陕北和关中。榆林 6 家：同源镁业有限责任公司、府谷县金利源综合利用发电有限责任公司、榆林市天龙镁业有限责任公司、神华神东电力有限责任公司、神木县龙华阳光发电有限责任公司、府谷县聚金邦镁业有限责任公司；渭南 1 家：韩城迪源建材有限责任公司；铜川 1 家：铜川声威建材有限责任公司；西安 2 家：陕西海升果业发展股份有限公司和西安热电有限责任公司。

(3)重点耗能企业中，发电企业是关键。2006 年上半年，在 200 家重点耗能工业企业中，综合能源消费量前 10 名的企业是陕西秦岭发电有限责任公司、陕西宝鸡第二发电有限责任公司、陕西华电蒲城发电有限责任公司、陕西渭河发电有限公司、陕西延长石油(集团)有限公司、陕西龙门钢铁(集团)有限责任公司、神华神东电力有限责任公司、陕西渭河煤化工集团有限责任公司、大唐韩城第二发电有限责任公司、大唐户县第二发电厂,综合能源消费量合计449.3万吨标准煤,占200家重点耗能工业企业耗能总量的31.4%。耗能前10户中发电企业占7个,发电企业是全省降耗的重点。“十一五”期间陕西计划新建扩建韩城、蒲城、铜川、宝鸡、马屋等电厂,进一步加大了节能降耗工作的难度。

(二)价格变化对行业能源供求的传导趋向

2006年上半年,能源化工工业对全省工业产值增长的贡献率达58.8%。其中,石油和天然气开采业完成产值359.52亿元,比上年同期增长55.8%,拉动全省增长8.4个百分点;石油加工、炼焦及核燃料加工业278.36亿元,增长52.8%;煤炭开采和采选业94.56亿元,增长22.7%;电力、热力的生产和供应业149.8亿元,增长9.2%;石化、有色和煤炭行业盈利水平持续走高。上半年,石油和天然气开采业实现利润171.73亿元,比去年同期增长50.8%;煤炭开采和洗选业14.77亿元,增长40.1%;石油加工、炼焦及核燃料加工业9.44亿元,增长6.5倍,以上3个行业实现的利润占到全省规模以上工业的76.1%,其他30多个行业只分享了不到四分之一的利润,这说明绝大多数企业其实是处在微利、亏损的边缘。

2006年上半年规模以上工业企业亏损形势有所缓解,但形势依然不容乐观。6月末全省规模以上工业企业亏损面39.6%,高出全国平均水平18.1个百分点。上半年,亏损企业亏损额为32.45亿元,比去年同期增长14.5%,其中国有及国有控股企业亏损面达50.4%,亏损额24.99亿元,占全部亏损额77%。亏损过两千万元的企业有22户,共计亏损17.31亿元,占亏损总额的53.3%,其中19户为国有及国有控股企业。全省规模以上工业亏损企业户均亏损额277万元,比全国平均水平高52万元,少数行业和企业的高效益掩盖了整体工业效益较低的矛盾。

众所周知,能源行业是支撑各个行业发展的基础性产业,利润集中于能源行业,导致利润的分配由于过分集中于能源行业而使其他相关行业受损,甚至处于亏损的边缘。而企业增加的这部分成本,相应变成了石油、电力、煤炭等能源行业的利润。能源行业的利润越大,对其依赖性强的行业成本压力就越大。由于能源行业大多是垄断性行业,市场化程度较低,而其他很多行业都基本实现了市场化角色的转换。由此导致的结果是:垄断性行业由于缺少市场竞争,其价格由其垄断地位所决定,其价格形成机制既不透明也偏离市场。而其他行业价格基本由市场决定。因而即便是能源价格上涨,在竞争的巨大压力下,既不敢轻易涨价,更不敢同步涨价。这导致能源价格上涨的压力向下游传导的速度放缓。合理的逻辑是,成本上升的压力如果不能通过价格链向终端消费转嫁,那么必然被产业链不同环节消化吸收而体现为行业销售利润率的下降;从长远来看,这种状况的存在不利于我国经济的良性发展。一方面,利润分配过分集中于能源行业,造成利润分配的“贫富差距”进一步拉大。另一方面,能源行业的利润大增,是以其他相关行业成本的增加为代价的,这必然制约其他行业的发展。无论从就业还是从经济可持续发展的角度来看,能源行业的发展都是基础性的,它应该有益于其他行业的快速发展而不是拖其他行业发展的后腿,导致整个经济结构的失衡乃至畸形发展。垄断性能源行业的“吞噬”效应并不仅限于此,它还导致资源供应地的生活环境遭到破坏,部分居民重新贫困,一些地区成为空城,甚至成为不适宜人类居住的死地。垄断性能源行业的利润,是建立在“吞噬”依赖它的相关行业和公众的基础之上的。对相关行业的“吞噬”,影响中国经济的可持续发展,而对资源地居民的“吞噬”,则说明其利润的形成牺牲了公众的利益。能源行业要发展,但是,它的发展应该是惠及社会的而不应该是掠夺性的。

1. 下游生产企业压力加大,利润受损

受国际市场影响,2005年全省原油价格震荡攀升。原油是加工成品油的主要原材料,据测算,原油占成品油加工总成本约70.0%以上,

尽管自去年以来国家有关部门曾7次上调成品油价格，但因国际、国内成品油价格仍有一定的差距，购销价格倒挂现象依然存在，使生产企业利润缩减，甚至亏损。据统计，2005年，全省石油加工、炼焦及核燃料加工业企业亏损面达44%，受相同因素影响，化学原料及化学制品制造业亏损面达36.1%。上述行业是陕西省的支柱产业，成本上升，利润下降，在一定程度上制约了工业经济的发展和经济质量的提高。

2. 交通运输业成本增加，不堪重负

交通运输业是耗油大户，对汽油、柴油的依赖性较大。油价的大幅上涨，导致交通运输业单位运输成本大幅增加，严重影响了企业的经营效益。

(1)冲减出租车行业收入。受原油涨价的带动，全省汽油、柴油价格全面上扬，各地出租车行业成本负担均有不同程度的增加。西安是出租车拥有量最多的城市，据有关部门统计，目前约有出租车11000辆左右，2007年的二次价格上调，汽油每升累计上调0.62元，全行业每日增加支出近30万元，全年增加支出约达一亿元。其它各地出租车行业成本也呈明显增加态势，这使出租车行业利润大幅缩减。据调查，一台普通出租车，按每台两个司机(黑天、白天持续运营)计算，平均每个司机每月纯收入在1000多元。五月份油价上涨后，每个司机平均每月减少收入达200元左右，收入下降幅度接近20%，其它各地出租车司机收入减少数额不等。

(2)长途客运票价与运营成本严重背离。受成品油价格上涨和路途较远双重因素影响，长途客车效益再度下滑。长途客运行业不属于补贴行业，成本增长由消费者与客运企业共同消化。国内原油价格与国际市场接轨后，国内市场成品油价格多次上涨，而多数地区客票价格几年来一直未变，与运营成本严重背离，使营运车辆的效益急剧下滑甚至亏损。

(3)市内公交公司利益受损较重。公共交通是一个城市的主要客运手段之一，与人民群众生活、整个社会的稳定息息相关。这个特殊的行业既要考虑社会的公益性，又要兼顾企业的经营性。调查显示，油价大幅上调给全省各地公交企业带来巨大的经营压力。成本增加，而市内公交车维持原票价，使公交公司利润大幅度缩减。

3. 种田成本增加，农民利益受损。油价上涨带动化肥、农药等农资价格及运输费用涨价，导致农民种粮成本提高，种粮效益下降，抵消了农民在粮食直补中得到的实惠。据统计，2005年全省主要农业机械和设备数量均有增加。这将加大成品油的消耗总量，增加农业投入。在竞争激烈，服务价格上调有限的情况下，增加的成本只能靠自己消化，直接冲减农民净收入。

二、陕西省在能源生产和消费中存在的问题

陕西是全国的能源资源大省，煤炭和天然气储量居全国第三位，石油储量居全国第5位。但2005年原煤产量居全国第5位，仅占全国总产量的4.9%，原油产量虽居全国第4位(只有18个省市有原油产量)，但也仅为全国产量的9.8%，发电量居全国第19位，占全国的2%。

(一)能源生产的增长赶不上经济增长对它的需求

2000～2005年全省能源生产总量年均递增30.6%，比同期GDP年均增速15.3%高了15.3个百分点。但能源市场依然是供不应求的格局，煤、电、油供应紧张的局面依然存在，拉闸限电现象不时出现，油价持续上涨，能源对经济增长的支撑力有待考验。

(二)能源生产结构不合理

在能源生产和消费保持两旺的背景下，陕西省的发电量和原煤产量也保持了较快的增长，发电量由2000年的272.28亿度增加到2005年的504.94亿度，年均递增13.1%；原煤产量由1983.89万吨增加到10810.72万吨，年均递增40.4%。此外，原油产量由746.44万吨增加到1778.16万吨，年均递增19%，天然气产量也由21.1亿立方米增加到80.59亿立方米，

年均递增 30.7%。但是，能源生产结构问题依然严重：

一是发电量虽增加很快，但其中以火力发电为主，水力发电只在其中占很小一部分，水力发电量从 2000 年占发电总量的 12.8%下降到 2005 年的 9.2%。水力发电成本较低，不污染环境，属于环保节能能源；而火力发电不仅造成环境污染严重，且对煤炭等能源造成较大的浪费。

二是以煤为主的能源生产结构不利于陕西能源优势的进一步开发，煤炭在全省的能源生产中占 75.3%，在能源消费中占 80.5%。陕西是煤炭资源大省，其储存量居全国第 3 位，但煤炭产品结构单一。如原煤产量大，但是洗精煤、其他洗煤、煤制品等没有或很少，煤炭用途也以发电、洗选、炼焦为主，产品的科技含量不高，产业链较短，附加值提升很慢，直接导致了全省煤炭工业整体经济效益不高。

(三)能源消费结构不合理，初级能源产品仍是消费主体

首先是煤炭消费比重过大，造成了严重的环境污染。2005 年，全省原煤平均每天消费 15.12 万吨(合 10.8 万吨标准煤)，占每天能源消费总量 14.86 万吨标准煤的 72.7%。因此，陕西的能源消费结构同生产结构一样，不利于全省能源优势的进一步开发。

2006 年上半年，全省规模以上工业企业中，原煤消费 52.2%、原油 28.7%、洗精煤 5.8%、焦炭 3.6%、天然气 1.6%、电力 5.6%、热力 1.1%，以煤炭为主的能源消费格局仍未改变。电力、天然气等优质能源消费占不到 10%，这种能源消费形式不但降低了能源综合利用率，也难以支撑工业化进程中的产业结构升级和调整，同时也更容易形成大面积的环境污染。

二是随着近几年来轿车大量进入家庭后，成品油消费量逐年递增。目前机动车燃油消耗不仅是中国石油消费总量中增长最快的部分，而且所占份额很快就会上升到第一位。2005 年，全省各类成品油消费量达到 413.91 万吨，比 2000 年成品油消费量 298 万吨增加 115.91 万吨，年均增长 6.8%。截至到 2005 年底，全省共有各类以汽油和柴油为动力的机动车 69.29 万辆，以每辆汽车平均日耗油 8.7 升计算，全省每日各类机动车耗油达 602.82 万升(也就是年耗成品油 437 万吨)，折合每日消耗掉将近 9400 吨原油所加工成的成品油。

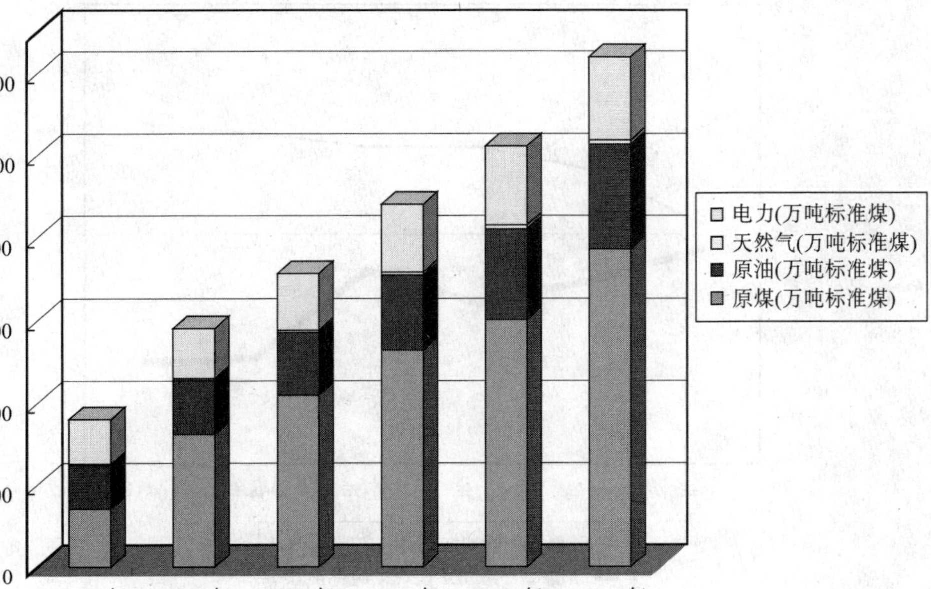

图 1　2000～2005 年陕西能源生产量

表 1　2000～2005 年陕西能源消费表

指标名称	2000 年	20001 年	2002 年	2003 年	2004 年	2005 年
煤炭(万吨标准煤)	1866.64	2115.80	2375.60	2785.05	3240.08	4355.61
石油(万吨标准煤)	610.12	736.25	855.24	896.79	1032.86	819.65
天然气(万吨标准煤)	81.00	131.63	170.13	221.73	397.93	227.80
成品油(万吨标准煤)	320.11	317.11	394.58	446.88	575.02	605.33
电力(万吨标准煤)	59.02	50.66	46.91	15.39	21.79	57.37
全省能源消费总量(万吨标准煤)	2616.78	3034.34	3447.88	3918.96	4692.66	5410.13

(四)工业耗能比重大,能源使用效率低,损失浪费严重

在能源消费中,工业消费占 62.3%,与发达国家 30%－40%相比,明显偏高。与此同时,能源使用效率又太低。全省单位 GDP 能耗(吨标准煤/万元)呈逐年上升趋势,到 2005 年每万元 GDP 耗能 1.74 吨标煤,比 2000 年上升 0.22 吨标煤,与全国相比,每万元 GDP 耗能高出全国 42.6%,且与全国差距有逐渐拉大趋势,与经济发达省份和沿海省市相比差距更大。要达到"十一五"发展纲要提出的到 2010 年每万元 GDP 耗能降低 20%的目标,任重而道远。

从整体上看,全省能源的加工转换效率比较低,2005 年只达到 67.3%,比 2000 年下降 0.2 个百分点,比全国平均水平低 2.5 个百分点。其中炼油行业的能源加工转换效率最高,达到了 94.7%,而火力发电行业的能源加工转换效率最低,只有 34.4%,其余供热、洗煤、炼焦行业的能源加工转换效率分别为 74.5%、82.6%和 83.2%。陕西省的能源从开采、运输、加工直到消费,有 30%多的能源被损失和浪费掉了,而在火力发电中有近 66%的能源被损失和浪费掉了,因此提高能源加工转换效率,节约能源已刻不容缓。

三、建议与对策

(一)降低成本,改进技术,提高效益

2006 年上半年全省能源消耗增长高于经济增长,单位国内生产总值能耗同比下降 1.8%左

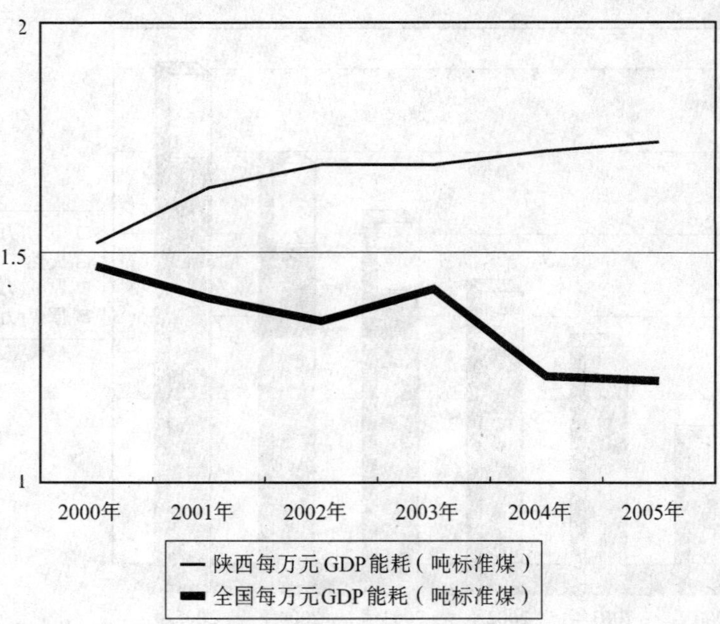

图 2　陕西与全国万元 GDP 能耗比较

右，与年能耗降低4%的目标差距加大，需要各行各业在节能降耗上做出巨大努力，才有可能实现这一目标。

1. 健全制度，消除误区

节能降耗是一项具体的实践活动，仅从思想上的重视还不足以解决问题，必须要在组织管理上、制度措施上、具体行动上加以认真实施。转变粗放的管理方式，建立细化的管理体制，改变高消耗带来高效益不顾后果的管理形式，健全必须的管理制度，强化考核措施。

2. 设备更新，消除差距

先进技术是节能降耗的助推力，先进的技术装备是节能降耗的物质基础和前提。要想在节能上取得更大成效，必须重视新技术、新工艺、新装备的运用，注重自主创新、集成创新，消除企业生产技术上存在的差距。在组织管理方面，要建立节能降耗工作责任分解和考核制度，把节能降耗落实到各地、落实到企业。

（二）改变意识，提高开发和保护能源资源的自觉性

1. 建设节能型社会

面对不断高涨的能源价格和需求，目前最重要的是调整经济结构，转变增长方式，在减少对煤炭、石油等一次能源需求的基础上，努力降低能耗，提倡节约能源，同时加快国家石油储备体系的建设步伐，积极开发核能、风能、太阳能、地热能等新能源和可再生能源。而陕西应从煤炭资源相对丰富的实际出发，进一步搞好煤炭的有序开发和利用，夯实能源供应的基础，加强石油、天然气勘探开发，优化发展煤电，积极发展核电，加快开发利用可再生能源，包括发展煤炭液化、煤基醇醚燃料，以及生物质基燃料等替代能源，形成合理的能源结构。

2. 建设环保型社会

长期以来，陕西省煤炭开发方式粗放，掠夺性开采严重，造成地下水渗漏、煤矸石大量堆积、矿井瓦斯排空以及采煤引起的地表沉陷问题比较突出。目前，全省原煤洗选比例不高，比发达国家低近60个百分点，也低于全国水平。大量燃用未经洗选加工的煤炭，使得二氧化硫排放量及酸雨影响程度加大，造成严重的环境污染和大气污染。因此要建设环保型社会，必须转变煤炭开发方式，优化煤矿和选煤厂设计，减少地下水渗漏和煤矸石产生量，避免地表塌陷，高效、清洁地利用煤炭，发展煤炭循环经济，化“三废”为宝

3. 大力推广生物质直接燃烧发电

生物质直接燃烧发电是目前世界上仅次于风力发电的可再生能源发电技术，而秸秆热电技术较具代表性。陕西为农业省份，每年有大量的农作物秸秆产生，除部分用于农村炊事取暖等生活用及满足养殖业、秸秆还田和造纸需要之外，每年有大量的农作物秸秆被废弃。推广应用生物质发电技术不仅可以开辟生物质资源利用的新途径，还能有效增加农民收入，减少大气污染，同时也杜绝了能源的严重浪费(据专家测算每吨农作物秸秆可折合标准煤0.5吨)。在社会主义新农村建设中，有条件的地区应加大发展和应用沼气、太阳能的使用规模。在户用系统的基础上，开发风/柴/蓄、光/柴/蓄供电系统，风/光互补村用系统，解决农村用电问题。以发展沼气为纽带，带动农户种植、养殖业及庭院经济的发展，防止农村植被和森林的过度采伐，破坏生态环境。

（三）实现结构性节能，必须调整优化工业产业结构

从目前节能的现实状况看，通过调整工业行业和产品结构实现的节能约占工业部门节能潜力的70%左右。全省高能耗行业工业产值所占比重很大。2005年，全省石油化工工业、冶金工业、电力工业、机械工业、建筑材料工业等五大高耗能部门，其年产值占全省规模以上工业总产值的70以上%，其能源消耗量占80%还多。调整优化工业内部结构，任务艰巨，推进结构性节能势在必行。全省不同工业行业之间耗能水平差异巨大，通过结构调整，将会产生深刻变化。

工业产值不足4.4%食品加工业和食品制造业，工业产值不足6.3%的通用设备制造业、专用设备制造业和纺织业等行业具有低能耗、高附加值的特点。在全省具有发展基础，创新

名牌，发展本省特色食品，应当继续积极发展，进一步做大做强；工业产值占9%的生物技术及医药和机电等高新技术产业，在全省工业中具有较好的发展前景，应当加快发展；在充分考虑工业生产能源需求安全的条件下，根据工业发展的需要，从严控制高耗能工业行业的发展，对高耗能高效率模式的化学制品制造业、非金属矿物制品业、热力、电力等的生产和供应业企业的生产，要设法降低能耗；要坚决制止高耗能行业盲目投资和低水平扩张，对传统产业中落后的和过剩的生产能力进行淘汰和压缩，鼓励应用市场机制开展有效竞争，促进产业结构优化升级和优胜劣汰；对石化行业、有色行业、建材行业、造纸等行业能耗高但附加值也相对较高的产业，要提高行业准入门槛，并通过价格杠杆机制调控产业结构。

参考资料

1.《陕西统计年鉴》2000～2006年
2.《中国统计年鉴》2000～2005年
3.《2002年陕西省投入产出调查资料汇编》
4.《陕西统计》资料
5.《陕西省国民经济和社会发展第十一个五年规划纲要》

作者：陕西调查总队生产投资价格处

2007

十、教育现状研究篇

义务教育免费减负几何

从2006年秋季开始，江苏省免除了农村义务教育学杂费，部分发达城市随即自发跟进。2007年春，这一德政遍施全省。新的学期开始，孩子们真的是空着双手轻松踏进校门的吗？

一、杂费虽免，负担不轻

据对全省城乡居民家庭的调查，在已经实行免费的城市，2006年秋季学期，平均每个小学生和初中生交费403元，比未免费时的上年同期减少51元，减幅为11.2%；县城镇每个学生交费421元，同比减少114元，减幅为21.3%。

2007年2、3两个月学生的实际交费情况为：城市生均305元，比上年同期减少60元，减幅为16.4%；县城镇生均288元，同比减少108元，减幅为27.3%。

按省定标准，每个小学生一学期免费96元(杂费70元，信息教育费20元，电教费6元)，初中免费128元(杂费100元，信息教育费20元，电教费8元)。平均为110元左右。对照此标准，县城镇基本符合要求，而城市实际仅免了一半，即在免费的同时，又在向学生收费。

二、学校收费，名目繁多

据调查，学校仍在收取的费用可分为两大类：一是地方政策允许的部分；二是学校自设名目收取的部分。以苏州市为例，2007年地方政策规定，学校可按学生自愿原则，向小学生收取社会实践费100元，关心班费45元；向初中生收取社会实践费120元，初三学生收取补课费64元。然而，虽说是自愿，但学校提出收费，学生焉敢不交？这是针对全体学生的收费，还有一些是针对部分学生的收费，如实验班学费、双语班学费等。目前，较有名气的初中学校均开设有实验班和双语班。所谓实验班，其实就是快班、重点班。所谓双语班，就是在正常汉语教学的同时，增加几节用英语上课的课时。苏州实验班的收费标准为每生每学期1670元，双语班每生每学期3370元，其他费用与普通学生相同。地方文件规定，这些费用学校有权上浮10%。

对外地学生而言，该收的固然要收，该免的则不能免。江苏省教育厅规定，外地学生要享受学杂费减免，必须领取《江苏省义务教育证》，领取此证必须同时满足四个条件：(1)随父母或其他法定监护人在流入地暂住，有学习能力，未接受完九年义务教育的学籍材料；(2)户口簿、父母或其他监护人在流入地的暂住证；(3)监护人相对稳定工作的证明(与用工单位签订的劳动合同，工商营业执照等)；(4)符合户籍所在地计划生育政策规定的有关证明。从实际操作的结果看，能享受免费政策的外地学生(主要是进城务工的农民子女)比例很低。以苏州市一所农民工子弟学校“东冉学校”为例，该校1050名小学生中，能够享受免费教育的学生仅为36人。其原因很简单，江苏的外来工非常多，地方财政难以承担也不愿承担外来人员的教育负担。就地方财政而言，多接受一个外地学生，不仅是多承担110元的减免费，而是每学期要多支出1000多元的教育事业费，9年就是2万元。

学校自行设立的收费名目则远不止此。主要有：(1)奥数、英语等兴趣班费，写作提高班费，钢琴、跳舞等学习班费，调查结果显示，参加各种兴趣班、学习班的学生占全部学生的21.1%，平均每生每学期交费404元；(2)择校费，择校生占全部学生的13.2%，平均每生每学期交费2056元；(3)学校劳动技术费，生均10元；(4)学校订报纸费，生均15元；(5)补课费，对毕业班的学生而言，补课周周皆有，费用月月付清。

此外,家教费、辅导教材费等支出依然如故,只是这些费用不由学校收取而已。据镇江市调查,聘请家教的学生占全部学生的27.9%,每月每生平均交费288元。家教老师自然是在职的中小学教师。

三、学校用度仍有缺口

目前,各级财政对义务教育学校的拨款共有三项:一是预算内教育经费拨款;二是教育附加拨款;三是基建拨款。这是学校的主要收入源。学校的主要支出也是三项:一是个人支出,包括职工的工资奖金福利社会保障等;二是公用经费,包括公务费、业务费、校舍修缮费等;三是基建支出。据历年《中国教育经费统计年鉴》资料,每年的财政拨款与学校支出之间都存在较大缺口,谁来填补?学生。例如,2003年度江苏各级财政对全省初中和小学的各项拨款总额为124.51亿元,同年,学校的三项支出总额为166.59亿元,差额为42.08亿元。年平均学生数为879.1万人,生均差额479元。分学级分城乡的具体数额如下:

2003年度义务教育收支差额表

	三项财政拨款(亿元)	学校全部支出(亿元)	拨款差额(亿元)	年均学生(万人)	生均差额(元/人)
初级中学	42.45	60.70	18.25	291.4	626
#城市	17.47	26.77	9.30	77.0	1206
#农村	24.98	33.93	8.95	214.4	417
小　学	82.06	105.89	23.83	587.7	406
#城市	32.29	44.62	12.33	164.3	750
#农村	49.77	61.27	11.51	423.4	272
合　计	124.51	166.59	42.08	879.1	479

生均差额就是学校当年实际向学生收取的费用,其中,收费最多的是城市初中,生均1206元,城市小学次之,生均为750元。免收杂费后,政府的做法是:"免学杂费补助标准和现行财政预算内生均公用经费拨款标准归并,以小学生每生每年230元、初中生每生每年350元作为农村义务教育阶段学校公用经费拨款最低标准"。自行免费的城市出台的政策也基本参照此标准。这项标准中包含两块经费:一是弥补减免的学杂费,即小学一年192元(96元/学期),初中256元(128元/学期);二是原来财政拨付给学校的公用经费。据江苏省教育厅、财政厅、统计局最新发布的公告,2005年度城市小学生均预算内公用经费拨款为188元,农村59元;城市初中生均预算内公用经费拨款为248元,农村66元。若剔除原来财政的拨款,实际的减免学杂费补助为:城市小学生均42元(230～188),农村为171元(230～59);城市初中生均102元(350～248),农村为284元(350～66)。对照减免标准,只有农村初中的学杂费补助284元能够填补减免额256元的空缺,其他均难以补全。特别是城市缺额更大,其中初中缺154元(256～102),小学缺150元(192～42)。这正是农村执行减免政策好于城市的关键所在。

从学校的实际用度看,财政的补助更显不足。根据教育主管部门的统计数据,早在2003年时,农村初中从学生身上收取的费用即达417元,农村小学每人收取272元,与减免政策实施后增加的财政补助(初中284元,小学171元)相比,学校仍需向初中学生收取133元、向小学学生收取101元方能维持日常用度。城市学校的需求与财政补差之间差距更大,需向学生收取的费用更多。据上表资料计算,城市初中需向每个学生收取1104元(1206～102),小学需收取708元(750～42),按小学和初中的学生比例计算,平均每个学生需交费840元。

由于最新数据难以取得,所以我们以四年前的数据来说明问题。从近几年学生交费的增长情况看，这一状况并未好转。居民调查资料显示，在免费政策出台之前的2005秋季学期，城市义务教育学生生均实际交费454元，即一学年908元。与2003年主管部门的统计数据840元相比，学生实际多交费68元。

四、增补十亿，全省全免

在江苏，城乡均已实现义务教育杂费全免。义务教育所需的各项经费中，教职工的工资福利等事业性经费早已实现财政全包；学校基础建设也已基本到位，基建经费维持常态即可；公用经费中，农村已经基本满足，只有城市尚嫌不足。也正因为如此，学校才有了继续收费的理由。

按目前学校生均公用经费的实际水平，城市初中为1000元左右，小学生均为650元左右；目前财政已经补助350元和230元，则差额为：初中650元（1000～350），小学420元（650～230元）。2007年城市初中在校学生为81万人，小学在校学生为115万人。据此计算，全省差距总额为10亿元。就是说，如果再追加10亿元，补足所需的公用经费，则可堵住任何收费借口。

作者：江苏调查总队　赵继东

2007 年湖北农村中小学义务教育状况调查

湖北省从 2007 年春季开始全部免除农村义务教育阶段中小学生的学杂费。为了解农村义务教育政策的执行情况,国家统计局湖北调查总队在竹山、麻城、松滋、天门、洪湖、浠水、老河口、崇阳、当阳、监利、咸宁、阳新等市县走访了有关部门,并对 60 多所中小学校及部分教师、学生和家长进行了调查。调查结果显示:由于各级政府高度重视,各地均能认真执行国家义务制教育政策,各项资金基本足额落实到位,学校乱收费现象基本杜绝。为确保每位适龄学生接受教育,各地采取了多项措施加强执法监督。目前,全省农村义务教育阶段小学入学率为 100%,初中辍学率在 1%~2%,返校贫困学生在增加。教职工工资有保障,教师待遇有所提高。学校严格按照教学大纲规定的内容开展教学活动,学校教学秩序井然。

但调查也发现,当前全省农村中小学义务教育阶段仍有美中不足的地方,需引起关注。

一、部分学校服务收费存在非“自愿”和“不和谐”现象

1. 学校服务收费大多数自愿,但少数实属学生无奈

据调查,大部分学校服务收费属学生自愿,但有少数学校存在非“自愿”情况。如,崇阳县多数学校收取保险费和校服费,说是学生“自愿”,实为老师宣传、学校代收。有家长反映,保险费从过去的每生每学期 10 元涨到 15 元、20 元,今年涨到 25 元,由于是老师宣传学校代收,学生怕得罪老师也不得不交。对于家庭经济困难的学生来说,自愿逐渐变成一种负担。校服费的收取存在类似情况。

2. 个别学校收费“不和谐”

浠水县某乡镇小学将应该按月收取的生活费并入课本费、作业本费,开学初一次性收取,共计 485 元,其中:课本费 65 元、作业本费 20 元、四个月的生活费 400 元。这种集中收费给贫困学生家庭带来经济负担。

二、九年级学生辍学现象较为突出

据对国家级贫困县竹山、麻城的调查,初中九年级学生辍学现象较为突出。竹山县初中生辍学率为 1.9%。麻城初中生辍学率为 1.5%,且多集中在普通中学的九年级学生,占辍学学生总数的 95.6%。在调查的市县中均未发现因贫困而辍学的学生。学生辍学原因主要是:

一是受经济利益驱使辍学外出打工。如竹山县现在农民收入的 70%来自外出打工,其收入大约以每年 20%的幅度增长。今年前两个月,该县外出务工收入较去年同期增长 12.7%,一些学生看到同乡、同村的人挣钱眼馋而辍学去打工。麻城一些普通中学九年级学生特别是女学生,年后纷纷外出打工。

二是学习成绩不好又无父母管教的“留守”孩子和破裂家庭孩子辍学较多。在竹山、天门、当阳的调查发现,这部分学生长期缺乏父母的关爱,学习积极性不高,成绩差。父母觉得再读下去也没什么希望,不如辍学打工。

三是学生学习任务繁重、压力大,加上家长对孩子的期望值过高,产生厌学情绪。如竹山溢水中学今春辍学的 12 个学生中,有 9 人是九年级学生,认为自己即将毕业的成绩无法达到家长的要求,升学无望,从而对学习失去信心产生厌倦情绪而辍学。类似现象在崇阳县石城中学有 51 人,白霓中学有近百人。

四是受“读书无用论”错误观念的影响。受媒体上对“北大毕业生卖猪肉,杂牌大学生当保姆”等宣传报道的影响,一些学生和家长认为,

孩子吃苦受累、家里负债支持、好不容易考上大学后并没有改善自己和家里的生活，即使读了大学也难找到好工作，还不如早点去打工赚钱。

三、教师待遇较差，老化问题突出，教师队伍有流失倾向

1. 部分地方农村教师工资不能按时全额发放

调查中发现，由于财政困难，洪湖、大悟、崇阳、竹山等地一些乡镇学校教师不同程度地存在住房条件差、医疗没保障、津贴难到位等问题，一些优秀教师挡不住外面的诱惑有流失倾向。竹山县部分农村教师除工资外，没有政策规定的书报费、独生子女费。洪湖村镇教师反映，他们与市直学校教师比，同等条件下一个月工资相差280多元，教师心理不平衡。崇阳因教师工资上调需县财政增支1800万元，虽已纳入县财政预算但兑现困难。调查发现，全县农村中小学教师不仅自2006年7月到2007年2月止的新增工资没有补发，且“13月”工资从未发过，而且每月还要扣除11%的医疗保险和8%的养老保险，每年实际拿到的工资不足10个月的工资。那些偏远中小学的福利更差，待遇更低，优秀教师无法安心工作。

2. 教师队伍老化问题突出

老河口、竹山、崇阳、洪湖、天门等市县均反映，乡镇学校教师队伍老化问题严重，小学尤为突出。如老河口市张集镇全镇小学教师50岁以上有90余人，占小学教师总数的38.3%。孟楼镇黄营小学13个老师，50岁以上的就有9个人，占70%。竹山县从1999年财政体制下放后，教育部门曾连续7年没有补充新教师，只在2006年招收了13名大中专生，目前全县中小学教师的平均年龄在40岁以上。崇阳县部分学校十多年没招收新老师，年龄结构老化在村小学表现较为突出。

3. 教师培训经费紧缺

湖北省近两年出台相关政策免费培训农村教师。但十堰市和竹山县组织的新课程、信息技术等培训要收培训费，除此之外差旅费、生活费需老师自费。部分学校经费有限只能报销70%，参加培训的老师需自付30%。秦古小学2006年有11人次参加培训，一般学习13天，每位教师按400多元核销，学校需出资近5000元。参加培训教师的住宿、生活、车船票等100多元要自理，教师们想学却又害怕学，学能够提高自己的教学水平，却加重了个人经济负担。

四、山区和边远地区学校撤并增加了学校、家长的经济负担，学校的管理难度加大，同时安全方面也存在隐患

1. 学校撤并后，山区和边远地区学校、学生和家长经济负担过重

竹山县一些乡村学校撤并后，有的学生距离学校10多里路，每天上下学途中需2个多小时。由于路程远，村级小学不得不采用“早9晚3”的作息时间，中午不回家，以减少学生来回跑的次数。如秦古小学有21名学生在校就餐，学生自带粮食和菜，请人做饭，每生每顿收取0.5元加工费。秦古大西小学有70名学生在校就餐，每天0.5斤粮食，菜自带，学校请人做饭400元/月工资，煤700元/半学期，柴火1200元/半学期，这些支出加重了学校经济负担。

崇阳石城镇石门村小学是由石门、塔坳、宝林、新桥、山界五个村撤并成的一所边远学校，共有学生70人，学生离校最远40里，最近的也有20里。四至六年级的学生一般在石门小学上学，而学前班和一至三年级的学生无能力走这么远的山路，家长只好想方设法送到山外面的学校，有的上寄宿学校，有的在亲戚家寄读，有的家长甚至租房“陪读”。上寄宿学校包食宿、课本、作业本费等一学期约需2500元，零用钱除外。有的学生家长一人外出打工，一人到县城“陪读”，每月房租在200元左右，伙食费大人约400元、孩子约300元，照此标准计算，一个学期需4500元左右。如果一个家庭有两个孩子上学则花费更大，经济负担沉重。

2. 学校的管理难度加大，安全方面存在隐患

竹山县在撤并后因住宿生的增多，学校吃、住、行都有困难。一是吃，由于学校公用经费紧张，无力补贴学生伙食，又不能向学生多收，学

校只能让孩子们吃饱不能吃好，不能谈营养。竹山县得胜中心小学校长说："他们学校每两个星期给学生改善一次生活，这是无法保证正在长身体的孩子们需要的。二是住，普九达标使大部分学校学生住居面积能够保证，可小学生寄宿年龄太小，六、七岁孩子晚上尿床的是常有的事，学校又没有专门生活老师，老师们只能轮流陪睡，遇上孩子生病学校的责任就更大。三是行，撤并学校学生均离家较远，该县目前还没有村村通公交车，孩子们上学、放学有的坐农用车、有的坐拖拉机(这些都是学校禁止坐的交通工具)，孩子们的安全让家长和学校担心。

五、一些学校教学条件和环境不乐观

1. 部分地区学生在校生活环境未改善

按照有关规定，学校必须为学生免费提供开水。但在崇阳县调查时，学生和家长反映最普遍、最强烈并迫切希望得到解决的问题是："学校没有开水喝"。学校的老师和领导也证实了这一点。学校以往的做法是"学生交钱，学校供水"，现在则是"学生不交钱，学校也不供开水"。学校都说没有能力供应开水，由于学校无开水，有条件的学生自已买饮料或矿泉水解渴；家近的学生从家中自带开水；离家较远经济又困难的学生只好喝冷水或者忍着口渴坚持上课。个别学生因喝冷水拉肚子，对学习和生活造成一定影响。

2. 择校风盛行，超大、超小班并存，影响教学效果

据老河口、大悟、崇阳、竹山、天门等市县调查，受教育资源条件和学校教育经费拨款的双重影响，一些县及乡镇学校师生配比失衡，出现超级大班和超级小班。农村地区一些条件较好的家庭，不惜花钱租房送孩子到城关或镇上学校读书。国家规定师生配比标准为 1:21.6，而老河口市孟楼镇某校师生比为 1:35.2；崇阳县肥田小学是 1:32，崇阳县实验小学是 1:34，均高于国家标准。其中，崇阳县实验小学共有学生 3700 人，分 42 个班，平均每班 88 人，人数最少的 76 人，最多的 93 人。天门市调查的 6 所中小学，小学的班额平均为每班 70～80 人，初中为每班 90 人左右。天门校方对大班现象的解释是：今年政府拨给学校的公用经费按每生每年 45 元计算，学生人数越多经费就越多。与此同时，崇阳县石门小学六个年级只有 70 个学生，6 名教师，每个年级平均不到 12 人。

超大班造成教师超负荷工作，影响教学质量。如老河口市张集镇部分学校由于教师紧张，不仅校长要代课，连会计也要代课。竹山县秦古大西小学每位老师一般都代两门主课，若只代一门主课，则需兼三至四门副课。老师们平均一星期上课 23 课时，比国家规定的小学 16 课时标准超出 44%。而超小班则会造成学校教育资源的浪费。

3. 教师学科不配套，素质教育难实现

竹山、洪湖等市县一些农村学校教师学科不配套，特别是体、音、美和英语教师缺乏，导致这些课程形同虚设，只能给孩子们上主课，这与素质教育的理念是不相符的。如竹山张振武小学有学生 1651 人，23 个班，3 个学前班，专业美术教师只有 1 名，音乐、英语和体育教师都是兼职，没有经过专业培训，4 位体育老师还有两位是年龄偏大的，身体虚弱，上课时只能做一些简单的示范动作。洪湖一小在全市小学中条件是较好的，今年有学生 1828 人、27 个班，一些班人数多达 86 人。开学后，校体育组报采购清单：篮球 5 个，乒乓球拍 10 副、乒乓球 50 个、羽毛球拍 5 副、羽毛球 30 个。但由于经费紧张，只能购买篮球 2 个，乒乓球 30 个、羽毛球拍 2 副、羽毛球 15 个。2006 年下半年该校的"诗文教育"课题被省"十一五"规划办公室确立为重点课题，项目预算为 6 万元，但是迄今为止只收到省里下拨的 3000 元经费，课题研究不得不停下来。

六、部分学校债务包袱沉重筹资难，影响正常教学秩序

在调查学校运转状况时发现，"普九"债务是地方学校债务的主要部分。由于"普九"达标使大部分学校欠下了一时难以还清的债，而贫困县农村学校还债更是举步维艰。如老河口市孟楼镇全镇中小学债务共 460 多万元，张集镇

全镇中小学债务500多万元。洪湖县所调查的几所中小学校都有债务,少则90多万元,多的200多万元。崇阳县白霓中学债务320万元,其中"普九"债务260万元;县实验小学"普九"债务30万元;县第三小学"普九"债务50万元。巨额债务压得学校喘不过气,而对于大悟、竹山、阳新等国家级贫困县来讲,还债更是艰难。如大悟县全县学校债务高达5000多万元,主要是"普九"的基建债务;竹山县茂华中学债务高达500多万元;阳新县仅荻田中学债务就达150万元。

开学之初欠债学校根本无法正常教学。今春农村义务教育实行新机制后,由于学校收费受限,债主们感到学校还钱无望,几乎天天上门讨债,有的在学校吵闹,甚至恶语骂人,校长们普遍反映他们整天都在应付讨债人,没有更多的时间和精力来安排正常的教学工作。如崇阳县白霓中学校长反映:开学时债主就上学校锁大门,严重扰乱了学校正常的教学秩序,影响社会稳定和学校安全。一些债务学校陷入"开学时还债、期中借钱、期末贷款"的恶性循环。

作者:湖北调查总队　杨春花

2007

十一、其他热点问题篇

食品安全倍受关注　监管工作需要加强

为了解城市居民对食品安全问题的看法及建议，国家统计局北京调查总队就食品安全问题进行了一次民意调查。本次调查是在城区公共场所随机拦截了 204 名被调查者进行的问卷调查。调查结果显示，95.1％的被访者表示在乎食品安全问题，最担心的食品安全问题是农产品中的农药兽药残留。

一、人们关注食品安全问题，期待进一步加大监管力度

1. 有 95.1％的被访者在乎食品安全问题。调查结果表明：有 50％的被访者对食品安全问题的态度是“非常在乎”；45.1％的人“比较在乎”；表示“一般”的仅占 4.9％。没有人对食品安全问题表示“无所谓”。

2. 超过四成的人对当前市场食品安全的总体状况表示担忧。对于当前的食品安全现状，有 45.1％的人表示担忧；认为“一般”的占 37.7％；认为“安全”或“比较安全”的占 16.2％。

3. 农产品中的农药兽药残留问题是被访者最担心的食品安全问题。在食品安全方面，被访者最担心的问题排在前三位的有“农药兽药残留”、“添加剂过量使用”、“使用禁止化学物质加工食品”，选择比例依次为 61.3％、51.5％和 41.9％。其它担心的问题选择比例依次是不清洁的加工（37.2％）、致病微生物超标（29.3％）、食品变质（25％）、重金属超标（24.5％）、食品过期（18.1％）、转基因食品（6.9％）、食品包装材料不合格（4.4％）等。被访者最担心的十大食品问题见图 1（注：此题为多选题，应答比例超过 100％）。

4. 人们选购食品时主要关心其保质期和品牌。近几年，人们对食品安全防范意识不断加强，当问及您在哪类场所购买食品时，98.1％的人首选超市；其次会选择大型综合商场，被选比例为 84.3％；47.1％的人选择在农贸市场或流动摊贩处购买。购买食品时，通常有 95.2％的人会关心食品的保质期；65.2％的人会关注品牌；59.4％的人关注食品的安全认证标志；另有 39.4％的人表示会关注食品的色泽外观以及配料表等（注：此题为多选题，应答比例超过 100％）。

5. 超过 70％的被访者曾经遇到过食品安全

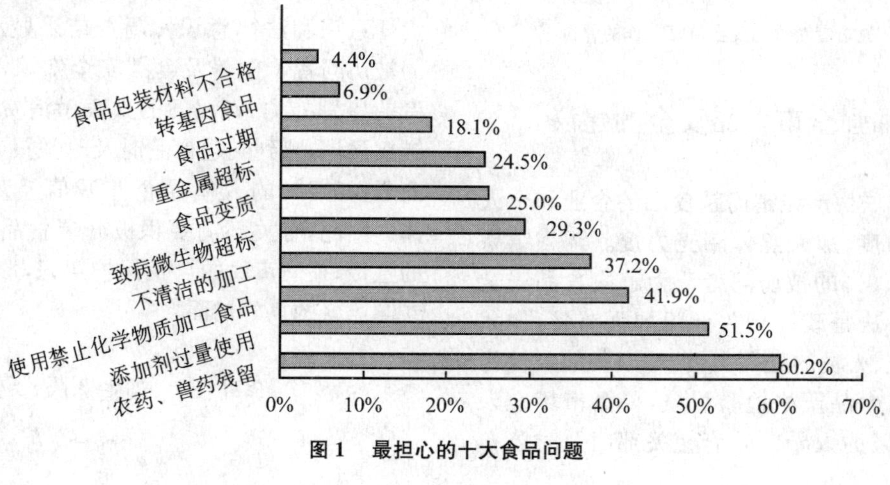

图 1　最担心的十大食品问题

方面的问题。在调查中我们了解到，有73.5%的人曾经遇到过食品安全方面的问题；13.7%的人表示会经常遇到食品安全方面的问题；只有8.9%的被访者表示从来没有遇到过食品安全问题；另有3.9%的人表示不清楚。调查显示：71.8%的人遇到的主要问题是食品变质；70.2%的被访者遇到的是含有毒有害物质的食品；有57.3%的人认为是食品不卫生方面的问题(注：此题为多选题，应答比例超过100%)。

6. 35.8%的被访者认为食品安全监管工作还不到位。近几年，市各有关部门积极行动，深入开展各项食品安全专项整治，食品安全控制水平进一步提高，各类重大突发事件得到了有效控制。据从相关部门了解，2006年1～11月份，市、区两级监管部门共监测抽查45大类550个品种食品的51966个样本，总体合格率达95.16%。虽然食品总体合格率较高，但从调查情况看，和人们对食品安全的要求还是有一些距离。调查结果显示：有35.8%的人认为食品安全监管工作还不到位，53.4%的人认为"一般"，有5.9%的被调查者表示监管工作到位(见下图)。

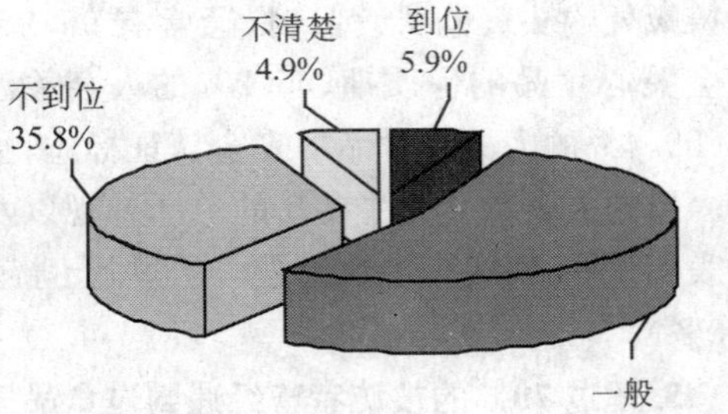

图2　被访者对食品安全监管工作的评价

二、加强全市食品安全的建议

1. 对非法生产经销问题食品的企业和个人加大处罚力度，加大媒体曝光力度。调查结果显示，有79.9%的被访问者认为解决食品安全最有效的办法是政府相关部门加强监督，加大对违规单位、人员的处罚力度；71.1%的人认为应该对上市食品严格检验检疫，提高市场准入标准；38.3%的人希望政府相关部门及时公布食品安全信息，使公众了解食品安全的最新动态，从而有效形成食品安全的社会监督网络，营造放心的食品消费和购物环境；35.3%的被访问者则期望加大新闻媒体曝光力度，多曝光典型案件。

2. 加大对农产品污染源头的治理。强化农业投入品生产、经营和使用的监管工作，加快对高毒高残留农业投入品的禁用、限用、淘汰进程，严厉打击制售和使用假冒伪劣农业投入品行为。要从生产源头抓起，实行从"土地到餐桌"的全面监控，进一步完善农药、兽药、饲料等重点农业投入品的物流配送体系建设，加大食用农产品源头污染治理，全力提高农产品的质量。

3. 加大监管力度，建立食品档案制度。当前食品安全的最大问题，是无法对整条食品产业链形成监管。如"问题红心鸭蛋"，商家不知咸蛋是如何加工的，厂家不知原料鸭蛋是在什么环境下生产的，养鸭农户又不知种鸭、饲料的来源是否可靠等。因此，建立食品档案制度，已成为躲不开、绕不过的关键环节。食品档案的最大功能，在于只要进入市场的食品，不论是直接消费市场，还是作为原材料进入生产资料市场，都要标注其相关信息，从上游到下游，层层用可以查询的"档案"来说话。尽管初始阶段可能会很烦琐，但食品档案一经建立，将会查有所据，管有目标。

4. 加强宣传教育，提高自律意识。要加大宣传教育力度，加强对食品业主、食品从业人员和社会群众的法律法规教育，增强其安全意识、责任意识和法律意识。调查结果显示：28.9%的被访问者希望普及食品安全知识，提高消费者的鉴别能力；21.1%的人表示消费者应增强维权意识，遇到问题食品时及时举报、投诉不法商贩；20.6%的人倡导企业诚信经营，行业自律。因此，有关部门要积极开展食品安全知识的宣传，提高市民的自我保护意识，形成全社会共同监督的良好局面。

作者：北京调查总队　沈向东

治防并重　任重道远

——福建闽江流域水环境综合整治调查

水是生命之源，闽江是福建省最大的河流，是我省居民生产和生活的主要水源，也是福建发展的门户。近年来福建掀起了开发闽江的热潮，沿闽江两岸经济增长带迅速成长，推动了福建经济的快速发展。但随之而来的是闽江生态环境的不断恶化。为此，省政府组织实施了重点流域水环境综合整治工程。沿江各市县区政府也都成立了相应的工作机构，认真开展整治工作。为了解各辖区内流域水环境综合整治进展情况，福建调查总队组织人员深入福州、南平、三明、永安、邵武、连城、古田、德化、闽候等16个市县进行调查。

一、闽江流域水环境综合整治取得明显成效

(一)水环境质量状况明显转好

由于历史原因，闽江曾受到严重污染。“九五”期间，省委、省政府组织实施了以工业污染治理为重点的闽江流域水环境综合整治工程(一期)，2000年全流域91.5%水质达到或优于国家地表水三类水质标准，比1996年提高了48个百分点，实现了“五年使闽江水基本变清”的总体目标。但由于流域畜禽养殖业污染物排放量大、生活污水处理率低、部分工业企业污染反弹、水电过度开发，以及2003、2004年出现历史罕见持续干旱少雨气候，导致地表径流比常年减少40%～50%，使水体纳污能力明显减弱等因素的影响，2003、2004年闽江水质有所下降。

为此，2005年以来省政府组织实施了闽江流域整治二期工程，并取得明显成效。据监测，2005年，闽江水质功能达标率为92.9%，比整治前的2004年提高8.6个百分点；达到和优于三类标准的水质比例为92%，提高9个百分点。2006年，闽江水质进一步改善，水域功能达标率和三类水质达标率分别为97.4%和95.6%，分别比2005年提高4.5和3.6个百分点，达到省政府确定的目标，且水质明显优于全国7大水系和周边省份河流。福州2006年水域功能达标率为97.2%，Ⅰ－Ⅲ类水质比例为94.4%，集中式饮用水源地达标率为97.8%。闽江南平段、建溪、富屯溪3条水系水质状况总体良好，水域功能达标率均为100%。南平、邵武、武夷山、建阳、建瓯、光泽、政和、松溪8个县市饮用水源水质达标率为100%。沙溪水环境质量也进一步改善，水域功能达标率为92.2%，比上年提高了8.9个百分点，沙县段水质达标率从2004年的11.6%提高到2006年的75%。

(二)整治项目进展顺利

2006年省闽江流域水环境综合整治项目共有130个，已完成和正在实施的整治项目占91.5%。流域各市县在省综合整治项目的基础上根据当地实际情况制订年度整治计划，整治规模有所扩大，项目明显增加。

1. 南平市整治项目进展情况

南平市2006年闽江流域水环境综合整治项目共有148个，其中：规模畜禽养殖业污染综合治理项目100个，重点工业污染治理项目21个，城市生活污水、垃圾处理项目6个，生态建设、循环经济等项目21个。

(1)年度100家规模畜禽养殖场污染治理任务取得进展。2006年南平市共有544家规模养殖场，其中禁建区有143家，非禁建区401家。已开展治理的有185家，治理率达34%。其中，禁建区已开展治理的98家，治理率达68.5%，比上年增长41.2%。但部分养殖场由

于缺乏资金，进度较慢，到目前为止尚未完成治理任务。

(2)17 个工业污染治理项目已完成建设。工业污染治理项目 21 个，其中南纺第二污水处理站完善污水处理项目、浦城天笑得纸业有限公司污水治理、浦城正大公司污水治理设施、邵武化肥厂新建污水处理设施、三山南平钢铁有限公司废水利用等 17 个项目已完成建设。长富乳品、南铝碳素有限公司、南平华美针织有限公司、南浦氟化盐有限公司等 4 个项目由于资金比较缺乏进度相对缓慢，还在建设中。

(3)生态保护等项目逐步推进。邵武熙春水厂保护区已完成 15 家养殖场的综合整治；建瓯昌明高科技农业发展有限公司和建瓯顺阳乡江墩精制茶厂有机茶园基地建设实现年度投资 100 万元的计划，均已完成基地建设，进行无害化管理；延平区太平镇创建优美乡镇、太平镇南坪溪循环经济试点项目、延平区炉下镇循环经济实验区正在建设中；南平农业局沼气工程完成 8603 口沼气池的建设。

2. 福州市整治项目进展情况

截至 2006 年 12 月底，福州列入 2006 年省闽江整治计划的八大工程 22 个项目大部分已按照序时进度完成，已完成投资 3.39 亿元，已完成或基本完成当年任务的有 17 项（占 77.3%），正在实施的有 5 项（占 22.7%）。其中：(1)仓山盖山镇、仓山镇、建新镇畜禽养殖业整治现已取缔搬迁猪场 52 家，拆除猪舍 5.5 万平方米，搬迁生猪 2.8 万头，其余也已计划逐步搬迁；(2)鲤鱼洲宾馆周边畜禽养殖整治已完成部分拆迁，同时采取控制措施，只出不进；(3)长乐金峰镇垃圾无害化处理设施建设已完成主体工程，但尚未投入使用；(4)福州南台岛内河整治征地拆迁工作正在积极开展前期工作，已完成规划编制及初设报告的审批工作，正在进行土地分类、用地审批及征地拆迁，该项目属亚行贷款项目目前由于征地拆迁工作存在困难，无法完成年度计划；(5)确定水口电站最小下泻量、最小下泻输沙量项目，资金已经到位，正在委托科研部门积极开展编制工作。

3. 三明市整治项目进展情况

截止 2006 年 12 月底，列入 2006 年闽江流域三明辖区水环境综合整治的五大工程 41 个项目总体进展顺利，已完成治理资金投入 1.31 亿元；17 个预备项目大部分完成了前期工作，完成资金投入 2894.3 万元。一是按照畜禽养殖业禁建区要求，2006 年 9 月底前完成辖区禁建区内养殖场搬迁、治理。同时对禁建区外规模化畜禽养殖场进行整治，目前全市 51 个畜禽养殖场污染整治项目已完成 37 个（其中治理 28 个，停养 7 个，搬迁治理 2 个），共完成投资 2034.5 万元。二是推进生活污染治理。三明市列东污水处理厂通过省环保局验收，三明市城镇粪便处理项目已完成设备安装，垃圾渗滤液预处理项目正在建设中。三是推进重点水源保护，组织实施重点水源保护项目。目前已完成三明东牙溪流域生态保护、三明下洋水厂制水工艺改造工程，三明梅列区碧溪河综合整治正在实施中。四是推进清洁生产促进工程。2006 年全市实施发展循环经济项目 169 项，其中开展清洁生产企业 64 家。在列入《2006 年闽江流域三明辖区水环境综合整治计划》的 23 个工业企业治理项目中，三明市双溪纸业有限公司废水深化治理、三明市金松木业有限公司废水闭路循环系统、三明化工有限责任公司应急设施建设、三农化学股份有限公司处理设施建设及完善、三明市永新工贸公司废渣综合利用项目、三明宇通化工公司应急排放沟和收集池建设和三明第四医院污水处理站建设等工程已完成。

二、闽江流域水环境综合整治的主要经验

1. 抓部署，制订年度整治计划

沿江各市县把闽江流域综合整治工作列入当地政府重要工作内容，专门成立闽江流域水环境综合整治工作领导小组，制订年度整治计划，细化分解任务，各部门各司其责，密切配合，扎实推进闽江流域水资源保护工作的落实，全面加强闽江流域综合整治工作的领导、指挥和协调。

2. 抓筹资，突出重点项目治理

2005 至 2010 年，福州市每年安排 1000 万元，三明、南平市每年各配套 500 万元，省发改

委每年安排1500万元，省环保局每年安排1500万元，专项用于闽江流域重点整治项目，2005～2010年要着力推进8大类104个工程。

3. 抓监管，确保整治计划完成

加大环境监测投入，全省各级环境监测站仪器设备总值已从2000年约0.4亿元，增至目前2亿元以上，监测能力明显增强、监测项目显著增加。闽江流域3个水质自动站、城市空气自动监测点10个、39个重点污染源在线监控设施已纳入省监控中心监控范围。加强环境监督管理，加大环保执法力度，强化工作督促检查，对拒不执行闽江流域水环境综合整治要求的企业和养殖场加大查处力度；对进展缓慢、措施不力的单位进行联合检查通报；对污染严重的企业责令停产治理，形成多方监督机制，确保治理计划完成。

三、存在的主要问题

1. 向江中排污的现象仍然较严重

一是大量的畜禽粪便未经处理直接排放到大大小小的溪流中去，最终都流入闽江。据了解，在闽侯规模以上养殖场中近2/3的畜禽粪便未经处理就直接排放，在调查走访的养殖场附近的水源已被污染，河面上漂浮的尽是粪便。二是生活垃圾入江现象较严重。部分乡镇、村庄垃圾未处理，其中一部分直接入江或在丰水期被洪水带入水体。三是一些企业违法偷排现象仍然存在。虽然有的企业配套建设了环保设施，但受片面追求经济利益最大化影响，有的环保设施故意闲置或疏于管理环保设施，偷排、漏排生产废水等违法排污问题时有发生。四是流域内不少县城及中心乡镇都尚未建成污水处理厂，排污管网的规划建设滞后，大量的生活污水直接排放江河，还有部分城市生活污水未接入截污管网，造成闽江水资源污染。

2. 禁建区养殖场整治工作与省政府提出的要求有明显差距

南平市2005、2006年连续两年将省闽江整治专项资金（共2000万元）全部用于养殖业整治，但目前全市544家规模养殖场中，开展治理的仅185家，治理率34%。特别是禁建区内143家规模养殖场中，开展治理的仅98家，治理率仅68.5%，与省政府提出的2006年内完成禁建区养殖场整治工作的要求有明显差距。

3. 闽江流域县乡环境基础设施建设严重滞后，农村垃圾处理几近空白

流域上游的建瓯、建阳、邵武等城市污水、垃圾处理项目进展缓慢。南平、三明市除市辖区开征污水、垃圾处理费外，其余各县（市）均未开征。不少山区县（市）由于财政困难，难以筹措污水管网的建设资金，致使管网工程进展缓慢。大部分县城垃圾未做到无害化处理，垃圾处理尚处在简单填埋阶段，农村垃圾收集、处理工作进展十分滞后。

4. 水库电站建设运营对流域水质的负面影响日益凸现

小水电站建设不规范，部分河段最小流量严重不足，污染物淤积，河流自净化能力丧失，水质变差。大部分水电站没有按要求保证必要的最小下泄流量，下游生态环境用水得不到保障，破坏了正常的水生生态系统。闽江水系特产的一些稀有鱼类，如白鲈、舌鳎、胭脂鱼和中华纯毛蟹等逐年减少，现已基本绝迹。

5. 一些流域水质较差，水葫芦屡治不止

如地处德化县城下游的奎斗桥断面，由于上游开发建设未同步实施有关措施，造成水土流失，地表水水质氨氮超标，只有Ⅳ类水质。沙溪河沙县段水质达标率仅75%，顺昌水质达标率只80%。梅溪流域水体污染的形势仍然严峻，建陶企业偷漏排含酚废水及造纸企业污水不达标排放等违法行为时有发生。

水葫芦的繁殖能力极强，一朵水葫芦一夜间能繁殖36朵，而且它随风漂移。古田县每年用于清理水葫芦的人力、物力等花费就达300多万元。水葫芦屡治不止的主要原因有三：一是气温持续上升，有利于水葫芦繁殖；二是闽江上游工业、畜牧业、城镇居民用水后处理不当，直接排放闽江，造成水质污染，使水体富营养化；三是河道两边渔排网箱的密度过大，没有控制在一定范围内，这给水葫芦提供了一定的生长条件。

6. 工业企业废水治理任务仍然十分艰巨

矿业企业设施不足，废水回收率低下，有的

基本没有进行回收利用。部分老企业治理技术水平落后,还是停留在简易处理的老方法上,仅仅做一些初步沉淀等简单处理。还有一些企业生产技术、工艺、设备相对落后,技术改造步伐缓慢,物耗能耗居高不下,尽管一些重点企业能够做到废水达标排放,但污染物排放总量仍然很大。针对事故性排放的处理能力不足,大部分企业污染治理设施能力都是按正常排放而设计的,一旦出现排污异常事故,就没有足够的能力处理多余的污染物。

7. 居民对流域内水环境质量满意率不高

虽然政府投入了大量的人力和财力,取得了初步的成效,但与居民的满意值还有一定的差距,因此水环境治理工作任重道远。部分福州居民认为目前内河污染严重影响了闽江的水质以及部分环卫员把闽江当垃圾场应当制止。三明市居民反映大企业工业废水的排放应加强整治,而且要杜绝再在闽江流域(沙溪河流域)建梯级电站。据南平市抽样调查,目前该市城镇居民对闽江流域水环境综合整治的满意率只有44%,对治理工业废水效果的满意率仅36%。三明市随机抽样调查,有28%的居民对本市境内沙溪河流域污水治理效果表示满意和比较满意;34%的人认为一般;38%的居民表示不满意。

四、加强闽江流域水环境整治的建议

1. 应尽快建立闽江流域水环境保护长效机制

为进一步改善水环境质量,抓好闽江水环境整治工程,防止新的污染,应该尽快建立健全全流域水环境保护长效机制。主要应从四个方面建立有效的长效机制:一是建立长效管理机制。加强督促检查,强化日常执法监督,严肃查处违法行为,杜绝废水偷排、超标排放现象,确保项目污染治理进度。二是建立法人责任机制。强化治理责任,坚持"谁污染谁治理"和"污染者付费"的原则,明确企业污染治理的法人责任,限期完成治理任务。三是建立突发性污染事故应急处置机制。负责处理突发性环境事件,努力保障环境安全。四是建立公众参与机制。鼓励公众对环境违法行为进行举报监督,让公众参与环境监督和管理,营造全社会关心、支持、参与环境保护的良好氛围。

2. 试行水环境保护补偿和激励机制,设立流域整治专项补偿资金

按照"污染者付费、受益者补偿"的原则,试行受益地区、受益者向水环境保护区、流域上游和水环境保护项目建设者提供经济补偿的办法,探索建立受益地区对保护地区的补偿机制,通过经济手段来支持和激励上游地区治理污染、改善水质。

3. 加强地区联动,综合治理

制定闽江流域的上下游地区监测结果互相通报制度,将本地区监测情况适时通报上游地区,有利于地区间水环境的综合治理,从源头上预防和遏制环境污染。

4. 加大从源头上预防和遏制环境污染的力度和措施

政府在加大对环境污染治理的同时,更应该注重预防环境污染,大力倡导"预防为主、以新带老、增产减污、总量控制"原则,落实环境影响评价制度,不因受利益的驱动盲目地引进污染项目,在项目审批过程中严格审核环评文件,落实环保"三同时"制度,从源头上预防和遏制环境污染,提高企业和居民环保意识,实现无为而治。

5. 继续着力推进"八大工程"

为确保全流域环境污染和生态破坏的趋势得到有效控制,应继续大力实施畜禽养殖污染整治工程、城镇环保基础设施建设工程、重点水源保护工程、清洁生产促进工程、生态功能保障工程、循环经济试点工程、生态农业示范工程和环境管理能力建设等工程。

作者:福建调查总队　林革

广东城镇居民投资结构及原因分析

针对广东居民为使家庭资金获得最大的利益回报，投资选择日趋多元化的状况，研究广东城镇居民投资出现的新问题无疑在理论上具有创新意义，对于居民资产和储蓄的投资进行研究不仅能从微观层面上分析出居民投资行为和心理，而且能为研究未来宏观经济结构提供基础，在实践上对政府部门决策、居民金融投资、银行投资都具参考意义。

一、广东城镇居民投资状况

（一）广东城镇居民人均总投资额逐年上升

1992年邓小平同志南巡以后，广东省国民经济持续、快速发展，居民在收入大幅度增加的同时，投资逐年增加。居民家庭金融投资的多少，是反映某一地区或某一家庭富裕程度的标志之一，是其经济实力的直接体现。广东城镇居民投资主要指存入储蓄款、购买有价证券（包括股票、债券、国库券等）和储蓄性保险（包括财产保险、人寿保险、平安保险等）、其他投资、购房与建房等四个方面的投资。抽样调查资料显示，2006年全省城镇居民人均投资9190.26元，比上年增长52.54%，远高于居民家庭收入增幅。

从图1可知，1992年以来广东城镇居民投资发展历程大体可以分为两个时期：

1. 1992到2001年的平稳增长时期

经济体制由计划经济向市场经济的转轨不仅使居民在国民收入中的份额有了增加，而且使居民收入的形成机制也发生了重要变化，居民收入呈现来源多元化和渠道多样化的趋势，这恰恰提供了居民投资的前提条件，而这一时期政府收入份额的减少亦使得居民投资的供给与需求的相互耦合度和张力较高，居民的边际投资倾向具有了较强的扩张力。但由于投资渠道狭窄，居民投资形成单一的银行储蓄格局。

在这段期间，直接融资市场发展迅速。特别是1996年初开始的新一轮股市大牛市引领城镇居民的投资理念进一步得到加强。但此时城镇居民的财产除从银行向股市搬家外，也不断地开拓了新的投资渠道。

2. 2002年至今的蓬勃发展期

社会福利显性化、货币化、社会化倾向突出，居民个人必须承担高等教育、住房、看病的

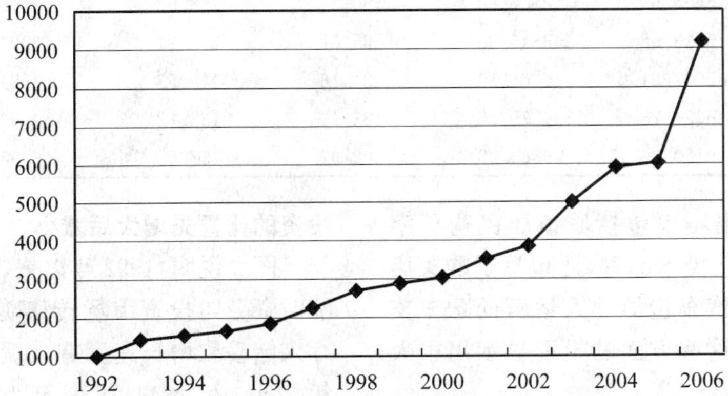

图1　1992～2006年广东城镇居民投资变化

费用支出，原来的工资收入及以工资为基数的家庭预算已不适合，迫使居民寻求工资外的收入，以支付高昂的教育、住房、医疗费用。市场经济的可预测性，也为居民在各个时期的经济预期提供了主客观条件，这就方便了居民寻找市场波动所带来的收益，方便居民追求长期稳定的投资收益，实现整个生命周期财产积累与福利效用的最大化。银行理财、投资类保险、购买外汇和黄金成为近年居民投资的新兴品种。

(二)广东城镇居民投资结构新特点

1. 2002 年后城镇居民投资结构中出现“其他投资”模块

2002 年以前，全省城镇居民投资结构的主体由存入储蓄、购买有价证券、储蓄性保险、购房与建房组成。2002 年后，其他投资也进入了城镇居民投资的视野。

表 1　1992～2001 年广东城镇居民人均投资构成

单位：元

年 份	投资总额	存入储蓄	购买有价证券	储蓄性保险	购房与建房
1992	1012.97	586.49	173.43	5.23	247.82
1993	1431.66	998.77	199.89	8.87	224.13
1994	1562.79	1257.44	53.86	12.49	239.00
1995	1675.38	1388.88	36.76	18.78	230.96
1996	1850.75	1591.31	35.42	25.76	198.26
1997	2255.59	1713.59	59.70	67.63	414.67
1998	2695.70	2073.18	35.62	147.59	439.31
1999	2910.47	2075.79	17.86	221.13	595.69
2000	3038.35	2317.44	24.02	258.53	438.36
2001	3546.81	2557.15	44.66	335.15	609.85

2006 年广东城镇居民人均投资 9190.26 元，比上年增长 52.54%，其中人均存入储蓄款 6663.28 元，增长 36.55%，占金融资产总额的 72.5%；人均购买有价证券 1202.92 元，增长 52 倍，占 13.09%；人均储蓄性保险支出 157.65 元，减小 2.8%，占 1.72%；其他投资 6.98 元，增长 6.5 倍，占 0.08%；购房与建房 1159.43 元，增长 20.9%，占 12.62%。(见表 2)

表 2　2002～2006 年广东城镇居民人均投资构成

单位：元

年 份	投资额	存入储蓄款	购买有价证券	储蓄性保险	其它投资	购房与建房
2002	3855.60	2908.80	180.24	148.92	20.16	597.48
2003	5023.08	3844.38	25.67	203.21	13.27	936.55
2004	5907.61	4663.85	31.16	149.53	8.81	1054.26
2005	6024.78	4879.78	23.10	162.12	0.93	958.85
2006	9190.26	6663.28	1202.92	157.65	6.98	1159.43

其他投资支出不仅包括城镇居民购买字画、邮票、古董、工艺美术品等，还包括了购买店面用于出租、购买汽车包给他人运营的购车支出，城镇居民用于这些方面的投资显示出很大的增长潜力。

2. 人均存入储蓄款增长速度减缓，占人均投资的比重先增大后减小

图 2 说明，1992 年以来，受投资热情空前高涨时资金向投资市场转移明显影响，全省人均存入储蓄款增长速度有减缓趋势，1993 年比上年增长 70.3%，1999 年则仅比上年增长 0.13%。而 2006 年以来央行的加息不仅有利

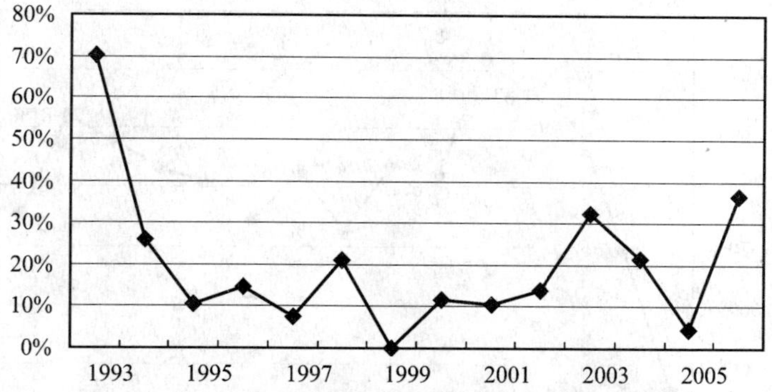

图 2　1992～2006 年广东城镇居民存入储蓄款增长速度

于进一步遏制流动性，还有利于适当增加百姓存款利息收益，居民储蓄资金回流速度加快。安全性、流动性、收益性是百姓投资的原则，储蓄属于居民理财的传统主打品种。在人民币加息升值的心理预期下，居民储蓄意向增强，在诸多投资品种中仍排在首位。2006 年比上年增长 36.55%。

据分析，人均存入储蓄款在 1992 年以后占城镇居民人均投资的比重呈先大后小趋势。1996 年达到 85.98%，2003 年骤降到 43%。1996 年以前，虽然经过多次宏观调控，但由于投资渠道狭窄，居民投资形成单一的银行储蓄格局，居民的高储蓄倾向对这一时期的经济推进起了巨大的作用。1996～1997 年的股市牛市，国家一再的调低银行存款利率，新的投资方向出现也使得人均存入储蓄款占人均投资的比重稳步回落。2002 年后又呈上升趋势。直至 2005 年后，受股市牛市的影响和房地产业的蓬勃发展影响，城镇居民对投资的需求大增，刺激存入储蓄款的比重才又一次下跌。详见图 3：

3. 人均购买有价证券投资支出额与其占人均投资的比重波动均较大

由于有价证券的特殊性，城镇居民对有价证券的投资需求也随着证券市场的波动而变化。每一次大牛市发生的时间也伴随着有价证券投资的高峰，熊市的出现也使有价证券的投资市场低迷。居民证券投资行为的起落变化，一方面反映了居民作为一种市场活动主体的敏感性和理性能力的增强，并开始把这一领域作为其增减投资组合的重要场所，另一方面，也说明了我国证券市场在初级发展过程中暴露出的一些欺诈、不规范、政策漏洞等方面的缺陷和有待完善之处。

从占人均投资的比重来看，广东城镇居民购买有价证券的比重自 1992 年的最高点 17.12%后就持续下降，一直到 2002 年略有提升，此后两年再次下降。直到经历了漫长“熊市”之后，2006 年股市又重新复苏，以致股民人

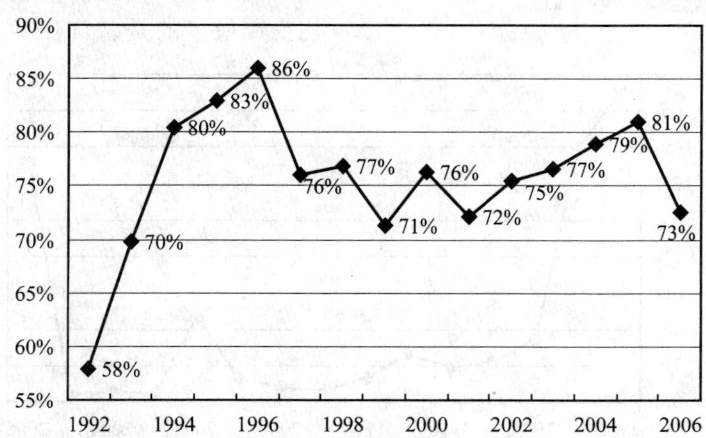

图 3　1992～2006 年广东城镇居民人均存入储蓄款占人均投资比重

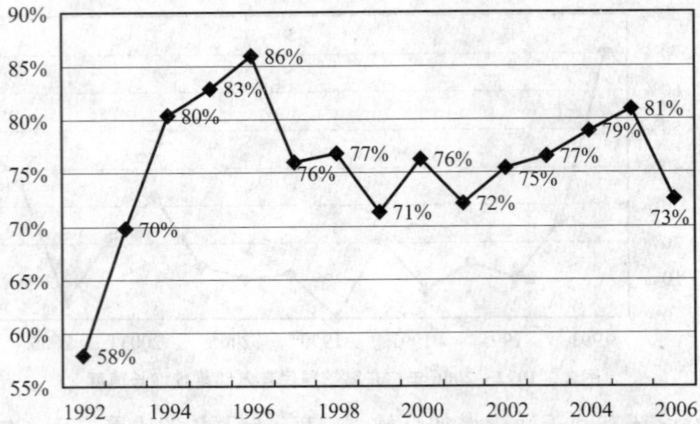

图3　1992～2006年广东城镇居民人均存入储蓄款占人均投资比重

数和新开户人数都急剧地增加，有的居民甚至抵押典当房产、汽车冲进股市，股票换手率、交易量都出现了多年未有的繁荣景象，2006年重新跃上13.09％高位。详见图5：

4. 居民投资的变迁方向呈现投资方式多样化、范围扩大化、结构合理化的特征

各种投资渠道的增速显著加快。2002年后，从投资结构看，城镇居民人均储蓄性保险支出呈现稳步增长趋势，年均增长5.86％。与此同时城镇居民人均存入储蓄款、购买有价证券、购房与建房显示超乎常规的增长态势，年均增长分别为1.29倍、5.67倍和94.05％。购买房产更成为近五年居民投资最热门的项目，也是争议最大的居民投资选择。这说明，全省城镇居民的投资结构趋向多样化，投资理念得到进一步加强，投资的多元化取代了以往单一性的储蓄，更趋理性化。

（三）城镇居民投资分布及特征

1. 城镇居民收入越高，人均投资越多

按居民家庭可支配收入高低顺序排列，将抽样调查的居民总户数以20％的比例分为五组，即低收入户、中等偏下收入户、中等收入户、中等偏上户和高收入户，不同收入层次居民家庭各项金融投资状况显示如表3：

下表数据显示，高收入户居民人均投资为35455元，是低收入户居民的65.64倍；高收入户居民人均投资占全部居民投资总额的72.93％，而低收入户居民人均投资占全部居民人均投资的比重只有1.1％。

2. 珠江三角洲地区居民人均投资占全省人均投资逾五成

根据广东三个不同经济区域划分，居民人均投资最多的是珠江三角洲地区，为7234.7

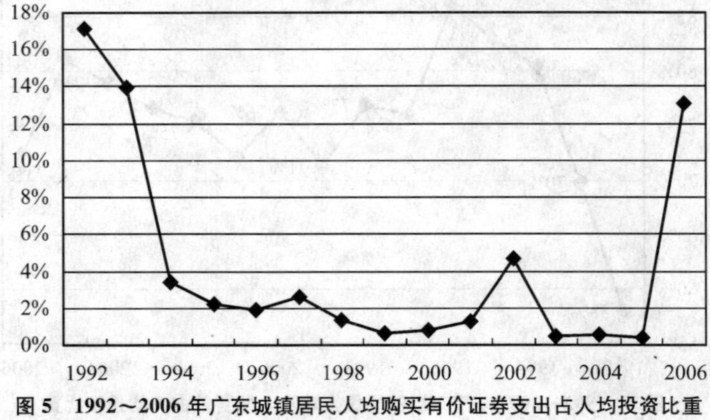

图5　1992～2006年广东城镇居民人均购买有价证券支出占人均投资比重

元，其次是东西两翼地区，人均为1980.43元，最后是山区，人均为2281.1元。(详见表4)

表3　不同收入层次城镇居民人均投资状况

单位:元

	低20%	较低20%	中间20%	较高20%	高20%
投资额	540.15	1746.51	3711.14	7164.61	35455.00
存入储蓄款	522.23	1584.78	3093.08	6176.03	23657.23
购买有价证券	0.15	0.00	10.31	21.87	6526.83
储蓄性保险支出	17.77	87.33	73.36	164.81	478.44
其它投资支出	0.00	0.00	14.72	0.16	22.08
购房与建房支出	0.00	74.40	519.67	801.74	4770.42

表4　不同经济区域居民人均投资状况

单位:元

	珠三角地区	东西两翼	山　区
投资额	7234.70	1980.43	2281.10
存入储蓄款	5612.46	1535.44	2156.01
购买有价证券	22.23	0.00	29.88
储蓄性保险支出	258.34	75.95	59.27
其它投资支出	71.59	0.00	0.00
购房与建房支出	1270.08	369.04	35.94

注:珠三角指的是抽样调查中的广州、深圳、珠海、佛山、肇庆、惠州、东莞、顺德、鹤山;东西两翼指的是抽样调查中的汕头、湛江、廉江、普宁、电白;山区指的是抽样调查中的韶关、梅州、兴宁、连州。

上表数据显示，珠江三角洲地区居民人均投资是东西两翼地区的3.65倍，是山区的3.17倍。珠江三角洲地区居民人均投资占全部居民投资总额达62.93%;东西两翼地区和山区分别只占17.2%和19.8%。再从分市来看，深圳城镇居民人均购买有价证券高达22966元，是全省平均水平的19倍;珠海城镇居民人均储蓄性保险与其他投资分别高达694.95元和126.17元，分别是全省平均水平的4.4倍和18倍;佛山城镇居民人均购房与建房支出投资高达3931元，是全省平均水平的3.4倍;惠州人均其他投资支出266.94元，是全省平均水平的38.2倍。

二、全省城镇居民投资能力与投资结构的影响因素

从时间定义说，投资是流量，资产是存量;从空间分布说，富裕居民之所以致富，他们既是“财富”、“资产”、“财产”的投资者，又是收益的持有者，这是当前我国居民热衷于以投资增加资产、以资产扩大投资的重要原因。

(一)影响居民投资能力的因素

1.城镇居民财富积累稳步增加，居民消费倾向持续下降，居民财富向投资搬家

居民投资的实力并不仅仅取决于居民即期的收入，更大程度上决定于居民的持久收入或财产收入。最近十年，全省居民投资持续高涨，各方面的指标呈现积极趋势，显示了居民在收入不断增加、致富愿望日益强烈的情景下对资产拥有的突出动机和积极行为。为更好地描述城镇居民人均财产收入与人均投资的变化关系，在下图中把人均财产性收入扩大了10倍与人均投资进行直接对比。

这说明，近四年里，城镇居民人均财产性收入与人均投资存在着相当高的依存度，共振现象明显。财产性收入的增加正来源于不同渠道和方向的投资。而另一方面，收入的不断增加又会促使城镇居民在消费和投资领域的不断拓展。

据测算，全省城镇居民的平均消费倾向自2002年以来呈逐年下降态势。2006年城镇居民边际消费倾向已由2002年的1.23陡降至0.5(注)。这也说明，尽管政府采取了鼓励消费、扩大内需的政策，仍然不能改变广东城镇居民投资扩大的取向，人们越来越把增加的收入转向投资和财富的积累。

与此同时，人均净储蓄额(存入储蓄款与提

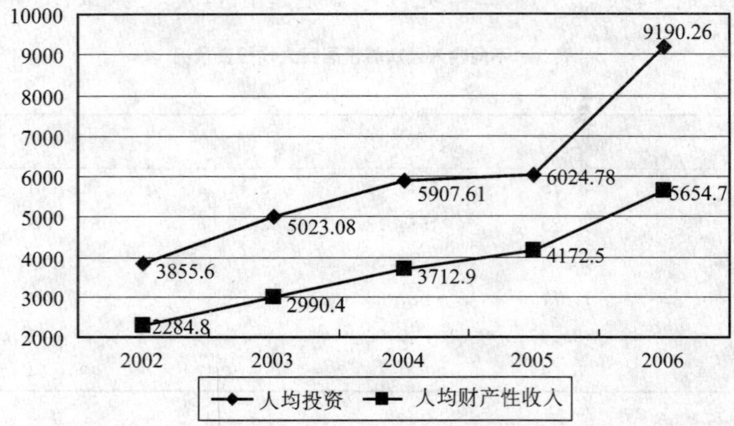

图 6　2002～2006 年广东城镇居民人均投资与财产性收入(元)

取储蓄款之差)也随投资市场波动频繁。1997 年广东城镇居民人均净储蓄为 498.6 元。此后人均净储蓄额一路下滑，到 1999 年跌至 1.54 元。经过两年的恢复期，2001 年重新增加至 371 元。但 2002 年骤降至负(－256)元。此后波动性上扬，2006 年为 775.81 元。股市的波动性大，进一步分流部分居民储蓄存款。

2. 不同收入层次居民人均投资差距较大

上图显示，2002 年高收入居民人均投资 12392.52 元，是低收入居民的 34.7 倍，占调查户总数 20%的高收入户人均投资占全部居民人均投资的 59.9%，而占调查户总数 20%的低收入户居民人均投资仅占 1.7%；2006 年高收入居民人均投资 35455 元，比 2002 年增长 1.86 倍，是低收入居民人均投资的 65.6 倍，占调查户总数 20%的高收入户人均投资占全部居民人均投资的 72.9%。收入越高的家庭对投资市场环境和投资政策的敏感性越高，投资支出也越高。

3. 不同经济区域居民人均投资差距较大

图 8 显示，2002 年珠江三角洲地区城镇居民人均投资是东西两翼地区的 4.97 倍，是山区的 5.44 倍。珠江三角洲地区城镇居民人均投资占全部城镇居民人均投资的 72.2%；东西两翼地区和山区分别只占 14.5%和 13.3%。2006 年珠江三角洲地区城镇居民人均投资仍达东西两翼地区的 3.65 倍，山区的 3.17 倍。在此四年间，东西两翼地区与山区的人均投资差距经历了由差距较小到差距较大又再次变小的过程。

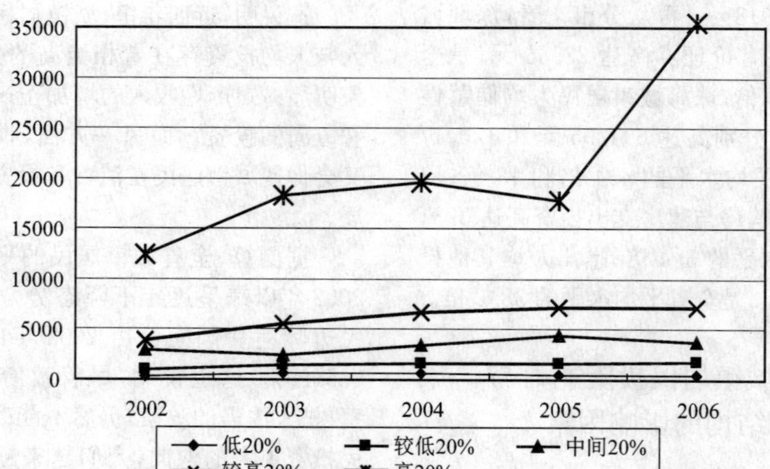

图 7　广东城镇居民按按居民家庭可支配收入五等分组人均投资

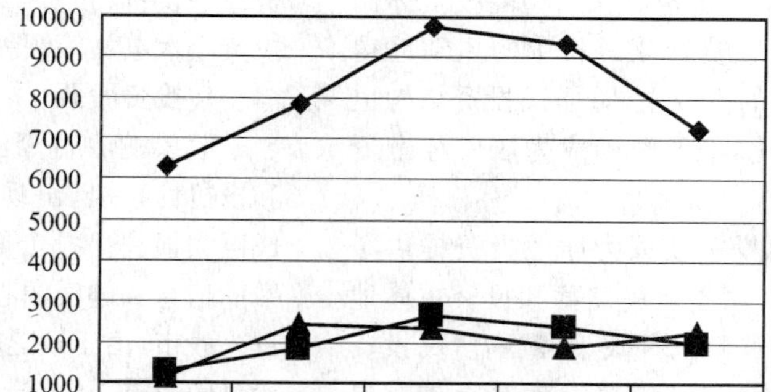

	2002	2003	2004	2005	2006
珠三角地区	6309.36	7865.49	9759.62	9336.08	7234.7
东西两翼	1268.4	1857.13	2690.23	2403.36	1980.43
山区	1159.44	2437.18	2361.28	1906.35	2281.1

图8　广东不同经济区域城镇居民人均投资状况(元)

(二)影响城镇居民投资方向的因素

广东居民投资的发展并非与政府、企业两个经济投资主体并行发展,而是经历了一个从无到有、从非投资主体到重要投资主体的过程。

1. 制度动因分析

居民投资变迁是广东经济改革发展过程中微观运行机制和宏观管理体制相融合的产物,市场化进程中,建立有利于居民这个市场运行主体的制度安排,是居民投资广泛深入发展的直接动因。

首先,市场经济的发展为居民投资的发展提供了有效的制度激励安排。改革以前,低收入水平的限制迫使居民的支出局限于即期消费,纵然存在少量储蓄,也主要是消费配额制度下的强迫性储蓄,居民既缺乏投资的意愿,也缺乏必要的主客观条件,居民持有的资产数量既少且品种单一。改革开放以后,居民收入出现了跳跃式的增长,从而扭转了以往居民低收入、低储蓄、低投资、主要依靠政府与企业投资的局面。可支配收入的大幅度提高,使居民支出结构发生了根本性的变化。居民的边际消费倾向递减,储蓄率明显提高,居民资产存量规模迅速扩张,居民资产的收益对其财务状况的影响逐渐加大。这样以来,居民对资产的收益性、流动性和安全性的需求也日益凸显出来,资产的多元化成为居民投资的必然选择与要求。

其次,社会经济体制的改革使居民的投资动机发生了重大的变化。伴随着经济体制改革的推进,我国的住房、医疗、教育、福利体制的改革接连展开,消费体制步入以市场为主体的时期,居民预期支出增加,同时在下岗失业的压力下预期收入减少,两方面因素的共同作用使居民只能通过减少即期消费增加储蓄和投资以支付改革成本。这样,居民储蓄的预防性动机增强,长期消费行为形成,由于预期心理强化而产生居民预防性投资增长。

1996 年以来连续多次降息以及利息税的征收,使居民的储蓄投资发生分流,利率下降使储蓄存款收益下降,外币存款、股票投资、住房投资等成为储蓄存款分流的主要方向,说明在对未来预期不明朗心理的支配下,居民宁愿选择多元化的投资方式而不是即期消费。收入预期下降,对健康、医疗、养老、失业、子女教育、住房等等的保障需求增加。人们的保障需求支出预期却在不断上升。而 2004 年以来连续七次加息与减征利息税,也形成心理预期压力,影响投资者的决策。然而城镇居民对物价上涨反映较为强烈,认为目前的利率仍然是负利率,又因为市民的投资渠道日益增多,因此储蓄资金回流不会太快,在一定程度上削弱政策的效果。

第三,投资体制的改革及金融市场的发展为居民资产多元化投资提供了客观条件。从九十年代中期开始,一方面居民出于预防性动机的储蓄存款不断增加,另一方面银行的高资产负债率使得银行经营出现困难,完全依赖银行体系间接融资的投资体制难以为继。近年来投资渠道多元化的进程明显加快,以证券融资为代表的直接融资发展迅速。在新型的投资体制下,居民在储蓄向投资转化过程中的主动性得到增强,成为重要的投资主体,居民投资结构也相应地发生了变化,证券资产成为居民金融资产投资的新热点。

第四,稳定的投资政策为居民投资提供了制度性保障措施。由于居民储蓄和投资主体地位日益上升,政府调整投资政策,鼓励居民投资扩张以刺激经济增长成为投资体制变革的重要目标。政策的持续稳定为居民投资提供了有效的心理预期,为构建良性投资格局而制定的投资发展策略和政策成为投资市场的有力保障。

2. 职业行业的影响

由于职业不同造成的收入差别,导致不同家庭选择不同的投资渠道。党政机关公务员、教师、国有企事业单位的工薪阶层大多以储蓄和购买各类债券为重点,特别是国债由于信誉高、低风险、易兑换等特点而备受青睐。股民的投资群体则较为广泛,其中以文化层次较高、收入较宽裕的小康家庭居多。

随着社会失业、养老保险制度的建立和完善,保险投资已渐渐深入人心,众多保险公司的业务量近年来成倍增长,尤其是各类人寿保险更加受到三资企业、私营企业和工作不稳定人士的欢迎。由于国家住房制度改革逐步深化,伴随取消福利性分房政策的实施和公积金、按揭贷款购房措施的推行,政府已经将住房商品化确定为居民消费结构改革的一项重要内容。购买商品房目前成为百姓攒钱投资的最大项目,在一些大中城市部分中、高收入家庭中已形成巨大消费能力。

三、广东城镇居民投资的多元化趋势

随着广东居民收入的不断提高,精于投资做买卖的广东人在进入小康之后,将目光转向了投资。城市居民投资结构的多元化,但储蓄仍是现阶段百姓心目中的最佳投资方式,而储蓄的主要目的是为将来支付子女教育、养老及医疗等各项费用做准备。除此之外,广东居民投资发展趋势有可能向个人创业、投资商铺、投资二手设备、投资二手房、投资豪华商业住宅、投资小水电站等倾斜。

1. 投资股票

股票的收益潮涨潮落,具有极大的风险性和投机性,一旦出现失误,资金就会被套牢,造成巨大损失。投资股票需要有丰富的知识、灵敏的信息和健康的心理。一般居民持小额资金进入股市,由于缺乏经验和知识,极易受到大户操纵的影响,随大流去操作,就会造成损失。

2. 投资债券

目前我国发行和流通最多的是国家债券和企业债券。国家债券利率一般比同期储蓄存款利率高,并享有免收利息税的优惠,其安全性由国家保证,也有各种随时变现的渠道,因此,投资国债是追求稳定收益投资者一种较为理想的选择。

3. 参加集资

集资的利率远远高于同期储蓄存款利率,集资单位往往以高利诱惑居民。所以人们在参加集资时,必需分析一下集资单位的偿债能力,切莫贪图高息而赔了老本。

4. 投资收藏

盛世收藏兴。当前是我国历史上人民生活水平最好的时期,越来越多的人们业余时间加入到收藏队伍里来。投资收藏在若干年后可以获取较高的收益,如投资邮票、书画、古董、古币、纪念币等。但是收藏需要较高的专业知识、高深的鉴别选择能力、长远的市场目光。而城镇一般居民则缺乏上述专业素质,一旦摸不准行情,辨不清真伪,就会受到损失。但随着我国收藏市场交易的日趋规范化,投资收藏的个人会越来越多。他们结合自身爱好,或投资古玩、字画,或收藏邮票、钱币,既丰富了文化生活,陶冶了情趣,又随着藏品的不断升值而积累财富。

5. 民间借贷

随着储蓄存款利率的调低,民间借贷热持续升温,但其潜伏着极高的风险。民间借贷的高利息,使债务人背上了沉重的包袱。同时,由于民间借贷缺乏规范操作,得不到法律的保障,一旦发生纠纷,债权人的利益必然会受到损害。

6. 投资黄金

黄金以其价值高、体积小、又易于保管等优

点，历来受到人们的珍视，所以城乡不少居民有投资黄金首饰以保值的理财习惯。居民买一些金饰品满足自己的喜好理所当然，但作为投资手段则需要谨慎考虑。

7. 投资二手房、商铺

近年来，广东房价的飞涨和不少位置好的商铺价格和铺租租金在不断走高，让广东许多有几十万闲钱的投资者，都优先考虑选择商铺和二手房进行不动产投资。

8. 投资小水电站

近一两年来在广东的一些山区，居民合股投资建立小水电站（几百千瓦）的案例频频发生。投资几百万元建一个小水电站，预计可有15%的利润回报，既满足了山区人民的用电需求，也活跃了个体私有经济。

作为个体私营经济的一种形式，广东城镇居民投资越活跃对广东经济的发展越有益。广东居民投资的发展，加速了第三产业特别是文化产业的发展，促进了市场竞争态势的进一步形成与规范，也推动了国有企业的深化改革。

注：绝对收入假说对过去的收入、未来的收入的预期、家庭拥有的金融财产等对当前消费产生影响的很多因素没有考虑。因此在实际应用中按照公式 MPC＝计算广东城镇居民消费倾向的时候，很难单纯把增加的收入带来的消费增量从总消费量中挑选出来，因此会发现边际消费倾向会偶尔溢出(0,1)区间。此时的2002年的消费倾向增大是由于进入了新一轮的家电购买期以及家用汽车、文娱教育文化支出的增加，居民动用了储蓄存款甚至利用借贷方式进行消费。

参考资料

1. 吴秀盈：《对居民投资理财观念改变的分析与思考》，(财经观察)，2007

2. 王艳、范金：《收入差距与中国城镇居民消费行为的实证研究》，(管理工程学报)，2007 (1)：6—9

3. 刘冬云：《储蓄向投资转化的路径探讨——发展个人理财业务》，金融经济，2007：18—19

4. 李颖：《安徽省居民消费、投资与经济增长关系的实证研究》，技术经济，2007(26)9：17—20

5. 福建日报/2007年/7月/24日/第010版《居民投资与经济增长方式转变》

6. 彭惜君：《广东城镇居民消费结构变动趋势研究》，经济与经济管理，(2006)02

7. 杨惠：利率政策对我国居民经济活动决策的影响．财经理论与实践(双月刊)．第21卷第104期：21—23

8. 李强、冯中朝：《外生性因素作用下城镇居民投资行为实证分析》，武汉金融，2002年第10期

9. 北京大学“居民投资行为”课题组，《居民在新体制下的投资行为分析》，经济科学，1996年第5期：32—39

10. 袁志刚、冯俊：居民储蓄与投资选择《金融资产发展的含义》，数量经济技术经济研究，2005年第1期：34—49

作者：广东调查总队　黄怀槐

融资难：制约海南中小企业发展的瓶颈

目前，海南省有中小工业企业 2642 家，产值 531.21 亿元，其数量和产值分别占全省全部工业企业总数和总产值的 99.89%和 79.33%，中小企业在全省工业经济发展中的地位和作用显而易见。这些企业的融资情况如何，关系到企业的生存和发展。国家统计局海南调查总队在全省范围内随机抽取 200 家中小工业企业对其融资状况进行了专项调查。调查结果显示：海南中小企业融资渠道狭窄，融资成本较高，贷款难度大，融资难引起中小企业资金匮乏，已成为制约中小企业发展壮大的一个瓶颈。资金是企业的血液，而融资如同企业造血。如何解决中小企业融资问题是我们亟待解决的课题。

一、企业资金来源和融资状况

1. 企业主要资金来源多为自有资金

在被调查的 200 家企业中，有 86.5%的企业的创业资金和固定资产是通过自有资金建立起来的。可见，海南省中小企业靠自有资金占绝大多数，靠金融机构融资的企业仅 5%，靠资本市场融资和财政扶持的企业可谓凤毛麟角。

2. 大部分企业无任何融资操作

在调查的 200 家企业中，有 106 家表示其资金 100%来源于自有资金，而没有任何融资(包括融资没有成功)，占总数的 53%。据悉，企业无任何融资操作不是因为银行不给贷，而是难于贷到和贷款额度少。其原因：一是中小企业在一定程度上存在信用缺失，企业贷款资金过小，银行贷款成本相对较高；二是中小企业市场风险较大，金融机构不敢轻易向其放贷，如果给其发放的贷款资金过大，银行存在过大的金融风险难以规避。

3. 民间融资正成为大部分中小企业的主要融资渠道

在被调查企业所得融资的主要构成来看，采用了融资手段的 94 家企业中，有 46.8%的企业融资渠道为民间借贷；45.7%的企业为银行或信用社贷款；4.8%的企业为财政扶持。这表明，许多中小企业在金融市场或者银行借贷等融资渠道得不到所需资金，转而依靠民间融资渠道进行融资。

4. 民间融资活动的主要形式为向个人借贷

向个人借入和向职工、社会(不定对象)集资成为企业目前开展民间融资活动的主要方式。由于向银行、信用社等金融机构融资不易，大部分企业选择了民间融资。在开展这项活动的时候，42.5%的被调查企业首选方式选择了向个人借入；22%的企业选择向职工、社会集资；15%的企业进行企业或单位间拆借的方式。此外，还有较少部分采用典当行等借入方式。

5. 企业发布项目资金需求信息的主要渠道

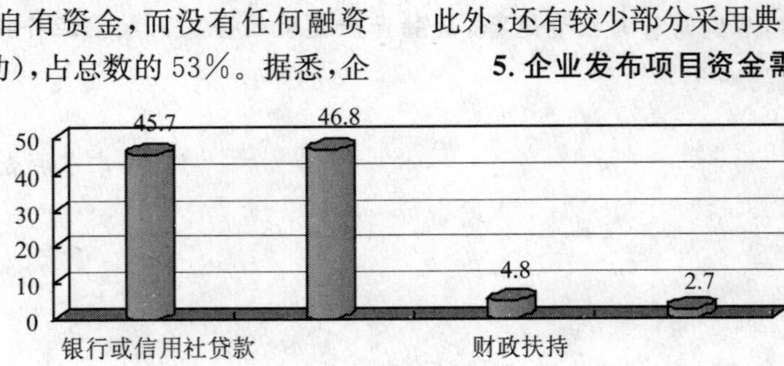

被调查企业融资来源构成

为朋友推荐和直接与银行联系

据调查,42.5%的被调查企业发布项目资金需求信息的首选是朋友推荐;39%的被调查企业是直接与银行联系;而通过其它诸如网络、展会、中介机构、政府机构等媒介手段还相对比较少。

二、企业资金紧缺的主要原因

在被调查的企业中,63%的企业表示目前存在资金短缺问题。造成企业资金紧缺的主要原因有:

1. 45%的被调查企业表示由于企业利润空间收窄造成企业流动资金减少

受原材料价格、用工短缺、人力成本持续上涨等因素的影响,企业支出增加,成本明显上升,但是企业产品销售价格并没有相应的提升,挤压了企业利润空间,进而影响企业流动资金的可供投入,造成流动资金紧缺。

2. 43%的被调查企业反映由于扩大生产规模而引发了资金短缺

随着经济发展和市场需求的扩大或是企业成长以及应对激烈市场竞争的需要,不少企业需要扩大生产规模以获得规模效益,从而抽出过多的流动资金用于扩张而发生资金流转困难。

3. 35%的被调查企业表示由于应收货款和产品库存增加使流动资金减少

一方面,企业之间相互拖欠货款情况严重。主要表现为企业应收和应付账款居高不下,"三角债"问题比较突出;另一方面企业库存占款增加,这些都造成企业某个环节资金周转受损。

4. 28%的被调查企业表示目前融资渠道单一

目前我省企业利用发行企业债券、在资本市场上进行融资的手段很少,银行贷款还是绝大多数企业融资的唯一渠道,而目前我国商业银行在信贷方面普遍存在"不敢贷""不能贷""不想贷"的问题。

企业纷纷认为资金不足影响其企业正常生产经营,使企业坐失良机。此外,资金不足还制约了企业规模的扩大和技术创新,影响了企业的未来发展前景。还造成了企业职工收入降低,引起了管理人员、高级技术人员严重流失和"三角债"等问题加剧。

三、融资难的主要原因

(一)外部因素

1. 资金供需双方沟通不畅、信息不对称

被调查企业认为在融资过程中遇到的最大的问题是资金供需双方的沟通不畅、信息不对称。包括政府和企业间的信息不对称(政府对企业经营情况掌握不准,企业对政府政策了解不透)以及银行和企业间的信息不对称(银行对企业的经营状况、诚信表现等了解不全,企业对银行的融资政策、融资程序等了解不透)。换言之,是体制的隔阂、组织结构的差异和不同角色本能所引致的信息不对称,最终表现为中小企业在正规金融机构的融资障碍。

2. 当前金融政策的影响

随着经济持续快速发展,楼市、股市较热,银行采取提高银行利率、存款准备金率等货币紧缩政策,国有商业银行相应提高贷款条件,这无疑增加了中小企业贷款的难度。

3. 缺乏担保机制和机构

37%的被调查企业表示缺乏担保机制和机构也是企业在融资过程中遇到的主要问题之一。从社会中介的担保功能发挥情况来看,存在着较大的局限性。虽然目前也建立了相关的担保机构来解决中小企业贷款担保难的问题,但是从实际看,这些担保机构的作用发挥的并不好。首先是担保机构本身的运作机制存在的一些问题,既制约了资金的扩充,使民间社会资本无法进入,又使这一市场化的产物在行政管理的方式下运行不畅。其次是缺乏应对担保风险和损失的措施,政府行政资金一次下拨而没有定期的损失补偿机制和来源,基金风险只得采取简单的分担摊派而不是有效的风险分散。再次是由于有关职能方面的协调配合还不够密切,使一些具体操作性问题无法及时、有效解决,影响了担保功能的正常发挥。

4. 融资渠道单一

据了解，目前银行贷款还是绝大多数企业融资的唯一渠道。首先我国缺乏一个活跃的私人资本市场，私人资本的筹集或进入金融领域受到很大限制；其次，我国中小企业难以通过证券市场筹资，其主要原因就是中小企业缺乏上市的条件和政策环境支持而不能够上市；第三，缺乏为中小企业服务的股权市场，证券市场是市场经济的重要组成部分，是现代企业的孵化器，具有向社会筹资，促进产权流动，优化资源配置等作用。加上目前上市融资、发行债券的法律法规和政策导向对中小企业不利，中小企业很难通过债券和股权融资的渠道获得资金。

（二）内部因素

1. 审批程序复杂，手续繁琐，贷款门槛高

在调查中，48％的被调查企业表示在向银行或信用社贷款的过程中，审批程序较为繁杂，贷款手续众多，贷款额度对于企业来说是杯水车薪，无法从根本上解决企业资金问题。从银行的角度来讲，由于中小企业普遍贷款数量少、频次多、要求急，使银行支出成本与潜在收益不对称，从而降低了银行贷款的积极性。据了解，近年来许多国有商业银行实行“双大”战略，贷款日益投向少数经济效益好、信用程度高的大中型企业以及股份制上市公司。银行信贷风险管理制度也存在缺陷，在授信管理上，明显存在对基层银行信贷授权不足，各国有商业银行对基层行步步收紧，贷款审批权日益集中，对中小企业所设的门槛也相对高，期限短。

2. 金融企业“嫌贫爱富”使中小企业融资处于不利地位

大企业信誉好、融资量大，深得金融机构的青睐，往往是信用资金追着大企业贷；相反，中小企业缺乏良好的信誉，融资额度有限，容易得到金融机构的嫌弃。同时也缺少有力的动力激励银行向中小企业贷款。不向中小企业贷款，一方面可以减少了不良贷款的发生，另一方面又不会因为贷不出款而影响银行的收益。

3. 企业规模小，无担保，抵押不足，企业抗风险能力弱

由于大部分中小企业扎根乡镇，房地产变现非常不易，且多数企业的厂房、土地是地方政府招商引资引进而无偿或以租赁的形式提供的，无法作为企业固定资产来抵押。又因为企业规模小，其机器设备的投入不高，变现的价值也相对低。大部分中小企业总体经营业绩不佳，持续经营能力不足，抗风险能力弱，在市场竞争中极易受到冲击，因此银行对其偿债能力心存顾虑而“不敢贷”。

此外，中小企业总体信用状况较差，特别是一些中小企业信用观念淡薄，恶意逃债、废债、赖债，严重损害了中小企业的形象。

四、中小企业对融资的期待

在问卷的设计中，我们给企业经营者出了一些假设和反映其意向的选择，这些看法对于企业、银行及政府部门工作的改进有很好的启示。

表 1　企业认为可推动企业融资的活动

企业认为可推动企业融资的活动	意向比例
1. 推动成立小额贷款机构	46％
2. 与金融机构共同探讨，推出适合全省中小企业的金融品种	42％
3. 建立各地区企业信用档案，积极向金融机构传递企业信息	36.5％
4. 推动成立企业间互保基金	28.5％
5. 组织企业财务人员培训，了解各种融资方式及运作流程	20％
6. 其他	12.5％

表 2　银行经营管理者认为何种措施可有效控制银行风险并促进企业融资

措　　施	意向比例
1 简化手续，实现贷款流程标准化	52.5%
2 对确定有还款能力客户发放信用贷款	46.5%
3 适度下放小企业贷款审批权限	45%
4 建立符合小企业贷款业务特点的信用评级制度	43%
5 采取灵活担保方式，增加担保物品种(权益等)	26%
6 改革信贷人员激励约束制度	11.5%
7 贷款利率的风险定价机制	11%

五、提高中小企业融资的建议和对策

1. 建立新型的银企关系，促进银企良性互动发展

一方面，企业要注重自身素质提高，从产品档次、开发能力、管理水平等方面入手，提高市场竞争力和抗风险能力；规范经营，依法经营，诚信经营，杜绝不实注资、资金体外循环、非理性扩张冲动、抽逃资产和逃废债等行为，提高企业信用度；要与银行建立真实的信息互动机制，包括财务信息、经营管理、融资需求的透明度，使银行获得足够信息，增强银行对中小企业的信心。另一方面，银行要切实转变工作作风，通过深入检查贷款效益与安全状况，对中小企业重点客户进行动态监测、维护与管理，对企业有效的资金需求主动给予解决。要全面跟踪企业资金流转过程，建立与企业良好的信息传递渠道，及时掌握其生产经营、销售状况，同时建立与行政部门、社会中介机构的沟通机制，及时了解企业注册资本、税费缴纳等动态情况。

2. 银行应转变信贷观念，培育服务主体

在目前的银行业结构中，鼓励银行成立中小企业服务部，增强对全省中小企业金融服务功能，是最直接的办法，短期内也会有一定的成效。首先，提供金融优惠政策，银行对中小企业提供贷款，可以享受一系列政策优惠。其次，从政策上规定银行对中小企业贷款的份额，切实办好银行的小型企业信贷部，确保中小企业有充分融资来源。第三，扩大银行对中小企业贷款的利率浮动区间，给予其一定的自主权，提高银行对中小企业贷款的积极性。第四，完善银行信贷管理体制，适度放宽信贷管理权限，减少审批环节，简化中小企业的贷款审批程序，对中小企业的授信更加专业化。第五，要提高审批透明度。从长远看，单纯要求大银行支持中小企业是不现实的，也不科学。需要其他金融制度安排来消除中小企业融资市场供需双方的信息不对称，提高该市场的配置效率。

3. 建立中小企业贷款担保体系

为使信贷资金顺利进入经济发展领域，要加快担保组织机构建设速度，为小企业融资提供保障。建议由政府牵头、行业协会组织成立行业性担保企业，或中小企业担保基金，或建立企业联保集团，健全担保体系，切实解决企业担保难的问题。同时，企业要为融资创造良好条件，积极提供形式多样的担保方案。如企业法定代表人或股东以其个人财产为贷款提供抵押担保，参股担保公司并由担保公司提供担保等。中小企业信贷担保形式要尽量多样化、灵活化，才能为中小企业进行项目开发、技术改造或解决短期资金周转困难，便捷地取得银行信贷资金支持扫清障碍。

4. 建设中小企业融资市场

融资市场是重要的要素市场，为中小企业服务也是融资市场的重要功能之一。针对中小企业融资难的问题，政府应该为中小企业建立多元化的融资市场，使企业从多渠道获得所需资金。对民间借贷行为要进行规范管理，在规范运作的基础上为中小企业融资，服务于中小企业。

5. 政府要加大对中小企业融资的政策支持力度

建议尽快建立以援助中小企业为战略目

标，强化其“造血功能”为宗旨。政府提供财政资金支持，对中小企业创业和创新的小额贷款应给予支持。如对中小企业的“技术改造贷款”发放实行贴息政策；对创业者给予小额贷款和贴息支持。建立专门的政策性金融机构，给中小企业优惠的贷款利息，从政策上扶持中小企业发展。

作者：海南调查总队　李周能　卓富香

新疆残疾人状况分析及残疾人事业发展研究

党的十七大报告明确指出："社会建设与人民幸福安康息息相关。必须在经济发展的基础上，更加注重社会建设，着力保障和改善民生，扩大公共服务，促进社会公平正义，推动建设和谐社会。发扬人道主义精神，发展残疾人事业。"因此做好残疾人状况、问题研究正是贯彻落实党的十七大精神，是科学执政、以人为本、保障残疾人权益的重要体现；是落实科学发展观、构建和谐社会的需要。

一、新疆残疾人事业发展的历史特征

（一）发展历史

1. 建国初期至70年代中期，是残疾人事业发展的初创阶段

新中国成立后，党和政府关注残疾人的生活，对残疾人工作十分重视。建立残疾人组织，开展生产自救，残疾人工作逐步提到议事日程上来。新疆残疾人事业是随着新中国的成立，随着经济和社会发展而逐步发展起来的。

60年代，党和政府为了有领导地开展残疾人工作，成立了中国盲人福利会、中国聋哑人福利会，残疾人工作发生了质的变化。那个时期的残疾人工作，是适应当时的经济、社会环境而开展的，虽仍处于安养救济阶段，但在康复、教育、就业方面已有良好开端，为后来的工作打了基础。

2. 十一届三中全会到20世纪末，尤其是新疆残疾人联合会的成立标志着新疆残疾人事业走向全面发展阶段

1978年，新疆的盲人聋哑人协会及其下属组织也相继恢复工作，此间，国家从法律、法规上对残疾人的权益给予了极大的保障：1982年修改后的《宪法》首次规定："国家和社会帮助安排盲、聋、哑和其他有残疾的公民的劳动、生活和教育"；1990年12月，全国人大审议通过了《中华人民共和国残疾人保障法》；1984年3月，新疆残疾人福利基金会成立；1987年4月，进行了全国残疾人抽样调查工作；

1988年3月在新疆残疾人福利基金会和新疆盲人聋哑人协会的基础上，本着改革的精神，成立了融代表、服务、管理功能为一体的"新疆残疾人联合会"，至此新疆残疾人事业迈向一个新的发展阶段，经国务院批准颁布实施《中国残疾人事业五年工作纲要（1989～1993年）》为日后的新疆残疾人事业发展指明了方向。

3. 21世纪以来残疾人事业快速发展阶段

2001年《新疆自治区残疾人事业"十五"计划纲要（2001～2005年）》颁布执行，为新疆残疾人事业发展明确了目标，也提出了更高的要求；自治区残联制定了"新疆维吾尔自治区盲人保健按摩师培训项目实施办法"，组织了"视觉第一中国行动"新疆光明工程活动，为盲残人员康复、预防以及就业提供了极大帮助，目前已经改变了新疆视力残疾规模第一的状况。通过连续多年组织新疆残疾人文艺汇演、"爱心助残"募捐活动，提高了残疾人文化生活的同时也扩大了宣传全社会"爱心助残"的思想意识。

此间，新疆残疾人的教育、康复、就业、培训、扶贫、威权等工作获得显著成绩。这个时期新疆残疾人事业建立起业务体系、工作体系、组织体系和法律法规体系，残疾人的参与意识增强，残疾人的生活状况有了较大改善，新疆残疾人事业进入快速发展阶段。

（二）发展特征和成就

多年以来，在新疆自治区党委、政府的高度重视和正确领导下，在中国残联的有力指导下，牢固树立和落实科学发展观，以人为本，以构建和谐新疆，全面推进新疆残疾人事业为目标，以“残疾人事业发展纲要”为方向，残疾人事业成就显著。

1. 目标明确，政策有力，措施得当，残疾人事业得到长足的发展

在长期坚持不懈地总结探讨、贯彻落实几个“新疆残疾人事业发展纲要”的基础上，残疾人的康复工作、扶贫工作、就业工作都有了新的突破，新疆残疾人事业得到长足的发展。

各项政策、措施保证了残疾人的权益。《自治区按比例安排残疾人就业规定》、《新疆维吾尔自治区盲人保健按摩师培训项目实施办法》等规定、办法的颁布实施，促进了新疆残疾人事业的发展，保证了残疾人的权益。

2. 党和地方政府高度重视，残疾人康复、就业等生活状况有了明显的提高，社会环境有了极大的改善

自治区党委、政府对新疆残疾人事业发展给予了高度重视，自治区政府出台的各项有关残疾人保障的文件精神，使残疾人工作有了质的飞跃。残疾人的生活状况有了明显的提高，全社会助残爱残的意识增强了，大众对残疾人的关爱更多了。

(1)康复工作全面开展。紧紧围绕“人人享有康复服务”的目标，充分利用、整合资源，大力依托社区康复工作，全面开展各类残疾的康复工作，加强残疾人辅助器具供应服务。连续多年的“视觉第一中国”项目、“彭年光明行动”为近万名贫困白内障患者免费实施复明手术；“爱眼日”、“听力助残”、“聋儿康复知识”、“康复进社区服务到家庭”等活动为新疆残疾人康复带来了福音。

(2)就业工作强力推进。就业是民生之本，随着新疆残疾人就业服务能力的不断提高，残疾人就业培训工作的积极推进，新疆残疾人就业有了新的突破。近五年内安排集中就业 255 人，按比例就业 6410 人，个体及其他形式就业 5485 人。

(3)残疾人教育稳步提高。目前全疆有特殊教育学校 10 所，特殊教育班 9 个，在校残疾学生 5814 人，残疾人中文盲比率有 1987 年的 57%下降到目前的 34%。

(4)扶贫工作成效显著。2006 年底，城镇残疾人实现了应保尽保。有 30154 名残疾人纳入低保范围，享受最低生活保障金。继续开展危房改造工作，已将残疾人危房改造纳入当地抗震安居工程实施范围。

二、新疆残疾人现状及其政策保障分析

(一)数量和等级状况

1. 残疾人总量变化特征

(1)新疆残疾人口总量增加，比例上升，虽占全国的比重较低，但新疆残疾人增长速度快于全国平均水平。第二次与第一次全国残疾人抽样调查结果比较，新疆残疾人人口总量从 1987 年的 54.28 万人增长到 2006 年的 106.9

1987 年新疆残疾人抽样调查残疾人比例示意图

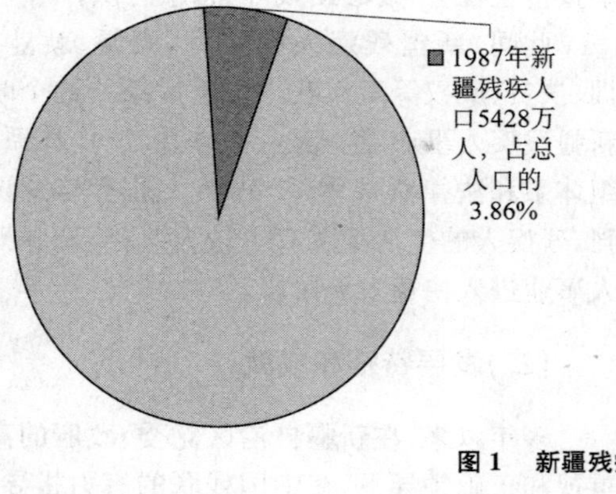

2006 年新疆残疾人抽样调查残疾人比例示意图

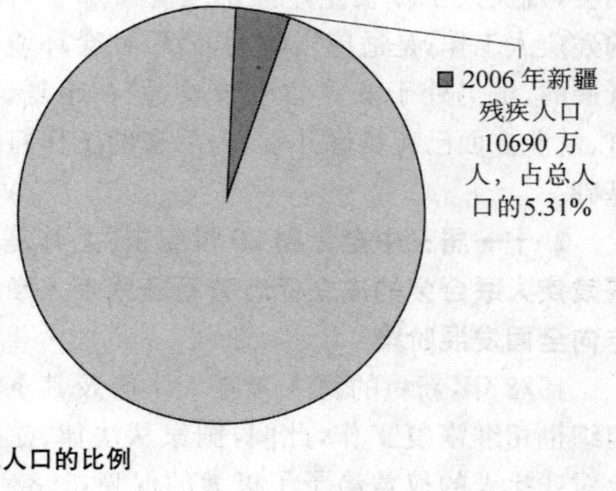

图 1　新疆残疾人占总人口的比例

万人，20 年间增长 96.9%，大大高于全国 60.7%的同期增长水平；残疾人口占总人口的比例从 1987 年的 3.86%上升到 2006 年的 5.31%，提高了 1.45 个百分点，与全国同期增长水平一致(见图 1)。

在残疾人口占总人口比例增长幅度同全国水平相同的情况下，新疆残疾人总量增长幅度高于全国平均水平的主要原因之一是新疆总人口基数的增长快于全国水平，统计数据表明 2006 年全国人口总量比 1987 年增长了 10.87%，而新疆同期人口增长幅度为 43.1%。

表 1　第二次全国残疾人抽样调查分地区残疾人总量数据表

地　区	残疾人数量（万人）	占总人口比例（%）	地　区	残疾人数量（万人）	占总人口比例（%）
全 国	8296	6.34	河南省	676.3	7.2
北京市	99.9	6.49	湖北省	379.4	6.64
天津市	57	5.47	湖南省	408	6.44
河北省	495.9	7.23	广东省	539.9	5.86
山西省	202.9	6.04	广西壮族自治区	337.5	7.23
内蒙古自治区	152.5	6.39	海南省	49.4	5.95
辽宁省	224.2	5.31	重庆市	169.4	6.05
吉林省	190.9	7.03	四川省	622.3	7.57
黑龙江省	218.9	5.72	贵州省	239.2	6.4
上海市	94.2	5.29	云南省	288.3	6.46
江苏省	479.3	6.4	西藏自治区	19.4	7
浙江省	311.8	6.36	陕西省	249	6.69
安徽省	358.6	5.85	甘肃省	187.1	7.2
福建省	221.1	6.25	青海省	30	5.54
江西省	276.1	6.39	宁夏回族自治区	40.8	6.83
山东省	569.5	6.15	新疆维吾尔自治区	106.9	5.31

与全国 31 个省、自治区、直辖市相比较，新疆残疾人数量只占全国总量的 1.2%，位居全国第 24 位，排在西北五省区以及五个少数民族地区的第 3 位，是残疾人口最多的河南省的 1/6，是残疾人口最少的西藏自治区的 5.5 倍；新疆残疾人口比例与辽宁省一样，仅比上海高出 0.02 个百分点，位居全国第 30 位，远远低于国家 6.34%的平均水平和四川省 7.57%的最高水平(见表 1)。

(2)新疆残疾人数量及结构发生改变，肢体残疾类人口大幅增长，智力残疾类人口比重锐减。第二次全国残疾人抽样调查数据显示(见表 2)，与 1987 年第一次全国残疾人抽样调查结果比较，新疆各类残疾人数量及结构发生了较大的变化。①新疆残疾人口总量增长 53.5 万人，其中肢体残疾类人口增长了 26.2 万人，占增长总量的 1/2，其次是综合残疾类人口增长了 13.5 万人，占到 1/4，另外视力、精神、听力、语言残疾类人口都出现不同幅度的增长，但是智力残疾类残疾人口减少了 4.7 万人。②从各类残疾人构成来看，肢体残疾类人口所占比重最高，达到 34.2%，其次是听力残疾人口占 18.2%，而 1987 年听力残疾占残疾人口比重最高(28.3%)，智力残疾和肢体残疾类分列二、三位；目前其他各类残疾人比重依次为综合残疾占 15.3%、视力残疾占 12.6%、精神残疾占 7.4%、智力残疾占 6.8%，语言类残疾人比重最低，只占 2.4%。③从各类残疾人构成变动幅度来看，新疆残疾人结构变动态势同全国基本一致，出现了一升两降的明显变化，即肢体残疾类人口比重大幅上升，比 1987 年上升了 15%；智力残疾类和听力残疾类人口比重大幅下降，比 1987 年分别下降了 15%和 10%。④改变了长期以来新疆以听力残疾类为主的格局。目前新疆有肢体残疾36.5万人，如果加上综合残疾中的肢体残疾人，达43.4万人。肢体残疾人的大幅增加，一方面同国家修订肢体残疾标准、评定方法有关；另一方面也同新疆老年人口比例上升有一定的关系。

表2　分残疾类别的残疾人数量及结构变化表

残疾类别	新疆残疾人数量(万人)			新疆残疾人构成及变化(%)			全国残疾人构成及变化(%)		
	1987年	2006年	变动	1987年	2006年	变动	1987年	2006年	变动
总　计	53.4	106.9	53.5	100	100		100	100	
视力残疾	6.5	13.5	7.0	12.11	12.63	0.52	14.61	14.86	0.25
听力残疾	15.1	19.4	4.3	28.26	18.15	−10.11	31.18	24.16	−7.00
言语残疾	1.1	2.6	1.5	2.10	2.43	0.33	3.10	1.53	−1.57
肢体残疾	10.3	36.5	26.2	19.26	34.15	14.89	14.62	29.07	14.45
智力残疾	11.6	6.9	−4.7	21.70	6.75	−14.95	19.70	6.68	−13.02
精神残疾	2.2	7.9	5.7	4.12	7.39	3.27	3.76	7.4	3.64
综合残疾	6.6	20.1	13.5	12.45	15.25	2.80	13.03	16.3	3.27

2. 残疾人年龄、性别、等级等构成

(1)少年儿童残疾比例明显下降，老年残疾比例大幅上升，中年残疾比例普遍增加。第二次全国残疾人抽样调查数据显示(见表3)，与1987年第一次全国残疾人抽样调查结果比较，新疆分年龄的残疾人结构发生了根本的改变。

表3　分年龄的残疾人构成表

年　龄(岁)	构成(%)		年　龄(岁)	构成(%)		年　龄(岁)	构成(%)	
	2006年	1987年		2006年	1987年		2006年	1987年
0～4	1.89	4.96	30～34	5.86	4.88	60～64	7.57	4.96
5～9	3.27	7.91	35～39	6.26	5.66	65～69	8.91	5.66
10～14	4.11	11.40	40～44	6.66	4.65	70～74	7.09	4.50
15～19	6.00	9.53	45～49	6.44	4.73	75～79	5.57	3.57
20−24	5.02	5.66	50～54	6.40	4.88	80～84	3.35	3.64
25～29	5.60	4.42	55～59	7.68	4.96	85以上	2.33	4.03

首先，有7个年龄组的残疾人比例有所下降。其中包括0～24岁的5个低年龄组和2个80岁以上高年龄组，尤其是20岁以下的残疾少年儿童比例由1987年的33.8%下降到目前的15.3%，20年下降了18.2个百分点。这些变化反映出近20年来我国经济社会发展，残疾人事业得到重视与发展，人们生活条件改善、卫生条件提高和优生优育、计划免疫、卫生健康等思想观念转变所取得的成绩。

其次，有11个年龄组的残疾人比例有所上升。其中25～59岁7个中青年组残疾人比例都有不同幅度的提高，尤其是60～79岁4个老龄组残疾人比例出现大幅度的上升，由1987年的18.7%提高到目前的近29.1%，规模达到31.1万人，60～79岁老龄组新增残疾人数占增加总量的40%。随着新疆老年人口的增加，老年人由于生理机能衰退，脑血管病、骨关节病、痴呆症等发病率和致残机率较高，残疾风险将会提高，因此老年残疾人问题将是未来一段时期新疆残疾人工作面临的一个重要问题。

(2)新疆残疾人性别比为118.7，尤其是在农村和中青年残疾人口中男性比例远远高于女性。第二次全国残疾人抽样调查数据显示(见图2)：新疆残疾人口中，男性58.02万人，占54.28%；女性为48.88万人，占45.72%，性别比为118.7(以女性为100，男性对女性的比

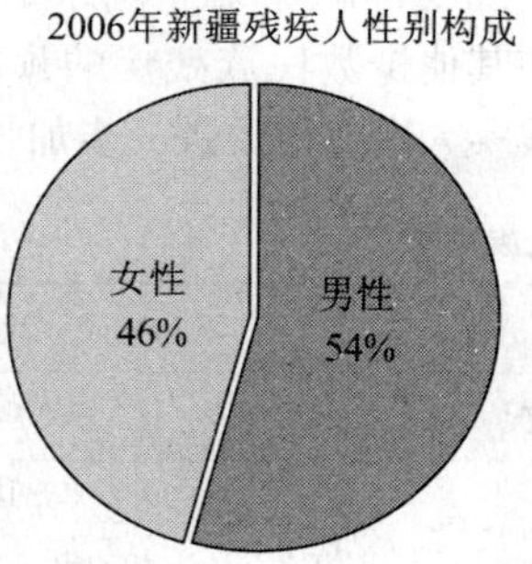

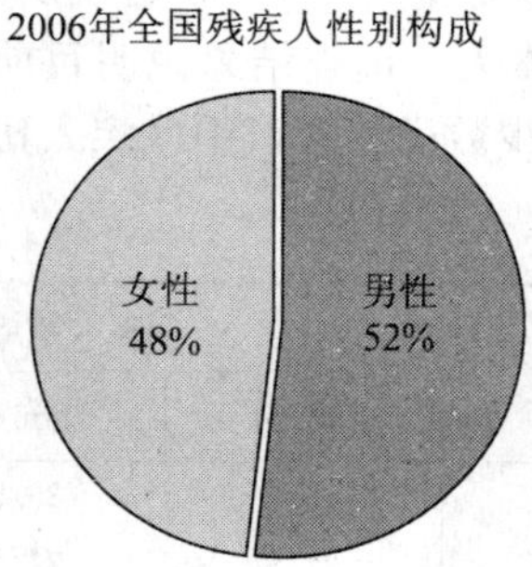

图2　残疾人性别构成图

例)，这一结构同1987年基本一致。与全国残疾人口男性占51.55%、女性占48.45%、性别比为106.4比较，新疆残疾人口中男性比例明显高于女性，其中农村这一现象更突出，性别比为121.4。

从年龄结构看(见图3)新疆少年组和中青年组的性别比都比较高，尤其是中青年组性别比高达223.4，也就是说在这一年龄段男性残疾人是女性残疾人的2倍多。造成这一现状的主要原因是中青年在业男性肢体残疾人员增长迅速。

(3)残疾人口的残疾等级构成与全国基本相同，保持稳定的态势。第二次全国残疾人抽样调查数据显示：新疆残疾人口中，残疾等级为一、二级的重度残疾人为33.4万人，占31.25%；残疾等级为三、四级的中度和轻度残疾人为73.5万人，占68.75%。重度残疾和中、轻度残疾人口基本上是三七开，与1987年第一次全国残疾人抽样调查和2006年全国残疾等级构成水平基本一致，无论从时间跨度或地域差别比较来看，新疆残疾人口和全国人口一样，残疾等级构成基本没变，保持一种稳定的态势

3.残疾人民族分布状况

(1)新疆少数民族残疾人占新疆残疾人口总数的七成，其中维吾尔族残疾人数最多，接近五成。第二次全国残疾人抽样调查数据显示(见表4)：新疆残疾人口中，少数民族残疾人口共71.5万人，占残疾人总量近七成；其中维吾尔族残疾人共52.8万人，比1987年增加23万人，是目前新疆残疾人口数量最多的民族；其他少数民族18.7万人，比1987年增加11万人，占残疾人口总数的17.46%。

(2)新疆少数民族残疾人比重下降，汉族残疾人比重提高，维吾尔族、其他少数民族现残率高于新疆平均水平。从新疆各民族现残率(残疾人占各自民族总人口的比重)来看(见表5)，新疆现残率总水平为5.3%，低与全国6.3%的平均水平，其中新疆汉族人口中每千人有44个残疾人，比1987年增加了14人；维吾尔族人口中每千人有56个残疾人，比1987年增加了9

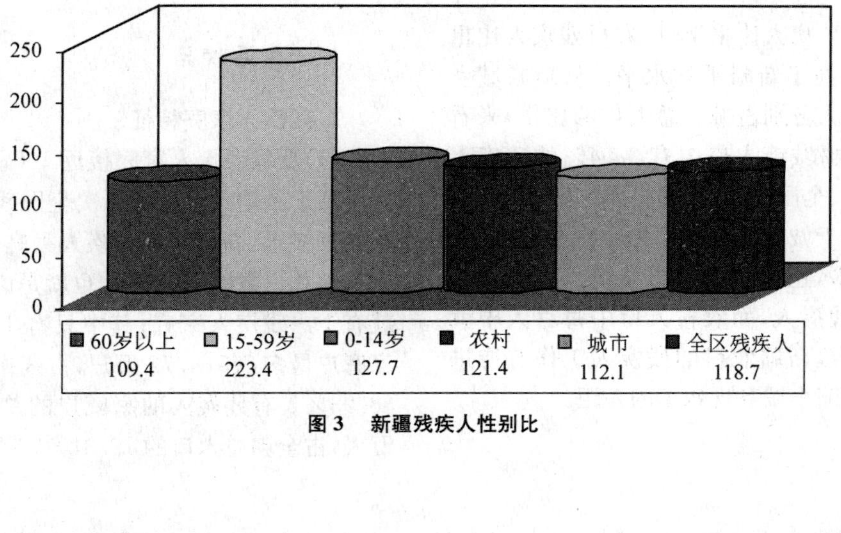

图3　新疆残疾人性别比

人;其他少数民族每千人中有 63 名残疾人,比 1987 年增加了 24 人。调查结果说明目前新疆维吾尔族和其他少数民族人口中残疾人比例要高于汉族、高于新疆平均水平,因此做好维吾尔族和其他少数民族残疾的预防、康复是我们新疆残疾人事业需要进一步加强的重点工作。

表 4　新疆残疾人口民族构成

民　族	残疾人数量(万人)			占残疾人比重(%)		
	1987 年	2006 年	变动情况	1987 年	2006 年	变动情况
汉族	15.9	35.5	19.6	29.68	33.18	3.50
少数民族	37.5	71.5	34.0	70.22	66.86	－3.37
#维吾尔族	29.8	52.8	23.0	55.81	49.36	－6.44
回族	1.9	3.9	2.0	3.56	3.65	0.09
蒙古族	0.9	2.5	1.6	1.69	2.34	0.65
其他少数民族	4.9	12.3	7.4	9.18	11.51	2.33

表 5　新疆残疾人口分民族的现残率

民　族	现残率(与各民族总人口相比)(%)		
	1987 年	2006 年	变动(%)
合计	3.92	5.31	1.29
汉族	2.96	4.37	1.40
维吾尔族	4.73	5.61	0.87
其他少数民族	3.91	6.31	2.39

4. 新疆残疾人地域分布状况

(1)新疆农村残疾人占新疆残疾人口总数的七成以上。第二次全国残疾人抽样调查数据显示(见表 6):新疆残疾人口中,城镇残疾人为 30.61 万人,比 1987 年增加 17.9 万人,占残疾人口总数的 28.63%,比 1987 年上升了 4.74 个百分点;农村残疾人为 76.29 万人,比 1987 年增加 35.7 万人,占残疾人口总数的 71.37%,比 1987 年下降了 4.74 个百分点。调查结果显示目前新疆七成以上的残疾人分布在广大的农村。

表 6　新疆残疾人口分城乡的数量、结构及现残率

地　区	残疾人数量(万人)			占残疾人比重(%)			现残率(占各类总人口比率%)		
	1987 年	2006 年	变动	1987 年	2006 年	变动	1987 年	2006 年	变动
合　计	53.4	106.9	53.5	100	100		3.92	5.31	1.39
城　镇	12.76	30.61	17.9	23.89	28.63	4.74	2.19	3.94	1.75
农　村	40.64	76.29	35.7	76.11	71.37	－4.74	5.22	6.00	0.78

(2)城镇残疾人比重上升;农村残疾人比重下降,现残率高于新疆平均水平。从新疆城乡现残率(残疾人分别占城乡总人口的比重)来看(见表 6),新疆城镇人口中有 3.94%的残疾人口,低于全区、全国的水平;农村人口中有 6%的残疾人口,高于城镇现残率 2.1 个百分点,高于全疆平均水平,也就是说新疆城镇人口中每百人中有 4 名残疾人,而农村人口中每百人中就有 6 名残疾人,新疆农村的残疾人工作有待进一步的提高,缩小城乡现残率的差距。

(二)生活状况

1. 残疾人家庭特征

(1)新疆残疾人家庭接近 100 万户,家庭户规模高于平均水平。第二次全国残疾人抽样调查数据显示:新疆共有残疾人家庭 95.26 万户,占全疆总户数的 16.48%,也就是说平均每 6 户就有 1 户残疾人家庭;其中只有 1 个残疾人的家庭户最多,有 84.72 万户,占残疾人家庭户的 88.93%。有残疾人的家庭户的总人口 388.66 万人,占全疆总人口的 19.31%。

目前新疆正常家庭人口每户平均为 3.46 人，残疾人家庭每户平均为 4.08 人，家庭户规模高于正常家庭水平，其中 2 人户和 3 人户的核心家庭只占 35%，4 人及 4 人以上人口较多的家庭占 60%。

(2)大多数残疾人同健全的家庭亲人生活在一起，独立生活能力、意识、环境有待提高。新疆残疾人家庭户中，人员均为残疾人的约占残疾人总户数的 7%，其中独身残疾人家庭只占 4.7%，有健全人的家庭占 93%。可见大多数残疾人同健全的家庭亲人生活在一起，残疾人可以得到家人照应，这也正是残疾人生活虽然困难较多，但比较稳定的重要原因；另一方面这一现状特征反映出残疾人依附性较大，独立生活困难，这与目前残疾人所处生活环境有密切关系。

2. 残疾人婚姻状况

(1)新疆适婚残疾人口中，离婚及丧偶比例高于平均水平，男性残疾人解决婚姻问题比女性困难更多。

表 7　新疆残疾人婚姻状况

婚姻状况	残疾人数（万人）	占残疾人数比例（%）	男 性	女 性	性别比
15 岁以上残疾人口	97.0	100	54.09	45.91	117.8
未婚	18.6	19.17	66.95	33.05	202.5
已婚	78.4	80.83	51.04	48.96	104.3
#初婚有配偶	44.7	46.07	57.79	42.21	136.9
再婚有配偶	10.0	10.30	65.37	34.63	188.8
离婚	6.3	6.50	57.41	42.59	134.8
丧偶	17.4	17.96	23.21	76.79	30.2

第二次全国残疾人抽样调查数据显示（见表 7）：新疆 15 岁及以上残疾人口中，未婚 18.6 万人，占 19.17%，高于全国残疾人口 12.42% 的平均水平，但低于新疆平均水平；已婚人口 78.4 万，占 80.83%。已婚人口中有配偶的 54.7 万人，占 15 岁及以上残疾人口的 56.38%，占已婚残疾人口的 69.8%；离婚及丧偶人口 23.7 万人，占 24.46%，比 7.89% 的新疆总体水平高出 3 倍。显然新疆残疾人口婚姻状况令人担忧，一方面未婚残疾人口比例较高，性别比例相差悬殊，男性比女性高出 2 倍，新疆男性残疾人解决婚姻问题比女性有更多困难；另一方面残疾人离婚和丧偶的情况比较突出，尤其是由于残疾人自身健康、医疗水平等原因，新疆残疾人丧偶家庭比例很高，占到 20% 以上，其中丧偶残疾人口中性别比例也相差教大，女性是男性的 3 倍多。

(2)受年龄、身体、经济以及社会条件等诸多因素影响，残疾人婚姻不稳定。新疆残疾人的婚姻状况与健全人比较（见表 8），新疆残疾人未婚率低于新疆平均水平，其中女性残疾人比平均水平低近 5%；但残疾人离婚率、丧偶率较高，其中离婚率为 8%，比新疆离婚率平均水平高出 2 倍；丧偶率为 22.22%，比新疆平均水平高出近 4 倍。

表 8　2006 年全国、全疆以及新疆残疾人婚姻状况比较(%)

婚姻状况	全国婚龄人口构成	全疆婚龄人口构成	男 性	女 性	残疾人婚龄人口构成	男 性	女 性
15 岁以上残疾人口	100	100	100	100	100	100	100
未婚	19.39	22.12	25.76	18.37	19.17	23.72	13.80
已婚	80.61	77.88	74.24	81.63	80.83	76.28	86.20
#初婚有配偶	89.12	77.74	79.23	76.36	56.99	64.53	49.14
再婚有配偶	2.31	12.13	10.05	10.80	12.75	16.33	9.02
离婚	1.30	4.14	3.07	4.14	8.04	9.04	6.99
丧偶	7.27	5.99	2.30	8.71	22.22	10.11	34.85

受到年龄、身体、经济以及社会条件等诸多因素影响，残疾人婚姻不稳定，离婚率较高，尤其是许多农村残疾人家庭父母包办婚姻也是影响残疾人家庭安定的一个重要因素；残疾人比健全人寿命相对较短是丧偶率高的主要成因。新疆残疾人家庭不稳定、不健全，孤单残疾人较多，生活状况堪忧，应引起社会关注。

3. 各类残疾人生活自理状况

(1)七成以上残疾人能够自理生活。第二次全国残疾人抽样调查数据显示(见表9)：新疆残疾人口中能生活自理的残疾人占75%，能部分生活自理的占21%，不能自理的只占4%。其中语言残疾人100%完全能够自理生活；听力残疾人生活自理能力也相对较强，自理能力达到97%。而多重残疾、智力残疾则生活自理能力较差，其中多重残疾中有11%的残疾人，智力残疾中有7%的残疾人无法自理生活。精神残疾中能够部分自理生活的残疾人比例相对较高。

表9 新疆残疾人分类别的生活自理情况

残疾类别	能自理生活(%)	能部分自理生活(%)	不能自理生活(%)
总　　计	75.2	20.6	4.2
视力残疾	75.4	20.6	4.0
听力残疾	97.0	2.5	0.4
言语残疾	100.0	0.0	0.0
肢体残疾	71.9	24.2	4.0
智力残疾	71.0	22.0	7.0
精神残疾	65.6	34.4	0.0
多重残疾	59.4	29.7	11.0

(2)绝大多数残疾人具备生活自理能力，却只有三成能够完成基本的生活活动。根据第二次全国残疾人抽样调查数据，我们通过残疾人身体状况指标(身体移动能力)、智力情感指标(理解、交流及沟通能力)、综合活动指标(生活活动能力)三个方面，用"能"、"部分能"、"不能"三个衡量度，来量化和更形象、准确地反映目前新疆残疾人基本生活活动状态(见表10)。

表10 新疆残疾人生活活动等状况

	能(%)	部分能(%)	不能(%)
身体移动	62.67	27.51	9.82
理解与交流	53.57	40.12	6.31
生活活动	32.78	47.58	19.65

表10显示：新疆残疾人口中有六成以上残疾人具备身体移动能力，五成以上具备理解、交流等正常的沟通能力，但却只有三成残疾人能够完成基本的生活活动。相反，有近10%的残疾人不具备正常的身体移动能力，7%的残疾人无法与人进行正常的沟通交流，有近20%的残疾人无法完成基本生活活动。

新疆绝大多数残疾人无论从身体条件、脑力智力和沟通能力，还是思想意识和内心需要，都具备基本生活活动能力，而且希望能够自强、自立，不为家庭或社会带来负担，但目前只有三成残疾人能够做到这点。这主要是受客观条件和社会环境的约束。残障人如果要走向更自主、更独立的生活，他们势必要克服更大的障碍—客观条件和社会环境。因此积极建设无障碍设施，大力发展残疾人用品用具，改善残疾人生活环境；倡导全社会关爱残疾人，为残疾人创造一个公平、和谐的社会环境，对于新疆残疾人来说是一个十分迫切和重要的问题。

(三)教育状况

1. 残疾人文化程度特征

(1)新疆残疾人口文盲比率高，文化程度与全疆平均水平差距较大。第二次全国残疾人抽样调查数据显示(见表11)：全疆15岁以上的残疾人中文盲有33.9万人，文盲率为33.6%，与1987年第一次全国残疾人抽样调查数据比较，文盲率下降24个百分点。与2006年全疆平均受教育水平比较，新疆残疾人文化程度尚存在着巨大差距，其中文盲率是全疆平均水平的5倍多；大专及以上文化程度占2.4%，不足全疆水平的一半；高中、中专人口比例低于全疆平均水平的3.7个百分点；初中人口比例低于全疆平均水平的15个百分点。

表 11 新疆残疾人文化程度构成

文化程度	2006 年		1987 年		2006 年全疆水平
	人数(万人)	构成(%)	人数(万人)	构成(%)	构成(%)
文盲	33.9	33.35	23.2	54.85	6.44
小学	34.69	34.13	13.4	31.68	35.91
初中	22.75	22.38	4.0	9.46	37.51
高中、中专	7.89	7.76	1.2	2.84	11.45
大专及以上	2.41	2.37	0.5	1.18	8.69

(2)残疾人文化程度和受教育水平比 1987 年有所提高。第二次全国残疾人抽样调查数据显示(见表 11):与 1987 年第一次全国残疾人抽样调查比较,新疆残疾人文化程度和受教育水平有所提高,每 1 万残疾人中具有大专以上程度的由 118 人上升为 237 人;具有高中、中专程度的由 284 人上升为 776 人;具有初中程度的由 946 人上升为 2238 人;具有小学程度的由 3168 人上升为 3413 人。从各类文化程度构成比例来看,都有不同幅度的提高,尤其是初中及以上各类文化程度提高的平均幅度达到 2 倍多。

2. 残疾人接受教育状况

(1)新疆残疾人口接受教育状况呈现男性好于女性,城市好于农村的特点。第二次全国残疾人抽样调查数据显示(见表 12):新疆残疾人口接受文化教育特点突出,男性残疾人口好于女性,城市残疾人口好于农村。其中男性接受小学及以上文化教育的比例达到 70%,而女性不足 60%;"不识字"的人口比例,女性达到近 4 成,明显高于男性;城市残疾人口中接受初中以上文化教育的占到 6 成,而女性不足 3 成半。尤其是在城市每 1 万残疾人口中接受大学本科文化教育的有 136 名,而在农村只有 4 名。

(2)新疆各类残疾人口接受文化教育特点突出,差异较大。第二次全国残疾人抽样调查数据显示(见表 13):新疆不同残疾类别接受文化教育差异较大,特点突出。其中接受中等以上文化教育比例最高的是精神残疾类,接近 20%,其次是肢体残疾和体力残疾类,所占比例都超过 10%;接受初等文化教育比例最高的是肢体残疾类,接近 70%,其次是听力残疾类,所占比例接近 60%;而文盲、未上学人口比例最高的是多重残疾类,所占比例达到 60%多,其次是智力残疾和语言残疾类,分别占 45%左右,而文盲率最低的是肢体残疾类。

表 12 新疆分性别、城乡残疾人接受教育状况(%)

文化程度	男	女	城市	农村
不识字	27.73	41.42	18.01	33.21
未上过学	1.45	0.97	0.52	1.26
小学	35.89	30.74	20.52	31.51
初中	23.65	18.61	23.77	15.46
高中中专	8.30	6.72	31.31	18.29
大专	2.21	1.29	4.50	0.22
本科	0.76	0.24	1.36	0.04

表 13 新疆残疾人分残疾类别接受文化教育的状况(%)

文化程度	视力残疾	听力残疾	言语残疾	肢体残疾	智力残疾	精神残疾	多重残疾
文　盲	41.91	29.78	45.90	19.46	45.91	27.72	58.30
未上学	0.87	0.80		1.39		0.99	2.30
小　学	31.79	37.63	39.34	37.54	33.33	26.73	24.90
初　中	16.76	21.33	11.48	28.98	17.61	25.25	10.58
高中中专	6.36	8.25	3.28	9.53	2.52	16.83	2.28
大　专	1.73	1.21		2.78	0.63	1.49	1.24
大学本科	0.58	1.00		0.32		0.99	0.40

(3)新疆残疾儿童接受义务教育比例大大低于全国平均水平，符合残障儿童特点的特殊教育亟待提高。第二次全国残疾人抽样调查数据显示(见表14)：在6—14岁的7.31万学龄残疾儿童中，只有61.7%的残疾儿童接受义务教育，这一比例大大低于全国适龄儿童接受义务教育的平均水平(99%以上)。其中城、乡残疾儿童接受义务教育状况差别较大，城镇残障儿童除非自身原因(智力残疾)以外，基本都能够享受义务教育；但是农村残障儿童却很难保证享受到义务教育，尤其是视力残疾儿童入学率极低，只有不足5%。不同残疾类别儿童接受义务教育情况存在差异，如：多重残疾儿童接受义务教育比例就比较低，而精神残疾(由于样本量小，可能有偏差)、听力残疾儿童接受义务教育比例较高。

表14　新疆6～14岁残疾儿童分残疾类别接受义务教育状况(%)

残疾类别	合计	城镇	农村	普通教育学校普通班	普通教育学校特教班	特殊教育学校	其他
合　计	61.72	72.4	59.75	73.3	2.6	4.3	19.8
视力残疾	56.35	100	4.6	52.4		4.8	42.9
听力残疾	90.00	100	89	83.3			16.7
言语残疾	76.15	100	75	75.0		12.5	12.5
肢体残疾	83.00	100	78.8	90.0	10.0		
智力残疾	68.43	80	43.4	100.0			
精神残疾	100	100	100	72.0			28.0
多重残疾	33.3	22.2	35.2	61.5	7.7	11.5	19.2

目前接受义务教育的残疾儿童中，在普通教育学校学习的占75.9%，在特殊学校学习的占4.3%，其他形式学习的占19.8%。从分残疾类别的情况来看，参与特殊教育学校和普通学校特效班的主要集中在肢体残疾、语言残疾、多重残疾和视力残疾四类，且比例不高，显然目前新疆符合残障儿童特点的特殊教育需要大力提高。

(四)就业及社会保障状况

1. 残疾人职业构成及就业状况

(1)新疆残疾人从事的职业较为集中，近八成从事第一产业及相关工作。第二次全国残疾人抽样调查数据显示(见表15)：由于新疆70%残疾人分布在农村，69.2%的残疾人户籍是农业人口，因此从事农林牧渔水利业生产的人员最多，占在业残疾人口的77.8%，1987年这一比例高达86.7%；其次是从事商业、服务业工作的残疾人占11.13%；以生产、运输设备操作为职业的残疾人占6.23%；此三类职业占到在业残疾人的95%以上。另外党政机关企事业单位负责人的比例虽然很低仅为0.24%，但是以前却根本就没有，这也体现了目前残疾人的社会、政治地位有所改善。

表15　新疆残疾人职业构成(%)

职业名称	2006年	性别比(%)	1987年	性别比(%)
合计	100	189.05	100	172.51
党政机关企事业单位负责人	0.24	100		
各类专业技术人员	2.57	133.33	2.36	266.67
办事人员和有关人员	1.59	333.33	0.64	200
商业服务人员	11.13	175.76	1.29	200
农林牧渔水利业生产人员	77.75	185.2	86.7	157.32
生产、运输设备操作人员及有关人员	6.23	292.31	6.87	433.33
不便分类的其他从业人员	0.49	300	7.58	

与第一次全国残疾人抽样调查结果相比，新疆残疾人就业面有所增加，出现了在党政机关企事业单位负责人，从事商业、服务业人员比例大幅提高。另外调查结果反映，目前残疾人中女性就业更是难上加难。

(2)在业残疾人比率较低，其中农村情况要好于城市，男性在业率高于女性。第二次全国残疾人抽样调查数据显示(见表16)：新疆在业残疾人口31.81万人，占15岁以上残疾人总数的32.8%，低与1987年第一次全国残疾人抽样调查的50.43%；不在业残疾人口65.17万人，占67.2%。分城乡的情况来看，城市在业残疾人口占城市15岁以上残疾人的比例不到2成，在业率非常低；农村在业残疾人口占农村15岁以上残疾人的比例接近4成，情况要好于城市。分性别情况看，在业残疾人口中，男性占65.4%，性别比为189，显然男性就业率要高于女性；不在业的残疾人中女性占51%，性别比为94，说明女性残疾人就业相对困难。

表16　新疆残疾人在业状况(%)

就业状况	人口(万人)	2006年	1987年	城市	农村	男性	女性
在业	31.81	32.8	50.4	17.33	39.45	65.4	51.43
不在业	65.17	67.2	49.6	82.67	60.55	34.6	48.57

(3)新疆城镇残疾人就业水平亟待提高。为了准确反映新疆城镇残疾人就业水平，同时便于科学比较，我们依照国家劳动部门和统计部门统一对就业水平统计的标准，即城镇就业和不就业残疾人指男16～59岁、女16～54岁的就业和不就业的城镇残疾人来统计计算。目前新疆残疾人总体就业水平为59.6%(剔除了城镇中非统计口径内的残疾人，(见表17)，如果考虑到残疾人口中丧失劳动能力的残疾人数，就业水平为68.1%，比1987年的水平提高了7个百分点。

表17　新疆残疾人就业水平(%)

	新疆残疾人总体在业水平	剔除残疾人中丧失劳动能力	新疆城镇残疾人就业水平	男性	女性
2006年	59.6	68.1	35.32	38.25	31.13
1987年	52.2	61.9	29.93	35.81	23.53

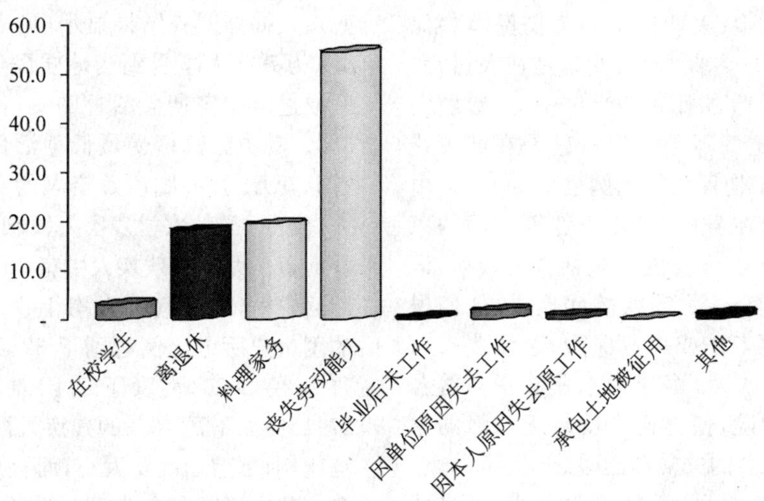

图4　新疆残疾人不在业原因

新疆城镇残疾人就业水平仅为35%，其中男性为38.25%，女性为31.23%，虽然比1987年有所提高，但与新疆城镇就业总水平96.1%相比，差距非常大。目前新疆有近七成没有丧失劳动能力的城镇残疾人没有工作，无法就业，缺少劳动收入。提高残疾人就业水平是改善残疾人生活水平、提高残疾人社会地位的基础，是新疆亟待解决的首要问题，也是一项任重而又道远的艰巨工作。

(4)丧失或基本丧失劳动能力是新疆残疾人无法从事正常工作的主要原因。据第二次全国残疾人抽样调查结果反映(见图4)：有54.4%的残疾人是由于“丧失劳动能力”的原因而无法工作；有近20%的残疾人无法工作的原因是只能“在家料理家务”，其中85%是属于女性残疾人。这两部分残疾人占到不在业残疾人总数的75%，他们大多是由于自身残疾，丧失或基本丧失劳动能力，而无法从事正常的社会工作，这也是很难改变的客观现实。有18%和3.2%的残疾人是属于退休和学生，无法从事工作；另外有5%的残疾人可以说是由于各种社会、自身、经济等客观因素造成失业，处于不在业的状态。

2. 残疾人社会保障情况

(1)基本医疗保险覆盖率接近四成，残疾人参保意识较强，符合残疾人实际需求的社会保障需要不断开拓创新。第二次全国残疾人抽样调查结果显示(见表18)：新疆16岁以上残疾人中参加过任何一项社会保险的残疾人占42%。其中参加基本医疗保险的残疾人比例最高，达到40.4%，远远高于新疆全社会基本医疗参保比例(14.14%)。反映出由于残疾人自身身体，需要医治、康复等原因，他们参加医疗保险的意识、积极性和迫切性都要高于正常人。目前新疆残疾人基本医疗保险覆盖率已达到40%以上，尤其是在农村残疾人参加医疗保险的比例已经达到39.4%。

表18 新疆残疾人参加社会保险情况

社保类别	残疾人参保比例(%)	城市	农村	全社会参保比例(%)
总计	42	46.38	41.2	
#基本养老保险	8.72	24.66	1.76	11.95
基本医疗保险	40.4	42.76	39.37	14.14
失业保险	0.65	1.88	0.11	9.04
工伤保险	0.37	0.8	0.17	

基本养老保险、失业保险和工伤保险参保比例低于全社会的参保水平，尤其是在农村，残疾人参加养老保险的比例仅为1.8%，参加失业、工伤保险的比例不足0.2%，就是在城市残疾人参加失业、工伤保险的比例也不足1%。由于部分保险条款在身份、身体条件等方面约束了残疾人参保行为，调查发现包括视力残疾、语言残疾、听力残疾、智力残疾的残疾人，他们根本就没人参加过工伤或失业保险，这使残疾人的社会保障严重缺失。需要社会提出更多符合残疾人需要的保险，使他们本就缺乏保障的生活得到多一点社会的关爱和温暖。

(2)社会基本补助、救济覆盖面小，不足残疾人的十分之一，城乡差别较大。第二次全国残疾人抽样调查结果显示(见表19)：新疆约有8.6万残疾人享受到当地居民最低生活保障或领取过定向定期生活补助费，占残疾人总数的8%。其中城镇享受最低生活保障金的残疾人有5.5万人，占城镇残疾人的18.17%；有3万人，仅占4%的农村残疾人领取过生活低保金或补助费。尤其是残疾人中有70%的来自相对贫困的农村，况且其中人均年收入在944元以下的困难户所占比例达到了32.2%；城镇人均年收入在2000元以下的困难户所占比例为27.1%；而不足10%的残疾人社会基本补助、救济比例，覆盖面确实太小，而且从城乡救助比例和人数来说都存在着巨大差距。

表 19　新疆残疾人领取低保和救济的情况

类　别	人数（万人）	比例（%）	城　市		农　村	
			人数(万人)	比例(%)	人数(万人)	比例(%)
领取基本生活补助	8.6	8	5.54	18.2	3.06	4
领取各类救济金	9.8	9.17	2.53	8.26	7.27	9.53

(五)贫困状况

1. 残疾人生活来源主要特征

(1)生活来源主要依靠家庭供养，家庭负担沉重。第二次全国残疾人抽样调查结果显示(见表 20)：新疆七成多，近 50 万 15 岁以上不在业残疾人的生活来源是依靠家庭供养，如果再加上依靠家庭供养的近 10 万 0～14 岁残疾儿童，新疆有残疾人的家庭生活负担相当沉重。其次有近两成的 15 岁以上不在业残疾人生活来源依靠离退休金；只有 7.52%，不足 5 万 15 岁以上不在业残疾人依靠领取政府基本生活费生活，另外有 2.68%的残疾人依靠其他方式生活。

表 20　15 岁及以上不在业残疾人生活来源情况

类　别	总　计		城　镇		农　村	
	人数(万人)	比重(%)	人数(万人)	比重(%)	人数(万人)	比重(%)
合　计	65.17	100	24.11	37	41.06	63
离退休金	11.82	18.14	10.39	43.1	1.44	3.5
领取基本生活费	4.9	7.52	3.5	14.5	1.4	3.4
家庭供养	46.7	71.66	9.67	40.1	37.01	90.15
其　他	1.75	2.68	0.55	2.3	1.21	2.95

(2)新疆农村残疾人社会供养率极低，社会保障严重缺失。残疾人生活来源方式城乡差异较大，相对于城镇残疾人来说，农村残疾人生活来源非常单一。调查显示，在城镇有近六成，而在农村只有不到一成残疾人享受到离退休金或基本生活保障费；九成以上，有 40 多万农村不在业残疾人生活来源主要依靠家庭供养，社会供养率极低。考虑到还有需要供养的残疾儿童，残疾人社会保障严重的缺失，已经造成许多农村残疾人家庭生活困难、不堪重负、难以为继的局面。

2. 残疾人家庭收入特征

(1)新疆残疾人家庭人均收入低，与全疆家庭平均收入水平差距明显。第二次全国残疾人抽样调查结果显示(见表 21)：2005 年新疆有残疾人家庭户人均年收入为 2569 元，不足当年全疆人均收入平均水平的一半；其中城镇为 4694 元，农村为 1924 元，与全疆城镇、农村年人均收入平均水平比较，分别相差 3999 元和 2681 元，就是与全国残疾人家庭年人均收入比较也分别相差 100 元和 336 元。可见，新疆残疾人家庭收入不仅低，而且与健康人家庭收入水平比较相差过大。

表 21　新疆残疾人家庭户人均收入水平

单位:元

	全疆人均收入	有残疾人的户人均收 入	按人均收入分组的构成(%)						
			683 元以下	684～944 元	945～2000 元	2001～4000 元	4001～6000 元	6001～10000 元	1 万元以上
全　疆	6116	2569	15.16	9.44	32.90	19.66	10.09	9.03	3.72
城　镇	8693	4694	2.92	3.48	20.72	21.28	18.92	21.56	11.13
农　村	4605	1924	20.25	11.92	37.96	18.98	6.42	3.82	0.64

(2)有近一半城镇残疾人家庭和近七成农村残疾人家庭生活在贫困状态。结合新疆人民生活水平和收入划分标准,新疆残疾人家庭中低收入户比重非常高。城镇残疾人家庭中,低收入户占48.4%,也就是说有近一半的残疾人家庭生活在贫困状态,其中人均年收入在2000元以下的困难户占27.1%;人均年收入2001元~4000元的低收入家庭占21.3%。人均年收入在4001~10000元的占40.5%;人均年收入在10000元以上占11%。

农村残疾人家庭中,低收入户占到70.1%,近七成残疾人家庭处于贫困状态。其中人均年收入在944元以下的困难户占32.2%;人均年收入945元~2000元的低收入家庭占40%。人均年收入在2001~6000元的占25.4%;人均年收入在6000元以上占4.5%。

(3)新疆残疾人家庭家电拥有量低,有近一半的农村残疾人家庭竟然无任何家电。第二次全国残疾人抽样调查结果显示(见表22):新疆残疾人家庭家用电器拥有水平远远低于新疆平均水平。其中拥有量最高的电器是彩电,城镇每千户拥有897台,比全疆城镇平均水平少183台;农村每千户拥有477台,比全疆农村平均水平少206台。拥有量最低的电器是电脑,城镇每千户拥有63台,是全疆城镇平均水平的1/4,农村每千户仅有5台。令人感到意外的是城镇残疾人家庭中有近5%的家庭到目前为止尚无此5种家用电器,有45%的农村残疾人家庭竟然没有使用过这些家用电器。

表22 新疆残疾人家庭每千户家电拥有情况

		彩 电	冰 箱	洗衣机	电 话	电 脑	无前述家电
城镇	全疆水平	1080	827	930	877	287	
	残疾人家庭	897	622	633	869	63	4.17%
农村	全疆水平	683	251	323	410		
	残疾人家庭	477	134	196	382	5	44.56%

三、新疆残疾人事业发展的对策和建议

(一)高度重视,关注民生,帮助残疾人摆脱贫困。

1. 高度重视,关注民生

新疆残疾人口规模增长迅速,占总人口比重不断扩大,残疾人口对社会、经济的影响也会越来约大,政府应对这一群体给予高度重视。而就目前残疾人口的生活状态、就业机会、社会地位、制度保障等,存在着诸多问题。应对他们给予高度的重视,了解他们的思想、关心他们的生活、提高他们的社会地位,从而保证社会的稳定与和谐,这是落实"十七大"提出的关注民生的具体体现。由于残疾人多数在农村,因此关注农村残疾人也是新农村建设不可回避的现实问题。

2. 改善残疾人生存状况,帮助他们摆脱贫困。

新疆50多万残疾人中60%多是少数民族,70%是农、牧区人口,其中有20%长期生活在偏远、交通不发达的边境地区。见于新疆经济发展的现状,应在扶助项目上给予更多的扶持和倾斜。采取行政手段,辅以各种财政、税费、社会保障等措施和办法,借助社会、个人、企业的力量,帮助残疾人摆脱贫困。

(二)建立福利保障制度,完善社会保障措施。

1. 建立福利保障制度

残疾人的生存条件和生活质量需要在社会福利政策的帮助下获得提高。搞好残疾人福利保障制度的建立、完善工作,是帮助残疾人摆脱贫困、改善生存条件、提高生活质量的重要措施。依据新疆现阶段的经济发展水平和人民生活水平,建立符合新疆区情的社会福利保障制

度。

2. 落实和完善社会保障措施

残疾人目前所能享受的各项社会保障待遇，需要各基层组织加大工作力度，落实和完善城镇贫困残疾人个体工商户参加基本养老保险补贴制度，鼓励并组织个体就业残疾人参加社会保险。帮助农村贫困残疾人参加农村社会养老保险和新型农村合作医疗，并按规定给予医疗救助。对不适合参加劳动、无法定扶养义务人或法定扶养义务人无扶养能力、无生活来源的重度残疾人，按照规定予以供养、救济。有条件的地区，可按分类救助原则，适当提高重度残疾、一户多残等贫困残疾人家庭的生活保障水平。

(三)加强培训，做好服务，提高残疾人就业水平。

1. 加强职业培训，提高残疾人的就业能力

新疆残疾人口文化程度差、素质低，就业难，需要加强对残疾人口的职业培训教育，从而提高他们的劳动技能和自身素质。可采取由残疾人联合会牵头，教育、劳动及人口基层组织相配合，由市场需求为导向，以社会化培训为重点，借助特殊教育学校，大力开展残疾人职业技能培训和农村残疾人实用技术培训，不断提高残疾人参与市场竞争的能力。尤其是要帮助南疆地区农村贫困残疾人接受实用技术培训，掌握脱贫致富的技能。

2. 做好就业服务，提高残疾人就业水平

各级政府要针对本地区实际情况，以适应残疾人就业服务工作需要为依据，加强残疾人就业服务机构的建设。残疾人就业服务机构要多从市场需求着手，多跑市场寻找用人单位，起到残疾人与用人单位的桥梁作用。不仅要建立用工单位的登记，而且要完善残疾人就业前、就业后的登记，采取随访制度，拓展服务项目，不断提高服务质量和服务效率，实实在在作好残疾人就业服务工作。劳动社会保障部门要把残疾人纳入地方劳动与社会保障工作的统筹规划里，加强管理和指导。

(四)提高认识，统筹安排，提高残疾人受教育水平

1. 抓源头，切实保证残疾儿童接受义务教育

目前新疆残疾儿童义务教育入学率只有60%，大大低于全区平均99%的水平。这意味着若干年后又“造就”了一批新的残疾人文盲，应当引起有关部门和社会的广泛重视。提高残疾儿童义务教育入学率是提高残疾人文化素质的基础，是从源头上提高残疾人受教育程度。要尽快将残疾儿童接受义务教育列入政府优惠政策范围，并将残疾儿童入学指标列入义务教育评估验收指标体系。继续完善以随班就读和特教班为主体、特殊教育学校为骨干的残疾儿童义务教育体系。全面推行随班就读和普通中、小学校设立特教班。

2. 积极推进残疾人扫盲教育

新疆残疾人文化程度低、素质差，是他们就业难，生活贫困的主要原因。要改善残疾人生活状况，就必须以多种形式，大力开展残疾人扫盲教育，积极推进残疾人技术教育，发展残疾人中高等教育，鼓励自学成才，多层次共同推进，逐步提高残疾人文化程度。尤其是要扫除残疾青壮年文盲，通过提高他们学习科学技术知识，掌握劳动技能的能力，通过劳动致富的途经，改善残疾人生活状况，提高生活水平。

(五)建立机制，努力做好残疾人康复服务

1. 注重需求，进一步加强残疾人康复工作

残疾人康复工作是改善残疾人功能，减轻障碍程度，帮助残疾人参与社会的基础性措施。目前新疆接受过康复服务的残疾人不足比例的10%，对康复服务表示需求的在60%以上，这说明康复服务能力与残疾人的需求差距较大，与2015年残疾人“人人享有康复服务”的目标相差甚远。在今后的较长时期内，需要进一步加强残疾人康复服务工作。

2. 建立机制，扩大残疾人康复收益面

建立新疆残疾人康复的有效和长效机制。完善机构的工作制度，落实工作目标责任制，制

定自治区残疾人康复工作规定(或条例)和残疾人康复工作发展规划,加大政府及社会的康复经费投入,以专业康复机构为骨干、社区为基础、家庭为依托,建立和完善社会化康复服务体系。尤其是建立各级和基层社区的梯次性残疾人康复机构体系、残疾人康复专业技术队伍和残疾人康复技术指导培训体系,建立残疾人康复工作的激励机制。

3. 普及康复知识,提高残疾人自我康复意识

充分利用广播、电视、报刊、网络等媒体开展残疾人康复工作公益宣传,普及康复知识。广泛开展"爱眼日"、"爱耳日"、"精神卫生日"、"防治碘缺乏病日"、"防治麻风病日"、"提高心脑血管疾病认识"等活动;针对遗传、疾病、中毒、意外伤害、有害环境等主要致残因素,有重点地开展宣传教育。采取干预措施,倡导早期干预和早期康复训练,有效减轻和控制残疾程度。

(六)培养队伍,提高为残疾人服务能力

1. 加强建设,满足残疾人服务的新要求

残疾人规模的增大、社会参与意识的加强、无障碍观念的普及,尤其是新疆农村、少数民族地区残疾人需要关心、服务的特点,都要求我们不断加强个方面建设,满足社会进步、经济发展所带来的残疾人新的服务需要。

加强残疾人综合服务设施建设,提高服务能力。目前全区各级残疾人综合服务设施建设资金缺口很大,需要列入各级政府的社会发展计划,并积极争取社会捐助。已建成投入使用的残疾人综合服务设施要进一步完善功能,充分发挥作用,为残疾人接受康复训练、职业培训、就业指导和开展文化、体育活动提供服务;尚未建设残疾人综合服务设施的地区要创造条件,建设符合要求、规模适度的残疾人综合服务设施。

2. 培养队伍,加强农村和南疆地区的残疾人工作

采取多种形式,培养、培训残疾人工作者,认真贯彻《全国残疾人工作者职业道德规范(试行)》,提高残疾人工作者的职业道德水平和综合服务能力,培养思想好、作风硬、能力强、素质高,恪守"人道·廉洁·服务·奉献"职业道德的残疾人工作者队伍。

新疆残疾人分布的最大特征,农村残疾人比重高、南疆少数民族残疾人比重高,而且贫困现象比较严重,残疾人的问题多,困难大。新疆残疾人工作要抓住问题的主要矛盾,就必须进一步加强新疆农村和南疆地区残疾人的工作,将工作重点放到基层、放到农村、放到南疆去,给予政策和资金的倾斜,缩小这些贫困地区残疾人的生活差距,改善他们的生存质量。

作者:新疆调查总队

十二、调查与统计理论探讨篇

CPI 月度环比指数季节调整及 CPI 折年率方法研究

国际货币基金组织及国际劳工组织在新近出版的国际性《CPI 手册》发布政策的章节中指出，各国统计部门应在 CPI 公布以后对其数据进行相应的追溯性调整（季节调整），以满足社会各界的不同需求，同时根据调整后的数据采用折年率的计算方法对 CPI 走势进行预测。目前，美国、加拿大、欧盟中的一些国家都在三个月内发布经过季节调整的 CPI 月环比指数。我国从 2000 年起开始编制 CPI 的定基指数，但目前尚未开展 CPI 月环比指数的季节调整和折年率[①]的计算工作。为此，我们对该方法进行了研究以供参考。

一、季节调整方法理论依据

（一）季节调整方法概述

一般认为，季节效应是季度或月度统计序列在正常年度中表现出来的季节规律性变化。季节调整主要是为了消除序列中的季节性规律，使序列中各时点之间的变动更能反映出数据的潜在规律，从而使不同季节的统计数据具有可比性，同时还能利用变动趋势进行预测。

通常来说，原始时间序列 X_t 可分解为以下四种因素：①趋势性因素（T_t）（反映时间序列在长时期内所呈现出来的趋势性）；②季节性因素（S_t）（各种以一年为周期的外界变化的因素）；③星期构成因素（D_t）（日常星期和交易日的有规律的影响）；④不规则因素（L_t）（除上述因素以外的诸多偶然因素的变化对原始序列的影响）。上述四个因素与原时间序列的一般关系有两种形式：

乘法模型：$X_t = T_t * S_t * D_t * I_t$

加法模型：$X_t = T_t + S_t + D_t + I_t$

其中最常用的是乘法模型，即四种因素对事物的影响表现为乘积形式。季节调整的目的就是要把季节性因素 S_t 从原始时间序列 X_t 中分解出来，以更好的观察经济指数变动的趋势。

在本文中，我们采用了乘法模型，并选择了国际上比较通用的 X－11 方法来进行季节调整。

（二）X－11 方法计算原理

X－11 是美国普查局于 1965 年推出的一种比较完整的季节调整方法，该方法目前已被各国统计机构普遍接受并在实践中加以使用，是一种基于移动平均的季节调整方法。它的特征在于能够适应各种经济指标的性质（CPI、GDP 等），根据季节调整的目的按照数据特征选择不同的计算方式。在计算过程中可根据数据中的随机因素大小，采用不同长度的移动平均。如果随机因素越大，也就要求移动平均的长度越大。

X－11 方法的基本步骤为：估计趋势→趋势过滤→估计季节因素→季节因素过滤。以乘法模型和月度数据为例，假设不考虑星期构成因素（D_t），X－11 季节调整的基本步骤如下：

1. 估计序列趋势。计算序列 y_t 的中心移动平均步长：

$$T_t^{(1)} = \frac{0.5y_{t+6} + y_{t+5} + \cdots + y_{t-5} + 0.5y_{t-6}}{12}$$

2. 过滤趋势因素。计算移动平均季节乘法比率（MSR）$\frac{y_t}{T_t^{(1)}}$，所得新序列仅含季度（S_t）和不规则因素（I_t），即 SI 比率，此处记作：

① 在本文中，折年率是指测算的 CPI 年度涨跌幅。

$$SI_t^{(1)}=\frac{y_t}{T_t^{(1)}}$$

3. 对 $SI_t^{(1)}$ 进行 3×3 的移动平均，得到初步的季节因素估计序列 S_t

$$S_t=\frac{1}{9}SI_{t-24}^{(1)}+\frac{2}{9}SI_{t-12}^{(1)}+\frac{3}{9}SI_t^{(1)}+\frac{2}{9}SI_{t+12}^{(1)}+\frac{1}{9}SI_{t+24}^{(1)}$$

再将 S_t 除以其 2×12 的滑动平均值，得到初步的无偏季节因子 $S_t^{(1)}$。

4. 调整异常值步骤如下：①从 $SI_t^{(1)}$ 中除去季节因素 $S_t^{(1)}$ 得到不规则因子估计序列 $I_t^{(1)}$，②根据 $I_t^{(1)}$ 计算移动标准偏差，③根据标准偏差函数计算权重，④根据自身值和同一时期内离它最近的 4 个值，调整该异常值并置换到原始序列 y_t 之中。异常值被替代的程度取决于移动标准差的取值范围：小于标准差 1.5 倍时的不规则点不被替代，大于标准差 2.5 倍时的不规则点被完全替代，标准差在 1.5 倍和 2.5 倍之间时的不规则点被部分替代。

5. y_t 除以季节因子 $S_t^{(1)}$，即得到季节调整后的序列 $A_t^{(1)}$。

二、对 CPI 月度环比指数进行季节调整

我们对 CPI 月环比指数作季节调整采用的是 X－11 方法。一般来说，在 X－11 中，24－120 个月的基础数据被认为是可靠有效的。基于我国在市场经济初级阶段经济变异特殊性的考虑，我们采用了 1997 年至 2007 年 10 年共 120 个月的月环比数据（一般认为，1997 年以前中国处于经济短缺时代，故没有选择 1997 年前的数据）。同时，考虑到 CPI 的数据实际构成情况，我们没有考虑星期构成因素。

由于我国对 CPI 季节调整的经验不足，为了更好的对比和选择合适的方法，我们分别用加法模型和乘法模型计算了 12 个月的季节调整因子，如表 1：

表 1

	1月	2月	3月	4月	5月	6月
乘法模型	1.005578	1.006172	0.99128	0.998287	0.99685	0.993051
加法模型	0.584131	0.622605	－0.87173	－0.16253	－0.33062	－0.71913
	7月	8月	9月	10月	11月	12月
乘法模型	0.998085	1.003198	1.006669	1.001157	0.997878	1.001805
加法模型	－0.22278	0.281107	0.619143	0.159876	－0.17737	0.218168

考虑到 2001 年以后 CPI 环比计算方法不同于 2000 年以前的计算方法，因此我们用 2001 年以后的环比指数又计算出一组季节调整因子。经过方差分析，两组因子无差异。所以我们在接下来的计算中确定采用 1997 年至 2007 年数据计算出的季节调整因子。

在计算过程中，我们对序列中的奇异值进行了处理，以使序列尽量保持原有趋势而不受极端值的影响。其替换原则为：不规则点大于标准差 2.5 倍时全部被替代，在 1.5 和 2.5 倍之间时被部分替代，小于 1.5 倍的不规则点不被替代。一般来说，根据其标准差大小可确定不同的不规则因素权重，从而根据乘法模型可算出一个替换值。

经过两种模型所做出的季节调整因子，我们得出了两组调整后的序列，两组数据结果都非常接近。但考虑到操作习惯及指数的特征，我们给出 1997 年 1 月至 2007 年 9 月用乘法模型经季节调整后的各月环比数据，详见下图 1：

有了经季节调整后的各月环比，我们就可以运用这些环比数据推算出各月同比数，并进行折年率的计算。

三、CPI 折年率的计算方法

CPI 是重要的宏观经济指标之一，利用现有手中 CPI 资料预测未来走势是统计工作者的重要工作职责。CPI 折年率的方法是预测 CPI

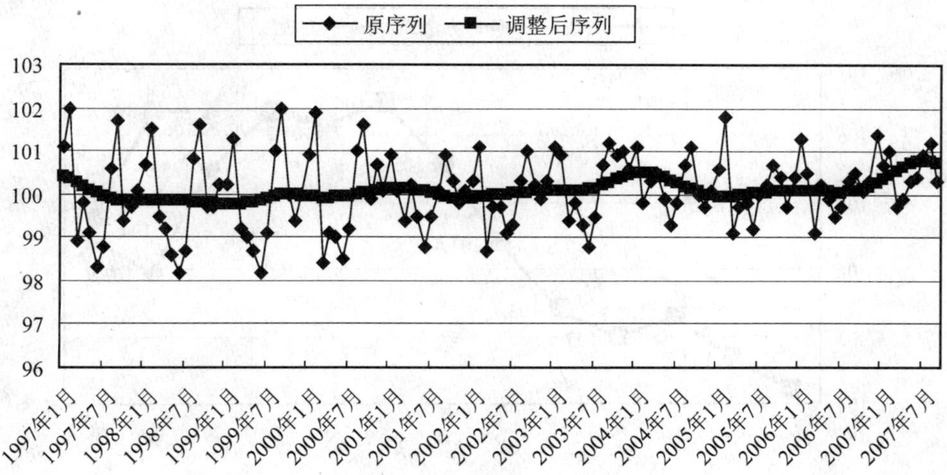

图 1

未来走势的重要方法之一，该种方法是在 CPI 月度环比指数调整基础上开展的。在已知一年前 n 个月数据的情况下，如何预测全年的 CPI 呢？这就要用到我们前面经季节调整过后的各月环比数据。

(一)年率具体计算步骤和方法

要计算年率，首先要用经季节调整后的环比计算每个月的同比，然后利用同比算出 CPI 年率。

1. 未知月环比的确定

在测算年，由于只有部分月份的 CPI 数据是已知的，而有部分月份数据是未知的。对于未知月份 CPI 环比的确定，可以采取以下三种方法：

方法一：用测算年已知的最后一个月经季节调整后的环比数据替代

方法二：用上年同月季节调整后的环比数据替代

方法三：用近五年同月季节调整后环比数的平均值替代

2. 用季节调整后的环比推算同比

在确定了环比数据后，下一步是计算未知月份的同比，三种方法均可代入下列公式：

$$b_j=\prod_{p=j+1}^{12}(1+c_p)*\prod_{q=1}^{n}(1+d_q)*\prod_{k=n+1}^{j}(1+e_k)-1$$

其中：n：已知的测算年的月份数；c_p：已知上年第 p 月的经季节调整后的环比涨跌幅；d_q：已知测算年第 q 月的经季节调整后的环比涨跌幅；e_k：未知的通知计算所得的测算年第 k 月季节调整后的环比涨跌幅。

3. 利用同比计算年率

根据计算出来的未知各月的同比数据，加上已知月份的同比数据，我们就可以计算年率了，其公式为：

$$r=\frac{1}{12}(\sum_{i=1}^{n}a_i+\sum_{j=m+1}^{12}b_j)$$

其中r：年率（年度涨跌幅）

a_i：已知第 i 月的同比涨跌幅

b_j：未知的由计算所得的第 j 月的同比涨跌幅

(二)各年 CPI 实际数据的测算

我们利用上述三种不同方法（即第三部分第(一)节第 1 小节提到的三种方法，下同）确定的三组月环比数据推算出的同比数据加上前 9 个月的已知同比数据，对 2007 年全年价格走势进行了测算，三种方法测算的 2007 年 CPI 涨幅分别为：

利用方法一：104.4%。

利用方法二：104.8%。

利用方法三：104.7%。

具体见下图 2：

为了对比上述三种方法的测算结果的可靠性，利用上述公式，我们又对 2006 年、2007 年各月资料进行了测算，测算图表及结果如下：

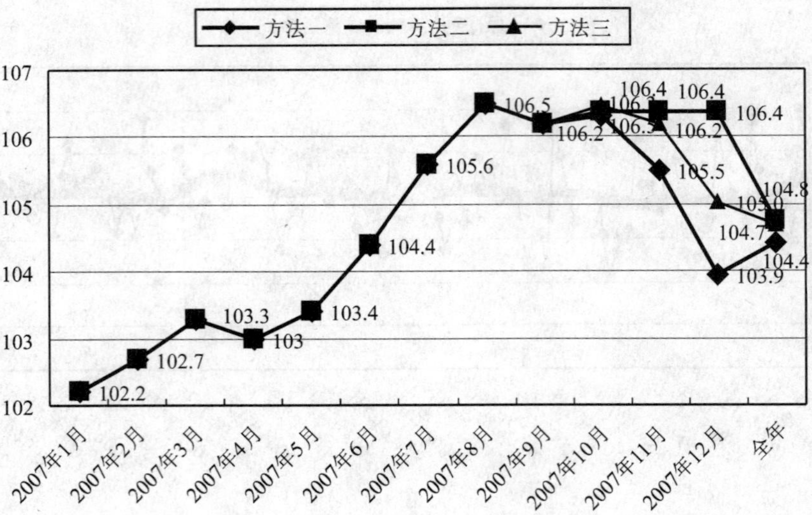

图 2

表 2　三种方法对 2006 年涨跌幅测算表

月份	方法一	方法二	方法三
1 月	105.4	102.3	101.7
2 月	100.5	101.1	101.7
3 月	100.9	101.1	101.5
4 月	102.4	101.5	101.5
5 月	101.9	101.5	101.5
6 月	101.8	101.6	101.6
7 月	101.2	101.3	101.4
8 月	101.3	101.4	101.4
9 月	101.2	101.3	101.3
10 月	101.3	101.3	101.3
11 月	101.4	101.4	101.4
12 月	101.5	101.5	101.5

注：2006 年全年 CPI 涨幅实际数为 1.5%。

表 3　三种方法对 2007 年涨跌幅测算表

月份	方法一	方法二	方法三
1 月	102.7	102.2	102.5
2 月	104.0	102.7	102.8
3 月	104.9	103.2	103.1
4 月	102.9	103.0	103.1
5 月	104.5	103.3	103.3
6 月	105.7	103.8	103.9
7 月	105.7	104.4	104.4
8 月	105.5	104.8	104.8
9 月	104.4	104.8	104.7

我们又做出了两年数据的推算结果与实际值的比对，具体见附表（表一至表六，分别为 2006 年方法一至方法三、2007 年方法一至方法三计算的结果）

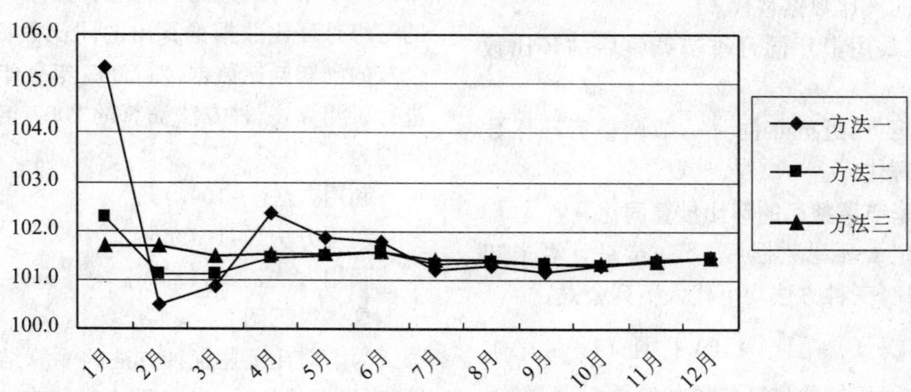

图 3　三种方法对 2006 年涨跌幅的测算

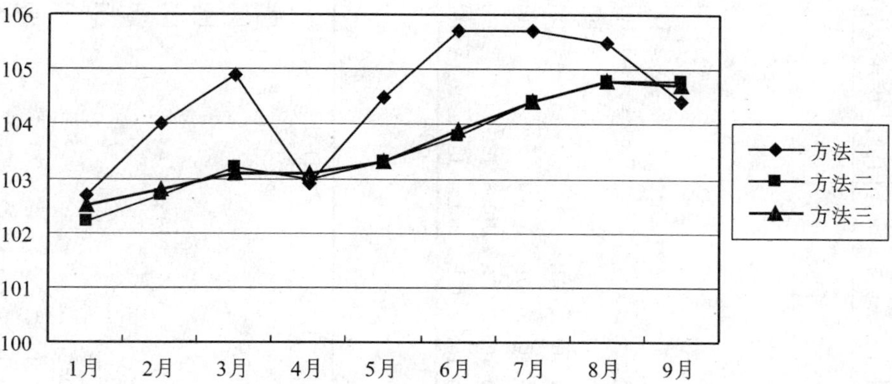

图 4　三种方法对 2007 年涨跌幅的测算

最终交稿前，2007 年全年的数据已经出炉，全年 CPI 涨幅为 4.8%，这与我们计算出的数据十分接近。由此再一次证明了该方法在实践中的可行性。

四、主要结论

经过以上的研究测算，我们得出如下结论：

1. CPI 月环比指数序列经过季节调整后更加平滑，进行不同季节之间比较也更为合理。

2. 折年率的计算方法比较科学，从计算出的结果看，这种方法有较大的利用价值，推算的数据与实际比较接近。

3. 在已知较少月份 CPI 结果情况下，当各月涨跌幅变化较大时，推算全年涨跌幅误差较大，有效性较低。三种方法测算数值结果将趋于一致。

4. 经过与实际结果比对，可以发现上述方法对相近月份数值推算较为有效（见测算附表）。

综上所述，我们认为：价格指数相对于 GDP 核算和工业增加值来讲，受市场因素变动影响较大，变化较为剧烈，所以采用近五年平均数据来计算年率更为合适。但此种方法由于采用五年同月份季节调整后的环比平均值，其反映度钝化，可能不适用于受市场影响相对较弱的工业增加值和 GDP 核算。

作者：董雅秀　沈赟　董莉娟

参考文献：

[1] Shiskin, J, Young A. H., and Musgrave, J. C., The X－11 Variant of the Census Method Ⅱ Seasonal Adjustment Program[R]. Technical Paper No. 15, U. S. Department of Commerce, Bureau of Economic Analysis, 1967

[2]George E. P. Box, Gwilym M. Jenkins, Gregory C. Reinsel 著，顾岚主译，时间序列分析——预测与控制，中国统计出版社，1997

附表　2006 年数据

表一（方法一）

单位：100%

2月	3月	4月	5月	6月	7月	8月	9月	10月	11月	12月	月份	1月	2月	3月	4月	5月	6月	7月	8月	9月	10月	11月	12月	折年率
101.9	*102.7*	*103.6*	*104.2*	*105.0*	*105.5*	*106.4*	*107.3*	*107.8*	*108.7*	*109.2*	1月	101.9												105.4
	101.0	*101.0*	*100.7*	*100.6*	*100.2*	*100.3*	*100.2*	*99.8*	*99.8*	*99.5*	2月	101.9	100.9											100.5
		101.2	*101.0*	*101.0*	*100.7*	*100.8*	*100.8*	*100.5*	*100.6*	*100.3*	3月	101.9	100.9	100.8										100.9
			101.8	*102.2*	*102.3*	*102.8*	*103.3*	*103.4*	*103.9*	*104.0*	4月	101.9	100.9	100.8	101.2									102.4
				101.9	*101.8*	*102.2*	*102.5*	*102.4*	*102.7*	*102.7*	5月	101.9	100.9	100.8	101.2	101.4								101.9
					101.8	*102.1*	*102.4*	*102.3*	*102.6*	*102.6*	6月	101.9	100.9	100.8	101.2	101.4	101.5							101.8
						101.5	*101.4*	*101.1*	*101.1*	*100.7*	7月	101.9	100.9	100.8	101.2	101.4	101.5	101.0						101.2
							101.6	*101.3*	*101.4*	*101.2*	8月	101.9	100.9	100.8	101.2	101.4	101.5	101.0	101.3					101.3
								101.0	*101.0*	*100.6*	9月	101.9	100.9	100.8	101.2	101.4	101.5	101.0	101.3	101.5				101.2
									101.3	*101.0*	10月	101.9	100.9	100.8	101.2	101.4	101.5	101.0	101.3	101.5	101.4			101.3
										102.1	11月	101.9	100.9	100.8	101.2	101.4	101.5	101.0	101.3	101.5	101.4	101.9		101.4
											12月	101.9	100.9	100.8	101.2	101.4	101.5	101.0	101.3	101.5	101.4	101.9	102.8	101.5

表二（方法二）

单位：100%

2月	3月	4月	5月	6月	7月	8月	9月	10月	11月	12月	月份	1月	2月	3月	4月	5月	6月	7月	8月	9月	10月	11月	12月	折年率
102.3	*102.3*	*102.3*	*102.3*	*102.3*	*102.3*	*102.3*	*102.3*	*102.3*	*102.3*	*102.3*	1月	101.9												102.3
	101.1	*101.1*	*101.1*	*101.1*	*101.1*	*101.1*	*101.1*	*101.1*	*101.1*	*101.1*	2月	101.9	100.9											101.1
		101.1	*101.1*	*101.1*	*101.1*	*101.1*	*101.1*	*101.1*	*101.1*	*101.1*	3月	101.9	100.9	100.8										101.1
			101.6	*101.6*	*101.6*	*101.6*	*101.6*	*101.6*	*101.6*	*101.6*	4月	101.9	100.9	100.8	101.2									101.5
				101.7	*101.7*	*101.7*	*101.7*	*101.7*	*101.7*	*101.7*	5月	101.9	100.9	100.8	101.2	101.4								101.5
					101.9	*101.9*	*101.9*	*101.9*	*101.9*	*101.9*	6月	101.9	100.9	100.8	101.2	101.4	101.5							101.6
						101.5	*101.5*	*101.5*	*101.5*	*101.5*	7月	101.9	100.9	100.8	101.2	101.4	101.5	101.0						101.3
							101.6	*101.6*	*101.6*	*101.6*	8月	101.9	100.9	100.8	101.2	101.4	101.5	101.0	101.3					101.4
								101.5	*101.5*	*101.5*	9月	101.9	100.9	100.8	101.2	101.4	101.5	101.0	101.3	101.5				101.3
									101.2	*101.2*	10月	101.9	100.9	100.8	101.2	101.4	101.5	101.0	101.3	101.5	101.4			101.3
										101.8	11月	101.9	100.9	100.8	101.2	101.4	101.5	101.0	101.3	101.5	101.4	101.9		101.4
											12月	101.9	100.9	100.8	101.2	101.4	101.5	101.0	101.3	101.5	101.4	101.9	102.8	101.5

表三（方法三）

单位:100%

2月	3月	4月	5月	6月	7月	8月	9月	10月	11月	12月	月份	1月	2月	3月	4月	5月	6月	7月	8月	9月	10月	11月	12月	折年率
101.0	*101.3*	*101.7*	*101.7*	*101.8*	*101.6*	*101.7*	*101.8*	*101.7*	*102.0*	*101.9*	1月	101.9												101.7
	101.3	*101.7*	*101.7*	*101.9*	*101.7*	*101.8*	*101.9*	*101.7*	*102.0*	*101.9*	2月	101.9	100.9											101.7
		101.5	*101.5*	*101.6*	*101.4*	*101.5*	*101.6*	*101.5*	*101.8*	*101.7*	3月	101.9	100.9	100.8										101.5
			101.6	*101.7*	*101.6*	*101.7*	*101.7*	*101.6*	*101.9*	*101.8*	4月	101.9	100.9	100.8	101.2									101.5
				101.8	*101.6*	*101.7*	*101.8*	*101.7*	*102.0*	*101.9*	5月	101.9	100.9	100.8	101.2	101.4								101.5
					101.7	*101.8*	*101.9*	*101.8*	*102.1*	*102.0*	6月	101.9	100.9	100.8	101.2	101.4	101.5							101.6
						101.6	*101.6*	*101.5*	*101.8*	*101.7*	7月	101.9	100.9	100.8	101.2	101.4	101.5	101.0						101.4
							101.7	*101.6*	*101.8*	*101.7*	8月	101.9	100.9	100.8	101.2	101.4	101.5	101.0	101.3					101.4
								101.4	*101.7*	*101.6*	9月	101.9	100.9	100.8	101.2	101.4	101.5	101.0	101.3	101.5				101.3
									101.5	*101.4*	10月	101.9	100.9	100.8	101.2	101.4	101.5	101.0	101.3	101.5	101.4			101.3
										101.7	11月	101.9	100.9	100.8	101.2	101.4	101.5	101.0	101.3	101.5	101.4	101.9		101.4
											12月	101.9	100.9	100.8	101.2	101.4	101.5	101.0	101.3	101.5	101.4	101.9	102.8	101.5

注：上列各表中，宋体为已知各月同比，斜体为推算的各月同比，最后一列为所折年率。

2007 年数据

表四（方法一）

单位:100%

2月	3月	4月	5月	6月	7月	8月	9月	10月	11月	12月	月份	1月	2月	3月	4月	5月	6月	7月	8月	9月	10月	11月	12月	折年率
102.5	*102.8*	*102.6*	*102.5*	*102.5*	*102.8*	*103.0*	*103.3*	*103.5*	*103.2*	*102.1*	1月	102.2									102.7			
	103.2	*103.2*	*103.4*	*103.6*	*104.2*	*104.6*	*105.2*	*105.6*	*105.5*	*104.7*	2月	102.2	102.7								104.0			
		103.6	*104.0*	*104.4*	*105.2*	*105.8*	*106.6*	*107.2*	*107.3*	*106.6*	3月	102.2	102.7	103.3							104.9			
			103.0	*102.9*	*103.1*	*103.2*	*103.4*	*103.6*	*103.1*	*102.0*	4月	102.2	102.7	103.3	103.0						102.9			
				103.9	*104.6*	*105.3*	*106.1*	*106.7*	*106.8*	*106.1*	5月	102.2	102.7	103.3	103.0	103.4					104.5			
					105.6	*106.8*	*108.1*	*109.3*	*109.9*	*109.7*	6月	102.2	102.7	103.3	103.0	103.4	104.4				105.7			
						106.8	*108.2*	*109.3*	*110.0*	*109.8*	7月	102.2	102.7	103.3	103.0	103.4	104.4	105.6			105.7			
							107.9	*108.9*	*109.4*	*109.1*	8月	102.2	102.7	103.3	103.0	103.4	104.4	105.6	106.5		105.5			
								106.3	*105.5*	*103.9*	9月	102.2	102.7	103.3	103.0	103.4	104.4	105.6	106.5	106.2	104.4			

表五(方法二)

单位:100%

2月	3月	4月	5月	6月	7月	8月	9月	10月	11月	12月	月份	1月	2月	3月	4月	5月	6月	7月	8月	9月	10月	11月	12月	折年率
102.2	*102.2*	*102.2*	*102.2*	*102.2*	*102.2*	*102.2*	*102.2*	*102.2*	*102.2*	*102.2*	1月	102.2												102.2
	102.8	*102.8*	*102.8*	*102.8*	*102.8*	*102.8*	*102.8*	*102.8*	*102.8*	*102.8*	2月	102.2	102.7											102.7
		103.4	*103:4*	*103.4*	*103.4*	*103.4*	*103.4*	*103.4*	*103.4*	*103.4*	3月	102.2	102.7	103.3										103.2
			103.1	*103.1*	*103.1*	*103.1*	*103.1*	*103.1*	*103.1*	*103.1*	4月	102.2	102.7	103.3	103.0									103.0
				103.5	*103.5*	*103.5*	*103.5*	*103.5*	*103.5*	*103.5*	5月	102.2	102.7	103.3	103.0	103.4								103.3
					104.4	*104.4*	*104.4*	*104.4*	*104.4*	*104.4*	6月	102.2	102.7	103.3	103.0	103.4	104.4							103.8
						105.6	*105.6*	*105.6*	*105.6*	*105.6*	7月	102.2	102.7	103.3	103.0	103.4	104.4	105.6						104.4
							106.7	*106.7*	*106.7*	*106.7*	8月	102.2	102.7	103.3	103.0	103.4	104.4	105.6	106.5					104.8
								106.6	*106.6*	*106.6*	9月	102.2	102.7	103.3	103.0	103.4	104.4	105.6	106.5	106.2				104.8

表六(方法三)

单位:100%

2月	3月	4月	5月	6月	7月	8月	9月	10月	11月	12月	月份	1月	2月	3月	4月	5月	6月	7月	8月	9月	10月	11月	12月	折年率
102.4	*102.6*	*102.4*	*102.4*	*102.3*	*102.5*	*102.5*	*102.8*	*102.9*	*102.7*	*101.8*	1月	102.2												102.5
	103.0	*102.8*	*102.8*	*102.7*	*102.9*	*102.9*	*103.2*	*103.3*	*103.1*	*102.2*	2月	102.2	102.7											102.8
		103.2	*103.2*	*103.1*	*103.3*	*103.3*	*103.6*	*103.7*	*103.5*	*102.7*	3月	102.2	102.7	103.3										103.1
			103.1	*103.0*	*103.2*	*103.2*	*103.5*	*103.6*	*103.4*	*102.5*	4月	102.2	102.7	103.3	103.0									103.1
				103.4	*103.6*	*103.7*	*103.9*	*104.1*	*103.9*	*103.0*	5月	102.2	102.7	103.3	103.0	103.4								103.3
					104.6	*104.7*	*104.9*	*105.0*	*104.8*	*104.0*	6月	102.2	102.7	103.3	103.0	103.4	104.4							103.9
						105.7	*106.0*	*106.1*	*105.9*	*105.0*	7月	102.2	102.7	103.3	103.0	103.4	104.4	105.6						104.4
							106.9	*107.1*	*106.9*	*106.0*	8月	102.2	102.7	103.3	103.0	103.4	104.4	105.6	106.5					104.8
								106.7	*106.5*	*105.6*	9月	102.2	102.7	103.3	103.0	103.4	104.4	105.6	106.5	106.2				104.7

注:上列各表中,宋体为已知各月同比,斜体为推算的各月同比,最后一列为所折年率。

构建大都市服务业价格指数体系的研究

北京市是我国的政治文化中心，也是国际化大都市。改革开放以来，北京市的经济总量有了极大的增长，经济结构有了极大优化。目前北京市的经济总量中，服务业已占有相当大的比重，其经济结构已与欧美发达国家相近，为此，我们在大都市统计指标体系理论框架指导下，与欧美发达国家统计界同步研究了大都市服务业价格指数体系的一些问题，希望为我国及其它大城市构建服务业价格指数体系提供一些有益的实践及经验。

一、构建大都市服务业价格指数体系的背景及必要性

(一)价格指数及发展简况

价格指数是社会经济统计中历史最为悠久，应用最为广泛，同社会经济生活关系最为密切的一个组成部分。价格指数是反映价格在不同时间或空间下平均变动的相对数，它能够为制定宏观经济政策、监测通货膨胀、国民经济核算等提供重要依据，是经济分析中不可或缺的重要指标。以国民经济核算为中心的统计指标体系进一步与国际接轨，也需要价格指数体系的支撑。

自 1675 年英国学者赖斯 · 沃汉(Rice Voughan)编制了世界上第一个价格指数以来，价格指数的研究就一直没有中断过。1823 年，英国人洛威(Joseph Lowe)提出一篮子产品的概念，奠定了消费价格指数的编制基础。1864 年和 1874 年德国统计学家拉斯贝尔(Laspeyres)和派许(Paasche)分别提出了以基期和报告期数量加权的经典指数公式，1922 年美国经济学家费舍尔(Fisher)发表了《指数的编制》，将价格指数理论推向一个巅峰。

目前，世界上主要国家由于国情及需求的不同，编制的价格指数多种多样，比较重要的价格指数有居民消费价格指数(CPI)、生产者价格指数(PPI)和进、出口价格指数(MPI、XPI)等。居民消费价格指数是指一定时期内城乡居民支付生活消费品和服务项目消费的价格变动趋势和变动程度的相对数。居民消费价格指数主要用于国民经济核算、劳动报酬的调整以及通货膨胀(紧缩)的度量。生产者价格指数是指一定时期内产品离开生产者时的价格或者服务提供者提供的服务项目价格变动趋势和变动程度的相对数。生产者价格指数是一个指数体系，包括农业生产者价格指数、制造业生产者价格指数、运输业生产者价格指数、电信业生产者价格指数、建筑业生产者价格指数等。生产者价格指数主要用于国民经济核算、长期合同价格的调整，同时也是潜在的通货膨胀(紧缩)的度量指标。进、出口价格指数是指一定时期内某个国家(地区)进出口产品价格变动趋势和变动程度的相对数。进、出口价格指数主要用于国民经济核算、国际市场价格变化对国内价格变化的影响分析等。

(二)服务业价格指数(SPPI)定义

服务业也称第三产业，就是除第一产业(农业、林业、牧业、渔业)、第二产业(工业、建筑业)之外的所有产业。按产生的时间划分，服务业主要分为传统服务业和现代服务业。按层次划分，服务业分为四个层次：第一层次是流通部门，包括交通运输业、邮电通讯业、商业饮食业、物资供销和仓储业；第二个层次是为生产和生活服务的部门，包括金融业、保险业、公用事业、居民服务业、旅游业、咨询信息服务业和各类技术服务业等；第三个层次是为提高科学文化水平和居民素质服务的部门，包括教育、文化、广

播电视事业、科研事业和生活福利事业等;第四个层次是为社会公共需要服务的部门,包括国家机关、社会团体以及军队和警察等。

服务业价格指数是生产者价格指数的发展和延伸,也是生产者价格指数的一部分。服务业价格指数(services producer price index)是指一定时期内服务业项目提供者提供服务项目的价格变动趋势和变动程度的相对数。服务业价格指数体系是由多种特定服务业价格指数组成的指数群。

(三)建立服务业价格指数体系的国际和国内背景

自20世纪80年代开始,全球产业结构呈现出“工业型经济”向“服务型经济”转型的总趋势,服务业在现代经济中日益重要。据统计,2002年世界经济增加值大约68%来自服务业。从发达国家服务业的发展历程看,大致可以分为四个阶段:以交通、商贸等传统流通型服务业为主的第一阶段;以扩大规模、转换结构为主要特征的第二阶段;服务业发生质变的第三阶段;经济结构以服务业为主导的第四阶段。服务业在一个国家或地区经济结构中所占比重的大小,已经成为衡量其经济发达程度的重要标志之一。

尽管许多国家的服务业统计在过去十年中有所提高,但服务业的产出计量仍有各种复杂的概念和实际问题。相对于准确计量经济增长的需要以及服务业对国家经济的影响和国际服务贸易所引起的日益浓厚的兴趣而言,许多国家的服务统计资料仍相对不足,而且往往存在质量和可比性方面的问题。从价格变动上衡量服务业质量变动情况和进一步满足经济核算的需求,使得建立健全服务业价格指数体系已成为必然趋势。沃尔堡小组(Voorburg Group)在此方面作了大量卓有成效的研究工作。

从国内统计情况看,服务业统计特别是服务业价格统计仍然比较薄弱,亟需完善。服务业已经是我国经济发展的一个重要部分,大力提高服务业的比重和水平是我国“十一五”规划的重要内容。从近20年的数据看,我国服务业增加值占GDP比重由1986年的28.9%增长到2005年的40.3%,增长了11.4个百分点,服务业主体地位不断上升强化,对于国民经济发展的贡献率也日渐提高。然而,服务业中占GDP比重较大的行业的生产价格指数几乎都是空白,影响了服务业增加值的准确衡量。

(四)北京市服务业简况及价格体系综述

改革开放特别是近些年来,北京市服务业一直保持快速稳定增长态势,产业结构得到不断调整和优化,服务业中的新兴产业迅速崛起和壮大。北京服务业在繁荣首都经济、扩大国际交往、服务市民工作生活等方面发挥了积极作用。1994年第三产业增加值所占比重达到49%,首次超过第二产业,高出第二产业3.8个百分点,形成了符合北京发展的“三、二、一”的产业格局,改变了原来由第二产业为主推动经济增长的状况,形成了第二、三产业共同推动经济增长的新局面。十五期间,北京市的服务业增加值占GDP比重为68%左右,达到世界平均水平,北京市的经济已经开始进入已服务业为主导的阶段。根据北京市的“十一五”规划,加快发展现代服务业仍是未来经济发展的重要目标,预计2010年服务业的比重达到72%左右,这将基本达到发达国家水平。另外,与上海、天津、广州等国内其他大城市比较,北京市的服务业发展水平也明显处于领先地位。

北京市的价格指数体系基本是按照国家的统计制度建立的。从价格指数的编制情况看,在流通、消费和投资领域的价格指数已经比较完善。描述流通领域情况的有商品零售价格指数;描述投资领域情况的有1991年开始编制的固定资产投资价格指数;从消费领域看:1993年北京市统计局开始正式单独编制消费价格指数(以前与商品零售价格指数混和编制),2005年具有鲜明特色的分收入层消费价格指数付诸实践,属于国内首创;从生产领域看:描述农业价格变动的有农产品价格指数。描述工业价格变动情况的有原材料、燃料、动力购进价格指数和工业品出厂价格指数。从服务业价格情况看,只有针对房地产价格变动情况的指数即房屋销售价格指数、房屋租赁价格指数、物业管理费价格指数和土地交易价格指数。可以看出,目前北京市的服务业价格指数很不齐全,“缺位”问题比较突出,对于国民经济核算以及全面客观的反映行业的发展状况十分不利。

如上所述,一方面是北京服务业的蓬勃发展,一方面却是服务业价格统计的相对不足,服务业价格统计的薄弱已成为当前存在的突出矛盾。为了科学、准确、及时的反映服务业价格水平的变动趋势,为国家和有关部门制定服务业发展规划,为进行国民经济核算和宏观经济调控提供科学和准确的依据,建立服务业价格指数体系已成为当务之急。鉴于北京市服务业发展现状及大都市地位,率先开展服务业价格指数体系编制的历史性任务落在北京统计人身上。

二、构建大都市服务业价格指数体系的出发点、理论依据、目标及原则

(一)构建大都市服务业价格指数体系的根本出发点及理论依据

构建大都市服务业价格指数体系要以有效的提供优质的统计服务为其根本出发点。价格指数要有效的满足政府、企业、社会公众三个层面对价格指数的不同需求,为其提供信息服务和建议。通过统计价格指数的杠杆,促进社会和经济的发展。

《大都市统计指标体系研究与实践》为构建服务业价格体系提供了重要理论指导。坚持以科学发展观统领经济社会发展全局并切实把首都的发展转换到以人为本、全面协调可持续发展的轨道上来,是北京市“十一五”规划的基本任务。《大都市统计指标体系研究与实践》指出,从历史沿革看,随着时代的变迁,反映经济社会发展的指标体系经历了一个以经济增长(GDP)为核心到经济社会可持续发展的观念转变过程。八十年代后期开始逐步健全的价格指数体系,不但注重从量上反映经济的变化,而且从质的方面上反映经济和行业的变化趋势。价格体系是国民经济发展的另一把标尺,完善现行的价格指数体系将为经济发展提供重要的参考依据。

完善价格指数体系是北京市大都市统计指标体系建设的十项具体措施之一,是北京政府统计“十一五”期间的重要任务。《大都市统计指标体系研究与实践》提出服务业价格指数体系是大都市统计体系的重要组成部分,要研究制定服务业价格指数编制方案,保障大都市指标体系的建立和健全。

(二)大都市服务业价格指数体系构建目标

在现有价格指标体系的基础上,积极建立反映北京市服务业发展水平和特征的价格指数。力争从2006年开始,在“十一五”期间基本建立起比较完整的服务业价格指数体系,具体包括:电信业、交通运输业、餐饮业、住宿业和软件业等价格指数。

通过服务业价格指数体系的构建,完善价格指数体系,提高统计价格指数体系的潜在能力,使其成为强有力、高效的和成本节约型的实体。在价格指数方面建立符合北京大都市发展定位的框架,推动统计制度方法改革。

通过大都市服务业价格指数体系的构建,为全国的服务业价格指数体系的建立提供实践及经验。

(三)构建大都市服务业价格指数体系的指导原则及理念

构建大都市服务业价格指数体系是一项巨大的系统工程,这项工作涉及到运输业、电信业、医疗业、保险业、银行业、软件业、咨询业,等等。这些行业几乎都是朝阳行业,需要了解认知的东西很多。因此,构建大都市服务业价格指数体系不可能一蹴而就,而是需要投入大量的人力、物力和财力,需要做大量艰苦细致的研究论证工作。

大都市服务业价格指数体系的构建应以统计服务为根本出发点,以《大都市统计指标体系研究与实践》为理论指导,以其构建目标为方向。具体来说,构建大都市服务业价格指数体系应该遵循以下三个基本原则。

1. 成本效益原则

服务业价格指数编制的难度大、成本高,建立服务业价格指数体系,首先应建立成本效益

思想和科学推断的理念。

统计数据和资料首先是一种公共产品，长期以来，统计部门往往忽略了统计数据的产品属性。表现在：忽略统计数据使用者的需求与定位，投入时不计成本效益。实际上，任何统计数据基本上都有三个服务对象，即宏观经济调控（国家主管部门）、社会主义市场经济建设（经济运行主体，即自然人和法人）、统计部门内部使用（国民经济核算）。另外，统计工作往往以"摊大饼"方式开展，在获得统计数据的观念上保守陈旧。当经费资金投入不足时，迫切要求开展的工作只能停顿下来，这在某种程度上影响了统计工作的开展。

近年来，飞速发展的朝阳行业大多集中在服务业。面对这些新兴行业，如果像以往那样不分轻重缓急，势必造成事倍功半的局面。特别应指出的是，面对统计部门经费资源的相对短缺，构建大都市服务业价格指数体系无疑会受到掣肘。因此，构建大都市服务业价格指数体系首先要确立成本效益原则。所谓"成本效益原则"就是要对上述三个使用对象的需求进行排队摸底，有效的衡量方案的成本和效益，确保编制出的服务业价格指数有用武之地，同时也要从投入产出效能上考虑开展服务业价格指数编制的先后顺序。另外，要打破获得统计数据上的传统保守观念，要大胆运用科学推断、替代的方法。同时打破统计部门内部各个专业统计相对封闭独立的状态，发挥各自的优势，达到资源共享，充分利用现有资料，从而多快好省地建立起服务业价格指数体系。

2. 可持续发展原则

可持续发展原则也是指导服务业价格指数体系编制的另一个重要原则。首先，选择编制指数的行业或服务产品应有所侧重，要抓住问题的本质，所选择的服务行业或服务产品应该在国民经济中占有较重要的位置和分量；第二，要适应北京市向国际化大都市发展及大力发展现代服务业的趋势，重点关注发展前景良好的服务行业或服务产品；第三，要根据需求的变化适时的调整指数编制的方法和内容。

3. 科学规范性原则

建立服务业价格指数体系必须具备科学规范的理念。第一，构建服务业价格指数体系要满足北京的现实需要，探索价格体系改革的新模式，重视指数体系的可行性和可操作性；第二，统计指标体系不应该完全脱离我国现行统计制度，注意与国家制度的连接，处理好地方与国家的关系。在符合国家价格指标体系改革进程的基础上，北京市可根据自身的发展特点，先于国家建立服务业价格指数的某些制度；最后，服务业价格指数体系要尽量符合国际服务价格统计的基本标准，以便与国外比较。

三、构建大都市服务业价格指数体系的具体步骤和时间规划

（一）构建大都市服务业价格指数体系的具体步骤

遵循上述构建服务业价格指数体系的目标及指导原则，我们对大都市服务业价格指数体系的构建提出如下步骤。

1. 首先将电信业价格指数纳入制度

北京市的电信技术装备和服务水平都居于全国前列，从电话普及率等一些服务水平指标看，北京市电信业的发展水平已经达到甚至超过发达国家和地区的平均水平。"十一五"期间，北京市电信业增加值占地区 GDP 的比重将维持在 3.5%左右，电信业对国民经济增长和社会发展的间接作用将越来越显著。作为北京市经济发展中的基础性、战略性和先导性产业，电信业在北京市信息化促进工业化的产业升级过程中将充分发挥支撑作用，也将在 2008 年奥运通信保障中发挥重要作用。因此，服务业价格指数体系的构建首先考虑将电信业价格指数纳入制度。目前，北京市统计局已经开始着手进行电信业价格指数的试编工作。

2. 分步骤分别编制交通运输业、餐饮业、住宿业和软件业价格指数

在编制电信业价格指数实践经验的基础上，分步骤分别编制交通运输业、餐饮业、住宿业和软件业价格指数。

（1）交通运输业价格指数

北京市作为国内重要的交通枢纽，交通运

输发达。交通运输业在国民经济中居于重要地位，是国民经济的发展动脉和晴雨表，目前交通运输业增加值占GDP的比重在3%左右。交通运输业是联系生产到消费的重要环节，也是服务业的第一个层次。因此，交通运输业也是编制服务业价格指数需要首先关注的行业。另外，北京市编制交通运输业价格指数后，许多对应省市就无需编制，这无疑将对国家运输业价格指数的顺利开展奠定基础。

编制交通运输业价格指数的基本思路是分别编制道路运输业、铁路运输业和航空运输业价格指数，而后派生出总价格指数。

(2)餐饮业价格指数

北京市的餐饮业近几年发展较快，也是北京的王牌产业。随着居民生活水平的提高，居民在外用餐近年来显著上升。据统计，2005年北京市居民在外饮食占食品消费的比重已达27.2%。由于北京市的餐饮业具有高度的市场发展优势和文化包容优势，又将面临未来无限的奥运商机，预计未来仍将呈迅猛发展态势。因此餐饮业价格指数也是构建服务业价格指数体系需要首先考虑的指数之一。

编制餐饮业价格指数从“同质可比性原则”上看有一定技术难度，因此我们的基本思路是利用CPI价格调查中的网点和经验基础，在完善的基础上按大、中、小型饭店和普通饭馆分门别类地编制餐饮业价格指数。

(3)住宿业价格指数

住宿业也是北京服务业的重要组成部分，2008年奥运会的召开也将对其产生较大的拉动作用。住宿业价格指数的编制可考虑从五星级宾馆至未评定星级旅馆的住宿价格，并进行分级汇总。价格数据的取得也可考虑通过进一步完善强化居民消费价格调查网点和网络得到，从而收到少花钱多办事的功效。

(4)软件业价格指数

北京市的软件业发展在全国处于龙头地位，未来仍然呈快速发展之势。相对于上述的服务行业，编制软件业价格指数难度较大，目前也只有美国开展了这项指数的编制工作，主要原因是软件业服务产品多种多样、产品更新换代极快。但随着国民经济电子化趋势的不断增强，软件业将发展成为国民经济中举足轻重的行业。因此，建议在借鉴美国软件业价格指数编制方法的基础上，首先提出软件业价格指数的编制方案。

3. 研究银行业、保险业、医疗保健业、广告服务业价格指数

金融业是服务业的支柱行业，在整个国民经济中举足轻重。由于商业银行、保险公司的总部大多集中在北京，因此编制金融业价格指数是服务业价格指数体系构建的重点之一。金融业主要包括银行业、保险业和证券业等。目前，反映证券业价格变化情况的有上证综合指数、深圳综合指数等多种股指以及多个市场的不同商品的期货指数，但由于种种原因银行业和保险业价格指数尚缺。

银行业和保险业价格指数的编制首先有赖于这两个行业的市场化运作，而银行业和保险业价格指数编制的难度在于需要得到银行和保险公司的支持。由于目前我国银行业、保险业价格还没有完全对外放开。因此，建议目前先研究发达国家银行业、保险业价格指数的编制方法和经验，为今后这两个行业价格指数的编制打好基础。

其他服务业价格指数如医疗保健服务业价格指数(美国已编制)和广告服务业价格指数(目前还没有国家编制)在北京服务业中亦占有一定比重，而且影响广泛。因此，可先开展前期的研究工作，待条件成熟后再考虑指数编制。

(二)大都市服务业价格指数体系构建的时间规划

北京市已经进行了电信业价格指数的方案设计和试编工作，目前价格指数运行正常，电信业价格指数将在2007年正式纳入统计制度。2007～2008年，研究交通运输业、餐饮业和住宿业价格指数的方案设计并开始试编，纳入制度。2009～2010年，研究软件业价格指数的编制工作，并启动银行业、保险业价格指数的研究编制工作。力争在2010年建立起符合北京市大都市发展定位的、比较完整的服务业价格指数体系。

作者：刁满庆　张怡　刘建伟　绳国庆

参考文献：

1. 北京市统计局国家统计局北京调查总队《大都市统计指标体系研究与实践》

2. 北京市统计局国家统计局北京调查总队编《2006 北京统计年鉴》中国统计出版社

3. 国家统计局编《2005 年中国统计年鉴》中国统计出版社

4.《经济合作与发展组织关于服务统计的报告》联合国及经济社会理事会 2004.12

5.《统计指数理论及应用》徐国祥主编　中国统计出版社

6.《生产者价格指数》刘建伟译　国际货币基金组织

7.《Methodological Guide For Developing Producer Price Indices For Services. Edition 2005》Eurostat & OECD　IMF

完善我国服务业价格统计思路

随着经济社会的发展，居民生活水平的不断提高，服务业在国民经济中的地位越来越重要，在居民生产、生活中所占的比重逐年增大。党中央、国务院高度重视服务业的发展，服务业价格亦越来越倍受各方关注。目前，我国已开展和试行的服务业价格统计仅局限于房地产、水运、道路运输和电信业等四个行业，不仅范围窄、统计调查手段不统一、方法不规范，不能满足服务业迅速发展的要求，而且亦不适应国民经济核算、社会公众和政府决策的需要。完善服务业价格统计是我国统计改革的迫切需要，亦是提高国民经济核算水平的需要。建立和健全服务业价格统计指标体系，了解和掌握我国服务业结构运行状况，有选择地逐步开展服务业分行业价格指数的编制工作，推动我国服务业更好更快地向前发展。

本文试图从服务业地位、现状以及服务业价格统计的状况，论述发展服务业价格调查统计的意义。构想了当前和今后一个时期内服务业价格统计的基本框架、指标体系、调查方法、计算公式等。设计理念本着适用性和可操作性的特点，旨在研究和从事服务业价格调查统计工作者参考。

一、导论

(一)服务业定义及地位

广义服务业与第三产业是同一对象，前者常与农业、工业对称；后者常与第一产业、第二产业对称。

国家统计局在 1985 年《关于建立第三产业统计的报告》中，将第三产业分为四个层次：第一层次是流通部门，包括交通运输业、邮电通讯业、商业饮食业、物资供销和仓储业；第二个层次是为生产和生活服务的部门，包括金融业、保险业、公用事业、居民服务业、旅游业、咨询信息服务业和各类技术服务业等；第三个层次是为提高科学文化水平和居民素质服务的部门，包括教育、文化、广播电视事业，科研事业，生活福利事业等；第四个层次是为社会公共需要服务的部门，包括国家机关、社会团体以及军队和警察等。2003 年国家统计局对三次产业作了新划分，规定第三产业包括：交通运输、仓储业和邮政业，信息传输、计算机服务和软件业，批发和零售业，住宿和餐饮业，金融业，房地产业，租赁和商务服务业，科学研究、技术服务和地质勘查业，水利、环境和公共设施管理业，居民服务和其他服务业，教育、卫生、社会保障和社会福利业，文化、体育和娱乐业，公共管理和社会组织，国际组织。

服务业的发展状况与发展水平，是衡量一个国家和地区经济发展水平的重要标志，也反映了一个国家和地区经济的发展阶段。世界经济的发展大致可划分为三个阶段，分别是以农产品为主要特征的初级产品生产阶段、工业化为主要特征的中级阶段和以服务业高度发达为主要特征的高级阶段。在农产品为主要特征的初级产品生产阶段，其各产业占 GDP 总量的比重从高到低依次为第一产业、第二产业、服务业(第三产业)；在以工业化为主要特征的中级阶段，三个产业的排序依次为第二产业、第一产业、服务业；在以服务业高度发达为主要特征的高级阶段，三个产业的排序则依次为服务业、第二产业、第一产业。也就是说，随着经济的不断发展，全球经济呈现出从“工业型经济”向“服务型经济”转型的总趋势，服务业逐步成为社会经济的主导产业，服务业增加值占 GDP 的比重不断加大，其就业劳动力的比重大幅度上升，并逐步超过一、二产业。截至 2003 年，服务业增加值占 GDP 的比重,世界平均水平达 67.9%,中低收入国家达 48.5%,中等收入国家达 54.2%,高收入国家达 71.3%。

(二)发达国家和地区服务业价格统计现状

近几年,随着服务业的迅速发展,一些发达国家、地区服务业价格统计也在不断完善。服务业生产者价格指数已成为历次联合国沃尔堡小组统计会议的重要议题。由于我国服务业生产者价格指数还处于起步阶段,为此,借鉴香港及外国的先进经验,研究和完善我国服务业生产者价格指数工作具有十分重要的意义。

1. 香港的服务业生产者价格指数

作为一个外向型及以服务业为主的经济体系,香港服务业统计还是比较完善的。由于涉及较广的范围和较复杂的概念和技术,香港的服务业生产者价格指数是分阶段及选择性地编制。从 1998 年开始,根据"服务行业按季统计调查"所搜集的服务产品价格数据编制,从 2000 年起按季发布。

香港已编制的服务业生产者价格指数包括以下行业:

(1)酒店及旅游业

(2)陆路客运业、陆路货运业、陆路运输辅助服务业(包括停车场服务和汽车隧道服务)

(3)远洋及沿岸海上运输业

(4)港海渡轮服务业

(5)货柜码头、货柜装卸及货柜租赁业

(6)空运业(包括以香港为根据地的航空公司及直升机公司及空运辅助服务)

(7)其他与运输有关的服务业(包括航空货运代理及海上货运代理)

(8)仓库业

(9)电讯业(包括固定电讯网络服务、传呼服务、流动通讯服务、互联网接入服务及卫星通讯服务等)

(10)其他通讯服务业(主要包括本地及国际速递服务)

(11)证券、期货及金银经纪服务业

(12)地产保养管理服务和地产经纪及代理业

(13)机械及设备租赁业

(14)部分商用服务业(包括法律服务、会计、审计及簿记服务)

香港编制服务业生产者价格指数所用的权数是每类服务业务收益。在价格调查时,每类服务最多填报收益最大的 5 个产品项目(规格),其价格是每季度的平均价格,指数计算采用的是拉氏公式。以上编制的 14 种服务业生产者价格指数,已发布的有 11 种。除此之外,香港还对一些行业的生产者价格指数作了一些变通。如批发和零售业价格指数用消费价格指数代替,餐饮业价格指数通过消费价格指数相关资料计算得到。

2. 其他国家的服务业生产者价格指数

服务业生产者价格指数国际上通常称为 SPPI(services producer price indices)。由于服务业涉及范围较广,国际上已编制的服务业生产者价格指数的种类也很多,被联合国推荐的主要有以下几种:

(1)道路货物运输价格指数

编制这个指数的国家有:英国、美国、瑞典、荷兰、澳大利亚、新西兰、比利时、墨西哥、捷克、斯洛伐克、日本、瑞士、挪威、韩国、芬兰、西班牙、葡萄牙、卢森堡和波兰等国家。

道路货物运输价格指数反映的是货物通过道路从 A 地运到 B 地所支付费用的实际变动情况。除运输费用外还包括一些相关服务,如库存再分类、储藏和仓库储存、运输信息管理服务、运输顾问服务等。道路运输企业提供的价格分类是多种多样的:从运输货物的类型看,分为液体、集装箱运输等;从运输距离看,分为长途运输、短途运输和国际运输;从费用的计量单位看,分为每小时价格、每公里价格或每立方米价格。这些国家有的采用的是交易价格,有的是挂牌价格(订价或价目表上的价格),也有的是模拟价格。还有一些国家采用的是这三种价格中的两种或三种。

(2)远洋和沿海水运价格指数

对于地理位置靠近海洋而又有大量国际贸易活动的国家来说,编制海洋和沿海水运价格指数是很有必要的。如英国对外贸易运输中水运的比重占了绝大部分(其比重为 95%)。2003 年被联合国沃尔堡小组推荐的编制海洋和沿海水运价格指数较好的国家和地区有：中国的香港、德国、瑞典和英国。

海洋和沿海水运价格指数包括进口和出口的货物运输，它是外贸价格指数的补充。它包含沿海运输和海上运输，不包含内陆水上运输，如：内河、运河、湖泊等。一些国家还包括客运、观光船出租等业务。

(3)航空运输价格指数

航空运输业在不同的国家其规模是不同的，但是大部分国家的模式是非常相似的，如计算权数时要区分公务旅行和闲散旅行。这项业务通常包含航中出租和空中观光业务。近几年，随着航空业的发展，许多小公司迅速发展并以较低价格参与竞争。价格采集时一定要考虑其折扣。

航空业包含三种类型的服务：预定飞行、非预定飞行和太空飞行(如人造卫星出售、太空实验等)。此外，空运中客运、货运是有区别的。

目前，航空运输价格指数编制较好的国家有：瑞典、新西兰、奥地利、英国和美国。

(4)电信业价格指数

电信业是变化较快的一个行业，其服务很易受规则的快速改变、科技和顾客变化的影响。随着全球通讯的集中发展，最终导致电信业与IT业(电话、计算机、电视机)综合发展。电信业包括三个基本分类：

a. 固定线路通讯服务(例如数字网络综合服务－ISDN、出租电路)；

b. 可移动通讯服务(例如手机和寻呼)；

c. 互联网通讯服务(通讯公司之间由互联网来进行连接服务)。电信业价格指数编制较好的国家是：日本、意大利、美国和英国。

(5)邮政、投递业价格指数

邮政、投递业的不同服务可归结为：文件、信件和包裹的收集以及送达目的地。收集和送达时间的不同是各种服务之间的重要区别。

邮政业务包括：

a. 邮件和包裹的收取、运输和交付(国内、国际)；

b. 邮件和包裹从公共信箱和邮局的收取；

c. 邮件和包裹的分发和交付；

d. 邮箱租赁和待领邮件业务等。但不包括邮政直升机、邮政储蓄和其他国家邮政管理部门开展的财政活动。

投递业包括：非国家邮局的一些公司所从事的信件、邮递型包裹的收取、运输和交付。同时，它也包括家庭交付服务和城市送信和商品出租车服务。

这个指数编制较好的国家有：奥地利、英国、荷兰、加拿大、瑞典和西班牙。

(6)不动产(房地产)价格指数

不动产是影响到每个人的经济活动，从大的公司到个人家庭都会涉及。因而精确地反映这个行业的价格变动是十分重要的。

不动产服务包含了一系列与商业和居住财产的买、卖、租赁有关的活动。这里仅谈公司部分。这个指数包含两种分类：一是不动产代理服务，二是非个人财产的出租。

编制这个指数的国家主要有：英国、澳大利亚、美国和日本等。

除以上谈到的几种指数，被广泛编制的指数还有：计算机及相关服务指数，法律服务指数，会计、簿记和审计服务及税收顾问服务指数，市场研究和公共意见汇集服务指数，企业和管理顾问服务指数，科技实验与分析服务指数，广告服务指数，调查和安全服务指数，工业清洁服务指数等十几种价格指数。

(三)我国服务业价格调查统计的现状

我国已经开展的服务业价格调查除了房地产价格调查工作已初具规模成型外，水运、道路运输和电信业价格调查统计工作还处于试编试用的初级阶段。

1. 房地产价格统计的基本情况

经国务院批准，1997年10月，原国家计委、国家统计局联合下发了《关于开展房地产价格指数编制工作的通知》，决定从1998年起在全国35个大中城市开展房地产价格指数编制工作。1997年四季度开始在全国35个大中城市开始试编工作，2001年又对房地产价格统计调查方案进行了修订和完善。这项工作的开展有力地提高了政府对房地产市场的宏观调控水平，准确、及时地反映了房地产价格的变动情况。当时，房地产价格调查实行的是季报，包括房屋销售、房屋租赁、土地交易价格三部分。随着我国房地产业的快速发展,房地产价格统计的时效性、代表性已不能很好地满足国家调控决策、国民经济核算和企业及社会公众的需求。为此,2004 年 7 月,国家发展改革委和国家统计局联合下发了《关于进一步完善房地产价格指数编制工作的通知》,就完善房地产价格指数编制工作提出了明确要求,并就我国房地产价格统计改革等问题向国务院上报了《关于加强我国房地产价格统计工作的请示》。2005 年 1 月,国务院领导批准了我国房地产价格统计工作的改革计划,原国家统计局城调总队对房地产价格统计工作的改革作了具体部署。

第一,扩大了调查范围,增加了调查样本,并提高了调查时效性。从 2005 年 7 月起,将原按季度编制的房屋销售价格指数调整为按月编制;将原在 35 个大中城市开展的房地产价格指数编制工作,逐步扩展到 70 个城市。

第二,对原有的房屋销售、土地交易和房屋租赁价格统计的指标设置进行了调整,新增了物业管理价格调查,从而增强了统计指标的全面性和代表性。

第三,对价格指数的编制方法和权数的使用进行了调整和完善。房屋销售价格指数的编制中,固定权数下放了一级,更好地考虑了结构因素。计算的价格指数包括房屋销售价格指数、土地交易价格指数、房屋租赁价格指数和物业管理价格指数。

第四,进一步加强指数的可比性。在计算价格指数的同时,考虑结构因素和区域因素,增加了各类房地产销售价格的测算。通过这一系列改革,房地产价格统计工作又取得了新的进展,基本满足了房地产业核算的需要。

2. 交通运输、电信业价格指数试编工作的开展情况

为完善我国价格指数体系,满足国民经济核算需要,2003 年国家统计局在哈尔滨、青岛、武汉三市进行电信、水路运输和道路运输价格指数试编工作。试算工作完成后,原国家统计局城调总队于 2004 年初请设管司、核算司、投资司、财基司、信息产业部、大专院校和部分交通主管部门的领导(专家)参加,组成了试编工作评审验收组,对三地各专业的试编工作从价格调查方案的科学性、方案的执行情况和编制价格指数的准确性以及这几套价格调查的实际意义和可推广性等方面进行了综合评审验收。

通过努力,试点城市计算出了 2003 年各季度和当年的总指数和各种分类指数。如青岛市编制了海洋运输价格指数,包含远洋运输和沿海运输两个大类(下设客运、货运等小类)。武汉市编制了内河运输价格指数,包含客运、货运两个大类(客运下设 4 个小类,货运下设 12 个小类)。哈尔滨市编制了电信业价格指数和道路运输价格指数,电信业价格指数包含国内电信和国际电信两个大类(国内电信下设 5 个小类,国际电信下设 2 个小类);道路运输价格指数包含客运、货运两个大类(客运下设 2 个小类,货运下设 3 个小类)。

交通运输、电信业价格指数试编工作的开展,对完善我国价格统计工作,尤其是服务业价格统计,贯彻实施新国民经济核算体系具有重要的现实意义。将对细化 GDP 核算,完善 GDP 核算方法,提高国民经济核算的总体水平发挥重要的作用。与现行的交通运输邮电业增加值核算方法相比较,价格指数法在测算中减少了增加值核算中的推算成分,一定程度地克服了用物量指数推算法计算不变价增加值时产生的计算误差,并可与“采用价格指数缩减法计算工农业发展速度”的方法配套使用。

二、构建服务业价格统计指标体系架构

根据我国《国民经济行业分类》(GB/T4754—2002),第三产业是指除第一、二产业以外的其它行业,第三产业包括:交通运输、仓储和邮政业,信息传输、计算机服务和软件业,批发和零售业,住宿和餐饮业,金融业,房地产业,租赁和商务服务业,科学研究、技术服务和地质勘探业,水利、环境和公共设施管理业,居民服务和其它服务业,教育业,卫生、社会保障和社会福利业,文化、体育、娱乐业,公共管理和社会组织,国际组织。共 15 个部门,47 个大类,180 个中类。根据各部门的行业特点及价格相关

性，以及满足我国国民经济核算需求，我们认为我国服务业价格统计应该包含如下部门：

1. 交通运输、仓储和邮政业

交通运输、仓储和邮政行业价格统计是指针对旅客、货物（包括信件、包裹）等空间发生变化，而提供的服务价格统计，包括运输过程中所发生的各种装卸、搬运、仓储及各种运输代理收费服务等。该行业占第三产业增加值的14.4%（2004年经济普查数据），价格涉及面较宽，价格种类多种多样。根据运输方式不同分为：铁路运输；道路运输；水上运输；航空运输；管道运输；太空运输等。从运输距离看，分为国际运输、长途运输、短途运输、市内运输等。

管道运输业与铁路、公路等运输手段相比具有运费低、能耗少、运量大、劳动生产率高、投资省、占地少，受外界影响小，安全可靠等诸多优点。我国的管道运输建设始于20世纪50年代新疆建成的克拉玛依——独山子输油管道，至2003年底，我国油气管道累计长度45865km，管道长度居世界第六位。其中，原油管道15915km，天然气管道21299km，成品油管道6525km，海底管道2126km。由英荷壳牌、埃克森美孚、俄罗斯天然气工业股份公司等组成的投资集团和中国石油天然气股份有限公司等共同投资建设西气东输工程以及俄罗斯向我国的输油、输气管道工程建设，标志我国管道运输业已经走向国际化的发展方向，因此管道运输价格统计也应同步跟上。

根据行业特点，把交通运输、仓储和邮政业共分为8大类。

(1)铁路运输业

a. 客运。包括：软席、软座、硬卧、硬座。

b. 整车货运。包括：罐车、冷藏车、家畜车、普通车（指平车、棚车和敞车）。其中普通车按运输种类分为：煤炭及制品、矿石、金属及材料、木材及制品、建筑材料、纺织及医药产品、化工原料及制品、化学肥料及农药、粮食、蔬菜和水果、其他副产品等。

c. 集装箱。包括：1吨箱、5吨箱、10吨箱。

d. 零担。包括：农产品、建筑材料、轻工产品。

(2)道路运输业

a. 客运。根据运输距离分为长途和市郊两种。包括：豪华车、普通车、卧铺车。

b. 整车货运。包括：槽车、冷藏车、普通车（指大、中、小型货车）。对于普通车按运输种类分为：煤炭及制品、矿石、金属及材料、木材及制品、建筑材料、纺织及医药产品、化工原料及制品、化学肥料及农药、粮食、蔬菜和水果、其他副产品等。

c. 集装箱。包括：1吨箱、5吨箱、10吨箱。

d. 零担。包括：农产品、建筑材料、轻工产品。

(3)管道运输业。包括：原油管道、天然气管道、成品油管道、海底管道。

(4)城市公共交通业

a. 公共电汽车客运。包括：市内公交汽车客运；一城市近郊公交汽车客运；市内公交无轨电车客运；市内、市郊旅游观光客运。

b. 轨道交通。包括：地铁交通；轻轨交通；有轨电车交通。

c. 出租车客运。

d. 城市轮渡。包括：城市内的沿海、江、河、湖泊的轮渡旅客运营。

e. 市区内货物运输。包括：各种小货车、三轮车、人力车等。

(5)水上运输业

a. 客运。包括：远洋客运；沿海客运；内河（包括湖泊、运河）客运。

b. 货运。包括：远洋货运；沿海货运；内河（包括湖泊、运河）货运。其中：根据货物种类分为干散货、液体散货、件杂货、集装箱运输、石油及其制品。

c. 货运附加费。主要指远洋货运中发生的燃油附加费、绕航附加费、港口附加费等。

(6)航空运输业

a. 客运。包括：国际航空客运、国内航空客运。

b. 货运。包括：国际航空货运、国内航空货运。其中国际航空货运分为3个区：一区主要指南北美洲，格陵兰等；二区主要指欧洲、非洲、伊朗等；三区主要指亚洲、澳大利亚。跟据货物重量分为45公斤以下、45公斤以上、100公斤以上、300公斤以上等。

(7)仓储、装卸搬运及运输代理

a. 仓储。包括农作物仓库仓储的粮食及油料、棉花;冷库;易燃品储藏库;各类物资仓库、货场(如煤、木材、建材、钢材等)。

b. 装卸搬运。指各种运输、仓储过程中发生的货物装卸搬运服务;以及为建筑工程、市政设施及大型机械设备等提供的专业装卸、起重服务。

c. 运输代理。包括客运服务中的票务代理、货物运输中的各种代理,以及江海联运、水陆联运等代理服务。

(8)邮政业

a. 信件、明信片、印刷品邮寄服务。包括:普通邮寄、挂号邮寄、快件邮寄,国际邮寄。

b. 包裹邮寄服务。其中国内包裹根据包裹重量每500克为一个计费单位,根据邮寄距离每500公里一个计费单位。

c. 其他邮政服务。包括:集邮预定、邮政汇兑、特快传递、邮政礼仪、电报等业务。

2. 电信、信息传输、计算机服务及软件

电信、信息传输及计算机行业随科学技术的进步飞快地发展,是现代服务业的代表,新的服务种类不断推出,因此对这一行业的价格统计更应具有前瞻性,对于现在刚刚起步,但将来具有较大发展空间的服务进行连续的价格跟踪。

(1)电信

a. 固定电话(含小灵通)。包括:市话、网内长途、国内长途(跨网)、国际长途。根据用户性质分为居民用和企事业单位使用。

b. 移动电话。包括:市话、国内长途、国际长途、漫游资费。

c. 公共电话。包括:市话、国内长途、国际长途、公话上网。分为有人值守的收费电话和无人值守的IC卡电话。

d. 数据通信。包括:通信费、月租费。

e. 信息服务。包括:点对点短信和彩信、特殊服务短信、寻呼等。

(2)信息传输

a. 有线广播电视传输。包括:有线广播电视网的设计、建设、安装、调试、测试服务收费。

b. 无线广播电视传输。含中波、短波、调频发射台、发射塔、中继服务、微波站等。

c. 卫星传输。包括卫星的电信传输收费和广播电视传输收费。

(3)计算机服务及软件

a. 计算机系统服务。包括:计算机系统的设计安装收费、计算机机房的设计安装收费、网络系统的设计安装收费。

b. 计算机维修。包括:主机维修(主板、硬盘、电源等)、显示器维修、网络设备维修等。根据维修方式不同分为:上门服务收费和送修收费。

c. 数据处理。包括数据录入、处理、加工等服务的收费。

d. 基础软件。包括:操作系统软件服务、数据库软件服务、网络管理软件服务、安全及防病毒软件服务工具软件服务、通用软件:办公、图象处理、视听制作、游戏等软件。

e. 应用软件。行业应用软件服务包括:财务、审计、税务、统计、金融、证券、通讯、能源、工业控制、交通等软件服务;语言处理软件服务包括:信息检索、文本处理、语音应用、词典、语言翻译等软件服务。

3. 金融业

金融是现代经济的核心,改革开放以来,尤其是20世纪90年代中期以来,中国金融业在市场化改革和对外开放中不断发展,金融总量大幅增长。目前,中国已形成了银行、证券、保险等功能比较齐全、分工合作、多层次的、政策性金融和商业性金融协调发展的金融机构体系。金融服务价格统计包含银行业、保险业、证券业、其他金融业4个大类。

(1)银行业

a. 银行卡(借记卡、信用卡等)业务。包括各种银行卡的开户工本费、年费、挂失费、补卡费、异地存取款费、跨行存取款费等。

b. 个人电子银行业务。包括:网上银行年服务费、电话银行年服务费、手机银行(短信)信息服务费、电子速汇、跨行汇款、跨境汇出汇款、证书挂失费、记账式国债开户费等。

c. 企业电子银行业务。包括:网上银行证书年服务费、电话银行年服务费、票据托管年服务费、电话银行年服务费、外汇汇款、资金汇划业务、证书挂失费等。

d.保管箱业务。根据保管箱的大小分3——6类,根据租用时间长短不同分类收费。

e.证券服务收费。包括:基金托管费、基金申赎费、理财咨询服务。

f.各种代理服务。包括代发工资、代理公共事业收(付)费、代理债券、代理债券、代理股票、代理基金、代理外币买卖、代理黄金买卖等各项代理业务的收费价格。

g.其他银行业收费。包括小额账户管理费、特约单位开通服务费、个人账户挂失费、个人密码挂失费、、国债提前兑付、存款证明业务、现金支票(本)、转账支票(本)、支票挂失、担保业务等。

(2)保险业

a.人身保险。包括保障保险、健康保险、意外保险、养老保险、少儿保险、女性保险、分红保险等。

b.财产保险。包括火灾及其他灾害事故保险、货物运输保险、运输工具保险、工程保险、农业保险等。

c.责任保险。包括公众责任保险、餐饮场所责任保险、供电责任保险、校(园)方责任保险、旅行社责任保险、血站采供血责任险、驾驶员培训学校责任保险、风景名胜区责任保险、承运人旅客责任保险、电梯责任保险、医疗责任保险、雇主责任保险、产品责任保险等。

d.保险辅助服务。包括:保险代理、评估、监督、咨询等服务收费情况。

(3)证券业

a.证券交易。包括:股票、期货、基金、债券等在交易过程中发生的各种收费,主要指印花税、佣金、托管费等。

b.证券发行。包括:股票、期货、基金、债券等在行、注销等过程中发生的各种收费,主要指证券回购、包销、代销、转销等活动的收费价格。

c.其他证券收费。包括:股票、期货、基金等账户开户、销户、迁移等费用;证券投资顾问咨询;证券分析;证券资信评估等。

(4)其他金融活动包括:资金、动产、不动产及其他财产的信托管理;受托经营的投资管理;代理财产的管理、运作与处置;金融租赁;各类典当等。

4.旅游、餐饮和住宿业

(1)旅游

a.出境游旅行社收费。根据目的地不同分为欧洲、东南亚、韩国等。

b.国内游旅行社收费。根据目的地不同可选择固定的3条线路价格统计。

c.景点门票。指当地公园、景点、游乐园等门票费用。

(2)餐饮业

a.主食。包括米饭、馒头、水饺等

b.炒菜。主要指大众消费的菜品。

c.地方小吃。根据当地情况选取调查品种。

(3)住宿

包括:各种星级宾馆、普通旅店及招待所、家庭式旅店等

5.教育

(1)学前教育

a.幼儿园。包括全托制、半托制、寄宿制、计时制等各类幼儿托管机构收取的各种管理费、保教费、杂费、建园费等。

b.学前班。包括各种文化课学前教育及兴取培养学习班收取的各种费用,主要有学前班学费、管理费、看护费等。

(2)小学教育包括:各种公立及私立小学收取的学杂费、班费、课后看护费、信息教育费、课本费、校服费、热饭费、体检费、借读费、毕业班补课费等。

(3)初中教育包括:各种公立及私立初中收取的学杂费、班费、信息教育费、信息技术教育费、课本费、校服费、热饭费、自行车看管费、体检费、择校费等。

(4)高中及职业高中教育包括:各种公立及私立高中收取的学杂费、自费学费(职业高中不同专业收费不同)、住宿费、班费、课本费、信息技术教育费、校服费、热饭费、自行车看管费、体检费、借读费、毕业班补课费。

(5)中等专业教育包括:各种工业、农业、林业、医药、财经、医药、财经、政法、体育、艺术学校所收取的不同专业学费、住宿费、行李费(被子、床单、暖瓶等)、校服费、实训费(实习中工装

类)、课本费、班费等。

(6)高等教育

a. 普通高等教育。包括各类本科院校、各类专科院校、各类研究生院所收取的不同专业的学费、不同等级的住宿费、行李费、班费、校服费、补考费、重读费等。

b. 成人高等教育。包括各类广播电视大学、职工高等学校、农民高等学校、管理干部学校、教育学院、函授学院、普通高校办的函授部、夜大、成人脱产班、进修班等所收取的各专业学费。根据授课时间分为全脱产、半脱产、短期培训等

(7)社会培训教育

a. 技能教育。包括各种语言(英语、俄语、日语、韩语等)、计算机技能(平面设计、网络维护、动画制作、等)、家电维修、美容美发、厨师、汽车维修、服装裁剪、汽车驾驶员等。

b. 中小学课外补习教育。包括学校外各种文化补习班、特长学习班、素质培养收费等。

c. 专业培训教育。包括各种等级资格(财会、统计、律师、税务、证券分析等)考试进行的临时培训、考研单科辅导费等。

(8)特殊教育

a. 残障人士的特殊教育。包括为盲、聋哑及其他残障人士提供的各类教育收费。

b. 思想教育。包括党校、行政学院教育、宗教组织办的神学院、佛学院等收费上课项目。

(9)其他各类教育考试收费

a. 各类毕业考试收费。包括报名费(初中升学考试、高考、考研、自学考试等)、体检费(初中升学考试、高考、考研等)、考试费(初中升学考试、高考、考研、自学考试等)。

b. 各类等级考试收费。包括英语(四、六级)、计算机等级、各种专业(财会、统计、律师、税务、证券分析等)、等级资格考试收费。

6. 医疗保健服务

(1) 综合医疗服务收费

a. 一般医疗服务。包括:挂号费、诊查费、急诊监护费、院前急救费、体检费、救护车费、取暖费、床位费、会诊费、出生证工本费等。

b. 一般检查治疗。包括:护理费、抢救费、氧气吸入、注射、清创缝合、换药、雾化吸入、胃肠减压、洗胃、物理降温、坐浴、引流管冲洗、灌肠、导尿、肛管排气等。

c. 社区卫生服务及预防保健项目。包括:婴幼儿健康体检、家庭巡诊、围产保健访视、家庭病床、出诊费、疾病健康教育等。

(2)医技诊疗类

a. 医学影像。包括:X 射线透视、X 射线照相、核磁共振、CT 扫描等。

b. 超声检查。包括:A 超、B 超、彩色多普勒超声、三维超声检查、心脏超声等。

c. 核医学。包括:核素扫描、伽玛照相、钴60 照射。

d. 放射治疗。包括:放射治疗计划及剂量计算、模拟定位、外照射治疗、后装治疗等。

e. 检验。包括:临床检验、临床血液学检查、临床化学检查、临床免疫学检查、临床微生物学检查、临床寄生虫学检查、遗传疾病的分子生物学诊断等。

f. 血型与配血。包括:血型鉴定、淋巴细胞毒试验等

g. 病理检查。包括:尸体解剖与防腐处理、细胞病理学检查与诊断、组织病理学检查与诊断、冰冻切片与快速石蜡切片检查与诊断、特殊染色诊断技术、电镜病理诊断、分子病理学诊断技术等。

(3)临床诊疗类

a. 临床各系统诊疗收费。包括:神经系统、内分泌系统、眼部、耳鼻咽喉、口腔颌面、呼吸系统、心脏及血管系统、血液及淋巴系统、消化系统、泌尿系统、新生儿特殊诊疗、肌肉骨骼系统、精神心理卫生等。

b. 经血管介入诊疗。包括:静脉介入诊疗、动脉介入诊疗、门脉系统介入诊治疗、心脏介入诊疗、冠脉介入诊疗、脑和脊髓血管介入诊疗等。

c. 手术治疗。包括:麻醉、神经系统手术、内分泌系统手术、眼部手术、耳部手术、呼吸系统手术、心脏及血管系统手术、造血及淋巴系统手术、消化系统手术、泌尿系统手术、男性生殖系统手术、女性生殖系统手术、产科手术与操作、肌肉骨骼系统手术、体被系统手术等。

d. 物理治疗与康复。包括:光治疗、电治

疗、水疗、蜡疗、牵引、口吃检查、手功能训练等。

(4)中医及民族医诊疗类

a. 中医外治。包括：贴敷疗法、中药封包、中药熏洗、中药蒸汽浴等。

b. 中医骨伤。包括：骨折手法整复术、关节脱位手法整复术、关节粘连传统松解术、麻醉下腰椎间盘突出症大手法治疗等。

c. 针刺。包括：温针、微针针刺、头皮针、眼针、耳针、梅花针等。

d. 灸法。包括：隔物灸法、灯火灸、拔罐疗法、药物罐、游走罐等。

e. 推拿疗法。包括：落枕推拿、颈椎病推拿、腰椎间盘突出推拿、膝关节骨性关节炎推拿、内科妇科疾病推拿等。

f. 中医肛肠。包括：直肠脱出复位、直肠周围硬化剂注射、肛瘘封堵术、高位复杂肛瘘挂线等。

g. 中医特殊疗法。包括：白内障针拨术、刮痧、医疗气功、耳咽中药吹粉、红皮病清消术等。

7. 文化、体育和娱乐服务业

(1)广播、电视、电影和音像业

a. 广播、电视。包括广播和电视的制作发行播放费用，以及广播和电视节目主持、播放、点播、交换等服务收取的费用。

b. 电影和音像业。包括电影和音像的制作发行播放费用，以及电影和音像在公共影视剧院放映、出租费用。

(2)文化艺术业包括：表演、展览、各种讲座、讲演、报告会、图书馆的图书和资料的借阅业务收取的费用等。

(3)体育业

a. 场地租用费。包括游泳馆、网球、羽毛球馆、篮球馆、排球馆、乒乓球馆、冰球馆、足球场等场地租用费。

b. 比赛门票费。包括游泳、网球、羽毛球、篮球、排球、乒乓球、冰球、足球等比赛项目的门票费。

c. 体育服务。包括从事体育心理、保健、营养、器材、训练指导等服务收取的费用。

d. 其他体育业收费。包括各种体育组织会员费、活动费、健身俱乐部会员费、健美减肥班等收取的费用。

(4)娱乐业

a. 室内娱乐。包括歌厅、夜总会、舞厅、卡拉OK歌舞厅、音乐茶座、台球厅、电子游艺厅等娱乐场所收取的费用。

b. 健身休闲娱乐。包括高尔夫球、保龄球、游艺场、跑马场、射击、射箭、滑沙、滑雪、蹦极、攀岩、滑道、钓鱼等娱乐场所收取的费用。

c. 其他娱乐。包括：体育彩票、福利彩票、租借照相、服装、道具等。

8. 商务服务

(1)法律服务

a. 律师及相关的法律服务。包括：各种律师事务所（提供刑事、民事、行政、海事、外贸等律师服务）与法律有关的调查、取证、鉴定服务、法律文件的起草、咨询服务等。

b. 公证服务。包括：各种财产、婚姻、证件、学历等公证收取的费用。

(2) 咨询与调查

a. 会计、审计及税务服务。包括：会计咨询、资产评估、清算、审计咨询及相关活动、税务咨询及相关活动收取的费用。

b. 市场调查。包括：市场信息咨询与市场调研、产品咨询与调查、经济调查、社会调查（含民意测验及调查）等。

(3)中介服务包括：房产中介、职业中介、人才中介、留学中介、认证中介、经纪服务等。

(4)公关和策划包括：公关策划 、会务（活动）策划 、礼仪 、形象策划。

(5)广告业

指在报纸、期刊、户外路牌、灯箱、橱窗、互联网、通讯设备及广播电影电视等媒介上为客户策划制作的有偿宣传活动。包括：广告策划、公关、市场调研、设计、制作、发布、宣传、展示等活动。

三、我国服务业价格统计发展方向

(一)我国服务业价格统计现存的主要问题

1. 我国服务业价格统计现空白点多。目前，我国服务业价格统计不完善，某些领域还处于刚刚起步阶段。由于缺少服务业生产者价格指数，特别是占 GDP 比重 1/3 以上的服务业中的重要行业（如：金融保险业、文教卫生和餐饮服务业、软件和咨询服务业、社会服务业等）的生产者价格指数几乎都是空白，而这些又是国民经济核算所需要的重要基础资料，其价格指数只能用相应的资料（如居民消费价格指数中对应服务项目的消费价格指数）来估算，核算质量很难保证。

2. 国民经济核算中使用的替代指数代表性差。服务业核算中运用的居民消费价格指数中对应服务项目的价格指数的数据来源是服务业消费者价格，而不是服务业生产者价格，样本数据对服务业中行业的代表性不强，也影响服务业增加值的核算。

（二）我国服务业价格统计面对的难点

1. 服务业行业种类繁多，给调查工作的开展增加难度。国民经济行业分类（GB/T4754—2002）对国民经济行业分类注释中，服务业涉及 15 个门类，49 个大类。除房地产、交通运输电信业等少数几个行业外，大部分行业的价格调查均为空白。

2. 由于部分服务业产品具有非实物性的特点，对规格品价格的确认带来难度。服务业价格构成中劳动报酬所占比重较大。服务业的技艺性、技术性强，其产品多数是以劳务活动满足消费者需求的无形产品。在传统服务业中，以手工操作为主，劳动密集程度较高，机械的应用有很大局限性，劳动生产率低，服务质量与劳动者的技艺水平关系很大。另一方面，在新型的服务行业中，以知识投入为主，知识密集型程度较高，对服务人员的文化水平、知识层次、熟练程度要求较高。这些特点决定了在服务业产品的价格构成中，劳动报酬所占的比重较大。

3. 产品价格的质量差异和地区差异明显。服务业主要是为顾客提供劳务，消费者对服务的需求和质量以相应的收入水平为基础，这就使服务业要满足不同收入层次的消费者的需要，使同种服务产品的质量上存在差别。表现为同一行业的不同等级；不同地区由于生产力水平、消费水平、消费观念等方面的差异，使服务业产品具有地域性，最终导致服务业产品价格普遍存在质量和地区差异。

4. 基期价格缺价的问题。价格指数是用以反映某类商品或服务项目价格水平在一定时期内变动幅度的相对数，如果在各种价格统计中没有解决基期价格缺价或不可比问题，将导致分期价格指数与累计价格指数、地区和全国价格指数、类别和全部价格指数存在不衔接的问题，容易引起经济发展速度的大起大落。

（三）完善现行和建立新兴服务业价格指数编制工作

1. 进一步完善房地产价格指数编制工作。从目前情况看，房地产价格调查大部分地区执行情况良好。要充分保证样本的代表性和可比性，进一步提高数据质量，更好地满足核算的需要。

2. 总结经验，逐步推开交通运输、电信业价格指数的编制工作。在试编工作的基础上，完善方案，制定新的电信和交通运输业价格统计方案（国家方案）。并在时机成熟的时候，增加航空、铁路和管道运输价格指数。

3. 建立餐饮旅游服务业价格调查制度。随着人民生活水平的提高，居民外出就餐、旅游的频率大大增加，编制餐饮旅游服务业价格指数很有必要。其具体内容可包括：餐饮、住宿等。

4. 加大研究力度，逐步开展金融业价格指数的编制。由于金融业范围广、内容又较复杂，可考虑分期、分批进行。鉴于保险业在我们国家发展时间还不是太长，险种还不是很稳定，可考虑先不开展调查。可先开展银行、证券服务业价格的调查。

除以上谈到的几种价格指数，我们还可以考虑开展仓储、邮政（投递）、律师、会计、医疗及计算机软件咨询业等服务业价格调查的研究。在实行的过程中，我们可以参考国外的先进经验。对于有些生产与消费价格基本一致的服务行业，目前居民消费价格调查中已开展的一些项目（如邮政、通信等），可在扩大其调查规模的前提下，直接利用其小类的指数参加总指数的计算。当然，应该看到尽管两者的某些项目相同，其价格则不完全相同，更何况服务业生产价格使用的对象不仅仅是居民，还有单位、团体，其大规模消费的价格通常会有折扣。

(四)我国服务业价格统计发展趋势

1. 满足国民经济核算的需要。为国家经济决策提供科学的、完整的、持续性的数据资料。价格统计能够反映行业的发展趋势，对国家进行宏观调控提供必要的、基础性数据资料。

2. 为提高居民的生活水平发挥作用。服务业多为关系民生的经济活动，其价格水平的变化直接影响着居民的生产、生活方向和质量。价格的变化对居民的投资和消费起到了一定的导向作用，对生产、生活资料的再分配具有指导意义。

3. 推动服务业行业的良性发展。服务业价格指数的编制，起到了服务业价格晴雨表的作用，并对服务业企(事)业的价格定制给予参考和指导，在规范同行业企(事)业的竞争、减少行业垄断、整顿行业规范等方面发挥一定的作用。

综上所述，完善服务业价格统计是我国统计改革的迫切需要，也是提高国民经济核算水平的需要。建立、健全服务业价格统计指标体系，首先要学习发达国家和地区的先进经验，了解我国的行业运行状况，掌握用户对行业价格信息的需求状况，有选择地开展部分行业服务业价格指数的编制。在这一过程中，要研究调查的方法、指标的设置和界定，研究价格指数的计算方法和权数资料的获取及测算，研究调查方案的可行性，最终获得可靠的资料。随着我国研究服务业价格统计工作的不断深入，服务业生产者价格统计工作将有一个新的飞跃。

作者：黑龙江调查总队

流通和消费价格调查数据质量影响因素及其控制

一、问题的提出

价格是社会总供给和总需求的综合反映,是经济运行的晴雨表,关系到广大人民群众生活和社会稳定。价格指数作为国家宏观调控的主要指标之一,倍受各界关注。做好价格统计调查工作,对于及时准确地反映市场供求、判断经济运行趋势、进行科学决策和宏观调控具有十分重要的意义。

现行的流通和消费价格调查(居民消费价格调查、商品零售价格调查和农业生产资料价格调查)采取的是抽样调查方式,通过市县调查系统物价调查员到商场(超市)、农贸市场和服务网点采集商品、服务价格信息,抽中的市县各自计算物价指数,省和国家逐级汇总得出全省、全国的物价指数。执行的是全国统一的调查方法制度,要求定人、定时、定点直接调查,确保价格的真实可比。总体而言,现行的调查方法制度比较科学,物价调查队伍恪守统计职业道德,爱岗敬业,采集的价格资料比较真实可靠,汇总的物价指数与宏观经济形势运行趋势基本一致,反映了市场供需状况和物价水平及其变动趋势。

但是,随着市场经济体制的建立和日益完善,市场经济主体多元化,价值观念市场化,调查对象的配合程度呈下降趋势,专业调查队伍缺乏及时的业务培训,难以适应经济形势发展的需要,影响到源头数据质量,成了价格调查工作的隐患。调查方法制度层面,面临着城市拆迁力度加大,规模扩大,市场上商品丰富,新品种层出不穷,大多数商品价格随行就市,涨跌频繁,居民的消费观念日益更新,消费结构变化快等实际情况,影响到调查网点的选定,规格品的抽选,权数的测算等等方面。调查方法制度如何适应经济形势的变化,是物价调查工作面临的现实挑战。加之今年以来,粮食、食用油、肉、禽、蛋等食品价格出现较大程度的上涨,推高了居民消费价格总指数(CPI)。九月份全国居民消费价格总水平比去年同月上涨6.2%,一至九月份比去年同期上涨4.2%,已突破年初确定的3%以内的预期调控目标,价格总水平的过快上涨,已经成为当前经济运行中的一个突出问题,关系到经济全局,引起社会的广泛关注。

在此背景下,我们提出了流通和消费价格调查数据质量影响因素及其控制问题。本课题在充分深入地分析影响流通和消费价格调查工作质量诸因素的基础上,主要从完善调查方法制度和提高调查人员爱岗敬业精神角度展开,探讨调查人员的语言技巧、心理素质、沟通能力对数据质量的影响,以期提高物价调查人员的综合素质,控制人为误差,从而提高流通和消费价格调查数据质量。

二、影响流通和消费价格调查数据质量的主要因素

影响流通和消费价格调查数据质量的因素众多,可粗略分为:外在因素和内在因素。

(一)外在因素

这里的外在因素,是指现行的流通和消费价格调查方法制度,包括方法制度本身的不完善和对方法制度的理解和贯彻执行的偏差。

1. 网点的代表性缺乏稳定性

现行的方法制度要求调查网点按以下步骤抽选:首先,将各种类型的商场(店)、超市、农贸市场、服务网点以人均销售额(成交额或经营规

模)为标志,从高到低排队;其次,将销售额(成交额或经营规模)累计起来;然后,依据所需调查点的数量进行等距抽样。一般而言,重点销售网点应被选中。按理说,这种方法是比较科学的。但在实际工作中,会受到以下因素的影响,一是城市化进程加快,拆迁力度大,城市规划、功能定位变化大,使原有的网点消失;其次是市场竞争激烈,网点的转行、歇业频繁;再就是城市规模扩大,业务管理人员考虑路途远近,交通费用,网点经营人员的合作态度诸因素,会对网点进行取舍,网点只能保持相对稳定,处在动态管理中。网点的频繁变化,影响到商品(服务)价格的可比性。

2. 规格品的代表性因人而异

现行的调查方法制度规定要调查500—600个规格品,考虑到我国地域差别大,居民消费结构千差万别,所以只规定到基本类,大约200多个品种,具体的规格品由各市县自主确定。选择原则是:消费量较大;价格变动趋势和变动程度有较强的代表性,即选中规格品的价格特征与未选中规格品之间价格变动的相关性愈高愈好;选中的规格品之间,性质相隔愈远愈好,价格变动特征的相关性愈低愈好。市场上商品成千上万,价格变化很快,要想通过分析统计资料和有针对性的典型调查确定具体规格品,一是资料不易收集,比如确定日用品中的牙膏具体要调查的规格品,就算能取得某超市的统计报表,日用品中的牙膏也只会有一个总销售量(额),具体牌子、型号是分不出来的;二是工作量相当大,年底确定规格品时间有限。大多数规格品,主要是凭调查员的消费经验和对市场的观察,询问经销商户确定,上述选择原则只能是主观参考。

3. 代表性与可比性兼顾的矛盾

物价指数主要有环比、同月比、同期比和定基比,基本时间单位为月,要求规格品在代表性的前提下能够同质可比。这个要求面临以下挑战:一是代表规格品在全国(省、市)并不统一,在当地有代表性,但到汇总的上级就不一定具有可比性;二是在改革、开放的时代,世界经济一体化,科技进步日新月异,产品更新换代快,特别是服装、家用电器和通讯器材,价格稳定性差,刚上市时迎合时尚,价格定得高高的,然后直线下滑,一个月一个价,年初确定的调查品种,价格不到年中就面目全非;三是商场如战场,商家的竞争利器主要是打价格战,节假日、店庆日、双休日,打折、返券、送礼促销比比皆是,价格起伏很大,此三点严重影响价格调查的可比性和代表性。规格品如果不更换,保证了可比性,丢失了代表性;如果更换规格品,保证了代表性,可比性又欠缺,代表性和可比性常常处于矛盾之中。

4. 权数的确定缺乏统一性

影响流通和消费价格指数准确性的因素,除源头数据价格资料真实可靠外,还有权数这一重要因素,即流通和消费价格指数是通过物价数据综合加权计算出来的。目前的方法制度只粗略规定了权数资料的来源,即居民消费价格指数来源于城乡居民消费抽样调查资料;零售价格指数来源于商贸统计资料;农资价格指数来源于农资公司、供销社系统。存在的问题是,城乡居民消费抽样调查资料与消费价格调查的商品(服务)分类有较大的差异;商贸全面统计资料规模以上的企业汇总报表有分类,但也与零售价格调查分类存在不同,规模以下的企业汇总数据只有总数,没有分类,随着全民创业热潮的涌起,特别是流通、餐饮、服务行业,规模以下的个体、私营企业越来越多,销售额(营业额)所占份额越来越大,它们的销售结构与规模以上企业相差甚远,如何分摊权数才算合理?各地只能因地制宜,权数的统一性受影响。

5. 调查对象的配合程度下降

流通和消费价格调查工作已在抽中城镇开展多年,经营户对此项工作有一定的了解,总体上还能配合。但随着市场经济体制改革的深入,调查网点结构发生了很大的变化,由当初国营、集体企业唱主角变成现在个体工商户、私营企业主比重迅速上升,又没有什么主管部门来组织、制约他们。价格属于商业秘密,在竞争环境下,哪个也不愿意告诉别人,何况采价人员是政府机关工作人员,对价格调查工作性质不了解的调查对象,会认为价格调查部门与工商、税务等职能部门有业务上的联系,告知真实价格信息可能会带来麻烦。与人民群众关系密切,波动比较频繁的商品（服务）价格，制度要求一月调查六次，隔三差五去问价，又不购买，认识你的，知道你是在工作，不认识你的，以为你是别的超市派来的价格间谍，哪个不烦？多一事不如少一事，调查对象配合程度受影响，有的拒绝调查，有的碍于熟人情面，应付了事。数据质量缺乏保证。

（二）内在因素

这里的内在因素，是指调查人员的业务能力和工作态度。

1. 方法制度执行打折扣

为了确保物价指数的真实可比性，全国统一的调查方法制度要求始终如一地执行。总体而言，现行的方法制度得到了较好的贯彻执行。但有时候在具体工作中，少数地方也存在打折扣的现象，比如：有的物价调查人员工作责任心较差，减少采价次数；已淘汰的规格品不及时寻找匹配的替代品；由政府定价，价格比较稳定的商品（服务），价格调整后，仍想当然沿用原价；采价不在固定的网点，而是就近图方便；如此等等，必然影响数据质量。

2. 专业人员知识老化

基层市县队物价调查人员常年从事该项工作，缺乏必要的进修和培训的机会，导致部分人员知识老化，眼界局限，对市场物价新变化反映不够灵敏，特殊情况不能进行恰如其分地处理，影响到物价调查工作整体水平。

3. 语言沟通能力的影响

如前文所述，调查对象大多数是个体、私营企业主，价格资料又是商业秘密、个人隐私，物价调查人员初次确定调查对象和以后与他们打交道时，如果不能用恰当的语言，说明该项工作即依法取得数据，也依法保守秘密，从思想上、心理上打消他们的顾虑，就无法得到他们的真心配合，取得真实的价格资料。

4. 心理承受力的影响

俗话说"人一上百，形形色色"，大多数人应该说是容易沟通、交往的，但还是有些人不太容易交往，要反复沟通，做工作，甚至要吃"闭门羹"，受到讽刺、挖苦，如果缺乏耐心，沉不住气，轻易放弃，造成网点的代表性差，或者是采集的价格不真实，影响到数据质量。

5. 互信合作意识的影响

物价调查人员虽是政府工作人员，有《统计法》作后盾，但面对特殊的调查对象，如果不摆正自己的位置，树立互信合作意识，用主动合作的心态，争取调查对象的配合，而是一味强调别人要尽义务无条件提供数据，调查对象会从心理上产生抵触情绪，陷入彼此尴尬的境地。

三、流通和消费价格调查数据的质量控制

数据质量是统计调查工作的生命，物价调查数据是统计调查工作成果的重要组成部分，对党政领导进行科学决策，完善宏观调控措施，制定工资、收入和分配政策，做好社会保障工作具有现实意义，物价调查数据的真实性尤为重要。如何提高物价调查数据质量？可以从以下三个方面进行控制。

（一）完善现行的方法制度

1. 网点抽选贴近居民区

现行的方法制度将网点按销售额（成交额或经营规模）累计起来，然后，依据所需调查点的数量进行等距抽样，这种方法是我们抽选网点的主要方法。但在实际工作中，要加以灵活运用，因为网点的销售情况并不完全与经营面积大小有关，而与地理位置、经营定位（特色）有关，比如，大城市交通便利的大型商场（超市），外地人购物占有相当比例，而本埠人喜欢到居民区附近的商场（超市）消费。理发、干洗、早点类服务网点，基本上同城同价，特别是连锁店，排队抽选意义不大，就近原则完全适用。现在各级城市都在扩大，新区功能划分明确，新的居民区涌现，因此，网点应尽量位于居民区，其价格变化能灵敏反映居民的消费结构变化。这类网点也比较容易保持稳定。

2. 确保代表规格品的代表性

现行方法制度规定，代表规格品根据形势的变化，每年小调整，五年大调整。在这点上要遵循原则性与灵活性相结合的原则，基本生活用品，诸如食品、日用品、教育、医疗用品、交通

和普通建筑装修材料，价格比较稳定，一年调整一次，代表性不成问题。而服装、通讯器材和家用电器类，更新换代相当快，因此以半年调整一次为宜。

我国地域辽阔，各地的风土人情、消费习惯千差万别，代表规格品全国统一不太可能，如果统一，很有可能出现规格品空白的情况。但一个省（市、区）内居民消费结构相差无几，对于大多数大众化的工业消费品，可以统一规定调查的代表规格品，体现可比性原则。而具有较强地域性特征的农副产品和副食品，则应允许地方各取所需。

3. 科学测算权数

权数是影响物价指数的重要因素，不同地方，市场物价大体一致，但权数不同，计算出来的物价指数不一样；市场物价不一致，且权数不同，计算出来的物价指数反而可能一样，一般人不好理解，会质疑物价指数的真实性。只有采集到的物价数据真实，权数科学，计算出来的物价指数才会令人信服。

如前所述，现在的权数资料，包括城乡住户调查、商品零售统计和各个渠道的农资统计报表，与居民消费价格调查、商品零售价格调查和农资价格调查分类相差较大，国家又没有统一规定权数资料的收集渠道和计算方法，因而，权数测算有较大的经验成分，各地因人而异。解决办法是，建议国家统计局将市场物价调查与所需权数资料的相关专业方法制度衔接一致，互相靠拢，既理清了权数计算的思路、方法，又减轻了各级调查队物价调查人员的工作负荷，还可以保证权数资料的全国可比。

4. 改进采价方法

一是采价方法坚持现有的直接采价制度为主的前提下，允许探索别的科学方法，比如，现在城市里超市普及，规模较大，品种齐全，通过电脑终端收费，价格信息真实，如果能与抽中的超市合作，直接利用超市收费终端数据进行分类加工，提取所需价格。二是更新采价技术。为物价调查人员配备电子采价设备，利用扫描技术及现代计算设备进行采价。这样既能满足物价调查的代表性和可比性要求，又能大大地减轻调查人员的工作量，提高工作效率，有更多的时间精力来对市场物价运行情况进行分析、调研，从而提高物价调查工作整体水平。

5. 完善居民消费价格指数体系

现行的方法制度计算出来的居民消费价格指数，是综合加权平均指数，掩盖了市场物价的差异性。使普通老百姓认为公布的物价指数与自己的感受不一致，问题出在不同收入群体对不同商品（服务）的价格涨跌的敏感程度不一致。比如，低收入群体对金银珠宝价格的上涨、汽车价格的下跌没有什么感觉，而高收入家庭对粮食、油脂、肉禽蛋、煤气、水电等基本生活消费品的价格涨跌反映平淡。近几年居民消费价格上涨主要是食品和居住类价格上涨推动，所以，应该编制不同收入水平的居民消费价格指数和基本生活费用价格指数，分类分层公布价格指数，更加贴近大众的心理感受，提高社会公认度和权威性。

（二）提升物价调查人员的综合素质

1. 增强使命感，树立数据质量意识

从思想上认识到物价调查数据是宏观决策的重要参考依据，影响深远，数据质量要从每一次采价，每一笔录入抓起，培养爱岗敬业精神，严格执行全国统一的调查方法制度，特别是“三定一直”（定人、定时、定点，直接调查）的采价制度。工作中要任劳任怨，不辞辛苦，切实采准每一次价格。

2. 加强业务学习，提高专业工作能力

市场经济条件下，市场供求状况和居民的消费结构千变万化，业务人员要在纷繁的表象下，抓住市场价格的运行规律，敏锐地判断其运行趋势。要做到这一点，就必须认真学习市场经济知识，价格理论，消费心理学等等，用专业知识武装自己的头脑，以便工作的顺利开展。

3. 提高沟通技巧，赢得调查对象的配合

物价调查工作实际上是与人打交道，如果调查对象心存疑虑，思想上有抵触情绪，那么工作很难开展，收集到的数据真实性不可能保证。根据马斯洛的需求理论，人的安全需要摆在相当重要的位置，人有了安全感，才会去实现别的需求，调查对象信任我们了，才会如实地提供价格信息。我们的调查人员要用恰当的语言，平等的心态，缩短与调查对象的距离，消除他们的思想顾虑，让他们意识到如实提供物价数据是公民应尽的义务，也是对改革开放，各地的经济建设作贡献的举动。我们收集的物价资料仅用于汇总、分析，绝不会向其它部门和社会公众提供。当然，在市场经济条件下，根据权利与义务对等的原则，物价调查对象提供物价信息，尽公民义务的同时，付出了一定的劳动，理应给予相当的补助，体现出对他们劳动的尊重。

物价调查工作应该争取相关部门的配合，在年底调整调查网点时国家统计局和有关部门，比如发改委、商务部、总工会等联合发文，阐明物价调查的重要意义，物价调查工作依法取得资料，也会依法保守调查对象的商业秘密，此项工作不会对他们的正常生产经营活动造成任何影响，希望他们大力配合物价调查工作。

4. 培养忍耐力，提高心理素质

物价调查是与人打交道的工作，况且要涉及到调查对象的隐私，方法制度要求采集真实的成交价，除了大型超市和专卖店实行明码标价外，一般的农贸市场和店面“价在口中”，商贩报的价多多少少含有水分，服装、建材类，含的水分更多，需要讨价还价，大多数时候，物价调查人员不是购买者，要以购买者的身份问价，遇到店主或店员因生意不好、收入不高等原因心情不佳时，很有可能会受到冷落，甚至奚落，职业要求我们宽宏大量，不卑不亢，待人以诚，以良好的精神风貌赢得调查对象的配合。

(三)强化审核，做好数据质量检查与评估

1. 健全并执行相关制度

一是自审、互审、领导审“三审”制度。二是《流通和消费价格调查考核评比制度》。对采价本、计算机录入、报表数据专业人员要自我审核，互相审核，发现问题，及时纠正。报表经过领导逐级审签后，才能上报，尽量把差错消灭在上报前。

2. 定期开展数据质量检查

检查的主要内容是，国家统一的方法制度执行情况，基础工作的规范性，调查网点、代表规格品的代表性、可比性，权数资料的合理性，原始价格资料的真实性。具体而言，包括“三定一直”采价原则的执行情况，价格调查时点是否一致，采价次数是否符合规定，原始采集价格的真实性和调查记录的质量；调查网点的数量、构成与分布，评估调查网点及代表规格品的代表性和覆盖面；权数资料来源的可靠性和分类的准确性，城乡权数是否符合城市化趋势；物价调查员对调查网点联络员、营业员、经营商品的熟悉程度。检查主要采取市县队自查，总队复查，国家统计局抽查的形式，以便各个层面发现市场物价调查工作存在的问题，方法制度需要完善的地方，总结值得推广的经验。一般一年检查一次。

3. 做好数据质量评估工作

评估各指数间的逻辑关系。对比城市之间、月度之间的价格变动趋势。城乡物价变动的联动性。对变动幅度较大的调查网点、调查市县进行重点核实。评估价格指数是否真实反映了国家、地方政府政策性调价及商品价格的季节变动情况。将流通和消费价格指数与 GDP 变动情况、上游产品价格的变动趋势、货币投放量、商品零售额、投资、房地产、外贸，城乡居民的收支及消费倾向等有关宏观、微观数据进行验证评估，确保流通和消费价格指数能够反映市场物价运行情况及趋势。

除此之外，我们物价调查人员还要恪守统计职业道德，坚持实事求是原则，排除各种干扰，坚决反对弄虚作假，提高调查数据的准确性和科学性。

课题主持人：李广友

课题组成员：章小彪　陈裕先